New Mexico Baptisms
Catholic Parishes and Missions in Taos

Volume II
7 January 1827 ~ 13 July 1837

Extracted by
Lila Armijo Pfeufer, Eloise Arrellanes,
Armando Sandoval and Bill Zamora

Compiled by
Margaret Leonard Windham
and
Evelyn Lujan Baca

Published by
New Mexico Genealogical Society

Library of Congress Control Number
2004107937
ISBN: 978-1-942626-05-3

Copyright © 2004

New Mexico Genealogical Society
P. O. Box 27559
Albuquerque, New Mexico 87125-7559

and

Archdiocese of Santa Fe
4000 St. Joseph's Place NW
Albuquerque, New Mexico 87120

All rights reserved. This book may not be reproduced in any form without the permission of the copyright holder.

TABLE of CONTENTS

Introduction	v
Acknowledgements	ix
Abbreviations	xi
Terms and Phrases	xiii
Map	xvii
Taos Baptisms, 7 Jan 1827-15 Aug 1830	1
Taos Baptisms, 20 Aug 1830-4 Jan 1833	113
Taos Baptisms, 5 Jan 1833-13 Jly 1837	193
Taos Baptisms, 5 Jne 1837-13 Jly 1837	351
Bautismos delo de Mora, 13 Jly 1837	363

THE TAOS VALLEY

The Taos basin is located in north central New Mexico, just south of the Colorado border. It resides on the eastern edge of an altiplano at an altitude of approximately 7,000 feet, just before where the land rises precipitously into the southern tip of the Rockies. Its three defining geological features are the Sangre de Cristo mountain range, the Río Grande, and the far northern Chihuahuan desert. The mountains run north-south, curling around the eastern perimeter of the valley, roughly parallel to the river. The Río Grande cuts the length of Taos County much as it bisects the state. West of the river, the desert stretches for hundreds miles into Arizona. On the east, eight tributaries drain out of the mountains into the Río Grande across the fertile plain of Taos Valley. Each of these perennial streams originates in a spring or lake high in the mountains, descends an alpine canyon, flows through a valley, and drops down an arroyo. North to south these rivers are: San Cristóbal Creek, the Río Hondo, the Arroyo Seco Creek, the Río Lucero, the Río Pueblo, the Río Fernando, and the Río Grande del Rancho, which has two upper branches, the Río Chiquito and the Rito de la Olla or Pot Creek. The largest and most central of these rivers is the Río Pueblo, of which all the others except San Cristíbal Creek and the Río Hondo are tributaries. The San Cristíbal watershed lies several miles north of Taos Basin; between them, the Río Hondo joins the Río Grande north of the Río Lucero. Lush meadows fill the delta where the other tributaries come together, at the hydrological "vortex" of the valley. The Río Pueblo drains into the Río Grande gorge a few miles below that, at Pilar.

Greater or metropolitan Taos is a collectivity or "multicommunity" of villages, consisting of an aboriginal Tiwa pueblo and approximately sixteen Hispanic settlements that crystallized around it during the eighteenth and early nineteenth centuries. Founded on the banks of the upper Río Pueblo, Taos Pueblo occupies the best farming, hunting, and defensible vantage point in the valley. Its location at the base of Taos Mountain gives easy access to rich mountain resources, including the river itself, as well as to fertile meadows lying immediately to the west and south. The Pueblo was nearly 200 years old when Coronado's lieutenant Pedro Alvarado first saw it in 1540, and reported it to be the largest and most populous of the Indian villages he visited. After 1598 Oñate assigned a priest to the Taos Mission, which was later named for San Gerónimo.

By the middle of the seventeenth century, Hispanic settlers were moving into the valley and occupying lands on at least two royal grants made to the south (on the Río Grande del Rancho) and immediately west (on the Río Lucero) of Taos Pueblo. Some seventy settlers and two priests were killed in the area during the Pueblo Revolt in 1680, which was planned from a kiva at Taos Pueblo because of its strategic remoteness from Spanish headquarters in Santa Fe, roughly sixty-five miles to the south. Settlers reentered the valley with De Vargas's "bloodless Reconquest," which the Taos Indians actively resisted until 1696.

During the early to middle 1700s Hispanic settlers began to establish a permanent foothold in the Taos valley. From three to five royal grants were made to individuals, although only two of them were continuously occupied. They included the Cristobal de la Serna, made in 1710 and revalidated in 1715, which lies several miles south of the Pueblo and encompasses the upper and middle Río Grande del Rancho watershed and evidently corresponded to the pre-Revolt Duran y Chavez grant. The other was the Francisca Antonia de Gijosa grant, made in 1715, which lies west of La Serna and encompasses much of the lower Río Grande del Rancho watershed. A third, on the site of the old Lucero de Godoy grant west of the Pueblo along the Río Lucero, was issued in 1716 to Antonio Martínez of Sonora, who evidently never occupied it. Yet another, the Antoine Leroux grant, made in 1742, overlapped onto the Martínez grant, as well as onto the Pueblo league. Population growth was held in check during much of the eighteenth century by generally harsh conditions, including devastating Comanche raids into the area. During the 1770's *vecinos* moved inside the walls of Taos Pueblo for mutual protection. Domínguez reported 306 non-Indian settlers living inside the heavily fortified Pueblo in 1776, when a plaza was under construction in Las Trampas or Ranchos. The first stable settlements seem to have been in the Ranchos area along the middle Río Grande del Rancho watershed. By the 1790's the Comanche threat had subsided and other parts of the valley were being resettled.

The earliest enumeration of distinct plazas for the Taos area was from 1796, the same year the town, or Don Fernando, grant was made to sixty families. The 1796 census reported a non-Indian population of 774, and listed a total of six placitas besides **San Gerónimo** or **Taos Pueblo**, each named for its patron saint, in the Taos Valley: **San Francisco** (present day **Ranchos de Taos**), **Santa Gertrudis, Nuestra Señora de Guadalupe** (**Don Fernando**), **La Purísima Concepción** (**Upper Ranchitos**), **San Francisco de Paula** (**Lower Ranchitos**), and **Nuestra Señora de Dolores** (**Cañon**). All but Santa

Gertrudis are easily identifiable communities that still exist today. All of these communities cluster along the banks of the Río Pueblo, the Río Lucero, the Río Fernando, and the Río Grande del Rancho. The town of Don Fernando shared its name with the river it first depended on but never enjoyed exclusive rights to, since upstream sits the placita of Nuestra Señora de Dolores or modern Cañon. On the Río Pueblo, Don Fernando sits downstream from Taos Pueblo. As early as 1797 the citizens of the Don Fernando grant petitioned the governor for *sobrante* or surplus rights to waters from both the Río Pueblo and Río Lucero, since one river alone could not sustain their expanding needs. All villages in the Taos constellation exist in some kind of upstream-downstream relationship to one another. Each community sits in an upper, middle, or lower watershed--and this location dictates its relationship to the neighbors with whom it must share irrigation water.

By the early nineteenth century the Upper Río Lucero near the mouth of the Arroyo Seco, and the Río Hondo watershed a few miles to the northwest, were occupied by population overflow from the town. **San Cristóbal** was established several miles farther north in its own separate watershed. So in addition to the original six, nearly another dozen placitas came into being, some nucleated, others dispersed. They included **Talpa, Llano Quemado, Cordillera**, and **Los Cordovas** (assuming it wasn't once Santa Gertrudis) in the Río Grande del Rancho watershed; **Valdez, Arroyo Hondo**, and **Des Montes** in the Río Hondo watershed. **Des Montes** and **Arroyo Seco**, plus **Las Colonias** to their southwest, draw mainly on the Río Lucero.

San Gerónimo was the first parish in the Taos Valley, based at Taos Pueblo until 1826, when Padre José Antonio Martínez became priest of the new **Nuestra Señora de Guadalupe** parish seated in Don Fernando. By then Don Fernando de Taos was the multicommunity hub, destined ultimately to become known as a tourist town. The Ranchos church, completed by 1815, also belonged originally to the San Gerónimo parish, then to Guadalupe, but finally became a separate parish in 1937. Today the Guadalupe parish extends across the Río Pueblo, Río Fernando, and lower Río Lucero watersheds; the Holy Trinity parish embraces the Arroyo Seco, upper Río Lucero, Río Hondo, and San Cristóbal valleys or watersheds. The Río Grande del Rancho watershed is more or less coextensive with the **San Francisco de Assisi** parish, whose famous, much-photographed mission church defines the Ranchos plaza. Each parish contains a mother church and several chapels, usually located near *camposantos* (cemeteries) and occasional *moradas* (lay chapter houses of the *Penitente*

Brotherhood) that serve the constituent communities. Each community or placita identifies itself as a bounded territorial entity, defined in terms of its chapel and patron saint, *morada(s)* and *camposanto(s)*, households and families, farmland and *acequias* (community irrigation ditches).

Sylvia Rodríguez
March 2004

Sylvia Rodriguez was born and raised in Taos. She attended Barnard College, received her Ph.D. from Stanford University, and is an Associate Professor of Anthropology at the University of New Mexico in Alburquerque. Her interest in anthropology developed out of a need to understand the diverse and complex society of Taos and northern New Mexico. She has published a book on the Matachines Dance and has another forthcoming on the *acequia* system of the Taos Valley.

ACKNOWLEDGMENTS

The New Mexico Genealogical Society is pleased to present NEW MEXICO BAPTISMS, CATHOLIC PARISHES and MISSIONS in TAOS, VOLUME II, the second of several volumes that we plan to publish. We are diligent our effort to publish correct records. We find many names in the original records which are abbreviated. These are included in the manuscript, but spelled out in the indexes. If errors are found, please contact us. After further checking, errors will be published in the NEW MEXICO GENEALOGIST.

As always, many people are involved in the publication of these records. Extractions for this volume were done by Lila Armijo Pfeufer, Eloise Arrellanes, Armando Sandoval, and Bill Zamora. Data entry was by Flora Al-Omari and Bill Zamora. Evelyn Lujan Baca did the proofreading of the manuscript against the microfilm. Those who entered index codes were James-Dearden Wilder and Bill Zamora. Margaret L. Windham compiled the indexes. Rose Holte again coordinated the index checkers, who were Billye Archunde, Christina Lloyd, MaeAllen Form, Rose Holte, Dorothy Miller, Marjorie Shea, Lenore Stober, and Clara Taylor. Andrés Segura designed the cover. Ernie Jaskolski did the map and had the manuscript printed. The Society thanks each of these individuals for their dedication to our many projects.

The introduction to these volumes was written by Sylvia Rodriguez. She is a native of Taos and an Associate Professor of Anthropology at the University of New Mexico in Albuquerque. I'm sure that readers will find much that is useful to them in this introduction. We appreciate her contribution to this volume.

Again we say "thank you" to Marina Ochoa and her staff at the Archives of the Archdiocese of Santa Fe for their help with all of our publications. We could not complete these projects without their assistance.

x

ABBREVIATIONS

advoca^{on}	advocacin
alc^e	alcalde
Ant.	Antonio
Ant$^{a/o}$	Antonia/o
a^o	año, aora/ahora
ARM^o	ARMIJO
Asc^n	Ascencion
Barb^a	Barbara
Baut^a	Bautista
Bern$^{da/o}$	Bernarda/o
Cand$^{a/o}$	Candelaria/o
Concep^n	Concepcion
d^{ho}	dicho
dif^{tos}, dftos.	difuntos
Dolor^s	Dolores
Domin.	Domingo
Encarn^n	Encarnacion
esp^a	España
Españ^s, Esp^s	Españoles
Esteb^n, Estv^n	Esteban, Estevan
felig$^{a/s}$	feligresa, feligreses
FERN^z	FERNANDEZ
Fran$^{a/ca/co}$	Francisca/co
GONZ^z	GONZALEZ
Greg$^{a/o}$	Gregoria/o
herm^a, erm^a	hermana
J^a	Juana
J^n	Juan
J^s	Jesus
Jurisd$^{n/on}$	Jurisdicion
Laz^o	Lazaro
lexitim^{te}	lexitimente
LUC^o	LUCERO
LUS^o	LUSERO
M^a	Maria
Magdal^a	Magdalena/Madalegna
Man$^{l/la}$	Manuel/Manuela
mañ^a	mañana
Marg^{ta}	Margarita
Mar$^{na/no}$	Mariana/no
MARQ^z	MARQUEZ
mayor	greater, larger, older
Mig^l	Miguel
M^{IN}	MARTIN
mis^n	mission
MONDRAG^N	MONDRAGON
MR^{TN}	MARTIN

xi

Abbreviation	Expansion
mug., mug^r	muger
parroq^a	parroquia
parroquian^s	parroquians
Pasq^l	Pasqual
P^o	Pedro
Pobla^{on}	poblacion
pp^{río}	proprio
proxim$\underline{e}$ pasado	immediate past
Raf$^{l/la}$	Rafael/a
R^{cho}	Rancho
Resurr^n	resurrección
ROM^o	ROMERO
sacrist^n	sacristan
Salv^{or}	Salvador
SAND^L	SANDOVAL
secret^o	secretary
S^N	SAN
S^{n}Tiago	Santiago
sobre d^{ho}	sobre dicho
solt$^{a/o/s}$	soltera/soltero/solteros
Sta.	Santa
S^{tos}	Santos
tam^n	tambien
tes^{gos}	testigos
t$^{o/os}$	testiga/testigos
tod^s	todos
Tom^s	Tomas
VEG^L	VEGIL
VELASQ^z	VELASQUEZ
Vic^{te}	Vicente
Xav^r	Xavier
Xtobal	Cristobal
Xtov^l	Cristoval
Yg$^{a/o}$	Ygnacia/o
Ynd^s	Indians
9re	November

TERMS and PHRASES

á nombre de . . . . . . in the name of or the name of
abuelos/a/o . . grandparents, grandmother, grandfather
adoptada . . . . adopted
agregados . . . . people gathered in
ahora, aora . . . . now
Aiudante (variation of ayudante) . . . aide or keeper
alcalde . . . . mayor
alzado . . . . raised
ambos . . . . both, both together
año . . . . year
antepasado . . . . ancestor
anterior . . . . yesterday, former
antes . . . . before (this day)
aora (variation of ahora) . . . . now
arriba . . . . upward, above
asi mismo los padrinos . the godparents from the same
assimismo (should be two words) . . . . . . the same
avitan (variation of habitan) . . . . live here
barrio, varrio . . . . neighborhood
bastarda . . . . bastard female child
becinos . . . . neighbor, citizen
bisabuelos . . . . great grandparents
bocon . . . . big mouth
cantor . . . . singer
casada/os . . . . married
castisos . . . . mixed blood
catequise, exorsise, y baptise . . . . . . catechized,
. . . . exorcized, and baptized
Cavecita . . . . Little Head
(the child) y su mª son vezˢ mestizᵒ . . . (the child)
. . . . and his mother are vecinos mestizos
cojos . . . . lame ones
collote, coyote, coiote . . . . mixed blood
como â las seis dela mañª . . . at about 6 in the a.m.
comprada/o . . . . bought
coniuges . (alternative modern spelling is (conyuges)
. . . . living together, not married
cuñada . . . . sister-in-law
deel (de el) . . . . of the
del mismo . . . . of the same
del antepasado . . . . . of the ancestor or the past
denasion . . . . of the nation
desta/e . . . . of this
dicho . . . . same
difuntos . . . . deceased
doctrina . . . . dictrine, teachings
donde . . . . where
donzella . . . . young, unmarried girl

TERMS and PHRASES — TAOS BAPTISMS, VOLUME II

el qual viven y avitan al presente	who live and are inhabitants of the present
ella	she
en rescate	redeemed
Enero	January
equibocado	was in error
esposa	wife
espuria/o	spurious, bastard
este	this
estos	these
feligres/a	parishioner
feligresia	parish, church
fiscal	administrative officer who acts for the government
foja	page
Fr.	Father
franceces	French
habitan	live here
hermana	sister
hijo/a	child, son, daughter
higlesia	(misspelled) church
hoy	today
huerfano que parece mestiso	orphan who appears to be of mixed blood
id	idem
interíno	temporary, interim
interprete	interpreter
item	same day, month & year
Jentil	gentile, here usually belonging to the Plains Indians
jurisdicion	jurisdiction
ladinos	mixed blood
latas	(not in Velasquez but maybe like latillas)
lexitimate	legitimate
llamado antes	called before
madre	mother
mallor	older
marido	husband
mañana	tomorrow
mas o menos	more or less
mayor, maior	older or oldest
mez	month
misma/o	same
muger, mujer	woman, wife
murio	died
nacio	was born
nacion	tribe, nacion

TAOS BAPTISMS, VOLUME II — TERMS and PHRASES

```
nuera . . . . . . . . . . . . . . . . . . daughter-in-law
ó . . . . . . . . . . . . . . . . . . . . . . . . . . or
originarios . . . native, descendent, originally from
oriundos . . . . . . . . . . originated, derived from
parroquia . . . . . . . . . . . . . . . . . . . . parish
parroquianos . . . . . . . . . . . . . . . parishioners
parvula/o . . . . . . . . . . . . . . . . . small child
pasado . . . . . . . . . . . . . . . . . . . . past time
pastor . . . . . . . . . . . . . . . pastor, shepherd
poblacion . . . . population, citisenry, village, town
poco mas o menos . . . . . . . . . . . . more or less
propío . . . . . . . . . . . . . . . . . . . . . proper
Puesto . . . . . . . . . . place, post, assigned post,
 . . . . . . . . . . . . . . . . . barrack for soldiers
redimida . . . . . redeemed, saved, or paid debt with
referido . . . . . . . the referred or aforementioned
residentes . . . . . . . . . . . . . . . . . . residents
Rreino (usually not Rr) . . . . . . . . . . . . kingdom
siendo . . . . . . . . . . . . . . . . . . . . . . being
Siguen las partidas . . . . . . . . . . the entries for
 . . . . . . . . . . . . 1799 follow in the new book
sirviente . . . . . . . . . . . . . . . . . . . servant
sobre . . . . . . . . . . . . . . . . . . . . . . . over
sobredicho . . . . . . . . . . . . . . . above mentioned
sobredichos dia . . . . . . . . . . above mentioned day
sobrina/o . . . . . . . . . . . . . . . . niece/nephew
soltera/o/os . . . . . . . . . . . . single, unmarried
son . . . . . . . . . . . . . . . . . . . . . . . . are
tambien . . . . . . . . . . . . . . . . . . . . . . also
termino . . . . . . . The end of anything; boundary;
 . . . . . . . . . . . . . . district of a town or city
testigos . . . . . . . . . . . . . . . . . . . witnesses
tierra . . . . . . . . . . . . . . earth, ground, land
todos/as . . . . . . . . . . . . . . . . . . . . . . all
utsupra (two words in Latin) . . . . . . . . as above
varrio, barrio . . . . . . . . . . . . . . neighborhood
vezina/o . . . . . . . . . . . . . . . . . . . . resident
vicitador . . . . . . the official visitor or inspector
visita . . . . . . . . . . . . . . . visit or inspection
viuda/o . . . . . . . . . . . . . . . . widow, widower
viven y avitan . . . . . . . . . . . . live & inhabit
Xtiano . . . . . . . . . . . . . . . . . . . . Christian
Yglesia, yglessia . . . . . . left at door of church
ynterprete . . . . . . . . . . . . . . . . . interpreter
```

TERMS and PHRASES   TAOS BAPTISMS, VOLUME II

RPF--R=reverend, P=presbyter, Fr.=Friar or Father

___ .hard to read,
. . . . . unusual spelling as double letters in R<u>R</u>OMERO

Origins . . . .   "Origins of New Mexico Families,
. . . . . . A Genealogy of the Spanish Colonial Period,
. . . . Revised Edition, 1992," by Fray Angélico Chávez

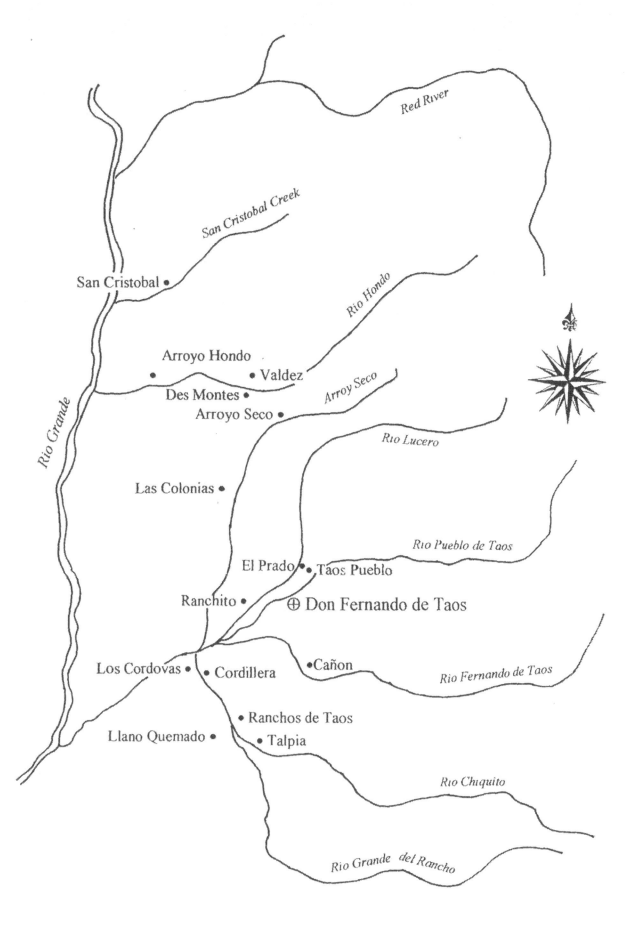

Taos Area Map

NEW MEXICO BAPTISMS
PARISHES and MISSIONS in TAOS
VOLUME II
7 Jan 1827 - 13 Jly 1837

ARCHDIOCESE of SANTA FE FILM #19
7 Jan 1827 - 15 Aug 1830

Frame 568
Libro de partidos de Bautismos perteneciente á este Curato de S. Geronimo de Taos, el que comiensa en la foja s^a, y para q^e conste lo firmé yo el actual cura parroco hoy 1 de Enero de 1827. (Signed, Fr.) An^{to} Jose MARTINEZ
"This book of baptisms from this parish of S. Geronimo of Taos begins with the following entry-(paraphrased-signed) by the pastor."

VIGIL, Juan de los Reyes   *Rancho*
  bap 7 Jan 1827, ae 2 da; s/ Amador VIGIL & Mª Ygnacia QUINTANA, *vecinos de San $Fran^{co}$ del Rancho*; ap/ Marcelino VIGIL & Mª Mig^a MARTIN, both dec.; am/ Juan QUINTANA, dec., & Mª Felipa MES; gp/ Jose Pablo MARTIN & Josefa QUINTANA, *todos vecinos del Rancho*.

GARCIA, Jose $Fran^{co}$ *Rancho*
  bap 10 Jan 1827, ae 2 da; s/ Jose An^{to} GARCIA & Mª Reyes MARTINEZ, *vecinos del varrio de San $Fran^{co}$ del Rancho*; ap/ Jose GARCIA, dec., & Viatris SANDOVAL; am/ Geronimo MARTIN (sic) & Varbara COCA, both dec.; gp/ Juan de Jesus TRUGILLO & Maria de Jesus VARERIO, *vecinos del varrio de San $Fran^{co}$ del Rancho*.

PADILLA, Jose Manuel   *San Fernando*
  bap 11 Jan 1827, ae 4 da; s/ Jose PADILLA & Mª Sarafina TRUGILLO, *vecino(s) de la plasa de San Fernando*; ap/ Santiago PADILLA & Mª Teresa LOVATO, both dec.; am/ Juan Cristova(l) TRUGILLO & Mª Soledad SALASAR, dec.; gp/ Abrahan LEDÚ & Guadalupe TRUGILLO, *vecinos del la plasa de San Fernando*.

Frame 569
CRESPIN, Jose Pablo S^n Fer^{do}
  bap 15 Jan 1827, ae 3 da; s/ Jose CRESPIN & Mª Rosa MONTOYA, *vecinos del varrio de San Fernando*; ap/ Jose Manuel CRESPIN & Mª Manuel CASILLAS, both dec.; am/ Jose Rafael MONTOYA & Mª Luisa ROMERO, both dec.; gp/ Santiago FERNANDES & Mª Luisa MAES, *vecinos del mismo varrio de San Fernando*.

DURAN, Mª Rufina   *Rancho*
  bap 16 Jan 1827, ae 4 da; d/ Bentura DURAN & Mª de Jesus MARTIN, *vecinos del Rancho*; ap/ Manuel DURAN & Jeralda MASCAREÑAS; am/ Cruz MARTIN & Dolores TORRES, dec.; gp/ $Fran^{co}$ GUTIERRES & Candelaria MARTIN, *vecinos del mismo vario*.

TRUGILLO, Jose Vicente   *S. Fernando*
  bap 20 Jan 1827, ae 4 da; s/ Jose $Fra(n)^{c(o)}$ TRUGILLO & Mª Natibidad SANDOVAL, *vecinos de S^n Fer^{do}*; ap/ Vicente TRUGILLO & Mª Dolores MADRIL; am/ Felipe SANDOVAL & Ma Polonia MAES; gp/ Jose TAFOYA & M^a $Fran^{ca}$ BERNAL, *vecinos de San Fer^{do}*.

Frame 570
SANDOVAL, Jose Luis   *Fernando*
  bap 20 Jan 1827, ae 4 da; s/ Pablo SANDOVAL & Mª Dolores COCA, *vecinos de S^n Fer^{do}*; ap/ Felipe SANDOVAL & Mª Polonia MAEZ; am/ Jose Maria COCA & Mª Juana

VENABIDEZ; gp/ Luis AMBRUES (Origins, p. 404, AMBRULE) & Mª Marselina CASADOS, *vecinos de Sⁿ Ferᵈᵒ*.

MARTIN, Jose Dolores   *Pueblo*
    bap 21 Jan 1827, ae 8 da; s/ Agustin MARTIN & Mª Benita (n.s.), *Indios naturales del pueblo de Suñe* & residents of Sⁿ Franᶜᵒ del Rancho; abuelos not given; gm/ Mª Petrona ROJO, *vecina del Rancho*.

ABILA, Antᵒ Anastacio   *Arroyo Ondo*
    bap 21 Jan 1827, ae 4 da; s/ Anastacio ABILA, dec., & Mª Ygnacia LUCERO, *vecinos del Arroyo Hondo*; ap/ Pedro ABILA & Catarina MARTIN; am/ Vicente LUCERO & Mª Marta (n.s.); gp/ Antᵒ FERNANDES & Miquela FERNANDES, *vecinos del Arroyo Ondo*.

Frame 571
ROMERO, Juan Domingo   *Pueblo*
    bap 21 Jan 1827, ae 5 da; s/ Pedro ROMERO & Rosalia ROMERO, *naturales de este pueblo*; ap/ Mariano ROMERO, dec., & Manuela ROMERO; am/ Juan ROMERO & Rafaela MIRABAL; gp/ Rafael NARANJO & Juana Maria SUASO, *naturales de este Pueblo*.

MONDRAGON, Juana Josefa   *Arroyo Ondo*
    bap 22 Jan 1827, ae 4 da; d/ Manuel MONDRAGON & Mª Rosa ARELLANO, *vecinos del Arroyo Ondo*; ap/ Mariano MONDRAGON & Mª Encarnacion ESPINOSA; am/ Julian ARELLANO, dec., & Mª de la Lus TAPIA; gp/ Jose Antᵒ MONDRAGON & Mª Dolores CASADOS, *vecinos de S. Fernando*.

SALASAR, Mª del Carmel   *Rancho*
    bap 24 Jan 1827, ae 4 da; d/ Antᵒ SALASAR & Maria Rosa ARCHULETA, *vecinos del Ranchito de San Franᶜᵒ*; ap/ Juan Manuel SALASAR, dec., & Mª Reyes MARTIN, dec.; am/ Miguel ARCHULETA & Catarina GOMES, both dec.; gp/ Jose Manuel SAIS & Trenidad MEDINA, *vecinos de S. Fernando*.

Frame 572
LOVATO, Maria Estefana   *Rancho*
    bap 25 Jan 1827, ae 4 da; d/ Mateo LOVATO & Mª Antª VARELA, *vecinos del Rancho de San Franᶜᵒ*; ap/ Rafael LOVATO & Mª de la Lus ESPINOSA; am/ Culas VARELA & Mª Polonia CHAVES; gp/ Jose Ygnacio MARTIN & Mª Dolores LOVATO, *vecinos del mismo varrio del Rancho*.

HERRERA, Juan Pablo   *Rancho*
    bap 28 Jan 1827, ae 3 da; s/ Juan Andres HERRERA & Maria del Carmel ROMERO, *vecinos del varrio de S. Franᶜᵒ*; ap/ Juan Pablo de HERRERA & Juana VENAVIDES, dec.; am/ Juan ROMERO, dec., & Viviana TORRES; gp/ Felipe de Jesus GALLEGOS & Anaventura de HERRERA, *vecinos del varrio de San Franᶜᵒ*.

ROMERO, Jose Pablo   *Rancho*
    bap 28 Jan 1827, ae 3 da; s/ Jose Ygnacio ROMERO & Juana Antonia de HERRERA, *vecinos del varrio de San Franᶜᵒ del Rancho*; ap/ Manuel Jose ROMERO & Juana Gertrudis VARELA; am/ Antᵒ de HERRERA & Pascuala GALLEGOS; gp/ Noberto MARTIN & Maria Gregoria ROMERO, *vecinos del varrio de S. Franᶜᵒ del Rancho*.

Frame 573
VIGIL, Mª Juliana   *Ranchito de Sⁿ Franᶜᵒ*
    bap 30 Jan 1827, ae 4 da; d/ Franᶜᵒ VIGIL & Mª Candelaria SANTISTEVAN, *vecinos de Sⁿ Franᶜᵒ del Ranchito*; ap/ Ygnacio VIGIL, dec., & Mª Antª ARAGON; am/ Feliciano SANTISTEVAN & Mª Rafael TRUGILLO; gp/ Carlos SANTISTEVAN & Mª de la Lus LUCERO, *vecinos de Sⁿ Franᶜᵒ del Ranchito*.

SANDOVAL, Maria Varbara *Rancho*
  bap 2 Feb 1827, ae 3 da; d/ Nicolas SANDOVAL & Mª Ygnacia MARTIN, *vecinos del Rancho*; ap/ Anto Matias SANDOVAL & Maria Ygnacia BUENO; am/ Ramon MARTIN & Paula MARTIN; gp/ Manuel ORTEGA & Maria de Jesus FERNANDES, *vecinos del varrio de San Franco del Rancho*.

VALDES, Maria Francisca *Ranchito de S. Franco*
  bap 7 Feb 1827, ae 3 da; d/ Juan VALDES & Maria Dolores PADILLA, *vecinos del Ranchito de San Francisco*; ap/ Bautista VALDES & Ana Maria ARCHULETA; am/ Maria Ysabel PADILLA & unknown father; gp/ Juan Miguel QUINTANA & Maria Gertrudis MARTIN, *vecinos del mismo varrio*.

Frame 574
CONOLE, Maria Ygnacia *Rancho*
  bap 7 Feb 1827, ae 5 da; d/ Pedro CONOLE & Maria de los Reyes DURAN, *vecinos del Rancho*; ap/ Mateo CONOLE & Rosalia SANCHEZ; am/ Pablo DURAN & Margarita SANCHEZ, both dec.; gp/ José Miguel MARTINEZ & Juana Maria ARAGON, *vecinos del mismo varrio*.

REYNA, Maria Brigida *Pueblo*
  bap 8 Feb 1827, ae 5 da; d/ Ancelmo REYNA & Miquela CASIAS, *vecinos del pueblo*; ap/ José REYNA & Margarita LUJAN; am/ Juan Anto CASIAS & Rafaela TECOA; gp/ Antonio José LUJAN & Guadalupe PACHECO, *vecinos del mismo varrio*.

GONSALES, Juan Anto *Rancho*
  bap 10 Feb 1827, ae 4 da; s/ unknown parents, adopted s/ Jose Anto GONSALES & his wife, Maria Concepcion URIOSTE who were the gp. Child presented by Citizen Jose Antonio GONSALES, who found the child near his home at night, with a note attached dated 6 of the current month, which said that the midwife had sprinkled the child with water and given him the name Juan Anto.

GARCIA, Juana Maria *Rancho*
  bap 11 Feb 1827, ae 4 da; d/ Miguel GARCIA & Maria Margarita LUCERO, *vecinos del Rancho*; ap/ Jose GARCIA, dec., & Maria Veatris SANDOVAL; am/ Bernardo LUCERO & Maria Tomasa MARTIN; gp/ Jose Manuel SANDOVAL & Maria Soledad LUCERO, *vecino(s) de S. Fernando*. (Frames 574-575)

Frame 575
PAIS, Maria Guadalupe *S. Ferndo*
  bap 11 Feb 1827, ae 2 da; d/ Miguel PAIS & Maria Soledad MES, *vecinos de S. Ferndo*; ap/ Mateo PAIS & Maria Veronica MONTOYA, both dec.; am/ Domingo MAES (sic) & Juana Maria HERRERA; gp/ Jose Manuel SAIS & Mª Carmel SAIS, *vecinos de S. Fernando*.

GARCIA, Maria de la Lus *Rancho*
  bap 13 Feb 1827, ae 3 da; d/ Juan Anto GARCIA & Maria Rita ARAGON, *vecinos del varrio de S. Franco del Rancho*; ap/ Franco GARCIA & Anamaria MOLINA; am/ Lorenso ARAGON & Josefa VIGIL; gf/ Pedro MARTIN, *vecino del varrio de S. Franco del Rancho*.

MESTAS, Maria Silveria *Fernando*
  bap 13 Feb 1827, ae 3 da; d/ Jose del Carmel MESTAS & Maria Mariana TORRES, *vecinos de S. Fernando*; ap/ (blank space); am/ Diego TORRES & Maria Concepcion TRUGILLO, dec.; gp/ Anto URASÁ & Juana Gertrudis TRUGILLO, *vecinos de la plasa de S. Fernando*. (Frames 575-576)

TAOS BAPTISMS, VOLUME II   1827-1830, AASF #19

Frame 576
DURAN, Maria Juliana   (Maria Rafaela in margin)   Rancho
    bap 13 Feb 1827, ae 7 da; d/ Vernardo DURAN & Maria Feliciana VIGIL, vecinos
    del varrio de S. Fran^{co} del Rancho; ap/ Manuel DURAN & Geralda RUIBAL; am/ Crus
    VIGIL & Mª Clara FERNANDEZ; gp/ Andres MARTIN & Maria Antonia ORTIS, vecinos
    del varrio de S. Fran^{co} del Rancho.

MONTOYA, Antonio Maria   Rancho
    bap 14 Feb 1827, ae 6 da; s/ Ramon MONTOYA & Maria Ygnacia TRUGILLO, vecinos
    del varrio de S. Fran^{co} del Rancho; ap/ Jose MONTOYA & Maria Ygnacia VALDES,
    dec.; am/ Santiago TRUGILLO & Maria Polonia ROMERO; gp/ An^{to} de Jesus SALASAR
    & Maria Nicolasa SALASAR, vecino del varrio de S. Francisco del Rancho.

GARCIA (gp), Maria Gertrudis   S. Fer^{do}
    bap 14 Feb 1827, ae 1 yr+; d/ Rosalia (n.s.), Tribu Apache, child sick & in
    danger of dying whom someone baptized and the mother now asks that the child
    be baptized; gp/ Siriaco GARCIA & Soledad MAES de S. Fernando with the
    understanding that the child remain with the godparents.

Frame 577
DURAN, Maria Ysabel   Rancho
    bap 16 Feb 1827, ae 3 da; d/ Gregorio DURAN & Maria Clara FERNANDES, vecinos
    del varrio de S. Fran^{co} del Rancho; ap/ Ygnacio DURAN & Mª Antonia SANCHES,
    dec.; am/ Jose Mariano FERNANDES & Mª Ascencion LUCERO; gp/ Pedro MARTIN & M^a
    Dolores MARTIN, vecinos tambien del Rancho.

FRESQUIS, An^{to} Seberiano   Fernando
    bap 21 Feb 1827, ae 5 da; s/ An^{to} FRESQUIS & Maria de los Relles SANCHES,
    vecinos del varrio de San Francisco del Rancho; ap/ An^{to} FRESQUIS & Maria
    Ygnacia CANO, both dec.; am/ Diego An^{to} SANCHES & Maria Magdalena MARTINES, who
    were the gp, vecinos de la poblacion del Arroyo Seco.

TRUGILLO (gp), Maria Trinidad   S. Fernando
    bap 22 Feb 1827, ae 10 yr; d/ Tribu Yuta, famula de Pablo TRUGILLO & his wife,
    Maria Feliciana ORTIZ who were the gp, vecinos de San Fernando.

Frame 578
MEDINA, Jose Manuel   Arroyo Ondo
    bap 25 Feb 1827, ae 4 da; s/ An^{to} Tiburcio MEDINA & Mª Juana ARCHULETA, vecinos
    del Arroyo Ondo; ap/ Cristoval MEDINA & Juana CORDOVA; am/ Damian ARCHULETA &
    Juana CORDOVA, vecinos del Arroyo Ondo; gp/ Fran^{co} An^{to} TRUGILLO & Mª de la Lus
    ABILA del mismo lugar.

GARCIA, Maria Juana   Arroyo Ondo
    bap 26 Feb 1827, ae 3 da; Jabier GARCIA & Maria Ysabel RUIBAL, vecinos del
    Arroyo Ondo; ap/ Ramon GARCIA & Maria Rosa BACA; am/ Jose RUIBAL & Rosalia
    MAES; gp/ Feliciano SANTISTEVAN & Maria Rafaela TRUGILLO, vecinos de la plasa
    de S. Francisco del Ranchito.

TRUGILLO, Maria Dolores   Rancho
    bap 27 Feb 1827, ae 4 da; d/ Luis TRUGILLO & Maria Miquela GONSALES, vecinos
    del varrio de S. Fran^{co} del Rancho; ap/ Bicente TRUGILLO & Maria Guadalupe
    MARTIN; am/ Juan Manuel GONSALES & Lorensa CHAVES; gp/ Jose Maria TRUGILLO &
    Mª Reyes MEDINA, vecinos del varrio de S. Fran^{co} del Rancho.

VIGIL, Jose Ramon   Rancho
    bap 1 Mch 1827, ae 3 da; s/ Jose Anastacio VIGIL & Mª de la Cruz QUINTANA,

vecinos del varrio de S. Franco del Rancho; ap/ Juan de la Crus VIGIL & Mª Clara
FERNANDES; am/ Jose de la Crus QUINTANA & Maria Miquela VALDES, both dec.; gp/
Anto VIGIL & Maria Simona MONTOYA, vecino(s) del varrio de S. Franco del Rancho.
(Frames 578-579)

Frame 579
GOMES, Jose Nastorio   Arroyo Seco
   bap 3 Mch 1827, ae 6 da; s/ Antonio GOMES & Maria Rosa MARTIN, vecinos del
   Arroyo Seco; ap/ Jose Franco GOMES & Mª Antonia TRUGILLO, both dec.; am/ Jose
   Ygnacio MARTIN & Maria Paubla SALASAR, dec.; gp/ Blas CHAVES & Maria Dolores
   MARTINES, vecinos del Arroyo Seco.

PADIA, Juan Nestor   Arroyo Ondo
   bap 4 Mch 1827, ae 7 da; s/ Manuel PADIA & Mª Ysabel SISNEROS, vecinos del
   Arroyo Ondo; ap/ Salvador PADIA & Josefa MARTIN; am/ Nerio SISNEROS, dec., &
   Teodora MARTIN; gp/ Antonio Jose CORDOBA & Maria Rosa SANDOBAL, vecinos del
   Arroyo Ondo.

VARGAS, Maria Rosa   Rancho
   bap 5 Mch 1827, ae 3 da; d/ Pablo VARGAS & Maria Ygnacia CORDOBA, vecinos del
   varrio de S. Franco del Rancho; ap/ Maurilo VARGAS & Maria Nicomeda PINO; am/
   Lorenso CORDOBA & Maria Rafaela TRUGILLO; gp/ Juan de Jesus TRUGILLO & Maria
   Catarina CORDOVA, vecinos del varrio de S. Franco del Rancho. (Frames 579-580)

Frame 580
CORDOBA, Maria Paubla   Arroyo Ondo
   bap 5 Mch 1827, ae 3 da; d/ Manuel CORDOBA & Maria Teodora MONDRAGON, vecinos
   del Arroyo Ondo; ap/ Lorenso CORDOBA & Mª Margarita MARTINES; am/ Mariano
   MONDRAGON & Mª Encarnacion ESPINOSA; gp/ Jose Manuel MEDINA & Anta Teresa
   MARTIN, vecinos del Arroyo Ondo.

ROMERO, Jesus Maria   Rancho
   bap 7 Mch 1827, ae 5 da; s/ Juan de los Reyes ROMERO & Maria Manuela ROMERO,
   vecinos del varrio de S. Francisco del Rancho; ap/ Manuel Jose ROMERO & Juana
   VARELA, dec.; am/ Jose Maria ROMERO & Rafaela MARTIN; gp/ Jose Antonio
   TRUGILLO & Maria Franca VIGIL, vecinos del varrio de S. Franco del Rancho.

LUGAN, Maria Manuela   (Maria Dolores in margin)   Pueblo
   bap 11 Mch 1827, ae 3 da; d/ Juan LUGAN & Madalegna ROMERO, vecinos naturales
   del pueblo de Taos; ap/ Franco LUGAN & Madaglena ROMERO, dec.; am/ Juan Anto
   ROMERO & Antonica LOMA; gp/ Jose Rafael SALAS & Mª Gracia GARCIA, vecinos de
   S. Fernando. (Frames 580-581)

Frame 581
CORDOBA, Maria Guadalupe   Pueblo
   bap 11 Mch 1827, ae 8 da; d/ Juan Anto CORDOBA & Maria Soledad LUCERO, vecinos
   del pueblo; ap/ Jose CORDOBA & Mª Anta GABILANA, dec.; am/ Juan Domingo LUCERO,
   dec., & Maria Angela ROMERO; gp/ Juan Siriaco GARCIA & Mª Soledad MAES, vecinos
   de S. Fernando.

LUCERO (patron), Jose Anto   Arroyo Ondo
   bap 11 Mch 1827, ae 2 yr; s/ Tribu Yuta, famulo/ Mateo LUCERO, vecino del
   Arroyo Ondo; gp/ Jose Anto MARTINES & Maria Manuela MARTINES, vecinos del
   Arroyo Ondo.

GALLEGOS, Jose Benito   Rancho
   bap 11 Mch 1827, ae 5 da; s/ Felipe GALLEGOS & Mª Ventura MARTINES, vecinos

del Rancho; ap/ Miguel An^to GALLEGOS, dec., & Mª Trinida(d) HURTADO; am/ Juan Pablo de HERRERA (sic) & Naventura (sic) DURAN; gp/ Fran^co FERNANDES & Mª LEAL, *vecinos del mismo varrio*.

Frame 582
HERRERA, Maria Dolores *Rancho*
 bap 11 Mch 1827, ae 2 da; d/ Pablo de HERRERA & Manuela MARTIN, *vecinos del varrio de San Fran^co del Rancho*; ap/ Juan de HERRERA & Mª Antonia MASCAREÑAS; am/ Santiago MARTIN & Mª Josefa GARCIA; gp/ Ma^l LUCERO & Mª Andrea LABADIA, *vecinos del Rancho*.

QUINTANA, Maria Soledad *Rancho*
 bap 12 Mch 1827, ae 7 da; d/ Gabriel QUINTANA & Maria Encarnacion PACHECO, *vecinos del varrio de S. Fran^co del Rancho*; ap/ Gabriel QUINTANA & Maria Antonia VIGIL, dec.; am/ Fran^co PACHECO, dec., & Maria Luisa VIGIL; gp/ D. Ygnacio GONSALES & his wife, Maria Josefa LALANDA, *vecinos del mismo varrio de San Fran^co*.

PADILLA, Jose An^to *Ranchito*
 bap 13 Mch 1827, ae 2 da; s/ Roque PADILLA & Mª Josefa VASQUES, *vecinos del Ranchito de la Purisima Concepcion*; ap/ Santiago PADIA (sic) & Maria Teresa LOVATO, both dec.; am/ Dolores MONTOYA & father not legitimate; gp/ Tomas RIBERA & Maria del Carmel GONSALES, *vecinos dela plasa de la Purisima Concepcion del Ranchito*. (Frames 582-583)

Frame 583
ROMERO, Fran^co An^to *Rancho*
 bap 14 Mch 1827, ae 5 da; s/ Jose Mª Merced ROMERO & Mª Josefa QUINTANA, *vecinos del varrio de S. Fran^co del Rancho*; ap/ Graviel ROMERO & Rosalia TRUGILLO, dec.; am/ Gregorio QUINTANA & Mª Concepcion VALDES; gp/ An^to Tivurcio VIGIL & Maria Simona MONTOYA, *vecinos del varrio de S. Fran^co del Rancho*.

TRUGILLO, Juan de Dios *Rancho*
 bap 14 Mch 1827, ae 7 da; s/ Jose Cleto TRUGILLO & An^ta Rosa MARTINES, *vecinos del varrio de S. Fran^co del Rancho*; ap/ Juan An^to TRUGILLO & Maria Juana BUENO, dec.; am/ Juan Cristobal MARTIN (sic) & Mª Manuela VELASQUES; gp/ Juan An^to ROMERO & Mª Dolores MIRAVAL, *vecinos del Rancho*.

VIGIL, Eulogio *Rancho*
 bap 14 Mch 1827, ae 4 da; s/ Rodrigo VIGIL & Mª Rosalia MARTIN, *vecinos del varrio de S. Fran^co del Rancho*; ap/ Graviel VIGIL & Anamaria LUCERO, both dec.; am/ An^to MARTIN & An^ta SANCHES, both dec.; gp/ Faustin VIGIL & Maria de la Lus MARTIN, *vecinos del varrio de S. Fran^co del Rancho*.

HERRERA, Maria Matilde *S. Fernando*
 bap 15 Mch 1827, ae 3 da; d/ Juan de HERRERA & Maria de la Crus VERNAL, *vecinos de S. Crus de la Cañada y recidentes en esta plasa de S. Fernando*; ap/ An^to de HERRERA & Mª Ysabel CARDENAS; am/ Pedro VERNAL & Mª An^ta BEITA; gp/ An^to ORTIS & Mª Dolores LUCERO, *vecinos de S. Fernando*. (Frames 583-584)

Frame 584
LUCERO, Juana Maria *Rancho*
 bap 16 Mch 1827, ae 3 da; d/ Manuel LUCERO & Mª Andrea LABADIA, *vecinos del varrio de S. Fran^co del Rancho*; ap/ Vernardo LUCERO & Mª Tomasa MARTIN, dec.; am/ Domingo LABADILLA (sic) & Maria Miquela PADILLA, dec.; gp/ Vernardo LUCERO & Mª Josefa QUINTANA, *vecinos de S. Fernando*.

LUNA, Jose Vicente   S. Fernando
   bap 16 Mch 1827, ae 2 da; nat. s/ Mª Dolores LUNA & unknown father; am/ Rafael
   de LUNA & Ana Maria TAFOYA; gp/ Juan LUNA & Mª Candelaria BELARDE, *todos
   vecinos del varrio de S. Fernando.*

GANSAL, Jose An^{to} San Fern^{do}
   bap 16 Mch 1827, ae 2 da; s/ Carlos GANSAL (sic) & Mª Vartola ROMERO, *vecinos
   de S. Fernando;* ap/ Pedro GANSAL & Aniseta GARCIA; am/ An^{to} Domingo ROMERO,
   dec., & Mª Josefa QUINTANA; gp/ An^{to} LEDÚ & Mª Polonia LUCERO, *vecinos de S.
   Fernando.* (Frames 584-585)

Frame 585
MARTIN, Jose Rafael   Rancho
   bap 18 Mch 1827, ae 7 da; s/ Juan Salvador MARTIN & Mª Manuela ROMERO, *vecinos
   del varrio de S. Fran^{co} del Rancho;* ap/ Salvador MARTIN & Maria Manuela
   TRUGILLO, both dec.; ap/ Patricio ROMERO, dec., & Maria Leonicia DURANA; gp/
   Jose Policarpio CORDOBA & Maria Miquela GONSALES, *vecinos del mismo varrio.*

MEDINA, Jose Julian   Arroyo Ondo
   bap 19 Mch 1827, ae 4 da; s/ Jose Manuel MEDINA & Maria An^{ta} MARTINA, *vecinos
   del Arroyo Ondo;* ap/ Christoval MEDINA, dec., & Juana Josefa CORDOVA; am/
   Bernardo MARTIN & Gertrudis ARCHULETA, both dec.; gp/ Lorenzo CORDOVA & Maria
   Guadalupe CORDOVA, *vecinos del mismo territorio.*

MESTAS, Jose Fran^{co} San Fernando
   bap 19 Mch 1827, ae 5 da; s/ Juan Nicolas MESTAS & Mª Ageda FERNANDES, *vecinos
   de S. Fernando;* ap/ Nicolas de la Crus MESTAS & Mª Leogarda NARANJO, both dec.;
   am/ An^{to} Jose FERNANDES & Liogarda MARTINES, both dec.; gp/ Pedro ARCHULETA &
   Mª Dolores BALDES, *v^s del mismo lugar.*

Frame 586
CASILLAS, Maria Dolores   Rancho
   bap 20 Mch 1827, ae 3 da; d/ Cristoval CASILLAS & Maria Luisa TAFOYA, *vecinos
   del varrio de S. Fran^{co} del Rancho;* ap/ Bernardo CASIAS (sic), dec., & Mª Ysabel
   MADRIL; am/ Juan Vartolo TAFOYA & Maria Dolores MAES, dec.; gp/ Noberto
   SANDOBAL & Fran^{ca} CASILLAS, *vecinos de S. Fernando.*

(Entry with no surnames)

BEITA, Jose Grabriel   San Fernando
   bap 21 Mch 1827, ae 4 da; s/ Diego BEITA & Ana Maria GONSALES, *vecinos de S.
   Fernando;* ap/ Andres BEITA & Maria Gregoria MARTIN, both dec.; am/ Cleto
   GONSALES & Maria Manuela VALDES; gp/ An^{to} LUCERO & Mª Estefana ARAGON, *vecinos
   de S. Fernando.*

MARTIN, Maria Guadalupe   Arroyo Ondo
   bap 21 Mch 1827, ae 1 da; d/ An^{to} MARTIN & Maria Catarina SANDOVAL, *vecinos del
   Arroyo Ondo;* ap/ Eucebio MARTIN, dec., & Maria An^{ta} ARMIJO; am/ Jose S^{tos}
   SANDOVAL & Maria Nicolasa MESTAS, both dec.; gp/ An^{to} Lias ARMENTA & Maria
   Ysabel SANCHES, *vecinos del Arroyo Seco.* (Frames 586-587)

Frame 587
MONDRAGON, Maria Juana   Rancho
   bap 22 Mch 1827, ae 3 da; d/ Bartolo MONDRAGON & Mª Josefa MEDINA, *vecinos de
   S. Fran^{co} del Rancho;* ap/ An^{to} MONDRAGON, dec., & Maria Rosa SANDOVAL; am/ Juan
   Pascual MEDINA & Maria Teresa ESPINOSA; gp/ Juan Rafael MONDRAGON & Maria
   Fran^{ca} VIGIL, *vecinos del varrio de S. Fran^{co} del Rancho.*

ROMERO, Maria Andrea — *Rancho*
  bap 24 Mch 1827, ae 3 da; d/ Jose ROMERO & Mª Viviana FERNANDES, *vecinos del varrio de S. Fran^co del Rancho*; ap/ Concepcion ROMERO & Maria Rosa QUINTANA, both dec.; am/ Domingo FERNANDES, dec., & Maria Fran^ca GARCIA; gp/ Manuel LUCERO & Maria Andrea LAVADI, *vecinos del varrio de S. Fran^co del Rancho*.

TRUGILLO, Maria An^ta de la Encarnacion — *Rancho*
  bap 25 Mch 1827, ae 4 da; d/ Faustin TRUGILLO & Maria Dolores CORDOBA, *vecinos del varrio de S. Fran^co del Rancho*; ap/ Santiago TRUGILLO & Maria Polonia ROMERO; am/ Jose Ygnacio CORDOBA & Mª An^ta de la Encarnacion MARQUES; gp/ Juan Domingo TAFOYA & Maria Gertrudis CORDOBA, *vecinos del varrio de S. Fran^co del Rancho*. (Frames 587-588)

Frame 588 (Only one entry)
VIGIL, Juan de la Crus — *Rancho*
  bap 25 Mch 1827, ae 1 da; s/ Juan Ygnacio VIGIL & Mª Paula QUINTANA; ap/ Marcelino VIGIL & Maria Micaela MARTINES; am/ Juan Julian QUINTANA, dec., & Mª Felipa MES; gp/ Amador VIGIL & Mª Ygnacia QUINTANA, *todo(s) de S. Fran^co del Rancho*.

Frame 589
DURAN, Maria de la Encarnacion — *Rancho*
  bap 25 Mch 1827, ae 5 da; d/ Fran^co DURAN & Juana Gertrudis ALIRE, *vecinos de S. Fernando*; ap/ Pablo DURAN & Maria de Jesus VALDES; am/ Juan Lorenso ALIRE & Mª Josefa VEITA; gp/ Jose Rafael LUNA & Mª Paula LUNA, *vecinos de S. Fernando*.

MARTIN, Felipe de Jesus — *Arroyo Ondo*
  bap 26 Mch 1827, ae 4 da; s/ Rafael MARTIN & Mª Gua(da)lupe LUCERO, *vecinos del Arroyo Ondo*; ap/ unknown because he is from the Apache Nation; am/ An^to LUCERO & Maria Dolores CHAVES; gp/ Juan de Jesus SANDOVAL & Maria Juliana GALLEGO, *vecinos del Arroyo Ondo*.

ARCHULETA, Jose An^to — *Arroyo Ondo*
  *bap 24 Mch 1827, ae 6 da; s/ Marcos ARCHULETA & Maria Dolores SANCHES, *vecinos del Arroyo Ondo*; ap/ Damian ARCHULETA & Maria Miquela SALASAR; am/ Miguel SANCHES & Maria Paula LOVATO, both dec.; gp/ Jose An^to TRUGILLO & Maria Fran^ca MARTIN, *vecinos de la poblacion del Arroyo Ondo*.

COCA, Maria Antonia — *S. Fernando*
  bap 28 Mch 1827, ae 5 da; d/ Jose Ysidro COCA & Maria Ylaria MONTOLLA, *vecinos de S. Fernando*; ap/ Jose Andres COCA & Maria Dolores ARAGON; am/ Jose Bernardo MONTOYA (sic) & Anamaria MARTIN; gp/ Lorenso BACA & Ana Maria BACA, *vecinos de San Fernando*. (Frames 589-590)

Frame 590
PADILLA, Juana Maria — *Rancho*
  bap 29 Mch 1827, ae 2 da; d/ Juan Antonio PADILLA & Maria de la Lus GARCIA, *vecinos de S. Fran^co del Rancho*; ap/ Jose PADIA (sic) & Mª Josefa MESTAS; am/ Estevan GARCIA & Petra SALASAR, both dec.; gm/ Maria An^ta VIGIL, *vecinos de S. Fran^co del Rancho*.

TAFOYA, Maria del Rosario — *Arroyo Seco*
  bap 31 Mch 1827, ae 4 da; d/ Martin TAFOYA & Maria Candelaria DURAN, *vecinos del Arroyo Seco*; ap/ Jose TAFOYA & Mª An^ta MONTOYA; am/ Juan Andres DURAN & Maria Candelaria MONDRAGON; gp/ Pumuceno CORTES & Maria de la Crus MARTIN, *vecinos del Arroyo Seco*.

SALAS, An^to Maria *Arroyo Ondo*
    bap 1 Apr 1827, ae 5 da; s/ Jose Rafael SALAS & Mª Miquela MARTIN, *vecinos del Arroyo Ondo*; ap/ Ramon SALAS & Maria Dolores LUCERO, both dec.; am/ Jose MARTIN & M^a de las Nieves PANDA, dec.; gp/ Rafael SISNEROS & Mª de Jesus ESPINOZA, *vecinos del Arroyo Ondo*. (Frames 590-591)

Frame 591
MARTIN, Maria Dolores *Rancho*
    bap 1 Apr 1827, ae 3 da; d/ Fran^co MARTIN & Maria Ygnacia PINEDA, *vecinos del Rancho*; ap/ Vicente MARTIN & Maria Ysabel VIGIL, both dec.; am/ Jacinto PINEDA & Maria Josefa LEAL; gp/ Manuel MARTIN & Maria Dolores MARTIN, *vecinos del varrio de S. Fran^co del Rancho*.

GOMES, Juan Domingo *Pueblo*
    bap 1 Apr 1827, ae 3 da; s/ Fran^co GOMES & Juana Maria ROMERO, *vecinos naturales del pueblo de Taos*; ap/ Pablo GOMES & Guadalupe GONSALES, both dec.; am/ Fran^co ROMERO & Mª Felipa MARTINES; gm/ M^a An^ta RIO, *vecina natural deste pueblo de Taos*.

MARTIN, Jose Ricardo *Rancho*
    bap 3 Apr 1827, ae 4 da; s/ Maria MARTIN & Maria Brigida TAFOLLA, *vecinos del varrio de S. Fran^co del Rancho*; ap/ Juan Felipe MARTIN & Maria Ygnacia VIGIL, both dec.; am/ Juan Domingo TAFOYA (sic) & Mª Gertrudis CORDOBA; gp/ Mariano JARAMILLO & Maria Josefa LOVATO, *vecinos del varrio de S. Fran^co del Rancho*. (Frames 591-592)

Frame 592
LAMORIS, Juan Antonio *Arroyo Ondo*
    bap 3 Apr 1827, ae 3 da; s/ Amador LAMORIS (see Origins, p. 421, LAMORÍ) & Mª Rafaela BACA, *vecinos del Arroyo Ondo*; ap/ not given; am/ Manuel BACA & Maria Manuela CASADOS; gp/ Jose Grabriel MARTIN & Maria An^ta GARCIA, *vecinos de S. Fernando*.

BOGGS, Jose Tomas previously named Tomas *Adulto del Rancho*
    bap 3 Apr 1827, ae 37 yr; s/ Andres BOGGS & Elena HOPKINS, *originarios from the United States del norte America*; gp/ D^n Manuel MARTINEZ & Juana Maria MARTINES, *ciudadanos de S. Fran^co del Ranchito*. (Interesting entry). (Frames 592-593)

Frame 593
GONSALES, Juan del Carmel *Pueblo*
    bap 5 Apr 1827, ae 6 da; nat. s/ Maria de los Reyes GONSALES, *vecina natural del pueblo de Taos*, & unknown father; am/ Jose Santos GONSALES & Maria MARTINES, both dec.; gp/ Jose An^to SUASO & Maria Josefa CASADOS, *vecinos de S. Fernando*.

VIGIL, Jose Fran^co *Rancho*
    bap 5 Apr 1827, ae 5 da; s/ Fran^co VIGIL & Concepcion URTADO, *vecinos del varrio de S. Fran^co del Rancho*; ap/ Migil (VIGIL) & Anamaria BALLEJOS; am/ Juan URTADO & Matiana ROMERO, both dec.; gp/ Miguel MARQUES & Mª Gertrudis MONTOYA, *vecinos del mismo varrio del Rancho*. (Frames 593-594)

Frame 594
RIBERA, Maria Rita *La Purisima Concepcion*
    bap 5 Apr 1827, ae 5 da; d/ Pedro An^to RIBERA & Maria Dolores BALDONADO, *vecinos de la plasa de la Puricima Concepcion del Ranchito*; ap/ Alonso RIBERA, dec., & Mª VEITA; am/ Jose VALDONADO (sic) & Maria An^ta BACA, both dec.; gp/ Juan An^to LOVATO & Maria Ygnacia SANCHES, *vecinos del varrio de S. Fran^co del Rancho*.

TAOS BAPTISMS, VOLUME II   1827-1830, AASF #19

BLEA, Domingo Ramos   San Fernando
  bap 7 Apr 1827, ae 1 da; nat. s/ Mª Rosario BLEA, *vecina de S. Fernando*, &
  father unknown; am/ Jose Juachin BLEA & Maria Ygnacia CHAVES, both dec.; gp/
  Pablo CORTES & Maria Dolores PADILLA, *vecinos de S. Fernando*.

TAFOLLA, Maria Graciana   Rancho
  bap 8 Apr 1827, ae 3 da; d/ Bartolo TAFOLLA & Maria Antonia GONZALEZ, *vecinos
  del varrio de S. Franco del Rancho*; ap/ Juan Domingo TAFOLLA & Dolores MES; am/
  Cayetano GONZALEZ & Lorenza JORJE; gp/ Pedro BUENO & Mª Manuela ROMERO, *vecinos
  del mismo varrio*. (Frames 594-595)

Frame 595
VIGIL, José Rafael   Rancho
  bap 8 Apr 1827, ae 8 da; s/ Franco VIGIL & Juliana CONTRERAS, *vecinos del
  varrio de S. Franco del Rancho*; ap/ Julian VIGIL & Maria Antonia Ylaria (n.s.);
  am/ Gerardo CONTRERAS, dec., & Encarnacion CHAVES; gp/ Miguel VARELA & Juana
  ROMERO, *vecinos del mismo varrio*.

URIOSTE, José Francisco   Rancho
  bap 8 Apr 1827, ae 2 da; s/ Juan de URIOSTE & Maria Manuela VIGIL; ap/ Franco
  URIOSTE & Maria Rita MARTIN; am/ Juan de la Cruz VIGIL & Maria Clara
  HERNANDEZ; gp/ Anto de Jesus GALLEGOS & Mª Miquela VIGIL, *todos vecinos del
  varrio de Sª Franco del Rancho*.

Frame 596
TAFOLLA, Maria Anta   Rancho
  bap 10 Apr 1827, ae 3 da; d/ José TAFOLLA & Maria Antonia SERDA; ap/
  Sa(l)vador TAFOLLA & Ygnacia CANO, both dec.; am/ Manuel SERDA & Mª Manuela
  ARCHULETA; gp/ Juan de Jesus MEDINA & Mª Josefa MARTIN, *vecinos del mismo
  varrio del Rancho*.

SANCHES, Jose Ramon   Ranchito
  bap 10 Apr 1827, ae 3 da; s/ Guadalupe SANCHES, *vecina de la Purisima
  Concepcion del Ranchito*; am/ Maria Josefa SANCHES & unknown abuelo; gp/ Anto
  Jose GARCIA & Mª Paula PANDO, *vecinos de S. Franco del Ranchito*.

MARTIN, Maria Ramona   Ranchito
  bap 11 Apr 1827, ae 4 da; d/ Pablo MARTIN & Maria Soledad LUCERO, *vecinos de
  San Franco del Rancho*; ap/ Anto Jose MARTIN & Maria Rita BEITA, both dec.; am/
  Juan de Jesus LUCERO & Maria Ygnacia ARAGON; gp/ Jose Anto BARELA & Maria
  Josefa LUCERO *del mismo varrio del Ranchito*.

Frame 597
LEDÚ, Jose Julian   San Fernando
  bap 12 Apr 1827, ae 3 da; s/ Abrahan LEDÚ (Origins, p. 423, LEDOUX) & Maria
  Guadalupe TRUGILLO, *vecinos (de) San Fernando*; ap/ Anto LEDÚ & Madalena DE LA
  A/O (Origins, same); am/ Blas TRUGILLO & Mª Manuela SANCHES; gp/ Blas TRUGILLO
  & Mª Manuela SANCHES, *vecinos de San Fernando*.

MARTIN, Jose Dolores   Ranchito
  bap 12 Apr 1827, ae 06 da; s/ Jose Franco MARTIN & Maria Ysabel CORTES; ap/
  Joaquin MARTIN & Candelaria CHAVES, both dec.; am/ Crus CORTES & Maria de la
  Luz MONTOLLA, dec., *besinos todos del Rancho de San Franco*; gp/ Carlos
  SANTISTEVAN & Maria de la Luz LUCERO, *vesinos del Ranchito*.

MARTIN, Jose Leonicio   (Jose Lonicio in margin)   Rancho
  bap 14 Apr 1827, ae 6 da; s/ Crus MARTIN & Maria Ramona MONTOLLA, *becinos del
  Rancho*; ap/ Felipe MARTIN & Ygnacia VIGILA, both dec.; am/ Jose MONTOLLA &

Maria Ygnacia BALDES, dec.; gp/ An^to Jesus GALLEGO & Maria Miquela VIGIL, *vesinos del Rancho*.

SANDOVAL, Jose Tiburcio　　　　　　　　　　　　　　　　　　　　San Fernando
　　bap 15 Apr 1827, ae 4 da; s/ Jose Ramo SANDOVAL & Mª Marta TELLES, *vecinos de San Fernando*; ap/ Pablo SANDOVAL & Maria Lugarda QUINTANA; am/ Miguel TELLES & Mª RUIVAL; gp/ Francisco GONSALES & Mª Juaquina TAFOLLA, *vecinos de S. Fernando*. (Frames 597-598)

Frame 598
GALLEGO, Maria del Refugio　　　　　　　　　　　　　　　　　　San Fernando
　　bap 15 Apr 1827, ae 3 da; d/ Jacinto GALLEGO & Maria An^ta GONSALES, *vecinos de San Fernando*; ap/ Juan Christoval GALLEGO & Guadalupe CHAVES; am/ Jose Maria GONSALES & (blank space); gp/ (blank space).

ARCHULETA, Maria Anastacia　　　　　　　　　　　　　　　　　　　　*Rancho*
　　bap 15 Apr 1827, ae 8 da; d/ Pedro Asencio ARCHULETA & Mª Dolores BA(S)QUES, *vecinos del Rancho*; ap/ Miguel ARCHULETA & Mª Franc^a OLIVAS, both dec.; am/ An^to BA(S)QUES & Maria ARAGON; gp/ Jose Tomas MARQUES & Maria Gertrudis MONTOYA, *vecinos del Rancho*.

ROMERO, Juan An^to　　　　　　　　　　　　　　　　　　　　　　　　*Pueblo*
　　bap 16 Apr 1827, ae 4 da; s/ Jose Vitor ROMERO & Mª GONSALES, *naturales de este pueblo*; ap/ An^to Jose ROMERO & Teresa RIBAL, both dec.; am/ Santiago GONSALES & Josefa MARTIN, both dec.; gp/ Jose An^to SUASO & Mª Dolores SUASO, *vecinos de S^n Fer^do*. (Frames 598-599)

Frame 599
VIGIL, Maria Dolores　　　　　　　　　　　　　　　　　　　　　　　*Rancho*
　　bap 16 Apr 1827, ae 4 da; nat. d/ Mª Ysidora VIGIL, *vecina del varrio de San Franco del Rancho*, & unknown father; am/ Crus VIGIL & Maria Clara FERNANDES; gp/ Juan ROLIS (see Origins, p. 431, ROLES) & Maria Encarnacion MARTIN, *vecinos del varrio de San Franco del Rancho*.

FERNANDES, Maria Encarnacion　　　　　　　　　　　　　　　　　　　*Rancho*
　　bap 17 Apr 1827, ae 10 da; d/ Manuel FERNANDES & Maria Sencion MARTIN, *vecinos del varrio de San Franco del Rancho*; ap/ Domingo FERNANDES, dec., & Maria Franca GARCIA; am/ Pedro MARTIN & Maria de los Reyes FERNANDES, dec.; gm/ Maria Dolores MARTIN, *vecina del varrio de San Franco del Rancho*.

SANCHES, Jose Niceto　　　　　　　　　　　　　　　　　　　　　　　*Ranchito*
　　bap 18 Apr 1827, ae 2 da; s/ Juan SANCHES & Maria Luisa BACA, *vecinos de la Purisima Concepcion del Ranchito*; ap/ Miguel SANCHES & Pabla LOVATO, both dec.; am/ Manuel BACA & Maria Manuela CASADOS; gp/ Marselo LOVATO & Maria Paula LOVATO, *vecinos del mismo varrio de la Puricima*. (Frames 599-600)

Frame 600
RAEL, Maria Guadalupe　　　　　　　　　　　　　　　　　　　　　*Arroyo Ondo*
　　bap 18 Apr 1827, ae 5 da; d/ Juan RAEL & Maria Dolores CORDOBA, *vecinos del Arroyo Ondo*; ap/ Andres RAEL & Maria Teresa CRESPIN, both dec.; am/ Vernardo CORDOBA, dec., & Mª Juana MARTIN; gp/ Jose An^to TRUGILLO & Maria Franca MARTINES, *vecinos del Arroyo Ondo*.

MARTIN, Maria Ynes　　　　　　　　　　　　　　　　　　　　　　　*Arroyo Ondo*
　　bap 19 Apr 1827, ae 3 da; d/ Manuel MARTIN & Mª Franca MONTES, *vecinos del Arroyo Ondo*; ap/ Miguel MARTIN & Mª Dolores MARTIN, both dec.; am/ An^to MONTES & Maria Ynes MARTIN; gp/ Felipe VALDES, *vecino (dela) Jurisdicion de la Jolla*, & Maria de Gracia GARCILLA, *vecina de San Fernando*.

GOMES, Juana Maria   *Pueblo*
   bap 21 Apr 1827, ae 7 da; d/ Pedro GOMES & Mª Rosa RIO, *Indios naturales del pueblo de Taos*; ap/ Juan GOMES & Mª (n.s.), who was from the Apache Tribe; am/ Antº RIO & Juana LOMA; gp/ Jose Antº SUASO & Mª Josefa CASADOS, *vecinos de Sn Fernando*.

Frame 601
JARAMIO, Jose Perfecto   *Ranchito*
   bap 22 Apr 1827, ae 5 da; s/ Juan Felipe JARAMIO & Mª Ygnacia CORTs, *vecinos de S. Francº del Rancho*; ap/ Patricio JARAMIO & Mª Jose(fa) CRUS, both dec.; am/ Pablo CORTES & Maria Nasarena BLEA, dec.; gp/ Pablo BLEA & Mª Dolores LOPES, *vecinos de S. Fernando*.

ESPINOSA, Jose Domingo   *Rancho*
   bap 22 Apr 1827, ae 3 da; s/ Santiago ESPINOSA & Mª Rita BARGAS, *vecinos del Rancho*; ap/ Vicente ESPINOSA, dec., & Maria de la Lus ROMERO; am/ Estevan VARGAS (sic) & Mª Andrea TAFOLLA, dec.; gp/ Salvador TAFOYA (sic) & Juana Mª MEDINA, *vecinos del Rancho*.

GALLEGOS, Jose Ramon   *Arroyo Ondo*
   bap 23 Apr 1827, ae 3 da; s/ Venito GALLEGOS & Maria Miquela GARCIA, *vecinos del Arroyo Ondo*; ap/ Juan GALLEGOS, dec., & Vernarda TRUGILLO; am/ Juan Angel GARCIA & Mª Manuela MARTIN; gp/ Pedro Antonio DURAN & Maria Estefana SEGURA, *vecinos del Arroyo Ondo*.

Frame 602
MARQUES, Mª Antª   *Rancho*
   bap 24 Apr 1827, ae 7 da; d/ Rafael MARQUES & Maria de la Crus ORTEGA; ap/ Alegandro MARQUES, dec., & Mª Miquela ATENCIO; am/ Mª Lugarda ORTEGA (only), dec.; gp/ Juan Felipe CORDOBA & Maria de Jesus FERNANDES, *vecinos de S. Fernandes*.

MARTIN, Jose Manuel de Jesus   *Arroyo Ondo*
   *bap 22 Apr 1827, ae 3 da; s/ Jose MARTIN & Maria Miquela VIGIL, *vecinos del Arroyo Ondo*; ap/ Manuel MARTIN & Mª Manuela SANDOVAL, dec.; am/ Jose Mª VIGIL, dec., & Mª Ana Maria ARGUELLO; gp/ Jose Ygnacio de Jesus TAFOYA & Mª Juana TAFOYA, *vecinos del Arroyo Ondo*.

ROTURA, Maria Dolores   *Rancho*
   bap 25 Apr 1827, ae 4 da; d/ Jose ROTURA & Mª Josefa GONSALES, *vecinos del Rancho*; ap/ Pedro ROTURA & Maria AMERICA; am/ Fernando GONSALES & Maria Luisa VIGIL; gp/ Dn Francº RUVIDÚ & Maria Casilda QUINTANA, *vecino el hombre de S. Fernando y la muger vecina del Rancho*.

MARTIN, Jose Francº   San Fernando
   bap 28 Apr 1827, ae 2 da; nat. s/ Maria Trenidad MARTIN, *vecina de S. Fernando*, & unknown father; am/ Ramon MARTIN & Paula MARTIN; gp/ Antº SANDOVAL & Mª Catarina SANDOVAL, *vecinos de S. Fernando*. (Frames 602-603)

Frame 603
GONSALES, Pedro Antº   *Puricima Concepcion*
   bap 29 Apr 1827, ae 2 da; s/ Segundo GONSALES & Maria Dolores VALDES, *vecinos de la Purisima Concepcion del Rancho*; ap/ Segundo GONSALES & Maria Josefa VALDES; am/ Antº VALDES & Diega TAFOYA, both dec.; gp/ Migu(e)l VARELA & Mª Francª CORDOBA, *vecinos de S. Fernandes*.

PACHECO, Maria Dolores   *Pueblo*
   bap 29 Apr 1827, ae 5 da; d/ Juan Pablo PACHECO & Maria Manuela SAMORA, *vecinos naturales del pueblo de Taos*; ap/ Juan PACHECO & Mª Lucia GOMES; am/

Santiago SAMORA & Maria Rosa ROMERO; gp/ Vernardo MONTOYA & Maria de Jesus ARCHULETA, *vecinos de San Fernando del Ranchito.*

MEDINA, Jose Manuel   *Ranchito*
  bap 29 Apr 1827, ae 3 da; s/ An^{to} Rafael MEDINA & Maria ROMERO, *vecin(o)s de San Fernando;* ap/ An^{to} MEDINA & Mª Miquela VIGILA; am/ Jose ROMERO & Mª Lugarda URTADO; gp/ Jose An^{to} GONSALES & Maria An^{ta} ARAGON, *vecinos de S. Fran^{co} del Ranchito.* (Frames 603-604)

Frame 604
GON, Jose Tomas   *San Fernando*
  bap 29 Apr 1827, ae 2 da; s/ Julian GON (Origins, p. 417, GORDON) & Juana Maria LUCERO, *vecinos de San Francisco del Rancho;* ap/ Juan GON (Origins, p. 417, GORDON) & Mª Ysabel de AMERICA; am/ Pedro LUCERO & Maria de la Lus FERNANDES; gp/ Antonio TORRES & Maria Ysabel FERNANDES, *vecinos de San Fran^{co} del Rancho.*

SALASAR, Antonio Jose   *Rancho*
  bap 1 May 1827, ae 5 da; nat. s/ Maria Ygnacia SALASAR, *vecina del varrio de San Fran^{co} del Rancho;* am/ Juana SALASAR & father unknown; gp/ Manuel URTADO & Maria Gertrudis MEDINA, *vecinos de S. Fran^{co} del Rancho.*

MARES, Felipe Santiago
  bap 1 May 1827, ae 3 da; s/ Juan MARES & Juana Pomusena GONSALES, *vecinos del varrio de S. Fran^{co} del Ranchito;* ap/ Josefa MARTIN & abuelo unknown; am/ Jose GONSALES & Guadalupe BEITA; gp/ Jose GONSALES & Guadalupe BEITA, *vecinos de la Jurisdicion de Abiquiu.*

Frame 605
APODACA, Maria Soledad   *San Fernando*
  bap 1 May 1827, ae 3 da; d/ Juan Pablo APODACA & Teodora MARTINES, *vecinos de la plasa de San Fernando;* ap/ Antonio Jose APODACA & Ana Maria HERRERA; am/ Jacinta MARTINES & unknown father; gp/ Antonio LUCERO & Maria Soledad LUCERO, *vecinos de la plasa de S. Fernando.*

DURAN, Jose An^{to} *Arroyo Seco*
  bap 6 May 1827, ae 3 da; s/ Vicente DURAN & Maria Manuela MEDINA; ap/ Juan Andres DURAN & Candelaria MONDRAGON; am/ Felipe MEDINA & Gua(da)lupe QUINTANA; gp/ Valtasar SANDOVAL & Juana Gertrudis SANDOVAL, *vecinos del Arroyo Seco.*

MARTIN, Jose Fran^{co} *Rancho*
  bap 9 May 1827, ae 4 da; s/ Ygnacio MARTIN & Maria Dolores LOVATO, *vecinos del varrio de San Fran^{co} del Rancho;* ap/ Juan Pablo MARTIN & Maria Guadalupe CHAVES; am/ Rafael LOVATO & Maria de la Lus ESPINOSA; gp/ Jose Domingo DURAN & Mª Soledad LOVATO, *vecinos de mismo varrio del Rancho.*

LUCERO, Jose Fran^{co} *S. Fernando*
  bap 13 May 1827, ae 8 da; s/ Jose Fran^{co} LUCERO & Maria Juana MONTOYA, *vecinos de San Fernando;* ap/ Jesus LUCERO, dec., & Rosalia VERNAL; am/ Jose Rafael MONTOLLA (sic), dec., & Mª Luisa ROMERO; gp/ Pablo BLEA & Maria Dolores LOPES, *vecinos de San Fernando.* (Frames 605-606)

Frame 606
GOMES, Maria Guadalupe   *Pueblo*
  bap 13 May 1827, ae 10 da; nat. d/ Maria Soledad GOMES, *vecina natural del pueblo;* am/ Juan GOMES & Maria Soledad de AGUSTIN, dec., *naturales del pueblo de Taos;* gp/ Jose Ygnacio MADRIL & Maria Damiana MARTIN, *vecinos de la Poblacion del Arroyo Seco.*

TAOS BAPTISMS, VOLUME II   1827-1830, AASF #19

SUASO, Maria Francisca   *Pueblo*
   bap 13 May 1827, ae 3 da; d/ Fran co SUASO & M a Josefa SUASO (sic), *vecinos naturales del pueblo de Taos*; ap/ Fran co SUASO & Ygnacia ROMERO; am/ not given; gp/ Pablo GALLEGOS & M a Dolores MARTIN, *vecinos de San Fernando*.

MARTIN, Maria de la Luz   *Rancho*
   bap 13 May 1827, ae 3 da; d/ Juan Antonio MARTIN & Maria Dolores DURAN, *vecinos del varrio de San Fran^{co} del Rancho*; ap/ Felipe MARTIN & Maria TRUGILLO; am/ Pablo DURAN & Margarita SANCHEZ, both dec.; gp/ Juan ROLES & Maria Encarnacion MARTIN, *vecinos del mismo varrio del Rancho*.

Frame 607
TAFOYA, Maria Estefana   *San Fernando*
   bap 20 May 1827, ae 6 da; d/ Santos TAFOYA & Maria Manuela de la (CRUZ) (written over), *vecinos del varrio de Nuestra Señora de Guadalupe de San Fernando*; ap/ Diego TAFOYA & Maria Manuela MARTIN; am/ Jose de la CRUZ & Ana Maria GARCIA; gp/ Fran^{co} An^{to} TRUGILLO & Maria de la Luz AVILA, *vecinos del Arroyo Ondo*.

PADILLA, Juan Ysidro Valentin   *Rancho*
   bap 21 May 1827, ae 7 da; s/ Manuel PADILLA & Meregilda VIGIL, *vecinos del varrio de San Francisco del Rancho*; ap/ Pedro PADILLA & Luisa CHAVES; am/ Marcelino VIGIL & Miquela MARTIN; gp/ Jose Maria TRUGILLO & Maria Reyes MEDINA, *vecinos del mismo varrio*.

SANCHEZ, Juan Cristobal   *Rancho*
   bap 21 May 1827, ae 5 da; s/ Maria Josefa SANCHEZ & unknown father; am/ Juan Cristobal SANCHEZ, dec., & Margarita SILVA; gp/ Feliz URIOSTE & Maria del Carmen SANCHEZ, *todos vecinos del varrio de S. Fran^{co} del Rancho*.

ROMERO, Juan Lorenso   *Pueblo*
   bap 22 May 1827, ae 8 da; s/ Rafael ROMERO & Rosa PADILLA, *vecinos naturales deste pueblo*; ap/ Juan Manuel ROMERO, dec., & Rafaela REYNA; am/ Santiago PADILLA & Maria LUJAN; gp/ Juan Lorenso ALIRE & Mª Felipa MARTIN, *vecinos de S. Fern^{do}*.

Frame 608
COCA, Juan de Jesus   *San Fernando*
   bap 22 May 1827, ae 3 da; s/ Juan Cristoval COCA & Mª Manuela HERRERA, *vecinos de S. Fernando*; ap/ Andres COCA & Dolores ARAGON; am/ Pablo de HERRERA & Dolores TENORIO; gp/ Santiago PADILLA & Maria Ysabel ARAGON, *vecinos de la Purisima Concepcion del Ranchito*.

ABILA, Maria Concepcion   *Rancho*
   bap 24 May 1827, ae 8 da; nat. d/ Maria Dolores ABILA & unknown father, *vecina del varrio de San Francisco del Rancho*; am/ Miguel ABILA, dec., & Maria Francisca MARTIN; gp/ Victor MARTIN & Maria Fran^{ta} TRUGILLO, *vecinos del mismo varrio*.

GRIEGO, Juan de Jesus   *Rancho*
   bap 24 May 1827, ae 2 da; s/ Blas GRIEGO & Encarnacion MAES, *vecinos del Rancho*; ap/ Blas GRIEGO & An^{ta} Rosa CHAVES; am/ Victoriano MAES & Maria Miquela LUCERO; gp/ Juan de Jesus ARGUELLO & Maria Rosa VIGIL, *vecinos del varrio de San Fran^{co} del Rancho*.

Frame 609
MARTIN, Jose Vacilio   (Juan Vacilio in margin)   *Arroyo Seco*
   bap 24 May 1827, ae 2 da; s/ An^{to} MARTIN & Gertrudis SANCHES; ap/ An^{to} MARTIN, dec., & Maria Paula SERDA; am/ Mariano SANCHES & Maria del Refugio MARTINES

(sic), dec.; gp/ Gabriel VARELA & Juana Josefa MARTIN, *vecinos del Arroyo Seco.*

SANCHES, Mª Rita *Arroyo Seco*
    bap 24 May 1827, ae 2 da; d/ Jose SANCHES & Maria Faustina VARELA, *vecinos del Arroyo Seco*; ap/ Mariano SANCHES & Maria del Refugio MARTINES, dec.; am/ Juan Ysidro VARELA & Juana Josefa MARTIN, *vecinos de la Poblacion del Arroyo Seco*; gp/ Jose Mª SANCHES & Paula SANCHES.

ROMERO, Juana Paula *Pueblo*
    bap 26 May 1827, ae 4 da; d/ Pedro ROMERO & Mª Antª MAES, *vecinos naturales deste pueblo de Taos*; ap/ Antº ROMERO & Mª Antª FERNANDES; am/ Manuel MAES & Maria Paula LOVATO; gp/ Santiago GONSALES & Maria Rosa LUJAN, *vecinos naturales deste pueblo de Taos.*

Frame 610
MARTIN, Maria Acencion *Rancho*
    bap 27 May 1827, ae 3 da; d/ Tomas MARTIN & Juana Maria CHACON, *vecinos del varrio de San Francº del Rancho*; ap/ Anastacio MARTIN, dec., & Maria Matiana HERRERA; am/ Jose CHACON, dec., & Maria Andrea MARTIN; gp/ Felipe de Jesus GARCIA & Margarita LUCERO, *vecinos del varrio de San Francº del Rancho.*

CHAVES, Maria Ascencion *Rancho*
    bap 27 May 1827, ae 3 da; d/ Loreto CHAVES & Gabriela ESPINOSA, *vecinos del varrio de San Francº del Rancho*; ap/ Juan Manuel CHAVES & Serafina SANCHES, both dec.; am/ Vicente ESPINOSA, dec., & Maria de la Lus ROMERO; gp/ Jose de Jesus GARCIA & Maria Veatris SANDOBAL, *vecinos del varrio de San Francº del Rancho.*

GARCIA, Maria Ygnacia *San Fernando*
    bap 27 May 1827, ae 5 da; d/ Pablo GARCIA & Maria Augustina ARMENTA, *vecinos de San Fernando*; ap/ Luis GARCIA & Maria de los Reyes VERNAL, dec., am/ Simon ARMENTA, dec., & Maria Marta MARTIN; gp/ Pablo CORTES & Teresa CHAVES *de San Fernando.*

VIAN, Jose Antonio *Purisima Concepcion*
    bap 27 May 1827, ae 3 da; nat. s/ Magdalena VIAN, *vecina de la Purisima Concepcion del Rancho*; am/ Marcos VIAN (Origins, p. 436, same), dec., & Maria Catarina PANDO; gp/ Pedro TRUGILLO & Maria de la Lus TRUGILLO, *vecinos de la Puricima Concepcion del Ranchito.* (Frames 610-611)

Frame 611
GOMES, Maria Magdalena de la Concepcion *San Fernando*
    bap 27 May 1827, ae 2 da; d/ Juan GOMES & Maria Francª TRUGILLO, *vecinos de San Fernando*; ap/ Nerio GO<u>N</u>ES (sic), dec., & Maria Josefa VALDES; am/ Blas TRUGILLO & Maria Manuela SANCHES; gm/ Maria Petra del VAYE, *vecina de San Fernando.*

CASADOS, Juan Antonio *San Fernando*
    bap 28 May 1827, ae 2 da; s/ Jose Gabriel CASADOS & Ana Maria ARCHULETA, *vecinos de San Fernando*; ap/ Juan Antº CASADOS & Maria Rosalia MARTIN, both dec.; am/ Antº ARCHULETA & Juana Maria MARTIN; gp/ Jose Antº MONDRAGON & Maria Marcelina CASADOS, *vecinos de San Fernando.*

SANDOBAL, Manuel Antonio *San Fernando*
    bap 30 May 1827, ae 3 da; s/ Manuel SANDOBAL & Venita MARTIN, *vecinos de San Fernando*; ap/ Alonso SANDOVAL (sic) & Rita ROMERO; am/ Juan MARTIN & Maria Paula SANGIL; gp/ Salvador MARTIN & Maria Ysabel CORTES, *vecinos de San Fernando.*

Frame 612
LUCERO, Juan de Jesus   Arroyo Seco
  bap 30 May 1827, ae 4 da; s/ Jose Fran^{co} LUCERO & Mª Paula VARELA, *vecinos del
  Arroyo Seco*; ap/ Vicente LUCERO & Marta (n.s.-blank space); am/ Juan Ysidro
  VARELA & Juana Josefa MARTIN; gp/ Jose MEDINA & Juana Gertrudis SANDOBAL,
  vecinos del Arroyo Seco.

MEDINA, Jesus Maria   Arroyo Ondo
  bap 3 Jne 1827, ae 6 da; s/ Juan MEDINA & Viviana ABILA, *vecinos del Arroyo
  Ondo*; ap/ Diego MEDINA & Fran^{ca} GILLEN; am/ Juan de Jesus ABILA & Maria An^{ta}
  PACHECA; gp/ Juan Pedro GILLEN & Juana Maria TAFOYA, *vecinos de San Fernando*.

CORDOBA, Maria Fernanda
  bap 3 Jne 1827, ae 5 da; d/ Fran^{co} An^{to} CORDOBA & Mª Josefa PADILLA, *vecinos del
  Arroyo Ondo*; ap/ Lorenso CORDOBA & Maria Margarita MARTIN; am/ Santiago
  PADILLA & Teresa LOVATO, both dec.; gp/ Lorenso CORDOBA & Margarita MARTIN,
  vecinos del Arroyo Ondo.

MARTIN, Ana Maria   Rancho
  bap 3 Jne 1827, ae 5 da; d/ Juan de Jesus MARTIN & Concepcion CHAVES, *vecinos
  del varrio de San Fran^{co} del Rancho*; ap/ Gerbacio MARTIN & Ana Maria CHAVES,
  both dec.; am/ Domingo CHAVES & Maria Antonia VIGIL; gp/ Jose Antonio GONSALES
  & Maria Antonia ARAGON, *vecinos de las plasa de San Fran^{co} del Ranchito*.
  (Frames 612-613)

Frame 613
CRUS, Jose Marcelino   Rancho
  bap 3 Jne 1827, ae 4 da; s/ Jose de la Crus CRUS (sic) & Maria del Carmel
  ROMERO, *vecinos del varrio de San Fran^{co} del Rancho*; ap/ Vicente CRUS & Maria
  Rosa TRUGILLO; am/ Jose Maria ROMERO & Fran^{ca} ARMENTA; gp/ Hermeregildo
  TRUGILLO & Maria Josefa TAFOYA, *vecinos de San Fernando*.

LOPES, Maria Petrona   (Maria Petra in margin)   S. Fernando
  bap 3 Jne 1827, ae 3 da; d/ Cristoval LOPES & Maria Varvara VIGIL, *vecinos de
  San Fernando*; ap/ Jose Miguel LOPES & Varvara VERNAL; am/ Juan VIGIL & Maria
  An^{ta} HURTADA; gp/ Hermeregildo TRUGILLO & Mª Josefa TAFOYA, *vecinos de San
  Fernando*.

MAEZ, Miguel San Juan   San Fernando
  bap 3 Jne 1827, ae 2 da; s/ Paulin MAEZ & Ygnacia BARELA, *vecinos de San
  Fernando*; ap/ Domingo MAES (sic) & Ana Maria de HERRERA, both dec.; am/ Juan
  An^{to} BARELA, dec., & Juana MARTIN; gp/ Santiago PADILLA & Maria Soledad MARTIN,
  vecinos de la Purisima Concepcion del Ranchito.

MANSANARES, Maria Dolores   Rancho
  bap 3 Jne 1827, ae 4 da; d/ Matias MANSANARES & Concepcion PACHECO, *vecinos
  del varrio de San Fran^{co} del Rancho*; ap/ Lorenso MANSANARES & Juana de la Crus
  MANSANARES, am/ Fran^{co} PACHECO & Luisa VIGIL; gp/ Ramon RAEL & Maria Dolores
  MONTOYA, *vecinos del varrio de San Fran^{co} del Rancho*.

Frame 614
SANCHES (gp), Juan de los Angeles   Rancho
  bap 4 Jne 1827, ae 9 da; nat. s/ Juana SANCHES, Yute Indian servant ransomed
  by Jose Rafael ROMERO; gp/ Tomas ROMERO & Maria Dolores Timotea (n.s.),
  vecinos todos del varrio de San Fran^{co} del Rancho.

ROMERO (patron), Jose Marcelino   Rancho
  bap 4 Jne 1827, ae 3 da; nat. s/ Maria de Jesus ROMERO, *vecinos del varrio de*

San Franco del Rancho, Yute Indian servant of & redeemed by Jose Rafael ROMERO; gf/ Jose Manuel ROMERO, *vecino del varrio de San Franco del Rancho*.

GONSALES, Juan Ygnacio   *Arroyo Ondo*
bap 4 Jne 1827, ae 5 da; nat. s/ Maria de la Lus GONSALES, *vecina del Arroyo Ondo*; am/ Jose Anto GONSALES & Mª RODRIGUES; gp/ Juan Anto ATENCIO & Maria Encarnacion ATENCIO, *vecinos del Arroyo Ondo*.

SANCHES, Juan Anto   *Puricima*
bap 5 Jne 1827, ae 5 da; nat. s/ Maria Rita SANCHES, *vecina de la Puricima Concepcion del Ranchito*; am/ Soledad MARTINES, dec., & unknown *abuelo*; gp/ Jesus ARCHULETA & Juana Gertrudis CASADOS, *vecinos dela Puricima Concepcion del Ranchito*.

Frame 615
PACHECO, Maria Dolores   *Arroyo Ondo*
bap 7 Jne 1827, ae 6 da; d/ Juan Anto PACHECO & Mª Encarnacion BERNAL, *vecinos del Arroyo Ondo*; ap/ Juan Jose PACHECO & Josefa VIGIL; am/ Pedro Anto BERNAL & Mª Juliana MEDINA; gp/ Jose Maria LUCERO & Maria Ygnacia ARCHULETA, *vecinos del Arroyo Ondo*.

QUINTANA, Juan Anto   *Arroyo Ondo*
bap 10 Jne 1827, ae 9 da; s/ Salvador QUINTANA & Soledad LUCERO, *vecinos del Arroyo Ondo*; ap/ Juan QUINTANA & Valvaneda ROMERO; am/ Jesus LUCERO & Rosalia VERNAL; gp/ Jose Ysidro MEDINA & Mª Ysabel CORDOBA, *vecinos del Arroyo Ondo*.

ROMERO, Mª Encarnacion   *Rancho*
bap 10 Jne 1827, ae 8 da; d/ Juan ROMERO & Candelaria QUINTANA, *vecinos del Rancho*; ap/ Anto Domingo ROMERO, dec., & Mª COCA; am/ Juan QUINTANA & Balvaneda ROMERO; gp/ Felipe GONSALES & Maria Manuela SALASAR, *vecinos del varrio de San Franco del Rancho*.

MONDRAGON, Juan Lorenso   *Rancho*
bap 10 Jne 1827, ae 5 da; s/ Jose MONDRAGON & Lorensa DURAN, *vecinos del varrio de San Franco del Rancho*; ap/ Anto MONDRAGON & Mª Rosa SANDOVAL; am/ Ygnacio DURAN & Maria Anta SANCHES; gp/ Jose de la Crus MONDRAGON & Juana Josefa MEDINA, *vecinos del varrio de San Franco del Rancho*. (Frames 615-616)

Frame 616
MEDINA, Mª Antonia   *Rancho*
bap 16 Jne 1827, ae 3 da; nat. d/ Maria Anastacia MEDINA, *vecina de San Franco del Rancho*, & unknown father; am/ Pedro MEDINA & Maria Anta (n.s.-blank space), both dec.; gp/ Marcial de HERRERA & Maria Esquipula MONTOYA, *vecinos del varrio de San Francisco del Rancho*.

ARCHULETA, Anto de Jesus   *San Fernando*
bap 17 Jne 1827, ae 2 da; s/ Hermeregildo ARCHULETA & Mª Bartola LOPES, *vecinos de San Fernando*; ap/ Manuel ARCHULETA & Mª Amatilda MARTINES; am/ Jose Ramon LOPES & Mª dela Lus MARTINES; gp/ Teodoro PAPA & Maria Teodora LOPES, *vecinos de San Fernando*.

MARTINES, Jesus Maria   *Rancho*
bap 18 Jne 1827, ae 2 da; s/ Andres MARTINES & Mª Antonia ORTIS, *vecinos del varrio de San Franco del Rancho*; ap/ Dn Pedro MARTINES & Maria Ygnacia GARCIA, dec.; am/ Matias ORTIS & Maria Franca BACA; gp/ Antonio Tivurcio VIGIL & Maria Simona MONTOYA, *vecinos del mismo varrio*.

TAOS BAPTISMS, VOLUME II   1827-1830, AASF #19

MARTIN, Juan Lorenso   Pueblo
    bap 18 Jne 1827, ae 4 da; s/ Santiago MARTIN & Mª Josefa RIO, vecinos naturales
    deste pueblo de Taos; ap/ Jose Manuel MARTIN, dec., & Ygnacia REYNA; am/ Juan
    Anto RIO & Maria Rafaela RIO, both dec.; gp/ Juan Lorenso ALIRE & Mª Felipa
    MARTIN, vecinos de San Fernando. (Frames 616-617)

Frame 617
GARCIA, Juan Eliceo de Jesus   Rancho
    bap 23 Jne 1827, ae 3 da; s/ Vicente GARCIA & Joliana ROMERO, vecinos de San
    Franco del Rancho; ap/ Jose GARCIA, dec., & Mª Viatris SANDOVAL; am/ Juan ROMERO
    & Agustina MARTIN; gp/ Jose Anto GONSALES & Maria Concepcion URIOSTE, vecinos
    del mismo varrio.

BARGAS, Juan Anto   Rancho
    bap 24 Jne 1827, ae 4 da; s/ Anto BARGAS, dec., & Mª Juliana SALASAR, vecinos
    del Arroyo Seco; ap/ Maurilo BARGAS & Mª Nicomeda FERNANDES; am/ Anto Domingo
    SALASAR & Mª Guadalupe GURULÉ; gm/ Mª Dolores MARTIN, vecinos del varrio de San
    Franco del Rancho.

MADRIL, Maria Paula de Jesus   San Ferndo
    bap 29 Jne 1827, ae 4 da; d/ Juan dé los Reyes MADRIL & Mª del Rosario
    QUINTANA, vecinos de San Fernando; ap/ Jose Anto MADRIL & Mª Anta TAFOYA; am/
    unknown because they were of la nacion Comancha; gp/ Franco Estevan CORDOBA &
    Maria Polonia LUCERO, vecinos de San Fernando. (Frames 617-618)

Frame 618
MARTIN, Maria Paula   Pecuries
    bap 1 Jly 1827, ae 4 da; d/ Juan Lorenso MARTIN & Maria Franca SANCHES, vecinos
    de la Jurisdiccion de Picuries; ap/ Anto MARTIN & Maria Francisca MAES; am/ Anto
    SANCHES & Maria Josefa MARTINES; gp/ Jose Manuel SANCHES & Maria Anta RUIBERA,
    vecinos de la Purisima Concepcion del Ranchito.

TRIDÚ, Maria Magdalena   Arroyo Ondo
    bap 3 Jly 1827, ae 5 da; d/ Bautista TRIDÚ (Origins, p. 435, TRIDEAU) & Mª
    Guadalupe CORDOBA, vecinos del Arroyo Ondo; ap/ Bautista TRIDÚ & Magdalena
    (n.s.), unknown because they are from Misuri and the father of the child is
    not present; am/ Lorenso CORDOBA & Maria Margarita MARTIN; gp/ Anto (E)lias
    ARMENTA & Mª Ysabel SANCHES, vecinos del Arroyo Seco.

CASTELLANO, Maria Ysabel   Rancho
    bap 8 Jly 1827, ae 4 da; d/ Ylario CASTELLANO & Mª del Carmel TRUGILLO, vecinos
    del Rancho; ap/ Matia(s) CASTELLANO & Martina LUJAN; am/ Franco TRUGILLO & Mª
    Anta TORRES; gp/ Juan Antt(o) BUENO & Teodora BEITA, vecinos del mismo varrio.
    (Frames 618-619)

Frame 619
BASQUES, Jose Manuel   Arroyo Ondo
    bap 8 Jly 1827, ae 5 da; s/ Juan Jose BASQUES & Maria Pascuala CORDOBA,
    vecinos del Arroyo Ondo; ap/ Jose Anto BASQUES & Manuel(a) GUTIERRES; am/ Pablo
    CORDOBA & Anta Margarita ROMERO; gp/ Jose Maria SÁNCHES & Mª Dolores SANCHES,
    vecinos del Arroyo Seco.

NUANES, Maria Tranquilina   S. Ferno
    bap 8 Jly 1827, ae 3 da; d/ Jose Guadalupe NUANES & Mª Anta GARCIA, vecinos de
    San Fernando; ap/ Geronimo NUANES & Varbara MAES; am/ Juan GARCIA & Maria
    Ysabel ROMERO, gp/ Jose de Jesus MAES & Maria Maria (sic) Manuela MADRIL,
    vecinos de San Fernando.

MONTOYA, Juan Nepomuseno San Fernando
   bap 9 Jly 1827, ae 2 da; s/ Jose Ygnacio MONTOYA & Maria Asencion TRUGILLO, *vecinos de San Fernando*; ap/ Juan An^to MONTOYA & Maria Dolores GARCIA; am/ Salvador TRUGILLO & Maria Barbara VIGIL, both dec.; gp/ Severiano SAMBRAN & Maria Paula de LUNA, *recidentes del mismo varrio*.

Frame 620
CHAVES, Jose Fran^co S. Fernando
   bap 12 Jly 1827, ae 3 da; nat. s/ Maria Ygnes CHAVES, *vecina de San Fernandes*; am/ An^to CHAVES & Maria Candelario MALDONADO; gp/ Jose Rafael PACHECO & Maria Dolores ORTIS, *vecinos de San Fernando*.

MONDRAGON, Juan Fran^co *Arroyo Ondo*
   bap 17 Jly 1827, ae 5 da; s/ Cristoval MONDRAGON & Maria Fran^ca GONSALES, *vecinos de(l) Arroyo Ondo*; ap/ Mariano MONDRAGON & Maria Nicolasa VIGIL, both dec.; am/ Juan Cristoval GONSALES & Candelaria GARCIA; gp/ Jose Santiago MARTINES & Maria Dolores ARGUELLO, *vecinos del Arroyo Ondo*.

MEDINA (patron), Juan de Jesus *Ranchito*
   bap 18 Jly 1827, ae 3 da; s/ unknown, child found 16th of current month by An^to Jose MEDINA outside the window of the house of Ramon ROMERO, whom he serves & child will remain with said An^to Jose MEDINA; gp/ Juan An^to SALASAR & Mª Rosa ARCHULETA, *todos vecinos de San Fran^co del Ranchito*.

BARELA, Maria del Carmel *Rancho*
   bap 22 Jly 1827, ae 7 da; d/ Miguel BARELA & Maria Monsorrate ROMERO, *vecinos del barrio de San Fran^co del Rancho*; ap/ Cristoval BARELA & Juana Teresa MARTINES, both dec.; am/ Mariano ROMERO, dec., & Maria Fran^ca ARMENTA; gp/ Jose Manuel SANCHES & Maria An^ta RUIBERA, *vecinos de la Purisima Concepcion del Ranchito*.

Frame 621
RUIBAL, Maria del Carmel S. Fernando
   bap 22 Jly 1827, ae 6 da; d/ Luterio RUIBAL & Mª Gracia SUASO, *vecinos de San Fernando*; ap/ Juan Domingo RUIBAL & Valentina TRUGILLO; am/ Ysidro SUASO & Mª Catarina VALDES; gp/ Julian VARGAS & Maria An^ta DURAN, *vecinos del mismo varrio de San Fernandes*.

MESTAS, Jose Pablo S. Fern^o
   bap 22 Jly 1827, ae 8 da; s/ Miguel MESTAS & Maria Fran^ca MARTINES, *vecinos de San Fernando*; ap/ Domingo MESTAS & Juana Maria de HERRERA; am/ Juan MARTIN (sic) & Mª Juliana BALLEJOS; gp/ Pablo TRUGILLO & Rosalia BACA, *vecinos del mismo varrio*.

LUJAN, Maria Soledad *Pueblo*
   bap 27 Jly 1827, ae 8 da; d/ An^to Jose LUJAN & Mª Guadalupe PACHECO, *vecinos naturales deste pueblo de Taos*; ap/ Juan An^to LUJAN & Maria Fran^ca ROMERO, both dec.; am/ Juan PACHECO & Mª Lucia GOMES, both dec.; gp/ Manuel Antonio GARCIA & Maria Ygnacia GARCIA, *vecinos de San Fernando*.

SANTISTEVAN, Jose Juan Nepomuceno *Ranchitos*
   bap 28 Jly 1827, ae 2 da; s/ Carlos SANTISTEVAN & Mª de la Lus LUCERO, *vecinos de San Fran^co del Ranchito*; ap/ Felisiano SANTISTEVAN & Mª Rafaela TRUGILLO; am/ Juan de Jesus LUCERO & Maria Ygnacia ARAGON; gp/ Jose Maria MEZAS & Maria Rosa GRIJALVA, *vecinos de San Fernando*.

ROMERO, Mª Dolores San Fernando
   bap 3 Aug 1827, ae 15 da; d/ Juan Miguel ROMERO & Mª Fran^ca GOMES, *vecinos de San Fernando*; ap/ Jose ROMERO & Maria TECOA; am/ An^to GOMES, all dec., & M^a An^ta

RIO; gp/ Jose An^{to} SUASO & Maria Dolores SUASO, *vecinos de San Fernando*. (Frames 621-622)

Frame 622
ROMERO, Jose Pablo   *Pueblo*
    bap 4 Aug 1827, ae 4 da; s/ Juan Domingo ROMERO & Ygnacia ROMERO, *vecinos naturales deste pueblo de Taos*; ap/ Juan Domingo ROMERO & Ygnacia MARTINES, both dec.; am/ Jose ROMERO & Maria Josefa TRUGILLO; gm/ Poloña CATUGUI, *vecina natural deste pueblo de Taos*.

CRUS, Maria Rafaela   *Rancho*
    bap 4 Aug 1827, ae 4 da; d/ Agustin CRUS & Paula CORDOVA, *vecinos de S. Fran^{co} del Rancho*; ap/ Fran^{co} CRUS & Francisca GONSALES; am/ Andres CORDOBA & Mª Dolores ARCHULETA, dec.; gp/ Felis URIOSTE & M^a del Carmel SANCHES, *vecinos del mismo varrio*.

ROMERO, Maria Juana Luisa   *S. Fernando*
    bap 18 Aug 1827, ae 4 da; d/ Juan Antonio ROMERO & Maria Luciana LOVATO; ap/ Juan del Carmen ROMERO & Maria Nazarena LUCERO; am/ Juan LOVATO & Margarita CHAVES; gp/ Juan Paulin MAES & Maria Ygnacia VARELA, *todos vecinos del varrio de San Fernando*. (No mention of twins.)

Frame 623
ROMERO, Maria Luisa   *S. Fernando*
    bap 18 Aug 1827, ae 4 da; d/ Juan Antonio ROMERO & Maria Luciana LOVATO; ap/ Juan del Carmen ROMERO & Maria Nazarena LUCERO; am/ Juan LOVATO & Margarita CHAVES; gp/ Mariano ROMERO & Maria Ysabel MARTINEZ, *todos vecinos del varrio de San Fernando*. (No mention of twins.)

MARTIN, Pedro Jose   *Rancho*
    bap 19 Aug 1827, ae 3 da; s/ Jose Romano MARTIN & Maria An^{ta} CHAVES, *vecinos de San Fran^{co} del Rancho*; ap/ Juan Cristoval MARTIN & Maria Manuela BELASQUES; am/ Domingo CHAVES & Candelaria DURAN, dec.; gp/ Jose Candelario VIGIL & Maria Ygnacia DURAN, *vecinos de San Fran^{co} del Rancho*.

ARMIJO, Maria Gertrudis   S. Fernando
    bap 24 Aug 1827, ae 3 da; d/ Tomas ARMIJO & Maria Ygnacia LOVATO, *vecinos de San Fernando*; ap/ Santiago ARMIJO, dec., & Juana Maria ROMERO; am/ Fran^{co} LOVATO & Maria Gertrudis MONDRAGON, dec.; gp/ Jose Rafael TENORIO & Maria Dolores TENORIO, *vecinos de San Fernando*.

CORTES, Jose Fran^{co} *Rancho*
    bap 24 Aug 1827, ae 4 da; s/ Jose Manuel CORTES & Maria Manuela SANCHES, *vecinos de San Fran^{co} del Rancho*; ap/ Paulin CORTES & Maria Concepcion MARTIN; am/ Felipe SANCHES & Juana Maria MARTINES; gp/ Anastacio VIGIL & Mª de la Crus QUINTANA, *vecinos de San Farn^{co} del Rancho*.

GALLEGOS, Maria Rosa   Fernando
    bap 3 Sep 1827, ae 4 da; d/ Luis GALLEGOS & Juana Josefa MONTOYA, *vecinos de San Fernando*; ap/ Jose Fran^{co} GALLEGOS & Maria Manuela OLGUIN, dec.; am/ Bernardo MONTOYA & Encarnacion MARTIN; gp/ Juan de Jesus GOMES & Maria Fran^{ca} TRUGILLO, *vecinos de San Fernando*. (Frames 623-624)

Frame 624
ARAGON, Jose Mariano   *Rancho*
    bap 4 Sep 1827, ae 6 da; s/ Jose An^{to} ARAGON & Mª Nicolasa QUINTANA, *vecinos de S. Fernando*; ap/ An^{to} ARAGON, dec., & Mª Fran^{ca} Xabier VIGIL; am/ Juan QUINTANA & Mª Rafaela MAES; gp/ Juan Fran^{co} MONTOYA & Mª MONTOYA, *vecinos del mismo varrio*.

MAES, Maria Rufina San Fernando
  bap 9 Sep 1827, ae 5 da; d/ Miguel MAES & Maria de la Lus MARTINES, *vecinos de San Fernando*; ap/ Jose An^{to} MAES & Victoria SISNEROS; am/ Jose MARTINES, dec., & Juana Angela NARANJO; gp/ Pedro ARCHULETA & Maria Paula ARCHULETA, *vecinos de San Fernando*.

Frame 625
SANDOVAL, Maria Natividad Fernando
  bap 12 Sep 1827, ae 5 da; d/ Juan SANDOVAL & Maria Ysabel CORDOVA, *vecinos del varrio de San Fernando*; ap/ Juan de Jesus SANDOVAL & Anna Maria MARQUES; am/ Manuel CORDOVA, dec., & Anna Mª GUILLEN; gp/ Pablo BLEA & Maria Dolores LOPES, *vecinos de S. Fernandes*.

CHAVES, Juan An^{to} *Rancho*
  bap 14 Sep 1827, ae 3 da; s/ Juan An^{to} CHAVES, dec., & Mª Teodora VIGIL, *vecina del varrio de S. Fran^{co} del Rancho*; ap/ Domingo CHAVES & Mª Candelaria DURAN, dec.; am/ Ygnacio VIGIL, dec., & Juana TRUGILLO; gp/ Jose Maria TRUGILLO & M^a de los Reyes MEDINA, *vecinos de S. Fran^{co} del Rancho*.

Frame 626
TAFOLLA, Jose An^{to} *Arroyo Seco*
  bap 14 Sep 1827, ae 4 da; s/ Hipolito TAFOLLA & Maria Consepsion CHAVES, *vesinos del Arroyo Seco*; ap/ Paulin TAFOLLA, dec., & Ysabel CORDOVA; am/ Jose An^{to} CHAVES, dec., & Barbara SANCHES; gp/ Jose Faustin TAFOLLA & Maria Guadalupe ARMENTA, *vesinos del barrio de S. Fernando*.

GONSALES, Maria Dolores *Rancho*
  bap 16 Sep 1827, ae 2 da; d/ Jose Rafael GONSALES & Mª Guadalupe BRITO; ap/ Cristobal GONSALEZ (sic) & Mª Rosa SUASO; am/ Miguel An^{to} BRITO & Mª Ygnacia VARELA; gp/ Juan Bautista TRUGILLO & Mª Casilda QUINTANA, *todos de S. Fran^{co} del Rancho*.

HERRERA, Jose Tomas *Rancho*
  bap 16 Sep 1827, ae 6 da; s/ Nicolas de HERRERA & Mª Fran^{ca} MASCAREÑAS, *vecinos de S. Fran^{co} del Ranchito*; ap/ Juan de HERRERA, dec., & Maria Ysabel GARCIA; am/ Juan Bautista MASCAREÑAS, dec., & Mª Luisa MARTIN; gp/ An^{to} Jose MADRIL & Maria Juana CHACON, *vecinos del mismo lugar*. (Frames 626-627)

Frame 627
DURAN, Mª Manuela *Pueblo*
  bap 17 Sep 1827, ae 5 da; d/ Cristoval DURAN & Mª Paula LUJAN, *naturales del pueblo de Taos*; ap/ Juan An^{to} DURAN & Mª Barbara MARTIN; am/ Fran^{co} LUJAN & Mª Magdalena ROMERO; gp/ Juan de Jesus AGUILAR & Mª Juliana AGUILAR, *vecinos de San Fer^{do}*.

QUINTANA (patron), Maria An^{ta} *Rancho*
  bap 21 Sep 1827, ae 7 yr, d/ *Tribu Nabajo, famula de D^a* Gregorio QUINTANA, *vecino del varrio de San Fran^{co} del Rancho*, who was the gp. (Frames 627-628)

Frame 628
GONSALES, Maria Dolores *Rancho*
  bap 21 Sep 1827, ae 2 da; d/ Joaquin GONSALES & Guadalupe PINEDA, *vecinos del var. de San Fran^{co} del Rancho*; ap/ Fernando GONSALES & Mª Luisa VIGIL; am/ Jacinto PINEDA & Josefa LIAL; gp/ Ramon SALASAR & Mª Soledad VIGIL, *vecinos del mismo varrio*.

MADRIL, Maria Ysabel   (Mª Ygnes in margin) San Fer^{do}
  bap 25 Sep 1827, ae 3 da; d/ Fran^{co} MADRIL & Maria Dolores VARELA, *vecinos de San Fernando*; ap/ Pedro MADRIL & Mª de la Lus MOYA; am/ Jose VARELA & M^a

TAOS BAPTISMS, VOLUME II   1827-1830, AASF #19

Dolores SANDOVAL; gp/ Juan Manuel QUINTANA & Mª Ysabel CORTES, *vecinos de San Fernando*.

LUCERO, Jose de la Merced   *Arroyo Seco*
   bap 26 Sep 1827, ae 3 da; s/ Juan Anto LUCERO & Varvara CORDOBA, *vecinos del Arroyo Seco*; ap/ Santiago LUCERO & Rosa AGUILAR; am/ Manuel CORDOBA & Mª Guadalupe SERDA; gp/ Mariano SANCHES & Mª Josefa MAES, *vecinos del Arroyo Seco*.

Frame 629
MARTIN, Maria Magdalena   *Arroyo Seco*
   bap 27 Sep 1827, ae 3 da; d/ Juan Julian MARTIN & Mª Guadalupe VIGIL, *vecinos del Arroyo Seco*; ap/ Ygnacio MARTIN & Paula SALASAR, dec.; am/ Pedro VIGIL & Mª Josefa QUINTANA; gp/ Anto Lias ARMENTA & Mª Ysabel SANCHES, *vecinos del Arroyo Seco*.

MARTINES, Mª del Socorro   *Arroyo Seco*
   bap 27 Sep 1827, ae 3 da; d/ Jose Gregorio MARTINES & Mª Magdalena SANCHES, *vecinos del Arroyo Seco*; ap/ Anto MARTIN (sic) & Mª Dolores ARMENTA, both dec.; am/ Jose SANCHES & Miquela LUJAN; gp/ Juan Ygnacio MARTIN & Mª Casilda MARTIN, *vecinos del Rancho*.

DURAN, Pedro Anto   *Rancho*
   bap 29 Sep 1827, ae 3 da; s/ Franco DURAN & Maria Josefa MARTIN, *vecinos de San Franco del Rancho*; ap/ Ygnacio DURAN & Mª Anta SANCHES; am/ Jose MARTIN, dec., & Mª Rita LUCERO; gp/ Juan Ygnacio MARTIN & Mª Casilda MARTIN, *vecinos del Rancho*.

JARAMILLO, Miguel Anto   *Rancho*
   bap 29 Sep 1827, ae 3 da; s/ Mariano JARAMILLO & Mª Josefa LOVATO, *vecinos del Rancho*; ap/ Nicolasa JARAMILLO & father unknown; am/ Juan LOVATO & Mª Ygnacia SANCHES; gp/ Jose Romaldo VARGAS & Mª de Jesus FERNANDES, *vecinos del Rancho*.

ARAGON, Jose de los Angeles   *Arroyo Seco*
   bap 2 Oct 1827, ae 2 da; s/ Jose Maria ARAGON & Maria Ygnacia ARCHULETA, *vecinos de la Poblacion del Arroyo Ondo*; ap/ Mª Juana ARAGON & father unknown; am/ Jose Anto ARCHULETA & Mª Anta CORDOBA, both dec.; gp/ Felipe VALDES & Magdalena GONSALES, *vecinos del curato de San Juan de los Caballeros*. (Frames 629-630)

Frame 630
BARELA, Maria Geronima   *Rancho*
   bap 2 Oct 1827, ae 3 da; d/ Juan BARELA & Mª Juliana TRUGILLO, *vecinos de San Franco del Rancho*; ap/ Pablo BARELA, dec., & Magdalena LOPES; am/ Vicente TRUGILLO & Guadalupe CRUS; gp/ Jose Miguel PACHECO & Mª Gertrudis GONSALES, *vecinos del var. de San Franco del Rancho*.

TRUGILLO, Mª Miquela Dolores   *Rancho*
   bap 3 Oct 1827, ae 5 da; d/ Juan TRUGILLO & Mª Catarina CORDOBA, *vecinos de San Franco del Rancho*; ap/ Santiago TRUGILLO & Mª Polonia ROMERO; am/ Aban CORDOBA & Mª Juliana TORRES; gp/ Juan Felipe ROMERO & Mª Brigida TAFOYA, *vecinos del mismo varrio*.

SILVA, Mª Luisa   S. Fernando
   bap 3 Oct 1827, ae 3 da; d/ Jose Maria SILVA & Mª del Carmel SAIS, *vecinos de San Fernando*; ap/ Santiago SILVA & Juana Encarnacion BELASQUES; am/ Simon

SAIS & Margarita LOVATO; gp/ Jose Ant° ALARÍ & Mª Rosa SANDOVAL, *vecinos de San Fernando*.

SANDOBAL, Maria Guadalupe   S. Fernando
    bap 5 Oct 1827, ae 2 da; d/ Ventura SANDOBAL & Mª de Jesus MASCAREÑAS, *vecinos de San Fernando*; ap/ Pablo SANDOVAL & Mª Lugarda MADRIL; am/ Culas MASCAREÑAS & Concepcion ESPINOSA; gp/ Juan LOVATO & Manuela CORTES, *vecinos de San Fern°*.

Frame 631
LUCERO, Maria Dulovina   S. Fernando
    bap 7 Oct 1827, ae 5 da; d/ Antonio Jose LUCERO & Maria Dolores BALDES, v^{os} de *San Fernando*; ap/ Bicente LUCERO & Marta ATENCIO; am/ Juan BALDES & Bibiana BACA; gf/ Encarnacion GARCIA, $v°$ de *San Juan*.

GONSALES, Maria Francisca   *S. Francisco del Ranchito*
    bap 7 Oct 1827, ae 4 da; d/ Cristobal GONSALES & Maria Simona TRUGILLO, *vecinos de S. Fran°° del Ranchito*; ap/ Mª Manuela GONSALES, dec., (only); am/ Juan Ant° TRUGILLO & Juana Antª BUENO, dec.; gp/ Juan Domingo MARTIN & Mª Andrea PANDO, v^s del *Ranchito de San Fran°°*.

Frame 632
MARTIN, Juan de Jesus   S. Fernando
    bap 7 Oct 1827, ae 4 da; s/ Nicolas MARTIN & Mª Luisa VIGIL, v^s de *San Fernando*; ap/ Nicolas MARTIN & Mª Fran°ª SALASAR; am/ Juan VIGIL & Mª Antª URTADO, both dec.; gp/ Jose Ant° MEDINA & Juana Mª SALASAR, *vecinos de San Fer°°*.

DURAN, Maria Rufina   *Rancho*
    bap 7 Oct 1827, ae 3 da; d/ Juan Fran°° DURAN & Maria Dolores CORDOVA, v^s del *Rancho*; ap/ Estevan DURAN, dec., & Maria del Carmen ROMERO; am/ Sevastian CORDOVA & Anamaria MARTIN, both dec.; gp/ Jose Venito VIGIL & Maria Josefa VIGIL, *vesinos del Rancho*.

SAN SERMAN, Jose Fran°° Eugenio   S. Fernando
    bap 7 Oct 1827, ae 4 da; s/ (n.n.) SAN SERMAN, (Origins, p. 433, same), native of France, & Manuela MONDRAGON de *San Fer°°*; ap/ unknown because the father of the child not present; am/ Jose MONDRAGON & Mª Dolores CASADOS; gm/ Mª Rosa GRIJALBA, *vecina de San Fernando*. (Frames 632-633)

Frame 633
MARTIN, Jose Fran°°   *Rancho*
    bap 7 Oct 1827, ae 4 da; s/ Jose Manuel MARTIN & Maria Juana ARAGON; ap/ Jose Fran°° MARTIN & Maria SANCHES; am/ Lorenso ARAGON & Maria Dolores CHABES, dec., v^{os} de *San Fran°° del Rancho*; gp/ Bernardo MONTOYA & Mª de Jesus ARCHULETA, v^{os} de *San Fran°° del Ranchito*.

ARGUELLO, Maria Francisca   *Rancho*
    bap 7 Oct 1827, ae 4 da; d/ Ramon ARGUELLO & Mª Josefa TAFOYA, ve^s de *S. Fran°° del Rancho*; ap/ Fran°° ARGUELLO & Maria Clara SANDOVAL, dec.; am/ Jesus TAFOYA & Lorensa QUINTANA, dec.; gp/ Jose Pablo MARTIN & Mª Catarina MARTIN, v^{os} de *S. Fran°° del Rancho*.

Frame 634
LUCERO, Jose Brigido   *Arroyo Seco*
    bap 11 Oct 1827, ae 5 da; s/ Ygnacio LUCERO & Mª Soledad SALASAR, *vecinos del Arroyo Seco*; ap/ Santiago LUCERO & Rosa AGILAR; am/ Pedro SALASAR & Mª del Carmel DURAN; gp/ Jose Manuel SANCHES & Mª Paula SANCHES, *vecinos del Arroyo Seco*.

TAOS BAPTISMS, VOLUME II   1827-1830, AASF #19

VIGIL, Juan de Jesus   S. Fernando
    bap 14 Oct 1827, ae 7 da; s/ Meregildo VIGIL & Josefa MARTIN, *vecinos de S.
    Fernando*; ap/ Juana VIGIL & An^{ta} URTADO; am/ Agustin MARTIN & Mª Margarita
    MANSANARES; gp/ Jose Mª BALDES & Gertrudis TRUGILLO, *vecinos de San
    Fernando*.

MONTES, Maria Josefa   *Arroyo Ondo*
    bap 14 Oct 1827, ae 3 da; d/ Fran^{co} MONTES & Juana MONTOYA, *vecinos del Arroyo
    Ondo*; ap/ An^{to} MONTES & Mª Ygnes MARTIN; am/ Vernardo MONTOYA & Ysabel SALASAR,
    dec.; gp/ Fran^{co} PADIA & Mª Miquela CHAVES, *vecinos del Arroyo Ondo*.

GURULÉ, Jose Calistro   (Jose Calisto in margin)   *Rancho*
    bap 14 Oct 1827, ae 6 da; s/ Lorenso GURULÉ & Mª Fran^{ca} GARCIA, *vecinos del
    Rancho*; ap/ Cristoval GURULÉ, dec., & Polonia LUCERO; am/ Manuel GARCIA &
    Madalena GUTIERES; gp/ Baltasar APODACA & Hermeregilda APODACA *del Rancho*.

TRUGILLO, Jose Maria   San Fernando
    bap 16 Oct 1827, ae 4 da; s/ Esteban TRUGILLO & Mariana TAFOYA, v^s de S. Fer^{do};
    ap/ An^{to} Alejandro TRUGILLO, dec., & Mª Manuela ARCHULETA; am/ Nicolas TAFOYA
    & Mª Manuela MEDINA; gp/ Fran^{co} An^{to} Esteban LI (Origins, p. 423, LEE) & M^a de
    la Lus TAFOYA, *vecinos de S. Fernando*. (Frames 634-635)

Frame 635
BARELA, Jose Miguel   *S. Fran^{co} del Ranchito*
    bap 16 Oct 1827, ae 2 da; s/ Jose An^{to} BARELA & Mª Josefa LUCERO, *vecinos del
    Ranchito de San Fran^{co}*; ap/ Miguel BARELA & Mª Fran^{ca} CORDOVA; am/ Juan de Jesus
    LUCERO & Mª Ygnacia ARAGON; gp/ Pedro An^{to} RIBERA & Mª Dolores MALDONADO, v^s de
    la plasa de la Púrisima Concepcion.

TRUGILLO, Jose del Refugio   *Rancho*
    bap 17 Oct 1827, ae 3 da; s/ Juan de Jesus TRUGILLO & Mª de Jesus VALERIO, v^{es}
    de San Fran^{co} del Rancho; ap/ Damacio TRUGILLO & Leonicia BORREGO, both dec.;
    am/ Francisco VALERIO, dec., & Rosalia MARTINES; gp/ Juan Yg^o VIGIL & Juana
    Paula QUINTANA, *vecinos de San Fran^{co} del Rancho*. (Frames 635-636)

Frame 636
LUCERO, Maria Dominga   S. Fernando
    bap 17 Oct 1827, ae 4 da; d/ Pablo LUCERO & Mª Guadalupe RIBERA, v^s de San
    Fer^{do}; ap/ Jesus LUCERO, dec., & Mª Rosalia VERNAL; am/ Juan RIBERA & M^a
    Catarina MONTOYA; gp/ Juan del Carmel ROMERO & Mª Rosa MARTINES, v^s de S.
    Fernando.

ROMERO, Jose Ygnacio   *Pueblo*
    bap 17 Oct 1827, ae 11 da; s/ Antonio ROMERO & Maria Rosa GONSALES, *vecinos
    naturales del pueblo*; ap/ (blank space) ROMERO & (blank space); am/ Domingo
    GONSALES & Maria Josefa (n.s.), both dec.; gp/ An^{to} Jose GARCIA & Mª Paula
    BIALPANDO, *vecinos del curato de San Juan de los Caballeros*.

Frame 637
VIALPANDO, Maria Guadalupe   S. Fernando
    bap 18 Oct 1827, ae 5 da; nat. d/ Mª Elena VIALPANDO, *vecina de San Fernando*;
    am/ Ysidro VIALPANDO & Juana ROMERO, both dec.; gp/ Rafael GONSALES & Maria
    Manuela VIALPANDO, *vecinos de San Fernandes*.

24

FRESQUIS, Antonio Jose   S. Fernando
  bap 23 Oct 1827, ae 11 da; s/ Juan An^{to} FRESQUIS & Mª Dolores GABALDON, *veci^s
  de San Fernand<u>es</u>*; ap/ Anna Mª FRESQUIS & unknown *abuelo*; am/ Felis GABALDON &
  Mª Josefa TRUGILLO, both dec.; gp/ Juan Manuel LOVATO & Maria Fran^{ca} COCA, *v^s
  de San Fernand<u>es</u>*.

VIGIL, Jose Vernardo   Rancho
  bap 24 Oct 1827, ae 3 da; s/ Ramon VIGIL & Mª Barvara MARTIN, *vecinos de S.
  Fran^{co} del Rancho*; ap/ Juan de la Crus VIGIL & Mª Clara FERNANDES; am/ Ygnacio
  MARTIN & Paula SALASAR; gp/ Anastacio VIGIL & Mª Ysidora VIGIL, *vecinos de S.
  Fran^{co} del Rancho*.

Frame 638
LEAL, Jose Ventura   Rancho
  bap 24 Oct 1827, ae 3 da; s/ Jose LEAL & Margarita LOVATO, *vecinos de S. Fran^{co}
  del Rancho*; ap/ Domingo LEAL & Mª Veronica CORTES; am/ Rafael LOVATO & Mª Lus
  ESPINOSA; gp/ Fran^{co} MARTIN & Ygnacia PINEDA, *vecinos del mismo barrio*.

QUINTANA, Juan de Jesus   Rancho
  bap 28 Oct 1827, ae 5 da; nat. s/ Maria Miquela QUINTANA, *vecina de S. Fran^{co}
  del Rancho*; am/ Juan de la Crus QUINTANA & Miq^{ela} VALDES; gp/ Pedro An^{to}
  GALLEGOS & Mª Var<u>a</u>dara ARAGON, *vecinos de S. Fran^{co} del Rancho*.

CANDELARIO, Jose Victor   Rancho
  bap 28 Oct 1827, ae 3 da; s/ Julian CANDELARIO & Ana Maria GARCIA; ap/ Fran^{co}
  CANDELARIO & Juana GRIEGO; am/ Manuel GARCIA & Juana GURULÉ; gp/ An^{to} FRESQUES
  & Reyes SANCHES, *vecinos del Rancho*.

ORTES, Maria Soledad   Pueblo
  bap 28 Oct 1827, ae 5 da; d/ Juan Lorenso ORT<u>ES</u> & Juliana REYNA, *vecinos
  naturales deste pueblo de Taos*; ap/ Juan An^{to} ORTIS & Maria TECOA, dec.; am/
  An^{to} REYNA & Juana Paula ROMERO; gp/ Ygnacio GOMES & Mª Soledad ROMERO, *vecina
  (sic) natural deste pueblo de Taos*.

Frame 639
RAEL, Juan Cristobal   Rancho
  bap 28 Oct 1827, ae 4 da; s/ Ramon RAEL & Maria Josefa VIGIL *de San Fran^{co} del
  Rancho*; ap/ Felipe RAEL & Mª Manuela ROMERO; am/ Juan VIGIL & Mª Josefa LOVATO;
  gp/ Juan de la Crus VIGIL & Mª Ysidora VIGIL, *v^s de S. Fran^{co} del Rancho*.

VIGIL, Jose Florencio   Rancho
  bap 28 Oct 1827, ae 3 da; s/ Miguel VIGIL & Maria Encarnacion MARTINES,
  vecinos del varrio de S. Fran^{co} del Rancho; ap/ Ygnacio VIGIL & Maria Soledad
  LUXAN, dec.; am/ Juan MARTIN (sic), dec., & Maria Catarina CORDOBA; gp/ Jesus
  Maria CORDOBA & Maria Estefana GONSALES, *vecinos del varrio de S. Fran^{co} del
  Rancho*.

Frame 640
AGUILAR, Maria Concepcion   Plaza dela Purisima
  bap 29 Oct 1827, ae 4 da; d/ Salvador AGUILAR & Maria Fran^{ca} CORTÉS, *v^s de la
  Purisima Concepcion del Ranchito*; ap/ An^{to} AGUILAR & Juana CORDOBA; am/ Crus
  CORTÉS & Maria de la Lus MONTOYA, dec.; gp/ German An^{to} ARCHULETA & Maria Ygnes
  MANZANARES, *vecinos de San Fernand<u>es</u>*.

MARTIN, Maria Ygnacia   S. Fernando
  bap 30 Oct 1827, ae 8 da; nat. d/ Maria de la Lus MARTIN, *vecina de San*

Fernando; am/ Juan Felipe MARTINES (sic) & Mª Ygnacia VIGIL, both dec.; gp/ Juan Anto SUASO & Mª Dolores SUASO, *vecinos de San Ferdo*.

BEAUBIEN, Jose Narciso *Purisima*
    bap 30 Oct 1827, ae 4 da; s/ Carlos Hypolito BEAUBIEN & Mª Paula LOVATO, *vecinos de la Purisima Concepcion*; ap/ Pablo BEAUBIEN & Mª Luisa Carlota DUROCHER; am/ Juana Catarina LOVATO & unknown father; gp/ Dn Blas TRUGILLO & Maria Guadalupe TRUGILLO, *vecinos de San Fernando*.

Frame 641
CORTES, Manuel Salvador *Arroyo Seco*
    bap 1 Nov 1827, ae 8 da; s/ Jose Miguel CORTES & Mª Manuela MONDRAGON, *vecinos del Arroyo Seco*; ap/ Crus CORTES & Luis(a) MONTOYA, dec.; am/ Felipe de Jesus MONDRAGON & Maria Antª SANDOVAL; gp/ Ygnacio MARTIN & Sencion BARELA, *vecinos del Arroyo Seco*.

ROMERO, Jose Franco *San Fernando*
    bap 4 Nov 1827, ae 8 da; s/ Juan Pedro ROMERO & Candelaria TRUGILLO; ap/ Nicolas ROMERO & Maria Gertrudis ÑETA, dec.; am/ Jose Alexandro TRUGILLO, dec., & Mª Manuel Manuela ARCHULETA; gp/ Franco LOVATO & Mª Ygnacia LOVATO & these, as well as the parents of the child, *son vecinos de S. Fernando*.

CASILLAS, Jose Santos *Rancho*
    bap 4 Nov 1827, ae 4 da; s/ Vartolo CASILLAS & Mª Elena SANCHES, *vecinos del Rancho*; ap/ Vernardo CASILLAS & Ysabel MADRIL; am/ Mª Antª SANCHES & unknown abuelo; gp/ Pablo DURAN & Mª Josefa SAMORA, *vecinos de San Fernando*.

CHACON, Juan de Jesus *Arroyo Seco*
    bap 7 Nov 1827, ae 10 da; s/ Franco Anto CHACON & Mª Encarnacion ATENCIO, *vecinos de la Poblacion del Arroyo Ondo*; ap/ Jose CHACON & Maria Clara TRUGILLO; am/ Juan Ygnacio ATENCIO & Maria Manuela ARCHULETA; gp/ Vicente MARTINEZ, *vecino dela Jurisdicion de Abiquiu*, & Maria Manuela MARTINEZ, *vecina de S. Fernando*. (Frames 641-642)

Frame 642
TAFOYA, Juan Pedro *Rancho*
    bap 8 Nov 1827, ae 3 da; s/ Salbador TAFOYA & Juana Mª MEDINA, *vecina del Rancho*; ap/ Juan Bartolo TAFOYA & Maria Dolores MAES, dec.; am/ Juan de Jesus MEDINA & Mª Candelaria GONSALES; gp/ Franco ARGUELLO, in proxy for Juan de Jesus ARGUELLO, & Mª Rosa VIGIL, *vecinos del Rancho*.

LOMA, Maria de la Santos *Pueblo*
    bap 11 Nov 1827, ae 4 da; d/ Ramon LOMA & Mª Francª ORTIS, *naturales del pueblo de Taos*; ap/ Juan Anto LOMA, dec., & Lucia ESPINOSA; am/ Juan Anto ORTIZ & Miquela ROMERO; gp/ Antonio CHAMBRE & Mª R(os)a (blot) GRIJALBA, (see Frame 621), vs *de San Fernandes*.

Frame 643
CORDOBA, Mª Francisca *Rancho*
    bap 11 Nov 1827, ae 3 da; d/ Policarpio CORDOBA & Maria Miquela GONZALES, *vecinos del varrio de S. Franco del Rancho*; ap/ Anto Aban CORDOBA & Maria Juliana TORRES; am/ Felipe GONZALEZ (sic) & Mª Francisca CHACON, dec.; gp/ myself (Anto Jose MARTINEZ), & my mother, Maria del Carmen SANTIESTEVAN, *vecinos de San Fernando*.

MEDINA, Jose Manuel *S. Fernando*
    bap 13 Nov 1827, ae 3 da, s/ Jose Anto MEDINA & Juana Maria SALASAR, vs *de S.*

Fernando; ap/ Anto MEDINA & Micaela VIGIL, both dec.; am/ Juan Anto SALASAR & Maria Rosa ARCHULETA who were gp y son vecinos de San Franco del Ranchito.

QUINTANA, Maria Prudencia   Rancho
    bap 15 Nov 1827, ae 3 da; d/ Franco Estevan QUINTANA & Maria Guadalupe LUJAN, vecinos de S. Franco del Rancho; ap/ Gregorio QUINTANA & Maria Concepcion VALDEZ; am/ Joaquin LUJAN & Mª Ygnacia MARTIN; gp/ Juan Domingo TAFOYA & Maria Gertrudis CORDOBA, vecinos del Rancho.

Frame 644
VERNAL, Jose Cristoval   S. Fernando
    bap 18 Nov 1827, ae 3 da; s/ Pedro Anto VERNAL & Maria Gertrudis SUASO, vecinos de San Fernando; ap/ Miguel VERNAL, dec., & Maria Gertrudis MARTINES; am/ Miguel SUASO & Maria Josefa MARTINES; gp/ Rafael Anto CHAVES & Maria Encarnacion ROMERO, vecinos del varrio de San Fernando.

MONTOYA, Maria Eucevia   Rancho
    bap 18 Nov 1827, ae 3 da; d/ Mateo MONTOYA & Maria Josefa ROMERO, vecinos de San Franco del Rancho; ap/ Jose MONTOYA & Mª Rosa SANDOVAL; am/ Concepcion ROMERO & Maria Rosa ROMERO; gp/ Franco DURAN & Maria Juliana CORTES, vecinos del Rancho.

MARTIN, Jose Santiago   S. Franco del Ranchito
    bap 18 Nov 1827, ae 7 da; s/ Jose Miguel MARTIN & Mª Dolores MARTINES; ap/ Joaquin MARTIN & Maria Candelaria CHAVES, both dec.; am/ unknown due to Mª Dolores being of the Ute Tribe, famula/ Dⁿ Severeno MARTINES, dec.; gp/ Jesus Mª CORDOBA, vecino del Rancho, & Maria Manuela MARTINES, vecina de San Fernando.

GONZALEZ, Maria del Carmen   Arroyo Ondo
    bap 20 Nov 1827, ae 3 da; d/ Juan GONZALEZ & Maria Gertrudis ARCHULETA, vecinos del Arroyo Ondo; ap/ Ygno GONZALEZ & Margarita VASQUES; am/ Jose Anto ARCHULETA & Mª Antª CORDOBA; gp/ Juan Miguel TAFOYA & Maria Patricia MARTIN, vecinos del Arroyo Ondo. (Frames 644-645)

Frame 645
PACHECO, Jose Franco   San Fernando
    bap 20 Nov 1827, ae 7 da; s/ Manuel Estevan PACHECO & Maria de Jesus CASADOS, vecinos de S. Fernando; ap/ Gregorio PACHECO, dec., & Maria Brigida TRUGILLO; am/ Juan Anto CASADOS & Maria Rosalia MARTIN, both dec.; gp/ Amador AMABLE & Maria Rafaela BACA, vecinos de S. Fernando.

MONDRAGON, Jose Salvador de la Cruz   Arroyo Ondo
    bap 24 Nov 1827, ae 3 da; nat. s/ Maria Dolores MONDRAGON, vecina del Arroyo Ondo; am/ Jose MONDRAGON & Maria TRUGILLO, both dec.; gp/ Jose Dolores GONZALEZ & Maria de la Luz BALVERDE, vecinos del Ojo Caliente perteniciente á la Jurisdiccion de Abiquiu.

GABALDON, Jose Anastacio   Arroyo Ondo
    bap 25 Nov 1827, ae 5 da; s/ Jose Manuel GABALDON & Maria Susana MARTIN, vecinos del Arroyo Ondo; ap/ Felis GABALDON & Guadalupe TRUGILLO; am/ Manuel Ramos MARTIN & Maria Manuela GONZALEZ; gp/ Anastacio CARIEL (Origins, p. 410, same or LARIÉ) & Maria Luisa GUTIERRES, vecinos del Arroyo Ondo.

CORDOVA, José Miguel   Arroyo Seco
    bap 25 Nov 1827, ae 9 da; s/ Manuel CORDOVA & Maria de Jesus MONDRAGON, vecinos del Arroyo Seco; ap/ Anto CORDOVA & Ysabel BUSTOS; am/ Anto MONDRAGON

& Maria Clara VARELA; gp/ Jose Miguel GALLEGOS & Maria Paula GOMES, *vecinos del Arroyo Seco*. (Frames 645-646)

Frame 646
MESTAS, Maria Barbara *Purisima Concepcion*
bap 27 Nov 1827, ae 6 da; nat. d/ Juana Nepomucena MESTAS, *vecina de la plasa de la Purisima Concepcion*; am/ Jose MESTAS & Mª Barbara MARTIN, both dec.; gp/ Pedro de la Trinidad TRUGILLO & Maria de la Lus TRUGILLO, *vecinos del varrio de San Fernando*.

LOMA, Jose Rafael *Pueblo*
bap 28 Nov 1827, ae 7 da; s/ Juan Domingo LOMA & Juana Mª CORDOVA, *naturales deste pueblo de Taos*; ap/ Juan LOMA & Ysavel MARQUES, dec.; am/ Juan Domingo CORDOVA & Mª LUJAN, both dec.; gp/ Santiago GONSALES & Mª Loreta ARCHULETA, *naturales deste pueblo*.

Frame 647
BERNAL, Maria Manuela *Pueblo*
bap 28 Nov 1827, ae 10 da; d/ Agustin BERNAL & Franca GUERRERO, *naturales deste pueblo*; ap/ Manuel BERNAL & Josefa REYNA, both dec.; am/ Juan Andres GAVILAN & Manuela GUERRERO, both dec.; gp/ Jose Antº SUASO & Maria Josefa CASADOS, *vecinos de San Fernando*.

CHAVES, Maria de la Luz *S. Fernando*
bap 29 Nov 1827, ae 4 da; d/ Jose Maria CHAVES & Maria Josefa ARCHULETA; ap/ Agustin CHAVES & Maria Rosa XABIER, both dec.; am/ Juan de Jesus ARCHULETA & Maria Juaquina VENAVIDES; gp/ Antonio MARTIN & Maria Ysabel SANCHES, *vˢ de San Fernando*.

MARTIN, Mª Josefa *Arroyo Ondo*
bap 30 Nov 1827, ae 3 da; d/ Jose MARTIN & Mª Paula BALDONADO, *vecinos del Arroyo Ondo*; ap/ Cristoval MARTIN & Mª Teodora FERQUES (sic); am/ Antº Jose BALDONADO & Mª Juliana BARELA; gp/ Antº GOMES & Maria Rosa MARTIN, *vecinos del Arroyo Seco*.

Frame 648
MEDINA, Jose Ysidro *Arroyo Ondo*
bap 1 Dec 1827, ae 3 da; s/ Francº MEDINA & Mª Trinidad MAES, *vecinos del Arroyo Ondo*; ap/ Juan Pa(s)cual MEDINA & Teresa ESPINOSA; am/ Vitoriano MAES & Mª Miquela LUCERO; gp/ Benancio CORDOBA & Guadalupe MAES, *vecinos del Arroyo Ondo*.

PACHECO, Mª Andrea *Ranchito*
bap 1 Dec 1827, ae 3 da; d/ Diego PACHECO & Mª de (written over) QUINTª, *vecinos del Ranchito*; ap/ Juan Antº PACHECO & Mª Luisa ARMIJO; am/ Jose de la Crus QUINTANA & Mª Miquela MARTIN; gp/ Juan Jose MONTOYA & Mª Candelaria ESQUIVEL, *vecinos del Ranchito*.

MONTOYA, Mª Ygnacia *Rancho*
bap 1 Dec 1827, ae 3 da; nat. d/ Mª Clara MONTOYA, *vecina del Rancho*, & unknown father; am/ Jose MONTOYA & Luisa SANDOVAL; gp/ Tomas COCA & Lorensa SANDOVAL *del Rancho*.

CARDENAS, Juan Andres *S. Fernando*
bap 2 Dec 1827, ae 3 da; s/ Ramon CARDENAS & Mª Rita MONTOYA, *vecinos de San Fernando*; ap/ Jose CARDENAS & Mª Santa VERNAL; am/ Bartolo MONTOYA & Rita SANCHES; gp/ Diego MASCAREÑAS & Mª Paula CANDELARIO, *vecinos de San Fernando*.

BARELA, Mª Andrea   *Rancho*
    bap 2 Dec 1827, ae 3 da; d/ Jose Candelario BARELA & Mª Concepcion SOLANO,
    vecinos del Rancho; ap/ Antº BARELA & Ygnacia VIGIL; am/ Andres SOLANO & Mª
    CRESPINA; gp/ Nicolas BARELA & Polonia CHAVES, *vecinos del Ranchito de San
    Franco*.

BARELA, Maria Viviana   S. Fernando
    bap 2 Dec 1827, ae 3 da; nat. d/ Mª Gregoria BARELA & father unknown, *vecina
    de San Fernando*; am/ Juan de Jesus (n.s.-marked through) & Mª Rita VARELA
    (sic); gp/ Juan de Jesus BALDES & Mª Rita BALDES. (Frames 648-649)

Frame 649
TAFOYA, Maria Manuela   S. Fernando
    bap 2 Dec 1827, ae 4 da; d/ Jose TAFOYA & Mª Guadalupe ARMENTA, *vecinos de San
    Fernando*; ap/ Nicolas TAFOYA & Mª Manuela MEDINA; am/ Mariano ARMENTA, dec.,
    & Mª Marta MARTIN; gp/ Marta MARTIN & Mariano ARMENTA, *vecinos de San Fernando*.

GUARA, Juan del Carmel   S. Fernando
    bap 8 Dec 1827, ae 3 da; s/ Carlos GUARA (Origins, p. 418, GUARÁ) & Mª Dolores
    SUASO, *vecinos de San Fernando*; ap/ Bautista GUARA & Maria Margarita EVERS;
    am/ Jose Antº SUASO & Mª Josefa CASADOS; gp/ Bautista SANSERMAN (Origins, p.
    433, same) & Mª Manuela MONDRAGON, *vecinos de San Fernando*.

ARCHULETA, Maria Miquela   *Rancho*
    bap 8 Dec 1827, ae 5 da; d/ Jesus ARCHULETA & Gertrudis CASADOS, *vecinos del
    Ranchito de la Purisima*; ap/ Pablo ARCHULETA & Barvara LOVATO; am/ Juan Antº
    CASADOS & Catarina BACA, both dec.; gm/ Marcelina CASADOS, *vecina de S.
    Fernando*.

GALLEGOS, Maria Franca   Arroyo Ondo
    bap 10 Dec 1827, ae 6 da; d/ Pedro GALLEGOS & Mª Lorensa ESPINOSA, *vecinos del
    Arroyo Ondo*; ap/ Juan GALLEGOS & Mª Gertrudis MARTINES; am/ Asencio ESPINOSA
    & Mª Juana PANDO; gp/ Miguel Antº MAES & Mª de la Lus SALAS, *vecinos de San
    Fernando*.

Frame 650
DURAN, Antº Damacio   *Rancho*
    bap 11 Dec 1827, ae 3 da; s/ Mauricio DURAN & Mª Barbara SANCHES, *vecinos de
    S. Franco del Rancho*; ap/ Manuel DURAN & Mª Gerarda MASCAREÑAS; am/ Felipe
    SANCHES & Ana Maria MARTIN; gp/ Juan FRESQUES & Mª Mariana FRESQUES, *vecinos
    del Rancho*.

CORDOBA, Mª Guadalupe   Arroyo Ondo
    bap 11 Dec 1827, ae 2 da; d/ Tomas CORDOBA & Juana ARELLANO, *vecinos del
    Arroyo Ondo*; ap/ Jose Antº CORDOBA, dec., & Juana MARTIN; am/ Ramon ARELLANO
    & Ana Maria ARMENTA; gp/ Juan Gabriel DURAN & Tomasa GARCIA, *vecinos del
    Arroyo Ondo*.

ALARID, Maria Guadalupe Victoria   S. Fernandes
    bap 13 Dec 1827, ae 3 da; d/ Jose Ygnacio ALARID & Mª Dolores TRUGILLO, *vecinos
    de S. Fernando*; ap/ Jose Antº ALARID & Mª Rosa SANDOVAL; am/ Jose Antº TRUGILLO
    & Ana Maria VORREGO; gp/ Jose Antº ALARID & Mª Rosa SANDOVAL, *vecinos de San
    Fernando*.

TRUGILLO, Jose Santiago   *Rancho*
    bap 13 Dec 1827, ae 3 da; s/ Juan Bautisa TRUGILLO & Mª Casilda QUINTANA,
    vecinos del Rancho; ap/ Miguel TRUGILLO, dec., & Mª Rosa VALDES; am/ Jose de

la Crus QUINTANA & Mª Miquela MARTIN; gp/ Pedro CANOLÉ & Mª de los Reyes DURAN, *vecinos del Rancho.*

MASCAREÑAS, Fran^{co} An^{to}   *Rancho*
    bap 13 Dec 1827, ae 8 da; s/ Miguel MASCAREÑAS & Mª Manuela BUENO, *vecinos de S. Fran^{co} del Rancho;* ap/ Bernardo MASCAREÑAS & Juliana CORDOBA; am/ An^{to} BUENO & Rosario VALDES; gp/ Diego An^{to} MASCAREÑAS & Mª Clara CANDELARIO, *vecinos del Rancho.* (Frames 650-651)

Frame 651
CORTES, Mª Fran^{ca}   *S. Fer^{do}*
    *bap 3 Dec 1827, ae 8 da; d/ Fran^{co} CORTES & Maria Tanacia ARMENTA, *vecinos de San Fernando;* ap/ Jose An^{to} CORTES, dec., & Juana Gertrudis MONTOYA; am/ Simon ARMENTA, dec., & Marta MARTIN; gp/ An^{to} Jose MEDINA & Mª Paula CORTES, *vecinos del Arroyo Ondo.*

SOLANO, An^{to} Luis   *Rancho*
    bap 16 Dec 1827, ae 5 da; s/ Masimo SOLANO & Mª BARELA, *vecinos del Rancho;* ap/ Andres SOLANO & Feliciana BALDES; am/ Juan An^{to} BARELA & Ygnacia VIGIL; gp/ Juan Domingo MONTOYA & Mª Catarina MONTOYA, *vecinos del Rancho.*

TAFOYA, Maria Alvabina   (Mª Alvina in margin)   *Fernando*
    bap 20 Dec 1827, ae 5 da; d/ Juan An^{to} TAFOYA & Mª Diega APODACA, *vecinos de S. Fernando;* ap/ Juan Fran^{co} TAFOYA & Marina de HERRERA; am/ An^{to} Jose APODACA & Fran^{ca} LOVATO; gp/ Juan BARGAS & Guadalupe SANCHES, *vecinos de S. Fernando.*

QUINTANA, Juan Jose   *Ranchito*
    bap 23 Dec 1827, ae 6 da; s/ Miguel QUINTANA & Mª Gertrudis MARTIN, *vecinos del Ranchito de S. Fran^{co};* ap/ Jose de la Crus QUINTANA & Mª Miquela VALDES, both dec.; am/ Mª MARTINES (only & as written), dec.; gp/ Dⁿ An^{to} MARTINES & Dª Mª Manuela MARTINES, *vecinos de S. Fer^{do}.* (Frames 651-652)

Frame 652
ESPINOSA, Anna Mª   *Pueblo*
    bap 23 Dec 1827, ae 5 da; d/ Jose Rafael ESPINOSA & Mª de la Encarnacion SAMORA, *naturales del pueblo;* ap/ Jose An^{to} ESPINOSA & Mª Catarina ROMERO; am/ Santiago SAMORA & Mª de (la) Lus LOMA; gp/ Jose Gabriel CASADOS & Anna Mª ARCHULETA, *v^s de San Fer^{do}.*

ROMERO, Mª Ygnacia   *Pueblo*
    bap 25 Dec 1827, ae 8 da; d/ Pablo ROMERO & Mª Dolores GONSALES, *Indios naturales de Taos;* ap/ Jose An^{to} ROMERO & Mª Soledad SUASO, both dec.; am/ Domingo ROMERO & Mª Lucia GONSALES, both dec.; gp/ Pablo SAMORA & Mª Ygnacia SAMORA, *Ind^s naturales del mismo pueblo.*

VALDES, Jose Tomas   *Ranchito*
    bap 25 Dec 1827, ae 4 da; s/ Bentura VALDES & Juana Catarina LOVATO; ap/ An^{to} VALDES & Manuela GONSALES, both dec.; am/ An^{to} LOVATO, dec., & Mª CHAVES; gp/ Fran^{co} VALDES & Mª Rafaela VARELA, *v^s S. Fer^{do}.*

Frame 653
SILVA, Jose Tomas   *Ondo*
    bap 26 Dec 1827, ae 6 da; s/ Jose Mª SILVA & Mª An^{ta} MONTOYA, *vecinos del Arroyo Ondo;* ap/ An^{to} SILVA, dec., & Juana MARTINES; am/ Fran^{co} MONTOYA & Mª Fran^{ca} SANDOVAL; gp/ Jose An^{to} TRUGILLO & Maria Francisca MARTIN, *vecinos del Arroyo Ondo.*

1827-1830, AASF #19   TAOS BAPTISMS, VOLUME II

SUASO, Juana Maria   *Fernando*
   bap 28 Dec 1827, ae 2 da; d/ Manuel SUASO & Mª Teresa SANDOVAL, *vecinos de San Fernando*; ap/ Miguel SUASO & Mª Josefa VIALPANDO, dec.; am/ Gregorio SANDOVAL, dec., & Ramona BARELA; gp/ Anto Hermeregildo TRUGILLO & Mª Josefa TAFOYA, *vecinos de S. Fernando*.

MESTAS, Maria Nicolasa   *Rancho*
   bap 28 Dec 1827, ae 4 da; d/ Jose Marcos MESTAS & Mª de la Lus LOPES, *vecinos del Rancho*; ap/ Juan MESTAS & Maria de Jesus SANDOVAL; am/ Anto LOPES & Maria Rita ROMERO; gp/ Cristobal SALASAR & Maria VALDES, *vecinos del mismo lugar*.

MARTINES, Jose Ynocencio   S. Fernando
   bap 30 Dec 1827, ae 3 da; s/ Dn Santiago MARTINES & Mª de la Luz LUCERO, *vs del varrio de San Fernandes* ; ap/ Dn Anto Severino MARTINES, dec., & Dª Mª del Carmel SANTIESTEBAN; am/ Dn Pablo LUCERO & Dª Mª Paula LARRAÑAGA who were the gp, *todos vs recidentes de S. Fernandes*. (Frames 653-654)

Frame 654
Number of those baptized in this year: 279

                                  Año de 1828
ROMERO, Mª Tiburcia   San Fernando
   bap 2 Jan 1828, ae 5 da; d/ Juan Domingo ROMERO & Mª Ygnacia CHAVES, *vecinos de San Ferdo*; ap/ Manuel Jose ROMERO & Juana VARELA; am/ Jose Mª CHAVES & Mª ORTEGA, dec.; gp/ Juan Ygnacio CORTES & Mª de la Luz GONSALES, *vecinos de San Ferdo*.

LEAL, Jose Lorenso   Rancho
   bap 6 Jan 1828, ae 2 da; s/ Rafael LEAL & Maria Teresa VIGIL, *vecinos del Rancho*; ap/ Domingo LEAL & Veronica CORTES; am/ Leonicio VIGIL & Mª Manuela DELGADO; gp/ Amador VIGIL & Maria Ygnacia QUINTANA, *vecinos de S. Franco del Rancho*.

VIGIL, Juan Ygnacio   Rancho
   bap 6 Jan 1828, ae 2 da; s/ Faustin VIGIL & Maria de la Lus MARTIN, *vecinos del Rancho*; ap/ Miguel VIGIL & Ana Maria BALLEJOS; am/ Pedro MARTIN & Mª Ygnacia GARCIA; gp/ Manuel SANCHES & Nicolasa SANDOVAL, *vecinos del Rancho*.
   (Frames 654-655)

Frame 655
ROMERO, Maria Decideria   Rancho
   bap 7 Jan 1828, ae 8 da; d/ Ramon ROMERO & Mª Rosa MARTIN, *vecinos de S. Franco del Ranchito*; ap/ Miguel ROMERO, dec., & Maria Manuela GARCIA; am/ Juan de Jesus MARTIN & Mª Concepcion CHAVES; gp/ Anto VELARDE, *vecino del curato de S. Juan*, & Mª Candelaria VELARDE, *vecina de S. Fernando*.

FERNANDES, Maria Marta   Arroyo Ondo
   bap 9 Jan 1828, ae 3 da; d/ Juan Manuel FERNANDES & Mª Encarnacion GARCIA; ap/ Anto FERNANDES, dec., & Mª Catarina BASQUES; am/ (blank space), *todos de la Poblacion del Arroyo Ondo*; gp/ Ygnacio MARTINES & Mª Ascencion VARELA, *perteneciente al Arroyo Seco*.

MEDINA, Jose Vitor   Arroyo Seco
   bap 10 Jan 1828, ae 4 da; s/ Franco MEDINA & Mª Soledad GOMES; ap/ Felipe MEDINA & Mª Guadalupe QUINTANA; am/ Anto GOMES & Mª Manuela ROMERO, dec.; gp/

Jose Mª SANCHES & Mª Dolores SANCHES, *todos vecinos del Arroyo Seco*. (Frames 655-656)

Frame 656
CORTES, Maria de los Reyis   San Fernando
   bap 10 Jan 1828, ae 05 da; d/ Bautista CORTES & Maria Antonia MONTOYA, *vecinos de S. Fernando*; ap/ Pedro CORTES, dec., & Josefa SANDOVAL; am/ Tomas MONTOYA & Mª Agueda ROMERO; gp/ Pedro SARETE (Origins, p. 411, CHARETTE) & Mª Ygnacia MIERA *de San Fernando*.

MEDINA, Maria Franca   San Fernando
   bap 10 Jan 1828, ae 3 da; d/ Julian MEDINA & Mª Dolores FRESQUIZ; ap/ Antº MEDINA, dec., & Maria Miquela VIJIL; am/ Mª Faviana FRESQUIS (sic, only), dec.; gp/ Juan LOBATO & Trinidad MEDINA, *todos de San Fernando*.

Frame 657
SANCHES, Jose Joaquin   *Arroyo Seco*
   bap 13 Jan 1828, ae 2 da; s/ Miguel SANCHES & Mª Soledad BACA, *vecinos del Arroyo Seco*; ap/ Joaquin SANCHES & Mª Rosa MARTINES; am/ Antº VACA (sic) & Ana Mª LOPES; gp/ Noberto MARTIN & Mª Gertrudis VEITA, *vecinos del Ranchito de la Puriscima Concepcion*.

ROMERO, Juan Antº   *Rancho*
   bap 13 Jan 1828, ae 2 da; s/ Vicente ROMERO & Soledad CHAVES, *vecinos del Rancho*; ap/ Francº Estevan ROMERO & Maria Concepcion MANSANARES; am/ Domingo CHABES (sic) & Maria Candelaria DURAN, dec.; gp/ Salbador BACA & Maria Tomasa SILVA, *vecinos de San Ferna(n)des*.

ARMIJO, Jose Alcadio   *Ranchito*
   bap 13 Jan 1828, ae 2 da; s/ Manuel ARMIJO & Trenidad VIGIL, *vecinos de la Pura Conzaucion del Ranchito*; ap/ Jose Antonio ARMIJO & Lucia MARTIAN (sic); am/ Francº VIGIL & Francª SANTISTEVAN, both dec.; gp/ Roque PADIA & Maria de las Niebes ROMERO, *vecinos dela Puricima Conzaucion del Ranchito*.

SALASAR, Jose Julian   *Rancho*
   bap 13 Jan 1828, ae 5 da; s/ Juan Cristobal SALASAR & Maria Varvara VALDES, *vecino(s) del Rancho*; ap/ Domingo SALASAR & Maria Guadalupe GURULÉ; am/ Bautista BALDES (sic) & Ana Maria ARCHULETA; gp/ Jesus GALLEGOS & Maria Varvara ARAGON, *vecinos del Rancho*.

Frame 658
ARCHULETA, Maria Bibiana   San Fernandes
   bap 15 Jan 1828, ae 3 da; d/ Hicidro (sic) ARCHULETA & Maria Encarnacion BERNAL, *vecinos del varrio de San Fernandes*; ap/ Juan de Jesus ARCHULETA & Juaquina GEORGE; am/ Juan Pedro BERNAL & Maria Antonia BOYVACEA; gp/ Manuel Antº FRESQUIS & Maria Biviana MONTAÑO, *vecinos de San Fernandes*.

MESTAS, Juan de Jesus   (Juan Jose in margin)   *Purisima*
   bap 16 Jan 1828, ae 3 da; nat. s/ Maria Paula MESTAS, *vecina del Ranchito de la plasa de la Purisima Consaucion*; am/ Jose Antº MESTAS, dec., & Maria Barbara MARTIN; gp/ & Migel Antonio CHAVES & Maria Encarnacion MESTAS, *vecinos del mismo lugar*.

GRIJALVA, Maria Faustina Marcela   Fernando
   bap 16 Jan 1828, ae 2 da; nat. d/ Maria Gertrudis GRIJALVA; am/ Marcelino GRIJALVA & Mari(a) Petra del BALLE; gp/ Domingo LAMELA & Mª Rita LALANDA, *vecinos de San Fernandes*.

ROMERO, Mª Franca   *Pueblo*
   bap 17 Jan 1828, ae 5 da; d/ Anto ROMERO & Mª Franca ARCHULETA, *natural(es) deste pueblo*; ap/ Juan Miguel ROMERO & Maria Lucia MARTIN; am/ Jose ARCHULETA & Josefa CORDOVA; gp/ Rafael SANCHES & Juana CORTES, *vecinos de San Ferdo*. (Frames 658-659)

Frame 659
MADRIL, Mª Dolores   *Arroyo Seco*
   bap 17 Jan 1828, ae 3 da; d/ Jose Maria MADRIL & Mª de la Crus CORDOVA, *vecinos del Arroyo Seco*; ap/ Ygnacio MADRIL & Mª Damiana MARTIN; am/ Anto Jose CORDOVA & Casilda AGUILAR; gp/ Jose Maria SANCHES & Mª Dolores SANCHES, *vecinos del Arroyo Seco*.

CORDOBA, Maria Antonia Abá de la Luz   *Rancho*
   bap 17 Jan 1828, ae 6 da; d/ Raimundo CORDOBA & Mª Estefana GONSALES, *Vs del Rancho*; ap/ Anto Aban CORDOBA, dec., & Mª Juliana TORRES; am/ Felipe GONSALES & Mª Franca CHACON, dec.; gp/ Felipe GONSALES & Mª Manuela SALASAR, *vs de la poblacion del Arroyo Seco*.

GRIÑE, Anto Jose   *Rancho*
   bap 20 Jan 1828, ae 4 da; s/ Jose GRIÑE & Mª Manuela SANCHES, *vecinos de San Franco del Rancho*; ap/ Juan Bautista GRIÑE & Maria Lusia SERVÉ; am/ Manuel SANCHES & Maria Nicolasa SANDOVAL; gp/ Jose Manuel TORRES & Maria Concepcion QUINTANA, *vecinos de S. Franco del Rancho*. (Frames 659-660)

Frame 660
CORDOBA, Maria Petra   *Rancho*
   bap 20 Jan 1828, ae 3 da; d/ Lorenso CORDOBA & Maria Rafaela TRUGILLO; ap/ Anto Aban CORDOBA, dec., & Maria Juliana TORRES; am/ Mariano TRUGILLO & Maria Teodora BACA, both dec.; gp/ Manuel Anto TRUGILLO & Maria de la Lus SANCHES, *vecinos todos de San Franco de Rancho*.

VERNAL, Jose Pedro   *Pueblo*
   bap 21 Jan 1828, ae 4 da; s/ Jose Santos VERNAL & Josefa ROMERO, *naturales deste pueblo*; ap/ Juan Manuel VERNAL & Josefa REYNA; am/ Vicente ROMERO & Mª Encarnacion GOMES; gp/ Juan Anto LUCERO & Juana LUCERO, *naturales deste pueblo*.

VALDES, Maria Sevastiana   Fernando
   bap 22 Jan 1828, ae 3 da; d/ Jose Ygnacio VALDES & Mª Manuela SANCHES, *vecinos de S. Fernando*; ap/ Manuel BALDES (sic) & Mª Josefa GARCIA; am/ Jose Manuel SANCHES & Mª Teodora SISNEROS; gp/ Anto LUCERO & Mª Estefana ARAGON, *vecinos de S. Fernando*.

FERNANDES, Jose Anastacio   S. Fernando
   bap 23 Jan 1828, ae 3 da; s/ Anto Jose FERNANDES & Ana Maria MAES, *vecinos de S. Fernando*; ap/ Luis FERNANDO (sic) & Concepcion HURTADO; am/ Anto Jose MAES & Ana Maria BACA; gp/ Juan Franco LUVATO (sic) & Mª Trinidad MEDINA, *vecinos de S. Fernando*. (Frames 660-661)

Frame 661
MONTOYA, Mª Luisa   *Rancho*
   bap 23 Jan 1828, ae 4 da; d/ Anto MONTOYA & Dolores CRUS, *vecinos de S. Franco del Rancho*; ap/ Manuel MONTOYA & Serafina ARCHULETA; am/ Alejo CRUS & Mª Guadalupe DURAN; gp/ Crus MARTIN & Mª Ramona MONTOYA, *vecinos de S. Franco del Rancho*.

SANCHES, Maria de Jesus   *Arroyo Seco*
   bap 23 Jan 1828, ae 5 da; d/ Jose SANCHES & Juana Soledad LOPES, *vecinos del*

Arroyo Seco; ap/ Juaquin SANCHES, dec., & Maria Rosa MARTINES; am/ An^{to} Jose LOPES & Maria An^{ta} ARMIJO; gp/ Sa(l)bador LOPES & Mª Polonia MARTINES, *vecinos de la Jurisdiccion de San Juan*.

SERVE, Jose Maria *Fernandes*
  bap 25 Jan 1828, ae 3 da; s/ Jose Manuel SERVE & Mª Dominga COCA, *vecinos de Fernandes*; ap/ Jose SERVE & Maria Luisa (n.s.), dec.; am/ Jose Maria COCA & Juana BENABIDES; gp/ Fran^{co} SALASAR & Mª Rosario (written over) COCA, *vecinos de S. Fernando*.

Frame 662
PACHECO, Jose Pablo *Rancho*
  bap 29 Jan 1828, ae 3 da; s/ Antonio Alejandro PACHECO & Sarafina QUINTANA, *vecinos de S. Fran^{co} del Rancho*; ap/ Fran^{co} PACHICO (sic), dec., & Maria Luisa VIGIL; am/ Gabriel QUINTANA & Maria Encarnacion PACHECHO (sic); gp/ Juan An^{to} MARTIN & Mª Josefa GARCIA, *vecinos de S. Fran^{co} del Rancho*.

TAFOYA, Juana Maria *Rancho*
  bap 29 Jan 1828, ae 3 da; d/ Jesus TAFOYA & Maria Manuela ESPINOSA, *vecinos del Rancho*; ap/ Salvador TAFOYA & Mª Ygnacia CANO, both dec.; am/ Antonio Jose ESPINOSA & Maria Francisca CORDOBA; gp/ Juan Bautista TRUGILLO & Maria Casilda QUINTANA, *vecinos del Rancho*.

MADRIL, Juana Gertrudis *Fernandes*
  bap 2 Feb 1828, ae 7 da; d/ Culas MADRIL & Mª Dolores BALLEJOS, *vecinos de S. Fernandes*; ap/ Pedro MADRIL & Maria de la Lus MOYA; am/ Miguel BALLEJOS & Mª Ramona GONSALES; gp/ Feliciano SANTISTEVAN & Maria Rafaela TRUGILLO, *vecinos de S. Fran^{co} del Ranchito*.

ROMERO, Juan An^{to} *Rancho*
  bap 3 Feb 1828, ae 06 da; s/ Juan Domingo ROMERO & Mª Rosalia QUINTANA, *Indios naturales del pueblo de Taos*; ap/ Ventura ROMERO & Juana MARTIN; am/ Juan An^{to} QUINTANA & Mª Ysabel MADRIL, all abuelos dec.; gp/ Santos MARTINES & Mª Dolores COCA, *v^c del varrio de S. Fran^{co} del Rancho*.

DURAN, Juan Ricardo *Rancho*
  bap 3 Feb 1828, ae 4 da; s/ Juan Nepomuseno DURAN & Mª de la Lus SANCHES, *vecinos del varrio de S. Fran^{co} del Rancho*; ap/ Manuel DURAN & Mª Gerarda MASCAREÑAS; am/ Felipe SANCHES & Juana Mª MARTINES; gp/ Ventura DURAN & Maria de Jesus MARTINES. (Frames 662-663)

Frame 663
MARTINES, Maria Fran^{ca} *Arroyo Seco*
  bap 3 Feb 1828, ae 5 da; d/ Marcelino MARTINES & Mª Manuela LOVATO, *v^c del Arroyo Seco*; ap/ Cristobal MARTINES & Mª Ygnacia VIGIL; am/ Jose LOVATO & Anna Maria VALLEJOS, both dec.; gp/ Fran^{co} VALDES & M^a del Carmen VALDES, *v^c de San Fernando*.

AGUILAR, Jose Cesilio *Purisima*
  bap 5 Feb 1828, ae 3 da; s/ Juan AGUILAR & Mª Rosa MARTIN, *vecinos de la Purisima*; ap/ An^{to} AGUILAR & Juana CORDOVA; am/ An^{to} Jose MARTIN & Barbara BEITA; gp/ Fran^{co} LOVATO & Mª An^{ta} BEITA, *vecinos del mismo lugar*.

CHAVES, Jose Deciderio *Fernandes*
MARTIN, Jose Deciderio
  bap 10 Feb 1828, ae 2 da; nat. s/ Maria de los Reyes CHAVES, *vecina de San Fernando*, & unnamed father; am/ Santiago CHAVES & Maria Gertrudis HURTADO; gp/ Jose Grabriel MARTIN & Mª An^{ta} GARCIA, *vecinos del mismo lugar*. The child adopted by (the godparents) with the gratitude of the mother.

Frame 664
CORDOBA, Maria Juana Gertrudis   *Arroyo Ondo*
    bap 10 Feb 1828, ae 8 da; d/ Juan CORDOBA & Maria Dolores MONTES; ap/ Juana
    Maria CORDOBA (only); am/ Antonio MONTES & Ygnes MARTIN, dec.; gp/ Pedro
    GARCIA & Mª Concepcion FRESQUIS, *vˢ del mismo lugar*.

CHAVES, Felipe de Jesus   *Fernandes*
    bap 10 Feb 1828, ae 4 da; nat. s/ Mª Encarnacion CHAVES, *vecina de S. Fernando*,
    & unnamed father; am/ Jose Maria CHAVES & Mª ORTEGA, dec.; gp/ J(blot) Pablo
    BLEA & Mª Dolores LOPES, *todos vˢ de San Fernandes*.

ROLES (patron), Mª Rafaela
    bap 10 Feb 1828, ae 2 yr; d/ *Tribu Yuta, famula de Dⁿ Juan ROLES, vecino del
    varrio de San Franᶜᵒ del Rancho*; gp/ Felipe MARTIN & Maria TRUGILLO, *vecinos
    del mismo puesto*. (Frames 664-665)

Frame 665
ORTIS, Juana Maria Andrea   *Fernandes*
    bap 10 Feb 1828, ae (blank space) da; d/ Antᵒ ORTIS & Mª Dolores LUCERO, *vecinos
    de San Fernandes*; ap/ Franᶜᵒ Xabier ORTIS & Mª Franᶜᵃ MONTOYA; am/ Dⁿ Pablo
    LUCERO & Mª Paula LARRAÑAGA; gp/ Manuel MARTINES & his wife, Juana Mª MARTINES,
    vecinos del mismo varrio.

LOVATO, Juan Salvador   *Arroyo Seco*
    bap 11 Feb 1828, ae 03 da; s/ Juan Jose LOVATO & Mª Margarita BARELA, *vecinos
    del Arroyo Seco*; ap/ Juan Antᵒ LOVATO & Margarita CHAVES; am/ Juan Ysidro
    VARELA (sic) & Guadalupe MARTINES; gp/ Juan Franᶜᵒ LOVATO & Maria Rosa CORTES,
    vecinos de S. Fernandes.

MARES, Mª Eulalia   *Arroyo Seco*
    bap 12 Feb 1828, ae 5 da; d/ Jose Gaspar MARES & Mª de la Lus CORDOBA, *vecinos
    del Arroyo Seco*; ap/ Luis MARES, dec., & Mª Jose(fa) MARTINES; am/ Sarafino
    CORDOBA & Mª Candelaria MEDINA; gp/ Antᵒ Lias ARMENTA & Mª Dolores ARMENTA,
    vecinos del mismo lugar.

Frame 666
PACHECO, Maria Refugio   *Rancho*
    bap 16 Feb 1828, ae 3 da; d/ Jose Rafael PACHE(CO) & Maria de los Reyes
    CORDOBA, *vecinos del varrio de S. Franᶜᵒ del Rancho*; ap/ Cayetano PACHECO & Mª
    MESTAS, both dec.; am/ Jose Antonio CORDOBA & Mª Manuela BIALPANDO, both dec.;
    gp/ Jose Ramon PACHECO & Maria Trinidad VIGIL, *vecinos del mismo lugar*.

TRUGILLO, Juan   *Arroyo Ondo*
    bap 17 Feb 1828, ae 8 da; s/ Franᶜᵒ TRUGILLO & Mª de la Lus ABILA, *vecinos del
    Arroyo Ondo*; ap/ Alejandro TRUGILLO, dec., & Mª Manuela ARCHULETA; am/ Rafael
    ABILA, dec., & Mª Antᵃ GALLEGOS; gp/ Antᵒ Jose CORDOBA & Maria Rosa SANDOVAL,
    vecinos del Arroyo Ondo.

MARTIN, Jose Benigno   *Ranchito*
    bap 17 Feb 1828, ae 5 da; s/ Jose de la Crus MARTIN & Encarnacion ROMERO,
    vecinos de San Franᶜᵒ del Ranchito; ap/ Pascual MARTIN, dec., & Mª Gertrudis
    SAMORA; am/ Jose ROMERO, dec., & Mª Manuela VALDES; gp/ Reymundo CORDOBA & Mª
    Estefana GONSALES, *vecinos del Rancho*.

SANCHES, Mª Margarita   *Rancho*
    bap 18 Feb 1828, ae 7 da; d/ Jose SANCHES & Varbara Antonia GUTIERRES; ap/
    Juan SANCHES, dec., & Margarita SILVA; am/ Juan Franᶜᵒ GUTIERRES & Mª Guadalupe

MARTIN, dec.; gp/ Juan Fran^co^ GUTIERRES & Mª Candelaria MARTIN, *vecinos de San Francisco del Rancho.*

Frame 667
TRUGILLO, Juan Crisostomo   *Rancho*
     bap 19 Feb 1828, ae 3 da; nat. s/ Mª Encarnacion TRUGILLO, *vecina del varrio de S. Fran^co^ del Rancho*, & unnamed father; am/ Juan Antonio TRUGILLO & Juana An^ta^ BUENO; gp/ Juan Cristoval GONSALES & Mª Simona TRUGILLO, *vecinos de S. Fran^co^ del Ranchito.*

TORRES, Jose Francisco   *Rancho*
     bap 19 Feb 1828, ae 3 da; s/ Antonio TORRES & Maria Ysabel FERNANDES, *vecinos de San Fran^co^ del Rancho*; ap/ An^to^ TORRES, dec., & Mª Nicolasa SANDOVAL; am/ Jose Mariano FERNANDES & Mª Concepcion LUCERO; gp/ Ramon GONSALES & Maria An^ta^ DURAN, *vecinos del varrio de S. Fran^co^ del Rancho.*

GONSALES, Jose Santiago   *Rancho*
     bap 24 Feb 1828, ae 3 da; s/ An^to^ GONSALES & Maria del Carmel CARDENAS, *vecinos del varrio de San Fran^co^ del Rancho*; ap/ Jose An^to^ GONSALES & Mª ROMERO; am/ Ventura CARDENAS & Mª LUJAN; gp/ Felipe CRUS & Maria Catarina GONSALES, *vecinos del var^o^ de S. Fran^co^ del Rancho.*

SALASAR, Mª de la Lus   *Rancho*
     bap 24 Feb 1828, ae 2 da; d/ Ramon SALASAR & Maria Soledad VIGIL, *vecinos del var^o^ de San Fran^co^*; ap/ Juan Manuel SALASAR & Maria de los Reyes MARTINES, both dec.; am/ Miguel VIGIL & Ana Maria BALLEJOS; gp/ Jose An^to^ GONSALES & Maria An^ta^ ARAGON, *vecinos de San Fran^co^ del Ranchito.*

LEAL, Maria Josefa   *Rancho*
     bap 24 Feb 1828, ae 3 da; d/ Francisco LEAL & Maria ESPINOSA, *vecinos del varrio de San Fran^co^ del Rancho*; ap/ Domingo LEAL, dec., & Maria Veronica CORTES; am/ Jose ESPINOSA & Mª Fran^ca^ CORDOBA; gp/ Jose Guadalupe GONSALES & Mª Lorensa RODRIGES, *vecinos del varrio de San Fran^co^ del Rancho.* (Frames 667-668)

Frame 668
CHIRINO, Maria Paula   *S. Fernando*
     bap 25 Feb 1828, ae 3 da; d/ Pedro CHIRINO & Maria Rosalia SILVA, *vecinos de S. Fernando*; ap/ Asencio CHIRINO & Mª Augustina GOMES; am/ Santiago SILVA & Juana VELASQUES; gp/ Jose Venito TAFOYA & Guadalupe MARTIN, *vecinos de S. Fernando.*

CRUS, Juan de Jesus   *Rancho*
     bap 26 Feb 1828, ae 6 da; nat. s/ Mª Paula CRUS, *vecinos del varrio de S. Fran^co^ del Rancho*, & unnamed father; am/ Jose Alejo CRUS, dec., & Mª Guadalupe DURAN; gp/ Fran^co^ PACHECO & Mª Dolores VARELA, *vecinos de S. Fran^co^ del Rancho.*

GONSALES, Jose Nestor   *S. Fernando*
     bap 28 Feb 1828, ae 2 da; s/ Fran^co^ GONSALES & Mª de la Lus MARQUES, *vecinos de S. Fernando*; ap/ Jose GONSALES & Dorotea BACA; am/ Miguel MARQUES & Mª Gertrudis MONTOYA; gp/ Blas TRUGILLO & Mª Manuela SANCHES, *vecinos de S. Fernando.*

Frame 669
ESPINOSA, Mª Matiana   *Arroyo Ondo*
     bap 2 Mch 1828, ae 6 da; d/ Felipe ESPINOSA & Mª Candelaria HERRERA, *vecinos del Arroyo Ondo*; ap/ Vicente ESPINOSA & Mª Rosa VERNAL, dec.; am/ Vicente de

HERRERA & Juana MONTOYA; gp/ Jesus Maria TAFOYA & Mª Josefa TAFOYA, *vecinos de S. Fernando*.

TRUGILLO, Mª del Refugio *Mision de S. Lorenzo*
bap 5 Mch 1828 by Fr. Buena Ventura MURO, priest at S. Lorenso de Picuries, ae 8 da; d/ Pablo TRUGILLO & Mª Ygnacia BACA, *vecinos de d^ha mision de S. Lorenso*; ap/ An^to Aban TRUGILLO & Juana ROMERO; am/ Estevan BACA, dec., & Mª de la Lus MARTINES; gp/ Felipe SANDOVAL & Mª An^ta TAPIA, *vecinos de la plasa de S. Fernandes*. The above priest did not sign this entry but sent it to me to enter (by) Fr. An^to Jose MARTINES.

CRUS, Mª de Altagracia *Rancho*
bap 8 Mch 1828, ae 4 da; d/ Fran^co CRUS & Josefa MEDINA, *vecinos del varrio de S. Fran^co del Rancho*; ap/ Vicente CRUS & Mª Rosa TRUGILLO; am/ Jose MEDINA, dec., & Mª Guadalupe ESPINOSA; gp/ Ventura TRUGILLO & Mª Josefa ROMERO, *vecinos del mismo varrio*.

GONSALES, Mª Manuela *Arroyo Ondo*
bap 9 Mch 1828, ae 4 da; d/ Fran^co GONSALES & Mª de los Reyes ROMERO, *vecinos del Arroyo Ondo*; ap/ Juan GONCALES & Mª An^ta MARTIN; am/ Lorenso ROMERO & Mª Josefa (n.s.); gp/ An^to MARTIN & Ana Mª ROMERO, *vecinos del Arroyo Ondo*. (Frames 669-670)

Frame 670
QUINTANA, Jose An^to *Arroyo Ondo*
bap 9 Mch 1828, ae 4 da; s/ Ramon QUINTANA & Mª de la Crus MARTINES, *vecinos del Arroyo Ondo*; ap/ Jose de la Crus QUINTANA & Mª Micaela VALDES; am/ Vernardo MARTIN (as written) & Mª Gertrudis ARCHULETA; gp/ Jose MARTIN & Mª de la Lus SERVE, *vecinos del Arroyo Ondo*.

HERRERA, Mª Paula *Arroyo Ondo*
bap 9 Mch 1828, ae 9 da; d/ Cristoval de HERRERA & Mª Ygnacia LUCERO, *vecinos del Arroyo Ondo*; ap/ Xabier de HERRERA & Mª Ygnacia VERNAL; gp/ Juan Pomuseno QUINTANA & Mª Valvaneda ROMERO, *vecinos del mismo lugar*.

VALVERDE, An^to Jose *Natural del Arroyo Ondo*
bap 9 Mch 1828, ae 10 da; nat. s/ Mª de Jesus VALVERDE, *vecina del Arroyo Ondo*, & unnamed father; am/ Fran^co VALVERDE & Mª Merced FERNANDES; gp/ An^to Jose GARCIA & Mª Guadalupe CHAVES, *vecinos del Arroyo Ondo*.

ROMERO, Jose Tomas *Rancho*
bap 9 Mch 1828, ae 3 da; s/ Merced ROMERO & Mª Josefa QUINTANA, *vecinos del var° de S. Fran^co del Rancho*; ap/ Gabriel ROMERO & Mª Margarita (n.s.); am/ Gregorio QUINTANA & Mª Concepcion VALDES; gp/ Jose Manuel TORRES & Mª Concepcion QUINTANA, *vecinos del mismo lugar*. (Frames 670-671)

Frame 671
CORDOBA, Juana Ysabel *S. Fernando*
bap 11 Mch 1828, ae 5 da; d/ Juan de Jesus CORDOBA & Mª Micaela BRITO, *vecinos de S. Fernando*; ap/ Jose Manuel CORDOBA & Guadalupe CERDA; am/ Juan Fran^co BRITO & Margarita ROMERO, both dec.; gp/ Miguel SANCHES & Mª Josefa MARTIN, *vecinos de S. Fernando*.

SALASAR, Mª Gregoria *Ranchito*
bap 12 Mch 1828, ae 2 da; d/ Juan Simon SALASAR & Mª Dolores de HERRERA, *vecinos de S. Fran^co del Ranchito*; ap/ Juana SALASAR (only); am/ Juan de HERRERA, dec., & Mª Ysabel GARCIA; gp/ Jose MADRIL & Juana CHACONA, *vecinos de San Fran^co de Ranchito*.

SALAZAR, Juan Crisostomo   (Jose Cristoval in margin)   Rancho
    bap 18 Mch 1828, ae 3 da; s/ Pedro SALAZAR & Maria del Carmen MEDINA, vecinos
    de San Fran^{co} del Rancho; ap/ Asencio SALAZAR & Maria Rita MASCAREÑAS, both
    dec.; am/ Joaquin MEDINA & Maria Fran^{ca} CRESPINA; gp/ Jose de la Cruz MONDRAGON
    & Maria Fran^{ca} MONDRAGON, vecinos de S. Fran^{co} del Rancho.

MES, Jose Torivio   Rancho
    bap 18 Mch 1828, ae 6 da; s/ Carlos MES, dec., & Maria Merexilda APODACA,
    vesinos de S. Fran^{co} del Rancho; ap/ Vitoriano MAES & Maria Miquela LUCERO; am/
    Valtasar APODACA & Malena CHAVES; gp/ Jose Maria TRUGILLO & Maria Reyes
    MEDINA, vesinos de San Fran^{co} del Rancho.   (Frames 671-672)

Frame 672
SANDOVAL, Juan Agapito   Arroyo Ondo
    bap 17 Mch 1828, ae 2 da; s/ Juan de Jesus SANDOVAL & Mª Juliana GALLEGOS,
    vecinos del Arroyo Ondo; ap/ Fran^{co} SANDOBAL (as written) & Mª Ygnacia CHAVES,
    dec.; am/ Juan Fran^{co} GALLEGOS & Mª Gertrudis MARTIN; gp/ Pedro An^{to} DURAN & M^a
    Estefana SEGURO, vecinos del Arroyo Ondo.

VIGIL, An^{to} Jose   Rancho
    bap 20 Mch 1828, ae 4 da; s/ Fran^{co} VIGIL & Juliana CONTRERAS, del var^o de S.
    Fran^{co} del Rancho; ap/ Julian VIGIL & M^a (n.s.-blank space), both dec.; am/
    Geraldo CONTRERAS, dec., & Mª Encarnacion CHAVES; gp/ Jose Mariano FERNANDES
    & Mª Sencion LUCERO, vecinos del mismo lugar.

MONTOYA, Mª Josefa   S. Fernando
    bap 21 Mch 1828, ae 3 da; d/ Mª Guadalupe MONTOYA, vecina de S. Fernando, &
    unnamed father; am/ Rafael MONTOYA, dec., & Luciana CHAVES; gm/ Ygnes CHAVES,
    vecina de S. Fernando.

SANDOVAL, Jose Fran^{co} S. Fer^{do}
    bap 22 Mch 1828, ae 4 da; s/ Noverto SANDOVAL & Mª Fran^{ca} CASILLAS, vecinos de
    S. Fernando; ap/ Felipe SANDOVAL & Gregoria A. CENA, dec.; am/ Vernardo
    CASILLAS & Dolores ORTA; gp/ Juan Gabriel MESTAS & Mª An^{ta} LOVATO, vecinos de
    S. Fernando.   (Frames 672-673)

Frame 673
VALDES, Maria Josefa   Rancho
    bap 23 Mch 1828, ae 6 da; d/ Jose de la Cruz VALDES & Maria Manuela SALAZAR,
    vecinos de la plaza de San Fran^{co} del Rancho; ap/ Nicolas VALDES & Maria Ysabel
    MARTINES; am/ Julian SALASAR & Maria Manuela SAMORA; gp/ Jose Manuel SANDOVAL
    & Maria Soledad LUCERO, vesinos de San Fernando.

ARAGON, Mª Fran^{ca} Rancho
    bap 23 Mch 1828, ae 5 da; d/ An^{to} ARAGON & Mª Manuela FERNANDES, vecinos del
    varrio de S. Fran^{co} del Rancho; ap/ Juan de la Crus ARAGON & Juana SANDOVAL;
    am/ Juan Domingo FERNANDES & Mª Fran^{ca} GARCIA; gp/ An^{to} LUCERO & Mª Estefana
    ARAGON, vecinos dela plasa de S. Fern^{do}.

LIDÚ, Jose Victoriano   (Jose Victor in margin)   S. Fernando
    bap 23 Mch 1828, ae 4 da; s/ An^{to} LIDÚ & Mª Polonia LUCERO, vecinos de S.
    Fernando; ap/ An^{to} LIDUD (as written) & Magdalena LUCIE; am/ Cristoval LUCERO,
    dec., & Mª Manuela SANDOVAL; gp/ Pablo LUCERO & Mª Paula LARRAÑAGA, vecinos de
    S. Fernando.

MADRIL, Maria Manuela   Arroyo Ondo
    bap 23 Mch 1828, ae 6 da; d/ Juan MADRIL & Mª Manuela ROMERO, vecinos del
    Arroyo Ondo; ap/ Cristoval MADRIL & Mª Dolores MARTIN, dec.; am/ Lorenso ROMERO

& Josefa CRUS; gp/ Fran^co^ TRUGILLO & Maria de la Lus ABILA, *vecinos del Arroyo Ondo*. (Frames 673-674)

Frame 674
GILLEN, Mª de la Lus   S. Fernando
    bap 24 Mch 1828, ae 4 da; d/ Juan Pedro GILLEN & Juana Maria GONSALES, *vecinos de S. Fernando*; ap/ Lasaro GILLEN & Mª Gertrudis MEDINA; am/ Jesus GONSALES & Hermeregilda TAFOYA; gp/ Jose Manuel ROMERO & Maria Rosa ROMERO, *vecinos de S. Fernando*.

SUASO, Maria Encarnacion   *Pueblo*
    bap 25 Mch 1828, ae 3 da; d/ Juan SUASO & Mª Juana LOMA, *vecinos naturales deste pueblo*; ap/ Jose Fran^co^ SUASO & Mª VIGIL; am/ Juan Domingo LOMA & Mauricia MARTINA; gp/ Juan de Jesus DURAN & Mª Manuela COCA, *vecinos de S. Fernando*.

TORRES, Juan Manuel   *Rancho*
    bap 25 Mch 1828, ae 3 da; s/ An^to^ Jose TORRES & Mª Rosalia SALASAR, *vecinos de S. Fran^co^ del Rancho*; ap/ Pedro An^to^ TORRES & Mª de la Lus SANCHES, both dec.; am/ An^to^ SAL(AS)AR & Mª Rosa ARCHULETA; gp/ Juan Ygnacio SANCHES & Mª Varvara GONSALES, *vecinos del mismo lugar*.

MASCAREÑAS, Jose Encarnacion Pelagio   *Ranchito*
    bap 25 Mch 1828, ae 3 da; s/ Jose Avaricio MASCAREÑAS & Micaela ARCHULETA, *vecinos de S. Fran^co^ del Ranchito*; ap/ Juan Bautista MASCARENAS (sic) & Mª Luisa MARTINES; am/ Jose An^to^ ARCHULETA & Mª Fran^ca^ PRADA; gp/ Jose Niceto Toribio QUINTANA & Mª Manuela QUINTANA, *vecinos de S. Fran^co^ del Rancho*.

Frame 675
DURAN, Juan Domingo   San Fernando
    bap 29 Mch 1828, ae 6 da; s/ Pablo DURAN & Mª Josefa SAMORA, *vecinos de San Fernando*; ap/ Juan DURAN & Mª Fran^ca^ SANTISTEBAN, both dec.; am/ Pedro SAMORA & Rafaela CASILLAS; gp/ Pascual MARTINES & Mª Manuela MARTINES, *vecinos de S. Fernando*.

CORDOBA, Maria Rupertra   S. Fernando
    bap 30 Mch 1828, ae 3 da; d/ Fran^co^ CORDOBA & Mª Polonia LUCERO, *vecinos de San Fernando*; ap/ Ygnacio CORDOBA & Mª An^ta^ MARQUES; am/ Pablo LUCERO & Mª Paula LARRAÑAGA; gp/ Pablo LUCERO & Mª Paula LARRAÑAGA, *vecinos de S. Fernando*.

MARTIN, Jose Ygnacio   S. Fern^do^
    bap 30 Mch 1828, ae 4 da; s/ nat. Mª Gertrudis MARTIN, *vecina de S. Fernando*, & unnamed father; am/ Salvador MARTIN & Mª Dolores SANDOBAL; gp/ Jose de la Sencion CRESPIN & Mª Rosa MONTOYA, *vecinos de S. Fernando*.

GABALDON, Juan de Jesus Ramos   S. Fern^do^
    bap 30 Mch 1828, ae 1 da; nat. s/ Maria Ysabel GABALDON, *vecina de S. Fernando*, & unnamed father; am/ Felis GABALDON & Mª Guadalupe TRUGILLO; gp/ Miguel SANCHES & Josefa MARTIN, *vecinos de S. Fernando*.

Frame 676
LOVATO, Maria Encarnacion   *Rancho*
    bap 30 Mch 1828, ae 3 da; d/ Mateo LOVATO & An^ta^ BARELA, *vecinos de S. Fran^co^ del Rancho*; ap/ Rafael LOVATO & Mª An^ta^ ESPINOSA; am/ Nicolas BARELA & Margarita CHAVES; gp/ Blas GRIEGO & Mª Encarnacion MES, *vecinos de S. Fran^co^ del Rancho*.

MESTAS, Maria Encarnacion   Arroyo Ondo
   bap 1 Apr 1828, ae 8 da; nat. d/ Mª Manuela MESTAS, vecina del Arroyo Ondo,
   unnamed father; am/ Anto MESTAS, dec., & Mª Dolores MONDRAGON; gp/ Juan Pomuceno
   ARELLANO & Mª Luisa SISNEROS, vecinos del Arroyo Ondo.

RUBIN, Jose Franco   Rancho
   bap 5 Apr 1828, ae 25 yr; s/ Santiago RUBIN & Mª Tomasa BRUCE, natives of New
   York, perteniciente a los Estados Unidos de Norte America & has been here
   since last year & has been taught about our faith; gp/ Juan ROULAND & Mª
   Encarnacion MARTINES, vs del varrio de S. Franco del Rancho. (Frames 676-677)

Frame 677
TRUGILLO, Mª Leonicia   Rancho
   bap 6 Apr 1828, ae 4 da; d/ Ventura TRUGILLO & Mª Josefa ROMERO, vecinos de S.
   Franco del Rancho; ap/ Damacio TRUGILLO & Leonicia BORREGO, both dec.; am/
   Mariano ROMERO, dec., & Franca ARMENTA; gp/ Anto de Jesus GALLEGOS & Maria
   Micaela VIGIL, vecinos del mismo lugar.

VIGIL, Mª Deduvina   Rancho
   bap 6 Apr 1828, ae 4 da; d/ Pablo VIGIL & Mª Guadalupe LEAL, vecinos de S.
   Franco del Rancho; ap/ Mª Franca VIGIL (only); am/ Domingo LEAL, dec., &
   Veronica CORTES; gp/ Juan de Jesus COCA & Mª Rosa COCA, vecinos de S. Franco del
   Rancho.

SANDOVAL, Maria Manuela   Arroyo Ondo
   bap 6 Apr 1828, ae 5 da; d/ Franco SANDOVAL & Mª Josefa GARCIA, vecinos del
   Arroyo Ondo; ap/ Juan Domingo SANDOVAL, dec., & Mª Margarita SANTISTEVAN; am/
   Juan Angel GARCIA & Mª Manuela MARTIN; gp/ Juan Cristoval de HERRERA & Mª
   Ygnacia LUCERO, vecinos del Arroyo Ondo.

Frame 678
TORRES (patron), Anto Jose   Rancho
   bap 6 Apr 1828, ae 8 or 9 yr; s/ Tribu Yuta, in the household of Maria Juliana
   TORRES, vecina del varrio de S. Franco del Rancho; child was ransomed by her
   late husband (n.n.); gp/ Jose Policarpio CORDOBA & Mª Micaela GONSALES, vecinos
   del varo de S. Franco del Rancho.

MARTINES (patron), Maria Timotea de Jesus   S. Fernando
   bap 6 Apr 1828, ae 3 or 4 yr; d/ Tribu Yuta, in the household of Juana Mª
   MARTINES, vecina de S. Fernando and she was the madrina.

VIGIL, Mª Magdalena   San Fernando
   bap 7 Apr 1828, ae 7 da; d/ Leonicio VIGIL & Mª Manuela TRUGILLO; ap/ Juan
   VIGIL & Mª Anta TRUGILLO, both dec.; am/ Esteban TRUGILLO & Dolores VALDONADO,
   both dec.; gp/ Juan Pedro GILLEN & Juana Mª GONSALES, vecinos de S. Fernando.

ARELLANO, Jose Franco   Arroyo Ondo
   bap 7 Apr 1828, ae 5 da; s/ Jose ARELLANO & Mª Concepcion MARTIN, vicinos del
   Arroyo Ondo; ap/ Franco ARELLANO & Mª SANDOVAL, both dec.; am/ Romano MARTIN &
   Mª Josefa GARCILLA; gp/ Rafael MARTIN & Lorensa CRUS, vecinos del Arroyo Ondo.

Frame 679
SALASAR, Jose Vicente   Rancho
   bap 7 Apr 1828, ae 2 da; nat. s/ Mª Nasarena SALASAR, vecinos de S. Franco del
   Rancho, & unnamed father; am/ Juana SALASAR (only); gp/ Jose Maximo (blot)
   SOLANO & Mª Magdalena VARELA, vecinos de S. Franco del Rancho.

DURAN, Fran^co de Jesus — Fernand^s
    bap 10 Apr 1828, ae 3 da; s/ Pedro DURAN & Mª Encarnacion MEDINA, *vecinos de S. Fernando*; ap/ Juan Nicolas DURAN & Mª Gertrudis LOPES, dec.; am/ Manuel Gregorio MARTIN & Juana Rafaela MEDINA; gp/ Jose Julian MARTIN & Mª Dolores MARTIN, *vecinos de S. Fernando*.

SANDOVAL, Mª Dolores — Arroyo Ondo
    bap 11 Apr 1828, ae 7 da; d/ Diego SANDOVAL & Mª Gertrudis RUIVAL, *vecinos del Arroyo Ondo*; ap/ Juan de Dios SANDOVAL & Mª An^ta ARCHULETA; am/ Juan de Dios RUIVAL & Mª An^ta SANDOVAL; gp/ Jose An^to TRUGILLO & Mª Fran^ca MARTIN, *vecinos del Arroyo Ondo*.

RUTURA, Jose Fran^co — Rancho
    bap 13 Apr 1828, ae 4 da; s/ Jose RUTURA & Mª Josefa GONSALES, *vecinos de S. Fran^co del Rancho*; ap/ Pedro ROTURA (sic) & Josefa LACAS; am/ Fran^co PACHECO (sic) & Maria Luisa VIGIL; gp/ Gerbacio NOLAN & Mª Paula LALANDA, *vecinos de S. Fernando*.

Frame 680
MAES, Jose Hermeregildo — Arroyo Ondo
    bap 13 Apr 1828, ae 3 da; s/ Miguel MAES & Mª de Jesu(s) LOPES, *vecinos del Arroyo Ondo*; ap/ Jabier MES (sic) & Mª Manuela MESTAS; am/ Fran^co LOPES & Mª Josefa TRUGILLO; gp/ Jose MARTÍN & Mª Guadalupe GARCILLA, *vecinos del Arroyo Ondo*.

MEDINA, Maria Manuela — Rancho
    bap 13 Apr 1828, ae 3 da; d/ Juan de Jesus MEDINA & Maria Josefa MARTIN, *vecinos del v^o de S. Fran^co del Rancho*; ap/ Juan Nepomuseno MEDINA, dec., & Mª Candelaria VIGIL; am/ Gervacio MARTIN, dec., & Juana CORTES; gp/ An^to MEDINA & Candelaria VIGIL, *vecinos del v^o de S. Fran^co del Rancho*.

SANDOVAL, Polonia Perfecta — Rancho
    bap 18 Apr 1828, ae 8 da; d/ Jose Manuel SANDOVAL & Margarita MARTIN, *vecinos de S. Fran^co del Rancho*; ap/ Feliciano SANDOVAL & Mª Manuela MARTIN; am/ Diego MARTIN & Mª Trinidad GONSALES; gp/ Manuel Andres TRUGILLO & Mª de la Lus SANCHES, *vecinos de S. Fran^co del Rancho*.

SAIS, Ana Maria — S. Fernando
    bap 18 Apr 1828, ae 4 da; d/ Juana Mª SAIS, *becina de S. Fernando*, & unnamed father; am/ Jose Ramon SAIS & Mª Gertrudis CASTILLO; gf/ Manuel MARTIN, *vecino de S. Fernando*.

Frame 681
CORTES, Mª Estefana — S. Fernando
    bap 19 Apr 1828, ae 7 da; d/ Pablo CORTES & Mª Dolores PADILLA, *vecinos de S. Fernando*; ap/ Jose An^to CORTES, dec., & Juana Mª MONTOYA; am/ Pedro PADILLA & Mª Lucia CHAVES, both dec.; gp/ Ygnacio CORTES & Mª de la Lus GONSALES, *vecinos de S. Fernando*.

BALDES, Jose Yniseto (sic) — S. Fernando
    bap 19 Apr 1828, ae 2 da; s/ Fran^co BALDES & Mª Rafaela VARELA, *vecinos de S. Fernando*; ap/ Manuel VALDES, dec., & Mª Josefa GARCIA; am/ Felipe BARELA, dec., & Mª TRUGILLO; gp/ D^n Blas TRUGILLO & Mª Manuela SANCHES, *vecinos de S. Fernandes*.

CRUS, Maria de Jesus — Rancho
    bap 20 Apr 1828, ae 3 da; d/ Mariano CRUS & Mª Victoriana CORDOBA, *vecinos de S. Fran^co del Rancho*; ap/ Fran^co CRUS, dec., & Fran^ca GONSALES; am/ Andres

CORDOBA & Dolores VIGIL, dec.; gp/ Fran^co CORTES & Mª Rafaela MARTIN, *vecinos del v^o de S. Fran^co del Rancho.*

MARTIN, Mª de la Lus   S. Fernando
   bap 20 Apr 1828, ae 6 da; nat. d/ Maria Manuela MARTIN, *vecina de S. Fernando*, & unnamed father; am/ Santiago MARTIN & Mª Josefa GU(I)LLEN, both dec.; gp/ Toribio de Jesus MESTAS & Mª de Jesus BACA, *vecino(s) de S. Fernando.*

Frame 682
GONSALES, Jose An^to de Jesus   Rancho
   bap 20 Apr 1828, ae 4 da; s/ Matias GONSALES & Mª Manuela ARCHULETA, *vecinos de S. Fran^co del Rancho*; ap/ Jose An^to GONSALES & Mariquita REYNA, both dec.; am/ Manuel ARCHULETA & Gertru(di)s LUCERO, dec.; gp/ Jose Rafael SALAS & Mª Fran^ca GARCILLA, *vecinos de S. Fernando.*

DURAN, Jose Santiago   Pueblo
   bap 22 Apr 1828, ae 4 da; s/ Agustin DURAN & Mª Rosalia SAMORA, *vecinos naturales deste pueblo de Taos*; ap/ Juan An^to DURAN & Varbara MARTIN; am/ Santiago SAMORA, dec., & Lucia MARTIN; gp/ Juan An^to LUCERO & Juana Mª LOMA, *vecinos naturales deste pueblo.*

VIGIL, Jose Faustin   Rancho
   bap 23 Apr 1828, ae 3 da; s/ Juan de Jesus VIGIL & Mª Luisa SALASAR, *vecinos de S. Fran^co del Rancho*; ap/ Miguel VIGIL & Ana Maria VALLEJOS; am/ Juan Manuel SALASAR & M^a de los Reyes MARTIN, both dec.; gp/ Faustin VIGIL & Mª de la Lus MARTIN, *todos vecinos del Rancho.*

GONSALES, M^a An^ta   La Purisima
   bap 23 Apr 1828, ae 3 da; d/ Mª de la Lus GONSALES, *vecina de la Purisima Concepcion*, & unnamed father; am/ An^to GONSALES & Mª Jose(fa) VALDES; gp/ Santiago PADILLA & Mª Soledad MARTIN, *vecinos del mismo lugar.*

Frame 683
ESPINOSA, Maria Estefana   S. Fernando
   bap 24 Apr 1828, ae 3 da; d/ Felipe ESPINOSA & Mª Josefa LUNA, *vecinos de San Fernando*; ap/ Juan An^to ESPINOSA & Mª Teodora QUINTANA; am/ Rafael de LUNA & Ana Maria TAFOYA; gp/ Pablo BELIO & Mª Paula de LUNA, *vecinos de S. Fernando.*

CHAUBELON, Jose An^to   S. Fer^do
   bap 24 Apr 1828, ae 2 da; s/ Juan CHAUBELON (Origins, p. 411, same) & Mª Viviana MARTINES; ap/ Juan CHAUBELON & M^a BLE; am/ Jose MARTIN (sic) & Mª Rafaela BEITA; gp/ Fran^co DURAN & Juana Gertrudis ALIRE, *vecinos de S. Fernando.*

VIGIL, Jose Rafael   Rancho
   bap 25 Apr 1828, ae 5 da; s/ Juan Cristoval VIGIL & Mª Viviana TORRES, *becinos de S. Fran^co del Rancho*; ap/ Migel VIGIL & Ana Maria BAYEJOS; am/ An^to TORRES & Mª Nicolasa SANDOVAL; gp/ Felipe MARTIN & Mª TRUGILLO, *vecinos del Rancho.*

DURAN, Jose Luciano   Rancho
   bap 26 Apr 1828, ae 5 da; s/ Ventura DURAN & Mª de Jesus MARTIN, *vecinos del var^o de S. Fran^co del Rancho*; ap/ Manuel DURAN & Geralda MASCAREÑAS; am/ Crus MARTIN & Mª Dolores TORRES, dec.; gp/ Juan ROLES & Maria Encarnacion MARTIN, *vecinos del var^o de San Francho (sic) del Rancho.*

MONTOYA, Mª Estefana   S. Fernando
   bap 27 Apr 1828, ae 4 da; nat. d/ Ana Maria MONTOYA, *vecina de S. Fernando*,

& unnamed father; am/ Clemente MONTOYA & Mª Manuela GARCIA, dec.; gp/ Jose Rafael SAIS & Mª Trinidad MEDINA, *vecinos de S. Fernando*. (Frames 683-684)

Frame 684
PANDO, Jose Torivio *Pueblo*
   bap 27 Apr 1828, ae 8 da; s/ Juan Andres PANDO & Andrea SAMORA, *naturales deste pueblo*; ap/ Jose PA(N)DO, dec., & Ana Maria (n.s.-blank space); am/ Ylario SAMORA & Franca GERRERO; gp/ Jose Rafael LUNA & Mª Dolores de LUNA, *vecinos de S. Fernando*.

MARTIN, Mª Estefana *Rancho*
   bap 27 Apr 1828, ae 2 da; nat. d/ Mª Sencion MARTIN, *vecina de S. Franco del Rancho*, & unnamed father; am/ Crus MARTIN & Mª Dolores TORRES, dec.; gp/ Miguel ARCENO (Origins, p. 405, ARCENÓ) & Mª Rita SANCHES, *vecinos del mismo lugar*.

CORDOBA, Mª Marta *Arroyo Ondo*
   bap 27 Apr 1828, ae 3 da; d/ Gregorio CORDOBA & Mª Josefa SANCHES, *vecinos del Arroyo Ondo*; ap/ Gregorio CORDOBA & Mª Margarita ROMERO; am/ Rafael SANCHES & Mª Manuela BERNAL; gp/ Pedro BACHICHA & Mª Dolores VIGIL, *vecinos del Arroyo Ondo*.

ROMERO, Diego Anto *S. Ferdo*
   bap 28 Apr 1828, ae 4 da; s/ Jose Angel ROMERO & Mª Lucaria GARCIA, *vecina de S. Fernando*; ap/ Pedro ROMERO & Micaela CHAVES, both dec.; am/ Anto GARCIA & Mª Josefa GRIEGO; gp/ Juan Gabriel MESTAS & Mª Anta LOVATO, *vecinos de S. Fernando*. (Frames 684-685)

Frame 685
LEAL, Mª de la Crus   (Mª dela Lus in margin) *Rancho*
   bap 4 May 1828, ae 3 da; d/ Pedro LEAL & Maria Dolores MIRABAL, *vecinos del Rancho*; ap/ Juan Domingo LEAL, dec., & Mª Veronica CORTES; am/ Juan Luis MIRABAL & Mª Damacia REYNA, both dec.; gp/ Jose Joaquin GONSALES & Mª Guadalupe MARTIN, *vecinos del Rancho*.

HERRERA, Maria Cerafin *Arroyo Ondo*
   bap 6 May 1828, ae 6 da; nat. d/ Mª Soledad HERRERA, *vecina del Arroyo Ondo*, & unnamed father; am/ Juan de HERRERA, dec., & Mª Ysabel GARCIA; gp/ Jose Concepcion MEDINA & Mª Franca MONTES, *vs del Arroyo Ondo*.

CHAVES, Mª Monica *Rancho*
   bap 7 May 1828, ae 3 da; d/ Luis CHAVES & Mª de la Lus QUINTANA, *vecinos de S. Franco*; ap/ Luis CHAVES, dec., & Mª Catarina TAFOYA; am/ Jose de la Crus QUINTAN(A) & Mª Micaela VALDES, both dec.; gp/ Faustin VIGIL & Mª de la Lus MARTIN, *vecinos del Rancho*.

BUENO, Jose de la Cruz *Rancho*
   bap 9 May 1828, ae 7 da; s/ Juan Manuel BUENO & Maria Ysabel MONTOYA, *vs del curato de Sta Cruz dela Cañada*; ap/ Anto BUENO & Maria Gracia GOMES, dec.; am/ Jose MONTOYA & Mª Luisa SANDOVAL, both dec; gp/ Juan Rafael MONDRAGON & Mª Franca VIGIL, *vecinos del varrio de S. Franco del Rancho*. (Frames 685-686)

Frame 686
MONDRAGON, Maria de Jesus *Rancho*
   bap 11 May 1828, ae 5 da; d/ Concepcion MONDRAGON & Mª Gertrudis CANDELARIO, *vecinos de S. Franco del Rancho*; ap/ Anto MONDRAGON & Gertrudis ROMERO; am/ Franco CANDELARIO & Juana Mª GRIEGO; gp/ Juan de Jesus ROMO & Ana Maria CANDELARIO, *vecinos de S. Franco del Rancho*.

TAOS BAPTISMS, VOLUME II   1827-1830, AASF #19

MONTOYA, Juan Miguel   S. Fernando
    bap 11 May 1828, ae 4 da; s/ Sesilio MONTOYA & Mª Rita TRUGILLO, vecinos de S.
    Fernando; ap/ Felipe MONTOYA & Mª Santana DURAN; am/ Jose Anto TRUGILLO & Mª
    Merchora QUINTANA; gp/ Jose TAFOYA & Mª Guadalupe ARMENTA, vecinos de S.
    Fernando.

MONTOYA, Jose Franco   Rancho
    bap 13 May 1828, ae 3 da; s/ Juan Jose MONTOYA & Candelaria ESQUIVEL, vecinos
    de S. Franco del Ranchito; ap/ Vernardo MONTOYA & Mª Manuela MARTINES, dec.; am/
    Jose Franco ESQUIVEL & Mª Soledad LUCERO; gp/ Pablo MARTIN & Mª Soledad LUCERO,
    vecinos del Ranchito. (Frames 686-687)

Frame 687
MONTOYA, Mª Sencion   Rancho
    bap 15 May 1828, ae 3 da; d/ Eusebio MONTOYA & Mª de Jesus TRUGILLO, vecinos
    de San Franco del Rancho; ap/ Jose MONTOYA & Mª Anta BERNAR (sic); am/ Santiago
    TRUGILLO & Mª Polonia ROMERO; gp/ Juan TRUGILLO & Mª Catarina CORDOBA, vecinos
    de S. Franco.

PACHECO, Juana Victoria   S. Ferdo
    bap 15 May 1828, ae 3 da; nat. d/ Mª de la Sencion PACHECO, vecina de S.
    Fernando, & unnamed father; am/ Concepcion PACHECO (only), dec.; gm/ Mª
    Graciana SALAS, vecina de S. Fernando.

DURAN, Jose Franco   Rancho
    bap 18 May 1828, ae 4 da; s/ Gregorio DURAN & Mª Clara FERNANDES, vecinos del
    Rancho; ap/ Ygnacio DURAN & Mª Anta SANCHES; am/ Jose Mariano FERNANDES & Mª
    Sencion LUCERO; gp/ Jose Miguel MARTIN & Mª del Refugio MARTIN, vecinos del
    Rancho.

COPA, Juana Mª   Rancho
    bap 18 May 1828, ae 3 da; d/ Juan Manuel COPA (Origins, p. 412, same) & Mª
    Josefa VARELA, vecinos del Rancho; ap/ Julian COPA & Mª Ysabel RICO (Origins,
    same); am/ Cristoval VARELA, dec., & Mº Rafaela TRUGILLO; gp/ Julian GON
    (Origins, p. 417, GORDON) & Juana Mª LUCERO, vecinos del Rancho. (Frames 687-
    688)

Frame 688
MARTINES, Mª de la Crus   Arroyo Ondo
    bap 18 May 1828, ae 9 da; d/ Juan Ygnacio MARTINES & Mª de Jesus MARTIN,
    vecinos del Arroyo Ondo; ap/ Juan Anto MARTIN (sic), dec., & Mª Anta CENTENA;
    am/ Juan Pablo MARTIN & Maria Josefa ESPINOSA; gp/ Manuel MONDRAGON & Mª Ros(a)
    AREYANO, vecinos del Arroyo Ondo.

ALEN, Jose Manuel   S. Fernando
    bap 18 May 1828, ae 31 yr; s/ Justo ALEN (Origins, p. 404, ALLEN) & Camsi
    (ALEN), originarios del Canadá perteneciente á los Estados Unidos del Norte
    America; gp/ Jose Tomas BOGGS, vecino del varrio de San Franco del Rancho, &
    Juana Maria MARTINES, vecina de San Fernando. (Frames 688-689)

Frame 689
DURAN, Maria Rita   Rancho
    bap 25 May 1828, ae 4 da; d/ Vernardo DURAN & Mª Feliciana VIGIL, vecinos de
    San Franco del Rancho; ap/ Manuel DURAN & Mª Geralda MASCAREÑAS; am/ Crus VIGIL
    & Maria Clara FERNANDES; gp/ Anastacio VIGIL & Maria de la Crus QUINTANA,
    vecinos del mismo varrio.

GONSALES, Felipe Nerio   Arroyo Seco
    bap 27 May 1828, ae 3 da; s/ Jose Mª GONSALES & Mª Gregoria MEDINA, vecinos del

Arroyo Seco; ap/ Felipe GONSALES & Maria Fran^ca CHACON, dec.; am/ Felipe MEDINA & Mª Guadalupe QUINTANA; gp/ Jose Dolores CORDOBA & Mª Micaela GONSALES, *vecinos del varrio de San Fran^co del Rancho*.

CHAVES, Maria Monica   *Arroyo Seco*
   *bap 25 May 1828, ae 3 da; d/ Blas CHAVES & Mª Dolores MARTIN, *vecinos del Arroyo Seco*; ap/ Juan CHAVES & Mª Clara SANCHES, dec.; am/ Ygnacio MARTIN & Mª Paula SALASAR, dec.; gp/ Jose An^to BALDES & Mª Catarina TRUGILLO, *vecinos del Arroyo Seco*.

Frame 690
TENORIO, Mª Dodubina   S. Fernando
   bap 1 Jne 1828, ae 3 da; d/ Santiago TENORIO & Mª An^ta COCA, *vecinos de San Fernando*; ap/ Felipe TENORIO & Mª An^ta Rosa MONDRAGON, dec.; am/ Andres COCA & Maria Dolores ARAGON; gp/ Jose Manuel SANDOVAL & Mª Soledad LUCERO, *vecinos de San Fernando*.

RODRIGES, Jose Miguel   *Arroyo Ondo*
   bap 1 Jne 1828, ae 5 da; s/ Lorenso RODRIGES & Mª Josefa CRUS, *vecinos del Arroyo Ondo*; ap/ Juan An^to RODRIGES & Micaela SANDOVAL, dec.; am/ An^to CRUS, dec., & Mª Ygnacia ARMIJO; gp/ Carpio TRUGILLO & Mª Culasa TRUGILLO, *vecino(s de) la Jurisdiccion de Picuries*.

BALLE (gp), Mª Josefa   S. Fernando
   bap 4 Jne 1828, ae @ 40 yr; d/ *Tribu Lluta*, (the mother) has been living with a Frenchman (n.n.) with whom she has had children; gm/ Mª Petra del BALLE, *vecina de plasa de S. Fernando*. (Frames 690-691)

Frame 691
WORKMAN, Jose Julian   S. Fernando
   bap 4 Jne 1828, ae 26 yr; s/ Tomas WORKMAN & Mª de la Lus COOK, originally from England & then of the United States; gf/ Juan de Jesus GALLEGOS, *vecino de S. Fran^co del Rancho*.

ARMENTA, Mª Ygnacia   *Arroyo Ondo*
   bap 5 Jne 1828, ae 7 da; d/ Ygnacio ARMENTA & Mª Guadalupe MARTINES, *vecinos del Arroyo Ondo*; ap/ Simon ARMENTA, dec., & Mª Marta MARTIN; am/ Salvador MARTIN (sic), dec., & Mª Flor SANDOVAL; gp/ Manuel GARCIA & Mª Trinidad QUINTANA, *vecinos del Arroyo Ondo*.

Frame 692
LEON, Jose An^to   *Pueblo*
   bap 5 Jne 1828, ae 4 da; s/ Fran^co LEON & Maria ROMERO, *vecinos natural de este pueblo*; ap/ Pablo LEON & Maria RIO; am/ Fran^co ROMERO & Fran^ca LAZO; gp/ Domingo MEDINA & Maria Serafina BLEA, *vecinos del Arroyo Seco*.

ESMITE, Jose Fran^co   S. Fernando
   bap 08 Jne 1828, ae 27 yr; s/ Cristoval ESMITE (Origins, p. 434, SMITH) & Mariana LONT, *originarios de Quintec, perteniciente a los Estado Unidos del Norte America*; gp/ Jose Ricardo CAMBEL & Mª Rosa GRIGALBA, *vecinos de S. Fernando*.

SABLET, Jose Miguel   S. Fernando
   bap 8 Jne 1828, ae 27 yr; s/ Felipe SABLET (Origins, p 432, same) & Ysabel JUISLE, *originarios de Quintec, perteniciente a los Estado Unidos del Norte America*; gp/ Rafael LUNA & Ana Maria TAFOYA, *vecinos de S. Fernando*. (Frames 692-693)

TAOS BAPTISMS, VOLUME II   1827-1830, AASF #19

Frame 693
BRANCH, Jose de Jesus   S. Fernando
   bap 8 Jne 1828, ae 30 yr; s/ Pedro BRANCH & Maria ESCORT (Origins, p. 409,
   same), *originarios de Verginia, perteniciente á los Estados Unidos del Norte
   America*; gp/ Jose Rafael PACHECO & Mª Dolores ORTIS, *vecinos de S. Fernando*.

Frame 694
GONSALES, Feliciano   Rancho
   bap 9 Jne 1828, ae 3 da; s/ Vitervo GONSALES & Mª Felipa SALASAR, *vecinos del
   varrio de San Franco del Rancho*; ap/ Jose Anto GONSALES & Mariquita REYNA, both
   dec.; am/ Juana SALASAR (only); gp/ Simon SALASAR & Juan(a) SALASAR, *vecino(s)
   de San Francisco del Ranchito*.

FERNANDES, Mª Margarita de los Dolores   Arroyo Ondo
   bap 10 Jne 1828, ae 5 da; d/ Manuel FERNANDES & Mª Culasa LEIVA, *vecinos del
   Arroyo Ondo*; ap/ Manuel FERNANDES & Catarina BASQUES; am/ Mateo LEIVA & Mª
   Josefa ARTIAGA; gp/ Anto ROMERO & Mª Dolores CRUZ, *vecinos del Arroyo Ondo*.

ARCHULETA, Juan Anto   Rancho
   bap 13 Jne 1828, ae 4 da; s/ Faustin ARCHULETA & Mª Dolores CORDOVA, *vecinos
   del Rancho*; ap/ Santiago ARCHULETA & Mª Polonia ROMERO; am/ Ygnacio CORDOBA
   (sic) & Mª Anta MARQUES; gp/ Miguel CORDOBA (sic) & Mª Encarnacion CORDOBA,
   vecinos del mismo lugar.

ROMERO, Juan Felipe   San Fernando
   bap 14 Jne 1828, ae 5 da; s/ Tomas ROMERO & Mª Ysidora MARTIN, *vecinos de S.
   Fernando*; ap/ Anto Jose ROMERO & Mª Franca RUIBERA (sic); am/ Manuel MARTIN,
   dec., & Mª Dorotea ROMERO; gp/ Jose MARTIN & Mª Josefa MARTIN, *vecinos del
   Rancho*. (Frames 594-695)

Frame 695
ROMERO (patron), Juan de Jesus   Rancho
   bap 15 Jne 1828, ae @ 3 mo; s/ (unknown), redeemed from the Ute tribe; gp/
   Jose de la Merced ROMERO & Mª Josefa QUINTANA, *vecinos de San Franco del Rancho*
   & with whom the child will remain.

SAMORA, Mª Anta   Pueblo
   bap 18 Jne 1828, ae 5 da; d/ Juan Estevan SAMORA & Mª ORTIS, *vecinos naturales
   deste pueblo*; ap/ Santiago SAMORA, dec., & Rosalia ROMERO; am/ Juan Anto ORTIS
   & Micaela ROMERO, both dec.; gp/ Franco TRUGILLO & Mª Natividad SANDOVAL,
   vecinos de San Fernando.

URTADO, Jose Franco   Rancho
   bap 18 Jne 1828, ae 2 da; nat. s/ Juana URTADO, *vecina de San Franco del
   Rancho*, & unnamed father; am/ Miguel URTADO & Maria SANDOVAL; gm/ Petrona
   ROJO, *vecina del mismo lugar*.

Frame 696
LASO, Juan de Jesus   Pueblo
   bap 23 Jne 1828, ae 4 da; s/ Pablo LASO & Ygnacia LUJAN, *vecinos deste pueblo*;
   ap/ Matias LASO & Lucia MARTIN, both dec.; am/ Juan Anto LUJAN & Rosa LUCERO,
   dec.; gp/ Santiago ROMERO & Juana LUCERO *del mismo pueblo*.

SANDOVAL, Mª Paula   S. Fernando
   bap 24 Jne 1828, ae 3 da; d/ Jose Manuel SANDOVAL & Mª Soledad LUCERO; ap/
   Franco SANDOVAL & Mª Mariana TAFOYA; am/ Vernardo LUCERO & Mª Tomasa MARTIN,
   dec.; gp/ Julian LUCERO & Mª Paula LARRAÑAGA, *vecinos todos de San Fernando*.

CHAVES, Mª Antª   S. Fernando
  bap 29 Jne 1828, ae 2 da; d/ Jose Francº CHAVES & Mª Manuela MONTOYA, *vecinos de San Fernando*; ap/ Miguel Antº CHAVES & Antª MARTIN, dec.; am/ Juan MONTOYA & Mª Josefa TRUGILLO; gp/ Meregildo TRUGILLO & Mª Josefa TAFOYA, *vecinos de San Fernando*.

CRUS, Jose Pablo   S. Fernando
  bap 29 Jne 1828, ae 4 da; s/ Francº CRUS & Mª Antª LUCERO, *vecinos de San Fernando*; ap/ Mariano CRUS & Mª Dolores VIGIL; am/ Venito LUCERO, dec., & Mª Fabiana CHAVES; gp/ Jose Ventura SANDOVAL & Mª de Jesus MASCAREÑAS, *vecinos de S. Fernando*. (Frames 696-697)

Frame 697
LAFEBRE, Maria Dolores   San Ferdo
  bap 29 Jne 1828, ae 3 da; d/ Manuel LAFEBRE (Origins, p. 421, LAFEBVRE) & Maria Teodora LOPES, *vecinos de San Fernando*; ap/ Agustin LAFEBRE & Mª Feliciana BAYANCUR; am/ Ramon LOPES & Mª de la Luz MARTINES; gp/ Seberiano SAMBRAN & Mª Rosa GRIGALVA, *vecinos de San Fernando*.

ROMERO, Jose Tomas   *Rancho*
  *bap 01 (sic) Jne 1828, ae 5 da; s/ Jose Antº ROMERO & Anna Maria ARRIETA, *vº del Rancho de S. Francº*; ap/ Concepcion ROMERO & Mª Rosa QUINTANA, both dec.; am/ Maria ARRIETA (only), dec.; gp/ Anastacio VIGIL & Mª de la Crus QUINTANA, *vº del mismo varrio*.

Frame 698
VIGIL, Maria Juliana   *Rancho*
  bap 1 Jly 1828, ae 2 da; nat. d/ Mª Ysidora VIGIL *de San Francº del Rancho*, & unnamed father; am/ Juan de la Crus VIGIL & Maria Clara FERNANDES; gp/ Julian WORKMAN & Mª Barbara ARAGON, *vº del mismo puesto*.

ROMERO, Mª Rafaela   *Rancho*
  bap 4 Jly 1828, ae 2 da; d/ Santos ROMERO & Antª ATENCIO; ap/ Jose ROMERO & Mª GARCIA; am/ Miguel MAES & Maria Ygnacia ATENCIO; gp/ Jose MONDRAGON & Mª Lorensa DURAN, *vecinos todos del varrio de San Francº del Rancho*.

MONDRAGON, Marcial del Refugio   *Arroyo Seco*
  bap 4 Jly 1828, ae 5 da; s/ Felipe de Jesus MONDRAGON & Mª Antª SANDOVAL; ap/ Antº MONDRAGON & Maria Antª ROMERO, both dec.; am/ Felipe SANDOVAL & Mª Concepcion SANCHES; gp/ Leonicio GONSALES & Maria Manuela SALASAR, *vecinos todos del Arroyo Seco*. (Frames 698-699)

Frame 699
MASCAREÑAS, Jose Pitacio
  bap 9 Jly 1828, ae 4 da; s/ Diego MASCAREÑAS & Mª Paula CANDELARIO, *vecinos de S. Fernando*; ap/ Vernardo MASCAREÑAS & Juliana CORDOBA; am/ Santiago CANDELARIO & Mª Dolores TRUGILLO; gp/ Juan MONTOYA & Mª Josefa CRUS, *vecinos de S. Fernando*.

TAFOYA, Ana Bentura   *Rancho*
  bap 9 Jly 1828, ae 3 da; d/ Romano TAFOYA & Mª Rosalia DURAN, *vecinos del Rancho de San Francº*; ap/ Juan Bartolo TAFOYA & Dolores MAES, dec.; am/ Manuel DURAN & Geralda MASCAREÑAS; gp/ Manuel LUCERO & Lugarda SANDOVAL, *vecinos del Rancho*.

HURTADO, Mª de Jesus   *Rancho*
  bap 13 Jly 1828, ae 5 da; d/ Manuel HURTADO & Gertrudis VIGIL, *vecinos del Rancho*; ap/ Miguel HURTADO & Mª de Jesus SANDOVAL, dec; am/ Jose VIGIL, dec, & Petrona ROJO; gp/ Juan Antº MARTIN & Mª Dolores DURAN, *vecinos del Rancho*.

TAOS BAPTISMS, VOLUME II   1827-1830, AASF #19

Frame 700
ARCHULETA, Fran^co An^to   Arroyo Ondo
    bap 13 Jly 1828, ae 4 da; s/ Jose Norato ARCHULETA & Mª Dolores MESTAS, *vecinos
    del Arroyo Ondo*; ap/ Damian ARCHULETA & Juana MARTIN; am/ Jose MESTAS & Paula
    MARTIN; gp/ Juan An^to SANDOVAL & Mª Dolores ARCHULETA, *vecinos del Arroyo Ondo*.

CRUS, Jose Fran^co   Arroyo Ondo
    bap 13 Jly 1828, ae 2 da; s/ Jose CRUS & Mª Juana MEDINA, *vecinos del Arroyo
    Ondo*; ap/ Jose Casimiro CRUS, dec., & Mª Ynes ARMIJO; am/ Juan Pascual MEDINA
    & Mª Teresa ESPINOSA; gp/ Pedro An^to DURAN & Mª Estefana SEGURA, *vecinos del
    Arroyo Ondo*.

ARELLANO, Jose Julian   Arroyo Ondo
    bap 13 Jly 1828, ae 4 da; s/ Domingo ARELLANO & Mª Rosa MEDINA, *vecinos del
    Arroyo Ondo*; ap/ Julian ARELLANO, dec., & Mª de la Lus CASILLAS; am/ Cristoval
    MEDINA & Juana CORDOBA, both dec.; gp/ Manuel PADIA in proxy for Fran^co PADILLA
    (sic), who had been invited, & Mª Micaela CHAVES, *vecinos del Arroyo Ondo*.

Frame 701
MEDINA, Varvara An^ta   Rancho
    bap 23 Jly 1828, ae 3 da; d/ Jose MEDINA & Mª de la Lus GONSALES, *vecinos del
    Rancho*; ap/ Juan Pomuceno MEDINA, dec., & Mª Candelaria VIGIL; am/ Salvador
    GONSALES & Ana Maria ANALLA; gp/ Jose Candelario BARELA & Mª Concepcion SOLANO
    del mismo lugar.

TORRES, Mª Dolores   Fernando
    bap 24 Jly 1828, ae 3 da; nat. d/ Mª Josefa TORRES, *vecina de S. Fernando*, &
    unnamed father; am/ Diego TORRES & Mª Concepcion TRUGILLO, dec.; gp/ Jose
    Gabriel CHAVES & Mª Encarnacion ROMERO, *vecinos del mismo lugar*.

MEDINA, Felipe Santiago   Rancho
URIOSTE, Felipe Santiago
    bap 24 Jly 1828, ae 4 da; nat. s/ Ramon MEDINA & Maria An^ta URIO(S)TE, *v^a de San
    Fran^co del Rancho*; am/ Jose URIOSTE & Maria BEITA, dec.; gp/ Juan del Ca(r)mel
    ROMERO & Mª Rosa MARTIN, *vecinos de San Fernandes*.

Frame 702
TAFOYA, Jose Manuel de Jesus   Arroyo Ondo
    bap 29 Jly 1828, ae 2 da; s/ Juan Miguel TAFOYA & Patricia MARTIN, *vecinos del
    Arroyo Ondo*; ap/ Diego TAFOYA & Soledad CANDELARIO; am/ Usebio MARTIN & M^a An^ta
    ARMIJO, dec.; gp/ Juan Cristoval SANCHES & Josefa Ventura PADIA, *vecinos del
    Arroyo Ondo*.

MARTIN, Mª Ygnacia   Arroyo Ondo
    bap 3 Aug 1828, ae 4 da; d/ An^to MARTIN & Ana Mª ROMERO, *vecinos del Arroyo
    Ondo*; ap/ Eusebio An^to MARTIN & Mª An^ta ARMIJO, both dec.; am/ Manuel ROMERO &
    Rosalia MAES, both dec.; gp/ Pablo MEDINA & Maria Manuela MARTIN, *vecinos del
    mismo lugar*.

DELGADO, Jose Santiago   Pueblo
    bap 3 Aug 1828, ae 4 da; s/ Juan An^to DELGADO & Mª Sencion ROMERO, *vecinos
    naturales deste pueblo*; ap/ Luis DELGADO & Josefa RIO, both dec.; am/
    Cristoval ROMERO, dec., & Paula LOMA; gp/ Jose Pablo MARTIN & Juana Catarina
    MARTIN, *vecinos del v^o de San Fran^co del Rancho*.

GONSALES, Diego An^to   Rancho
    bap 3 Aug 1828, ae 3 da; s/ Rafael GONSALES & Mª Manuela BIALPANDO; ap/ Juan

Andres GONSALES & Mª Catari(n)a ARCHIVEQUE; am/ Man¹ Gregorio BIALPANDO & Mª
Josefa TRUGILLO; gp/ Vitor SANCHES & Mª Gregoria SANCHES, *vecinos todos del
Arroyo Seco.* (Frames 702-703)

Frame 703
BEAUBIEN (patron), Mª Luisa Antª   S. Fernando
   bap 3 Aug 1828, ae @ 16 yr; d/ (unknown), in the household of Carlos Hipolipo
   BEAUBIEN, *vecino de la plasa de la Purisima Concepcion del Ranchito*; gp/
   Julian DENIS & Mª Catarina LOVATO, *vecinos del mismo lugar*.

THARP, Juan Antº   S. Fernᵈᵒ
   bap 3 Aug 1828, ae 32 yr; s/ Aron THARP & Maria EDUARES from North America;
   gp/ Blas TRUGILLO & Mª Manuela SANCHES, *vecinos de San Fernando*. (Frames 703-
   704)

Frame 704
VALDES, Franᶜᵒ Estevan   S. Fernando
   bap 3 Aug 1828, ae 4 da; s/ Nicolas VALDES & Mª Rafaela SALASAR, *vecinos de S.
   Fernando*; ap/ Franᶜᵒ VALDES & Mª Ygnacia de HERRERA; am/ Miguel SALASAR & Mª Antª
   ROMERO, both dec.; gp/ Juan Pascual MARTINES & Juana Mª MARTINES, *vecinos del
   mismo lugar*.

SANCHES, Jose Franᶜᵒ   *Rancho*
   bap 6 Aug 1828, ae 6 da; s/ Felipe SANCHES & Juana Maria MARTIN, *vecinos del
   Rancho*; ap/ Franᶜᵒ MARTIN (sic) & Mª Rosa ARMENTA, dec.; am/ Juan Ygnacio
   SANCHES (sic) & Pascuala VIGIL, both dec.; gp/ Juan Ygnacio MARTIN & Mª Casilda
   MARTIN, *vecinos del Rancho*. (No mention of twins.)

SANCHES, Juan Cristoval   *Rancho*
   bap 6 Aug 1828, ae 4 da; s/ Felipe SANCHES & Juana Mª MARTIN, *vecinos del
   Rancho*; ap/ Franᶜᵒ MARTIN (sic) & Maria Rosa ARMENTA, dec.; am/ Juan Ygnacio
   SANCHES (sic) & Mª Paula VIGIL; gp/ Juan Ygnacio SANCHES & Mª Casilda MARTIN.
   (No mention of twins.) (Frames 704-705)

Frame 705
GARCIA, Martin Antº   S. Fernando
   bap 7 Aug 1828, ae 3 da; nat. s/ Mª Manuela GARCIA, *vecino de San Fernando*, &
   unnamed father; am/ Juan GARCIA & Mª Manuela SANDOVAL; gp/ Juan LUNA (only).

CRUS, Juan Lorenso   *Rancho*
   bap 10 Aug 1828, ae 3 da; s/ Jose de la Crus CRUS & Mª del Carmel ROMERO,
   vecinos del varrio de S. Franᶜᵒ del Rancho; ap/ Antº CRUS & Mª ARCHULETA, both
   dec.; am/ Mariano ROMERO & Francª ARMENTA; gp/ Juan de Jesus VIGIL & Luisa
   Agustina SALASAR, *vecinos del mismo lugar*.

ROLEN, Mª de las Nieves   *Rancho*
   bap 10 Aug 1828, ae 5 da; d/ Juan ROLEN & Maria Encarnacion MARTIN, *vecinos
   del varrio de San Franᶜᵒ*; ap/ Juan ROLEN & Maria ROLEN; am/ Felipe MARTIN & Mª
   TRUGILLO; gp/ Juan Domingo TAFOYA & Mª Gertrudis CORDOVA, *vecinos del mismo
   lugar*.

ROMERO, Mª Lorensa   *Rancho*
   bap 16 Aug 1828, ae 6 da; d/ Jose Rafael ROMERO & Ana Maria ORTIS, *vecinos del
   varrio de San Franᶜᵒ del Rancho*; ap/ Miguel ROMERO, dec., & Maria Manˡ⁽ᵃ⁾ GARCIA;
   am/ Gaspar ORTIS, dec., & Mª Francª MARTIN; gp/ Jose Policarpio CORDOLOBA & Mª
   Micaela GONSALES, *vecinos del mismo lugar*. (Frames 705-706)

Frame 706
SANDOVAL, Jose Anastacio Rancho
    bap 20 Aug 1828, ae 04 da; s/ Nicolas SANDOVAL & Mª Ygnacia MARTIN, *vecinos del varrio de San Fran^{co}*; ap/ Matias SANDOVAL, dec., & Mª Ygnacia BUENO; am/ Ramon MARTIN & Paula MARTIN; gp/ Jose MARTINEZ (sic) & Mª Catarina TAFOYA, *vecinos del Rancho*.

MARTIN, Maria Luisa Arroyo Ondo
    bap 20 Aug 1828, ae 4 da; d/ Felipe MARTIN & Micaela ROMERO, *vecinos del Arroyo Ondo*; ap/ Joaquin MARTIN & Mª Gertrudis QUINTANA; am/ Manuel ROMERO & Josefa BACA; gp/ Roque PADILLA & Maria de las Nieves ROMERO, *vecinos del Ranchito de la Purisima Concepcion*.

GONZALEZ, Juan Manuel Rancho
    bap 23 Aug 1828, ae 3 da; s/ Ramon GONZALEZ & Maria Antonia DURAN, *vecinos de S. Fran^{co} del Rancho*; ap/ Cayetano GONZALEZ & Lorenza JEORGE (sic); am/ Ygnacio DURAN & Maria Antonia SANCHEZ; gp/ Jose Loreto CHAVEZ & Maria Gabriela ESPINOSA, *vecinos de dho varrio*. (Frames 706-707)

Frame 707
SARETE, Juan Luis S. Fernando
    bap 27 Aug 1828, ae 9 da; s/ Pedro SARETE & Mª Ygnacia MIERA, *vecinos de San Fernando*; ap/ Pedro SARETE & Margarita LOVO; am/ Jose MIERA & Maria Manuela ROMERO; gp/ D. Pablo TRUGILLO & Maria de la Luz TRUGILLO, *vecinos del mismo varrio*.

PACHECO, Agustin Rancho
    bap 28 Aug 1828, ae 2 da; s/ Jose PACHECO & Mª Trinidad VIGIL, *vecinos del Rancho*; ap/ Antonio PACHECO & Mª Ygnacia SANDOVAL, both dec.; am/ Juan de la Crus VIGIL & Mª Clara FERNANDES; gp/ Anastacio VIGIL & Mª de la Crus QUINTANA, *vecinos del Rancho*.

QUINTANA (patron), Maria Bartola Rancho
    bap 30 Aug 1828, ae @ 10 yr; d/ *Tribu Yuta*, in the household of Estevan QUINTANA & Mª Ygnacia TORRES, *vecinos de San Fran^{co} del Rancho*, who were the gp. (Frames 707-708)

Frame 708
TRAMEL, Jose Julian S. Fernando
    bap 30 Aug 1828, ae 20 yr; s/ Felipe TRAMEL & Adah TRAMEL, *originarios de Misurí perteneciente á los los Estados Unidos del Norte America*; gp/ Rafael LUNA & Ana Maria TAFOYA, *vecinos de San Fernando*.

Frame 709
NARANJO, Juan Lorenso Pueblo
    bap 31 Aug 1828, ae 3 da; s/ Santiago NARANJO & Mª MARTINES, *vecinos del pueblo*; ap/ An^{to} NARANJO & Mª ROMERO; am/ not given; gp/ Juan An^{to} SISNEROS & Mª ROMERO, *vecinos del pueblo*.

QUINTANA (patron), Jose An^{to} Rancho
    bap 31 Aug 1828, ae 4 yr; s/ *Tribu Yuta*, in the house of Fran^{co} QUINTANA, *vecino del varrio de S. Fran^{co} del Rancho*; gp/ the same & his wife, Maria Guadalupe LUJAN, *vecinos del varrio de S. Fran^{co} del Rancho*.

MADRIL, Jose Fran^{co} Fernandes
    bap 2 Sep 1828, ae 5 da; s/ Juan MADRIL & Maria Manuela RUIBAL; ap/ Jose Tomas MADRIL & Maria Victoria GARCIA, both dec.; am/ Jose Luterio RUIVAL (sic) & Mª de Gracia SUASO; gp/ German An^{to} ARCHULETA & Mª An^{ta} MARTIN, *vecinos de San Fernando*.

Frame 710
MAES, Maria Rosa *Rancho*
  bap 3 Sep 1828, ae 5 da; d/ Jose Rafael MAES & Ana Maria CORTES, *vecinos del Rancho*; ap/ Juan MAES, dec., & Mª Manla MARTIN; am/ Paulin CORTES & Mª Concepcion MARTIN; gp/ Casimir(o) MARTIN & Maria Dolores MARTIN, *vecinos del Ranchito de San Franco*.

ROMERO, Maria Ysidora *S. Fernando*
  bap 7 Sep 1828, ae 2 da; d/ Polito ROMERO & Mª Ygnes ARCHULETA, *vecinos de San Fernando*; ap/ Juan del Carmel ROMERO & Nasarena LUCERO; am/ Jesus ARCHULETA & Josefa SALASAR; gp/ Mariano ROMERO & Magdalena LOVATO, *vecinos de San Fernando*.

ROMERO, Mª Ygnacia *Ranchito*
  bap 7 Sep 1828, ae 05 da; d/ Jesus ROMERO & Mª Teresa VIGIL, *vecinos del Rio Chiquito*; ap/ Mariano ROMERO & Francª ARMENTE; am/ Carlos VIGIL & Maria SANCHES; gp/ Domingo MARTIN & Carmel GARCIA, *vecinos del Rancho*.

Frame 711
GONSALES, Maria de la Crus *Arroyo Ondo*
  bap 14 Sep 1828, ae 3 da; d/ Juana GONSALES, *vecina del Arroyo Ondo*, & unnamed father; am/ Juan GONSALES & Mª Antª MARTIN, dec.; gp/ Manuel PADIA & Mª Ysabel CISNEROS, *vecinos del Arroyo Ondo*.

COCA, Jose de la Cruz *S. Fernando*
  bap 15 Sep 1828, ae 2 da; s/ Jose de los Reyes COCA & Maria Manuela SALAZAR, *vecinos de San Fernando*; ap/ Mateo COCA & Mª Antª VENAVIDES; am/ Ylario SALAZAR & Maria Manuela MARTIN; gp/ Julian VIALPANDO & Mª Nicolasa TRUGILLO, *vecinos del mismo lugar*.

Frame 712
MARTINES, Maria Dolores *Rancho*
  bap 19 Sep 1828, ae 4 da; d/ Hermenegildo MARTINES & Matiana MAES, vs *de San Franco del Rancho*; ap/ Juan Felipe MARTINES & Maria Ygnacia VIGIL, both dec.; am/ Domingo MAES & Maria TEYES, both dec.; gm/ Mª Juliana ROMERO, *vecina de San Franco del Rancho*.

VALDES, Maria Matea *S. Fernando*
  bap 23 Sep 1828, ae 3 da; d/ Franco Anto VALDES & Maria Paula MAES, *vecinos del varrio de San Franco*; ap/ Juan Anto VALDES, dec., & Maria Viviana BACA; am/ Anto MAES & Mª Victoria SISNEROS, both dec.; gp/ Fran(co) Xabier VALDES & Mª Viviana BACA, vs *del mismo varrio*.

ROMERO, Mª Juana *Pueblo*
  bap 23 Sep 1828, ae 10 da; d/ Juan Anto ROMERO & Mª Asencion ORTIS; ap/ Miguel ROMERO & Juana LUCERO, dec.; am/ Juan Andres ORTIS & Mª GOMES, dec.; gp/ Pedro ROMERO & Mª Rosalia MIRAVAL, *vecinos todos deste pueblo*. (Frames 712-713)

Frame 713
MARTIN, Juan Jose Mateo *Ranchito*
  bap 28 Sep 1828, ae 9 da; s/ Juan Domingo MARTIN & Mª Felipa CRUS, *vecinos del Ranchito de San Franco*; ap/ Jose MARTIN, dec., & Gertrudis MESTAS; am/ Juan Jose CRUS & Mª Luisa ARCHULETA; gp/ Juan Jose CRUS & Mª Luisa ARCHULETA, *vecinos del mismo lugar*.

DURAN, Mª Gertrudis *Arroyo Ondo*
  bap 28 Sep 1828, ae 5 da; d/ (unknown), found by Mª Tomasa GARCIA near her

home in Arroyo Ondo; gp/ Juan Gabriel DURAN & the said M² Tomasa GARCIA, *vecinos de la Poblacion del Arroyo Ondo*, who also adopted the child.

BORREGO, Juan Miguel S. Fernando
 bap 1 Oct 1828, ae 4 da; s/ Fran^co BORREGO & Mª Teodora LUCERO, *vecinos de San Fernando*; ap/ Diego BORREGO & Viviana TAFOYA; am/ Venito LUCERO, dec., & Fabiana CHAVES; gp/ Jose Lino CRUS & Mª Polonia CRUS, *vecinos de San Fernando*. (Frames 713-714)

Frame 714
TAFOYA, Jose An^to *Rancho*
 bap 3 Oct 1828, ae 3 da; s/ Jose TAFOYA & Mª An^ta SERDA, *vecinos de San Fran^co del Rancho*; ap/ Bartolo TAFOYA & Mª Ygnacia CANA, both dec.; am/ Atanacio SERDA & Mª Manuela ARCHULETA; gp/ Juan de Jesus URIOSTE & Maria Manuela VIGIL, *vecinos del Rancho de San Francisco*.

FERNANDES, Fran^cc An^to S. Fern^do
 bap 4 Oct 1828, ae 1 da; s/ Santiago FERNANDES & Vartola ROMERO, *vecinos de San Fernando*; ap/ An^to Jose FERNANDES, dec., & Luisa MAES; am/ Domingo ROMERO, dec., & Josefa QUINTANA; gp/ An^to QUINTANA & Mª Josefa BARELA, *vecinos de San Fernando*.

BALDES, Jose Julian *Rancho*
 bap 5 Oct 1828, ae 4 da; s/ Pedro BALDES & Rafaela GARCIA, *vecinos del Rancho*; ap/ Juan Crus BALDES & Simona ANALLA, dec.; am/ An^to GARCIA & Maria Dolores PADIA; gp/ An^to MEDINA & Mª Josefa TRUGILLO, *vecinos del varrio de San Fran^co del Rancho*. (Frames 714-715)

Frame 715
MARTIN, Maria Luisa *Purisima*
 bap 7 Oct 1828, ae 2 da; d/ Fran^co MARTIN & Juan(a) Catarina ALIRE, *vecinos del Ranchito de la Purisima Concepcion*; ap/ Juan An^to MARTIN, dec., & Maria CHACON; am/ Juan Lorenso ALIRE & Mª Josefa BEITA, dec.; gp/ Jose Rumaldo BEITA & Mª Gertrudis BEITA, *vecinos del mismo lugar*.

MEDINA, Maria del Carmel *Rancho*
 bap 20 Oct 1828, ae 3 da; d/ Pedro MEDINA & Mª An^ta CRUS, *vecinos del varrio de San Franc^co*; ap/ Rafael MEDINA & Maria Calletano ANAYA, both dec.; am/ Vicente CRUS & Mª Rosa BACA, both dec.; gp/ Felipe de Jesus GALLEGOS & Ana Ventura GERRERA, *vecinos del mismo varrio*.

MONTOYA, M^a del Pilar *Rancho*
 bap 20 Oct 1828, ae 7 da; d/ Manuel MONTOYA & Mª de la Lus MESTAS, *vecinos del varrio de San Fran^co del Rancho*; ap/ An^to MONTOYA & Mª Reyes RUIVAL; am/ Ygnacio MESTAS, dec., & Juana TORRES; gp/ Ramon MEDINA & Mª Serafina MEDINA, *vecinos del mismo lugar*. (Frames 715-716)

Frame 716
GALLEGOS, Jose Guadalupe S. Fernando
 bap 26 Oct 1828, ae 4 da; s/ Jasinto GALLEGOS & Mª An^ta GONSALES, *vecinos de San Fernando*; ap/ Juan Cristoval GALLEGOS, dec., & Vernarda TRUGILLO; am/ Jose Mª GONSALES & Mª CHAVES, both dec.; gp/ Jose Gabriel MARTINES & Mª Dolores MARTINES, *vecinos de San Fernando*.

ARCHULETA, Juan Bautista *Arroyo Ondo*
 bap 27 Oct 1828, ae 8 da; s/ Diego ARCHULETA & Mª de la Luz QUINTANA, *vecinos de la Poblacion del Arroyo Ondo*; ap/ Jose An^to ARCHULETA & Mª An^ta CORDOBA, both dec.; am/ Juan QUINTANA & Mª Balbaneda ROMERO; gp/ Jose An^to TRUGILLO & Mª Fran^ca MARTINEZ, *vecinos del mismo lugar*.

1827-1830, AASF #19

SANDOVAL, Jose Julian   S. Fernando
   bap 27 Oct 1828, ae 5 da; s/ Felipe SANDOVAL & Maria Polonia MAES, *vecinos del
   varrio de S. Fernando*; ap/ Juan SANDOVAL & Anna Maria SUASO, both dec.; am/
   Pedro MAES, dec., & Mª Manuela MEDINA; gp/ Jose Leonardo ORTIS & Mª Dolores
   ORTIS, *vecinos del mismo varrio*.

Frame 717
HERRERA, Maria de la Lus   *Ranchito de San Fran^co*
   bap 28 Oct 1828, ae 4 da; d/ Nicolas de HERRERA & Mª Fran^ca MASCAREÑAS, *vecinos
   de San Fran^co del Ranchito*; ap/ Juan de HERRERA, dec., & Mª Ysabel GARCIA; am/
   Bautista MASCAREÑAS & María Luisa MARTIN, both dec.; gp/ Jose Fran^co MARTINES
   & Maria Ysabel CORTES, *vecinos del mismo lugar*.

QUINTO, Carlos   *Rancho*
   bap 29 Oct 1828, ae 21 yr; s/ Santiago QUINTO & Serah YOUNG, *originarios de
   Quintotu perteneciente de los Estados Unidos del Norte America*; gp/ Julian
   YOUNG & Juana Maria LUCERO, *vecinos del varrio de S. Fran^co del Rancho*.
   (Frames 717-718)

Frame 718
ANDRÉS, George   *Rancho*
   bap 29 Oct 1828, ae 26 yr; s/ Abraham ANDRÉS (Origins, p. 405, same) & Luciana
   ALERI, *oriundos de Pemcilbenia perteneciente á los Estados Unidos del Norte
   America*; gp/ Juan Manuel COPA (Origins, p. 412, same) & Mª Josefa BARELA,
   vecinos de S. Fran^co del Rancho.

Frame 719
DEVENS, Jose Martin   *Rancho*
   bap 29 Oct 1828, ae 27 yr; s/ Agustin DEVENS & Maria J. HALIDAY, *oriundos de
   Kantucky perteneciente á los Estados Unidos del Norte America*; gp/ Juan LOBATO
   & Mª Ygnacia SANCHES, *vecinos de San Fran^co del Rancho*.

GARCIA, Jose Macedonio   *Rancho*
   bap 30 Oct 1828, ae 7 da; s/ Matias GARCIA & Mª Ysidora TRUGILLO, *v^s del varrio
   de S. Fran^co*; ap/ Miguel GARCIA & Margarita ORTEGA; am/ Fran^co TRUGILLO & Mª
   Dolores MEDINA, both dec.; gp/ Jose Rafael TAFOYA & Mª Barbara MARTIN, *v^s de
   S. Fran^co del Rancho*. (Frames 719-720)

Frame 720
SANDOVAL, Mª Paula de los Santos   S. Fern^do
   bap 1 Nov 1828, ae 2 da; d/ Pablo SANDOVAL & Mª Dolores COCA, *vecinos de San
   Fernando*; ap/ Felipe SANDOVAL & Mª Gregoria SENA, dec.; am/ Jose Mª COCA &
   Juana VENAVIDES; gp/ Juan An^to FRESQUES & Mª Viviana MONTAÑO, *vecinos de San
   Fernando*.

CORTES, Jose de Jesus   *Rancho*
   bap 2 Nov 1828, ae 7 da; s/ Jose Man^l CORTES & Mª Man^la SANCHES, *vecinos del
   Rancho de San Fran^co*; ap/ Paulin CORTES & Concepcion MARTIN; am/ Felipe SANCHES
   & Juana Maria MARTIN; gp/ Pedro Ygnacio DURAN & Mª de la Lus DURAN, *vecinos del
   Rancho de San Fran^co*.

ROMERO, Mª Paula de los Santos   *Pueblo*
   bap 2 Nov 1828, ae 5 da; d/ Juan Andres ROMERO & Mª de la Crus CORTES, *vecinos
   deste pueblo*; ap/ An^to ROMERO & Mª Teresa URBAN, both dec.; am/ Pablo CORTES &
   Nasarena BLEA; gp/ Fran^co DURAN & Mª An^ta DURAN, *vecinos de San Fernando*.
   (Frames 720-721)

Frame 721
OLONIA, Juan Cristoval   *Rancho*

53

bap 6 Nov 1828, ae 1 da; s/ Jose OLONIA & Mª Teodora VIGIL, *vecinos del Rancho*; ap/ Jose OLONIA, dec., & Mª Margarita ESPINOSA; am/ Ygnacio VIGIL, dec., & Juana MARQUES; gp/ Pedro BUENO & Mª Manuela ROMERO, *vecinos del mismo lugar.*

MONTOYA, Jose Tomas *Arroyo Seco*
bap 8 Nov 1828, ae 8 da; s/ Miguel MONTOYA & Rosalia BALERIO, *vecinos del Arroyo Seco*; ap/ Agustin MONTOYA & Mª Rita ARCHULETA, dec., am/ Martin BALERIO, dec., & Casilda SANDOVAL; gp/ Jose Maria SANCHES & Maria Paula SANCHES, *vecinos del Arroyo Seco.*

CHAVES, Manuel Antonio *Rancho*
bap 14 Nov 1828, ae 8 da; s/ Jose Loreto CHAVES & Mª Gabriela ESPINOSA, *vecinos del varrio de San Franco del Rancho*; ap/ Juan Manuel CHAVES & Mª Serafina CHACON, both dec.; am/ Vicente ESPINOSA, dec., & Mª de la Lus ROMERO; gp/ Juan Domingo GONSALES & Juana Gertrudis LUJAN, *vecinos del mismo lugar del Rancho.* (Frames 721-722)

Frame 722
PADIA, Mª Antª *Ranchito*
bap 14 Nov 1828, ae 3 da; d/ Balentin PADIA & Mª de Jesus MADRIL, *vecinos del Ranchito de San Franco*; ap/ Jose PADIA, dec., & Mª Gertrudis GARCIA; am/ Jose MADRIL, dec., & Mª Prudencia JARAMIO; gp/ Juan Anto MARTIN & Mª Ysabel SANCHES, *vecinos de San Fernando.*

ROMERO, Miguel Antonio (Manuel Anto in margin) *Rancho*
bap 16 Nov 1828, ae 4 da; s/ Jose Ygnacio ROMERO & Mª Ysidora PACHECO, *veˢ del Rancho*; ap/ Mª de Lus ROMERO & unknown *abuelo*; am/ Franco PACHECO, dec, & Mª Luisa VEGIL; gp/ Felipe MESTAS & Mª Franca GARCIA, *vesinos del mismo lugar.*

SANDOVAL, Manuel Antonio *Arroyo Ondo*
bap 17 Nov 1828, ae 8 da; s/ Juan Anto SANDOVAL & Mª Dolores ARCHULETA, *vecinos del Arroyo Ondo*; ap/ Franco SANDOBAL & Mª Ygnacia CHAVES, dec.; am/ Damian ARCHULETA & Maria Micaela SALASAR; gp/ Manuel ARCHULETA & Mª Pascuala ROMERO, *vecinos del mismo lugar.*

Frame 723
CRUS, Juan Felipe *Arroyo Seco*
bap 19 Nov 1828, ae 6 da; s/ Domingo de Jesus CRUS & Mª Venita SANCHES, *vecinos del Arroyo Seco*; ap/ Juan Jose de la CRUS & Mª Casilda FRESQUES, both dec.; am/ Mª Rita SANCHES (only); gp/ Jose Victor SANCHES & Mª Dolores SANCHES, *vecinos del Arroyo Seco.*

CORTES, Maria Candelaria *San Fernando*
bap 22 Nov 1828, ae 1 da; nat. d/ Maria Franca CORTES, *soltera, vecina de San Fernando*, & unnamed father; am/ Tomas CORTES & Mª Varbara CHAVES; gm/ Mª Ygnes CHAVES, *vecina del mismo barrio.*

CAMBEL, Mª Peregrina *S. Fernando*
bap 22 Nov 1828, ae 3 da; d/ Ricardo CAMBEL & Mª Rosa GRIGALDOS, *vecinos de San Fernando*; ap/ Juan CAMBEL & Nasarena SHIRCUY; am/ Marcelino GRIJALVA (sic) & Mª Petra del BALLE; gp/ Pedro VIGIL & Mª Josefa LUCERO, *vesinos de San Fernando.*

Frame 724
DURAN, Mª Andrea *Arroyo Ondo*
bap 29 Nov 1828, ae 2 da; d/ Pedro DURAN & Mª Estafana SEGURA, *vecinos del Arroyo Ondo*; ap/ Juan Gabriel DURAN & Tomasa GARCIA; am/ Jose Manuel SEGURA,

dec., & Mª Josefa TRUGILLO; gp/ Juan Jose MONTOYA & Mª Candelaria ESQUIVEL, *vecinos de San Franco del Ranchito.*

MEDINA, Franco Andres   *Fernandes*
    bap 30 Nov 1828, ae 3 da; s/ Domingo MEDINA & Maria Pascuala BLEA, *vecinos del varrio de San Fernandes*; ap/ Felipe MEDINA & Guadalupe QUINTANA; am/ Anto BLEA, dec., & Maria Catarina MARTIN; gp/ Franco CORTES & Actanasia ARMENTA, *vecinos de San Fernandos.*

LUCERO, Mª Dolores   *Rancho*
    bap 1 Dec 1828, ae 2 da; d/ Pedro Ygnacio LUCERO & Mª Soledad SALASAR, *vecinos de San Franco del Rancho*; ap/ Santiago LUCERO & Maria de la Crus AGUILAR; am/ Pedro SALASAR & Franca MEDINA; gp/ Jose MONDRAGON & Mª Lorensa DURAN, *vecinos del mismo lugar.*

Frame 725
LUCERO, Juan Andres   *Pueblo*
    bap 1 Dec 1828, ae 6 da; s/ Juan Domingo LUCERO & Paula ROMERO, *vecinos naturales deste pueblo*; ap/ Juan Domingo LUCERO & Franca ROMERO; am/ Franco ROMERO & Concepcion REYNA; gp/ Jose Anto BERELA (sic) & Mª Josefa LUCERO, *vecinos dela Purisima Concepcion del Ranchito.*

SANTISTEVAN, Juan Nepomuceno   *Ranchito*
    bap 4 Dec 1828, ae 2 da; s/ Juan Anto SANTISTEVAN & Mª Dolores GONSALES, *vecinos de San Franco del Ranchito*; ap/ Feliciano SANTISTEVAN & Mª Rafaela TRUGILLO; am/ Jose Anto GONSALES & Mª Anta ARAGON; gp/ Anto de Jesus SALASAR & Mª Nicolasa SALASAR, *vecinos del Rancho.*

ATENCIO, Mª Viviana   *Arroyo Ondo*
    bap 4 Dec 1828, ae 4 da; d/ Juan Anto ATENCIO & Mª Viatris GARCIA; ap/ Juan Ygnacio ATENCIO & Maria Manuela ARCHULETA, dec.; am/ Patricio GARCIA & Mª Ygnacia MASCAREÑAS; gp/ Franco QUINTANA & Mª Teresa LEON, *vecinos todos del Arroyo Ondo.*

Frame 726
GONSALES, Miguel Anto   *Rancho*
    bap 5 Dec 1828, ae 6 da; s/ Matias GONSALES & Mª Manuela ARCHULETA, *vecinos de San Franco del Rancho*; ap/ Jose Anto GONSALES & Mariquita REYNA, both dec.; am/ Manuel ARCHULETA & Gertrudis LEIVA, dec.; gp/ Felipe CRUS & Juana Catarina GONSALES, *vecinos del Rancho.*

CORDOVA, Jose Ygnacio   *Arroyo Ondo*
    bap 7 Dec 1828, ae 6 da; s/ Tomas CORDOVA & Maria Juana AREYANO, *vecinos del Arroyo Ondo*; ap/ Jose Anto CORDOVA, dec., & Juana MARTIN; am/ Ramon ARELLANO (sic) & Anamaria ARMENTA; gp/ Gregorio CORDOVA & Margarita LOVATO, *vecinos de San Fernandes.*

GARCIA, Manuel de Jesus   *Arroyo Ondo*
    bap 8 Dec 1828, ae 6 da; s/ Danislado GARCIA & Mª Encarnacion BLEA, *vecino(s) del Arroyo Ondo*; ap/ Simon GARCIA & Mª Viv(i)ana MARTIN; am/ Anto BLEA & Barvara MONTOYA, both dec.; gp/ Manuel Anto PADIA & Mª Ysabel SISNEROS, *vs del Arroyo Ondo.*

MEDINA, Maria Sencion   *San Fernando*
    bap 11 Dec 1828, ae 4 da; nat. d/ Maria Sencion MEDINA, *vecina de San Fernando*, & unnamed father; am/ Cristoval MEDINA & Juana CORDOBA, dec.; gp/ Gregorio CORDOBA & Mª del Rosario SAIS, *vecinos de San Fernando.* (Frames 726-727)

TAOS BAPTISMS, VOLUME II   1827-1830, AASF #19

Frame 727
MARTIN, Juan Domingo   Pueblo
    bap 12 Dec 1828, ae 5 da; s/ Juan Jose MARTIN, dec., & Mª Dominga LASO; ap/
    Jose Manuel MARTIN & Josefa REYNA; am/ Matias LASO & Luisa MARTIN; gp/ Domingo
    MIRAVAL & Micaela SUASO, *vecinos deste pueblo*.

VIGIL, Manuel Anto   Rancho
    bap 12 Dec 1828, ae 3 da; nat. s/ Mª Soledad VIGIL, *vecina del varrio de San
    Franco del Rancho*, & unnamed father; am/ Manuel VIGIL & Maria PADIA, dec.; gp/
    Jose Anto ARAGON & Petrona ROJO, *vecinos del Rancho*.

MAES, Damacio Guadalupe
    bap 13 Dec 1828, ae 2 da; s/ San Juan MAES & Margarita MARTIN, *vecinos de S.
    Fernando*; ap/ Domingo MAES & Juana Mª MARTIN; am/ Ramon MARTIN & Paula MARTIN;
    gp/ Leonicio BRITO & Rita MOYA, *vecinos de San Frersnando* (sic).

Frame 728
YARAT, Jose Franco   S. Fernando
    bap 14 Dec 1828, ae 4 da; s/ Bautista YARAT (Origins, p. 437, same) & Mª de la
    Lus SERVE, *vecinos de S. Fernando*; ap/ Franco YARAT & Margarita EVERO; am/ Jose
    SERVE, (Origins, p. 393, SERVÉ) dec., & Mª Ysabel CASADOS; gp/ Franco GONSALES
    & Mª Magdalena GONSALES, *vecinos de S. Fernando*.

CHAVES, Mª Guadalupe   Rancho
    bap 14 Dec 1828, ae 3 da; d/ Gabriel CHAVES & Mª Encarnacion ROMERO, *vecinos
    de San Fernando*; ap/ Vicente CHAVES & Mª Gertrudis HURTADO; am/ Jose ROMERO &
    Maria Antª MONTOYA; gp/ Jose SANDOVAL & Mª Rafaela BALLEJOS, *vecinos de San
    Fernando*.

LOMA, Jose Gabriel   Pueblo
    bap 14 Dec 1828, ae 6 da; s/ Juan Anto LOMA & Soledad MARQUES; ap/ Miguel LOMA,
    dec., & Lucia GOMES; am/ Franco MARQUES & Mª Rosa CACUGE; gp/ Jose Gabriel
    SAMORA & Mª Sencion LOMA, *vecinos naturales todos los d^{hos} deste pueblo*.

Frame 729
VIGIL, Mª Alvina   Rancho
    bap 18 Dec 1828, ae 3 da; d/ Anto VIGIL & Mª Rosa ROMERO; ap/ Juan de Jesus
    VIGIL & Mª Rosa DURAN; am/ Concepcion ROMERO & Mª Rosa QUINTANA, both dec.; gp/
    Jose de la Crus (VA)LDES (blot) & Mª Manuela SALASAR, *vecinos todos de S.* (sic)
    Rancho.

TRUGILLO, Jose Tomas   Rancho
    bap 22 Dec 1828, ae 3 da; s/ Juan TRUGILLO & Manuela CRUS; ap/ Juan Anto
    TRUGILLO & Juana Antª BUENO, both dec.; am/ Alejo CRUS, dec., & Guadalupe
    DURAN; gp/ Franco PACHECO & Mª Dolores BARERA (sic), *vecinos todos del varrio
    de S. Franco*.

DURAN, Jose Tomas   Arroyo Ondo
    bap 25 Dec 1828, ae 3 da; s/ Jose Franco DURAN & Maria Teodora BARELA; ap/ Juan
    Cristoval DURAN & Maria Josefa MARTIN; am/ Juan Ysidro BARELA & Maria Juana
    MARTIN; gp/ Felipe de Jesus ESPINOSA & Maria Teodora de la Cruz DURAN, *vecinos
    del Arroyo Seco*.

MONTOYA, Mª Juana Evangelista   S. Fernando
    bap 30 Dec 1828, ae 3 da; d/ Juan Manuel MONTOYA & Mª Dolores SEDILLO, *vecinos
    de San Fernando*; ap/ Jose MONTOYA & Gertrudis SERNA, both dec.; am/ Simon
    SEDILLO & Gertrudis MORA; gp/ Jose (To)mas LOVATO & Mª Dolores LOVATO, *vecinos
    de S. Fernando*. (Frames 729-730)

Frame 730
CORDOBA, Juan Domingo   *Pueblo*
    bap 30 Dec 1828, ae 3 da; nat. s/ Mª de la Lus CORDOBA, *vecina, natural deste
    pueblo*, & unnamed father; am/ Jose CORDOBA & Mª Soledad ROMERO; gp/ Estevan
    TRUGILLO & Mariana TAFOYA, *vecinos de San Fernando*.

LUCERO, Maria Manuela   *Rancho*
    bap 31 Dec 1828, ae 3 da; d/ Pedro Jose LUCERO & Mª Gertrudis DURAN, *vecinos
    del vº de S. Franco*; ap/ Juan LUCERO & Mª Manuela AGUILAR, both dec.; am/ Pedro
    Ygnacio DURAN & Antª Gertrudis SANCHES, dec.; gp/ Jose Franco DURAN & Mª Josefa
    MARTINES, *vecinos del Rancho*.

QUINTANA, Mª Sicilia   *Arroyo Ondo*
    bap 31 Dec 1828, ae 4 da; d/ Salvador QUINTANA & Mª de la Lus GONSALES, *vecinos
    del Arroyo Ondo*; ap/ Juan QUINTANA & Mª Valvaneda ROMERO; am/ Juan Antº GONSALES
    & Varbara FERNANDES, both dec.; gp/ Juan Cristoval GONSALES & Mª Simona
    TRUGILLO, *vecinos de San Franco del Ranchito*.

Frame 731
                                Año de 1829
VIGIL, Maria Manuela   *Rancho*
    bap 1 Jan 1829, ae 2 da; d/ Jose Rodrigo VIGIL & Maria Rosalia MARTINES,
    vecinos del varrio de San Franco del Rancho; ap/ Gabriel VIGIL & Anamaria
    LUCERO, both dec.; am/ Antº MARTINES & Maria SANCHES, both dec.; gp/ Carlos
    Ypolito BEAUBIAN & Maria Paula LOVATO, *vecinos del varrion de San Ferdo*.

DURAN, Jose Bartolo   *Rancho*
    bap 6 Jan 1829, ae 3 da; s/ Pomuceno DURAN & Mª de la Lus SANCHES, *vecinos del
    Rancho*; ap/ Manuel DURAN & Geralda MASCAREÑAS; am/ Felipe SANCHES & Juana Mª
    MARTIN; gp/ Juan de la Crus VIGIL & Mª Ysidora VIGIL, *vecnˢ del Rancho*.

MARTIN, Mª de los Reyes   *Rancho*
    bap 7 Jan 1829, ae 3 da; d/ Antº MARTIN & Mª Dolores BRITO, *vecinos del Rancho*;
    ap/ Mª Concepcion MARTIN (only); am/ Miguel Antº BRITO & Mª Ygnacia BARELA; gp/
    Antº GARCIA & Mª Rita BACA, *vecinos del varrio de S. Franco*.

ROMERO, Juan Bautista   *Ranchito*
    bap 10 Jan 1829, ae 2 da; s/ Antº ROMERO & Mª de la Lus ABILA, *vˢ del Ranchito
    de S. Franco*; ap/ Dimas ROMERO & Pa(s)cuala JARAMILLO, dec.; am/ Manuel ABILA
    & Mª NARANJO, both dec.; gp/ Pascual PADILLA & Mª Gertrudis GARCIA, *veˢ del
    Arroyo Ondo*. (Frames 731-732)

Frame 732
BARGAS, Mª Rufina   *Rancho*
    bap 11 Jan 1829, ae 6 da; d/ Rumaldo BARGAS & Juana Mª LOVATO, *vecinos del
    Rancho*; ap/ Maurilo BARGAS & Mª Nicomeda FERNANDES; am/ Juan LOVATO & Mª
    Ygnacia SANCHES; gp/ Miguel GARCIA & Margarita LUCERO, *vecinos del Rancho*.

MARTIN, Juan Julian   *Rancho*
    bap 11 Jan 1829, ae 4 da; s/ Jose Manuel MARTIN & Juana Mª ARAGON, *vecinos del
    vᵈ de S. Franco*; ap/ Franco MARTIN & Mª Tomasa SANCHES; am/ Lorenso ARAGON & Mª
    Dolores CHAVES; gp/ Jose Mariano FERNANDES & Mª Ascencion LUCERO, *vecinos del
    Rancho*.

TRUGILLO, Jose Pablo   *Rancho*
    bap 15 Jan 1829, ae 2 da; s/ Jose Pedro Antº TRUGILLO & Mª CORDOBA, *vecinos del
    varrio de San Franco del Rancho*; ap/ Juan Jose TRUGILLO, dec., & Manuela

ESPINOSA; am/ Juan CORDOBA (only); gp/ Miguel An^to CHAVES & Mª Josefa MESTA, *vecinos de la Purisima Concepcion.* (Frames 732-733)

Frame 733
PADILLA, Maria Rita   Arroyo Ondo
 bap 18 Jan 1829, ae 3 da; d/ Fran^co PADILLA & Mª Catarina GALLEGOS; ap/ Salvador PADILLA & Josefa MARTIN; am/ Juan GALLEGOS & Gertrudis MARTIN; gp/ Rafael SISNEROS & Mª de Jesus ESPINOSA, *vecinos del Arroyo Ondo.*

ORTEGA, M^a del Carmel   Rancho
 bap 18 Jan 1829, ae 5 da; d/ Manuel ORTEGA & Mª Gracia FRESQUIS; ap/ Nicolas ORTEGA & M^a del Carmel MARTIN, dec.; am/ Gregorio FRESQUIS & Mª Soledad LOPES; gp/ Ventura LOVATO & Mª Nicolasa TORRES, *vecinos todos del varrio de San Francho (sic).*

GUTIERRES, Jose Bernardo   Rancho
 bap 22 Jan 1829, ae 10 da; s/ Juan Fran^co GUTIERRES & Maria Candelaria MARTINES, *vecinos del (sic) San Fran^co del Rancho;* ap/ Jose Fran^co GUTIERR(ES) & Margarita TRUGILLO; am/ Gerbacio MARTIN (sic), dec., & Juana Josefa CORTES; gp/ Mariano Mateo GOMES & Mª Silveria de Jesus MARTINES, *vecinos de Santo Tomas de Abiquiu.*

Frame 734
CORDOBA, Maria Manuela   Arroyo Seco
 bap 22 Jan 1829, ae 4 da; d/ Fran^co Estevan CORDOBA & M^a del Carmel GOMES, *vecinos del Arroyo Seco;* ap/ An^to Jose CORDOBA, dec., & Mª Casilda AGUILAR; am/ An^to GOMES & Maria Manuela ROMERO, dec.; gp/ Felipe MONDRAGON & Mª Solomé MONDRAGON, *vecinos del Arroyo Seco.*

MEDINA, Juan Nepomuseno   Rancho
 bap 24 Jan 1829, ae 4 da; s/ Geronimo MEDINA & Mª de Jesus FERNANDES, *vecinos del varrio de S. Fran^co del Rancho;* ap/ Juan Nepomuseno MEDINA, dec., & Maria Candelaria VIGIL; am/ Mariano FERNANDES, dec., & Rosa Maria LEIBA; gm/ Juana SALASAR, *vecinos del mismo lugar.*

MEDINA, Maria Antonia   Rancho
 bap 24 Jan 1829, ae 4 da; d/ Ventura MEDINA & Mª Ygnacia MONDRAGON, *vecinos del varrio de S. Fran^co del Rancho;* ap/ Juan Pascual MEDINA & Mª Teresa ESPINOSA; am/ Bartolo MONDRAGON & Mª Regina FRESQUIS; gp/ Fran^co ABILA & Mª Josefa VIGIL, *vecinos del mismo lugar.*

MEDINA, Jose Ygnacio   Rancho
 bap 25 Jan 1829, ae 3 da; s/ Jose Gabriel MEDINA & Mª Dolores GOMES, v^ del Rancho; ap/ Juan de Jesus MEDINA & Mª Candelaria PAIS; am/ Tomas Estevan GOMES & Mª Ygnacia VIGIL; gp/ Faustin TRUGUILLO & Mª Dolores CORDOBA, *vecinos del Rancho.*

Frame 735
VIGIL, Juan Pablo   S. Fernando
 bap 25 Jan 1829, ae 3 da; s/ An^to VIGIL & Maria Manuela CHAVES, *vecinos de S. Fernando;* ap/ Polito VIGIL & Mª de Jesus BALDES; am/ Jose An^to CHAVES & Mª de la Lus MONTAÑO; gp/ Tomas ROMERO & Mª An^ta GARCIA, *vecinos de S. Fernando.*

LOVATO, Mª Tiburcia   S. Fern^do
 bap 25 Jan 1829, ae 3 da; nat. d/ Magdalena LOVATO, *vecina de S. Fernando,* & unnamed father; am/ Juan LOVATO & Mª Margarita CHAVES, dec.; gp/ Ygnacio CORTES & Mª Dolores GABALDON, *vecinos de S. Fernando.*

GARCILLA, Fran^co^ An^to^ *Arroyo Ondo*
  bap 27 Jan 1829, ae 4 da; s/ Gabier GARCILLA & Mª Ysabel RUIBAL, *vecinos del Arroyo Ondo*; ap/ Ramon GARCILLA & Teresa BACA; am/ Jose RUIVAL & Rosalia MAES; gp/ Manuel GARCIA & Trinidad QUINTANA, *vecinos del Arroyo Ondo*.

PADILLA, Juan Jose *S. Fernando*
  bap 29 Jan 1829, ae 2 da; s/ Jose PADILLA & Serafina TRUGILLO; ap/ Santiago PADILLA & Mª Teresa LOVATO, both dec.; am/ Juan Cristoval TRUGILLO & Mª Soledad SALASAR; gp/ Fernando TRUGILLO & Mª Refugio TRUGILLO, *vecinos todos de S. Fernando*.

Frame 736
SANCHES, Maria Hipolita *S. Fern^do^*
  bap 1 Feb 1829, ae 7 da; nat. d/ Mª Gertrudis SANCHES, *vecina de S. Fernando*, & unnamed father; am/ Miguel SANCHES & Paula LOVATO, dec.; gp/ Jesus ARCHULETA & Marselina CASADOS, *vecinos de S. Fernando*.

CRUS, Mª Candelaria *Rancho*
  bap 2 Feb 1829, ae 3 da; d/ Jose Fran^co^ CRUS & Mª Josefa ESPINOSA, *vecinos del Rancho*; ap/ Vicente CRUS & Mª Rosa ESPINOSA, both dec.; am/ An^to^ Jose ESPINOSA, dec., & Mª Guadalupe MEDINA; gp/ Juan An^to^ REL & Mª Candelaria ESPINOSA, *v^s^ del Rancho*.

GARCIA, Blas de Jesus *Rancho*
  bap 3 Feb 1829, ae 2 da; s/ Deciderio GARCIA & Maria Manuela MARTIN, *vecinos de S. Fran^co^ del Rancho*; ap/ Marcia (n.s.), dec., (only); am/ Juan MARTIN, dec., & Mª Catarina CORDOBA; gp/ Pablo GARCIA & Mª Encarnacion VIGIL, *vecinos del Rancho*.

DURAN, Mª Paula *Pueblo*
  bap 3 Feb 1829, ae 5 da; d/ Cristobal DURAN & Mª Paula RIO, *vecinos deste pueblo*; ap/ Juan An^to^ DURAN & Mª Barbara MARTINES; am/ Juan An^to^ RIO & Magdalena ROMERO; gp/ Rafael DURAN & Mª Encarnacion CORDOBA, *vecinos del Arroyo Seco*. (Frames 736-737)

Frame 737
MARTINES, Mª Peregrina *Arroyo Seco*
  bap 3 Feb 1829, ae 2 da; d/ Juan An^to^ MARTINES & Mª Gertrudis SANCHES, *vecinos del Arroyo Seco*; ap/ Juan An^to^ MARTIN (sic), dec., & Mª Paula SERDA; am/ Mariano SANCHES & Mª Rosario MARTIN, dec.; gp/ Jose Mª ALARID & Mª Josefa SALASAR, *vecinos del Arroyo Seco*.

ROMERO, Pedro Nolasco *Rancho*
  bap 5 Feb 1829, ae 6 da; nat. s/ Ana Josefa ROMERO, *vecina del Ranchito*, & unnamed father; am/ Domingo ROMERO & Josefa LUJAN; gp/ Juan de la Crus VIGIL & Mª Ysidora VIGIL, *vecinos del Rancho*.

MARTIN, Mª Soledad *Rancho*
  bap 8 Feb 1829, ae 3 da; d/ Juan Ygnacio MARTIN & Mª Casilda MARTIN, *vecinos del Rancho*; ap/ Fran^co^ MARTIN & Mª Tomasa SANCHES; am/ Felipe MARTIN & Mª TRUGILLO who were the gp, *vecinos del Rancho*.

Frame 738
BARGAS, Jose Rumaldo *S. Fernando*
  bap 9 Feb 1829, ae 3 da; s/ Juan BARGAS & Mª Guadalupe SANCHES, *vecinos de San Fernando*; ap/ Estevan BARGAS & Andrea TAFOYA, both dec.; am/ Mariano SANCHES & Juanica CHAVES; gp/ Manuel MARTIN & Mª Ysabel CORTES, *vecinos de S. Fernando*.

TRUGILLO, Mª Desideria Sⁿ Ferᵈᵒ
 bap 11 Feb 1829, ae 2 da; d/ Jose de Jesus TRUGILLO & Mª Dolores GONSALES, vˢ de S. Fernandes; ap/ Antᶜ TRUGILLO & Juana Paula SANCHES, both dec., am/ Jose GONSALES & Mª Dolores BACA; gp/ *el Presbitº Dⁿ Fernando ORTIS*, Chaplain of the Santa Fe Troops, & Mª Refugio TRUGILLO de S. Fernando.

LUJAN, Mª Cerafina Arroyo Ondo
 bap 12 Feb 1829, ae 5 da; d/ Juan Nepomuseno LUJAN & Maria Manuela GARCIA, *vecinos del Arroyo Ondo*; ap/ Pablo LUJAN & Josefa MARTINES, both dec.; am/ Anna Maria GARCIA (only), *paterno carece visib*; gp/ Juan de los Reyes ABILA & Mª Cerafina ABILA, vˢ *del mismo lugar*.

Frame 739
GOMES, Jose Venito S. Fernᵈᵉ
 bap 14 Feb 1829, ae 2 da; s/ Juan de Jesus GOMES & Mª Franᶜᵃ TRUGILLO, *vecinos de San Fernando*; ap/ Nerio GOMES, dec., & Josefa BALDES; am/ Blas TRUGILLO & Mª Manuela SANCHES; gp/ Abran LEDÚ (Origins, p. 423, LEDOUX) & Mª Guadalupe TRUGILLO, *vecinos de San Fernando*.

MARTIN, Mª Estefana S. Fernando
 bap 14 Feb 1829, ae 6 da; d/ Jose Eusevio MARTIN & Mª Dolores MEDINA, *vecinos de S. Fernandos*; ap/ Jose Andres MARTIN & Mª Josefa MARTIN; am/ Antᵒ Jose MEDINA & Mª Manuela ESPINOSA; gp/ Gorgen MONTOYA & Mª Manuela CORTES, *vecinos de S. Fernando*.

CORTES, Juan Ygnacio Rancho
 bap 15 Feb 1829, ae 5 da; s/ Paulin CORTES & Mª Concepcion MARTIN, *vecinos del Rancho*; ap/ Gerbacio MARTIN (sic) & Ana Mª CHAVES, both dec.; am/ Manuel CORTES (sic), dec., & Mª Antª MARTIN; gp/ Jose Mª CORTES & Mª Magdalena VRITO, *vecinos de S. Fernando*. (No mention of twins).

CORTES, Mª Rafaela Rancho
 bap 15 Feb 1829, ae 5 da; d/ Paulin CORTES & Mª Concepcion MARTIN, *vecinos del Rancho*; ap/ Manuel CORTES, dec., & Mª Antª MARTIN; am/ Gerbacio MARTIN & Ana Mª CHAVES, both dec.; gp/ Jose Maria CORTES & Mª Magdalena VRITO, *vecinos de S. Fernando*. (No mention of twins).

ROMERO, Jose Giyermo (sic) Rancho
 bap 15 Feb 1829, ae 5 da; s/ Antᵒ ROMERO & Rumalda RUIBALI, *vecinos del Rancho*; ap/ Mariano ROMERO & Mª Franᶜᵃ ARMENTA; am/ Juan Antᵒ RUIBALI & Mª Juliana MAES; gp/ Pablo MARTIN & Soledad LUCERO, *vecinos del Ranchito*.
Frames (739-740)

Frame 740
GABALDON, Mª Antª Gertrudis Arroyo Ondo
 bap 15 Feb 1829, ae 6 da; d/ Jose Manuel GABALDON & Mª Asusana MARTIN, *vecinos del Arroyo Ondo*; ap/ Felis GABALDON & Mª Guadalupe TRUGILLO; am/ Manˡ Ramos MARTIN & Mª Manuela SANDOVAL; gp/ Juan Nepomuseno ARELLANO & Mª Luisa SISNEROS, vˢ *del Arroyo Ondo*.

LUCERO, Jose Balentin Rancho
 bap 16 Feb 1829, ae 3 da; s/ Manuel LUCERO & Maria Leogarda SANDOVAL, *vecinos de San Franᶜᵒ del Rancho*; ap/ Bernardo LUCERO & Maria Tomasa MARTIN; am/ Franᶜᵒ Maria SANDOVAL & Mariana TAFOYA; gp/ Diego Antª SANDOVAL & Maria Esidora TAFUYA (sic), vecˢ *de San Ferna(n)des*.

LOVATO, Jose Rafael Rancho
 bap 17 Feb 1829, ae 5 da; s/ Augustin LOVATO & Mª Manuela AGUILAR, *vecinos de S. Franᶜᵒ del Ranchito*; ap/ Ysidro LOVATO & Joaquina MARTIN; am/ Antᵒ AGUILAR

& Juana CORDOBA; gp/ An⁺ᵒ Jose GARCIA & Mᵃ Paula VIALPANDO, *vecinos de la Purisima Concepcion del Ranchito.*

Frame 741
MADRIL, Mᵃ Marcelina   *Ranchito*
    bap 17 Feb 1829, ae 4 da; d/ Cristoval MADRIL & Mᵃ Manuela PADIA, *vecinos del Ranchito de S. Franᶜᵒ*; ap/ Juanico MADRIL & Mᵃ Prudencia JARAMILLO; am/ Pedro PADIA & Mᵃ Lucia CHAVES; gp/ Juan Ygnacio CORTES & Mᵃ de la Lus GONSALES, *vecinos de S. Fernando.*

ARCHULETA, Juan de Jesus   *Purisima*
    bap 18 Feb 1829, ae 1 da; s/ Jose Pablo ARCHULETA & Mᵃ Guadalupe BEITA, *vecinos de la Purisima Concepcion del Ranchito*; ap/ Julian ARCHULETA & Ana Mᵃ BALDES; am/ Jose An⁺ᵒ BEITA & Josefa SANCHES; gp/ Jose Franᶜᵒ ARCHULETA & Mᵃ An⁺ᵃ BIALPANDO, *vecinos del mismo lugar.*

BLEA, Mᵃ Marcelina   *S. Fernando*
    bap 19 Feb 1829, ae 5 da; nat. d/ Mᵃ Rosario BLEA, *vecina de San Fernando*, & unnamed father; am/ Jose Joaquin BLEA & Mᵃ Ygnacia CHAVES, both dec.; gp/ An⁺ᵒ TOLEDO & Mᵃ Rita MOYA, *vecinos de S. Fernando.*

VALDES (patron), Mᵃ Guadalupe   *S. Fernando*
    bap 20 Feb 1829, ae 4 yr; d/ *Tribu Lluta* from which she was ransomed, in the house of Franᶜᵒ VALDES & Mᵃ Rafaela BARELA, *vecina de S. Fernando*, & who were the gp.

Frame 742
MARTIN, Maria Ygnacia   *Rancho*
    bap 22 Feb 1829, ae 3 da; d/ Santos MARTIN & Mᵃ Juana GALVES, *vecinos del varrio de S. Franᶜᵒ del Rancho*; ap/ Juan Pablo MARTIN & Maria Guadalupe CHAVES; am/ Blas GALVES & Mᵃ Juana ESPINOSA; gp/ Guadalupe GONSALES & Mᵃ Ygnacia GONSALES, *vecinos del mismo lugar.*

TRUGILLO, Juana Maria   *Rancho*
    bap 22 Feb 1829, ae 4 da; d/ Luis TRUGILLO & Mᵃ Dolores DURAN, *vecinos del varrio de S. Franᶜᵒ del Rancho*; ap/ Bicente TRUGILLO & Guadalupe CRUS, both dec.; am/ Franᶜᵒ DURAN & Juana SANDOVAL; gp/ Franᶜᵒ DURAN & Mᵃ Juliana CRUS, *vecinos del mismo lugar.*

ROMERO, Mᵃ Soledad   *Rancho*
    bap 22 Feb 1829, ae 6 da; d/ Juan ROMERO & Candelaria QUINTANA, *vecinos de S. Franᶜᵒ del Rancho*; ap/ An⁺ᵒ Domingo ROMERO & Mᵃ Josefa COCA; am/ Juan QUINTANA & Mᵃ Balbaneda ROMERO; gp/ Victor MARTIN & Mᵃ Dolores DURAN, *vecinos del mismo lugar.*

SANDOVAL, Jose Miguel de Jesus   *Rancho*
    bap 23 Feb 1829, ae 4 da; s/ Manuel SANDOVAL & Mᵃ Venita MARTIN, *vecinos de S. Fernando*; ap/ Alonso SANDOVAL & Mᵃ Rita ROMERO; am/ Juan MARTIN, dec., & Mᵃ Paula SANGIL; gp/ Juan Ygnacio CORTES & Mᵃ Marcelina CASADOS, *vecinos de S. Fernando.*

Frame 743
MARTIN, Mᵃ Guadalupe   *Arroyo Ondo*
    bap 23 Feb 1829, ae 6 da; d/ Pedro MARTIN, dec., & Ana Maria GARCIA, *vecinos del Arroyo Ondo*; ap/ Joaquin MARTIN & Mᵃ Candelaria CHAVES; am/ Jose GARCIA, dec., & An⁺ᵃ MARTIN; gp/ Juan Jose MONTOYA & Mᵃ Estefana SEGURA, *vecinos del Ranchito de S. Franᶜᵒ.*

MONDRAGON, Maria Luteria   Rancho
   bap 24 Feb 1829, ae 3 da; d/ Juan Pedro MONDRAGON & Mª Serafina MANSANARES, vˢ
   del Rancho; ap/ Mª MONDRAGON (only); am/ Antº MANSANARES & Mª Manˡᵃ ARCHULETA;
   gp/ Jose Tomas LUCERO & Mª Dolores Tanislada BALENCIA, vecinos del Rancho.

BALDES, Mª Josefa   S. Fernando
   *bap 02 Feb 1829, ae 7 da; d/ Juan BALDES & Mª Dolores TRUGILLO, vecinos de S.
   Fernando; ap/ Francº BALDES & Mª Rafaela BARELA; am/ Blas TRUGILLO & Mª Manuela
   SANCHES; gp/ Fernando TRUGILLO & Mª del Refugio TRUGILLO, vecinos de S.
   Fernando.

ARCHULETA, Matias de Jesus   Rancho
   bap 3 Mch 1829, ae 8 da; s/ Pedro Asencio ARCHULETA & Mª de la Crus BASQUES,
   vecinos del Rancho; ap/ Ramon ARCHULETA & Francª OLIVAS; am/ Antº BASQUES &
   Maria ARAGON; gp/ Juan TRUGILLO & Mª Catarina CORDOBA, vecinos del Rancho.

Frame 744
MARTIN, Mª Rufina   Rancho
   bap 3 Mch 1829, ae 5 da; d/ Ygnacio MARTIN & Dolores LOVATO, vecinos del
   Rancho; ap/ Juan Pablo MARTIN & Guadalupe SALASAR; am/ Rafael LOVATO & Mª de
   la Lus ESPINOSA; gp/ Felipe Nerio MAES & Mª del Refugio PACHECO, vecinos del
   Rancho.

COCA, Juan Bautista   Rancho
   bap 3 Mch 1829, ae 2 da; s/ Tomas COCA & Lorensa SANDOVAL, vecinos del Rancho;
   ap/ Miguel COCA & Mª ROMERO, both dec.; am/ Matias SANDOVAL, dec., & Mª Ygnacia
   BUENO; gp/ Jose MONDRAGON & Mª Lorensa DURAN, vˢ del Rancho.

SILVA, Jose Domingo   S. Fernando
   bap 3 Mch 1829, ae 4 da; s/ Jose Mª SILVA & Mª del Carmel SAIS, vecinos de S.
   Fernando; ap/ Santiago SILVA & Juana Encarnacion BELASQUES; am/ Simon SAIS &
   Margarita LOVATO; gp/ Gorge ANDRES (Origins, p. 405, ANDRÉS) & Mª de la Lus
   HURTADO, vecinos de S. Francº del Rancho.

CORDOBA, Juana Mª Luvina   Arroyo Seco
   bap 3 Mch 1829, ae 8 da; d/ Miguel CORDOBA & Mª Catarina GALLEGO, vˢ del Arroyo
   Seco; ap/ Manuel CORDOBA & Guadalupe SERDA; am/ Juan GALLEGO & Mª Concepcion
   MARTINES; gp/ Jose Antº MEDINA & Mª Benita MARTINES, vecinos del Arroyo Seco.

Frame 745
ARGUELLO, Jose Matias   Arroyo Seco
   bap 3 Mch 1829, ae 8 da; s/ Francº ARGUELLO & Mª de la Lus MEDINA, vecinos del
   Arrollo Seco; ap/ Jose ARGUELLO & Maria de la Luz LUCERO; am/ Antº Jose MEDINA
   & Maria Manuela ESPINOSA; gp/ Antº Jose ESPINOSA & Maria Soledad MARTIN
   (written over), vesinos del Arroyo Seco.

MARTIN, Jose Romano   (Jose Ramon in margin)   Arroyo Seco
   bap 3 Mch 1829, ae 5 da; s/ Juan Julian MARTIN & Mª Guadalupe VIGIL, vesinos
   del Arroyo Seco; ap/ Ygnacio MARTIN & Maria Paula SALASAR, dec.; am/ Pedro
   VIGIL & Mª Josefa QUINTANA; gp/ Antº GOMES & Maria Rosa MARTIN, vecinos del
   Arroyo Ondo.

MADRIL, Jose Francº   S. Fernᵈº
   bap 3 Mch 1829, ae 6 da; s/ Miguel MADRIL & Juana Mª SENA, vecinos de S.
   Fernando; ap/ Tomas MADRIL & Victoria GARCIA, both dec.; am/ Miguel SENA & Mª
   LUCERO; gp/ Manuel MONTOYA & Mª Clara TAFOYA, vecinos de S. Fernando.

CHAVES, Anto Domingo *Arroyo Ondo*
  bap 4 Mch 1829, ae 4 da; s/ San Juan CHAVES & Maria Manuela ABILA; ap/ Juan Anto CHAVES & Mª Anta MARTIN; am/ Juan de Jesus ABILA & Mª Anta PACHECO; gp/ Simon GARCIA & Rafaela MARTIN, *vecinos todos del Arroyo Ondo*.

TAFOYA, Teresa de Jesus (Mª Teresa de Jesus in margin) S. Ferdo
  bap 4 Mch 1829, ae 3 da; d/ Miguel TAFOYA & Patricia MARTIN, *vecinos de S. Fernandos*; ap/ Juan Andres TAFOYA & Mª Soledad CANDELARIO; am/ Anto MARTIN & Mª MARTINES; gp/ Franco GONSALES & Mª Joaquina TAFOYA, *vs de S. Fernando*. (Frames 745-746)

Frame 746
TAFOYA, Maria de la Lus *Rancho*
  bap 5 Mch 1829, ae 4 da; nat. d/ Mª Paula TAFOYA, *vecinos del varrio de S. Franco del Rancho*, & unnamed father; am/ Romano TAFOYA & Anta Rosalia DURAN; gp/ Juan Nepomuseno DURAN & Mª de la Lus SANCHES, *vecinos del mismo lugar*.

RAEL, Mª Josefa *Rancho*
  bap 5 Mch 1829, ae 6 da; d/ Anto RAEL & Candelaria ESPINOSA, *vecinos de S. Franco del Rancho*; ap/ Andres RAEL & Mª Niculasa (sic) CRUS; am/ Felipe ESPINOSA & Mª Cristerna PACHECO; gp/ Juan ARCHULETA & Juana Josefa MARTIN, *vecinos del Rancho*.

BARELA, Juan Domingo S. Ferndo
  bap 6 Mch 1829, ae 6 da; s/ Jose Franco BARELA & Mª Dolores SANDOVAL, *vs de S. Fernando*; ap/ Cristoval BARELA & Teresa SANGIL; am/ Alonso SANDOVAL, dec., & Rita ROMERO; gp/ Manuel CRUS & Mª Juliana MARTIN, *ves de S. Fernando*.

LOPES, Jose Tomas *Purisima*
  bap 7 Mch 1829, ae 1 da; s/ Anto LOPES & Mª Dolores VIGIL, *vecinos de la Purisima Concepcion*; ap/ Jose LOPES, dec., & Juan(a) RODRIGES; am/ Miguel VIGIL & Mª Encarnacion LOVATO; gp/ Jose Manuel SANCHES & Mª Anta RUIBERA, *vecinos del mismo lugar*.

Frame 747
ROMERO, Jose Casimir S. Ferndo
  bap 7 Mch 1829, ae 5 da; s/ Juan Anto ROMERO & Luciana LOVATO, *vecinos de S. Fernando*; ap/ Juan del Carmel ROMERO & Nasarena LUCERO; am/ Juan LOVATO & Margarita CHAVES; gp/ Franco BALDES & Maria Paula MES, *vecinos de S. Fernando*.

ESPINOSA, Mª Victoria *Rancho*
  bap 8 Mch 1829, ae 3 da; d/ Santiago ESPINOSA & Mª Manuela MARTIN, *vs del Rancho*; ap/ Vicente ESPINOSA, dec., & Mª de la Lus ROMERO; am/ Jose Anto MARTIN & Mª Felipa SERDA; gp/ Jose Bernardo VIGIL & Mª Josefa LOVATO, *vs del Rancho*.

GRIEGO, Jose Desiderio *Rancho*
  bap 8 Mch 1829, ae 6 da; s/ Blas GRIEGO & Mª Encarnacion MES; ap/ Blas GRIEGO & Mª Rosa GALLEG(O); am/ Victoriano MES & Mª Micaela LUCERO; gp/ Juan CORDOVA & Mª de Jesus FERNANDES, *vs todos del Rancho*.

LOVATO, Maria Anta *Purisima*
  bap 15 Mch 1829, ae 6 da; d/ Franco Xabier LOVATO & Mª Anta BEITA, *vecinos de la Purisima Concepcion*; ap/ Anto LOVATO, dec., & Mª CHAVES; am/ Jose Anto BEITA & Mª Josefa SANCHES; gp/ Jose Anto MARTIN & Barbara TRUGILLO, *vs del mismo lugar*.

DURAN, Mª Candelaria	Rancho
  bap 16 Mch 1829, ae 7 da; d/ Domingo DURAN & Mª Soledad LOVATO; ap/ Ygnacio DURAN & An^ta SANCHES, dec.; am/ Salvador LOVATO & Mª Candelaria CORDOBA; gp/ Jose MEDINA & Mª Encarnacion MONTOYA, v^s todos del Rancho.

Frame 748
TAFOYA, Mª Serafina	Arroyo Seco
  bap 17 Mch 1829, ae 3 da; d/ Martin TAFOYA & Mª Candelaria DURAN, ve^s del Arroyo Seco; ap/ Jose TAFOYA & Mª An^ta MONTOYA, both dec.; am/ Juan DURAN & Mª Candelaria MONDRAGON; gp/ Fran^co MEDINA & Mª Polonia MEDINA, ve^s del Arroyo Seco.

ROMERO, Juan de Dios	Arroyo Ondo
  bap 16 Mch 1829, ae 9 da; s/ Juan Fran^co ROMERO & Juana MEDINA, v^s del Arroyo Ondo; ap/ Miguel ROMERO & Mª An^ta CORDOBA; am/ Ysidro MEDINA & Mª Teresa TAFOYA; gp/ Juan Cristoval SANCHES & Josefa PADIA, v^s del Arroyo Ondo.

TRUGILLO, Mª An^ta	Arroyo Ondo
  bap 16 Mch 1829, ae 8 da; d/ Juan TRUGILLO & Mª Ygnacia SANDOVAL, v^s del Arroyo Ondo; ap/ Jose An^to TRUGILLO & Melchora TAFOYA; am/ Ventura SANDOVAL & Mª An^ta GONSALES; gp/ Fran^co TRUGILLO & Mª de la Lus ABILA, v^s del Arroyo Ondo.

TRUIDU, Maria Margarita	Arroyo Ondo
  bap 16 Mch 1829, ae 5 da; d/ Juan Bautista TRUIDU (Origins, p. 435, TRIDEAU) & Maria Guadalupe GORDOVA (sic), vecinos del Arroyo Ondo; ap/ Lorenso CORDOVA (sic) & Mª Margarita MARTIN; am/ Bautista TRUIDU (sic) & Maria Magdalena (n.s.) from France; gp/ Vrijido GONSALES & Maria An^ta CORDOVA, visinos del Arroyo Ondo.

MEDINA, Maria del Refugio
  bap 17 Mch 1829, ae 11 da; d/ Concepcion MEDINA & Maria Fran^ca MONTES; ap/ Juan Pascual MEDINA & Mª Teresa ESPINOSO; am/ An^to MONTES & Mª Ygnes MARTINES, dec.; gp/ Diego ARCHULETA & Mª de la Luz QUINTANA, todos v^s del Arroyo Ondo, varrio de la S^a de los Dolores. (Frames 748-749)

Frame 749
LUCERO, Mª Jasinta	Arroyo Seco
  bap 18 Mch 1829, ae 5 da; d/ Jose Fran^co LUCERO & Paula BARELA, v^s del Arroyo Seco; ap/ Vicente LUCERO & Marta ATENCIO; am/ Juan Ysidro BARELA & Mª Josefa MARTIN; gp/ Juan Cristoval SANCHES & Mª Josefa PADIA, v^s del Arroyo Ondo.

MARQUES, Miguel An^to	Rancho
  bap 19 Mch 1829, ae 2 da; s/ Rafael MARQUES & Mª de la Crus ORTEGA, v^s del Rancho; ap/ Alejandro MARQUES, dec., & Micaela ATENCIO; am/ Fran^co ORTEGA & Lugarda ARCHULETA, both dec.; gp/ Miguel MONTOYA & Mª Felipa RAMIRES, v^s del Rancho.

CRUS, Jose Mª	S. Fer^do
  bap 21 Mch 1829, ae 3 da; s/ Manuel CRUS & Juliana MARTIN, v^s de S. Fernando; ap/ Mariano CRUS & Dolores VIGIL; am/ Manuel Gregorio MARTIN & Rafaela MEDINA; gp/ Ologio BALDES & Mª Rafaela BARELA. (Frames 749-750)

Frame 750
APODACA, An^to Jose Ologio	Arroyo Ondo
  bap 22 Mch 1829, ae 3 da; s/ Fran^co APODACA & Mª Rosa GOMES, v^s del Arroyo Ondo;

ap/ Santiago APODACA, dec., & Mª Casilda CORDOBA; am/ Anto GOMES & Franca SANCHES; gp/ Juan Pedro SAMORA & Mª Dolores BALBERDE, vˢ de S. Fernando.

TRUGILLO, Juan Eugenio Fernandes
bap 22 Mch 1829, ae 3 da; s/ Anto Jose TRUGILLO & Mª Manuela COCA, vˢ de S. Fernando; ap/ Anto Alejandro TRUGILLO & Mª M(an)uela ARCHULETA; am/ Manuel COCA & Mª Rafaela MARTIN, both dec.; gp/ Juan Domingo TAFOYA & Mª Gertrudis CORDOBA, vˢ del Rancho.

TAFOYA, Maria Anta Paula Rancho
bap 22 Mch 1829, ae 4 da; d/ Benito TAFOYA & Guadalupe MARTINES, vˢ del Rancho; ap/ Santiago MARTIN (sic), dec., & Mª Josefa GARCIA; am/ Blas TAFOYA (sic) & Manuela MEDINA; gp/ Ygnacio GONSALES & Mª Josefa LALANDA, vˢ del Rancho.

MARTIN, Pedro Pueblo
bap 22 Mch 1829, ae 6 da; s/ Santiago MARTIN, dec., & Maria Dolores RIO; ap/ Jose Manl MARTIN & Juana ROMERO; am/ Jose RIO & Lucia MARTIN, both dec.; gp/ Ygnacio SANCHES & Mª de la Lus ROMERO, vˢ todos naturales deste pueblo. (Frames 750-751)

Frame 751
GARCIA, Mª Encarnacion Arroyo Ondo
bap 22 Mch 1829, ae 7 da; d/ Miguel GARCIA & Josefa JARAMILLO, vˢ del Arroyo Ondo; ap/ Juan Jose GARCIA & Mª Anta PADIA; am/ Tomasa JARAMILLO (only); gp/ Juan Jose GARCIA & Mª Gertrudis CRUS, vˢ del Arroyo Ondo.

PADIA, Florentino de Esquipula Arroyo Ondo
bap 22 Mch 1829, ae 9 da; s/ Manuel PADIA & Ysabel SISNEROS; ap/ Salvador PADIA & Mª Josefa MARTIN; am/ Nerio SISNEROS & Mª Teodora MARTINES; gp/ Miguel CHAVES & Mª Micaela CHAVES, vˢ todos del Arroyo Ondo.

TORRES, Mª Josefa Rancho
bap 26 Mch 1829, ae 4 da; d/ Manuel TORRES & Mª Ascencion QUINTANA, vˢ de San Franco del Rancho; ap/ Anto TORRES, dec., & Nicolasa SANDOVAL; am/ Gregorio QUINTANA & Mª Concepcion MARTINES; gp/ Miguel GARCIA & Margarita LUCERO, vˢ del mismo lugar.

Frame 752
CRESPIN, Juan Victoriano S. Fernandes
bap 26 Mch 1829, ae 4 da; s/ Jose CRESPIN & Mª Rosa MONTOYA, vecˢ del varrio de S. Fernandes; ap/ Juan CRISPIN (sic) & Mª Franca CASILLAS, dec.; am/ Jose Rafael MONTOYA, dec., & Mª Luisa ROMERO; gp/ Bernardo LUCERO & Mª Josefa QUINTANA, vˢ del mismo lugar.

MONTOYA, Maria Paula San Fernandes
bap 27 Mch 1829, ae 6 da; d/ Jose Ygnacio MONTOYA & Maria de la Ascencion TRUGILLO, vecinos del varrio de S. Fernandes; ap/ Juan Anto MONTOYA & Maria Dolores PATRÓN; am/ Salvador TRUGILLO & Maria Barbara VIGIL; gp/ Jose Franco TRUGILLO & Marª de la Natividad SANDOVAL, vecinos de San Fernandes.

MARTINES, Maria Soledad Rancho
bap 27 Mch 1829, ae 7 da; d/ Juan Manuel MARTINES & Mª Dolores MARTINES, vecinos de S. Franco del Ranchito; ap/ Pascual MARTINES, dec., & Mª Gertrudis SAMORA; am/ Jose MARTINES & Juan(a) Angela BARGAS, both dec.; gp/ Mariano MARTINES, vecino del mismo lugar, & Mª Ysidora MARTINES, vecina de S. Fernandes.

Frame 753
MEDINA, Juan Bautista   Rancho
   bap 28 Mch 1829, ae 8 da; s/ Ramon MEDINA & Soledad TAFOYA, v^c del var^o de S.
   Fran^{co} del Rancho; ap/ Jose MEDINA & Mª Guadalupe ESPINOSA; am/ Salvador TAFOYA
   & Mª Josefa TRUGILLO; gp/ Carpio SALASAR & Mª Luisa VIGIL, del mismo lugar.

GARCIA, Mª Natividad   (Mª Trinidad in the margin)   S. Fer^{do}
   bap 29 Mch 1829, ae 8 da; d/ Juan An^{to} GARCIA & Mª Dolores GABALDON, v^c de S.
   Fernando; ap/ Juan de Dios GARCIA & Ana Mª FRESQUIS; am/ Felis GABALDON & M^a
   Guadalupe TRUGILLO; gp/ Juan Ygnacio CORTES & Mª de la Lus GONSALES, v^c de S.
   Fernando.

MARTIN, Jose Octaviano   Ranchito
   bap 29 Mch 1829, ae 8 da; s/ Pablo MARTIN & Mª Soledad LUCERO, v^c de S. Fran^{co}
   del Ranchito; ap/ An^{to} Jose MARTIN, dec., & Mª Rita BEITA; am/ Juan de Jesus
   LUCERO & Mª Ygnacia ARAGON; gp/ Juan Bautista QUINTANA & Mª Rosa NARANJO, v^c del
   mismo lugar.

ORTIS, Jose Fran^{co} Pueblo
   bap 29 Mch 1829, ae 6 da; s/ Juan ORTIS & Juana SUASO, v^s del pueblo; ap/ Fran^{co}
   ORTIS & Josefa ROMERO; am/ Simon SUASO & Ygnacia SAMORA; gp/ Miguel MAES & M^a
   Fran^{ca} MARTIN, v^c de S. Fernando.

Frame 754
ABILA, Juan Domingo   Rancho
   bap 29 Mch 1829, ae 4 da; nat. s/ Mª Dolores ABILA, v^a del Rancho, & unnamed
   father; am/ Miguel ABILA & Mª Fran^{ca} ROJO; gp/ Pedro CANOLE & M^a de los Reyes
   DURAN, v^c del Rancho. CANOLE accent E

GERRERO, Mª Fran^{ca} S. Fernando
   bap 29 Mch 1829, ae 3 da; d/ Juan Teodoro GERRERO & Mª MEDINA; ap/ Rafael
   GERRERO & Damislada (sic) MEDINA; ap/ Gregorio MEDINA & Mª Bargara (sic)
   GALLEGOS; gp/ Jose LUCERO & Mª Fran^{ca} LUCERO, v^c todos los d^{hos} de S. Fernando.

GARCIA, Mª de la Lus   Rancho
   bap 2 Apr 1829, ae 5 da; d/ Miguel GARCIA & Mª Margarita LUCERO, v^s del varrio
   de S. Fran^{co} del Rancho; ap/ Jose GARCIA & Beatris SANDOVAL; am/ Bernardo
   LUCERO & Mª Tomasa MARTIN; gp/ Felis URIOSTE & M^a del Carmel SANCHES, v^c del
   mismo lugar.

ROMERO, Jose Manuel Albino   Rancho
   bap 2 Apr 1829, ae 5 da; s/ Jose ROMERO & Mª Viviana FERNANDES; ap/ Concepcion
   ROMERO & Mª Rosa QUINTANA; am/ Juan Domingo FER^{DES} & Fran^{ca} GARCIA; gp/ Jose An^{to}
   GONSALES & Concepcion URIOSTES, v^c todos del Rancho.

Frame 755
SANCHES, Maria Teodora   S. Fern^{do}
   bap 2 Apr 1829, ae 4 da; d/ Jose An^{to} SANCHES & Maria Juliana TRUGILLO, vecinos
   de S. Fernandes; ap/ An^{to} SANCHES & Maria Josefa MARTINES, dec.; am/ Andres
   TRUGILLO, dec., & Mª Guadalupe VALDES; gp/ Ferna(n)do TRUGILLO & Maria del
   Refugio TRUGILLO, vecinos de S. Fernandes.

MESTAS, Juan de Dios   S. Fern^{do}
   bap 4 Apr 1829, ae 8 da; s/ Venito MESTAS & An^{ta} Mª MONTOYA; ap/ Juan MESTAS &
   Micaela HERRERA; am/ Rafael MONTOYA & Luciana CHAVES; gp/ Juan Gabriel MESTAS
   & Mª Marselina CASADOS, v^c todos de S. Fernando.

TABACO, Maria Josefa .... *Rancho*
  bap 5 Apr 1829, ae 6 da; d/ Ylario TABACO (sic) & Mª del Carmel TRUGILLO, v^s del Rancho; ap/ Matias TABACO & Martina LUJAN; am/ Fran^{co} TRUGILLO & Mª An^{ta} TORRES; gp/ Casimir MARTIN & Mª Rafaela MES, v^s de(l) Ranchito. (Frame 755-756)

Frame 756
MEDINA, Juana Ramona .... S. Fernando
  bap 5 Apr 1829, ae 1 da; d/ Jose An^{to} MEDINA & Juana Mª SALASAR, *vecinos de S. Fernando*; ap/ An^{to} MEDINA & Mª Micaela VIGIL; am/ Juan An^{to} SALASAR & Maria Rosa ARCHULETA; gp/ An^{to} Jose TORRES & Mª Rosa SANDOVAL, v^s del varrio de S. Fran^{co} del Rancho.

ALIRE, Juan An^{to} .... S. Fer^{do}
  bap 6 Apr 1829, ae 9 da; s/ Juan Lorenso ALIRE & Mª Felipe (sic) MARTIN, v^s de S. Fernando; ap/ Marcos ALIRE & An^{ta} GARCIA; am/ Gregorio MARTIN & Victoria SANDOVAL; gp/ Juan An^{to} GARCIA & Mª Alvina LUCERO, v^s de la Jurisdicion (de) San Juan.

TAFOYA, Jose Sambran .... *Arroyo Seco*
  bap 6 Apr 1829, ae 3 da; s/ Jose Hipolito de Jesus TAFOYA & Mª Concepcion CHAVES, v^s del Arroyo Seco; ap/ Juan Paulin TAFOYA & Mª Ysabel CORDOBA; am/ An^{to} CHAVES & Mª Barbara SANCHES; gp/ Tomas RUIBERA & M(a)ria del Carmel GONSALES, v^s de S. Fernando.

Frame 757
FLORES, Jose An^{to} .... *Arroyo Seco*
  bap 8 Apr 1829, ae 4 da; s/ Martin FLORES & Mª Gertrudis ROMERO, v^s del Arroyo Seco; ap/ Domingo FLORES & Mª Encarnacion RUIVERA, both dec.; am/ Jose ROMERO & Mª An^{ta} CORTES, both dec.; gp/ Blas CHAVES & Mª Dolores MARTIN, v^s del Arroyo Seco.

GUILLEN, Mª Vicenta .... *Rancho*
  bap 8 Apr 1829, ae 4 da; d/ Lasaro GUILLEN & Mª Guadalupe MEDINA; ap/ Jose GILLEN (sic) & Mª Gertrudis MONTOYA, both dec.; am/ An^{to} Jose MEDINA & Mª Manuela ESPINOSA, dec.; gp/ Jose Mª TRUGILLO & Mª Reyes MEDINA, v^s del Rancho.

BARRERAS, Jose Rafael .... San Fernando
  bap 9 Apr 1829, ae 2 da; s/ Juan Jose BARRERAS & Mª Dolores MUÑIS; ap/ An^{to} BARRERA(S) & Mª Felipa GARBISA, both dec.; am/ Juan MUÑIS & Mª Josefa VIALPANDO; gp/ Gregorio CORDOBA & Mª del Rosario SAIS, v^s todos de San Fernando.

Frame 758
ROMERO, Jose Vicente .... *Rancho*
  bap 9 Apr 1829, ae 5 da; s/ Juan Reyes ROMERO & Maria Manuela ROMERO, v^s del Rancho; ap/ Manuel Jose ROMERO & Juana BARERA, dec.; am/ Jose Maria ROMERO & Mª Rafaela PINEDA; gp/ Fran^{co} TRUGILLO & Mª An^{ta} TORRES, v^s del Rancho.

MEDINA, Vicente Ferel .... *Arroyo Ondo*
  bap 12 Apr 1829, ae 8 da; s/ Nicolas MEDINA & Mª Juana TAFOYA; ap/ Cristoval MEDINA & Mª Juana CORDOBA; am/ Juan TAFOYA & An^{ta} Rosa de HERRERA; gp/ An^{to} MARTIN & Ana Mª ROMERO, v^s todos del Arroyo Ondo.

LAFORE, Jose An^{to} .... *Arroyo Seco*
  bap 12 Apr 1829, ae 8 da; s/ Fran^{co} LAFORE (Origins, p. 421, same) & Mª Dolores ARMENTA, v^s del Arroyo Seco; ap/ Fran^{co} LAFORE & Mª Feliciana CAMBEL; am/ An^{to}

TAOS BAPTISMS, VOLUME II   1827-1830, AASF #19

   Elias ARMENTA & Mª Ysabel SANCHES; gp/ Manuel SANCHES & Mª Paula SANCHES, vˢ del
   Arroyo Seco.

ROMO, Jesus Maria   Rancho
   bap 12 Apr 1829, ae 3 da; s/ Juan de Jesus ROMO & Ana Maria CANDELARIO, vˢ del
   Rancho; ap/ Juan Jose ROMO & Ygnacia VIGIL; am/ Franᶜᵒ CANDELARIO & Juana
   GRIEGO; gp/ Gregorio VIGIL & Mª Rosalia MARTIN, vˢ del Rancho. (Frames 758-
   759)

Frame 759
MAES, Juana Mª   S. Fernᵈᵒ
   bap 13 Apr 1829, ae 2 da; d/ Miguel MAES & Mª Franᶜᵃ MARTIN; ap/ Domingo MAES
   & Ana Mª de HERRERA; am/ Juan MARTIN & Juliana BALLEJOS; gp/ Pedro Antᵒ GALLEGO
   & Mª Ygnacia CORDOBA, vˢ todos de S. Fernando.

ROMERO, Jose Leon   Ranchito
   bap 14 Apr 1829, ae 4 da; s/ Ramon ROMERO & Mª Rosa MARTIN, vˢ de S. Franᶜᵒ del
   Ranchito; ap/ Miguel ROMERO, dec., & Mª Manuela GARCIA; am/ Jesus MARTIN & Mª
   Concepcion CHAVES; gp/ Jose Manuel TORRES & Mª Concepcion QUINTANA, vˢ del
   Rancho.

TRUJEQUE, Mª Dolores   S. Fernᵈᵒ
   bap 14 Apr 1829, ae 5 da; d/ Andres TRUJEQUE & Juana APODACA, vˢ de S.
   Fernando; ap/ Jacinto TRUJEQUE & Juliana BERNAL; am/ Franᶜᵃ APODACA (only); gp/
   Juan de Jesus AGUILAR & Mª Sencion AGUILAR, vˢ del mismo lugar.

Frame 760
SALASAR, Mª Dolores   S. Ferᵈᵒ
   bap 14 Apr 1829, ae 3 da; nat. d/ Mª Dolores SALASAR, vˢ de S. Fernando, &
   unnamed father; am/ Manuel SALASAR & Ana Mª MOYA; gp/ Jose Luterio RUIBAL & Mª
   Viatris RUIBAL, vˢ de S. Fernando.

APODACA, Juan Franᶜᵒ   S. Ferᵈᵒ
   bap 15 Apr 1829, ae 7 da; s/ Jose Franᶜᵒ APODACA & Mª Manuela CHAVES, vˢ de S.
   Fernando; ap/ Antᵒ Jose APODACA & Margarita LOVATO; am/ Gregorio CHAVES &
   Gregoria LUCERO; gp/ Juan Franᶜᵒ LOVATO & Mª Dolores SANCHES, vecinos de S.
   Fernando.

LAMORI, Mª Dolores   S. Ferᵈᵒ
   bap 18 Apr 1829, ae 2 da; d/ Amador LAMORI (Origins, p. 421, LAMORÍ) & Mª
   Rafaela BACA, vˢ de S. Fernando; ap/ Alejandro LAŅORI (sic) & Mª TUSA; am/
   Manuel BACA & Mª Manˡᵃ CASADOS who were the gp, vˢ de S. Fernando.

Frame 761
MARTIN, Mª Andrea   Arroyo Seco
   *bap 9 Apr 1829, ae 4 da; d/ Manuel MARTIN & Mª Dolores GONSALES, vˢ del Arroyo
   Seco; ap/ Juan Jose MARTINES (sic) & Mª Josefa MARTIN; am/ Juan Antᵒ GONSALES
   & Barbara BARELA; gp/ Jose Mª SANCHES & Juana Maria MARTIN, vˢ del Arroyo Seco.

MANSANARES, Mª del Espiritu Santo   Rancho
   bap 19 Apr 1829, ae 5 da; d/ Matias MANSANARES & Mª Concepcion PACHECO; ap/
   Juan Lorenso MANSANARES & Juana de la Crus MARTIN; am/ Franᶜᵒ PACHECO & Mª Luisa
   VIGIL; gp/ Jose Ygnacio GONSALES & Mª Ysidora PACHECO, vˢ todos del Rancho.

ARCHULETA, Mª de Jesus   S. Fernando
   bap 19 Apr 1829, ae 3 da; nat. d/ Mª Ramona ARCHULETA & unnamed father; am/

Juan de Jesus ARCHULETA & Mª Joaquina VENABIDES; gp/ Ysidro ARCHULETA & Mª Encarnacion VERNAL, v^s todos de S. Fernando.

Frame 762
TORRES, Mª Gregoria   S. Fern^{do}
   bap 19 Apr 1829, ae 2 da; d/ Nicolas TORRES & Mª de la Lus MARTIN, v^s de S. Fernando; ap/ Diego TORRES & Concepcion MARTIN, dec.; am/ An^{to} Jose MARTIN & Mª Alverta BENABIDES; gp/ Jose Encarnacion MADRIL & Mª Paula MADRIL, v^s de S. Fernando.

CARDENAS, Juan Pascual   Rancho
   bap 21 Apr 1829, ae 3 da; s/ Fran^{co} CARDENAS & Ramona MARTIN; ap/ Bentura CARDENAS & Mª de la Lus LUJAN; am/ Juan Luis MARTIN & Mª Candelaria GILLEN; gp/ Juan Domingo GONSALES & Mª Juana LUJAN, v^s todos del Rancho.

ROMERO (patron), Juana Maria   Rancho
   *bap 29 Apr 1829, ae 7 yr; d/ Tribu Lluta, in the house of Juan Felite ROMERO, vecino del varrio de S. Fran^{co} del Rancho; gp/ Tomas ROMERO & Maria Ysidora MARTINES, vecinos de S. Fernando.

Frame 763
DURAN, Juan Domingo   S. Fer^{do}
   *bap 22 Apr 1829, ae 4 da; nat. s/ Mª Ygnacia DURAN, v^s de S. Fernando, & unnamed father; am/ Juan Nicolas DURAN & An^{ta} SANDOVAL; gp/ An^{to} Blasar (n.s.) & Mª Juana Gertrudis TRUGILLO, v^s de S. Fernando.

MARTINES, Jose Sotero   Rancho
   bap 22 Apr 1829, ae 3 da; s/ Mariano MARTINES & Mª Brigida TAFOYA, v^s del Rancho; ap/ Juan Felipe MARTINES & Mª Ygnacia VIGIL, both dec.; am/ Juan Domingo TAFOYA & Mª Gertrudis CORDOBA; gp/ Juan Miguel BACA & Mª Rosalia BACA, v^s de S. Fernando.

CHAVES, Jose Francisco   S. Fernando
   *bap 23 Apr 1829, ae 3 da; s/ Jose Pablo CHAVES & Mª Rafaela ARCHULETA, v^s de S. Fernando; ap/ Jose Mª CHAVES & Mª del Carmel ORTEGA, dec.; am/ Jose Fran^{co} ARCHULETA & Mª Josefa SANDOVAL; gp/ An^{to} Rafael MEDINA & Mª Concepcion ROMERO, v^s de S. Fernando.

Frame 764
CORDOBA, Juana Teresa   Arroyo Ondo
   bap 25 Apr 1829, ae 4 da; d/ Fran^{co} CORDOBA & Josefa PADIA, v^s del Arroyo Ondo; ap/ Lorenso CORDOVA (sic) & Mª Margarita MARTIN; am/ Santiago (PADIA) & Juana Teresa LOVATO; gp/ An^{to} ROMERO & Mª Dolores CRUS, v^s del Arroyo Ondo.

GALLEGOS, Mª Dolores   Rancho
   bap 26 Apr 1829, ae 6 da; d/ Felipe GALLEGOS & Ana Ventura de HERRERA, vecinos del Rancho; ap/ Miguel An^{to} GALLEGOS, dec., & Mª Trinidad HURTADO; am/ Juan Pablo de HERRERA & Ana Ventura DURAN; gp/ Ramon DURAN & Mª Margarita MEDINA, v^s del Rancho.

SENA, Mª Dimas   Arroyo Seco
   bap 26 Apr 1829, ae 3 da; d/ Fran^{co} SENA & Mª Nasarena TORRES, v^s del Arroyo Seco; ap/ Miguel SENA & Mª Rafaela MARTIN; am/ Manuel TORRES & Mª Fran^{ca} CHACON; gp/ Carlos SALASAR & Mª Andrea MONTOYA, v^s del Arroyo Seco.

MESTAS, Jose Alejandro   S. Fernando
   bap 26 Apr 1829, ae 1 da; s/ Jose del Carmel MESTAS & Mª Mariana TORRES; ap/ Ygnacio MESTAS & Mª Magdalena MARTIN; am/ Diego TORRES & Concepcion TRUGILLO,

dec.; gp/ Jose Encar(na)cion MARTINES & Mª Ysabel CORTES, v⁵ todos de S. Fernando. (Frames 764-765)

Frame 765
VALERIO, Juan de Jesus Rancho
   bap 26 Apr 1829, ae 2 da; s/ Felipe VALERIO & Maria Dolores MARTINES, v⁵ de S. Franᶜᵒ del Rancho; ap/ Franᶜᵒ VALERIO, dec., & Rosalia MARTINES; am/ Pedro MARTINES & Mª de los Reyes FERNANDES, dec.; gp/ Jose Julian TRUGILLO & Mª de Jesus VALERIO, *vecinos del mismo lugar*.

GARCIA, Jose Marcelino Rancho
   bap 28 Apr 1829, ae 2 da; s/ Antᵒ GARCIA & Mª Rita ARAGON; ap/ Franᶜᵒ GARCIA & Ana Mª MOLINO; am/ Lorenso ARAGON & Mª Josefa VIGIL who were the gp, v⁵ del Rancho. (Frames 765-766)

Frame 766
BARGAS, Mª Marcelina Rancho
   bap 26 Apr 1829, ae 2 da; d/ Pablo BARGAS & Mª Ygnacia CORDOBA, v⁵ del Rancho; ap/ Maurilo BARGAS & Mª Nicomeda FERNANDES; am/ Lorenso CORDOBA & Mª Rafaela TRUGILLO; gp/ Julian GON (Frame 796 & others have GON; Origins, p. 417 has GORDON) & Juana Mª LUCERO, v⁵ del Rancho.

VIGIL, Jose Donaciano Rancho
   bap 26 Apr 1829, ae 3 da; s/ Ramon VIGIL & Mª Barbara MARTIN, v⁵ del Rancho; ap/ Crus VIGIL & Mª Clara FERNANDES; am/ Ygnacio MARTIN & Mª Paula SALASAR; gp/ Maxiano MARTIN & Mª Brigida TAFOYA, v⁵ del Rancho.

BARELA, Maria Rifina (Mª Rufina in margin) Rancho
   bap 27 Apr 1829, ae 3 da; d/ Candelario BARELA & Concepcion SOLANO; ap/ Juan Antᵒ BARELA & Mª Ygnacia VIGIL; am/ Andre(s) SOLANO & Mª Feliciana BALDES; gp/ Jose Rafael ROMERO & Ana Mª ORTIS, v⁵ todos del Rancho.

Frame 767
VIGIL, Antonio Jose Ranchito
   bap 6 May 1829, ae 2 da; s/ Franᶜᵒ VIGIL & Candelaria SANTIESTEBAN; ap/ Jose Antᵒ GONSALES (sic) & Maria Antonia ARAGON; am/ Feliciano SANTIESTEBAN & Maria Rafaela TRUGUILLO (sic); gp/ Feliciano SANTIESTEBAN & Maria Rafaela TRUGUILLO del Ranchito de Sⁿ Franᵗᵒ.

SANDOVAL, Pedro Martin S. Fernando
   bap 6 May 1829, ae 9 da; s/ Ventura SANDOVAL & Mª de Jesus MASQUAREÑAS (sic); ap/ Pablo SANDOVAL & Lugarda QUINTANA; am/ Juan Nicolas MASQUAREÑAS & Candelaria VENAVIDES; gp/ Juan de Jesus DURAN & Maria Teodora VIGIL de Sⁿ Fernando.

GARCIA, Mª Dolores
ALIRI, Mª Dolores S. Ferᵈᵒ
   bap 6 May 1829, ae 6 da; nat. d/ Juan Ygnacio ALIRI & Juana GARCIA; am/ Pedro GARCIA & Mª Gertrudis NORIEGA; gp/ Jacinto GARCIA & Mª GONSALES, v⁵ todos de s. Fernando.

MARTIN, Felipe Santiago Ranchito
   bap 6 May 1829, ae 5 da; s/ Franᶜᵒ MARTIN & Ysabel CORTES; ap/ Joaquin MARTIN & Candelaria CHAVES; am/ Crus CORTES & Mª de la Lus MONTOYA; gp/ Juan Jose MONTOYA & Candelaria ESQUIVEL, v⁵ todos del Ranchito de S. Franᶜᵒ. (Frames 767-768)

Frame 768
GARCIA, Antᵒ Jose S. Fernando

bap 6 May 1829, ae 9 da; s/ Juan Pablo GARCIA & Mª Augustina ARMENTA, vˢ de S. Fernando; ap/ Luis GARCIA & Reyes BERNAL; am/ Simon ARMENTA, dec., & Mª Marta MARTINES; gp/ Antº Jose QUINTANA & Mª Josefa BARELA, vˢ de S. Fernando.

SANDOVAL, Mª Dolores   La Cienegilla
   bap 6 May 1829, ae 16 da; d/ Juan Nepomuceno SANDOVAL & Mª Tomasa (MADRIL), vˢ de la Sienegilla; ap/ Jose Antº SANDOVAL & Concepcion SANCHES; am/ Juan MADRIL & Prudencia JARAMILLO; gf/ Alfonso GARCIA, vˢ de S. Francº del Ranchito.

MARTIN, Jose Bartolomé   Arroyo Seco
   bap 6 May 1829, ae 8 da; s/ Jose Gregorio MARTIN & Magdalena SANCHES; ap/ Antº MARTIN, dec., & Mª Dolores ARMENTA; am/ Jose Antº SANCHES & Mª BERNAL, dec.; gp/ Jose Ygnacio MARTIN & Mª Ascencion VARELA, vˢ todos del Arroyo Seco.

Frame 769
MARTIN, Mª Monica   S. Fernando
   bap 7 May 1829, ae 3 da; d/ Pedro MARTIN & Gertrudis MARTIN, vˢ de S. Fernando; ap/ Pedro MARTIN & Mª Calletana VIGIL; am/ Joaquin MARTIN & Mª Josefa FRESQUIS; gp/ Francº CORDOBA & Mª Polonia LUCERO, vˢ de S. Fernando.

MADRIL, Felipe de la Crus   Ondo
   bap 10 May 1829, ae 3 da; s/ Juan Andres MADRIL & Mª Dorotea ARELLANO; ap/ Antº MADRIL & Mª Varbara LUCERO; am/ Julian ARELLANO & Mª de la Lus TAPIA; gp/ Manˡ MONDRAGON & Mª Rosa ARELLANO, vˢ todos del Arroyo Ondo.

VIGIL, Mª de la Crus   Rancho
   bap 10 May 1829, ae 8 da; d/ Francº VIGIL & Juliana CONTRERAS; ap/ Julian VIGIL & Mª Manuela GARCIA; am/ Geraldo CONTRERAS & Encarnacion CHAVES; gp/ Juan Antº ARAGON & Mª Barbara ARAGON, vˢ todos del Rancho.

MARTIN, Mª Estefana   Rancho
   bap 10 May 1829, ae 4 da; d/ Juan MARTIN & Mª Manˡ⁽ᵃ⁾ TRUGILLO; am/ Patricio ROMERO (sic) & Mª Leonicia DURAN; gp/ Felipe de Jesus GALLEGOS & Mª de Jesus GALLEGOS, vˢ todos del Rancho. (Frames 769-770)

Frame 770
MARTIN, Juana Catarina   Arroyo Ondo
   bap 10 May 1829, ae 2 da; d/ Rafael MARTIN & Guadalupe LUCERO; ap/ unknown as the child's father is of the Apache Tribe; am/ Antº LUCERO & Mª Dolores CHAVES; gp/ Jose Concepcion MEDINA & Mª Francª MONTES, vˢ todos del Arroyo Ondo.

SALASAR, Pedro Jose   Ranchito
   bap 10 May 1829, ae 2 da; s/ Antº SALASAR & Mª Rosa ARCHULETA, vˢ del Ranchito de S. Francº; ap/ Juan Manuel SALASAR & Mª Reyes MARTIN; am/ Miguel ARCHULETA & Catarina GOMES; gp/ Jose Mª MARTINES & Juana Mª MARTINES, vˢ de S. Fernando.

SANDOVAL, Jose Tomas   S. Fernando
   bap 11 May 1829, ae 5 da; s/ Mª Ygnacia SANDOVAL, vˢ San Fernando, & unnamed father; am/ Alonso SANDOVAL & Mª Rita ROMERO; gp/ Jose Antº ROMERO & Ana Maria ARRETA, vˢ del Rancho. (Frames 770-771)

Frame 771
CORDOBA, Mª Antª   S. Ferdº
   bap 13 May 1829, ae 4 da; d/ Juan de Jesus CORDOBA & Mª Micaela BRITO, vˢ de

S. Frenando (sic); ap/ Manuel CORDOBA & Mª Guadalupe SERNA; am/ Franco BRITO & Margarita ROMERO; gp/ Pedro SANCHES & Mª Paula SANCHES, vˢ de S. Fernando.

SAMORA, Jose de Gracia   S. Varbara
    bap 22 May 1829, ae 12 da; s/ Manuel SAMORA & Mª Josefa FERNANDES, vˢ de Santa Varbara perteneciente á la jurisdiccion de Picuries; ap/ Jose SAMORA & Mª CHACON; am/ Rafael FERNANDES & Mª BALDES; gp/ Gaspar Antᵒ GALLEGOS & Mª Nicolasa VIGIL, vˢ de la misma jurisdiccion.

ESQUIBEL, Jose Rafael   La Purisima
    bap 23 May 1829, ae 5 da; s/ Eusevio ESQUIBEL & Mª Manuela ESPINOSA, vesinos de la Purisima Consepcion del Ranchito; ap/ Bentura ESQUIBEL & Teresa ESPINOSA; am/ Dolores RODAREA (only); gp/ Mig(u)el Antᵒ CHAVES & Juana Josefa MESTAS, vesinos del Ranchito. (Frames 771-772)

Frame 772
ROMERO, Juan Miguel   Arroyo Ondo
    bap 24 May 1829, ae 4 da; nat. s/ Mª Paula ROMERO, vˢ del Arroyo Ondo, & unnamed father; am/ Salvador ROMERO & Viviana GONSALES; gp/ Juan Cristoval GONSALES & Mª Josefa GONSALES, vˢ del Arroyo Ondo.

TRUGILLO, Maria Rafaela   Picuries
    bap 25 May 1829, ae 9 da; d/ Felipe TRUGILLO & Maria Angela MANSANARES, vecinos de Pecuries; ap/ Antᵒ Aban (TRUGILLO) & Juana ROMERO; am/ Alexandro ESPINOSA & Barbara MANSANARˢ; gp/ Miguel Antᵒ ESPINOSA, vᵒ del mismo partido, & Maria ESPINOSA de San Fernando.

VIGIL, Mª Ysidora   Rancho
    bap 26 May 1829, ae 4 da; d/ Joaquin VIGIL & Mª Concepcion CRUS, vˢ del Rancho; ap/ Francᵒ VIGIL & Mª de Jesus MESTAS; am/ Antᵒ Jose CRUS & Mª Gertrudis ARCHULETA; gp/ Gregorio Rodrigo VIGIL & Mª Varvara VIGIL, vˢ del mismo lugar. (Frames 772-773)

Frame 773
ARSENÓ, Mª Alvina   Rancho
    bap 26 May 1829, ae 2 da; d/ Miguel ARSENÓ (Origins, p. 405, ARCENÓ) & Mª Rita SANCHES, vˢ del Rancho; ap/ Luis ARSENÓ & Mª Alvina LAVI; am/ Manuel SANCHES & Mª Nicolasa SANDOVAL; gp/ Ventura MARTIN & Mª Antª ORTIS, vˢ del Rancho.

SALASAR, Maria Estefana   Rancho
    bap 27 May 1829, ae 2 da; nat. d/ Maria Ygnacia SALASAR, vˢ del Rancho; am/ Juana SALASAR (only); gp/ Juan de Jesus MARTIN & Maria Ramona MONTOYA, vˢ del Rancho.

TRUGILLO, Mª de la Asencion   S. Ferdo
    bap 28 May 1829, ae 2 da; d/ Jose Antᵒ TRUGILLO & Mª Ramona PACHECO, vˢ de S. Fernando; ap/ Carpio TRUGILLO & Mª Felipa MADRIL; am/ Juan Pablo PACHECO & Mª Dolores VIGIL; gp/ Jose CORDOBA & Mª Rafaela TRUGILLO, vˢ del Rancho.

Frame 774
RODRIGUES, Juan Nepomuceno   La Purisima
    bap 30 May 1829, ae 1 da; s/ Jose Mª RODRIGUES & Maria Petra SANDOVAL, vecinos del Ranchito de la Purisima; ap/ Manuel RODRIGUES & Maria Ygnacia VIALPANDO; am/ Juan Francᵒ SANDOVAL & Mª Dolores GIMENES; gm/ Maria MADRIL, vecina del mismo lugar.

MADRID, Maria de la Ascencion   S. Fernando
    bap 31 May 1829, ae 4 da; d/ Juan de los Reyes MADRID & Maria del Rosario

QUINTANA, *vecinos de San Fernando;* ap/ Ant° MADRID & Maria Antª XARAMILLO; am/ Migel QUINTANA & Maria Dolores RIVERA; gp/ Jose Guadalupe NOANES (only), *vesinos del mismo lugar.*

ATENCIO, Mª Juana de la Acencion *Rancho*
    bap 31 May 1829, ae 4 da; d/ Pedro MONTOYA & Maria de la Consauscion ATENCIO, vˢ *de S. Francisco del Rancho;* ap/ Pascual MONTOYA & Maria Guadalupe SANDOBAL; am/ Manuel ATENCIO & Maria Manuela HURTADO; gp/ Juan Antonio ROMERO & Maria Manuela FERNANDES, vˢ *del mismo lugar.*

Frame 775
BEITA, Maria Acencion *S. Fernando*
    bap 31 May 1829, ae 5 da; d/ Jose Gabriel BEITA & Maria Rafaela MARTIN, *vesinos de S. Ferᵈᵉˢ;* ap/ Franᶜᵒ BEITA & Maria Rosa GARCIA; am/ Ant° Jose LUJAN (sic) & Maria Encarnacion TAFOYA; gp/ Juan de Jesus BEITA & Maria Rosa MADRIL, *vesinos de San Fernandes.*

ARGUELLO, Jose Francisco *Santa Barbara*
    bap 31 May 1829, ae (blot) da; s/ Jose Pablo ARGUELLO & Rafaela RODRIGES, vˢ *de Santa Barvara perteneciente de la Micion de Picuris;* ap/ Isidro ARGUELLO & Maria Gua(da)lupe GONSALES; am/ Agustin RODRIGES & Juana MESTAS; gf/ Agustin RODRIGES.

MARTIN, Maria Manuela Albina de Jesus *Santa Barbara*
    bap 1 Jne 1829, ae 8 da; d/ Jose Manuel MARTIN & Juana Paula DURAN, vˢ *de Santa Barbara de la Juridision de Picuris;* ap/ Jose Pablo MARTIN & Maria del Carmel SANDOBAL; am/ Juan Rafael DURAN & Maria Manuel(a) GONSALES; gp/ Juan Francisco DURAN & Dolores CORDOBA, vˢ *de San Francisco del Rancho.*

Frame 776
SANDOVAL, Maria de la Ascencion *Chamisal*
    bap 1 Jne 1829, ae 5 da; d/ Manuel SANDOVAL & Maria Josefa LOPES, *vecinos de la Santa Crus del Chamisal perteneciente á la mision de Picuries;* ap/ Jose SANDOVAL & Maria CASADOS, both dec.; am/ Silvestre LOPES, dec., & Maria Rosalia GONSALES; gp/ Jose Pablo ROMERO & Maria Dolores LOPES, *vecinos del mismo lugar.*

VIGIL, Mª de la Crus *Picuries*
    bap 7 Jne 1829, ae 34 da; d/ Mariano VIGIL & Mª Francª VENAVIDES, vˢ *del pueblo de Picuries;* ap/ Manuel VIGIL & Santos CORDOBA; am/ Manuel BENABIDES (sic) & Mª Concepcion ARGUELLO; gf/ Jose ESTRADA *del pueblo de Picuries.*

LUJAN, Juan Lorenso *Pueblo*
    bap 7 Jne 1829, ae 11 da; s/ Juan Domingo LUJAN & Maria Micaela SUASO, vˢ *naturales deste pueblo;* ap/ Juan LUJAN & Ana Mª MIRABAL; am/ Franᶜᵒ SUASO & Mª Josefa VIGIL; gm/ Mª Felipa MARTINES, vˢ *de S. Fernando.*

Frame 777
VIGIL, Jose Feliciano *San Juan*
    bap 10 Jne 1829, ae 2 da; s/ Juan Jose VIGIL & Mª Ynes RODRIGUEZ, *vecinos de San Juan;* ap/ Miguel VIGIL & Mª Encarnacion ESQUIBEL; am/ Juan Antᵒ RODRIGUES (sic) & Mª Miquela SANDOVAL; gp/ Dⁿ Juan TRUGILLO & Mª Josefa QUINTANA, *vecino(s) de Taos.*

COCA, Mª Magdalena *S. Fernando*
    bap 12 Jne 1829, ae 3 da; d/ Ysidro COCA & Mª Ylaria MONTOYA, vˢ *de S.*

Fernando; ap/ Andres COCA & Mª Dolores ARAGON; am/ Vernardo MONTOYA & Anna Mª MARTIN; gp/ Juan LOVATO & Mª Dolores SANCHES, *vˢ de S. Fernando.*

MADRIL, Mª Lore(n)sa   S. Fern^{do}
   bap 12 Jne 1829, ae 1 da; d/ Fran^{co} MADRIL & Mª Dolores BARELA, *vˢ de S. Fernando*; ap/ Pedro MADRIL & Mª de la Lus MOYA; am/ Jose VARELA (sic) & Mª Dolores SANDOVAL; gp/ German An^{to} ARCHULETA & Mª Ygnes MANSANARES, *vˢ de S. Fernando.*

Frame 778
TENORIO, Pedro An^{to} S. Fern^{do}
   bap 13 Jne 1829, ae 4 da; s/ Benancio TENORIO & Manuela FLORERES (sic) *del varrio de S^{n} Fernd^{o}*; ap/ Felipe TENORIO & An^{ta} Rosa GABALDON, dec.; am/ Martin FLORES & Gertrudis GARCIA, dec.; gp/ Jose de Jesus BRANCH & Mª Paula de LUNA, *vˢ de S^{n} Fernd^{o}.*

GONSALES, Juan An^{to} *Rancho*
   bap 13 Jne 1829, ae 5 da; s/ Ygnacio GONSALES & Mª Josefa LALANDA, *vˢ del Rancho*; ap/ Felipe GONSALES & Mª Fran^{ca} CHACON, dec.; am/ Bautista LALANDA, dec., & Mª Polonia LUCERO; gp/ Carpio CORDOBA & Mª Micaela GONSALES, *vˢ del Rancho.*

VIGIL, Mª de Alta Gracia   *La Sienegia*
   bap 14 Jne 1829, ae 9 da; d/ Joaquin VIGIL & Mª Manuela MONTOYA, *vˢ de la Sienegia,* ap/ An^{to} VIGIL & Mª Rosa MONTOYA; am/ Felis MONTOYA & Rosa ROMERO; gp/ Miguel VIGIL & Mª Carmel BALERIO, *vˢ del mismo lugar.*

MADRIL, An^{to} Trinidad   S. Fernando
   bap 14 Jne 1829, ae 2 da; s/ Nicolas MADRIL & Maria Dolores GONSALES; ap/ Pedro MADRIL & Mª de la Lus MOYA; am/ Miguel GONSALES & Mª Ramona BALLEJOS; gp/ Juan An^{to} FRESQUIS & Mª Viviana MONTOYA, *vˢ todos de S. Fernando.* (Frames 778-779)

Frame 779
RUDARTE, Mª de la Lus   *Chamisal*
   bap 15 Jne 1829, ae 12 da; d/ Joaquin RUDARTE & Mª de la O MESTAS, *vˢ del Camichal perteneciente a la micion de Picuries*; ap/ Manuel RUDARTE & Nicolasa ROMERO; am/ Juan Pedro MESTAS & Paula CORDOVA; gp/ Juan de Jesus MESTAS & Juana Felipa LEIVA, *vˢ del mismo lugar.*

ARELLANO, Jose Dolores   *Ondo*
   bap 18 Jne 1829, ae 3 da; s/ Ramon ARELLANO & Ana Mª ARMENTA; ap/ Julian ARELLANO & Mª Manuela MARTIN; am/ Simon ARMENTA & Marta MARTIN; gp/ Manuel GARCIA & Mª Trinidad QUINTANA, *vˢ todos del Arroyo Ondo.*

MONTOYA, Jose Pablo   *Ranchito*
   bap 18 Jne 1829, ae 3 da; s/ Juan Jose MONTOYA & Mª Candelaria ESQUIBEL, *vˢ del Ranchito de S. Fran^{co}*; ap/ Bernardo MONTOYA & Mª Manuela MARTIN, both dec.; am/ Jose Fran^{co} ESQUIVEL (sic) & Mª Feliciana MARTIN, dec.; gp/ Jose Julian LUCERO & Mª Paula LARRAÑAGA, *vˢ de S. Fernando.* (Frames 779-780)

Frame 780
MONDRAGON, Jose Trinidad   *Arroyo Seco*
   bap 25 Jne 1829, ae 11 da; nat. s/ Maria Paula MONDRAGON; am/ Felipe MONDRAGON & Maria An^{ta} SANDOVAL; gf/ Jose Victor SANCHES, *vecinos todos del varrio de Arroyo Seco de la Santisima Trinidad.*

GONSALES, Mª Juana   *Ranchito*
   bap 27 Jne 1829, ae 5 da; nat. d/ Lorensa GONSALES, *vˢ de S. Fran^{co} del*

Ranchito, & unnamed father; am/ Calletano GONSALES & Lorensa GEORGE; gp/ Venito de HERRERA & Mª Guadalupe MONTOYA, vˢ de S. Fernᵈᵒ.

ARCHULETA, Juana Mª   *La Purisima*
   bap 27 Jne 1829, ae 4 da; d/ Jose Franᶜᵒ ARCHULETA & Mª Antª BIALPANDO, vˢ del *Ranchito de la Purisima*; ap/ Julian ARCHULETA & Ana Mª BALDES; am/ Salvador VIALPANDO (sic), dec., & Mª Manuela BEITA; gp/ Antᵒ Domingo VIALPANDO & Mª Manuela BEITA, vˢ del mismo lugar. (Frames 780-781)

Frame 281
FRESQUIS, Juan Bautista   *Rancho*
   bap 27 Jne 1829, ae 5 da; s/ Antᵒ FRESQUIS & Mª de los Reyes SANCHES, vˢ del *Rancho*; ap/ Antᵒ FRESQUIS & Mª Ygnacia CANO, both dec.; am/ Diego SANCHES & Mª Magdalena MARTIN; gp/ Victor SANCHES & Mª Paula SANCHES, vˢ del *Arroyo Seco*.

BEAUBIEN, Mª de la Lus   *La Purisima*
   bap 28 Jne 1829, ae 4 da; d/ Carlos BEAUBIEN & Mª Paula LOVATO, vˢ dela *Purisima Concepcion*; ap/ Pablo BEAUBIEN & Mª Luisa Carlota DUROCHER; am/ Juana Catarina LOVATO & unknown father; gp/ Santiago MARTINES & Mª de la Lus LUCERO, vˢ de S. Fernando.

MASON, Jose Alejandro   *Adulto del Rancho*
   bap 29 Jne 1829, adult, ae 26 yr; s/ Juan MASON & Anna QUIGLES *de Pencilvenia de los Estados Unidos del Norte America*; gp/ Felipe MARTINES & Mª TRUGILLO, vˢ del vᵒ de S. Franᶜᵒ del Rancho. (Frames 781-782)

Frame 782
SALASAR, Pedro Antᵒ   *Rancho*
   bap 2 Jly 1829, ae 6 da; s/ Jose Antᵒ SALASAR & Mª Dolores MONTOYA, vˢ del *Rancho*; ap/ Juan Cristoval SALASAR & Mª Margarita SAMORA, both dec.; am/ Baltasar MONTOYA, dec., & Mª Rosalia ARMIJO; gp/ Miguel BARELA & Juana ROMERO, vˢ del mismo lugar.

Frame 783
SANDOBAL, Pedro Antᵒ   S. Fernando
   bap 2 Jly 1829, ae 2 da; s/ Jose Ramos SANDOBAL & Marta TEYES, vˢ de S. Fernando; ap/ Pablo SANDOVAL & Deogarda (sic) QUINTANA; am/ Juan TEYES & Franᶜᵃ AGUILAR; gp/ Juan del Carmel SANDOVAL & Mª de Jesus MASCAREÑAS, vˢ del mismo lugar.

TRUGILLO, Mª Juana   *Rancho*
   bap 3 Jly 1829, ae 3 da; d/ Juan de Jesus TRUGILLO & Mª de Jesus BALERIO, vˢ del vᵒ de S. Franᶜᵒ del Rancho; ap/ Damacio TRUGILLO & Mª Leonicia BORREGO, both dec.; am/ Franᶜᵒ VALERIO (sic), dec., & Mª Rosalia MARTINES; gp/ Hermeregildo TRUGILLO & Mª Josefa TAFOYA, vˢ de S. Fernando.

ROMERO, Mª Manuela   S. Fernando
   bap 2 Jly 1829, ae 4 da; d/ Manuel ROMERO & Mª del Carmel DURAN, vˢ de S. Fernando; ap/ Jose Julian ROMERO & Barbara MARTIN; am/ Juan Nicolas DURAN & Mª Gertrudis QUINTANA, dec.; gp/ Jose Rafael DURAN & Mª Ygnacia DURAN, vˢ del mismo lugar.

Frame 784
GONSALES, Mª Micaela   *La Purisima*
   bap 5 Jly 1829, ae 2 da; d/ Gregorio GONSALES & Mª Dolores BALDES, vˢ de la *Pura y Limpa*; ap/ Segundo GONSALES & Maria Josefa BALDES (sic); am/ Pablo

GONSALES (sic), dec., & Maria Candida CORDOBA; gp/ Miguel BARELA & Mª Francisca CORDOBA, v^s de San Fernand*es*.

ESPINOSA, An^{to} Jose La Purisima
  bap 7 Jly 1829, ae 3 da; s/ Juan ESPINOSA & Mª Tomasa MONTOYA, v^s de la P*u*risima Concepcion del Ranchito; ap/ Jose ESPINOSA & Mª Dolores GARCIA; am/ Diego MONTOYA & Mª Fran^{ca} CHAVES; gp/ An^{to} Jose BALLEJOS & Mª Soledad ROMERO, v^s del Arroyo Seco.

ROMERO, Mª Juana Catarina S. Lorenso de Picuries
  bap 8 Jly 1829, ae 15 da; d/ Ventura ROMERO & Juana MONDRAGON, v^s de S. Loren*s*o de Picuries; ap/ Juan Domingo ROMERO, dec., & Barbara TORRES; am/ Juan de Jesus MONDRAGON & Mª An^{ta} MONTOYA; gp/ Fran^{co} ROMERO & Mª del Carmel LUCERO, vecinos todos de la mi*s*ion de S. Loren*s*o de Picuries.

Frame 785
BLEA (patron), Maria Guadalupe Bado
  bap 8 Jly 1829, ae 3 mo; d/ Tribu Apache, ransomed from her parents by Santiago BLEA, v^s de San Miguel del Bado; gp/ Man^l An^{to} SANDOBAL & An^{ta} Margarita MARTINES, v^s del Rancho.

MEDINA, Juan Rafael Ranchito
  bap 15 Jly 1829, ae 4 da; s/ Pedro MEDINA & Mª Dolores MARTIN, v^s del Ranchito de S. Fran^{co}; ap/ Felis MEDINA & Teodora QUINTANA; am/ Bentura MARTIN & Mª Rafaela MAES; gp/ Casimir MARTIN & the same maternal abuela, v^a del mismo lugar.

ARCHULETA, An^{to} Cleto Ranchito
  bap 19 Jly 1829, ae 6 da; s/ An^{to} Jose ARCHULETA & Mª ROMERO, v^s del Ranchito de S. Fran^{co}; ap/ Jose An^{to} ARCHULETA & Mª Fran^{ca} PRADA; am/ Jose ROMERO & Mª Felipa ABILA; gp/ Jose Miguel MARTIN & Mª Dolores MARTINES, v^s del mismo lugar.

DOMINGO, Jose Suñe
  bap 19 Jly 1829, ae 3 mo; s/ Juan DOMINGO & Mª An^{ta} (n.s.), naturales de Suñe; gm/ Petrona ROJO, v^s de S. Fran^{co}. (Frames 785-786)

Frame 786
RUIBERA, Mª Feliciana La Purisima
  bap 19 Jly 1829, ae 3 da; d/ Tomas RUIBERA & Maria del Carmen GONSALES, vecinos del Ranchito de la Puricima Consepcion; ap/ Jose An^{to} RUIBERA & Mª Feliciana ORTIS, both dec.; am/ An^{to} Segundo GONSALES & Maria Josefa BALDES; gp/ Agustin Geronimo L*I*NTE (Origins, p. 424, LONTÉ) & Maria de la Lus TRUGIO, vecinos de San Fernand*es*.

GONSALES, Jose de Jesus S. Fernando
  bap 19 Jly 1829, ae 07 da; nat. s/ Maria Ysidora GONSALES, vecino*s* de S. Fern^{do}; am/ Ylario GONSALES & Maria Ygnacia MADRIL; gp/ Jo*s*e Martin MAES & Maria de la Lus TRUGILLO, vecinos de S. Fernando.

GRIEGO, Jose del Carmel Rancho
  bap 20 Jly 1829, ae 3 da; s/ Jose GRIEGO & Mª de la Lus LUSERO, v^s del Rancho; am/ Ramon MARTINES (sic) & Maricita GONSALES; gp/ Juan ARGUELLO & Maria Rosa VIGIL, v^s del mismo lugar. (Frames 786-787)

Frame 787
MARQUES, Juan de Jesus Rancho
  bap 20 Jly 1829, ae 1 da; s/ Rumaldo MARQUES & Mª Desquipula MONTOYA, v^s del

Rancho; ap/ Jose MARQUES & Mª Petra TURRIETA; am/ Man¹ MONTOYA & Mª Serafina ARCHULETA; gp/ Jose Manuel MARTINES & Ana Mª ARAGON, *vecinos del Rancho*.

MARTIN (patron), Mª Rufina *Rancho*
  bap 22 Jly 1829, ae 3 da; nat. d/ Mª Anta (n.s.), *India de la tribu Cabesona*, not Christian because she has not learned the necessities, in the household of Bentura MARTIN, *vecino de S. Franco del Rancho*; gp/ Jose Anto GONSALES & Mª Anta ARAGON, *vs de S. Franco del Ranchito*.

BENABIDES, Jose Maria *S. Fernando*
  bap 23 Jly 1829, ae 3 da; s/ Juan Estevan BENABIDES & Mª Gregoria TRUGILLO, *vs de S. Fernando*; ap/ Barbara BENABIDES (only), dec.; am/ Mª Franca TRUGILLO (only), dec.; gp/ Jose Mª BALDES & Mª Estefana BALDES, *vs de S. Fernando*. (Frames 787-788)

Frame 788
MARTIN, Mª Rita *La Purisima*
  bap 24 Jly 1829, ae 8 da; d/ Juan Lorenso MARTIN & Mª Franca SANCHES, *vs del Ranchito de la Purisima*; ap/ Anto MARTIN & Maria Franca MAES; am/ Anto SANCHES & Mª Josefa MARTIN; gp/ Felipe BALDES & Magdalena GONSALES, *vs de S. Fernando*.

SANCHES, Jose Augustin *Rancho*
  bap 25 Jly 1829, ae 4 da; nat. s/ Mª Josefa SANCHES, *vª del Rancho*, & unnamed father; am/ Juan SANCHES & Margarita SILVA; gp/ Manuel COPA (Origins, p. 412, same) & Mª Josefa BARELA, *vs del Rancho*.

PADIA, Jose Santiago *Arroyo Ondo*
  bap 25 Jly 1829, ae 2 da; s/ Pedro PADIA & Ygnacia GONSALES, *vs del Arroyo Ondo*; ap/ Salvador PADIA & Josefa MARTIN; am/ Jose GONSALES & Mª Dorotea BACA; gp/ Bentura MARTIN & Mª Ysidora MARTIN, *vs del Rancho*. (Frames 788-789)

Frame 789
MEDINA, Ana Mª *Arroyo Ondo*
  bap 26 Jly 1829, ae 3 da; d/ Franco MEDINA & Trenidad PATRON *del Arroyo Ondo*; ap/ Juan Pascual MEDINA & Teresa ESPINOSA; am/ Felipe PATRON & Olaya ARAGON; gp/ Bartolomé MONDRAGON & Mª Josefa MEDINA, *vs del Rancho*.

TRUGILLO, Mª Marta *Rancho*
  bap 29 Jly 1829, ae 8 da; d/ Cleto TRUGILLO & Mª Rosa MARTINES, *vs del vº de S. Franco del Rancho*; ap/ Juan Anto TRUGILLO & Mª Juana Anta BUENO, dec.; am/ Juan Cristoval MARTINES & Mª Manuela BELASQUES; gp/ Anto ORTIS & Mª Dolores LUCERO, *vs de S. Fernando*.

Frame 790
PACHECO, Jose Santiago *Rancho*
  bap 31 Jly 1829, ae 8 da; s/ Jose Miguel PACHECO & Mª Gertrudis BE(R)NAL, *vs del varrio de San Franco del Rancho*; ap/ Franco PACHECO & Mª Luisa TRUGILLO; am/ Franco BUENO & Mª Dolores BERNAL; gp/ Cristoval BORREGO & Mª de los Reyes BORREGO, *vs de S. Fernando*.

GERRERO, Jose Santiago *Pueblo*
  bap 2 Aug 1829, ae 6 da; s/ Juan de Jesus GERRERO & Mª Catarina ROMERO, *vs naturales deste pueblo*; ap/ Juan Domingo GERRERO & Mª Manuela FRESQUIS; am/ Juan Domingo ROMERO & Mª Micaela MARQUES; gp/ Carlos GUARÁ (Origins, p. 418, same) & Mª Dolores SUASO, *vs de San Fernando*.

TAOS BAPTISMS, VOLUME II   1827-1830, AASF #19

MONDRAGON, Jesus Maria   Arroyo Ondo
   bap 2 Aug 1829, ae 11 da; s/ Cristoval MONDRAGON & Mª Franca GONSALES, vs del
Arroyo Ondo; ap/ Mariano MONDRAGON & Juana Teresa VIGIL; am/ Juan Cristoval
GONSALES & Mª Candelaria GARCIA; gp/ Anto MARTINES & Ana Mª ROMERO, vs de Arroyo
Ondo.

DURAN, Maria Manuela   S. Ferdo
   bap 2 Aug 1829, ae 2 da; d/ Franco DURAN & Juana Gertrudis ALIRE, vs de S.
Fernando; ap/ Pablo DURAN & Mª de Jesus BALDES; am/ Juan Lorenso ALIRE & Mª
Josefa BEITA; gp/ Diego MARTINES & Mª Reyes MONTOYA, vs de S. Fernando.
(Frames 790-791)

Frame 791
SUASO, Jose Pantalion   Pueblo
   bap 6 Aug 1829, ae 5 da; s/ Jose SUASO & Mª Soledad ROMERO, vs naturales deste
pueblo; ap/ Simon SUASO & Mª Ygnacia SAMORA; am/ Agustin ROMERO & Mª Ylaria
MIRABAL; gm/ Mª Petra del VALLE, vª de San Fernando.

PANDO, Franco Anto   Arroyo Ceco
   bap 10 Aug 1829, ae 3 da; nat. s/ Mª Anta PANDO & unnamed father; am/ Rafael
PANDO & Mª Manuela DOMINGO; gf/ Jose Maria SANCHES, vs del Arroyo Seco.

PACHECO, Mª Paula   San Fernando
   bap 9 Aug 1829, ae 3 da; d/ Pablo PACHECO & Mª Juana SAMORA; ap/ Manuel PACHECO
& Juana RIO; am/ Santiago SAMORA & Mª Micaela ROMERO; gp/ Jose Anto REYNA & Mª
Lucia DURAN, naturales todos del pueblo.

Frame 792
CRUS, Mª Ygnacia   S. Franco del Rancho
   bap 12 Aug 1829, ae 6 da; d/ Anto CRUS & Mª Dolores MESTAS; ap/ Franco CRUS & Mª
Josefa MEDINA; am/ Jose MESTAS & Juana TORRES; gp/ Manuel Salvador ROMERO & Mª
Anta de los Dolores ROMERO, vs todos de S. Franco del Rancho.

BASQUES, Jose Vicente   La Puricima
   bap 12 Aug 1829, ae 2 da; s/ Maria Josefa BASQUES & unnamed father; am/ Jose
BASQUES, dec., & Mª Dolores MONTOYA; gp/ Jose Manuel SANCHES & Maria Anta
RIBERA, todos vs de la plasa de la Purisima Concepcion.

BALDES, Mª Lorensa   Rancho
   bap 15 Aug 1829, ae 6 da; d/ Juan Anto BALDES & Catarina TRUGILLO, vs del Arroyo
Seco; ap/ Juan Anto BALDES & Mª Andrea CHAVES, both dec.; am/ Jose Miguel
TRUGILLO & Mª Magdalena RUIBERA, both dec.; gp/ Carpio CORDOBA & Mª Micaela
GONSALES, vs de S. Franco del Rancho.

Frame 793
CRUS, Maria de la Lus   Las Trampas
   bap 15 Aug 1829, ae 3 da; d/ Juan de Jesus CRUS & Lus GALLEGOS; ap/ Juan CRUS
& Mª Andr(e)a BALVANEDA; am/ Jose GALLEGOS & Mª del Carmel ROMERO; gp/ Vicente
LUCERO & Mª del Carmel ROMERO, vs de S. Jose de las Trampas de la mision de
Picuries.

PINO, Maria Josefa   Arroyo Seco
   bap 16 Aug 1829, ae 9 da; d/ Anto PINO & Teodora MARTIN; ap/ Felis PINO &
Balbaneda RAEL; am/ Diego MARTIN & Catarina TAFOYA; gp/ Anto Elias ARMENTA &
Maria Ysabel SANCHES, vs dela Santisima Trenidad del Arroyo Seco.

SAMORA, Mª Teresa   Rancho
   bap 16 Aug 1829, ae 5 da; d/ Franco SAMORA & Catarina PADIA, vs del pueblo;

ap/ Santiago SAMORA & Rosa ROMERO, both dec.; am/ Santiago PADIA & Mª Rosa LUJAN; gp/ Juan ROLES & Mª Encarnacion MARTIN, v^s del *Rancho*.

Frame 794
ROMERO, Maria Jacinta   San Fernando
    bap 18 Aug 1829, ae 3 da; d/ Bentura ROMERO & Mª del Rosario de HERRERA, v^s de *San Fernando*; ap/ Juan ROMERO & Mª Soledad LUCERO, dec.; am/ Jose de HERRERA & Mª Josefa REEL; gp/ Juan de Jesus BALDES & Mª Dolores TRUGILLO, v^s de *S. Fernando*.

DURAN, An^{to} Jose   S. Fernando
    bap 22 Aug 1829, ae 3 da; nat. s/ Mª An^{ta} DURAN, v^s de *S. Fernando*, & unnamed father; am/ Felis DURAN & Mª Paula ARGUELLO; gp/ Sipriano ESQUIVEL & Mª Barbara Rafaela QUINTANA, v^s de *S. Fernando*.

MARTIN, Mª Bartola   Rancho
    bap 25 Aug 1829, ae 2 da; d/ Manuel An^{to} MARTIN & Mª Gertrudis AGUILAR, v^s de *San Fran^{co} del Ranchito*; ap/ Man^l MARTIN & Mª Catarina PANDO; am/ An^{to} AG(U)ILAR & Mª Juana CORDOBA; gp/ Tomas RUIBERA & Mª de la Lus TRUGILLO, v^s del *Ranchito de la Purisima Concepcion*.

QUINTANA, Maria Juana   Ranchito
    bap 25 Aug 1829, ae newly born; d/ Gabriel QUINTANA & Concepcion PACHECO, v^s del *Ranchito de S. Fran^{co}*; ap/ Gabriel QUINTANA & Mª An^{ta} VIGIL, both dec.; am/ Fran^{co} PACHECO & Mª Luisa VIGIL; gp/ Jose Fran^{co} MARTIN & Mª Ysabel CORTES, v^s de *S. Fran^{co} del Ranchito*. (Frames 794-795)

Frame 795
MARTINES, Jose An^{to} Maria   S. Fernando
    bap 2 Sep 1829, ae 1 da; s/ Diego An^{to} MARTINES & Maria de los Reyes MONTOYA, v^s de *S. Fernandes*; ap/ Santiago MARTINES & Mª An^{ta} PACHECO, both dec.; am/ Jose Manuel MONTOYA & Mª Loreta PACHECO; gp/ Domingo LAMELAS & Juana Maria MARTINES, *vecinos del mismo lugar*.

VIGIL, Juan Bautista   Ranchito
    bap 4 Sep 1829, ae 7 da; nat. s/ Mª An^{ta} VIGIL, v^a del *Ranchito de S. Fran^{co}*, & unnamed father; am/ Miguel VIGIL & Mª Manuela FRESQUIS, dec.; gp/ Casimir MARTINES & Mª Rafaela MAES, v^s del *mismo lugar*.

Frame 796
BALVERDE, Jose Augustin   Rancho
    bap 4 Sep 1829, ae 8 da; s/ Vicente BALVERDE & Ysidora MARTIN, v^s del *Rancho*; ap/ Juan Cristoval BALVERDE & Mª de la Lus GALLEGOS; am/ Geronimo MARTIN & Barbara COCA, both dec.; gp/ Jesus GALLEGOS & Mª Petrona ROJO, v^s del *Rancho*.

VIGIL, Mª de la Lus   Llano de Picuries
    bap 5 Sep 1829, ae 3 da; d/ Manuel VIGIL & Mª Manuela FERNANDES, v^s del *Llano de San Juan de Nepumuceno perteneciente á Picuries*; ap/ Julian VIGIL & Mª Man^{la} FRESQUIS; am/ Salvador FERNANDES & Mª Reyes SANDOVAL, both dec.; gp/ Jose Dolores FERNANDES & Mª Paula MARTIN, v^s del *mismo lugar*.

GON, Juan de Jesus   Rancho
    bap 6 Sep 1829, ae 3 da; s/ Julian GON (Origins, p. 417, GORDON) & Mª Juana LUCERO; ap/ Juan de Jesus GON & Mª Ysabel (n.s.-blank space); am/ Pedro LUCERO & Maria de la Lus FERNANDES; gp/ Jose Mariano FERNANDES & Mª Sencion LUCERO, v^s *todos del Rancho*.

TORRES, Jose Franco   Fernandes
    bap 6 Sep 1829, ae 2 da; s/ Anto TORRES & Ma Ysabel FERNANDES; ap/ Anto TORRES
    & Nicolasa SANDOVAL; am/ Jose Mariano FERNANDES & Ma Sencion LUCERO; gp/ Franco
    MARTINES & Ma Tomasa SANCHES, vs todos del Rancho. (Frames 796-797)

Frame 797
SANCHES, Jose Ramon   Rancho
    bap 8 Sep 1829, ae 9 da; s/ Anto SANCHES & Maria del Carmel VIGIL; ap/ Juan
    SANCHES, dec., & Ma Margarita SILVA; am/ Juaquin VIGIL & Concepcion GARCIA; gp/
    Felis URIOSTE & Ma del Carmel SANCHES, vs todos del Rancho.

LUCERO, Ma Rosalia   S. Ferdo
    bap 10 Sep 1829, ae 7 da; d/ Anto Jose LUCERO & Ma Dolores VALDES, ve de S.
    Fernandes; ap/ Vicente LUCERO & Marta ATENCIO; am/ Juan VALDES, dec., & Ma
    Viviana BACA; gp/ Jose Ramon MARTINES & Ma Teodora QUINTANA, vs del mismo
    varrio.

CORDOBA, Jose Felis   Rancho
    bap 10 Sep 1829, ae 5 da; s/ Juan Felipe CORDOBA & Ma de Jesus FERNDES; ap/
    Ygnacio CORDOBA & Ma Anta MARQUES; am/ Pedro Nolasco FERNANDES, dec., & Ma
    Ygnacia MARTIN; gp/ Reymundo CORDOBA & Ma Estefana GONSALES, vs todos del
    Rancho. (Frames 797-798)

Frame 798
ORTEGA, Maria Refugio   Las Tranpas
    bap 12 Sep 1829, ae 6 da; d/ Juan Anto ORTEGA & Maria Dolores MARTINES, vesinos
    de las Trampas; ap/ Jose Maria ORTEGA & Maria Gertrudis MARTINES; am/
    Alegandro MARTINES & Maria Anta JARAMILLO; gp/ Jose Miguel TAFOYA & Ma
    Concepcion MARTINES, vs del mismo lugar.

SANCHES, Maria Josefa   Rancho
    bap 13 Sep 1829, ae 3 da; d/ Jose SANCHES & Barbara GUTIERAES (sic), ve del
    Rancho; ap/ Juan SANCHES & Margarita SILVA; am/ Franco GUTIERRES & Ma MARTIN,
    dec.; gp/ Pedro Miguel SALASAR & Ma Trinidad BALDES, ve del Rancho.

MARTIN, Jose Rafael   Rancho
    bap 13 Sep 1829, ae 2 da; s/ Juan Anto MARTIN & Ma Dolores DURAN; ap/ Felipe
    MARTIN & Ma TRUGILLO; am/ Pablo DURAN & Margarita SANCHES; gp/ Juan Ygnacio
    MARTIN & Ma Casilda MARTIN, ve del Rancho.

Frame 799
CORDOBA, Ma Rosa   Sienegia
    bap 13 Sep 1829, ae 12 da; d/ Franco CORDOBA & Ma Guadalupe BALERIO, ve de la
    Sienegilla; ap/ Juan CORDOBA & Ma Rosa TRUGILLO; am/ Martin BALERIO & Ma
    Sebastiana GARCIA; gp/ Juan Domingo SUASO (only), ve del mismo lugar.

MADRIL, Felipe Anselmo   Arroyo Seco
    bap 13 Sep 1829, ae 6 da; s/ Jose Ma MADRIL & Ma de la Crus CORDOBA; ap/
    Ygnacio MADRIL & Damania MARTIN; am/ Anto Jose CORDOBA & Ma Cacilda AGUILAR; gp/
    Jose de Jesus SANCHES & Ma de la Lus MARTIN, vs todos del Arroyo Seco.

ROMERO, Juan de Jesus   Rancho
    bap 13 Sep 1829, ae 5 da; nat. s/ Rosalia ROMERO & unnamed father; am/ Jose
    ROMERO & Anta QUINTANA; gp/ Santos MARTIN & Manuela ROMERO, vs del Rancho, the
    rest from this pueblo.

BALENCIA, Juan Felipe Santiago — Fern^{des}
  bap 15 Sep 1829, ae 3 da; s/ Miguel BALENCIA & Mª Ysabel ARAGON; ap/ Jose An^{to} BALENCIA & Mª MAES, dec.; am/ Jose ARAGON & Mª Josefa BENABIDES; gp/ Fran^{co} CORDOBA & Mª Polonia LUCERO, v^s todos de S. Fernando. (Frames 799-800)

Frame 800
BARRANCA, Ana Maria — F(e)rn^{des}
  bap 17 Sep 1829, ae 2 da; nat. d/ Maria Gertrudis BARRANCA & unnamed father; am/ Juan BARRANCA & Josefa DURAN; gp/ Jose Manuel SAIS & Maria Trinidad MEDINA, todos v^s de San Fernandes.

MEDINA, Maria Estefana   (Mª Josefa in margin) — Arroyo Seco
  *bap 6 Sep 1829, ae 3 da; d/ Jose MEDINA & Maria Benita MARTINES; ap/ Felipe MEDINA & Maria Guadalupe QUINTANA; am/ Cristobal MARTINES & Maria Tiodora FRESQUIS; gp/ Juan de Jesus MEDINA & Maria Salome NARCHULETA (sic), vecinos todos del Arroyo Seco.

Frame 801
ARMIJO, Mª Gertrudis — Arroyo Ondo
  bap 20 Sep 1829, ae 8 da; nat. d/ Dolores ARMIJO, v^s del Arroyo Ondo, & unnamed father; am/ Andres ARMIJO & Fran^{ca} MARTIN; gp/ Jabier MAES & Mª Manuela MESTAS, v^s del Arroyo Ondo.

GARCIA, Mª Ygnacia — Arroyo Ondo
  bap 20 Sep 1829, ae 4 da; d/ Fran^{co} GARCIA & Guadalupe CHAVES; ap/ Manuel GARCIA & Trinidad QUINTANA; am/ Jose An^{to} CHAVES & Nicolasa GOMES; gp/ Fran^{co} QUINTANA & Mª Teresa LEON, v^s todos del Arroyo Ondo.

ROMERO, M^a de las Nieves — Arroyo Ondo
  bap 20 Sep 1829, ae 3 da; d/ Jose Manuel ROMERO & Mª Dorotea CHAVES, v^s del Arroyo Ondo; ap/ Manuel ROMERO & Mª Josefa BACA; am/ Juan Domingo CHAVES & Mª Fran^{ca} MARTIN; gp/ Roque PADIA & M^a de las Nieves ROMERO, v^s de la Purisima.

Frame 802
DURAN, Mª Dolores — Rancho
  bap 20 Sep 1829, ae 4 da; d/ Rafael DURÁN & Mª Encarnacion CORDOBA, v^s del Rancho; ap/ Bentura DURÁN & Mª Manuela ARCHULETA; am/ Ygnacio CORDOBA & Maria An^{ta} MARQUES; gp/ Carpio CORDOBA & Mª Micaela GONSALES, v^s del mismo lugar.

VIGIL, Juan Bentura — Rancho
  bap 20 Sep 1829, ae 5 da; s/ Anastacio VIGIL & Mª de la Crus QUINTANA; ap/ Crus VIGIL & Mª Clara FERN^{des}, dec.; am/ Jose de la Crus QUINTANA, dec., & Mª Micaela BALDES; gp/ Juan Felipe CORDOBA & Mª Ysidora VIGIL, v^s todos del Rancho.

CORTES, Juana M^a — Fernandes
  bap 20 Sep 1829, ae 3 da; d/ Fran^{co} CORTES & Mª Manuela ARMENTA; ap/ Jose CORTES & Mª Juana MONTOYA; am/ Simon ARMENTA & Marta MARTINES; gp/ Luis BACA & Mª Marselina CASADOS, v^s todos de S. Fernando.

BALLEJOS, Juan Felipe — Arroyo Seco
  bap 23 Sep 1829, ae 5 da; s/ Miguel BALLEJOS & Maria Paula GOMES; ap/ Luis BALLEJOS & Maria Manuela VALLEJOS (sic); am/ An^{to} GOMES & Mª Manuela ROMERO; gp/ Rafael DURAN & Maria Gregoria TRUGIO, v^s todos del Arroyo Seco. (Frames 802-803)

Frame 803
SANTISTEBAN, Maria de la Lus   *Rancho*
   bap 27 Sep 1829, ae 3 da; d/ Carlos SANTISTEBAN & Mª de la Lus LUCERO; ap/
   Feliciano SANTISTEBAN & Mª Rafaela TRUGILLO; am/ Juan de Jesus LUCERO & Ygnacia
   ARAGON; gp/ Pascual MARTINES & Juana Mª MARTINES, *vᵉ de S. Fernando*.

LOVATO, Juan Anᵗᵒ   *La Puricima*
   bap 27 Sep 1829, ae 3 da; s/ Marcelo LOVATO & Manuela QUINTANA, *vˢ de la
   Purisima Concepcion*; ap/ Anᵗᵒ LOVATO, dec., & Mª CHAVES; am/ Cristoval QUINTANA
   & Anᵗᵃ de LUNA; gp/ Carlos Hipolito BEAUBIEN (only), *vᵉ del mismo lugar*.

Frame 804
GARCIA, Jose Franᶜᵒ   *Arroyo Ondo*
   bap 27 Sep 1829, ae 11 da; s/ Anᵗᵒ Jose GARCIA & Guadalupe CHAVES, *vˢ del Arroyo
   Ondo*; ap/ Juan Anguel GARCIA & Mª Manuela MARTIN; am/ Anᵗᵒ CHAVES & Candelaria
   VALDONADO; gp/ Tomas LUCERO & Mª Manuela MARTINES, *vˢ de S. Fernando*.

ROMERO, Maria Ygnacia   *Pueblo*
   bap 27 Sep 1829, ae 3 da; d/ Pedro ROMERO & Candelaria MIRABAL, *naturales del
   pueblo*; ap/ Vicente ROMERO & Mª Encarnacion SUASO; am/ Luis MIRABAL & Mª
   Estefana GONSALES; gp/ Juan Anᵗᵒ LUCERO & Mª Josefa LUCERO, *naturales del
   pueblo*.

CASADOS, Juan del Carmen   S. Fernando
   bap 27 Sep 1829, ae 4 da; s/ Jose Gabriel CASADOS & Ana Maria ARCHULETA,
   vecinos de San Ferᵈᵒ; ap/ Juan Anᵗᵒ CASADOS & Rosalia MARTIN; am/ Anᵗᵒ ARCHULETA
   & Juana MARTIN; gp/ Jose Anᵗᵒ SUASO & Mª Josefa CASADOS, *vecinos del mismo*.

Frame 805
BARGAS, Maria Peregrina   S. Fernando
   bap 28 Sep 1829, ae 3 da; nat. d/ Mª Franᶜᵃ BARGAS, *vᵉ de S. Fernando*, & unnamed
   father; ap/ (sic) Estevan BARGAS & Mª TAFOYA, dec.; gp/ Juan CACHINDO & Maria
   Josefa TAFOYA, *vˢ de San Fernando*.

SANCHES, Maria de la Lus   *Rancho*
   bap 28 Sep 1829, ae 5 da; d/ Juan Ygnacio SANCHES & Mª Barbara GONSALES, *vˢ del
   Rancho*; ap/ Manuel SANCHES & Mª Nicolasa SANDOVAL; am/ Jose Anᵗᵒ GONSALES & Mª
   Anᵗᵃ ARAGON; gp/ Miguel ARSENÓ (Origins, p. 405, ARCENÓ) & Mª Rita SANCHES, *vˢ
   del Rancho*.

ROMERO, Jose Miguel   *Rancho*
   bap 2 Oct 1829, ae 3 da; s/ Jose Anᵗᵒ ROMERO & Anna Mª ARRIETA, *vecinos del
   varrio de S. Franᶜᵒ*; ap/ Concepcion ROMERO & Rosa QUINTANA; am/ Ramon ARRIETA
   & Dolores MAES; gp/ Juan Manuel LUCERO & Rafaela VIGIL, *vˢ de S. Fernando*.

Frame 806
MONTOYA, Maria Geronima   *Rancho*
   bap 5 Oct 1829, ae 6 da; d/ Mariano MONTOYA & Mª de la Lus MEDINA, *vˢ de S.
   Franᶜᵒ del Rancho*; ap/ Jose MONTOYA, dec., & Maria Luisa SANDOVAL; am/ Jesus
   MEDINA & Maria MESTAS, dec.; gp/ Anᵗᵒ MARTIN & Vicenta MONTOYA, *vˢ de la plasa
   de la Purisima Concepcion*.

SANDOVAL, Maria Josefa   *Rancho*
   bap 5 Oct 1829, ae 4 da; d/ Manuel Anᵗᵒ SANDOVAL & Anᵗᵃ Margarita MARTINES, *vˢ
   de S. Franᶜᵒ del Rancho*; ap/ Feliciano Anᵗᵒ SANDOVAL & Maria Manuela MARTINES;

am/ Diego Ant° MARTINES & Mª Trinidad GONSALES; gp/ Juan de los Reyes MARTINES & Maria Dolores de la SANTOS, *vecinos de la villa de Sta Crus de la Cañada.*

ESQUIVEL, Maria de Jesus *Las Trampas*
   bap 6 Sep 1829, ae 8 da; d/ Matias ESQUIVEL & Rafaela CORDOBA, *v^s de las Trampas de Picuries*; ap/ Jose ESQUIBEL (sic) & Mª GALLEGOS, both dec.; am/ Fran^{co} CORDOBA & Dorotea SANDOVAL; gp/ Ant° Jose BARELA & Mª de Jesus MASCAREÑAS, *v^s de las Truchas perteneciente a Picuries.* (Frames 806-807)

Frame 807
CHAVES, Maria Ygnacia *Arroyo Seco*
   bap 6 Oct 1829, ae 3 da; d/ Blas CHAVES & Dolores MARTIN; ap/ Juan Pomuceno CHAVES & Mª Clara SANCHES; am/ Ygnacio MARTIN & Mª Paula SALASAR; gp/ Diego SANCHES & Mª Magdalena SANCHES, *v^s todos del Arroyo Seco.*

MARES, Maria Fran^{ca} *Arroyo Seco*
   bap 6 Oct 1829, ae 8 da; d/ Gaspar MARES & Mª de la Lus CORDOVA, *v^s del Arroyo Seco*; ap/ Luis MARES & Mª Josefa MARTINES; am/ Serafino CORDOBA (sic) & Mª Candelaria MEDINA; gp/ Jose Fran^{co} MARTINES & Mª Paula BALDONADO, *v^s del mismo lugar.*

SERNA, Jose de la Crus *Rancho*
   bap 15 Oct 1829, ae 4 da; s/ Jose Fran^{co} SERNA & Mª Ant^a MARTINES, *v^s del Rancho*; ap/ Jose Fran^{co} SERNA & Maria Ysabel MANSANARES; am/ Salvador MARTIN (sic) & Maria Dolores MEDINA; gp/ Juan de Jesus ARGUELLO & Maria Rosa VIGIL, *v^s del Rancho.*

Frame 808
CHAVES, Jose Fran^{co} S. Fernando
   bap 15 Oct 1829, ae 2 da; s/ Jose CHAVES & Mª Victoria MEJICANO, *v^s de S. Fernando*; ap/ Diego CHAVES & Rosalia MOLINA, both dec.; am/ Jose Migil MEJICANO & Gertrudis SERNA, both dec.; gp/ Jose Manuel VIGIL & Mª Josefa VIGIL, *v^s de S. Fernando.*

MARTINES, Jose Florentino *Rancho*
   bap 19 Oct 1829, ae 5 da; s/ Jesus MARTINES & Maria Concepcion CHAVES, *vecinos del varrio de S. Fran^{co}*; ap/ Gerbacio MARTINES & Anna Maria CONCHA, both dec.; am/ Juan Ant° CHAVES & Maria Ant^a VIGIL, both dec.; gp/ Juan Cristobal VIGIL & Ant^a Viviana TORRES, *vecinos del mismo lugar.*

PACHECO, Maria Hursula *Arroyo Ondo*
   bap 21 Oct 1829, ae 1 da; d/ Ant° PACHECO & Mª Encarnacion BERNAL, *v^s del Arroyo Ondo*; ap/ Juan Ant° PACHECO & Mª Josefa VIGIL; am/ Jose BERNAL & Mª (n.s.-blank space), both dec.; gp/ Pablo LUCERO & Mª Paula LARRAÑAGA, *v^s de S. Fernando.*

Frame 809
VIGIL, Ant° Jose *Arroyo Seco*
   bap 27 Oct 1829, ae 3 da; s/ Ricardo VIGIL & Mª Dolores BALLEJOS; ap/ Gabriel VIGIL & Anna Mª LUCERO, dec.; am/ Juan Bautista BALLEJOS & Mª Gertrudis MARTIN who were the gp, *v^s todos del Arroyo seco.*

MARTIN, Jose Maria S. Fernando
   bap 28 Oct 1829, ae 3 da; nat. s/ Mª Catarina MARTIN, *vecina del varrio de S. Fernando*; am/ Pedro MARTIN & Josefa DURAN, both dec.; gp/ Juan SANDOVAL & Teodora MARTIN, *vecinos del mismo lugar.*

VARGAS, Juan Bautista   *Rancho*
   bap 28 Oct 1829, ae 5 da; nat. s/ Maria Rita VARGAS, v⁵ del Rancho, & unnamed father; am/ Estevan BARGAS (sic) & Andrea TAFOYA; gp/ Rafael LOVATO & Mª de la Lus ESPINOSA, vˢ del Rancho.

Frame 810
FERNANDES, María Simona   *Rancho*
   bap 1 Nov 1829, ae 4 da; d/ Jesus FERNANDES & Maria Franᶜᵃ CHABES; ap/ Jose FERNANDES (only), dec.; am/ Luis CHABES & Anamaria MARTINES; gp/ Jose Julian SANCHES & Juana Paula ARMIJO, vˢ de San Franᶜᵒ del Rancho.

TAFOYA, Maria de Altagracia   *Rio Chiquito*
   bap 1 Nov 1829, ae 2 da; d/ Bartolo TAFOYA & Maria Antonia GONSALES; ap/ Juan Bartolo TAFOYA & Maria Dolores MAESE; am/ Juan Cayetano GONSALES, both dec., & Maria Lorensa GEORGE; gp/ Ramon MEDINA & Maria Guadalupe ESPINOSA, vˢ del Rio Chiquito.

URTADO, Jose Franᶜᵒ   *Rancho*
   bap 3 Nov 1829, ae 2 da; s/ Manuel URTADO & Maria Gertrudis VIGIL; ap/ Migel URTADO & Mª de Jesus SANDOVAL, dec.; am/ Jose VIGIL, dec., & Maria Petrona ROJO; gp/ Jose Franᶜᵒ RUBIN & Mª de Jesus GALLEGOS, vecinos todos del varrio de S. Franᶜᵒ del Rancho.

Frame 811
BLEA, Juan Franᶜᵒ   *San Fernando*
   bap 7 Nov 1829, ae 9 da; nat. s/ Mª de la Lus BLEA, vˢ de S. Fernando, & unnamed father; am/ Pascual BLEA & Mª de los Angeles ARCHULETA; gp/ Margarita LOVATO (only), vˢ de S. Fernando.

GONSALES, Carlos   *Ranchito*
   bap 8 Nov 1829, ae 3 da; s/ Cristobal GONSALES & Mª Simona TRUGIO; ap/ Diego GONSALES & Juana MANTÁÑA (sic); am/ Juan Antᵒ TRUGILLO (sic) & Juana Antᵃ VUENA; gp/ Manuel Antᵒ ALIRE & Maria Gertrudis AG(U)ILAR, vecinos todos de S. Franᶜᵒ del Ranchito.

BRASAL, Maria Teresa   Besenico TRUGILLO   *S. Fernando*
   bap 8 Nov 1829, ae 3 da; d/ Antᵒ BRASAL & Mª Getrudis (TRUGILLO), vecina de San Ferᵈᵒ; ap/ (blank space); am/ Juan Besenico TRUGILLO & Pascuala GONSALES; gp/ Vicente TRUGILLO & Mª Tiburcia TRUGILLO, vecinos de San F(e)rnᵈᵒ. (Frames 811-812)

Frame 812
ARCHULETA, Leonardo de Jesus   *Rancho*
   bap 16 Nov 1829, ae 10 da; s/ Jose Miguel ARCHULETA & Mª de Gracia SALASAR, vˢ de S. Fernando; ap/ Juan de Jesus ARCHULETA & Mª Juaquina BENAVIDES; am/ Juan Manuel SALASAR & Mª Cencion MEDINA; gp/ Juan Bautista CRUS & Mª Paula ARAGON, vˢ del Chamisal.

CORTES, Jose Franᶜᵒ   *Rancho*
   bap 16 Nov 1829, ae 5 da; s/ Domingo CORTES & Maria Ygnacia VIGILA, vˢ de S. Franᶜᵒ del Rancho; ap/ Jose Maria CORTES & Ygnacia ARCHULETA; am/ Ygnacio TRUGILLO (sic) & Juana MARQUE(S), vˢ del mi(s)mo lugar; gp/ Jose Juaquin GONSALES & Mª Guadalupe MARTINES, vˢ de S. Franᶜᵒ del Rancho.

Frame 813
JARAMILLO, Juana Maria   *Rancho*
   bap 16 Nov 1829, ae 4 da; d/ Jose Sebastian JARAMILLO & Mª Tiodora SANDOBAL; ap/ Maria Culasa GARAMILLO (sic-only); am/ Manuel SANDOBAL & Maria Antᵃ LOBATO,

vˢ todos de San Franᶜᵒ del Rancho; gp/ Gregorio DURAN & Mª Clara FERNANDES, vˢ del mismo lugar.

GURULÉ, Maria Petra   Rancho
   bap 15 Nov 1829, ae 5 da; d/ Loren(s)o GURULÉ & Maria Franᶜᵃ GARCIA, vˢ del Rancho; ap/ Cristoval GURULÉ & Polonia LUCERO, both dec.; am/ Manuel GARCIA & Mª Magdalena GUTIERRES, both dec.; gp/ Anᵗᵒ Jose VIGIL & Mª Margarita ARAGON, vˢ de San Franᶜᵒ del Rancho.

GONSALES, Anᵗᵒ Maria   Arroyo Ondo
   bap 16 Nov 1829, ae 3 da; s/ Eologio GONSALES & Guadalupe SISNEROS, vˢ del Arroyo Ondo; ap/ Juan GONSALES & Mª Antª MARTIN; am/ Nerio SISNEROS & Tiodora MARTIN; gp/ Rafael SISNEROS & Mª de Jesus ESPINOSA, vˢ del Arroyo Ondo. (Frames 813-814)

Frame 814
LUCERO, Jose Eujenio   S. Fernando
   bap 17 Nov 1829, ae 3 da; s/ Anᵗᵒ LUCERO & Mª Rosa CORTES, vˢ de S. Fernando; ap/ Franᶜᵒ LUCERO & Mª de la Lus SANCHES; am/ Pedro CORTES & Juana GONSALES, both dec.; gp/ Ramon LUCERO & Mª de la Lus SANCHES, vˢ de S. Fernando.

GONSALES, Juan Jose   Rancho
   bap 18 Nov 1829, ae 8 da; s/ Salvador GONSALES & Mª VIGIL, vˢ del Rancho; ap/ Jose Anᵗᵒ GONSALES & Mª REYNA; am/ Jose Santiago VIGIL & Juana MESTAS; gp/ Ramon MEDINA & Mª Guadalupe ESPINOSA, vˢ del Rancho.

ORTIS, Maria Paula   Pueblo
   bap 18 Nov 1829, ae 4 da; d/ Lorenzo ORTIS & Josefa CONCHA, vˢ del pueblo; ap/ Juan Anᵗᵒ ORTIS & Maria (n.s.), both dec.; gp/ Franᶜᵒ ORTIS & Maria Sisilia TOMAS, vˢ del pueblo. (Frames 814-815)

Frame 815
VIGIL, Jose Eologio   Ranchito
   bap 16 Nov 1829, ae 2 da; s/ Franᶜᵒ VIGIL & Mª Viviana MARES, vˢ del Ranchito de S. Franᶜᵒ; ap/ Miguel VIGIL & Anna Mª ARAGON, dec.; am/ Luis MARES & Josefa MARTIN; gp/ Juan de los Reyes MARES & Josefa MARTIN, vˢ del mismo lugar.

LONTÉ, Jose Felis   S. Fernando
   bap 21 Nov 1829, ae 2 da; s/ Agustin Geronimo LONTÉ (Origins, p. 424, same) & Mª de la Lus TRUGILLO; ap/ Amador LONTÉ & Mª Magdalena REY; am/ Pablo TRUGILLO & Mª Feliciana ORTIS, dec.; gp/ Juan de Jesus BALDES & Mª Dolores TRUGILLO, vˢ de S. Fernando.

Frame 816
GAUNA, Jose Rafael   Arroyo Ondo
   bap 22 Nov 1829, ae 3 da; s/ Jose GAUNA & Mª Trinidad APODACA; ap/ Juachin GAUNA & Maria Josefa GONSALES; am/ Crus APODACA & Mª Ysabel PADILLA; gp/ Juan BALDES & Mª Dolores APODACA, vecinos todos del Arroyo Ondo.

CRUS, Maria de Jesus   Chamisal
   bap 25 Nov 1829, ae 5 da; s/ Juan Jose CRUS & Mª Dolores MARTIN, vˢ de Crus del Chamisal; ap/ Juan Bautista CRUS & Juana Josefa URTADO; am/ Santos MARTIN & Maria Manuela ROMERO; gp/ Manuel BACA & Maria Rafaela BACA, vecinos de S. Fernando.

RAEL, Juan de Jesus   Rancho
   bap 29 Nov 1829, ae 5 da; s/ Jose RAEL & Maria Dolores CORDOBA, vesinos del barrio de San Franᶜᵒ del Rancho; ap/ Juan Anᵉˢ RAEL & Teresa CRESPIN, both

dec.; am/ Jose CORDOVA & Juana Maria MARTIN; gp/ Juan Manuel GURULE & Maria Petra GARCIA, *vesinos del Rancho*.

Frame 817
SALASAR, Jose Dolores
    bap 29 Nov 1829, ae 6 da; nat. *espurio* s/ Maria Juliana SALASAR, married, & unknown father; am/ Domingo SALASAR, dec., & Maria Guadalupe GONSALES; gp/ Julian GON (Origins, p. 417, GORDON) & Juana Maria LUCERO.

ARMENTA, Maria Manuela   *Arroyo Ondo*
    bap 6 Dec 1829, ae 8 da; d/ Ygnacio ARMENTA & Guadalupe MARTIN; ap/ Simon ARMENTA & Maria MARTIN; am/ Salbador MARTIN & Rosa MARTIN, *vesinos del Arroyo Ondo*; gp/ Jose An^{to} TRUGILLO & Maria Fran^{ca} MARTIN.

ERRERA, Ventura de Jesus   *Rancho*
    bap 6 Dec 1829, ae 5 da; d/ Andres de ERRERA & Maria del Carmel ROMERO; ap/ Juan Pablo ERRERA & Juana BENAVIDES; am/ Juan ROMERO & Vibiana TORRES, *vesinos de San Fran^{co} del Rancho*; gp/ Juaquin Andres GARCIA & Maria Encarnacion VIGIL.

Frame 818
ESPINOSA, Maria Andrea   *Pueblo*
    bap 9 Dec 1829, ae 5 da; d/ Jose Rafael ESPINOSA & Maria Encarnacion SAMORA, *vesinos del pueblo*; ap/ Jose An^{to} ESPINOSA & Catarina ROMERO; am/ An^{ta} SAMORA & grandfather unknown; gp/ Juan Nepomoceno CORTES & Maria de la Crus MARTIN, *vesinos del Arroyo Seco*.

LEAL, Maria Dolores   *Rancho*
    bap 11 Dec 1829, ae 3 da; d/ Pedro LEAL & Mª Dolores MIRAVAL, *vecinos del Rancho*; ap/ Domingo LEAL & Veronica CORTES; am/ Juan Luis MIRAVAL & Damacia GONSALES; gp/ Vicente GARCIA & Mª Rufina GARCIA, *vecinos del Rancho*.

BEITA, Jose Guadalupe   *Rancho*
    bap 12 Dec 1829, ae 5 da; s/ Jose Mª BEITA & Mª Polonia SANDOVAL; ap/ Jose An^{to} BEITA & Josefa SANCHES; am/ Santiago SANDOVAL & Mª Candelaria BALDES; gp/ Miguel GARCIA & Mª Margarita LUCERO, *v^s todos del Rancho*. (Frames 818-819)

Frame 819
LUJAN, Maria Guadalupe   *Pueblo*
    bap 13 Dec 1829, ae 4 da; d/ Juan Manuel LUJAN & Mª MARTIN; ap/ Santiago LUJAN & Maria Rosa ROMERO; am/ Mª An^{ta} MARTIN (only); gp/ Juan de Jesus LUCERO & Mª Ygnacia ARAGON, *vecinos del pueblo*.

TRUGILLO, Maria Lucia   S. Fern^{do}
    bap 15 Dec 1829, ae 3 da; d/ Pablo TRUGILLO & Mª Ygnacia BACA, *vecinos de Sta Barbara*; ap/ An^{to} Aban TRUGILLO & Juana ROMERO; am/ Estevan BACA, dec., & Maria de la Lus MARTINES; gp/ Jose Manuel ALEN (Origins, p. 404, same) & Mª Rosalia BACA, *v^s de S. Fernandes*.

MARES, Maria de la Lus   *Ranchito*
    bap 21 Dec 1829, ae 3 da; d/ Juan MARES & Juana GONSALES, *v^s del Ranchito*; ap/ Luis MARES & Josefa MARTINES; am/ Jose GONSALES & Mª Gertrudis BEITA; gp/ Santiago MARTINES & Mª de la Lus LUCERO, *vecinos de San Fernando*. (Frames 819-820)

Frame 820
PADIA, Juana Maria   *Rancho*
    bap 22 Dec 1829, ae 4 da; d/ Felis PADIA & Mª Ygnacia MARTIN, *v^s del barrio de*

San Francisco; ap/ Pedro PADILLA (sic) & Mª Lusia CHAVES, both dec.; am/ Domingo MARTINES (sic-only); gp/ Salvador ROMERO & Maria Antonia ROMERO, *vˢ de San Franᶜᵒ del Rancho.*

MONTES, Mª Concepcion   Arroyo Ondo
   bap 22 Dec 1829, ae 8 da; d/ Franᶜᵒ MONTES & Mª Juana MONTOYA, *vecinos del Arroyo Ondo;* ap/ Antᵒ MONTES & Mª Ygnes MARTIN, dec.; am/ Bernardo MONTOYA & Mª Ysabel SALASAR; gp/ Franᶜᵒ Antᵒ QUINTANA & Mª Teresa LEON, *vecinos del Arroyo Ondo.*

MAES, Felipe Santiago   San Fernando
   bap 23 Dec 1829, ae 1 da; s/ Jose Mª MAES & Mª Manˡ⁽ᵃ⁾ PACHECO, *vˢ de S. Fernando;* ap/ Juan MAES & Mª Rosalia TENORIO, both dec.; am/ Felipe Santiago PACHECO & Gertrudis CORDOBA who were the gp, *vecinos de la Purisima Concepcion del Ranchito.* (Frames 820-821)

Frame 821
MESTAS, Jose Tomas   San Fernando
   bap 23 Dec 1829, ae 4 da; nat. s/ Mª Manuela MESTAS, *vecina de S. Fernando,* & unnamed father; am/ Jose Felipe MESTAS & Mª Dolores MONDRAGON; gp/ Santiago MARTINES & Mª de la Lus LUCERO, *vˢ de S. Fernando.*

LUCERO, Mª Antonia   Arroyo Ondo
   bap 25 Dec 1829, ae 4 da; d/ Jose Mª LUCERO & Mª Ygnacia ARCHULETA; ap/ Cristoval LUCERO & Juana ARAGON, both dec.; am/ Jose Antᵒ ARCHULETA & Mª Antª CORDOBA; gp/ Antᵒ ROMERO & Mª Dolores CRUS, *vecinos todos del Arroyo Ondo.*

LASO, Maria Manuela   Pueblo
   bap 25 Dec 1829, ae 4 da; d/ Pablo LASO & Mª Antª LUCERO; ap/ Matias LASO & Rosalia ESPINOSA; am/ Juan Antᵒ LUCERO & Mª Ygnacia ESPINOSA; gp/ Augustin ROMERO & Mª Ylaria FERNANDES, *vecinos naturales todos deste pueblo.* (Frames 821-822)

Frame 822
GALLEGO, Jose Torivio   San Fernando
   bap 28 Dec 1829, ae 5 da; nat. s/ Mª Pabla GALLEGO, *vˢ del Rito,* & unnamed father; am/ Diego GALLEGOS (sic) & Franᶜᵃ ESPINOSA; gp/ Jose Rafael LUNA & Maria Ygnacia JARAMIO, *vˢ de San Fernando.*

DURAN, Jose Dolores   Arroyo Seco
   bap 30 Dec 1829, ae 3 da; s/ Vicente DURÁN & Mª Manuela MEDINA, *vecinos del arroyo Seco;* ap/ Juan Andres DURAN & Mª Candelaria MONDRAGON; am/ Felipe MEDINA & Mª Guadalupe QUINTANA; gp/ Franᶜᵒ Antᵒ MEDINA & Mª Soledad GOMES, *vecinos del Arroyo Ondo.*

MONTOYA, Jose Ygnacio   Rancho
   bap 31 Dec 1829, ae 4 da; s/ Manuel MONTOYA & Hermenegilda ESPINOSA, *vecinos de Santa Varvara;* ap/ Franᶜᵒ MONTOYA & Reyes ROYBAL; am/ Cristoval ESPINOSA & Rafaela TRUGILLO; gp/ Hermenegildo SALASAR & Marcelina TAFOYA, *vecinos del Llano.*

Frame 823
Año de 1830
BALDES, Maria Teodora   San Fernando
   bap 2 Jan 1830, ae 10 da; d/ Jose Ygnacio BALDES & Maria Manuela SANCHES, *vesinos de San Fernandes;* ap/ Manuel BALDES, dec., & Maria Josefa GARCIA; am/ Jose Manuel SANCHES & Teodora SISNEROS, dec.; gp/ Jose Maria LUCERO & Ana Maria SANCHES, *vecinos del curato de San Juan de los Caballeros.*

TRUGILLO, Juan de Jesus *La Sienegia*
  bap 3 Jan 1830, ae 8 da; s/ Manuel TRUGILLO & Maria Guadalupe VIGIL, *vecinos de la Sienegia*; ap/ Juan TRUGILLO & Maria Josefa RUIBAL; am/ Joaquin VIGIL & Maria Manuela MONTOYA; gp/ Juan Rafael MARTIN & Maria Vicenta VIGIL, *vecinos del Embudo*.

SANDOVAL, Juan Crisosto *Arroyo Seco*
  bap 3 Jan 1830, ae 3 da; s/ Juan SANDOVAL & Mª Gregoria SANCHES, v^s *del Arroyo Seco*; ap/ Ubaldo SANDOVAL & Mª Luarda TRUGILLO, dec.; am/ Diego SANCHES & Mª Magdalena MARTIN; gp/ Juan Franco LOVATO & Mª Dolores SANCHES, *vecinos de San Fernando*.

BALDES, Mª Manuela S. Fer^{do}
  bap 3 Jan 1830, ae 3 da; nat. d/ Mª del Carmel BALDES, *vecinos de S. Fernando*, & unnamed father; am/ Mª Margarita BALDES (only), dec.; gp/ Jose LUCERO & Mª Rafaela MARTIN, *vecinos de S. Fernando*. (Frames 823-824)

Frame 824
TRUGIO, Jose de Gracia *Las Trampas*
  bap 4 Jan 1830, ae 3 da; s/ Rafael TRUGIO & Manuela CORDOVA, *vecinos delas Trampas*; ap/ Francisco TRUGIO & Ylena GONSALES; am/ Francisco TRUGIO (sic) & Mª CHACONA; gp/ Jose de Gracia MARTIN & Nicolasa TRUGIO, *becinos del Llano de Sta Barbara*.

MARTIN, Juan de los Relles *Ranchito*
  bap 6 Jan 1830, ae 6 da; s/ Juan del Carmen MARTIN & Maria Anta ARCHULETA; ap/ Jose MARTIN & Mª Gertrudis MESTAS; am/ Juan Anto ARCHULETA & Maria Franca PRADA; gp/ Juan Miguel QUINTANA & Maria Tules MARTIN, v^s *todos del Ranchito de San Franco*.

VIGIL, Maria de los Reyes *Rancho*
  bap 8 Jan 1830, ae 2 da; d/ Candelario VIGIL & Mª Ygnacia DURAN, *vecinos del Rancho*; ap/ Anto VIGIL & Mª Simona MONTOYA; am/ Ygnacio DURAN & Mª Anta SANCHES, dec.; gp/ Mariano JARAMILLO & Mª Josefa LOVATO, v^s *del Rancho*.

Frame 825
LUCERO, Maria Franca San Fernando
  bap 8 Jan 1830, ae 2 da; d/ Jose Manuel LUCERO & Maria Franca GARCIA, v^c *de San Fernando*; ap/ Salvador LUCERO & Juana Nasarena (n.s.); am/ Luis GARCIA & Maria Franca Tomasa OLGIN; gp/ Jose Rafael SALAS & Maria de Gracia GARCIA, v^o *de San Bernando*. (No mention of twins)

LUCERO, Jose Rafael San Fernando
  bap 8 Jan 1830, ae 2 da; s/ Jose Manuel LUCERO & Maria Franca GARCIA, v^s *de San Fernan°*; ap/ Salvador LUCERO & Mª Nasarina ARAGON; am/ Luis GARCIA & Maria Tomasa OLGIN, v^o *de San Fernando*; gp/ Jose Rafael SALAS & Mª Gracia GARCIA, v^s *del mismo lugar*. (No mention of twins)

BRANCHE, Jose Alejandro San Fernando
  bap 9 Jan 1830, ae 2 da; s/ Juan de Jesus BRANCHE (Origins, p. 409, BRANCH) & Maria Paula LUNA, *vesinos de San Fernando*; ap/ Pedro VRANCHE (sic) & Matiana ESCORTE (Origins, p. 409, ESCORT); am/ Rafael LUNA & Ana Maria TAFOYA, *vecinos de San Fernan(d)o*; gp/ Blas TRUGILLO & Maria Manuela SANCHES, *vesinos de S. Fern^{do}*.

SANDOVAL, Juan Desiderio *Rancho*
  bap 10 Jan 1830, ae 2 da; nat. s/ Matilda SANDOVAL, *vesina del barrio del Rancho*; am/ Feliciano SANDOVAL & Maria Manuela MARTINES, *vesinos del mismo*

lugar; gp/ Juan de Jesus ARCHULETA & Maria Ygnacia MARTINES, *vesinos del Rancho.*

Frame 826
CRUS, Maria Rufina *Las Trampas*
  bap 11 Jan 1830, ae 6 da; d/ Ysidro CRUS & Dolores ROMERO; ap/ Juan CRUS & Maria Andrea CORDOVA; am/ Juan ROMERO & Felipa ORTEGA; gp/ Juaquin ROMERO & Eulogia SANCHES, *v^s todos de San Jose de las Trampas.*

DURAN, Jose Deciderio San Fernando
  bap 13 Jan 1830, ae 3 da; s/ Fran^{co} DURAN & Mª Josefa MARTIN, *vecinos del varrio de S. Fran^{co} del Rancho;* ap/ Ygnacio DURAN & An^{ta} SANCHES, dec.; am/ Jose MARTIN, dec., & Mª Rita LUCERO; gp/ Pedro VIGIL & Mª Josefa LUCERO, *vecinos de S. Fernando.*

RUIBAL, Jose de Esquipula San Fernando
  bap 14 Jan 1830, ae 4 da; s/ Luterio RUIBAL & Mª de Gracia SUASO, *vecinos del varrion de S. Fernando;* ap/ Juan Domingo RUIBAL & Mª Balentina TRUGILLO, both dec.; am/ Pedro An^{to} SUASO & Mª Catarina BALDES, both dec.; gp/ Eulogio BALDES & Mª Rita BALDES, *vecinos de S. Fernando.*

PACHECO, Maria Fran^{ca} San Fernando
  bap 15 Jan 1830, ae 3 da; d/ Ramon PACHECO & Mª Trinidad VIGIL; ap/ Jose An^{to} PACHECO & Mª Ygnacia SANDOVAL; am/ Juan de la Crus VIGIL & Mª Clara FERNANDES; gp/ Felipenerio (sic) MES & M^a del Refugio PACHECO, *vecinos todos de S. Fran^{co} del Rancho.* (Frames 826-827)

Frame 827
FERNANDES, Juana Maria *Rancho*
  bap 17 Jan 1830, ae 2 da; d/ Jose An^{to} FERNANDES & Mª Ygnes TORRES, *vecinos de S. Fran^{co};* ap/ Jose An^{to} FERNANDES, dec., & Rosa Mª LEIVA; am/ Jose An^{to} TORRES, dec, & Mª Manuela LEAL; gf/ Jose Pablo ARCHULETA, *vecino del Rancho.*

SALASAR, Maria Fran^{ca} *Rancho*
  bap 17 Jan 1830, ae 3 da; d/ Cristoval SALASAR & Mª Barbara BALDES, *vecinos del Rancho;* ap/ Domingo SALASAR, dec., & Mª Guadalupe GURULÉ; am/ Bautista BALDES & Ana Mª ARCHULETA; gp/ Manuel ARAGON & Mª Paula BALDES, *v^s del Rancho.*

CRUS, Mª Estefana *Arroyo Ondo*
  bap 17 Jan 1830, ae 7 da; d/ Jose CRUS & Juana MEDINA, *v^s del Arroyo Ondo;* ap/ Domingo CRUS & Ygnes ARMIJO; am/ Juan Pascual MEDINA & Teresa ESPINOSA; gp/ Jose An^{to} TRUGILLO & Mª Fran^{ca} MARTIN, *vecinos del Arroyo Ondo.* (Frames 827-828)

Frame 828
MADRIL, Maria Petra San Fernando
  bap 18 Jan 1830, ae 2 da; d/ An^{to} MADRIL & Maria BUENO, *vesinos de San Fernandes;* ap/ Pedro MADRIL & Maria de la Luz MOYA; am/ Juan Eugenio BUENO & Teodora (n.s.-blank space); gp/ Bautista CORTES & Maria An^{ta} MONTOYA, *vecinos de San Fernando.*

TORCATA, Mª Ygnes San Fernando
  bap 23 Jan 1830, ae 3 da; d/ Fran^{co} TORCATA & Mª An^{ta} de LUNA, *v^s de San Fernando;* am/ Jose Miguel de LUNA & Mª Juana BACA; ap/ Fran^{co} TURCATA (sic) & Mª DUFENT, dec.; gp/ Cornelio COCA & Mª de Jesus MOYA, *vecinos de San Fernando.*

ARCHULETA, Maria Rita *La Puricima*
  bap 24 Jan 1830, ae 2 da; d/ Pablo ARCHULETA & Mª Guadalupe BEITA; ap/ Jose An^{to} BEITA (sic) & Jose(fa) An^{to} SANCHES; am/ Jose ARCHULETA (sic) & Jertrudes

BALDES; gp/ Manuel SANCHES & Maria An^{ta} RUIBU, *vecinos todos de la Paricima*. (Frames 828-829)

Frame 829
CORDOBA, Jose Felipe   *Arroyo Ondo*
  bap 24 Jan 1830, ae 10 da; s/ Domingo CORDOBA & Mª Concepcion ATENCIO, *v^s del Arroyo Ondo*; ap/ Pablo CORDOBA & Mª An^{ta} Margarita ROMERO; am/ Ylario ATENCIO & Mª Balbaneda MASCAREÑAS; gp/ Fernando GARCIA & Mª Ygnacia MEDINA, *v^s del Arroyo Ondo*.

SALASAR, Mª de la Paz
  bap 24 Jan 1830, ae 2 da; d/ Juan Simon SALASAR & Maria Dolores de HERRERA, *vecinos de San Fernando*; ap/ Juana SALASAR (only); am/ Juan de HERRERA, dec., & Mª Maria (sic) Ysabel GARCIA; gp/ Jesus Mª CORDOBA & Juana Maria MARTINES, *vecinos de San Fernando*.

CORDOBA, Maria Peregrina   *Arroyo Seco*
  bap 24 Jan 1830, ae 6 da; d/ Jose Manuel CORDOBA & Mª Dolores MEDINA; ap/ Man^l CORDOBA & Mª Guadalupe SERDA; am/ Felipe MEDINA & Mª Guadalupe QUINTANA; gp/ Jose Mª GONSALES & Mª Gregoria MEDINA, *v^s todos del Arroyo Seco*.

Frame 830
APODACA, Jose Sebastian   *Arroyo Ondo*
  bap 24 Jan 1830, ae 5 da; s/ Mª Candelaria APODACA, *v^a del Arroyo Ondo*, & unnamed father; am/ Jose APODACA & Mª Casilda CORDOBA; gp/ Juan Jose PACHECO & Mª Fernanda BUENO, *vecinos del Arroyo Ondo*.

MONTOYA, Jose Fran^{co} *Pueblo*
  bap 27 Jan 1830, ae 3 da; s/ Fran^{co} MONTOYA & Mª Benita MARABAL (sic), *v^s deste pueblo*; ap/ Jose MONTOYA & Mª ROMERO; am/ Jose MIRABAL & Mª LASO; gp/ Jose Gabriel MARTIN & Mª Candelaria LALANDA, *v^s de S. Fernando*.

SANDOVAL, Maria Paula   San Fernando
  bap 27 Jan 1830, ae 2 da; d/ Nicolas SANDOVAL & Mª Ygnacia MARTIN; ap/ Matias SANDOVAL & Mª Ygnacia BUENO; am/ Ramon MARTIN & Mª Paula MARTIN, *v^s de San Fran^{co} del Rancho*; gp/ Juan TRUGILLO & Mª Teodora MARTIN.

LOBATO (gp), Juan An^{to} *Rancho*
  bap 27 Jan 1830, ae about 5 yr; s/ (unknown), ransomed from the Caigua Tribe; gp/ Buenav^a LOBATO & Mª Ygnacia SANCHES, *v^s de San Fran^{co} del Rancho y este mismo es amo de (dicha) parbulo*.

Frame 831
MARTINES, Jose Pablo   San Fernando
  bap 27 Jan 1830, ae 3 da; s/ Santiago MARTINES & Mª de la Lus LUCERO, *v^s de San Fernando*; ap/ Severino MARTINES & M^a del Carmel SANTISTEVAN, both dec.; am/ Mª Pablo LUCERO & Mª Paula LARRAÑAGA; gp/ An^{to} Jose MARTINES & Juana Mª MARTINES, *v^s de S. Fernando*.

GONSALES, Jose Ramon   *Rancho*
  bap 28 Jan 1830, ae 3 da; s/ An^{to} GONSALES & M^a del Carmen CARDENAS, *v^s del varrio de San Fran^{co} del Rancho*; ap/ Jose An^{to} GONSALES & Mariquita REYNA; am/ Bentura CARDENAS & Mª de la Luz LUGAN; gp/ Fran^{co} CARDENAS & Mª Ramona MARTIN, *v^s del mismo lugar*.

SUASO, Juana Maria   San Fernando
  bap 29 Jan 1830, ae 2 da; nat. d/ Jertrudis SUASO, *v^a de San Fernando*, & unnamed father; am/ Miguel SUASO & Mª Josefa PANDO; gp/ San Juan MARES & Margarita MARTINES, *v^s todos de San Fernando*.

Frame 832
CARRIO, Jose Tomas   Santa Barbara
   bap 31 Jan 1830, ae 5 da; s/ Jose CARRIO & Juana MARTINES, *vecinos de Santa
   Barbara pertenecien á Picuries*; ap/ Jasinto CARRIO & Mª Teodora GONSALES; am/
   Vicente MARTIN (sic) & Mª Ysabel HURTADO; gp/ Anto Maria SANTISTEVAN & Mª
   Encarnacion MARTIN, *vˢ del mismo lugar*.

TRUGILLO, Mª Franca   Rancho
   bap 31 Jan 1830, ae 3 da; d/ Franco Estevan TRUGILLO & Mª Varbara Antª SANCHES,
   vˢ del Rancho; ap/ Ygnacio TRUGILLO & Mª Josefa NARANJO, both dec.; am/ Jose
   Manuel SANCHES, dec., & Teresa de Jesus MESTAS; gp/ Juan Venito BALDES & Mª
   Catarina TRUGILLO, *vˢ del Arroyo Seco*.

MARTIN, Pedro de Jesus   La Sienegia
   bap 31 Jan 1830, ae 15 da; s/ Ygnacio MARTIN & Mª Lus VIGIL; ap/ Andres MARTIN
   & Josefa MARTIN; am/ Joaquin VIGIL & Concepcion GARCIA; gp/ Manuel Anto VIGIL
   & Mª de Leonicia MONTOYA, *vˢ todos de la Sienegilla*.

PACHECO, Maria Martina   San Fernando
   bap 31 Jan 1830, ae 2 da; d/ Ysidro PACHECO & Mª Josefa LUCERO; ap/ Felipe
   PACHECO & Mª Gertrudis CORDOBA; am/ Miguel LUCERO & Mª Rosa SANCHES; gp/ Pablo
   LUCERO & Mª Paula LARRAÑAGA, *vˢ todos de San Ferndo*.

Frame 833
MARTIN, Maria Rosa   Rancho
   bap 31 Jan 1830, ae 2 da; d/ Juan Ygnacio MARTIN & Mª Casilda MARTINES, *vˢ del
   Rancho*; ap/ Jose Franco MARTIN & Mª Tomasa SANCHES; am/ Felipe MARTIN (sic) &
   Mª Concepcion TRUGILLO; gp/ Julian GON (Origins, p. 417, GORDON) & Juana Mª
   LUCERO, *vˢ del Rancho*.

MASCAREÑAS, Mª Candelaria   Rancho
   bap 2 Feb 1830, ae 3 da; d/ Miguel MASCAREÑAS & Mª Manuela BUENO; ap/ Bernardo
   MASCAREÑAS, dec., & Mª Juliana CORDOBA; am/ Antonio BUENO & Maria Rosalia
   BALDES, both dec.; gp/ Juan CORDOVA & Mª de Jesus FERNANDES, *vecinos todos los
   dⁿᵒˢ del vº de San Franco del Rancho*.

BEITA (patron), Mª Dolores   Tribu Caygua
   bap 2 Feb 1830, ae 7 yr; d/ (unknown), ransomed from the Caigua Tribe; gp/
   Jose Gabriel BEITA & Mª Manuela ROMERO, *vecinos de S. Franco del Rancho y este
   mismo es amo de dho parbulo*.

Frame 834
GARCIA, Mª Candelaria   Arroyo Ondo
   bap 3 Feb 1830, ae 4 da; d/ Fernando GARCIA & Mº Ygnacia MEDINA, *vˢ del Arroyo
   Ondo*; ap/ Juan Jose GARCIA & Maria Antª PADILLA; am/ Juan Pascual MEDINA &
   Maria Teresa ESPINOSA; gp/ Anto Domingo CORDOVA & Mª Con(ce)peicion ATENCION,
   vecinos del Arroyo Ondo, vˢ del mismo lugar.

CRUS, Jose de los Relles   Rancho
   bap 4 Feb 1830, ae 3 da; s/ Jose Vicente CRUS & Maria Dolores MEDINA; ap/ Jose
   Bicente CRUS & Maria Barvara MARTIN; am/ Gregorio MEDINA & Maria Ysabel
   ROMERO; gp/ Juan de Jesus ROMO & Ana Maria CANDELARIA, *vˢ todos del Rancho de
   San Franco*.

ESPINOSA, Maria Candelaria   Picuries
   bap 5 Feb 1830, ae 3 da; d/ Migl ESPINOSA & Mª Manuela LOBATO, *vˢ de Pecuris*;
   ap/ Tadeo ESPINOSA & Mª de Jesus CORDOVA; am/ Migl LOBATO & Barbara PINEDA; gp/
   Juan de los Reyes MUÑIZ & Tomasa GONSALES, *vˢ todos los dhᵒˢ dela Micion de
   Picuris*.

TAOS BAPTISMS, VOLUME II   1827-1830, AASF #19

PANDO, Jose Candelario   Picuries
   bap 5 Feb 1830, ae 5 da; nat. s/ Juana PANDO, *vecina de San Jose de las Trampas de Picuries*, & unnamed father; am/ Juan PANDO & Gertrudis CANDELARIO; gp/ Juan Pomuceno VELASQUES & Gertrudis PANDO, *v^s del mismo lugar*. (Frames 834-835)

Frame 835
TRUGILLO, Mª Nicolasa   San Fernando
   bap 5 Feb 1830, ae 3 da; d/ Jose Benito TRUGILLO & Mª Tomasa GARCIA, *v^s de S. Fernando*; ap/ An^{to} TRUGILLO & Mª Juana Paula SANCHES; am/ Fran^{co} GARCIA & Mª Gertrudis VALVERDE; gp/ Jose de Jesus TRUGILLO & Mª Dolores GONSALES, *v^s de S. Fernando*.

MONTOYA, Felipe de Jesus   Pacuries
   bap 5 Feb 1830, ae 6 da; s/ Blas MONTOYA & Mª Josefa ROMERO, *v^s de San Jose de las Trampas de Picuries*; ap/ Pascual MONTOYA & Guadalupe SANDOVAL; am/ Juan ROMERO & Barbara CORDOBA; gp/ Jose Mª ROMERO & Ysabel LUJAN, *v^s del mismo lugar*.

ROMERO, Jose Candelario   San Fernando
   bap 5 Feb 1830, ae 4 da; s/ Juan Domingo ROMERO & Mª Ygnacia CHAVES; ap/ Jose ROMERO & Juana BARELA; am/ Jose Mª CHAVES & Juana ORTEGA; gp/ Fran^{co} DURAN & Juana ALIRE, *v^s de S. Fer^{do}*.

Frame 836
GARCIA, Felipe de Jesus (Jose Felipe de Jesus in margin)   Rancho
   bap 6 Feb 1830, ae 2 da; s/ Deciderio GARCIA & Mª Manuela MARTIN, *v^s del v^o de San Fran^{co}*; ap/ Manuela GARCIA (only); am/ Juan MARTIN, dec., & Mª Catarina CORDOBA; gp/ Miguel VIGIL & Mª Encarnacion CORDOBA, *v^s del mismo lugar*.

ARELLANO, Jose Miguel de Jesus   San Fernando
   bap 6 Feb 1830, ae 4 da; s/ Ysidro ARELLANO & Maria Juana Catarina LEYBA, *v^s del Chamisal*; ap/ Miguel LEYBA (sic) & Fran^{ca} LOPES; am/ Julian ARELLANO (sic) & Paula BORREGO; gp/ Paulin MAES, *vecinos de San Fer^{do}*, & Mª Rafaela de HERRERA *de Santa Barbara*.

SUASO, Fran^{co} Pueblo
   bap 6 Feb 1830, ae 3 da; s/ Fran^{co} SUASO & Mª de la Lus ROMERO, *naturales del pueblo*; ap/ Tomas SUASO & Mª LOMA, both dec.; am/ Pedro ROMERO & Manuela ORTIS; gp/ Fran^{co} SUASO & Mª Josefa MIRABAL, *naturales del pueblo*.

Frame 837
REYNA, Maria Paula   Pueblo
   bap 6 Feb 1830, ae 2 da; d/ Juan Miguel REYNA & Mª Guadalupe ROMERO, *naturales del pueblo*; ap/ Jose REYNA & Rosalia LUJAN, both dec.; am/ Juan ROMERO & M^a RIO, both dec.; gp/ Juan An^{to} DELGADO (only), *naturales del pueblo*.

MEDINA, Juana Maria   Rancho
   bap 8 Feb 1830, ae 3 da; d/ Juan de Jesus MEDINA & Josefa MARTIN, *v^s del Rancho*; ap/ Juan Nepomoceno MEDINA & Maria Candelaria VIGIL; am/ Gervacio MARTIN & Juana CORTES; gp/ Feliz URIUSTE & M^a del Carmen SANCHES, *v^s del Rancho*.

VIGIL, Juan Felipe de Jesus   Rancho
   bap 7 Feb 1830, ae 4 da; nat. s/ Soledad VIGIL, *v^s del Rancho*, & unnamed father; am/ Manuel VIGIL & Mª Agustina MEDINA; gp/ Jose Mª TRUGILLO & Mª Reyes MEDINA, *v^s del Rancho*.

MARQUES, Jose Santiago   Rancho
  bap 10 Feb 1830, ae 3 da; s/ Mª Teodora MARQUES, v^s del Rancho, & unnamed
  father; am/ Vicente MARQUES & Mª Guadalupe TRUGILLO; gp/ Nepomuceno DURAN & Mª
  de la Lus SANCHES, v^s del Rancho. (Frames 837-838)

Frame 838
YUL, Jose Polonio   San Fernando
  bap 10 Feb 1830, ae 2 da; s/ Fran^{co} YUL & Mª Dolores TRUGILLO, v^s del Rancho;
  ap/ not known as the child's father is absent; am/ Pablo TRUGILLO & Mª
  Feliciana ORTIS, dec.; gp/ Juan TRUGILLO & Josefa QUINTANA, v^s dela Purisima.

MEDINA, Jose Desiderio   Arroyo Ondo
  bap 14 Feb 1830, ae 3 da; s/ Tiburcio MEDINA & Juana ARCHULETA, v^s del Arroyo
  Ondo; ap/ Cristoval MEDINA & Juana CORDOBA; am/ Marcos ARCHULETA & Mª Dolores
  SANCHES; gp/ Juan Nepomuseno ARELLANO & Mª Luisa SISNEROS, v^s del mismo
  lugar.

MEDINA, Juan Bautista   Arroyo Seco
  bap 14 Feb 1830, ae 5 da; s/ Fran^{co} MEDINA & Soledad GOMES, v^s del Arroyo Seco;
  ap/ Felipe MEDINA & Guadalupe QUINTANA; am/ An^{to} GOMES & Mª ROMERO, dec.; gp/
  Juan Nepomuceno SANDOVAL & Mª Gregoria SANCHES, v^s del mismo lugar.

Frame 839
APODACA, Gillermo de Jesus   Arroyo Ceco
  bap 14 Feb 1830, ae 5 da; s/ Diego APODACA & Ysidora LOPES, Arroyo Seco; ap/
  Juan de la Crus APODACA & Mª Ysabel PADIA; am/ Salvador LOPES & Mª BALDES; gp/
  Jose Mª SANCHES & Mª Rita BACA, v^s del Arroyo Seco.

CHAUBELON, Juan Bautista   La Puricima
  bap 14 Feb 1830, ae 5 da; s/ Juan CHAUBELON (Origins, p. 411, same) & Mª
  Viviana MARTINES, v^s de la Purisima; ap/ Juan CHAUBELON & Mª BLEA; am/ An^{to}
  MARTINES & Mª Rafaela BEITA; gp/ Agustin Geronimo LONTE (Origins, p. 424,
  LONTÉ) & Mª de la Lus TRUGILLO, v^s de S. Fern^{do}.

CHIRINA, Mª Quirina   S. Fernando
  bap 15 Feb 1830, ae 4 da; d/ Pedro CHIRINA & Mª Rosalia SILVA, vecinos de San
  Fernando; ap/ Ascencio CHIRINA & Agustina GOMES, both dec.; am/ Santiago SILVA
  & Juana Encarnacion BELASQUES; gm/ Maria Petra del VALLE, vecina de San
  Fernando.

Frame 840
BASQUES, Maria Remula   Rancho
  bap 15 Feb 1830, ae 2 da; nat. d/ Mari(a) Juliana BASQUES, vecina del varrio
  de S. Fran^{ci} del Rancho; am/ Domingo BASQUES & Maria Josefa DURÁN, both dec.;
  gm/ Mª Petra del VALLE.

MONDRAGON, Maria Dolores   Rancho
  bap 17 Feb 1830, ae 2 da; d/ Pablo MONDRAGON & Mª Dolores CORDOBA, v^s del
  Rancho; ap/ Juan MONDRAGON & Mª Clara MARTINES; am/ Seledon CORDOBA & Mª Clara
  BARELA; gp/ Jose GRINE & Mª Manuela SANCHES, v^s del Rancho.

GRIJALBA, Mª Rumalda   San Fernando
  bap 18 Feb 1830, ae 1 da; nat. d/ Mª Gertrudis GRIJALBA & father unknown; am/
  Jose GRIJALVA & Mª Petra del BALLE; gm/ Mª Dolores ORTIS, v^s de S. Fernando.

MONTOYA, Maria Feliciana   *Rancho*
   bap 20 Feb 1830, ae 2 da; d/ Ramon MONTOYA & Mª Ygnacia TRUGILLO, vº del *Rancho*; ap/ Jose Franco MONTOYA & Maria Anta BERNAL; am/ Santiago TRUGILLO & Maria Polonia ROMERO, vº del *Rancho*; gp/ Jose Tomas MARQUES & Maria Necolaza SALAZAR. (Frames 840-841)

Frame 841
FERNANDES, Maria Juliana   *Arroyo Ondo*
   bap 20 Feb 1830, ae 4 da; d/ Anto FERNANDES & Mª Nicolasa LEIVA, vº del *Arroyo Ondo*; ap/ Manuel FERNANDO (sic) & Juana Catarina BASQUES; am/ Mateo LEIVA & Mª Jusefa ARTIAGA; gp/ Juan Jose BASQUES & Mª Pascuala CORDOVA, vº del *Arroyo Ondo*.

URIOSTE, Maria Rita   *Rancho*
   bap 21 Feb 1830, ae 3 da; d/ Juan URIOSTE & Maria Manuela VIGIL, vº del *Rancho*; ap/ Franco URIOSTE & Maria Rita MARTIN; am/ Crus VIGIL & Maria Crara FERNANDES; gp/ Jose Deciderio GONSALES & Maria Nicolasa SANDOVAL, vº de San Franco del *Rancho*.

CRUS, Jose Seberino   *Rancho*
   bap 25 Feb 1830, ae 3 da; s/ Jose CRUS & Maria del Carmen SANDOVAL, vº de San Franco *Rancho*; ap/ Bicente CRUS & Maria Rosa MARTINA; am/ Mariano ROMERO (sic) & Maria Franca ARCHULETA; gp/ Padro Anto LUSERO & Maria de la Lus FERNANDES, vº del mismo lugar.

Frame 842
CORDOBA, Maria Paula   *Rancho*
   bap 2 Mch 1830, ae 8 da; d/ Reymundo CORDOBA & Mª Estefana GONSALES; ap/ Anto Aban CORDOBA, dec., & Mª Juliana TORRES; am/ Felipe GONSALES & Mª Franca CHACON, dec.; gp/ Pedro TAFOYA & Mª Gertrudis CORDOBA, vº todos los dhos del vº de S. Franco.

LOVATO, Jose Julian   *San Fernando*
   bap 2 Mch 1830, ae 10 da; s/ Juan Jose LOVATO & Maria Margarita BARELA; ap/ Juan Anto LOVATO & Maria Margarita CHAVEZ; am/ Guadalupe MARTIN (only); gp/ Manuel Anto MARTIN & Maria de la Lus GONSALES, vº todos de Sa(n) Fernando.

MONDRAGON, Juan Nepomoceno Serbolo MONDRAGON   *Arroyo Ondo*
   bap 2 Mch 1830, ae 2 da; s/ Serbolo MONDRAGON & Maria Candelaria DERERA; ap/ Anto MONDRAGON & Maria Encarnacion ESPINOSA; am/ Anto ERRERA (sic) & Maria Encarnacion MONTOYA; gp/ Juan Jose GARCIA & Maria Gertrudis CRUZ, vº del *Arroyo Ondo*.

MARTINES, Maria Refugio   *Rancho*
   bap 2 Mch 1830, ae 3 da; d/ Franco MARTINES & Maria Ygnacia PINEDA, vº de San Franco del *Rancho*; ap/ Bicente MARTIN (sic) & Maria Ysabel VIGIL; am/ Xacinto PINEDA & Josefa LEAL; gp/ Anto Jose TRUGILLO & Maria Manuela COCA, vº de San Fernando. (Frames 842-843)

Frame 843
GARCIA, Juana Paula   *Arroyo Ondo*
   bap 2 Mch 1830, ae 3 da; d/ Jose de Jesus GARCIA & Juana Miquela PACHECO, vº del *Arroyo Ondo*; ap/ Juan Bautista GARCIA & Maria Consepcion SILVA; am/ Juan Anto PACHECO & Maria Encarnacion BERNAL; gp/ Juan Anto PACHECO & Maria Encarnacion BERNAL, vº del mismo lugar.

AGUILAR, Maria Franca   *La Puricima*
   bap 2 Mch 1830, ae 9 da; d/ Juan AGUILAR & Mª Rosa MARTINA, vº de la *Puricima*

Concepcion; ap/ Anto AGUILAR & Juana CORDOVA; am/ Juan Anto MAR(T)IN & Maria CHACON; gp/ Santiago PADIA & Maria Soledad MARTIN, *vˢ del mismo lugar.*

ROMERO, Franco Anto   San Fernando
  bap 2 Mch 1830, ae 8 da; s/ Juan Pedro ROMERO & Maria Candelaria TRUGILLO, *vˢ de San Fernando*; ap/ Nicolas ROMERO & Maria Josefa ÑETO; am/ Alegandro TRUJILLO (sic) & Manuela ARCHULETA; gp/ Jose Bentura SANDOVAL & Maria de Jesus MASCAREÑAS, *vˢ de San Fernando.*

Frame 844
LUJAN, Jose Eulogio   *Pueblo*
  bap 3 Mch 1830, ae 13 da; s/ Vicente LUJAN & Mª Rosa CORDOBA; ap/ Anto LUJAN & Mª Josefa NARANJO; am/ Jose CORDOBA & Mª Soledad LUCERO; gp/ Pablo ROMERO & Mª Dolores LUCERO, *vˢ todos del pueblo.*

HERRERA, Jose Cacimir   *Arroyo Ondo*
  bap 4 Mch 1830, ae 10 da; s/ Cristoval de HERRERA & Mª Ygnacia LUCERO; ap/ Anto de HERRERA & Mª Paula SALASAR; am/ Jose Anto LUCERO & Mª Rosalia BERNAL; gp/ Juan Gablier (sic) DURAN & Tomasa GARCIA, *vˢ todos del Arroyo Ondo.*

LAFAR, Jose Cacimiro   San Fernando
  bap 4 Mch 1830, ae 4 da; s/ Jose Benito LAFAR (Origins, p. 421, same) & Maria Guadalupe MONTOYA, *vˢ de San Fernando*; ap/ Bautis (sic) LAFAR & Mª TURG; am/ Rafael MONTOYO (sic) & Mª Luciana CHAVES; gp/ Manuel Anto MARTIN & Maria Ysabel CORTES, *vˢ de San Fernando.*

Frame 845
LEAL, Juana Mª   *Rancho*
  bap 5 Mch 1830, ae 3 da; d/ Rafael LEAL & Mª Teresa VIGIL; ap/ Domingo LEAL, dec., & Maria Veronica CORTES; am/ Leonicio VIGIL & Mª Manuela MARTIN; gp/ Manuel PADILLA & Mª Hermeregilda VIGIL, *vˢ todos los dʰᵒˢ de S. Franco del Rancho.* (No mention of twins.)

LIAL, Jose Pablo   *Rancho*
  bap 5 Mch 1830, ae 3 da; s/ Rafael LIAL & Mª Teresa VIGIL; ap/ Domingo LEAL (sic), dec., & Mª Veronica CORTES; am/ Leonicio VIGIL & Mª Manuela MARTIN; gp/ Manuel PADILLA & Mª H(e)rmeregilda VIGIL, *vˢ todos los dʰᵒˢ de S. Franco del Rancho.* (No mention of twins.)

LEDU, Jose Seledón   San Fernando
  bap 5 Mch 1830, ae 2 da; s/ Abran LEDÚ (Origins, p. 423, LEDOUX) & Maria Guadalupe TRUGILLO, *vˢ del San Fernᵈᵒ*; ap/ Anto LEDÚ & Magdalena Lucia (n.s.); am/ Blas TRUGILLO & Mª Manuela SANCHES; gp/ Gerbacio NOLAN & Mª Dolores LALANDA, *vecinos todos los dʰᵒˢ de San Fernando.*

FERNANDES, Mª Tomasa   S. Ferᵈᵒ
  bap 7 Mch 1830, ae 5 da; d/ Santiago FERNANDES & Mª Bartola ROMERO, *vˢ de S. Fernando*; ap/ Anto Jose FERNANDES & Mª Luisa MAES; am/ Anto Domingo ROMERO & Mª Josefa QUINTANA; gp/ Juan de los Reyes MARTIN & Juana GALLEGOS, *vˢ del mismo lugar.* (Frames 845-846)

Frame 846
VUSTOS (patron), Mª Rosalia   *Arroyo Seco*
  bap 7 Mch 1830, ae 7 yr; d/ *Tribu Timpanaga*, ransomed by & *famula de* Franco VUSTOS & Mª Soledad (n.s.), who were the gp.

TAOS BAPTISMS, VOLUME II   1827-1830, AASF #19

GUARA, Maria Dolores de la Paz   S. Fernando
  bap 7 Mch 1830, ae 4 da; d/ Carlos GUARA (Origins, p. 418, GUARÁ) & Mª Dolores
  SUASO, vˢ de San Fernando; ap/ Bautista GUARA & Maria Margari(t)a SAPAÓ; am/
  Jose Antº SUASO & Maria Josefa CASADOS; gp/ Gabriel MESTAS & Mª Marcelina
  CASADOS, vˢ de San Fernando.

ROMERO, Maria Sencion   Pueblo
  bap 7 Mch 1830, ae 4 da; d/ Francº ROMERO & Mª Dolores GONSALES, vˢ del pueblo;
  ap/ Juan ROMERO & Rafaela MIRABAL; am/ Antº GONSALES & Mª Consepcion ROMERO; gp/
  Jose Antº REINA & Maria DURAN, vˢ del pueblo.

Frame 847
BELARDE, Jose Francº   Rancho
  bap 9 Mch 1830, ae 6 da; s/ Juan BELARDE & Mª Ines CHACON; ap/ Felipe CHACON
  (sic) & Mª Necola(sa) TRUJILLO; am/ Diego BELARDE (sic) & Mª Antª LUCERO; gp/
  Jose Mariano FERNANDES & Mª Acencion LUCERO, vˢ del San Francº del Rancho.

MARTINES (gp), Mª Antª   Ranchito
  bap 9 Mch 1830, ae 22 yr; d/ Tribu Navajo, because of her serious illness
  baptized in the home of Dⁿ Pedro MARTINES, amo de dhª; gf/ Buenavª MARTINES.

GARCIA, Mª Francª   La Sienegia
  bap 9 Mch 1830, ae 4 da; d/ Jose Manuel GARCIA & Mª Josefa MARTINES, vˢ de la
  Sienegia; ap/ Juan Jose GARCIA & Maria Antª PADILLA; am/ Pablo MARTIN (sic) &
  Maria Ysabel ROMERO; gp/ Juan Nepomuceno SANDOVAL & Mª Tomasa GARAMILLO, vˢ del
  mismo lugar. (Frames 847-848)

Frame 848
SANDOVAL, Mª Bitoria   Arroyo Ondo
  bap 10 Mch 1830, ae 3 da; d/ Juan SANDOVAL & Mª Juliana GALLEGOS, vˢ del Arroyo
  Ondo; ap/ Francº SANDOVAL & Mª Ygnacia CHABES; am/ Juan GALLEGOS & Maria
  Jertudis MARTINA; gp/ Juan Ramos MADRIL & Mª Cencion MEDI(N)A, vˢ de San
  Fernando.

MARTIN, Jose Gregorio   Arroyo Ondo
  bap 12 Mch 1830, ae 3 da; s/ Matias MARTIN & Juana SEGURA, vˢ del Arroyo Ondo;
  ap/ Diego Antº Rafael MARTIN & Mª Tiodoro MADRIL; am/ Jose SEGURO & Mª Josefa
  TRUGILLO; gp/ Jose Francº VIGIL & Maria Candelaria SANTISTEBAN, vˢ de San Francº
  del Ranchito.

ROMERO, Jose Vitor   Rancho
  bap 12 Mch 1830, ae 3 da; s/ Martin ROMERO & Ynes CANDELARIA; ap/ Francº ROMERO
  & Barbara GORULE; am/ Ygnº CANDELARIO & Rafaela GALLEGO; gp/ Juan Antº MARTINES
  & Maria de la Relles DURAN, vˢ todos del Rancho.

Frame 849
HERRERA, Mª Juana   Arroyo Seco
  bap 13 Mch 1830, ae 4 da; d/ Juan Pedro de HERRERA & Mª Rita BACA, vˢ del
  Arroyo Seco; ap/ Juan Domingo de HERRERA & Melchora SALASAR; am/ Bernardo BACA
  & Mª QUINTANA; gp/ Francº BUSTOS & Mª Soledad VIGIL, voˢ del mismo lugar.

GARCIA, Mª Gregoria   S. Fernando
  bap 13 Mch 1830, ae 3 da; d/ Juan Pablo GARCIA & Mª Augustina ARMENTA; ap/ Luis
  GARCIA & Mª BERNAL; am/ Simon ARMENTA, dec., & Maria MARTIN; gp/ Francº CORDOBA
  & Mª Polonia LUCERO, vˢ todos los dhº de S. Fernando.

ORTIS, Maria del Refugio   *Pueblo*
    bap 15 Mch 1830, ae 3 da; d/ Juan ORTIS & Maria Rosa SAMORA, *naturales del pueblo de San Geronimo*; ap/ Jose ORTIS & Maria LASO, both dec.; am/ Simon SUASO & Maria Ygn^a SAMORA; gp/ Juan Pedro GUILLEN & Anamaria TAFOYA, *v^s de San Fernandes*.

Frame 850
LOPES, Maria Dolores   *San Jose de las Trampas*
    bap 16 Mch 1830, ae 9 da; d/ Juan LOPES & Mª de Gracia GARCIA, *v^s de las Trampas*; ap/ Silbestre LOPES & Mª Rosalia TAFOLLA; am/ Pedro GARCIA & Franc^a CAMPOS; gp/ Bartolo ROMERO & Maria Magdalena ROMERO, *v^s del mismo lugar*.

ARCHULETA, Mª de Jesus   *Arroyo Ondo*
    bap 18 Mch 1830, ae 5 da; d/ Marcus ARCHULETA & Mª Dolores SANCHES, *v^s del Arroyo Ondo*; ap/ Damian ARCHULETA & Juana Miquela SALASAR; am/ Miguel SANCHES & Paula LOBATO; gp/ Fran^{co} An^{to} QUINTANA & Mª Teresa LEON.

SANTETE, Jose Gabriel   S. Fernando
    bap 19 Mch 1830, ae 2 da; s/ Juan SANTETE (Origins, p. 433, same) & Maria Tiburcia TRUGILLO, *v^s de San Fernando*; ap/ Juan SANTETE & Maria BUSUT; am/ Vicente TRUGILLO & Maria Dolores MADRIL; gp/ Santiago MARTINES & Maria de la Luz LUCERO.

CRUS, Jose del Carmel   *Rancho*
    bap 18 Mch 1830, ae 3 da; s/ Felipe CRUS & Catarina GONSALES; ap/ Alejo CRUS, dec., & Mª Guadalupe DURAN; am/ Jose Miguel GONSALES & Mª QUINTANA; gp/ Consecion GONSALES & Mª Gertrudis CANDELAR(I)A. (Frames 850-851)

Frame 851
MARTIN, Jose Fran^{co} *Rancho*
    bap 18 Mch 1830, ae 3 da; s/ Juan An^{to} MARTIN & Ana Maria GUTIERRES; ap/ Pedro MARTIN & Mª Ygnacia GARCIA, dec.; am/ Fran^{co} GUTIERRES & Mª Barbara BERNAL, *v^s todos de(l) Rancho*; gp/ Juan An^{to} LOVATO & Mª Ygnacia SANCHES.

GONSALES, Juan An^{to} *Rancho*
    bap 18 Mch 1830, ae 2 da; nat. s/ Mª de la Crus GONSALES; am/ Jose Miguel GONSALES & Mª Ysabel QUINTANA; gp/ Felipe CHAVES & Ana Maria MARTIN, *v^s del Rancho*.

BUENO (patron), Mª Dolores   *Rancho*
    bap 21 Mch 1830, ae 1 mo; d/ *Tribu Apache, famula de* Pedro BUENO & Mª Manuela ROMERO who were the gp; *se la dio Nachajil Apache*, father of the child. (Frames 851-852)

Frame 852
MEDINA, Jose de la Crus   *Rancho*
    bap 21 Mch 1830, ae 3 da; s/ Ventura MEDINA & Mª Ygnacia MONDRAGON; ap/ Juan Pascual MEDINA & Teresa ESPINOSA; am/ Bartolo MONDRAGON & Mª Josefa MEDINA; gp/ An^{to} ROMERO & Mª de Jesus ROMERO, *v^s todos los d^{hos} de S. Fran^{co} del Rancho*.

MARTIN, Jose del Carmel   *Arroyo Seco*
    bap 21 Mch 1830, ae 2 da; s/ Juan Julian MARTIN & Mª Guadalupe VIGIL; ap/ Ygnacio MARTIN & Mª Paula SALASAR; am/ Pedro VIGIL & Jusefa QUINTANA, *v^s del Arroyo Seco*; gp/ F(r)an^{co} BUSTOS & Maria Soledad VIGIL.

MEDINA, Juan Jose   *Rancho*
    bap 21 Mch 1830, ae 3 da; nat. s/ Mª Gracia MEDINA; am/ Gregorio MEDINA & M^a

Ysabel ROMERO; gp/ Juan Andre(s) ERRERA & Mª del Carmel ROMERO.   (Frames 852-853)

Frame 853
MITOTE, Mª Ysabel   S. Fernando
   bap 21 Mch 1830, ae 4 da; d/ F(r)an^{co} MITOTE (Origins, p. 426, same) & Mª Josefa
   (n.s.) de la Nacion dela tribu Chochon; ap/ Jose Fran^{co} MITOTE & Maria Josefa
   FRANSUE; gp/ An^{to} Elias ARMENTE & Maria Ysabel SANCHES, v^s de San Fernando.

VOLESQUIL, Jose Guillermo   S. Fernando
   bap 21 Mch 1830, ae 32 yr; s/ Jose VOLESQUIL (Origins, p. 437, "WOLFSKILL") &
   Sarah REID, originarios de San Luis perteneciente de los Estados Unidos del
   Norte America; gp/ Jose Policarpio CORDOBA & Mª Micaela GONSALES, v^s de S.
   Fran^{co} del Rancho.   (Frames 853-854)

Frame 854
VIGIL, Mª Palua (Mª Paula in margin)   La Sienegia
   bap 22 Mch 1830, ae 3 da; d/ Rafael VIGIL & Mª Carmel BALERIA; ap/ An^{to} VIGIL
   & Rosalia FRESQUIS; am/ Jose BALERIO & Mª Guadalupe SISNEROS, v^s de la
   Sieneguia; gp/ Juan Ygnacio VIGIL & Mª Juana Paula QUINTANA.

VIGIL, Mª Rufina   Rancho
   bap 23 Mch 1830, ae 3 da; d/ Miguel VIGIL & Mª Encarnacion MARTIN; ap/ Ygnacio
   VIGIL & Mª Soledad MARTIN, v^s del Rancho; am/ Juan MARTIN & Mª Catarina CORDOVA;
   gp/ Juan de Jesus TRUGILLO & Mª Catarina CORDOVA.

TAFOYA, Mª Ufemia de la Encarnacion   Rancho
   bap 25 Mch 1830, ae 5 da; d/ Jesus TAFOYA & Mª Manuela ESPINOSA, v^s de San
   Fran^{co} del Rancho; ap/ Salvador TAFOYA & Mª CANO; am/ An^{to} Jose ESPINOSA & Mª
   Fran^{ca} CORDOVA; gp/ Jose ARAGO(N) & Mª de Jesus VIGIL, v^s del Rancho.   (Frames
   854-855)

Frame 855
MARTINES, Jose Encarnacion   San Fernando
   bap 25 Mch 1830, ae 4 da; s/ Nicolas MARTINES & Maria Luisa VIGIL, v^s de San
   Fernando; ap/ Nicolas MARTIN (sic) & Mª Fran^{ca} SALASAR; am/ Juan VIGIL & Mª An^{ta}
   URTADA; gp/ Juan Nicolas MASCAREÑAS & Maria Pascuala LUSERA, v^s del mismo
   lugar.

MADRIL, Jose Encarnacion   San Fer^{do}
   bap 25 Mch 1830, ae 6 da; s/ Jose An^{to} MADRIL & Mª del Carmel DELGADO; ap/ Tomas
   MADRIL, dec., & Victoria GARCIA; am/ Venito DELGADO & Mª Josefa SANDOVAL; gp/
   Juan An^{to} MARTIN & Juana Ysabel SANCHES, v^s todos de S. Fernando.

MARTIN, Jose Encarnacion   Arroyo Ondo
   bap 28 Mch 1830, ae 6 da; s/ Felipe MARTIN & Mª Micaela ROMERO, v^s del Arroyo
   Ondo; ap/ Joaquin MARTIN & Gertrudis QUINTANA; am/ Man^l ROMERO & Josefa BACA;
   gp/ An^{to} MARTIN & Anna Mª ROMERO, v^s del Arroyo Ondo.

Frame 856
GALLEGOS, Mª Encarnacion   Arroyo Ondo
   bap 28 Mch 1830, ae 3 da; d/ Venito GALLEGOS & Micaela GARCIA; ap/ Juan
   Cristoval GALLEGOS & Mª Bernarda TRUGILLO; am/ Juan Anguel GARCIA & Mª Man^{l(a)}
   MARTIN; gp/ An^{to} GARCIA & Mª Guadalupe CHAVES, v^s todos del Arroyo Ondo.

ROMERO, Mª Encarnacion   Pueblo
   bap 28 Mch 1830, ae 4 da; d/ Pablo ROMERO & Mª Dolores GONSALES, v^s del pueblo;

ap/ Anna Mª ROMERO (only); am/ Mª GONSALES (only); gp/ Jose Anᵗᵒ GONSALES & Mª Andre(a) PANDO, vˢ del Rancho.

DURAN, Mª Encarnacion *Pueblo*
bap 28 Mch 1830, ae 4 da; d/ Juan Cristoval DURAN & Mª Josefa RIO; ap/ Jose Anᵗᵒ DURAN & Mª TEIVA; am/ Jose Anᵗᵒ RIO & Magdalena ROMERO; gp/ Jose Gabriel SAMORA & Mª Concepcion LOMA, vˢ todos deste pueblo de Taos. (Extremely faint entry at bottom of Frame 856, ends on Frame 857, where a note states the entry needs to be canceled because it has been entered at another church). (Frames 856-857)

Frame 857
SANSERMAN, Mª Dolores *S. Ferᵈᵒ*
bap 29 Mch 1830, ae 3 da; d/ Bautista SANSERMAN (Origins, p. 433, same) & Maria Manuela MONDRAGON, *vecinos de San Fernando*; ap/ Dⁿ Jose SANGERMAN & Anna Maria FAVOTA; am/ Jose MONDRAGON & Maria Dolores CASADOS; gp/ Mateo ROMERO & Mª Paula MONDRAGON.

SANDOVAL, Maria Dolores *S. Fe(r)nᵈᵒ*
bap 29 Mch 1830, ae 3 da; nat. d/ Maria Josefa SANDOVAL; am/ Benito Asens(i)o DELGADO & Mª Josefa SANDOVAL; gp/ Juan de Jesus CORDOVA & Maria Miquela BRITO, vˢ de San Fernando.

Frame 858
GONSALES, Jose Dolores *Rancho*
bap 31 Mch 1830, ae 2 da; s/ Ramon GONSALES & Maria Antonia DURAN; ap/ Calletano GONSALES & Lorensa JORGE; am/ Pedro Ignᵒ DURAN & Maria Antonia SANCHES, vˢ del Rancho; gp/ Juan Lorenso FERNANDES & Maria Dolores SANCHES, vˢ del Rancho.

DURAN, Mª Alvina *Arroyo Seco*
bap 4 Apr 1830, ae 4 da; d/ Jose Francᵒ DURAN & Mª Teodora BARELA, vˢ del Arroyo Seco; ap/ Juan Ysidro BARELA (sic) & Maria Josefa MARTINES; am/ Diego DURAN (sic), dec., & Maria Josefa MARTIN; gp/ Jose Francᵒ BARELA & Mª Josefa MARTINES.

VIGIL, Mª Dolores *S. Fernando*
bap 4 Apr 1830, ae 4 da; d/ Lonicio VIGIL & Mª Manuela TRUGILLO; ap/ Jose VIGIL & Dolores BALDONADO; am/ Estevan TRUGILLO & Mª Guadalupe ESPINOSA; gp/ Juan de Jesus AGUILAR & Mª Juliana AGILAR, vˢ todos los dʰᵒˢ de San Fernando.

Frame 859
TORES, Jose Dolores *Rancho*
bap 5 Apr 1830, ae 3 da; s/ Anᵗᵒ Jose TORES & Mª Rosalia SALASAR; ap/ Pedro TORES & Mª de la Lus SANCHES; am/ Anᵗᵒ SALASAR & Mª Rosa ARCHULETA; gp/ Bentura LOBATO & Mª Soledad LOBATO, vˢ de San Francᵒ del Rancho.

SISNEROS, Mª Vicenta *Arrollo Ondo*
bap 6 Apr 1830, ae 5 da; d/ Bitor SISNEROS & Guadalupe BALDES; ap/ Francᵒ Esteban SISNEROS & Mª Antª MES; am/ Jose Anᵗᵒ BALDES & Catarina TRUGILLO; gp/ Rafael SISNEROS & Teodora MARTIN, todos vˢ Arroyo Ondo.

ROMERO, Jose Visente *San Fernando*
bap 7 Apr 1830, ae 2 da; s/ Policarpio ROMERO & Mª Ygnes ARCHULETA; ap/ Juan del Carmel ROMERO & Mª Nasarena LUCERO; am/ San Juan ARCHULETA & Josefa Rita (n.s.); gp/ Anᵗᵒ Jose SANDOVAL & Maria Guadalupe VIGIL, todos vˢ de San Fernando.

Frame 860
GUTIERRES, Juana Catarina   Arrollo Ondo
  bap 7 Apr 1830, ae 5 da; nat. d/ Maria Dolores GUTIERRES de Arroyo Ondo, &
  unnamed father; am/ Franco GUTIERRES & Micaela FERNANDES; gp/ Lorenso ROMERO
  & Mª Josefa CRUS, vecinos de Arroyo Ondo.

ORTIS, Vicente Ferrel   (Vicente Ferrer in margin)   Rancho
  bap 7 Apr 1830, ae 3 da; s/ Antº ORTIS & Mª Francª de la PEÑA, vs del Rancho; ap/
  Franco ORTIS & Mª GARCIA; am/ Jose PEÑA & Mª Francª SILVA; gp/ Anrrique SENA &
  Mª Manuela SALASAR, vs de la villa de Santa Fe.

LAFEBRE, Jose Vicente   San Fernando
  bap 7 Apr 1830, ae 3 da; s/ Manuel LAFEBRE (Origins, p. 421, LAFEBVRE) & Mª
  Teodora LOPES, vs de S. Fernando; ap/ Agustin LAFEBRE & Mª Feliciana VALLANCUR;
  am/ Ramon LOPES & Mª de la Lus MARTIN who were the gp, vs de S. Fernando.

Frame 861
SANDOVAL, Maria Vicenta   San Fernando
  bap 10 Apr 1830, ae 5 da; d/ Franco SANDOVAL & Maria de Jesus BARELA, vs de S.
  Fernando; ap/ Felipe SANDOVAL & Mª Polonia MES; am/ Miguel BARELA & Juana
  ROMERO; gp/ Andres MARTINES & Mª Antª ORTIS, vs del Rancho.

MEDINA, Maria Dolores   Arroyo Ondo
  bap 10 Apr 1830, ae 4 da; d/ Nicolas MEDINA & Juana TAFOYA, vs del Arroyo Ondo;
  ap/ Cristoval MEDINA & Juana Josefa CORDOVA; am/ Juan TAFOYA & Mª Antª Rosa
  HERRERA; gp/ Manuel MONDRAGON & Mª Rosa ARELLANO, vs del Arroyo Ondo.

COCA, Mª Serafina   San Fernando
  bap 10 Apr 1830, ae 3 da; d/ Jose Reyes COCA & Mª Manuela SALASAR, vs de S.
  Fernando; ap/ Jose Mª COCA & Mª Juana BENAVIDES; am/ Ylario SALASAR & Mª Manla
  MARTIN; gp/ Juan Manuel QUINTANA & Mª Magdalena BRITO, vs de S. Fernando.

FERNANDES, Jesus Maria   Rancho
  bap 11 Apr 1830, ae 5 da; s/ Manuel FERNANDES & Mª de la Sencion MARTIN, vs de;
  Rancho; ap/ Domingo FERNANDES & Mª Francª GARCIA; am/ Pedro MARTIN & Mª Reyes
  FERNANDES, gp/ Ygnacio GONSALES & Mª Josefa LALANDA, vs del mismo lugar.
  (Frames 861-862)

Frame 862
ROMERO, Maria Paula   Pueblo
  bap 11 Apr 1830, ae 4 da; d/ Geronimo ROMERO & Mª Dolores DURAN, naturales del
  pueblo de Taos; ap/ Juan ROMERO & Mª Rafaela MIRABAL, both dec.; am/ Agustin
  DURAN, dec., & Mª Polonia CATUGE; gp/ Antº ROMERO & Maria Lucia MARTIN del mismo
  lugar.

BACA (patron), Mª Guadalupe   Tribu Cagua
  bap 11 Apr 1830, ae 7 yr; d/ Tribu Caigua, who was ransomed by Pedro BACA, &
  is in his household; gp/ Gaspar MARES & Mª de la Lus CORDOBA, vs todos del
  Arroyo Seco.

ROMERO, Mª Rafaela   Rancho
  bap 13 Apr 1830, ae 8 da; d/ Antº ROMERO & Mª Rumalda de RUIVALE, vs del
  Ranchito de San Franco; ap/ Jose Mª ROMERO & Mª Francª ARMENTA; am/ Juan Antº
  RUIBALI (sic) & Maria Juliana MES, vs del Ra(n)chito; gp/ Ramon ROMERO & Mª
  Rosa (n.s.-blank space).

Frame 863
ROMERO, Franco Antonio   Arroyo Ondo
  bap 13 Apr 1830, ae 9 da; s/ Jose Mateo ROMERO & Mª de los A(n)geles GONSALES,

v^s del *Arroyo Ondo*; ap/ Nicolas ROMERO & Mª Gertrudis GRIEGO; am/ Jose Mª GONSALES & Mª Hermeregilda TRUGILLO; gp/ Fran^{co} TRUGILLO & Mª de la Lus ABILA, v^s del *Arroyo Ondo*.

JARAMILLO, Maria Concepcion   *Rancho*
   bap 13 Apr 1830, ae 3 da; d/ Mariano JARAMILLO & Mª Josefa LOVATO, v^s de *S. Fran^{co} del Rancho*; ap/ Maria JARAMILLO (only); am/ Juan An^{to} LOVATO & Mª Ygnacia SANCHES; gp/ Pablo BARGAS & Mª Ygnacia CORDOBA, v^s del *Rancho*.

Maria Benigna *olbidada repuesta* (forgotten repositioned see Frame 864)

GALLEGOS, An^{to} Tiburcio   San Fernando
   bap 15 Apr 1830, ae 2 da; s/ Luis GALLEGOS & Mª Juana MONTOYA, v^s de *San Fernando*; ap/ Fran^{co} An^{to} GALLEGOS & Mª Manuela OLGIN; am/ Bernardo MONTOYA & Mª MARTINA; gp/ Jose Miguel ARCHULETA & Mª de Gracia SALASAR.

BORREGO, Mª Dolores   San Fernando
   bap 15 Apr 1830, ae 2 da; d/ Jose Calistro BORREGO & M^a de los Relles CHAVES, v^s de *San Fernando*; ap/ Diego BORREGO & Mª Biviana SANDOVAL; am/ Jose An^{to} CHAVES & Juana Jertrudis HURTADO; gp/ Jose Ylario SANDOVAL & Anna Maria CASADO(S), v^s de *San Fernando*. (Frame 863, skip 864-5, finish at top of Frame 866)

Frame 864 (top part blank because it is a loose half page)
LEE, Maria Benigna
   bap 15 Apr 1830, ae 6 da; d/ Estevan Luis LEE & Maria de la Luz TAFOYA, *vecinos de la plasa de San Fernandes*; ap/ Juan LEE & Maria CANGUELLI; am/ Nicolas TAFOYA & Maria Manuela MEDINA; gp/ Ricardo CANBELLY & Maria Rosa GRIJALBA, *vecinos del mismo lugar*. (Frames 864-865)

Frame 866
VALDES, Maria Anastacio Rafaela   S. Fernando
   bap 15 Apr 1830, ae 2 da; d/ Juan VALDES & Mª Dolores TRUGILLO; ap/ Fran^{co} BALDES (sic) & Mª Rafaela BARELA; am/ Blas TRUGILLO & Mª Manuela SANCHES; gp/ *abuelos paternos*, v^s *todos de S. Fernando*.

CHAVES, Jose Tiburcio   S. Fernando
   bap 15 Apr 1830, ae 3 da; s/ Grabiel CHAVES & Mª Encarnacion ROMERO; ap/ Fran^{co} CHAVES & Mª Josefa RODRIGES; am/ Jose An^{to} ROMERO & Margarita MONTOLLA, v^s de *San Fernando*; gp/ Benancio TENORIO & Mª Gua(da)lupe GALLEGO.

CORDOBA, Juan Crisostomo   *Arroyo Seco*
   bap 20 Apr 1830, ae 2 da; s/ Miguel CORDOBA & Mª Catarina GALLEGOS, v^s del *Arroyo Seco*; ap/ Manuel CORDOBA & Guadalupe SERNA; am/ Jose GALLEGOS & Mª CHAVES; gp/ Juan de Jesus MEDINA & Salome ARCHULETA. (Frames 866-867)

Frame 867
SAIS, Jose Fran^{co} S. Fernando
   bap 20 Mch 1830, ae 2 da; nat. s/ Mª Ygnacia SAIS, v^s de *San Fernando*; am/ Jose SAIS & Mª PAIS; gp/ Pablo DURAN & Mª Josefa SAMORA.

VIGIL, Jose Anniceto   S. Fernando
   bap 20 Apr 1830, ae 4 da; s/ D^n Pedro VIGIL & Mª Josefa LUSERO, v^s de *San Fernando*; ap/ Ygnacio VIGIL & Mª Ygnacia TRUGILLO; am/ Bernardo LUSERO & Mª Tomasa MARTINES; gp/ Manuel ESPALIN & Mª Rosalia BACA.

TRUGILLO, Mª Dolores   *Rancho*
   bap 21 Apr 1830, ae 3 da; d/ Juan TRUGILLO & Mª Catarina CORDOBA, v^s del *Rancho*; ap/ Santiago TRUGILLO & Mª Manuela ARCHULETA; am/ An^{to} Aban CORDOBA,

dec., & Mª Juliana TORRES; gp/ Antᵒ LUJAN & Mª Rafaela MESTAS, vˢ de Santa Barbara perteneciente á Picuries.

Frame 868
TAPIA, Maria Quirina — S. Fernando
   bap 23 Apr 1830, ae 4 da; d/ Christino TAPIA & Mª Rosalia BACA; ap/ Jose TAPIA & Mª de la Lus GARCIA; am/ Estevan BACA, dec., & Mª de la Lus MARTINES; gp/ Zacarias JAMES & Maria Petra del VALLE, vˢ de S. Fernandes.

MARTIN, Mª Ygnes — Arroyo Ondo
   bap 25 Apr 1830, ae 6 da; d/ Santiago MARTIN & Mª Dolores ARGUELLO, vˢ del Arroyo Ondo; ap/ Antᵒ Tiburcio MARTIN & Mª Ygnacia MEDINA; am/ Jose Martin ARGUELLO & Mª Manuela LUCERO; gp/ Franᶜᵒ Alejo ARGUELLO & Mª de Lus MEDINA, vˢ del Arroyo Seco.

ORTEGA, Mª Ysabel — Las Trampas
   bap 26 Apr 1830, ae 12 da; d/ Felis ORTEGA & Mª Lu(i)sa VIGIL, vˢ de las Trampas de San Jose; ap/ Nicolas HORTEGA (sic) & Mª ROXA; am/ Franᶜᵒ VIGIL & Mª Franᶜᵃ (n.s.); gp/ Juaquin TAFOYA & Mª Rafaela ORTEGA, vˢ de San Jose de las Trampas.

LODU, Mª Quirina de los Angeles — S. Fernando
   bap 27 Apr 1830, ae 2 da; d/ Antᵒ LODU & Mª Polonia LUCERO, vˢ del varrio de San Fernando; ap/ Antᵒ LODÚ & Mª Magdalena LUCIE; am/ Christobal LUCERO & Mª Manuela SANDOVAL; gp/ Juan CAQUINDU & Mª Petra del VALLE. (Frames 868-869)

Frame 869
LUCERO, Mª Marcelina — S. Fernando
   bap 27 Apr 1830, ae 3 da; d/ Juan Jose LUCERO & Mª Getrudis MARTINES, vˢ del varrio de San Fernandes; ap/ Mariana MONTOLLA & from his illegitimate father (not given), bears the name of LUCERO; am/ Salbador MARTINES & Mª Flor MARTINES, gp/ Antᵒ LUCERO & Mª Estefana ARAGON, vˢ del mismo lugar.

LODU (patron), Ana Maria — S. Fernando
   bap 27 Apr 1830, about 10 yr; d/ (unknown), ransomed from the Caigua Tribe, & now in the household of Antᵒ LODU & Polonia LUCERO, vˢ de San Fernando who educate their children well; gf/ Antᵒ Maria LUCERO.

MAES, Jose Ramon — S. Fernando
   bap 27 Apr 1830, ae 3 da; s/ Paulin MAES & Mª Ygnacia MARTIN, vˢ del varrio de San Fernando; ap/ Domingo MAES & Juana Maria (n.s.); am/ Jose MARTINES (sic) & Mª VARELA, both dec.; gp/ Juan Bautista CRUZ & Juana Josefa URTADO, vˢ del mismo varrio. (Frame 869-870)

Frame 870
TRUGILLO, Jose Mariano — San Fernando
   bap 28 Apr 1830, ae 2 da; nat. s/ Mª de la Lus TRUGILLO; am/ Estevan TRUGILLO & Mª Rafaela CORTES, dec., vˢ de San Fernando; gp/ Julian VILLALPANDO & Mª Necolasa TRUGILLO, vecinos del mismo lugar.

MONTOYA, Jose Franᶜᵒ — Rancho
   bap 29 Apr 1830, ae 3 da; s/ Mariano MONTOYA & Mª de la Lus PACHECO, vˢ del Rancho; ap/ Jose Franᶜᵒ MONTOYA & Mª Ygnacia BALDES; am/ Jose Miguel PACHECO & Mª Jertrudes GONSALES; gp/ Carpio SALASAR & Mª Ruisa VIGIL.

ORTEGA, Mª Dolores — S. Fernando
   bap 1 May 1830; d/ Manuel ORTEGA & Mª de Gracia FRESQUIS, vˢ de S. Fernando; ap/ Nicolas ORTEGA & Mª del Carmel MARTIN, dec.; am/ Gregorio FRESQUIS & Mª

Soledad LOPES; gp/ Manuel An^to MARTIN & Mª Ysabel CORTES, v^s del mismo lugar.
(Frames 870-871)

Frame 871
ROMERO, Fran^co   Rancho
  bap 2 May 1830, ae 5 da; s/ Julian ROMERO & Rafaela Aña QUEBIGNE, v^s del
  pueblo; ap/ Juan Juan An^to ROMERO & Mª Barbara MARTIN; am/ An^to MARTIN (sic) &
  Maria GONSALES, v^s del pueblo; gp/ Fran^co VIGIL & Juliana CONTRERAS, v^s del
  Rancho.

ROMERO, Maria Felipa   Rancho
  bap 3 May 1830, ae 3 da; d/ Jose Maria ROMERO & Mª Rafaela PINEDA, v^s de San
  Fran^co del Rancho; ap/ Juan de Dios ROMERO & Mª Antonia ROMERO; am/ Ygnacio
  PINEDA & Mª Manuela MARTINES; gp/ Juan de los Reyes ROMERO & Mª Manuela ROMERO.

Frame 872
ARAGON, Pedro An^to   Rancho
  bap 3 May 1830, ae 5 da; s/ Juan An^to ARAGON & Mª Manuela FERNANDES, v^s de San
  Fran^co del Rancho; ap/ Juan Crus ARAGON & Juana SANDOVAL; am/ Juan Domingo
  FERNANDES, dec., & M^a (n.s.); gp/ An^to VIGIL & Simona MONT^A, v^s del mismo lugar.

SERNA, Jose de la Crus   Rancho
  bap 3 May 1830, ae 4 da; s/ Jose Fran^co SERNA & Maria An^ta MARTINES, v^s de San
  Fran^co del Rancho; ap/ Jose Fran^co SERNA & Mª Eysabel (sic) MANSANARES; am/
  Salvador MARTINES & Mª Dolores MEDINA; gp/ Juan de Jesus ARGUELLO & Mª Rosa
  VIGIL, v^s del mismo lugar.

VIGIL, Maria Soledad   Rancho
  bap 3 May 1830, ae 3 da; d/ Ygnacio VIGIL & Mª Paula QUINTANA, v^s del Rancho;
  ap/ Marcelino VIGIL & Mª Miquaela MARTINES, both dec.; am/ Juan QUINTANA & M^a
  Felipa MAES; gp/ Rafael MONDRAGON & Mª Fran^ca VIGIL, v^s del mismo lugar.

GORULÉ, Mª Petra   Rancho
  bap 3 May 1830, ae 5 da; d/ Lorenso GORULÉ & Mª Fran^ca GARCIA, v^s de San Fran^co
  del Rancho; ap/ Cristobal GORULÉ & Mª Polonia LUCERO, both dec.; am/ Manuel
  GARCIA & Mª Magdalena GUTIERRES, both dec.; gp/ An^to Jose VIGIL & Mª Margarita
  ARAGON, v^s del mismo lugar.

Frame 873
LOVATO, Maria de la Crus   Rancho
  bap 4 May 1830, ae 3 da; d/ Mateo LOVATO & Mª An^ta CHAVES; ap/ Rafael LOVATO &
  Maria de la Lus ESPINOSA; am/ Juan Nicolas BARELA & Mª Polonia CHAVES; gp/ An^to
  Jose TORRES & Mª Rosalia SALASAR, v^s todos del Rancho.

BACA, Mª Encarnacion   Arroyo Seco
  bap 9 May 1830, ae 3 da; d/ Jose Manuel BACA & Mª Rosa BIGIL, v^s del Arroyo
  Seco; ap/ An^to BACA & Mª Jertrudis LOPES; am/ Jose VIGIL (sic) & Mª Rosa MARTIN;
  gp/ Jose Miguel SANCHIS & Mª Jertrudis LOPES, v^s del mismo lugar.

MADRIL, Felipe Santiago   Arroyo Ondo
  bap 9 May 1830, ae 3 da; s/ Juan MADRIL & Mª Manuela ROMERO; ap/ Cristoval
  MADRIL & Mª Dolores MARTIN; am/ Lorenso ROMERO & Josefa CRUS; gp/ Manuel
  PADILLA & Mª Ysabel SISNEROS, v^s todos del Arroyo Ondo.

Frame 874
LUCERO, Maria Gregoria   Arroyo Seco

bap 10 May 1830, ae 2 da; d/ Juan An^to LUCERO & Maria Barbara CORDOVA, v^s del Arroyo Seco; ap/ Santiago LUCERO & Maria Rosa AGUILAR; am/ Manuel CORDOVA & Maria Guadalupe SERNA; gp/ Jose An^to SANCHES & Mª Soledad LOPES.

CHAVES, Maria Antonia de Altagracia   Arroyo Seco
bap 10 May 1830, ae 1 da; d/ Jose Grabiel CHAVES & Maria Micaela CORDOVA; ap/ Juan Nepomoseno CHAVES & Mª Clara SANCHES; am/ Jose Miguel CORDOVA & Mª Catalina GALLEGOS; gp/ Marcos SANCHES & Maria Paula SANCHES, v^s todos del Arroyo Seco.

LANGUE, Jose Rafael   San Fernando
bap 11 May 1830, ae 1 da; s/ Pedro LANGUE (Origins, p. 422, LANGRUE) & Anamaria TAFOYA, v^s de San Fernando; ap/ Pedro LANGUE & Margarita MARYON; am/ Juan An^to TAFOYA, dec., & Maria Diega APODACA; gp/ Jose Manuel SAIS & Mª Trenidad MEDINA.

SANTISTIVAN, Jose An^to   S. Fernando
bap 16 May 1830, ae 4 da; s/ Manuel de Esquipula SANTISTIVAN & Mª Catalina COCA; ap/ Ycidro SANTISTEVAN & Mª Juana Q(U)INTANA, both dec.; am/ Jose Mª COCA & Juana Leonicia VENAVIDES; gp/ Jose Rafael TENORIO & Mª Dolores TENORIO, v^s de S. Fern^do.

Frame 875
SANDOVAL, Maria Antonia   S. Fernando
bap 15 May 1830, ae 7 da; d/ Felipe SANDOVAL & Mª Polonia MAES, vecinos de S. Fernando; ap/ Venito SANDOVAL & Anna Mª SUASO, both dec.; am/ Pedro MAES, dec., & Maria Manuela MEDINA; gp/ Mateo QUINQUIER (sic) & Juliana AGUILAR, v^s de S. Fernando.

COCA, Jose Nifacio   San Fernando
bap 16 May 1830, ae 3 da; s/ Cornelio COCA & Mª de Jesus SAMORA; ap/ Miguel COCA, dec., & Mª Catalina MARTINES; am/ Rafael SAMORA & Mª Dolores BALVERDE; gp/ Diego ROMERO & Teodora COCA, v^s todos de San Fernando.

MEDINA, Mª Manuela
bap 16 May 1830, ae 6 da; d/ Jose Manuel MEDINA & Mª Ygnacia LUCERO; am/ Juan Chri(s)tobal MEDINA (sic) & Maria Juana Jusefa CORDOVA, both dec.; ap/ Bicente LUCERO (sic) & Marta ATENCIO, v^s del Arroyo Ondo; gp/ Jose Rafael LUNA & Maria Ygnacia JARAMILLO.

DURAN, Mª de la Lus   Rancho
bap 16 May 1830, ae 5 da; d/ Gregorio DURAN & Mª Clara FERNANDES; ap/ Ygnacio DURAN & Maria An^ta SANCHES; am/ Jose Mariano FERNANDES & Mª Acencion LUCERO; gp/ Jose Manuel MARTINES & Juana Mª ARAGON, v^s todos del Rancho. (Frames 875-876)

Frame 876
LUCERO, Mª de la Lus   Rancho
bap 18 May 1830, ae 4 da; d/ Pedro LUCERO & Maria Gertrudis DURAN, v^s de San Fran^co del Rancho; ap/ Santiago LUCERO, dec., & Maria Rosa AGUILAR; am/ Ygnacio DURAN & Maria An^ta SANCHES; gp/ Manuel HURTADO & Mª Gertrudis VIGIL, v^s del mismo lugar.

HERRERA, Juan Pomoseno   (Juan Nepomoseno in margin)   San Fernando
bap 19 May 1830, ae 3 da; s/ Pedro HERRERA & Mª Manuela MARTINES, v^s de(l) Rio Chiquito; ap/ Juan Pablo HERRERA & Mª Santa Anna MASCAREÑA(S); am/ Santiago MARTIN (sic) & Jusefa GARCIA; gp/ Jose Benito TAFOYA & Mª Guadalupe MARTINES, v^s de San Fernando.

Frame 877
CARDENAS, Mª Prudencia   S. Fernando
  bap 20 May 1830, ae 2 da, d/ Ramon CARDENAS & Mª Josefa Rita MONTOYA; ap/ Jose
  CARDENAS & Mª Santos BERNAL; am/ Bartolo MONTOYA & Josefa MESTAS; gp/ Jose Mª
  CORTES & Mª BRITO, v^s todos de San Fernando.

GARCIA, Mª Fran^{ca} Rancho
  bap 20 May 1830, ae 5 da; d/ Vicente GARCIA & Mª Juliana ROMERO; ap/ Jose
  GARCIA, dec., & Mª Beatris SANDOVAL; am/ Fran^{co} ROMERO & Maria Dolores VIGIL;
  gp/ Jose MEDINA & Mª de la Lus GONSALES, v^s todos los d^{hos} de S. Fran^{co} del
  Rancho.

AGUILAR, Mª Juana   S. Fernando
  bap 20 May 1830, ae 4 da; d/ Ygnacio AGUILAR & Mª Mariana MARTIN; ap/ Jose
  AGUILAR & Concepcion PAIS; am/ Matias MARTIN & Dolores FRESQUIS; gp/ Jose An^{to}
  de LUNA & Mª Reyes TORRES, v^s todos de S. Fer^{do}.

Frame 878
BACA, Juan Ysidro   S. Fernando
  bap 21 May 1830, ae 8 da; s/ Pablo BACA & Mª Gertrudis BARELA; ap/ Juan Domingo
  BACA & Mª Josefa SANDOVAL; am/ Fran^{ca} BARELA (only); gp/ Jose Mª VALDES & Mª
  Rita BALDES, v^s todos de S. Fernando.

MARTINES, Anna Maria   Ranchito
  bap 22 May 1830, ae 2 da; d/ Roque MARTINES & Mª Paula GONSALES; am/ Facundo
  GONSALES & Mª Jusefa BALDES, v^s del Ranchito; gp/ Jose Dolores MONTOYA & Mª
  Dolores FRESQUIS, v^s del mismo lugar.

CORDOVA, Jose Felis   S. Fernando
  bap 22 May 1830, ae 5 da; s/ Fran^{co} An^{to} CORDOVA & Mª Polonia LUCERO, v^s de San
  Fernando; ap/ Jose Ygnacio CORDOVA & Maria Antonia MARQUES; am/ Pablo LUCERO
  & Mª Paula LARAÑAGA who were the gp.

Frame 879
GONSALES, Mª Viviana   Rancho
  bap 23 May 1830, ae 7 da; d/ Vitervo GONSALES & Felipa SALASAR; ap/ Jose An^{to}
  GONSALES & Mª ROMERO; am/ Juana SALASAR (only); gp/ Juan de Jesus VIGIL & Mª
  Luisa SALASAR, v^s todos del Rancho.

ARGUELLO, Juan Bautista   Rancho
  bap 23 May 1830, ae 6 da; s/ Juan A(R)GUELLO & Mª Rosa VIGIL; ap/ Fran^{co}
  ARGUELLO & Mª Clara SANDOVAL; am/ Amador VIGIL & Mª Ygnacia QUINTANA who were
  the gp, v^s todos del Rancho.

MES, Mª Josefa   S. Fernando
  bap 23 May 1830, ae 2 da; d/ San Juan MES & Margarita MARTIN; ap/ Domingo MAES
  (sic) & Juana Mª de HERRERA; am/ Ramon MARTIN & Mª Paula MARTIN; gp/ Jose
  TAFOYA & Guadalupe ARMENTA, v^s todos de San Fernando.

MIERA (patron), Maria Concepcion   Rancho
  bap 23 May 1830, ae 4 da; d/ (unknown), found by Fran^{co} MIERA behind his house
  on the 20th of this month, and has been unable to determine who the parents
  are; gp/ said Fran^{co} MIERA & Mª Dolores SANCHES, who will keep the child,
  vecinos de S. Fran^{co} del Rancho. (Frames 879-880)

Frame 880
CORTES, Mª Fran^{ca} S. Fernando
  bap 30 May 1830, ae 6 da; d/ Bautista CORTES & Mª An^{ta} MONTOYA, v^s de S.

Fernando; ap/ Pedro CORTES & Mª Anᵗª ROMERO; am/ Tomas MONTOYA & Ageda ROMERO; gp/ Manuel PAIS & Mª de la Lus PAIS, vˢ *de S. Fernando*.

CRUZ, Mª Susana   S. Fernando
  bap 30 May 1830, ae (blank space) da; d/ Manuel CRUZ & Mª Juliana MARTIN; ap/ Mariano CRUZ & Mª Dolores VIGIL; am/ Manuel Gregorio MARTIN & Mª Rafaela MEDINA; gp/ Jose Mª BALDES & Mª Rita BALDES, vˢ de S. Ferᵈᵒ.

NOLAN, Juan Bautista   San Fernando
  bap 30 May 1830, ae 3 da; s/ Gervacio NOLAN (Origins, p. 428, NOLÁN) & Mª Dolores LALANDA, vˢ *de Sⁿ Ferᵈᵒ*; ap/ Franᶜᵒ NOLAN & Angelica COULURE; am/ Juan Bautista LALANDA & Mª Polonia LUCERO; gp/ Carlos Ipolito BEUAHAN (Origins, p. 407, BEAUBIEN) & Mª Paula LOBATO, *ve(ci)nos de Sⁿ Ferᵈᵒ*. (Frames 880-881)

Frame 881
GALLEGOS, Mª Tiodoria   S. Fernando
  bap 30 May 1830, ae 4 da; d/ Jasinto GALLEGOS & Mª Anᵗª GONSALES, vˢ *de S. Fernando*; ap/ Cristoval GALLEGOS & Mª Bernarda TRUGILLO; am/ Jose Mª GONSALES & Mª Dolores CHAVES; gp/ Mariano MADRIL & Mª Gertrudis LUCERO, vˢ de S. Ferᵈᵒ.

DURAN, Mª Nicolasa   *Rancho*
  bap 31 May 1830, ae 4 da; d/ Juan Franᶜᵒ DURAN & Mª Dolores CORDOBA; ap/ Estevan DURAN & Mª del Carmel ROMERO, both dec.; am/ Sevastian CORDOBA & Mª Magdalena MARTIN; gp/ Jose Anᵗᵒ ARAGON & Mª Dolores FERNANDES, vˢ *todos del Rancho*.

JARAMILLO, Maria del Carmel   *Rancho*
  bap 31 May 1830, ae 4 da; d/ Juan Felipe JARAMILLO & Ygnacia CORTES, vˢ *del Rancho*; ap/ Patricio JARAMILLO & Mª Josefa CRUZ; am/ Pablo CORTES & Mª Nasarena BLEA; gp/ Anᵗᵒ MEDINA & Mª Josefa TRUGILLO, vˢ *del Rancho*.

Frame 882
MONTOYA, Juana Maria Magdalena   *Rancho*
  bap 31 May 1830, ae 7 da; d/ Juan Nicolas MONTOYA & Mª Guadalupe BALDES, vˢ *del Rancho*; ap/ Salvador MONTOYA & Mª Paubla GONSALES; am/ Santiago BALDES & Mª Lorensa HARAGON (sic); gp/ Jose Maria QUINTANA & Mª Ysidora LOPES, vˢ *del mismo lugar*.

TRUGILLO, Jose Fernando   S. Fernando
  bap 2 Jne 1830, ae 3 da; s/ Faustin TRUGILLO & Mª Dolores CORDOBA, vˢ *del Rancho*; ap/ Santiago TRUGILLO & Mª Manuela ROMERO; am/ Ygnacio CORDOBA & Mª Anᵗª MARQUES; gp/ Franᶜᵒ CORDOBA & Mª Polonia LUCERO, vˢ de S. Ferᵈᵒ.

MEDINA, Mª de Jesus   *Rancho*
  bap 2 Jne 1830, ae 5 da; d/ Concicion MEDINA & Mª Franᶜª MONTES; ap/ Juan Pascual MEDINA & Juana Tereza ESPINOSA; am/ Anᵗᵒ MONTES & Mª Ygnes MARTIN, vˢ *del Arroyo Ondo*; gp/ Anᵗᵒ MEDINA & Mª Josefa TRUGILLO, vˢ *del Rancho*.

CORDOBA, Jose Bitor   *Arroyo Ondo*
  bap 2 Jne 1830, ae 10 da; s/ Gregorio CORDOBA & Mª Josefa SANCHIS, vˢ *del Arroyo Ondo*; ap/ Pablo CORDOVA & Garciaya (n.s.); am/ Rafael SANCHIS & Mª Josefa VERNAL; gp/ Marcos SANCHIS & Mª Paula SANCHIS. (Frames 882-883)

Frame 883
TRUGILLO, Maria Juana   *Rancho*

*bap 1 Jne 1830, ae 5 da; d/ Juan TRUGILLO & Mª QUINTANA, v^s del Rancho; ap/ Miguel TRUGILLO & Mª Rosa VIGIL, both dec.; am/ Jose de la Crus QUINTANA & Miquela BALDES, both dec.; gp/ Juan An^{to} PINO & Mª Teodora MARTINES.

SALASAR, Mª Teodocia Rancho
 bap 1 Jne 1830, ae 3 da; d/ An^{to} SALASAR & Mª Rosa HARCHULETA, v^s de S. Fran^{co} del Ranchito; ap/ Manuel SALASAR & Mª Reyes MARTINES; am/ Manuel ARCHULETA (sic) & Maria Catarina GOMES; gp/ Santiago MARTINES & Maria de la Lus LUCERO.

ROMERO, Mª Peregrina Rancho
 bap 1 Jne 1830, ae 5 da; d/ Juan de Jesus ROMERO & Candelaria QUINTANA, v^s del Rancho; ap/ An^{to} Domingo ROMERO & Mª An^{ta} COCA; am/ Juan QUINTANA & Maria Balvaneda ROMERO; gp/ Jose An^{to} GONSALES & Maria Concepcion VRITO, v^s del mismo lugar. (Frames 883-884)

Frame 884
BALDES, Mª Marcelina Ranchito
 bap 8 Jne 1830, ae 7 da; d/ Buenaventura BALDES & Juana Catarina LOVATO, v^s de la Purisima; ap/ Pedro Bustos BALDES & Mª GONSALES; am/ An^{to} LOVATO & Mª CHAVES; gp/ Juan de Jesus LUCERO & Mª Ygnacia ARAGON, v^s de San Fran^{co} del Ranchito.

BARELA, Mª An^{ta} Rancho
 bap 10 Jne 1830, ae 4 da; d/ Sipriano BARELA & Mª Ygnacia ARAGON, v^s del Rancho; ap/ Nicolas BARELA & Mª Barbara COCA, dec.; am/ Anna Mª ARAGON (only); gp/ Juan de la Crus VIGIL & Mª Ysidora VIGIL, v^s del mismo lugar.

SANCHIS, Mª Manuela Rancho
 bap 10 (illegible) Jne 1830, ae 3 da; d/ Jose An^{to} SANCH<u>IS</u> & Maria de la Crus GARCIA, v^s del Rancho; ap/ Juan Ygnacio SANCH<u>IS</u> & Mª Pascuala VIGIL; am/ Jose GARCIA & Mª (n.s.); gp/ Juan Ygnacio MARTINES & Mª Casilda MARTINES, v^s del mismo lugar. (Frames 884-885)

Frame 885
BALLEJOS, Mª Luarda Luperta Arroyo Seco
 bap 13 Jne 1830, ae 6 da; d/ Rafael Teodoro BALLEJOS & Mª Manuela SANDOVAL; ap/ Luis BALLEJOS & Mª Man$^{l(a)}$ ARAGON; am/ Jose Uvaldo SANDOVAL & Mª Luarda TRUGILLO, dec.; gp/ Juan Nepomuceno SANDOVAL & Mª Gregoria SANCHES, v^s todos del Arroyo Seco.

ROLES, Mª Rosalilla Rancho
 bap 13 Jne 1830, ae 5 da; d/ Juan ROLES & Maria Encarnacion MARTINES; ap/ Juan ROLES & Mª (n.s.-blank space); am/ Felipe MARTINES & Mª TRUGILLA; gp/ Jose Ygnacio MARTINES & Mª Josefa TRUGILLO, v^s de Abiquih̲u.

Frame 886
TRUGILLO, Mª Teodora S. Fernando
 bap 14 Jne 1830, ae 2 da; d/ An^{to} TRUGILLO & Mª Manuela SANDOVAL; ap/ Juaquin TRUGILLO & Mª Luisa VIGIL; am/ Miguel SANDOVAL & Mª SALASAR; gp/ Jose Ylario SANDOVAL & Mª An^{ta} SANDOVAL, v^s de S. Fernando. (No mention of twins.)

TRUGILLO, Mª Juana de los Dolores S. Fernando
 bap 14 Jne 1830, ae 2 da; d/ An^{to} TRUGILLO & Mª Manuela SANDOVAL; ap/ Joaquin TRUGILLO & Mª Luisa VIGIL; am/ Miguel SANDOVAL & Mª An^{ta} SANDOVAL (sic); gp/ Jose Ylario SANDOVAL & Mª An^{ta} SANDOVAL, v^s de S. Fernando. (No mention of twins.)

VIGIL, Mª Anta   Rancho
    bap 19 Jne 1830, ae 8 da; d/ Faustin VIGIL & Mª de la Lus MARTINES; ap/ Miguel
    VIGIL, dec., & Annamaria BALLEJOS; am/ Pedro MARTINES, dec., & Maria Ygnacia
    GARCIA; gp/ Ventura MARTINES & Maria Antª ORTIS, vˢ de(l) Rancho.

FERNANDES, Mª Encarnacion   Arroyo Ondo
    bap 19 Jne 1830, ae 6 da; d/ Juan Manuel FERNANDES & Encarnacion LUGAN; ap/
    Manuel FERNANDES & Catalina BASQUES; am/ Manuel LUGAN & Mª Guadalupe CRUZ; gp/
    Pomoceno CORTES & Maria de la Cruz MARTIN, vˢ todos del Arroyo Ondo. (Frames
    886-887)

Frame 887
PANDO, Juana Maria   Pueblo
    bap 20 Jne 1830, ae 5 da; d/ Juan Andres PANDO & Mª Andrea SAMORA, vˢ del
    pueblo; ap/ Salvador PANDO & Anna Mª LOMA; am/ Ylario SAMORA & Mª Francª
    GERRERO; gp/ Juan LUNA & Mª Candelaria BELARDE, vˢ de San Fernando.

VIGIL, Mª Dolores   San Fernando
    bap 20 Jne 1830, ae 8 da; d/ Martin VIGIL & Mª Juana SALASAR, vˢ de S.
    Fernando; ap/ Ygnacio VIGIL & Mª Ygnacia TRUGILLO; am/ Jose Manuel SALASAR &
    Mª Serafina (n.s.-blank space); gp/ Juan TRUGILLO & Mª Josefa QUINTANA, vˢ del
    Ranchito.

Frame 888
GOMES, Jose Ygnacio (Juan Ygnacio in margin)   Arroyo Ondo
    bap 22 Jne 1830, ae 4 da; s/ Antº GOMES & Mª Rosa MARTINES, vˢ del Arroyo Ondo;
    ap/ Francº GOMES & Mª Antª TRUJILLO; am/ Ygnacio MARTINES & Mª Paula SALASAR,
    dec.; gp/ Antº ARMENTA & Mª Dolores ARMENTA, vˢ del Arroyo Seco.

PANDO, Mª Bacilia   Arroyo Seco
    bap 22 Jne 1830, ae 9 da; d/ Diego PANDO & Mª Marta RODRIGES, vˢ del Arroyo
    Seco; ap/ Rafael BILLALPANDO (sic) & Mª Guadalupe LUJAN; am/ Jesus RODRIGUES
    (sic) & Mª Antª CRUZ; gp/ Jose Bitor SISNEROS & Anna Guadalupe BALDES, vˢ del
    mismo lugar.

BALDONADO, Antº Jose   Arroyo Seco
    bap 22 Jne 1830, ae 3 da; s/ Antº Jose BALDONADO & Mª Juliana BARELA, vˢ del
    Arroyo Seco; ap/ Leonicio BALDONADO & Catarina BACA; am/ Jose Mariano BARELA
    & Petrona CHAVES; gp/ Christobar MARTINES & Mª Benita MARTINES, vˢ del Arroyo
    Seco.

MARTINES, Mª Martina   Rancho
    bap 25 Jne 1830, ae 11 da; d/ Jose de la Cruz MARTINES & Maria Encarnacion
    BALDES, vˢ del Ranchito; ap/ Pascual MARTINES & Maria Getrudis SAMORA; am/ Jose
    ROMERO & Manuela BALDES, both dec.; gp/ Jose Maria GALLEGOS & Mª Rita GALLEGOS,
    vˢ de San Fernando.

Frame 889
MEDINA, Juan Bautista   San Fernando
    bap 25 Jne 1830, ae 1 da; nat. s/ Mª Tanislada MEDINA, vª de San Fernando; am/
    Eusebio MEDINA & Lugarda TRUGILLO; gm/ Mª del Refugio BALVERDE.

RUIBERA, Maria Juana   San Fernando
    bap 25 Jne 1830, ae 2 da; d/ Miguel RUIBERA & Mª Loreta ORTIS; ap/ Pedro
    RUIBERA & Mª Josefa TOLEDA; am/ Francº ORTIS & Mª Josefa MIERA; gp/ Jose Francº
    ESMITE & Alta Gracia ORTIS, vˢ todos de S. Fernando.

CORDOBA, Juan Bautista   San Franco del Rancho
    bap 25 Jne 1830, ae 5 da; s/ Policarpio CORDOBA & Mª Micaela GONSALES, vˢ del
    varrio de S. Franco del Rancho; ap/ Anto Avan CORDOBA, dec., & Mª Juliana
    TORRES; am/ Felipe GONSALES & Francª CHACON, dec.; gp/ Jose Mª MARTINES & Juana
    Mª MARTINES, vˢ del varrio de S. Fernando.

Frame 890
QUINTANA, Mª Josefa   Rancho
    bap 27 Jne 1830, ae 3 da; d/ Miguel QUINTANA & Mª Gertrudis MARTINES, vˢ·de San
    Franco del Ranchito; ap/ Juan de la Cruz QUINTANA & Mª Miquela BALDES; am/ Maria
    MARTIN (sic, only); gp/ Santiago MARTINES & Mª dela Luz MARTINES.

SANCHES, Mª Paula   Arroyo Seco
    bap 27 Jne 1830, ae 2 da; d/ Jose Miguel SANCHES & Mª Soledad VACA; ap/ Juaquin
    SANCHES & Antª Rosa MARTINES; am/ Anto BACA (sic) & Gertrudis LOPES; gp/ Vitor
    SANCHES & Mª Madalena MARTIN, vˢ del Arroyo Seco.

ROMERO, Juana Maria   San Fernando
    bap 27 Jne 1830, ae 3 da; d/ Marcial ROMERO & Mª Paula MESTAS; ap/ Anto ROMERO
    & Antª MONTOYA; am/ Cristobal MESTAS & Mª Paula MARTIN; gp/ Juan de los Reyes
    MADRIL & Mª del Rosario QUINTANA, vˢ todos de San Fernando.

MONTAÑO, Mª Antª   Varrio de la Puricima
    bap 27 Jne 1830, ae 2 da; d/ Jose Grabiel MONTAÑO & Mª Antª GARCIA, vˢ del
    Puricima; ap/ Bicente MONTAÑO, dec., & Rosa CHAVES; am/ Pedro GARCIA & Mª
    Gertrudis ORTIS, dec.; gp/ Ricardo CANBEL & Mª Rosa GRIJALBA.   (Frames 890-891)

Frame 891
GREMS, Jose Manuel   Rancho
    bap 27 Jne 1830, ae 25 yr; s/ Juan GREMS (Origins, p. 417, GREGAN) & Margarita
    FINAELI, originarios de Misuri perteneciente al Norte America; gp/ Juan ROLDAN
    & Mª Encarnacion MARTIN, vˢ del varrio del Rancho.

Frame 892
PERALTA, Pedro Anto   Rancho
    bap 4 Jly 1830, ae 6 da; s/ Blas PERALTA & Mª Soledad CRUZ, vˢ del Rancho; ap/
    not given; am/ Pedro CRUZ & Mª CORDOBA; gp/ Manuel PAIS & Mª de la Luz PAIS,
    vˢ del Rancho.

LOMA, Mª Josefa   Pueblo Indios
    bap 4 Jly 1830, ae 6 da; d/ Ramon LOMA & Francª ORTIS, vˢ del pueblo; ap/ Juan
    Anto LOMA & Lucia ESPINOSA; am/ Juan Anto ORTIS & Micaela ROMERO; gp/ Jose
    Mariano JARAMILLO & Mª Josefa LOVATO, vˢ del Rancho.

CORDOVA, Maria Eginia   Rancho
    bap 5 Jly 1830, ae 5 da; d/ Jose Dolores CORDOVA & Maria Ramona MARTINES, vˢ
    del Rancho; ap/ Carpio CORDOVA & Maria Miquela GONSALES; am/ Jose Dolores
    MARTIN (sic) & Mª Trenidad FRESQUIS; gp/ B. Ventura MARTINEZ (sic) & Maria
    Ycidora MARTIN (sic), vˢ del Rancho.

Frame 893
CORDOBA, Maria del Carmel   Arroyo Seco
    bap 10 Jly 1830, ae 3 da; d/ Serafin CORDOBA & Maria Candelaria MEDINA,
    vecinos del varrio de la Sᵗⁿᵃ Trenidad del Arroyo Seco; ap/ Damacio CORDOBA &
    Ysabel GONSALES, both dec.; am/ Anto MEDINA & Micaela VIGIL, both dec.; gp/
    Jose Manuel SAIS & Mª Trinidad MEDINA, vecinos del varrio de San Fernandes.

VIGIL, Jose Manuel Rancho
  bap 11 Jly 1830, ae 3 da; s/ An^to VIGIL & Mª Rita SANCHES, *vecinos del varrio de San Fran^co del Rancho*; ap/ Juan de Jesus VIGIL & Mª Rosa DURAN; am/ Jose Manuel SANCHES (only); gp/ Jose Pablo MARTIN & Maria Catarina MARTIN, *vecinos del Rancho*.

SANDOVAL, Jose Felis S. Fernandes
  bap 12 Jly 1830, ae 5 da; s/ Pedro SANDOVAL & Maria Ygnacia GONSALES, *vecinos de San Fernandes*; ap/ Pedro GONSALES (sic) & Maria Josefa MARTINES; am/ Jose GONSALES & Mª Dorotea BACA; gp/ Felipe VALDES & Maria Magdalena GONSALES, v^s *del mismo varrio*. (Frames 893-894)

Frame 894
CORDOVA, Mª Ramona Arroyo Ondo
  bap 13 Jly 1830, ae 4 da; d/ Manuel CORDOVA & Mª de Jesus MONDRAGON, *vecinos del Arroyo Ondo*; ap/ Jose An^to CORDOVA & Mª Ysabel BUSTO(S), dec.; am/ An^to MONDRAGON & Clara BARELA, both dec.; gp/ Jose Ygnacio MONDRAGON & Maria Ygnacia APODACA, v^s *del mismo lugar*.

MEDINA, Jose Anrrique Arroyo Seco
  bap 14 Jly 1830, ae 3 da; s/ Julian MEDINA & Maria Dolores FRESQUIS, *vecinos del varrio de Arroyo Seco*; ap/ An^to Jose MEDINA & Mª Micaela VIGIL, both dec.; am/ Faviana FRESQUES (sic-only), dec.; gp/ Juan VALDES & Mª Dolores TRUGILLO, v^s *de S. Fernandes*.

TRUGILLO, Maria Ysidora de la Cruz S. Fernando
  bap 16 Jly 1830, ae 3 da; d/ Pablo TRUGILLO & Maria del Carmel HERRERA, *vecinos de San Fernanddes*; ap/ Bartolome TRUGILLO & Maria Paula MEDINA, both dec.; am/ Jose de HERRERA & Mª Josefa RAEL; gp/ Carlos Hipolito BEAUBIEN & Maria Paula LOVATO, v^s *del mismo lugar*.

Frame 895
GOMES, Juan Esteban Pueblo
  bap 18 Jly 1830, ae 4 da; s/ Fran^co GOMES & Juana ROMERO; ap/ Pablo GOMES & Maria Guadalupe GONSALES, dec.; am/ Fran^co ROMERO & Mª Felipa ROMERO; gp/ Jose Manuel LUJÁN & Maria MARTIN, *todos recidentes naturales del pueblo de Taos*.

SANDOVAL, Jose de la Cruz S. Fernando
  bap 18 Jly 1830, ae 3 da; s/ Diego SANDOVAL & Mª de la Luz DURAN, v^s *de S. Fernando*; ap/ Fran^co Maria SANDOVAL & Mariana TAFOYA; am/ Ygnacio DURAN & Mª Josefa SANCHIS, dec.; gp/ Jose Manuel SANDOVAL & Mª Soledad LUCERO, v^s *del mismo lugar*.

QUINTANA, Maria de la Lus Arroyo Ondo
  bap 18 Jly 1830, ae 5 da; d/ Ramon QUINTANA & Mª de la Crus MARTIN, v^s *del Arroyo Ondo*; ap/ Jose de la Crus QUINTANA & Mª Micaela BALDES; am/ Bernardo MARTIN & Mª Jertrudis ARCHULETA; gp/ Fran^co GARCIA & Mª Guadalupe CHAVES, v^s *del Arroyo Ondo*. (Frames 895-896)

Frame 896
VALENCIA, Maria del Carmel San Fer^do
  bap 18 Jly 1830, ae 4 da; d/ Jose An^to VALENCIA & Maria Josefa ABILA, v^s *de San Fernandes*; ap/ Jose An^to VALENCIA & Trinidad MAES, dec.; am/ Jose ABILA & Mª DURAN; gp/ An^to LEDÚ (Origins, p. 423, LEDOUX) & Mª Polonia LUCERO, v^s *de S. Fernando*.

GARCIA, Mª Anacleta Arroyo Ondo
  bap 18 Jly 1830, ae 6 da; d/ Jose Man^l GARCIA & Mª Marta ROMERO, v^s *del Arroyo*

Ondo; ap/ Blas GARCIA & Mª Franᶜᵃ GURULE, both dec.; am/ Juan de Jesus ROMERO & Mª Candelaria QUINTAN(A); gp/ D. Antᵒ ORTIZ & Mª Dolores LUCERO, *vecinos del varrion de San Fernandes*. (Frames 896-897)

Frame 897
BARELA, Maria Magdalena *Varrio de San Francᵒ del Ranchito*
    bap 25 Jly 1830, ae 3 da; d/ Jose Antᵒ BARELA & Maria Josefa LUCERO, ap/ Migel VARELA (sic) & Mª Francᵃ CORDOVA, *vˢ de San Fernando*; am/ Juan de Jesus LUCERO & Ygnacia ARAGON; gp/ Jose Manuel CORTES & Maria Manuela SA(N)CHES, *vˢ del Rancho*.

MADRIL, Santiago de Jesus   San Fernandes
    bap 25 Jly 1830 by necessity by Dⁿ Santiago MARTINES, ae 3 da; nat. s/ Maria Estefana MADRIL & father unknown; am/ Bernardo MADRIL & Maria Ysabel LOPES, both dec.; gp/ the above named man & Maria de la Lus LUCERO, *todos vecinos del varrio de S. Fernandes*.

DURAN, Anna Maria   Rancho
    bap 26 Jly 1830, ae 4 da; d/ Juan del Carmel DURAN & Maria Dolores MONDRAGON; ap/ Francᵒ DURAN & Mª Juana SANDOVAL; am/ Antᵒ MONDRAGON & Maria VIGIL, both dec.; gp/ Jesus Mª y Jose CORDOVA & Mª Ramona MARTINES, *vecinos del mismo lugar*. (Frames 897-898)

Frame 898
MONTOYA, Jose Celso   Rancho
    bap 28 Jly 1830, ae 8 da; s/ Antᵒ MONTOYA & Maria Dolores CRUS, *vecinos del varrio mayor de S. Francᵒ*; ap/ Manuel MONTOYA & Cerafina ARCHULETA; am/ Jose Alejo CRUS & Mª Guadalupe DURAN; gp/ Juan de Jesus ESPINOSA & Maria Dolores ESPINOSA, *vecinos del mismo lugar*.

SANCHIS, Mª Trenidad   Arroyo Seco
    bap 29 Jly 1830, ae 3 da; d/ Jose SANCHIS & Mª Faustina BARELA, *vˢ del Arroyo Seco*; ap/ Mariano SANCHES (sic) & Maria del Rosario MARTINES; am/ Juan Ysidro BARELA & Mª Josefa MARTINES; gp/ Ramon MONTOYA & Maria Natividad FRESQUIS, *vˢ del Arroyo Seco*. (Frames 898-899)

Frame 899
MARTIN, Antᵒ Jose   Rancho
    bap 1 Aug 1830, ae 4 da; nat. s/ Maria Ja (sic) MARTIN, *vˢ del Rancho*; am/ Cristobal MARTIN & Maria Ygnacia GONSALES; gp/ Jose Miguel CORDOVA & Mª Antᵃ MARQUES, *vˢ del mismo lugar*.

SANCHES, Maria Seledad   Arroyo Seco
    bap (blank space) Aug 1830, ae 5 da; d/ Jose Antᵒ SANCHES & Mª Juana Soledad LOPES, *vecinos del Arroyo Seco*; ap/ Juaquin SANCHES & Maria Antᵃ Roza MARTIN; am/ Antᵒ LOPES & Maria Antonia ARMIJO; gp/ Jose Maria GONZALES & Maria Gregoria MEDINA, *vecinos del mismo lugar*.

VIGIL (patron), Maria de los Angeles   S. Francᵒ
    bap 2 Aug 1830, ae 4 da; nat. d/ Maria Antᵃ (n.s.), Indian of the Ute Tribe, in the household of Dⁿ Juan VIGIL, *vˢ del varrio de San Fernando*; gp/ Francᵒ VALDES & Juana VIGIL, *vˢ del mismo lugar*.

Frame 900
MARTINES, Pedro Antonio   Arroyo Seco
    bap 4 Aug 1830, ae 3 da; s/ Marcelino MARTINES & Maria Manuela LOBATO; ap/ Christoval MARTINES & Maria Ygnacia GONSALES; am/ Jose LOBATO & Anamaria BALLEJOS, both dec.; gp/ Antonio Jose BALLEJOS & Mia Manuela ROMERO, *vecinos todos del Arroyo Ceco*.

LOVATO, Pedro Jose *Ranchito de San Fran*^{co}
  bap 4 Aug 1830, ae 4 da; s/ Agustin LOVATO & Mª Manuela AGUILAR, v^s de San
  Fran^{co} del Ranchito de S. Fran^o; ap/ An^{to} Jose LOVATO & Maria de la Lus LUCERO;
  am/ An^{to} AGUILAR & Juana CORDOVA; gp/ Jose BISONETE (Origins, p. 436, VISONET)
  & Mª Juliana AGUILAR, v^s de San Fernando.

ROMERO, Mª Soledad *Rancho*
  bap 6 Aug 1830, ae 5 da; d/ Juachin ROMERO & Maria Eulogia SANCHIS, v^s del
  Rancho; ap/ Juan Domingo ROMERO & Mª Barbara MONTOYA; am/ Fran^{co} SANCHIS & M^a
  Polonia MARTIN; gp/ Jose An^{to} ROMERO & Anna Maria ARRIETA, v^s del mismo lugar.
  (Frames 900-901)

Frame 901
BEITA, Jose Rumaldo S. Fer^{do}
  bap 8 Aug 1830, ae 3 da; s/ Diego BEITA & Anna Maria GONSALES, v^s de San
  Fernando; ap/ Andres BEITA & Maria Gregoria MARTINES; am/ Cleto GONSALES &
  Maria Manuela BALDES; gp/ An^{to} Domingo BIALPANDO & Mª Biviana MARTINES, v^s de
  San Fernando.

SANCHIS, An^{to} Maria S^n Fer^{do}
  bap 8 Aug 1830, ae 3 da; s/ Jose Ygnacio SANCHIS & Mª Dolores ROMERO, v^s de S.
  Fernando; ap/ Jose Pablo SANCHIS & Mª Jertrudis MARTIN; am/ Lorenso ROMERO &
  Matiana MARTIN; gp/ Pedro ARCHULETA & Maria Paula ARCHULETA, v^s de San
  Fernando.

Frame 902
BARELA, Mª Soledad *Rancho*
  bap 8 Aug 1830, ae 8 da; d/ Juan BARELA & Maria Juliana TRUGILLO, v^s del
  Rancho; ap/ An^{to} BARELA & Maria Magdalena LOPES; am/ Bicente MARQUES & Maria
  Guadalupe TRUGILLO; gp/ Fran^{co} CORTES & Maria Rafaela MARTINES.

SANCHES, Felipe de Jesus *Rancho*
  bap 8 Aug 1830, ae 3 da; s/ Manuel SANCHES & Mª Consepcion MONDRAGON, v^s del
  Rancho; ap/ Fran^{co} SANCHIS (sic) & Mª Polonia MARTIN; am/ Pablo MONDRAGON & M^a
  Dolores CORDOVA; gp/ Miguel An^{to} VIGIL & Maria Alvina VIGIL, v^s del Rancho.

ARSONO, Mª Rosa *Rancho*
  bap 8 Aug 1830, ae 3 da; d/ Miguel ARSONO & Mª Rita SANCHIS, v^s del Rancho; ap/
  Luis ARSONO & Maria Alvina (n.s.); am/ Manuel SANCHIS & Mª Nicolasa SANDOVAL,
  gp/ Pedro CHALIFÚ (Origins, p. 411, same) & Dolores APODACA, v^s del Rancho.

Frame 903
CRUZ, Jose Hipolito S^n Fer^{do}
  bap 13 Aug 1830, ae 1 da; s/ Fran^{co} CRUZ & Mª An^{ta} LUCERO, vecinos de San
  Fernandes; ap/ Mariano CRUZ & Dolores VIGIL; am/ Benito LUCERO & Fabiana
  CHAVES; gp/ Julian BIALPANDO & Maria Nicolasa TRUGILLO, v^s de San Fernando.

DURAN, M^a de las Nieves *Rancho*
  bap 15 Aug 1830, ae 4 da; d/ An^{to} DURAN & Mª Rita LUCERO, v^s del Rancho; ap/
  Ygnacio DURAN & Mª An^{ta} SANCHIS; am/ Bernardo LUCERO & Mª Tomasa MARTIN; gp/
  Miguel GARCIA de NORIEGA & Margarita LUCERO, v^s del Rancho.

NARANJO, Mª Guadalupe *Pueblo*
  bap 15 Aug 1830, ae 5 da; d/ Santiago NARANJO & Mª Paula MOYA, *Yndios naturales
  del pueblo de Taos*; ap/ Santiago NARANJO & Juana RIO, both dec.; am/ Juan MOYA
  & Mª TECOA, both dec.; gp/ Fran^{co} REYNA & Mª Guadalupe DELGADO, *Yndios naturales
  del mismo pueblo*.

END OF FILM   End of register

NEW MEXICO BAPTISMS
PARISHES and MISSIONS in TAOS
VOLUME II
7 Jan 1827 - 13 Jly 1837

ARCHDIOCESE of SANTA FE FILM #20
20 Aug 1830 - 4 Jan 1833

Frame 01
SALASAR, Antº de Jesus   *Arroyo Seco*
  bap (torn) Aug 1830, ae 3 da; s/ Carlos SALASAR & Maria Andrea MONTOYA, *vˢ del varrio de la Santisima Trenidad de Arroyo Seco*; ap/ Casimiro SALASAR, dec., & Maria Concepcion TRUGILLO; am/ Salvador MONTOYA & Maria Gertrudis GONSALES; gp/ Miguel CORDOVA & Maria Catarina GALLEGOS, *vˢ del mismo lugar.*

SANDOVAL, Maria Rufina   *Arroyo Ondo*
  bap 20 Aug 1830, ae 8 da; d/ Juan de Jesus SANDOVAL & Maria Petrona LOVATO, *vˢ del varrio de la Virgen de los Dolores de Arroyo Ondo*; ap/ Juan Domingo SANDOVAL & Maria Margarita SANTISTEVAN, dec.; am/ Tomas LOVATO & Maria Candelaria GONZALES, both dec.; gp/ Manuel PADILLA & Maria Ysabel SISNEROS, *vˢ del mismo lugar.* (No mention of twins.)

SANDOVAL, Juan Maria   *Arroyo Ondo*
  bap 20 Aug 1830, ae 8 da; d/ Jesus SANDOVAL & Maria Petrona LOVATO, *vecinos del varrio de la Virgin de los Dolores de Arroyo Ondo*; ap/ Juan Domingo SANDOVAL & Maria Margarita SANTISTEVAN; am/ Tomas LOVATO & Maria Candelaria (torn-G)ONZALES, both dec.; gp/ Juan de Jesus (torn-SAN)DOVAL & Maria Concepcion CHACON, *vecinos del mismo lugar.* (No mention of twins.) (Frames 01-02)

Frame 02
GUIYEN, Juan Antonio   *San Fernando*
  bap 21 Aug 1830, ae 2 da; s/ Juan Pedro GUIYEN & Juana Maria TAFOYA, *vˢ del varrio de San Fernando*; ap/ Lasaron GUIYEN & Concepcion MAES; am/ Jose TAFOYA & Maria Concepcion LUJAN; gp/ Jose Ylario SANDOVAL & Maria Antª SANDOVAL, *vˢ del mismo lugar.*

PACHECO, Maria Manuela Antª   *Rancho*
  bap 21 Aug 1830, ae 4 da; d/ Jose Miguel PACHECO & Maria Gertrudis GONSALES, *vˢ de San Francº del Rancho*; ap/ Francº PACHECO, dec., and Maria Lucia VIGIL; am/ Juan Juan (sic) GONSALES & Maria VERNAL; gp/ Miguel Antº TRUGILLO & Maria Barvara TRUGILLO, *vˢ del varrio de San Fernando.*

Frames 03-06
Church visit - Fr. Juan Rafael RASCON

Frame 07
CANDELARIO, Jose Manuel   *Rancho*
  bap 27 Aug 1830, ae 7 da; s/ Julian CANDELARIO & Anna Maria GARCIA, *vecinos del varrio de San Francº del Rancho*; ap/ Francº CANDELARIO & Juana Maria GRIEGO; am/ Juan Manuel GARCIA & Juana Maria GURULÉ; gp/ Policarpio SALASAR & Anna Maria SALASAR, *vecinos del mismo lugar.*

TAOS BAPTISMS, VOLUME II   1830-1833, AASF #20

MARTIN, Bartolome   Arroyo Seco
  bap 27 Aug 1830, ae 4 da; s/ Ant° Aban MARTIN & Maria Josefa ROMERO, *vecinos
  del varrio del Arroyo Seco*; ap/ Andres MARTIN & Ana Maria Gertrudes (n.s.);
  am/ Fran^co ROMERO & Maria Barbara GURULÉ; gp/ Jose Leonicio CORDOVA & Maria
  Felipa LOVATO, *vecinos del mismo lugar*.

COPAS, Jose Sebedon   San Fernando
  bap 28 Aug 1830, ae 6 da; s/ D^n Juan Manuel COPAS (Origins, p. 412, COPA) &
  Maria Josefa BARELA, *vecinos del varrio San Fran^co del Rancho*; ap/ Julian COPAS
  & Maria Ysabel (n.s.); am/ Cristobal BARELA, dec., & Maria Rafaela MARTIN,
  vecinos del mismo lugar, who was the gm.

Frame 08
QUINTANA, Juan(a) Maria   Rancho
  bap 30 Aug 1830, ae 4 da; d/ Jose Maria QUINTANA & Ysidora LOPES, *vecinos del
  varrio de San Fran^co del Rancho*; ap/ not given because father is of Yuta tribe;
  am/ Gaspar LOPES & Guadalupe RUIBALI, both dec.; gp/ Jose Gabriel SALASAR &
  Maria Refugio VIGIL, *vecinos del mismo lugar*.

MADRIL, Maria Rosa   San Fernando
  bap 1 Sep 1830, ae 3 da; d/ Cristobal MADRIL & Rosalia BLEA, *vecinos de la
  plasa San Fran^co de Paula*; ap/ Juan MADRIL & Prudencia JARAMILLO, both dec.;
  am/ M^a del Rosario BLEA (only); gp/ Manuel Ant° PADILLA & Maria de la Crus
  CORTES, *vecinos de San Fernandes*.

ROMERO, Maria Guadalupe   Rancho
  bap 2 Sep 1830, ae 2 da; d/ Vicente ROMERO & Maria Soledad CHAVES, *vecinos del
  Rancho*; ap/ Fran^co Estevan ROMERO & Mª Dolores MANSANARES; am/ Domingo CHAVES
  & Maria Candelaria DURAN; gp/ Fran^co MARTIN & Maria Ygnacia PINEDA, v^c del mismo
  lugar.

Frames 09
MEDINA, Maria Ant^a   Rancho
  bap 4 Sep 1830, ae 3 da; d/ Pedro MEDINA & Maria Ant^a CRUS, *vecinos del Rancho*;
  ap/ Fran^co MEDINA & Maria LUJAN; am/ Vicente CRUS & Mª Rosa BACA; gp/ Santiago
  NIETO & Mª Rafaela TAFOYA.

FERNANDES, Juan Bautista   Santa Barabara
  bap 5 Sep 1830, ae 3 da; s/ Bicente FERNANDES & Mª Andrea SANCHIS, *vecinos de
  Santa Barbara*; ap/ Rafael FERNANDES & Maria BALDES; am/ Juan Roque SANCHIS,
  dec., & Maria Rita MESTAS; gp/ Pablo SANCHIS & Maria Fran^ca ROMERO, v^c de Santa
  Barbara.

DURÁN, Maria Cecilia   Rancho
  *bap 7 Aug 1830, ae 4 da; d/ Mauricio DURÁN & Maria Barbara SANCHES, *vecinos
  del varrio de San Fran^co del Rancho*; ap/ Manuel DURÁN & Mª Gerarda MASCAREÑAS;
  am/ Manuel SANCHES & Maria Juana MARTINES; gp/ Jose Venito TAFOYA & Maria
  Guadalupe MARTINES, *vecinos del varrio de San Fernandes*.

Frame 10
SANCHES, Maria Rufina   Arroyo Ondo
  bap 7 Sep 1830, ae 3 da; d/ Juan SANCHES & Maria Josefa ARCHULETA, v^c del
  Arroyo Ondo; ap/ Ygnacio GONSALES (sic) & Margarita BARELA; am/ Jose Ant°
  ARCHULETA & Maria Ant^a CORDOVA; gp/ Juan Jose PACHECO & Mª Fernanda BUENA,
  vecinos del Arroyo Ondo.

CHAVES, Jose Natibidad   Rancho
  bap 8 Sep 1830, ae 2 da; s/ Ant° Jose CHAVES & Maria Paula MORA, *vecinos del*

Rancho; ap/ Cristobal CHAVES & Maria Guadalupe MEDINA; am/ Juan Esteban MORA & Luisa BALENCIA; gp/ Antº MEDINA & Maria Josefa TRUGILLO, *vecinos del Rancho.*

ALIRE, Maria de la Natividad Ranchito
  bap 9 Sep 1830, ae 2 da; d/ Manu(e)l Antº ALIRE & Mª Gertrudis AGUILAR, *vˢ del Ranchito de San Franᶜᵒ;* ap/ Jose ALIRE & Maria Catarina VIALPANDO; am/ Antº AGUILAR & Juana CORDOVA; gp/ Dⁿ Santiago MARTINES & Dª Maria de la Lus LUCERO, *vˢ de San Fernando.*

Frame 11
MEDINA, Juana Natividad S. Fernando
  bap 12 Sep 1830, ae 5 da; d/ Jose Antº MEDINA & Juana SALASAR, *vecinos de San Fernando;* ap/ Antº MEDINA & Micaela VIGIL; am/ Antº SALASA(R) & Mª Rosa ARCHULETA; gp/ Jose Maria ARCHULETA & Mª Paula NAVARRO, *vˢ de S. Fernando.*

CRUZ, Jose Gasinto Rancho
  bap 13 Sep 1830, ae 4 da; s/ Mariano CRUZ & Bitoriana CORDOBA, *vecinos de San Fransisco del Rancho;* ap/ Fransisco CRUZ & Fransisca GONSALES; am/ Andres CORDOBA & Dolores ARCHULETA; gp/ Jose Fransisco RUVI & Maria Dolores GALLEGOS, *vˢ de San Francisco del Rancho.*

SAMORA, Mª Dolores Santa Barbara
  bap 13 Sep 1830, ae 2 da; d/ Manuel SAMORA & Mª Josefa FERNANDES, *vecinos de la plasa de Sta Barvara de la Mision de Picuries;* ap/ Jose SAMORA & Mª Felipa TORREZ; am/ Jose FERNANDES & Mª VALDES; gp/ Jose Antº TORRES & Mª de Gracia LOVATO, *vecinos del mismo citado lugar.*

Frame 12
SANDOVAL, Maria de la Luz San Fernande_s_
  bap 17 Sep 1830, ae 4 da; d/ Juan Pedro SANDOVAL & Mª Alta Gracia ORTIS, *vecinos de Santa Fe, recidentes accidentales de San Fernande_s_;* ap/ Juan SANDOVAL & Anna RODRIGUES; am/ Jose Franᶜᵒ ORTIS & Mª Josefa MES, both dec.; gp/ Luis AMBRUE (Origins, p. 404, AMBRULE) & Mª Marselina CASADOS, *vecinos de S. Fernande_s_.*

TRUGILLO, Antº Maria Arroio Ondo
  bap 19 Sep 1830, ae 8 da; s/ Franᶜᵒ TRUGILLO & Maria de la Lus AVILA, *vecinos del Arollo Hondo;* ap/ Alejandro TRUGILLO & María Manuela ARCHULETA; am/ Rafael ABILA (sic) & Mª Antª Jesus GALLEGOS; gp/ Juan Antº PACHECO & Maria Encarnacion BERNAL, *vecinos del Arroyo Ondo.*

Frame 13
GALLEGO, Antonio Seberino San Juan
  bap 21 Sep 1830, ae 9 da; s/ Vitor GALLEGO & Mª Reyes URTADA, *vesinos del Llano de San Juan Nepomuzeno;* ap/ Mig(u)el GALLEGO & Antª MARTINA; am/ Mig(u)el URTADO & Maria de Jesus SANDOVAL; gp/ Vernardo LOPES & Maria de Jesus MONTOYA, *vecinos del Llano de San Juan Nepomoceno.*

MARTINES, Jose Tomas Rancho
  bap 21 Sep 1830, ae 9 da; s/ Andres MARTINES & Maria Antonia ORTIZ, *vecinos de San Franᶜᵒ del Rancho;* ap/ D. Pedro MARTINES & Maria Ygnacia GARCIA; am/ Matias ORTIZ & Maria Franᶜᵃ BACA; gp/ Cornelio VIGIL & Maria de los Reyes BACA, *vecinos del varrio de San Fernando.*

Frame 14
MEDINA, Juan Bautista Arroyo Ondo
  bap 28 Sep 1830, ae 6 da; s/ Antº de Jesus MEDINA & Maria Paula de HERRERA, *vecinos de la poblacion de Arroyo Ondo;* ap/ Pedro Ygnacio MEDINA &

Margarita CORDOBA; am/ Jose de HERRERA & Maria Ygnacia OLGUIN; gp/ Jose Ramon MEDINA & Maria Guadalupe CORDOBA, *vecinos del mismo lugar.*

VARELA, Maria Rafael *Pecuries*
bap 30 Sep 1830, ae 4 da; d/ Juan VARELA & Mª Miquela de HERRERA, *v^{s} de San Juan Nepomoseno del Llano, perteneciente a Picuries;* ap/ Felix VARELA & An(a) Maria MONTOYA; am/ Pablo de HERRERA (only); gp/ Juan Ysidro CORDOVA & Mª Rosalia FERNANDES, *vesinos del mismo lugar.*

LUCERO, Maria Dolores San Fernandes
bap 1 Oct 1830; d/ Pedro LUCERO & Maria de la Lus FERNANDES, *vecinos del varrio de San Fran^{co} del Rancho;* ap/ Jose Miguel LUCERO & Maria Josefa SALASAR, both dec.; am/ Antonio FERNANDES & Margarita ROMERO, both dec.; gp/ Antonio LUCERO & Maria Manuela de HERRERA, *vecinos de Santa Crus del Chamisal, Mision de Picuries.* (Frames 14-15)

Frame 15
MARTIN, Jose Fran^{co} *Rancho*
bap 1 Oct 1830, ae 6 da; s/ Tomas MARTIN & Mª Juana CHACON, *vecinos del varrio de San Fran^{co} del Rancho;* ap/ Jose MARTIN & Mª Matiana VIGIL; am/ Jose CHACÓN & Maria Andrea BEYTA; gp/ Jose Fran^{co} CERNA & Maria Ygnes (n.s.), *vecinos del mismo lugar.*

MAESE, M^{a} de los Angeles San Fernandes
bap 3 Oct 1830, ae 2 da; d/ Miguel MAESE & Mª de la Luz MARTINES, *vecinos de San Fernandes;* ap/ Jose Ant^{o} MAESE, dec., & Mª Bitoria SISNEROS; am/ Jose MARTIN (sic) & Juana Angel NARANJO, both dec.; gp/ Julian LUCERO & Maria Ygnacia LUCERO, *v^{s} del mismo lugar.*

Frame 16
REINA, Maria Marselina *Pueblo*
bap 3 Oct 1830, ae 16 da; d/ Juan Domingo REINA & Maria Juana CORDOVA; ap/ Juan Domingo REINA & (not given); am/ Juan Domingo REYNA (sic) & Maria Juana CORDOVA, *to(do)s vecinos naturales del Pueblo de Taos;* gp/ Jose Pablo BARGAS & Maria Ygnacia CORDOVA.

FERNANDES, Jose Fran^{co} San Fernando
bap 3 Oct 1830, ae 1 da; nat. s/ Ana Maria FERNANDES, *vecina (de)* San Fernando; am/ Clemente FERNANDES & Petra GARCIA; gp/ Jose Ant^{o} MEDINA & Juana Maria SALASAR, *v^{s} del mismo lugar.*

MADRID, Jose Miguel & Maria Consepcion *Arroyo Seco*
bap 3 Oct 1830; twin children/ Jose Cristoval MADRID & Maria Manuela MEDINA, *vecinos del Arroyo Seco;* ap/ Miguel MADRID & Maria de Jesus BALDES, both dec.; am/ Ant^{o} MEDINA & Maria Micaela VIGIL; gp/ Manuel Ant^{o} PAIS & Maria Soledad MAESE (&) Jose Fran^{co} PAIS & Maria de la Luz PAIS, *vecinos de San Fernando.* (Frames 16-17)

Frame 17
MESTAS, Maria Fran^{ca} Sta Barbara
bap 8 Oct 1830, ae 5 da; d/ Juan Pablo MESTAS & Mª Encarnacion CRUS, *vecinos de Santa Barvara de la mision de Picuries;* ap/ Pablo MESTAS & Mª Guadalupe TAFOYA; am/ Rafael CRUS & Mª Encarnacion OLGUIN; gp/ Jose Ant^{o} MUÑIZ & Mª Rafaela MUÑIZ, *v^{s} de aquel mismo lugar.*

ARCHULETA, Maria Brigida S^{n} Fernando
bap 8 Oct 1830, ae 3 da; d/ Ysidro ARCHULETA & Mª Encarnacion VERNAL, *vecinos de S. Fernandes;* ap/ Juan de Jesus ARCHULETA & Mª Joaquina VENAVIDES; am/ Juan

Pedro VERNAL & Maria Antª BEYTA; gp/ Juan Nepomuceno LOVATO & Maria Franᶜᵃ COCA *del mismo lugar.*

Frame 18
ARCHULETA, Jose Leonioso (Jose Leonicio in margin)   *Arroyo Ondo*
    bap 10 Oct 1830, ae 5 da; s/ Anastacio ARCHULETA & Mª Dolores MESTAS, *v. del Arroyo Ondo;* ap/ Damian ARCHULETA & Miquela SALAZAR; am/ Jose MESTAS & Barbara MARTIN; gp/ Gabriel DURAN & Tomasa GARCIA, *vecinos del mismo lugar.*

LUCERO, Jose Manuel   *Pueblo*
    bap 10 Oct 1830, ae 5 da; s/ Lorenzo LUCERO & Manuela GABILAN, *v. del pueblo;* ap/ Antº LUCERO & Angela ROMERO; am/ Jose GABILAN & Mª (n.s.), *vecinos del mismo lugar;* gp/ Meregildo ARCHULETA & Bartola LOPES.

MESTAS, Jose Rafael   *Rancho de Sⁿ Francᵒ*
    bap 10 Oct 1830, ae 6 da; s/ Marcos MESTAS & Mª de la Lus LOPES, *vᶜ del varrio de S. Francᵒ del Rancho;* ap/ Bernardo MESTAS & Maria del Rosario RAMIRES, dec.; am/ Francᶜᵒ LOPES & Mª Gregoria MARTINES, dec.; gp/ Ramon SALASAR & Mª Soledad VIGIL, *vecinos del mismo lugar.* (Frames 18-19)

Frame 19
SANDOVAL, Maria del Refugio   San Fernandes
    bap 11 Oct 1830, ae 2 da; d/ Pablo SANDOVAL & Dolores COCA, *vecinos de San Fernandes;* ap/ Felipe SANDOVAL & Gregoria de SENA; am/ Jose Maria COCA & Juana BENAVIDES; gp/ Jose Gabri(e)l MARTIN & Maria Antª GARCIA, *todos vecinos del mismo lugar.*

BUSTOS, Maria Francª   *Arroyo Seco*
    bap 12 Oct 1830, ae 4 da; d/ Francᶜᵒ BUSTOS & Mª Soledad VIGIL, *vecinos del Arroyo Seco;* ap/ Jose BUSTOS & Maria Francª LOPES, both dec.; am/ Jose VIGIL, dec., & Maria Rosa MARTINES; gp/ Antº Jose LOPES & Maria Gertrudis LOPES, *vecinos del mismo lugar.*

Frame 20
PADILLA, Maria Barvara   *Arroyo Ondo*
    bap 12 Oct 1830, ae 2 da; d/ Juan PADILLA & Maria del Carmel GARCIA, *vˢ de Arroyo Ondo;* ap/ Santiago PADILLA & Juana Teresa TORRES; am/ Damacio GARCIA & Josefa VIGIL; gp/ Jose Manuel SANCHES & Maria Antª RIBERA, *vecinos de San Fernando.*

GONZALES, Pedro Antº   *Arroyo Ondo*
    bap 14 Oct 1830, ae 6 da; nat. s/ Maria de la Luz GONZALES, *vecinos del Arroyo Ondo;* am/ Juan Antº GONSALES (sic) & Maria Barvara BARELA, both dec.; gp/ Juan Nepomuceno QUINTANA & Maria Paula GURULÉ, *vecinos del mismo lugar.*

Frame 21
MAES, Maria Solomé   *Rancho de Sⁿ Francᶜᵒ*
    bap 16 Oct 1830, ae 5 da; d/ Alejandro MAES & Maria de la Luz LOVATO, *vecinos de Sⁿ Francᶜᵒ del Rancho;* ap/ Juan Cof. MAES & Ana Maria QUIGLE; am/ Juan Antº LOVATO & Maria Ygnacia SANCHES; gp/ D. Juan ROLES and Maria Encarnacion MARTIN, *vecinos del mismo lugar.* (Entry mentioned below has different aps listed).

VIGIL, Pedro Antº   *Sⁿ Fernando*
    bap 22 Oct 1830, ae 6 da; s/ Juan VIGIL & Mª Paula BALDES, *vecinos de San Fernandes;* ap/ Jose VIGIL, dec., and Maria Roza MARTINES; am/ Manuel BALDES, dec., and Josefa GARCIA; gp/ Blas TRUGILLO & Mª Manuela SANCHES, *vecinos del mismo lugar.*

TAOS BAPTISMS, VOLUME II   1830-1833, AASF #20

(Entry of Maria Solome MAES above, entered again; priest crosses through it and
states that it has already been entered. Frames 21-22)

Frame 22
MARTIN, Maria de Jesus   *Rancho de San Fran^co*
   *bap 21 Oct 1830, ae 5 da; d/ Ygnacio MARTIN & Mª Dolores LOVATO, *v^s del
   Rancho*; ap/ Juan Pablo MARTIN & Guadalupe CHABES; am/ Rafael LOBATO (sic) &
   Maria dela Luz ESPINOZA, *v^s del Rancho*; gp/ Jose Rafael TRUGILLO & Mª Ygnacia
   ARMIJO, *v^s del mismo lugar.*

GUTIERRES, Maria Dolores   *Rancho de San Fran^co*
   bap 22 Oct 1830, ae 8 da; d/ Jose GUTIERRES & M^a del Carmel LOPES; ap/ Patricio
   GUTIERRES & Anamaria TRUGILLO; am/ Lucino LOPES & Mª Dolores BARELA, *v^s todos
   del Rancho*; gp/ Nerio DURAN & Dolores ARCHULETA, *v^s del mismo lugar.* (Frames
   22-23)

Frame 23
CORTES, Juan Ant°   *Natural del Pueblo*
   bap 24 Oct 1830, ae 4 da; s/ Pablo CORTES & Dolores PADIALLA (sic), *naturales
   del pueblo*; ap/ Jose Ant° CORTES & Maria Gertrudis MONTOYA; am/ Pedro PADILLA
   & Maria Luciana CHAVES, *vecinos del mismo lugar*; gp/ Jose Alejandro MAES &
   Maria de la Luz LOVATO, *vecinos de San Fran^co del Rancho.*

ESPINOSA, Maria Encarnacion   *Arroyo Ondo*
   bap 24 Oct 1830, ae 5 da; d/ Felipe ESPINOSA & Teodora DURAN, *vecinos de
   Arroyo Ondo*; ap/ Ant° ESPINOSA & Soledad MARTIN; am/ Juan DURAN & Sencion
   MEDINA; gp/ Juan Jose MARTIN & Maria de la Crus MARTIN, *vecinos de Arroyo
   Seco.*

Frame 24
MARES, Mª Dolores   *Arroyo Seco*
   bap 26 Oct 1830, ae 6 da; d/ Gaspar MARES & Mª de la Lus CORDOBA; ap/ Gabriel
   MARES, dec., and Mª Ant^a TAFOYA; am/ Serafin CORDOBA & Maria Candelaria MEDINA;
   gp/ Juan Fran^co LOVATO & Mª Dolores SANCHES, *todos vecinos del Arroyo Seco.*

MEDINA, Maria Rosa   *S^n Fran^co del Rancho*
   bap 27 Oct 1830, ae 4 da; d/ Jose MEDINA & Luz VIGIL, *vecinos de San Fran^co del
   Rancho*; ap/ Jose MEDINA, dec., & Candelaria TRUGILLO; am/ Salvador GONSALES
   (sic) & Ana Maria LEAL; gp/ Juan Jose GARCIA & Maria Josefa GONSALES, *vecinos
   del mismo lugar.*

CORDOVA, Mª Dolores   *Rancho*
   *bap 24 Oct 1830, ae 5 da; nat. d/ Mª Tereza CORDOVA; am/ Andres CORDOVA & M^a
   Dolores ARCHULETA, *v^s del Rancho*; gp/ Jose CORDOVA & Trenidid ARCHULETA, *v^s del
   mismo lugar.* (Frames 24-25)

Frame 25
TAFOYA, Juan Jose   S. Fernando
   bap 29 Oct 1830, ae 1 da; s/ Marcial TAFOYA & Maria de los Reyes BORREGO,
   vecinos de San Fernandes; ap/ Jose Fran^co TAFOYA & Mariana RAEL; am/ Jose
   Cristoval BORREGO & Maria Ant^a del Espiritu S^to ROMERO; gp/ Jose Manuel SAIS &
   Maria Trenidad MEDINA, *vecinos del mismo lugar.*

LIAL, Ana Maria   *Rancho*
   bap 31 Oct 1830, ae 5 da; d/ Fran^co LIAL & Mª Natividad GALVIS, *vesinos del
   varrio de San Fran^co del Rancho*; ap/ Juan Domingo LIAL & Mª Veronica CORTES; am/
   Blas GALVIS & Maria de Jesus ESPINOSA; gp/ Ant° Jose MONDRAGON & Maria
   Gertrudis GARCIA, *vecinos de San Fran^co del Rancho.*

ARELLANO, Maria Gertrudis　　　　　　　　　　　　　　　　　　　　　　　　　　　　*Arroyo Ondo*
　　bap 31 Oct 1830, ae 6 da; d/ Jose ARELLANO & Mª Con(c)epcion MARTIN, *vecinos del Arroyo Ondo*; ap/ Franco ARELLANO & Mª dela Lus CORDOVA; am/ Roman MARTIN & Mª Josefa SALAZAR; gp/ Jose Guadalupe AVILA & Maria Sarafina ABILA, *vecinos del mismo lugar*. (Frames 25-26)

Frame 26
GARCIA, Manuel Rafael　　　　　　　　　　　　　　　　　　　　　　　　　　　　　*Arroyo Ondo*
　　bap 31 Oct 1830, ae 4 da; s/ Migel GARCIA & Josefa GARCIA, *vecinos del Arroyo Ondo*; ap/ Juan Jose GARCIA & Mª Antª PADIA; am/ Manuel Rafael GARCIA & Maria Tomasa XARAMIO; gp/ Franco PADIA & Maria Miquela CHAVEZ, *vecinos del mismo lugar*.

LEAL, Maria de los Santos　　　　　　　　　　　　　　　　　　　　　　　　　　　　　*Rancho*
　　bap 3 Nov 1830, ae 3 da; d/ Manuel LEAL & Juliana TRUGILLO, vs *del Rancho*; ap/ Manuel Jose LEAL & Mª Mariana QUINTANA; am/ Franco TRUGILLO & Mª Antª MARTIN; gp/ Juan Anto BUENO & Mª Quirina GRIEGO, vs *del Rancho*.

LUCERO, Jose Carlos　　　　　　　　　　　　　　　　　　　　　　　　　　　　　　　　*Rancho*
　　bap 16 Nov 1830, ae 13 da; s/ Manuel LUCERO & Mª Leogarda SANDOVAL, *veci(n)os del varrio de San Franco del Rancho*; ap/ Bernardo LUCERO & Tomasa MARTIN, dec.; am/ Franco Marico SANDOVAL & Mª Mariana TAFOYA; gp/ Faustin VIGIL & Mª de la Lus MARTIN, *vecinos del mismo lugar*. (Frames 26-27)

Frame 27
TAFOYA, Juan de Jesus　　　　　　　　　　　　　　　　　　　　　　　　　　　　　　*Rancho*
　　bap 17 Nov 1830, ae 10 da; s/ Salvador TAFOYA & Juana MEDI(N)A; ap/ Juan Bartolo TAFOYA & Dolores MAESE; am/ Miguel MEDINA, dec., and Candelaria PAIS; gp/ Bernardo DURAN & Maria Feliciana VIGIL, *vecinos del mismo lugar*.

GONSALES, Jesus Maria　　　　　　　　　　　　　　　　　　　　　　　　　　　　　　S. Fernando
　　bap 17 Nov 1830, ae 9 da; s/ Geronimo GONSALES & Meregilda APODACA; ap/ Juan Cayetano GONZALES (sic) & Maria Lorensa RODRIGES; am/ Baltasar APODACA & Magdalena SAIS, both dec.; gp/ Jose MONDRAGON & Maria Lorensa DURANA, *vecinos de San Franco del Rancho*. (Frames 27-28)

Frame 28
SANCHES, Juan de Jesus　　　　　　　　　　　　　　　　　　　　　　　　　　　　　　*Rancho*
　　bap 18 Nov 1830, ae 4 da; s/ Juan Antº SANCHES & Maria Luisa GARCIA, *vecinos de San Franco del Rancho*; ap/ Franco SANCHES & Maria Polonia MARTIN; am/ Juan Anto GARCIA & Maria Josefa TORRES; gp/ Anasastacio VIGIL & Maria de la Cru(s) QU(I)NTANA, *vecinos del mismo lugar*.

ROMERO, Maria Soledad　　　　　　　　　　　　　　　　　　　　　　　　　　　　　　*Rancho*
　　bap 18 Nov 1830, ae 15 da; nat. d/ Maria Francª ROMERO, *vecina del Rancho*; am/ Franco ROMERO & Maria Gertrudes BALDES; gp/ Manuel Anto VIGIL & Maria Isidora VIGIL, *vecinos del mismo lugar*.

TRUGILLO, Maria Dolores　　　　　　　　　　　　　　　　　　　　　　　　　　　　　*Rancho*
　　bap 19 Nov 1830, ae 3 da; d/ Buenavª TRUGILLO & Mª Josefa ROMERO, vs *del Rancho*; ap/ Damacio TRUGILLO & Mª Leonicia BORREGO; am/ Mariano ROMERO, dec., & Mª Francª ARMENTA; gp/ Anto Ermenegildo TRUGILLO & Mª Josefa TAFOYA, vs *de S. Fernandes*.

Frame 29
SENA, Jose Franco　　　　　　　　　　　　　　　　　　　　　　　　　　　　　　　　S. Fernando
　　bap 20 Nov 1830, ae 3 da; nat. s/ Juana SENA, *natural del pueblo*; am/ Anto SENA & Mª Rosa LUCERO, both dec., *naturales del pueblo*; gp/ Jose Franco LUCERO & Maria Guadalupe BALENCIA, vs *de San Fernando*.

TAOS BAPTISMS, VOLUME II   1830-1833, AASF #20

MEDINA, Juan del Carmel   Arroyo Ondo
    bap 20 Nov 1830, ae 12 da; s/ Juan MEDINA & Mª Biviana ABILA, vecinos del
    Arroyo Ondo; ap/ Diego MEDINA & Mª GIYEN; am/ Juan de Jesus LEAL (sic) & M^a An^{to}
    PACHECO; gp/ Juan An^{to} PACHECO & Maria Encarnacion BERNAL, vecinos del Arroyo
    Ondo.

ROMERO, Mª Estefana   S. Fernando
    bap 21 Nov 1830, ae 6 da; d/ Mateo ROMERO & Mª Paula MONDRAGON, vecinos de San
    Fernando; ap/ Juan de los Reyes ROMERO & Mª Teodora LUCERO; am/ Jose MONDRAGON
    & Mª Dolores CASADO; gp/ Juan An^{to} MONDRAGON & Mª Dolores CASADO, v^s de San
    Fernandes.

Frame 30
APODACA, Mª Ecciquia (sic)   S. Fernando
    bap 21 Nov 1830, ae 3 da; d/ Nicolas Marcos APODACA & Mª Marta LOPES, vecinos
    de San Fernando; ap/ Damacio APODACA & Maria Bartola FRE(S)QUIS; am/ Juan de
    Jesus LOPES & Mª Vicenta CORDOVA; gp/ Lorenso BACA & Anna Maria BACA, vecinos
    de S. Fernando.

CORDOVA, Jose de Jesus   Rancho
    bap 22 Nov 1830, ae 2 da; s/ Fran^{co} CORDOVA, Yuta, & Maria Dolores MARTIN del
    Rancho; ap/ unknown beings of the Ute tribe; am/ Cristobal MARTIN & Maria
    Ygnacia GONSALES; gp/ Juan Felipe ROMERO & Maria de las Nieves LUJAN, vecinos
    del Rancho.

SALASAR, Juan Manuel   Rancho
    bap 22 Nov 1830, ae 3 da; nat. s/ Maria Nasarena SALASAR, vecina del varrio de
    S. Fran^{co} del Rancho; am/ Juana SALASAR (only); gp/ Bartolome (n.s.) & Polonia
    LUCERO, vecinos de San Fran^{co} del Rancho.

MARTIN, Jose Maria   Arroyo Ondo
    bap 23 Nov 1830, ae 4 da; s/ An^{to} MARTIN & Anna Maria ROMERO, vecinos del
    Arroyo Ondo; ap/ Eusebio MARTIN & Maria An^{ta} ARMIJO; am/ Manuel ROMERO & Maria
    Rosalia MAES; gp/ An^{to} Domingo CORDOVA & Maria Concepcion ANENCIO (sic),
    vecino(s) del Arroyo Ondo. (Frames 30-31)

Frame 31
MONDRAGON, Bernardo de Jesus   Rancho
    bap 28 Nov 1830, ae 3 da; s/ An^{to} MONDRAGON & Juana Maria VIGIL, vecinos del
    Rancho; ap/ Juan Rafael MONDRAGON & Mª Fran^{ca} VIGIL; am/ Bernardo VIGIL, dec.,
    Maria Rosa TRUGILLO; gp/ Mariano VIGIL & Maria de los Santos TRUGILLO, vecinos
    del mismo lugar.

GONSALES, Jose An^{to} Arroyo Ondo
    bap 28 Nov 1830, ae 5 da; s/ Fran^{cu} GONSALES & M^a de los Relles ROMERO, v^s del
    Arroyo Ondo; ap/ Juan GONSALES & Mª Maria (sic) An^{ta} MARTIN; am/ Lorenso ROMERO
    & Mª Lorensa CRUS, vecinos del Arroyo Ondo who were the gp.

Frame 32
ESPINOSA, Maria de la Lus   Rancho
    bap 28 Nov 1830, ae 4 da; d/ Santiago ESPINOSA & Maria Manuela MARTIN; ap/
    Vicente ESPINOZA (sic), dec., and Maria de la Lus ROMERO; am/ An^{to} MARTIN &
    Maria Manuela SALASAR; gp/ Jose Bernardo VIGIL & Maria Luisa SERNA, vecinos
    todos del Rancho.

MARQUES, Maria Andrea   Rancho
    bap 30 Nov 1830, ae 3 da; d/ Jose Tomas MARQUES & Mª Nicolasa SALASAR; ap/
    Miguel MARQUES & Maria Gertrudis MONTOYA; am/ Ramon SALASAR & Maria Soledad

VIGIL; gp/ An^to Jose VIGIL & M^a del Refugio VIGIL, *todos v^s del varrio de San Fran^co del Rancho.*

VARGAS, Juan Andres   *Rancho*
    bap 30 Nov 1830, ae 6 da; s/ Rumaldo VARGAS & Juana LOVATO; ap/ Maurilo VARGAS & Nicomeda FERNANDEZ; am/ Juan An^to LOVATO & Mª Ygnacia SANCHES; gp/ Gabriel MARTINEZ & Mª An^ta GARCIA, *vecinos de San Fran^co del Rancho.*

Frame 33
BRACHI, Jose Ricardo   San Ferna(n)do
    bap 4 Dec 1830, ae 5 da; s/ Juan de Jesus BRACHI & Maria Paula LUNA; ap/ Pedro BRANCHE (Origins, p. 409, BRANCH) & Maria ESCORT (Origins, p. 409, same); am/ Rafael LUNA & An(a) Maria TAFOYA; gp/ Ricardo CAMBEL & Maria Rosa GRIJALVA, *todos vecinos del barrio de San Fernando.*

ROMERO, Fran^co Gavier   San Fernando
    bap 5 Dec 1830, ae 3 da; s/ Jose Manuel ROMERO & Mª Dolores MARTIN; ap/ Lasaro ROMERO & Mª Barbara GONSALES; am/ Santiago MARTIN & Maria Josefa GILLEN; gp/ Josees Maria TAFOYA & Anna Maria TAFOYA, *vecinos de San Fernando.*

TRUGILLO, Feliciano Teodora   *La Puricima*
    bap 5 Dec 1830, ae 2 da; s/ Guadalupe TRUGILLO & Mª Manuela MARTIN, *vecinos de Puricima Concepcion del Ranchito;* ap/ Fran^co TRUGILLO & Maria Gertrudis MARTIN; am/ An^to MAR(T)IN & Mª Gertrudis SALASAR; gp/ Rumaldo BEITA & Maria Donifacia SANDOVAL, *vecinos del mismo lugar.* (Frames 33-34)

Frame 34
SUASO, Jose Rafael   *Pueblo*
    bap 5 Dec 1830, ae 3 da; s/ Fran^co SUASO & Mª Josefa SAN JUANOZO, *naturales del pueblo;* ap/ Fran^co SUASO & Mariquita VIGIL; am/ Diego UNENGUES (sic) & Maria Manuela MIRABAL; gp/ Jose Ygnacio BALDES & Maria Manuela SANCHIS, *v^s de S. Fernando.*

CORDOVA, Mª Andrea   *Arroyo Ondo*
    bap 7 Dec 1830, ae 4 da; s/ Jose Manuel CORDOVA & Mª Dolores MEDINA, *vecinos del Arroyo Seco (sic);* ap/ Manuel CORDOVA & Maria Guadalupe SERNA; am/ Felipe MEDINA & Maria Guadalupe QUINTANA; gp/ An^to MARTIN & Mª Encarnacion MALDONADO, *vecinos del Arroyo Seco.*

VIGIL, Maria Ramona de la Asencion   *Rancho*
    bap 8 Dec 1830, ae 3 da; d/ Jose An^to VIGIL & Maria Rosa ROMERO, *vecinos de San Fran^co del Rancho;* ap/ Juan de Jesus VIGIL & Maria Rosa DURAN; am/ Jose Concepcion ROMERO & Mª Rosa QUINTANA; gp/ Juan Ygnacio CORTES & Maria de la Luz GONSALES, *vecinos de San Fernandes.*

Frame 35
FERNANDES, Maria Poloña   *Picuries*
    bap 9 Dec 1830, ae 9 da; d/ Juan FERNANDES & Maria L(e)ocadia RODRIGES, *vecinos de Santa Varvara, perteneciente a Picuries;* ap/ Mariano FERNANDES & Rosamaria LEYVA; am/ Agustin RODRIGES & Juana MESTAS; gp/ Jose de Gracia MARTIN & Maria Matiana ARCHULETA, *vecinos del Llano de Picuris.*

BEITA, Jesus Maria   *Rancho*
    bap 11 Dec 1830, ae 3 da; nat. s/ Maria An^ta BEITA, single, *vecina de San Fran^co del Rancho;* am/ Encarnacion BEITA (only); gp/ Juan Pablo de HERRERA & Ana Ventura DURAN, *vecinos del mismo lugar.*

VIGIL, Franco Tomas Rancho
  bap 11 Dec 1830, ae 4 da; nat. s/ Mª Dolores VIGIL, *vecina de San Franco del Rancho*; am/ Juan de Jesus VIGIL & Maria Rosa DURAN; gp/ Juan Simon SALASAR & Maria Ygnacia SALASAR, *vecinos del Rancho*. (Frames 35-36)

Frame 36
XARAMILLO, Jose Luciano San Fernando
  bap 15 Dec 1830, ae 3 da; s/ Franco XARAMILLO & Maria Polonia VIGIL, *vecinos del varrio de S. Fernandes*; ap/ (sic) Ygnacio VIGIL & Maria Ygnacia T(R)UGILLO; am/ (sic) Miguel XARAMILLO & Felipa MARTIN; gp/ Rafael LUNA & Maria TAFOYA, *vecinos de San Fernando*.

TENORIO, Jose Guadalupe San Fernandes
  bap 16 Dec 1830, ae 4 da; s/ Santiago TENORIO & Mª Antª COCA, *vecinos de S. Fernandes*; ap/ Felipe TENORIO & Antª Rosa GABALDON, dec.; am/ Andres COCA & Lorensa ARAGON; gp/ Anto ORTIS & Franca de la PEÑA, *vecinos del Rancho*.

ROMERO, Maria Guadalupe Rancho
  bap 17 Dec 1830, ae 7 da; nat. d/ Mª Biviana ROMERO, *vecina del varrio de S. Franco del Rancho*; am/ Jose Maria ROMERO & Mª Agustina MARTIN; gp/ Manuel PADILLA & Maria Hermeregilda VIGIL, *vecinos del Rancho*.

Frame 37
MARTIN, Jose de la Cruz San Fernando
  bap 18 Dec 1830, ae 2 da; s/ Lorenso MARTIN & Mª Franca SANCHIS, *vecinos de San Fernando*; ap/ Anto MARTIN & Mª Franca MAES; am/ Anto SANCHIS & Mª Josefa MARTIN; gp/ Jose de la Cruz GONSALES & Maria Guadalupe SANCHIS, *vecinos de San Fernandes*.

ROMERO, Maria Paula Pueblo
  bap 18 Dec 1830, ae 6 da; d/ Sa(l)vador ROMERO & Maria Josefa LUCERO, *naturales del pueblo*; ap/ Juan Domingo ROMERO, dec., & Maria Catarina CORDOVA; am/ Juan Anto LUCERO & Maria Rosa MARTIN, dec.; gm/ Maria GERRERO, *natural del mismo pueblo*.

SANDOVAL, Maria Ludovina San Fernando
  bap 18 Dec 1830, ae 5 da; d/ Jose Manuel SANDOVAL & Maria Soledad LUCERO, *vecinos de San Fernando*; ap/ Franco Maria SANDOVAL & Maria Mariana TAFOYA; am/ Bernardo LUCERO & Tomasa MARTIN; gp/ Anto LUCERO & Maria Rufina VIGIL, *vecinos de S. Fernando*.

CRUZ, Maria Guadalupe Chamisal
  bap 19 Dec 1830, ae 9 da; d/ Juan Jose CRUZ & Mª Dolores MARTIN, *vecino(s) del Chamisal*; ap/ Juan CRUZ & Juana SANCHIS; am/ Santos MARTIN & Mª Manuela ROMERO; gp/ Juan Christoval ARGUELLO & Maria Franca LUCERO, *vecinos de Picuris*.

Frame 38
CASTEYANO, Jose Tomas Rancho
  bap 21 Dec 1830, ae 5 da; s/ Ylario de los Dolores (CASTEYANO) & Maria del Carmel TRUGILLO, *vecinos del Rancho*; ap/ Matias CASTEYANO & Maria Serafina LUJAN; am/ Franco TRUGILLO & Maria Antª TORRES; gp/ Jose Deciderio GONSALES & Mª Nicolasa SANDOVAL, *vecinos del Rancho*.

VAYE (gp), Mª Guadalupe San Fernando
  bap 22 Dec 1830, about 30 yr; d/ *Cabesas Aplastadas*, a western tribe, with a child at her breast. Baptized to marry the Christian Frenchman (n.n.) whom she had married in the *nacion gentilica* four years ago; gm/ Mª Petra del VAYE,

recidente deste varrio de San Fernando. (Origins, p. 429, PARTUÉ; see Frame 39 and Frame 46)

Frame 39
TRUGILLO (gp), Juan
   bap 22 Dec 1830, about 14 yr; s/ *Cabesas Aplastadas,* a western tribe; gp/ Jose Franco TRUGILLO & Mª Rosa GRIJALGA, *vecinos del varrio de San Fernando.*

PARTUÍ, Pedro
   bap 22 Dec 1830, ae 2 yr; s/ parents formerly not married but now married, Tomá(s) PARTUÍ (Origins, p. 429, PARTUÉ) & Maria Guadalupe (n.s.), native of western tribe; ap/ Luis PARTUHÍ (sic) & Mª Secilia CANASTAN; gp/ Luciano GRIJALBA & Josefa ROMERO, *vecinos del varrio de San Fernandes todos.*

MEDINA, Jose de Metro   San Fernando
   bap 24 Dec 1830, ae 3 da; s/ Domi(n)go MEDINA & Mª Pascuala BLEA, *vᵉ de San Fernando;* ap/ Felipe MEDINA & Mª Guadalupe QUINTA(NA); am/ Antº BLEA & Maria Catarina MARTIN; gp/ Pedro DURAN & Mª Gregoria MEDINA, *vecinos del Arroyo Seco.* (Frames 39-40)

Frame 40
SILVA, Maria Natibidad   San Fernando
   bap 27 Dec 1830, ae 3 da; d/ Jose SILVA & Maria Soledad MARTIN, *vecinos de San Fernando;* ap/ Santiago SILVA & Juana VELASQUES; am/ Francº MARTIN & Maria Antonia LOVATO; gp/ Luis Maria CASIOS & Maria de Esquipula RUIS, *vecinos del mismo lugar.*

VIGIL, Maria de la Natividad   Arroyo Ondo
   bap 27 Dec 1830, ae 3 da; d/ Rodrigo VIGIL & Rosalia VALDES, *vecinos de la poblacion de Arroyo Ondo;* ap/ Gabriel VIGIL, dec., & Anna Maria LUCERO, dec.; am/ Bernardo VALDES & Maria Rafaela SANCHES; gp/ Ramon VALDES & Maria Catarina TRUGILLO, *vecinos de la plasa de San Antº de Arroyo Ondo.*

GALLEGOS, Jose Deciderio   Ojo Caliente
   bap 28 Dec 1830, ae 9 da; s/ Jose Gabriel GALLEGOS & (not given), *vecinos del Ojo Caliente;* ap/ Cristoval GALLEGOS & Mª Ygnacia GUTIERRES; am/ Antº BACA, dec., & Mª Jertrudis LOPES; gp/ Rafael Antº GALLEGOS & Mª Soledad VIGIL, *vecinos del Ojo Caliente perteneciente al curato de Abiqui.* (Frames 40-41)

Frame 41
MEDINA, Juan de Dios   Arroyo Ondo
   bap 30 Dec 1830, ae 2 da; s/ Concepcion MEDINA & Mª Serafina ABILA, *vecinos del Arroyo Ondo;* ap/ Juan Pascual MEDINA & Mª Teresa ESPINOSA; am/ Juan de Jesus ABILA & Mª Paula PACHECO; gp/ Juan de los Relles ABILA & Mª Josefa ALIRE, *vecinos del Arroyo Ondo.*

(1831)

TRUGILLO, Juana Maria   Arroyo Seco
   bap 1 Jan 1831, ae 7 da; nat. d/ Manuela TRUGILLO, *vecina del Arroyo Seco;* am/ Margarita RUIBAL (only); gp/ Antº Lias (n.s.) & Mª Ysabel SANCHES, *vecinos de Arroyo Seco.*

Año de 1831

GABILAN, Mª Paula   Pueblo
   bap 1 Jan 1831, ae 4 da; d/ Juan de Jesus GABILAN & Matiana LOMA; ap/ Juan Andres GABILAN & Mª Manuela FRESQUIS; am/ Juan Antº LOMA & Antª ROMERO; gp/ Buenaventura ROMERO & Mª Rosalia LOMA, *naturales del pueblo.*

TAOS BAPTISMS, VOLUME II   1830-1833, AASF #20

Frame 42
MARTIN, Maria Manuela   Rancho
    bap 2 Jan 1831, ae 6 da; d/ Jose M¹ MARTIN & Juana Mª ARAGON; ap/ Fran^co MARTIN
    & Ana Mª SANCHES; am/ Lorenzo ARAGON & Mª Dolores CHAVES, vecinos del Rancho;
    gp/ Dⁿ M¹ SANCHES & Necolasa SANDOVAL, vecinos del mismo lugar.

GARCIA, Jose Manuel   Rancho
    bap 2 Jan 1831, ae 3 da; s/ Pedro GARCIA & Mª de la Sencion MARTIN, vecinos del
    Rancho; am/ Cruz MARTIN & Mª Dolores TORRES; gp/ Cruz MARTIN & Mª Ramona
    MONTOYA, vecinos del Rancho.

MARTINES, Maria Manuela   Arroyo Seco
    bap 3 Jan 1831, ae 3 da; d/ Jose MARTINES & Maria Paula MALDONADO, vecinos de
    la poblacion de Arroyo Seco; ap/ Cristobal MARTINES & Maria Teodora FRESQUIS;
    am/ Anto Jose MALDONADO & Mª Juliana BARELA; gp/ Jose Anto MEDINA & Maria Venita
    MARTINES, vˢ del mismo lugar.

Frame 43
MADRIL, Maria Estefana   San Fernando
    bap 4 Jan 1831, ae 3 da; d/ Juan MADRIL & Maria Manuela RUIBAL, vecinos del
    varrio de San Fernando; ap/ Tomás MADRID (sic) & Mª Victoria GARCIA, both dec.;
    am/ Luterio RUIBAL & Maria de Gracia SUASO; gp/ Maria de la Lus TRUGILLO &
    Jose de la Crus TRUGILLO, vecinos del varrio del mismo lugar.

ARAGON, Jose Manuel   Chamisal
    bap 6 Jan 1831, ae 15 da; s/ Diego ARAGÓN & Mª Josefa MOYA, vecinos Sᵗᵃ Crus del
    Chamisal de la mision de Picuries; ap/ none given because the name "ARAGON" is
    from the adoptive household, he is of the Apache nation; am/ Fran^co MOYA &
    Maria Dolores JARAMILLO; gp/ Fran^co BEYTA & Mª Rita MOYA, vecinos del mismo
    lugar. (No mention of twins.)

ARAGON, Mª Francisca   Chamisal
    bap 15 Jan 1831, ae 15 da; d/ Mª Josefa MOYA (sic) & Diego ARAGON, vˢ de Sᵗᵃ
    Crus de Chamisal de la mision de Picuris; ap/ none given because the name
    "ARAGON" is from the adoptive household, he is of the Apache nation; am/ Fran^co
    MOYA & Mª Dolores JARAMILLO; gp/ Fran^co BEYTA & Mª Rita MOYA, vecinos del mismo
    lugar. (No mention of twins.)   (Frames 43-44)

Frame 44
GOMES, Juana Maria de las Reyes   S. Fernando
    *bap 6 Jan 1831, ae 2 da; d/ Juan de Jesus GOMES & Mª Fran^ca TRUGILLO, vecinos
    de San Fernando; ap/ Nerio GOMES & Maria Jose(fa) BALDES; am/ Blas TRUGILLO &
    Maria Manuela SANCHES; gp/ Dⁿ Crestino TAPIA & Mª Rosalia BACA, vecinos de San
    Fernandes.

DURAN, Juan de los Reyes   San Fernando
    bap 8 Jan 1831, ae 3 da; s/ Pedro DURAN & Maria Encarnacion MARTIN, vecinos de
    San Fernando; ap/ Juan Nicolas DURAN & Mª Anta ROMERO; am/ Manuel Gregorio
    MARTIN & Mª Rafaela MEDINA; gp/ Juan Anto MARTIN & Juana Ysabel SANCHIS, vecinos
    de San Fernando.

DURAN, Mª de los Reyes   Rancho
    bap 9 Jan 1831, ae 3 da; d/ Bentura DURAN & Mª de Jesus MARTIN, vecinos del
    varrio de San Fran^co del Rancho; ap/ Manuel DURAN & Maria Gerarda MASCAREÑAS;
    am/ Cruz MARTIN & Maria Dolores TORRES, dec.; gp/ Juan Anto MARTIN & Maria
    Dolores DURAN, vecinos del Rancho.   (Frames 44-45)

Frame 45
GALLEGO, Mª Ygnacia   Rancho

bap 9 Jan 1831, ae 8 da; d/ Bicente GALLEGO & Maria Dolores BALDES, *vecinos de San Fernando*; ap/ Luis GALLEGOS (sic) & Mª Luisa SANCHES; am/ Francisco BALDES & Mª Paula MES; gp/ Antº SANCHIS & Mª Biviana MAES, *vecinos de S. Fernando*.

TAFOYA, Maria de los Reyes   *Rancho*
  bap 9 Jan 1831, ae 3 da; nat. d/ Mª Jocefa TAFOYA, *vecina del Rancho*; am/ Juan TAFOYA & Maria Lorensa QUINTANA, dec.; gp/ Ygnacio CANDELARIO & Mª Lorensa CANDELARIO, *vecinos de San Franco del Rancho*.

MEDINA, Maria Manuela   *Ranchito de S. Franco*
  bap 11 Jan 1831, ae 2 da; d/ Simon MEDINA & Maria Josefa MARES, *vecinos de San Franco del Ranchito*; ap/ Felis MEDINA & Maria Teodora QUINTANA; am/ Luis MARES & Maria Josefa MARTINA; gp/ Carlos SANTISTEVAN & Maria de la Luz LUCERO, *vecinos del mismo lugar*.

Frame 46
MARTIN, Diego Antº   *Ondo*
  bap 11 Jan 1831, ae 2 da; s/ Jose Manuel MARTIN & Maria Estefana PADILLA, *vecinos del Harroyo (sic) Ondo*; ap/ Ana Maria MARTINA & unknown; am/ Santiago PADILLA & Juana Teresa LOVATO, both dec.; gp/ Jose de Esquipula VALVERDE & Maria de los Ramos GALVIS, *vecinos del Arroyo Ondo*.

PARTUÉ, Juan Miguel   *San Fernando*
  bap 12 Jan 1831, ae 10 da; s/ Tomas PARTUÉ & Maria Guadalupe (n.s.), (she) is Indian of western nation; ap/ Luis PARTUÉ & Sicilia CANASTA; gp/ Samuel CHAMBRES (Origins, p. 411, CHAMBERS) & Maria Petra del VALLE, *vecinos de San Fernandes*.

FRESQUIS, Jose Benito   *Aroll(o) Ceco*
  bap 12 Jan 1831, ae 1 da; s/ Antº FRESQUIS & Maria de los Reyes SANCHES, *vecinos del Rancho*; ap/ Antº FRESQUIS & Mª Ygnacia CANO; am/ Diego SANCHES & Magdalena MARTIN; gp/ Vitor SANCHES & Ana Maria SERVE, *vecinos del Arroyo Seco*.

MONTOYA, Mª Paula   *San Ferna(n)do*
  bap 24 Jan 1831, ae 10 da; d/ Juan Jose MONTOYA & Mª Candelaria ESQUIBEL, *vº del San Franco del Ranchito*; ap/ Bernardo MONTOYA & Mª Manuela MARTINES, both dec.; am Jose Antº ESQUIVEL (sic) & Mª Feliciana MARTINES, dec.; gp/ Feliciano SANTISTEVAN & Mª Rafaela TRUGILLO, *del mismo lugar*.

Frame 47
DURAN, Jose Pablo   *San Fernandes*
  bap 24 Jan 1831, ae 11 da; s/ Juan de Jesus DURAN & Maria Barbara MEDINA; ap/ Juan Nicolas DURAN & Juana Antª SANDOVAL, dec.; am/ Antº Rafael MEDINA & Maria de la Concepcion MONTOYA; gp/ Manuel Antº PAIS & Maria Ramona MADRIL, *todos vs de S. Fernandes*.

MARQUES, Juan Pablo   *Rancho*
  bap 24 Jan 1831, ae 2 da; s/ Luis Maria MARQUES & Maria Dolores DURAN; ap/ Vicente MARQUES & Guadalupe CRUZ; am/ Franco DURAN & Juana SANDOVAL; gp/ Juan Felipe ROMERO & Maria de las Nieves LUJAN, *todos vecinos del Rancho*.

ORTIS, Jose Antº   *Pueblo*
  bap 26 Jan 1831, ae 3 da; s/ Juan ORTIS & Mª Rosa SUASO; ap/ Juan ORTIS & Rosalia MIRABAL; am/ Antº Jose LUJAN (only); gp/ Juan DOMINGO & Catarina RIO, *todos naturales dest(e) pueblo*.

TAOS BAPTISMS, VOLUME II   1830-1833, AASF #20

Frame 48
GABALDON, Juan Pascual   San Fernandes
   bap 26 Jan 1831, ae 3 da; nat. s/ Ysabel GABALDON & unknown father; am/ Felix
   GABALDON & Mª Guadalupe TRUGILLO, both dec.; gp/ Jose Manuel SANDOVAL & Maria
   Soledad LUCERO, *vecinos todos de San Fernandes*.

GONSALES, Jose Eugenio   Rancho
   bap 26 Jan 1831, ae 14 da; nat. s/ Juana GONSALES & unknown father; am/ Juan
   GONSALES & Mª Antª MARTIN, both dec.; gp/ Juan Jose GARCIA & Juana Gertrudis
   CRUZ, *vecinos todos del Arroyo Ondo*.

TRUGILLO, Maria Paula   San Fernandes
   bap 26 Jan 1831, ae 3 da; d/ Anna Cleto TRUGILLO & Maria Paula MADRIL; ap/
   Salbador TRUGILLO & Maria Varvara VIGIL; am/ Pedro MADRIL & Maria de la Luz
   MOYA; gp/ Hermeregildo TRUGILLO & Maria Josefa TAFOYA, *vecinos todos de San
   Fernando*.

GURULÉ, Jose Pablo   Rancho
   bap 26 Jan 1831, ae 5 da; s/ Felipe GURULÉ & Maria Anna CHAVES; ap/ Cristoval
   GURULÉ & Maria Poloma LUCERO; am/ Bartolome CHAVES & Maria de la Cruz SANCHES;
   gp/ Juan Santos GONSALES & Juana Gertrudis LUGAN, *vecinos todos del Rancho*.

Frame 49
MAES, Maria Paula   Rancho
   bap 26 Jan 1831, ae 2 da; d/ Jose Rafael MAES & Anna Maria CORTES; ap/ Juan
   MAES & Maria Manuela ROMERO; am/ Paulin CORTES & Concepcion MARTIN; gp/ Jose
   Manuel TORRES & Maria Concepcion QUINTANA, *todos vecinos del Rancho*.

ROMERO, Maria Antª   Rancho
   bap 26 Jan 1831, ae 10 da; d/ Jose ROMERO & Viviana FERNANDES; ap/ Concepcion
   ROMERO & Maria Rosa QUINTANA; am/ Domingo FERNANDES & Mª Francª GARCIA; gp/ Antº
   ARAGON & Maria Acencion MARTIN, *todos vecinos del Rancho*.

SANCHES, Maria Paula   Rancho
   bap 26 Jan 1831, ae 3 da; d/ Jose SANCHES & Mª Varvara BUTIERRES; ap/ Juan
   SANCHES & Margarita SILVA; am/ Francº BUTIERRES & Guadalupe MAES; gp/ Manuel
   URTADO & Maria Gertrudis VIGIL, *todos del Rancho*.

GOMES, Juan Pablo   Pueblo
   bap 27 Jan 1831, ae 15 da; s/ Francº GOMES & Madalena RIO; ap/ Juan GOMES &
   Josefa QUINTANA; am/ Jose RIO & Josefa ACONSO; gm/ Maria Josefa LUGAN, *todos
   vecinos deste pueblo*.

POPE, Julian   Rancho
   bap 28 Jan 1831, ae 26 yr; s/ Juan POPE (Origins, p. 429, same) & Maria Paula
   VANCE; *originarios de Quintoqué, perteneciente á los Estados Unidos de Norte
   America*; gp/ Santiago MARTINES & Maria de la Luz LUCERO, *vecinos del varrio de
   San Fernandes*. (Frames 49-50)

Frame 50
YAQUISON, Santiago   Rancho
   bap 28 Jan 1831, here since 1830, ae 28 yr; s/ Juan YAQUISON & Maria
   MEQUENTAYA, *originarios de la Europa...Yngalaterra*; gp/ Juan Domingo TAFOLLA
   & Maria Gertrudis CORDOVA, *vecinos del varrio de San Francº del Rancho*.
   (Frames 50-51)

Frame 51
PADIA, Maria Paula   Arroyo Ondo

bap 28 Jan 1831, ae 5 da; d/ Franco PADIA & Maria Catarina GALLEGOS, *vecinos del Arroyo Ondo*; ap/ Salvador PADIA & Maria Josefa MARTIN; am/ Juan Franco GALLEGOS & Mª Gertrudis MARTIN; gp/ Mariano ARMENTA & Mª Antª GONSALES, *vecinos del mismo lugar*.

MARTIN, Maria Dolores *Rancho*
 bap 29 Jan 1831, ae 3 da; d/ Juan de los Reyes MARTIN & Maria Manuela MARTINES, *vecino(s) del varrio de San Franco del Rancho*; ap/ Diego MARTIN & Mª Trenidad GONSALES; am/ Gervacio MARTIN (sic) & Juanita CORTESA; gp/ Juan de Jesus ARCHULETA & Maria Ygnacia MARTIN, *vecinos del mismo lugar*.

VIGIL, Anto de Jesus *Rancho*
 bap 30 Jan 1831, ae 3 da; s/ Juan de Jesus VIGIL & Maria Luisa SALASAR, *vº del varrio de S. Franco del Rancho*; ap/ Miguel VIGIL & Anna Maria BAYEJOS, dec.; am/ Juan Manuel SALASAR & Mª de los Reyes MARTINES, both dec.; gp/ Juan Anto SALASAR & Mª Rosa ARCHULETA, *vecinos de S. Franco de Paula del Ranchito*.

Frame 52
GALLEGOS, Julian Candelario *Arroyo Ondo de S. Anto*
 *bap 2 Jan 1830, ae 7 da; s/ Franco GALLEGOS & Mª Varvara MARTIN, *vecinos dela plasa de San Anto en el Arroyo Ondo*; ap/ Lorenso GALLEGOS & Mª de la Lus LOPES; am/ Ygnacio MARTIN & Mª Pascuala LOPESEROS (written over); gp/ Salvador LOPES & Mª Micaela ARMIJO, *vº del Arroyon Ondo de la plasa de San Anto*.

MONDRAGON, Maria de la Encarnacion *Arroyo Ondo*
 bap 4 Jan 1831, ae 3 da; d/ Serbulo MONDRAGON & Mª Candelaria de HERRERA, *vº Arroyo Ondo*; ap/ Mariano MONDRAGON & Maria Encarnacion ESPINOSA, both dec.; am/ Jose de HERRERA & Juana MONTOYA, both dec.; gp/ Tomas CORDOBA & Juana Maria ARELLANO, *vecinos del mismo Arroyo Ondo*.

MARTINES, Maria Paula (Maria Pascuala in margin) *Pueblo*
 *bap 25 Jan 1831, ae 12 da; nat. d/ Maria Juana MARTINES, *vecina del pueblo*; am/ Franco MARTINEZ (sic) & Mª de Jesus BARELA; gp/ Anto ORTIS & Maria Dolores LUCERO, *vecinos de S. Fernando*. (Frames 52-53)

Frame 53
RAEL, Maria Secilia *Rancho*
 bap 6 Feb 1831, ae 6 da; d/ Ramon RAEL & Mª Teresa VIGIL, *vecinos de S. Franco del Rancho*; ap/ Felipe RAEL & Mª Manuela ROMERO, dec.; am/ Juan VIGIL & Mª Josefa LOVATO; gp/ Juan Estevan MARTIN & Mª Dolores MONTOYA, *vº de S. Franco del Rancho*.

DURAN, Jose Manuel *Pueblo*
 bap 6 Feb 1831, ae 6 da; s/ Agustin DURAN & Rosalia SAMORA, *naturales del pueblo de S. Geronimo*; ap/ Anto DURAN & Barvara MARTIN; am/ Santiago ZAMORA (sic) & Mª Rosa (n.s.); gp/ Vitor SANCHES & Ana Maria SORBE, *vº de Arroyo Seco*.

Frame 54
LUNA, Maria Rumalda *San Fernando*
 bap 9 Feb 1831, ae 3 da; d/ Jose Rafael de LUNA & Mª Ygnacia XARAMILLO, *vecinos de San Fernandes*; ap/ Dⁿ Rafael LUNA & Annamaria TAFOYA; am/ Franco XARAMILLO & Mª Polonia VIGIL; gp/ Severiano SENBREN & Mª Paula de LUNA, *vecinos de San Fernando*.

RUIBERA, Jose Julian *San Fernandes*
 bap 11 Feb 1831, ae 3 da; s/ Miguel RUIBERA & Mª Ysabel TORRES, *vecinos*

de San Fernandes; ap/ not given; am/ Diego TORRES & Maria (n.s.), dec.; gp/ Manuel RUIS & Mª Trinidad ROMERO, *vecinos de San Fernando*.

GARCIA, Juan de Jesus Rancho
bap 13 Feb 1831, ae 7 da; s/ Jose Deciderio GARCIA & Maria Manuela MARTIN, *vecinos de San Franco del Rancho*; ap/ Manuela GARCIA (only); am/ Juan MARTIN & Mª Catarina CORDOVA; gp/ Lonso CORDOVA & Mª Dolores CORDOVA, *vecinos del mismo lugar*.

PADILLA, Juan Ysidro de la Candelaria y Mª de la Candelaria Rancho
bap 13 Feb 1831, ae 12 da; twin children/ Manuel PADILLA & Mª Hermeregilda VIGIL; ap/ Pedro PADILLA & Mª Lucia CHAVES; am/ Marcelino VIGIL & Maria Micaela MARTIN; gp/ Lorenso ARAGON & Maria Josefa VIGIL, *vecinos de S. Franco del Rancho*. (Frames 54-55)

Frame 55
PACHECO, Jose Deciderio Rancho
bap 13 Feb 1831, ae 3 da; s/ Jose Rafael PACHECO & (n.n. CORDOVA), *vecinos del varrio de San Franco del Rancho*; ap/ Calletano PACHECO & Mª Juliana TRUGILLO; am/ Jose CORDOVA & Mª Manuela BIALPANDO; gp/ Felipe GALLEGOS & Anna Beutrese (sic) de HERRERA, *vecinos del mismo lugar*.

ARCHULETA, Juan de Jesus San Fernandes
bap 13 Feb 1831, ae 13 da; s/ Jose Miguel ARCHULETA & Maria Gracia SALASAR, vˢ *de San Fernandes*; ap/ Jesus ARCHULETA & Mª Juaquina VENAVIDES; am/ Diego SALASAR, dec., & Maria Sencion MEDINA; gp/ Jose Norato ARCHULETA & Mª Dolores MESTAS, vˢ *del Arroyo Ondo*.

BASQUES, Mª Polonia San Fernandes
bap 13 Feb 1831, ae 3 da; d/ Mª Jertrudis BASQUES, *vecina de S. Franco del Rancho*; am/ Antº BASQUES & Mª PADILLA, both dec.; gp/ Jose Guadalupe MONTOYA & Mª Dolores CRUS, *vecinos del Rancho todos*.

Frame 56
GONSALES, Maria Dolores San Fernandes
bap 14 Feb 1831, ae 4 da; nat. d/ Maria Ysidora GONSALES, *vecina de San Fernandes*; am/ Nario GONSALES & Maria Luiza GIRON; gp/ Felipe Santiago ARCHULETA & Maria Polonia (written over) ARCHULETA, *vecinos de San Fernandes*.

MARTINES, Jose Manuel Arroyo Ondo
bap 15 Feb 1831, ae 6 da; s/ Severino MARTINES & Maria Dolores SANDOVAL, *vecinos de la poblacion de Arroyo Seco*; ap/ Nicolas MARTINES & Maria Josefa LOPES; am/ Francº SANDOVAL & Maria Feliciana VIGIL; gp/ Antº Jose VIGIL & Marda Guadalupe OLGUIN, *vecinos de la Sienegilla*.

SANDOVAL, Maria Soledad La Siene Guilla
bap 15 Feb 1831, ae 10 da; d/ Francº SANDOVAL & Maria Feliciana VIGIL, *vecinos de la Sienegilla*; ap/ Juan SANDOVAL & Maria Concepcion SANCHES; am/ Joaquin VIGIL & Maria Concepcion GARCIA, dec.; gp/ Manuel VIGIL & Maria Leonicia MONTOYA of the same place.

Frame 57
VASQUES, Jose Migel Picuries
bap 15 Feb 1831, ae 7 da; s/ Manuel VASQUES & Maria Antª CORDOVA, *vecinos de Santa Cruz del Chamisal, mision de San Lorenso de Picuries*; ap/ Juan Migel VASQUES & Mª Balbaneda ARAGON; am/ Mª Martina CORDOVA (only); gp/ Julian PACHECO & Maria Francª TRUGILLO, *vecinos del mismo lugar*.

CHACON, Maria Estefana *Arroyo Ondo*
   bap 17 Feb 1831, ae 4 da; d/ Fran^{co} CHACON & Encarnacion ATERCIO (sic), *vecinos del Arroyo Ondo*; ap/ Jose CHACON & Mª Clara TRUGILLO, both dec.; am/ Juan Ygnacio ATENCIO & Maria TRUGILLO, dec.; gp/ Jose An^{to} de HERRERA & Maria Ygnacia OLGIN, *vecinos del mismo lugar*.

BALERIO, Maria Juana *Vecina del Rancho*
   bap 17 Feb 1831, ae 3 da; d/ Felipe BALERIO & Maria Dolores MARTINES, *vesinos del Rancho*; ap/ Fran^{co} BALERIO & Maria Rosalia MARTINES; am/ Pedro MARTINES & Maria de los Reyes FERNANDES, dec.; gp/ Pedro LUSERO & Maria de Lus FERNANDES, *vecinos del mismo lugar*.

TRUGILLO, Mª Dolores San Fernandes
   bap 17 Feb 1831, ae 2 da; d/ Estevan TRUGILLO & Mª Mariana TAFOYA, *vecinos de San Fernando*; ap/ An^{to} Alejandro TRUGILLO & Maria Manuela ARCHULETA; am/ Nicolas TAFOYA & Mª Manuela MEDINA; gp/ Luciano GRIGALBA (sic) & Mª Rosa GRIJALBA, *vecinos del mismo lugar*. (Frames 57-58)

Frame 58
ABILA, Jose Bitor *Rancho*
   bap 19 Feb 1831, ae 2 da; nat. s/ Maria Dolores ABILA, *vecina del Rancho*; am/ Migel ABILA & Mª Fran^{ca} ROJO; gp/ Maria TRUGILLO & Felipe MIRABAL.

MARTIN, Jesus Maria *Rancho*
   bap 19 Feb 1831, ae 3 da; s/ Pablo MARTIN & Mª Soledad LUCERO, *vecinos del Rancho*; ap/ An^{to} Jose MARTINES (sic) & Rita BEITA, dec.; am/ Juan de Jesus LUCERO & Maria Ygnacia ARAGON; gp/ Ygnacio GONSALES & Mª Josefa LALANDA, *vecinos del Rancho*.

MONTOYA, Juan Manuel *Rancho*
   bap 20 Feb 1831, ae 3 da; s/ Eusebio MONTOYA & Maria de Jesus TRUGILLO, *vecinos del Rancho*; ap/ Jose MONTOYA & Maria An^{ta} BERNAL; am/ Santiago TRUGILLO & Poloña ROMERO; gp/ Man(u)el CORTES & Maria Manuela ROMERO, *vecinos del Rancho*.

Frame 59
TAFOYA, Jesus Maria *Arroyo Seco*
   bap 20 Feb 1831, ae 6 da; s/ Ypolito TAFOYA & Mª Consepcion CHAVES; ap/ Paulin TAFOYA & Mª Ysabel CORDOVA; am/ Antonio CHAVES & Mª Barvara SANCHES; gp/ Ju(a)n Domingo TAFOYA & Mª Gertrudis CORDOVA.

GONSALES, Jose Felipe *Arroyo Ondo*
   bap 20 Feb 1831, ae 3 da; s/ Jose GONSALES & Maria Gregoria MEDINA; ap/ Felipe GONSALES & Mª Fran^{ca} CHACON, dec.; am/ Felipe MEDINA & Maria G(u)adalupe BALDES; gp/ Blas CHAVES & Mª Dolores MARTINES, v^s *del Arroyo Ondo*.

RODRIGES, Maria Seferina *Arroyo Ondo*
   bap 20 Feb 1831, ae 9 da; d/ Lorenso RODRIGES & Maria Josefa CRUZ, *vecinos del Arroyo Ondo*; ap/ Juan An^{to} RODRIGES & Miguela SANDOVAL; am/ Jose CRUZ & Maria Ynes ARMIJO; gp/ Migel ARMIJO & Maria Rafaela MAES, *vecinos del mismo lugar*.

MADRIL, Juan Seberiano San Fernandes
   bap 20 Feb 1831, ae 3 da; s/ Jose An^{to} MADRIL & Maria del Carmen DELGADO, *vecinos de San Fernandes*; ap/ Tomas MADRIL & Mª Vitoria GARCIA; am/ Venito

TAOS BAPTISMS, VOLUME II   1830-1833, AASF #20

   Acencio DELGADO & Maria Josefa SANDOVAL; gp/ Teodoro ROMERO & Maria Josefa
   ROMERO, *vecinos de San Fernandes*.

Frame 60
TORRES, Maria Valvaneda   San Fernandes
   bap 22 Feb 1831, ae 2 da; nat. d/ Maria Josefa TORRES; am/ Diego TORRES &
   Concepcion TRUGILLO, *vecinos de San Fernandes*; gp/ Jose Encarnacion MARTIN &
   Mª Ysabel CORTES.

CHAVES, Maria Dolores   San Fernandes
   bap 23 Feb 1831, ae 1 da; d/ Jose Pablo CHAVES & Juana Rafaela ARCHULETA,
   vecinos de San Fernandes; ap/ Jose Maria CHAVES & Maria del Carmen ORTEGA,
   dec.; am/ Migel ARCHULETA & Mª Dolores SANDOVAL; gp/ Manuel Gregorio MARTIN &
   Juana Rafaela MEDINA, *vecinos de San Fernandes*.

TRUGEQUES MONTOYA, Maria Sebastiana   S. Fernandes
   bap 27 Feb 1831, ae 3 da; d/ Andres TRUGEQUES MONTOYA & Maria Juana Fernanda
   (illegible-APODACA), *(vecinos de) San Fernandes*; ap/ Juan Andres TRUGEQUES
   MONTOYA & Margarita MONTOYA; am/ Baltasar APODACA & Maria Franca LOVATO; gp/
   Jose Franco GONSALES & Mª Juaquina TOFA, *vecinos de San Fernandes*.

LAFORE, Juan Crisostomo   (Juan Cristoval in margin)   Arroyo Ondo
   bap 28 Feb 1831, ae 3 da; d/ Franco LAFORE & Mª Dolores ARMENTO, *vecinos del
   Arroyo Seco*; ap/ Francisco LAFORE & Mª Felici(a)na CAMBEL; am/ Anto de ARMENTA
   (sic) & Mª Ysabel SANCHES; gp/ Pedro BACA, *vecinos del Arroyo Sello*, & Mª
   Josefa LOPES *de S. Fernando*.

Frame 61
GARCIA, Barbara Anta   Arroyo Ondo
   bap 10 Mch 1831, ae 4 da; d/ Anto GARCIA & Maria Manuela CRESPIN, *vecinos del
   Aarroyo Seco*; ap/ (sic) Torivio CRESPIN & Mª Crus PEREA; am/ (sic) Juan Jose
   GARCIA & Mª Josefa ROMERA; gp/ Carlos SALASAR & Mª Andrea MONTOYA, *vecinos del
   Arroyo Seco*.

MAES, Jose Ramon   San Fernandes
   bap 10 Mch 1831, ae 2 da; nat. s/ Maria Luisa MAES, *vecina de S. Fernando*; am/
   Anto Jose MAES & Mª Concepcion URTADO; gp/ Jose Guadalupe NUANES & Mª Guadalupe
   GARCIA, *vecinos de San Fernando*.

VIGIL, Jose Reducindo   Rancho
   bap 12 Mch 1831, ae 2 da; s/ Juan de Jesus VIGIL & Maria de Jesus BARELA,
   dec., *vecinos de San Franco del Rancho*; ap/ Damacio TRUGILLO (sic) & Leonicia
   BORREGO; am/ Franco VALERIO (sic) & Maria Rosalia MARTINES; gp/ Juan Manuel
   LUCERO & Maria Rafaela VIGIL, *vecinos de San Fernandes*.

MARTINES, Jose Nestor   San Fernandes
   *bap 1 Mch 1831, ae 5 da; s/ Santiago MARTINES & Maria de la Lus LUCERO,
   vecinos de San Fernando; ap/ Dn Severo MARTINEZ (sic) & Dª Carmen SANTISTEVAN,
   both dec.; am/ Dn Pablo LUCERO & Dª Paula LARRAÑAGA; gp/ Jose Maria MARTINES
   & Juana Maria MARTINES, *vecinos de San Fernandes*.

Frame 62
CAQUINDO, Juan   San Fernandes
   bap 3 Mch 1831, ae 24 yr; s/ Santiago CAQUINDO (Origins, p. 410, CAQUINDÓ) &
   Maria ESPIER, *oriandos de Quintoque de los Estados Unidos del Norte America*;
   gp/ Dn Blas TRUGILLO & Dª Maria Manuela SANCHES, *vecinos del varrio de San
   Fernandes*.

MARTIN, Maria Cesaria *La Purisima*
  bap 3 Mch 1831, ae 8 da; d/ An^to MARTIN & Maria Vicenta MONTOYA, *vecinos de la Purisima*; ap/ (sic) Jose MONTOYA & Feliciana SANDOVAL; am/ (sic) Manuel MARTIN & Josefa ARELLANO; gp/ An^to Jose GARCIA & Maria Paula VIALPANDO, *vecinos del mismo lugar*.

Frame 63
CORDOBA, An^to Jose *Arroyo Seco*
  *bap 3 Feb 1831, ae 3 da; s/ Fran^co Estevan CORDOBA & Maria del Carmel GOMES, *vecinos del Arroyo Seco*; ap/ Ant° Jose CORDOBA, dec., and Mª Casilda AGUILAR; am/ Ant° GOMES & Mª Manuela ROMERO, dec.; gp/ Jose Maria SANCHES, *vecino del mismo lugar*, & Mª de la Lus MARTINES de Fernandes.

LOPES, Maria Dolores San Fern^des
  bap 3 Mch 1831, ae 5 da; d/ An^to LOPES & Mª Dolores VIGIL, *vecino(s) de S. Fernandes*; ap/ Luis LOPES & Maria RODRIGU(E)S, dec.; am/ Miguel VIGIL & Mª Encarnacion ESQUIVEL; gp/ Miguel An^to ESQUIVEL & Mª Soledad ESQUIVEL, *v° del mismo lugar*.

MARTIN, Juan de Dios *La Puricima*
  bap 5 Mch 1831, ae 2 da; s/ Fran^co MARTIN & Juana Catarina ALIRE, *vecinos de la Purisima*; ap/ Juan An^to MARTIN, dec., & Maria CHACONA; am/ Juan Lore(n)zo ALIRE & Josefa VEITA, both dec.; gp/ An^to Domingo VIALPANDO & Mª Viviana MARTINA, *vecinos del mismo lugar*.

Frame 64
SEGURA, Maria Serafina *Arroyo Ondo*
  bap 6 Mch 1831, ae 4 da; d/ Manuel SEGURA & Maria de Crus MARTIN, *vecinos del Arroyo Ondo*; ap/ Jose SEGURA, dec., & Jo(se)fa TRUGILLO; am/ Jose Manuel MANCHEGO & Mª Ant^a MARTIN; gp/ Juan Gabriel DURAN & Juana Tomasa GARCIA, *vecinos del mismo lugar*.

VIGIL, Jose Pablo *Rancho*
  bap 6 Mch 1831, ae 4 da; s/ Anastacio VIGIL & Maria de la Crus QUINTANA, *vecinos del Rancho*; ap/ Juan de la Crus VIGIL & Mª Clara FERNANDES; am/ Jose de la Crus QUINTANA & Mª Micaela MARTIN; gp/ Juan An^to ARAGON & Mª Manuela FERNANDES, *vecinos de San Fran^co del Rancho*.

ARMIJO, Jose Victor San Fernando
  bap 6 Mch 1831, ae 3 da; s/ Tomás ARMIJO & Mª Ascencion PACHECO, *vecinos de S. Fernandes*; ap/ Santiago ARMIJO & Juana ROMERO, both dec.; am/ Mª Concepcion PACHECO (only), dec.; gp/ Jose Rafael TENORIO & Maria Florencia ALARID, *recid° del mismo lugar*.

Frame 65
SANCHES, Jose Fran^co *Rancho*
  bap 9 Mch 1831, ae 5 da; s/ Juan Agustin SANCHES & Josefa TRUGILLO, *vecinos del Rancho*; ap/ Jose Manuel SANCHES & Elena PACHECO, both dec.; am/ Jose TRUGILLO & Dolores BALDES, both dec.; gp/ Juan de Jesus URIOSTE & Maria Manuela VIGIL, *vecinos del Rancho*.

SALASAR, Juan Ant° *Rio Chiquito*
  bap 10 Mch 1831, ae 5 da; s/ Polcarpio SALASAR & Maria Luiza VIGIL, *vecinos del varrio de nuestra S^ra de San Juan*; ap/ Juan Manuel SALAZAR (sic) & M^a delos Reyes MARTINEZ, both dec.; am/ Salvador VIGIL & Maria Varvara BACA; gp/ Juan de Jesus ROMO & Maria CANDELARIO, *vecinos del mismo lugar*.

TAOS BAPTISMS, VOLUME II   1830-1833, AASF #20

SANCHES, Jose Francisco   *Rancho*
   bap 12 Mch 1831, ae 10 da; nat. s/ Maria Josefa SANCHES, *soltera, vecina del
   varrio de San Fran^co del Rancho*; am/ Juan SANCHES, dec., & Margarita SILVA;
   padre y abuelos paternos no conocidos; gp/ Jesus GALLÉGOS & Mª de Jesus
   GALLEGOS, *vecinos del mismo varrio*.

Frame 66
GUILLEN, Juana Maria   *La Micion de Picuries*
   bap 14 Mch 1831, ae 10 da; d/ Blas GUILLEN & Maria de la Encarnacion MARTIN;
   ap/ Lasaro GUILLEN & Mª Concepcion MEDINA, dec.; am/ Felis MARTIN & Maria
   Ygnacia GONSALES; gp/ Ant° de la Crus APODACA & Maria An^ta de los Dolores
   MARTIN, *vecinos todos de la Mision de Picuries y los padrinos de las Truchas*.

ROMERO, Juana Maria   *Pueblo*
   bap 14 Mch 1831, ae 8 da; d/ Juan Ramos ROMERO & Manuela CASILLA̱S; ap/ Blas
   ROMERO & Dolores PACHECO, both dec.; am/ Juan Ant° CASILLAS & Maria Encarnacion
   GABILAN, both dec., *vecinos del pueblo*; gp/ Juan Bautista TRUGILLO & Mª Casilda
   QUINTANA, *vecinos de San Fran^co del Rancho*.

ABILA, Jose Felipe   *Arroyo Ondo*
   bap 15 Mch 1831, ae 4 da; s/ Nerio ABILA & Ana Maria GARCILLA; ap/ Juan de
   Jose ABILA & An^ta PACHECO; am/ Ant° Jose GARCILLA & Maria An^ta MARTIN, both dec.;
   gp/ Juan Cristoval SANCHES & Josefa Bentura PADILLA, *vecinos de Arroyo Ondo*.

Frame 67
MARTINES, Jose Abran   *Ranchito de la Purisima*
   bap 16 Mch 1831, ae 5 da; s/ Juan de Dios MARTINES & Mª Dolores MARTINES,
   vecinos del Ranchito; ap/ Pascual MARTIN (sic), dec., & Mari(a) Gertrudis
   SAMORA; am/ Jose MARTIN (sic) & Maria Angel NARANJO, both dec.; gp/ Jose dela
   Cruz MARTINES & Maria Encarnacion BALDES, *vecinos del mismo lugar*.

GARCIA, Ant° Jose   *Rancho de S. Fran^co*
   bap 16 Mch 1831, ae 2 da; s/ Juan Jose GARCIA & Maria Josefa GONSALES; ap/
   Jose GARCIALLA (sic), dec., & Viatris SANDOVAL; am/ Fernando GONSALES & Maria
   Luisa VIGIL; gp/ Tomás FERNANDES & Juana Fran^ca GARCILLA, *vecinos todos del
   Rancho*.

CASILLA, Maria Candelaria   *La mision de Picuries*
   bap 19 Mch 1831, ae 1½ mo; d/ Jose An^to CASILLA & Teodora SILVA; ap/ Andres
   CASILLA & Mari(a) ROMERO; am/ Mariano SILVA & Maria Manuela MARTIN; gp/ Jose
   Je̱sus CASILLA & Mª Soledad SISNEROS, *todos vecinos del mismo lugar*.

Frame 68
LUCERO, An^to Jose   *Arroyo Seco*
   bap 20 Mch 1831, ae 4 da; s/ Jose LUCERO & Maria Paula BARELA; ap/ Vicente
   LUCERO & Marta ATENCIO; am/ Juan Ysidro VARELA (sic) & Juana MARTINA; gp/ Juan
   VALLEGOS & Maria Guadalupe VALLEGOS, *vecinos del Arroyo Seco*.

TRUGILLO, Maria Dolores   *Ranchito de la Purisima*
   bap 20 Mch 1831, ae 3 da; nat. d/ Maria An^ta TRUGILLO *de la tribu Yuta, vecina
   de San Fran^co del Ranchito*; gp/ Juan de Jesus LUCERO & Maria Ygnacia ARAGON,
   vecinos del mismo lugar.

ALARID, Juan Jose   *Arroyo Seco*
   bap 20 Mch 1831, ae 3 da; s/ Jose Maria ALARID & Maria Josefa SALAZAR, *vecinos
   del Arroyo Seco*; ap/ Gregorio ALARID & Maria Paula ROMERA; am/ Casimiro

SALAZAR, dec., & Maria Concepcion SERDA; gp/ Jose Maria SANCHES & Maria Magdalena MARTIN, *vecinos del mismo lugar.*

SERVE, Maria Rufina   S. Fernandes
    bap 20 Mch 1831, ae 5 da; d/ Jose Manuel SERVE & Maria Dominga COCA; ap/ Jose SERVE (& none given); am/ Jose Maria COCA & Juana VENAVIDES; gp/ Jose Maria SANCHES & Ana Maria SERVE, *todos vecinos de San Fernandes.*

Frame 69
MARTINES, Jose Ramon   *Rancho*
    bap 21 Mch 1831, ae 4 da; s/ Mariano MARTINES & Maria Barbara VIGIL, *vecinos del Rancho*; ap/ Juan Luis MARTINES & Mª Candelaria LUJAN; am/ Juan de Jesus VIGIL & Mª Rosa DURAN; gp/ Jose MEDINA & Maria de la Encarnacion MONTOYA, *vecinos del mismo lugar.*

VIGIL, Maria Guadalupe   *Ranchito de S. Franco*
    bap 21 Mch 1831, ae 3 da; d/ Franco VIGIL & Maria Viviana MARES; ap/ Migel VIGIL & Ana Maria ARAGON, dec.; am/ Luis MARES, dec., & Maria Josefa MARTIN; gp/ Anto Jose MADRIL & Maria Guadalupe SANTISTEVAN, *vecinos del Ranchito de San Franco todos.*

VIGIL, Juan Jose   *Rancho*
    bap 22 Mch 1831, ae 4 da; s/ Candelario VIGIL & Mª Ygnacia DURAN, *vecinos del Rancho*; ap/ Anto VIGIL & Simona MONTOYA; am/ Ygnacio DURAN & Mª Ata SANCHES, dec.; gp/ Juan Pascual MARTINEZ & Mª Estefana MADRIL, *vecinos de San Fernando.*

Frame 70
MARTIN, Maria Santana   *Rancho*
    bap 24 Mch 1831, ae 7 da; d/ Jose Romano MARTIN & Maria Anta CHAVES, *vesinos del Rancho*; ap/ Juan Cristobal MARTIN & Maria Manuela VELASQUES; am/ Anto Dominges CHAVES & Maria Candelaria DURAN; gp/ Deciderio DURAN & Maria Necolasa URIOSTE, *vecinos de(l) Rancho.*

CRUS, Maria Viviana   *Rancho*
    bap 26 Mch 1831, ae 6 da; d/ Anto CRUS & Maria Dolores MESTAS, *vecinos del varrio de San Franco del Rancho*; ap/ Franco CRUS & Maria Josefa MEDINA; am/ Jose MESTAS, dec., & Maria Anta TORRES; gp/ Juan Andres de HERRERA & Maria del Carmel ROMERO, *vecinos del mismo lugar.*

PADILLA, Pergermino Perurvo   *Arroyo Ondo*
    bap 27 Mch 1831, ae 3 da; s/ Manuel PADILLA & Ysabel SISNEROS, *vecinos del Arroyo Ondo*; ap/ Salvador PADILLA & Josefa MARTIN; am/ Nerio SISNEROS, dec., & Maria Teodora MARTIN, *vecinos del mismo lugar*; gp/ Juan Felipe ROMERO & Maria de las Niebes LUJAN, *vecinos de San Franco del Ran(c)h(o).*

Frame 71
GARCILLA, Jose Vicente   San Fernandes
    bap 27 Mch 1831, ae 4 da; s/ Juan Pablo GARCILLA & Maria Agustina ARMENTA, *vecinos de San Fernando*; ap/ Luis GARCILLA & Maria de los Reyes BERNAL; am/ Simon ARMENTA & Maria Marta MARTIN, *vecinos del mismo lugar*; gp/ Jose Franco GONZALES & Maria del Carmen GONSALES, *vecinos de la Pura y Limpia Consaucion del Ranchito.*

GONSALES, Maria Dolores   *Rancho*
    bap 27 Mch 1831, ae 3 da; d/ Concicion (sic) GONSALES & Mari(a) Gertrudi(s) CANDELARIA; ap/ Jose Santos GONSALES & Gertrudis MONDRAGON; am/ Manuel CANDELARIO & Juana GRIEGO; gp/ Vicente MONDRAGON & Maria Catari(na) MARTIN, *todos vecinos de San Franco del Rancho.*

SANTISTEBAN, Simon de Encarnacion   *Ranchito de San Fran^co*
    bap 28 Mch 1831, ae 5 da; s/ Juan An^to SANTISTEBAN & Maria Dolores GONSALES;
    ap/ Feliciano SANTISTEVAN (sic) & Rafaela TRUGIO; am/ Jose An^to GONSALES & M^a
    Ant^a ARAGON; gp/ Julian SANTISTEVAN (sic) & Rafaela TRUGILLO, *vecinos de San
    Fran^co del Ranchito.*

Frame 72
GONSALES, Juana Maria   *Rancho*
    bap 28 Mch 1831, ae 1 da; d/ Juaquin GONSALES & Guadalupe MARTIN; ap/ Fernando
    GONSALES & Maria Luisa VIGIL; am/ Jose An^to MARTIN & Ygnes LIAL; gp/ Visente
    MONDRAGON & Catarina PERALTA, *vecinos del Rancho.*

SANCHES, Maria Manuela   San Fernandes
    bap 29 Mch 1831, ae 9 da; d/ Jose An^to SANCHES & Mª Juliana TRUGILLO; ap/ An^to
    SANCHES & Mª Josefa MARTINEZ; am/ Andres TRUGILLO & Guadalupe BALDES; gp/ D^n
    Diego LUCERO & Guadalupe BALDES, *vecinos del Ruariva* (sic).

MESTAS, Maria Fran^ca de Pauda   San Fernandes
    bap 2 Apr 1831, ae 4 da; d/ Venito MESTAS & Guadalupe MONTOYA, *vecinos de San
    Fernandes;* ap/ Juan de Jesus MESTAS & Maria Estela SANDOVAL; am/ Rafael
    MONTOYA & Maria Lusiana CHAVES; gp/ Julian VIALPANDO & Necolasa TRUGILLO,
    vecinos del San Fernandes.

BASQUES, Maria Manuela   San Fernandes
    bap 3 Apr 1831, ae 6 da; d/ Juan Jose BASQUES & Maria Pascuala CORDOVA; ap/
    Juan An^to BASQUES & Mª Antonia AREYANO; am/ Pablo CORDOVA & Antonia ROMERO,
    vecinos del Arroyo Hondo; gp/ Fran^co BALDES & Maria Paula MAESE, *vesinos de San
    Fernandes.*

Frame 73
VARGAS, Jose Crisanto   *Rancho*
    bap 3 Apr 1831, ae 3 da; s/ Pablo VARGAS & Mª Ygnacia CORDOVA, *vecinos del
    Rancho;* ap/ Maurilo VARGAS & Maria Necomeda FERNANDES; am/ Lorenzo CORDOVA &
    Maria Rafaela TRUGILLO; gp/ Rumaldo BARGAS (sic) & Juana Maria LOVATO, *vecinos
    del mismo lugar.*

LAFEBRE, Fran^co An^to   San Fernandes
    bap 3 Apr 1831, ae 3 da; s/ Manuel LAFEBRE (Origins, p. 421, LAFEBVRE) & Maria
    Teodora LOPES; ap/ Agustin LAFEBRE & Mª Feliciana BALLANCURES; am/ Ramon LOPES
    & Maria de la Luz MARTINES; gp/ the baptizing priest (An^to Jose MARTINES) & D^a
    Juana Maria MARTINEZ (sic), *vecinos todos de San Fernandes.*

VALDES (patron), M^a An^ta   *La tribu Yuta de San Fernandes*
    bap 3 Apr 1831, ae 12 yr; d/ Tribu Yuta, famula de Juan VALDES & Maria Dolores
    TRUGILLO, *vecinos de San Fernandes,* who were the gp.

MARTINEZ (patron), Mª Guadalupe   *La tribu Yuta de San Fernandes*
    bap 3 Apr 1831, ae 10 yr; d/ Tribu Yuta, famula de Pascual MARTINEZ & Maria
    Teodora GALLEGOS, *vecinos de San Fernandez,* who were the godparents.

Frame 74
AGILAR, Jose Teodoro   *Rancho*
    bap 4 Apr 1831, ae 4 da; s/ Fran^co AGILAR & Juana FRESQUIS, *vecinos de la
    Puricima Concepcion del Ranchito;* ap/ An^to AGILAR & Juana CORDOVA; am/ Maria
    Dolores FRESQUIS (only); gp/ Santiago PADILLA & Mª Soledad MARTIN, *vecinos del
    mismo lugar.*

ARGÜELLO, Juan Jose de Gracia *Chamisal*
bap 4 Apr 1831, ae 22 da; s/ Juan Crisobal ARGÜELLO & Juana Fran^ca^ (LUCERO), *vecinos de Santa Crus del Chamisal;* ap/ Nastacio ARGÜELLO & Maria de la Lus MARTINA; am/ Sebastian LUCERO & Maria Dolores SANDOBALA; gp/ Jose Silbestre (n.s.) & Maria de la Lus VIGIL, *vecinos del mismo lugar.*

LUJAN, Maria Teodora *Arrollo Ondo*
bap 5 Apr 1831, ae 5 da; d/ Juan LUJAN & Mª Manuela GARCIA; ap/ Pablo LUJAN & Mª Encarnacion MARTIN, both dec.; am/ Manuel GARCIA & Anna Maria GARCIA; gp/ Fran^co^ CORDOBA & Maria Ygnacia CORTES, *vecinos todos dela Poblacion de Arroyo Ondo.*

Frame 75
VELARDE, Maria Dolores *Sienegia*
bap 6 Apr 1831, ae 13 da; d/ Juan Pablo VELARDE & Maria Dolores VALERIO, *vecinos de la Sienegia;* ap/ Pascual VELARDE & Mª Rosa ROMERO, both dec.; am/ Jose VALERIO, dec., & Maria Josefa MARTINES; gp/ Juan Jose CRUZ & Maria Dolores MARTIN, *vecinos de Santa Cruz del Chamisal todos pertenesientes ala mision de Picuries.*

TAFOYA, Jose Pablo *Rancho*
bap 6 Apr 1831, ae 2 da; s/ Bartolo TAFOYA & An^ta^ GONSALES; ap/ Juan Vartolome TAFOLLA (sic) & Mª Dolores MES, both dec.; am/ Calletano GONSALES & Maria Lorensa GORGER; gp/ Jose Fran^co^ PACHECO & Maria Dolores VIGIL, *becinos todos de San Fran^co^ del Rancho.*

BRUNAL, Jose Francisco *Fernandes*
bap 6 Apr 1831, ae 2 da; s/ An^to^ BRUNAL (Origins, p. 407, BLANCHARD) & Maria Gertrudis TRUGILLO; ap/ not given as "he (the father) is on a delayed journey and is the son of a Frenchman"; am/ Be(n)ancio TRUGILLO & Maria Dolores GONSALES; gp/ Santiago MARTINES & Maria Dorot(e)a TRUGILLO, *vecinos todos de San Fernandes.*

LOVATO, Jose Nestor *Rancho*
bap 7 Apr 1831, ae 6 da; s/ Mateo LOVATO & Maria An^ta^ VARELA, *vecinos del Rancho;* ap/ Rafael LOBATO (sic) & Maria de la Luz ESPINOSA; am/ Nicolas VARELA & Mª Polonia SANCHES; gp/ Jose Julian SANCHES & Mª Paula MARTIN, *vecinos del mismo lugar.*

GRIEGO, Jose Felis *Rancho*
bap 18 Apr 1831, ae 7 da; s/ Blas GRIEGO & Maria de la Encarnacion MAES, *vecinos del Rancho de S. Fran^co^;* ap/ Blas GRIEGO & Maria Rosa CHAVES; am/ Victoriano MAES & Maria Micaela LUCERO; gp/ Juan de los Reyes ROMERO & Maria Manuela ROMERO, *del mismo lugar.* (Frames 75-76)

Frame 76
LUCERO, Maria Cresencia *San Fernandes*
bap 19 Apr 1831, ae 6 da; d/ An^to^ Jose LUCERO & Maria Dolores BALDES; ap/ Bicente LUCERO & Mª Marta ATENCIO; am/ Juan Ant^o^ BALDES & Maria Bivi(a)na BALDES; gp/ Tomas LUCERO & Maria Manuela MARTINES, *vecinos de San Fernando.*

DURAN, Jose Aniseto *Rancho*
bap 20 Apr 1831, ae 3 da; s/ Juan Pablo DURAN & Maria Soledad JARAMILLO, *v^s^ de San Fran^co^ del Rancho;* ap/ Pablo DURAN & Mª Margarita SANCHES, both dec.; am/ Mª JARAMILLO (only), dec.; gp/ Tomas FERNANDES & Mª Sencion MARTINEZ, *v^s^ del varrio de San Fran^co^ del Rancho.*

Frame 77
SALASAR, Mª Ygnes *Rancho*

bap 20 Apr 1831, ae 4 da; d/ Pedro SALASAR & Mª del Carmel MEDINA, vº del vº de
S. Francº del Rancho; ap/ Asencio SALASAR & Juana Rita MASCAREÑAS, both dec.;
am/ Juaquin MEDINA, dec., & Mª Francª CRESPIN; gp/ Jose Ygnacio GONSALES & Mª
Ysidora PACHECO, vˢ del vº de S. Francº del Rancho.

DURAN, Mª Alta Gracia   Rancho
 bap 20 Apr 1831, ae 6 da; d/ Juan Nepomuceno DURAN & Maria de la Lus SANCHES;
ap/ Manuel DURAN & Mª Gerarda MASCAREÑAS; am/ Felipe SANCHES & Juana Mª
MARTINES; gp/ Francº DURAN & Mª Josefa MARTINES, vecinos todos del Rancho.

GALLEGOS, Mª Polonia   Rancho
 bap 20 Apr 1831, ae 11 da; d/ Felipe de Jesus GALLEGOS & Anna Bentura de
HERRERA; ap/ Miguel Antº GALLEGOS & Trenidad HURTADO; am/ Juan Pablo de HERRERA
& Anna Bentura DURAN; gp/ Pedro Mauricio DURAN & Maria Barbara SANCHES, vˢ
todos del varrio de San Francº del Rancho. (Frames 77-78)

Frame 78
BELASQUES, Maria Antonia   Fernandes
 bap 20 Apr 1831, ae 10 da; d/ Juan Antº BELASQUES & Mª Concepcion SANCHES; ap/
Juan Nepomoceno BELASQUES & Mª Tomasa JARAMIO; am/ Juan Manuel JARAMIO (sic)
& Mª Rita CHACONA, vˢ de la Sieneguia; gp/ Juan Antº MARTIN & Mª Ysabel SANCHES,
vˢ de San Fernandes.

ATENCIO, Maria Encarnacion   Arollo Ondo
 bap 20 Apr 1831, ae 14 da; d/ Juan Antº ATENCIO & Maria Beatris GARCIA; ap/
Juan Ygnacio ATENCIO & (blank space), dec.; am/ Maria GARCIA (only), dec.; gp/
Salvador QUINTANA & Maria Soledad LUCERO, vecinos todos del Arroyo Ondo.

Frame 79
AREYANO, Jose Miguel   Aroio Ondo
 bap 20 Apr 1831, ae 7 da; s/ Ramon AREYANO & Ana Maria ARMENTA, vecinos de
Arroyo Ondo; ap/ Julian AREYANO & Mª (illegible)ª MARᴺ; am/ Simon ARMENTA &
Marta MARTIN, vecinos de San Fernandes; gp/ Miguel RIBIRA & Maria Antª RIBERA,
v(ec)inos de San Fernandos.

SANDOVAL, Maria Ygnacia   Arollo Ondo
 bap 21 Apr 1831, ae 13 da; d/ Juan Antº SANDOVAL & Mª Dolores SANCHES de la
poblacion de Arroyo Ondo; ap/ Francº SANDOVAL & Mª Ygnacia CHAVES, dec.; am/
Felipe SANCHES, dec., & Maria Manuela ARCHULETA; gp/ Jose AREYANO & Mª
Concepcion MARTINES, vecinos del mismo lugar.

TRUGILLO, Maria Loreta   S. Fernandes
 bap 23 Apr 1831, ae 4 da; d/ Jesus TRUGILLO & Maria Dolores GONSALES; ap/ Antº
TRUGILLO & Juana Paula SANCHES, both dec.; am/ Jose GONSALES & Mª Dorotea BACA;
gp/ Juan Ygnacio GONSALES & Maria Manuela GONSALES, todos vecinos de S.
Fernandes.

Frame 80
PADILLA, Juan Bautista   Arollo Ondo
 bap 23 Apr 1831, ae 12 da; s/ Valentin PADILLA & Maria de Jesus MADRIL; ap/
Antº Jose PADILLA, dec., & Maria Gertrudis GARCIA; am/ Juan MADRIL & Mª
Prudencia JARAMILLO, both dec.; gp/ Francisco VIGIL & Maria Felipa PANDO,
todos vecinos de Arroyo Ondo.

CHAVES, Manuel Antonio   San Fernando
 bap 24 Apr 1831, ae 1 da; nat. s/ Maria CHAVES, vecina de S. Fernandes; am/

Jose Maria CHAVES & Maria ORTEGA, both dec.; gp/ San Juan MAES & Margarita MARTIN, *vecinos todos del mismo lugar.*

ROMERO, Maria Lorensa San Fernando
 bap 24 Apr 1831, ae 8 da; d/ Juan Domingo ROMERO & Marinacia (sic) CHAVES, *vecinos de San Fernandes;* ap/ Manuel Jose ROMERO & Juana Getrudes BARELA; am/ Jose Maria CHAVES & Maria ORTEGA, both dec.; gp/ Juan Lorenso ALIRIE & Maria Felina MARTINES, *vecinos de San Fernando.* (Frames 80-81)

Frame 81
CRUZ, Leonicio de Jesus *Rancho*
 bap 25 Apr 1831, ae 17 da; s/ Jose Fran^{co} CRUZ & Mª Josefa MEDINA, *vecinos del varrio de San Fran^{co} del Rancho;* ap/ Vicente CRUS (sic) & Mª Barbara MARTINES, both dec.; am/ Maria Guadalupe ESPINOZA (sic) & Jose MEDINA, dec.; gp/ Jose de la Encarnacion TRUGILLO & Maria Josefa TRUGILLO, *vecinos del mismo lugar.*

CRUS, Juana Maria *Ranchito*
 bap 26 Apr 1831, ae 2 da; d/ Miguel CRUS & Maria Juana MONTOYA, *vecinos del Ranchito;* ap/ Jose CRUS & Luisa ARCHULETA, dec.; am/ Juan An^{to} MONTOYA & Mª Dolores de AGUERO; gp/ Ramon ROMERO & Mª Rosa MARTINES, *vecinos de S. Fran^{co} del Ranchito.*

PACHECO, Maria dela Lus San Fernando
 bap 26 Apr 1831, ae 2 da; d/ Manuel Antonio PACHECO & Maria (written over) CASADOS, *becinos de San Fernando;* ap/ Gregorio PACH(EC)O, dec., & Maria Brij$\underline{ida}$ TRUJIYA; am/ Juan Tonio CASADOS & Maria Rosalia MARTIN, both dec.; gp/ Maria Rosa LOBATO (only), *becina del mismo lugar.* (Frames 81-82)

Frame 82
VIGIL, Maria Concepcion *La Sienegilla*
 bap 27 Apr 1831, ae 6 da; d/ Diego VIGIL & Maria de la Luz SUASO, *vecinos de la plasa de N^{tra} S^a de los Dolores de la Sienegilla;* ap/ Joaquin VIGIL & Maria Concepcion GARCIA, dec.; am/ Juan Jose SUASO & Maria Nicolasa LOVATO; gp/ Juan Jose LOVATO, *vecino del mismo lugar,* & Maria Cristerna SANDOVAL, *vecina del varrio de San Fernandes.*

PACHECO, Anna Maria *Arroyo Ondo*
 bap 1 May 1831, ae 9 da; d/ An^{to} PACHECO & Maria Encarnacion VERNAL, *vecinos del Arroyo Ondo;* ap/ Juan PACHECO & Maria GARCIA; am/ Pedro VERNAL & Juliana MEDINA; gp/ Salvador PADILLA & Josefa MARTINEZ, *vecinos del mismo lugar.*

Frame 83
MARTINEZ, George Antonio San Fernandes
 bap 1 May 1831 because of necessity by D^n Santiago MARTINES, ae 9 da; s/ An^{to} MARTINEZ (sic) & Maria Teodora ROMERO; ap/ D^n Antonio Severino MARTINES & D^a Maria del Carmel SANTIESTEVAN, both dec.; am/ D^n Jose ROMERO, dec., & Maria de la Lus TRUGILLO; gp/ D^n Santiago MARTINES & D^a Maria de la Lus LUCERO, *todos vecinos del varrio de San Fernandes.*

MEDINA, Jose de Jesus *Ondo*
 bap 1 May 1831, ae 4 da; s/ Fran^{co} MEDINA & (n.n. PATRON), *vecinos del Arroyo Hondo;* ap/ Juan Pasqual MEDINA & Maria Teresa ESPINOSA; am/ Felipe PATRON & Maria Miquela LUSERO; gp/ Jose An^{to} TRUGILLO & Maria Fran^{ca} MARTIN, *vecinos del Arroyo Ondo.*

TAOS BAPTISMS, VOLUME II   1830-1833, AASF #20

ROMERO, Felipe de Jesus   *Embudo accidental en Taos*
    bap 1 May 1831, ae 4 da; s/ Juan Jose ROMERO & Mª Manuela GALLEGOS, *vecinos de
    la jurisdiccion del Embudo*; ap/ Ygnacio ROMERO & Josefa MAES; am/ Franco
    GALLEGOS & Barbara MARTIN; gp/ Felipe ESPINOSA & Teodora DURAN, vˢ *del Arroyo
    Seco*.   (Frames 83-84)

Frame 84
BALDES, Jose Felipe y Santiago   *Arroyo Ondo*
    bap 1 May 1831, ae 9 da; s/ Juan BALDES & Mª Dolores APODACA, vˢ *del Arroyo
    Ondo*; ap/ Juan Bautista BALDES, dec., & Anna Mª ARCHULETA; am/ Cruz APODACA,
    dec., & Ysabel PADIA; gp/ Jose Ygnacio BALDES & Mª Dolores DURAN, vˢ *de S.
    Fernando*.

CORDOBA (patron), Mª Antª   *Rancho*
    bap 1 May 1831, ae 5 yr; d/ *Tribu Lluta, famula de* Carpio CORDOBA; gf/ Jesus
    Mª CORDOBA, vº *de San Franco del Rancho*.

ARGUELLO, Jose Agapito   S. Fernandes
    bap 1 May 1831, ae 6 da; s/ Franco ARGUELLO & Anastacia MEDINA, *vecinos del
    varrio de S. Franco del Rancho*; ap/ Juan Salvador ARGUELLO & Maria Candelaria
    GEORGE; am/ Pedro MEDINA & Mº Antª MARTINES, both dec.; gp/ Juan Domingo
    GONSALES & Juana LUJÁN, *vecinos del mismo lugar*.

Frame 85
MONTOYA, Pedro Jose   *Rancho*
    bap 1 May 1831, ae 4 da; nat. s/ Mª Clara MONTOYA & unknown father; am/ Jose
    MONTOYA & Maria Luisa SANDOVAL; gp/ Mateo MONTOYA & Mª Josefa ROMERO, *vecinos
    todos de San Franco del Rancho*.

SISNEROS, Maria Soledad   *Arroyo Ondo*
    bap 4 May 1831, ae 3 da; d/ Rafael SISNEROS & Maria de Jesus ESPINOSA, *vesinos
    de Arroyo Ondo*; ap/ Nerio SISNEROS, dec., & Maria Teodora MARTINES; am/ Juan
    Jose ESPINOSA & Maria Antª ROMERO; gp/ Jose Eulogio GONSALES & Maria Guadalupe
    SISNEROS, *vecinos del mismo lugar*.

Frame 86
LOVATO, Maria de la Cruz   S. Fernandes
    bap 4 May 1831, ae 2 da; d/ Juan Manuel LOVATO & Mª Francª COCA, *vecinos de S.
    Fernandes*; ap/ Franco LOVATO & Maria Gertrudis MONDRAGON; am/ Andres COCA &
    Maria MONTOYA; gp/ Tomas ARMIJO & Asencion TRUJILLO, *vecinos de S. Fernandes*.

TORRES, Maria de la Crus   *La Purisima*
    bap 5 May 1831, ae 4 da; d/ Juan Manuel TORRES & Maria de la Lus VALDES,
    vecinos de la plasa de la Purisima Concepcion del Ranchito; ap/ Juan TORRES,
    dec., & Mª Dolores MONTOYA; am/ Juaquin VALDES & Maria MADRIL; gp/ Estevan
    SANCHES & Maria de la Lus BUENO, *vecinos todos del mismo lugar*.   (Frames 86-
    87)

Frame 87
LUCERO, Maria Diluvina   *La Purisima*
    bap 5 May 1831, ae 5 da; d/ Antº Jose LUCERO & Maria de los Reyes MESTAS,
    vecinos de la plasa de la Purisima Concepcion; ap/ Juan LUCERO & Maria Barvara
    ARMIJO; am/ Tomas MESTAS & Mª Josefa GONSALES; gp/ Antº Domingo VIALPANDO & Mª
    del Carmel VIALPANDO, *vecinos del mismo lugar*.

Frame 88
HERRERA, Jose Dolores (illegible)tado   *Rancho*
    bap 11 May 1831, ae 5 da; s/ Jose Tomas de Aquino de HERRERA & Maria del

Refugio MARTIN, *vecinos de San Franco del Rancho*; ap/ Tomas de HERRERA & Guadalupe SISNEROS; am/ Franco MARTIN & Maria Tomasa SANCHES; gp/ Franco Anto LUJAN & Mª Juana SANDOVAL, *vecinos del Embudo*.

PACHECO, Maria Yngacia *Plasa de Purisima*
    bap 11 May 1831, ae 6 da; d/ Anto PACHECO & Maria Rita SANCHES, *vecinos dela Purisima*; ap/ Juan Anto PACHECO & Maria Lucia ARMIJO, both dec.; am/ Mariano SANCHES & Maria Soledad MARTIN, both dec.; gp/ Anto Jose GARCIA & Mª Paula VIALPANDO, *vecinos de la plasa de la Purisima Concepcion*.

YON, Joaquin *S. Fernandes*
    bap 11 May 1831, ae 35 yr; s/ Carlos YON (Origins, p. 438, same--YOUNG?) & Maria Reveca UILIQUINES (sic), *oriundo de Tenessii perteneciente alos Estados Unidos de Norte America*, he was raised as Presbyterian; gp/ Dn Pedro VIGIL & Dª Maria Josefa SUAZO, *vecinos del varrio de San Fernando*. (Frames 88-89)

Frame 89
MAIQUE, Miguel *S. Fernandes*
    bap 11 May 1831, ae 29 yr; s/ Patricio MAIQUE (Origins, p. 425, same--MACKAY?) & Ranchel CONQUEN (CONKLIN?), *oriundo de Misuri perteneciente álos Estados Unidos de Norte America*; gp/ Dn Rafael LUNA & Dª Paula LUNA, *vecinos del varrio de San Fernandes*. (Frames 89-90)

Frame 90
ARCHULETA, Jose Domingo *Arroyo Ondo*
    bap 11 May 1831, ae 4 da; s/ Diego ARCHULETA & Maria de la Luz QUINTANA, *vecinos del Arroyo Ondo*; ap/ Jose Anto ARCHULETA & Maria Anta TRUGILLO; am/ Juan QUINTANA & Maria Valvaneda ROMERO; gp/ Franco PADILLA & Maria Miquela CHAVES, *vecinos de Arroyo Ondo*.

SANTISTEVAN, Maria Agapita *S. Fernandes*
    bap 11 May 1831, ae 6 da; d/ Manuel de Esquipula SANTISTEVAN & Maria Catarina COCA, *vecinos de San Fernandes*; ap/ Jose Ysidro SANTISTEVAN & Juana Gertrudis MARTIN; am/ Jose Maria COCA & Juana VENAVIDES; gp/ Juan Ygnacio CORTES & Maria de la Luz GONSALES, *vecinos del mismo lugar*.

ROMERO, Jose Anto *Rancho*
    bap 11 May 1831, ae 3 da; s/ Juan de los Reyes ROMERO & Mª Manuela ROMERO, *vecinos de San Franco del Rancho*; said child died today so grandparents are not given; gp/ Jose VALERIO & Maria Rosalia MARTINES, *vecinos del mismo lugar*. (Frames 90-91)

Frame 91
BARGAS, Jose Vicente *Rancho*
    bap 13 May 1831, ae 4 da; s/ Rafael BARGAS & Juana PACHECO, *vecinos de San Franco del Rancho*; ap/ Bartolo VARGAS (sic) & Juana Getrudis MEDINA, both dec.; am/ Jose Anto PACHECO & Maria Rita GEORGE; gp/ Franco Anto LIAL & Juana Manuela LIAL, *vecinos del Rancho*.

BACA, Maria Soledad *Arroyo Seco*
    bap 15 May 1831, ae 7 da; d/ Jose Manuel BACA & Maria Rosa VIGIL, *vecinos del Arroyo Seco*; ap/ Anto BACA, dec., & Mª Gertrudes LOPEZ; am/ Jose VIGIL, dec., & Mª Rosa MARTIN; gp/ Franco BUSTOS & Mª Soledad VIGIL, *vecinos del Arroyo Seco*.

AGUILAR, Jose de la Crus *Pueblo*
    bap 16 May 1831, ae 14 da; s/ Franco AGUILAR & Maria Dolores GONSALES, Indians of the pueblo of Taos; ap/ Franco AGUILAR & Maria Lucia MARTIN, both dec.; am/

Santiago GONSALES & Maria Fran^ca RIO, also both dec.; gp/ Pablo BLEA & Maria Dolores LOPES, *vecinos de San Fernandes*. (Frames 91-92)

Frame 92
MADRIL, Maria Rafaela   S. Fernandes
   bap 18 May 1831, ae 2 da; d/ Miguel MADRIL & Juana Maria CENA; ap/ Tomas MADRIL & Mª Victoria GONSALES, both dec.; am/ Miguel CENA & Maria LUCERO, both dec.; gp/ Pedro An^to DURÁN & Maria Encarnacion MARTINES, *todos vecinos de San Fernandes*.

Frame 93
TENORIO, An^ta Margarita   S. Fernandes
   bap 20 May 1831, ae 2 da; d/ Benansio TENORIO & Maria Manuela FLORES; ap/ Felipe TENORIO & An^ta Rosa GABALDON; am/ Martin FLORES & Mª Gertrudis GARCIA, both dec.; gp/ Pascual An^to ORTEGA & An^ta Margarita de HERRERA, *vecinos de San Fernando*.

VIYANUEVA, Maria del Espirito Santo
   bap 20 May 1831, ae 3 da; d/ Luis VIYANUEVA & Mª Barbara MARTINES; ap/ Juan VIANUEVA (sic) & Maria Barbara GALLEGOS; am/ Tomas MARTIN (sic) & Barbara VIGIL, both dec.; gp/ Jose Fran^co MARTIN & Ysabel CORTEZ, *vecinos de San Fernando*.

Frame 94
PAIS, Juan Francisco   San Fernanddes (sic)
   bap 20 May 1831, ae 2 da; s/ Miguel PAIS & Maria Soledad MAES, *vecinos de San Fernandes*; ap/ Mateo PAIS & Maria Beronica MONTOYA, both dec.; am/ Domingo MAES & Juana Maria HERRERA, dec.; gp/ Manuel An^to SUASO & Juana Teresa SANDOVAL, *vecinos del mismo lugar*.

Frame 95
LEON, Bernardo del Carpio   Rancho
   bap (blank space) May 1831, ae 4 da; s/ Miguel Ant° LEON & Maria Ysidora VIGIL, *vecinos de San Fran^co del Rancho*; ap/ Jose Ant° LEON & Maria Manuela ARAGON, dec.; am/ Juan de la Crus VIGIL & Maria Clara FERNANDES, dec.; gp/ Bernardo DURÁN & Mª Feliciana VIGIL, v^s *del mismo lugar*. (No mention of twins.)

LEON, Jose Tomas   *Rancho*
   bap (blank space) May 1831, ae 4 da; s/ Miguel Ant° LEON & Maria Ysidora VIGIL, *vecinos de San Fran^co del Rancho*; ap/ Jose Ant° LEON & Maria Manuela ARAGON, dec.; am/ Juan de la Crus VIGIL & Maria Clara FERNANDES, dec.; gp/ Bernardo DURAN & Maria Feliciana VIGIL, *vecinos del mismo lugar*. (No mention of twins.)

Frame 96
SANCHES, Maria Antonia   *Rancho*
   bap 22 May 1831, ae 4 da; d/ Ygnacio SANCHES & Maria Barbara GONSALES, *vecinos de San Fran^co del Rancho*; ap/ Manuel SANCHES & Maria Nicolasa SANDOVAL; am/ Jose Ant° GONSALES & Maria Antonia ARAGON; gp/ Jose Pablo MARTINES, *vecino de San Francisco del Rancho*, & Maria de la Lus LUCERO *de San Fran^co del Ranchito*.

MAES, Maria Gertrudis   *Rancho*
   bap 22 May 1831, ae 6 da; d/ Pedro Luis MAES & Maria Paula MEDINA, *vecinos de San Fran^co del Rancho*; ap/ Juan MAES, dec., & Maria Manuela ROMERO; gp/ Jose Ramón COPAS (Origins, p. 412, COPA) & Juana Maria CORTES, *vecinos del mismo lugar*.

Frame 97
ROMERO, Jose Valentin   *Fernandes*
   bap 22 May 1831, ae 2 da; s/ Juan Antº ROMERO & Maria Luciana LOVATO; ap/ Juan del Carmel ROMERO & Mª Nasarena LUCERO, both dec.; am/ Juan LOVATO & Margarita CHAVES, dec.; gp/ Francº Antº ROMERO & Maria Estefana ROMERO, *todos vecinos de S. Fernandes.*

TRUGILLO, Jose Antº   *Rancho*
   bap 23 May 1831, ae 4 da; s/ Juan Leon (TRUGILLO) & Maria Ygnacia VIGIL; ap/ Jose Antº TRUGILLO & Melchora QUINTANA; am/ Manuel VIGIL & Juan(a) GONSALES; gp/ Juan Ygnacio SANCHES & Maria Barbara GONSALES, *todos vecinos de San Francº del Rancho.*

SANCHES, Maria Teodora   *San Fernando*
   bap 23 May 1831, ae 3 da; nat. d/ Maria Paula SANCHES & unknown father; am/ Miguel SANCHES & Maria Josefa MARTINES; gp/ Jose Ygnacio MARTIN (sic) & Maria Teodora QUINTANA, *todos vecinos del varrio de San Fernandes.* (Frames 97-98)

Frame 98
TRUIDÚ, Lorenzo Urban   *Ondo*
   bap 29 May 1831, ae 5 da; s/ Bautista TRUIDÚ (Origins, p. 435, TRIDEAU) & Mª Guadalupe CORDOVA, *vecinos del Arroyo Ondo*; ap/ Lorenso TRUIDÚ & Magdalena REYES; am/ Lorenso CORDOVA & Margarita MARTIN; gp/ Jose de Jesus MAES & Juana Miquela PACHECO, *vecinos del mismo lugar.*

SALAZAR, Luciano   *Arroyo Seco*
   bap 29 May 1831, ae 6 da; s/ Francº SALAZAR & Maria Manuela VIGIL, *vecinos del Arroyo Seco*; ap/ Domingo SALAZAR & Guadalupe GURULÉ; am/ Jose VIGIL, dec., & Maria Rosa MARTIN; gp/ Pedro Rafael TAFOYA & Maria Juliana TAFOYA, *vecinos del Rancho de San Francº.*

VALDES, Maria Encarnacion   *Rancho*
   bap 29 May 1831, ae 4 da; d/ Pedro VALDES & Maria Rafaela GARCIA; ap/ Juan Cruz BALDES (sic) & Simona ANALLA, dec.; am/ Jose Antº GARCIA & Maria ARAGON; gp/ Felipe CRUZ & Maria Catarina GONSALES, *todos vecinos del Rancho.* (Frames 98-99)

Frame 99
HIGGINS, Juan   *Adulto de S. Fernandes*
   bap 29 May 1831, ae 25 yr; s/ Juan HIGGINS & Ysabel McDONALD of Ireland, he is from the United States of North America, formerly a Presbyterian; gp/ Dⁿ Pedro VIGIL & Maria Josefa LUCERO, *vecinos de San Fernandes.* (Frames 99-100)

Frame 100
TAFOYA, Maria Quirina   *S. Fernando*
   bap 5 Jne 1831, ae 2 da; d/ Jose Venito TAFOYA & Maria Guadalupe MARTIN, *vecinos del varrio de San Fernando*; ap/ Necolas TAFOYA & Maria Manuela MEDINA; am/ Santiago MARTIN, dec., & Maria Josefa GARCIA; gp/ Ysidoro ANALLA & Maria Marcelina CASADOS, *vecinos de San Fernandes.*

CORDOVA, Juana Maria   *S. Fernandes*
   bap 5 Jne 1831, ae 3 da; d/ Juan de Jesus CORDOVA & Maria Micaela BRITO, *vecinos de S. Fernandes*; ap/ Manuel CORDOBA (sic) & Maria Guadalupe SERDA; am/ Francisco BRITO & Margarita ROMERO, both dec.; gp/ Antº MARTIN & Maria Ygnes MARTINEZ (sic), *vᵘ del mismo lugar.*

TAOS BAPTISMS, VOLUME II   1830-1833, AASF #20

WALDO, Jose David   *Adulto estrangero*
   bap 6 Jne 1831, ae 28 yr who resides *en el varrio de San Fernando*; s/ Jedidiah
   WALDO (Origins, p. 436, same) & Maria PANTER of the state of Virginia *y
   perteneciente á la Republica de Norte America*; gp/ Dⁿ Antᵒ RUBIDÚ & his wife,
   Mª del Carmel VENAVIDES, *vecinos de Santa Fe*. (Frames 100-102)

(No Frame 101)

Frame 102
SANDOBAL, Maria Rita   San Fernandes
   bap 7 Jne 1831, ae 2 da; d/ Juan SANDOBAL & Maria Ysabel CORDOVA; ap/ Juan
   SANDOBAL & Ana Maria TRUGILLO; am/ Manuel CORDOVA & Ana Maria GILLEN; gp/
   Pedro ARCHULETA & Maria Pabla ARCHULETA, *vecinos del vario de San Fernandes*.

RUBIN, Andres   *Adulto del Rancho*
   bap 7 Jne 1831, ae 65 yr; a wid., a stranger who died within five minutes of
   baptism without time to give names of his parents & had parted from his
   children when he left his place of origin; gp/ Dⁿ Juan ROLES & Dª Mª Encarnacion
   MARTINES, *vecinos de San Franᶜᵒ del Rancho*. (Frames 102-103)

Frame 103
DELGADO, Jose de Jesus   San Fernandes
   bap 8 Jne 1831, ae 2 da; nat. s/ Juana Rosalia DELGADO; am/ Benito Asenci(o)
   DELGADO & Maria Jusefa SANDOBAL; gp/ Jose de Jesus GIEL (sic) & Maria Bartola
   LOPES, *vecinos de San Fernande(s) todos*.

Frame 104
CORDOBA, Maria Serafina   *Arroyo Ondo*
   bap 9 Jne 1831, ae 6 da; d/ Venancio CORDOBA & Maria Guadalupe MAES, *vecinos
   de Arroyo Ondo*; ap/ Jose Antᵒ CORDOBA, dec., & Juana MARTINES; am/ Xabier MAES
   & Maria Manuela MESTAS; gp/ Marcos ARCHULETA & Maria Dolores SANCHES *de aquel
   mismo lugar*.

ROMERO, Maria A(l)bina   *Pueblo*
   bap 10 Jne 1831, ae 6 da; d/ Juan Antᵒ ROMERO & Maria de la Ascencion ORTIS,
   Indians of Taos Pueblo; ap/ Juan Antᵒ ROMERO & Maria (n.s.), Indian; am/ Juan
   Andres ORTIZ (sic) & Mª Candelaria GOMES; gp/ Franᶜᵒ Estevan CORDOBA & Juana
   Diega BARGAS, *vecinos de San Franᶜᵒ del Rancho*.

Frame 105
MARQUES, Jose Bonifacio   *Rancho*
   bap 11 Jne 1831, ae 4 da; s/ Rumaldo MARQUES & Mª de Esquipula MONTOYA, *vecinos
   de San Franᶜᵒ del Rancho*; ap/ Jose MARQUES & Mª Petra YTIRRIETA; am/ Manuel
   MONTOYA & Mª Serafina ARCHULETA; gp/ Jose M¹ MARTIN & Maria Necolaza TORRES,
   vˢ *del mismo lugar*.

PAYÁN (gp), Maria Antonia   *Adulta India de la nacion*
   bap 11 Jne 1831, ae about 30 yr; d/ *India de la nacion occi(illegible)*; gp/
   Basilio PAYÁN & Maria Paula LOVATO, *vecinos de San Fernandes*.

PAYÁN, Pedro Antᵒ   San Fernandes
   bap 11 Jne 1831, ae 2 yr; nat. s/ Maria Antonia (PAYÁN), *Yndia de la nacion
   Chinio de occidente*, the adult in the previous entry requested that her son be
   baptized; gp/ Dⁿ Carlos BEAUBIEN & Dª Juana Maria MARTINES, *vecinos de San
   Fernandes*. (See previous entry). (Frames 105-106)

Frame 106
SANDOVAL, Maria de la Lus   S. Fernando
    bap 12 Jne 1831, ae 3 da; d/ Manuel SANDOVAL & Mª Venita MARTINES of S.
    Fernandes; ap/ Alonso SANDOVAL & Mª Rita ROMERO; am/ Juan de Jesus MARTINES &
    Mª Paula SANGIL, (grandparents) all dec. except paternal grandmother; gp/
    Julian VIALPANDO & Maria Nicolasa TRUGILLO of the same place.

RUIBALI, Maria de la Luz   Pueblo
    bap 12 Jne 1831, ae 6 da; d/ Juan Andres RUIBALI & Maria de la Cruz CORTES,
    vecinos del Pueblo; ap/ Manuel RUIBAL (sic-only); am/ Pablo CORTES & Maria
    Nacera VLEA; gp/ Jose Rafael SANCHES & Maria Catarina CORTES, vecinos de San
    Fernandes.

Frame 107
PAIS, Jose Antonio Urbano
    bap 12 Jne 1831, ae 20 da; s/ Rafael PAIS & Maria Dolores OLGUIN; ap/ Nicolas
    PAIS & Maria Tomasa LOPES; am/ Antº Jose OLGUIN, dec., & Maria Leogarda LUCERO;
    gp/ Cristobal MARTINES & Maria Francisca GARCIA, todos vecinos de la Mision de
    Picuries.

MADINA, Antonio Maria
    bap 13 Jne 1831, ae 3 da; s/ Antº MADINA & Maria Ygnacia ESPINOSA; ap/ Eusebio
    MADINA & Maria Leogarda GALLEGOS; am/ Cristobal ESPINOZA (sic) & Mª Rafaela
    TRUGILLO; gp/ Santiago MEDINA (sic) & Maria Lorensa GALLEGOS, todos vecinos de
    la Mision de San Lorenzo de Picuries.

BUENO, Jose Antº Bernabé   Rancho
    bap 15 Jne 1831, ae 4 da; s/ Juan Antº BUENO & Mª Quirina GRIEGO, vecinos de
    S. Francº del Rancho; ap/ Juan Eugenio BUENO & Maria Teodora BEYTA; am/ Pablo
    GRIEGO & Maria Petrona GARCIA; gp/ Jose Antº GONSALES & Mª Concepcion HURIOSTE,
    vecinos del mismo lugar. (Frames 107-108)

Frame 108
SANCHEZ, Juan Jose Vasilio   Arroyo Seco
    bap 16 Jne 1831, ae 5 da; s/ Domingo SANCHEZ & Maria Manuela GOMES, vecinos
    del Arroyo Seco; ap/ Mariano SANCHES (sic) & Maria del Rosario MARTIN, dec.;
    am/ Gaspar GOMES & Leduviana (sic) MAEZ; gp/ Mariano SANCHES & Maria Josefa
    MAEZ, vecinos del mismo lugar.

BARELA, Juan Jose Noverto
    bap 17 Jne 1831, ae 8 da; s/ Julian BARELA & Mª Dolores DURÁN; ap/ Felis BARELA
    & Maria Anna MONTOYA, dec.; am/ Ysidro DURAN, dec., & Mª Gertrudis CORDOBA; gp/
    Francº MARTINES & Maria Concepcion SANCHES, vecinos todos de la Mision de
    Picuries.

Frame 109
SANDOVAL, Maria Rosalia   Rancho
    bap 19 Jne 1831, ae 10 da; d/ Juan de Jesus SANDOVAL & Maria Manuela TRUGILLO;
    ap/ Policarpio TRUGILLO (sic) & Mª Felípa MADRIL; am/ Juan de Dios GARCIA (sic)
    & Mª de la Luz MARTIN; gp/ Jose Dolores FERNANDES & Maria Paula MARTIN, vecinos
    del Rancho.

MEDINA, Jose Francisco   Rancho
    bap 19 Jne 1831, ae 15 da; s/ Pedro MEDINA & Maria de la Luz CASILLAS; ap/
    Eusebio MEDINA & Lugarda GALLEGOS, dec.; am/ Bautista CASILLAS, dec., & Maria
    Manuela SANDOVAL; gp/ Juan FERNANDES & Maria de Jesus TRUGILLO, todos vecinos
    del Rancho.

TAOS BAPTISMS, VOLUME II   1830-1833, AASF #20

ARELLANO, Maria Antonia   *Arroyo Ondo*
   bap 19 Jne 1831, ae 6 da; d/ Domingo ARELLANO & R_o_sa MEDINA, *vecinos del
   Arroyo Ondo*; ap/ Julian ARELLANO & Mª de la Luz TAPIA; am/ Cristoval MEDINA &
   Juana CORDOVA; gp/ Pedro SANDOVAL & Maria Ygnacia GONSALES.

RIBERA, Jose Santiago   *Rancho*
   bap 19 Jne 1831, ae 4 da; s/ Franco RIBERA & Maria del Carmen GONSALES, *vecinos
   del Rancho*; ap/ Pablo RIBERA & Maria Rafaela MONTOYA; am/ Jose Maria GONSALES
   & Paula LEIBA; gp/ Franco CORTES & Rafaela MARTIN, *vecinos del mismo lugar*.

Frame 110
DAVID, Jose   *Adulto estrangero de San Ferna(n)des*
   bap 19 Jne 1831, ae 26 yr, raised as a Presbyterian; s/ Jacob DAVID (Origins,
   p. 412, same) & Nancy NIMA, *de Pensilvania of the United States of North
   America*; gp/ Dⁿ Manuel LAFEBRE (Origins, p. 421, LAFEBVRE) & Maria Teodora
   LOPES, *vecinos del varrio de San Fernandes*.

Frame 111
CORDOVA, Franco Gavier   *Micion de Picuries*
   bap 20 Jne 1831, ae 5 da; s/ Franco CORDOVA & Maria de la Cruz FERNANDES, *de
   la jurisdicion de Picuries*; ap/ Manuel CORDOVA & Maria Luisa RUIVAL; am/
   Rafael FERNANDES & Maria VALDES; gp/ Ramon CORDOVA & Maria Paula VALDES,
   vecinos del varrio de la Purisima Concepcion.

TORRES, Jesus Maria   *Rancho*
   bap 21 Jne 1831, ae 2 da; s/ Antº Jose TORRES & Rosalia SALAZAR, *vecinos del
   Rancho*, water poured by Mª Rosa ARCHULETA; ap/ Antº TORRES & Maria de la Luz
   SANCHES; am/ Antº SALASA(R) & Maria Rosa ARCHULETA; gp/ the maternal
   grandparents, *vecinos del Ranchito de San Franco*.

MARTINES, Mª Silveria   *Rancho*
   bap 22 Jne 1831, ae 3 da; d/ Juan Ygnacio MARTINES & Maria Casilda MARTINES;
   ap/ Jose Franco MARTINES & Mª Tomasa SANCHES; am/ Felipe MARTINES & Mª
   Concepcion TRUGILLO; gp/ Victor MARTINES & Mª Alvina VIGIL, *todos son vs de S.
   Franco del Rancho*.

HARAISTER, Antonio   *Adulto estrangero*
   bap 23 Jne 1831, ae 22 yr; s/ Generico HARAISTER (Origins, p. 419, same--
   Hendrick HARVESTER?) & Leran HARAISTER from the state of *Tenecia* of the United
   States of North America; gp/ Severiano A(illegible) SANBRAN & Maria Ygnacio
   JARAMIO, *vecinos de San Fernandes*. (Frames 111-112)

Frame 112
FICHA, Noverto   *Adulto estrangero*
   bap 23 Jne 1831 conditionally because he didn't know whether he had been
   before, ae 24 yr; s/ Gillelmo FICHA (Origins, p. 415, FISHER) & Nance BAHAN of
   the state of *Verginio* of the United States of North America; gp/ Ricardo
   CANVEL & Mª Rosa GIRIJALVA, *vecinos de San Fernandes*. (Frames 112-113)

Frame 113
MECUCIO, Julian   *Adulto estrangero*
   bap 23 Jne 1831, ae 30 yr; s/ Eb(e)neser MECUCIO, 2ᵈ & Unis RELOERRO from
   Pencilvenia of United States of North America; gp/ Rafael de LUNA & Ana Maria
   TAFOYA, *vecinos de San Fernandes*.

Frame 114
CRUZ, Juan Bautista   *San Fernando*
   bap 24 Jne 1831, ae 1 da; s/ Juan Bautista de la CRUZ & Juana Josefa HURTADO;

ap/ Santiago CRUZ & Margarita CORDOVA, dec.; am/ Jose HURTADO & Mª Franca MARTINES, both dec.; gp/ San Juan MAES & Margarita MARTINES, vs todos de San Fernandes.

RIBERA, Juan Pablo   San Fernando
  bap 26 Jne 1831, ae 2 da; s/ Tomas RIBERA & Mª Loreta ORTIZ, vs de San Fernandez; ap/ Pedro RIBERA & Mª Dolores MALDONADO; am/ Franco ORTIZ & Josefa MIERA, both dec.; gp/ Rumaldo BEITA & Mª Bonifacia SANDOVAL, vs del mismo lugar.

VARELA, Juana de Nepomoseno   Picuries
  bap 29 Jne 1831, ae 4 da; d/ Jose Manuel VARELA & Maria del Carmel MEDINA; ap/ Juan Anto BARELA (sic) & Maria de la Lus ARCHULETA; am/ Ygnacio MEDINA & Margarita CORDOVA; gp/ Juan Andres TRUGILLO & Maria Paula SANDOVAL, vs de Picuris. (Frames 114-115)

Frame 115
OLGIN, Maria Guadalupe   Picuris
  bap 29 Jne 1831, ae 3 da; d/ Gabriel OLGIN & Maria Viviana GARCIA; ap/ Juan OLGIN & Casilda de VILLALPANDO; am/ Franco GARCIA & Getrudes DURAN, vs de Picuris; gp/ Jose Silvestre ESTRADA & Anamaria VASQUES.

VENAVIDES, Maria Paula
  bap 30 Jne 1831, ae 2 da; d/ Estevan VENAVIDES & Maria Gregoria MARTIN; ap/ Jose Bernal VENAVIDES & Mª Barbara VENAVIDES, both dec.; am/ Mª Franca MARTIN (only), dec.; gp/ Abran LODÚ & Mª Guadalupe TRUGILLO, todos vs de S. Fernandes.

CORTES, Maria Petra   Rancho
  bap 2 Jly 1831, ae 8 da; d/ Jose Manuel CORTES & Maria SANCHES, vecinos del varrio de S. Franco del Rancho; ap/ Paulin CORTÉS & Mª Concepcion MARTINES; am/ Felipe SANCHES & Juana Maria MARTINES; gp/ Blas CRUS & Mª Dolores SANCHES, vecinos dela mision de Picuries. (Frames 115-116)

Frame 116
BACHICHA, Jose Francisco
  bap 3 Jly 1831, ae 6 da; s/ Pedro Ygnacio BACHICHA (Origins, p. 346, same) & Maria del Carmel ATENCIA, vecino(s) de Arroyo Ondo; ap/ Salvador BACHICHA & Mariquita MESTAS; am/ Ylario ATENCIO & Balvaneda GIRONA; gp/ Franco Rafael CORDOVA & Maria Trenidad SALASAR, vecinos de Arroyo Ondo.

BALDES, Jesus Maria
  bap 4 Jly 1831, ae 3 da; s/ Anto BALDES & Mª Catarina TRUGILLO, vecinos del Arroyo Ondo, plasa de San Antonio; ap/ Juan Anto BALDES & Mª Andrea CHAVES, both dec.; am/ Jose Miguel TRUGILLO & Magdalena RUIBERA, both dec.; gp/ Jose Dolores CORDOBA & Mª Ramona MARTINEZ, vs del Arroyo Seco.

Frame 117
MONDRAGON, Maria Rosa
  bap 4 Jly 1831, ae 1 da; d/ Jose MONDRAGON & Maria Lorensa DURAN, vecinos de San Franco del Rancho; ap/ Maria Ygnez MONDRAGON (only); am/ Ygnacio DURAN & Mª Anta SANCHES, dec.; gp/ Gregorio DURAN & Mª Catarina FERNANDES, todos vecinos de San Franco del Rancho.

LUCERO, Maria Filomé   Fernandes
  bap 5 Jly 1831, ae 5 da; d/ Anto Maria LUCERO & Maria Rufina VIGIL; ap/ Cristobal LUCERO, dec., & Maria Manuela SANDOVAL; am/ Juan de Jesus VIGIL & Maria Paula VALDEZ; gp/ D. Carlos Hypolito BEAUBIEN & Maria Paula LOVATO, todos vecinos de S. Fernandes.

TAOS BAPTISMS, VOLUME II   1830-1833, AASF #20

ARCHULETA, Jose Fermin
    bap 7 Jly 1831, ae 2 da; s/ Jose Franco ARCHULETA & Mª Anta VIALPANDO; gp/
    Julian ARCHULETA & Maria Gertrudis VALDES, both dec.; am/ Salvador VIALPANDO,
    dec., & Maria Manuela BEYTA; gp/ Franco Matias GARCIA & Maria Estefana GARCIA,
    vˢ todos dela Plasa de Purisima Concepcion.

Frame 118
BARCELON, Maria Filomena   S. Fernandes
    bap 7 Jly 1831, ae 5 da; d/ Trinida BARCELON & Maria Dolores GRIEGO, vecinos
    de San Fernando; ap/ Ygnacio BARCELO (sic) & Maria Dolores GURULE; am/ Franco
    GREGO & Maria Antonia MONTOYA; gp/ Jose dela Crus VIGIL & Maria Juana VIGIL,
    vecinos de San Fernando.

MARTIN, Anta Ventura   Rancho
    bap 10 Jly 1831, ae 1 da; nat. d/ Ygnacia MARTIN, soltera, vecina del Rancho,
    & unknown father; am/ Luis MARTIN & Candelaria PADILLA; gp/ Ventura CARDENAS
    & Maria de la Lus LUJAN, vˢ del mismo lugar.

SALIFU, Juan de Jesus   Rancho
    bap 10 Jly 1831, ae 1 da; s/ Pedro SALIFU & Mª Dolores CARRIO; ap/ Pedro SALIFU
    & Mª VELTRAN, both dec.; am/ Juan de Jesus CARIO & Juana Maria APODACA; gp/
    Manuel SANCHES & Anta Nicolasa SANDOVAL, vˢ del Rancho.

Frame 119
VIGIL, Jose Benito   Rancho
    bap 10 Jly 1831, ae 4 da; s/ Ramon VIGIL & Barbara MARTIN; ap/ Juan de la Cruz
    VIGIL & Clara FERNANDES, dec.; am/ Ygnacio MARTIN & Paula SALASAR, dec.; gp/
    Venturan (sic) DURAN & Maria de Jesus MARTIN, vˢ del Rio Chiquito.

YARAT, Jose de Jesus   San Fernando
    bap 11 Jly 1831, ae 5 da; s/ Juan Bautista YARAT (Origins, p. 437, same) &
    Maria de la Lus SERVÉ, vecinos de S. Fernandes; ap/ Franco YARAT & Margarita
    EVERO; am/ Jose SERVÉ & Mª Ysabel CASADOS, both dec.; gp/ Jose Maria SANCHES
    & Anna Maria SERVÉ, vecinos del Arroyo Seco.

SUASO, Maria de la Cruz   San Fernando
    bap 11 Jly 1831, ae 3 da; d/ Manuel SUASO & Mª Teresa SANDOVAL, vecinos de San
    Fernandes; ap/ Jose Miguel SUASO & Maria Josefa PANDO, both dec.; am/ Gervacio
    SANDOVAL & Maria Ramona VARELA; gp/ Juan Bautista SALAS & Maria Juliana
    SANCHEZ, vecinos del mismo lugar. (Frames 119-120)

Frame 120
ARCHULETA, Maria Francisca
    bap 15 Jly 1831, ae 6 da; nat. d/ Mª Ramona ARCHULETA & unknown father; am/
    Juan de Jesus ARCHULETA & Juaquina BENAVIDES; gp/ Manuel MARTINEZ & Maria
    Dolores CHAVES, vecinos de San Fernandes.

LUCERO, Mª del Carmel
    bap 17 Jly 1831, ae 3 da; d/ Pedro Ygnacio LUCERO & Mª Soledad SALASAR, vecinos
    del Arroyo Seco; ap/ Santiago LUCERO & Maria Rosa AGUILAR; am/ Pedro SALASAR
    & Mª del Carmel MEDINA; gp/ Gabriel BARELA & Dolores BARELA, & in his place,
    Jose Franco BARELA.

Frame 121
ESPINOSA, Juana Maria   Picuriez
    bap 24 Jly 1831, ae 2 da; d/ Diego ESPINOSA & Maria Anta MEDINA, vecinoz del
    varrio de Santa Varvara pertenecientez ala micion de San Lorenso de Picuriez;
    ap/ Cristobal ESPINOSA & Rafaela TRUGILLO; am/ Eusebio MEDINA & Maria

L(e)ogarda (n.s.-blank space); gp/ Pablo TRUGILLO & Maria Ygnacia VACA, *vecinos del mismo lugar*.

URIOZTE, Antonia Margarita
    bap 24 Jly 1831, ae 2 da; nat. d/ Necolasa URIOZTE; am/ Maria An^{ta} VALENCIA (only); gp/ Juan de Jesus VIGIL & Rosa Maria DURAN, *vecinos todos del Rancho*.

MONTOYA, Juan
    bap 24 Jly 1831, ae 2 da; s/ Eusebio MONTOYA & Maria Dolores MARTIN; ap/ Jose Rafael MONTOYA & Maria Luisa ROMERO; am/ Salvador MARTIN, dec., & Maria Florencia BALLEGOS; gp/ Nestor ARAGON & Maria Josefa QUINTANA, *vecinos de San Fernandes*.

SANDOVAL, Juana Maria
    bap 26 Jly 1831, ae 2 da; d/ Juan SANDOVAL & Maria Gregoria SANCHES, *vecinos del varrio de San An^{to} del Arroyo Ondo*; ap/ Ubaldo SANDOVAL & Maria Loarda TRUGILLO, dec.; am/ Diego SANCHES & Madalena MARTIN; gp/ An^{to} GOMES & Maria Rosa MARTIN, *vecinos del mismo lugar*. (Frames 121-122)

Frame 122
BUTIERREZ, An^{to} Jose   San Fernando
    bap 29 Jly 1831, ae 2 da; nat. s/ Trenidad BUTIERREZ, *vecina de San Fernandes*; am/ Fran^{co} BUTIERREZ & Mª Ynes SOLANA; gp/ Jose Ant^o VRACHAL & Juana Gertrudis TRUGILLO, *vecinos del mismo lugar*. (No mention of twins.)

BUTIERREZ, Juana Catarina   San Fernando
    bap 29 Jly 1831, ae 2 da; baptized because of necessity by Maria Luciana CHAVEZ; nat. d/ Trenidad BUTIERREZ; am/ Fran^{co} BUTIERREZ & Mª Ynes SOLANA; gp/ Jose Buena Ventura SANDOVAL & Maria de Jesus MASCAREÑAZ, *vecinoz de San Fernando todoz*. (No mention of twins.)

VEITA, Manuel de Jesus   Rancho
    bap 9 Aug 1831, ae 4 da; s/ Rumaldo VEITA & Maria Vonifacia SANDOVAL, *vecinos del varrio de la Puricima Consepcion del Ranchito*; ap/ Jose An^{to} VEITA, dec., & Maria Josefa SANCHES; am/ Santiago SANDOVAL & Maria Candelaria VALDES; gp/ Carlos SANTISTEVAN & Maria de la Lus LUCERO, *vecinos del Ranchito of San Fran^{co}*.

Frame 123
VIGIL, Maria Acencion   Rancho
    bap 9 Aug 1831, ae 8 da; d/ Matias VIGIL & Maria Dolores MARTIN, *vecinos de San Fran^{co} del Rancho*; ap/ Matias VIGIL, dec., & Maria Manuela SALAZAR; am/ Diego An^{to} MARTIN & Maria Trenidad GONSALES; gp/ Jose Simon MARTIN & Maria de la Luz MEDINA, *vecinos de la villa de Santa Cruz de la Cañada*.

TRUGILLO, Juan Lorenso
    bap 10 Aug 1831, ae 5 da; s/ Diego TRUGILLO & Maria Ygnacia CHAVES, *vecinos de San Fran^{co} del Rancho*; ap/ Fran^{co} TRUGILLO & Maria An^{ta} TORRES; am/ Juan CHAVES & Maria Dolores MONTOYA; gp/ Jose de Jesus GARCIA & Mª Beatris SANDOVAL, *v^s del mismo lugar*.

GONSALES, Juana Gertrudis   Arroyo Ondo
    bap 11 Aug 1831, ae 5 da; d/ Juan GONSALES & Dolores MONTES, *vecinos del Arroyo Ondo*; ap/ Brigido GONSALES & Maria An^{ta} CORDOVA; am/ An^{to} MONTES & Mª Ygnes MARTIN; gp/ Juan Bautista TRIDUD & Mª Guadalupe CORDOVA, *vecinos del mismo lugar*. (Frames 123-124)

TAOS BAPTISMS, VOLUME II   1830-1833, AASF #20

Frame 124
CAMBEL, Jose Julian Ricardo   San Fernando
   bap 11 Aug 1831, ae 3 da; s/ D^n Ricardo CAMBEL & D^a Maria Rosa GRIGALBA,
   vecinos de San Fernando; ap/ Juan CAMBEL & Nasarena SHIRAIG; am/ Marcelino
   GRIJALBA & Maria Petra del BALLE; gp/ Juan Bautista LIZ & Maria Petra del
   BALLE, vecinos de San Fernandes.

SALASAR, Maria Ygnacia   Rancho
   bap 13 Aug 1831, ae 3 da; d/ Miguel An^{to} SALASAR & Maria Josefa VIGIL, vecinos
   del Rancho de San Fran^{co}; ap (sic)/ Faustin VIGIL & Maria de la Luz MARTIN; am
   (sic)/ Casimiro SALASAR, dec., & Maria Concepcion TRUGILLA; gp/ Ramon VIGIL &
   Maria Varvara MARTIN, vecinos del mismo lugar.

VIGIL, Maria Dolores   Rancho
   bap 14 Aug 1831, ae 7 da; d/ An^{to} VIGIL & Margarita ARAGON; ap/ Pedro VIGIL &
   Maria Josefa QUINTA; am/ Lorenso ARAGON & Maria Dolores CHAVES; gp/ Rafael
   MARTIN & Maria Rosa MARTIN, vecinos todos del Rancho de S. Fran^{co}. (Frames
   124-125)

Frame 125
MAES, Maria Tiburcia   Arroyo Ondo
   bap 14 Aug 1831, ae 4 da; d/ Miguel MAES & Maria de Jesus LOPES, vecinos del
   Arroyo Ondo; ap/ Graviel MAES & Manuela MESTAS; am/ Fran^{co} LOPES & Josefa
   TRUGILLO; gp/ Juan Gabril DURAN & Maria Tomasa GARCIA, vecinos del mismo
   lugar.

MARTIN, Juan del Carmen   Arroyo Ondo
   bap 14 Aug 1831, ae 9 da; s/ Rafael MARTIN & Maria Guadalupe LUCERO, vecinos
   del Arroyo Ondo en la Plaza de Abajo; ap/ Ygnacio MARTIN who bought him en la
   nacion (only); am/ An^{to} LUCERO & Maria Dolores CHAVES; gp/ Juan Nepomozeno
   QUINTA & Maria Paula GURULÉ, vecinos del mismo lugar.

CRISPIN, Maria de la Acencion   San Fernandes
   bap 15 Aug 1831, ae 2 da; d/ Jose de la Acencion CRISPIN & Mª Rosa MONTOYA,
   vecinos de San Fernando; ap/ Jose CRESPIN (sic) & Juana MADRIL; am/ Jose
   Rafael MONTOYA & Mª Luisa ROMERO; gp/ Jose Ygnacio VALDES & Maria Manuela
   SANCHEZ, vecinos del mismo lugar.

Frame 126
DURAN, Maria Encarnacion   S. Fernandes
   bap 17 Aug 1831, ae 3 da; d/ Juan Pomoseno DURAN & Meregilda CASADO, vecinos
   de San Fernandes; ap/ Migel DURAN & Guadalupe MONDRAGON, both dec.; am/ Juan
   An^{to} CASADO & Rosalia MARTINA, both dec.; gp/ Castos Juana (n.s.) & Ma Dolores
   SUASO, vecinos de San Fernando.

ALIRE, Juana Maria   S. Fran^{co} del Ranchito
   bap 17 Aug 1831, ae 3 da; nat. d/ Anamaria ALIRE, vecina de San Fran^{co} del
   Ranchito, & unknown father; am/ Marcos ALIRE & Mª Catarina PANDO; gp/ Pascual
   MARTINES & Mari(a) Paula ARMIJO, vecinos del Ranchito.

GREEN, Carlos de Jesus (faded)   San Fernandes estrangero
   bap 20 Aug 1831, ae 18 yr; s/ Julian GREEN (Origins, p. 417, same) & Sara
   HOLCOMBE, originarios de Carolina del norte perteneciente á los Estados Unidos
   de Norte America, en la actualidad es recidente en el varrio de Arroyo Ondo;
   gp/ D. Jose Maria MARTINES & Dª Juana Maria MARTINES, vecinos del varrio de S.
   Fernandes. (Frames 126-127)

Frame 127
SUASO, Maria Anastacia   Rancho

bap 20 Aug 1831, ae 4 da; d/ Jose SUASO & Maria Soledad ROMERO, *Yndios naturales del Pueblo de Taos*; ap/ Simon SUASO & Maria Ygnacia SAMORA; am/ Agustin ROMERO & Ylaria FERNANDES; gp/ Jose TAPIA & Rosalia BACA, *vecinos de San Fernandes*.

Frame 128
GUILLEN, Maria Joaquina *Rancho*
   bap 21 Aug 1831, ae 3 da; d/ Lasaro GUILLEN & Ygnes MEDINA, *vecinos del Rancho*; ap/ Franco GUINE (sic) & Maria Angela MIRAVALA; am/ Antonio Jose MEDINA & Maria Manuela ESPINOZA; gp/ Julian CANDELARIO & Anamaria GARCIA.

VIGIL, Jose Anto *Rancho*
   bap 22 Aug 1831, ae 2 da; s/ Bernardo VIGIL & Maria Luisa SERDA, *vecinos de San Franco del Rancho*; ap/ Juan VIGIL, dec., & Maria Josefa LOBATO; am/ Jose Manuel SERDA & Maria Manuela ESPINOSA; gp/ Jose Pablo MARTIN & Juana Catarina MARTIN, *vecinos del mismo lugar*.

GON, Maria Ysabel *Rancho de S. Franco*
   bap 23 Aug 1831, ae 4 da; d/ Julian GON (Origins, p. 417, GORDON) & Juana Maria LUCERO, *vecinos del Rancho de S. Franco*; ap/ Juan GON & Maria Ysabel (n.s.-blank space); am/ Pedro LUCERO & Maria de la Luz FERNANDEZ; gp/ Pedro LUCERO & Maria de la Luz FERNANDEZ.

Frame 129
SISNEREZ, Maria Felipa *Arroyo Ondo*
   bap 26 Aug 1831, ae 4 da; d/ Vitor SISNEREZ & Maria Guadalupe VALDES; ap/ Estevan SISNEROS (sic) & Margarita SISNEROS (sic), dec.; am/ Anto VALDES & Maria Catarina TRUGILLO; gp/ Anto Jose VALLEGOS & Maria Soledad ROMERO, *vecinos del varrio dela Plaza de San Anto del Arroyo Ondo*.

SANCHES, Maria Candelaria
   bap 29 Aug 1831, ae 3 da; d/ Juan SANCHES & Mª Josefa MONTOYA, *vecinos de la plasa de la Pma Concepcion*; ap/ Miguel SANCHES & Mª Paula LOVATO, both dec.; am/ Maria Dolores MONTOYA (only); gp/ Franco GURULE & Maria de la Luz TRUGILLO, *vecinos de San Fernandes*.

SANDOVAL, Pedro Antonio
   bap 31 Aug 1831, ae 3 da; nat. d/ Juana SANDOVAL, *vecina del varrio de S. Fernandes*, & father unknown; am/ Maria SANDOVAL, dec., & *abuelo* unknown; gm/ Maria Gertrudis MARTIN, *vecina de la plasa de S. Francisco de Paula*.

Frame 130
DURÁN, Juan Bautista
   bap 1 Sep 1831, ae 4 da; s/ Rafael DURÁN & Maria Encarnacion CORDOBA, *vecinos de la Sma Trinidad de Arroyo Seco*; ap/ Ventura DURÁN & Maria Manuela ARAGÓN; am/ D. Ygnacio CORDOBA & Maria Antonia MARQUES; gp/ Rafael CORDOBA & the grandmother, Mª Antonia MARQUES, *vecinos del varrio de San Franco del Rancho*.

MARTIN, Maria de la Lus
   bap 1 Sep 1831, ae 4 da; d/ Jose MARTIN & Maria Rosa SAMORA, *Indios del Pueblo de Taos*; ap/ Domingo MARTIN, dec., & Mª Josefa ROMERO; am/ Lucia ZAMORA (sic) & unknown man; gp/ Danislao GARCIA & Maria Franca GARCIA, *vecinos de la poblacion de Arroyo Ondo*.

SANDOVAL, Juan Francisco
   bap 2 Sep 1831, ae 2 da; s/ Juan SANDOVAL & Maria GARCIA, *vecinos de San Fernandes*; ap/ Jose Ramon SANDOVAL & Maria Dolores MARTIN, dec.; am/ Maria

Trinidad GARCIA (only); gp/ Pedro SANDOVAL & Mª de Alta Gracia ORTÍS, *vecinos de S. Fernandes.* (Frames 130-131)

Frame 131
PACHECO, Juan Rosalio   *Rancho*
   bap 4 Sep 1831, ae 5 da; s/ Franco PACHECO & Maria Dolores VARELA; ap/ Juan Pedro PACHECO & Maria de la Luis(a) MARTIN; am/ Miguel VARELA & Juana ROMERA; gp/ Felis URIOSTE & Maria del Carmen SANCHEZ, *todos vecinos del Rancho de San Franco.*

ORTIS, Ramon   *Rancho*
   bap 4 Sep 1831, ae 5 da; s/ Anto ORTIS & Maria Franca de la PEÑA; ap/ Franco ORTIS & Maria GARCIA de NORIEGA; am/ Jose de la PEÑA & Maria Franca SILVA; gp/ Andres MARTIN & Maria Anta ORTIS, *vecinos todos del Rancho.*

Frame 132
DURÁN, Maria Teodora
   bap 10 Sep 1831, ae 3 da; d/ Franco DURÁN & Maria Gertrudis ALIRE, *vecinos de S. Fernandes*; ap/ Pablo DURÁN & Maria de Jesus VALDÉS; am/ Juan Lorenso ALIRE & Maria BEYTA, dec.; gp/ Luis AMBRUL (Origins, p. 404, AMBRULE) & Maria Marselina CASADOS, *vecinos de S. Fernandes.*

GONSALES, Franco   *Rancho*
   bap 11 Sep 1831, ae 3 da; s/ Jose Guadalupe GONSALES & Maria Agustina TAFOYA; ap/ Jose Calletano GONSALES & Lorensa GEORGE; am/ Jose TAFOYA & Maria Ysabel ROMERO, dec.; gp/ Bartolome TAFOYA & Mª Antonia GONSALEZ, *vecinos todos del Rancho.*

DURÁN, Juan Antonio
   bap 13 Sep 1831, ae 2 da; s/ Domingo DURÁN & Maria Soledad LOVATO, *vecinos del Rancho*; ap/ Ygnacio DURÁN & Antonia SANCHES, dec.; am/ Salvador LOVATO, dec., & Candelaria CORDOVA; gp/ Jose Mateo CASILLAS & Maria Ysidora TAFOYA, *vecinos del mismo lugar.*

Frame 133
ROMERO, Maria Guadalupe   S. Ferndo
   bap 16 Sep 1831, ae 2 da; d/ Marcial ROMERO & Maria Encarnacion TORRES; ap/ Jose ROMERO & Mª Anta MONTOYA; am/ Diego TORRES & Mª Concepcion TRUGILLA; gp/ Miguel Anto SALASAR & Maria Encarnacion ROMERO, *todos vecinos de San Fernandes.*

SANCHES, Jose Tomas
   bap 19 Sep 1831, ae 2 da; s/ Anto SANCHES & Maria Viviana MAES, *vecinos de S. Fernandes*; ap/ Miguel SANCHES & Maria Rosa RUIVAL, both dec.; am/ Anto MAES & Maria Victoria SISNEROS, both dec.; gp/ Jose Ygnacio VALDES & Maria Manuela SANCHES, *vecinos del mismo lugar.*

MONTOYA, Franco Antonio
   bap 21 Sep 1831, ae 5 da; s/ Ramon MONTOYA & Mª Natividad APODACA, *vs de poblacion de Arroyo Seco*; ap/ Juan Cristoval MONTOYA & Maria Gregoria ARGUELLO; am/ Rafael A(P)ODACA & Maria Polonia FRESQUIS; gp/ Franco Anto MEDINA & Maria Soledad GOMES, *vs del mismo lugar.*

Frame 134
AGUILAR, Maria Viviana
   bap 27 Sep 1831, ae 3 da; d/ Patricio AGUILAR & Maria Encarnacion ESPINOSA, *vecinos de la plasa de la Purisima*; ap/ Anto AGUILAR & Juana CORDOBA; am/ Jose ESPINOSA & Mª Dolores GARCIA; gp/ Toribio VIALPANDO & Maria Viviana MARTINEZ, *vecinos de dna plasa.*

TRUGILLO, Juan Cipriano
  bap 27 Sep 1831, ae 2 da; nat. s/ Maria Dorotea TRUGILLO, single; am/ Luis TRUGILLO, dec., & Maria Gertrudis SANCHES; gf/ An^{to} BRACHAL (Origins, p. 407, BLANCHARD), *vecinos todos del varrio de S. Fernandes*.

Frame 135
GARCIA, Juana Maria
  bap 28 Sep 1831, ae 5 da; d/ Fran^{co} GARCIA & Maria Guadalupe CHAVES, *vecinos de Arroyo Ondo*; ap/ Manuel GARCIA & Mª Trinidad QUINTANA; am/ Jose An^{to} CHAVES & Mª Nicolasa GOMES; gp/ Anastacio VIGIL & Maria de la Crus QUINTANA, *vecinos del varrio de San Fran^{co} del Rancho*.

VIGIL, Maria Nicolasa
  bap 29 Sep 1831, ae 5 da; d/ Juan Cristobal VIGIL & Antonia Viviana TORRES, *vecinos de San Fran^{co} del Rancho*; ap/ Miguel VIGIL & Anna Maria BAYEJOS, dec.; am/ An^{to} TORRES, dec., & Nicolasa SANDOVAL; gp/ Maria Petra del VALLE (only), *vecina de San Fernandes*.

Frame 136
MEDINA, Jose Miguel   *Rancho*
  bap 3 Oct 1831, ae 6 da; s/ Jesus MEDINA & Maria Josefa MARTINA, *vecinos del Rancho*; ap/ Juan Nepomuceno MEDINA & Candelaria VIGIL; am/ Gervacio MARTIN, dec., & Juana CORTES; gp/ Juan de los Reyes MARTIN & Maria Manuela MARTIN, *vecinos del Rancho*.

SUASO, Geronimo
  bap 3 Oct 1831, ae 2 da; nat. s/ Micaela SUASO, native Indian of Taos Pueblo; am/ Rafael SUASO & Maria TECOA; gm/ Maria Ygnes CHAVES, *vecina de S. . Fernandes*.

VIGIL, Jose Miguel
  bap 3 Oct 1831, ae 5 da; s/ Rafael VIGIL & Maria Estefana MADRIL; ap/ An^{to} VIGIL & Mª Simona MONTOYA; am/ Bernardo MADRIL & Maria Ysabel RUIBAL, both dec.; gp/ Juan Pascual MARTINES & Mª Teodora GALLEGOS, *todos vecinos de S. Fernandes*.

Frame 137
GRIÑE, Juana Maria
  bap 4 Oct 1831, ae 3 da; d/ Miguel GRIÑE (Origins, p. 418, same) & Maria de Jesus MONTOYA, *vecinos del Rancho*; ap/ Jose GRINE & unknown grandmother, p^f ser *dela nacion pagana*; am/ Jose Patricio MONTOYA, dec., & Juana URTADO; gp/ An^{to} TORRES & Maria Ysabel FERNANDES, *vecinos del mismo lugar*.

PINO (patron), Jose Fran^{co}
  bap 7 Oct 1831; s/ unknown, found the morning of 4 of this month at the door of C. Juan An^{to} PINO & his wife, Maria Ygnacia MARTINES who were the godparents. PINO had tried to find out who the parents were.

Frame 138
CORTES, Maria Margarita
  bap 9 Oct 1831, ae 6 da; d/ Fran^{co} CORTES & Maria Atanacia ARMENTA, *vecinos de San Fernando*; ap/ Jose An^{to} CORTES & Maria Juana Gertrudis MONTOYA; am/ Simon ARMENTA, dec., & Maria Marta MARTINA; gp/ Juan Ygnacio CORTES & Maria de la Lus GONSALES, *vecinos del mismo lugar*. (No mention of twins.)

CORTES, Maria Paula
  bap 9 Oct 1831, ae 6 da; d/ Fran^{co} CORTES & Maria Atanacia ARMENTA; ap/ Jose Ant° CORTES & Maria Juana Gertrudis MONTOYA; am/ Simon ARMENTA, dec., & Maria

Marta MARTINA; gp/ Jose Fran^{co} MARTIN & Maria Teresa CHAVES, *vecinos todos de San Fernando*.

MEDINA, Juan Ygnacio
    bap 9 Oct 1831, ae 8 da; s/ Jose Maria MEDINA & Maria Alvina GARCIA, *vecinos del Arroyo Ondo*; ap/ Ygnacio MEDINA & Margarita CORDOVA; am/ Manuel GARCIA & Tomasa XARAMILLO; gp/ Diego ARCHULETA & Maria de la Luz QUINTANA, *vecinos del mismo lugar*. (Frames 138-139)

Frame 139
RIVERA, Jose An^{to}
    bap 9 Oct 1831, ae 2 da; s/ Tomas RIVERA & Maria del Carmen (GONSALES), *vecinos del Ranchito de la Purisima*; ap/ Jose An^{to} RIVERA & Maria Feliciana ORTIS; am/ Segundo GONSALES & Maria Josefa VALDES; gp/ Abran LIDU (Origins, p. 423, LEDOUX) & Lupe TRUGILLO, *vecinos de San Fernandes*.

WALDO, Lorenso   *Adulto*
    bap 13 Oct 1831, ae 18 yr; s/ Jedediah WALDO (Origins, p. 436, same) & Maria POSTER, from the state of Virginia of the United States of North America, now living *en el varrio de S. Fernandes deste curato de Taos*; gp/ Severiano SAMBRAN & Mª de la Lus LUCERO, *vecinos del varrio de San Fernandes deste curato de Taos*. (Frames 139-140)

Frame 140
SANDOVAL, Juan Jose
    bap 16 Oct 1831, ae 3 da; s/ Manuel SANDOVAL & Margarita MARTINA; ap/ Feliciano SANDOVAL & Maria Manuela MARTINA; am/ Diego MARTIN & Maria Manuela GONSALES; gp/ An^{to} Jose VIGIL & Maria del Refugio VIGIL, *vecinos todos del Rancho de San Fran^{co}*.

Frame 141
MEDINA, Maria de Alta Gracia   *San Fernando*
    bap 16 Oct 1831, ae 2 da; d/ Jose An^{to} MEDINA & Juana SALASAR; ap/ An^{to} Jose MEDINA & Mª Micaela VIGIL, both dec.; am/ Juan An^{to} SALASAR & Maria Rosa ARCHULETA; gp/ Nestor ANAYA & Anna Maria GONSALES, *vecinos todos de San Fernandes*.

MESTAS, An^{to} Domingo
    bap 17 Oct 1831, ae 9 da; s/ Juan del Carmel MESTAS (only), *vecinos (sic) de S. Fernandes*; ap/ Jose An^{to} MESTAS & Maria Magdalena MARTIN; am/ Diego TORRES & Maria Concepcion TRUGILLO; gp/ Jose COCA & Maria Esquipula SILVA, *vecinos del mismo lugar*.

Frame 142
REINA, Jose Fran^{co}
    bap 23 Oct 1831, ae 3 da; s/ Juan Manuel REINA & Guadalupe ROMERO, *naturales del Pueblo*; ap/ Jose REINA & Encarnacion LOMA; am/ Jose ROMERO & Maria Josefa DELGADO; gp/ Fran^{co} SAMORA & Catarina PADIA, *vecinos del mismo pueblo*.

ESQUIBEL, Jose Cenón
    bap 25 Oct 1831, ae 8 da; s/ Matias ESQUIBEL & Maria Rafaela CORDOBA, *vecinos de S. Fernandes*; ap/ Francisco ESQUIBEL & Maria Gertrudis MAES, both dec.; am/ Francisco CORDOBA & Maria Dorotea SANDOVAL; gp/ Jose Pablo CHAVES & Maria Rafaela ARCHULETA, *vecinos del mismo lugar*.

Frame 143
CENA, Jose de Alta Gracia
    bap 26 Oct 1831, ae (blank space) da; s/ Fran^{co} CENA & Maria Nasarena TORRES,

vecinos de San Fernandes; ap/ Miguel CENA & Mª Rafaela LUCERO, both dec.; am/ Manuel TORRES & Maria Franca CHACON; gp/ Juan Ramon MADRIL & Maria Candelaria CENA, *vecinos del mismo lugar*.

MARTINES, Jose Florencio
  bap 27 Oct 1831, ae 3 da; s/ Jose Franco MARTINES & Maria Ysabel CORTES; ap/ Juaquin MARTINES & Mª Candelaria CHAVES, both dec.; am/ Crus CORTES & Maria de la Lus MONTOYA; gp/ Juan Simon SALASAR & Maria Dolores SANDOVAL, *vecinos todos de la plasa de S. Franco de Paula*.

Frame 144
LIAL, Juan Luis
  bap 28 Oct 1831, ae 3 da; s/ Pedro Nolasco LIAL & Mª Dolores MIRABAL, *vs de San Franco del Rancho*; ap/ Juan Domingo LEAL (sic), dec., & Beronica CORTES; am/ Juan Luis MIRABAL, dec., & Mª Damacia REINA; gp/ Manuel CORTES & Mª Manuela ROMERO, *vs del mismo lugar*.

ROMERO, Vuena Bentura   *Rancho*
  bap 28 Oct 1831, ae (blank space) da; s/ Vicente ROMERO & Soledad CHAVES, *vs de San Franco del Rancho*; ap/ Franco ROMERO & Dolores SALAZAR, both dec.; am/ Domingo CHAVES & Candelaria DURAN, dec.; gp/ Miguel VIGIL & Encarnacion MARTINEZ.

Frame 145
MARTIN, Jose Tadeo
  bap 28 Oct 1831, ae 5 da; nat. s/ Maria Rafaela MARTIN & unknown father; am/ Miguel MARTIN & Mª Cipriana SANTIALLANES; gp/ Dⁿ Cornelio VIGIL & Mª Dolores de AGUERO, *vecinos todos de S. Fernandes*.

VIGIL (patron), Anto de Jesus
  bap 28 Oct 1831, ae 6 yr; s/ *Tribu Yuta*, from which he was rescued, *famulo de Dⁿ Franco VIGIL, vecino de la plasa de San Rafael*; gp/ Jesus VIGIL & Mª Teodora GALLEGOS, *vs de S. Fernandes*.

VIGIL (patron), Maria Franca
  bap 29 Oct 1831, ae 3 yr; d/ *Tribu Yuta*, from which she was rescued, *famula de Dⁿ Franco VIGIL, vecino de la plasa de San Rafael*; gm/ Juana Mª MARTINES *de S. Fernandes*.

Frame 146
VIGIL (patron), Mª de la Lus
  bap 29 Oct 1831, ae 9 yr; d/ *Tribu Yuta*, rescued, *famula de Dⁿ Franco VIGIL*; gp/ Jesus VIGIL & Juana Mª (n.s.) *ves (de) San Fernandes*.

PAIS, Maria Petra
  bap 29 Oct 1831, ae 5 da; d/ Juan PAIS & Maria Rafaela MARTIN; ap/ Mateo PAIS & Mª GUTIERRES, both dec.; am/ Dadislao MARTIN & Maria Encarnacion MARTIN; gp/ Gregorio CORDOBA & Maria Josefa AREYANO, *todos vecinos de la poblacion de Arroyo Ondo*.

Frame 147
ARCHULETA, Juan Anto
  bap 29 Oct 1831, ae 2 da; s/ Jesus ARCHULETA & Juana Gertrudis CASADOS, died giving birth, *vecinos de la plasa de la Purisima Concepcion*; ap/ Jose Pablo ARCHULETA & Maria Barbara LOVATO; am/ Juan Antonio CASADOS & Maria Catarina BACA, both dec.; gp/ Amador LAMORÍ (Origins, p. 421, same) & Maria Rafaela BACA, *vecinos de San Fernandes*.

SALASAR, Mª Manuela de los Santos
　bap 1 Nov 1831, ae 2 da; *espuria* d/ Maria Juliana SALASAR, married, in the absence of her husband, & unknown father; am/ Domingo SALASAR, dec., & Mª Guadalupe GURULÉ; gp/ Juan Miguel MASCAREÑAS & Mª Manuela BUENO, *vecinos todos del varrio de S. Fran^{co} del Rancho.*

VALDES, Maria de los Santos
　bap 1 Nov 1831, ae 1 da; d/ Felipe VALDES & Maria Magdalena GONSALES, *vecin(o)s del varrio de San Fernandes*; ap/ Manuel BALDES (sic) & Mª Josefa GARCIA de NORIEGA; am/ Jose GONSALES & Mª Dorotea BACA; gp/ An^{to} LUCERO & Mª Estefana ARAGON. (Frames 147-148)

Frame 148
MARTIN, Mª Encarnacion
　bap 2 Nov 1831, ae 4 da; d/ An^{to} MARTIN & Maria Gertrudis SANCHES; ap/ An^{to} MARTIN, dec., & Mª Paula CERDA; am/ Mariano SANCHES & Maria del Rosario MARTIN, dec.; gp/ Jose Miguel SANCHES & Mª Soledad BACA, *todos vecinos de la poblacion de Arroyo Seco.*

QUINTANA, Jose Fran^{co}　　　　　　　　　　　　　　　　　　　　　　　　　　　Rancho
　bap 6 Nov 1831, ae 3 da; nat. s/ Mª Ygnacia QUINTANA, *vecina de San Fran^{co} del Rancho*; am/ Fran^{co} QUINTANA, dec., & Mª Gertrudis VIGIL; gm/ Mª Petrona ERROJO, *vecina del Rancho.*

Frame 149
MARTIN, Maria Teodora　　　　　　　　　　　　　　　　　　　　Ranchito (de) S. Fran^{co}
　bap 18 Nov 1831, ae 9 da; d/ Jose Miguel MARTIN & Maria Dolores MARTINEZ; ap/ Joaquin MARTIN & Ca(n)delaria CHAVES, both dec.; gp/ Fran^{co} VIGIL & Mª Candelaria SANTISTEVAN, *vecinos todos de San Fran^{co} del Ranchito.*

VIGIL (patron), Jose Francisco
　bap 18 Nov 1831, ae 14 yr; s/ (unknown), in the family of Faustin VIGIL; gp/ Faustin VIGIL & Juana Maria VIGIL, she is *vecino del varrio de San Fernandes.*

GARCIA, Maria Ramona　　　　　　　　　　　　　　　　　　　　　　　　　　Arroyo Ondo
　bap 20 Nov 1831, ae 5 da; d/ An^{to} Jose GARCIA & Guadalupe CHAVES, *vecinos del Arroyo Ondo*; ap/ Juan Angel GARCIA & Mª Manuela MARTINA, dec.; am/ Jose An^{to} CHAVES & Mª Ca(n)delaria MALDONADO; gp/ Feliciano SANTISTEVAN & Mª Rafaela TRUGILLO, *vecinos de San Fran^{co} del Ranchito.*

Frame 150
ESQUIVEL, Maria Dolores
　bap 20 Nov 1831, ae 2 da; d/ An^{to} Jose ESQUIVEL & Mª Paula MONTOYA, *vecinos del varrio de S. Fernandes*; ap/ Cipriano ESQUIBEL (sic) & Maria Barbara QUINTANA; am/ Nicolas MONTOYA & Juana DURAN; gp/ Tomas RIBERA & Mª Loreta ORTIS, *vecinos del mismo lugar.*

MEDINA, Maria Ysabel
　bap 23 Nov 1831, ae 4 da; d/ Pedro MEDINA & Mª Dolores MARTINES, *vecinos de S. Fran^{co} del Ranchito*; ap/ Teodoro MEDINA & Mª Rita SANDOVAL, both dec.; am/ Ventura MARTINES & Mª Rafaela MAES; gp/ Diego An^{to} MARTIN & Feliciana VIGIL, *vecinos del mismo lugar.*

PADILLA, Juan de la Crus
　bap 26 Nov 1831, ae 3 da; s/ Valentin PADILLA & Mª de Jesus MADRIL, *vecinos de la poblacion de la Virgen de los Dolores de Arroyo Ondo*; ap/ Jose An^{to} PADILLA, dec., & Maria Gertrudis GARCIA; am/ Juan MADRIL & Mª Prudencia JARAMILLO, both

dec.; gp/ Miguel An^{to} DURÁN & Tomasa GARCIA, *vecinos del mismo lugar*. (Frames 150-151)

Frame 151
LOVATO, Maria Dolores
   bap 27 Nov 1831, ae 5 da; d/ Fran^{co} Xavier LOVATO & Maria An^{ta} BEYTA, *vecinos de la plasa de la Purisima Concepcion*; ap/ An^{to} Jose LOVATO, dec., & Mª Josefa CHAVES; am/ Jose An^{to} BEYTA, dec., & Mª Josefa SANCHES; gp/ D. Gervacio NOLÁN & Mª Dolores LALANDA, *vecinos del varrio de San Fernandes*.

MADRIL, Pedro Regaldo
   bap 28 Nov 1831, ae 3 da; s/ Fran^{co} MADRIL & Mª Dolores VARELA, *vecinos de S. Fernandes*; ap/ Pedro MADRIL & Mª de la Lus MOYA; am/ Jose VARELA & Mª Dolores SANDOVAL; gp/ Jesus Mª TAFOYA & Mª Josefa TAFOYA of the same place.

Frame 152
ROMERO, An^{to} Aban   *Rancho*
   bap 30 Nov 1831, ae 3 da; nat. s/ Maria An^{ta} ROMERO, *vecina de San Fran^{co} del Rancho*; am/ Domi(n)go ROMERO & Anamaria LUGAN; gp/ Pedro Nolasco LIAL & Juana GABALDONA, *vecinos del mismo*.

VIGIL, Jose Manuel
   bap 2 Dec 1831, ae 4 da; s/ Jose An^{to} VIGIL & Mª Rosa ROMERO; ap/ Juan de Jesus VIGIL & Mª Rosa DURÁN; am/ Concepcion ROMERO & Mª Rosa QUINTANA, dec.; gp/ An^{to} FRESQUIS & M^a de los Reyes SANCHES, *vecinos todos de S. Fran^{co} del Rancho*.

TAFOYA, Mª Andrea
   *bap 4 Nov 1831, ae 5 da; d/ Salvador TAFOYA & Juana MEDINA, *vecinos de San Fran^{co} del Rancho*; ap/ Juan Domingo TAFOYA & Mª Dolores MAES; am/ Salvador MEDINA & Candelaria PAIS, dec.; gm/ M^a del Carmel TAFOYA, *vecina del mismo lugar*. (Frames 152-153)

Frame 153
MAES, An^{to} Jose   San Fern^{do}
   bap 8 Dec 1831, ae 6 da; s/ Jose Maria MAES & Maria Manuela PACHECO; ap/ An^{to} Jose MAES & Rosalia TENORIA, both dec.; am/ Felipe Santiago PACHECO & Maria Gertrudis CORDOVA; gp/ Pedro ARCHULETA & Maria Paula ARCHULETA, *vecinos todos de San Fernandes*.

Frame 154
ABILA, An^{to} Domingo   *Arroyo Ondo*
   bap 11 Dec 1831, ae 7 da; s/ Juan de los Reyes ABILA & Maria Josefa ALIRE; ap/ Juan de Jesus ABILA & Maria Antonia PACHECO; am/ Marcos ALIRE & Maria Catarina VIALPANDO; gp/ An^{ta} Jose CORDOVA & Maria Rosa SANDOVAL, *todos vecinos de Arroyo Ondo*.

AGILAR, Jose Pablo   *La Purisima*
   bap 11 Dec 1831, ae 13 da; s/ Salvador AGILAR & Fran^{ca} CORTES; ap/ An^{to} AGILAR & Juana CORDOVA; am/ Cruz CORTES & Maria PADIA; gp/ Manuel TRUGILLO & Fran^{ca} ARELLANO, *vecinos todos de la Puricima Consepcion del Ranchito*.

MIERA, Jacob Luis   San Fernando
   bap 12 Dec 1831, ae 3 da; s/ Fran^{co} MIERA & Mª Gertrudis BRIJALVA (sic); ap/ Jose MIERA & Mª Manuela ROMERO; am/ Marcelino GRIJALVA (Origins, p. 417, same) & Mª Petra del VALLE; gp/ Jacob Luis (n.s.) & D^a Mª Rosa GRIJALVA, *v^s de San Fernando*.

TAOS BAPTISMS, VOLUME II   1830-1833, AASF #20

Frame 155
CASADOS, Maria Rosalia
    bap 17 Dec 1831, ae 2 da; d/ Jose Gabriel CASADOS & Ana Maria ARCHULETA; ap/
    Juan An^{to} CASADOS & Maria Rosalia MARTINES, both dec.; am/ Jose An^{to} ARCHULETA
    & Juana MARTIN, both dec.; gp/ Juan Bautista SANSERMAN (Origins, p. 433, same)
    & Maria Manuela MONDRAGÓN, *todos v^s de S. Fernandes.*

LOVATO, Maria Trinidad
    bap 18 Dec 1831, ae 3 da; d/ Juan Jose LOVATO & Margarita VARELA, *vecinos de
    la poblacion de Arroyo Seco;* ap/ Juan An^{to} LOVATO & Margarita CHAVES; am/ Juan
    Ysidro de Jesus BARELA (sic) & Juana Maria MARTINES; gp/ Juan An^{to} ROMERO &
    Maria Luciana LOVATO, *vecinos de S. Fernandes.*

GONSALES, Mª Rufina   Ondo
    bap 18 Dec 1831, ae 5 da; d/ Eulogio GONSALES & Maria Guadalupe SISNEROS; ap/
    Juan GONSALES & Maria An^{ta} MARTIN; am/ Nerio SISNEROS, dec., & Maria Teodora
    MARTINES; gp/ Fran^{co} PADIA & Maria Miquela CHAVES, *vecinos todos del Arroyo
    Ondo.*

Frame 156
MONTES, Jose Manuel   Arroyo Ondo
    bap 20 Dec 1831, ae 4 da; s/ Jose Ylario MONTES & Mª Pabla ROMERO; ap/ An^{to}
    MONTES & Maria Ines MARTIN, dec.; am/ Lorenso ROMERO & Maria Josefa RO(D)RIGES
    (sic), gp/ An^{to} MARTIN & Anamaria ROMERO, *vecinos todos del Arroyo Hondo.*

VIGIL, Jose Tomas   Arroyo Ondo
    bap 21 Dec 1831, ae 3 da; s/ Ricardo VIGIL & Maria Dolores VALLEGOS, *vecinos
    de los des Montes;* ap/ Gabriel VIGIL & Ana Maria LUCERO; am/ Juan VALLEGOS &
    M^a (n.s.-blank space); gp/ Jose Maria MARTINES & Juana Maria MARTINEZ (sic),
    vecinos de San Fernando.

MADRIL, Maria Tomasa   Ranchoito
    bap 21 Dec 1831, ae 3 da; d/ Jose MADRIL & Maria Guadalupe SANTISTEVAN; ap/
    Juan MADRIL & Juana CHACON; am/ Feliciano SANTISTEVAN & Mª Rafaela TRUGILLO;
    gp/ Jose Ynacio VALDES & Maria Dolores DURAN, *todos vecinos de San Fran^{co} del
    Ranchito.*

MONTOYA, Maria Lorensa
    bap 21 Dec 1831, ae 2 da; d/ Mariano MONTOYA & Mª de la Lus TAFOYA, *vecinos del
    Rancho;* am (sic)/ Jesus TAFOYA & Lorensa QUINTANA; ap (sic)/ Jose MONTOYA & M^a
    Luisa SANDOVAL; gp/ An^{to} FRESQUIS & M^a de los Reyes SANCHES, *v^s del mismo lugar.*
    (Frames 156-157)

Frame 157
SUASO, Jose Rafael   Rancho
    bap 22 Dec 1831, ae 7 da; s/ Pedro An^{to} SUASO & Maria Ricta MONTOYA; ap/ Juan
    Jose SUASO, dec., & Maria Necolasa LOVATA; am/ Felis MONTOYA & Maria Rosa
    ROMERO; gp/ Jose Rafael MARTIN & Maria SANCHES, *todos vecinos de San Fran^{co} del
    Rancho.*

GONSALES, Jose de Metreo   Picuries
    bap 22 Dec 1831, ae 4 da; s/ Fran^{co} GONSALES & Miquela VASQUES; ap/ Jose Miguel
    GONSALES & Viviana MARTIN, both dec.; am/ Juan Miguel VASQUES & Balvaneda
    ARAGON; gp/ Juan Rafael DURAN & Maria Manuela GONSALES, *todos vecinos de la
    micion de Picuries.*

ROMERO, Maria Natividad   San Fernando
    bap 25 Dec 1831, ae 6 da; d/ Vuena Ventura ROMERO & Maria Rosario de HERRERA;

ap/ Juan de los Reyes ROMERO & Maria Soledad LUCERO; am/ Jose de HERRERA & Josefa RAEL; gp/ Jose Fran^{co} GONSALES & Maria de la Luz MARQUES, *todos vecinos de San Fernando.*

Frame 158
DURAN, Maria Soledad   *Arroyo Ondo*
   bap 26 Dec 1831, ae 3 da; d/ Vicente DURAN & Manuela MEDINA, *vecinos del varrio dela plasa de San An^{to} en el Arroyo Ondo;* ap/ Juan Andres DURAN & Candelaria MARTIN; am/ Felipe MEDINA & Guadalupe ÑETA; gp/ Jose An^{to} Lusiano MARTIN & Maria Soledad MARTINA, *vecinos del mismo lugar.*

Año de 1832

PATTEON, Manuel An^{to}   *Pariuchon de San Fernando estrangero*
   bap 1 Jan 1832, ae 21 yr; s/ Tomas PATTEON & Pales (sic) PATTEON (Origins, p. 429, PATTERSON), *originario del Misuri in the United States of North America;* gp/ Dⁿ Pablo LUCERO & Dª Paulita LARAÑAGA, *v^s de San Fernandes.*

Frame 159
FOLES, Fran^{co}   *Adulto*
   bap 1 Jan 1832, ae 24 yr; s/ Benjamin FOLES (Origins, p. 415, same) & Sara NOLAN, *originarios del estado de Quintoque in the United States of North America;* gp/ Dⁿ Blas TRUGILLO & D^a Maria del Refugio TRUGILLO, *vesinos de San Fernandes.*

BEIDLER, Juan   JAUQUE---------OR TAUQUE???   *Adulto*
   bap 1 Jan 1832, ae 27 yr; s/ Jacob BEIDLER (Origins, p. 407, same) & Magdalena JAUQUE, *originario de Pensilvania in the United States of North America;* gp/ Dⁿ Juan de Dios TRUGILLO & D^a Maria Josefa QUINTANA, *vecinos del Ranchito de la Puricima.*

Frame 160
MORGAN, Jose Dabid   *S. Fernando adulto*
   bap 1 Jan 1832, ae 19 yr; s/ Moris MORGAN (Origins, p. 427, same), & Susana ESTENTES, *originario de Pensilbania of the United States of North America;* gp/ Jose David UBALDO & D^a Rosalia VACA, *vecinos de San Fernandes.*

VARELA, Maria Manuela   *Rancho*
   bap 2 Jan 1832, ae 3 da; d/ Venito VARELA & Juana ROMERO, *vecinos del Rancho of San Fran^{co};* ap/ Jose VARELA & Mª SANDOVAL; am/ Juan Jose ROMERO & An^{ta} TRUGILLO; gp/ Maria Manuela VASQUES (only), *vecina del mismo lugar.*

SANCHES, Mª Precilina
   bap 6 Jan 1832, ae 3 da; d/ Luciano SANCHES & Mª de la Lus CHAVES; ap/ Jose Severiano SANCHES & Mª Guadalupe BLEA; am/ Gregorio CHAVES & Josefa CORTES; gp/ Pablo BLEA & Mª Marselina CASADOS, *todos v^s de S. Fernandes.* (Frames 160-161)

Frame 161
MADRIL, Juan Manuel
   bap 6 Jan 1832, ae 7 da; s/ Juan MADRIL & Juana MARTINES; ap/ Diego MADRIL & Juliana VALERIO; am/ Matias MARTINES & Mª Juana SEGURA; gp/ Juan Ygnacio GARCIA & Maria Valentina de la Encarnacion SANDOVAL, *v^s del (sic) mismo lugar.*

Frame 162
RODRIGES, M^a del Refugio de los Relles
   bap 10 Jan 1832, ae 6 da; d/ Juan de los Relles RODRIGES & Mª Getrudes MARTINES, *vecinos de la micion de Picures;* ap/ Mariano RODRIGE(S) (sic) & Mª JAMIOS; am/ Juan de Jesus MARTIN & Mari(a) Barbara SANCHES; gp/ Antonio

TAOS BAPTISMS, VOLUME II   1830-1833, AASF #20

Domingo LUCERO & Maria Jacinta LUCERO, *vecinos del curato de San Juan delos Caballeros.*

LAMORI, Jose Francisco
   bap 11 Jan 1832, ae 2 da; s/ Amable LAMORI (Origins, p. 421, LAMORÍ) & Maria Rafela BACA, *vecinos de San Fernandes;* ap/ not given as the father not here and they are *estrangeros;* am/ Manuel BACA & Mª Manuela CASADOS; gp/ Serbacio NOLAN (Origins, p. 428, NOLÁN) & Mª Dolores LALANDA, *vᶜ de San Ferna(n)des.* (Frames 162-163)

Frame 163
PACHECO, Jose Francizco   *Rancho*
   bap 11 Jan 1832, ae 4 da; s/ Juan PACHECO & Mª Acencion ROMERO; ap/ Juan PACHECO, dec., & Mariana LOPES; am/ Juan ROMERO, dec., & Barbara CORDOBA; gp/ Jose Simon MARTIN & Poloña LUCERO, *todos vecinos del Rancho.*

SALASAR, Maria Francisca
   bap 11 Jan 1832, ae 4 da; d/ Cristobal SALASAR & Maria Barvaro BALDES; ap/ Domingo SALASAR, dec., & Maria Guadalupe GURULE; am/ Juan Bautista BALDES, dec., & Anmaria ARCHULETA, *todos vecinos de(l) Ra(n)cho;* gp/ Ygnacio BALDES & Maria Dolores DURAN, *vecinos de San Fernandes.*

QUINTANA, Jose Miguel
   bap 15 Jan 1832, ae 3 (da); s/ Franᶜᵒ QUINTANA & Mª Teresa LION; ap/ Juan QUINTANA & Maria Balvaneda ROMERO; am/ Juan Quristobal (sic) LION & Mª Manuela ARAGON, dec.; gp/ Pedro DURAN & Maria Estefana SEGURA, *todos vecinos del Arollo Ondo.*

Frame 164
GARCIA, Jose Francisco
   *bap 8 Jan 1832, ae 4 da; s/ Miguel GARCIA & Margarita LUCERO, *vecinos de S. Franᶜᵒ del Rancho;* ap/ Jose GARCIA, dec., & Beatris SANDOVAL; am/ Bernardo LUCERO & Tomasa MARTIN, dec.; gp/ Pedro ARCHULETA & Mª Paula ARCHULETA, *vᶜ de S. Fernandes.*

PARRAS, Jose Julian Bacilio   *Rancho*
   bap 12 Jan 1832, ae 4 da; s/ Juan PARRAS & Juana ROMERO, *vᶜ del Rancho;* ap/ Jose PARRAS & Rita GALLARDO; am/ Manuel Jose ROMERO & Juana Gertrudis BARELA; gp/ Jose Franᶜᵒ MARTIN & Mª Trinidad ROMERO, *vecinos de S. Fernandes.*   delete GALLASDO

LUCERO, Maria Benigna
   bap 14 Jan 1832, ae 7 da; d/ Jose Manuel LUCERO & Mª Francisca GARCIA, *vecinos del varrio de San Francisco del Rancho;* ap/ Salbador LUCERO & Mª Barbara ARAGON, both dec.; am/ Luis GARCIA & Tomasa MONTAÑO; gp/ Blas GRIEGO & Mª Encarnacion MAES, *vecinos del mismo lugar.* (Frames 164-165)

Frame 165
QUINTO, Juan Bautista
   bap 14 Jan 1832, ae 7 da; s/ Carlos QUINTO (Origins, p. 430, QUINTO) & Mª Juana GALLEGOS, *vecinos de San Francisco del Rancho;* ap/ Santiago QUINTO & Mª QUINTO (sic); am/ Juan de Jesus GALLEGOS & Michaela VIGIL; gp/ Santiago YLLAQUISON (sic) & Mª Jesus GALLEGOS, *vecinos del mismo lugar.*

NOLAN (patron), Maria Manuela   *Yuta*
   bap 15 Jan 1832, about 4 yr; d/ *Nacion Yuta, famula de* Gervacio NOLAN (Origins, p. 428, NOLÁN) *vecino de San Fernandes;* gp/ Jose Maria LUCERO & Maria Ygnacia ARCHULETA, *vecinos del Arroyo Ondo.*

Frame 166
SALASAR, Mª Ylaria   *Ranchito*
  bap 17 Jan 1832, ae 4 da; d/ Juan Simon SALASAR & Maria Dolores de HERRERA;
  ap/ Juana SALASAR & unknown *abuelo*, dec.; am/ Juan Domingo de HERRERA, dec.,
  & Mª Ysabel GARCIA; gp/ Pablo BLEA & Mª Dolores LOPES, *vecinos de S. Fernandes*.

TENORIO, Maria Marcelina   S. Fernandes
  bap 17 Jan 1832, ae 2 da; d/ Jose Rafael TENORIO & Mª Soledad MONTOLLA; ap/
  Julian TENORIO & Mª Lorensa LOPES; am/ Juan Cecelio MONTOYA (sic) & Mª Dolores
  MARES, dec.; gp/ Francisco BALDES & Mª Rafaela BARELA, *vecinos de San
  Fernandes*.

Frame 167
CRUS, Maria Paula Antonia   *Arroyo Ondo*
  bap 17 Jan 1832, ae 3 da; d/ Jose Crus de la CRUS & Juana MEDINA, *vª de Arroyo
  Ondo*; ap/ Antº CRUZ (sic), dec., & Mª Ygnes ARMIJO; am/ Juan Pascual MEDINA &
  Teresa ESPINOSA, dec.; gp/ Jose Maria TRUGILLO & Mª de los Reyes MEDINA, *veciˢ
  del Rancho*.

FERNANDES, Mª Petra
  bap 18 Jan 1832, ae 1 da; d/ Clemente FERNANDES, dec., & Maria Jetrudis
  BARANCA; ap/ the mother did not know the names of the *abuelos paternos*; am/
  Juan BARANCA & Anna Maria DURAN; gp/ Jose Manuel GOMES & Maria Soledad GOMES,
  todos vecinos de San Fernando.

ARCHULETA (patron), Jose Manuel   *Indio*
  bap 19 Jan 1832, about 5 yr; s/ *Tribu Yuta*, in the family of Pedro ARCHULETA,
  vecino del varrio de S. Fernandes; gf/ Antº Jose LUCERO, *vecino del mismo
  lugar*. (Frames 167-168)

Frame 168
SANCHES, Juan Jose Canuto
  bap 19 Jan 1832, ae 7 da; s/ Antº SANCHES & Mª del Carmel VIGIL, *vª del Rancho
  de S. Francisco*; ap/ Juan SANCHES, dec., & Margarita SILVA; am/ Juaquin VIGIL
  & Concepcion GARCIA, dec.; gp/ Juan Ynocencio MARTINES & Maria Dolores
  CORDOBA, *vª de la Sienegilla*.

ROMO, Maria Marselina
  bap 19 Jan 1832, ae 4 da; d/ Juan de Jesus ROMO & Anna Maria CANDELARIO; ap/
  Juan Jose ROMO & Maria Ygnacia VIGIL, both dec.; am/ Francº CANDELARIO & Juana
  Maria GRIEGO; gp/ Bentura DURAN & Maria de Jesus MARTIN, *vecinos todos de San
  Francisco del Rancho*.

Frame 169
FRESQUIS, Maria Vicenta   *Rancho*
  bap 22 Jan 1832, ae 2 da; d/ Domingo FRESQUIS & Maria Rita SANCHES; ap/ Juan
  Antº FRESQUIS, dec., & Mª Quiteria SANCHES; am/ Mar(ia)no SANCHES & Maria
  Soledad MARTIN; gp/ Encarnacion TRUGILLO & Mª de la Luz ESPINOSA, *vecinos del
  Rancho*.

VIGIL, Sebastian   *Rancho*
  bap 22 Jan 1832, ae 2 da; nat. s/ Maria Necolasa VIGIL; am/ Leonicio VIGIL &
  Maria Manuela TRUGILLO; gp/ Felipe GALLEGOS & Ana Ventura HERRERA, *todos
  vecinos del Rancho*.

MEDINA, Mª Hermenegilda
  bap 22 Jan 1832, ae 3 da; nat. d/ Mª Acencion MEDINA, *vecina de S. Fernandes*,

& unknown father; am/ Cristobal MEDINA & Juana Josefa CORDOBA; gp/ Lorenso LOPES & Mª Concepcion LOPES, *vecinos de S. Fernandes.*

GONSALES, Mª Paula
   bap 27 Jan 1832, ae 3 da; d/ Ramon GONSALES & Antonia DURAN, *vecinos de S. Franᶜᵒ del Rancho*; ap/ Cayetano GONSALES & Lorensa Jorge SANTILLANES; am/ Ygnacio DURÁN & Antonia SANCHES, dec.; gp/ Antᵒ FRESQUIS & Mª de los Reyes SANCHES, *vˢ del mismo lugar*. (Frames 169-170)

Frame 170
DELGADO, Juan Pablo   *Fernandes*
   bap 27 Jan 1832, ae 3 da; nat. s/ Maria Anastacia DELGADO, single, *vecina de San Fernandes*; am/ Venito DELGADO, dec., & Maria Josefa SANDOVAL; gp/ Juan Manuel QUINTA & Maria Teodora LOVATO, *vecinos del mismo lugar*.

TRUGILLO, Mª Gertrudis
   bap 28 Jan 1832, born last night; d/ Cleto TRUGILLO & Mª Paula MADRIL; ap/ Salvador TRUGILLO & Mª Barbara VIGIL, both dec.; am/ Pedro MADRIL & Mª de la Lus MOYA; gp/ Bernardino MARTIN & Mª Manuela ARAGON, *vˢ todos de S. Fernandes*. (No mention of triplets.)

Frame 171
TRUGILLO, Maria Seferina   *S. Fernando*
   bap 28 Jan 1832, born last night; d/ Cleto TRUGILLO & Mª Paula MADRIL; ap/ Salbador TRUGILLO & Maria Barbara VIGIL, both dec.; am/ Pedro MADRIL & Maria de la Luz MOYA; gp/ Pedro MAES & Rosalia SANDOVAL, *vˢ todos de S. Fernando*. (No mention of triplets.)

TRUGILLO, Mª Paula
   bap 28 Jan 1832, born last night; d/ Cleto TRUGILLO & Mª Paula MADRIL; ap/ Salbador TRUGILLO & Maria Barbara VIGIL, both dec.; am/ Pedro MADRIL & Maria de la Luz MOYA; gp/ Jose Ygnacio MONTOYA & Maria de la Acencion TRUGILLO, *vˢ todos de S. Fernando*. (No mention of triplets.)

TRUGILLO, Mª del Carmen   *Fernando*
   bap 31 Jan 1832, ae 2 da; d/ Santos TRUGILLO & Maria Dolores MARTIN; ap/ Diego TRUGILLO & Josefa RAEL; am/ Jose MARTIN & Mª Francᵃ VARELA; gp/ Eusebio MONTOYA & Maria Rosa MONTOYA, *todos vecinos de S. Fernandes*.

CHACON, Mª de los Reyes   *Mi(s)ion de Pi(c)uriez*
   bap 31 Jan 1832, ae 25 da; d/ Damacio CHACON & Mª Gertrudis SANDOVAL, *vecinos de Santa Cruz del Chamisal en la micion de Picuriez*; ap/ Felipe CHACON & Mª Necolasa TRUGILLO; am/ Manuel SANDOVAL & Josefa LOPES; gp/ Jose Manuel BACA & in his place, Jose Grabiel CASADOZ & Mª Manuela CASADOS, *vecinos de San Fernandes*.

Frame 172
DURAN, Maria Martina
   bap 31 Jan 1832, ae 2 da; d/ Jose Rafael DURAN & Maria Manuela MASCAREÑAS, *vecinos de San Fernandes*; ap/ Necolas DURAN & Juana Antonia SANDOBAL; am/ Necolas MASCAREÑAS & Mª Pascuala LUCERO; gp/ Francisco SALASAR & Maria TAFOLLA of S. Fernandes. *Lo tachado no vale por que fue eqibocacion la qᵉ redacte*. (The flawed (entry) is of no value because of the error I corrected).

Frame 173
ARCHULETA, Maria Paula
   bap 1 Feb 1832, ae 8 da; d/ Antᵒ Jose ARCHULETA & Mª ROMERO, *vs del Ranchito de San Francisco de Paula*; ap/ Jose Antonio ARCHULETA & Mª Francᵃ PRADA; am/

Jose ROMERO & Mª Felipa ABILA, dec.; gp/ Antonio MARTINES & Mª Vicenta MONTOYA, veˢ del mismo lugar.

ALIRE, Maria Candelaria   *Arroyo Ondo*
   bap 2 Feb 1832, ae 6 da; d/ Jose Manuel ALIRE & Juana MARTIN, *vecinos del Arroyo Ondo*; ap/ Marcos ALIRE & Catarina PANDA; am/ Rafael MARTIN & Maria Guadalupe LUCERO; gp/ Pablo CORDOVA & Anᵗᵃ Margarita ROMERO, *vecinos del mismo lugar*.

JARAMILLO, Mª Candelaria
   bap 3 Feb 1832, ae 3 da; d/ Sebastian JARAMILLO & Mª Teodora SANDOVAL; ap/ Maria Nicolasa JARAMILLO (only), dec.; am/ Manuel SANDOVAL & Mª Anᵗᵃ LOVATO, both dec.; gp/ Juan Pablo DURÁN & Mª Soledad JARAMILLO, *todos vˢ de S. Franᶜᵒ del Rancho*. (No mention of twins).

Frame 174
XARAMIO, Juana Secilia
   bap 3 Feb 1832, ae 3 da; d/ Cebastian XARAMIO & Mª Teodora SANDOVAL; ap/ Maria Necolasa XARAMIO (only), dec.; am/ Manuel SANDOVAL & Mª Anᵗᵃ LOVATO, both dec.; gp/ Juan Pablo DURAN & Maria Soledad XARAMIO, *todos vecinos de S. Franᶜᵒ del Rancho*. (No mention of twins).

LUJAN, Maria Candelaria   *Pueblo*
   bap 5 Feb 1832, ae 6 da; d/ Juan Anᵗᵒ LUJAN & Maria Manuela DURAN, who died giving birth; ap/ Jose LUJAN & Maria TECOA, both dec.; am/ Juan DURAN & Josefa REYNA, both dec.; gp/ Agustin DURAN & Rosalia SAMORA, all natives of the pueblo.

MANSANARES, Jose Mª de Candelaria
   bap 5 Feb 1832, ae 5 da; nat. s/ Serafina MANSANARES *del Rancho*, wid., & unknown father; am/ Jose Mariano MANSANARES & Mª Manuela ARCHULETA; gp/ Pedro SALASAR & Mª Trinidad VALDES, vˢ *del mismo lugar*.

Frame 175
HERRERA, Felipe de Jesus   *Rancho*
   bap 6 Feb 1832, ae 3 da; s/ Ricardo de HERRERA & Nicacia VIGIL; ap/ Felipe HERR(ER)A & Ana Maria VEITA, both dec.; am/ Bernardo VIGIL & Mª TRUGILLO; gp/ Vuena Ventura MEDINA & Mª Ygnacia MONDRAGON, *todos vecinos del Rancho*.

CORDOBA, Jose Franciso
   bap 8 Feb 1832, ae 3 da; s/ Rafael CORDOBA & Mª Dolores VIGIL; ap/ Juana Maria CORDOBA (only); am/ Franᶜᵒ VIGIL, dec., & Maria Trinidad SALASAR; gp/ Jose MARTIN & Mª Guadalupe GARCIA, *todos vˢ del Arroyo Ondo*.

(A burial entry marked thru with a note on the side stating that it is to be found in the proper book).

ROMERO, Maria Rumalda
   bap 11 Feb 1832, ae 5 da; d/ Jose Mateo ROMERO & Mª Angela TRUGILLO, *vecinos del Arroyo Ondo*; ap/ Necolas ROMERO & Mª RODRIGUES; am/ Juan Domingo TRUGILLO & Maria Anᵗᵃ GOMES; gp/ Pedro Anᵗᵒ GONSALEZ & Mª Anᵗᵃ RUYBAL, *vecinos de San Fernandes*. (Frames 175-176)

Frame 176
PAIS, Jose Deciderio   *San Fernando*
   bap 11 Feb 1832, ae 3 da; s/ Manuel PAIS & Maria Ramona MADRIL; ap/ Miguel

PAIS & Maria Soledad MAES; am/ Jose Cristoval MADRIL (only); gp/ Jose Andres OCHOA & Mª Rosalia SANDOVAL, *vecinos todos de San Fernandes*.

CHAVES, Mª Juana
    bap 11 Feb 1832, ae 3 da; d/ Jose Mª CHAVES, dec., & Mª Josefa ARCHULETA; ap/ Juan CHAVES & Mª Dolores GRIEGO; am/ Juan de Jesus ARCHULETA & Mª Joaquina VENAVIDES; gp/ Tomas NORIEGA & Maria Mª Rosa GRIJALBA, *todos v^s de S. Fernandes*.

MEDINA, Maria Calletana
    bap 12 Feb 1832, ae 2 da; d/ Consepcion MEDINA & Maria Fran^{ca} de los MONTES; (n.n.) MEDINA & Juana Teresa ESPINOSA; am/ Ant° MONTES & Maria Ygnes MARTINES, *vecinos de Arroyo Ondo*; gp/ Fran^{co} GARCIA & Guadalupe CHABES. (Frames 176-177)

Frame 177
DURAN, Jose Gille̲lmo
    bap 12 Feb 1832, ae 3 da; s/ Pablo DURAN & Maria Josefa SAMORA; ap/ Juan DURAN & Maria Fran^{ca} SANTISTEVAN, both dec.; am/ Pedro SAMORA & Maria Rafaela CASILLAS; gp/ D^n Jose Mª MARTINES & Dª Juana Mª MARTINES, *v^s de S. Fernandes*.

ERON, Luis An^{to} *Adulto extra(n)gero*
    bap 12 Feb 1832, ae 25 yr; s/ Tomas ERON (Origins, p. 414, same) & Rute̲ PEN, from Quintoque belonging to the United States of North America; gp/ D^n An^{to} ARAGON & Dª Maria Manuela FERNANDES, *v^s del varrio de San Fran^{co} del Rancho*. (Frames 177-178)

Frame 178
ORIAL, An^{to} Gorge   *Adulto extrangero*
    bap 12 Feb 1832, ae 29 yr; s/ Goschua ORIAL (Origins, p. 428, O'NEIL, O'REILLY) & Mª Ysabel PALIN, native of (New) England belonging to the United States of North America; gp/ D^n An^{to} ORTIS & Dª Maria Fran^{ca} de la PEÑA, *vecinos del varrio de San Fran^{co} del Rancho*.

Frame 179
LOREN, Fran^{co} Felipe de Jesus   *Adulto extrangero*
    bap 12 Feb 1832, ae 5̲6 yr; s/ Juan LOREN (Origins, p. 424, same) & Maria LOREN, natives of the state of Bordeo, France; gp/ D^n Juan Cruz ARAGON & Juana Mª SANDOVAL, *vecinos del varrio de San Fran^{co} del Rancho*.

MARTIN, Jose Ant° de Jesus
    bap 12 Feb 1832, ae 6 da; s/ Pedro MARTIN & Mª Gertrudis MARTIN, *v^s del varrio de S. Fernandes*; ap/ Jose An^{to} MARTIN & Cayetana TRUJILLO, both dec.; am/ Joaquin MARTIN & Mª Dolores SANCHES, both dec.; gp/ Juan An^{to} GARCIA & Maria Dolores GABALDON, *vecinos del mismo lugar*.

Frame 180
ROLES, Juan Bautista
    bap 13 Feb 1832, ae 6 da; s/ Juan ROLES (Origins, p. 431, same) & Mª Encarnacion TRUGILLO, *v^s del varrio de S. Fran^{co} del Rancho*; ap/ Roberto ROLANA (sic) & Metros MECOL; am/ Felipe MARTIN & Maria TRUGILLO (sic); gp/ Juan Andres ARCHULETA & Margarita LUCERO, *vecinos de San Juan de los Caballeros*.

GOMES, Juan de Jesus
    bap 16 Feb 1832, ae 2 da; s/ Miguel GOMES & Maria Dolores MONTOYA, *v^s de Arroyo Ondo*; ap/ An^{to} GOMES & Maria Manuela ROMERO, dec.; am/ Felipe MONTOYA & Maria Antonia CORÍS; gp/ Agustin CORTES & Maria Lus VIGIL, *v^s de S. Fernandes*.

ORTEGA, Juan Jose
  bap 18 Feb 1832, born today; s/ Pascual ORTEGA & An^{ta} Margarita HERERA; ap/ Manuel ORTEGA & Rita COCA, both dec.; am/ Juan Antonio HERRERA, dec., & Ysabel CARDENAS who was godmother with Jose Gabriel MARTINES, v^s todos de Fernandez. (Frames 180-181)

Frame 181
SOLANO, Juan Bautista
  bap 21 Feb 1832, ae 3 da; s/ Andres SOLANO & Serafina LIAL; ap/ Jose SOLANO & Maria de Jesus LUCERO; am/ Manuel Jose LIAL & Mariana QUINTANA; gp/ Christoval ROMERO & Margarita ARAGON, vecinos del Rancho.

FRESQUIS, Jose An^{to}
  bap 21 Feb 1832, ae 4 da; s/ Juan Bartolome FRESQUIS & Maria de la Lus CRUZ SANDOVAL; ap/ Jose Fran^{co} FRESQUIS & Maria Encarnacion MARTIN; am/ An^{to} Jose de la CRRUZ, dec., & Anamaria GARCIA de NORIEGA; gp/ Jose An^{to} AREYANO & Maria Andre(a) MARTIN, vecinos todos del Arroyo Ondo.

MADRIL, Manuel Antonio
  bap 21 Feb 1832, ae 3 da; s/ Jose Mª MADRIL & Mª de la Crus CORDOBA, v^s de Arroyo Seco; ap/ Jose Ygnacio MADRIL & Mª Damiana MARTIN; am/ An^{to} Jose CORDOBA, dec., & Mª Casilda AGUILAR; gp/ Jose An^{to} FRESQUIS & Mª Viviana MONTAÑO of S. Fernandes.

Frame 182
DURAN, Pedro Antonio
  bap 22 Feb 1832, ae 2 da; s/ Fran^{co} DURAN & Maria Juliana CORTES, vecinos de S. Fran^{co} del Rancho; ap/ Fran^{co} DURAN & Juana SANDOVAL; am/ Cruz CORTES & Juana PADILLA, dec.; gp/ An^{to} Mateo MONTOYA & Mª Josefa ROMERO, v^s del mismo lugar.

MONTOYA, Maria Serafina
  bap 24 Feb 1832, ae 2 da; d/ Manuel MONTOYA & Mª Clara TAFOYA, v^s de S. Fernandes; ap/ Tomas MONTOYA & Mª Agueda ROMERO; am/ Maria An^{ta} TAFOYA & unknown; gp/ Juan Domingo ROMERO & Mª Ygnacia CHAVES, v^s del mismo lugar.

CHAVES, Jose Florencio de Jesus
  bap 24 Feb 1832, ae 2 da; s/ Jose Gabri(e)l CHAVES & Maria Miquaela CORDOVA, vecinos del Arroyo Seco; ap/ Juan Nepomuseno CHAVES & Mª Clara SANCHES, dec.; am/ Jose Migel CORDOVA & Mª Catarina GALLEGOS; gp/ Jose Eucevio GALLEGOS & Maria del Carmen GARCIA, vecinos del mismo lugar.

Frame 183
CHIRINA, Mª Barbara
  bap 25 Feb 1832, ae 3 da; d/ Pedro CHIRINA & Rosalia SILVA; ap/ Pedro CHIRINA & Barbara GEMES; am/ Santiago SILVA & Juana BASQUES; gp/ Jose Bartolo BRANSAL & Mª Gertrudis TRUGILLO, todos v^s de S. Fernandes.

DURAN, Juan Matias
  bap 25 Feb 1832, ae 1 da; s/ Gregorio DURAN & Maria Clara FERNANDES; ap/ Ygnacio DURAN & Maria Antonia SANCHES; am/ Mariano FERNANDES & Maria Haucencion (sic) LUCERO; gp/ Juan Lorenzo FERNANDES & Maria Dolores SANCHES, todos vecinos de San Fran^{co} del Rancho.

SALAZAR, Juan Bautista
  bap 25 Feb 1832, ae 5 da; s/ Antonio SALAZAR & Maria Dolores MONTOYA, v^s del Rancho; ap/ Jose An^{to} SALAZAR & Mª Margarita ZAMORA; am/ Manuel Baltazar MONTOYA & Maria Rosalia ARMIJO; gp/ Juan de la Crus MARTINES & Maria Ramona MONTOYA. (No mention of twins.)

TAOS BAPTISMS, VOLUME II   1830-1833, AASF #20

Frame 184
ZALAZAR, Juan Matias
    bap 25 Feb 1832, ae 5 da; s/ Jose An^to ZALAZAR & Maria Dolores MONTOYA, v^s de
    el Rancho; ap/ Jose An^to ZALAZAR & Maria Margarita ZAMORA; am/ Manuel Baltasar
    MONTOYA & Maria Rosalia ARMIJO; gp/ Juan de la Cruz MARTINES & Maria Ramona
    MONTOYA. (No mention of twins.)

MARTINES, Maria Margarita
    bap 25 Feb 1832, ae 3 da; d/ Juan An^to MARTINES & Maria Dolores DURAN; ap/
    Felipe MARTIN (sic) & Maria TRUGILLO; am/ Pablo DURAN, dec., & Maria Margarita
    SANCHES; gp/ Vitor MARTINES & Maria TRUGILLA.

SANDOVAL, Mª Rufina
    bap 26 Feb 1832, ae 4 da; d/ Juan de Jesus SANDOVAL & Maria Juliana GALLEGOS;
    ap/ Fran^co SANDOVAL & Maria Ygnacia CHAVES, both dec.; am/ Juan GALLEGO (sic)
    & Mª Gertrudis MARTINA; gp/ Jose An^to CHAVES & Maria Necolasa GOMES, v^es todos
    del Arroyo Ondo.

ARMENTA, Mª Nestora
    bap 26 Feb 1832, ae 2 da; d/ Ygnacio ARMENTA & Mª Guadalupe MARTIN; ap/ Simon
    ARMENTA, dec., & Mª Marta MARTIN; am/ Salvador MARTIN, dec., & Maria Florentina
    MARTIN, todos vecinos de San Fernandes; gp/ D^n An^to LUCER(O) & D^a Maria Ygancia
    LUCERO. (Frames 184-185)

Frame 185
HERRERA, Juan Miguel
    bap 26 Feb 1832, ae 3 da; s/ Cristoval de HERRERA & Maria Ygnacia LUCERO; ap/
    Xabier de HERRERA & Mª CHAMA; am/ Jesus LUCERO & Mª Rosalia BERNAL; gp/ Fran^co
    QUINTANA & Mª Teresa LEON.
###23-1 B48
CRUS, Juan Matias
    bap 26 Feb 1832, ae 3 da; s/ Felipe CRUS & Mª Catarina GONSALES del Rancho; ap/
    Jose Miguel GONSALES (sic) & Mª Ysabel VIGIL; am/ Jose Alejo CRUS (sic) & M^a
    Guadalupe DURAN; gp/ Manuel An^to BARELA & Mª Paula CRUS del mis(mo) lugar.

Frame 186
PADILLA, Pedro Nolasco
    bap 26 Feb 1832, ae 4 da; s/ Jose PADILLA & Serafina TRUGILLO, v^s de S.
    Fernandes; ap/ Santiago PADILLA & Juana Teresa RIBERA; am/ Juan TRUGILLO & M^a
    Soledad SALASAR, both dec.; gp/ Juan Manuel TORRES & Mª de la Lus VALDES, v^s
    la plasa de Purisima.

MEDINA, Mª Matiana
    bap 26 Feb 1832, ae 2 da; d/ Pedro MEDINA & Mª Antonia CRUS, v^s del Rancho; ap/
    Rafael MEDINA & Mª BASQUES; am/ Fran^co CRUS & Maria BACA; gp/ (not given) &
    Maria Quiteria ALARID, v^s del mismo lugar.

MARTIN, Julian
    bap 28 Feb 1832, ae 3 da; s/ Juan de Jesus MARTIN & Mª Concepcion CHAVES, v^s
    del Rancho; ap/ Gervacio MARTINEZ & (blank space), both dec.; am/ Domingo
    CHAVES & Mª Ant^a VIGIL; gp/ Juan VIGIL & Mª Ygnes RODRIGUES, v^s del mismo lugar.
    (Frames 186-187)

Frame 187
GURULÉ, Jose Guadalupe
    bap 28 Feb 1832, ae 4 da; s/ Lorenso GURULÉ & Mª Fran^ca GARCIA; ap/ Cristobal
    GURULÉ & Mª Polonia LUCERO, both dec.; am/ Manuel GARCIA & Magdalena

GUTIERRES, both dec.; gp/ Juan Domingo MARTIN & Mª del Carmel GARCIA, *todos vˢ del Rancho*.

LUCERO, Juana Maria
   bap 1 Mch 1832 by the midwife, Manuela AGUILAR, ae 1 da; d/ Antº Jose LUCERO & Maria de los Reyes GONSALES; ap/ Jose LUCERO & Mariana MONTOYA, both dec.; am/ Tomas GONSALES & Mª Dolores (n.s.-blank space); gp/ San Juan MAES for Juan SEDILLO & Maria Rafaela PAIS, *vˢ del Ranchito de la Purisima*.

Frame 188
SEDIO, Jose Aniseto   *Rancho*
   bap 2 Mch 1832, ae 5 da; s/ Andres SEDIO & Mª Soledad SANDOVAL; ap/ Francº SEDILLO (sic) & Concepcion GARCIA; am/ Matias SANDOVAL & Mª Ygnacia VUENA; gp/ Jose de Jesus GAUNA & Maria Trenidad APODACA, *vecinos del Arroyo Ondo*.

GONSALES, Maria Rufina
   bap 3 Mch 1832, ae 3 da; d/ Francº GONSALES & Mª de la Lus MARQUES, *vˢ de S. Fernandes*; ap/ Jose GONSALES & Dorotea BACA; am/ Miguel MARQUES & Mª Gertrudis MONTOYA; gp/ Jose de Jesus TRUGILLO & Maria Dolores GONSALES, *vˢ del mismo lugar*.

TAFOYA, Jose Guadalupe   (name in margin)   *Adulto de la nacion Yuta*
   bap 3 Mch 1832, about 8 yr; d/ *Nacion Yuta, famolo de Venito TAFOYA, vecino deste varrio de San Fernandes*, redeemed *del atribu Yuta* which is in an easterly direction; he has desired to receive instructions in this short time as he has small pox; gp/ Heremenegildo TRUGILLO & Mª Josefa TAFOYA.   (Frames 188-189)

Frame 189
ROMERO, Mª Paula Ramona   *Rancho*
   bap 4 Mch 1832, ae 2 da; d/ Merced ROMERO & Mª Josefa QUINTANA; ap/ Gabriel ROMERO & Rosalia TRUGILLA; am/ Gregorio QUINTANA & Consepcion VALDES; gp/ Reymundo CORDOVA & Maria Estefana GONSALES, *todos vecinos del Rancho de S. Francº*.

ESPINOSA, Casimiro   *Rancho*
   bap 4 Mch 1832, ae 5 da; s/ Juan Ygnacio ESPINOSA & Ygnacia GONSALES; ap/ Pedro Ygnacio ESPINOSA & Juana Gertrudis GONSALES, dec.; am/ Juan Calletano GONSALES & Lorensa RODRIGUES; gp/ Jose Dolores TAFOYA & Mª Dolores TAFOYA, *todos vecinos del Rancho*.

SILVA, Jose Dolores
   bap 4 Mch 1832, ae 2 da; s/ Jose Maria SILVA & Maria del Carmen SAIS; ap/ Santiago SILVA & Juana BELASQUES; am/ Simon SAIS & Margarita LOVATO; gp/ Nicolas TAFOYA & Maria Manuela MEDINA, *vecinos de San Fernandes*.

Frame 190
MADRIL, Juan Casimiro
   bap 6 Mch 1832, ae 2 da; s/ Antº MADRIL & Francª BUENO, *vˢ de S. Fernandes*; ap/ Pedro MADRIL & Maria de la Luz MOYA; am/ Juan Eugenio BUENO & Teodora BEYTA; gp/ Antº SANCHES & Onesana MARTIN, *vecinos del mismo lugar*.

QUINTANA, Juan de Dios   *Ondo*
   bap 8 Mch 1832, ae 3 da; s/ Ramon QUINTANA & Maria de la Cruz MARTINA; ap/ Jose de la Cruz (QUINTANA) & Maria Miqueala VALDES, both dec.; am/ Vernardo MARTIN & Maria Gertrudis ARCHULETA, both dec.; gp/ Jose Candelario MARTIN & Maria Ysabel RUIVAL, *vecinos todos del Arroyo Ondo*.

TAOS BAPTISMS, VOLUME II   1830-1833, AASF #20

Frame 191
MEDINA, Jose Rafael
  bap 9 Mch 1832, ae 3 da; nat. s/ Maria Estanislada MEDINA & father unknown; am/ Eusebio MEDINA & Mª Leogarda GALLEGOS, dec.; gp/ Jose Fran^{co} MARTIN & Mª Ysabel CORTES, *vecinos de S. Fernandes todos*.

FERNANDES, Jose An^{to}
  bap 9 Mch 1832, ae 3 da; nat. s/ Anna Maria FERNANDES & father unknown; am/ Clemente FERNANDES & Petra SAMORA, both dec.; gp/ Manuel An^{to} PAIS & Maria Ramona MADRIL, *v. del mismo lugar*.

VIGIL, Maria Tomasa
  bap 11 Mch 1832, ae 5 da; nat. d/ Maria An^{ta} VIGIL & father unknown, *vecina del Ranchito de S. Francisco*; am/ Miguel VIGIL & Mª Josefa FRESQUIS, both dec.; gp/ Juan de Jesus MARTIN & Maria Agueda MARTIN of the same place. (Frames 191-192)

Frame 192
GOMES, Miguel An^{to}
  bap 11 Mch 1832, ae 7 da; d(sic)/ An^{to} GOMES & Maria Paula GOMES, *vecinos del Arroyo Ondo*; gp/ An^{to} GOMES & Maria Estefana GOMES; ap/ Luis BALLEJOS dec., & Maria Manuela ARAGON; am/ An^{to} GOMES & Mª Manuela ROMERO, dec., *vecinos del mismo lugar, estos fueron padrinos*. (In different ink and writing. Entry as written).

MONTOYA, An^{to} Jose
  bap 11 Mch 1832, ae 2 da; s/ Pablo MONTOYA & Mª Teresa ESQUIVEL, *vecinos del Ranchitos*; ap/ Jose MONTOYA & Mª Vitoria VELARDE; am/ Jose Fran^{co} ESQUIVEL & Feliciana MARTINES, both dec.; gp/ Felipe ROMERO & M^a de las Nieves LUJÁN, *v^s del Rancho*.

Frame 193
MARTIN, Maria Dorotea
  bap 12 Mch 1832, b. today; nat. d/ Maria Polonia MARTIN & father unknown; am/ unknown, as they are of the Yuta Tribe and (she) is *famuila de D^a Juana MARTINES*; gm/ Juana BACA, *vecina de S. Fernandes*.

MADRIL, Mª Rafaela
  bap 13 Mch 1832, ae 5 da; d/ Cristobal MADRIL & Rosalia MEDINA, *v^s de Arroyo Ondo*; ap/ Juan Nicolas MADRIL & Maria Prudencia JARAMILLO, both dec.; am/ Jose Manuel MEDINA & Maria Rosario BLEA; gp/ Fran^{co} PADILLA & Mª Micaela CHAVES, *vec^s del mismo lugar*.

Frame 194
LOVATO, Juana Nepomusena
  bap 14 Mch 1832, ae 4 da; d/ Agustin LOVATO & Maria Manuela AGUILAR; ap/ Ant^o LOVATO & Maria LUCERO, both dec.; am/ An^{to} AGUILAR & Juana Guadalupe CORDOBA who were the gp, *v^s de la plasa de la Purisima*.

ROMERO, Maria Encarnacion
  bap 14 Mch 1832, ae 2 da; nat. d/ Pascuala ROMERO; am/ Jose ROMERO & Felipa ABILA, dec.; gp/ Diego PANDO & Maria Andre(a) PANDO, *vecinos todos de plasa de San Fran^{co} del Ranchito*.

FERNANDES, Juan Mateo
  bap 14 Mch 1832, ae 1 da; s/ Santiago FERNANDES & Mª Bartola ROMERO; ap/ Antonio Jose FERNANDES & Maria delos Relles MARTIN, both dec.; am/ Bernardo LUCERO & Mª Josefa QUINTANA; gp/ Julian LUCERO & Mª Estefana ARAGON, *todos v^s S. Fernandes*. (Frames 194-195)

Frame 195
GARCIA, Jose Pablo
   bap 15 Mch 1832, ae 4 da; s/ Manuel GARCIA & Maria Josefa MARTIN, *vecinos de la Sienegia, pertenecientes ala micion de Picuries*; ap/ Juan Jose GARCIA & Maria An^ta PADIA; am/ Domingo MARTIN & Mª Rosalia VEITA, both dec.; gp/ Marcos MESTAS & Mª de la Luz LOPES, *vecinos de San Fran^co del Rancho*.

SANDOVAL, Florentino
   bap 16 Mch 1832. ae 2 da; s/ Pedro SANDOVAL & Mª Alta Gracia ORTIS, *v^s de S. Fernandes*; ap/ Juan SANDOVAL & Anna Mª RODRIGUES, both dec.; am/ Fran^co ORTIS & Mª Josefa MIERA, both dec.; gp/ Jose de la Crus VALDES & Maria Felipa MARTINES, *v^s de S. Fernandes*.

MARTINES, Maria Josefa
   bap 19 Mch 1832, ae 2 da; d/ Matias MARTINES & Maria Juana TRUGU(I)LLO, dec.; ap/ Pedro TRUGUILLO & Fran^ca TRUGUILLO, *v^s de Arroyo Ondo*; gp/ Jose An^to TRUGU(I)LLO & Maria Fran^ca MARTINES, *vecinos del Arroyo Ondo todos*. (Frames 195-196)

Frame 196
TAFOYA, Jose Francisco
   bap 19 Mch 1832, ae 4 da; s/ Jose TAFOYA & Mª Antonia SERDA; ap/ Salvador TAFOYA, dec., & Maria Ygnacia CANO; am/ Atanacio SERNA & Maria Manuela ARCHULETA; gp/ An^to Jose VIGIL & Margarita ARAGON.

TAFOYA, Maria Rita
   bap 19 Mch 1832, ae 3 da; nat. d/ Maria Jose(fa) TAFOYA & father unknown; am/ Juan Domingo TAFOYA & Mª Dolores MAES; gp/ Fran^co DURAN & Maria Josefa MARTIN, *vecinos del Rancho*.

Frame 197
GAVALDON, Maria Gabriela
   bap 19 Mch 1832, ae 2 da; d/ Jose Manuel GAVALDON & Maria Candelaria APODACA; ap/ Felis GAVALDON & Maria Josefa TRUGILLO; am/ Santiago APODACA & Mª Cacilda CORDOVA; gp/ Fran^co APODACA & Maria Rosa GOMES, *becinos todos del Arroyo Ondo*.

MEDINA, Jose de Jesus
   bap 22 Mch 1832, ae 4 da; s/ An^to Tiburcio MEDINA & Maria Juana ARCHULETA, *v^s de Arroyo Ondo*; ap/ Cristobal MEDINA & Mª Juana CORDOBA, both dec.; am/ Marcos ARCHULETA & Mª Dolores SANCHES; gp/ Jose Venancio CORDOBA & Mª Guadalupe MAES *del mismo lugar*.

RIBERA, Maria Victoria
   bap 23 Mch 1832, ae 1 da; d/ Tomas RIBERA & Mª Loreta ORTIS; ap/ Pedro RIBERA & Maria Dolores MALDONADO; am/ Fran^co ORTIS & Maria Josefa MIERA, both dec.; gp/ Ygnacio CORTES & Maria Dolores MOLINA, *todos v^s de S. Fernandes*. (Frames 197-198)

Frame 198
LUJÁN, Jose An^to
   bap 24 Mch 1832, ae 5 da; s/ Jose Manuel LUJÁN & Mª Ygnacia TEIVA; ap/ Juan LUJÁN & Maria GARSA; am/ Jose Manuel TEIVES (sic) & Maria Gertrudis REYNA; gp/ Santiago GONSALES & Mª Rosa MARTIN, all Indians of Taos Pueblo.

MONDRAGÓN, Jose Mariano
   bap 24 Mch 1832, ae 3 da; s/ Pedro MONDRAGÓN & Simona ROMERO, *v^s del Rancho*; ap/ An^to MONDRAGÓN & Mª Felipa VARELA; am/ Miguel ROMERO & Rosalia MONTOYA; gp/ Juan Andres ROMERO & Maria del Rosario ROMERO, *v^s del mismo lugar*.

TAOS BAPTISMS, VOLUME II   1830-1833, AASF #20

Frame 199
CHAVES, Maria Gertrudis
   bap 24 Mch 1832, ae 4 da; d/ San Juan CHAVES & Mª Manuela ABILA, vˢ de Arroyo
   Ondo; ap/ Luis CHAVES & Anna Maria MARTINES; am/ Juan de Jesus ABILA & Anᵗᵃ
   Paula PACHECO; gp/ Jose Guadalupe ABILA & Maria Serafina ABILA, vecinos del
   mismo lugar. (No mention of twins.)

MAES, Jose Candelario
   bap 24 Mch 1832, ae 4 da; s/ San Juan MAES & Maria Manuela ABILA, vˢ de Arroyo
   ONDO; ap/ Luiz CHAVES (sic) & Anna Mª MARTINES; am/ Juan de Jesus ABILA & Mª
   Anᵗᵃ Paula PACHECO; gp/ Anᵗᵒ Jose ROMERO & Juana Gertrudis CRUZ, vecinos del
   mismo lugar. (No mention of twins. Previous entry could be twins. The one
   difference is the surname of the father).

MARQUES, Maria de la Encarnacion
   bap 24 Mch 1832, ae 4 da; d/ Rafael MARQUES & Maria de la Crus ORTEGA, vecinos
   de Arroyo Seco; ap/ Alexandro MARQUES & Mª Micaela ATENCIO; am/ Juan Franᶜᵒ
   ORTEGA & Laogarda ARCHULETA; gp/ German Anᵗᵒ ARCHULETA & Maria Ygnes
   MANSANARES, vecinos de S. Fernandes. (Frames 199-200)

Frame 200
FRESQUIS, Maria Brijida
   bap 24 Mch 1832, ae 3 da; d/ Juan Antº FRESQUIS & Mª Dolores GABALDÓN, vˢ de S.
   Fernandes; ap/ Juan de Dios FRESQUIS & Mª Guadalupe TRUGILLO; am/ Felis
   GABALDÓN & Ann(a) Maria FRESQUIS; gp/ Juan Nepomuseno DURÁN & Marcelina
   CASADOS, vˢ del mismo lugar.

CORDOVA, Maria Encarnacion
   bap 25 Mch 1832, ae 7 da; d/ Franᶜᵒ CORDOVA & Maria Guadalupe VALERIO, vecinos
   de la Sieneguia; ap/ Juan CORDOVA & Maria Rosa MARTIN; am/ Anᵗᵒ VALERIO &
   Guadalupe SISNEROS, both dec.; gp/ Juan Nepo(mu)seno SANDOVAL & Maria Tomasa
   XARAMILLO, vˢ de la misma Sieneguia.

Frame 201
MARTIN, Juan Manuel
   bap 25 Mch 1832, ae 4 da; s/ Nicolas MARTIN & Maria Luisa VIGIL; ap/ Dⁿ Nicolas
   MARTIN & Mª Francᵃ SALASAR; am/ Juan VIGIL & Mª Anᵗᵃ URTADA; gp/ Jose TAFOYA &
   Maria Guadalupe ARMENTA, todos vecinos de San Fernandes.

ARMENTA, Juana Maria
   bap 25 Mch 1832, ae 3 da; nat. d/ Maria Dolores ARMENTA & father unknown; am/
   Mª ARMENTA (only), dec., Yndia criada de Simon ARMENTA, dec.; gp/ Jose Franᶜᵒ
   MARTINES & Ysabel CORTES, todos vˢ de S. Fernandes.

SALASAR, Anᵗᵃ Mª
   bap 25 Mch 1832, ae 4 da; nat. d/ Maria Concepcion SALASAR & unknown father,
   resides in the poblacion de Arroyo Seco; am/ Franᶜᵒ SALASAR & Maria Josefa
   GARCIA, both dec.; gp/ Sʳ Felipe GONSALES & Mariana SANDOVAL, vecinos del vˢ
   de Arroyo Seco.

Frame 202
FERNANDES, Jose Maria
   bap 25 Mch 1832, ae 5 da; s/ Jose Antº FERNANDES & Mª Ynes LIAL; ap/ Mariano
   FERNANDES & Mª Rosa LEIBA; am/ Mª LIAL (only); gp/ Jose Pablo ARCHULETA & Maria
   Anᵗᵃ ARCHULETA, todos vecinos de San Franᶜᵒ del Rancho.

LANGLORE, Julian   Adulto
   bap 25 Mch 1832, ae 41 yr; s/ Juan LANGLORE (Origins, p. 422 same, or LANFORT)
   & Sarat FULTON from the state of Virginia in the United States of North

America; gp/ Dⁿ Juan ROLENS (Origins, p. 431, ROLIS) & Maria Encarnacion MARTIN, *todos vecinos del Rancho*.

Frame 203
FERNANDES, Jose Encarnacion
  bap 27 Mch 1832, ae 4 da; s/ Jesus FERNANDES & Maria Franᶜᵃ CHAVES, *vˢ del Rancho*; ap/ Jose Vicente FERNANDES & Gertrudis de AGUERO, both dec.; am/ Luis CHAVES & Anna Maria MARTINES; gp/ Mariano MARTINES & Mᵃ Brijida TAFOYA, *vˢ del mismo lugar*.

FRAMEL, Jose Julian
  bap 29 Mch 1832, ae 3 da; s/ Julian FRAMEL, dec., (Origins, p. 415, same; YONT --YOUNG?) & Mᵃ Rufina CORDOBA of S. Fernandes; ap/ Felipe FRAMEL & Mᵃ YONT; am/ Mᵃ Viviana LUCERO (only), dec.; gp/ D. Carlos Hypolito BEABIEN (Origins, p.407, BEAUBIEN) & Mᵃ Paula LOVATO of the same place.

MARTIN, Juana Maria
  bap 29 Mch 1832, ae 2 da; d/ Pablo MARTIN & Josefa PANDO, *vecinos del Arroyo Ondo*; ap/ Nicolas MARTIN & Mᵃ Josefa LOPEZ; am/ Franᶜᵒ LOPEZ (sic) & Mᵃ Trinidad GARCIA; gp/ Juan Bautista BALLEJOS & Mᵃ Gertrudis MARTIN, *vecinos del mismo lugar*.

Frame 204
SANDOVAL, Juana Mᵃ
  bap 1 Apr 1832, ae 3 da; d/ Nicolas SANDOVAL & Mᵃ Ygnacia MARTIN; ap/ Matias SANDOVAL & Maria Ygnacia VUENO; am/ Ramon MARTIN & Paula MARTIN; gp/ San Juan MAES & Margarita MARTIN, *vecinos de San Fernandez*.

GARCIA, Mᵃ Encarnacion
  .bap 1 Apr 1832, ae 5 da; d/ Juan Ygnacio GARCIA & Mᵃ Soledad ARELLANO; ap/ Torivio GARCIA & Maria Encarnacion VALDES, both dec.; am/ Ricardo ARELLANO & Juliana VALERIO; gp/ Jose Antᵒ TRUGILLO & Maria Franᶜⁿ MARTIN, *todos vecinos del Arroyo Ondo*.

SANTISTEVAN, Manuel Antᵒ
  bap 1 Apr 1832, ae 5 da; s/ Juan Antᵒ SANTISTEVAN & Mᵃ Dolores GONSALES; ap/ Feliciano SANTISTEVAN & Mᵃ Rafaela TRUGILLO; am/ Antᵒ GONSALES & Mᵃ Antᵃ ARAGON, *vecinos del Ranchito de San Franᶜᵒ*; gp/ Juan Ygnacio SANCHES & Mᵃ Varvara GONSALES, *vecinos del Rancho*.

Frame 205
TORREZ, Mᵃ Teodora
  bap 1 Apr 1832, ae 5 da; d/ Manuel TORREZ & Mᵃ Consepcion QUINTANA; ap/ Antᵒ TORRES (sic), dec., & Mᵃ Nicolasa SANDOVAL; am/ Gregorio QUINTANA & Mᵃ Concepcion VALDES; gp/ Manuel SANCHES & Mᵃ Nicolasa SANDOVAL, *todos vecinos del Rancho*.

ESPINOSA, Jose Franᶜᵒ
  bap 1 Apr 1832, ae 2 da; s/ Juan ESPINOSA & Tomasa MONTOYA; ap/ Jose ESPINOSA & Mᵃ Dolores GARCIA; am/ Manuel MONTOYA & Mᵃ Franᶜᵃ CHAVES; gp/ Jose Franᶜᵒ ARCHULETA & Maria Antᵃ VIALPANDO, *todos vecinos de la Purisima Consepsion del Ranchito*.

BOREGO, Jose Encarnacion
  bap 1 Apr 1832, ae 4 da; s/ Calistro Antᵒ BOREGO & Maria de los Relles CHAVES, *de la poblacion de Arroyo Seco*; ap/ Diego Antᵒ BORREGO (sic) & Viviana SANDOVAL, dec.; am/ Jose CHAVES & Juana MARTIN; gp/ D. Jose Maria MARTINES & Dᵃ Juana Maria MARTINES, *vecinos de S. Fernandes*.

TAOS BAPTISMS, VOLUME II   1830-1833, AASF #20

Frame 206
VIGIL, Jose Mariano
   bap 1 Apr 1832, ae 4 da; s/ An^to Jose VIGIL & Maria del Carmel CORDOBA, who is
   madre natural; am/ Juan CORDOVA & Mª Paula BASQUES; gp/ Fran^co RIBALÍ & M^a del
   Carmel GONSALES, *todos v^s de la Sieneguilla*.

GALLEGOS, Fran^co An^to
   bap 4 Apr 1832, ae 4 da; s/ Luis GALLEGOS & Juana MONTOYA, *vecinos de S.*
   Fernandes; ap/ Fran^co An^to GALLEGOS & Manuela OLGUIN; am/ Bernardo MONTOYA &
   Maria MARTIN; gp/ An^to SANCHES & Viviana MAES, *v^s del mismo lugar*.

DURAN, Jose Desiderio
   bap 4 Apr 1832, ae 3 da; s/ Juan del Carmel DURAN & Mª Dolores MONDRAGON,
   vecinos del Rancho; ap/ Fran^co DURAN & Juana SANDOVAL; am/ An^to MONDRAGON &
   Anamaria VIJIL; gp/ Fran^co An^to DURAN & Mª Juliana CORTES, *vecinos del Rancho*.
   (Frames 206-207)

Frame 207
SANDOVAL, Juana Soledad
   bap 5 Apr 1832 of necessity by *Ciudendano* Mariano SANCHES, ae 2 da; d/ Felipe
   SANDOVAL & Maria de la Luz MARTIN, *v^s dela plaza de San An^to*; ap/ Ubaldo
   SANDOVAL & Mª Eduarda TRUGILLO; am/ Anastacio MARTIN & Mª Gregoria SANCHES; gp/
   Diego SANCHES & Maria Magdalena MARTIN, *v^s del mismo lugar*.

NOLAN, Maria Trisica   (Maria Dolores in margin)
   bap 8 Apr 1832, ae 2 da; d/ Xerbacio NOLAN (Origins, p. 428, NOLÁN) & Maria
   Dolores SALAS, *v^s de San Fernando*; ap/ Fran^co NOLAN & Mª Anguelina COPLAHUR; am/
   B(a)utista LALANDA (sic) & Mª Polonia LUCERO, *v^s de San Fernando*; gp/ Tomas
   LALANDA & Maria Manuela SANDOVAL.

Frame 208
MASCAREÑAS, Maria Selestina
   bap 8 Apr 1832, ae 3 da; d/ Juan Miguel MASCAREÑAS & Mª Manuela BUENO, *v^s del*
   Rancho de S. Fran^co; ap/ Bernardo MASCAREÑAS & Mª Rosalia BALDES; am/ An^to BUENO
   & Mª Juliana CORDOVA; gp/ Juan An^to ARAGON & Mª Manuela FERNANDES, *v^s del mismo*
   lugar.

SAES, Maria Dolores
   bap 8 Apr 1832, ae 2 da; nat. d/ Juana Maria SAES & unknown father; am/ Diego
   SAES & Maria (N.-n.s.); gp/ Paulin WIVAR (Origins, p. 437, WEAVER) & Maria
   Candelaria CHAVEZ, *vecinos de S. Fernandes*.

SANCHES, Ricardo de Jesus
   bap 9 Apr 1832, ae 7 da; s/ Jose Julian SANCHES & Mª Paula ARMIJO; ap/ Jose
   Manuel SANCHES & Mª Teresa MESTAS; am/ Roque ARMIJO & Maria Rafaela PINEDA; gp/
   Jose An^to ROMERO & Anamaria MONTILE.

Frame 209
TAFOYA, José Julian
   bap 9 Apr 1832, ae 2 da; nat. s/ Maria Josefa TAFOYA & unknown father; am/
   Jose TAFOYA, dec., & Mª Fran^ca VERNAL; gp/ Ricardo CANBEL & Mª Rosa GRIJALVA,
   todos v^s de S. Fernandes.

BARBERDE, Pedro Antonio
   bap 10 Apr 1832, ae 3 da; s/ Vicente BARBERDE & Mª Ysidora MARTIN, *v^s del*
   Rancho; ap/ Cristobal BALVERDE (sic) & Maria de la Lus GALLEGOS; am/ Geronimo
   MARTIN & Mª Barbara COCA; gp/ Jose Leon GALLEGOS & Maria de Jesus GALLEGOS, *v^s*
   del mismo lugar.

TRUGILLO, Jose Manuel
    bap 11 Apr 1832, ae 3 da; s/ An^to Jose TRUGILLO & Manuela COCA; ap/ An^to Alejandro TRUGILLO, dec., & Manuela ARCHULETA; am/ Manuel COCA & Rafaela MARTIN, both dec.; gm/ Maria Dorotea TRUGILLO, *vecinos todos de San Fernandes*. (Frames 209-210)

Frame 210
MARTIN, Jose Maria
    bap 11 Apr 1832, ae 3 da; s/ Juan Julian MARTIN & Mª Guadalupe VIGIL, *v^s de Arroyo Seco*; ap/ Ygnacio MARTIN & Maria Paula SALASAR, dec.; am/ Pedro VIGIL & Mª Josefa QUINTANA; gp/ Jose Mª SANCHES & Mª Magdalena MARTINES of the same place.

RIO, Mª Soledad
    bap 13 Apr 1832, ae 3 da; nat. d/ Mª Soledad RIO, *Yndia natural del pueblo de Taos*, & unknown father; am/ Jose RIO & Josefa GABILAN; gp/ An^to LUCERO & Mª Fran^ca BARGAS, *vecinos de S. Fernandes*.

TURCATE, Mª Dolores
    bap 14 Apr 1832, ae 2 da; d/ Fran^co TURCATE (Origins, p. 416, FURCAT) & An^ta Josefa TAFOYA; ap/ Jose TURCATE & Margarita DORES; am/ Miguel TAFOYA & Juana BACA; gp/ the maternal grandparents.

Frame 211
MARES, Mª Basilia
    bap 15 Apr 1832, ae 2 da; d/ Juan MARES & Juana GONSALES; ap/ Jose MARES, dec., & Mª Josefa MARTINES; am/ Jose GONSALES & Mª Guadalupe BEYTA; gp/ Tomas Encarnacion GARCIA & Mª Rita GONSALES, *todos v^s S. Fran^co de Paula*.

LOMA, Mª Manuela
    bap 15 Apr 1832, ae 2 da; nat. d/ Maria Josefa LOMA; am/ Domingo LOMA & Maria Rosa MARTIN; gp/ Agustin ROMERO & Maria FERNA(N)DEZ, all natives of Taos Pueblo.

·SAMBRAN (patron), Maria Viviana
    bap 15 Apr 1832, ae 3 yr; d/ (unknown), rescued & brought from Yuta Tribe, *famula de D. Severiano SAMBRÁN*; gp/ Jose Ygnacio de LUNA & Maria Paula de LUNA, *v^s todos de S. Fernandes*.

SAMBRAN (patron), Maria Josefa
    bap 15 Apr 1832, ae 4 yr; d/ (unknown Indians), redeemed from *Lluta* Tribe, *famula de D^n Severiano SAMBRAN, vecinos de San Fer^do*; gp/ Jose Vicente de LUNA & D^a Anamaria TAFOLLA, *becinos del mismo lugar*. (Frames 211-212)

Frame 212
GARDUÑO, Mª Teodora
    bap 16 Apr 1832, ae 1 da; d/ Miguel GARDUÑO & Polonia PACHECO, *v^s del Rancho*; ap/ Juan GARDUÑO & Consepcion JARAMIO; am/ Fran^co PACHECO & Luisa BIGIL; gp/ Jose Pablo GARDUÑO & Juana Mª GARDUÑO, *v^s del Rancho*.

AGUILAR, Mª Dolores
    bap 16 Apr 1832, ae 3 da; d/ Jose AGUILAR & Rosalia CORDOBA, Indians of the pueblo; ap/ Jose AGUILAR & Mª Juana CORDOBA; am/ Juan An^to CORDOBA & Josefa TECOA; gp/ Pablo SAMORA & Mª Alvina ROMERO, natives of the same pueblo.

MEDINA, Jose Agapito
    bap 16 Apr 1832, ae 1 da; s/ Julian MEDINA & Mª Dolores BALDES; ap/ An^to

MEDINA & Micaela MEDINA; am/ Mariano FRESQUES (sic) & Faviana FRESQUIS; gp/ Miguel MONTOYA & Rosalia BALERIA, *vecinos del Arroyo Seco.* (Frames 212-213)

Frame 213
MADRIL, Maria Manuela
   bap 16 Apr 1832, ae 3 da; d/ Nicolas MADRIL & Mª Dolores BAYEJOS, v^s *de San Fernandes*; ap/ Pedro MADRIL & Mª de la Lus MOYA; am/ Miguel BAYEJOS & Mª Ricarda SEGURA; gp/ Juan Salvador MARTIN & Maria Manuela ROMERO, *vecinos del Rancho.*

MARTIN, Maria Perfecta
   bap 19 Apr 1832, ae 2 da; d/ Lorinso MARTIN & Mª Fran^{ca} SANCHES, v^s *la plasa de Purisima*; ap/ An^{to} MARTIN & Mª Fran^{ca} MAES; am/ An^{to} SANCHES & Mª Josefa MARTIN; gp/ Jose Mª QUINTANA & Maria Manuela QUINTANA, *vecinos del mismo lugar.*

GARCIA, Juana Paula
   bap 19 Apr 1832, ae 1 day, d/ Matias GARCIA & Ysidora TRUGILLO, v^s *del Rancho*; ap/ Miguel GARCIA, dec., & Margarita ORTEGA; am/ Esteban TRUGILLO & Dolores BALDONADO, both dec.; gp/ Rumaldo RUIVALI (only), *vecina del mismo lugar.*

Frame 214
CRUS, Jose Anciceto
   bap 21 Apr 1832, ae 2 da; s/ Agustin CRUS & Mª Paula CORDOBA, v^s *del Rancho*; ap/ Fran^{co} CRUS & Mª Fran^{ca} GONSALES; am/ Andres CORDOBA & Mª Dolores ARCHULETA; gp/ An^{to} de Jesus GALLEGOS & Mª de la Lus URTADO, v^s *del mismo lugar.*

ROMERO, Juana Maria
   bap 21 Apr 1832, ae 3 da; d/ Miguel ROMERO & Mª Rosalia MONTOYA, v^s *de; Rancho*; ap/ Miguel Mariano ROMERO & Mª Feliciana CORDOBA; am/ An^{to} Jose MONTOYA & Mª Manuela de HERRERA; gp/ Fran^{co} MARTIN & Mª Ygnacia PINEDA *del mismo lugar.*

TRUGILLO, Salvador Manuel
   bap 21 Apr 1832, ae 6 da; s/ Pablo TRUGILLO & Mª Rosa ROMERO, *vecinos del Rancho*; ap/ Jose An^{to} TRUGILLO & Melchora QUINTANA, both dec.; am/ Mariano ROMERO dec., & Juliana CORDOBA; gp/ Jose Mª CORTÉS & Magdalena BRITO, v^s *de S. Fernandes.*

Frame 215
ARCHULETA, Jose Aniceto
   bap 21 Apr 1832, ae 5 da; nat. s/ Juana ARCHULETA & unknown father; am/ Juan de Jesus ARCHULETA & Mª Ygnacia MARTIN; gp/ Miguel An^{to} ROMERO & Mª Rafaela SALASAR, v^s *del Rancho.*

GARCIA, Maria Josefa
   bap 21 Apr 1832, ae 5 da; d/ Joaquin GARCIA & Mª Encarnacion VIGIL; ap/ Maria Manuela GARCIA (only); am/ Juan Cristobal VIGIL & Mª Viviana TORRES; gp/ An^{to} Ramon MEDINA & Mª Josefa TRUGILLO, *vecinos del Rancho todos.*

CASILLAZ, Mª de Jesuz
   bap 22 Apr 1832, ae 3 da; d/ Pedro An^{to} CASILLAZ & Sencion MONTOYA; ap/ Bar(to)lomé CASILLAS (sic) & Elena GONSALES; am/ Valtasar MONTOYA, dec., & Rosalia ARMIJO; gp/ Marcelino CASILLAS & Maria de la Cruz ARAGON, *todos vecinos del Rancho.*

Frame 216
GONSALES, Maria Rita   *Rancho*
   bap 22 Apr 1832, ae 5 da; d/ Ygnacio GONSALES & Mª Josefa LALANDA, v^s *del*

Rancho; ap/ Felipe GONSALES & Fran^{ca} CHACON, dec.; am/ Bautista LALANDA, dec., & Mª Rita VEITA; gp/ D^n Juan Domingo TAFOYA & Mª Gertrudis CORDOVA, vecinos del mismo lugar.

ROMERO, Rafael
  bap 22 Apr 1832, ae 4 da; s/ Jose Rafael ROMERO & Luisa PADIA, natives of the pueblo; ap/ Jose Angel ROMERO & Rosalia LUCERO, dec.; am/ Santiago PADIA & Juana ROMERO; gp/ Fran^{ca} ROMERO (only), native of the pueblo.

MASCAREÑAS, An^{to} de Jesus
  bap 23 Apr 1832, ae 2 da; s/ Aparicio MASCAREÑAS & Mª Miquela ARCHULETA, v^s de S. Fran^{co} del Ranchito; ap/ Bautista MASCAREÑAS & Luisa MARTIN; am/ An^{to} ARCHULETA & Fran^{ca} PRADA; gp/ Carlos SANTISTEVAN & Mª de la Luz LUCERO.

GUARÁ, Juana Rosalia
  bap 1 May 1832, ae 3 da; d/ Carlos GUARÁ (Origins, p. 418, same) & Mª Dolores SUASO, v^s de S. Fernandes; ap/ Juan Bautista GUARÁ & Margarita SAPRÓ; am/ Jose An^{to} SUASO, dec., & Maria Josefa CASADOS; gp/ Jose Manuel SAIS & Maria Dolores GRIEGO, v^s del mismo lugar.

Frame 217
(Beginning part of an incomplete entry without surnames)

VIGIL, Mª de la Luz
  bap 2 May 1832, ae 8 da; d/ Fran^{co} VIGIL & Mª Candelaria SANTIESTEVAN, v^s del Ranchito; ap/ Juan Ygnacio VIGIL & Mª An^{ta} ARAGON; am/ Feliciano SANT(I)ESTEVAN (sic) & Mª Rafaela TRUGILLO; gp/ Bentura MARTIN & Mª Ysidora MARTIN, vecinos del Ranchito y la madrina vecina de San Fernando.

MELGADES, Diego An^{to}
  bap 3 May 1832, ae 2 da; s/ Luis MELGADES & Mª Paula SANCHES, v^s del Arroyo Seco; am/ Diego SANCHES & Ma(gda)lena MARTINES; ap/ not given as the father is extrangero and absent; gp/ Mariano MARTIN & Mª Brigida TAFOYA, vecinos del barrio de San Fran^{co} del Rancho.

Frame 218
CHAVES, Maria Ygnacia de la Crus
  bap 3 May 1832, ae 3 da; d/ Eusebio CHAVES & Mª de Jesus TRUGILLO, v^s del varrio de S. Francisco del Rancho; ap/ An^{to} CHAVES & An^{ta} VERNAL; am/ Santiago TRUGILLO & Mª Polonia ROMERO; gp/ Luis Mª TRUGILLO & Mª Dolores DURAN, v^s del mismo lugar.

ESPINOSA, Felipe Nerio
  bap 3 May 1832, ae 3 da; s/ Felipe ESPINO(SA) & Mª Teodora DURAN, v^s del Arroyo Ondo, plasa de S. An^{to}; ap/ An^{to} ESPINOSA & Mª Soledad MARTIN; am/ Juan DURAN & Acuncion MEDINA; gp/ Jose de Jesus GAUNA & Mª Trenidad APODACA, v^s del mismo lugar.

TAFOYA, Jose Guadalupe de la Cruz
  bap 3 May 1832, ae 9 da; s/ Marcial TAFOYA & M^a de los Reyes BORREGO, v^s de S. Fernandes; ap/ Fran^{co} TAFOYA, dec., & Mariana RAEL; am/ Cristoval VORREGO (sic) & Maria Santos TAFOYA; gp/ Jesus Maria CORDOVA (only), v^s del Rancho.

Frame 219
MARTIN, Marrveto de la Cruz
  bap 3 May 1832, ae 12 da; s/ Juan Domingo MARTIN & Mª Manuela MAESTAS, v^s del Arroyo Ondo; ap/ D^n Santiago MARTIN & Mª Dolores de AGUERO; am/ An^{to} MAESTAS &

Mª Dolores MONDRAGON of Arroyo Ondo; gp/ Jesus Mª TAFOYA *de San Fernandes* & Juana PACHECO.

SUÑI, Mª de la Cruz
   bap 3 May 1832, ae 8 da; d/ Jose SUÑI & Mª Tomasa SANDOVAL, *vˢ de San Fernando*; ap/ Pedro SUÑI & Mª Teresa PINO; am/ Franᶜᵒ SANDOVAL & Mª de Jesus BARELA; gp/ Dⁿ Carlos BOBIAN & Mª Paula LOVATO.

ROMERO, Jesus Maria de la Cruz
   bap 3 May 1832, ae 3 da; s/ Jose Antᵒ ROMERO & Anna Maria CAMPOS, *vˢ del Rancho*; ap/ Consepecion ROMERO & Rosa QUINTANA, both dec.; am/ Jose CAMPOS & Mª Feliciana ORTIS; gp/ Dⁿ Juan ROLAN & Dª Mª Encarnacion MARTIN, *vˢ del mismo lugar*.

Frame 220
SALASAR, Juan de la Cruz
   bap 3 May 1832, ae 3 da; nat. s/ Mª Ygnacia SALASAR, *vˢ del Rancho*; am/ Juana SALAZAR (sic, only), dec.; gp/ Jose Mariano MARTIN & Mª Candelaria PADILLA, *vˢ del Rancho de San Franᶜᵒ*.

DECLUED, Mª Petra
   bap 3 May 1832, ae 4 da; d/ Franᶜᵘ Julio (DECLUED) (Origins, p. 413, DECLUET) & Maria Dolores TRUGILLO; ap/ Caballero (n.n.) DECLUED & Mª Francᵃ VILZE; am/ D. Pablo TRUGILLO & Maria Feliciana ORTIS; gp/ Dⁿ Cornelio VIGIL & Mª de los Reyes BACA, *vecinos todos de San Fernandes*.

VIGIL (patron), Jose Antᵒ
   bap 3 May 1832, ae 7 yr; s/ *Yndios, redeemed de la nacion Suguano famulo de* Dⁿ Cornelio VIGIL, *vecino de S. Fernandes*; gp/ D. Matias VIGIL & Juana Maria SALASAR, *vecinos de San Fernandes*.

VIGIL, Antᵒ de la Crus
   bap 3 May 1832, ae 1 da; s/ Pedro VIGIL & Mª Josefa LUCERO; ap/ Ygnacio VIGIL, dec., & Maria Ygnacia TRUGILLO; am/ Bernardo LUCERO & Tomasa MARTINES, dec.; gp/ D. Gregorio LUCERO & Maria Manuela MARTINES, *vecinos todos de S. Fernandes*. (Frames 220-221)

Frame 221
MARTIN, Mª Soledad
   bap 4 May 1832, ae 7 da; d/ Manuel MARTIN & Mª Dolores BEYTA, *vecinos de la plasa de S. Antᵒ*; ap/ Juan Jose MARTIN & Maria Josefa MONTAÑA, dec.; am/ Antᵒ Jose BEYTA & Mª Manuela BARELA; gp/ Antᵒ Jose ESPINOSA & Mª Soledad MARTIN, *vecinos del mismo lugar*.

APODACA, Juan de Dios
   bap 6 May 1832, ae 6 da; s/ Diego APODACA & Ysidora LOPES, *vecinos de la plasa de San Antonio*; ap/ Dⁿ Juan de la Cruz APODACA & Mª Ysabel PADIA; am/ Salvador LOPES & Mª Dolores ARAGON; gp/ Jose Vitor SISNEROS & Mª Guadalupe VALDES, *vˢ del mismo lugar*.

Frame 222
SANDOVAL, Mª de Alta Gracia
   bap 6 May 1832, ae 12 da; nat. d/ Ramona SANDOVAL; am/ Juan SANDOVAL & Mª Viatris RAEL; gm/ Maria del Carme(l) TAFOYA, *vecina de S. Franᶜᵒ del Rancho*.

CORDOBA, Mª Micaela
   bap 8 May 1832, ae 5 da; d/ Tomas CORDOBA & Juana ARELLANO, *vˢ de Arroyo Ondo*; ap/ Jose Antᵒ CORDOBA & Juana MARTIN, both dec.; am/ Ramon ARELLANO & Anna Mª ARMENTA; gp/ Pedro RIBERA & Mª Antª RIBERA of S. Fernandes.

BALDES, Mª de la Crus Taos
  bap 9 May 1832, ae 8 da; d/ Ventura BALDES & Juana Catarina LOVATO, v^s de S. Fernandes; ap/ Pedro VALDES (sic) & Manuela GONSALES, both dec.; am/ Antº LOVATO, dec., & Mª CHAVES; gp/ Juan de Jesus MARTINES of Picuries & Felipa MARTINES of S. Fernandes.

Frame 223
BELASQUES, Maria Juana de Jesus
  bap 9 May 1832, ae 1½ mo; d/ Reyes BELASQUES & Mª Dolores SAMORA, v^s S. Jose de las Trampas de la mision de Picuries; ap/ Rafael BELASQUES & Mª de las Nieves LEIVA; am/ Pedro SAMORA & Maria Rafaela CASILLAS; gp/ Jose de Gracia SAMORA & Mª Antª SAMORA, v^s del Rancho de S. Francº.

DURAN, Jose Gregorio
  bap 13 May 1832, ae 4 da; s/ Nerio DURAN & Maria Dolores ARCHULETA, v^s del Rancho; ap/ Pablo DURAN & Mª Margarita SANCHES, both dec.; am/ Juan Ygnacio ARCHULETA & Mª Gertrudis VEITA; gp/ Antº MEDINA & Maria Josefa TRUGILLO, v^s del mismo lugar.

LUCERO, Jose Maxineo
  bap 13 May 1832, ae 3 da; s/ Juan Jose LUCERO & Maria Gertrudis MARTIN, v^s de San Fernandes; ap/ Dⁿ Gregorio LUCERO & Mª Mariana MONTOLLA; am/ Salvador MARTIN, dec., & Mª Florentina SANDOVAL; gp/ Mariano de Jesus LUCERO & Mª Paula MEDINA, v^s del mismo lugar. (Frames 223-224)

Frame 224
GONSALES, Jose Manuel
  bap 13 May 1832, ae 2 da; s/ Biterbo GONSALES & Mª Felipa SALAZAR, v^s de S. Francº del Rancho; ap/ Jose Antº GONSALES & Mª REYNA, both dec.; am/ Juana SALASAR (sic, only), dec.; gp/ Jose Mariano FERNANDES & Maria de la Acencion LUCERO, v^s del mismo lugar.

SANCHES, Jose Rafael
  bap 13 May 1832, ae 8 da; nat. s/ Mª Josefa SANCHES; am/ Juan SANCHES, dec., & Margarita SILVA; gp/ Maria Petrona ROJO (only), vecinos del Rancho de San Francº.

LEDUD, Maria Tiburcia
  bap 15 May 1832, ae 2 da; d/ Abran LEDUD (Origins, p. 423, LEDOUX) & Guadalupe TRUGILLO; ap/ Antº LEDUD & Magdalena LUCIE; am/ Blas TRUGILLO & Maria Manuela SANCHES; gp/ Fernando TRUGILLO & Maria del Refugio TRUGILLO, todos vecinos de San Fernandes. (Frames 224-225)

Frame 225
CRUZ, Mª Bonifacia
  bap 15 May 1832, ae 2 da; d/ Manuel Anastacio CRUZ & Juliana MARTIN, v^s de San Fernando; ap/ Mariano CRUZ & Dolores VIGIL; am/ Manuel Gregorio MARTIN & Mª Rafaela MEDINA; gp/ Francº BALDES & Mª Estefana VALDES (sic), v^s del mismo lugar.

CRUS, Mª Petrona
  *bap 14 May 1832, ae 2 da; d/ Vicente CRUS & Mª Dolores MEDINA, v^s del Rancho; ap/ Vicente CRUS & Mª MARTIN; am/ Gregorio MEDINA & Mª Ysabel ROMERO; gp/ Antº GARCIA & Mª Quiteria ALARID.

Frame 226
ARAGON, Mª Gertrudis
  bap 20 May 1832, ae 3 da; d/ Jose ARAGON & Mª de Jesus VIGIL, vecinos del varrio de San Francº del Rancho; ap/ Lorenso ARAGON & Mª Dolores CHAVES, dec.;

am/ Pedro VIGIL & Mª Josefa QUI(N)TANA; gp/ Jose Manuel MARTINEZ & Juana María ARAGON, v° del mismo lugar.

TAFOYA, Mª Sencion
   bap 20 May 1832, ae 5 da; d/ Miguel TAFOYA & Maria Soledad ROMERO, v° de S. Fran^co del Rancho; ap/ Jose TAFOYA & Mª Miqueele RIYO; am/ Juan de Jesus ROMERO & Mª Josefa GONSALES; gp/ Manuel FERNANDES & Mª Sencion MARTINEZ, v° del varrio de San Fran^co del Rancho.

MAES, Jose Bernardo
   bap 21 May 1832, ae 1 da; s/ S^n Juan MAES & Margarita MARTINES, besinos de S^n Fernd°; ap/ Tadeo MAES & Mª GALINDA; am/ J^n MARTINES & Ygnacia GONSALES; gp/ Pedro Ant° DURAN & Encarnacion MARTINES, vecinos de S^n Fernd°.

Frame 227
TRUGILLO, Maria Juliana
   bap 22 May 1832, ae 3 da; d/ Juan TRUGILLO & Mª Catarina CORDOVA, vecinos del varrio de S. Fran^co del Rancho; ap/ Santiago TRUGILLO & Polonia SANDOVAL; am/ Aban CORDOBA (sic), dec., & Maria Juliana TORRES; gp/ Fran^co Ant° DURÁN & Maria de Jesus SANDOVAL, v° del mismo lugar.

ARAGON, Juan Jose
   bap 22 May 1832, ae 2 da; nat. s/ Mª Soledad ARAGÓN, single, & unknown father, vecina del Ranchito de S. Fran^co; am/ Jose de la Crus ARAGON & Mª Luisa ARCHULETA, both dec.; gp/ Juan Eugenio LUCERO & Mª Soledad LUCERO, v° de S. Fernandes.

MARTIN, Juan Agustin
   bap 25 May 1832, ae 5 da; s/ Pedro MARTIN & Dolores SISNEROS, vecinos del Arroyo Ondo; ap/ Romano MARTIN & Mª Josefa SALASAR; am/ Pedro SISNEROS & Mª Rosa BELASQUES; gp/ Juan Ygnacio GARCIA & Soledad AREYANO, vecinos del Arroyo Ondo. (Frames 227-228)

Frame 228
COCA, Pablo Lisardo
   bap 25 May 1832, ae 4 da; s/ Jose Reyes COCA & Maria Manuela SALAZAR, v° de San Fernandes; ap/ Jose Maria COCA & Juana VENAVIDES; am/ Ylario SALAZAR & Rafaela MARTIN; gp/ Juan de Jesus DURAN & Maria Barbara MEDINA, v° del mismo lugar.

TAFOYA, Juan Nepumuceno
   bap 26 May 1832, ae 3 da; s/ Ant° Romano TAFOYA & Ant^a Rosalia DURAN, v° de San Fran^co del Rancho; ap/ Juan Domingo TAFOYA & Dolores MAES, dec.; am/ Manuel DURAN & Maria Geralda MASCAREÑAS; gp/ Pedro Mauricio DURAN & Maria Barbara SANCHES, v° del mismo lugar.

VIGIL, María Ant^a
   bap 26 May 1832, ae 5 da; nat. d/ Juana VIGIL, vecina de San Fran^co del Rancho; am/ Matias VIGIL & Maria Dolores PACHECO, dec.; gp/ Jose de Jesus PADILLA & Mª Refugio PACHECO, v° del mismo lugar. (Frames 228-229)

Frame 229
MARTINES, Felipe Nereó
   bap 27 May 1832, ae 3 da; s/ Andres MARTINES & Mª Antonia ORTIZ, dec., v° del Rancho; ap/ Pedro MARTINES & Maria Ygnacia GARCIA, dec.; am/ D. Matias ORTIZ & Dª Fran^ca BACA; gp/ José MARTINES & Mª Dolores CORDOVA, todos v° de San Fran^co del Rancho.

LUCERO, Maria Magdalena
    bap 27 May 1832, ae 1 da; d/ Juan An^{to} LUCERO & Maria Barbara CORDOVA; ap/ Santiago LUCERO & Maria Rosa AGUILAR; am/ Manuel CORDOVA & Maria Guadalupe SERDA, v^o del Arroyo Seco; gp/ Anamaria SERBE (only), *tambien vescina de Arroyo Seco.*

Frame 230
LUCERO, Maria Dolores
    bap 27 May 1832, ae 3 da; d/ Domingo LUCERO & Mª Dolores ROMERO, natives of pueblo of S. Geronimo; ap/ José Antonio LUCERO & Maria CORETEA; am/ Santiago ROMERO & Mª Francisca PADIA; gp/ Ypolito ROMERO & Mª Ygnes ARCHULETA, v^s de San Fernandes.

TRUGILLO, Fran^{co} An^{to}
    bap 27 May 1832, ae 3 da; s/ Esteban TRUGILLO & Barvara SANCHES; ap/ Ygnacio TRUGILLO & Josefa BALDES, both dec.; am/ Jose Man^l SANCHES, dec., & Teresa de Jesus MESTAS; gp/ Loreto CHAVES & Gabriela ESPINOSA, *vesinos todos de San Fran^{co} del Rancho.*

GARCIA, Anna Maria
    bap 27 May 1832, ae 2 da; nat. d/ M^a del Carmel GARCIA & unknown father; am/ Anna Maria (GARCIA) (only), dec.; gp/ Juan An^{to} BEYTA & Fabiana BARELA, *vecinos de S. Fernandes.*

DURAN, Juana Maria
    bap 29 May 1832, ae 5 da; d/ Juan de Jesus DURAN & Mª Barvara MEDINA; ap/ Juan Nicolas DURÁN & Juana An^{ta} SANDOVAL; am/ An^{to} Rafael MEDINA & Mª Concepcion ROMERO; gp/ An^{to} Jose TRUGILLO & Manuela COCA, v^s *todos de S. Fernandes.* (Frames 230-231)

Frame 231
CANDELARIO, Mª Benigna
    bap 29 May 1832, ae 4 da; d/ Ygnacio CANDELARIO & Maria Rafaela GALLEGOS, v^o del Rancho; ap/ Juan CANDELARIO & Mariquita GRIEGO; am/ Cayetano GALLEGOS & Barbara CERNA; gp/ Andres GRIEGO & Mª Encarnacion MAES, v^s *del mismo lugar.*

CORDOVA, Maria Acencion
    bap 31 May 1832, ae 3 da; d/ Domingo CORDOVA & M^a Co(n)sepcion ATENCIO, v^s del Arroyo Ondo; ap/ Pablo CORDOVA & An^{ta} Margarita ROMERO; am/ Mario ATENCIO & Balbaneda GIRON; gp/ Fernando GARCIA & Maria Ygnacia MEDINA, v^s *del mismo lugar.*

Frame 232
LUCERO, Mª de la Ascencion
    bap 31 May 1832, ae 3 da; d/ Manuel LUCERO & Mª Leogarda SANDOVAL, v^s del Rancho; ap/ Bernardo LUCERO & Tomasa MARTIN, dec.; am/ Fran^{co} Maria SANDOVAL & Mariana TAFOYA; gp/ Fran^{co} DURAN & Mª Josefa MARTIN of the same place.

ARCOMO, Luis de la Asencion
    bap 1 Jne 1832, ae 2 da; s/ Miguel ARSOMO (Origins, p. 405, ARCENÓ) & Mariana SANCHES, v^s del Rancho; ap/ Luis ARSOMO & Maria Albina (n.s.) of Canada; am/ Man^l SANCHES & Mª Nicolasa SANDOVAL; gp/ An^{to} TORRES & Mª Ysabel FERNANDES, v^s *del mismo lugar.*

ORTIZ, Juana Maria
    bap 3 Jne 1832, ae 7 da; d/ Lorenso ORTIZ & Catarina GOMES; ap/ Juan An^{to} ORTIZ & Josefa REYNA; am/ Fran^{co} GOMES & Juana ROMERO; gp/ Alonzo GOMES & Maria Soledad GOMES, all natives of the pueblo. (Frames 232-233)

Frame 233
ROMERO, Juan Domingo
  bap 3 Jne 1832, ae 5 da; s/ Salvador ROMERO & Josefa LUCERO; ap/ Andres ROMERO & Catarina CORDOBA; am/ An^{to} LUCERO & Maria Roza MARTINES; gp/ Juan Domingo LUJAN & Juana Maria CORDOVA, *todos naturales del pueblo.*

HERRERA, Felipe Nerio
  bap 3 Jne 1832, ae 9 da; s/ Pedro de HERRERA & Maria Manuela GRI(E)GA, *vecinos de San An^{to} de la Sevilleta, perteneciente al curato de Abiquiu;* ap/ Jose de HERRERA & Maria de Jesus MEDINA; am/ Juan de Jesus GRIEGO & Mª Soledad GIRON; gp/ Vuena Ventura MA(N)SANARES & Maria del Carmen SISNEROS, *v^s del mismo lugar.*

DURAN, Maria Dorotea
  bap 6 Jne 1832, ae 2 da; nat. d/ An^{ta} DURAN, wid.; am/ Nicolas DURÁN & Mª An^{ta} ROMERO; gp/ Juan Mª ORTEGA & Mª Candelaria TRUGILLO, *vecinos todos de San Fernandes.* (Frames 233-234)

Frame 234
RIVERA, Maria de la Ascencion
  bap 6 Jne 1832, ae 4 da; d/ Mariano RIVERA & Mª Marselina ARMIJO, *vecinos de S. Fernandes;* ap/ Antonio Jose RIBERA (sic) & Mª Guadalupe SANDOVAl; am/ Juan ARMIJO & Mª Susana FRESQUIS; gp/ Juan An^{to} FRESQUIS & Maria Viviana MONTAÑO, *vecinos del mismo lugar.*

MADRIL, M^a An^{ta}
  bap 10 Jne 1832, ae 8 da; d/ Juan MADRIL & Mª Manuela ROMERO, *v^s del Arroyo Ondo;* ap/ Cristoval MADRIL & Mª Dolores MARTIN; am/ Lorenso ROMERO & Josefa CRUZ; gp/ Manuel MONDRAGON & Mª Rosa ARELLANO, *v^s del mismo lugar.*

QUINTANA, Juana Pomosena (Juana Nepomosena in margin)
  bap 10 Jne 1832, ae 2 da; d/ Juan QUINTANA & Mª Paula GURULE, *v^s del Arroyo Ondo;* ap/ Juan QUINTANA & Balbaneda ROMERO; am/ Manuel GURULE & Mª Petra MARTIN; gp/ Bernardo LUCERO & Mª Josefa QUINTANA, *v^s de San Fernandes.*

Frame 235
BORREGO, Jose Mariano
  bap 10 Jne 1832, ae 2 da; s/ Fran^{co} BORREGO & Teodora LUCERO; ap/ Diego BORREGO & Viviana SANDOVAL; am/ Venito LUCERO & Fabiana CHAVES; gp/ Hermeregildo MARTINEZ & Mª Madalena LOVATO, *vecinos de San Fernando.*

VIGIL, Jose An^{to} Salustiano
  bap 10 Jne 1832, ae 2 da; s/ Joaquin VIGIL & Maria Concepcion CRUZ; ap/ Fran^{co} VIGIL & Maria de Jesus MESTAS, both dec.; am/ Jose CRUZ & Mª Gertrudis ARCHULETA; gp/ Jose GRIEGO & Maria Petrona GARCIA, *v^s todos del Rio Chiquito.*

RAEL, An^{to} Maria
  bap 17 Jne 1832, ae 3 da; s/ Ramon RAEL & Maria Teresa VIGIL, *v^s del varrio de San Fran^{co} del Rancho;* ap/ Felipe RAEL & Mª Manuela ROMERO; am/ Juan VIGIL, dec., & Maria Josefa LOVATO; gp/ Deciderio GONSALEZ & Maria del Carmen SANCHES, *vesinos del mismo lugar.*

ROMERO, Mª Margarita
  *bap 13 Jne 1832, ae 5 da; d/ José Manuel ROMERO & Mª Dorotea CHABES, *v^s de Arroyo Ondo;* ap/ Jose Manuel ROMERO & Maria BACA; am/ Juan Domingo CHABES & Mª Fran^{ca} MARTINES, all dec., *y v^s de Santa Fe;* gp/ Lorenso ROMERO & Mª Josefa CRUS, *v^s delos des Montes, perteneciente al Arroyo Seco.*

Frame 236
GALLEGOS, Maria Trinidad
  bap 17 Jne 1832, ae 2 da; d/ Jacinto GALLEGOS & Maria An^{to} GONSALES, v^s de S. Fernandes; ap/ Juan Cristobal GALLEGOS & Bernarda TRUGILLO; am/ Jose Mª GONZALES (sic) & Mª Guadalupe CHAVES; gp/ San Juan MAES & Margarita MARTINES, *vecinos del mismo lugar.*

BUENO, Juan Bautista
  bap 18 Jne 1832, ae 3 da; s/ Pedro BUENO & Mª Paula VIGIL, v^s de S. Fran^{co} del Rancho; ap/ An^{to} BUENO & Garaciana TAFOYA, both dec.; am/ Rafael VIGIL & Juana SANDOVAL, both dec.; gp/ An^{to} VIGIL & Mª Simona MONTOYA, v^s *del mismo lugar.*

BEYTA, Maria Manuela
  bap 18 Jne 1832, ae 2 da; d/ Jose Mª BEYTA & Mª Polonia SANDOVAL, *vecinos de S. Fernandes;* ap/ Jose An^{to} BEYTA & Mª Josefa SANCHES; am/ Santiago SANDOVAL & Mª Candelaria VALDES; gp/ Lorenso BACA & Mª de la Lus TRUGILLO, v^s *del mismo lugar.* (Frames 236-237)

Frame 237
MONTOYA, Jose Marcos
  bap 20 Jne 1832, ae 4 da; s/ Nicolas MONTOYA & Mª Juana MADRIL, *vecinos de Arroyo Ondo de Taos;* ap/ Pedro Alvino MONTOYA & Mª Manuela DURAN, dec.; am/ Antonio MADRIL & Maria de las Nieves BUREGA (sic); gp/ Jose SANDOVAL & Mª de la Cru$_\underline{z}$ MONTOYA, *vecinos de S^n Francisco del Rancho.*

Frame 338
CORDOBA, Jose Trinidad
  bap 25 Jne 1832, ae 5 da; s/ Manuel CORDOBA & Anna Maria MONDRAGÓN, v^s *de la poblacion de Arroyo Ondo;* ap/ Jose An^{to} CORDOBA & Mª Ysabel BUSTOS, both dec.; am/ An^{to} MONDRAGÓN & Mª Clara BARELA, both dec.; gp/ Tomas CORDOBA & Juana Mª ARELLANO, v^s *del Arroyo Ondo.*

MARTIN, Mª Manuela
  *bap 21 Jly 1832, ae 2 da; nat. d/ Maria de Altagracia MARTIN, *vecina de San Fernandez;* am/ Pedro MARTIN & Maria Gertrudis MARTIN; gp/ Juan de Jesus LUCERO & Maria Ygnacia LUCERO, v^s *del mismo lugar.*

ROMERO, Jose Manuel
  bap 21 Jne 1832, ae 1 da; s/ M^l Jose ROMERO & Anna Mª MARTIN *del Rancho;* ap/ An^{to} Jose ROMERO & Mª Barbara MARTIN; am/ Juan Cristobal MARTIN & Maria Manuela BASQUES; gp/ Juan de los Reyes MADRIL & M^a del Rosario QUINTANA, *vecinos de S. Fernandes.*

Frame 239
MARQUES, Juan Bautista
  bap 24 Jne 1832, ae 1 da; s/ Roumaldo MARQUES & Maria Esquipula MONTOYA, *vecinos del varrio de S. Fran^{co} del Rancho;* ap/ Jose MARQUES & Petra TURRIETA; am/ Manuel MONTOYA & Serafina ARCHULETA; gp/ Tomas FERNANDES & Maria Dolores FERNANDES, *vecinos del varrio de S. Fran^{co} del Rancho.*

MARTIN, M^a del Carmel
  bap 24 Jne 1832, ae 4 da; d/ Fran^{co} MARTIN & Mª Ygnacia PINEDA; ap/ Vicente MARTIN & Maria Ysabel VIGIL, both dec.; am/ Jasinto PINEDA & Josefa LEAL, both dec.; gp/ Jose MEDINA & Mª de la Encarnacion MONTOYA, *todos vecinos del Rancho de S. Francisco.*

MONDRAGON, Juana Maria
  bap 24 Jne 1832, ae 3 da; d/ Juan An^{to} MONDRAGON & Ana Maria TRUGILLO; ap/ Jose

MONDRAGON & Mª Dolores CASADOS; am/ Anto TRUGILLO & Mª Manuela SANDOBAL; gp/ Jose MONDRAGON & Maria Dolores CASADOS, *todos vecinos de San Fernandes*. (Frames 239-240)

Frame 240
BUENO, Juan Bautista
   bap 26 Jne 1832, ae 1 da; s/ Juan Anto BUENO & Mª Antonia ROMERO; ap/ Juan Eugenio BUENO & Mª Teodora BEITA; am/ Jose de Jesus ROMERO & Teresa VIGIL; gp/ Juan Franco DURAN & Mª Dolores CORDOBA, *todos vecinos del Rancho*.

GALLEGOS, Jose Franco
   bap 28 Jne 1832, ae 4 da; s/ Jose Benito GALLEGOS & Mª Micaela GARCIA; ap/ Salbador GALLEGOS, dec., & Mª Bernarda TRUGILLO; am/ Jose Angel GARCIA & Mª Manuela MARTIN, dec., gp/ Juan Manuel TRUGILLO & Mª Teodora CRUZ of San Fernandes. (Frames 240-241)

Frame 241
QUINTANA, Mª Petra
   *bap 1 Jne 1832, ae 4 da; d/ Jose Maria QUINTA(NA) & Mª Ysidora LOPES; ap/ Gregorio QUINTANA & Mª Concepcion VALDES; am/ Anto Gaspar LOPES & Maria Gu(a)dalupe RUIBALI; gp/ Anto MARTIN & Mª Rosa SANCHES, *todos vecinos del varrio de San Franco del Rancho*.

FRESQUIS, Pedro Jose
   bap 1 Jne 1832, ae 3 da; nat. s/ Juana Rita FRESQUIS; am/ Franco FRESQUIS & Mª Encarnacion MARTINA, *vs del Arroyo Ondo*; gp/ Pedro GARCIA & Maria Concepcion PADIA, *vecinos del mismo lugar*.

Frame 242
GRIEGO, Maria Rufina
   bap 6 Jly 1832, ae 2 da; d/ Manuel GRIEGO & Mª Catarina LUCERO, *vecinos de San Franco del Rancho*; ap/ Blas GRIEGO & Maria Rosa CHAVES; am/ Juan Franco LUCERO & Maria Ygnacia VALENCIA; gp/ Blas GRIEGO & Mª de la Encarnacion MUÑIS, *vecinos del mismo lugar*.

LIAL, Maria Refugio
   bap 8 Jly 1832, ae 5 da; d/ Rafael LIAL & Maria Teresa VIGIL; ap/ Domingo LIAL & Veronica CORTES; am/ Lionicio VIGIL & Maria Manuela DELGADO; gp/ Rafael LIAL & Margarita LOBATO, *todos vecinos del varrio de San Franco del Rancho*.

PADILLA, Mª Dolores
   bap 8 Jly 1832, ae 5 da; d/ Felis PADILLA & Mª Ygnacia MARTIN, *vs del varrio de San Franco*; ap/ Pedro PADIA & Maria Lucia CHAVES, both dec.; am/ Domingo MARTIN & Mª del Carmen MARTIN; gp/ Jose MONDRAGON & Maria Lorensa DURAN, *vs del mismo lugar*.

Frame 243
FERNANDES, Maria Guadalupe
   bap 8 Jly 1832, ae 4 da; d/ Juan Manuel FERNANDES & Encarnacion MANSANARES, *vs del Arroyo Seco*; ap/ Anto FERNANDES & Catarina VASQUES; am/ Juan Anto MANSA(NA)RES & Maria Rosa MARTINES; gp/ Ricardo de Jesus VIGIL & Mª Dolores VALLEGOS, *vs del Arroyo Ondo*.

MAES, Juana Maria
   bap 8 Jly 1832, ae 5 da; d/ Venito MAES & Maria Paula SANCHES; ap/ Paulin MAES & Maria Ygnacia VARELA; am/ Felipe SANCHES, dec., & Manuela ARCHULETA; gp/ Diego Anto SANDOVAL & Mª Gertrudis GOMES, *vs de Arroyo Ondo*.

MONTOYA, Mª Savina
  bap 9 Jly 1832, ae 3 da; d/ Jose Ygnacio MONTOYA & Mª Sencion TRUGILLO; ap/ Anto MONTOYA & Mª Dolores AGUERO; am/ Salv(a)dor TRUGILLO & Mª Barbara BIGIL, both dec.; gp/ Anto BRACHAL (only) (Origins, p. 407, BLANCHARD), v° de San Fernandes. (Frames 243-244)

Frame 244
MIERA, Jesus Maria
  bap 11 Jly 1832, ae 3 da; s/ Franco MIERA & Maria Dolores SANCHES; ap/ Manuel MIERA & Josefa QUINTANA, both dec.; am/ Franco SANCHES & Mª Polonia MARTINEZ, dec.; gp/ Juan Ygnacio SANCHES & Mª Barvara GONSALES, *todos son vesinos de San Franco del Rancho.*

SUASO, Maria Ynes
  bap 14 Jly 1832, ae 6 da; d/ Juan Domingo SUASO & Josefa GONSELES (sic), *naturales;* ap/ Franco SUASO & Josefa MIRABAL; am/ Santiago GONSALES & Juana Mª Loreta (n.s.); gp/ Franco DESPOR (Origins, p. 413, same) & Mª Ynes CHAVES, *vecinos de San Fernandes.*

Frame 245
CORDOVA, Maria de Jesus
  bap 14 Jly 1832, ae 2 da; d/ D. Reymundo CORDOVA & Dª Mª Estefana GONSALES; ap/ Aban CORDOVA, dec., & Maria Juliana TORRES; am/ Felipe GONSALES & Mª Franca CHACONA; gp/ D. Pedro MARTIN & Maria de Gracia MARTIN, *todos son v° del varrio de San Franco del Rancho.*

MARTIN, Mª Dolores
  bap 22 Jly 1832, ae 6 da; d/ Juan Salvador MARTIN & Mª Manuela ROMERO, *vs de San Franco del Rancho;* ap/ Salvador MARTIN & Mª Manuela TRUGILLO, both dec.; am/ Patricio ROMERO & Mª Leonicia DURAN, both dec.; gp/ Juan Domingo TAFOYA & Juana Gertrudis CORDOVA, *vs del mismo lugar.*

CORDOVA, Maria del Carmen
  bap 22 Jly 1832, ae 6 da; d/ Rafael CORDOVA & Mª Guadalupe TRUGILLO, *vs del varrio de San Franco del Rancho;* ap/ Seledon CORDOVA & Mª Juliana MARTIN; am/ Mariano TRUGILLO & Mª Andrea LUCERO; gp/ Manuel Andres TRUGILLO & Maria de la Luz SANCHES, *vs del mismo lugar.*

Frame 246
TRUGILLO, Mª Paula
  bap 22 Jly 1832, ae 10 da; d/ Cleto TRUGILLO & Mª Rosa MARTINA, *vs del varrio de San Franco del Rancho;* ap/ Juan Anto TRUGILLO & Juana Anta BUENA, both dec.; am/ Juan Anto MARTINES (sic) & Mª Manuela BELASQUES; gp/ Juan BALDES & Maria Manuela SANCHES, *vs de San Fernandes.*

BISONETE, Mª Peregrina
  bap 22 Jly 1832, ae 8 da; d/ Jose BISONETE (Origins, p. 436, VISONET) & Mª Juliana AGUILAR; ap/ Juan BISONETE & Mª LAN; am/ Lacaro AGUILAR, dec., & Mª Concepcion PAIS; gp/ Anrique BLANCO & Mª Guadalupe LOPES, *vecinos todos de S. Fernandes.*

CHAVES, Jose Ant° de Jesus
  *bap 23 Jne 1832, ae 3 da; s/ Anto Jose CHAVES & Maria Paula de la MORA, *vecinos de S. Fernandes;* ap/ Cristobal CHAVES, dec., & Mª Guadalupe MOLINA; am/ Juan Esteban MORA, dec., & Mª Luisa GUTIERRES; gp/ Juan Ygnacio RAEL & Mª Dolores CORDOBA, *vs del mismo lugar.* (Frames 246-247)

Frame 247
ESPINOSA, Juan de los Reyes

bap 23 Jly 1832, ae 15 da; nat. s/ Mª del Carmen ESPINOSA, vª San Fernandes; am/ Vuena Ventura ESPINOSA & Mª Josefa GRIEGO; gp/ Juan de los Reyes MARTIN & Juana GALLEGOS, vˢ del mismo lugar.

ROMERO, Mª Soledad   *Fue donada a Lorenso ROMERO*
    bap 24 Jly 1832, ae 9 da; nat. d/ Mª Franᶜᵃ ROMERO, single; am/ Franᶜᵒ ROMERO & Mª Gertrudis VALDES; gp/ Antᵒ ROMERO & Mª Dolores CRUS, *vecinos todos del Arroyo Ondo*.

Frame 248
FERNANDES, Santiago
    bap 29 Jly 1832, ae 5 da; nat. s/ Maria Agreda FERNANDES; am/ Antonio Jose FERNANDES & Maria Leogarda MARTINES, both dec.; gp/ Antonio ORTIZ & Mª del Carmen VALDES, *vecinos de San Ferna(n)do*.

SANDOVAL, Maria Marta
    bap 29 Jly 1832, ae 3 da; d/ Juan SANDOVAL & Maria Ysabel MEDINA; ap/ Juan SANDOBAL (sic) & Anamaria (n.s.), [alias la China], both dec., *becinos que fueron de Santa Fe*; am/ Diego MEDINA & Anamaria GUILLEN, *vˢ de Ojo Caliente*; gp/ Antᵒ ORTIZ & Mª Dolores LUCERO, *vecinos de San Fernando*.

MARTIN, Jose Ypolito
    bap 30 Jly 1832, ae 8 da; s/ Mariano MARTIN & Maria Varvara VIGIL, *vˢ de San Franᶜᵒ del Rancho*; ap/ Andres MARTIN & Candelaria PADILLA; am/ Juan de Jesus VIGIL & Mª Rosa DURAN; gp/ Jose Antᵒ VIGIL & Mª Rosa ROMERO, *vˢ del mismo lugar*.

Frame 249
MARTIN, Maria Ana
    bap 30 Jly 1832, ae 2 da; d/ Jose Gregorio MARTIN & Mª Magdalena SANCHES, *vˢ del varrio de la Trenidad de Arroyo Seco*; ap/ Jose Antᵒ MARTIN & Mª Dolores ARMENTA; am/ Jose Antᵒ SANCHES & Mª Antᵃ VERNAL; gp/ Franᶜᵒ BUSTOS & Mª Soledad VIGIL, *vecinos del mismo lugar*.

ARCHULETA, Jose Siriaco
    bap 8 Aug 1832, ae 3 da; s/ Juan ARCHULETA & Juana MARTIN, *vecinos de S. Franᶜᵒ del Rancho*; ap/ Antᵒ Jose ARCHULETA & Margarita MEDINA; am/ Jose Patricio MARTIN & Maria Juana GARCIA; gp/ Juan Antᵒ BUENO & Maria Quirina GRIEGO, *vˢ del mismo lugar*.

QUINTANA, Juan Lorenso
    bap 10 Aug 1832, ae 3 da; s/ Jose Maria QUINTANA & Maria Manuela TRUGILLO, *vecino(s) de la plasita de San Francisco de Paula*; ap/ Cristobal QUINTANA & Mª Antᵃ de LUNA; am/ Franᶜᵒ TRUGILLO & Maria Gertrudis MARTINES; gp/ Juan TRUGILLO & Mª Josefa QUINTANA, *vecinos de la plasa de Purisima Concepcion*.

Frame 250
RAEL, Juan Lorenso
    bap 11 Aug 1832, ae 3 da; s/ Juan Ygnacio RAEL & Mª Dolores CORDOBA, *vecinos de S. Fernandes*; ap/ Andres RAEL & Mª Teresa CRESPIN, both dec.; am/ Jose Antᵒ CORDOBA & Juana MARTIN, both dec.; gp/ Nicolas MASCAREÑAS & Mª Pascuala LUCERO, *vˢ del mismo lugar*.

ROMERO, Maria Lorensa
    bap 11 Aug 1832, ae 3 da; nat. d/ Maria de la Lus ROMERO, *vecina de San Franᶜᵒ de Paudad*; am/ Jose ROMERO & Felipa AVILA, dec.; gp/ Manuel TRUGILLO & Francisca ARELLANA, *vecinos de la Purisima*.

CARDENAS, Anastacio
bap 16 Aug 1832, ae 3 da; s/ Ramon CARDENAS & Mª Rita MONTOYA; ap/ Jose CARDENAS & Maria Santos VERNAL; am/ Bartolome MONTOYA & Mª Josefa MESTAS; gp/ Jose de HERRERA & Mª Ysabel SANCHES. (Frames 250-251)

Frame 251
ARMENTA, Jesus Maria
bap 18 Aug 1832, ae 3 da; s/ Mariano ARMENTA & Mª An^{ta} ARCHULETA, *v^{s} de San Fernandes*; ap/ Simon ARMENTA & Marta MARTIN; am/ Josefa GONSALES (only); gp/ Juan Jose MONTOYA & Maria Candelaria ESQUIBEL, *v^{s} de San Fran^{co} del Ranchito*.

URTADO, Jose Rafael
bap 19 Aug 1832, ae 3 da; s/ Manuel URTADO & Mª Gertrudis VIGIL; ap/ Manuel URTADO & Mª de Jesus SANDOVAL; am/ Jose VIGIL, dec., & Petrona ROJO; gp/ Pedro LUCERO & Mª de la Lus FERNANDES, *todos vecinos del Rancho*.

GALLEGOS, Juana Ramona
bap 22 Aug 1832, ae 3 da; d/ Jose Vicente GALLEGOS & Maria Ramona TRIGILLO (sic); ap/ Jose Fran^{co} GALLEGOS, dec., & Bernarda MARTIN; am/ Jose TRUGILLO & Maria Josefa ROMERO; gp/ Jose Rafel CORDOVA & Guadalupe TRUGILLO, *vecinos de todos de San Francisco del Rancho*. (Frames 251-252)

Frame 252
MONDRAGÓN, Bartolomé de Jesus
bap 26 Aug 1832, ae 3 da; s/ An^{to} Jose MONDRAGÓN & Mª Juana VIGIL, *v^{s} del Rancho*; ap/ D. Rafael MONDRAGÓN & Mª Fran^{ca} VIGIL; am/ Bernardo VIGIL & Mª Rosa TRUGILLO; gp/ D. Rafael, (as written) the same grandfather & grandmother, *vecinos del mismo lugar*.

GONSALES, Luis Maria
bap 26 Aug 1832, ae 2 da; s/ Geronimo GONSALES & Hermenegilda APODACA, *v^{s} del barrio de San Fran^{co} del Rancho*; ap/ Juan Calletano GONSALES & Lorensa RODRIGUES; am/ Baltasar APODACA & Mª Magdalena ARIAS; gp/ Ramon GONSALES & Mª An^{ta} DURAN, *v^{s} del mismo lugar*.

Frame 253
GUIVAR, Paulin de Jesus *Adulto*
bap 26 Aug 1832, ae 29 yr; s/ Venito GUIVAR (Origins, p. 437, WEAVER) & Secilia de GUAMACA de *Teneci provincia, perteneciente alos Estados Unidos de Norte America*, single *y recidente de este varrio de San Fernandes*; gp/ Juan Cristoval LOBA & Mª Varbara ARAGON, *v^{s} de San Fran^{co} del Rancho*.

Frame 254
SANTETE, Juan de Jesus
bap 26 Aug 1832, ae 5 da; s/ Juan SANTETE (Origins, p. 433, same) & Mª Tiburcia TRUGILLO, *v^{s} de San Fernandes*; ap/ D. Juan SANTETE & Mª BOSUE; am/ Bicente TRUGILLO & Mª Dolores MADRIL; gp/ the paternal grandparents.

SANSERMAN, Juan Bautista
bap 28 Aug 1832, ae 3 da; s/ Juan Bautista SANSERMAN (Origins, p. 433, same) & Mª Manuela MONDRAGÓN, *vecinos de San Fernandes*; ap/ Luis SANSERMAN y BRISOL & Anna Maria SABOT; am/ Jose MONDRAGÓN & Mª Dolores CASADO who were the gp, *vecinos del mismo lugar*.

GONSALES, Jose Bartolome
bap 30 Aug 1832, ae 7 da; s/ An^{to} GONSALES & Maria Juana TECOA; ap/ Jose GONSALES & Mª GRULLA; am/ Juan TECOA & Jacinta LASO; gp/ Tomas MARTIN & Rosalia LOMA, all native Indians of Taos. (Frames 254-255)

Frame 255
SANCHES, Juana Maria
   bap 30 Aug 1832, ae 2 da; d/ Manuel SANCHES & Mª Anta RIBERA, *vecinos de San Fernandes*; ap/ Anto SANCHEZ (sic) & Maria Josefa MARTIN; am/ Pedro Anto RIBERA & Maria Dolores MALDONADO; gp/ Buenavª VALDES & Juana Catarina LOVATO, *vecinos dela plasa de la Purisima Concepcion*.

LONTE, Mª Rosa
   bap 31 Aug 1832, ae 1 da; d/ Geronimo LONTE (Origins, p. 424, LONTÉ) & Luz TRUGILLO, vˢ *de San Fernandes*; ap/ Pablo LONTE & Mª Magdalena de los REYES; am/ Pablo TRUGILLO & Mª Feliciana ORTIZ; gp/ Abran LEDUD (Origins, p. 423, LEDOUX) & Guadalupe TRUGILLO, vˢ *del mismo lugar*. (Frames 255-256)

Frame 256
VALDES, Mª Agustina
   bap 31 Aug 1832, ae 4 da; d/ D. Jose Ygnacio VALDES & Dª Maria Manuela SANCHES; ap/ Jose Manuel VALDES & Maria Josefa GARCIA; am/ Jose Manuel SANCHES & Maria Teodora ZISNEROS, dec., *vecinos dhos aguelos (sic) todos de San Juan de los Caballeros*; gp/ el C. Anto ORTIZ & Dª Mª Dol(or)es LUCERO, *vecinos de San Fernando*.

HAMMONS, Jose Tomas   *Adulto*
   bap 2 Sep 1832, ae 23 yr; single, s/ Carlos HAMMONS (Origins, p. 419, same) & Rachael JOHNSON *de Quintoque perteneciente á los Estado(s) Unidos del Norte America, y residente del varrio dela poblacion de Arroyo Ondo*; gp/ Carlos Hypolito BEAUBIEN & Maria Paula LOVATO, vˢ *de San Fernando*. (Frames 256-257)

Frame 257
SANTISTEVAN, Jesus Maria
   bap 3 Sep 1832, ae 5 da; s/ Carlos SANTISTEVAN & Maria de la Lus LUCERO; ap/ Feliciano SANTISTEVAN & Mª Rafaela TRUGILLO; am/ Juan de Jesus LUCERO & Maria Ygnacia ARAGON; gp/ Anto Jose GARCIA & Maria Paula VIALPANDO, vˢ *de la Purisima Conzepcion*.

LOVATO, Maria Estefana
   bap 6 Sep 1832, ae 4 da; d/ Marcelo LOVATO & Mª Manuela QUINTANA, *vecinos de la plasa de Purisima Concepcion del Ranchito*; ap/ Anto LOVATO, dec., & Mª Josefa CHAVES; am/ Cristobal QUINTANA, dec., & Mª Antonia de LUNA; gp/ Estevan SANCHES & Mª de la Lus BUENO, *vecinos del mismo lugar*. (Frames 257-258)

Frame 258
MONTOYA, Mª Juliana
   bap 6 Sep 1832, ae 2 da; d/ Ramon MONTOYA & Mª Dorotea TRUGILLO, vˢ *de San Fernandes*; ap/ Pedro MONTOYA & Mª Necolasa MONDRAGO(N); am/ Ygnacio TRUGILLO & Gertrudis MASCAREÑAS; gp/ Joaquin LERUD (Origins, p. 423, LEDOUX) & Mª Teodora ROMERO, vˢ *de San Fernandes*.

CHININI, Santiago
   bap 9 Sep 1832, ae 2 da; s/ Jose Santos CHININÍ & Mª Ygnacia ROMERO, natives of Taos Pueblo; ap/ J. Domingo CHININÍ & Rafaela GOMES; am/ Juan Domingo ROMERO & Mª Josefa LUCERO; gp/ Juan Domingo ROMERO & Mª de la Asension ORTIS, native Indians of the same pueblo. (Frames 258-259)

Frame 259
ROMERO, Mª del Refugio   *Natural del pueblo*
   bap 9 Sep 1832, ae 7 da; d/ Francᶜᵒ ROMERO & Maria Dolores ROMERO; ap/ Juan

ROMERO & Rafela VIGIL; am/ An^to ROMERO & An^ta MIRABAL; gp/ Juan Miguel MASCAREÑAS & Mª Manuela BUENO, v^s del v^o de San Fran^co del Rancho.

MARQUES, Mª Tiburcia
   bap 9 Sep 1832, ae 5 da; d/ Jose Tomas MARQUES & Mª Nicolasa SALASAR; ap/ Juan Miguel MARQUES & Mª Gertrudes MONTOYA; am/ Ramon SALASAR & Mª Soledad VIGIL; gp/ Jose Fran^co GONSALES & Mª de la Luz MARQUEZ, todos son vecinos del Rancho.

LUCERO, Juana Catarina
   bap 9 Sep 1832, ae 5 da; d/ Jose Maria LUCERO & Maria Ygnacia ARCHULETA, v^s del Arroyo Ondo; ap/ Cristoval LUCERO & Maria Juana ARAGON; am/ Jose An^to ARCHULETA & Mª An^ta CORDOVA; gp/ Manuel MONDRAGON & Mª Rosa ARELLANO, v^s de Arroyo Ondo.

Frame 260
ROMERO, Maria Luisa   Taos
   bap 12 Sep 1832, ae 4 da; d/ Mateo ROMERO & Mª Paula MONDRAGÓN, vecinos de S. Fernandes; ap/ Juan de los Reyes ROMERO & Mª Soledad LUCERO, both dec.; am/ Jose MONDRAGÓN & Mª Dolores CASADOS; gp/ Ricardo DIQUES & Mª Esquipula SANDOVAL, vecinos de la S^ma Trinidad de Arroyo Seco.

SANTISTEVAN, Jose Jacinto
   bap 13 Sep 1832, ae 2 da; s/ Manuel de Esquipula SANTISTEVAN & Maria Catarina COCA; ap/ Ysidro SANTIESTEVAN (sic) & Juana MARTIN; am/ Jose Maria COCA & Juana ARAGON; gp/ Pedro An^to SANTISTEVAN & Maria Luisa LOVATO, todos vecinos de San Fernando.

LOVATO, Mª Francisca de los Dolores
   bap 21 Sep 1832, ae 5 da; nat. d/ Margarita LOVATO, wid., & father unknown, vecina del varrio de S. Francisco; am/ Rafael LOVATO & Maria de la Lus ESPINOSA; gp/ Fran^co BALLEJOS & Mª Guadalupe MOLINA, vecinos de aquel mismo lugar.

Frame 261
QUINTANA, Antonia Margarita
   bap 22 Sep 1832, ae 13 da; d/ Juan Candelario QUINTANA & Mª de la Crus LOPES; ap/ Juan Cristobal QUINTANA & Mª de LUNA, both dec.; am/ Andres LOPES & Mª An^ta TRUGILLO; gp/ An^to Luciano SANDOVAL & Juana Nepomusena BARELA, vecinos todso de S. Fran^co del Rancho.

LOVATO, Juan Ygnacio
   bap 23 Sep 1832, ae 8 da; nat. s/ Maria Juana LOVATO & father unknown, she is married; am/ Baltasar LOVATO & Mª Fran^ca APODACA; gp/ J. Ygnacio CORTES & Mª de la Lus GONSALES, todos v^s de S. Fernandes.

MEDINA, Jose Manuel
   bap 23 Sep 1832, ae 3 da; s/ Jose Martin MEDINA & Mª Ygnacia LUCERO; ap/ Cristoval MEDINA & Juana CORDOVA; am/ Vecente LUCERO & Mª Marta MARTINES, v^s de Arroyo Ondo; gp/ Juan Jose GARCIA & Juana Gertrudis CRUS, v^s del mismo lugar. (Frames 261-262)

Frame 262
CASTEYANO, Salvador Manuel
   bap 23 Sep 1832, ae 2 da; s/ Ylario CASTEYANO & Anamaria TRUGILLO; ap/ J. Pedro CASTELLANO (sic) & Mª Martina LUJAN; am/ Fran^co TRUGILLO & Mª An^ta TORRES; gp/ Manuel CORTES & Mª Manuela ROMERO, vecinos de S. Fran^co del Rancho.

TAOS BAPTISMS, VOLUME II   1830-1833, AASF #20

MARTIN, Maria de la Crus
   bap 23 Sep 1832, ae 10 da; nat. d/ Juana MARTIN, single, & father unknown; am/
   Fran^{co} MARTIN & Mª de Jesus VARELA; gp/ Juan Cristobal LARRAÑAGA & Mª Petra
   LARRAÑAGA, *vecinos todos de S. Fernandes.*

Frame 263
TRUGILLO, Mª Dolores
   bap 24 Sep 1832, ae 4 da; d/ Jose An^{to} TRUGILLO & Mª Ramona PACHECO; ap/ Diego
   TRUGILLO & Mª Juana MARTIN; am/ Juan Pablo PACHECO & Mª Dolores BACA; gp/
   Policarpio TRUGILLO & Mª Felipa MADRIL, *todos vecinos de San Fernandes.*

TAFOYA, Mª de la Natividad
   bap 25 Sep 1832, ae 3 da; d/ Hipolito TAFOYA & Mª Concepcion CHAVES, *vesinos
   de la poblacion de Arroyo Seco*; ap/ Paulin TAFOYA, dec., & Mª Ysabel CORDOBA,
   am/ Juan CHAVES & Maria Dorotea ARMIJO; gp/ Jose Manuel SANDOVAL & Mª Soledad
   LUCERO, *vecinos de S. Fernandes.*

ROMERO, Santiago de Jesus
   bap 29 Sep 1832, ae 7 da; s/ Geronimo ROMERO & Andrea DURAN; ap/ Juan ROMERO
   & Rosalia MARTINEZ; gp/ An^{to} DURAN & Polonia TUCAJE, native Indians of the
   pueblo. (Frames 263-264)

Frame 264
BUENO, Maria Paula
   bap 30 Sep 1832, ae 2 da; d/ Antonio BUENO & Maria Soledad TRUJILLO; ap/
   Matias SANDOVAL (sic) & Ygnacia BUENO; am/ Pedro TRUJILLO & Maria CORDOVA; gp/
   Bisente MONDRAGON & Catarina PERALTA, *vesinos del Rancho.*

MARTINEZ, Juan Geronimo
   bap 1 Oct 1832, ae 2 da; s/ Jose MARTINEZ & Paula BALDONADO; ap/ Christoval
   MARTINEZ & Teodora FRESQUEZ; am/ An^{to} Jose BALDONADO & Juliana BARELA; gp/ An^{to}
   Jose BALDONADO & Bitoria BALDONADO, *vesinos todos del Arrollo Seco.*

CORDOVA, M^a del Rosario
   bap 2 Oct 1832, ae 5 da; d/ Gregorio CORDOVA & Mª Josefa SANCHES; ap/ Pablo
   CORDOVA & Margarita ROMERO; am/ Rafael SANCHES & Mª Josefa VERNAL; gp/ Fran^{co}
   VAL^z & Mª Manuela VASQUES, *todos v^s del Arroyo Ondo.* (Frames 264-265)

Frame 265
BARGAS, M^a de los Angeles
   bap 3 Oct 1832, ae 2 da; d/ Juan BARGAS & Mª Manuela ROMERO, *vecinos de la
   plasa de Purisima Concepcion*; ap/ Agustin BARGAS & Juana GONSALES; am/ Juan de
   los Reyes ROMERO & Mª Guadalupe GONSALES; gp/ Santiago PADILLA & Mª Soledad
   MARTIN, *vecinos de la misma plasa.*

GONSALES, Maria Francisca
   bap 4 Oct 1832, ae 3 da; d/ Salvador GONSALES & Anna Maria VIGIL; ap/ Jose An^{to}
   GONSALES & Mª REYNA, both dec.; am/ Jose Santiago VIGIL & Juana SILVA, both
   dec.; gp/ Manuel CORTÉS & Mª Manuela ROMERO, *vecinos todos de S. Francisco.*

Frame 266
QUINTANA, Fran^{co} Antonio
   bap 5 Oct 1832, ae 9 da; s/ Miguel QUINTANA & Mª Gertrudis MARTIN; ap/ Jose de
   la Crus QUINTANA & Micaela VALDES; am/ Maria MARTIN (only),dec.; gp/ Jose
   Fran^{co} MARTIN & Mª Ysabel CORTÉS, *todos vecinos de la plasa S. Fran^{co} de Paula.*

SHANÁN, Jose Manuel
   bap 6 Oct 1832, ae 5 mo; nat. s/ an Indian from Tribe Cabesa Aplastada, from

western area, & a Frenchman named Jose SHANÁN; gp/ An^{to} JAQUES & Maria de los Reyes BACA, *vecinos de S. Fernandes*.

FRESQUIS, Mª Magdalena
    bap 7 Oct 1832, ae 5 da; d/ An^{to} FRESQUIS & Mª Reyes SANCHES; ap/ An^{to} FRESQUIS & Mª Ygnacia CANA; am/ Diego SANCHES & Magdalena MARTIN; gp/ Jose Miguel SANCHES & Mª Encarnacion SANCHES, *v^s todos del Arroyo Seco*.

Frame 267
GARCILLA, Maria Soledad
    bap 7 Oct 1832, ae 5 da; d/ Miguel GARCILLA & Josefa GARCILLA; ap/ Juan Jose GARCILLA & Maria An^{ta} PADILLA; am/ Manuel GARCILLA & Tomasa JARAMILLO; gp/ An^{to} ROMERO & Mª Dolores CRUZ, *vecinos del Arroyo Ondo*.

VIGIL, Mª Albina
    bap 7 Oct 1832, ae 7 da; d/ Jose Domingo (VIGIL) & Mª Rosa CORDOBA, *vecinos de S. Fran^{co} del Rancho*; ap/ Amador VIGIL & Mª Ygnacia QUINTANA; am/ Ramon CORDOBA & Mª LUCERO, dec.; gp/ Victor MARTIN & Mª Alvina VIGIL, *vecinos del mismo lugar*.

GALLEGO, Jose Guadalupe
    bap 9 Oct 1832, ae 2 da; s/ Vicente GALLEGO & Mª Dolores VALDES, *v^s de San Fernandes*; ap/ Miguel An^{to} GALLEGOS (sic) & Mª Luisa SANCHES; am/ Juan An^{to} VALDES, dec., & Mª Bibiana BACA; gp/ Juan de Jesus VALDES & M^a del Carmen VALDES, *v^s del mismo lugar*.

Frame 268
LUCERO, Mª Rafaela
    bap 11 Oct 1832, ae 8 da; d/ Jose Fran^{co} LUCERO & Mª Guadalupe VALENCIA, *vecinos de S. Fernandes*; ap/ Jesus LUCERO & Rosalia VERNAL, both dec.; am/ Jose Manuel VALENCIA & Mª Manuela OLGUIN, both dec.; gp/ Jose Miguel MADRID & Mª Juana CENA, *vecinos del mismo lugar*.

CORRALES, Maria Francisca
    bap 15 Oct 1832, ae 12 da; d/ Ylario CORRALES & Mª Ursula ABILA, *vecinos recidentes en el pueblo*; ap/ Ypolito CORRALES & Mª Laureana BARO ; am/ Miguel ABILA & Fran^{ca} LOVATO; gp/ Hermenegildo VIGIL & Mª Josefa MARTIN, *vecinos de S. Fernandes*.

ARELLANO, Antonia Gertrudis
    bap 19 Oct 1832, ae 8 da; d/ Jose ARELLANO & Andrea MARTINES; ap/ Julian ARELLANO & Mª de la Lus TAPIA; am/ Santiago MARTIN (sic) & Mª Dolores ARGUELLO; gp/ Manuel MONDRAGÓN & Mª Rosa ARELLANO, *vecinos del mismo lugar*. (Frames 268-269)

Frame 269
CORDOVA, Mª Feliciana
    bap 21 Oct 1832, ae 2 da; nat. d/ Mariana CORDOVA; am/ Andres CORDOVA & Dolores ARCHULETA; gp/ Simon Lino TRUGILLO & Juana Mª TRUGILLO, *v^s todos del Rancho de San Fran^{co}*.

VIGIL, Mª Gilome
    bap 21 Oct 1832, ae 4 da; d/ Faustin VIGIL & Mª de la Luz MARTIN, *v^s del Rancho de S. Fran^{co}*; ap/ Miguel VIGIL & Anna Mª VALLEGOS, dec.; am/ Pedro MARTIN & Mª Ygnacia GARCILLA, dec.; gp/ An^{to} de Jesus GALLEGOS & Mª Rita LUCERO, *vecinos del mismo lugar*.

LECLIET, Juan Amador
    bap 24 Oct 1832, ae 5 mo; nat. s/ Amable LECLIET (Origins, p. 422, same) & una

India dela nacion del norte; ap/ Fran^co^ LECLIET & Mª EPRÓ; am/ omitted as they belong to a savage nation & non-Christian; gp/ D. Severiano SANBRAN & Maria Paula LOVATO, *vecinos de S. Fernandes*. (Frames 269-270)

Frame 270
BUSTOS, Mª Dolores
 bap 28 Oct 1832, ae 4 da; d/ Fran^co^ BUSTOS & Mª Soledad VIGIL, *vecinos de Arroyo Seco*; ap/ Jose BUSTOS & Fran^ca^ LOPES; am/ Jose VIGIL & Mª Rosa MARTINES, both dec.; gp/ Rafael ARCHULETA & Mª Concepcion SALASAR, *vecinos del mismo lugar*.

LEIVA, Jose Francisco
 bap 28 Oct 1832, ae 5 da; s/ Venito LEIVA & Mª de la Encarnacion SANCHES; ap/ Vicente LEYVA (sic), dec., & Mª Encarnacion ESPINOSA; am/ Manuel SANCHES, dec., & Mª Elena PACHECO; gp/ Juan An^to^ MARTIN & Mª Antonia URRIVALÍ, *vecinos todos de S. Fran^co^ del Rancho*. (Frames 270-271)

Frame 271
BALDES, Maria Teodora   Taos
 bap 28 Oct 1832, ae 6 da; d/ Ygnacio BALDES & Mª Dolores DURÁN; ap/ Juan Bautista BALDES, dec., & Mª Francisca ATENCIO; am/ Juan DURÁN & Mª Fran^ca^ SANTISTEVAN, both dec.; gm/ Mª Teodora ROMERO, *vecinos todos del varrio de San Fernandes*.

LUCERO, Mª Vitoria
 bap 28 Oct 1832, ae 7 da; d/ An^to^ Jose LUCERO & Maria Dolores VALDES, v^s^ *de San Fernandes*; ap/ Vicente LUCERO & Maria Marta ATENCIO; am/ Juan VALDES, dec., & Biviana BACA; gp/ Jose de la Cruz VIGIL & Mª Dolores VALDES, v^s^ *de San Fernandes*.

Frame 272
MONTOYA, Pedro An^to^
 bap 28 Oct 1832, ae 5 da; nat. s/ Maria del Carmen MONTOYA; am/ Manuel MONTOYA & Maria Serafina ARCHULETA, v^s^ *del varrio del Rancho*; gp/ Juan Julian CHAVES & Mª Viviana CHAVES, v^s^ *del mismo lugar*.

PACHECO, Jose de la Encarnacion
 bap 30 Oct 1832, ae 3 da; s/ Joaquin PACHECO & Mª Martina MARTINES, *vecinos de S. Fran^co^ del Rancho*; ap/ Fran^co^ PACHECO & Maria Luisa VIGIL; am/ Jose An^to^ MARTINES & Maria Josefa LEAL; gp/ Juan Nepomuceno DURÁN & Mª Hermenegilda CASADOS, *vecinos de S. Fernandes*.

MEDINA, Jose Rafael
 bap 1 Nov 1832, ae 3 da; s/ Fran^co^ MEDINA & Mª Soledad GOMES; ap/ D. Felipe MEDINA & Maria Guadalupe QUINTANA; am/ An^to^ GOMES & Manuela ROMERO; gp/ Juan de Jesus MEDINA & Maria Salome ARCHULETA, v^s^ *todos del Arroyo Seco*. (Frames 272-273)

Frame 273
PADIA, Mª Dorotea
 bap 2 Nov 1832, ae 2 da; d/ Pedro PADIA & Mª Ygnacia GONSALES, v^s^ *de San Fernandes*; ap/ Salbador PADIA & Mª Josefa MARTIN; am/ Jose GONSALES & Mª Dorotea BACA; gm/ Mª Marselina CASADOS, *vecina del mismo lugar*.

GERRERO, Maria Manuela
 *bap 4 Oct 1832, ae 8 da; d/ Santiago GERRERO & Maria Paula ROMERO; ap/ Fran^co^ GERRERO & Rosa GOMES; am/ Pablo MARTIN (sic) & Mª Lusia NARANJO; gp/ Juan Ygnacio VIGIL & Maria Manuela SANCHES, v^s^ *del pueblo de Taos*.

MARTIN, Anna Maria
   bap 4 Nov 1832, ae 3 da; d/ Marcelino MARTIN & Maria Manuela LOVATO; ap/ Cristoval MARTIN & Maria Ygnacia (n.s.); am/ Antonio LOVATO, dec., & Anna Maria BALLEJOS; gp/ Salvador CRUZ & Maria Agueda MONTES, *vecinos de los Desmontes de Arroyo Seco*.

Frame 274
MEDINA, Maria Catarina
   bap 5 Nov 1832, ae 6 da; d/ Jose MEDINA & Mª de la Lus GONSALES; ap/ Juan Nepomuceno MEDINA & Mª Candelaria VIGIL; am/ Salvador GONSALES & Anna Maria VIGIL; gp/ Matias GARCIA & Mª Ysidora TRUGILLO, *vecinos todos del varrio de S. Franco del Rancho*.

SAIS, Anto Jose
   bap 5 Nov 1832, ae 3 da; s/ Jose Manuel SAIS & Maria Trinidad MEDINA, *vecinos de S. Fernandes*; ap/ Simon SAIS & Margarita LOVATO; am/ Anto José MEDINA & Miquela VIGIL, both dec.; gp/ Julian LUCERO & Mª Manuela MARTINES, *vs de San Fernandes*.

DURÁN, Felipe de Jesus
   bap 8 Nov 1832, ae 5 da; s/ Jose Miguel DURÁN & Mª Encarnacion GARCIA; ap/ Juan Andres DURÁN & Mª Candelaria ARAGÓN; am/ Gertrudis GARCIA (only); gp/ Felipe de Jesus SANDOVAL & Mª de la Lus MARTIN, *vecinos de la plasa de S. Anto de Arroyo Ondo*.

Frame 275
ARCHULETA, Manuel Gregorio
   bap 8 Nov 1832, ae 5 da; s/ Norato ARCHULETA & Mª Dolores MESTAS, *vecinos de Arroyo Ondo de la Virgen de los Dolores*; ap/ Damian ARCHULETA & Juana Micaela SALASAR; am/ Jose MESTAS & Barbara MARTIN, both dec.; gp/ Salvador QUINTANA & Mª Soledad LUCERO, *vecinos del mismo lugar*.

MARTIN, Maria del Carmel
   bap 10 Nov 1832, ae 4 da; d/ Miguel MARTIN & Maria Ygnes ARCHULETA, *vecinos del varrio de S. Francisco*; ap/ Jose Anastacio MARTIN & Viviana TORRES, both dec.; am/ Jose Anto ARCHULETA & Mª Clara SANDOVAL; gp/ Jose Pablo CHACÓN & Mª Guadalupe LIAL, *vecinos del mismo lugar*.

GARCIA, Jose Seberino
   bap 11 Nov 1832, ae 3 da; s/ Deciderio GARCIA & Mª Manuela MARTIN, *vecinos del Arroyo Seco*; ap/ Mª Manuela GARCIA (only); am/ Juan MARTIN, dec., & Catarina CORDOVA; gp/ Jose Leonicio GONSALES & Mª Juliana TAFOYA, *vs del Arroyo Seco*.

Frame 276
MARTIN, Jose Miguel
   bap 11 Nov 1832, ae 3 da; s/ Jose MARTIN & Mª Esquipula SILVA; am/ Siriaco SILVA (sic) & Mª de la Ascencion MEDINA; ap/ Jose MARTIN (sic) & Manuela COCA, both dec.; gp/ Ygnacio VALDES & Mª Dolores DURÁN, *vecinos de S. Fernandes todos*.

TRUGILLO, Maria Gertrudis
   bap 13 Nov 1832, ae 3 da; d/ Faustin TRUGILLO & Mª Dolores CORDOBA, *vecinos del varrio de S. Franco*; ap/ Jose Ygnacio CORDOBA (sic) & Maria Antª MARQU(E)S; am/ Santiago TRUGILLO (sic), dec., & Mª Polonia ROMERO; gp/ Julian LUCERO & Mª Polonia LUCERO, *vecinos de San Fernando*.

Frame 277
SANTISTEVAN, Jose Francisco

bap 14 Nov 1832, ae 6 da; s/ An^to Maria SANTISTEVAN & Maria Josefa LUJAN; ap/ Tomas SANTISTEVAN, dec., & Mª de la Encarnacion MARES; am/ Pedro LUJAN & Maria Dolores VIGIL; gp/ Jose Fran^co SILVA & Maria de la Encarnacion TRUGILLO, todos vecinos de Picuries.

TRUGILLO, Mª de la Lus
  bap 20 Nov 1832 *por olvido*; d/ Jose Fran^co TRUGILLO & Mª Natividad SANDOVAL; ap/ Vicente TRUGILLO & Mª Dol^s MADRID (written over); gp/ Felipe SANDOVAL & Polonia MAES from D. Fer^s.

ROMERO, Maria Feliciana
  bap 25 Nov 1832, ae 7 da; d/ Manuel ROMERO & Maria Lionisa CANDELARIA; ap/ Juan ROMERO & Teresa VIGIL; am/ Fran^co CANDELARIO & Juana GRIEGO; gp/ Jasinto de Jesus GRIEGO & Maria Petra GARCIA, *todos vecinos del Rio Chiquito*.

VALDES, Maria del Carmen
  bap 28 Nov 1832, ae 8 da; d/ Jose Maria VALDES & Balvaneda URIBALID; ap/ Jose Santiago VALDES & Juana MARTINES; am/ Jose URIBALID & Mª MARTINES; gp/ Felipe VIGIL & M^a del Refugio VIGIL, *v^s del Rancho*.

Frame 278
SANCHES, Maria Catari(n)a
  bap 29 Nov 1832, ae 4 da; d/ Miguel SANCHES & Mª Soledad BACA; ap/ Joaquin SANCHES & Mª Rosa MARTIN, both dec.; am/ An^to BACA, dec., & Maria Gertrudis LOPES; gp/ Carlos SALASAR & Maria Andrea MONTOYA, *vecinos de Arroyo Seco*.

LOPES, Fran^co Xavier
  bap 6 Dec 1832, ae 4 da; s/ Juan Bautista LOPES & Mª Dolores SUASO; ap/ Cristoval LOPES & Teresa TRUGILLO, dec.; am/ Miguel SUASO, dec., & Mariana MONTOYA; gp/ Juan Miguel SUASO & Mª Encarnacion GONSALES, *vecinos todos de S. Fernandes*.

MONTAÑO, Mª Teodora
  bap 8 Dec 1832, ae 3 da; d/ Santiago MONTAÑO & Paula TECOA, native Indians from Taos Pueblo; ap/ Jose MONTAÑO & Mª ROMERO; am/ Juan Domingo TECOA & Juana ROMERO; gp/ Jose Gabriel CHAVES & Juana Mª TRUGILLO, *v^s del Rancho*. (Frames 278-279)

Frame 279
CHARIFÚ, Jose Pablo
  bap 8 Dec 1832, ae 2 da; s/ Pedro CHARIFÚ (Origins, p. 411, CHALIFÚ) & Maria Dolores CARRIA, *v^s del varrio de San Fran^co del Rancho*; ap/ Jose CHALIFÚ (sic) & Maria ANGUL; am/ An^to Jose CARRIO & Juana Mª APODACA; gp/ Jose GRIÑEN (Origins, p. 418, GRIÑE) & Maria Manuela SANCHES, *v^s del mismo lugar*.

LOPES, Jose Guadalupe
  bap 15 Dec 1832, ae 4 da; s/ An^to LOPES & Mª Dolores VIGIL; ap/ Luis LOPES & Juana RODRIGUES; am/ Miguel VIGIL & Mª Encarnacion ESQUIVEL; gp/ Miguel VARELA & Mª Fran^ca CORDOBA, *v^s de San Fernandes todos*.

Frame 280
ARAGON, Jose Lino
  bap 16 Dec 1832, ae 3 da; s/ Juan AR(A)GON & Juana Paula CASIAS; ap/ Anna Maria ARAGON (only); am/ Cristoval CASIAS & Maria Luisa TAFOYA; gp/ Manuel de Jesus CASIAS & Maria Luisa TAFOYA, *vecinos todos del varrio de San Fernandes*.

MARTINES, Maria Guadalupe
  bap 17 Dec 1832, ae 6 da; d/ Manuel MARTINES & Juana Maria ARAGON, *vecinos de*

S. Franco del Rancho; ap/ Franco MARTINES & Maria SANCHES; am/ Lorenso ARAGON & Ma Dolores CHAVES, dec.; gp/ the same Lorenso ARAGON & Ma Josefa VIGIL, *vecinos del mismo lugar*.

MARTINES, Ma Alvina
　bap 17 Dec 1832, ae 2 da; d/ Miguel MARTINES & Ma Nicolasa TORRES, *vecinos de S. Franco del Rancho*; ap/ Franco MARTINES & Maria SANCHES; am/ Anto TORRES & Ma Ysabel FERNAND(ES); gp/ Jose ARAGON & Ma de Jesus VIGIL, *vecinos del mismo lugar*.

Frame 281
GONSALES, Jose Ramon
　bap 18 Dec 1832, ae 1 da; s/ Jose Guadalupe GONSALES & Maria Regina TAFOYA, *vecinos del Rancho*; ap/ Cayetano GONSALES, dec., & Lorensa JORGE; am/ Jose TAFOYA & Micaela RIO; gp/ Franco MARTIN & Ma Ygnacia PINEDA of the same place.

PANDO, Maria de la Lus
　bap 20 Dec 1832, ae 4 da; d/ Diego PANDO & Ma Dolores MEDINA, *vecinos del Ranchito de S. Franco de Paula*; ap/ Manuel PANDO & Mariana ROMERO; am/ Felis MEDINA & Teodora FRESQUIS; gp/ Diego ABILA & Ma Soledad MEDINA, v^s *del mismo lugar*.

HERRERA, Maria Salome
　bap 23 Dec 1832, ae 9 da; d/ Anto de HERRERA & Ma Alvina SILVA of Arroyo Ondo; ap/ Jose de HERRERA & Ma Ygnacia OLGUIN; am/ Jose Maria SILVA, dec., & Maria Antonia MONTOYA; gp/ Manuel CORDOBA & Ma Josefa ALIRE of the same place. (Frames 281-282)

Frame 282
ROMERO, Juana Rosalia
　bap 25 Dec 1832, ae 3 da; d/ Juan Domingo ROMERO & Maria Ygnacia CHAVES; ap/ Manuel Jose ROMERO & Maria VARELA; am/ Jose Ma CHAVES & Ma (rest of entry is incomplete but signed).

CHAVES, Jose Tomas
　bap 26 Dec 1832, ae 4 da; s/ Jose Gabriel CHAVES & Ma de la Encarnacion ROMERO; ap/ Vicente CHAVES & Maria Gertrudis URTADO; am/ Jose ROMERO & Maria Anta MONTOYA; gp/ Jose Maria TRONCÓN & Ma Viviana MONTAÑO, *vecinos todos de S. Fernandes*.

VIGIL, Juan Estevan　　　　　　　　　　　　　　　　　　　　　　　　　　　　　　Taos
　bap 27 Dec 1832, ae 2 da; nat. s/ Maria del Refugio VIGIL, *criada de* Dn Pedro VIGIL & descendent of the Nabajo tribe; gp/ Jose de la Cruz VIGIL & Juana Ma Altagracia VIGIL, *vecinos de San Fernandes*. (Frames 282-283)

Frame 283
VIGIL, Maria Guadalupe
　bap 28 Dec 1832, ae 3 da; d/ Juan Cristoval VIGIL, dec., & Viviana TORRES, v^s *de San Franco del Rancho*; ap/ Miguel VIGIL & Anna Maria VALLEJOS, dec.; am/ Anto TORRES & Necolasa SANDOVAL; gp/ Manuel Andres TRUGILLO & Maria de la Luz SANCHES.

LOVATO, Diego Antonio
　bap 30 Dec 1832, ae 4 da; nat. s/ Ma Monica LOVATO; am/ Jose Manuel MADRID, dec., & Ma Teodora LOVATO, *vecinos de Arroyo Seco*; gp/ Mariano SANCHES & Ma Josefa MAESE, v^s *del mismo lugar*.

TAOS BAPTISMS, VOLUME II   1830-1833, AASF #20

Frames 283-284
BELARDE, Jose Manuel
  bap 30 Dec 1832, ae 6 da; s/ Juan Pablo BELARDE & Maria Dolores VALERIO, *vecinos de la Sieneguilla, abogacion use ... de San Rafael de la mision de Picuries*; ap/ Jose Maria BELARDE & Maria Dorotea MONTOYA; am/ Martin VALERIO, dec., & Maria Sebastiana GARCIA; gp/ Jose Candelario VIGIL & Maria Ygnacia DURÁN, *vecinos del varrio de S. Fran^{co} del Rancho de este curato.*

Frame 285
                            Año de 1833
ORTEGA, Jose Manuel
  bap 1 Jan 1833, b. today; s/ Nicolas ORTEGA & Mª de la Luz GONSALES, *vecinos de San Fernandes*; ap/ Gabriel ORTEGA & Anna Bartola LOPES, dec.; am/ Fran^{co} GONSALEZ (sic) & Maria MEXICANA; gp/ Gregorio CORDOBA & Maria del Rosario SAYS of the same place.

LUJAN, Juan Jose
  bap 2 Jan 1833, ae 3 da; s/ Juan Nepomoseno LUJAN & Mª Manuela CRUZ, *v^c del Arroyo Ondo*; ap/ Pablo LUJAN & Maria Encarnacion MARTINES; am/ Manuel CRUZ & Anna Maria GARCIA; gp/ An^{to} Tibursio MEDINA & Juana Josefa ARCHULETA, *v^s del mismo lugar.*

TRUGILLO, Maria Manuela Ysabel
  bap 4 Jan 1833, ae 4 da; nat. d/ Mª Dorotea TRUGILLO; am/ Maria Gertrudis SANCHES (sic) & Luis TRUGILLO, dec.; gp/ Santiago MARTINES & Maria Josefa CHAVES, *vecinos dela plasa de S^a Fernandes.* (Frames 285-286)

Frame 286 whole frame very faded
ROMERO, Mª Dolores
  bap 4 Jan 1833, ae 3 da; d/ Martin ROMERO & Mª Ygnes CANDELARIA, *vecinos de S^a Francisco del Rancho*; ap/ Francisco ROMERO & Barbara GURULE; am/ Ygnacio CANDELARIA & Rafaela LUCERO; gp/ Miguel VIGIL & Mª Josefa GONSALES, *v^s del mismo lugar.* (Twins not mentioned.)

ROMERO, Mª Juana
  bap 4 Jan 1833, ae 3 da; d/ Martin ROMERO & Mª Ygnes CANDELARIO, *vecinos de S. Fran^{co} del Rancho*; ap/ Fran^{co} ROMERO & Barbara GURULE; am/ Ygnacio CANDELARIO & Rafaela LUCERO; gp/ Jose Joaquin GONSALES & Mª Guadalupe MARTIN, *vecinos del mismo lugar.* (Twins not mentioned.)

End of register

NEW MEXICO BAPTISMS
PARISHES and MISSIONS in TAOS
VOLUME II
7 Jan 1827 - 13 Jly 1837

ARCHDIOCESE of SANTA FE FILM #20
5 Jan 1833 - 13 Jly 1837

Frame 331 (Presentation page)
Frame 332
SANCHES, Juan de Jesus
  bap 5 Jan 1833, b. today; nat. s/ Mª Paula SANCHES, single; am/ Miguel SANCHES & Mª Josefa MARTIN; gp/ Mª Josefa MARTIN (sic) & Pedro SANCHES, *son vecinos de S. Fernandes.*

APODACA, Silvestre de Jesus
  bap 5 Jan 1833, ae 6 da; s/ Franco APODACA & Mª Rosa GOMES, *vecinos de la plasa de la Virgen de los Dolores de Arroyo Ondo*; ap/ Santiago APODACA, dec., & Mª Casilda CORDOVA; am/ Juan Anto GOMES & Mª Franca ARCHULETA; gp/ Jose Ygnacio MONDRAGON & Mª Ygnacia APODACA, *vecinos del mismo lugar.*

Frame 333
MONTOYA, Maria de los Reyes
  bap 6 Jan 1833, ae 3 da; d/ Necolas MONTOYA & Guadalupe VALDES, *vecinos del Rancho*; ap/ Salvador MONTOYA, dec., & Paubla GONSALES; am/ Santiago VALDES & Mª GALLEGOS; gp/ Jose del Espiritu Santo CORDOVA & Maria Dolores Antª CORDOVA, *vecinos del mismo lugar.*

SANCHEZ, Maria de los Reyes
  bap 6 Jan 1833, ae 4 da; d/ Juan Anto SANCHEZ & Maria Luisa GARCIA; am/ Franco SANCHEZ & Maria Polonia MARTIN, dec.; am/ Franco GARCIA, dec., & Maria Juana PACHECO; gp/ Jose Manuel CORTES & Maria Manuela SANCHES, *todos vs del varrio de San Franco del Rancho.*

ARGUELLO, Maria de los Reyes
  bap 6 Jan 1833, ae 4 da; d/ Franco ARGUELLO & Mª Anastacia MEDINA, *vs del Rancho de San Franco*; ap/ Juan Salvador ARGUELLO & Mª MESTAS; am/ Pedro MEDINA & Mª Antª CRUZ; gp/ Miguel MONTOYA & Mª Felipa RAMIRES, *vecinos del mismo lugar.*

Frame 334
ARMIJO, Juan de los Reyes
  bap 6 Jan 1833, ae 2 da; s/ Tomas ARMIJO & Asencion PACHECO; ap/ Santiago ARMIJO & Juana ROMERO, both dec.; am/ Pedro PACHECO & Maria de la Luz MARTIN, both dec.; gp/ Roque MARTIN & Gregoria ARMIJA, *vs todos de la Puricima Concepcion del Rancho.*

ABILA, Jose Manuel
  bap 6 Jan 1833, ae 6 da; nat. s/ Maria Serafina ABILA, *vecina del Arroyo Ondo*; am/ Juan de Jesus ABILA & Maria Paula PACHECO; gp/ Juan Anto PACHECO & Maria Encarnacion VERNAL, *vs del mismo lugar.*

MARTIN, Telesforo de los Reyes
  bap 6 Jan 1833, ae 2 da; s/ Ygnacio MARTIN & Maria Dolores LOVATO, *vs del Rancho de S. Franco*; ap/ Juan Pablo MARTIN & Maria Guadalupe CHAVES; am/ Rafael LOVATO & Maria de la Luz ESPINOSA; gp/ Anto Jose MONDRAGON & Juana Mª VIGIL, *vecinos del mismo rancho.*

TAOS BAPTISMS, VOLUME II   1833-1837, AASF #20

TRUGILLO, Jose Santos
  bap 9 Jan 1833, ae 2 da; s/ Concepcion TRUGILLO & Josefa VEITA, v^s del Arroyo
  Ondo; ap/ Toribio TRUGILLO & Anna Maria GARCIA; am/ An^{to} VEITA & Juana
  TRUGILLO; gp/ Jose ROMERO & Maria Dolores LUCERO, v^s del mismo lugar.

BARGAS, Jose Rafael
  bap 12 Jan 1833, ae 2 da; nat. s/ Mª Fran^{ca} BARGAS; ap/ (sic) Estevan BARGAS &
  Mª Andrea TAFOYA; gp/ Manuel de Jesus CENA & Candelaria MARTINES, vecinos de
  S. Fernandes. (Frames 334-335)

Frame 335
BEYTA, Jose Julian
  bap 13 Jan 1833, ae 4 da; s/ Diego BEYTA & Anamaria GONZALES; ap/ Andres BEYTA
  & Maria Gregoria MARTINES; am/ Cleto GONSALES (sic) & Mª Manuela VALDES, both
  dec.; gp/ Jose Rafael CORDOVA & Mª Ygnacia LUCERO.

GONSALES, Maria Dolores
  bap 13 Jan 1833, ae 3 da; d/ Jose GONSALES & Gregoria MEDINA; ap/ Felipe
  GONSALES & Fran^{ca} CHACONA; am/ Felipe MEDINA & Guadalupe QUINTANA; gf/ Jose
  Gregorio MARTIN, v^s del Arroyo Seco.

ROMERO, Jose Julian
  bap 20 Jan 1833, ae 4 da; s/ Jose Manuel ROMERO & Maria Dolores MARTIN, v^s de
  San Fernandes; ap/ Lasaro ROMERO & Barbara GONSALES; am/ Santiago MARTINES
  (sic) & Josefa GUILLEN; gp/ Ygnacio CORTES & Maria de la Luz GONSALES, v^s del
  mismo lugar.

Frame 336
CORTES, Maria Marcelina
  bap 20 Jan 1833, ae 5 da; d/ Domingo CORTES & Ygnacia VIGIL, v^s de San Fran^{co}
  del Rancho; ap/ Jose Maria CORTES & Rafaela CORDOVA; am/ Ygnacio VIGIL & Juana
  MARQUES; gp/ Rafael MONTOYA & Maria Dolores MONTOYA, v^s del mismo lugar.

GONSALEZ, Pedro Ygnacio
  bap 20 Jan 1833, ae 3 da; s/ Jose Ygnacio GONSALEZ & Ysidora PACHECO; ap/
  Fernandes GONSALES (sic) & Pula LUDUD (written over); am/ Fran^{co} PACHECO &
  Luisa VIGIL; gp/ An^{to} Eusebio MONTOYA & Maria de Jesus ARCHULETA.

ROMERO, Juan Pedro
  *bap 20 Dec 1833, ae 4 da; s/ An^{to} ROMERO & Maria Luciana LOVATO; ap/ Juan del
  Carmel ROMERO & Maria Nesarena LUNA; am/ Juan LOVATO & Maria CHAVES; gp/ Jose
  Mariano MARTIN & Manuela TRUGIO, v^s de San Fernandes.

TRUGILLO, Jose Deciderio
  bap 20 Jan 1833, ae 3 da; s/ Juan TRUGILLO & Maria Casilda QUINTANA; ap/
  Miguel TRUGILLO & Maria Rosa VIGIL; am/ Jose de la Cruz QUINTANA & Mª Miquela
  VALDES; gp/ Miguel An^{to} VIGIL & Maria Encarnacion MARTIN, v^s del varrio de San
  Fran^{co} del Rancho.

Frame 337
CASADOS, Jose Encarnacion
  bap 20 Jan 1833, ae 5 da; nat. s/ Maria de Jesus CASADOS; am/ Juan An^{to} CASADOS
  & Maria Rosalia MARTINES; gp/ Juan Nepomoseno DURAN & Maria Hermenegilda
  CASADOS, v^s de San Fernandes.

ROMERO, Maria Peregrina
   bap 20 Jan 1833, ae 8 da; d/ Pedro ROMERO & Maria Rosalia MIRABAL; ap/ Mariano ROMERO & Mª Josefa MARTIN; am/ Juan MIRABAL & Mª Juana CASADOS; gp/ Cristobal DURAN & Maria Paula RIO, natives of the pueblo.

MONDRAGON, Antº Aban
   bap 21 Jan 1833, ae 6 da; s/ Sirbolo (sic) MONDRAGON & Mª Candelaria ROMERO; ap/ Mariano MONDRAGON & Mª Encarnacion ESPINOSA; am/ Vicente ROMERO & Juana MONTOYA; gp/ Juan Bᵗª BRISON (Origins, p. 409, BRISON, & 433, SANSERMAN) & Anamaria MONDRAGON, *vecinos del varrio de San Fernando*.

Frame 338
MARTIN, Jose Franᶜᵒ
   bap 22 Jan 1833, ae 2 da; s/ Antº MARTIN & Mª Encarnacion MALDONADO; ap/ Cristoval MARTIN & Teodora FRESQUIS; am/ Antº Jose MALDONADO & Juliana VARELA; gp/ Juan Ysidro Jesus VARELA & Maria Dolores VARELA, *vˢ del varrio de la Santisima Trenidad de Arroyo Seco*.

ROMERO, Maria Juliana
   bap 23 Jan 1833, ae 4 da; d/ Polo ROMERO & Mª Ygnes MONDRAGÓN, *vecinos de San Fernandes*; ap/ Juan del Carmel ROMERO & Maria Josefa ARCHULETA; am/ Victor MONDRAGÓN & Maria Encarnacion ESPINOSA; gp/ Juan Antº GARCIA & Mª Dolores GABALDON of the same place.

MADRID, Maria Narsisa
   bap 25 Jan 1833, ae 5 da; d/ Franᶜᵒ MADRID & Mª Dolores VARELA, *becinos de Sⁿ Fernandes*; ap/ Pedro MADRID & Mª de la Lus MOYA; am/ Jose VARELA & Mª Dolores SANDOBAL; gp/ Jn. Ygnacio CORTES & Mª de la Luz GONSALES of the same place.

Frame 339
CRUS, Maria Dolores
   bap 26 Jan 1833, ae 5 da; d/ Salvador CRUS & Maria Agueda MONTES, *vecinos de los Desmontes, poblacion de Arroyo Seco*; ap/ Felipe CRUS & Anna Maria BEYTA; am/ Antº MONTES & Ygnes MARTIN, dec.; gp/ Franᶜᵒ LAFORE (Origins, p. 421, LAFORÉ) & Mª Dolores ARMENTA, *vecˢ del mismo lugar*.

ZAMORA, Policarpio
   bap 28 Jan 1833, ae 3 da; s/ Jose de Gracia ZAMORA & Mª Ygnacia MARTIN *del Rancho*; ap/ Pedro (ZAMORA) & Mª Rafaela CASILLAS; am/ Luis MARTIN & Mª Candelaria PADILLA; gp/ Jose Benito LEAL & Mª Fernalda CALDERON, *del mismo lugar*.

MAES, Franᶜᵒ Antº
   bap 28 Jan 1833, ae 1 da; nat. s/ Maria Dolores MAES; am/ Jose Maria MAES & Anna Maria ROMERO, both dec.; gp/ Jose Martin MAES & Maria de la Luz TRUGILLO, *vecinos de San Fernandes*.

Frame 340
ARCHULETA, Jose Franᶜᵒ
   bap 30 Jan 1833, ae 3 da; s/ Miguel ARCHULETA & Mª Ysabel ARMIJO; ap/ Antº ARCHULETA & Trenidad MAES; am/ Maria ARMIJO (only); gp/ Pedro ARCHULETA & Mª Feliciana ARCHULETA, *vecinos de San Fernandes*.

MEDINA, Antº Jose
   bap 2 Feb 1833, ae 3 da; s/ Simon MEDINA & Maria Josefa MARES; ap/ Felis MEDINA & Teodora QUINTANA, both dec.; am/ Luis MARES, dec., & Mª Josefa MARTIN; gp/ Jose Encarnacion MEDINA & Gertrudis RODARTE, *vecinos de San Franᶜᵒ del Ranchito*.

TAOS BAPTISMS, VOLUME II   1833-1837, AASF #20

MARTIN, Jose Fran^{co}
    bap 2 Feb 1833, ae 4 da; s/ Jose MARTIN & Maria Dolores CORDOVA, v^s del Rancho
    de S. Fran^{co}; ap/ Pedro MARTIN & Jacinta ARAGON; am/ Reymundo CORDOVA & Maria
    Estefana GONSALES; gp/ Jose Rafael CORDOVA & Maria Ygnacia LUCERO.

Frame 341
TRUGILLO, Maria Petra
    bap 2 Feb 1833, ae 4 da; d/ Cleto TRUGILLO & Maria Paula MADRIL, v^s de San
    Fernandes; ap/ Salvador TRUGILLO & Barbara VIGIL; am/ Pedro MADRIL & Maria de
    la Luz MOYA; gp/ Ypolito MONTOYA & Mª Petra MONTOYA, v^s del mismo lugar.

MEDINA, Pedro Nolasco
    bap 3 Feb 1833, ae 5 da; s/ Jose MEDINA & Maria Venita MARTINA, v^s del barrio
    de Arroyo Seco; ap/ Felipe MEDINA & Guadalupe QUINTANA; am/ Cr(i)stoval
    MARTINES (sic) & Tiodora FRESQUIS; gp/ Juan LOVATO & Mª Dolores SANCHES, v^s del
    mismo lugar.

LUJAN, Maria de la Lus
    bap 3 Feb 1833, ae 4 da; d/ Venito LUJAN & Fran^{ca} SUASO, natives of the pueblo;
    ap/ Jose LUJAN & Maria PINEDA; am/ Pedro SUASO & Juana GABILÁN; gp/ Ygnacio
    LASO & Maria de la Luz ROMERO, natives of the same pueblo.

Frame 342
FERNANDES, Candelario de Jesus
    bap 4 Feb 1833, ae 3 da; s/ Manuel FERNANDES & Maria Acencion MARTINES; ap/
    Domingo FERNANDES, dec., & Fran^{ca} GARCIA; am/ Pedro MARTINEZ (sic) & Reyes
    FERNANDES; gp/ Juan de Jesus TRUGILLO & Maria de la Asencion VIGIL, v^s (to)dos
    del varrio de San Fran^{co} del Rancho.

MONTOYA, Maria Rafaela
    bap 5 Feb 1833, ae 2 da; d/ Ramon MONTOYA & Maria Ygnacia TRUGILLO, vecinos de
    San Fran^{co} del Rancho; ap/ Jose Fran^{co} MONTOYA & Maria Ygnacia VALDES; am/
    Santiago TRUGILLO & Polonia ROMERO; gp/ Jose Rafael MARTIN & Maria Consepcion
    TRUGILLO, vecinos del mismo lugar.

VIGIL, Feliciana
    bap 6 Feb 1833, ae 3 da; d/ Ramon VIGIL & Varvar(a) MARTIN, v^s del Rio
    Chiquito; ap/ Crus VIGIL & Maria Clara FERNANDES, dec.; am/ Ygnacio MARTIN &
    Maria Paula SALAZAR, both dec.; gp/ Vicente GARCIA & Maria Rubiera GARCIA de
    NORIEGA, vecinos del Rancho de San Fran^{co}.

Frame 343
ROMERO, Juana Maria
    bap 18 Feb 1833, ae 11 da; d/ Manuel An^{to} ROMERO & Maria Candelaria CHAVES,
    vecinos de San Fernandes; ap/ Tomas ROMERO & Maria Ysidora MARTINEZ; am/ Juan
    Christoval CHAVES & Anna Maria GARCIA; gp/ Fran^{co} An^{to} ROMERO & Mª Estefana
    ROMERO, v^s de San Fernandes.

AGUILAR, Maria Dorotea
    bap 18 Feb 1833, ae 12 da; d/ An^{to} AGUILAR & Lorensa RUIVALID, v^s de San
    Fernandes; ap/ Lasaro AGILAR & Consauccion PAIS; am/ Cristoval RUIVALID &
    Juana ORTEGA; gp/ Juan Nepumuceno TORRES & Mª Josefa TRUGILLO, v^s del mismo
    lugar.

MARTIN, Maria Josefa
    bap 18 Feb 1833, ae 3 da; d/ Esquipulo MARTIN & Josefa TORRES, vecinos de S.
    Fernandes; ap/ An^{to} MARTIN & An^{ta} MEDINA; am/ Diego TORES (sic) & Consaucion
    TRUGUILLO; gp/ Jose del Carmel MESTAS & Mariana TORRES, v^s del mismo lugar.

VALENCIA, Jose Manuel
  bap 19 Feb 1833, ae 9 da; nat. s/ Mª Nicolasa VALENCIA & unknown father; am/ Maria Antonia VALENCIA & *abuelo* not known; gp/ Mariano MARTINES & Maria Brijida TAFOYA, *todos vecinos de S. Franco del Rancho*. (Frames 343-344)

Frame 344
HERRERA, Mria Juliana
  bap 19 Feb 1833, ae 4 da; d/ Andres de HERRERA & Mª del Carmen ROMERO, *vecinos del Raº Francisco*; ap/ Anto de HERRERA & Juana VENAVIDES; am/ Juan Cristoval ROMERO & Antª Viviana TORRES; gp/ Anto Jose VIGIL & Maria Viviana TORRES, *vˢ del Rancho de San Franco*.

GONSALES, Juan Manuel
  bap 19 Feb 1833, ae 8 da; s/ Jose Pantaleon GONSALES & Mª de la Luz MOYA; ap/ Tomas GONSALES & Maria Manuela TRUGILLO; am/ Rafael MOYA & Maria Ysidora GOMES; gp/ Jose Franco GONSALES & Maria Manuela GONSALES, *vecinos todos de San Fernandes*.

Frame 345
ORTEGA, Juan Nepomoseno
  bap 19 Feb 1833, ae 7 da; s/ Juan Nepomuseno ORTEGA & Maria de la Luz MARTINA; ap/ Manuel ORTEGA & Miquaela BRITO; am/ Juana (sic) MARTINA & Mª Paula SANJIL; gp/ Juan Nepomecen(o) DURAN & Maria Dolores LOVATO, *vecinos todos de San Fernandes*.

ARMIJO, Maria del Refugio
  bap 19 Feb 1833, ae 2 da; d/ Anto Jose ARMIJO & Maria de los Reyes MESTAS; ap/ Santiago ARMIJO & Mª Rita SANCHEZ; am/ Tomas MESTAS & Josefa GONSALES; gp/ Juan BARGAS & Manuela ROMERO, *vˢ todos del Ranchito de la Purisima Concepcion*.

ARAGON, Estefana Eulalia
  bap 19 Feb 1833, ae 8 da; d/ Juan Anto ARAGON & Maria Manuela FERNANDES, *vˢ del varrio de San Franco del Rancho*; ap/ Juan de la Cruz ARAGON & Juana Mª SANDOVAL; am/ Domingo FERNANDES, dec., & Juana Francª GARCIA; gp/ Franco ABILA & Maria Josefa VIGIL, *vecinos del mismo lugar*.

Frame 346
URIOSTE, Juan de Jesus
  bap 19 Feb 1833, ae 4 da; nat. s/ Maria Dolores URIOSTE, *becina de San Franco del Rancho*; am/ Juan URIOSTE & Mª Manuela VIGIL; gp/ Miguel Anto LEON & Mª Ysidora VIGIL, *vˢ del mismo lugar*.

SANDOVAL, Maria Candelaria
  bap 19 Feb 1833, ae 19 da; d/ Franco SANDOVAL & Feliciana VIGIL, *vecinos de la Sieneguia, perteneciente á la mision de Picuris*; ap/ Felipe SANDOVAL & Mª Concepcion URTADA; am/ Joaquin VIGIL & Mª Manuela MONTOYA; gp/ Franco RUIBALI & Maria del Carmen GONSALES, *vˢ del mismo lugar*.

SANCHES, Maria Dorotea
  bap 19 Feb 1833, ae 14 da; nat. d/ Maria Rita SANCHES, *vecina de San Franco del Rancho*; am/ Jose Anto SANCHES & Maria Teresa MESTAS; gp/ Jose Aniseto QUINTANA & Maria Manuela QUINTANA, *vˢ del mismo lugar*.

Frame 347
GARCIA, Maria Faustina
  bap 19 Feb 1833, ae 6 da; d/ Anto GARCIA & Quiteria ALARID, *vˢ del Rio Chiquito*; ap/ Nicolas GARCIA & Mª Loreta PADIA; am/ Gregorio ALARID & Mª

ROMERA; gp/ Bernardo DURAN & Mª Feliciana VIGIL, *vecinos de San Fran^co del Rancho*.

SEGURA, Maria Fran^ca
bap 19 Feb 1833, ae 9 da; d/ Manuel SEGURA & Maria de la Cruz MANCHEGO, *v^s del Arroyo Ondo*; ap/ Jose Fran^co SEGURA & Mª Josefa TRUGILLO; am/ Jose Manuel MANCHEGO & Margarita MARTINES; gp/ Jose Rafael DURAN & Mª Estefana SEGURA, *v^s del mismo lugar*.

ABILA, Maria Nestora
bap 20 Feb 1833, ae 12 da; nat. d/ Maria Dolores ABILA, *v^s del Rancho*; am/ Jesus ABILA & Maria Josefa LUJÁN; gp/ Vicente GARCIA & Mª Rufina GARCIA, *vecinos del mismo lugar*.

ORTIS, Maria Escolastica
bap 20 Feb 1833 by Fr. D^n Rafael ORTÍS; d/ An^to ORTÍS & Mariquita GARCIA; ap/ D. Fran^co ORTIS & Mariquita GARCIA; am/ Jose de la PEÑA (sic) & Francisca SILVA, dec.; gp/ the priest of Abiquiu, D^n Rafael ORTIS, & Mª Guadalupe BACA. (Frames 347-348)

Frame 348
MARTIN, Maria Benigna
bap 20 Feb 1833, ae 9 da; d/ Santos MARTIN & Mª Josefa GALVIS, *vecinos del Arroyo Ondo*; ap/ Juan Pablo MARTIN & Maria Paula CHAVES; am/ Juan GALVIS & Mª Manuela ESPINOSA; gp/ (illegible-written over) LARRAÑAGA & Maria Petra LARRAÑAGA, *v^s de San Fernandes*.

DURAN, Maria Brigida
bap 21 Feb 1833, ae 12 da; d/ Jose Fran^co DURAN & Mª Manuela BUSTOS; ap/ Juan Nicolas DURAN & Margarita SANDOVAL; am/ Jose Ygnacio BUSTOS & Margarita MARTIN; gp/ Fran^co BUSTOS & Mª Soledad VIGIL, *v^s todos del Arroyo Seco*.

CORDOVA, Juan Eulalio de Jesus
bap 21 Feb 1833, ae 10 da; s/ Jose Manuel CORDOVA & Dolores MEDINA, *v^s del Arroyo Seco*; ap/ Manuel CORDOVA & Maria Guadalupe CERDA; am/ Felipe MEDINA & Mª Guadalupe QUINTANA; gp/ Jose Gabriel CHAVES & Maria Miqueala CORDOVA, *v^s del mismo lugar*.

CHAVES, Margarita
bap 21 Feb 1833, ae 10 da; d/ Fran^co CHAVES & Feliciana TAFOYA, *vecinos de Arroyo Seco*; ap/ An^to CHAVES & Barbara SANCHES; am/ Paulin TAFOYA & Ysabel CORDOBA; gp/ Fran^co Maria SANDOVAL & Mariana TAFOYA, *vecinos de San Fernandes*. (Frames 348-349)

Frame 349
MARES, Maria Brigida
bap 23 Feb 1833, ae 6 da; d/ Gaspar MARES & Maria de la Luz CORDOVA, *v^s del Arroyo Seco*; ap/ Luis MARES & Josefa MARTINES; am/ Serafino CORDOVA & Candelaria MEDINA; gp/ Jose Gabriel CHAVES & Mª Miquela CORDOVA, *v^s del mismo lugar*.

MADRID, Jose Julian
bap 23 Feb 1833, ae 8 da; s/ Juan Andres MADRID & Dorotea ARELLANO, *v^s del Arroyo Ondo*; ap/ Jose An^to MADRID & Barbara LUCERO; am/ Julian ARELLANO & Maria de la Luz TAPIA; gp/ Juan Domingo ARELLANO & Mª Rosa MEDINA, *v^s del mismo lugar*.

LOMA, Maria de la Luz
  bap 24 Feb 1833, ae 7 da; d/ J^e Domingo LOMA & Juana CORDOVA, natives of the pueblo; ap/ not given; am/ Domingo CORDOVA & Mª Ant^a PAIS; gp/ Estevan SA(N)CHES & Mª de la Luz LUCERO, *vecinos de la Purisima Concepcion.*

Frame 350
PADIA, Maria Josefa
  bap 24 Feb 1833, ae 5 da; d/ Pascual PADIA & Mª Dolores GARCIA, *v^s del Arroyo Ondo*; ap/ An^{to} PADIA & Gertrudis GARCIA; am/ Alfonso GARCIA & Encarnacion ARCHULETA; gp/ Miguel GARCIA & Mª Josefa GARCIA, *v^s del mismo lugar.*

MEDINA, Jose Matias
  bap 24 Feb 1833, ae 6 da; s/ Nicolas MEDINA & Juana TAFOYA, *v^s del Arroyo Ondo*; ap/ Estevan MEDINA & Juana CORDOVA; am/ Juan TAFOYA & An^{ta} Rosa HERRERA; gp/ Juan Jose BASQUES & Maria Pascuala CORDOVA, *v^s del mismo lugar.*

TRIDÚ, Maria Xasinta
  bap 27 Feb 1833, ae 5 da; d/ Juan Bautista TRIDÚ (Origins, p. 435, TRIDEAU) & Maria Guadalupe CORDOBA, *vecinos de la poblacion de Arroyo Ondo*; ap/ Juan Bautista TRIDÚ & Magdalena de los Reyes (n.s.); am/ Lorenso CORDOBA & Margarita MARTINES; gp/ Jose Gabriel DURÁN & Juana Tomasa GARCIA, *vecinos del mismo lugar.*

GOMES, Mª Severiana
  bap 27 Feb 1833, ae 7 da; d/ Fran^{co} GOMES & Magdalena RIO; ap/ Juan GOMES & Josefa GABILAN; am/ Pablo LOMA & Josefa RIO; gp/ Juan de la Crus ARAGON & Mª Estefana ARAGON, *v^s del Rancho.* (Frames 350-351)

Frame 351
LOVATO, Maria Polonia
  bap 28 Feb 1833, ae 5 da; d/ Mateo LOVATO & Mª An^{ta} VARELA, *vecinos del varrio de San Fran^{co} del Rancho*; ap/ Rafael LOVATO & Maria de la Lus ESPINOZA; am/ Nicolas BARELA (sic) & Polonia CHAVES; gp/ Jose GARCIA & Maria de los Reyes MARTINEZ, *vecinos del mismo lugar.*

MAES, Juan Venito
  bap 2 Mch 1833, ae 6 da; s/ Miguel MAES & Mª de Jesus LOPES; ap/ Xaviel MAES & Manuela MESTAS; am/ Fran^{co} LOPES & Mª Josefa TRUGILLO; gp/ Fran^{co} GARCIA & Mª Guadalupe CHAVES, *vecinos todos de la poblacion de Arroyo Ondo.*

MARTIN, Maria Josefa
  bap 3 Mch 1833, ae 6 da; d/ Jose Manuel MARTIN & Estefa(na) GARCIA; ap/ Andres ARMIJO, dec., & Fran^{ca} MARTIN; am/ Juan GARCIA & Carmel GARCIA; gp/ Santiago BACA & Mª de la Sencion de HERRERA, *vecinos del Arroyo Ondo todos.*

Frame 352
MARTIN, Jose Nestor
  bap 3 Mch 1833, ae 6 da; s/ An^{to} MARTIN & Ana Maria ROMERO; ap/ Usevio MARTINES (sic) & Mª An^{ta} ARMIJO; am/ Manuel ROMERO & Juana Rosario MES, both, dec., *vecinos la poblacion de Arroyo Ondo*; gp/ Roque PADIA & M^a de las Nievebes (sic) ROMERO.

JARAMILLO, Mª de la Lus
  bap 3 Mch 1833, ae 1 da; d/ Mariano JARAMILLO & Maria Josefa LOBATO; ap/ Mª Necolasa GARAMILLO (sic, only); am/ Juan An^{to} LOBATO & Mª Ygnacia SANCHES, *vecinos del Rancho*; gp/ Jose Miguel BEYTA & Mª Barbara SANCHES, *vecinos de Abiquiu.*

BEYTA (patron), Maria Antonia
  bap 3 Mch 1833, ae 3 yr; d/ *Tribu Lluta y famola de* Miguel BEYTA, *vecino de Abiqui*; gp/ Dⁿ Juan An^{to} LOBATO & Mª Ygnacia SANCHES, *vecinos del Rancho.*

CASADOS, Jose Albino
  bap 3 Mch 1833, ae 3 da; s/ Jose Grabiel CASADOS & Anamaria ARCHULETA, *vecinos de S. Fernandes*; ap/ J. An^{to} CASADOS & Juana Rosalia MARTINA; am/ An^{to} ARCHULETA & Juana Maria MARTINES, both dec.; gp/ Juan Nepomoceno DURAN & Heremenegilda CASADOS, *v^s del mismo lugar.* (Frames 352-353)

Frame 353
ROMERO, Maria Dolores
  bap 5 Mch 1833, ae 3 da; d/ Jose Manuel ROMERO & Miquela ROMERO, natives of the pueblo; ap/ Juan Domingo ROMERO & Juana GOMES, both dec.; am/ Jose An^{to} ROMERO & Juana Mª CONCHAS, dec.; gp/ Jose Rafel MONTOYA & Juana Maria BARGAS, *vecinos del Rancho.*

CANDELARIO, Jose Domingo
  bap 5 Mch 1833, ae 3 da; s/ Julian CANDELARIO & Anna Maria GRIEGA; ap/ Fran^{co} CANDELARIO & Juana GARCIA; am/ Manuel GRIEGO & Mª Juana GURULE; gp/ Juan de Jesus ROMO & Anna Maria CANDELARIO, *todos vecinos de San Fran^{co} del Rancho.*

SANCHES, Jose Eusevio
  bap 5 Mch 1833, ae 9 da; nat. s/ Maria Josefa SANCHES; am/ Juan SANCHES, dec., & Margarita SILVA, *vecinos de San Fran^{co} del Rancho*; gp/ Miguel MARQUES & Mª Gertrudis MONTOYA, *v^s del mismo lugar.*

Frame 354
SANCHES, Juan de Dios
  bap 5 Mch 1833, ae 1 da; s/ Jose An^{to} SANCHES & Mª Juliana TRUGILLO, *v^s de San Fernandes*; ap/ An^{to} SANCHES & Josefa MARTIN; am/ Andres TRUGILLO & Guadalupe BALDES; gp/ Jose Manuel SANCHES & Mª An^{ta} RIBERA, *v^s del mismo lugar.*

GARCIA, Jose Francisco
  bap 8 Mch 1833, ae 3 da; s/ Manuel GARCIA & Mª Marta ROMERO, *v^s del Arroyo Ondo*; ap/ Blas GARCIA & Mª Antonia GONGORA; am/ Juan de Jesus ROMERO & Candelaria QUINTANA; gp/ Ramon SALASAR & Maria Soledad VIGIL, *v^s del mismo lugar.*

MAES, Jose Tomas
  bap 10 Mch 1833, ae 4 da; s/ Miguel MAES & Maria del Rosario CARDENAS, *vecinos de S. Fernandes*; ap/ Domingo MAES & Anna Mª HERRERA, dec.; am/ Jose CARDENAS & Mª Santos BERNAL; gp/ Jose Mª SANDOVAL & Mª Josefa TAFOYA, *v^s del mismo lugar.*

VALDES, Maria Erinea
  bap 10 Mch 1833, ae 3 da; d/ Fran^{co} VALDES & Mª Manuela BASQUES, *v^s del Arroyo Ondo*; ap/ Jose Manuel VALDES & Viviana BACA; am/ Juan Jose BASQUES & Pascuala CORDOVA; gp/ An^{to} Maria LUCERO & Mª Rufina VIGIL, *v^s de San Fernandes.* (Frames 354-355)

Frame 355
CAMBEL, Maria Petra
  bap 10 Mch 1833, ae 4 da; d/ Ricardo CAMBEL (Origins, p. 409, CAMPBELL) & Mª Rosa GRIJALBA, *vecinos de S. Fernandes*; ap/ Ricardo CAMBEL & *abuela* not given because the father was absent and is a stranger; am/ Marcelino GRIJALVA & Mª Petra del VALLE; gp/ Julian LUCERO & Mª Paula LARRAÑAGA, *v^s del mismo lugar.*

AREYANO, Maria An^ta de Jesus
  bap 11 Mch 1833, ae 6 da; d/ Juan AREYANO & Juana MARTIN, *vecinos de Arroyo Ondo*; ap/ Ricardo AREYANO & Juliana ARMENTA; am/ Matias MARTINES (sic) & Juana SEGURA, dec.; gp/ Brijido GONSALES & Maria Dolores MONTES, *vecinos del mismo lugar.*

ARAGON, Jose Tomas
  bap 11 Mch 1833, ae 5 da; s/ Jose An^to ARAGON & Mª Dolores FERNANDES, *vecinos del varrio del Rancho*; ap/ An^to ARAGON, dec., & Mª Fran^ca Gabriela VIGIL; am/ Mª Rosa ROMERO (sic), dec., & Jesus FERNANDES; gp/ Juan An^to ARAGON & Mª Manuela FERNANDES, *vecinos del mismo rancho*. (Frames 355-356)

Frame 356
FERNANDES, Maria de la Luz
  bap 12 Mch 1833, ae 2 da; d/ Juan Lorenso FERNANDES & Maria Dolores SANCHES, *vesinos de San Fran^co del Rancho*; ap/ Jose Mariano FERNANDES & Mª de la Asencion LUCERO; am/ Mª de la Luz SANCHES (only), dec.; gp/ An^to TORRES & Mª Ysabel FERNANDEZ, *vecinos del mismo lugar.*

LAFEBRE, Maria Fran^ca Guillerma
  bap 12 Mch 1833, ae 2 da; d/ Manuel LAFEBRE (Origins, p. 421, LAFEBVRE) & Mª Teodora LOPES, *vecinos de San Fernandes*; ap/ Agustin LAFEBRE & Feliciana BAYANCOR; am/ D^n Ramon LOPES & Mª de la Lus MARTIN; gp/ D^n Pablo LUCERO & D^a Paula LARANAGA, *v^s del mismo lugar.*

TRUGILLO, Mª Eulogia
  bap 12 Mch 1833, ae 2 da; d/ Pablo TRUGILLO & Maria del Carmel de HERRERA, *vecinos de San Fernandes*; ap/ Bartolo TRUGILLO & Maria Paula MEDINA, both dec.; am/ Jose de HERRERA & Mª Josefa RAEL; gp/ Juan de Dios TRUGILLO & Mª Josefa QUINTANA, *v^s del Ranchito de la Puricima Consepcion*. (Frames 356-357)

Frame 357
QUINTANA (patron), Fran^co An^to
  bap 12 Mch 1833, ae 3 da; nat. s/ Maria Dolores (n.s.) of the Nabajo Tribe & unknown father, in the family of C. Gregorio QUINTANA, resident of San Fran^co del Rancho; gp/ Mersed ROMERO & Mª Dorotea ROMERO, *v^s del mismo lugar.*

TRUGILLO, Maria Josefa
  bap 20 Mch 1833, ae 8 da; d/ Santos TRUGILLO & Encarnacion BLEA, *v^s de San Fernandes*; ap/ (illegible-written over) TRUGILLO & Juana Manuela RUIVAL; am/ Pascual BLEA & Mateana SILVA; gp/ Jose Teodora CHIRINA & Maria Paula CHIRINA, *v^s del mismo lugar.*

MARTIN, Maria del Refugio
  bap 20 Mch 1833, ae 8 da; d/ An^to MARTIN & Maria Vicenta MONTOYA, *del Ranchito de la Puricima Concepcion del Ranchito*; ap/ Manuel MARTIN & Maria Josefa AREYANO; am/ Jose MONTOYA & Luisa SANDOVAL; gp/ Jose Manuel VIGIL & Juana Catarina VIGIL, *vecinos de S. Fernandes.*

Frame 358
LUCERO, Jose Gregorio
  bap 20 Mch 1833, ae 9 da; s/ Jose LUCERO & Maria Paula BARELA, *vecinos del Arroyo Ondo*; ap/ Vicente LUCERO & Marta ATENCIA; am/ Juan Ysidro de Jesus BARELA & Juana Maria MARTIN; gp/ Ricardo de Jesus VIGIL & Maria Dolores VALLEGOS, *v^s del mismo lugar.*

VIGIL, Maria Josefa
  bap 21 Mch 1833, ae 4 da; d/ Bernardo VIGIL & Mª Luisa ESPINOSA, *vecinos de S. Fran^co del Rancho*; ap/ Juan VIGIL & Josefa LOVATO; am/ An^to Jose ESPINOSA & M^a

Fran^ca CORDOBA; gp/ Jose Concepcion GONSALES & Mª Gertrudis CANDELARIO, v^s del mismo.

GUTIERRES, Maria Josefa
    bap 21 Mch 1833, ae 3 da; d/ An^to GUTIERRES & Maria Josefa ROMERO, *vecinos de S. Fran^co del Rancho*; ap/ (blank space); am/ Fran^co ROMERO & Maria Varvara GURULÉ; gp/ An^to Jose OLONIA & Mª Teodora MARTINA, *vecinos del mismo lugar*.

MONTOYA, Mª Encarnacion
    bap 21 Mch 1833, ae 3 da; d/ Manuel MONTOYA & Maria Encarnacion CHAVES, *vecinos de S. Fernandes*; ap/ Tomas MONTOYA & Ageda MONTOYA; am/ Jose Maria CHAVES & Anna Maria ORTEGA, both dec.; gp/ Juan Nepomozeno DURAN & Maria Marcelina CASADOS, v^s del mismo lugar. (Frames 358-359)

Frame 359
ESPINOSA, Jose Vicente
    bap 21 Mch 1833, ae 3 da; s/ Santiago ESPINOSA & Maria Manuela MARTIN; ap/ Vicente ESPINOSA & Mª de la Lus ROMERO; am/ Jose An^to MARTIN & Mª Manuela SERDA; gp/ Faustin ARCHULETA & Mª Dolores CORDOBA, *vecinos todos del Rancho*.

VIGIL, Maria Rumalda
    bap 21 Mch 1833, ae 5 da; d/ Juan VIGIL & Ynes RODRIGES, *vecinos de la Purisima Consepcion*; ap/ Miguel VIGIL & Encarnacion ESQUIBEL; am/ Juan An^to RODRIGUES (sic) & Miquaela SANDOVAL; gp/ Roque PADIA & Maria de los Reyes ROMERO, *vecinos del mismo lugar*.

MEDINA, Maria Gertrudis
    bap 22 Mch 1833, ae 12 da; d/ Pedro MEDINA & Maria Dolores MARTIN, *vecinos del Arroyo Ondo*; ap/ Felis MEDINA & Gertrudis MAES; am/ Vuena Ventura MARTIN & Maria Rafaela MAES; gp/ Mariano ARMENTA & Maria An^ta GONSALES, *vecinos del mismo lugar*.

SANDOVAL, Antonio Pablo
    bap 22 Mch 1833, ae 14 da; s/ Jose Manuel SANDOVAL & Soledad LUCERO, *vecinos de San Fernandes*; ap/ Fran^co Maria SANDOVAL & Mariana TAFOYA; am/ Bernardo LUCERO & Tomasa MARTINES, dec.; gp/ Carlos SALASAR & Maria Andrea MONTOYA, *vecinos de Arroyo Seco*. (Frames 359-360)

Frame 360
GARCIA, Jose Manuel
    bap 23 Mch 1833, ae 6 da; s/ Jose Encarnacion GARCIA & Maria Rita GONSALES, *vecinos de la placita of San Fran^co de Paula*; ap/ Pedro GARCIA & Gertrudis ORTÍS, dec.; am/ Jose GONSALES & Maria Guadalupe BEYTA; gp/ D. Ygnacio GONSALES & Maria Josefa LALANDA, *vecinos del varrio de S. Fran^co del Rancho*.

APODACA, Jose Pablo
    bap 24 Mch 1833, ae 3 da; s/ Diego APODACA & Serafina ABILA, *vecinos de San Fernandes*; ap/ Jose Francisco APODACA & Maria Manuela LUCERO; am/ Santiago ABILA, dec., & Mª Ramona VIGIL; gp/ Hermenegildo TRUGILLO & Mª Josefa TAFOYA, v^s del mismo lugar.

PAIS, Jose Venito
    bap 24 Mch 1833, ae 3 da; s/ Juan Bautista Nepomoseno PAIS & Juana Rafaela MARTIN, *vecinos del Arroyo Ondo*; ap/ Miguel PAIAS (sic) & Maria Fran^ca PEÑA, both dec.; am/ Ygnacio MARTIN, dec., & Mª Encarnacion BLEA; gp/ Jose Fran^co ARAGON & Maria Josefa CASADOS, *vecinos del mismo lugar*.

1833-1837, AASF #20   TAOS BAPTISMS, VOLUME II

Frame 361
TRUGILLO, Maria Encarnacion
   bap 25 Mch 1833, ae 4 da; d/ Vª Ventura TRUGILLO & Maria Josefa ARMENTA; ap/ Damacio TRUGILLO & Donicia BORREGO, both dec.; am/ Mariano ARMENTA & Franca ROMERO, both dec.; gp/ Pedro LUCERO & Maria de la Luz FERNANDES, vs de San Franco del Rancho.

SALASAR, Maria Encarnacion
   bap 25 Mch 1833, ae 6 da; d/ Cristoval SALASAR & Mª Varvara BALDES, vs del Rancho de San Franco; ap/ Domingo SALAZAR (sic) & Mª Gertrudis GURULÉ; am/ Juan Bautista VALDES & Anna Maria ARCHULETA; gp/ Pedro SALAZAR & Trinidad VALDES, vecinos del mismo lugar.

LUCERO, Jose Encarnacion
   bap 26 Mch 1833, ae 5 da; s/ Anto LUCERO & Rosa CORTES; ap/ Jesus LUCERO & Rosalia VERNAL, both dec.; am/ Jose CORTES & Juana MONTOYA; gp/ Jose Franco MARTIN & Teresa CHAVES, vecinos todos del varrio de S. Fern(a)ndes.

DURAN, Jose Encarnacion
   bap 27 Mch 1833, ae 3 da; s/ Jose Franco DURÁN & Mª Teodora BARELA; ap/ Vicente DURÁN & & Mª Josefa MARTIN; am/ Juan Ysidro BARELA & Juana MARTINES; gp/ Jose Franco SANCHES & Maria Rita BACA, vecinos todos de la poblacion de Arroyo SECO.

Frame 362
BACA, Jose Juan de la Encarnacion
   bap 27 Mch 1833, ae 3 da; nat. s/ Mª Anta BACA; am/ Jose BACA & Rosalia 284gp/ Ricardo CAMBEL & Mª Petra del VALLE, todos vecinos de San Fernandes.

BARELA, Jose Ruperto
   bap 29 Mch 1833, ae 3 da; s/ Ylario BARELA & Maria Teodora SAMORA; ap/ Miguel BARELA & Juana ROMERO; am/ Jose SAMORA & Rafaela CASILLAS, dec.; gp/ Pedro Anto BALDES & Mª Rafaela BASQUES, todos del Rancho.

CRUS, Jose Noverto
   bap 29 Mch 1833, ae 3 da; s/ Franco CRUS & Mª Antonia LUCERO, vs de S. Fernandes; ap/ Mariano CRUS & Dolores VIGIL; am/ Venito LUCERO & Faviana CHAVES; gp/ Jose Guadalupe JARAMILLO & Mª Manuela JARAMILLO, vecinos del mismo lugar.

VIGIL, Jose Manuel
   bap 30 Mch 1833, ae 5 da; s/ Pedro VIGIL & Catarina MARTIN; ap/ Anto VIGIL & Simona MONTOYA; am/ Jose Pablo MARTIN & Josefa QUINTANA; gp/ Felipe MARTIN & Maria TRUGILLO, vs del Rancho.

Frame 363
GARCIA, Mª Ruperta
   bap 31 Mch 1833, ae 4 da; d/ Juan Ygnacio GARCIA & Mª Soledad ARRELLANA; ap/ Torivio GARCIA & Encarnacio(n) VALDES, both dec.; am/ Juan Ricardo ARRELLANO & Maria Juliana VALERIA; gp/ Anto Jose MEDINA & Mª Pabla CORTES, vecinos de la poblas(i)on de Arroyo Ondo.

MONDRAGON, Juan de Jesus
   bap 31 Mch 1833, ae 4 da; s/ Pablo MONDRAGO(N) & Mª Dolores CORDOBA, vecinos de S. Franco del Rancho; ap/ Anto MONDRAGÓN & Mª Clara BARELA, both dec.; am/ Celedon CORDOBA & Juliana MARTINES; gp/ Anto TORRES & Mª Ysabel FERNANDES, vs del mismo lugar.

VIGIL, Mª Guadalupe
  bap 31 Mch 1833, ae 4 da; d/ Matias VIGIL & Mª Dolores ARMENTA, *vecinos del Rancho*; ap/ Matias VIGIL & Dolores PACHECO, both dec.; am/ Diego MARTIN (sic) & Mª GONSALES, *vecinos de Chimayo*; gp/ Migel An^{to} ROMERO & Mª Rafela SALASAR, *vecinos del Rancho*.

GARCIA, Maria del Refugio
  bap 31 Mch 1833, ae 5 da; d/ Juan An^{to} GARCIA & Dolores GABALDON, *vecinos de San Fernandes*; ap/ Juan de Dios GARCIA & Ana Josefa FRESQUES; am/ Felis GABALDON & Guadalupe TRUGILLO, both dec.; gp/ An^{to} MADRIL & Maria del Refugio MONTES, *vecinos del mismo lugar*. (Frames 363-364)

Frame 364
RIVERA, Mª Dolores Heustaquia (sic)
  bap 31 Mch 1833, ae 3 da; d/ Cresencio RIVERA & Mª Veatris RUIVAL, v^s de S. *Fernandes*; ap/ Jose Calisto RIBERA (sic) & Mª de la Pas (n.s.); am/ Eleuterio RUIBAL (sic) & Mª de Gracia SUASO; gp/ Heremenegildo TRUGILLO & Mª del Refugio TRUGILLO of the same place.

ROMERO, Mª Luisa
  bap 31 Mch 1833, ae 5 da; d/ Ramos ROMERO & Encarnacion CASILLOS; ap/ Blas ROMERO & Dolores LUSERO; am/ Manuel CASILLOS & Mª Josefa ROMERO; gp/ Rafel ROMERO & Maria Lucia PADILLA, *vecinos del pueblo*.

QUENELO, Jose Dolores
  bap 31 Mch 1833; s/ Pedro QUENELO (Origins, p. 430, QUENEL) & Mª Ygnacia TRUGILLO; ap/ not named; am/ Estevan TRUGILLO & Mª Rafaela CORTES, dec.; gp/ Jose dela Crus PACHECO & Marcelina CASADOS, v^s *todos de S. Fernandes*.

Frame 365
VARELA, Jose An^{to}
  bap 31 Mch 1833, ae 3 da; s/ Jose An^{to} VARELA & Maria Josefa LUCERO, *vecinos de San Fernandes*; ap/ Miguel VARELA & Fran^{ca} CORDOVA; am/ Juan de Jesus LUCERO & Maria Ygnacia ARAGON; gp/ Migel VARELA & Mª Fran^{ca} CORDOVA.

BEUBIEN, Maria Lenor de los Dolores
  bap 31 Mch 1833, ae 4 da; d/ Carlos Ypolito BEUBIEN & Maria Paula LOVATO; ap/ Pablo BEUBIEN & Maria Carlota DIRUCHER; am/ Juana Catarina LOVATO (only); gp/ Miguel RUBIDUD & Maria Ygnacia XARAMILLO, *todos vecinos de San Fernandes*.

GOMES, Pedro An^{to}
  bap 10 Apr 1833, ae 4 da; s/ Fran^{co} GOMES & Juana ROMERO, native Indians of the pueblo; ap/ Pablo GOMES & Guadalupe GONSALES; am/ Fran^{co} ROMERO & Felipa ROMERO; gp/ Salvador MARTIN & Mª Josefa QUINTANA, *vecinos de S. Fernandes*.

ROMERO, Jose Epifanio
  bap 10 Apr 1833, ae 7 da; s/ Manuel ROMERO & Mª Rafaela SALASAR; ap/ Juan ROMERO, dec., & Viviana TORRES; am/ Ramon SALASAR & Mª Dolores MARQUES, *todos vec^s de S. Fran^{co} del Rancho*, who were given the spiritual obligation. (Begins Frame 365, ends Frame 368)

Frames 366-367
TAFOYA, Jose Joaquin
JUNA, Jose Joaquin
  bap 12 Apr 1833, ae 4 da; nat. s/ Maria Josefa TAFOYA, single, *vecina de la plasa de Nuestra Señora de Guadalupe*; am/ Jose An^{to} TAFOYA & Maria Francisca BERNAL; gp/ Ricardo CAMBELL & Mª Rosa GRIJALBA, who said the nat. father, Joaquin JUNA, was *estrangero* businessman in this plasa.

Frame 368
CRUS, Maria de Jesus
  bap 10 Apr 1833, ae 4 da; d/ Jose CRUS & Maria del Carmel ROMERO; ap/ Vicente CRUS & Mª Rosa TRUGILLO; am/ Mariano ROMERO & Franca ARMENTA; gp/ Jose de la Ascencia ROMERO & Maria Viviana FERNANDEZ, vecinos todos de S. Franco del Rancho.

LUJAN, Paulin
  bap 10 Apr 1833, ae 8 da; s/ Jose Manuel LUJAN & Juana MARTIN, native Indians of Taos; ap/ Franco LUJÁN & Maria ROMERO; am/ Jose Manuel MARTIN & Josefa LOMA; gp/ Paulin SUASO & Juana LUJÁN, natives of the same pueblo.

CORDOBA, Juan Manuel
  bap 11 Apr 1833, ae 12 da; s/ Rafael CORDOBA & Mª Dolores VIGIL; ap/ Juana CORDOBA (only); am/ Franco VIGIL, dec., & Mª Trinidad SALASAR, esta (this one) y Anto de Jesus SALASAR, vecinos del mismo lugar (were the gp).

Frame 369
MADRIL, Maria de la Luz
  bap 13 Apr 1833, ae 2 da; d/ Juan MADRIL & Mª Manuela RUIBALÍ, vecinos de S. Fernandes; ap/ Jose MADRIL & Maria Vitoria GARCIA; am/ Luterio RUIBALÍ & Maria de Gracia SUASO; gp/ Jose Benito TRUGILLO & Maria Tomasa GARCIA, vecinos del mismo lugar.

VIGIL, Maria Hermenegilda
  bap 14 Apr 1833, ae 2 da; d/ Jose de Gracia VIGIL & Maria de Jesus GONSALES, vecinos del Ranchito de la Purisima Concepcion; ap/ Juan VIGIL & Mª Ygnes RODRIGUES; am/ Jose Anto Segundo GONSALES & Josefa VALDES; gp/ Juan Cristoval TRUGILLO & Mª Franca ARELLANA, vs del mismo lugar.

VIGIL, Maria Estefana
  bap 14 Apr 1833, ae 4 da; d/ Diego VIGIL & Maria dela Lus SUASO, vecinos de la plasa de mi Señora de los Dolores de la Sienegilla; ap/ Juaq(u)in VIGIL & Consecion GARCIA; am/ Juan Jose SUASO & Mª Necolasa LOBATO; gp/ Juan Jose VIGIL & Juana Catari(na) OLGIN, vecinos del mismo lugar.

Frame 370
MARTIN, Maria Ranfinga   (Maria Rufina in margin)
  bap 14 Apr 1833, ae 8 da; d/ Reyes MARTIN & Mª Dolores SERRANO, vecinos del Ranchito de S. Franco; ap/ Franco MARTIN & Mª Necolasa SILVA; am/ Jose Manuel SERRANO & Catarina BASQUES; gp/ Anto Jose CORDOVA & Maria Rosa SANDOVAL, vecinos del Arroyo Ondo.

VIGIL, Jose Refugio
  bap 14 Apr 1833, ae 4 da; s/ Anto VIGIL & Margarita ARAGON, vs del Rancho; ap/ Pedro VIGIL & Mª Josefa QUINTANA; am/ Lorenso ARAGON & Mª Dolores CHAVES, dec.; gp/ Anto LUCERO & Mª Estefana ARAGON, vs de S. Fernandes.

ORTEGA, Maria Concepcion
  bap Apr 1833, ae 4 da; d/ Jose Maria ORTEGA & Gertrudis SUASA, vecinos de San Fernandes; ap/ not given; am/ Miguel SUASO & Josefa PANDA, both dec.; gp/ Anto Jose CHAVES & Maria Paula MORA, vecinos del mismo lugar.

ROMERO, Maria Encarnacion
  bap 14 Apr 1833, ae 3 da; nat. d/ Pascuala ROMERO; am/ Jose ROMERO & Maria Felipa ABILA; gp/ Luis GARCIA & Maria Manuela MASCAREÑAS.

TAOS BAPTISMS, VOLUME II   1833-1837, AASF #20

Frame 371
SANDOVAL, Maria Dominga
   bap 14 Apr 1833, ae 8 da; d/ Nepomoseno SANDOVAL & Tomasa XARAMILLO, *vecinos de la Sienegia*; ap/ Felipe SANDOVAL & Concepcion SANCHES; am/ Juan Manuel XARAMILLO & Josefa CHACON; gp/ Manuel VIGIL & Mª Leonicia MONTOYA, *vecinos del mismo lugar*.

ARCHULETA, Jose Ygnacio
   bap 17 Apr 1833, ae 3 da; s/ Marcos ARCHULETA & Dolores SANCHES, *vecinos de Arroyo Ondo*; ap/ Damian ARCHULETA & Juana Micaela SALASAR; am/ Miguel SANCHES, dec., & Maria Paula LOVATO; gp/ Ramon QUINTANA & Mª de la Crus MARTIN, *v^s del mismo lugar*.

SANDOVAL, Buenaventura
   bap 17 Apr 1833, ae 2 da; s/ Buenav^a SANDOVAL & Mª de Jesus MASCAREÑAS, *v^s de S. Fernandes*; ap/ Pablo SANDOVAL, dec., & Leogarda QUINTANA; am/ Nicolas MASCAREÑAS & Mª Concepcion VENAVIDES; gp/ Julian VIALPANDO & Mª Nicolasa TRUGILLO, *vecinos del mismo lugar*.

GONSALES, Jose Miguel
   bap 18 Apr 1833, ae 13 da; s/ Nepomusena GONSALES, single, & unknown father; am/ Juan GONSALES & Mª An^{ta} MARTIN, dec.; gp/ Policarpio TRUGILLO & Mª Gertrudis ALIRE for Mª Ygnes ARMIJO, *todos vecinos del Arroyo Ondo*.

Frame 372
MADRID, Maria Trinidad
   bap 19 Apr 1833, ae 4 da; d/ Jose An^{to} MADRID & Maria del Carmel DELGADO; ap/ Jose Tomas MADRID & Mª Victoria GARCIA; am/ Asencio DELGADO, dec., & Mª Josefa SANDOVAL; gp/ Juan Domingo ROMERO & Mª Trinidad ROMERO, *todos vecinos de S. Fernandes*.

SANCHES, Jose Fran^{co}
   bap 21 Apr 1833, ae 4 da; s/ Jose Julian SANCHES & Maria Paula ARMIJO, *vecinos del Rancho de S. Fran^{co}*; ap/ Jose Manuel SANCHES & Mª Teresa MESTAS; am/ Jose Roque ARMIJO & Mª Rafaela PINEDA; gp/ Manuel URTADO & Mª Gertrudis VIGIL, *v^s del mismo lugar*.

PADIA, Maria Soledad
   bap 21 Apr 1833, ae 5 da; d/ Juan Cristoval PADIA & Maria del Carmel GARCIA, *v^s del Arroyo Ondo*; ap/ Santiago PADIA & Juana Teresa LOVATO, both dec.; am/ Domingo GARCIA & Maria PACHECO; gp/ An^{to} Jose GARCIA & Mª Guadalupe CHAVES, *vecinos del mismo lugar*.

ESQUIBEL, Mª Luisa Perfeta
   bap 21 Apr 1833, ae 4 da; d/ Juan de Jesus ESQUIBEL & Maria Encarnacion MARTIN, *v^s de Fernandes*; ap/ Matias ESQUIBEL & Nasarena TORRES; am/ Juan MARTIN & Mª Paula TRUJILO; gp/ Mariano MARTIN & Mª Ysabel TRUGILLO, *v^s del mismo lugar*.

Frame 373
ROMERO, Mª Juana
   bap 21 Apr 1833, ae 4 da; d/ Salvador ROMERO & Josefa LUCERO, Indians of Taos Pueblo; ap/ Salvador ROMERO & Juana Miquela CORDOVA; am/ Juan An^{to} LUCERO & Mª Rosa MARTIN; gp/ Juan Domingo GUERRERO & Maria Soledad LUJAN, *del mismo lugar*.

MEDINA, Juan de los Relles
   bap 21 Apr 1833, ae 7 da; s/ Juan de Jesus MEDINA & Mª Bibiana ABILA; ap/

Diego MEDINA & Ana Maria GOLLEN; am/ Juan de Jesus ABILA & Mª Antonia PACHECO; gp/ Juan Ramos MADRIL & Mª Ygnacia (n.s.), *vecinos de S. Fernando*.

ESQUIBEL, Maria Aniseta
   bap 21 Apr 1833, ae 5 da; d/ Anto ESQ(U)IBEL & Mª Paula MONTOYA; ap/ Sipriano ESQU(I)BEL & Maria Barbara QUINTANA; am/ Nicolas MONTOYA & Mª Leonicia MEDINA; gp/ Anto Jose de HERRERA & Mª Ysabel SANCHES, *becinos de S. Fernando*.

BLANCO, Vidal Epimenio
   bap 21 Apr 1833, ae 4 da; s/ Anriques Alari BLANCO (Origins, p. 408, same) & Mª Guadalupe LOPES, *vecinos de San Fernandes*; am/ Ramon LOPES & Mª de la Lus MARTINES; gp/ Juan TRUGILLO & Mª Josefa QUINTA, *vecinos de la Purícima*. (Frames 373-374)

Frame 374
MARTIN, Maria del Carmel
   bap 23 Apr 1833, ae 6 da; d/ Casimiro MARTIN & Juana GURULÉ, *vs de la poblacion de Arroyo Ondo*; ap/ Buenaventura MARTIN & Mª Rafaela MAES; am/ Manuel GURULÉ & Mª Petra SAMORA; gp/ Lorenso MARTIN & Mª Franca SANCHES, *vs de la plasa of Purisima Concepcion*.

ESPINOSA, Maria Candelaria
   bap 24 Apr 1833, ae 2 da; d/ Juan ESPINOSA & Mª Tomasa MONTOYA, *vs de la plasa de Purisima Concepcion*; ap/ Jose ESPINOSA & Dolores GARCIA, both dec.; am/ Diego MONTOYA & Franca CHAVES, both dec.; gp/ Juan SANCHES & Mª Josefa BASQUES, *vecinos del mismo lugar*.

MESTAS, Jose Marcos
   bap 24 Apr 1833, ae 3 da; nat. s/ Juana Nepomusena MESTAS, widow; am/ Jose MESTAS & Mª Barbara MARTIN, dec.; gp/ Ramon CORDOBA & Mª Paula VALDES, *vecinos todos de la plasa de la Purisima Concepcion*.

Frame 375
PAIS, Jose Anastacio
   bap 28 Apr 1833, ae 3 da; s/ Manuel PAIS & Maria Ramona MADRIL, *vecinos de S. Fernandes*; ap/ Juan Miguel PAIS & Mª Soledad MAES; am/ Jose Cristoval MADRIL & Mª Manuela MADRIL; gp/ Jose Gabriel CHAVES & Mª Miquaela CORDOVA, *vs del Arroyo Seco*.

TRUGILLO, Mª Tiburcia
   bap 28 Apr 1833, ae 3 da; d/ Juan Felipe TRUGILLO & Mª del Carmel RAMIRES, *vs de Arroyo Ondo*; ap/ Manl TRUGILLO & Juana MARTIN; am/ Anto RAMIRES & Josefa SANCHES; gp/ Manuel Anto GARCIA of the same place & Magdalena LOVATO of S. Fernandes.

GUIBAR, Jose Venito Jorge
   bap 28 Apr 1833, ae 5 da; s/ Paulín GUIBAR & Mª Dolores MARTIN, *vs de San Fernandes*; ap/ Jose Venito GUIBAR & Maria YELA; am/ Juan Candelario MARTIN, dec., & Mª Juliana VALLEJOS; gp/ Juan Manuel ENEIRO & Anna Maria MARTIN, *vs de S. Fernandes*.

SANDOVAL, Jose Guadalupe
   bap 30 Apr 1833, ae 3 da; s/ Manuel SANDOVAL & Mª Venita MARTIN, *vecinos de S. Fernandes*; ap/ Alonso SANDOVAL & Rita ROMERO, both dec.; am/ Juan MARTIN & Paula SANGIL, both dec.; gp/ Jose Guadalupe VARRETERAN & Mª Ygnes CHAVES of the same place.

GONSALES, Jose An^to
    bap 2 May 1833, ae 6 da; s/ Fran^co GONSALES & M^a de los Reyes ROMERO, *vecinos de los Desmontes*, belonging *á la plasa de la S^ma Trinidad de Arroyo Seco*; ap/ Juan GONSALES & Mª An^ta MARTIN, dec.; am/ Lorenso ROMERO & Mª Josefa ARGUELLO; gp/ An^to Lias ARMENTA & Mª Ysabel SANCHES of the same place.

Frame 376
BRANCHI, Vital
    bap 2 May 1833, ae 5 da; s/ Jose de Jesus BRANCHI (Origins, p. 409, BRANCH) & Maria Paula LUNA, *vecinos de S. Fernandes*; ap/ not given because they were *estrangeros* & father not found; am/ Rafael de LUNA & Anna Maria TAFOYA; gp/ Severiano SAMBRÁN & Mª Ygnacia JARAMILLO, *vecinos del mismo lugar*.

MARTIN, Jose de la Crus
    bap 3 May 1833, ae 2 da; s/ Juan de los Reyes MARTIN & Maria Manuela MARTIN, *vecinos de S. Fran^co del Rancho*; ap/ Diego MARTIN & Maria GONSALES; am/ Gervacio MARTIN & Juana CONTU, dec.; gp/ Fran^co GUTIERRES & Mª Candelaria MARTIN, *v^s del mismo lugar*.

ORTIS, Maria Felipa
    bap 4 May 1833, ae 5 da; nat. d/ Juana ORTIS, single *de S. Fernandes*, & unknown father; am/ Jose ORTIS & Mª An^ta SANDOVAL, both dec.; gp/ Jose Mª VALDES & Mª Josefa CHAVES, *vecinos de la plasa de Purisima Concepcion del Rancho*.

VARELA, Juan Vital
    bap 5 May 1833, ae 3 da; s/ Sipriano VARELA & Maria Ygnacia ARAGON, *v^s de S. Fran^co del Rancho*; ap/ Necolas VARELA & Mª Varvara COCA, dec.; am/ Anna Maria ARAGON (only); gp/ Jose Tomas MARQUES & Mª Necolasa SALASAR, *v^s del mismo lugar*.

LANGRUÉ, Jose de la Crus
    bap 5 May 1833, ae 3 da; s/ Pedro LANGRUÉ (Origins, p. 422, LANGRUÉ) & Anna Maria TAFOYA; ap/ Juan LANGRUE & Mª GUILE; am/ Juan An^to TAFOYA, dec., & Diega APODACA, esta madrina, & Jose de Jesus BUENO, *vecinos de S. Fernandes*.

Frame 377
SANCHES, Juana Maria
    bap 7 May 1833, ae 2 da; d/ Manuel SANCHES & Mª Concepcion MONDRAGÓN, *vecinos de S. Fran^co del Rancho*; ap/ Fran^co SANCHES & Polonia MARTINES, dec.; am/ Pablo MONDRAGÓN & Mª Dolores CORDOBA; gp/ Pablo TRUGILLO & Mª Rosa ROMERO, *vecinos del mismo lugar*.

GOMES, Juan Estanislao
    bap 7 May 1833, ae 2 da; s/ Juan GOMES & Mª TRUGILLO; ap/ Nerio GOMES, dec., & Mª Josefa VALDES; am/ Blas TRUGILLO & Maria Manuela SANCHEZ; gp/ Juan de HERRERA & Mª Encarnacion CORDOBA, *todos v^s de S. Fernandes*.

SANCHES, Mª Dolores
    bap 8 May 1833, ae 5 da; d/ Jose Rafael SANCHES & Varvara GUTIERRES; ap/ Juan Cristoval SANCHES & Margarita SILVA; am/ Fran^co GUTIERRES & Guadalupe MARTIN; gp/ Fran^co SANCHES & Maria del Carmel VIGIL, *v^s de San Fran^co del Rancho todos*.

FERNANDES, Jose Estanislao
    bap 9 May 1833, ae 3 da; s/ An^to Jose FERNANDES & Catarina DURÁN *del Rancho*; ap/ Jose de Jesus FERNANDES & Guadalupe GONSALES; am/ Fran^co DURAN & Juana SANDOVAL; gp/ J. del Carmel DURÁN & Mª Dolores MONDRAGÓN *del mismo lugar*.

SEDILLO, Maria Gertrudis
  bap 9 May 1833, ae 4 da; d/ Jose SEDILLO & Juana PAIS, *vecinos de San Fernandes*; ap/ Juan de Jesus SEDILLO & Mª An^{tu} BENAVIDES; am/ Juan An^{to} PAIS & Juana Nepomusena MESTAS, both dec.; gp/ San Juan MAES & Juana Maria GABALDON, *vecinos del mismo lugar*. (Frames 377-378)

Frame 378
MARTINES, Maria de la Luz
  bap 9 May 1833 because of necessity by D^n An^{to} ORTÍS, ae 6 da; d/ An^{to} MARTINES & Maria Teodora ROMERO of S. Fernandes; ap/ D. Severino MARTINES & Maria del Carmel SANTIESTEVAN, both dec.; am/ Jose ROMERO, dec., & Maria de la Luz TRUGILLO; gp/ the same who baptised child & his wife, Maria Dolores LUCERO, *vecinos de la poblacion de la S^{ma} Trinidad del Arroyo Seco*.

ARMIJO, Juana Maria
  bap 10 May 1833, ae 2 da; d/ Mª de Gracia VIGIL (sic) & Noverto ARMIJO; ap/ Santiago ARMIJO & Mª SANDOVAL, both dec.; am/ Juan VIGIL & Ygnes RODRIGUES; gp/ Jose An^{to} MARTIN & Mª Barbara TRUGILLO, *todos vecinos de la Purisima Concepcion del Ranchito*.

CORDOVA, Jose M^a
  bap 10 May 1833, ae 4 da; s/ Jose CORDOVA & Gertrudis MARTIN, Indians natives of Taos Pueblo; ap/ Juan Domingo CORDOBA & Maria Ygnacia RIO; am/ Jose Manuel MARTIN & Fran^{ca} REYNA; gp/ Estevan TRUGILLO & Mariana TAFOYA, *vecinos de S. Fernandes*. (Frames 378-379)

Frame 379
ROMERO, Jose Gregorio
  bap 10 May 1833, ae 2 da; s/ Jose ROMERO & Viviana FERNANDES, *v^s del Rancho de S. Fran^{co}*; ap/ Concepcion ROMERO & Mª Rosa QUINTANA, both dec.; am/ Domingo FERNANDOS (sic), dec., & Fran^{ca} GARCIA; gp/ Roumaldo VARGAS & Juana Mª LOVATO, *v^s del mismo lugar*.

SALASAR, Felipe Nerio
  bap 12 May 1833, ae 3 da; s/ Miguel An^{to} SALASAR & Mª Josefa VIGIL, *vecinos de S. Fran^{co} del Rancho*; ap/ Casimiro SALASAR, dec., & Mª Concepcion TRUGILLO; am/ Faustin VIGIL & Maria de la Lus MARTIN; gp/ An^{to} GARCIA & Maria Quiteria ALARID, *v^s del mismo lugar*.

GOMES, Maria Encarnacion
  bap 13 May 1833, ae 3 da; nat. d/ Maria Soledad GOMES; am/ Jose Antonio GOMES & Mª Josefa GARCIA, native Indians of San Geronimo Pueblo; ap/ & father unknown; gp/ Salvador MARTIN & Mª Ysabel CORTES, *vecinos de San Fernandes*. (Frames 379-380)

Frame 380
ARCHULETA, Jose An^{to} Domingo
  bap 15 May 1833, ae 4 da; s/ Jose An^{to} ARCHULETA & Mª Paula NAVARRO, *v^s de S. Fernandes*; ap/ An^{to} Luciano ARCHULETA & Mª An^{ta} GARCIA, both dec.; am/ Rafael NAVARRO & Mª de la Crus MUÑOS; gp/ Miguel LARRAÑAGA & Maria de la Lus TRUGILLO, *son v^s de S. Fernandes*.

MARQUES, Maria de la Ascencion
  bap 16 May 1833, ae 3 da; d/ Roumaldo MARQUES & Mª Esquipula MONTOYA, *vecinos de San Fran^{co} del Rancho*; ap/ Jose MARQUES & Mª Petra YTURRIETA; am/ Manuel MONTOYA, dec., & Serafina ARCHULETA; gp/ Juan Ysidro VIGIL & Mª Fran^{ca} BEYTA, *vecinos del mismo lugar*.

LUCERO, Bonifacio de Jesus
   bap 16 May 1833, ae 3 da; s/ Felipe LUCERO & Margarita MARTIN, *vecinos de S. Fran^co de Paula del Ranchito*; ap/ An^to Jose LUCERO, dec., & Anna Mª SALAZAR; am/ Juan de Jesus MARTIN & Mª Rafaela ROMERO, dec.; gp/ Juan Manuel LUCERO & Juana Mª MARTINEZ, *vecinos del mismo lugar*. (Frames 380-381)

Frame 381
YARAT, Mª de la Ascencion
   bap 18 May 1833, ae 3 da; d/ Juan Bautista YARAT (Origins, p. 437, same) & Mª de la Lus SERVÉ, *vecinos de S. Fernandes*; ap/ Francisco YARAT & Margarita EVERO; am/ Jose SERVÉ & Ysabel CASADOS, both dec.; gp/ Jose Candelario MARTIN & Mª Guadalupe GARCIA, *v^s dela poblacion de Arroyo Ondo*.

DELGADO, Maria de la Ascencion
   bap 18 May 1833, ae 1 da; nat. d/ Mª Anastacia DELGADO, single, *vecina de S. Fernandes*; am/ Venito DELGADO, dec., & Mª Josefa SANDOVAL; ap & father unknown; gp/ Salvador MARTIN & Mª Ysabel CORTES, *v^s del mismo lugar*.

ABILA, Maria Encarnacion
   bap 19 May 1833, ae 7 da; d/ Nerio ABILA & Anna Mª GARCIA, *v^s de Arroyo Ondo*; ap/ Juan de Jesus ABILA & Maria Antonia MARTINES; am/ Jose GARCIA & An^ta MARTIN, both dec.; gp/ Jose Rafael DURAN & Tomasa GARCIA, *son tambien vecinos de Arroyo Ondo*. (Frames 381-382)

Frame 382
ORTEGA, Mª Acencion
   bap 19 May 1833, ae 3 da; d/ Manuel ORTEGA & Gracia FRESQUIS, *vecinos de San Fernandes*; ap/ Nicolas ORTEGA & Maria del Carmel MARTIN; am/ Gregorio FRESQUIS & Mª Soledad LOPES; gp/ Juan An^to ROMERO & Viviana ARCHULETA, natives of the pueblo.

MARTIN, Jose Encarnacion
   bap 19 May 1833, ae 4 da; s/ Pablo MARTIN & Mª Josefa VIALPANDO, *vecinos de Arroyo Seco*; ap/ Nicolas MARTIN & Josefa LOPES; am/ Juan Jose VIALPANDO & Mª Trinidad GARCIA; gp/ Severino MARTINES & Maria Dolores SANDOVAL, *del mismo lugar*.

VIGIL, Nicanor
   bap 19 May 1833, ae 6 da; nat. s/ Ygnacia VIGIL, single, & father unknown; am/ Juan VIGIL, dec., & Josefa LOVATO; gp/ Felipe Nerio MARES & M^a del Refugio PACHECO, *todos vecinos del varrio de S. Fran^co del Rancho*.

Frame 383
CRUS, Maria Pascuala
   bap 19 May 1833, ae 3 da; d/ Mariano CRUS & Mª Victoria CORDOBA, *vecinos de S. Fran^co del Rancho*; ap/ Fran^co CRUS, dec., & Fran^ca GONSALES; am/ Andres CORDOBA & Mª Dolores ARCHULETA; gp/ Juan de Jesus ARCHULETA & Mª Ygnacia MARTIN, *v^s del mismo lugar*.

DURAN, Manuel de Jesus
   bap 19 May 1833, ae 1 da; nat. s/ Mª An^ta DURÁN, widow, & unknown father, *vecina de S. Fernandes*; am/ Felis DURAN & Paubla ARGUELLO; gp/ Joaquin SUASO & Maria Ter(e)sa SANDOVAL, *vecinos del mismo lugar*.

VIGIL, Jose Narciso
   bap 21 May 1833, ae 4 da; nat. s/ Soledad VIGIL; am/ Pedro VIGIL & Mª Asencion MEDINA, dec., *vecinos del Rancho*; gp/ Vicente SANDOBAL & Mª Tomasa SANDOBAL, *vecinos (de) San Fernandes*.

VALDES, Jose Francisco
  bap 21 May 1833, ae 15 da; s/ Jose Franco VALDES & Mª Franca GALLEGOS; ap/ Anto VALDES & Mª Franca TRUGILLO; am/ Pedro GALLEGOS & Mª Lorensa ESPINOSA, *vecinos de la poblas(i)on of Arroyo Ondo de San Antoño*; gp/ Jose Franco MARTIN & Mª Micaela FERNANDES, *vecinos del mismo lugar*. (Frames 383-384)

Frame 384
GARCIA, Maria Ygnacia
  bap 22 May 1833, ae 7 da; d/ Jose Manuel GARCIA & Mª Josefa MARTINES; ap/ Juan Jose GARCIA & Mª Antonia PADIA; am/ Jose MARTINES & Mª Manuela ROMERO, *ves de la Sienegea*; gp/ Pedro Anto SUASO & Mª Rita MONTOYA, *tambien vecinos de la Cienegia*.

TRUGILLO, Maria Decideria
  bap 23 May 1833, ae 4 da; d/ Juan de Jesus TRUGILLO & Mª de la Asencion VIGIL, *vecinos del varrio de San Franco del Rancho*; ap/ Damacio TRUGILLO & Deonicia BORREGO, both dec.; am/ Joaquin VIGIL & Maria Concepcion CRUS; gp/ Tomas FERNANDES & Maria Dolores FERNANDES, *vs del mismo lugar*.

TRUGILLO, Maria Rita
  bap 24 May 1833, ae 3 da; d/ Luis TRUGILLO & Maria Dolores DURAN, *vecinos de S. Franco del Rancho*; ap/ Vicente TRUGILLO & Mª Guadalupe TRUGILLO; am/ Franco DURÁN & Juana SANDOVAL; gp/ Manuel Andres TRUGILLO & Mª de la Lus SANCHES, *vecinos de S. Franco de Paula*. (Frames 384-385)

Frame 385
ROMERO, Maria Manuela
  bap 26 May 1833, ae 4 da; d/ Pablo ROMERO & Mª Dolores GONSALES, native Indians of the pueblo of Taos; ap/ Jose Anto ROMERO & Soledad SUASO; am/ Juan GONSALES & Micaela RIO; gp/ D. Gregorio LUCERO & Maria Manuela MARTINES, *vecinos de S. Fernandes*.

SALAS, Jose del Espiritu Santo
  bap 26 May 1833, ae 2 da; s/ Pedro SALAS & Juana GARCIA, *vs del varrio de San Franco del Rancho*; ap/ Mª SALAS & unknown father; am/ Anto GARCIA & Paula SEDIO; gp/ Rafael TAFOYA & Mª Varvara ARAGON, *vs del mismo lugar*.

SANDOVAL, Jesus Maria
  bap 26 May 1833, ae 8 da; s/ Franco SANDOVAL & Mª Josefa GARCIA, *vs del Arroyo Ondo*; ap/ Juan Domingo SANDOVAL & Margarita SANTISTEVAN, both dec.; am/ Juan Angel GARCIA & Maria Manuela MARTIN, dec.; gp/ Jose Rafael MARTIN & Maria Ygnacia MESTAS, *vecinos del Arroyo Ondo*.

Frame 386
GALLEGOS, Juan Bautista
  bap 27 May 1833, ae 3 da; s/ Felipe GALLEGOS & Anna Ventura HERRERA, *vs del Rancho*; ap/ Miguel GALLEGOS & Maria Trinidad URTADO; am/ Juan Pablo HERRERA & Anaventura DURAN; gp/ Anto MARTIN & Mª Anta RIBALI, *vs del mismo lugar*.

PADILLA, Juan Luciano
  bap 27 May 1833, ae 3 da; s/ Manuel PADILLA & Mª Ysabel SISNEROS; ap/ Salvador PADILLA & Mª Josefa MARTIN; am/ Nerio SISNEROS, dec., & Mª Teodora MARTIN; gp/ Jose Ysidro MEDINA & Mª Ysabel CORDOBA, *vs del mismo lugar*.

SANDOVAL, Maria Susana
  bap 27 May 1833, ae 4 da; d/ Pablo SANDOVAL & Mª Dolores COCA, *vecinos de S. Fernandes*; ap/ Felipe SANDOVAL & Catarina CENA, dec.; am/ Jose Maria COCA &

Juana VENAVIDES; gp/ Jose Ramon MARTIN & Mª Teodora QUINTANA, v̊ del mismo lugar.

MEDINA, Juan Urban
   bap 27 May 1833, ae 3 da; s/ Jose Antº MEDINA & Juana Mª SALASAR, v̊ de S. Fernandes; ap/ Antº Jose MEDINA & Micaela VIGIL, both dec.; am/ Juan Antonio SAL(AS)AR & Maria Rosa ARCHULETA; gm/ Anna Maria GONSALES, vecina del mismo lugar.

Frame 387
SANDOVAL, Jose Ygnacio
   bap 28 May 1833, ae 3 da; s/ Jose SANDOVAL & Crus MONTOYA, vecinos de S. Francº del Rancho; ap/ Juan de Dios SANDOVAL & Maria Veatris HERRERA; am/ Pedro Alvino MONTOYA & Maria Manuela DURÁN, dec.; gp/ Juan BALLEJOS & Mª Ramona SANDOVAL of the same place.

CHAVES, Maria Pascuala
   bap 29 May 1833, ae 2 da; d/ Jose Pablo CHAVES & Mª Rafaela ARCHULETA, v̊ de S. Fernandes; ap/ Jose Mª CHAVES & Mª ORTEGA, both dec.; am/ Diego ARCHULETA & Mª MADRID, both dec.; gp/ Jose Maria CORTÉS & Mª Magdalena BRITO, v̊ del mismo lugar.

MARTIN, Maria Felipa
   bap 29 May 1833, ae 4 da; d/ Severino MARTIN & Mª Dolores SANDOVAL; ap/ Nicolas MARTIN & Maria Josefa LOPES; am/ Francº SANDOVAL & Mª Feliciana VIGIL; gp/ Miguel Antº BAYEJOS & Mª Gertrudis CHAVES, todos vecinos de la plasa de San Antº.

RIBERA, Fernando Antº
   bap 30 May 1833, ae 1 da; s/ Tomas RIBERA & Maria Loreta ORTIS, v̊ de S. Fernandes; ap/ Pedro Antº RIVERA (sic) & Mª Dolores BALDONADO; am/ Francº ORTIS & Mª Antª BACA, both dec.; gp/ Juan de Dios LALANDA & Maria Josefa SANCHES, vecinos del mismo lugar.

MARTIN, Manuel Cristoval
   bap 30 May 1833, ae 3 da; s/ Felipe MARTIN & Mª Micaela ROMERO, vecinos de Arroyo Ondo; ap/ Joaquin MARTIN & Gertrudis QUINTANA, both dec.; am/ Manuel Cristoval ROMERO & Josefa BACA; gp/ Jose Manuel ROMERO & Dorotea CHAVES, v̊ del mismo lugar.

Frame 388
MEDINA, Maria Trinidad
   bap 30 May 1833, ae 3 da; d/ Mª Encarnacion MEDINA & unknown father, vecina de la plasa S. Francisco de Paula; am/ Trinidad MEDINA (only); gp/ Jose Manuel BEYTA & Mª de la Lus MASCAREÑAS, vecinos del mismo lugar.

LOPES, Maria Petra
   bap 31 May 1833, ae 1 da; d/ Juan LOPES & Rufina CHACON, vecinos de San Fernandes; ap/ Antº LOPES & Mª Dolores VIGIL; am/ Pedro CHACON & Mª Polonia MUÑÓS; gp/ Juan Antº RIVERA & Anna Maria RIBERA (sic), vecinos del mismo lugar.

TRUGILLO, Jose Francº
   bap 1 Jne 1833, ae 2 da; s/ Diego Antº TRUGILLO & Mª Ygnacia CHAVES, vecinos de S. Francº del Rancho; ap/ Jose Francº TRUGILLO & Mª Antª TORRES; am/ Juan Cristobal CHAVES & Mª Dolores MONTOYA; gp/ Jose Rafael CORDOBA & Mª Guadalupe TRUGILLO, v̊ del mismo lugar.

DURAN, Jesus Maria
   bap 2 Jne 1833, ae 2 da; s/ Fran^co DURAN & Maria Juliana CORTES, v^s del varrio de S. Fran^co del Rancho; ap/ Fran^co DURAN & Juana SANDOVAL; am/ Cruz CORTES & Juana PADIA, both dec.; gp/ Jose Santiago SANDOVAL & Mª An^ta TRUGILLO, v^s del mismo lugar.

SUASO, Maria Manuela
   bap 2 Jne 1833, ae 3 da; nat. d/ Miquaela SUASO, *India natural de Taos*; am/ Fran^co SUASO & Maria VIGIL; gp/ Venito MARTIN & Mª Noverta LEAL of S. Fernandes.

Frame 389
SANCHES, Diego Ant°
   bap 9 Jne 1833, ae 6 da; s/ Jose SANCHES & Faustina VARE(LA), *vecinos del varrio de la Santisima Trinidad de Arroyo Seco*; ap/ Mariano SANCHES & Mª Fran^ca MARTIN; am/ Juan Ysidro VARELA & Juana Maria MARTIN; gp/ Diego An^to MESTAS & Mª Varvara TAFOYA, *vecinos del mismo lugar*.

COCA, Maria Feliciana
   bap 10 Jne 1833, ae 6 da; d/ Tomas COCA & Mª Lorensa SANDOVAL *del varrio de S. Fran^co del Rancho*; ap/ Miguel COCA & Maria ROMERO, dec.; am/ Matias SANDOVAL & Mª Ygnacia BUENO; gp/ Gregorio DURÁN & Mª Clara FERNANDES, *vecinos del mismo lugar*.

CASADOS, Maria Luisa de la Pas
   bap 11 Jne 1833, ae 2 da; *espuria* d/ Mª de Jesus CASADOS, wife of Manuel Estaban PACHECO, absent for 4 years, & unknown father; am/ Juan An^to CASADOS & Mª de la Lus QUINTANA, both, dec.; gp/ Pedro de HERRERA & Maria Candelaria SANDOVAL, *vecinos de San Fernandes*.

ROLAND, Maria Rita
   bap 12 Jne 1833, ae 5 da; d/ Juan ROLAND (Origins, p. 431, ROLES) & Mª Encarnacion MARTIN, *vecinos de S. Fran^co del Rancho*; ap/ Noverto ROULAND (sic), dec., & Ysidora MICOI; am/ Felipe MARTIN & Maria TRUGILLO; gp/ D^n An^to ORTIS & D^a Maria Fran^ca de la PEÑA, *vecinos del mismo lugar*.

Frame 390
LAMELAS, Selestino
   bap 12 Jne 1833, ae 4 da; s/ Domingo LAMELA(S) (Origins, p. 421, LAMELAS) & Mª Encarnacion SANCHES, *vecinos del varrio de la Santisima Trenidad de Arroyo Seco*; ap/ Juan LAMELAS & Rosalia BORUNA; am/ Miguel SANCHES & Soledad BACA; gp/ Ant° FIGUROA & Maria Rosa GRIJALVA of San Fernandes.

VIGIL, An^ta Rosa
   bap 16 Jne 1833, ae 3 da; d/ Ricardo VIGIL & Maria Dolores VALLEGOS, v^s del varrio de S. An^to de Arroyo Ondo; ap/ Gabriel VIGIL & Anna Maria LUCERO; am/ Juan VALLEGOS & Maria Gertrudis MARTIN; gp/ Juan Julian MARTIN & Mª Guadalupe VIGIL, *vecinos del mismo lugar*.

TRUGILLO, Mª An^ta Leonor
   bap 16 Jne 1833, ae 3 da; d/ Fran^co TRUGILLO & Mª de la Luz ABILA, *vecinos del Arroyo Ondo*; ap/ An^to Alejandro TRUGILLO & Maria Manuela ARCHULETA; am/ Rafael ABILA & Maria An^ta GALLEGOS; gp/ An^to MARTIN & Anna Maria ROMERO, *vecinos del mismo lugar*.

CRUZ, M^a An^ta
   bap 16 Jne 1833, ae 4 da; d/ An^to CRUZ & Maria Dolores MESTAS; ap/ Fran^co CRUZ & Maria Josefa MEDINA; am/ Ygnacio MESTAS & Juana TORRES; gp/ Pablo GRIEGO & Petrona GARCIA, *vecinos todos de S. Fran^co del Rancho*.

Frame 391
TORRES, Maria Manuela
 bap 16 Jne 1833, ae 3 da; d/ Nicolas TORRES & Mª de la Lus MARTINES, v^s de S. Fernandes; ap/ Diego TORRES & Concepcion TRUGILLO, dec.; am/ Antº Jose MARTIN(sic) & Mª Alberta LEAL; gp/ Juan Andres TRUGILLO & Mª Ygnacia TRUGILLO, v^s del mismo lugar.

ANALLA, Maria Dominga
 bap 16 Jne 1833, ae 8 da; d/ Salvador ANALLA & Mª de los Santos GILLEN, v^s de S. Fernandes; ap/ Matias ANALLA & Mª Manuela MARTIN; am/ Lasaro GUILLEN (sic) & Mª Concepcion MEDINA; gp/ Juan Domingo ROMERO & Mª Trinidad ROMERO, vecinos del mismo lugar.

CHAUBELÓN, Jose Manuel
 bap 18 Jne 1833, ae 2 da; s/ Juan CHAUBELÓN, dec., (Origins, p. 411, same) & Mª Viviana MARTINES, vecinos de la plasa de la Purisima Concepcion; ap/ Juan Bautista CHAUBELÓN & Ana Maria (n.s.) de Francia; am/ Antº MARTINES & Mª Rafaela BEYTA, both dec.; gp/ Geronimo LONTI (Origins, p. 424, LONTÉ) & Mª de la Luz TRUGILLO, vecinos del varrio de San Fernandes.

CHACON, Maria Manuela
 bap 19 Jne 1833, ae 4 da; d/ Pablo CHACON & Mª Guadalupe LIAL, vecinos del varrio de S. Francº del Rancho; ap/ Juan Antº CHACON & Mª Andrea MARTIN; am/ Juan Domingo LIAL, dec., & Mª Veronica CORTÉS; gp/ Jose Mariano LIAL & Maria Dolores LIAL, vecinos del mismo lugar.

BORREGO, Jose Pablo de los Dolores
 bap 19 Jne 1833, ae 6 da; s/ Antº Jose BORREGO & Maria Manuela ARAGON; ap/ Diego Antº BORREGO & Maria Vibiana SANDOBAL; am/ Francº ARAGON & Maria Paula BALDES, both dec.; gp/ Antº ORTIS & Maria de los Dolores LUCERO, vecinos de los Desmon(t)es. (Frames 391-392)

Frame 392
VIGIL, Maria Dolores
 bap 20 Jne 1833, ae 6 da; d/ Juan Angel VIGIL & Maria Guadalupe BALLEJOS, v^s del varrio del Arroyo Seco; ap/ Gabriel VIGIL & Anna Maria LUCERO, both dec.; am/ Juan BALLEGOS (sic) & Mª Gertrudis MARTIN; gp/ Jose Francº (n.s.) & the maternal grandmother, v^s del mismo lugar.

MAES, Mª Rufina
 bap 20 Jne 1833, ae 4 da; d/ Jose Rafael MAES & Anna Maria CORTES, v^s de San Francº del Rancho; ap/ Juan MAES, dec., & Maria Manuela ROMERO; am/ Paulin CORTES & Mª Consepcion MARTIN; gp/ Ramon MARTIN & Mª Josefa MARTIN of the same place.
###24-1
HERRERA, Mª Guadalupe
 bap 23 Jne 1833, ae 5 da; d/ Pedro de HERRERA & Mª Manuela MARTIN, v^s del Rio Chiquito; ap/ Juan Pablo de HERRERA & Mª Juana BENABIDES; am/ Santiago MARTIN & Josefa GARCIA; gp/ Felis PADILLA & Mª Ygnacia MARTIN, v^s del mismo lugar.

Frame 393
BRACHAL, Maria Viviana
 bap 23 Jne 1833, ae 3 da; d/ Antº BRACHAL (Origins, p. 407, BLANCHARD) & Gertrudis TRUGILLO, v^s de S. Fernandes; ap/ B(a)utista BRACHAL & Viviana MOTRAY; ap/ Jose TRUGILLO & Teresa GONSALES; gp/ Juan de Dios AGUILAR & Maria de la Luz MARTIN, v^s del mismo lugar.

SAMORA, Juana Maria
   bap 24 Jne 1833, ae 5 da; d/ Jose SAMORA & Rosa BALDES, v^s del Arroyo Ondo; am(sic)/ Jose Manuel BALDES & Fran^{ca} SISNEROS; ap(sic)/ Juan SAMORA, dec., & Mª Manuela LUJAN; gp/ Juan Cristoval de ERRERA & Mª Ygnacia LUCERO, *vecinos del mismo lugar*.

MONTOYA, Mª Casimira de Jesus
   bap 24 Jne 1833, ae 2 da; d/ Miguel MONTOYA & Mª Rosalia BALERIO, v^s del Arroyo Seco; ap/ Agustin MONTOYA & Mª Rita OLIVAS, dec.; am/ Martin BALERIO, dec., & Mª Casilda SANDOVAL; gp/ Jose Gabriel CHAVES & Mª Miquela CORDOVA, *vecinos del mismo lugar*.

TAFOYA, Juan de Jesus
   bap 24 Jne 1833, ae 4 da; s/ Jesus TAFOYA & Mª Manuela ESPINOSA, v^s de San Fran^{co} del Rancho; ap/ Salbador TAFOYA & Mª Ygnacia CANO; am/ Juan de Jesus ESPINOSA & Mª Fran^{ca} GONSALES; gp/ Fran^{co} ABILA & Mª Josefa VIGIL, v^s del mismo lugar.

Frame 394
ALIRE, Maria Guadalupe
   bap 24 Jne 1833, ae 4 da; d/ Juan Lorenso ALIRE & Maria Felipa MARTINES, *vecinos de S. Fernandes*; ap/ Marcos ALIRE & Maria An^{ta} LUJAN, both dec.; am/ Gregorio MARTINES & Mª Victoria TENORIA, both dec.; gp/ J. Manuel LUCERO & Mª Rafaela VIGIL, *vecinos del mismo lugar*.

VIGIL, Maria del Carmen
   bap 26 Jne 1833, ae 3 da; d/ Juan Ygnacio VIGIL & Mª Paula QUINTANA, v^s de S. Fran^{co} del Rancho; ap/ Marcelino VIGIL & Maria Micaela MARTIN; am/ Juan QUINTANA & Mª Felipa MAES; gp/ Lorenso ARAGON & Maria Josefa VIGIL, *vecinos del mismo lugar*.

MARTINES, Jose Pablo
   entered 27 Jne, bap 20th current June, ae 6 da; s/ Santiago MARTINES & Maria de la Lus LUCERO, *vecinos de San Fernandes*; ap/ D^n Seberino MARTINES & D^a Maria del Carmel SANTISTEVAN, both dec.; am/ D^n Pablo LUCERO & D^a Paulita LARRAÑAGA, dec.; gp/ Juan LUCERO & Mª Estefana ARAGON, *vecinos de San Fernandes*.

Frame 395
MARTIN, Jose Felis
   bap 1 Jly 1833, ae 2 da; s/ Eusebio MARTIN & Maria Dolores MEDINA; ap/ Jose Andres MARTIN & Maria Josefa (n.s.); am/ An^{to} Jose MEDINA & Maria Manuela ESPINOSA; gp/ An^{to} Aban CORDOVA & Maria Estefana GONSALES, *todos vecinos de San Fran^{co} del Rancho*.

Church visit - D. José Antonio de ZUBIRIA, obispo de Durango, 5 July 1833, CHAVES, p. 238; witnessed by Jose Fran^{co} de Ladislao MEXIA S^{rio} de Vis^{ta} (Frames 395-398)

Frame 399
LUNA (patron), Maria Estefana
   bap 5 Jly 1833, ae 7 yr; d/ Tribu Lluta, in the family of D^n Rafael de LUNA, who redeemed her and was her gp, with Maria Paula de LUNA, *vecinos de San Fernandes*.

CRUZ, Jose Ramon
   bap 6 Jly 1833, ae 6 da; s/ Juan Jose CRUZ & Mª Dolores MARTIN, *vecinos de San Fernando*; ap/ Juan CRUZ & Juana MARTIN; am/ Santos MARTIN & Mª Manuela ROMERO; gp/ Jose Ygnacio MARTIN & Mª Manuela ROMERO, *vecinos de San Fernandes*.

SANDOVAL, Manuel An^to
  bap 8 Jly 1833, ae 3 da; nat. s/ Amatilde SANDOVAL, single, & unknown father; am/ Julian SANDOVAL & Mª Margarita MARTIN, *vecinos del Rancho San Fran^co*; gp/ Perfecto SANDOVAL & Margarita MARTIN, v^s de San Fran^co del Rancho.

Frame 400
(1st entry marked thru then reentered in the next entry)
ARELLANO, Jose Ramon
  bap 10 Jly 1833, ae 6 da; s/ Domingo ARELLANO & Maria Rosa MEDINA, *vecinos de la plasa de la virgen de los Dolores de Arroyo Hondo*; ap/ Julian ARELLANO & Maria de la Lus TAPIA; am/ Cristobal MEDINA & Maria Juana CORDOVA; gp/ Manuel MONDRAGON & Maria Rosa ARELLANO *del mismo lugar*.

ORTEGA, Maria Prisilina
  bap 11 Jly 1833, ae 2 da; d/ Juan Mª ORTEGA & Mª Candelaria TRUGILLO, *vecinos desta plaza de San Fernandez*; ap/ Tiburcio ORTEGA & Anna Maria BACA; am/ An^to TRUGILLO & Mª An^ta TORRES; gp/ Eulogio VALDES & Mª Estefana VALDES, *vecinos del mismo lugar*. (Frames 400-401)

Frame 401
VIGIL, Maria Anna Cleta
  bap 14 Jly 1833, ae 4 da; d/ Juan VIGIL & Mª Paula VALDES, *vecinos de San Fernandes*; ap/ Jose VIGIL & Maria Rosa MARTIN, both dec.; am/ Manuel VALDES & Mª Josefa GARCIA, both dec.; gp/ D^n Pablo LUCERO & Mª Polonia LUCERO, v^s de S. Fernandes.

SOLANO, Fran^co An^to
  bap 14 Jly 1833, ae 8 da; s/ Andres SOLANO & Maria Serafina LEAL, *vecinos de San Fran^co del Rancho*; ap/ An^to SOLANO & Mª Rosa GIRON; am/ Manuel Jose LIAL (sic) & Mª QUINTANA; gp/ Vitor MARTIN & Mª Alvina VIGIL, *vecinos del mismo lugar*.

ATENCIO, Manuel An^to
  bap 14 Jly 1833, ae 3 da; s/ Pedro ATENCIO & Mª Luisa XARAMILLO, *vecinos de San Fernando*; ap(sic)/ Lorenso XARAMILLO & Mª de la Lus ROMERO; am(sic)/ An^to ATENCIO & Juana SUASO; gp/ An^to Jose LUCERO & Maria de los Reyes MESTAS, *vecinos del mismo lugar*. (Frames 401-402)

Frame 402
DURAN, Maria Epifania
  bap 18 Jly 1833, ae 4 da; d/ Pedro DURAN & Encarnacion MARTINEZ, *vecinos de San Fernando*; ap/ Necolaz DURAN & Juana An^ta ROMERO; am/ Manuel Gregorio MARTIN (sic) & Rafaela MEDINA; gp/ Mª Petra del VALLE (sic) & Rumaldo GRIJALBA, *vecinos del mismo lugar*.

RAEL, Maria del Carmen
  bap 18 Jly 1833, ae 3 da; d/ Juan RAEL & Mª Dolores ROMERO, *vecinos de San Fran^co del Rancho*; ap/ Felipe RAEL & Mª Manuela ROMERO; am/ Jose ROMERO & Mª Viviana FERNANDEZ; gp/ Fran^co FERNANDEZ & Mª Dolores FERNANDEZ, *vecinos del mismo lugar*.

PACHECO, Santiago
  bap 21 Jly 1833, ae 8 da; s/ Pablo PACHECO & Manuela SAMORA; ap/ Juan PACHECO & Lusia GOMEZ; am/ Santiago SAMORA & Maria Rosa ROMERO; gp/ Diego MARTIN & Vitoria DELGADO, native Indians of Taos Pueblo.

Frame 403
CHAVES, Antonio Santa Anna

bap 26 Jly 1833, ae 3 da; s/ Jose CHAVES & Mª Vitoria SERNA, *vecinos de S. Fernando*; ap/ Diego CHAVES & Rosalia MOLINA; am/ Jose Miguel MEXICANO & Gertrudis SERNA; gp/ Jose Albino VALDES & Mariana VALDES, *vecinos de S. Fernando*.

MEDINA, Maria Marta
MARTINEZ, Maria Marta
   bap 1 Aug 1833, ae 3 da; nat. d/ Mª Marta MEDINA, vecina del Rancho, dec., the child left with gp; am/ Jose Manuel MEDINA & Juana SANCHES; gp/ Mariano MARTINEZ & Mª Brigida TAFOYA, *vecinos del mismo lugar*.

SALASAR, Juan Lorenso
   bap 7 Aug 1833, ae 3 da; nat. s/ Ygnacia SALASAR, single, & unknown father; am/ Juana SALASAR, dec. (only); gp/ Felipe CRUZ & Juana Catarina GONSALES, v^s *todos de S. Fran^{co} del Rancho*.

MESTAS, Maria Gilomena
   bap 11 Aug 1833, ae 6 da; d/ Venito MESTAS & Maria Guadalupe MONTOYA, v^s *de S Fernandes*; ap/ Juan MESTAS & Mª Estela SANDOVAL; am/ Rafael MONTOYA, dec., & Mª Luciana CHAVES; gp/ Juan Ygnacio CORTES & Mª de la Luz GONSALES, v^s *del mismo lugar*. (Frames 403-404)

Frame 404
TRUGILLO, Maria Fran^{ca}
   bap 11 Aug 1833, ae 4 da; d/ An^{to} Jose TRUGILLO & Juana Mª GARCIA, v^s *de San Fernando*; ap/ Blas TRUGILLO & Mª Rita MEDINA; am/ Pedro GARCIA & Mª Albina TORRES; gp/ J. Miguel BACA & Mª Dominga GARCIA, v^s *del mismo lugar*.

MONTOYA, Jose Leonicio de Jesus
   bap 11 Aug 1833, ae 4 da; s/ Juan Jose MONTOYA & Mª Candelaria ESQUIBEL, v^s *de S. Fran^{co} del Ranchito*; ap/ Bernardo MONTOYA, dec., & Mª MARTIN; am/ Jose Fran^{co} ESQUIBEL & Mª Feliciana MARTIN; gp/ D^n Juan Manuel LUCERO & D^a Juana Maria MARTINEZ, v^s *del mismo lugar*.

GALLEGOS, Maria An^{ta}
   bap 15 Aug 1833, ae 3 da; d/ Leonicio GALLEGOS & Petra MARTIN, *vecinos de Arroyo Ondo*; ap/ Felipe GALLEGOS & Juana GARCIA; am/ Felipe MARTIN & Mª Micaela ROMERO; gp/ An^{to} Jose CORDOVA & Mª Rosa SANDOVAL, v^s *del Arroyo Ondo*.

ROMERO, Maria Candelaria
   bap 15 Aug 1833, ae 4 da; d/ Marcial ROMERO & Maria Encarnacion TORRES; ap/ Jose ROMERO & Maria An^{ta} MONTOYA; am/ Diego TORRES & Mª Consepcion TRUGILLO, dec.; gp/ Jose Mª SANDOVAL & Mª Juana SANDOVAL, *vecinos de San Fernandes*. (Frames 404-405)

Frame 405
TAFOYA, Maria Josefa
   bap 15 Aug 1833, ae 4 da; nat. d/ Mª Soledad TAFOYA, *vecina de S. Fran^{co} del Rancho*; am/ Salvador TAFOYA & Maria Josefa TRUGILLO; gp/ Jose de la Ascencion ROMERO & Mª Viviana FERNANDES, *vecinos del mismo lugar*.

LUJAN, Jose Santana
   bap 18 Aug 1833, ae 8 da; s/ An^{to} LUJAN & Paula ROMERO, natives of Taos Pueblo; ap/ Juan Ant° LUJAN & Josefa REYNA; am/ Miguel ROMERO & Mª Josefa LEIVA; gp/ Juan Ant° LOMA & Manuela LOMA, v^s *del mismo lugar*.

ARCHULETA, Jose Roque de Jesus
   bap 18 Aug 1833, ae 3 da; s/ Jose Miguel ARCHULETA & Mª de Gracia SALASAR, vᶜ desta plaza; ap/ Jesus (ARCHULETA) & Mª Joaquina VENAVIDES; am/ Diego SALASAR, dec., & Asucion MEDINA; gp/ German ARCHULETA & Mª Anᵗᵃ ARCHULETA, vᶜ del mismo lugar.

Frame 406
MESTAS, Juan Anᵗᵒ
   bap 19 Aug 1833, ae 2 da; s/ Marcos MESTAS & Mª de la Luz LOPEZ, vᶜ del Rancho; ap/ Bernardo MESTAS & Mª RAMIRES; am/ Franᶜᵒ LOPEZ & Gregoria MARTIN; gp/ Jose Manuel TORRES & Mª Concepcion QUINTANA, vᶜ de aquel mismo lugar.

LABÉ, Jose Miguel
   bap 24 Aug 1833, ae 4 da; s/ Pedro LABÉ (Origins, p. 422, LAVÉ) & Maria de la Ascencion MARTINES, vecinos de S. Franᶜᵒ del Rancho; ap/ Miguel LAVÉ (sic) & Mª Rosa BANSÁN; am/ Crus MARTINEZ (sic) & Mª Dolores TORRES, dec.; gp/ Geronimo LONTÉ (Origins, p. 424, same) & Maria de la Luz TRUGILLO, vecinos de San Fernando.

MARTIN, Jose Rafael
   bap 25 Aug 1833, ae 3 da; s/ Pedro MARTIN & Mª Gertrudis MARTIN, vecinos de San Fernandes; ap/ Pedro MARTIN & Mª Calletana VIGIL; am/ Joaquin MARTIN & Josefa FRESQUIS; gp/ Jose Rafael CORDOVA & Mª Ygnacia LUCERO, vecinos del mismo lugar.

BALLEJOS, Maria Calletana
   bap 25 Aug 1833, ae 3 da; d/ Juan BALLEJOS & Mª Ramona SANDOVAL, vecinos de San Franᶜᵒ del Rancho; ap/ Franᶜᵒ BALLEJOS & Guadalupe MOLINA; am/ Juan de Dios SANDOVAL & Beatris de ERRERA; gp/ Jose Candelario BARELA & Mª del Carmel SANDOVAL, vecinos del mismo lugar.

Frame 407
LOVATO (patron), Juana Maria
   bap 25 Aug 1833, ae 4 yr; d/ Nacion Yuta, redeemed by Buena Ventura LOVATO who was gp together with Maria Ygnacia SANCHES, vecinos del varrio de San Franᶜᵒ del Rancho.

MARTINEZ, Maria Rafaela
   bap 25 Aug 1833, ae 4 da; d/ Jose Maria MARTINEZ & Mª Rosalia TRUGILLO, vecinos de S. Fernandes; ap/ Franᶜᵒ MARTINEZ & Mª de Jesus VARELA; am/ Ygnacio TRUGILLO & Mª Varbara MARTIN; gp/ Juan Nepomoseno VENAVIDES & Mª Juana de Alta Gracia MARTINEZ, vecinos del mismo lugar.

MARTIN, Maria Luisa
   bap 26 Aug 1833, ae 2 da; d/ Juan Ygnacio MARTIN & Mª Casilda MARTIN, vᶜ del Rancho; ap/ Franᶜᵒ MARTIN & Mª SANCHES; am/ Felipe MARTIN & Maria TRUGILLO; gp/ Jose Ygnacio GONSALES & Mª Josefa LALANDA, vᶜ del mismo lugar.

GALLEGO, Felipe de Jesus
   bap 29 Aug 1833, ae 7 da; s/ Manuel GALLEGO & Mª Doloˢ ARELLANO, vᶜ del Arrollo Hondo; ap/ Felipe GALLEGO & Jᵃ GARCIA; am/ Jose ARELLANO & Consepcion MARTIN; gp/ Jose Ygnacio ARELLANO & Mª Soledad ARELLANO, vᶜ del mismo lugar. (Frames 407-408)

Frame 408
TAFOLLA, Jose Jacinto
   bap 30 Aug 1833, ae 5 da; s/ Bartolome TAFOLLA & Maria Anᵗᵃ GONSALES, vᶜ del Rancho; ap/ Juan Bartolome TAFOLLA & Maria Dolores MARTINES; am/ Calletano

GONSALES & Lorenza RODRIGES; gp/ Juan Ysidro VIGIL & Maria Francisca BEITA, v^s del mismo lugar.

REYNA, Maria Paula
  bap 1 Sep 1833, ae 4 da; d/ Miguel REYNA & Juana ROMERO, natives of the pueblo; ap/ Jose REYNA & Mª Luisa LOMAS; am/ Domingo ROMERO & Mª Vitoria DELGADO; gp/ Agustin DURAN & Mª Rosalia SAMORA, natives of this same place.

ROMERO, Maria Rosa
  bap 1 Sep 1833, ae 7 da; d/ Agustin ROMERO & Lucia MARTIN, natives of this pueblo; ap/ Miguel ROMERO & Josefa ARCHULETA; am/ Jose MARTIN & Mª Gertrudis SAUCONE; gp/ Fran^{co} GOMES & Maria REYNA.

Frame 409
BASQUES, Maria Jacinta
  bap 2 Sep 1833, ae 5 da; d/ Juan Jose BASQUES & Pascuala CORDOVA, *vecinos de Arroyo Ondo*; ap/ Jose An^{to} BASQUES & Rosa AREYANO; am/ Pablo CORDOVA & Margarita BERNAL; gp/ Jose An^{to} VARELA & Mª Josefa LUCERO, *vecinos dela plaza de S. Fran^{co} del Ranchito*.

BACA, Jose Antonio
  bap 5 Sep 1833, ae 2 da; s/ Jose An^{to} BACA & Mª Trinidad GUTIERRES, *vecinos desta misma plaza*; ap/ Salbador BACA & Mª Tomasa SILVA; am/ An^{to} GUTIERRES & Mª Ygnes SOLANO; gp/ Mariano MARTINEZ & Mª Ysabel TRUGILLO, v^s *deste mismo lugar*.

MESTAS, Jose M^a del Rosario
  bap 6 Sep 1833, ae 9 da; s/ Jose Manuel MESTAS & Mª Dolores RUIBALI, *vecinos del Embudo*; ap/ Cristoval Clemente MESTAS & Elalia GONSALES; am/ Jose Maria RUYBALI (sic) & Ana Maria LUCERO; gp/ Miguel An^{to} BRITO & Mª Ygnacia OLIHAS, *vecinos del Embudo*.

PACHECO, Juan Rosario
  bap 8 Sep 1833, ae 4 da; s/ Ysidro PACHECO & Clara BLEA, v^{os} *de San Fernando*; ap/ Felipe PACHECO & Maria Gertrudis CORDOVA; am/ Pablo BLEA & Maria Dolores LOPEZ, *vecinos desta misma plaza de San Fernando*; gp/ Mariano MARTINEZ & Ysabel TRUGILLO.

Frame 410
RODRIGUES, Juan de Jesus
  bap 10 Sep 1833, ae 6 da; s/ Jose Maria RODRIGUES & Mª Petrona SANDOVAL, *vecinos de la plasa de Purisima Concepcion*; ap/ Manuel RODRIGUES & Mª Ygnacia PANDO; am/ Fran^{co} SANDOVAL & Mª de la Lus GIMENES; gp/ D. Carlos BEAUBIEN & in his place, D. Pedro de la Esperanza (n.s.-only), v^s *del mismo lugar*.

CORDOVA, Maria Natibidad
  *bap 4 Sep 1833, ae 4 da; d/ Juan CORDOVA & Miguela BRITO, *vecinos de San Fernando*; ap/ Manuel CORDOVA & Guadalupe SERNA; am/ Fran^{co} VRITO (sic) & Margarita ROMERO; gp/ Juan Ygnacio ALIRE & Mª Gertrudis VARELA, v^s *del mismo lugar*.

LUJAN, Maria Ygnacia
  bap 11 Sep 1833, ae 5 da; d/ Vicente LUJAN & Mª de la Luz CORDOVA, *vicenos del pueblo de S^n Geronimo*; ap/ Juan Domingo LUGAN (sic) & Josefa REYNA; am/ Jose CORDOVA & Soledad LUCERO; gp/ Jose Fran^{co} GONSALES & Mª de la Luz MARQUES, *vecinos desta plaza de S^n Fernande(s)*. (Frames 410-411)

TAOS BAPTISMS, VOLUME II   1833-1837, AASF #20

Frame 411
MAES, An^to Domingo
  bap 11 Sep 1833, ae 2 da; s/ Pedro Luis MAES & Mª Paula MEDINA, v^s de San
  Fernandes; ap/ Juan Estevan MAES, dec., & Mª Manuela ROMERO; am/ An^to Felis
  MEDINA & Mª Teodora QUINTANA, both dec.; gp/ Juan de Jesus LUCERO & Mª Dolores
  LUCERO, v^s del mismo lugar.

MARTIN, Maria Dolores
  bap 12 Sep 1833, ae 3 da; d/ Jose Fran^co MARTIN & Maria Ysabel CORTÉS, vecinos
  del Ranchito de San Francisco; ap/ Joaquin MARTIN & Maria Candelaria CHAVEZ;
  am/ Cruz CORTES & Luz MONTOYA, both dec.; gp/ Jose Rafael LUCERO & Juana
  Antonia ORTEGA, v^s del mismo lugar.

GUTIERRES, Maria Xacinta de los Dolores
  bap 21 Sep 1833, ae 11 da; nat. d/ Maria Rafaela GUTIERRES, single, & unknown
  father; am/ Blas GUTIERRES & Maria RIVERA; gp/ Jose Maria DELGADO & Maria Rosa
  ALMENDARES, vecinos todos de San Fernandes. (Frames 411-412)

Frame 412 (Unless differently specified, the following were baptized in el
  curato [the parish] of San Geronimo de Taos.)

SALASAR, An^to Domingo
  bap 22 Sep 1833 en San Fernando de Taos, ae 4 da; s/ Carlos SALASAR & Andrea
  MONTOYA, vecinos del varrio del Arroyo Seco; ap/ Casimiro SALASAR, dec., & M^a
  Concepcion TRUGILLO; am/ Salvador MONTOYA & Mª Gertrudis GONSALES; gp/ Jose An^to
  SANCHES & Maria Encarnacion SANCHES, vecinos del mismo lugar.

ARCHULETA, Juan Andres
  bap 22 Sep 1833 en San Fernando, ae 4 da; s/ Rafael ARCHULETA & Mª Consepcion
  SALASAR, vecinos del Arroyo Seco; ap/ Ramon ARCHULETA & Encarnacion CHAVES;
  am/ Fran^co SALASAR & Maria Josefa GARCIA; gp/ Juan Domingo TAFOYA & Mª Gertrudis
  CORDOVA, vecinos de San Fran^co del Rancho.

CARDENAS, Jose Amado
  bap 22 Sep 1833 en S. Fernando de Taos, ae 10 da; s/ Fran^co CARDENAS & Ramona
  MARTIN, vecinos de S. Fernandes; ap/ Bentura CARDENAS & Mª de la Lus LUJAN; am/
  Luis MARTIN & Candelaria PADILLA; gp/ Ant° Jose ORTIZ & Mª Fran^ca de la PEÑA,
  vecinos del Rancho. (Frames 412-413)

Frame 413
MESTAS, Maria Consepsion
  bap 22 Sep 1833 en San Fernando de Taos, ae 4 da; d/ Jose del Carmen MESTAS &
  Mariana TRUGILLO; ap/ Ygnacio MESTAS & Madalena MARTINEZ; am/ Diego TORRES &
  Consepsion TRUGILLO; gp/ Jose Prudencio TORRES & Maria Ynes LOPES, v^s de San
  Fernando.

MARTINEZ, Juan Cristobal
  bap 22 Sep 1833 en San Fernando de Taos, ae 5 da; s/ Jose Policarpio
  MARTI(NE)Z & Juana Maria MARTIN; ap/ Jose de los Relles MARTINEZ & Maria Luisa
  MUÑIS; am/ Matias VIGIL (sic) & Maria Dolores PACHECO; gp/ Jose Fransisco
  RUBI(D)U (Origins, p. 432, RUBIDOUX) & Maria de Jesus GALLEGO, v^s todos de San
  Fransisco del Rancho.

GUILLEN, Juan Antonio
  bap 23 Sep 1833 en San Geronimo de Taos, ae 3 da; s/ Lasaro GUILLEN & Mª Ygnes
  MEDINA, vecinos de S. Fran^co del Rancho; ap/ Fran^co GILLÉN (sic) & Mª Angela A
  (sic); am/ An^to Jose MEDINA & Juana TORRES; gp/ Manuel LEAL & Mª Juliana
  TRUGILLO, v^s del mismo lugar. (Frames 413-414)

Frame 414
CORTES, Mª Ygnacia
  bap 23 Sep 1833 en esta plasa de San Fernando de Taos, ae 3 da; d/ Franco CORTÉS & Mª Atanacia ARMENTA, vˢ de S. Fernando; ap/ Jose CORTÉS & Juana MONTOYA; am/ Simon ARMENTA & Marta MARTIN, both dec.; gp/ Juan Severiano MADRID for Jose Antº MADRID, & Mª del Carmel DELGADO, vˢ del mismo lugar.

GONSALES, Mª del Refugio
  bap 26 Sep 1833 en San Fernando de Taos, ae 3 da; d/ Pedro GONSALES & Mª Soledad LASO, Indios naturales del pueblo de S. Geronimo de Taos; ap/ Santiago GONSALES & Mª Josefa MIRABAL; am/ Juan LASO & Mª Anna TUSA; gp/ Pedro Antº DURAN & Mª Barbara MEDINA, vecinos de S. Fernandes.

SANDOVAL, Maria Justa
  bap 27 Sep 1833 en San Geronimo de Taos, ae 2 da; nat. d/ Mª Ygnacia SANDOVAL, vecina desta plaza de San Fernando; am/ Franco SANDOVAL & Mariana TAFOYA; gp/ Marcelino VIGIL & Juana Mª de Alta Gracia VIGIL, vecinos del mismo lugar. (Frames 414-415)

Frame 415
GABALDON, Maria Manuela
  bap 27 Sep 1833, ae 2 da; d/ Jose Manuel GABALDON & Mª Candelaria APODACA, vecinos del Arroyo Ondo; ap/ Felis GABALDON & Guadalupe TRUGILLA; am/ Santiago APODACA & Casilda CORDOVA; gp/ Tomas CORDOVA & Juana ARELLANA, vecinos del mismo lugar.

GONT, Julian
  bap 27 Sep 1833 en San Fernando de Taos, ae 5 da; s/ Julian GONT (Origins, p. 417, GORDON) & Juana Mª LUCERO, vecinos de S. Franco del Rancho; ap/ Juan GONTES (sic) & Ysabel ART; am/ Pedro LUCERO & Mª de la Lus FERNANDES; gp/ Carlos QUINTO & Juana Antª GAYEGOS, vˢ del mismo lugar.

TRUGILLO, Maria Benigna
  bap 27 Sep 1833 en esta plasa de S. Fernando de Taos, ae 3 da; d/ Antº Jose TRUGILLO & Mª Manuela COCA; ap/ Alejandro TRUGILLO, dec., & Mª Manuela ARCHULETA; am/ Manuel COCA, dec., & Rafaela MARTIN; gp/ Dⁿ Pedro VIGIL & his wife, Mª Josefa LUCERO, vˢ todos de S. Fernandes.

Frame 416
LUJAN, Antonio Joseph
  bap 28 Sep 1833 en esta plasa de San Fernando de Taos, ae 3 da; nat. s/ Juana LUJAN, besina dela plasa de San Fernando; am/ Antº Jose LUJAN & Maria Guadalupe PACHECO; gp/ Juan Antº MARTINEZ & Juan y Juana (sic) Ysabel SANCHES, vesinos del mismo lugar. mw

MEDINA, Jose Franco
  bap 5 Oct 1833 en esta plasa de San Fernando de Taos, ae 3 da; s/ Jesus MEDINA & Josefa MARTIN, vecinos de San Franco del Rancho; ap/ Juan Nepomoseno MEDINA & Candelaria VIGIL; am/ Gervasio MARTIN & Juana CORTES; gp/ Jose Rafael MAES & Anna Mª CORTES, vecinos del mismo lugar.

ROMERO, Juan de Jesus
  bap 6 Oct 1833 en esta plaza de San Fernando de Taos, ae 3 da; s/ Julian ROMERO & Rafaela LOMA, natives of Taos Pueblo; ap/ Juan ROMERO & Mª Ygnacia REYNA; am/ Jose Antº LOMA & Mª Antª RIO; gp/ Jose Maria GONSALES & Ana Josefa LUJAN, all native Indians de pueblo de San Geronimo de Taos.

Frame 417
LUCERO, Maria Manuela

bap 8 Oct 1833 *en esta plasa de San Fernando de Taos*, ae 3 da; d/ J^e Rafael LUCERO & Mª Ant^a SILVA; ap/ Necolas LUCERO & Mª Encarnacion BIGIL; am/ Jose Maria SILVA & M^a del Carmel SAIS; gp/ Jose Rafael SAIS & Mª Trenidad MEDINA, *todos v^c de S^n Fernando*.

HERRERA, Jose Dolores
   bap 8 Oct 1833 *en esta plaza de San Fernando de Taos*, ae 4 da; s/ Marcos de HERRERA & Micaela QUINTANA, *vecinos de Arroyo Ondo*; ap/ Miguel de HERRERA & Mª de la Cruz LOPEZ; am/ Jose Mª QUINTANA & Loreta VALDEZ; gp/ German ARCHULETA & Mª Ygnes MANSANARES, *v^c de S. Fernando*.

MARTINEZ, Mª Nestora
   bap 9 Oct 1833 *en esta plaza de San Fernando de Taos*, ae 3 da; d/ Cruz MARTINEZ & Mª Ramona MONTOYA; ap/ Juan Felipe MARTINEZ & Mª Ygnacia VIGIL, both dec.; am/ Juan MONTOYA & Mª Ygnacia BALDES, both dec.; gp/ Franc^o GUTIERRES & Candelaria MARTINEZ, *todos vecinos del Rancho*.

HERRERA, Jesus Maria
   bap 10 Oct 1833 *en S. Fernando de Taos*, ae 3 da; s/ Jose Miguel HERRERA & Mª Rita BARGAS, *v^c de la plasa San An^{to} de los Desmontes*; ap/ An^{to} HERRERA & Mª Candelaria MARTINES; am/ Juan de Jesus BARGAS & Mª Josefa CHAVES; gp/ Jose Victor SISNEROS & Anna Guadalupe VALDES, *v^c del mismo lugar*. (Frames 417-418)

Frame 418
BARELA, Jose Franc^o
   bap 11 Oct 1833 *en San Fernando de Taos*, ae 3 da; s/ Jose Candelario BARELA & M^a del Carmel SANDOVAL, *vecinos del Rancho de San Franc^o*; ap/ Juan An^{to} BARELA & Mª Ygnacia VIGIL; am/ Juan de Dios SANDOVAL & Beatris de HERRERA; gp/ Jose Maxinio SOLANO & Mª BARELA, *vecinos del mismo lugar*.

SANDOVAL, Maria Soledad
   bap 20 Oct 1833, ae 9 da; d/ Juan SANDOVAL & Mª Gregoria SANCHES; ap/ Ubaldo SANDOVAL & Mª Leogarda TRUGILLO; am/ Diego Ant^o SANCHES & Magdalena MARTIN; gp/ Juan de Jesus TRUGILLO & Mª Necolasa TRUGILLO, *vecinos de San Fernandes*.

AGILAR, Jose Ant^o
   bap 20 Oct 1833, ae 8 da; s/ Franc^o AGILAR & Juana FRESQUIS, *vecinos del varrio de la Purisima Consepcion del Ranchito*; ap/ Ant^o AGILAR & Juana CORDOVA; am/ Jose Dolores MONTOYA & Juana FRESQUIS; gp/ Estevan SANCHES & Mª de la Lus BUENO, *vecinos del mismo lugar*. (Frames 418-419)

Frame 419
CHAVES, Margarita
   bap 20 Oct 1833, ae 3 da; nat. d/ Leonicia CHAVES; am/ An^{to} CHAVES & Candelaria MALDONADO, both dec., *vecinos de San Fernandes*; gp/ Juan Ygnacio CORTES & Mª Teresa CHAVES, *vecinos del mismo lugar*.

MARTIN, Mª Lugarda   Taos
   bap 20 Oct 1833, ae 10 da; d/ Juan Manuel MARTIN & Mª Concepcion SALASAR of Arroyo Ondo; ap/ Ramon MARTIN, dec., & Mª Josefa ORTEGA; am/ Ysidro LOVATO & Mª Beatris SALASAR; gp/ Diego Ant^o SALAZAR (sic) & Mª Gertrudis GOMES of the same place.

SANCHES, Manuel An^{to}
   bap 20 Oct 1833 *en esta plasa de San Fernando de Taos*, ae 8 da; s/ Juan Ygnacio SANCHES & Mª Varbara GONSALES, *vecinos del varrio de San Franc^o del Rancho*; ap/ Manuel SANCHES & Maria Necolasa SANDOVAL; am/ Jose An^{to} GONSALES

& Mª Antª ARAGON; gp/ Vicente MOLINA & Mª Dolores ROMERO, *vecinos del mismo lugar*.

Frame 420
GARCIA, Jose Perfecto
  bap 21 Oct 1833 *en S. Fernando de Taos*, ae 5 da; s/ Franco GARCIA & Mª Guadalupe CHAVES, *vecinos de la poblacion de Arroyo Ondo*; ap/ Manuel GARCIA & Mª Trinidad QUINTANA; am/ Jose Anto CHAVES & Mª Nicolasa GOMES; gp/ Juan de Jesus MARTIN & Florentina SANDOVAL, *vecinos del varrio de San Fernando*.

BARELA, Jose Ramon
  bap 21 Oct 1833 *en San Fernando de Taos*, ae 8 da; s/ Manuel BARELA & Mª Paula CRUZ, *vecinos del Rancho de San Franco*; ap/ Miguel VARELA (sic) & Juana ROMERO; am/ Alejo CRUZ & Mª Guadalupe DURAN; gp/ Estevan SAMORA & Maria Paula SAMORA, natives of the pueblo.

QUINTANA, Maria Manuela
  bap 22 Oct 1833 *en S. Fernando de Taos*, ae 4 da; d/ Jose Mª QUINTA(NA) & Mª Manuela TRUGILLO, *vecinos del Ranchito de San Franco de Paula*; ap/ Cristoval QUINTANA, dec., & Antª de LUNA; am/ Franco TRUGILLO & Mª Gertrudis MARTIN; gp/ Dn Jose Mª MARTINES & Dª Teodora GALLEGOS, *vecinos del mismo lugar*.

Frame 421
CORTES, Jose Agapito
  bap 27 Oct 1833 *en San Fernando de Taos*, ae 2 da; s/ Anto CORTES & Juaquina DURANA; ap/ Bautista CORTES & Maria Antonia MONTOLLA; am/ Felipe BALDES (sic) & Maria Gertrudis BALDES; gp/ Anto Maria LUSERO & Maria Rufina BIGIL, *vesinos del mismo lugar*.

CORDOVA, Maria de la Luz
  bap 27 Oct 1833 *en San Fernando de Taos*, ae 4 da; d/ Jose Fransisco CORDOVA & Maria del Carmel GOMES; ap/ Anto Jose CORDOVA & Maria Casilda AGUILAR; am/ Anto GOMES & Maria Manuela ROMERO; gp/ Jose Bitor SISNEROS & Ana Guadalupe BALDES, *vesinos dela plasa de San Anto de Arollo Ondo*.

FRESQUIS, Juan Santos
  bap 3 Nov 1833 *en San Fernando de Taos*, ae 3 da; s/ Juan Bartolo FRESQUIS & Maria de la Lus GARSIA; ap(sic)/ Juan Jose de la Cruz MESTAS & Anamaria GARSIA; am(sic)/ Jose Fransisco FRESQUIS & Mª Encarnasion MARTINEZ; gp/ Juan Domingo MARTINES & Maria Josefa ROMERO, *vesinos de la plasa de Nuestra Señora de los Dolores de el Arroyo Ondo*. (Frames 421-422)

Frame 422
BALBERDE, Jesus Maria de los Relles
  bap 10 Nov 1833 *en esta plasa de San Fernando de Taos*, ae 8 da; s/ Visente BALBERDE & Ysidora MARTINEZ; ap/ Juan Cristoval BALBERDE & Maria de la Lus GALLEGO; am/ Geronimo MARTIN (sic) & Barbara COCA; gp/ Jose Baltasar GONSALES & Maria de Jesus BELARDE, *vesinos de la Sienegia, perteneciente ala mision de Picuries*.

ARMENTA, Maria Ygnacia
  bap 12 Nov 1833 *en esta plasa de San Fernando de Taos*, ae 7 da; d/ Juan Ygnasio ARMENTA & Guadalupe MARTINEZ; ap/ Salbador MARTINEZ & Florentina SANDOVAL; am/ Maria Barbara MARTINEZ (only); gp/ Jose Ygnasio BALDES & Maria Manuela SANCHES, *vesinos del mismo lugar*.

Frame 423
BARGAS, Maria Martin(a)

bap 12 Nov 1833 *en San Fernando de Taos*, ae 2 da; d/ Pablo BARGAS & Maria Ygnacia CORDOVA; ap/ Maurilo BARGAS & Nicomeda FERNANDES; am/ Lorenzo CORDOVA & Mª Rafaela TRUGILLO; gp/ *el mismo ... abuelo materno* Lorenzo CORDOVA & Maria Dolores CORDOVA.

BENABIDES, Maria Martina
   bap 12 Nov 1833 *en esta plasa de San Fernandes de Taos*, ae 3 da; d/ Estevan BENABIDES & Gregoria GALLEGOS; ap/ Margarita (sic) BENABIDES & Maria Fransisca GALLEGOS; gp/ Miguel MARTINEZ & Marselina CASADOS, *vecinos de San Fernandes*.

ARMIJO, Anto Ramon
   bap 13 Nov 1833 *en esta plasa de San Fernando de Taos*, ae 4 da; s/ Jose Miguel ARMIJO & Barbara CHACON; ap/ Antp Estaquia ARMIJO & Maria Juana Josefa GARCIA; am/ Fransisco Anto CHACON & Encarnasion ATENSIO; gp/ Juan Santos MES & Juana de Jesus MEDINA, *vesinos del Arroyo Ondo*.

Frame 424
BUENO, Juan Carlos
   bap 13 Nov 1833 *en esta plasa de San Fernandes de Taos*, ae 8 da; s/ Juan Antonio BUENO & Maria Querina GRIEGO; ap/ Juan BUENO & Teodora BEITA; am/ Pablo GRIEGO & Petrona GARCIA; gp/ Diego Anto BEITA & Maria Fransisca BEITA, *vesinos del Rancho*.

MEDINA, Jose Carlos de Jesus
   bap 13 Nov 1833 *en esta plasa de San Fernando de Taos*, ae 10 da; s/ Cons(e)psesion MEDINA & Maria Fransisca MONTES; ap/ Juan Pasqual MEDINA & Teresa ESPINOSA; am/ Anto MONTES & Ygnasia MARTINEZ; gp/ Miguel Anto ABELA & Maria Serafina ABELA.

ARMIJO, Maria Dolores
   bap 13 Nov 1833, ae 3 da; nat. d/ Mª Dolores ARMIJO, single, *vecina de la plasa de la Virgin de los Dolores de Arroyo Ondo*, father & ap unknown; am/ Andres ARMIJO & Franca MARTIN, both dec.; gp/ Franco BUSTOS & Mª Soledad VIGIL, *vecinos de la plasa de Sma Trinidad de Arroyo Seco*.

Frame 425
DELGADO, Juan de Dios
   bap 13 Nov 1833 *en San Fernando de Taos*, ae 3 da; nat. s/ Juana Rosalia DELGADO, single; am/ Venito DELGADO, dec., & Josefa SANDOVAL; gm/ Mn Dolores GABALDON, *vecina de San Fernandes*.

GALLEGO, Maria Rita
   bap 14 Nov 1833 *en San Fernando de Taos*, ae 5 da; d/ Juan GALLEGO & Salome BACA; ap/ Baltasar GALLEGO & Anta BALDES; am/ Anto BACA & Gertrudis LOPES; gp/ Domingo LAMELAS (Origins, p. 421, LAMELAS) & Mª Encarnacion SANCHES, *vesinos del Arroyo Seco*.

SILVA, Anto Albino
   bap 15 Nov 1833 *en esta plasa de San Fernando de Taos*, ae 3 da; s/ Jose SILVA & Mª Encarnacion TRUGILLO; ap/ Mariano SILVA & Mª Manuela MARTINES; am/ Juan Cristobal TRUGILLO & Mª Josefa SANTISTEVAN; gp/ Candelario MONTOYA & Mª Dolores VENABIDES, *vecinos todos de la mision of S. Lorenzo de Picuries*.

Frame 426
ROMERO (patron), Maria Dolores
   bap 16 Nov 1833 *en esta plasa de San Fernando de Taos*, ae 2 da; d/ unknown, born early last night and left under the window of the house of Dn Rafael

ROMERO *en el varrio de S. Fran^co*, who said (the child) was not baptized, so brought in by Gertrudis BALDES; gp/ Jose An^to ROMERO & Anna Maria ROMERO, *vecinos de dh° varrio de S. Fran^co*.

SANDOVAL, Maria Epifania
   bap 21 Nov 1833 *en esta plasa de San Fernandes de Taos*, ae 3 da; d/ Venito SANDOVAL & Mª ESPINOSA, *vecinos de San Fernandes*; ap/ Gervasio SANDOVAL & Ramona VARELA; am/ Juan ESPINOSA & Manuela MONTOYA; gp/ D^n Pedro de la Esperansa (n.s.) & Mª Petra del VALLE, *vecinos del mismo lugar*.

MONTOLLA, Felis   Pueblo
   bap 23 Nov 1833 *en esta plasa de San Fernando de Taos*, ae 3 da; s/ Marco MONTOLLA & Maria de los Reyes MARTINEZ; ap/ Felipe MONTOLLA & Maria Ysabel TRUGILLO; am/ Jose Andres MARTINEZ & Maria Polonia GARCIA; gp/ An^to Aban ROMERO & Maria Andrea MES, *vesinos del pueblo*. (Frames 426-427)

Frame 427
AGUILAR, Maria Paula
   bap 25 Nov 1833 *en esta plasa de S. Fernandes*, ae 3 da; d/ Patricio AGUILAR & Mª Encarnacion ESPINOSA, *vecinos del Ranchito de la Puricima Consepcion*; ap/ Juan AGUILAR & Juana CORDOVA; am/ Jose ESPINOSA & Mª Dolores GARCIA; gp/ Ramon CORDOVA & Maria Puaula BALDES, *vecinos del Ranchito de la Puricima Consepcion*.

CORDOVA, Juan Lorenso
   bap 25 Nov 1833 *en esta plasa de S. Fernando*, ae 2 da; s/ Manuel CORDOVA & Josefa ALIRE, *vecinos del Arroyo Ondo*; ap/ Lorenso CORDOVA & Mª Margarita MARTIN; am/ Marcos ALIRE & Mª Catarina BIALPANDO; gp/ Fran^co GARCIA & Mª Guadalupe CHAVES, *vecinos del Arroyo Ando*.

GONSALES, An^to Jose
   bap 25 Nov 1833 *en esta plasa de S. Fernando*, ae 10 da; s/ Jose An^to GONSALES & M^a del Carmel GONSALES, *vecinos de S. Fran^co del Rancho*; ap/ Juan Jose GONSALES & Mª Guadalupe LIAL; am/ Bartolome TAFOYA & Mª Antonia GONSALES; gp/ Felipe Nerio (n.s.) & M^a del Refugio PACHECO, *vecinos del mismo lugar*.

Frame 428
SALASAR, Jose Bitervo
   bap 25 Nov 1833 *en esta plasa de San Fernando*, ae 20 da; nat. s/ Mª Nasarena SALASAR, single; am/ Juana SALASAR (only), *vecinos de S. Fran^co del Rancho*; gp/ Pedro ARAGON & Mª Felipa LOVATO, *vecinos del mesmo varrio*.

DURAN, Juan de la Crus
   *bap 24 Nov 1833, ae 1 da; s/ Fran^co DURAN & Juana ALIRE; ap/ Pablo DURAN & Mª de Jesus VALDES; am/ Juan Lorenso ALIRE & Maria BEYTA; gp/ D^n Pablo LUCERO & Mª Petra LARRAÑAGA, *todos vecinos de San Fernandes*.

DURAN, Maria Dolores
   bap 25 Nov 1833 *en esta plasa de San Fernando*, ae 4 da; d/ Juan del Carmel DURAN & Mª Dolores MONDRAGON, *vecinos del varrio de San Fran^co del Rancho*; ap/ Fran^co DURAN & Mª Juana SANDOBAL; am/ An^to MONDRAGON & Anamaria VIJIL, both dec.; gp/ Juan Matias SANCHES & Mª Josefa SANCHES, *besinos del mismo lugar*.

Frame 429
VIGIL, Maria Catarina
   bap 30 Nov 1833, ae 5 da; d/ Rafel VIGIL & Mª Estefana MADRIL, *vecinos*

del Rancho; ap/ An^to VIGIL & Mª Simona MONTOYA; am/ Bernardo MADRIL & Mª Ysabel LOPES, both dec.; gp/ Santiago MARTINEZ & Mª de la Luz LUCERO.

SALASAR, Jose Santiago
   bap 30 Nov 1833, ae 6 da; s/ Jose An^to SALASAR & Mª Dolores MONTOYA; ap/ Juan Cristobal SALASAR & Margarita SAMORA; am/ Baltasar MONTOYA & Mª Rosalia ARMIJO; gp/ Felipe MARTIN & Mª TRUGILLO, *todos vecinos de San Fransisco del Rancho*.

Frame 430
CORTES, Maria Rufina
   bap 1 Dec 1833, ae 4 da; d/ Jose Manuel CORTES & Maria Manuela SANCHES; ap/ Paulin CORTES & Consepsion MARTIN; am/ Felipe SANCHES & Juana Maria MARTINEZ; gp/ Juan Ygnacio MARTINEZ & Maria Casilda MARTINEZ, *vecinos de San Francisco del Rancho*.

ARELLANO, Maria Rosa
   bap 1 Dec 1833, ae 6 da; d/ Manuel ARELLANO & Maria Josefa PACHECO; ap/ Julian ARELLANO & M^a dela Luz TAPIA; am/ Felipe PACHECO & Maria Gertrudis CORDOVA; gp/ Manuel MONDRAGON & Maria Rosa ARELLANO, *vesinos de San Fernandes*.

BARGAS, Maria Andrea
   bap 4 Dec 1833, ae 5 da; d/ Roumaldo BARGAS & Juana LOVATO; ap/ Maurilo BARGAS & Nicomeda FERNANDES; am/ D^n An^to LOVATO & Maria Ygnacia SANCHES; gp/ Manuel FERNANDES & Maria Asencion MARTINEZ, *vecinos de San Francisco del Rancho todos*.

Frame 431
BEYTA, Maria Concepcion   San Fernando de Taos
   bap 8 Dec 1833 *en San Fernando de Taos*, ae 4 da; d/ Jose Gabriel BEYTA & Mª Rafaela MANCHEGO, *vecinos desta plasa*; ap/ Fran^co BEYTA & Mª Concepcion GARCIA; am/ Ascencio MANCHEGO & Maria Josefa RUIBAL; gp/ Miguel MADRID & Juana Maria CENA, *vecinos del mismo lugar*.

ARCHULETA, Maria Concepcion
   bap 8 Dec 1833 *en San Fernando de Taos*, ae 4 da; d/ Fran^co ARCHULETA & Mª An^ta BIALPANDO; ap/ Julian ARCHULETA & Mª VALDESA; am/ Salbador VIALPANDO (sic) & Mª Manuela BEYTA; gp/ Ramon CORDOVA & Mª Paula VALDES, *vecinos del Ranchito de Puricima Consepcion*.

MEDINA, Mª Consepcion
   bap 8 Dec 1833 *en San Fernando de Taos*, ae 3 da; d/ Pedro An^to MEDINA & Maria Antonia CRUS; ap/ Rafael MEDINA & Maria del Carmel ROMERO; am/ Rafael CRUS & Consepcion GURULED; gp/ Nicolas SANDOVAL & Maria Ygnacia MARTINEZ, *vecinos de San Francisco del Rancho*. (Frames 431-432)

Frame 432
MARTIN (patron), Maria Guadalupe
   bap 8 Dec 1833 *en San Fernando de Taos*, ae 3 mo; d/ *Tribu Lluta*, redeemed by D^n Pedro MARTIN, who is <u>amo</u>; gp/ Mariano MARTINE(S), *vecino de la plasita de San Francisco de Padua*, & Mª Estefana ROMERO, *vesina de San Fernandes*.

BERNAL, Juana de los Reyes
   bap 9 Dec 1833 *en San Fernando de Taos*, ae 4 da; d/ Juan Agustin BERNAL & Francisca GABILAN; ap/ Juan Manuel BERNAL & Jusefa LEIVA; am/ Juan Andres GAVILAN (sic) & Maria Manuela FRESQUIS; gp/ Agustin ROMERO & Ylaria de BERNALDA, *vesinos del pueblo de San Geronimo*.

LUSERO, Jose Sacramento Desquipula
   bap 9 Dec 1833 *en San Fernando de Taos*, ae 8 da; s/ An^to Jose LUSERO & Maria Jusefa de ERRERA; ap/ Juan LUSERO & Nicolasa CARABAJAL; am/ Juan Cristoval de ERRERA & Maria Conpsesion MESTAS; gp/ Juan de los Reyes SENA & Maria Juaquina CHAVES, *vesinos del mismo lugar*. (Frames 432-433)

Frame 433
(Note): "13 Dec 1833. Two baptisms were inadvertently written into the marraige book and now placed here with their correct dates."

LOPES, Maria Andrea de Jesus
   *bap 30 Nov 1833, ae 3 da; nat. d/ Concepc(i)on LOPES, wid., & father unknown; am/ Ygnacio LOPES & Mª Leonor TRUGILLO; gp/ German ARCHULETA & Mª Ygnes VIGIL, *todos vecinos de San Fernandes*.

ROMERO, Mª de Jesus
   *bap 11 Oct 1833, ae 5 da; d/ Agustin ROMERO & Rosalia SAMORA, native Indians of Taos Pueblo; ap/ Juan An^to ROMERO & Josefa CALDE; am/ Santiago ZAMORA (sic) & Mª Rosa TECOA; gp/ Catarina PADILLA, Indian of the same pueblo, & Yg^cio CORTES, *vecino de San Fernandes*. (Frames 433-434)

Frame 434 (Note regarding above entries.)
TAFOLLA, Maria Rufina
   bap 22 Dec 1833, ae 6 da; d/ Juan TAFOLLA & Maria Clara CHAVES; ap/ Ramon TAFOLLA & Rosalia DURAN; am/ (n.n.-blank space) CHAVES & Mª Dolores MONTOLLA; gp/ Felipe Nerio (n.s.) & Maria Refugio PACHECO, *v^s de San Francisco del Rancho*.

ROMERO, Maria Dolores
   bap 22 Dec 1833, ae 5 da; d/ Juan ROMERO & Candelaria QUINTANA; ap/ An^to Domingo ROMERO & Maria Rosario COCA; am/ Jose QUINTANA & Balbaneda ROMERO; gp/ Jose Ant° BRITO & Maria Barbara LUSERO, *v^s de San Francisco del Rancho*.

GALLEGOS, Maria Encarnacion
   bap 22 Dec 1833 *en este curato de San Fernandes*, ae 11 da; d/ Pedro GALLEGOS & Lorensa ESPINOSA, *vecinos del Arroyo Ondo*; ap/ Juan GALLEGOS & Mª TRUGILLO; am/ Acencio ESPINOSA & Anna Maria PANDO; gp/ An^to BRANCHAL (Origins, p. 407, BLANCHARD) & Maria Gertrudis TRUGILLO, *vecinos de San Fernandes*. (Frames 434-435)

Frame 435
SUASO, Jose Tomas
   bap 23 Dec 1833 *en este curato de San Fernandes*, ae 2 da; s/ Manuel SUASO & Maria Teresa SANDOVAL; ap/ Manuel SUASO & Manuela BILLALPANDO; am/ Gervasio SANDOVAL & Mª Ramona BARELA; gp/ Jose Calistro BORREGO & Maria An^ta GARSIA, *v^s de San Fernandes*.

BACA, Tomas Demetrio
   bap 24 Dec 1833 *en este curato de San Fernandes de Taos*, ae 4 da; s/ Juan Miguel BACA & Dominga GARSIA; ap/ Estevan BACA & Maria de la Luz MARTINEZ; am/ Pedro GARSIA & Maria Albina TORRES; gp/ Jose Rafael TENORIO & Dolores TENORIO, *v^s de San Fernandes*.

ROMERO, Jose Tomas
   bap 24 Dec 1833 *en este curato de San Fernandes de Taos*, ae 9 da; s/ Francisco ROMERO & Barbara BALDES; ap/ Juan Domingo ROMERO & Barbara TORRES; am/ Juan BALDES & Juana MARQUES; gp/ Jose Rafael MONTOLLA & Ramona MONTOLLA, *v^s de San Fransisco del Rancho*. (Frames 435-436)

Frame 436
VALERIO, Juan An^{to}
  bap 27 Dec 1833 *en San Fernando*, ae 3 da; s/ Felipe VALERIO & Mª Dolores MARTIN, *vecinos de S. Fran^{co} del Rancho*; ap/ Felis VALERIO & Maria Rosalia MARTINES (sic); am/ Pedro MARTIN & Maria de los Reyes LUCERO; gp/ Fran^{co} GUTIERRES & Mª Tomasa ARAGON, *vecinos del mismo lugar*.

MARTIN, Maria Brigida
  bap 27 Dec 1833 *en San Fernando de Taos*, ae 5 da; d/ Juan Estevan MARTIN & Mª Dolores MONTOYA, *vecinos del Rancho*; ap/ Ygnacio MARTIN & Mª Ygnacia TRUGILLO; am/ Jose de Jesus MONTOYA & Mª Rosa VIGIL; gp/ Juan Salbador MARTIN & Teodora MARTIN, *vecinos del mismo lugar*.

(1834)

SANCHIS, Jose Narciso
  bap 1 Jan 1834 *en San Fernando de Taos*, ae 5 da; s/ Vitor SANCHIS & Maria SERVE, *vecinos del Arroyo Seco*; ap/ Diego SANCHIS & Magdalena MARTIN; am/ Jose SERVE & Teodora LOVATO; gp/ Antonio FRESQUIS & M^a delos Relles SANCHIS, *vecinos del mismo lugar*. (Frames 436-437)

Frame 437
DURAN, Manuel
  bap 1 Jan 1834 *en este curato de San Fernandes de Taos*, ae 8 da; s/ Jose Miguel DURAN & Josefa ROMERO; ap/ Juan An^{to} DURAN & Lugarda GONSALES; am/ Juan Domingo ROMERO & Sension LOMA, *v^o del pueblo de San Geronimo de Taos*, who were gp.

VIGIL, Maria Juana
  bap 5 Jan 1834, ae 5 da; d/ Candelario VIGIL & Maria Ygnacia DURAN, *vecinos del Rancho de San Fran^{co}*; ap/ An^{to} VIGIL & Mª Simona MONTOYA; am/ Ygnacio DURAN & Mª An^{ta} Gertrudis SANCHES, dec.; gp/ Manuel PADIL(L)A & Mª Hermenegilda VIGIL, *vecinos del mismo lugar*.

RUIBALÍ, Mª Natividad
  bap 5 Jan 1834 *en San Fernando de Taos*, ae 7 da; d/ Fran^{co} RUIBALÍ & M^a del Carmel GONSALES, *vecinos de San Fran^{co} del Rancho*; ap/ Pablo RUIBALÍ & Rafaela MONTOYA; am/ Jose Maria GONSALES & Dolores LEIVA; gp/ Mariano MONTOYA & Maria Petra VIGIL, *vecinos de la Sieneguia*. (Frames 437-438)

Frame 438
PACHECO, Maria Manuela
  bap 5 Jan 1834 *en este curato de Taos, plasa de S. Fernandes*, ae 5 da; d/ Marselino PACHECO & Matiana FRESQUIS, *vecinos del Rancho de S. Fran^{co}*; ap/ Jose Miguel PACHECO & Maria Gertrudis GONSALES; am/ Juan FRESQUIS & Maria Manuela DURAN, dec.; gp/ Julian CANDELARIA & Anna Maria GARCIA, *vecinos del mismo lugar*.

LEAL, Maria de los Reyes
  bap 7 Jan 1834 *en San Fernando de Taos*, ae 2 da; d/ Pedro Nolasco LEAL & Maria Dolores MIRABAL; ap/ Domingo LEAL, dec., & Beronica CORTES; am/ Juan Luis MIRABAL & Damacia REYNA, both dec.; gp/ V^a Ventura CARDENAS & Maria de la Luz LUJAN, *vecinos todos de San Fran^{co} del Rancho*.

SANCHES, Juan de los Reyes
  bap 8 Jan 1834 *en San Fernando de Taos*, ae 3 da; s/ Domingo SANCHES & Mª Manuela GOMES; ap/ Mariano SANCHES & M^a del Rosario MARTINEZ; am/ Gaspar GOMES & Mª Equedeana (sic) MAES, *vecinos todos de Arroyo Seco*; gp/ Gaspar GOMES & Mª Equedeana MAES, *vecinos del Ojo Caliente*.

Frame 439
LOPES, Juana Maria
  bap 11 Jan 1834 en San Fernando de Taos, ae 1 da; d/ Juan Bautista LOPES & Maria Dolores SUASO, *vecinos de San Fernandes*; ap/ Cristoval LOPES & Teresa TRUGILLO, dec.; am/ Juan Miguel SUASO & Mariana MONTOYA; gp/ Juan Manuel LOBATO & Mª Fran^{ca} COCA, *vecinos del mismo lugar*.

ALIRES, Juan Cristoval
  bap 13 Jan 1834 *en San Fernando de Taos*, ae 5 da; s/ Juan Cristoval ALIRES & Rosa PADIA; ap/ Tomas ALIRES & Mª Manuela TRUGILLO; am/ Jose An^{to} CHAVES (sic) & Gertrudis GARCIA; gp/ An^{to} Tibursio MEDINA & Juana Josefa ARCHULETA, *vesinos del Arroyo Hondo*.

ROMERO, Maria Ygnacia
  bap 13 Jan 1834 *en San Fernando de Taos*, ae 4 da; d/ Juan de los Reyes ROMERO & Maria Manuela ROMERO, *vecinos del Rancho de San Fran^{co}*; ap/ Manuel Jose ROMERO & Juana Gertrudis BARELA, dec.; am/ Jose Mª ROMERO & Fran^{ca} Rafaela PINEDA, dec.; gp/ An^{to} Jose GARCIA & Maria Paula VIALPANDO, *vecinos de la Puricima Consepcion del Ranchito*. (Frames 439-440)

Frame 440
GONSALES, Jose Ginio
  bap 13 Jan 1834 *en San Fernandes de Taos*, ae 3 da; s/ Jose de Alta Gracia GONSALES & Anamaria ROMERO; ap/ Juan GONSALES & Maria Antonia MARTINES; am/ Bentura ROMERO & Rosario ERRERA; gp/ Jose Tomas AMNES (Origins, p. 419, HAMMONS) & Maria del Carmel SISNEROS, v^s *del Arroyo Ondo*.

DURAN, Maria Rufina
  bap 14 Jan 1834 *en San Fernandes de Taos*, ae 9 da; d/ Ventura DURAN & Mª de Jesus MARTIN, *becinos del Rancho*; ap/ Manuel DURAN & Mª Geralda MASCAREÑAS; am/ Cruz MARTIN & Mª Dolores TORRES; gp/ Juan An^{to} ROMO & Anamaria CANDELARIA, *becinos del mismo lugar*. (No mention of twins.)

Frame 441
DURAN, Maria Estefana
  bap 14 Jan 1834 *en San Fernandes de Taos*, ae 9 da; d/ Ventura DURAN & Mª Jesus MARTIN, *becinos del Rancho*; ap/ Manuel DURAN & Mª Geralda MASCAREÑA(S); am/ Crus MARTIN & Mª Dolores TORES; gp/ Dicederio GONSALES & M^a del Carmel SANCHES, *becinos del mismo lugar*. (No mention of twins.)

GUTIERES, Maria Alcaria
  bap 14 Jan 1834 *en San Fernandes de Taos*; d/ An^{to} GUTIERES & Mª Carmel LOPES, *vecinos del Rancho*; ap/ Patricio GUTIERES & Anamaria TRUGILLO; am/ Luciano LOPES & Mª Dolores BARRELA; gp/ Juan Pablo DURAN & Mª Soledad JARAMILLO, *vecinos del mismo lugar*.

TAFOYA, Maria Gilomena
  bap 14 Jan 1834 *en San Fernandes de Taos*, ae 4 da; d/ Jose Venito TAFOYA & Mª Guadalupe MARTIN, *vecinos de San Fernandes*; ap/ Necolas TAFOYA & Mª Manuela MEDINA; am/ Santiago MARTIN & Mª Josefa GARCIA; gp/ Santiago MARTINES (sic) & Maria de la Luz TAFOYA, *vecinos de San Fernandes*. (No mention of twins.)
  (Frames 441-442)

Frame 442
TAFOYA, Maria Agapita
  bap 14 Jan 1834 *en San Fernando de Taos*, ae 4 da; d/ Venito TAFOYA & Mª Guadalupe MARTIN *de San Fernandes*; ap/ Necolas TAFOYA & Mª Manuela MEDINA; am/ Santiago MARTIN & Mª Josefa GARCIA; gp/ Santiago MARTINEZ (sic) & Maria de la Luz TAFOYA, *vecinos del mismo lugar*. (No mention of twins.)

PADIA, Jose Ylario
   bap 15 Jan 1834 *en San Fernando de Taos*, ae 2 da; s/ José PADIA & Serafina TRUGILLO, *vecinos de San Fernandes*; ap/ Santiago PADIA & Anna Teresa LOBATO; am/ Juan Cristoval TRUGILLO & Soledad SALAZAR; gp/ Geronimo LONTE (Origins, p. 424, LONTÉ) & Maria de la Luz TRUGILLO, *vecinos de San Fernando*.

BARGAS, Juan de los Reyes
   bap 16 Jan 1834 *en San Fernando de Taos*, ae 10 da; nat. s/ Mª de la Lus BARGAS, *soltera, vecina de S. Franco del Rancho*, & unknown father; am/ Eestevan BARGAS & Andrea TAFOYA, dec.; gp/ Juan Domingo ROMERO *de S. Fernandes* & Mª Encarnacion MAES *de S. Franco del Rancho*.

Frame 443
ARCHULETA, Pedro Antonio
   bap 16 Jan 1834 *en San Fernando de Taos*, ae 3 da; nat. s/ Mª Ramona ARCHULETA, *vª de San Fernando*; am/ Juan de Jesus ARCHULETA & Mª Joaquina VENAVIDEZ, *vs de San Fernando*; gp/ Juan VIGIL & Mª Teodora ARCHULETA, *vs de San Fernandes*.

SUASO, Mª Juliana
   bap 16 Jan 1834, ae 7 da; d/ Pedro SUASO & Mª Rita MONTOYA, *vecinos de la Sienegilla*; ap/ Juan Jose SUASO & Nicolasa LOVATO; am/ Felis MONTOYA & Mª Rosa ROMERO; gp/ Jose Rafael MAES & Anna Maria CORTES, *vecinos de S. Franco del Rancho*.

ALIRE, Maria Rufina
   bap 18 Jan 1834 *en San Fernando de Taos*, ae 3 da; d/ Manuel Anto ALIRE & Maria Gertrudis AGILAR; ap/ Marcos ALIRE & Maria Catarina BIALALPANDO; am/ Jose Anto AGILAR & Juana CORDOVA, both dec.; gp/ Juan de Jesus MARES & Juana Nepomusena GONSALES, *vecinos todos de la plasa de San Francisco de Paula*.

Frame 444
MEDINA, Maria Josefa
   bap 19 Jan 1834 *en esta plasa de San Fernando de Taos*; ae 3 da; d/ Jose Maria (written over) MEDINA & Mª Albina GARCIA, *vecinos del pueblo*; ap/ Ygnacio MEDINA & Margarita CORDOVA; am/ Manuel GARCIA & Tomas(a) XARAMIA; gp/ Juan Anto ROMERO & Mª Bibiana ARCHULETA, *veci(nos) del pueblo*.

GONSALES, Maria del Carmel
   bap 19 Jan 1834 *en esta plasa de San Fernando de Taos*, ae 5 da; d/ Consepsion GONSALES & Mª Gertrudis CANDELARIA; ap/ Jose Santos GONSALES & Mª Gertrudis MONDRAGON; am/ Francisco CANDELARIA & Maria Juana GRIEGO; gp/ Juan Anto ARAGON & Maria Manuela FERNANDES, *vs de San Fra(n)sis del Rancho*.

SALASAR, Juan Pascual
   bap 24 Jan 1834 *en esta plasa de San Fernando de Taos*, ae 2 da; s/ Jose Grabiel SALASAR & Maria Dolores MARQUES, *vesinos del Rancho*; ap/ Juan Manuel SALASAR & Maria Antª QUINTANA, both dec.; am/ Miguel MARQUES & Maria Gertrudis MONTOLLA; gp/ Matias VIGIL & Mª Dolores MARTINES, *vs del mismo lugar*. (Frames 444-445)

Frame 445
ARCHULETA, Mª Paula
   bap 26 Jan 1834 *en San Fernandes de Taos*, ae 9 da; d/ Diego ARCHULETA & Mª de la Luz QUINTANA; ap/ Jose Anto ARCHULETA & Mª Antª CORDOVA; am/ Juan QUINTANA & Balbaneda ROMERO, dec.; gp/ Jose Benansio CORDOVA & Mª Guadalupe MES, *vesinos del Arroyo Ondo*.

MARTINEZ, Mª Paula
   bap 26 Jan 1834 *en este curato de San Fernando de Taos*, ae 2 da; d/ Juan Antº MARTINEZ & Maria Ygnasia LUSERO; ap/ Antº Jose MARTINEZ & Mª Gertrudis BENABIDES, *vesinos de el mismo lugar*; am/ Pedro GALLEGO & Maria Josefa LUSERO, vˢ *de los Cañones*; gp/ Jose MARTINEZ & Mª Desquipula SILVA, vˢ *de San Fernandes*.

Frame 446
CONN, Franco   Adulto
   bap 26 Jan 1834, ae 30 yr, single *y recidente deste varrio de San Fernandez*; s/ Samuel CONN (Origins, p. 412, same) & Mª Ysabel RIS *de Quintoque provincia perteneciente á los Estados Unidos del Norte America*; gp/ Manuel Antº PATESON (Origins, p. 429, PATTERSON) & Rosalia BACA, vˢ *de este varrio de S. Fernando*.

TRUGILLO (patron), Mª Rita
   bap 26 Jan 1834, ae about 10 yr; d/ *Tribu Yuta, famula de Juan TRUGILLO, vecino de la plaza de Purisimo Concepcion*; gp/ Jose Lino TRUGILLO & Maria Josefa QUINTANA, *vecinos del mismo lugar*.

Frame 447
QUINTANA, Jose Ygnacio
   bap 27 Jan 1834 *en S. Fernando de Taos*, ae 6 da; s/ Ramon QUINTANA & Maria de la Crus MARTIN, *vecinos de la poblacion de Arroyo Ondo*; ap/ Jose de la Crus QUINTANA & Micaela BALDES, both dec.; am/ Bernardo MARTIN & Gertrudis ARCHULETA, both dec; gp/ Joaquin MAES & Mª Ygnes ARMIJO, *vecinos del mismo lugar*.

ROMERO, Juan de Jesus
   bap 29 Jan 1834 *en S. Fernando de Taus*, ae 6 da; s/ Juan Antº ROMERO & Mª Josefa TAFOYA; ap/ Jose ROMERO & Barbara GURULE; am/ Jesus TAFOYA & Lorenza QUI(N)TANA; gp/ Mariano MONTOYA & Mª dela Luz TAFOYA, *becinos de San Francisco del Rancho*.

Frame 448
LOMA, Mª Rosalia
   bap 29 Jan 1834, ae 8 da; d/ Miguel LOMA & Mª Rosa GONSALES; ap/ Juan LOMA & Juana LUCERO; am/ Juan Antº LUCERO (sic) & Anamaria LOMA; gp/ Juan Antonio LUCERO & Anamaria LOMA, *naturales del pueblo de Taos*.

VIGIL, Mª Paubla
   bap 29 Jan 1834 *en este curato de San Fernando de Taos*, ae 5 da; d/ Antº VIGIL & Mª Rosa QUI(N)TANA; ap/ Juan de Jesus VIGIL & Mª Roza DURAN; am/ Concicion ROMERO & Mª Rosa QUI(N)TANA, both dec.; gp/ Pedro LUCERO & Mª de la Luz FERNANDEZ, *vecinos del S. Franco del Rancho*.

MARTIN, Jose Santiago
   bap 29 Jan 1834 *en este curato de San Fernando de Taos*, ae 4 da; s/ Jose Manuel MARTIN & Juana Mª MARTIN, ap/ Jose ALIRE (sic) & Catalina (n.s.); Rafael MARTIN & Guadalupe LUCERO, vˢ *de Arroyo Ondo*; gp/ Juan Felipe TRUGILLO & Mª del Carmel RAMIRES, vˢ *del mismo lugar*. (Frames 448-449)

Frame 449
SEDILLO, Juan Pedro
   bap 31 Jan 1834 *en San Fernando de Taos*, ae 3 da; s/ Franco SEDILLO & Nacerena GUILLEN, vˢ *del Rancho*; ap/ Antº SEDILLO & Manuela surname not given; gp/ Lasaro GUILLEN & Mª Consepcion MEDINA; gp/ Felipe MARTIN & Mª Josefa GARCIA, vˢ *de San Franco del Rancho*.

TAOS BAPTISMS, VOLUME II   1833-1837, AASF #20

SANDOVAL, Maria Paula
   bap 31 Jan 1834 en *San Fernando de Taos*, ae 8 da; d/ Felipe SANDOVAL & Mª de la Luz MARTINEZ; ap/ Hubaldo SANDOVAL & Leorda TRUGILLO; am/ Ancelmo MARTIN (sic) & Gregoria SANCHES, *vecinos de Arroyo Ondo*; gp/ Jesus SANDOVAL & Paula SANCHEZ (sic), *vˢ del mismo lugar*.

LEAL, Cacilio de la Candelaria
   bap 2 Feb 1834 en *San Fernando de Taos*, ae 2 da; s/ Manˡ LEAL & Juliana TRUJILLO; ap/ Manˡ Jose LEAL & Mª Q(U)INTANA; am/ Francisco Antº TRUJILLO & Maria Antª TORES (sic); gp/ Francisco Antº MARTIN & Mª Ygnacia PINEDA, *vecinos del barrio de San Francº del Rancho*. (Frames 449-450)

Frame 450
MARTINES, Mª Candelaria
   bap 2 Feb 1834 *en este curato de San Fernandes de Taos*, ae 3 da; d/ Pablo MARTINES & Soledad LUSERO, *besinos del Rancho*; ap/ Antº Jose MARTINES & Mª Rita BEITA; am/ Juan de Jesus LUSERO & Mª Ygnacia ARAGON, *v. tambien del Rancho*; gp/ Julian de BIALPANDO & Mª Nicolasa TRUGILLO, *v. de San Fernandes*.

TAFOYA, Juan Martin
   *bap 2 Jan (sic) 1834, ae 4 da; s/ Miguel TAFOYA & Mª Soledad ROMERO, *vᶜ de San Francᵒ del Rancho*; ap/ Jose TAFOYA & Mª Miquela RIOS; am/ Juan de Jesus ROMERO & Mª Josefa GONSALES; gp/ Antº Jose MONDRAGON & Juana Maria VIGIL, *besinos del mismo lugar*.

Frame 451
TRUGILLO, Mª Francisca
   bap 2 Feb 1834, ae 5 da; d/ Francº TRUGILLO & Mª Natividad SANDOVAL; ap/ Vicente TRUGILLO & Mª Dolores MADRID; am/ Felipe SANDOVAL & Mª Polonia MAES; gp/ Juan LUNA & Candelaria BELARDE, *vecinos de S. Fernandes*.

TRUGILLO (patron), Maria Rita
   bap 4 Feb 1834 *en esta plaza de S. Fernando de Taos*, ae 1 da; nat. d/ Mª Antonia (n.s.), single, Indian servant of Juan TRUJILLO & Mª Josefa QUINTANA, *vᶜ de la plaza de la Purisima Concepcion*, & unknown father; abuelos unknown, as she is of Lluta tribe; gm/ Mª Martina LOVATO, *vecina del mismo lugar*.

SANCHES, Jose Candelario   (Juan Candelario in margin)
   bap 5 Feb 1834 *en esta plasa de San Fernando de Taos*, ae 3 da; s/ Juan Agustin SANCHES & Mª Josefa TRUGILLO, *vecinos de San Francᵛᵒ del Rancho*; ap/ Jose Antº SANCHES & Mª Magdalena MARTINEZ; am/ Pedro Antº TRUGILLO & Maria Anˡᵃ MESTAS; gp/ Juan de Jesus ARGUELLO & Maria Rosa VIGIL, *vecinos del mismo lugar*. (Frames 451-452)

Frame 452
GONSALES, Jose Antº
   bap 5 Feb 1834 en S. Fernando de Taos, ae 2 da; s/ Jose Rafael GONSALES & Maria Guadalupe APODACA, *vecinos del Arroyo Ondo*; ap/ Juan GONSALES, dec., & Mª Barbara MARTINA; am/ Bartolome APODACA & Mª Barbara GALLEGOS, both dec; gp/ Jose Alejandro ARAGON & Mª Gregoria MEDINA, *vecinos del Arroyo Ondo*.

TRUGILLO, Jose Anastacio
   bap 6 Feb 1834, ae 16 da; s/ Pablo TRUGILLO & Mª Ygnacia BACA, *vecinos de San Fernando*; ap/ Antº Aban TRUGILLO & Mª Juana ROMERO; am/ Estevan BACA, dec., & Mª de la Lus MARTINES; gp/ Lorenso BACA & Mª de la Lus MARTINES, *misma abuela*.

MEDINA, Jesus Mª y Jose
   bap 7 Feb 1834, ae 2 da; s/ Antº MEDINA & Mª Josefa TRUGILLO, *becinos del bario*

San Franco del Rancho; ap/ Juan Pascual MEDINA & Mª Tereza ESPINOSA; am/ Mariano TRUGILLO & Mª Tiodora BACA, both dec.; gp/ Jose Mª TRUGILLO & Mª Reyes MEDINA, *becinos del mismo lugar.* (Frames 452-453)

Frame 453
CRUZ, Mª Josefa   *San Geronimo de Taos*
  bap 8 Feb 1834, ae 7 da; d/ Felipe CRUZ & Juana Catarina GONZALES; ap/ Jose Alejo de la CRUZ & Mª Gua(da)lupe DURAN; am/ Jose Miguel GONSALES (sic) & Mª Isabel VIGILA, *vecinos de San (marked through) (del) Rancho;* gp/ Jose Franco MARTIN & Mª Ysabel MARTIN, *becinos del mismo lugar.*

MONTES, Blas
  bap 9 Feb 1834 *en San Fernando de Taos,* ae 7 da; s/ Jose Hilario MONTES & Maria Paula ROMERO, *vecinos del Arroyo Hondo;* ap/ Anto MONTES & Maria Ygnes MARTINES; am/ Lorenzo ROMERO & Mª Josefa CRUZ; gp/ Pablo CORDOVA & Antonia Margarita ROMERO, *vesinos tambien del Arroyo Ondo.* (Frames 453-454)

Frame 454
DURAN, Mª de Jesus
  bap 9 Feb 1834, ae 3 da; d/ Nerio DURAN & Mª Dolores ARCHULETA; ap/ Pablo DURAN & Mª Margarita SANCHES; am/ Juan Ygnacio ARCHULETA & Mª Getrudis BEYTA; gp/ Juan Salvador MARTIN & Mª Tiodora MARTIN, *vesinos todos del Rancho.*

LOVATO, Juan Andres
  bap 9 Feb 1834 *en S. Fernando de Taos,* ae 4 da; s/ Franco Anto LOVATO & Mª Anta LOPEZ; ap/ Jose Manuel LOVATO, dec., & Mª Gertrudis APODACA; am/ Juan de Jesus LOPEZ & Mª Vicenta CORDOBA; gp/ Juan Domingo ROMERO & Mª Ygnacia CHAVES, *vecinos todos de San Fernando.*

SALAZAR, Maria Trenidad
  bap 10 Feb 1834 *en S. Fernando de Taos,* ae 2 da; d/ Pedro SALAZAR & Mª del Carmel MEDINA, *vecinos de San Franco del Rancho;* ap/ Policarpio SALAZAR & Mª Rita MASCAREÑAS; am/ Joaquin MEDINA & Maria Franca CRESPINA; gp/ Ygnacio MARTIN & Mª Dolores LOVATO, *vecinos del mismo lugar.* (Frames 454-455)

Frame 455
BELARDE, Mariana de Jesus
  bap 15 Feb 1834 *en esta plasa de S. Fernando de Taos,* ae 25 da; d/ Juan BELARDE & Mª Ygnes CHACON, *vecinos de la mision de S. Lorenso de Picuries;* ap/ Diego BELARDE & Maria Anta LUCERO; am/ Felipe CHACON & Nicolasa TRUGILLO, both dec.; gp/ Damacio CHACON & Mª Gertrudis SANDOVAL, *vecinos del mismo lugar.*

SANDOVAL, Manuel Antº
  bap 15 Feb 1834 *en esta plasa de San Fernando de Taos,* ae 5 da; s/ Anto SANDOVAL & Juana Nepomosena BARELA; ap/ Juan de Dios SANDOVAL & Viatris HERR(ER)A; am/ Visente VARELA (sic) & Tomas(a) CORDOVA; gp/ Anto Jose GARCIA & Mª Juliana GARCIA, *todos vecinos del Arroyo Hondo.*

GONSALES, Maria Teodora
  bap 16 Feb 1834, ae 3 da; d/ Franco GONSALES & Maria de la Luz MARQUES; ap/ Jose GONSALES & Mª Dorotea BACA; am/ Miguel MARQUES & Mª Gertrudis MONTOYA; gp/ Manuel PATESON (Origins, p. 429, PATTERSON) & Rosalia BACA, *todos vecinos de San Fernandes.* (Frames 455-456)

Frame 456
AGUILAR, Maria Juliana
  bap 16 Feb 1834 *en San Fernando de Taos,* ae 5 da; d/ Diego AGUILAR & Maria

Manuela MARTIN, *vecinos de la Puricima Concepcion del Ranchito*; ap/ Salbador AGUILAR & Maria An^ta VALDES; am/ Mª Rafael BEITA (sic) & Jose Ant° MARTIN; gp/ Jose Miguel CORDOVA & Mª Rufina CORDOBA, *vecinos de San Fernandes*.

SISNEROS, Jose Santiago
    bap 16 Feb 1834 *en San Fernando de Taos*, ae 3 da; s/ Vitor SISNEROS & Guadalupe VALDES, *v^s del Arroyo Ondo*; ap/ Jose Fran^co SISNEROS & Mª Paula GARCIA; am/ Juan An^to VALDES & Catarina TRUGILLO; gp/ Fran^co An^to MEDINA & Maria Soledad GOMES, *vecinos del mismo lugar*.

Frame 457
TRUGILLO, Maria Rufina
    bap 16 Feb 1834 *en San Fernando de Taos*, ae 7 da; d/ Manuel TRUGILLO & Maria Guadalupe VIGIL, *vecinos de la Sieneguia*; ap/ Juan TRUGILLO & Maria Josefa RUIBAL; am/ Joaquin VIGIL & Maria Manuela MONTOYA (written over; gp/ Juan Jose VIGIL & Maria Catarina OLGIN, *vecinos de la Sienegia*.

BACHICHA, Jose Arcadio
    bap 16 Feb 1834 *en San Fernando de Taos*, ae 6 da; s/ Pedro BACHICHA & Carmel ATENCIO, *vecinos del Arroyo Ondo*; ap/ Salvador BACHICHA & Mª MESTAS; am/ Ylario ATENCIO & Balbaneda LUCERO; gp/ An^to CORDOBA & Consepcion ATENCIO, *vecinos del mismo lugar*.

DURAN, Mª Faustina
    bap 17 Feb 1834, ae 3 da; d/ Pablo DURAN & Mª Josefa ZAMORA; ap/ Juan DURAN & Francisca SANTISTEVAN, both dec.; am/ Pedro ZAMORA & Rafaela CASILLAS; gp/ Pedro SIMENTAL & Mª Rafaela TAFOYA, *vecinos todos de S. Fernando*.

FERNANDEZ, Mª Simona
    bap 19 Feb 1834 *en esta plaza de San Fernando de Taos*, ae 2 da; d/ Santiago FERNANDEZ & Bartola ROMERO, *vecinos de San Fernandez*; ap/ An^to Jose FERNANDEZ & Mª de la Reyes ARCHULETA; am/ Ant° Domingo ROMERO & Mª Josefa QUINTANA; gp/ Jose Ygnacio VALDEZ & Mª Manuela SANCHEZ, *vecinos de San Fernando*. (Frames 457-458)

Frame 458
MEDINA, Jose Ramon
    bap 20 Feb 1834 *en San Fernando de Taos*, ae 3 da; nat. s/ Mª Tanislada MEDINA; am/ Eusebio MEDINA & Mª Leogarda GALLEGOS; gp/ (n.n.) ARCHULETA & Mª Ygnes MANSANARES, *vesinos de San Fernando*.

TRUGILLO, Mª Juliana
    bap 20 Feb 1834 *en esta plaza de San Fernando de Taos*, ae 4 da; d/ Fran^co Esteban TRUGILLO & Barbara An^ta SANCHEZ, *v^s dela plaza de San An^to de Arroyo Ondo*; ap/ Ygnacio TRUGILLO, dec., & Mª Josefa VALDEZ; am/ Jose Manuel SANCHES (sic) & Mª Tereza MESTAS; gp/ Domingo LAMELAS (Origins, p. 421, LAMELAS) & Mª Encarnacion SANCHES, *v^s de Arroyo Seco*.

SANCHES, Diego Antonio
    bap 21 Feb 1834, ae 3 da; s/ An^to SANCHES & Mª Carmel VIGIL *de la Sieneguilla*; ap/ Felipe SANCHES & Margarita SILVA; am/ Rafael VIGIL & Maria Josefa GARCIA; gp/ Manuel An^to SANDOVAL & Margarita MARTIN, *vecinos de San Francisco del Rancho*.

Frame 459
GALLEGOS, Marcelo de Jesus
    bap 22 Feb 1834, ae 3 da; s/ Luis GALLEGOS & Juana MONTOYA, *vecinos de S.*

Fernando; ap/ Franco GALLEGOS & Manuela OLGUIN; am/ Bernardo MONTOYA & Mª MARTIN; gp/ Raumaldo BEYTA & Bonifacia SANDOVAL, *vecinos del mismo lugar.*

MONTAÑO, Maria Josefa
  bap 22 Feb 1834, ae 6 da; d/ Jose Gabriel MONTAÑO & Maria Anta GARCIA, *vecinos del Ranchito de la Puricima;* ap/ Vicente MONTAÑO & Maria Rosa CHAVES, both dec.; gp/ Pedro TAFOYA & Mª Anta LUCERO, *vecinos del Rio Arriba.*

ESPINOSA, Diego Anto
  bap 22 Feb 1834, ae 2 da; s/ Felipe ESPINOSA & Mª Teodora DURAN; ap/ Anto ESPINOSA & Mª Soledad MARTINES; am/ Juan DURAN & Sencion MEDINA; gp/ Rumaldo FRESQUIS & Mª Paula SANCHES, *vecinos del Arrollo Ondo.*

Frame 460
LEYVA, Jose Gregorio
  bap 23 Feb 1834, ae 4 da; s/ Venito LEYVA & Mª Encarnacion SANCHES, *vecinos de S. Franco del Rancho;* ap/ Vicente LEYBA (sic) & Encarnacion ESPINOSA; am/ Agustin SANCHES & Josefa TRUGILLO; gp/ Gergorio VALERIO & Mª del Carmel ESQUIBEL, *vecinos del mismo lugar.*

SANDOVAL, Jose Luterio
  bap 23 Feb 1834, ae 4 da; s/ Nicolas SANDOVAL & Ygnacia MARTIN, *vecinos de S. Franco del Rancho;* ap/ Martin SANDOVAL & Mª Ygnacia BUENO; am/ Ramon MARTIN & Paula MARTIN; gp/ Tomas COCA & Lorensa SANDOVAL, *vs del mismo lugar.*

CASTELLANO, Jose Marcelo
  bap 23 Feb 1834, ae 3 da; s/ Ylario CASTELLANO & Mª del Carmel TRUGILLO, *vs del Rancho;* ap/ Matias CASTELLANO & Mª MARTIN; am/ Franco TRUGILLO & Mª Anta TORRES; gp/ Juan de los Reyes ROMERO & Mª Trinidad ROMERO.

Frame 461
MASCAREÑAS, Anto Jose
  bap 26 Feb 1834 *en San Fernando de Taos,* ae 2 da; s/ Miguel MASCAREÑAS & Mª Manuela BUENO; ap/ Bernardo MASCAREÑAS & Juliana CORDOVA; am/ Anto BUENO & Rosalia BALDES, both dec., *vecinos del San Francisco del Rancho;* gp/ Esteban SANCHES & Mª de la Lus BUENO, *vesinos de la plasa de la Purisima Consepsion.*

TRUGILLO, Mª Sesaria
  bap 27 Feb 1834 *en San Fernando de Taos,* ae 3 da; d/ Jesus TRUGILLO & Mª Dolores GONSALES; ap/ Anto Jose TRUGILLO & Mª Paula SANCHES; am/ Jose GONSALES & Mª Dorotea BACA, *vesinos de San Fernandes who were the gp.*

TRIGILLO, Mª Albina
  bap 1 Mch 1834 *en San Fernando de Taos,* ae 2 da; d/ Jose TRIGILLO & Mª Marselina MARTINES; ap/ Policarpio TRIGILLO & Mª Felipa MADRIL; am/ Agustin MARTINES & Maria Josefa CORDOVA; gp/ Anto Jose TRUGILLO & Mª Manuela CORDOVA, *vesinos de San Fernando.* (Frames 461-462)

Frame 462
CRUZ, Mª Eucebia
  bap 1 Mch 1834 *en San Fernando de Taos,* ae 2 da; d/ Jose CRUZ & Juana de Jesus MEDINA, *vecinos de Arroyo Ondo;* ap/ Jose Anto CRUZ & Ygnez ARMIGO; am/ Juan Pascual MEDINA & Juan(a) Tereza ESPINOSA, dec.; gp/ Bentura MEDINA & Mª Ygnacia MONDRAGON, *vecinos del mismo lugar.*

LUSERO, Mª Paula
  bap 2 Mch 1834, ae 7 da; d/ Manuel LUSERO & Mª Lugarda SANDOVAL; ap/ Bernardo LUSERO & Tomasa MARTINES, dec.; am/ Fransisco SANDOVAL & Mariana TAFOLLA; gp/ Anto de Jesus GALLEGO & Mª Rita LUSERO, *vesinos San Fransisco del Rancho.*

COCA, Jose Albino
  bap 2 Mch 1834 *en este curato de San Fernando de Taos*, ae 2 da; s/ Jose Maria COCA & Mª de la Crus ERRERA; ap/ Jose Miguel COCA & Mª Dolores CASADOS; am/ Cristobal de HERRERA (sic) & Mª Concepcion ESPINOSA; gp/ Juan An^to ORTEGA & Maria Andrea ORTEGA, *vecinos todos de la plasa S. An^to de Arroyo Ondo*. (Frames 462-463)

Frame 463
DURAN, Jose Sesario
  bap 2 Mch 1834 *en San Fernando de Taos*, ae 4 da; s/ Gregori DURAN & Mª Clara FERNANDES; ap/ Ygnasio DURAN & An^ta Gertrudis SANCHES; am/ Jose Mariano FERNANDES & Mª de la Asencion LUSERO; gp/ An^to MEDINA & Mª Candelaria VIGIL, *vesinos de San Francisco del Rancho*.

RIO, Jose Manuel
  bap 2 Mch 1834 *en San Ferna(n)do de Taos*, ae 3 da; s/ An^to RIO & Mª GONSALES; ap/ Pablo RIO & Jose(fa) ROMERO; am/ Santiago GONSALES & Paula MARTINES; gp/ Manuel ORTEGA & Mª Teodora FRESQUIS.

Frame 464
SUASO, Miguel An^to
  bap 4 Mch 1834 *en este curato de San Fernando de Taos*, ae 3 da; s/ Juan Domingo SUASO & Mª Josefa GONSALES, native Indians of Taos Pueblo; ap/ Fransisco SUASO & Mª Josefa MIRABAL; am/ Santiago GONSALES & Mª Loreto VIGIL; gp/ Miguel Antonio VIGIL & Mª Encarnasion MARTINES, *vesinos de San Fransisco del Rancho*.

TRUGILLO, Mª Albina
  bap 5 Mch 1834 *en este curato de San Fernando de Taos*, ae 3 da; d/ Francisco TRUGILLO & Josefa SISNEROS; ap/ Andres TRUGILLO & Mª Josefa ARGUELLO; am/ Nerio SISNEROS, dec., & Mª Teodora MARTINES; gp/ Jose Rafael DURAN & Juana MADRIL, *vesinos del Arroyo Ondo*.

Frame 465
GURULED, Jose Casimiro
  bap 6 Mch 1834 *en este curato de San Fernando de Taos*, ae 3 da; s/ Lorenso GURULED & Mª Fransisca GARSIA; ap/ Cristobal GURULED & Polonia LUNA, both dec.; am/ Manuel GARSIA & Madalena BUTIERRES, both dec., *vesinos de San Fransisco del Rancho*, who were the gp (but deceased?).

GRIÑE, Juan Jose
  bap 7 Mch 1834 *en este curato de San Fernando de Taos*, ae 2 da; s/ Miguel GRIÑE & Mª de Jesus MONTOYA; ap/ Jose GRIÑE & Mª Juana de RODARTE; am/ Jose Patrisio MONTOLLA (sic) & Juana URTADO; gp/ Jose Benito MARTINES & Mª Rosa MARTINES, *vesinos de San Fransisco del Rancho*.

GONSALES, Tomasa
  bap 7 Mch 1834 *en este curato de San Fernando de Taos*, ae 2 da; d/ Ramon GONSALES & Mª Anamaria DURAN; ap/ Calletano GONSALES & Lorensa RODRIGES; am/ Ygnasio DURAN & Antonia SANCHES; gp/ Mateo MONTOYA & Mª Josefa ROMERO, *vesinos de San Francisco del Rancho*. (Frames 465-466)

Frame 466
SERNA, An^to
  bap 7 Mch 1834 *en este curato de San Fernando de Taos*, ae 2 da; s/ Jose Dolores SERNA & Pascuala MONTOYA; ap/ Gregorio SERNA & Paula SEDILLO; am/ Cataranina MONTOYA (only), *vesinos de San Francisco del Rancho*; gp/ Juan GARSIA & Gregoria GARSIA, *tambien del Rancho*.

SALAZAR, Tomas de Aquino
   bap 9 Mch 1834, ae 2 da; s/ Miguel SALAZAR & Josefa VIGIL, *vecinos de San Fran^co del Rancho*; ap/ Cacimiro SALAZAR & Maria Concepcion (n.s.-blank space); am/ Faustin VIGIL & Maria de la Luz MARTIN; gp/ Juan An^to BUENO & Mª Cirina GRIEGA, *vecinos del mismo lugar*.

DURAN, Maria Rufina
   bap 9 Mch 1834 *en San Fernando de Taos*, ae 2 da; d/ Fran^co DURAN & Maria Josefa MARTIN, vecinos de San Fran^co del Rancho; ap/ Ygnacio DURAN & An^ta SANCHES, dec.; am/ Jose MARTIN & Maria Rita LUCERO; gp/ Juan An^to MARTIN & Maria Dolores DURAN, *vecinos del mismo lugar*. (Frames 466-467)

Frame 467
ARCHULETA, Mª Fransisca
   bap 9 Mch 1834 *en este curato de San Fernando*, ae 2 da; d/ Manuel ARCHULETA & Manuela GALLEGO; ap/ Juan ARCHULETA & Juaquina BENABIDES; am/ Miguel GALLEGOS (sic) & Guadalupe RAEL; gp/ Pedro BARELA & Eugenia BARELA, *vesinos de San Fernandes*.

TRUGILLO, Jose Macario
   bap 13 Mch 1834 *en San Fernando de Taos*, ae 4 da; s/ Esteban TRUGILLO & Mariana TAFOYA, *vecinos de San Fernandes*; ap/ Hermenegildo TRUGILLO & Maria Manuela ARCHULETA; am/ Nicolas TAFOYA & Maria Manuela MEDINA; gp/ Lorenzo BACA & Maria Rosalia BACA, *vecinos del mismo lugar*.

ROMERO, Jose Florentino
   bap 14 Mch 1834 *en este curato de San Fernando de Taos*, ae 1 da; s/ Juan Domingo ROMERO & Mª Ygnasia CHABES; ap/ Manuel Jose ROMERO & Juana Gertrudis BARELA; am/ Jose Maria CHABES & M^a del Carmel ORTEGA, both dec.; gp/ Eulogio BALDES & Mª Rafaela BARELA. (No mention of twins.) (Frames 467-468)

Frame 468
ROMERO, Mª Florentina
   bap 14 Mch 1834 *en este curato de San Fernando de Taos*, ae 1 da; d/ Juan Domingo ROMERO & Mª Ygnasia CHAVES; ap/ Manuel Jose ROMERO & Juana Gertrudis BARELA; am/ Jose Maria CHAVES & Maria del Carmel ORTEGA, both dec.; gp/ Eulogio BALDES & Estefana BALDES, *vesinos de San Fernando*. (No mention of twins).

MONTOYA, Eulogio
   bap 16 Mch 1834 *en San Fernando de Taos*, ae 4 da; s/ Manuel MONTOYA & Maria CHAVES, *vecinos de San Fernandes*; ap/ Tomas MONTOYA & Agedad ROMERO; am/ Jose Mª CHAVES & Mª ORTEGA; gp/ Santiago TENORIO & Maria Ant^a COCA, *vecinos todos de S. Fernandes*.

Frame 469
RODRIGUES, Juana Maria
   bap 16 Mch 1834 *en San Fernando de Taos*, ae 9 da; d/ Lorenzo RODRIGUES & Josefa ARMIJO; ap/ Juan An^to RODRIGUES & Maria Rafaela SANDOBAL; am/ Ynes ARMIJO (only); gp/ Santiago MARTIN & Maria Agedad de Jesus MARTINA, *vecinos del Arroyo Ondo todos*.

MONTOYA, Jose Fran^co
   bap 16 Mch 1834 *en San Fernando de Taos*, ae 8 da; nat. s/ Refugio MONTOYA, *vecin(a) del barrio de San An^to de Arroyo Ondo*; am/ Pedro MONTOYA & Mª Manuela DURAN; gp/ Juan Cristobal COCA & Maria de la Cruz VIGIL, *vecinos de San Ant^o de Arroyo Ondo*.

TAOS BAPTISMS, VOLUME II   1833-1837, AASF #20

SANDOVAL, Juan de Dios
  bap 16 Mch 1834 *en San Fernando de Taos*, ae 3 da; s/ Ylario SANDOVAL & Mª Petra MONTOYA; ap/ Miguel SANDOVAL & Mª SALASAR; am/ Jose Ygnacio MONTOYA & Mª de la Azencion TRUGILLO; gp/ Jose David MORGAN (Origins, p. 427, MORGAN) & Mª Teodora LOPES, *vecinos de S. Fernandez*. (No mention of twins.)

SANDOVAL, Maria Josefa
  bap 16 Mch 1834, ae 3 da; d/ Ylario SANDOVAL & Mª Petra MONTOYA; ap/ Miguel SANDOVAL & Mª SALASAR; am/ Jose Ygn(acio) MONTOYA & Mª Acencion TRUGILLO; gp/ Manuel PATASON (Origins, p. 429, PATTERSON) & Mª Josefa LOPES. (No mention of twins.) (Frames 469-470)

Frame 470
MARTIN, Maria Miquaela
  bap 18 Mch 1834 *en San Fernando de Taos*, ae 20 da; d/ Juan Manuel MARTIN & Maria Dolores MARTIN, *vecinos del Arroyo Ondo*; ap/ Pascual MARTIN & Maria Gertrudis SAMORA; am/ Jose MARTIN & Maria Angela NARANJO; gp/ Juan de Jesus MARTIN & the paternal grandmother.

MAESE, Maria Josefa
  bap 19 Mch 1834 *en San Fernando de Taos*, ae 5 da; d/ Juan Jose MAESE & Serafina CHAVES, *vecinos de San Fran^{co} del Rancho*; ap/ Luiz Juan MAESE & Mª Manuela ROMERO; am/ Luis CHAVES & Mª de la Luz QUINTANA; gp/ Anastacio VIGIL & Maria de la Luz QUINTANA, *vecinos de San Fran^{co} del Rancho*.

MARTINES, Maria Dolores
  bap 21 Mch 1834 *en San Fernando de Taos*, ae 8 da; d/ Jose Miguel MARTINES & Mª Juana REYNA; ap/ Juan Domingo REYNA (sic) & Gertrudis MARTINES; am/ Jose MARTINES (sic) & Mª Josefa PAISA; gp/ Jose Angel GONSALES & Juana MARTINES, *naturales del pueblo de San Geronimo de Taos*. (Frames 470-471)

Frame 471
MARTIN, Jose Dolores
  bap 21 Mch 1834, ae 2 da; nat. s/ Mª Josefa MARTIN, single, *vecina de S. Fran^{co} del Rancho*; am/ Luis MARTIN & Candelaria PADILLA; gp/ Buenaventura CARDENAS & Mª de la Lus LUJAN, *vecinos del mismo lugar*.

ORTIS, Mª Gregoria
  bap 25 Mch 1834, ae 14 da; d/ Ant^{o} Jose ORTIS & Mª Fran^{ca} de la PEÑA; ap/ Fran^{co} ORTIS & Mª Encarnacion GARCIA de NORIEGA; am/ Jose de la PEÑA & Mª Fran^{ca} STLVA; gp/ Juan Ant^{o} ARAGON & Mª Manuela FERNANDES, *vecinos todos del Rancho*.

Frame 472
CORDOVA, Jose Encarnacion
  bap 25 Mch 1834, ae 6 da; s/ Tomas CORDOVA & Juana ARELLANO, *vecinos del Arroyo Hondo*; ap/ Jose Ant^{o} CORDOVA & Juana MARTINES; am/ Ramon ARELLANO & Ana Mª ARMENTA; gp/ Jose Ygnacio ARELLANO & Mª Soledad ARELLANO, *vecinos del mismo lugar*.

CRUZ, Mª del Refugio
  bap 25 Mch 1834, ae 2 da; d/ Blas CRUZ & Mª Dolores SANCHES, *vecinos de las Trampas de S. Jose*; ap/ Juan CRUZ & Mª Andrea CORDOVA; am/ Felipe SANCHES & Juana Mª MARTINES; gp/ Pedro Maurisio DURAN & Mª Barbara SANCHES, *vesinos del Rancho*.

VIGIL, Juan Jose
  bap 29 Mch 1834, ae 2 da; s/ Jose de Gracia VIGIL & Maria de Jesus GONSALES,

vecinos de la Puricima Consepcion del Ranchito; ap/ Juan VIGIL & Maria Ygnes RODRIGUES; am/ Segundo GONSALES & Mª Josefa VALDES; gp/ Tomas RIBERA & Maria Antª RIBERA, vecinos del mismo lugar.

Frame 473
PACHECO, Ruperto
  bap 29 Mch 1834 *en este curato de San Fernando de Taos*, ae 3 da; s/ Antº PACHECO & Mª Rita SANCHES; ap/ Juan Antº PACHECO & Lusia ARMIJO; am/ Mariano SANCHES & Soledad MARTINES; gp/ Jose TAFOYA & Mª Guadalupe ARMENTA, *vesinos de San Fernandes*.

ROMERO, Maria Manuela
  bap 30 Mch 1834 *en este curato de San Fernando de Taos*, ae 3 da; d/ Pedro ROMERO & Josefa Catale(na, written over) (REL); ap/ Mariano ROMERO & Rafela MIRABAL, both dec.; am (sic)/ Juan REL & Rafela MIRABAL; gp/ Francº REINA & Maria Dolores GONSALES, *todos vecinos del pueblo de Taos*.

MARTINES, Juan de Jesus
  bap 30 Mch 1834 *en este curato de San Fernando de Taos*, ae 4 da; s/ Felipe MARTINES & Juana GARDUÑO; ap/ Santiago MARTINES & Josefa GARSIA; am/ Adauto GARDUÑO & Mª Ygnasia MARTINES, *vecinos todos de San Francisco del Rancho*; gp/ Rafael DURAN & Marselina DURAN, *tambien besinos de San Francisco del Rancho*. (Frames 473-474)

Frame 474
SALASAR, Mª Gertrudis
  bap 30 Mch 1834 *en este curato de San Fernando de Taos*, ae 8 da; nat. d/ Teodora SALASAR, *vesina del Rancho*, & unknown father; am/ Juana SALASAR (only); gp/ Jose Busente SANDOVAL & Mª Dolores BALDES, *vesinos del mismo lugar*.

BORREGO, Jose Crecencio
  bap 30 Mch 1834, ae 3 da; s/ Calisto BORREGO & Reyes CHAVES, *vecinos de S. Fernandes*; ap/ Diego BORREGO & Viviana SANDOVAL; am/ Jose CHAVES & Mª Josefa MARTIN; gp/ Mig^l LARRAÑAGA & Anna Mª LOVATO, v^s del mismo legar.

SALAZAR, Antº Jose
  bap 30 Mch 1834, ae 4 da; s/ Juan Simon SALAZA(R) & Maria Dolores de HERRERA; ap/ Juana SALAZA(R), dec., (only); am/ Cristobal de HERRERA & Mª Ysabel GARCIA; gp/ Jose Dolores (blot) SANDOBAL & Mª de la Cruz MARTIN, *todos vecinos del Arroyo Ondo*. (Frames 474-475)

Frame 475
VIGIL, Mª Gertrudis
  bap 1 Apr 1834, ae 3 da; d/ Juan VIGIL & Manuela TRUGILLO, *vecinos de la plasade S. Antonio de Arroyo Ondo*; ap/ Juan Cristobal VIGIL & Casilda AGUILAR; am/ Antº TRUGILLO & Margarita CORDOBA; gp/ Jose Mª SANCHES (only).

MARTINES, Juan Manuel
  bap 2 Apr 1834, ae 4 da; s/ Jose Santos MARTINES & Mª Juana GALBIS, *vesinos de la plasa de San Antº del Arroyo Ondo*; ap/ Juan Pablo MARTINES & Guadalupe SANCHES; am/ Blas GALBIS & Tomasa MESTAS; gp/ Fransisco CORDOVA & Mª Dolores VIGIL, *vesinos del Arroyo Ondo*.

TORRES, Teodoro
  bap 3 Apr 1834, ae 3 da; s/ Juan Manuel TORRES & Mª dela Luz BALDES, *vesinos dela Pura y Limpia Consepepsion del Ranchito*; ap/ Manuel TORRES & Dolores MONTOYA; am/ Juachin BALDES & Mª SANCHES; gp/ Julian BIALPANDO & Mª Nicolasa TRUGILLO, *vesinos de San Fernando*. (Frames 475-476)

Frame 476
SANTIESTEVAN, Mª Dolores
   bap 3 Apr 1834, ae 3 da; d/ Manuel Esquipula SANTIESTEVAN & Catarina COCA, *vesinos de San Fernandes*; ap/ Juan Ysidro SANTIESTEVAN & Juana MARTIN; am/ Jose Maria COCA & Juana BENABIDES; gp/ Juan Manuel QUINTANA & Mª Ysabel CORTES, *vesinos de el mismo lugar*.

GARCIA, Jose Simon
   bap 4 Apr 1834, ae 5 da; s/ Juan Pablo GARCIA & Agustina ARMENTA, v^s *de San Fernando*; ap/ Luis GARCIA & Reyes BERNAL; am/ Simon ARMENTA & Marta MARTIN; gp/ Marcial TAFOYA & Mª Josefa TAFOYA, v^s *deste mismo lugar*.

GARCIA, Jose
   bap 4 Apr 1834, ae 7 da; s/ Anto Jose GARCIA & Mª Guadalupe CHAVES; ap/ Juan Angel GARCIA & Maria Manuela MARTIN; am/ Frco CHAVES & Candelaria MALDONADO; gp/ Jose Manuel MEDINA & Mª Ygnacia LUCERO, *todos vecinos de la poblacion del Arroyo Ondo*.

Frame 477
MARTINES, Jose Bisente Ferrer
   bap 6 Apr 1834, ae 2 da; s/ Jose Mariano MARTINES & Mª Barruera VIGIL, *vesinos de San Fransisco del Rancho*; ap/ Luis MARTINES & Mª Candelaria LUJAN; am/ Juan de Jesus VIGIL & Mª Rosa DURAN; gp/ Jose Bentura VIGIL & Mª Dolores VIGIL, *vesinos de San Fransisco del Rancho*.

MARTINEZ, Jose Fransisco
   bap 6 Apr 1834, ae 3 da; s/ Rafael MARTINEZ & Guadalupe LUSERO, *vesinos de San Francisco del Rancho*; ap/ unknown because the father is a redeemed Indian; am/ Visente LUSERO & Marta CHAVES; gp/ Gabriel DURAN & Tomas(a) GARSIA, *vesinos de San Francisco del Rancho*.

LUSERO, Celsa
   bap 6 Apr 1834 *en este curato de San Fernando de Taos*, ae 3 da; d/ Pedro LUSERO & Mª Fransisca MARULANDA, *vesinos de San Fernandes*; ap/ Gregorio LUSERO & Mª Manuela MARTINES; am/ Fernando ARAGON (sic) & Mª Encarnasion BALDES; gp/ Tomas LUSERO & Mª Manuela MARTINES, *vesinos de San Fernandes*.

Frame 478
DURAN, Mª Franco
   bap 7 Apr 1834, ae 3 da; nat. d/ Mª del Carmen DURAN, v^a *de S. Fernandes*; am/ Juan Necolaz DURAN & Juana Antª SANDOVAL; ap/ (sic) & father unknown; gp/ Mª de la Lus TAFOYA (only), v^a *del mismo lugar*.

MARTIN, Anna Maria
   bap 8 Apr 1834, ae 4 da; d/ Juan Julian MARTIN & Mª Guadalupe VIGIL; ap/ Ygnacio MARTINES (sic) & Mª Paula SALASAR; am/ Pedro VIGIL & Mª Josefa QUINTANA; gp/ Juan BALLEJOS & Mª Gertrudis MARTIN, *vecinos todos de la poblacion del Arroyo Seco*.

ROMERO, Jose Seberino
   bap 8 Apr 1834, ae 10 da; s/ Anto ROMERO & Rumalda MAES, v^s *del Rancho*; ap/ Mariano ROMERO & Franca ARMENTA; am/ Jose Anto MAES & Juliana RUIBALI; gp/ Manuel URTADO & Mª Gertrudis VIGIL, v^s *del mismo lugar*.

Frame 479
DURAN, Jose Nasario
   bap 8 Apr 1834, ae 3 da; s/ Domingo DURAN & Mª Soledad LOVATO, v^s *del Rancho*; ap/ Ygnacio DURAN & Mª Antª SANCHES, dec.; am/ Salvador LOVATO & Mª Candelaria CORDOVA; gp/ Jose Rumaldo BARGAS & Juana Mª LOVATO, v^s *del mismo lugar*.

MONTOYA, Jose Tomas
  bap 10 Apr 1834, ae 3 da; s/ Mariano MONTOYA & Mª de la Lus PACHECO, *vᵛ del varrio de S. Franᶜᵒ del Rancho*; ap/ Jose MONTOYA & Mª del Carmel DURAN; am/ Jose Miguel PACHECO & Mª Gertrudis TAFOYA; gp/ Jose Eugenio de la CRUZ & Mª Rafaela GRIEGO, *vecinos del mismo lugar*.

MARTIN, Maria Peregrina
  bap 13 Apr 1834, ae 6 da; d/ Jose Manuel MARTIN & Estefana PADIA, *vˢ del Arroyo Ondo*; am/ Santiago PADIA (sic) & Juana LOBATO, both dec.; ap/ Franᶜᵃ MARTIN (only); gp/ Guadalupe GARCIA & Tomas ARCHULETA, *vecinos del mismo lugar*.

ROMERO, Polonio
  bap 13 Apr 1834, ae 4 da; s/ Domingo ROMERO & Mª Antonia BARELA, *vesinos del Arroyo Seco*; ap/ Candelario ROMERO & Mª Soledad ALIRE; am/ Juan Cristoval BARELA & Mª del Carmel QUINTANA; gp/ Rodrigo VIGIL & Mª Rosalia MARTINES, *vesinos del Arroyo Ceco*. (Frames 479-480)

Frame 480
CHAVES, Mª Rafaela
  bap 13 Apr 1834, ae 6 da; d/ Blas CHAVES & Mª Dolores MARTINES, *vesinos del Arroyo Ceco* (sic); ap/ Juan CHAVES & Clara SANCHES; am/ Ygnasio MARTINES & Mª Paula SALASAR; gp/ Juan Bautista BALLEJOS & Mª Dolores BAL(L)EJOS, *todos vecinos del Arroyo Ceco*.

MADRIL, Mª Hermeregilda
  bap 13 Apr 1834, ae 3 da; d/ Jose Encarnasion MADRIL & Ana Mª ESQUIBEL, *vesinos de San Fernandes*; ap/ Pedro MADRIL & Mª dela Luz MOYA; am/ Sipriano ESQUIBEL & Barbara QUINTANA; gp/ Jose CHAVES & Marselina CASADOS, *vesinos de San Fernando*.

BEITA, Mª Dolores
  bap 15 Apr 1834, ae 2 da; d/ Rumaldo BEITA & Mª Bonifasia (illegible-SANDOVAL), *vesinos de San Fernando*; ap/ Jose Antº BEITA & Josefa SANCHES; am/ Santiago SANDOVAL & Mª Candelaria BALDES; gp/ Cristoval TRIGILLO & Mª BALDES, *vesinos de San Fernandes*.

Frame 481
SANDOVAL, Mª Heremeregilda
  bap 15 Apr 1834 *en este curato de San Fernando de Taos*, ae 4 da; d/ Fransisco SANDOVAL & Josefa GARSIA, *vesinos del Arroyo Ondo*; ap/ Juan Domingo SANDOVAL & Margarita SANTEESTEVAN; am/ Juan Angel GARCIA & Mª Manuela MESTAS; gp/ Juan Grabiel DURAN & Tomasa GARCIA, *vesinos del Arroyo Ondo*.

GARCIA, Maria de la Lus
  bap 17 Apr 1834, ae 3 da; d/ Joaquin GARCIA & Maria de la Encarnacion VIGIL, *vecinos de S. Franᶜᵒ del Rancho*; ap/ Mª Manuela GARCIA (only); am/ Juan Cristobal VIGIL & Mª Viviana TORRES; gp/ Jose Franᶜᵒ GONSALES & Mª de la Lus MARQUES, *vecinos de S. Fernandes*.

FERNANDEZ, Juan Bautista
  bap 18 Apr 1834, ae 2 da; s/ Juan Manuel FERNANDEZ & Mª Encarnacion LUJAN, *vˢ de Arroyo Seco*; ap/ Man¹ FERNANDEZ & Mª Manˡᵃ BELASQUES; am/ Jose LUJAN & Maria CASADOS; gp/ Jose de los Reyes GUTIERRES & Antª Rosa SANCHES, *vecinos del mismo lugar*.

Frame 482
ROMERO, Mª Anastasia
  bap 20 Apr 1834, ae 6 da; d/ Mateo ROMERO & Mª Paula MONDRAGON, *vecinos de San*

Fernandes; ap/ Juan de los Reyes ROMERO & Mª Soledad LUCERO; am/ Jose MONDRAGON & Mª Dolores CASADOS; gp/ Juan de Jesus LUCERO & Mª Ygnacia ARAGON.

SANDOVAL, Mª Gertrudis
  bap 20 Apr 1834 *en San Fernando de Taos*, ae 3 da; nat. d/ Mª Ygnasia SANDOVAL, *soltera, vesina del Rancho*; am/ Juan de Dios SANDOVAL & Matris de ERRERA; gp/ Antº Jose GARCIA & Mª Rita ROMERO, *vesinos de San Francisco del Rancho*.

CHAVES, Casiano de Jesus
  bap 23 Apr 1834 *en San Fernando de Taos*, ae 7 da; s/ Jose Gabriel CHAVES & Miquela CORDOVA, *vesinos de San Antº del Arroyo Ondo*; ap/ Juan Nepomuseno CHAVES & Clara SANCHES; am/ Miguel CORDOVA & Catarina GALLEGOS; gp/ Miguel Antº GALLEGOS & Mª Gertrudis CHAVES, *vesinos de San Antº de Arroyo Ondo*.

Frame 483
PACHECO, Juana Maria
  bap 22 Apr 1834, ae 3 da; d/ Jose Rafael PACHECO & Mª de los Reyes CORDOVA, *vecinos del varrio de San Frᶜᵒ del Rancho*; ap/ Cayetano PACHECO & Mª Gertrudis MESTAS; am/ Jose CORDOBA & Mª Ygnacia BIALPANDO; gp/ Juan Nepomuseno DURAN & Mª de la Lus SANCHES, *vesinos del mismo lugar*.

MADRIL, Mª Cresensia
  bap 23 Apr 1834 *en este curato de San Fernando de Taos*, ae 5 da; d/ Antº Jose MADRIL & Mª Guadalupe SANTESTEVAN, *vesinos de San Fransisco del Rancho*; ap/ Juan MADRIL, dec., & Mª Juana CHACON; am/ Feliciano SANTESTEVAN & Mª Rafaela TRUGILLO; gp/ Pedro DURAN & Mª Estefana SEGURO, *vesinos de plasa de la Virgen de los Dolores del Arroyo Ondo*.

ARAGON, Jose Franᶜᵒ
  bap 27 Apr 1834 *en este curato de San Fernando de Taos*, ae 1 da; s/ Jose ARAGON & Mª de Jesus VIGIL, *vecinos del Rancho*; ap/ Lorenzo ARAGON & Maria Dolores CHAVES, dec.; am/ Pedro VIGIL & Josefa QUINTANA; gp/ Antº VIGIL & Margarita ARAGON, *vecinos del mismo lugar*.

ESCALANTE, Jose Marcos   *Curato de Taos*
  bap 27 Apr 1834, ae 3 da; s/ Marcelino ESCALANTE & Polonia CRUZ; ap/ Jorge ESCALANTE & Mª Macima GARCIA; am/ Mariano CRUZ & Dolores VIGIL; gp/ Manuel Gregorio MARTIN & Juana Rafaela MEDINA, *todos vecinos de San Fernando*. (Frames 483-484)

Frame 484
CRUZ, Maria Guadalupe
  bap 27 Apr 1834 *en San Fernando de Taos*, ae 7 da; d/ Agustin CRUZ & Paula CORDOBA, *vecinos del Rancho*; ap/ Francᶜᵒ CRUZ, dec., & Francª GONSALES; am/ Andres CORDOBA & Dolores ARCHULETA; gp/ Manuel Jose LEAL & Mariana QUINTANA.

MESTAS, Maria Aniceta
  bap 27 Apr 1834, ae 2 da; nat. d/ Mª Manuela MESTAS, *vesina de Arroyo Ondo*; am/ Antº MESTAS & Dolores Salolores MONDRAGON; gp/ Lorenso MARTIN & Mª Paula MARTINES, *vecinos del mismo lugar*.

BACA, Maria Donaciana
DELGADO, Maria Donaciana
  bap 27 Apr 1834, ae 4 da; nat. d/ Anna Maria BACA, *vecina de San Fernando*; am/ Estevan BACA, dec., & Mª de la Lus MARTINES; gp/ Jose Deciderio DELGADO & Mª Dolores BACA, *vˢ del mismo lugar*, who adopted the child.

Frame 485
ARCHULETA, Jose Luciano
  bap 28 Apr 1834 *en San Fernando de Taos*, ae 4 da; s/ Juan de Jesus ARCHULETA & Maria Ygnacia MARTIN; ap/ Juan ARCHULETA & Maria Consepcion de HERERRA; am/ Diego MARTIN & Mª Catarina TRUGILLO; gp/ Juan ROLAN & Mª Encarnacion MARTIN, *vecinos todos de San Franco del Rancho.*

ROMERO, Mª Dolores
  bap 28 Apr 1834 *en San Fernando de Taos*, ae 5 da; d/ Ventura ROMERO & Mª del Rosario ERRERA, *vecinos dela plasa de mi Señora delos Dolores del Arroyo Hondo*; ap/ Juan delos Reyes ROMERO & Mª Soledad LUSERO; am/ Jose de HERRERA (sic) & Mª Josefa RAEL; gp/ Jose Mª BALDES & Mª Manuela JARAMILLO, *vecinos de San Fernandes*. (No mention of twins.)

ROMERO, Juana Josefa
  bap 28 Apr 1834 *en San Fernando de Taos*, ae 5 da; d/ Ventura ROMERO & Mª del Rosario ERRERA, *vesinos de la plasa de Ntrª Señora de lo(s) Dolores del Arroyo Ondo*; ap/ Juan delos Reyes ROMERO & Mª Soledad LUSERO; am/ Jose de HERRERA (sic) & Mª Josefa RAEL; gp/ Fernando GARSIA & Mª de Jesus HERRERA, *vesinos de la plasa de Ntra Señora de los Dolores del Arroyo Ondo.* (No mention of twins.)

Frame 486
GUARÁ, Jose Encarnacion
  bap 2 May 1834 *en San Fernando de Taos*, ae 3 da; s/ Carlos GUARÁ (Origins, p. 418, GUARÁ) & Mª Dolores SUASO, *vs de S. Fernandes*; ap/ Juan Bautista GUARA & Margarita SHAPRO; am/ Jose Antº SUASO, dec., & Mª Josefa CASADOS; gp/ Jose Tomas LOVATO & Mª Dolores LOVATO, *vs del mismo lugar.*

MARTIN, Jose de la Cruz
  bap 3 May 1834 *en San Fernando de Taos*, ae 4 da; s/ Vitor MARTIN & Mª Alina VIGIL, *vs del Rancho*; ap/ Felipe MARTIN & Mª TRUGILLO; am/ Ygnacia VIGIL & Paula QUINTANA; gp/ Buenaventura MARTINEZ & Mª Asencion GALLEGOS, *vs del mismo lugar.*

TRUGILLO, Maria del Socorro
  bap 4 May 1834 *en San Fernando de Taos*, ae 4 da; d/ Juan Miguel TRUGILLO & Maria Teodora CRUZ, *vecinos de San Fernandes*; ap/ Miguel TRUGILLO & Teodora CORDOBA; am/ Juan Cristoval CRUZ & Josefa GARCIA; gp/ Tomas CORDOBA & Juana Maria ARELLANA, *vs del Arroyo Ondo.*

Frame 487
ANDRADA, Atanasio
  bap 5 May 1834 *en San Fernando de Taos*, ae 4 da; s/ Pablo ANDRADA (Origins, p. 405, same) & Gertrudis BARANCA, *vecinos de San Fernandes*; ap/ Jose Manuel de Jesus de ANDRADA & Mª Olalla Trinidad CABA; am/ Juan BARRANCA (sic) & Anamaria DURAN; gp/ Juan de Jesus TRUGILLO & Mª Ygnasia MADRIL, *vesinos de San Fernandes.*

LUCERO, Mª Dolores
  bap 6 May 1834, ae 6 da; d/ Jose Mª LUCERO & Mª Ygnacia ARCHULETA, *vs de Arroyo Ondo*; ap/ Cristobal LUCERO & Mª ARAGON; am/ Jose Antº ARCHULETA & Mª Antª CORDOBA; gp/ Francº PADILLA & Micaela CHAVES, *vs del mismo lugar.*

ESPINOSA, Maria de la Asension
  bap 10 May 1834 *en San Fernando de Taos*, ae 3 da; d/ Felipe ESPINOSA & Rita BARGAS, *vesinos de San Francisco del Rancho*; am/ Estevan BARGAS & Mª Andrea TAFOLLA; gp/ Juan SANCHES & Mª Lucaria GARCIA, *vesinos de San Fernandes.*

TAOS BAPTISMS, VOLUME II   1833-1837, AASF #20

Frame 488
TRUGILLO, Mª de la Lus
  bap 11 May 1834, ae 2 da; d/ Juan Leon TRUGILLO & Mª Ygnacia VIGIL, *vecinos del Ranchos*; ap/ Jose Antº TRUGILLO & Melchora QUINTANA; am/ Miguel VIGIL & Mª Juana GONSALES; gp/ Antº Jose TORRES & Mª Rosalia SALASAR, *vecinos del mismo lugar*.

CHAVES, Mª Guadalupe
  bap 11 May 1834, ae 3 da; d/ Eusebio CHAVES & Mª de Jesus TRUGILLO, *vesinos de San Fransisco del Rancho*; ap/ Antº CHAVES & Mª Antonia BERNAL; am/ Santiago TRUGILLO & Polonia ROMERO; gp/ Jose Tomas MARQUES & Mª Nicolasa SALASAR, *vesinos de San Franco del Rancho*.

CORDOVA, Mª Margarita
  bap 11 May 1834 *en San Fernando de Taos*, ae 6 da; d/ Fransisco CORDOVA & Ygnacia CORTES, *vesinos de San Antº del Arroyo Ondo*; ap/ Lorenso CORDOVA, dec., & Margarita MARTINEZ; am/ Pablo CORTES & Nasarena BLEA, dec.; gp/ Jose Antº ARELLANO & Mª Andrea MARTINES (sic).

Frame 489
ALIRE, Jose de la Cruz
  bap 11 May 1834 *en San Fernando de Taos*, ae 9 da; nat. s/ Anamaria ALIRE, *vesina de San Franco del Ranchito*; am/ Marcos ALIRE & Catarina BIALPANDO; gp/ Jose Ramon BIALPANDO & Mª de los Reyes BIALPANDO, *vesinos de San Franco del Ranchito*.

MEDINA, Jose Rafael
  bap 11 May 1834 *en San Fernando de Taos*, ae 8 da; s/ Franco MEDINA & Trenidad MAES, *vecinos del Arroyo Ondo*; ap/ Pascual MEDINA & Teresa ESPINOSA; am/ Vitoriano MAES & Miquela LUCERO; gp/ Policarpio TRUGILLO & Ynes ARMIJO, *vecinos del mismo lugar*.

FERNANDES, Jose Mariano
  bap 11 May 1834 *en San Fernando de Taos*, ae 4 da; s/ Jose Antº FERNANDES & Ynes ROMERO, *vesinos del Rancho*; ap/ Mariano FERNANDES & Franca LEYBA; am/ Maria Manuela LEAL (only); gp/ Pedro BUENO & Paula ARCHULETA, *vecinos del mismo lugar*.

Frame 490
LUSERO, Mauricio de Jesus
  bap 13 May 1834 *en San Fernando de Taos*, ae 1 da; s/ Pablo LUSERO & Mª Petra (L)ARRAÑAGA, *vecinos de San Fernando*; ap/ Manuel LUSERO & Mª Manuela BAYEGOS; am/ Cristobal LARAÑAGA (sic) & Annamaria CHAVES; gp/ Dⁿ Gregorio LUSERO & Mª Manuela MARTINES, *vecinos del mismo lugar*.

HERRERA, Mª Antª
  bap 13 May 1834, ae 5 da; d/ Cristobal HERRERA & Mª Ygnacia LUCERO, *vecinos de Arroyo Ondo*; ap/ Frco Xabier HERRERA & Mª Paula SALASAR; am/ Jesus LUCERO & Mª Rosa BERNAL; gp/ Manuel GARCIA & Mª Trinidad QUINTANA, *vº del mismo lugar*.

MAES, Asencion
  bap 15 May 1834 *en este curato de San Fernando de Taos*, ae 8 da; d/ Felipe Nerio MAES & Mª del Refugio PACHECO, *vesinos de San Fransisco del Rancho*; ap/ Bitoriano MAES & Mª Miquela LUSERO; am/ Ramon PACHECO & Mª Trinidad VIGIL; gp/ Buena Bentura LOVATO & Mª Dolores CORDOVA, *vesinos de San Franco del Rancho*.

Frame 491
RUIS, Juan Ysidro
 bap 15 May 1834 *en este curato de San Fernando de Taos*, ae 8 da; nat. s/ Soledad RUIS, *vesina de N^tra Señora de los Dolores del Arroyo Ondo*; am/ Juan Cristoval RUIS & Mª Manuela ROMERO; gp/ Jesus SANDOVAL & Petra LOVATO, *vesinos del Arroyo Hondo*.

RIVERA, Maria Ysidora
 bap 17 May 1834, ae 3 da; d/ Tomas (RIVERA) & M^a del Carmel GONSALES, *v^s de la plasa de Puricima Concepcion*; ap/ Jose Ant° RIVERA & Mª Feliciana ORTIS, both dec.; am/ Ant° Segundo GONSALES & Mª Josefa BALDES; gp/ An^to MARTINES & Mª Vicenta MONTOYA, *vecinos del mismo lugar*.

TRUGILLO, Fransisco An^to
 bap 16 May 1834 *en este curato de San Fernando de Taos*, ae 8 da; s/ Ysidro TRUGILLO & Mª de la Cruz SAMORA, *vesinos de la pura y limpia Consepsion del Arroyo Ondo*; ap/ Agustin TRUGILLO & Mª Gertrudis SISNEROS; am/ Jose SAMORA & Mariquita LUJAN; gp/ Jose Fransisco BALDES & Mª Fransisca GALLEGO, *vesinos de la plasa de la Puricima Consepsion del Arroyo Ondo*. (Frames 491-492)

Frame 492
LUJAN, Juan Ysidro
 bap 18 May 1834 *en este curato de San Fernandes*, ae 4 da; s/ Venito LUJAN & Francisca CONCHA, *Yndios naturales del pueblo*; ap/ Juan An^to LUJAN & Mª Guadalupe PACHECO; am/ Juan An^to CONCHA & Mª SUASO; gp/ Mª Lucaria GARSIA (only), *vesina de San Fernandes*.

SILVA, Maria Alento
 bap 23 May 1834, ae 3 da; d/ Joso SILVA & Maria Soledad MARES, *vecinos de la plasa of San Fernandes*; ap/ Francisco SILVA & Maria Asencecion MEDINA; am/ Fran^co MARES & Maria Antonia LOBATO; gp/ Maria CANDELARIA (only), *vecinos del mismo lugar*.

QUINTANA, Maria Trinidad
 bap 25 May 1834, ae 2 da; d/ Miguel QUINTANA & Mª Antonia URIOSTE, *vecinos de San Fran^co de Paula*; ap/ Jose de la Cruz QUINTANA & Mª Miquela BALDES, both dec.; am/ Juan URIOSTE & Maria de la Encarnacion BEYTA; gp/ Pascual MARTINES & Maria Teodora GALLEGOS, *vecinos del mismo lugar*. (Frames 492-493)

Frame 493
RAEL, Mª Dominga
 bap 26 May 1834, ae 1 da; d/ Juan Rafael (RAEL) & Maria Dolores CORDOBA, *vecinos de Fernandes*; ap/ Andres RAEL & Maria CRESPIN; am/ Juan CORDOBA & Juana MARTIN; gp/ Jose Gabriel CHAVES & Encarnacion ROMERO, *vecinos del mismo lugar*.

MARTIN, Maria Candelaria
 bap 26 May 1834, ae 6 da; d/ Francisco MARTIN & Maria Juana ESPINOSA, *vecinos del Arroyo Ondo*; ap/ Manuel Ramos MARTIN & Maria Manuela CORDOBA; am/ Felipe ESPINOSA & Maria Candelaria HERERA; gp/ Juan Jose BASQUES & Maria Pascuala CORDOBA, *vecinos del mismo lugar*. (Frames 493-494)

Frame 494
VIGIL, Jose Urbano
 bap 27 May 1834, ae 3 da; s/ Mig^l VIGIL & Mª Paula BEITA, *v^s del Rancho*; ap/ Jose Ygnacio VIGIL & Josefa MESTAS; am/ Juan Jose BEITA & Paula ARCHULETA; gp/ An^to Matias LOVATO & Maria An^ta VARELA, *v^s del mismo lugar*.

TAOS BAPTISMS, VOLUME II   1833-1837, AASF #20

HERRERA, Maria Rosa
   bap 29 May 1834 *en San Fernando de Taos*, ae 5 da; d/ Tomas de HERRERA & Maria
   Refugio MARTIN, *vecinos del Rancho de San Fran^co^*; ap/ Tomas de HERRERA &
   Guadalupe SISNEROS; am/ Fran^co^ MARTIN & Mª SANCHES; gp/ Felipe MARTIN & Maria
   Concepcion TRUGILLO, *v^s^ del mismo lugar*.

MAESE, Mª Leogarda
   bap 29 May 1834 *en San Fernando de Taos*, ae 6 da; d/ Jose Rafael MAESE & Maria
   Manuela CORTES, *vecinos de S. Fran^co^ del Rancho*; ap/ Juan MA(E)SE, dec., &
   Maria Manuela ROMERO; gp/ Juan Venito MARQUES & Mª Manuela GONSALES, *vecinos
   del mismo lugar*. (Frames 494-495)

Frame 495
BALDES, Jose Manuel
   bap 29 May 1834 *en San Fernando de Taos*, ae 7 da; s/ Buenav^a^ BALDES & Juana
   Catarina LOVATO, *v^s^ de la plasa de Purisima Concepcion*; ap/ Pedro Antonio
   VALDES (sic) & Maria Manuela GONSALES; am/ Antonio LOVATO & Mª Josefa CHAVES;
   gp/ Felipe LUCERO & Margarita MARTINES, *v^s^ de San Fr^co^ de Paula*.

MARTIN, Jose Vicente
   bap 1 Jne 1834 *en San Fernando de Taos*, ae 2 da; s/ Juan Ant° MARTIN & M^a^
   Dolores DURAN, *vecinos de San Francisco del Rancho*; ap/ Felipe MARTIN & M^a^
   TRUGILLO; am/ Juan Pablo DURAN & Mª Margarita SANCHES, both dec.; gp/ Manuel
   FERNANDOS & Mª Acencion MARTIN, *v^s^ del mismo lugar*.

Frame 496
CORDOVA, Mª Paubla
   bap 3 Jne 1834, ae 2 da; d/ Jose Rafael CORDOVA & Mª Ygnacia LUCERO, *vecinos
   del barrio of San Fran^co^ del Rancho*; am/ Pablo LUCERO (sic) & Mª Paubla
   LARRAÑAGA, dec.; ap/ Jose Ygnacio CORDOVA (sic) & Mª Mariantonia MARQUES; gp/
   Pablo LUCERO & Mª Petra de LARRAÑAGA.

MONTOYA, Juan de la Trinidad
   bap 3 Jne 1834 *en San Fernando de Taos*, ae 10 da; nat. s/ Mª Dolores MONTOYA;
   am/ Felipe MONTOYA & Mª Antonia SANDOVAL; gp/ Juan de Dios PADIA & Mª Dolores
   GARCIA, *vesinos todos del Arroyo Ondo*.

MAES, Mª Socorro
   bap 3 Jne 1834, ae 5 da; d/ San Juan MAES & Margarita MARTINA, *vecinos de San
   Fernando*; ap/ Domingo MAES & Juana Maria de ERRERA, dec.; am/ Ramon MARTIN &
   Paula MARTINA; gp/ Miguel de San Juan MAES & Mª Serafina MAES.

Frame 497
ARCHULETA, Mª Marcelina
   bap 8 Jne 1834 *en San Fernando de Taos*, ae 7 da; d/ Hisid(r)o ARCHULETA & M^a^
   Encarnacion BERNAL; ap/ Jesus ARCHULETA & Mª Juaquina BENAVIDES; am/ Juan Pedro
   VERNAL (sic) & Mª Fran^ca^ Ant^a^ BEYTA; gp/ Ant° ORTEGA & Mª Ant^a^ Margarita de
   ERRERA.

MANSANARES, Pedro Ant°
   bap 8 Jne 1834 *en San Fernando de Taos*, ae 9 da; nat. s/ Serafina MANSANARES,
   vesina de San Francisco del Rancho; am/ Jose Mariano MANSANARES & Mª Manuela
   ARCHULETA; gp/ Juan Felipe BRITO & Barbara LUSERO, *vesinos del Rancho*.

GALLEGOS, Mª Marselina
   bap 8 Jne 1834 *en San Fernando de Taos*, ae 8 da; d/ Jesus Mª GALLEGOS & M^a^ de
   la Cruz PADIA; ap/ Pablo GALLEGOS & Mª Dolores MARTINES; am/ Salbador PADIA &

Josefa MARTINES; gp/ Anto LUSERO & Mª Josefa ARAGON, vesinos de San Fernandes. (Frames 497-498)

Frame 498
SERVÉ, Mª Antonia
  bap 13 Jne 1834 en esta plasa de San Fernando de Taos, ae 4 da; d/ Jose Manuel SERVÉ (Origins, p. 393, same) & Mª Dominga COCA; ap/ Jose SERVÉ & una mujer de la nacion (n.n.); am/ Jose Maria COCA & Juana BENABIDES; gp/ Juan MONTOYA & Mª Jucepa TRUGILLO, todos vecinos de San Fernandes.

FRESQUIS, Mª Antonia
  bap 14 Jne 1834 en San Fernando de Taos, ae 2 da; nat. d/ Mª Antonia FRESQUIS, wid., vesina de la plasa of San Fransisco de Padua; am/ Mª FRESQUIS & unknown father; gp/ Jose Miguel MARTI^z & Mª Dolores MARTINES (sic), vesinos de la misma plasa. (Frames 498-499)

Frame 499
CORDOVA, Mª Basilia
  bap 15 Jne 1834 en San Fernando de Taos, ae 2 da; nat. d/ Mª Teresa CORDOVA, single, & father unknown, vesina de San Francisco del Rancho; am/ Andres CORDOVA & Mª Dolores ARCHULETA; gp/ Buena Bentura LOVATO & Mª Dolores CORDOVA, vesinos de San Fransisco del Rancho.

VIGIL, Manuel Antº
  bap 18 Jne 1834 en San Fernando de Taos, ae 2 da; s/ Jose Franco (VIGIL) & Mª Candelari(a) SANTIESTEBAN; ap/ Ygnacio VIGIL & Mª Antª ARAGON; am/ Feliciano SANTIESTEBAN & Mª Rafaela TRUGILLO; gp/ Juan Manuel LUCERO & Juana Maria MARTINES, todos vecinos del Ranchito de San Francisco.

Frame 500
JAMNES, Carlos
  bap 19 Jne 1834 en San Fernando de Taos, ae 6 da; s/ Tomas JAMNES (Origins, p. 419, HAMMONS) & Mª del Carmel SISNEROS, vs de Arroyo Ondo; ap/ are from the United States (no names given); am/ Nerio SISNEROS, dec., & Teodora MARTIN; gp/ Eulogio GONSALES & Guadalupe SISNEROS, vs del mismo lugar.

MARTINES, Juan Bautista
  bap 24 Jne 1834 en San Fernando de Taos, ae 4 da; s/ Fransisco MARTINES & Mª Catalina ALIRE, vesinos de San Fernandes; ap/ Juan Antº MARTIN (sic) & Mª MAD(R)IL; am/ Juan Lorenso ALIRE & Mª Josefa BEITA; gp/ Julian DURAN & Mª Juana Gertrudis ALIRE, vesinos de San Fernandes.

ANGULAR, Mª Guadalupe
  bap 25 Jne 1834 en San Fernando de Taos, ae 3 da; d/ Jose ANGULAR & Mª Rosa MARTINES, vesinos de la plasa de la Purisima Consepsion; ap/ Antº ANGULAR & Juana CORDOVA; am/ Jose Antº MARTIN & Mª MADRID; gp/ Jose Prudensio (n.s.) & misma abuela materna, Mª MADRID, vesinos de el mismo lugar. (Frames 500-501)

Frame 501
ROMERO, Juan de Jesus
  bap 25 Jne 1834 en San Fernando de Taos, ae 6 da; s/ Pedro ROMERO & Mª Antonia LOVATO, vesinos y Yndios naturales del pueblo de Taos; ap/ Juan Antº ROMERO & Antonia LOMA; am/ Juan Manuel LOVATO & Mª Paula MARQUES; gp/ Jose Antº MADRID & Mª del Carmel DELGADO, vesinos de San Fernandes.

MONTOYA, Mª Petra
  bap 29 Jne 1834 en San Fernando de Taos, ae 3 da; d/ Gregorio MONTOYA & Mª Encarnacion ESPINOSA, vesinos de San Fransisco del Rancho; ap/ Jose MONTOYA &

Mª Luisa SANDOVAL; am/ Jose Manuel SERNA & Mª Manuela ESPINOSA; gp/ Nicolas SANDOVAL & Mª Ygnacia MARTINES, *vesinos de San Franco del Rancho.*

Frame 502
TAFOLLA, Juan Bautista
 bap 29 Jne 1834 *en San Fernando de Taos,* ae 6 da; s/ Ypolito TAFOLLA & Mª Consepsion CHAVES, *vesinos de la Sma Trinidad del Arroyo Seco;* ap/ Paulin TAFOLLA & Mª Ysabel CORDOVA; am/ Antº CHAVES & Mª Barbara SANCHES; gp/ Jose Franco BARELA & Mª Dolores VARELA, *vesinos del mismo lugar.*

APODACA, Maria Refugio
 bap 30 Jne 1834 *en San Fernando de Taos,* ae 3 da; d/ Diego APODACA & Maria Trinidad LOPES; ap/ Cruz APODACA & Sabel PADIA; am/ Salvador LOPES & Teresa GALLEGOS, *vecinos del Arroyo Ceco;* gp/ Antº Elias ARMENTA & Maria Ysabel SANCHES, *vᵉ del mismo lugar.*

GALLEGOS, Mª Pasifica
 bap 2 Jly 1834 en San Fernando de Taos, ae 8 da; nat. d/ Mª Paula GALLEGO, single; am/ Luis GALLEGOS & Mª Bisenta ABILA, *vesinos de San Fernandes;* gp/ Juan Nepomuseno de LUNA & Mª Candelaria BELARDE, *vesinos del mismo lugar.* (Frames 502-503)

Frame 503
TRUGILLO, Antonia Rosa
 bap 10 Jly 1834 *en San Fernando de Taos,* ae 3 da; d/ Santos TRUGILLO & Mª Encarnasion BLEA, *vesinos de la plasa de la SSma Trinidad of Arroyo Seco;* ap/ Jose TRUGILLO & Juana Manuela MES; am/ Juan Pascual BLEA & Matiana SILVA; gp/ Ricardo de Jesus VIGIL & Mª Dolores BALLEJOS, *vesinos dela plasa de San Antº de Padua del Arrollo Ondo.*

ORTIS, Jose Santiago
 bap 10 Jly 1834 *en San Fernando de Taos,* ae 6 da; s/ Lorenso ORTIS & Catalina GOMES, *Yndios naturales del pueblo de Taos;* ap/ Juan Antº ORTIS & Miquela ROMERO; am/ Franco GOMES & Juana LUJAN; gp/ Rafael VIGIL & Estefana MADRID, *vesinos de San Fernandes.*

Frame 504
ROMERO, Mª Petra
 bap 10 Jly 1834 *en San Fernando de Taos,* ae 8 da; d/ Jose ROMERO & Mª Vibiana FERNANDES, *vesinos de San Franco del Rancho;* ap/ Consepsion ROMERO & Mª Rosa QUINTANA; am/ Juan Domingo FERNANDES & Juana Fransisca GARSIA; gp/ Felipe MARTINES & Mª TRUGILLO, *vesinos del mismo lugar.*

CRUS, Juana Maria
 bap 10 Jly 1834 en San Fernando de Taos, ae 3 da; nat. d/ Lorensa CRUS, single, *vesina del Rancho;* am/ Jose Alejo CRUS & Guadalupe DURAN; gp/ Felipe BARELA & Dolores BALDES, *vesinos del mismo lugar.*

PACHECO, Marsial
 bap 10 Jly 1834 *en San Fernando de Taos,* ae (blank space) da; s/ Antº PACHECO & Mª BERNAL, *vesinos de la poblasion del Arroyo Ondo;* ap/ Juan Jose PACHECO & Mª Josefa VIGIL; am/ Pedro BERNAL & Mª Juliana MEDINA; gp/ Fransisco CORDOVA & Mª Polonia LUSERO, *vesinos de San Fernando.* (Frames 504-505)

Frame 505
DURAN, Pedro Antº
 bap 11 Jly 1834 *en San Fernando de Taos,* ae 2 da; nat. s/ Mª Antonia DURAN,

wid., & father & ap not known; am/ Luis DURAN & Mª Paula ARGUELLO; gp/ Jose Dolores RUIBAL & Mª Beatris RUIBAL, *vesinos todos de San Fernandes.*

MONTOYA, Juana Maria
bap 12 Jly 1834, ae 3 da; d/ Jorge MONTOYA & Maria Manuela CORTES, *vecinos de San Fernandes;* ap/ Anto MONTOYA & Mª Ygnacia BALDES; am/ Crus CORTES & Juana Maria PADILLA; gp/ Francisco Estevan CORDOBA & Maria Polonia LUCERO, *vecinos del mismo lugar.*

Frame 506
FERNANDES, Mª Manuela
bap 13 Jly 1834 *en San Fernando de Taos,* ae 5 da; d/ Visente FERNANDES & Mª Andrea SANCHES, *vesinos de San Jose de las Trampas de la mision de Picuries;* ap/ Rafael FERNANDES & Mª BALDES; am/ Roque SANCHES & Rita MESTAS; gp/ Manuel SAMORA & Mª Josefa FERNANDES, *vesinos de del mismo lugar.*

PINO, Maria Filomena
bap 13 Jly 1834, ae 8 da; d/ Jose Guadalupe PINO & Juana BARELA, *vesinos de San Fernando;* ap/ Jose PINO & Maria PEÑA; am/ Getrudis BARELA (only); gp/ Policarpio CORDOVA & Maria Josefa CORTES, *besinos del mismo lugar.*

ARCHULETA, Mª Narsisca
bap 15 Jly 1834, ae 3 da; d/ Anto ARCHULETA & Ysidora GONSALES, *vecinos de San Fernandes;* ap/ Barvara ARCHULETA (only); am/ Ylario GONSALES & Juana LOPES; gp/ Pedro ARCHULETA & Maria Paula ARCHULETA, *vecinos del mismo lugar.* (Frames 506-507)

Frame 507
CORDOVA, Diego Antonio
bap 24 Jly 1834, ae 2 da; nat. s/ Mariana CORDOVA, *vº de San Franco del Ranchito;* am/ Andres CORDOVA & Dolores ARCHULETA; gp/ Manl TRUGILLO & Mª Franca ARELLANO, *vs de la pura y limpia Concepcion del Ranchito.*

SANDOVAL, Anna Maria
bap 25 Jly 1834 *en San Fernando de Taos,* ae 1 da; d/ Felipe SANDOVAL & Polonia MAES, *vs de S. Fernandes;* ap/ Juan SANDOVAL & Juana SUASO; am/ Pedro MAES & Mª Manuela MEDINA; gp/ Nicolas TAFOYA & Mª Manuela MEDINA, *vs del mismo lugar.*

MARTINEZ, Jose Nasario
bap 28 Jly 1834, ae 2 da; s/ Diego MARTINEZ & Mª Dolores GALLEGOS, *vecinos de S. Fernandes;* ap/ Juan de los Reyes MARTINES (sic) & Juana GALLEGOS; am/ Alejandro GALLEGOS & Mª Viviana BACA; gp/ Juan BALDES & Mª del Carmel VALDES (sic), *vecinos del mismo lugar.* (Frames 507-508)

Frames 508
ARMIJO, Maria Marta
bap 30 Jly 1834, ae 2 da; d/ Mariano ARMIJO & Marcelina MAES, *vecinos de S. Fernandes;* ap/ Pedro ARMIJO & Barbara RIBERA; am/ Manuel MAES & Josefa ARMIJO; gp/ Juan Manuel LOVATO & Mª Franca COCA, *vecinos del mismo lugar.*

BALLEJOS, Mª Soledad
bap 31 Jly 1834, ae 4 da; d/ Rafael Teodoro BALLEJOS & Mª Manuela SANDOVAL, *vs de la plasa de S. Anto de Arroyo Ondo;* ap/ Luis BALLEJOS & Dª Manuela ARAGON; am/ Ubaldo SANDOVAL & Mª Ruperta TRUGILLO; gp/ Anto Jose BALLEJOS & Mª Soledad ROMERO, *vs del mismo lugar.*

Frame 509
ORTEGA, Pedro Somenes

bap 2 Aug 1834 en San Fernando de Taos, ae 2 da; s/ Jose Dolores ORTEGA & Mª del Refugio SANDOVAL, vesinos de San Fernandes; ap/ Culas ORTEGA & Mª de Gracia TAFOLLA; am/ Pablo SANDOVAL & Mª Dolores COCA; gp/ Jose Relles COCA & Mª Manuela SALASAR, vesinos del mismo lugar.

VIGIL, Mª de la Lus Agapita
   bap 2 Aug 1834 en San Fernando de Taos, ae 3 da; d/ Matias VIGIL & Mª Dolores MARTINES, vecinos de San Franco del Rancho; ap/ Matias VIGIL & Dolores PACHECO; am/ Diego MARTINES & Ygnacia GONSALES; gp/ Jose Manuel CORTES & Mª Manuela SANCHES, vesinos de San Franco del Rancho.

DELGADO, Anto Mª
   bap 4 Aug 1834 en San Fernando de Taos, ae 3 da; nat. s/ Mª Anastacia DELGADO & unknown father, vesinos de San Fer(nan)des; am/ Venito DELGADO & Josefa SANDOVAL; gp/ Juan SANDOVAL & Juana Rosalia DELGADO, vesinos del mismo lugar. (Frames 509-510)

Frame 510
SANCHES, Antonio Domingo
   bap 5 Aug 1834 en San Fernando de Taos, ae 3 da; s/ Anto SANCHES & Biviana MES, vecinos de San Fernandes; ap/ Mig¹ SANCHES & Rosa ROIVAL, both dec.; am/ Anto MES & Biviana SISNEROS, both dec.; gp/ Jose de RUA (sic) & Maria Jusefa RAEL, becinos del mismo lugar.

CORDOVA, Jose Encarnacion
   bap 6 Aug 1834 en San Fernando de Taos, ae 3 da; s/ Miguel CORDOVA & Mª Catalina GALLEGO, vesinos del Arroyo Seco; ap/ (n.n.-written over) CORDOVA & Mª Guadalupe TECOA; am/ Juan Jose GALLEGOS (sic), dec., & Mª Dolores PADIA; gp/ Juan Pomoseno DURAN & Mª Heremeregilda CASADOS.

CORDOVA, Mª Trenidad
   bap 5 Aug 1834 en San Fernando de Taos, ae 5 da; d/ Rafael CORDOVA & Mª Dolores VIGIL; ap/ Juana CORDOVA (only); am/ Franco VIGIL & Mª Trenidad SALAZAR; gp/ Manuel GARCIA & Mª Trenidad QUINTANA, todos vecinos de Arroyo Ondo. (Frames 510-511)

Frame 511
LEAL, Maria Tiburcia
   bap 14 Aug 1834, ae 3 da; d/ Venito LEAL & Mª Fernanda PINEDA, vecinos de la plasa de San Franco del Rancho; ap/ Rafael LEAL & Mª Teresa VIGIL; am/ Jacinto PINADA (sic) & Mª Josefa CALDERON; gp/ Franco MARTIN & Mª Ygnacia PINEDA, vˢ del mismo lugar.

MEDINA, Jose Lorenso
   bap 14 Aug 1834, ae 6 da; s/ Nicolas MEDINA & Juana TAFOYA, vecinos del la (sic) Arroyo Hondo; ap/ Cristoval MEDINA & Mª Josefa BARELA; am/ Jose Manuel TAFOYA & Rosa de HERRERA, both dec.; gp/ Jose Manuel ROMERO & Dorotea CHAVES, vecinos del mismo lugar.

GONSALES, Manuel Lorenso
   bap 14 Aug 1834, ae 5 da; s/ Baltasar GONSALES & Mª de la Lus BELARDE, vecinos de la plasa de Ntra Sª de los Dolores de la Sieneguilla; ap/ Jose Mª GONSALES & Dolores LEYVA; am/ Jose Mª BELARDE & Dorotea MONTOYA; gp/ Juan Nepomuseno SANDOVAL & Mª Tomasa JARAMILLO, vˢ del mismo lugar. (Frames 511-512)

Frame 512
GARCIA, Anto Fortino
   bap 15 Aug 1834 en San Fernando de Taos, ae 3 da; s/ Juan GARCIA & Juana MADRID, vesinos de San Francisco del Rancho; ap/ Juan Miguel MASCAREÑAS (sic)

& Mª Manuela BUENOS; am/ Jose Antº GARCIA (sic) & Reyes MARTIN; gp/ Juan Manuel MASCAREÑAS & Mª Manuela BUENO, *vesinos del mismo lugar*.

TRUGILLO, Mª Juliana
  bap 17 Aug 1834 *en San Fernando de Taos*, ae 2 da; d/ Juan TRUGILLO & Mª Catarina CORDOVA, vesinos de San Francisco del Rancho; ap/ Santiago TRUGILLO & Mª Polonia ROMERO, both dec.; am/ Antº Aban CORDOVA, dec., & Mª Juliana TORRES; gp/ Jose Mariano JARAMILLO & Mª Josefa LOVATO, *vecinos del mismo lugar*.

Frame 513
GONSALES, Mª Antonia
  bap 17 Aug 1834 *en San Fernando de Taos*, ae 4 da; d/ Eulogio GONSALES & Mª Guadalupe SISNEROS, *vecinos del Arroyo Ondo*; ap/ Juan GONSALES & Mª Antonia MARTINES; am/ Nerio SISNEROS & Mª Teodora MARTINES; gp/ Juan Bautista MEDINA & Mª Ysabel SISNEROS, *vesinos del mismo lugar*.

SANDOVAL, Mª Josefa
  bap 17 Aug 1834 *en San Fernando de Taos*, ae 4 da; d/ Juan Antº SANDOVAL & Mª Dolores SANCHES, *vesinos del Arroyo ONDO*; ap/ Francº SANDOVAL & Mª Ygnacia SANCHES; am/ Felipe SANCHES & Mª Manuela ARCHULETA; gp/ Juan de Jesus SANDOVAL & Mª Juliana GALLEGOS, *vesinos del mismo lugar*.

LUSERO, Mª Ygnacia
  bap 19 Aug 1834 *en San Fernando de Taos*, ae 4 da; d/ Antº Jose LUSERO & Mª Dolores VALDES, *vesinos de San Fernando*; ap/ Visente LUSERO & Mª Marta ATENCIO; am/ Juan BALDES (sic), dec., & Bibiana BACA; gp/ Manuel Antº ARCHULETA & Paula ARCHULETA, *vesinos del mismo lugar*. (Frames 513-514)

Frame 514
MARTINES, Juan de Jesus
  bap 19 Aug 1834 *en San Fernandes de Taos*, ae 6 da; s/ Juan Rafael MARTINES & Maria Manuela PAISA, *vesinos del Picuries*; ap/ Felis MARTIN (sic) & Ynacia GONSALES; am/ Varcicio PAIS & Candelaria MARTIN; gp/ Antº de la Cruz APODACA & Mª Dolores MARTIN, *vesinos del mismo lugar*.

CORDOBA, Mariano de Jesus
  bap 20 Aug 1834 *en San Fernando de Taos*, ae 3 da; s/ Reymundo CORDOBA & Maria Estefana GONZALEZ, *vˢ del Rancho*; ap/ Aban CORDOBA & Maria Juliana TORRES; am/ Felipe GONZALEZ & Maria Francisca CHACON; gp/ Juan Jose VIGIL & Simon MONTOYA, *vecinos del mismo lugar*.

CARDENAS, Mª Ysidora
  bap 24 Aug 1834 *en San Fernando de Taos*, ae 3 da; d/ Jose Visente CARDENAS & Mª Encarnacion QUIJADA, *vesinos del mismo lugar*; ap/ Jose CARDENAS & Mª de los Santos BERNAL; am/ Juan QUIJADA & Rita CRIZ (sic); gp/ Jose Encarnacion MADRID & Mª Soledad ESQUIBEL, *vesinos del mismo lugar*. (Frames 514-515)

Frame 515
GARCIA, Jose Fransisco
  bap 24 Aug 1834 *en San Fernando de Taos*, ae 3 da; s/ Juan Antº GARCIA & Mª Dolores GABALDONA, *vesinos del mismo lugarar* (sic); ap/ Juan de Dios GARCIA & Guadalupe TRUGILLO; am/ Felis GABALDON & Ana FRESQUIS; gm/ Josefa GONSALES, *vecina del mismo lugar*.

VIGIL, Felipe Benisio
  bap 24 Aug 1834 *en San Fernando de Taos*, ae 2 da; s/ Miguel VIGIL & Mª Encarnacion MARTINES, *vesinos de San Francisco del Rancho*; ap/ Ygnacio VIGIL

& Soledad DURAN, dec.; am/ Juan MARTINES, dec., & Mª Catarina CORDOVA; gp/ Juan Domingo TAFOLLA & Mª Juana Gertrudis CORDOVA. (Frames 515-516)

Frame 516
TRUGILLO, Mª del Carmel
   bap 24 Aug 1834 en San Fernando de Taos, ae 2 da; d/ Pablo TRUGILLO & Mª Rosa ROMERO, vecinos de San Fransisco del Rancho; ap/ Jose Antº TRUGILLO & Mª Melclores QUINTANA; am/ Mariano ROMERO & Mª Felisiana CORDOVA; gp/ Antº TORRES & Mª Ysabel FERNANDES, vesinos del mismo lugar.

LAMORÉ, Luiz
   bap 24 Aug 1834 en San Fernando de Taos, ae 3 da; s/ Luiz LAMORÉ (Origins, p. 421, same) & Mª Rita LALANDA, vecinos del varriode (sic) San Fernando; ap/ Pedro LAMORÉ & Lucía BARÉ; am/ Bautista LALANDA & Polonia LUCERO; gp/ Gervacio NOLAN (Origins, p. 428, NOLÁN) & Maria Dolores LALANDA, vecinos del mismo varrio.

DURAN, Maria de Altagracia
   bap 28 Aug 1834 en San Fernando de Taos, ae 5 da; d/ Nepomoseno DURAN & Mª de la Lus SANCHES, vesinos de San Francisco del Rancho; ap/ Jose Manuel DURAN & Mª Geralda MASCAREÑAS; am/ Felipe SANCHES & Juana MARTIN; gp/ Juan Domingo TAFOYA & Juana Gertrudes CORDOVA. (Frames 516-517)

Frame 517
ARCHULETA, Jose Aniseto
   bap 30 Aug 1834 en San Fernando de Taos, ae 3 da; s/ Jose Antº ARCHULETA & Juana Josefa DURAN, vesinos de San Fernando; ap/ Antº ARCHULETA & Trinidad MES; am/ Visente DURAN & Juana MARQUES; gp/ Pedro ARCHULETA & Mª Paula ARCHULETA, vesinos del mismo lugar.

QUINTANA, Juan Ch(r)istoval
   bap 30 Aug 1834 en San Fernando de Taos, ae 2 da; s/ Jose Aniseto QUINTANA & Mª Estefana GARCIA, vesinos de el Ranchito de San Francisco; ap/ Juan Cristoval QUINTANA & Antonia Rosa de LUNA; am/ Antº Jose GARCIA & Mª Paula BIALPANDO; gp/ Jose Maria QUINTANA & Mª Manuela TRUGILLO, vesinos del mismo lugar. (Frames 517-518)

Frame 518
ROMERO, Antº Domingo
   bap 2 Sep 1834 en San Fernando de Taos, ae 3 da; s/ Vicente ROMERO & Soledad CHAVES, vesinos del Rancho; ap/ Francº Estevan ROMERO & Dolores LUCERA; am/ Domingo CHAVES & Candelaria DURAN; gp/ Juan Miguel MASCAREÑAS & Mª Manuela BUENO.

MARTIN, Mª Francisca
   bap 10 Sep 1834 en San Fernando de Taos, ae 20 da; d/ Jose Antº MARTIN & Mª Dolores BRITO, vesinos del barrio de San Francº del Rancho; ap/ Jose Antº MARTIN & Consicion MARTIN; am/ Miguel Antº BRITO & Mª Ygnacia BARELA; gp/ Felipe MARTIN & Mª Rosa MARTIN, vesinos del mismo lugar.

VIGIL, Jose Masedonio
   bap 13 Sep 1934 en San Fernando de Taos, ae 3 da; s/ Anastasio VIGIL & Mª de la Cruz QUINTANA, vesinos de San Francº del Rancho; ap (sic)/ Jose de la Cruz QUINTANA & Mª Miquela VALDES; am (sic)/ Juan de la Cruz VIGIL & Mª Clara FERNANDES; gp/ Jose Mariano MARTINES & Mª Brigida TAFOYA, vesinos del mismo lugar. (Frames 518-519)

Frame 519
GONZALES, Jose Antº

bap 21 Sep 1834 *en San Fernando de Taos*; s/ unknown, C. Jose Desiderio GONZALES, *vecino de la plasa de San Fran^{co} del Rancho*, found a newly born child at the head of his bed during the night of the 19th of the current month, adopted the child and named him Jose Ant°; gp/ C. Romano TAFOYA & Ant^a Rosalia DURAN, *vecinos de la misma plaza de San Fran^{co}*.

Frame 520
MAES, Jose Ramon
　bap 22 Sep 1834 *en San Fernando de Taos*, ae 4 da; s/ Jose Mª MAES & Mª Manuela PACHECO, *vecinos del pueblo de Taos*; ap/ Jose Manuel MAES & Mª Rosa TENORIO; am/ Felipe PACHECO & Mª Gertrudis CORDOVA; gp/ Jose Fran^{co} GONSALES & Mª de la Lus MARQUES, *vecinos de S. Fernando*.

LEROUS, Maria Paula
　bap 24 Sep 1834, ae 3 da; d/ Ant° LEROUS (Origins, p. 423, LEROUX) & Juana Catarina VIGIL, *vecinos de S. Fernando*; ap/ Antonio LEROUS & Elena TOSI; am/ Juan de Jesus VIGIL & Maria Paula BALDES, dec.; gp/ D^n Juan de Jesus VIGIL & Filomena VIGIL, *vecinos del mismo lugar*.

GALLEGO, Mª Matea de Jesus
　bap 24 Sep 1834, ae 4 da; d/ Manuel GALLEGO & Dolores ARELLANA, *vesinos del Arroyo Hondo*; ap/ Felipe GALLEGO & Juana GARCIA; am/ Jose AREYANO (sic) & Concicion MARTIN; gp/ Mª ARMIGO (sic) & Juan Santos MES, *vesinos del mismo lugar*. (Frames 520-521)

Frame 521
PADILLA, Jose Perfirio
　bap 27 Sep 1834, ae 3 da; s/ Manuel PADILLA & Hermenegilda VIGIL, *veci^s S. Fr^{co} del Rancho*; ap/ Pedro PADILLA & Mª CHAVES, both dec.; am/ Jose Marcelino VIGIL & Micaela MARTINES, both dec.; gp/ Ant° Jose MONDRAGON & Juana Mª VIGIL, *vecinos del mismo lugar*.

ROMA, Matias
　bap 27 Sep 1834, ae 6 da; s/ Jua(n) de Jesus ROMA & Ana Mª CANDELARIO, *vesinos del Rio Chiquito*; ap/ Jua(n) ROMO (sic) & Mª VIGILA; am/ F(r)an^{co} CANDELARIO & J(u)ana RIABAGEÑA; gp/ Matias GARCIA & Mª Ysidora TRUGILLO, *vesinos del mismo lugar*.

Frame 522
CHAVES, Juana M^a
　bap 28 Sep 1834 *en San Fernando de Taos*, ae 3 da; d/ Jose Grabiel CHAVES & Mª Encarnacion ROMERO, *vesinos de San Fernandes*; ap/ Miguel CHAVES & Mª Gertrudis HURTADO; am/ Jose Ant° ROMERO, dec., & Mª Ana MONTOYA; gp/ Bartolo TRUGILLO & Mª Serafina TRUGILLO, *vesinos del mismo lugar*.

COCA, Mª Dolores
　bap 28 Sep 1834 *en San Fernando de Taos*, ae 3 da; d/ Cornelio COCA & Mª de Jesus SAMORA, *vesinos de San Fernando*; ap/ Miguel COCA & Catarina MARTINES, dec.; am/ Rafael SAMORA & Mª Dolores BALBERDE; gp/ Bernardino MARTINES & Mª Dolores LUSERO, *vesinos del mismo lugar*.

FRESQUIS, Juan Bartolo
　bap 30 Sep 1834 *en San Fernando de Taos*, ae 20 da; s/ Pedro FRESQUIS & Mª de la Luz CHACON, *vesinos de Picuries*; ap/ Juan Ant° FRESQUIS & Mª Gertrudis BEITA; am/ Juan Miguel CHACON & Mª Juliana CORDOVA; gp/ Manuel Fransisco ARGUELLO & Mª Ygnacia MEDINA, *vesinos del mismo lugar*. (Frames 522-523)

Frame 523
VALDES, Geronimo

TAOS BAPTISMS, VOLUME II   1833-1837, AASF #20

    bap 30 Sep 1834 *en San Fernando de Taos*, ae 3 da; s/ Ygnacio VALDES & Maria Dolores DURAN; ap/ Bautista VALDES, dec., & Maria ARCHULETA; am/ Juan DURAN & Franca SANTISTEBAN, both dec.; gp/ Santiago MARTINEZ & Ma de la Luz LUCERO, *vesinos de San Fernandes*.

BALDES, Jose Nestor
    bap 1 Oct 1834 *en San Fernando de Taos*, ae 6 da; s/ Jose Ygnacio BALDES & Maria Manuela SANCHES; ap/ Manuel BALDES & Josefa GARCIA, both dec.; am/ Jose Manuel SANCHES & T(e)odora SISNEROS; gp/ Miguel LARAÑAGA & Maria dela Luz TRUGILLO, *vecinos del mismo lugar*. (No mention of twins.)

Frame 524
VALDES, Jose Nestor
    bap bap 1 Oct 1834 *en San Fernando de Taos*, ae 6 da; s/ Jose Ygnacio VALDES & Ma Manuela SANCHES, *vesinos de San Fernandes*; ap/ Manuel VALDES & Josefa GARCIA, both dec.; am/ Jose Manuel SANCHES & Teodora SISNEROS; gp/ George Anto ROMERO & Ma de la Luz TRUGILLO, *vesinos del mismo lugar*. (No mention of twins.)

CHIRINA, Jose Angel
    bap 2 Oct 1834, ae 2 da; s/ Pedro CHIRINA & Rosalia SILVA, *vs de S. Fernando*; ap/ Ascencio CHIRINA & Ma Agustina GEMA; am/ Santiago SILVA & Juana BELASQUES; gp/ Noverto SANDOVAL & (blank space), *vecinos del mismo lugar*.

VIGIL, Ma Miquelita
    bap 2 Oct 1834 bap *en San Fernando de Taos*, ae 6 da; nat. d/ Ma Soledad VIGIL, *vesinos de San Fransisco del Rancho*; am/ Anto VIGIL & Ma Josefa MEDINA; gp/ Jose Manuel ROMERO & Ma Dolores ROMERO, *vesinos del mismo lugar*. (Frames 524-525)

Frame 525
LUCEROS, Jose Ygnacio
    bap 4 Oct 1834 *en San Fernando de Taos*, ae 3 da; s/ Jose Maria LUCEROS & Ma SANCHES, *vecinos de San Fernando*; ap/ Gregorio LUCERO (sic) & Ma Manuela MARTIN; am/ Jose Manuel SANCHES & Ma T(e)odora SISNEROS; gp/ Julian LUCERO & Ma Manuela MARTIN, *veci(n)os de San Fernando*.

DURAN, Asianio de los Angeles
    bap 4 Oct 1834 *en S. Fernando de Taos*, ae 3 da; s/ Juan de Jesus DURAN & Barbara MEDINA, *vecinos de San Fernandes*; ap/ Juaniculas (sic) DURAN & Juana Antonia SANDOVAL; am/ Anto Rafael MEDINA & Ma Encarnacion ROMERO; gp/ Jose Rafael TENORIO & Dolores TENORIO, *vecinos de San Fernandes*.

Frame 526
MARTINES, Ma Geronima
    bap 5 Oct 1834 *en San Fernando de Taos*, ae 5 da; d/ Juan de Jesus MARTINE(S) & Gertrudis GARCIA, *vecinos de San Francisco del Rancho*; ap/ Jose Anto GARCIA (sic) & Ana Ma PADIA; am/ Fransisco MARTINES (sic) & Ygnacia RUIVAL; gp/ Miguel MARTINES & Ma de los Ramos MARTINES, *vecinos del mismo lugar*.

CORDOVA, Jose Miguel
    bap 6 Oct 1834 *en San Fernando de Taos*, ae 8 da; s/ Franco CORDOVA & Ma Guadalupe VALERIA, *vecinos de San Francisco del Rancho*; ap/ Juan Bautista CORDOVA & Rosalia MARTINES; am/ Jose GARCIA & Rosa BALERIA (sic); gp/ Anto SANDOVAL & Soledad CORDOVA, *vecinos del mismo lugar*.

RAEL, Jose Narsico
    bap 15 Oct 1834 *en San Fernando de Taos*, ae 5 da; s/ Juan Bautista RAEL & Ma Gertrudis ROMERO, *vesinos de San Fransisco del Rancho*; ap/ Manuel Jose LEAL

(sic) & Mariana QUINTANA; am/ Manuel GURULED (sic) & Mª Fransisca MARTIN; gp/ Jose Manuel ROMERO & Mª Dolores ROMERO, *vesinos del mismo lugar.* (Frames 526-527) (As written)

Frame 527
LEIVA, Juan Rosalio
   bap 15 Oct 1834 *en San Fernando de Taos,* ae 1 mo 10 da; s/ Juan Jose LEIVA & Mª Encarnacion PAIS, *vesinos de la mision de Picuries;* ap/ Miguel LEIVA & Mª Fransisca LOPES; am/ Culas PAIS & Tomasa LOPES; gp/ Juan de Jesus BELARDE & Mª Manuela MOYA, *vesinos del mismo lugar.*

VIGIL, Mª Agapita
   bap 16 Oct 1834, ae 20 da; d/ Rafael VIGIL & Mª de la Lus LUJAN, *vecinos de la mision de Picuries;* ap/ Juan VIGIL & Margarita MAES; am/ Juan Jose LUJAN & Polonia AGUILAR; gp/ Miguel MASCAREÑAS & Mª Ygnacia LUJAN, *vecinos de aquella misma mision.* (Frames 527-528)

Frame 528
ATENCIO, Duardo
   bap 16 Oct 1834 *en San Fernando de Taos,* ae 3 da; s/ Juan Antº ATENCIO & Beatris SANDOVAL, *vesinos de San Fernando;* ap/ Juan Ygnacio ATENCIO & Mª Marta (written over) GA(illegible); am/ Mª Ygnacia SANDOVAL (only); gp/ Juan LUCERO & Mª Petra ARRAÑADA, *vecinos del mismo lugar.*

MARTIN, Jose Alejandro
   bap 17 Oct 1834, ae 4 da; nat. s/ Pascuala MARTIN, *soltera,* & unknown father; am/ Cristobal MARTIN & Mª Manuela MARTIN; gp/ Dⁿ A. ORTIS & Mª Dolores LUCERO, *vˢ de la poblacion de S. Antº de Desmonmtes.*

Frame 529
LEIVA, Mª Vitoria
   bap 17 Oct 1834 *en San Fernando de Taos,* ae 12 da; d/ Culas LEIVA & Mª Dolores BACA, *vesinos de la mision de Picuries;* ap/ Salvador LEIVA & Mª Antonia MARTIN; am/ Jesus BACA & Mª Manuela ESPINOSA, both dec.; gp/ Cons(e)psion LEIVA (only).

MONDRAGON, Mª Natividad
   bap 17 Oct 1834 *en San Fernando de Taos,* ae 15 da; d/ Manuel MONDRAGON & Mª de la Asension BELASQUES, *vesinos de San Jose de las Trampas pertenesiente ala mision de Picuries;* ap/ Juan MONDRAGON & Mª Antonia MONTOYA; am/ Antº BELASQUES & Gertrudis MEDINA; gp/ Jose del Carmel LUSERO & Estefana ORTEGA, *vesinos del mismo lugar.*

MARES, Jose Cristoval
   bap 19 Oct 1834, ae 5 da; s/ Juan MARES & Juana Mª GONSALES, *vezinos del Ranchito;* ap/ Luis MARES & Josefa MARTIN; am/ Jose GONSALES & Guadalupe BEITA; gp/ Mariano MARTINES & Mª Dolores CORDOVA, *vesinos del mismo lugar.* (Frames 529-530)

Frame 530
AREYANO, Mª Elena de Crus
   bap 19 Oct 1834 *en San Fernando de Taos,* ae 5 da; d/ Jose AREYANO & Mª Andrea MARTIN, *vecinos del Arroyo Ondo;* ap/ Julian ARELLANO (sic) & Mª de Lus TAPIA; am/ Santiago MARTIN & Mª Dolores ARGUELLO; gp/ Juan Jose BASQUES & Mª Pascuala CORDOVA, *vecinos del mismo lugar.*

ROMERO, Mª Ygnacia
   bap 19 Oct 1834 *en San Fernando de Taos,* ae 7 da; nat. d/ (written over-n.n.

ROMERO), *soltera*, & father unknown; am/ Pascuala ROMERO (only); gp/ An^{to} de Jesus LACASAR (only), *todos v^s de Arroyo Ondo*.

Frame 531a
SANCHES, Mª Rafaela
    bap 20 Oct 1834 *en San Fernando de Taos*, ae 1 da; d/ Jose An^{to} SANCHES & Juliana TRUGILLO, vecinos de S. Fernando; ap/ An^{to} SANCHES & Mª Josefa MARTIN; am/ Andres TRUGILLO & Guadalupe BALDES; gp/ An^{to} SANCHES, the same *abuelo paterno*, & Juana Biviana MAES, *vecinos del mismo lugar*.

BUENO, Jose Rafael
    bap 24 Oct 1834, ae 6 da; s/ Pedro BUENO & Mª Paula VIGIL, *vesinos del el Rancho*; ap/ An^{to} BUENO & Mª Graciana TAFOYA, both dec.; am/ Rafael VIGIL & Juana Facia SANDOVAL, both dec.; gp/ Juan Andres TRUGILLO & Mª MARTINA, *vesinos del mismo lugar*.

RIO, Maria Josefa
    bap 26 Oct 1834, ae 8 da; d/ Geronimo RIO & Juana OÑIBIGE, *naturales deste pueblo*; ap/ Fran^{co} RIO & Felipa ROMERO; am/ Jose Miguel ONINGE & Rosa Carmel (n.s.); gp/ Estevan SANCHES & Maria de la Luz BUENO, *vecinos de la Puricima Concepcion del Rancho*. (Frames 531a-531b)

Frame 531b
MONDRAGON, Jose Rafael
    bap 27 Oct 1834 *en San Fernando de Taos*, ae 3 da; s/ Pedro MONDRAGON & Mª Simona ROMERO, *vesinos de San Francisco del Rancho*; ap/ Ant^o MONDRAGON & Mª Felipa BARELA, both dec.; am/ Miguel ROMERO & Rosalia MONTOYA; gp/ Pablo MONDRAGON & Mª Dolores CORDOVA, *vecinos de San Fran^{co} del Rancho*.

ARCHULETA, Jesus Maria Salome
    bap 28 Oct 1834, ae 7 da; s/ Ant^o Jose ARCHULETA & Mª Encarnacion ROMERO, *vesinos del Ranchito de S. Francisco*; ap/ Jose Antonio ARCHULETA & Mª Fran^{ca} PRADA; am/ Jose ROMERO & Felipa ABILA; gp/ Juan Pomoseno REL & Mª de Carmel REL, *vesinos del mismo lugar*.

Frame 531c
VIGIL, Mª Barbara
    bap 19 Oct 1834 *en San Fernando de Taos*, ae 10 da; d/ Juan Jose VIGIL & Mª Juana OLGUIN, *vesinos de la Sieneguilla*; ap/ Juaquin VIGIL & Mª Manuela MONTOYA; am/ Jose OLGUIN, dec., & Mª Lugarda LUSERO; gp/ Juan de los Reyes RODRIGUES & Mª Gertrudis MARTINES, *vesinos de la mision de Picuries*.

CRUS, Mª Romana   (Mª Ramona in margin)
    bap 30 Oct 1834 *en San Fernando de Taos*, ae 3 da; d/ Felipe CRUS & Mª Catarina GONSALES, *vesinos de San Fran^{co} del Rancho*; ap/ Alexo CRUS & Mª Guadalupe DURAN; am/ Jose Miguel GONSALES & Mª Ysabel VIGIL; gp/ An^{to} SANDOVAL & Mª Soledad CORDOVA, *vesinos del mismo lugar*.

DELGADO, Maria de la Lus
    bap 4 Nov 1834 *en San Fernando de Taos*, ae 2 da; d/ Desiderio DELGADO & Maria Dolores BACA, besinos de San Fernando; ap/ Bisente DELGADO & Maria Josefa SANDOBAL; am/ Juan Esteban BACA & Maria de la Luz MARTINEZ; gp/ Jose Manuel BACA & Maria Antonia BACA, *vesinos del mismo lugar*. (Frames 531-C-532)

Frame 532
CORDOBA, Noverto   Taos
    bap 5 Nov 1834, ae 3 da; s/ Rafael CORDOBA & Maria Guadalupe TRUGILLO, *v^c de S. Fr^{co} del Rancho*; ap/ Seledon CORDOBA & Juliana CORTES; am/ Mariano TRUGILLO

& Andre(a) LUCERO; gp/ Lorenso CORDOBA & Mª Rafaela TRUGILLO, *vecinos del mismo lugar.*

SANDOVAL, Antº Rafael
 bap 6 Nov 1834, ae 15 da; s/ Juan SANDOVAL & Trinidad GARCIA; ap/ Ramos SANDOVAL & Mª Dolores ARCHULETA; am/ Pedro GARCIA & Mª Alvina TORRES; gp/ Ventura SANDOVAL & Mª de Jesus MASCAREÑAS, *v⁰ todos de S. Fernandes.*

MARTIN, Mª Rafaela
 bap 6 Nov 1834 *en San Fernando de Taos*, ae 2 da; d/ Pablo MARTIN & Mª Antonia LUSERO, *Indios naturales del pueblo;* ap/ Jose Manuel MARTIN & Gertrudis REINA; am/ Lorenso LUSERO & Manuela GABILAN; gp/ Ramon MARTIN & Gertrudis BEITA, *vesinos dela plasa de la Purisima.* (Frames 532-533)

Frame 533
LUCERO, Mª Fransisca
 bap 9 Nov 1834, ae 2 da; nat. d/ Mª del Refugio LUCERO, single, & father unknown, *vecina de S. Fernandes;* am/ Frᶜᵒ LUCERO & Mª Antª RODRIGUES; gm/ Juana Mª GABALDON of the same place.

BARGAS, Jose Hilario
 bap 10 Nov 1834 *en San Fernando de Taos*, ae 7 da; s/ Agustin BARGAS & Felisiana de LUNA, *vesinos de San Fernandes;* ap/ Estevan BARGAS & Mª Dolores TRUGILLO; am/ Miguel de LUNA & Juana BACA; gp/ Franᶜᵒ Antᵒ LOVATO & Mª Antonia LOPES, *vesinos del mismo lugar.*

Frame 534
LONTIN, Mª Leduvina
 bap 10 Nov 1834, ae 2 da; d/ Geronimo LONTIN (Origins, p. 424, LONTÉ) & Mª de la Luz TRUGILLO; ap/ Amador LONTIN & Mª Catarina ROMERO; am/ Pablo TRUGILLO & Mª Felisiana ORTIZ, *vˢ de Sⁿ Fernando;* gp/ Eulogio VALDEZ & Mª Estefana VALDEZ, *vˢ del mismo lugar.*

LUJAN, Santiago   Pueblo
 bap 14 Nov 1834, ae 2 da; s/ Jose Manuel LUJAN & Juana Mª LISTON; ap/ Pedro LUJAN & Miquela ROMERO; am/ Pedro LISTON & Mª Manuela MARTIN, *vecinos del pueblo;* gp/ Manuel LUCERO & Encarnacion CORDOBA, *vᵈ del mismo lugar.*

MARTIN, Maria Gertrudis
 bap 17 Nov 1834, ae 15 da; d/ Jose Manˡ MARTIN & Maria Juana ARAGON, *vᵉ del Rancho;* ap/ Francᵒ MARTIN & Mª SANCHES; am/ Lorenzo ARAGON & Mª Dolores CHAVES; gp/ Felipe MARTIN & Mª Concepcion TRUGILLO, *vˢ del mismo lugar.*

Frame 535
MES, Mª Estefana
 bap 18 Nov 1834 *en San Fernando de Taos*, ae 6 da; d/ Franᶜᵒ MES & Mª del Rosario CORTES, *vesinos de San Fernando;* ap/ Jose Mª MES & Ana Mª SANDOVAL, both dec.; am/ Antᵒ Jose CORTES & Mª Rita TAFOLLA; gp/ Jose Antº BARELA & Mª Josefa LUSERO, *vesinos de San Fernando.*

SANCHES, Jose Marian(o)
 bap 20 Nov 1834 *en San Fernando de Taos*, ae 3 da; s/ Jose Mª SANCHES & Bitoria SANCHES, *vesinos del Arroyo Seco;* ap/ Franci(s)co SANCHES & Barvala (sic) BACA, dec.; am/ Antᵒ Jose BALDONADO & Juliana BARELA; gp/ Jose Reyes BUTIERRES & Mª Antonia Rosa SANCHES, *vesinos del mismo lugar.*

GALLEGOS, Mª Secilia   (Mª Juliana in margin)
 bap 23 Nov 1834 *en San Fernando de Taos*, ae 7 da; d/ Pedro Antº GALLEGOS & Mª Ygnacia DURAN, *vecinos de S. Francᶜᵒ del Rancho;* ap/ Antᵒ de Jesus GALLE(GO)S &

Mª Micaela VIGIL; am/ Jose Antº DURAN & Mª Rita LUSERO; gp/ Carlos QUINTO & Juana GALLEGOS, *vecinos del mismo lugar*. (Frames 535-536)

Frame 536
SALASAR, Jose Sesilio
  bap 23 Nov 1834 *en San Fernando de Taos*, ae 3 da; s/ Polito SALASAR & Mª Polonia SERVE; ap/ Pedro SALASAR & Mª Ursula de HERRERA, dec.; am/ Jose Manuel SERVE & Mª Dominga COCA; gp/ Juan Domingo ROMERO & Mª Ygnacia CHAVES, *vesinos todos de San Fernando*.

MEDINA, Juana de la Crus
  bap 24 Nov 1834, ae 2 da; d/ Jose MEDINA & Mª de la Lus GONSALES, *vecinos de S. Francisco del Rancho*; ap/ Juan Nepomuseno MEDINA & Mª Candelaria VIGIL; am/ Salvador GONSALES & Anna Maria VIGIL; gp/ Jose Rafael ROMERO & Anna Maria ORTIS, *vˢ del mismo lugar*.

Frame 537
CHAVES, Maria de Jetrudes
  bap 1 Dec 1834 *en San Fernando de Taos*, ae 8 da; d/ Felipe CHAVES & Soledad ROMERO, *vecinos de San Francisco del Rancho*; ap/ Luis CHAVES & Ana Maria MARTIN; am/ Concicion ROMERO & Rosa QUINTANA, both dec.; gp/ Juan Antº MARTIN & Maria Antª RUIBALI, *vecinos del mismo lugar*.

MONTOYA, Mª Francisca
  bap 1 Dec 1834 *en San Fernando de Taos*, ae 4 da; d/ Necolas MONTOYA & Juana Maria MADRIL, *vecinos del Arro(yo) Seco*; ap/ Pedro MONTOYA & Maria Manuela DURAN; am/ Antº MADRIL & Mª Niebes BORREGO; gp/ Felipe de Jesus ESPINOSA & Maria Teodora DURAN, *vecinos del mismo lugar*.

QUINTANA, Jose Andres
  bap 1 Dec 1834 *en San Fernando de Taos*, ae 8 da; s/ Juan QUINTANA & Mª Paula GURULÉ, *vecinos de Aroyo Ondo*; ap/ Juan QUINTANA & Valvaneda ROMERO; am/ Manuel GURULE & Mª Petra GARCIA; gp/ Juan de Jesus SANDOVAL & Juliana GALLEGOS, *vecinos del mismo lugar*.

Frame 538
ESPINOSA, Mª Andrea
  bap 1 Dec 1834, ae 3 da; d/ Rafael ESPINOSA & Soledad GOMES, *Yndios naturales del pueblo de Taos*; ap/ Jose ESPINOSA & Maria TECOA; am/ Alonso GOMES & Juana LASO; gp/ Jose FERNANDES & Anna Maria TAFOYA, *vˢ de la plasa de San Fernandes*.

GARCIA, Mª del Refugio
  *bap 30 Nov 1834 *en San Fernando de Taos*, ae 3 da; d/ Manuel GARCIA & Mª Marta ROMERO, *vesinos de San Franᶜᵒ del Rancho*; ap/ Blas GARCILLA (sic) & Mª Antonia GONGORIA; am/ Juan de Jesus ROMERO & Mª Candelaria QUINTANA; gp/ Jose Julian SUASO & Mª Manuela MARTINES, *vesinos del mismo lugar*.

Frame 539
CRESPINO, Mª Bibiana
  bap 2 Dec 1834 *en San Fernando de Taos*, ae 2 da; d/ Jose CRESPINO & Mª Rosa MONTOYA, *vesinos de San Fernandes*; ap/ Jose Manuel CRESPINO & Manuela SANDOVAL; am/ Jose Manuel MONTOYA & Mª Luisa ROMERO; gp/ Franᶜᵒ VALDES & Mª Paula MES, *vesinos del mismo lugar*.

ROLES, Jose Tomas
  bap 5 Dec 1834 *en San Fernando de Taos*, ae 6 da; s/ Juan ROLES & Encarnacion MARTIN, *vesinos de San Franᶜᵒ del Rancho*; ap/ Tomas ROLES & Maria QUINTOQUEL;

am/ Felipe MARTIN & Maria TRUGILLO; gp/ Buena Ventura MARTIN & Mª Dolores CORDOVA, *vesinos del Ranchito of San Francisco.*

GALLEGOS, Mª Sesilia
   bap 5 Dec 1834, ae 14 da; d/ Pedro Anto GALLEGOS & Mª Ygnacia DURAN, *vesinos del Rancho*; ap/ Anto de Jesus GALLEGOS & Mª Miguela VIGIL; am/ Jose Antº DURAN & Mª Rita LUCERO; gp/ Carlos QUINTO & Juana Paula GALLEGOS, *vecinos del mismo lugar.* (Frames 539-540)

Frame 540
NAVARRETA, Maria Dolores
   bap 7 Dec 1834 *en San Fernando de Taos*, ae 3 da; d/ Rafael NAVARRETA (Origins, p. 427, same) & Maria Ygnacia MONTOYA, *vˢ de San Fernando*; ap/ Juan Jose NAVARRETA & Juana DELGADO; am/ Bartolo MONTOYA & Josefa MESTAS; gp/ Juan CRUZ & Juana Josefa URTADA, *vˢ de San Fernando.*

LIAL, Anto Jose
   bap 5 Dec 1834 *en San Fernando de Taos*, ae 2 da; s/ Rafael LIAL & Teresa VIGIL, *vˢ de San Franco del Rancho*; ap/ Domingo LIAL & Beronica CORTES; am/ Lonicio VIGIL & Manuela DELGADO; gp/ Gregorio BALERIO & Carmel ESQUIVEL, *vesinos del mismo lugar.*

GALLEGOS, Jose Damacio
   bap 11 Dec 1834 *en San Fernando de Taos*, ae 8 da; s/ Jose Leonisio GALLEGOS & Mª Petra MARTINES, *vecinos de Ntra Señora de los Dolores de Arroyo Ondo*; ap/ Felipe GALLEGOS & Juana Crisosto GARCIA; am/ Felipe MARTIN (sic) & Juana Miquela ROMERO; gp/ Roque PADILLA & Mª de las Nieves ROMERO, *vesinos de la pura y limpia Consepsion del Ranchito.* (Frames 540-541)

Frame 541
MARQUES, Jose Consepcio
   bap 11 Dec 1834 *en San Fernando de Taos*, ae 3 da; s/ Juan MARQUES & Maria Manuela GONSALES, *vecinos de San Fernandes*; ap/ Miguel MARQUES & Gertrudis MONTOYA; am/ Jose GONSALES & Mª Dorotea BACA; gp/ Jose de Jesus TRUGILLO & Mª Dolores GONSALES, *vecinos del mismo lugar.*

CORTES, Jose Lucario de Jesus
   bap 12 Dec 1834 *en San Fernando de Taos*, ae 4 da; s/ Jose Mariano CORTES & Maria del Carmel RODRIGES, *vesinos de San Fransisco del Rancho*; ap/ Paulin CORTES & Mª Comsesion MARTINES; am/ Lorenso RODRIGES & Mª Josefa CRUZ; gp/ Juan Santos MAES & Mª Ygnes ARMIJO, *vesinos del Arroyo Hondo.* (Frames 541-542)

Frame 542
VARELA, Jose Damacio
   bap 13 Dec 1834 *en San Fernando de Taos*, ae 3 da; s/ Pomoseno VARELA & Mª Juanita RAEL, *vesinos del Arroyo Seco*; ap/ Jose Mariano BARELA (sic) & Mª Petrona CHAVES; am/ Juan Jose RAEL & Mª Encarnacion MONTOYA; gp/ Jose Francisco MARTIN & Mª Paula MALDONADO, *vesinos del mismo lugar.*

ROMERO, Mª Ygnacia   Taos
   bap 14 Dec 1834, ae 4 da; d/ Jose Rafael ROMERO & Lusia PADILLA, *naturales del pueblo*; ap/ Juan Manuel ROMERO & Josefa REINA; am/ Santiago PADILLA & Josefa ORTIS; gp/ Pablo TRUGILLO & Mª Ygnacia BACA, *vesinos de San Fernandes.*

Frame 543
VIGIL, Mª Guadalupe
   bap 15 Dec 1834 *en San Fernando de Taos*, ae 4 da; d/ Ramon VIGIL & Mª Paula

BORREGO, *vesinos de San Fran^co*; ap/ Jose Ygnacio VIGIL & Mª Rosa MADRID; am/ Jose MADRID & Mª Ygnacia BORREGO; gp/ Jose Ygnacio MARTINES & Mª Dolores LOVATO, *vesinos de San Fran^co del Rancho.*

ARMENTA, Mª Guadalupe
  bap 16 Dec 1834 *en San Fernando de Taos*, ae 3 da; d/ Mariano ARMENTA & Maria Antonia GONSALES, *vesinos del Arroyo Hondo*; ap/ Simon ARMENTA & Mª Matea MARTINES; am/ Josefa GONSALES (only); gp/ Juan Domingo ROMERO & Ygnacia CHAVES, *vesinos de San Fernandes.*

MARTIN, Maria Estefana
  bap 23 Dec 1834 *en San Fernando de Taos*, ae 3 da; d/ Ramon MARTIN & Mª de la Luz CORTES, *vesinos del Rancho*; ap/ Cristoval MARTIN, dec., & Ygnacia GONSALES; am/ Paulin CORTES & Concepcion MARTIN; gp/ Eusebio MONTOYA & Mª de Jesus TRUGILLO, *vesinos del mismo lugar.* (Frames 543-544)

Frame 544
VIGIL, Juan Bautista
  bap 23 Dec 1834 *en San Fernando de Taos*, ae 4 da; s/ Bernardo VIGIL & Maria Luisa SERNA, *vecinos de San Fran^co del Rancho*; ap/ Juan Bautista VIGIL & Josefa LOBATO; am/ Jose Manuel SERNA & Maria Manuela ESPINOSA; gp/ Jose Ygnacio MARTIN & Maria Dolores LOBATO, *vecinos del mismo lugar.*

MEDINA, Jose Tomas
  bap 24 Dec 1834 *en San Fernando de Taos*, ae 3 da; s/ Simon MEDINA & Mª Josefa MARES, *vesinos del Ranchito de la plaza de San Fran^co de Pauda*; ap/ Felis MEDINA & Mª Teodora QUINTANA, both dec.; am/ Luis MARES & Mª Josefa MARTIN; gp/ Jose Fran^co VIGIL & Mª Candelaria SANTIESTEVAN, *vesinos del mismo lugar.*

Frame 545
MONDRAGON, Mª Natividad
  bap 25 Dec 1834 *en San Fernando de Taos*, ae 4 da; d/ Jesus Mª MONDRAGON & Mª Gertrudis DURAN, *vesinos de San Fran^co del Rancho*; ap/ Bartolo MONDRAGON & Mª Regina FRESQUIS, both dec.; am/ Gregorio DURAN & Mª Rosa URIOSTA GONSALES, dec.; gp/ Fran^co An^to LEAL & Mª Natividad GALVIS, *vesinos de San Fran^co del Rancho.*

MARTIN, Jose Fran^co
  bap 22 Dec 1834 *en el Rancho de San Fran^co*, (entered) 25 Dec 1834 *en San Fernando de Taos*, ae 4 da; s/ Rafael MARTIN & Maria Dolores APODACA, *vesinos de San Fran^co del Rancho*; ap/ Fran^co MARTIN & Maria SANCHES; am/ Ramon APODACA & Maria Manuela BARRANCA; gp/ Jose ARAGON & Maria de Jesus VIGIL, *vecinos del mismo lugar.*

MARTIN, Miguel Antonio
  bap 26 Dec 1834 *en San Fernando de Taos*, ae 6 da; s/ Fran^co MARTIN & Polonia GUTIERES, *vecinos de San Fernandes*; ap/ Jose Guadalupe MARTIN & Juliana BORREGO; am/ An^to GUTIERES & Mª Ygnes SOLANA; gp/ An^to Domingo ROMERO & Rosa GUTIERRES (sic), *v^s del mismo lugar.* (Frames 545-546)

Frame 546
ESQUIBEL, Maria Natividad
  bap 27 Dec 1834 *en San Fernando de Taos*, ae 3 da; d/ Jose Manuel ESQUIBEL & Mª Ynes SANCHES, *vecinos de San Fernandes*; ap/ Sipriano ESQUIBEL & Mª Barbara QUINTANA; am/ An^to SANCHES & Maria Viviana MAES; gp/ Jose Maria VALDES & Mª Manuel(a) XARAMIO, *vecinos del mismo lugar.*

ROMERO, Mª Diduvina
  bap 28 Dec 1834 *en San Fernando de Taos*, ae 5 da; d/ Jose Manuel ROMERO & Miquaela ROMERO, *naturales del peublo*; ap/ Juan Domingo ROMERO & Dominga GABILAN; am/ Jose Antº ROMERO & Encarnacion CONCHA; gp/ Antº Domingo BIALPANDO & Mª Rumalda TRUGILLO, *vesinos de la pura y limpia Consepsion del Ranchito*. (Frames 546-547)

Frame 547
HERRERA, Antonia de la Natividad
  bap 28 Dec 1834 *en San Fernando de Taos*, ae 5 da; d/ Juan Cristoval de HERRERA & Mª Serafina BLEA, *vesinos del Arrollo Ondo*; ap/ Juan Cristoval de HERRERA & Consepsion MESTAS; am/ Jose Antº BLEA & Catarina MARTINES; gp/ Jose Mª de HERRERA & Mª Rita BARGAS, *vesinos del mismo lugar*.

CORDOVA (patron), Mª Rosa
  bap 29 Dec 1834 *en San Fernando de Taos*, ae about 3 yr; d/ (unknown Indians), redeemed from the Yuta Tribe, in the house of Reimondo CORDOVA & Mª Estefana GONSALES, *vesinos de San Francisco del Rancho*; gf/ Antº Abad CORDOVA.

Frame 548
ARGUELLO, Mª Tomasa
  bap 31 Dec 1834 *en San Fernando de Taos*, ae 12 da; d/ Jose Ygnacio ARGUELLO & Maria del Refujio ESTRADA, *vecinos de la mision de Pecuries*; ap/ Manuel ARGUELLO & Mª Ygnacia MEDINA; am/ Jose Silvestre ESTRADA & Ana Mª BASQUES; gp/ Juan de los Reyes LEIVA & Mª Manuela TRUGILLO, *vecinos del mismo lugar*.

PINEDA, Juan Eugenio
  bap 31 Dec 1834 *en San Fernando de Taos*, ae 7 da; s/ German PINEDA & Mª Manuela BARELA, *vesinos de la mision de Picuries*; ap/ Miguel PINEDA & Nicolasa VIGIL; am/ Manuel VARELA (sic) & Mª del Carmel MEDINA; gp/ Rafael MONTOYA & Mª de la Lus MONTOYA, *vesinos del mismo lugar*.

ESPINOSA, Jose Tomas
  bap 31 Dec 1834 *en San Fernando de Taos*, ae 12 da; s/ Cristoval ESPINOSA & Mª Paula LOVATO, *vesinos de la mision de Picuries*; ap/ Cristoval ESPINOSA & Silveria ARCHULETA; am/ Juan Domingo LOVATO & Mª PADILLA; gp/ Francº FERNANDES (only), *vecino del mismo lugar*. (Frames 548-549)

Frame 549
(1835)
LUCERO, Maria Manuela
  bap 1 Jan 1835 *en San Fernando de Taos*, ae 4 da; d/ Jose LUCERO & Paula VARELA, *vecinos del del Arroyo Hondo*; ap/ Vicente LUCERO & Marta ATENCIO; am/ Juan Ysidro VARELA & Juana MARTIN; gp/ Jose Ramon (n.s.) & Maria Luiza ARCHULETA, *vecinos del Arroyo Seco*.

HERRERA, Maria Ygnacia
  bap 1 Jan 1835 *en San Fernando de Taos*, ae 4 da; d/ Antº Maria de HERRERA & Mª Alvina SILVA; ap/ Jose de HERRERA & Maria Ygnacia OLGUIN; am/ Jose Maria SILVA & Mª Antonia MONTOYA; gp/ Francº Antº GARCIA & Maria Guadalupe CHAVEZ, *todos vecinos del Arroyo Ondo*.

Frame 550
MADRID, Juan Manuel
  bap 1 Jan 1835, ae 4 da; s/ Visente MADRID & Deduviges (sic) SALASAR, *vesinos del Arroyo Ceco*; ap/ Cristoval MADRID & Mª Manuela MEDINA; am/ Jesus SALASAR & Mª Juana VALDES, both dec.; gp/ Antº Rafael ROMERO (only), *vecinos del mismo lugar*.

TAOS BAPTISMS, VOLUME II   1833-1837, AASF #20

SANCHES, Mª Manuela
    bap 1 Jan 1835 *en San Fernando de Taos*, ae 4 da; d/ Miguel SANCHES & Mª Soledad BACA, *vesinos del Arroyo Seco*; ap/ Juaquin SANCHES & Mª Antonia Rosa MARTINES; am/ Anto BACA, dec., & Mª Gertrudis LOPES; gp/ Jose Gabriel GALLEGOS & Mª Simona BACA, *vesinos del mismo lugar*.

PAIS, Juan Manuel
    bap 1 Jan 1835 *en San Fernando de Taos*, ae 4 da; s/ Juan Bautista PAIS & Mª Rafaela BLEA; ap/ Miguel PAIS & Mª Franca PEÑA; am/ Ygnacio MARTIN & Mª Encarnacion BLEA; gp/ Anto Domingo CORDOVA & Mª Co(n)sepcion ATENCIO, v^s *del mismo lugar*. (Frames 550-551)

Frame 551
CAMBEL, Jose
    bap 1 Jan 1835 *en San Fernando de Taos*, ae 2 da; s/ Ricardo CAMBEL & Maria Rosa GRIJALBA, *vecinos de S. Fernando*; ap/ not given; am/ Marselino GRIJALBA & Mª Petra del BALLE; gp/ Predo (sic) la Espera(n)za (n.s.) & Mª Petra del BALLE, *vesinos del mismo lugar*.

ARELLANO, Manuel de Jesus Gabriel
    bap 2 Jan 1835 *en San Fernando de Taos*, ae 2 da; s/ Jose Geronimo ARELLANO & Maria de Jesus MONTOYA, *vecinos de la Purisima*; ap/ Josefa ARELLANO (only); am/ Jose Dolores MONTOYA & Maria Dolores FRESQUES; gp/ Bartolome TRUGILLO & Maria de las Nieves ROMERO, *vecinos del mismo lugar*.

Frame 552
MASCAREÑAS, Manuel Anto
    bap 3 Jan 1835 *en San Fernando de Taos*, ae 3 da; s/ Aparicio MASCAREÑAS & Miquaela ARCHULETA, *vecinos de San Anto del Arroyo Ondo*; ap/ Baptista MASCAREÑAS & Luisa MARTINES; am/ Ramon ARCHULETA & Francisca GIRON; gp/ Jose Vitor SISNEROS & Ana Guadalupe SISNEROS, *vecinos del mismo lugar*.

MADRID, Maria Manuela
    bap 3 Jan 1835 *en San Fernando de Taos*, ae 3 da; d/ Jose Anto MADRID & Mª del Carmel DELGADO; ap/ Tomas MADRID & Vitoria GARCIA; am/ Benito DELGADO & Josefa SANDOVAL; gp/ Jose Franco MADRID & Mª Manuela RUIVAL, *vesinos de San Fernandes*.

ARCHULETA, Maria Manuela
    bap 4 Jan 1835 *en San Fernando de Taos*, ae 4 da; d/ Jose Pablo ARCHULETA & Mª Beronica TAFOYA, v^s *del Rancho*; ap/ Pedro ARCHULETA & Mª Juana LEAL; am/ Jesus TAFOYA & Ygnacia QUINTANA; gp/ Gregorio MONTOYA & Maria Encarnacion ESPINOSA, *vecinos del San Fransisco del Rancho*.

Frame 553
MARTIN, Maria Manuela
    bap 5 Jan 1835, ae 6 da; d/ Jose Mª MARTIN & Mª Biviana PADIA, v^s *del Arroyo Ondo*; ap/ Franco MARTIN & Mª de Jesus BARELA; am/ Juan PADIA & Maria Rosa MARTIN; gp/ Jose Stos MARTIN & Juana Josepha GALVIS, v^s *del Arroyo Ondo*.

BALDEZ, Mª de los Reyes
    bap 6 Jan 1835 *en San Fernando de Taos*, ae 3 da; d/ Ramon BALDEZ & Mª de Gracia GARCIA, v^s *de la cañada*; ap/ Anto BALDES (sic) & Mª Catalina TRUGILLO; am/ Franco GARCIA & Mª Josefa GONSALES; gp/ Franco GARCIA & Josefa GONSALES, *vecinos del mismo lugar*.

COCA, Jose Loreto
    bap 8 Jan 1835, ae 3 da; s/ Juan COCA & Mª de la Cruz VIGIL, *vecinos del Arroyo Ondo*; ap/ Jose Mª COCA & Mª Juana RUIVAL; am/ Matias VIGIL & Mª Manuela

SALASUR; gp/ Franco GARCIA & Guadalupe CHAVES, vesinos del mismo lugar. (Frames 553-554)

Frame 554
JARAMILLO, Juan de los Reyes
  bap 9 Jan 1835 en San Fernando de Taos, ae 3 da; s/ Sebastian JARAMILLO & Mª Teodora SANDOVAL, vecinos de San Franco del Rancho; ap/ Mª Nicolasa JARAMILLO (only); am/ Manuel SANDOVAL & Mª Antonia LOVATO; gp/ Jose Venito SANCHES & Mª Josefa ROMERO, vecinos de San Francisco del Rancho.

CRUS, Juan de los Reyes
  bap 9 Jan 1835, ae 8 da; s/ Jose Eugenio CRUS & Mª Rafaela GRIEGO, vesinos del Rancho; ap/ Franco CRUS & Mª Josefa MEDINA; am/ Mª de la Luz GRIEGO (only); gp/ Jose Franco CRUS & Josefa MEDINA, vesinos del mismo lugar.

MARTIN, Vicente Ferrer
  bap 10 Jan 1835 en San Fernando de Taos, ae 6 da; s/ Franco MARTIN & Mª Ygnacia PINEDA, vecinos de San Franco del Rancho; ap/ Vicente MARTIN & Mª Y(s)abel VIGIL; am/ Jasinto PINEDA & Mª Josefa LEAL; gp/ Jose Paulo MARTIN & Mª Josefa QUINTANA, vecinos del mismo lugar. (Frames 554-555)

Frame 555
CORDOVA, Juan Fransisco
  bap 12 Jan 1835 en San Fernando de Taos, ae 4 da; nat. s/ Mª Dolores CORDOVA, vesina de San Franco del Rancho; am/ Sebastian CORDOVA & Mª Asencion MARTINES; gp/ Nepomuseno DURAN & Mª dela Luz SANCHES, vecinos del mismo lugar.

VALDES, Mª Nicanora
  bap 13 Jan 1835 en San Fernando de Taos, ae 3 da; d/ Jose Mª VALDES & Mª Manuela JARAMILLO, vecinos de San Fernando; ap/ Franco VALDES & Mª Rafaela BARELA; am/ Franco JARAMILLO & Mª Polonia VIGIL; gp/ Juan de Jesus BRANCHE (Origins, p. 409, BRANCH) & Mª Paula de LUNA, vecinos del mismo lugar.

SEDIO, Candelario
  bap 14 Jan 1835 en San Fernando de Taos, ae 3 da; s/ Andres SEDIO & Mª Soledad SANDOVAL, vesinos de San Franco del Rancho; ap/ Franco SEDIO & Mª Conpsicion GRIEGO; am/ Qulas SANDOVAL & Mª Ygnacia BUENO; gp/ Juan ARGUELLO & Mª Rosa VIGIL, vesinos del mismo lugar. (Frames 555-556)

Frame 556
MARTIN, Mª Rufina
  bap 14 Jan 1835 en San Fernando de Taos, ae 4 da; d/ Casimiro MARTIN & Mª Juana BULORESA, vesinos del Arroyo Hondo; ap/ Bentura MARTIN & Mª Rafela MAES; am/ Manuel GULERE (sic) & Mª Petra SAMORA; gp/ Jose Franco LUGAN & Juana Mª SANCHES, vesinos de San Fernandes.

PADILLA, Jose Ginio
  bap 15 Jan 1835 en San Fernando de Taos, ae 3 da; s/ Felis PADILLA & Mª Ygnacia MARTIN, vesinos de San Francisco del Rancho; ap/ Pedro PADILLA & Lucia CHAVES; am/ Domi(n)go MARTIN & Mª del Carvel MARTIN; gp/ Jose Manuel ROMERO & Mª Antª ROMERO, vesinos del mismo lugar.

Frame 557
MONDRAGON, Manuel Sabino
  bap 18 Jan 1835 en San Fernando de Taos, ae 7 da; s/ Serbulo MONDRAGON & Candelaria de HERRERA, vecinos de del Arroyo Ondo; ap/ Mariano MONDRAGON & Encarnacion ESPINOSA; am/ Jose de HERRERA & Maria PINO; gp/ Juan Jose BASQUES & Maria Pascuala CORDOBA, vecinos del Arroyo Ondo.

TAOS BAPTISMS, VOLUME II   1833-1837, AASF #20

PAIS, Maria Ysidora
   bap 18 Jan 1835 *en San Fernando de Taos*, ae 17 da; d/ Rafael PAIS & Maria
   Dolores OLGIN; ap/ Necolas PAIS & Tomasa LOPES; am/ Ant° Jose OLGIN, dec., &
   Leogarda LOSANO; gp/ Manuel SANCHES & Mª Eusebia MESTAS, *vesinos de Picuries.*

DURAN, Pedro Ygnacio
   bap 19 Jan 1835, ae 3 da; s/ Rafael DURAN & Mª Manuela SANDOVAL, *vesinos del
   rancho*; ap/ Gregorio DORAN (sic) & Rosa HURIOSTE, dec.; am/ Ant° Jose SANDOVAL
   & Mª Guadalupe VIGIL; gp/ Jose Mateo GARCIA & Mª de la Lus DURAN, *vesinos del
   mismo lugar.* (Frames 557-558)

Frame 558
ARCHULETA, Maria Patrocinia   *Rancho*
   bap 20 Jan 1835 *en San Fernando de Taos*, ae 2 da; nat. d/ Juana ARCHULETA,
   vecina de S. Fran^{co} del Rancho; am/ Juan de Jesus ARCHULETA & Maria Ygnacia
   MARTIN; gp/ Manuel Antonio SANDOVAL & Antonia Margarita MARTIN, *vecinos del
   mismo lugar.*

GURVAS, Maria Guadalupe
   bap 21 Jan 1835 *en San Fernando de Taos*, ae 4 da; d/ Paulin GURVAS & Maria
   Dolores MARTINEZ; ap/ not given, from North America; am/ Juan MARTIN² & Maria
   Juliana BALLEJOS; gp/ Antonio ORTIZ & Mª Manuela ORTIZ, *vecinos del mismo
   lugar.*

Frame 559
GALLEGO, Tereza de Jesus
   bap 22 Jan 1835, ae 1 mo; d/ Anastacio GALLEGO & Maria de Jesus SALAZAR; ap/
   Miguel Antonio GALLEGO & Maria Trinidad URTADO; am/ Meregildo SALAZAR &
   Manuela MEDINA; gp/ Jose Remigio GARDUÑO & Maria Nazarena BENAVIDES, *vecinos
   de la misma Jurisdiccion.*

COCA, José Ynés
   bap 22 Jan 1835, ae 2 da; s/ Jose de los Reyes COCA & Maria Manuela SALAZAR,
   vecinos de San Fernando; ap/ Jose Maria COCA & Maria Juana BENAVIDES; am/
   Ylario SALAZAR & Maria Manuela MARTINEZ; gp/ Juan Francisco LOBATO & Maria
   Magdalena LOBATO, *vecinos del mismo lugar.*

LUCERO, Pedro Jose
   bap 23 Jan 1835, ae 6 da; s/ Jose Manuel LUCERO & Mª Dolores BENAVIDES, *vesinos
   de Picuris*; ap/ Ygnacio LUCERO & Mª Guadalupe GALLEGO; am/ Mariano VIGIL & Mª
   Fran^{ca} BENABIDES; gp/ Encarnacion GONSALES & Mª An^{ta} MARTINES, *vesinos de
   Pojaque.* (Frames 559-560)

Frame 560
MARTIN, Pablo
   bap 25 Jan 1835 *en San Fernando de Taos*, ae 1 da; s/ Miguel MARTIN & Mª
   Nicolasa TORRES; ap/ Franco MARTIN & Mª SANCHES; am/ Ant° TORES (sic) & Mª Ysabel
   FERNANDES; gp/ Pedro TORRES & Mª Josefa TORRES, *vecinos todos de San Fran^{co} del
   Rancho.*

HERRERA, Jose Pablo
   bap 25 Jan 1835 *en San Fernando de Taos*, ae 3 da; s/ Juan Ant° de HERRERA & Mª
   del Refugio VIGIL; ap/ Joaquin de HERRERA & Mª Josefa GOMES; am/ Jesus VIGIL
   & Mª Luisa SALASAR; gp/ Miguel Ant° ROMERO & Mª Rafaela SALAZAR, *vecinos todos
   de San Fran^{co} del Rancho.*

Frame 561
LOPES, Jose Ramon

bap 25 Jan 1835 *en San Fernando de Taos*, ae 4 da; s/ An^{to} LOPES & Mª Dolores VIGIL, *vesinos de San Fernandes*; ap/ Luis LOPES & Mª Juana TAPIA; am/ Miguel VIGIL & Mª Encarnacion ESQUIBEL; gp/ Jose Sipriano ESQUIBEL & Barbara Rafaela QUINTANA, *vesinos del mismo lugar*.

MADRID, Jose Pablo
  bap 25 Jan 1835 *en San Fernando de Taos*, ae 2 da; s/ An^{to} MADRID & Mª Fran^{ca} BUENA, *vesinos de San Fernandes*; ap/ Pedro MADRID & Mª de la Lus MOYA; am/ Juan Eugenio BUENO & Teodora BEITA; gm/ Josefa CHAVES. (No mention of twins.)

MADRID, Pablo
  bap 25 Jan 1835 *en San Fernando de Taos*, ae 2 da; s/ An^{to} MADRID & Mª Fran^{ca} BUENA, *vesinos de San Fernandes*; ap/ Pedro MADRID & Maria de la Lus MOYA; am/ Juan Eugenio BUENO & Teodora BEITA; gp/ Miguel ARRAÑADA & Mª de la Lus TRUGILLO, *vesinos de San Fernandes*. (No mention of twins.) (Frames 561-562)

Frame 562
LUJAN, Jose de la Cruz
  bap 26 Jan 1835, ae 7 da; s/ Juan Nepomoseno LUJAN & Maria Manuela CRUZ, *vecinos del Arroyo Ondo*; ap/ Pablo LUJAN & Mª Consepcion MARTIN; am/ Manuel CRUZ & Maria GARCIA; gp/ Rafael CORDOBA & Maria Polonia SAMORA, *vecinos del mismo lugar*.

VIGIL, Juana Maria
  bap 29 Jan 1835, ae 2 da; d/ Ramon VIGIL & Maria Barbara MARTINEZ, *vecinos de San Fran^{co} del Rancho*; ap/ Juan de la Cruz VIGIL & Maria Clara FERNANDEZ; am/ Ygnacio MARTINEZ & Maria Paula SALAZAR; gp/ Antonio FRESQUES & Maria de los Reyes SANCHEZ, *vecinos del mismo lugar*.

PADILLA, Jose Antonio   San Francisco del Rancho
  bap 30 Jan 1835, ae 4 da; s/ Antonio Domingo PADILLA & Maria Serafina MEDINA, *vecinos de San Francisco del Rancho*; ap/ Jose Antonio PADILLA & Maria Josefa MESTAS; am/ Gregorio MEDINA & Maria Ysabel ROMERO; gp/ Antonio Domingo MEDINA & Maria Josefa GRIEGO, *vecinos del mismo lugar*. (Frames 562-563)

Frame 563
VIGIL, Maria Timotea de los Dolores
  bap 31 Jan 1835, ae 8 da; d/ Antonio José VIGIL & Maria Guadalupe OLGUIN, *vecinos de la Sieneguilla, departam^{to} perteneciente á la mision de Pecuries*; ap/ Joaquin VIGIL & Maria Manuela MONTOYA; am/ Antonio José OLGUIN & Lugarda LUCERO; gp/ Fran^{co} SANCHEZ & Maria de la Luz SANCHES, *vesinos del mismo lugar*.

MARTIN, Jose de la Cruz
  bap 31 Jan 1835, ae 5 da; s/ Manuel MARTIN & Maria Dolores GONZALES, *vecinos de la plaza de San Antonio del Arroyo Hondo*; ap/ Juan José MARTIN & Maria Josefa MARTIN; am/ Juan Antonio GONZALES & Maria Barbara GALLEGO; gp/ Jose Maria ORTEGA & Maria Andrea VALDEZ, *vecinos del mismo lugar*.

Frame 564
BEAUBIEN, Maria Teodora
  bap 31 Jan 1835, ae 11 da; d/ Carlos BEA(U)BIEN & Mª Paula LOBATO; ap/ Pablo BEAUBIEN & Maria Luisa Carlota DURUCHEL; am/ Juana Catalina LOBATO (only); gp/ D. Ramon de ABREU, (Origins, p. 339, same) & M^a J(n.s.--blank space), *siendo vecinos de Sta Fe* who couldn't come, standing in for gp/ were D. Santiago MARTINEZ & Mª de la Luz LUCERO, who with the parents are *vecinos de San Fernando*.

TAOS BAPTISMS, VOLUME II   1833-1837, AASF #20

TAFOYA, Maria Martina
   bap 1 Feb 1835 en *San Fernando de Taos*, ae 3 da; d/ Martin TAFOYA & Candelaria
   DURAN, *vecinos del Arroyo Hondo*; ap/ Jose TAFOYA & Gregoria MONTOYA; am/ Juan
   Andres DURAN & Candelaria MARTINEZ; gp/ Juan José ROMERO & Maria Manuela
   GALLEGOS, *vecinos del mismo lugar*.

SANDOVAL, Juana Estefana
   bap 2 Feb 1835 en *San Fernando de Taos*, ae 5 da; d/ Felipe SANDOVAL & Maria de
   la Luz MARTIN, *vecinos de San Antonio de Arroyo Hondo*; ap/ Ubaldo SANDOVAL &
   Luarda TRUGILLO; am/ Anselmo MARTIN & Maria Gregoria SANCHEZ; gp/ Jose Antonio
   MARTIN & Maria Salome ARCHULETA, *vecinos del Arroyo Seco*. (Frames 564-565)

Frames 565
ARAGON, Maria Candelaria
   bap 4 Feb 1835, ae 3 da; d/ Juan An^{to} ARAGON & Mª Manuela FERNANDES, *vesinos de
   San Fran^{co} del Rancho*; ap/ Juan de la Crus ARAGON & Juana Mª SANDOVAL; am/ Juan
   Domingo FERNANDES, dec., & Juana Mª GARCIA; gp/ Reymundo CORDOVA & Mª Estefana
   GONSALES.

LILUD, Felipe de Jesus
   bap 6 Feb 1835, ae 2 da; s/ Abraan LILUD (Origins, p. 423, LEDOUX) & Guadalupe
   TRUGILLO, *vesinos de San Fernandes*; ap/ An^{to} LILUD & Mª Madalena LUCIE; am/ Blas
   TRUGILLO & Mª Manuela SANCHES; gp/ Heremenegildo TRUGILLO & Josefa TAFOYA,
   vesinos del mismo lugar.

Frame 566
LAFEBRE, Maria Pacifica
   bap 7 Feb 1835, ae 3 da; d/ Manuel LAFEBRE (Origins, p. 421, LAFEVRE) & M^a
   Teodora LOPES, *vesinos de San Fernandes*; ap/ Agustin LAFEBRE & Maria Feliciana
   BALLANCUR; am/ Ramon LOPES & Mª de la Luz MARTINES; gp/ D^n Vicente MARTINES &
   D^a Rosalia BACA, *vesinos de San Fernandes*.

DURAN, Maria Antonia
   bap 7 Feb 1835, ae 5 da; d/ Jose Miguel DURÁN & Encarnacion GUILLEN; ap/ Juan
   Andres DURÁN & Candelaria MONDRAGON; am/ Jose GUILLEN & Dolores PADILLA; gp/
   Juan Domingo GOMEZ & Maria Estefana GOMEZ, *vecinos del mismo lugar*.

APODACA, Felipe de Jesus
   bap 7 Feb 1835, ae 3 da; s/ Marcos APODACA & Marta LOPES, *vec^s de S. Fernandes*;
   ap/ Damacio APODACA & Bartolome (sic) FRESQUIS; am/ Juan LOPES & Vicenta
   CORDOBA; gp/ Juan Miguel SUASO & Encarnacion GONSALES, *vecinos del mismo
   lugar*. (Frames 566-567)

Frame 567
VIGIL, Jose Dolores
   bap 8 Feb 1835 en *San Fernando de Taos*, ae 6 da; s/ Jose Domingo VIGIL & M^a
   Rosa CORDOVA, *vesinos de San Fran^{co} del Rancho*; ap/ Amador VIGIL & Mª Ygnacia
   QUINTANA; am/ Ramon CORDOVA & Mª Ygnacia LUSERO; gp/ Bentura DURAN & M^a de
   Jesus MARTIN, *vesinos del mismo lugar*.

ROMERO, Maria Fran^{ca}
   bap 8 Feb 1835, ae 4 da; d/ Mateo ROMERO & M^a de los Angeles GONSALES; ap/
   Nicolas ROMERO & Mª Gertrudis VIETA; am/ Jose Mª GONSALES & Hermenegilda
   TRUGILLO; gp/ Juan Jose BELASQUES & Maria Alvina BASQUES, *v^s todos de la
   poblacion de Arroyo Ondo*.

MARTIN, Mª Paula
   bap 13 Feb 1835 en *San Fernando de Taos*, ae 6 da; d/ Salbador MARTIN & M^a

Manuela ROMERO; ap/ Salvador MARTIN & Mª Manuela TRUGILLO; am/ Patricio ROMERO & Dionicia DURAN; gp/ Bernardino MARTIN & Mª Manuela ARAGON, *vecinos de San Fernandes.* (Frames 567-568)

Frame 568
MESTAS, Maria de la Luz
   bap 13 Feb 1835, ae 5 da; nat. d/ Mª Dolores MESTAS; am/ Tomas MESTAS & Josefa GONSALES, *vecino(s) de Arroyo Ondo;* gp/ Antº Domingo GARCIA & Mª Ygnacia GARCIA, *vˢ del mismo lugar.*

GOMES, Maria Polonia
   bap 13 Feb 1835 *en San Fernando de Taos,* ae 8 da; d/ Juan GOMES & Maria TRUGILLO, *vecinos de San Fernandes;* ap/ Nerio GOMES & Josefa VALDES, both dec.; am/ Blas TRUGILLO & Mª Manuela SANCHES; gp/ Santiago MARTINEZ & Maria de la Luz LUCERO, *vecinos del mismo lugar.*

MADRID, Juana Mª
   bap 13 Feb 1835 *en San Fernando de Taos,* ae 5 da; d/ Miguel MADRID & Juana Mª CENA, *vecinos de San Fernandes;* ap/ Tomas MADRID & Vitoria GARCIA; am/ Miguel CENA & Juana LUSERO; gp/ Policarpio MADRID & Josefa CORTES, *vecinos de San Fernando.* (Frames 568-569)

Frame 569
HERRERA, Mª Disideria   San Francº del Rancho
   bap 14 Feb 1835 *en San Fernandes de Taos,* ae 3 da; d/ Ricardo de HERRERA & Mª Nicacia VIGIL, *vecinos de San Francº del Rancho;* ap/ Felipe de HERRERA & Mª Dolores BARELA; am/ Juanico VIGIL & Paula TRUGILLO; gp/ Juan de Jesus COCA & Juana Manuela LEAL, *vecinos del mismo lugar.*

BUSTOS, Jose Ramon
   bap 15 Feb 1835 *en San Fernando de Taos,* ae 4 da; s/ Francº BUSTOS & Mª Soledad VIGIL, *vecino(s) del Arroyo Seco;* ap/ Jose Antº BUSTOS & Mª Francª LOPES; am/ Jose VIGIL & Mª Rosa MARTINES; gp/ Julian de BIALPANDO & Mª Nicolasa TRUGILLO, *vesinos de San Fernando.* (Frames 569-570)

Frame 570
TRUGILLO, Juan de Jesus
   bap 15 Feb 1835 *en San Fernando de Taos,* ae 3 da; s/ Juan de Jesus TRUGILLO & Mª Juana VIGIL, *vecina de San Francº del Rancho;* ap/ Damaso TRUGILLO & Mª Dionicia BORREGO; am/ Jose Joachin VIGIL & Mª Consepcion CRUS; gp/ Juan Rafael MONDRAGON & Mª Francª VIGIL, *vecinos del mismo lugar.*

MADRID, Mª Rosa
   bap 15 Feb 1835 *en San Fernando de Taos,* ae 7 da; d/ Juan Andres MADRID & Mª Dorotea ARELLANO, *vecinos del Arroyo Ondo;* ap/ Jose Antº MADRID & Barbara LUSERO; am/ Jose Julian ARELLANO & Mª de la Lus TAPIA; gp/ Salbador Manuel ARELLANO & Mª Josefa PACHECO, *vecinos del mismo lugar.*

Frame 571
LOVATO, Jose de la Luz
   bap 15 Feb 1835, ae 3 da; s/ Mateo LOVATO & Maria Antonia VARELA, *vecinos de San Francº del Rancho;* ap/ Rafael LOVATO & Maria de la Luz ESPINOSA; am/ Nicolas VARELA & Polonia MARQUES; gp/ José Francº GONZALES & Mª de la Luz MARQUEZ (sic), *vecinos de San Fernando.*

SANCHES, Diego Antº
   bap 16 Feb 1835 *en San Fernando de Taos,* ae 5 da; nat. s/ Mª Paula SANCHES, *vecina de San Fernandes;* am/ Miguel SANCHES & Mª Josefa MARTIN; gp/ Juan SANCHES & Mª Lucaria GALLEGOS, *vecinos del mismo lugar.*

TAOS BAPTISMS, VOLUME II   1833-1837, AASF #20

MARQUES, Juliana
   bap 16 Feb 1835 *en San Fernando de Taos*, ae 3 da; d/ Jose Tomas MARQUES &
   Nicolasa SALASAR, *vecinos de San Fran^co del Rancho*; ap/ Miguel MARQUES & M^a
   Gertrudis MONTOYA; am/ Ramon SALASAR & Mª Soledad VIGIL; gp/ Joaquin GARCIA &
   Mª Encarnacion VIGIL, *vecinos del mismo lugar*. (Frames 571-572)

Frame 572
SANTEESTEVAN, Julian
   bap 16 Feb 1835 *en San Fernando de Taos*, ae 4 da; s/ Juan An^to SANTEESTEVAN &
   Mª Dolores GONSALES, *vecinos de San Fran^co de(l) Rancho*; ap/ Felisiano
   SANTEESTEVAN & Mª Rafaela TRUGILLO; am/ Jose An^to GONSALES & Mª Antonia ARAGON;
   gp/ Jose MADRID & Mª Guadalupe SANTEESTEVAN, *vecinos del mismo lugar*.

MADRID, Feliciana
   bap 16 Feb 1835 *en San Fernando de Taos*, ae 3 da; d/ Juan Antonio MADRID &
   Maria Manuela ROMERO, *vecinos del Arroyo Ondo*; ap/ Juan Cristobal MADRID &
   Maria Dolores MARTIN; am/ Juan Lorenzo ROMERO & Mª Josefa CRUZ; gp/ Fran^co
   LAFORÉ (Origins, p. 421, same) & Maria Dolores ARMENTA, *vecinos del mismo
   lugar*.

SALAZAR, An^to Seberino
   bap 17 Feb 1835, ae 4 da; nat. s/ Felipa SALAZAR; am/ Juana SALAZAR (only);
   gp/ Juan Domingo MONTOYA & Juana URTADO, *v^s de San Fran^co del Rancho*. (Frames
   572-573)

Frame 573
ARMIJO, Jose Romulo
   bap 17 Feb 1835, ae 1 da; nat. s/ Paula ARMIJO, single, & father unknown,
   vecina de San Fr^co de Paula; am/ An^to Eustaquio ARMIJO, dec., & Juana GARCIA;
   gp/ Jose MADRID & Mª Guadalupe SANTIESTEVAN, *vecinos del mismo lugar*.

SANSERMAN, Jose An^to
   bap 17 Feb 1835 *en San Fernando de Taos*, ae 6 da; s/ Bautista SANSERMAN
   (Origins, p. 433, same) & Maria Manuela MONDRAGON; ap/ Jose SANSERMAN & Ma
   Luisa LOBATO; am/ Jose MONDRAGON & Maria Dolores CASADOS; gp/ Jose An^to
   ARELLANO & Maria Rosa ARELLANO, *vecinos todos del Arroyo Seco*.

GUTIERRES, Jose Leon
   bap 22 Feb 1835 *en San Fernando de Taos*, ae 3 da; s/ Fran^co An^to GUTIERRES & M^a
   Tomasa ARAGON, *vesinos de San Fran^co del Rancho*; ap/ Visente GUTIERRES & M^a
   Gertrudis SANCHES; am/ Juan de la Crus ARAGON & Juana Mª SANDOVAL; gp/ Juan de
   Jesus VIGIL & Mª Fran^ca VIGIL, *vecinos del mismo lugar*. (Frames 573-574)

Frame 574
SANCHES, An^to Jose
   bap 22 Feb 1835 *en San Fernando de Taos*, ae 3 da; s/ Jose SANCHES & Mª Barbara
   GUTIERRES, *vecinos de San Fran^co del Rancho*; ap/ Juan Cristoval SANCHES & M^a
   Margarita SILVA; am/ Fran^co GUTIERRES & Maria Guadalupe MARTINES; gp/ Felis
   URIOSTE & M^a del Carmel S(AN)CHES, *vecinos del mismo lugar*.

MASCAREÑAS, Antonio Marcelo
   bap 23 Feb 1835 *en San Fernando de Taos*, ae 5 da; s/ Mig^l MASCAREÑAS & Ygnacia
   LUJAN, *v^s de Picuries*; ap/ Toribio MASCAREÑAS, dec., & Polonia TRUGILLO; am/
   An^to LUJAN & Rafaela MAESTAS; gp/ Rafael TAFOYA & Barbara MEDINA, *v^s del mismo
   lugar*.

SANTIESTEVAN, Jose Deciderio
   bap 23 Feb 1835 *en San Fernando de Taos*, ae 11 da; s/ An^to Mª SANTIESTEVAN &

Mª Josefa LUJAN, *vesinos de San An^{to} del Peñas(c)o*; ap/ Tomas SANTIESTEVAN, dec., & Mª Encarnacion MARUJO; am/ Pedro LUJAN & Dolores VIGIL; gp/ Juan Miguel TAFOYA & Mª Rafaela MARTINES, *v^s del mismo lugar*. (Frames 574-575)

Frame 575
MASCAREÑAS, Juan Bautista
   bap 23 Feb 1835 *en San Fernando de Taos*, ae 8 da; s/ Rafael MASCAREÑAS & Rosa SANDOVAL, *vesinos de aquel mismo lugar*; ap/ Manuel Vicente MASCAREÑAS & Mª Luisa XARAMILLO, dec.; am/ Manuel SANDOVAL & Mª Preciliana GO(N)SALES, dec.; gp/ An^{to} SANTIESTEBAN & Josefa LUJAN.

MONTOYA, Mª Encarnacion
   bap 25 Feb 1835 *en San Fernando de Taos*, ae 2 da; d/ Mariano MONTOYA & Mª de la Luz TAFOYA, *v^s del Rancho*; ap/ Jose MONTOYA & Mª Luiza SANDOVAL; am/ Jesus TAFOYA & Mª de Lorenza QUINTANA; gp/ Miguel An^{to} VIGIL & Mª Encarnacion MARTIN, *v^s del mismo lugar*. (Frames 575-576)

Frame 576
MARTIN, Mª Matiana
   bap 25 Feb 1835, ae 3 da; nat. d/ Mª Compcion MARTIN, *v^s San Fr^{co}*; am/ Rafael MARTIN & Rafaela TAFOYA; gp/ Julian HUBREIAN (sic) & Mª Fran^{ca} VARGAS, *v^s del mismo lugar*.

MAES, Mª Catarina
   bap 25 Feb 1835 *en San Fernando de Taos* ae 4 da; d/ Benito MAES & Mª Paula SANCHES, *vecinos del Arroyo Ondo*; ap/ Paulin MAES & Mª Ygnacia BARELA; am/ Felipe SANCHES & Mª Manuela ARCHULETA; gp/ Juan Miguel TRUGILLO & Mª Teodora CRUS, *vecinos de San Fernando*.

Frame 577
PAIS, Mª Sesaria
   bap 26 Feb 1835 *en San Fernando de Taos*, ae 3 da; nat. d/ Dolores PAIS, *vecina de San Fernandes*; am/ Juana PAIS (only); gm/ Juaquina TAFOLLA, *vesina del mismo lugar*.

PADILLA, Maria Nestora
   bap 1 Mch 1835 *en San Fernando de Taos*, ae 4 da; d/ Pedro PADILLA & Maria Ygnacia GONZALES, *vecinos del Arroyo Hondo*; ap/ Salvador PADILLA & Maria Josefa MARTIN; am/ Jose GONZALES & Maria Dorotea BACA; gp/ Juan Ygnacio GONZALEZ (sic) & Mª Josefa GONZALEZ (sic), *vecinos de San Fernando*.

HERRERA, Maria Antonia
   bap 1 Mch 1835 *en San Fernando de Taos*, ae 5 da; d/ Jose de HERRERA & Mª Josefa SANDOVAL, *vecinos del Arroyo Hondo*; ap/ An^{to} de HERRERA & Maria Lugarda SALAZAR; am/ Fran^{co} SANDOVAL & Mª Ygn^a CHAVEZ; gp/ Santiago BACA & Maria Ascension de HERRERA, *vecinos del mismo lugar*.

Frame 578
MARTIN, Juana Maria
   bap 1 Mch 1835, ae 3 da; d/ Geronimo MARTIN & Mª Josefa GOMES, *Indios naturales del pueblo*; ap/ Juan MARTIN & Manuela MIRABAL; am/ Estevan GOMES & Josefa TECOA; gp/ Mariano MARTINES & Juana GAYEGOS, *vecinos de S. Fernandes*.

VALDEZ, Maria Casimira
   bap 4 Mch 1835, ae 4 da; d/ Jose Fran^{co} VALDEZ & Mª Fran^{ca} GALLEGOS, *v^s de Arroyo Ondo*; ap/ Jose Man^l VALDEZ & Fran^{ca} SISNEROS; am/ Pedro GALLEGOS & Lorenza ESPINOSA; gp/ Antonio de Jesus SALAZAR, *v^s del Rancho* & Juana Mª SALAZAR of S. Fernando.

TAOS BAPTISMS, VOLUME II   1833-1837, AASF #20

SANDOBAL, Diego An^{to}
  bap 5 Mch 1835, ae 5 da; s/ Juan SANDOBAL & Maria Gregoria SANCHES, *vecinos del varrio de San An^{to} de Arroyo Ondo*; ap/ Jose Uvaldo SANDOBAL & Maria Eluarda TRUGILLO; am/ Diego An^{to} SANCHES & Magdalena MARTIN; gp/ Fran^{co} LAFORE (Origins, p. 421, same) & Maria Dolores ARMENTA, *vecinos del mismo lugar*.

Frame 579
MARTIN, Juan Bautista
  bap 5 Mch 1835 *en San Fernando de Taos*, ae 3 da; s/ Jose MARTIN & Mª Paula VALDONADO, *vecinos del Arroyo Seco*; ap/ Cristoval MARTIN & Mª Teodora FRESQUES; am/ Jose VALDONADO & Juliana VARELA; gp/ Marcos SANCHES & Mª Dolores ARCHULETA, *vecinos del mismo lugar*.

ROMERO, Maria Tomasa
  bap 7 Mch 1835, ae 4 da; d/ Manuel ROMERO & Leonicia CANDELARIO, *v^s de S. Fn^{co} del Rancho*; ap/ Jesus ROMERO & Teresa VIGIL; am/ Fran^{co} CANDELARIO & Mª Juana GRIEGO; gp/ Jose Ygnacio MARTIN & Mª Ysabel DURAN, *v^s del mismo lugar*.

MARTIN, Vitor
  bap 7 Mch 1835 *en San Fernando de Taos*, ae 4 da; s/ Culas MARTIN & Mª Luisa VIGIL, *vesinos de San Fernandes*; ap/ Nicolas MARTIN & Fran^{ca} SALASAR; am/ Cristoval LOPES & Mª Josefa VIGIL; gp/ Ypolito SALASAR & Polonia SERVE, *vesinos de San Fernandes*.

Frame 580
VARGAS, Juan Eusebio
  bap 8 Mch 1835 *en San Fernando de Taos*, ae 4 da; s/ Pablo VARGAS & Maria Ygnacia CORDOBA, *v^s de San Francisco del Rancho*; ap/ Maurilo VARGAS & Maria Nicomeda PINO; am/ Lorenzo CORDOBA & Maria Rafaela TRUGILLO; gp/ Buenav^a LOBATO & Maria Rafaela TRUGILLO, *vecinos del mismo lugar*.

TRUGILLO, Jose Eusebio
  bap 9 Mch 1835, ae 5 da; s/ Diego TRUGILLO & Mª Ygnacia CHAVES, *v^s de San Fransisco del Rancho*; ap/ Fra^{co} TRUGILLO & Mª An^{ta} TORRES; am/ Juan Cristoval CHAVES & Mª Dolores MONTOYA; gp/ Jose Rumaldo MARQUES & Mª Esquipula MONTOYA, *vesinos del mismo lugar*.

MESTAS, Jose Guadalupe
  bap 9 Mch 1835, ae 5 da; nat. s/ Ana Maria MESTAS, single; am/ Tomas MESTAS & Mª Josefa GONSALES; gp/ Santiago TENORIO & An^a COCA, *v^s de San Fernandes*. (Frames 580-581)

Frame 581
RIVERA, Juan de Dios
  bap 10 Mch 1835 *en San Fernando de Taos*, ae 3 da; s/ Miguel RIVERA & Mª Rita TRUGILLO; ap/ Pedro An^{to} RIVERA & Mª Dolores VALDONADO; am/ Marcos TRUGILLO & Mª Ygnacia MIERA, *v^s de San Fernando*; gp/ Fernando TRUGILLO & M^a del Refugio TRUGILLO, *vesinos del mismo lugar*.

VIGIL, Juan de Dios
  bap 10 Mch 1835, ae 3 da; s/ Manuel VIGIL & Mª Fr^{ca} MESTAS, *vecinos de S. Fran^{co} del Rancho*; ap/ Bernardo VIGIL & Rosalia TRUGILLO; am/ J. Jose MESTAS & Dolores ARCHULETA; gp/ A. Jose MONDRAGON & Juana Mª VIGIL, *v^s del mismo lugar*.

Frame 582
TAFOYA, Mª Candelaria
  bap 11 Mch 1835, ae 3 da; d/ Salvador TAFOYA & Mª Juana MEDINA, *v^s de San Fran^{co}*

del Rancho; ap/ Juan Vartolo TAFOYA & Dolores MES, dec.; am/ Juan de Jesus MEDINA & Mª Candelaria PAIS, both dec.; gp/ Felipe GALLEGO & Ana Ventura HERRERA, *vˢ del mismo lugar*.

SANDOVAL, Mª Diluvina
 bap 12 Mch 1835, ae 15 da; d/ Juan de Jesus SANDOVAL & Mª Ysavel CORDOVA; ap/ Martin SANDOVAL & Mª de Jesus DURAN; am/ Jose CORDOVA & Maria GUIYEN, *vˢ de Sⁿ Fernando*; gp/ Jose Martin MAES & Mª de la Luz TRUGILLO, *vˢ del mismo lugar*.

MADRID, Jose Maria
 bap 12 Mch 1835, ae 2 da; s/ Necolaz MADRID & Mª Dolores MARTIN; ap/ Pedro MADRID & Mª de la Luz MOYA; am/ Bernardo MARTIN & Mª Gregoria ARAGON, *vˢ de San Fernandez*; gp/ Cleto TRUGILLO & Mª Paula MADRID, *vˢ del mismo lugar*. (Frames 582-583)

Frame 583
BORREGO, Mª Dolores   San Fernandes
 bap 13 Mch 1835 *en San Fernando de Taos*, ae 3 da; d/ Calisto BORREGO & Mª Reyes CHAVES, *vesinos de San Fernandes*; ap/ Diego BORREGO & Bibiana SANDOVAL; am/ Santiago CHAVES & Juana Gertrudis HURTADO; gp/ Jose Antᵒ TOLEDO & Mª Rita GONSALES, *vesinos del mismo lugar*.

TRUJEQUE, Eulogio
 bap 14 Mch 1835, ae 4 da; s/ Andres TRUJEQUE & Juana LOVATO; ap/ Jacinto TRUJEQUE & Mª Ysabel VERNAL; am/ Antᵒ LOVATO & Mª Francᵃ APODACA; gp/ Mª Gertrudis TRUGILLO (sic) & Jose Bartolome BRACHAL (Origins, p. 407, BLANCHARD), *vˢ del mismo lugar*.

MEDINA, Mª Josefa
 bap 14 Mch 1835, ae 5 da; d/ Julian MEDINA & Mª Dolores VALDEZ, *vˢ de Arroyo Seco*; ap/ Antᵒ Jose MEDINA & Mª Micaela VIGIL; am/ Faviana VALDEZ; gp/ Jose Rafael SAIS & Mª Trenidad MEDINA, *vˢ de Sⁿ Fernandes*. (Frames 583-584)

Frame 584
CORDOVA, Jose Bisente
 bap 18 Mch 1835 *en San Fernando de Taos*, ae 3 da; nat. s/ Rufina CORDOVA, *viuda*, & father unknown, *vˢ de la plasa de la Purisima Consien(c)ion*; am/ Ramon CORDOVA & Viviana LUSERO; gp/ Bisente BILALPANDO & Maria Manuela BEITA, *vˢ del mismo lugar*.

CORTES, Maria Ygnacia
 bap 18 Mch 1835 *en San Fernando de Taos*, ae 3 da; d/ Antᵒ CORTES & Mª Fabiana BALDEZA; ap/ Bautista CORTES & Juquina ROMERO; am/ Getrudis BALDEZ (only); gp/ Juan de Jesus MARTIN & Mª Getrudes BALDES (sic), *vˢ todos (de) S. Fernando*.

BALDES, Jose Gabriel
 bap 18 Mch 1835, ae 5 da; s/ Cruz BALDES & Mª Manuela SALASAR; ap/ Juan Niculas BALDES & Mª Ysabel MARTIN; am/ Jose Gabriel SALASAR & Mª M(an)uela SAMORA, *vˢ de San Francᵒ del Rancho*; gp/ Bentura DURAN & Maria de Jesus MARTIN, *vˢ del mismo lugar*. (Frames 584-585)

Frame 585
GONSALES, Jose Patricio
 bap 19 Mch 1835 *en San Fernando de Taos*, ae 3 da; s/ Jose Ygnacio GONSALES & Ysidora PACHECO, *vˢ del Rancho de S. Franᶜᵒ*; ap/ Fernando GONSALES & Paula

SANDOVAL; am/ Fran^co PACHECO & Luiza VIGIL; gp/ Jose Joaquin GONSALES & Guadalupe MARTIN, *vecinos del mismo lugar.*

VIGIL, Maria Rita
   *bap 16 Mch 1835 *en San Fernando de Taos*, ae 4 da; d/ An^to Jose VIGIL & Maria Margarita ARAGON, *vecinos de San Fran^co del Rancho*; ap/ Pedro VIGIL & Maria Josefa QUINTANA; am/ Lorenzo ARAGON & Maria Dolores CHAVES, dec.; gp/ Jose Manuel MARTINEZ & Juana Maria ARAGON, v^s *del mismo lugar.*

NARANJO, Santiago
   bap 20 Mch 1835, ae 5 da; s/ Pablo NARANJO & Paula TECOA, *vesinos del pueblo de Taos*; ap/ Santiago NARANJO & M^a (only), *Yndia*; am/ Jose TECOA & Juana Mª ROMERA; gp/ Juan Antonio SISNERO(S) & Brigida ROMERO, *Yndios naturales de Taos.* (Frames 585-586)

Frame 586
GARCIA, Juan Fran^co
   bap 21 Mch 1835 *en San Fernando de Taos*, ae 6 da; s/ An^to GARCIA & Quiteria ALARID, *vecinos del Rancho de San Fran^co*; ap/ Necolas GARCIA & Loreta PADIA; am/ Gregorio ALARID & Maria Paula ROMERO; gp/ Matias GARCIA & Maria Dolores GARCIA, *vecinos del mismo lugar.*

TRUGILLO, Mª Bibiana
   bap 22 Mch 1835 *en San Fernando de Taos*, ae 6 da; d/ Faustin TRUGILLO & Mª Dolores CORDOVA, *vesinos de S. Fran^co del Rancho*; ap/ Santiago TRUGILLO & Mª Polonia ROMERO; am/ Ygnasio CORDOVA & Mª Antonia MARQUES; gp/ Rafael CORDOVA & Mª Ygnasia LUSERO, *vesinos del mismo lugar.*

Frame 587
SEGURA, Pablo
   bap 24 Mch 1835 *en San Fernando de Taos*, ae 8 da; s/ Manuel SEGURA & Mª de la Crus MANCHEGO, *vesinos del Arroyo Ondo*; ap/ Jose SEGURA & Mª Josefa TRUGILLO; am/ Jose Manuel MENCHEGO (sic) & Mª Margarita MARTINES; gp/ Juan MADRID & Mª Josefa TRUGILLO, *vesinos del mismo lugar.*

ARAGON, Jose Benito de Jesus
   bap 22 Mch 1835 *en San Fernando de Taos*, ae 2 da; s/ Jose Rafael ARAGON & Mª Fran^ca ROMERO, *vesinos del Rancho*; ap/ Juan dela Cruz ARAGON & Mª Tiodora BACA; am/ Juan de Jesus ROMERO & Mª Candelaria QUINTANA; gp/ Juan An^to ARAGON & Mª Manuela FERNANDES, *vesinos del mismo lugar.*

Frame 588
MONTOYA, Maria Eugenia
   bap 22 Mch 1835, ae 3 da; d/ Jose Ygnacio MONTOYA & Mª de la Asencion TRUGILLO, v^s *de S. Fernandes*; ap/ Juan An^to MONTOYA & Dolores PATRÓN; am/ Salvador TRUGILLO & Barvara VIGIL; gp/ Blas TRUGILLO & Mª Petrona MONTOYA, v^s *del mismo lugar.*

MENAR, Maria Benita
   bap 23 Mch 1835, ae 3 da; d/ Jose MENAR (Origins, p. 426, same) & Guadalupe MADRID, v^s *de S^n Fernando*; ap/ Juan NENAR (sic) & Mª BRAQUEL; am/ Ygnacio MADRID & Damiana MARTIN; gp/ Jose Guadalupe BARRATERATO & Mª Candelaria LALANDA, v^s *de S^a Fernandez.*

ROMERO, Juan Crus
   bap 24 Mch 1835 *en San Fernando de Taos*, ae 4 da; s/ Geronimo ROMERO & Dolores DURAN, *naturales del pueblo*; ap/ Juan ROMERO & Rafaela MIRABAL; am/ Juan Andres DURAN & Mª Polonia CATUFE; gp/ Juan An^to LUSERO & Ana Mª LOMA, *vesinos del mismo lugar.*

1833-1837, AASF #20   TAOS BAPTISMS, VOLUME II

Frame 589
VIGIL, Jose Dolores
  bap 25 Mch 1835 *en San Fernando de Taos*, ae 3 da; s/ Pedro VIGIL & Mª Catarina MARTIN, *vesinos de San Franco del Rancho*; ap/ Anto VIGIL & Mª Simona MONTOYA; am/ Jose Pablo MARTINES (sic) & Mª Josefa QUINTANA; gp/ Ramon SALASAR & Mª Soledad VIGIL, *vesinos del mismo lugar*.

BLANCO, Jose de la Encarnacion
  bap 25 Mch 1835 *en San Fernando de Taos*, ae 7 da; s/ Alari BLANCO (Origins, p. 408, same) & Maria Guadalupe LOPES, *vesinos de San Fernandes*; am/ Ramon LOPES & Maria de la Luz MARTINES; gp/ Jose Dolores CORDOBA & Mª Ramona MARTINES, *vs del Arroyo Seco*.

ARGUELLO, Jose Rozman (Jose Roman in margin)
  bap 25 Mch 1835 *en San Fernando de Taos*, ae 8 da; s/ Anto ARGUELLO & Mª Luisa QUINTANA, *vecinos de Picuries*; ap/ Martin ARGUELLO & Ma(n)uela CORDOBA; am/ Jose Andres QUINTANA & Mª Gertrudes VALDES; gp/ Juachin FRESQUIS & Rosalia DURAN of Picuries. (Frames 589-590)

Frame 590
GONSALES, Maria Encarnacion
  bap 26 Mch 1835 *en San Fernando de Taos*, ae 3 da; d/ Antonio GONSALES & Mª del Carmel CARDENAS, *vs del Rancho*; ap/ Jose Antonio GONSALES & Maria REYNA; am/ Bentura CARDENAS & Mª de la Luz LUJAN; gp/ Mª Dolores GONSALES (only), *vs del mismo lugar*.

SANCHES, Maria Encarnacion
  bap 26 Mch 1835 *en San Fernando de Taos*, ae 2 da; d/ Juan Anto SANCHES & Mª Luysa GARCIA; ap/ Franco SANCHES & Mª Polonia MARTINES, dec.; am/ Juan Anto GARCIA & Mª Josefa TORRES; gp/ Jose Manl MARTIN & Juana Mª ARAGON, *todos vs del Rancho*.

TRUGILLO, Jose Encarnacion
  bap 29 Mch 1835 *en San Fernando de Taos*, ae 3 da; s/ Pablo TRUGILLO & Mª del Carmel de HERRERA; ap/ Bartolome TRUGILLO & Mª Paula MEDINA; am/ Jose de HERRERA & Mª Josefa RAEL; gp/ Juan de Jesus BALDES & Mª Rafaela BARELA, *vesinos de San Fernandes*.

Frame 591
SANCHES, Jose Encarnasion
  bap 29 Mch 1835 *en San Fernando de Taos*, ae 3 da; nat. s/ Nicolasa SANCHES, *vesina de San Franco del Ranc(h)o*; am/ Franco SANCHES & Mª Polonia MARTINES; gp/ Ramon APODACA & Mª Manuela MARTINES, *vesinos del mismo lugar*.

SISNEROS, Jose Braulo
  bap 29 Mch 1835 *en San Fernando de Taos*, ae 5 da; s/ Vitor SISNEROS & Guadalupe VALDES; ap/ Franco Estevan SISNEROS & Mª Juana MONTOYA; am/ Juan Anto VALDES & Mª Catarina TRUGILLO; gp/ Juan Benito VALDES & Mª Martina GARCIA, *vesinos del mismo lugar*.

SANDOVAL, Mª Encarnacion
  bap 29 Mch 1835 *en San Fernando de Taos*, ae 4 da; d/ Pablo SANDOVAL & Mª Dolores COCA, *vesinos de San Fernandes*; ap/ Felipe SANDOVAL & Mª Gregoria SENA; am/ Jose Mª COCA & Juana Mª BENAVIDES; gp/ Trinidad BARCELON (Origins, p. 406, BARCELO) & Mª Dolores GRIEGO, *vesinos del mismo lugar*. (Frames 591-592)

Frame 592
ROMERO, Mª de la Encarnacion
  bap 31 Mch 1835, ae 10 da; d/ Mariano ROMERO & Mª Petra SANDOVAL, *vs de la*

273

Cienegia; ap/ Franco ROMERO & Mª Feliciana VIGIL; am/ Franco SANDOVAL & Lonicia MONTOYA; gp/ Jose Manuel ROMERO & Mª Dolores ROMERO, vesinos del Rancho.

SANCHES, Juana Mª
　bap 31 Mch 1835 en San Fernando de Taos, ae 2 da; d/ Manu(e)l SANCHES & Mª Antª RIBERA, vesinos de San Fernandes; ap/ Antonio SANCHES & Josefa MA(R)TIN; am/ Predro (sic) Antº RIVERA (sic) & Dolores MALDONADO; gp/ Sa(l)bador RIVERA & Mª Rosalia RIVERA, vᵉ del mismo lugar. (Frames 592-593)

Frame 593
MARES, Jose Miguel
　bap 1 Apr 1835, ae 2 da; s/ Gaspar MARES & Mª de la Luz CORDOVA, vˢ del Arroyo Seco; ap/ Fransisco MARES & Josefa MARTIN; am/ Serafin CORDOVA & Mª Candelaria MEDINA; gp/ Jose Antº SANCHES & Juana Soledad LOPES, vˢ del mismo lugar.

GALLEGOS, Francisco
　bap 4 Apr 1835, ae 3 da; s/ Vicente GALLEGOS & Maria Ramona TRUJILLO; ap/ Miguel GALLEGOS & Maria Bernarda MARTINES; am/ Francº TRUJILLO & Maria Josefa SANDOVAL; gp/ Juan Christoval CHAVES & Maria Dolores MONTOYA, vˢ todos de San Francº del Rancho.

CASIAS, Mª Antonia
　bap 5 Apr 1835 en San Fernando de Taos, ae 4 da; d/ Pedro CASIAS & Mª Sension GABALDON, vesinos de San Francº del Rancho; ap/ Bartolo CASIAS & Madalena VIGIL; am/ Baltasar GABALDON & Mª Rosalia TRUGILLO; gp/ Santiago FERNANDES & Mª Bartola ROMERO, vesinos de San Fernando. (Frames 593-594)

Frame 594
MEDINA, Bisente Bentura
　bap 5 Apr 1835 en San Fernando de Taos, ae 8 da; s/ Tibursio MEDINA & Juana ARCHULETA, vesinos de del Arroyo Ondo; ap/ Cristoval MEDINA & Mª Jo(se)fa CORDOVA; am/ Marcos ARCHULETA & Dolores SANCHES; gp/ Rafael DURAN & Mª Estefana MADRID, vesinos del mismo lugar.

VIGIL, Jose Manuel
　bap 5 Apr 1835, ae 9 da; s/ Juan Angel VIGIL & Mª Guadalupe BALLEJOS, vˢ del Arroyo Hondo; ap/ Grabiel VIGIL & Anna Maria LUCERO; am/ Juan BALLEJOS & Mª Gertrudis MARTINES; gp/ Antº VIGIL & Mª Rosa ROMERO, vˢ del mismo lugar.

SALASAR, Mª Barvara
　bap 5 Apr 1835, ae 5 da; nat. d/ Ygnacia SALASAR, vᵉ de San Fernandes; am/ Juana SALASAR (only); gp/ Juan Vautista LEAL & Gertrudes ROMERO, vᵉ del mismo lugar. (Frames 594-595)

Frame 595
CONCHA, Jose Francisco
　bap 7 Apr 1835 en San Fernando de Taos, ae 4 da; s/ Lorenso CONCHA & Maria Josefa LOMA, Yndios naturales del pueblo de Taos; ap & am/ not given & dec.; gp/ Juan Antº LUJÁN & Barvara GOMES, Yndios naturales del mismo.

MADRID, Mª Miquela
　bap 7 Apr 1835, ae 3 da; nat. d/ Mª Monica MADRID; am/ (n.n.) ORTA MADRID & Luz MARTINES; gp/ Mª Dolores SANCHES (only), vesinos del Arroyo Seco.

ORTEGA, Vicente
　bap 11 Apr 1835, ae 5 da; s/ Juan Nepomuseno ORTEGA & Mª de la Lus MARTIN, vecinos de San Fernandes; ap/ Manuel ORTEGA & Mª Micaela BRITO; am/ Juan MARTIN & Maria Paula MARTIN; gm/ Mª Ygnacia ORTEGA, vecina del mismo lugar. (Frames 595-596)

Frame 596
MARTIN, Hermenegilda
  bap 12 Apr 1835, ae 3 da; nat. d/ Maria Salome MARTIN, *India de las tribus naciones de occidente, cuyos abuelosno se sabe*; gf/ Mariano MARTIN.

VIGIL, Maria Yginia
  bap 12 Apr 1835, ae 5 da; d/ Faustin VIGIL & Maria de la Luz MARTIN, *vecinos de San Fran^{co} del Rancho*; ap/ Miguel VIGIL & Ana Maria ARAGON; am/ Pedro MARTIN & Ygnacia GARCIA; gp/ Jose MARTIN & Dolores CORDOBA.

SILVA, Juan Vicente
  bap 12 Apr 1835, ae 8 da; s/ Jose de Jesus SILVA & Maria Miquela PACHECO, *v^s del Arroyo Ondo*; ap/ Con(ce)pcion SILVA (only); am/ An^{to} PACHECO & Mª Encarnacion BERNAL; gp/ An^{to} LUCERO & Mª Estefana ARAGON, *v^s de San Fernandes*. (Frames 596-597)

Frame 597
VIGIL, Jose Norato
  bap 13 Apr 1835, ae 2 da; s/ Juan de Jesus VIGIL & Mª Luisa SALASAR, *vesinos de San Fran^{co} del Rancho*; ap/ Miguel VIGIL & Ana Mª BALLEJOS; am/ Juan Manuel SALASAR & M^a de los Reyes MARTINES; gp/ An^{to} Jose MARTINES (only), *vesinos de San Fran^{co} del Rancho*.

ORTEGA, An^{to} Jose
  bap 13 Apr 1835 *en San Fernando de Taos*, ae 3 da; s/ Pascual ORTEGA & Margarita de HERRERA, *vesinos de San Fernandes*; ap/ Jose ORTEGA & Mª Rita COCA; am/ Juan An^{to} de HERRERA & Mª Ysabel CARDENAS; gp/ Jose Julian DURAN & Mª Eugenia VARELA, *vesinos del mismo lugar*.

Frame 598
ROMERO, Juan An^{to}
  bap 14 Apr 1835 *en San Fernando de Taos*, ae 10 da; s/ Sa(l)vador ROMERO & Mª Josefa LUSERO, *naturales del pueblo*; ap/ Salvador ROMERO & Catarina CORDOVA; am/ Juan An^{to} LUSERO & Mª Rosa MARTIN; gp/ Pablo CORTES & Dolores PADILLA, *vesinos del pueblo*.

LOVATO, Mª Ygnes
  bap 14 Apr 1835, ae 3 da; d/ Juan LOVATO & Mª Dolores MONTES, *vecinos de la plasa de Arroyo Ondo*; ap/ Bartolome LOVATO & Juana Mª CORDOBA; am/ An^{to} MONTES & Mª Ygnes MARTINES; gp/ Juan Nepomuceno QUINTANA & Mª Paula GURULÉ, *v^s del mismo lugar*.

LEDÚ, Maria Dolores
  bap 19 Apr 1835, ae 3 da; d/ Antonio LEDÚ (Origins, p. 423, LEDOUX) & Maria Polonia LUCERO, *vecinos de S. Fernando*; ap/ An^{to} LEDÚ & Maria Madalena LUCÍA; am/ Cristobal LUCERO & Mª Manuela SANDOVAL; gp/ Tomas LALANDA & Maria Dolores LALANDA, *v^s del mismo lugar*.

Frame 599
BORREGO, José Crisencio
  bap 20 Apr 1835 *en San Fernando de Taos*, ae 2 da; s/ Fran^{co} BORREGO & Mª Teodora LUSERO, *vesinos de San Fernandes*; ap/ Diego BORREGO & Mª Margarita LOVATO; am/ Benito LUSERO & Faviana CHAVES; gp/ Ramon CARDENAS & Mª Josefa MONTOYA, *vesinos del mismo lugar*.

TAOS BAPTISMS, VOLUME II					1833-1837, AASF #20

GARCIA, Jose de Jesus
   bap 23 Apr 1835 *en San Fernando de Taos*, ae 3 da; s/ Desiderio GARCIA & Maria Manuela MARTIN, *vecinos del varrio de S. Franco del Rancho*; ap/ Maria Manuela GARCIA (only); am/ Juan MARTIN & Mª Catarina CORDOBA; gp/ Anto MEDINA & Mª Josefa TRUGILLO, *vecinos del mismo varrio*.

BERNAND, Juan Miguel
   bap 23 Apr 1835 *en San Fernando de Taos*, ae 3 da; s/ Jose Santos BERNAND & Josefa ROMERO, *naturales del pueblo*; ap/ Jose Santos BERNAND & Josefa ROMERO; am/ Juan ROMERO & Mª (n.s.), Indian; gp/ Juan Miguel REINA & Guadalupe ROMERO, *vecinos naturales del mismo pueblo de Taos*.   (Frames 599-600)

Frame 600
SALAZAR, Franco Anto
   bap 23 Apr 1835 *en San Fernando de Taos*, ae 5 da; s/ Juan Simon SALAZAR & Mª Dolores de ERRERA, *vº del Ranchito de San Franco del Padua*; ap/ Juana SALAZAR (only); am/ Juan de ERRERA & Ysabel GARCIA; gp/ Nicolas de ERRERA & Mª Franca MASCAREÑO, *vº del mismo lugar*.

HURTADO, Jose
   bap 25 Apr 1835 *en San Fernando de Taos*, ae 4 da; s/ Manuel HURTADO & Mª Gertrudis VIGIL, *vecinos de San Fransisco del Rancho*; ap/ Miguel HURTADO & Mª de Jesus SANDOVAL; am/ Jose VIGIL & Mª Petrona ROJO; gp/ Manuel FERNANDES & Mª Asencion MARTINES, *vesinos del mismo lugar*.

SANDOVAL, Mª Cesilia
   bap 23 Apr 1835 *en San Fernando de Taos*, ae 4 da; d/ Anto SANDOVAL & Mª Soledad TRUGILLO, *vesinos de San Franco del Rancho*; ap/ Matias SANDOVAL & Mª Ygnacia BUENO; am/ Pedro TRUGILLO & Mª Encarnacion CORDOVA; gp/ Juan Cristoval GONSALES & Mª Simona TRUGILLO, *vecinos de San Franco de Paula*.   (Frames 600-601)

Frame 601
GALLEGOS, Mª Aniseta
   bap 25 Apr 1835 *en San Fernando de Taos*, ae 9 da; d/ Jose Gabriel GALLEGOS & Mª Simona BACA; ap/ Cristoval GALLEGOS & Mª Ygnacia GUTIERRES; am/ Anto BACA & Mª Gertrudis LOPES; gp/ Eusebio CHAVES & Mª Ysabel JAQUES, *vesinos del Arroyo Seco*.

MEDINA, Mª Dolores
   bap 27 Apr 1835 *en San Fernando de Taos*, ae 6 da; d/ Franco MEDINA & Soledad GOMES, *vesinos de San Fernandes*; ap/ Felipe MEDINA & Mª Guadalupe NIETO; am/ Anto GOMES & Manuela ROMERO; gp/ Anto VIGIL & Mª Juliana AGUILAR, *vesinos del mismo lugar*.

MEDINA, Mª de la Lus
   bap 27 Apr 1835 *en San Fernando de Taos*, ae 4 da; d/ Concepsion MEDINA & Mª Franca MONTES, *vesinos del Arroyo Ondo*; ap/ Juan Pascual MEDINA & Juana Teresa ESPINOSA; am/ Anto MONTES & Ygnes MARTIN; gp/ Buena Ventura MEDINA & Mª Ygnacia MONDRAGON, *vecinos del mismo lugar*.   (Frames 601-602)

Frame 602
LEYVA, Maria Antonia
   bap 29 Apr 1835 *en San Fernando de Taos*, ae 2 da; d/ Juan Domingo LEYVA & Dolores LUJAN; ap/ Juan Anto LEYVA & Mª Luisa ROMERO; am/ Juan Anto LUJAN & Juana ROMERO; gp/ Anto LOMA & Rosa GONSALES, *vecinos todos naturales del pueblo de Taos*.

MARTIN, An^to de la Cruz
   bap 30 Apr 1835 *en San Fernando de Taos*, ae 11 da; s/ Jose de la Cruz MARTIN & Mª Encarnacion ROMERO; ap/ Pascual MARTIN & Mª Gertrudis SAMORA; am/ Juan ROMERO & Mª VALDEZ; gp/ Juan Domingo AREYANO & Mª Rosa MEDINA, *todos vecinos de Arroyo Ondo.*

MADRID, Antonio de Jesus
   bap 30 Apr 1835 *en San Fernando de Taos*, ae 5 da; s/ Juan MADRID & Juana MARTIN, *v^s de Arroyo Ondo*; ap/ Mig^l MADRID & Jualiana ARMENTA; am/ Matias MARTIN & Juana SEGURA; gp/ Ramon SALAZAR & Mª Soledad VIGIL, *v^s de S^n Franco^ del Rancho.* (Frames 602-603)

Frame 603
LUSERO, Jose Atanacio
   bap 2 May 1835 *en San Fernando de Taos*, ae 1 da; s/ Rafael LUSERO & Juana Antonia ORTEGA, *vesinos de San Franco^ de Paula*; ap/ Juan de Jesus LUSERO & Mª Ygnacia ARAGON; am/ An^to ORTEGA & Mª Andrea VALDES; gp/ Franco^ MARES & Mª Ysabel GALLEGOS, *vesinos del mismo lugar.*

MONTOYA, Mª Catarina
   bap 3 May 1835 *en San Fernando de Taos*, ae 3 da; d/ Gregorio MONTOYA & Mª Encarnacion CERNA; ap/ Jose Ramon MONTOYA & Mª Luisa SANDOVAL; am/ Jose Manuel SERNA (sic) & Mª Manuela ESPINOSA; gp/ Jose Domingo MONDRAGON & Mª Josefa MEDINA, *vecinos de S. Franco^ del Ranchito.*

NARANJO, Juan dela Cruz
   bap 3 May 1835 *en San Fernando de Taos*, ae 3 da; s/ Felipe Nerio NARANJO & Mª Teresa VIGIL; ap/ Mª Dolores NERIO (only); am/ Gabriel VIGIL & Ana Mª LUCERO; gp/ Ricardo VIGIL & Mª Dolores BALLEJOS, *vecinos del mismo lugar.* (Frames 603-604)

Frame 604
GALLEGOS, Maria de la Crus
   bap 4 May 1835, 9 da; d/ Jasinto GALLEGOS & Mª An^ta GONSALES; ap/ Juan Cristoval GALLEGOS & Bernarda TRUGILLO; am/ Franco^ GONSALES & Manuela CHAVES; gp/ Ermeregildo MARTIN & Magdalena LOBATO, *todos vecinos de S. Fernando.*

ROMERO, Mª de la Crus
   bap 5 May 1835 *en San Fernando de Taos*, ae 3 da; d/ Juan An^to ROMERO & Lusiana LOVATO, *vecinos de San Fernandes*; ap/ Juan del Carmel ROMERO & Mª Nasarena LUSERO; am/ Juan LOVATO & Mª Margarita MESTAS; gp/ Policarpio ROMERO & Mª Natividad ROMERO, *vesinos del mismo lugar.*

CHAVEZ, Jose Maria
   bap 7 May 1835, ae 2 da; s/ Jose Pablo CHAVEZ & Mª Rafaela ARCHULETA; ap/ Jose Mª CHAVEZ & M^a del Carmel ORTEGA; am/ Jose Franco^ ARCHULETA & Josefa SANDOVAL; gp/ Jose MONDRAGON & Mª Dolores CASADOS, *todos v^s de S. Fernando.* (Frames 604-605)

Frame 605
CORDOVA, Juana M^a
   bap 7 May 1835 *en San Fernando de Taos*, ae 3 da; d/ Franco^ Estevan CORDOVA & Mª Polonia LUCERO, *vesinos de San Fernandes*; ap/ Jose Ygnacio CORDOVA & Mª Antonia MARQUES; am/ Pablo LUSERO (sic) & Mª Paula LARRAÑADA; gp/ Juan Felipe CORDOVA & Mª de Jesus PINO, *vesinos de San Franco^ del Rancho.*

LAMELAS, Jose Gregorio
   bap 10 May 1835, ae 7 da; s/ Domingo LAMELAS (Origins, p. 421, LAMELAS OR LAMEDA) & Mª Encarnacion SANCHEZ, *vecinos del Arroyo Seco*; ap/ Juan LAMELAS &

Rosalia TREJO; am/ Miguel SANCHEZ & Soledad BACA; gp/ Jose Leonicio GONZALEZ & Maria Juliana TAFOYA, *vecinos del mismo lugar*.

Frame 606
TAFOYA, José Beatriz
   bap 10 May 1835 *en San Fernando de Taos*, ae 3 da; nat. s/ Maria Josefa TAFOYA; am/ José TAFOYA & Maria Francisca BERNAL; gp/ José Andres OCHOA (only), *todos vecinos de San Fernando*.

MARTIN, Jose Franco
   bap 11 May 1835 *en S. Fernando de Taos*, ae 2 da; nat. s/ Viviana MARTIN, wid., & unknown father; am/ Anto MARTIN & Rafaela BEYTA; gp/ Hermenegildo TRUGILLO & Mª Josefa TAFOYA, *vecinos todos de S. Fernandes*.

BARELA, Mª Ramona
   bap 11 May 1835 *en San Fernando de Taos*, ae 2 da; d/ Migl BARELA & Juana ROMERO; ap/ Marcelino BARELA & Mª Anta TAFOYA; am/ Juan de Dios ROMERO & Mª Anta ROMERO; gp/ Juan ROMERO & Mª Rosa ROMERO, *todos vs del Rancho de Sn Franco*.

Frame 607
QUINTANA, Maria Manuela
   bap 17 May 1835 *en San Fernando de Taos*, ae 5 da; d/ Franco Estevan QUINTANA & Maria Guadalupe LUJAN, *vecinos de San Franco del Rancho*; ap/ Gregorio QUINTANA & Mª Consepcion VALDES; am/ Joaquin LUJAN & Mª Ygnacia MARTIN; gp/ Juan Felipe ROMERO & Mª de las Nieves LUJAN, *vecinos del mismo lugar*.

LUCERO, Jose Dolores
   bap 17 May 1835 *en San Fernando de Taos*, ae 8 da; s/ Anto LUCERO & Josefa de HERRERA, *vecinos del varrio de San Anto*; ap/ Pedro LUCERO & Rosa GARCIA; am/ Cristoval de HERRERA & Mª Consepcion MESTAS; gp/ Juan Nepomose(no) CORTES & Maria de la Cruz MARTIN, *vecinos del mismo lugar*.

GONZALES, José Felipe
   bap 17 May 1835 *en San Fernando de Taos*, ae 7 da; s/ José GONZALES & Gregoria MEDINA, *vecinos del Arroyo Seco*; ap/ Felipe GONZALES & Francisca CHACON; am/ Felipe MEDINA & Guadalupe QUINTANA; gp/ Nepomuseno CORTÉS & Mª dela Cruz MARTIN, *vecinos del mismo lugar*.

Frame 608
ARELLANO, Juana Nepomusena
   bap 17 May 1835, ae 5 da; nat. d/ Mª Josefa ARELLANO, wid.; am/ Rafael ARELLANO & Josefa BERNAL; gp/ Anto PACHECO & Mª Encarnacion BERNAL, *vs todos dela poblacion de Arroyo Ondo*.

LUCERO, Juana Maria
   bap 17 May 1835, ae 12 da; d/ Manuel LUCERO & Mª Micaela ROMERO; ap/ Ventura LUCERO & Frca SANDOVAL; am/ Jose Anto ROMERO & Juliana ROMERO; gp/ Jose Anto CASILLAS & Teodora SILVA, *vs de S. Lorenso de Picuries*.

SALASAR, Juan Pascual
   bap 19 May 1835 *en San Fernando de Taos*, ae 3 da; s/ Pedro SALASAR & Mª del Carmel MEDINA, *vesinos de San Franco del Rancho*; ap/ Asencio SALASAR & Juana MASCAREÑAS; am/ Joaquin MEDINA & Mª Franca CRESPINA; gp/ Jose Fransisco MESTAS & Mª Dimas ROMERO, *vesinos del mismo lugar*.

Frame 609
TRUGILLO, Mª Antonia
   bap 19 May 1835 *en San Fernando de Taos*, ae 3 da; d/ Luiz TRUGILLO & Dolores DURAN; ap/ Vicente TRUGILLO & Guadalupe TRUGILLO; am/ Franco DURAN & Juana

SANDOVAL; gp/ Jose Rafael MAES & Anna Mª CORTES, *todos vecinos de Sⁿ Franᶜᵒ del Rancho.*

PADILLA, Juana Nepomusena
    bap 19 May 1835 *en San Fernando de Taos*, ae 4 da; d/ Santos PADILLA & Soledad MARTINES; ap/ Salvador PADILLA & Mª Josefa MARTINES; am/ Gregorio MARTINES & Magdalena SANCHES; gp/ Miguel GOMES & Mª Juana MARES, *vesinos de Arroyo Ondo.*

BENABIDES, Jose Rafael
    bap 23 May 1835 *en San Fernando de Taos*, ae 3 da; s/ Juan Nepomuseno BENABIDES & Mª Juana MARTIN, *vesinos del Arroyo Seco*; ap/ Juana Josefa BENAVIDES (sic, only); am/ Francᶜᵒ MARTIN & Mª Jesusa BARELA; gp/ Jose Franᶜᵒ MARTIN & Mª Paula BALDONADO, *vesinos del mismo lugar.*

Frame 610
MARTINES, Maria Felisiana
    bap 23 May 1835 *en San Fernando de Taos*, ae 5 da; d/ Vitor MARTINES & Maria Alvina VIGIL; ap/ Felipe MARTINES & Maria TRUJILLO; am/ Ygnacio VIGIL & Paula QUINTANA; gp/ Juan Domingo TAFOYA & Juana Getrudes CORDOVA, *vˢ de San Franᶜᵒ del Rancho.*

SUÑI, Jose Nasario
    bap 24 May 1835, ae 2 da; s/ Jose SUÑI & Tomasa SANDOVAL; ap/ not given; am/ Francᶜᵒ SANDOVAL & Mª de Jesus BARELA; gp/ Julian PANDO & Nicolasa TRUGILLO, *vˢ todos de San Fernandes.*

MARTINES, Jose Agapito   (Jose Nasario in margin)
    bap 26 May 1835 *en San Fernando de Taos*, ae 2 da; s/ Severino MARTINES & Mª Dolores SANDOVAL; ap/ Nicolas MARTINES & Josefa LOPES; am/ Francᶜᵒ SANDOVAL & Mª Feliciana VIGIL, *vecinos de Arroyo Seco*; gp/ Jose Maria SANCHES & Anamaria SERVE.

Frame 611
GOMES, Mª Ascencion
    bap 27 May 1835, ae 8 da; d/ Francᶜᵒ GOMES & Mª Magdalena RIO; ap/ Juan GOMES & Mª Antª APACHE; am/ Jose RIO & Josefa ROMO, all Indians, *son todos Indios, naturales del pueblo*; gp/ Jose SILVA & Rosalia SILVA, *vˢ de S. Fernandes.*

BARELA, Mª de la Ascencion
    bap 29 May 1835 *en San Fernando de Taos*, ae 3 da; d/ Sipriano BARELA & Mª Ygnacia ARAGON; ap/ Culas BARELA & Mª Barbara COCA; am/ Ana Mª ARAGON (only); gp/ Tomas COCA & Lorensa SANDOVAL, *vesinos del mismo lugar.*

GONSALES, Mª Rita
    bap 31 May 1835 *en San Fernando de Taos*, ae 7 da; d/ Pantalion GONSALES & Mª de la Lus MOYA, *vesinos del Arroyo Seco*; ap/ Tomas GONSALES & Mª Manuela TRUGILLO; am/ Rafael MOYA & Mª Ysidora GOMES; gp/ Jose Gabriel GALLEGOS & Mª Simona BACA, *vesinos del mismo lugar.*   (Frames 611-612)

Frame 612
LAMEDA (patron), Silveria
    bap 31 May 1835 *en San Fernando de Taos*, ae 5 mo; d/ Tr(1)vu Lluta, of the house of Domingo LAMEDA (Origins, p. 421, LAMELAS or LAMEDA), *vesino del Arroyo Seco*; gp/ Jose Gabriel GALLEGOS & Mª Simona BACA.

BALLEJOS, Mª Ascencion
    bap 31 May 1835 *en San Fernando de Taos*, ae 5 da; d/ Miguel BALLEJOS & Mª Gertrudis CHAVES, *vesinos de San Antᵒ del Arroyo Ondo*; ap/ Juan BALLEJA (sic)

& Mª Gertrudis MARTIN; am/ Blas CHAVES & Mª Dolores MARTIN; gp/ Marcos SANCHES & Mª Dolores ARCHULETA, *vesinos del Arroyo Seco.*

TAFOYA, Jose de la Asencion
  bap 31 May 1835 *en San Fernando de Taos*, ae 4 da; s/ Romano TAFOYA & Mª Rosalia DURAN, v^{c} *de S. Franco del Rancho*; ap/ Juan Domingo TAFOYA & Dolores MAES; am/ Manuel DURAN & Mª Jeralda MASCAREÑAS; gp/ Juan ARGUELLO & Mª Rosa VIGIL, v^{o} *del mismo lugar.*

Frame 613
VALDES, Jose de la Asencion
  bap 31 May 1835 *en San Fernando de Taos*, ae 4 da; s/ Franco VALDES & Mª Manuela BASQUES, *vecinos del Arroyo Ondo*; ap/ Juan VALDES, dec., & Viviana BACA; am/ Juan Jose BASQUES & Pascuala CORDOVA; gp/ Anto SUASO & Maria Estefana ARAGON, *vecinos de San Fernando.*

MARTIN, Ramon Vitor
  bap 31 May 1835 *en San Fernando de Taos*, ae 8 da; s/ Anto MARTIN & Anna Maria ROMERO, v^{s} *del Arroyo Ondo*; ap/ Eusebio Anto MARTIN & Maria Anta ARMIJO; am/ Manuel ROMERO & Maria Rosalia MAES; gp/ Salbador MONDRAGON & Candelaria de HERRERA, *vecinos del mismo lugar.*

NOLAN, Fernando
  bap 1 Jne 1835 *en San Fernando de Taos*, ae 2 da; s/ Jerbacio NOLAN (Origins, p. 428, NOLÁN) & Mª Dolores LALANDA, *vecinos de San Fernando*; ap/ (blank space); am/ Bautista LALANDA & Polonia LUCERO; gp/ Anto Jose LUCERO & Mª Estefana ARAGÓN, *vecinos del mismo lugar.* (Frames 613-614)

Frame 614
GONSALES, Mª Ygnacia
  bap 2 Jne 1835 *en San Fernando de Taos*, ae 3 da; d/ Guadalupe GONSALES & Agustina TAFOYA, *vesinos de San Franco del Rancho*; ap/ Calletano GONSALES & Mª Lorensa RODRIGUES; am/ Jose TAFOYA & Miquela RIOS; gp/ Ramon RAEL & Mª Teresa VIGIL, *vesinos del mismo lugar.*

BRANCHE, Mª Luisa
  bap 4 Jne 1835 *en San Fernando de Taos*, ae 5 da; d/ Jose de Jesus BRANCHE (Origins, p. 409, BRANCH) & Mª Paula LUNA, *vesinos de San Fernando*; ap/ Pedro BRANCHE & Maria SCOTT; am/ Rafael de LUNA & Ana Mª TAFOYA; gp/ Pablo BELIO for Franco LÜ & Mª de la Lus TAFOYA, *vesinos del mismo lugar.*

Frame 615
ARMENTA (patron), Mª del Refugio
  bap 5 Jne 1835 *en San Fernando de Taos*, ae 2 mo; d/ *Tribu Yuta* redeemed for C. Antonio Lias ARMENTA, *vecino de Arroyo Seco*; gp/ Jose Franco BALLEJOS & Mª de la Lus BALLEJOS *del mismo lugar.*

BEYTA, Juana Maria
  bap 5 Jne 1835, ae 4 da; d/ Ricardo BEYTA & Bonifacia SANDOVAL, v^{c} *de la plasa de la Puricima Concepcion*; ap/ Jose Anto BEYTA & Josefa SANCHES; am/ Santiago SANDOVAL & Mª Candelaria BALDES; gp/ Juan Ygnacio ALIRE & Mª Gertrudis BARELA, *vecinos de San Fernandes.*

BALDES, Pedro Antonio
  bap 5 Jne 1835, ae 6 da; s/ Felipe BALDES & Magdalena GONSALES, v^{o} *de San Fernandes*; ap/ Manuel BALDES & Mª Josefa GARCIA; am/ Jose GONSALES & Mª Dorotea BACA; gp/ Jesus TRUGILLO & Mª Dolores GONSALES, v^{o} *del mismo lugar.*

Frame 616
BARGAS, Jose Ysaias
  bap 5 Jne 1835 *en San Fernando de Taos*, ae 3 da; nat. s/ Mª Franca BARGAS; am/ Estevan BARGAS & Mª (n.s.-blank space); gp/ Juan de Jesus TRUGILLO & Mª Nicolasa TRUGILLO, *vesinos de San Fernandes*.

LUCERO, Ysac de Jesus
  bap 7 Jne 1835 *en San Fernando de Taos*, ae 4 da; s/ Pablo LUCERO & Mª Petra LARRAÑAGA; ap/ Jose Manuel LUCERO & Mª Manuela BALLEJOS; am/ Cristoval LARRAÑAGA & Anna Mª CHAVES, *vs de Sn Fernando*; gp/ Juan TRUGILLO & Mª Josefa QUINTANA, *vs del Ranchito de la Pura y Limpia*.

BALDES, Mª Pascuala
  bap 8 Jne 1835 *en San Fernando de Taos*, ae 3 da; nat. d/ Mª del Carmel BALDES, single, & unknown father, *vesina de San Fernandes*; am/ Ana Mª VALDES (sic, only); gp/ Toribio BIALPANDO & Mª del Carmel BIALPANDO, *vesinos de la Pura y Limpia Consepsion del Ranchito*.

Frame 617
VALERIO, Mª Esquipula
  bap 13 Jne 1835 *en San Fernando de Taos*, ae 3 da; d/ Felipe VALERIO & Mª Dolores MARTIN; ap/ Franco VALERIO & Rosalia MARTIN; am/ Pedro MARTIN & Mª Reyes FERNANDEZ; gp/ Mariano FERNANDEZ & Mª dela Acencion LUCERO.

MAEZ, Franco Anto
  bap 13 Jne 1835 *en San Fernando de Taos*, ae 1 da; s/ Miguel MAEZ & Maria del Rosario CARDENAS; ap/ Domingo MAEZ & Anna Mª de HERRERA; am/ Jose CARDENAS & Mª Stos BERNAL; gp/ Vicente CARDENAS & Mª Encarnacion QUIJADA, *vs todos de San Fernando*.

ESQUIBEL, Jose Ciriaco
  bap 15 Jne 1835 *en San Fernando de Taos*, ae 8 da; s/ Jesus ESQUIBEL & Mª Encarnacion MARTIN; ap/ Matias ESQUIBEL & Nasarena CHACON, *vesinos del Arroyo Hondo*; am/ Jose Ygnacio MARTIN & Mª MARTIN; gp/ Anto Domingo GARCIA & Mª Ygnacia GARCIA, *vecinos del mismo lugar*.

Frame 618
PAIS, Mª Lugarda
  bap 15 Jne 1835 *en San Fernando de Taos*, ae 2 da; nat. d/ Soledad PAIS, single; am/ Manuel PAIS & Manuela VALDES; gp/ Miguel VALDES & Mª Ygnacia ORTEGA, *vesinos de San Fernandes*.

GONSALES, Maria Dolores   San Franco del Rancho
  bap 17 Jne 1835, ae 6 da; d/ Ygnacio GONSALES & Mª Josefa LALANDA, *vecinos de San Franco del Rancho*; ap/ Felipe GONSALES & Mª Franca CHACON; am/ Juan Bautista LALANDA & Mª Rita BEYTA; gp/ Dn Policarpio CORDOBA & Mª Micaela GONSALES, *vs de la Santisima Trinidad de Arroyo Seco*.

MEDINA, Manuel Anto
  bap 17 Jne 1835, ae 2 da; s/ Ramon MEDINA & Josefa TRUGILLO, *vecinos deste pueblo*; ap/ Ygnacio MEDINA & Margarita CORDOVA; am/ Manuel TRUGILLO & Juana Josefa GARCIA; gp/ Franco ABILA & Maria Ysidora LEYVA, *vecinos del mismo lugar*.

Frame 619
HERRERA, Mª Silverio   San Franco del Rancho
  bap 20 Jne 1835 *en San Fernando de Taos*, ae 1 da; d/ Franco de HERRERA & Ana Mª RIBERA, *vesinos de San Franco del Rancho*; ap/ Jose de HERRERA & Josefa RAEL; am/ Pedro Anto RIBERA & Mª Dolores BALDONADO; gp/ Jose Rafael HERRERA & Maria Rita HERRERA, *vesinos del mismo lugar*.

MARTIN, Mª Manuela
    bap 22 Jne 1835 *en San Fernando de Taos*, ae 4 da; d/ Manuel MARTIN & Ysabel CORTES, *vesinos de San Fernandes*; ap/ Salvador MARTIN & Mª MONTOYA; am/ Jose CORTES & Ana Mª BRITO; gp/ Rafael TENORIO & Mª Barbara ARCHULETA, *vesinos del mismo lugar*.

SANDOVAL, Juana Mª
    bap 26 Jne 1835 *en San Fernando de Taos*, ae 4 da; d/ Santiago SANDOVAL & Mª Anita TRUGILLO, *vesinos de San Franco del Rancho*; ap/ Felisiano SANDOVAL & Mª Manuela MARTIN; am/ Luis Mª TRUGILLO & Hipolita ARCHULETA; gp/ Pedro Rafael TAFOY(A) & Juana Teresa TRUGILLO, *vesinos del mismo lugar*.

Frame 620
ARAGON, Mª Paula
    bap 26 Jne 1835 *en San Fernando de Taos*, ae 4 da; d/ Jose Anto ARAGON & Dolores FERNANDES, *vesinos de San Franco del Rancho*; ap/ Jose ARAGON & Jabiela VIGIL; am/ Jose de Jesus FERNANDES & Mª Franca GARCIA; gp/ Tomas FERNANDES & Dolores FERNANDES, *vesinos del mismo lugar*.

MEDINA, Juan Bautista
    bap 27 Jne 1835 *en San Fernando de Taos*, ae 3 da; s/ Jose Anto MEDINA & Mª MARTINEZ; ap/ Felipe MEDINA & Guadalupe QUINTANA; am/ Cristoval MARTINEZ & Teodora FRESQUIZ; gp/ Miguel MONTOYA & Rosalia BALERIO, *todos vs de Arroyo Seco*.

GUTIERRES, Mª Silveria
    bap 28 Jne 1835 *en San Fernando de Taos*, ae 3 da; d/ Franco GUTIERRES & Candelaria CORTEZ; ap/ Franco GUTIERRES & Mª Guadalupe MARTIN; am/ Jose CORTES (sic) & Maria MARTIN; gp/ Jose Bernardo VIGIL & Mª Ygnacia VIGIL, *vs todos del Rancho*.

Frame 621
VIGIL, Pedro Anto
    bap 1 Jly 1835 *en San Fernando de Taos*, ae 2 da; s/ Juaquin VIGIL & Consepsion CRUS, *vesinos de San Franco del Rancho*; ap/ Franco VIGIL & Mª de Jesus MESTAS; am/ Anto Jose CRUS & Gertrudis ARCHULETA; gp/ Juan de Jesus TRUGILLO & Mª Asencion VIGIL, *vesinos del mismo lugar*.

FRESQUIS, Jose Vicente
    bap 5 Jly 1835 *en San Fernando de Taos*, ae 4 da; s/ Anto FRESQUIS & Mª de los Reyes SANCHES, *vesinos de San Franco del Rancho*; ap/ Antonio FRESQUIS & Ygnacia CANA; am/ Diego SANCHES & Mª Madaglena (sic) MARTIN; gp/ Jose Manuel SANCHES & Mª Gregoria TRUGILLO, *vesinos del mismo lugar*.

SANCHES, Pedro Anto
    bap 5 Jly 1835 *en San Fernando de Taos*, ae 6 da; s/ Jesus Mª SANCHES & Juliana ABILA, *vesinos del Arroyo Ondo*; ap/ Rafael SANCHES & Josefa BERNAL; am/ Juan MEDINA & Bibiana (sic) ABILA; gp/ Servulo Albino MONDRAGON & Candelaria de HERRERA, *vesinos del mismo lugar*. (Frames 621-622)

Frame 622
CORDOVA, Mª Filomena
    bap 5 Jly 1835 *en San Fernando de Taos*, ae 3 da; d/ Domingo CORDOVA & Mª Consepsion ATENCIO, *vesinos del Arroyo Ondo*; ap/ Pablo CORDOVA & Mª Margarita ROMERO; am/ Jose Hilario ATENCIO & Mª Balbaneda JIRON; gp/ Juan Pomuseno PACHECO & Mª Clara BLEA, *vesina del mismo lugar*.

DURAN, Juan Nepomuseno
    bap 6 Jly 1835 *en San Fernando de Taos*, ae 4 da; s/ Visente DURAN & Mª Manuela

MEDINA; ap/ Juan Andres DURAN & Mª Candelaria MONDRAGON; am/ Felipe MEDINA & Mª Guadalupe QUINTANA; gp/ Miguel BALLEJOS & Mª Estefana GOMES, *vesinos de San Antº del Arroyo Ondo*.

CORTES, Maria del Refugio
    bap 7 Jly 1835, ae 5 da; d/ Pablo CORTES & Mª Dolores PADILLA, *vecinos del pueblo de Taos*; ap/ Jose CORTES & Juana MONTOYA; am/ Pedro PADILLA & Lucia CHAVES; gp/ Antº Jose TRUGILLO & Mª Manuela COCA, *vˢ de San Fernandes*. (Frames 622-623)

Frame 623
SANDOVAL, Francº Antº
    bap 11 Jly 1835 *en San Fernando de Taos*, ae 8 da; s/ Hilario SANDOVAL & Mª Petra MONTOYA, *vesina de San Fernandes*; ap/ Miguel SANDOVAL & Mª SALASAR; am/ Jose Ygnacio MONTOYA & Mª de la Asencion TRUGILLO; gp/ Jose Dolores MONTOYA & Mª Dolores FRESQUIS, *vesinos del Ranchito de la Pura y Limpia Comcepsion*.

VIGIL, Jesus Maria
    bap 12 Jly 1835, ae 7 da; s/ Juan VIGIL & Mª Rosa ARAGÓN; ap/ Frᶜº VIGIL & Mª Candelaria PAIS; am/ Juan ARAGÓN & Juana LOVATO; gp/ Pedro Nolasco LEAL & Mª Dolores MIRAVAL, *vˢ todos de S. Frᶜº del Rancho*.

MARQUES, Mª Ysabel
    bap 12 Jly 1835 *en San Fernando de Taos*, ae 5 da; d/ Rumaldo MARQUES & Desquipula MONTOYA, *vesinos del varrio de San Francº del Rancho*; ap/ Jose MARQUES & Mª Petra YTURRIETA; am/ Manuel MONTOYA & Mª Serafina ARCHULETA; gp/ Jose Rafael PACHECO & Mª Dolores de los Reyes CORDOVA, *vesinos del mismo lugar*. (Frames 623-624)

Frame 624
ARCHULETA, Mª Ventura
    bap 15 Jly 1835, ae 5 da; d/ Norato ARCHULETA & Mª Dolores MESTAS, *vˢ de Arroyo Ondo*; ap/ Damian ARCHULETA & Juana Micaela SALASAR; am/ Jose MESTAS & Mª Barbara MARTINES; gp/ Miguel Antº PAIS & Juana Nepomusena MESTAS, *vecinos de la plasa de la Purisima Concepcion*.

GARCIA, Mª Catarina Blasa
    bap 16 Jly 1835 *en San Fernando de Taos*, ae 4 da; d/ Matias GARCIA & Anamaria ROMERO, *vˢ de S. Francº del Rancho*; ap/ Miguel GARCIA & Margarita ORTEGA; am/ Francº ROMERO & Mª Gertrudis BALDEZ, *vˢ del mismo lugar*; gp/ Pedro Mauricio DURAN & Mª Gregoria GARCIA, *vᵒˢ del mismo lugar*.

Frame 625
GARCIA, Francisco
    bap 17 Jly 1835, ae 6 da; s/ Miguel GARCIA & Josefa GARCIA, *vˢ de la plasa de la capilla de Arroyo Ondo*; ap/ Juan Jose GARCIA & Mª Guadalupe SISNEROS; am/ Vicente GARCIA & Maria Guadalupe LUJÁN; gp/ Antonio VIGIL & Mª Rosa ROMERO, *vˢ del mismo lugar*.

CORDOVA, Maria Teodora del Carmel
    bap 19 Jly 1835, ae 4 da; d/ Juan de Jesus CORDOVA & Mª de Jesus FERNANDES, *vˢ del Rancho de San Francº*; ap/ Ygnacio CORDOVA & Mª Antª MARQUES; am/ Pedro Nolasco FERNANDES & Mª Ygnacia MARTINEZ; gp/ Pedro Antº LUCERO & Maria de la Luz FERNANDES, *vˢ del mismo lugar*.

MARTINES, Mª Sesilia
    bap 21 Jly 1835 *en San Fernando de Taos*, ae 4 da; d/ Ygnacio MARTINES & Mª Ysabel DURAN, *vesinos de San Francº del Rancho*; ap/ Consᵒⁿ MARTINES (only); am/

Tomas DURAN & Mª Josefa VIGIL; gp/ Pedro Maurisio DURAN & Mª Barbara SANCHES, *vesinos del mismo lugar*.

Frame 626
HERRERA, Juan de Jesus
   bap 23 Jly 1835 *en San Fernando de Taos*, ae 3 da; s/ Juan Andres de HERRERA & Mª del Carmel ROMERO, *vesinos del barrio del Rio Chiquito*; ap/ Juan Pablo de HERRERA & Juana Bentura DURAN; am/ Juan de Jesus ROMERO & Bibiana TORRES; gp/ Juan Pablo de HERRERA & Mª Ventura DURAN, *vesinos del mismo lugar*.

MONTOYA, Maria Magdalena
   bap 24 Jly 1835 *en San Fernando de Taos*, ae 3 da; d/ Ramon MONTOYA & Mª Natibidad APODACA, *vˢ del Arroyo Seco*; ap/ Juan Christobal MONTOYA & Mª Gregoria ARGUELLO; am/ Rafael APODACA & Mª Polonia FRESQUIS; gp/ Juan Eucebio GARCIA & Mª Teodera GALLEGOS of the same place.

GONSALES, Jose Jasinto
   bap 25 Jly 1835 *en San Fernando de Taos*, ae 3 da; s/ Jose Antº GONSALES & Mª del Carmel TAFOLLA, *vesinos de San Francº del Rancho*; ap/ Juan Jose GONSALES & Guadalupe LEAL; am/ Bartolo TAFOYA (sic) & Mª Antonia GONSALES; gp/ Antº LEAL GONSALES & Mª Dolores GONSALES, *vesinos del mismo lugar*. (Frames 626-627)

Frame 627
GARCIA, Ana Mª
   bap 26 Jly 1835 *en San Fernando de Taos*, ae 3 da; d/ Encarnacion GARCIA & Mª Rita GONSALES, *vesinos de San Francº del Rancho*; ap/ Pedro GARCIA & Gertrudis ORTIS; am/ Jose GONSALES & Mª Guadalupe BEITA; gp/ Juan Antº LOVATO & Mª Ygnacia SANCHES, *vesinos del mismo lugar*.

BIANUEVA, Maria Nasaria
   bap 28 Jly 1835, ae 2 da; d/ Luis BIANUEVA & Maria Josefa MARTINES, *vˢ de S. Fernandes*; ap/ Jose BIANUEVA & Teresa GALLEGOS; am/ Tomás MARTIN (sic) & Mª Barbara VIGIL; gp/ Francisco CRUS & Mª Dolores GALLEGOS, *vecinos del mismo lugar*.

Frame 628
VUILSE, Mª Fransisca
   bap 30 Jly 1835 *en San Fernando de Taos*, ae 2 da; d/ Pedro VUILSE (Origins, p. 436, LANGRUE & VUELSE, p. 422) & Ana Mª TAFOYA, *vesinos de San Fernando*; ap/ not given being of United States of North America; am/ Jose TAFOYA & Mª Diega BELASQUES; gp/ Francº ANAYA & (blank space).

LAFORE, Mª Ysabel
   bap 31 Jly 1835 *en San Fernando de Taos*, ae 7 da; d/ Francº LAFORE (Origins, p. 421, same) & Mª Dolores ARMENTA, *vesinos delos Desmontes*; ap/ Francº LAFORE & Mª Bibiana CAMBEL; am/ Antº ARMENTA & Mª Ysabel SANCHES; gp/ Marcos SANCHES & Mª Dolores ARCHULETA, *vesinos del mismo lugar*.

GONSALES, Mª Dolores
   bap 2 Aug 1835 *en San Fernando de Taos*, ae 5 da; d/ Geronimo GONSALES & Hermeregilda HAPODACA, *vesinos de San Francº del Rancho*; ap/ Juan Calletano GONSALES & Mª Lorensa RODRIGUES; am/ Baltasar APODACA & (sic) Mª Magdalena MIA; gp/ Juan de Jesus TRUGILLO & Mª de la Asension VIGIL, *vesinos del mismo lugar*. (Frames 628-629)

Frame 629
QUINTANA, Mª del Carmel
   bap 3 Aug 1835 *en San Fernando de Taos*, ae 2 da; d/ Juan Antº QUINTANA & Mª

Tomasa MARTIN, *vesinos de San Franco del Rancho*; ap/ Juan Candelario QUINTANA & Mª de la Crus LOPES; am/ Domingo MARTIN & Mª del Carmel GARCIA; gp/ Bentura TRUGILLO & Mª de los Reyes MEDINA, *vesinos del mismo lugar*.

BALLEJOS, Pedro Antonio
 bap 4 Aug 1835, ae 5 da; s/ Muiguel BALLEJOS & Mª Paula GOMES; ap/ Luis BALLEJOS & Maria Manuela ARAGÓN; am/ Anto GOMES & Mª Manuela QUINTANA; gp/ Jose Manuel SANCHES & Mª Gregoria TRUGILLO, *vs todos de la poblacion de Arroyo Seco*.

TRUGILLO, Mª Dolores
 bap 5 Aug 1835 *en San Fernando de Taos*, ae 2 da; d/ Anto Jose TRUGILLO & Juana RUIBAL, *vesinos de San Fernando*; ap/ Geribal TRUGILLO & Mª TORRES; am/ Anto Jose RUIBAL & Mª BUSTOS; gp/ Juan del Carmel RAMOS & Mª Trinidad RUIBAL, *vesinos del mismo lugar*. (Frames 629-630)

Frame 630
GOMES, Juan de Jesus
 bap 6 Aug 1835 *en San Fernando de Taos*, ae 6 da; s/ Anto GOMES & Mª Rosa MARTIN, *vesinos de San Anto del Arroyo Ondo*; ap/ Franco GOMES & Mª Antonia TRUGILLO; am/ Ygnacio MARTIN & Mª Paula SALASAR; gp/ Jose Visente CHAVES & Mª Ygnacia CHAVES, *vesinos del mismo lugar*.

QUINTANA, Jose Manuel
 bap 8 Aug 1835, ae 8 da; s/ Jose Maria QUINTANA & Maria Manuela TRUGILLO, *vesinos de la plasa de San Franco de Paula*; ap/ Cristobal QUINTANA & Antonia de LUNA; am/ Franco TRUGILLO & Maria Gertrudis MARTINES; gp/ Juan Rafael MARTINES & Maria Manuela MARTINES, *vs de San Fernandes*.

Frame 631
LEAL, Juan Domingo
 bap 9 Aug 1835, ae 6 da; s/ Franco LEAL & Mª Natividad GALVIS; ap/ Juan Domingo LEAL & Beronica CORTEZ; am/ Blas GALVIS & Maria de Jesus ESPINOSA; gp/ Jose Miguel LUCERO & Mª de la Luz FERNANDEZ, *vs todos de Sn Franco del Rancho*.

SANDOVAL, Mª Justa
 bap 11 Aug 1835, ae 1 da; d/ Benito SANDOVAL & Mª Sencion ARCHULETA; ap/ Felipe SANDOVAL & Mª Polonia MAES; am/ Ysidro ARCHULETA & Mª Encarnacion BERNAL; gp/ Juan Migl BACA & Mª Dominga GARCIA, *todos vs de Sn Fernandes*.

SAMORA, Mª Estefana
 bap 13 Aug 1835 *en San Fernando de Taos*, ae 9 da; d/ Pablo SAMORA & Mª Albina ROMERO, *vesinos del Pueblo de Taos*; ap/ Santiago SAMORA & Mª Rosa ROMERO; am/ Juan Domingo ROMERO & Ana Mª SAPATA; gp/ Juan de los Reyes MARTIN & Juana GALLEGOS, *vesinos de San Fernandes*. (Frames 631-632)

Frame 632
LOVATO, Mª Vicenta
 bap 20 Aug 1835, ae 7 da; d/ Franco Anto LOVATO & Mª Anta LOPES, *vecis de S. Fernandes*; ap/ Jose Manuel LOVATO & Mª Gertrudis APODACA; am/ Juan de Jesus LOPES & Mª Vicenta CORDOBA; gp/ Matias MESTAS & Mª Lucia MARTIN, *vs del mismo lugar*.

CHAVES, Maria Clara de Jesus
 bap 21 Aug 1835, ae 10 da; d/ Eusebio CHAVES & Mª Ysabel JAQUES, *vs de la plasa de Sma Trinidad de Arroyo Seco*; ap/ Juan Cristobal CHAVES & Mª Barbara GAYEGOS; am/ Julian JAQUES & Mª Paula MARTINES; gp/ Juan Nepomuseno GAYEGOS & Mª Salomé BACA, *vs del mismo lugar*.

TAOS BAPTISMS, VOLUME II   1833-1837, AASF #20

SANCHES, Anna Maria
  bap 21 Aug 1835, ae 6 da; d/ Jose An^{to} SANCHES & Faustina BARELA, v^s de Arroyo
  Seco plasa de S^{ma} Trinidad; ap/ Mariano SANCHES & M^a del Rosario MARTIN; am/
  Juan Ysidro BARELA & Juana MARTINES; gp/ Juan Julian MARTINES & Mª Guadalupe
  VIGIL, v^s del mismo lugar.

Frame 633
MADRID, Jose Lisardo
  bap 21 Aug 1835 en San Fernando de Taos, ae 9 da; s/ Juan Sebastian MADRID &
  Mª Manuela RUIBAL, vesinos de San Fernando; ap/ Tomas MADRID & Bitoria GARCIA;
  am/ Luterio RUIBAL & Mª Gracia SUASO; gp/ Pascual An^{to} ORTEGA & Antonia
  Margarita de HERRERA, vesinos del mismo lugar.

RUIBAL, Jose Roque
  bap 21 Aug 1835 en San Fernando de Taos, ae 6 da; nat. s/ Mª Beatris RUIBAL,
  vesinos de San Fernandes; am/ Luterio RUIBAL & Mª de Gracia SUASO; gp/ Jose
  Ygnacio VALDES & Mª Dolores DURAN, vesinos del mismo lugar.

DURAN, Mª Polita
  bap 22 Aug 1835 en San Fernando de Taos, ae 6 da; d/ Fran^{co} DURAN & Mª Juliana
  CORTEZ; ap/ Fran^{co} DURAN & Juana SANDOVAL; am/ Cruz CORTEZ & Juana PADIA, v^s de
  S^n Fran^{co} del Rancho; gp/ Jose Pablo ARGUELLO & Mª Rafaela RODRIGUEZ, v^s de Sta
  Barbara. (Frames 633-634)

Frame 634
ROMERO, Santiago
  bap 23 Aug 1835 en San Fernando de Taos, ae 4 da; s/ Pablo ROMERO & Dolores
  GONSALES, Yndios naturales del Pueblo; ap/ Pablo ROMERO & Ana Mª ROMERO; am/
  Juan Jose GONSALES & Anna Mª ORIQUE; gp/ Jose Rafael ESPINOSA & Encarnacion
  SAMORA, vesinos del mismo lugar.

CRUZ, Jose Tomas
  bap 24 Aug 1835 en San Fernando de Taos, ae 6 da; s/ An^{to} CRUZ & Mª Dolores
  MESTAS; ap/ Fran^{co} CRUZ & Mª Josefa MEDINA; am/ Tomas MESTAS & Juana TORRES, v^s
  de S^n Fran^{co} del Rancho; gp/ Salvador An^{to} TAFOYA & Mª Dolores TAFOYA, v^s del
  mismo lugar.

LOVATO, Juan Sinforiano
  bap 24 Aug 1835 en San Fernando de Taos, ae 3 da; s/ Jose LOVATO & Margarita
  RUYBALÍ, vecinos del Arroyo Seco; ap/ An^{to} LOVATO & Margarita CHAVES; am/ Pablo
  RUYBALÍ & Mª Guadalupe MARTINA; gp/ Jose Fran^{co} BARELA & Mª Dolores BARELA,
  vecinos del mismo lugar. (Frames 634-635)

Frame 635
TRUGILLO, Jose Rafael
  bap 24 Aug 1835 en San Fernando de Taos, ae 5 da; s/ Jose Rafael TRUGILLO & M^a
  Ygnes LEON, v^s del Arroyo Ondo; ap/ Agustin TRUGILLO & Jertrudes SISNEROS; am/
  Jose An^{to} LEON & Manuela ARAGON, vecinos del Arroyo Ondo; gp/ Juan Jose
  SANDOVAL & Bartola MARTIN, vecinos del mismo lugar.

ESQUIBEL, Luis de Jesus
  bap 25 Aug 1835, ae 1 da; s/ An^{to} Jose ESQUIBEL & Mª Paula MONTOYA, v^s de San
  Fernando; ap/ Cipriano ESQUIBEL & Mª Barbara QUINTANA; am/ Nicolas MONTOYA &
  Mª Leonicia MEDINA; gp/ Hermenegildo TRUGILLO & Mª Josefa TAFOYA, v^s del mismo
  lugar.

Frame 636
BERNAL, Mª Ysidora
  bap 26 Aug 1835 en San Fernando de Taos, ae 5 da; d/ Juan BERNAL & Mª Fran^{ca}

RUIBAL, *vecinos del Arroyo Ondo*; ap/ Juan Pedro BERNAL & Encarnacion TRUGILLO; am/ Marcos RUIBAL & Josefa SANDOVAL; gp/ Juan Jose GARCIA & Mª Josefa GARCIA, *vesinos del mismo lugar*.

VIGIL, Mª Rita
    bap 26 Aug 1835 *en San Fernando de Taos*, ae 4 da; d/ Mariano VIGIL & Juana Mª ROMERO, *vesinos de San Franco del Rancho*; ap/ Jose Ygnacio VIGIL & Rosalia ARANDA; am/ Santiago ROMERO & Mª Antª LUVATO; gp/ Jose Pablo ARCHULETA & Mª Dolores ARCHULETA, *vesinos del mismo lugar*.

MARTINES, Maria Dolores
    bap 26 Aug 1835, ae 2 da; d/ Jose Maria MARTINES & Mª Luisa MAES, *vecinos de S. Fernandes*; ap/ Juan de los Reyes MARTINES & Juana Maria GALLEGOS; am/ Antº Jose MAES & Maria Concepcion URTADO; gp/ Dⁿ Pablo LUCERO & Mª Petra LARRAÑAGA, *vˢ del mismo lugar*. (Frames 636-637)

Frame 637
MARTINES, Felipe de Jesus
    bap 27 Aug 1835, ae 6 da; s/ Juan Antº MARTINES & Mª Rosa SANCHES, *vˢ de S. Franco del Rancho*; ap/ Jesus MARTINES & Mª Concepcion BALDES; am/ Felipe SANCHES & Juana Maria MARTINES; gp/ Juan Nepomuceno DURAN & Mª de la Lus SANCHES, *vˢ del mismo lugar*.

DURAN, Pedro Luiz
    bap 27 Aug 1835, ae 3 da; s/ Pedro DURAN & Encarnacion MARTIN; ap/ Juan Necolaz DURAN & Gertrudis QUINTANA; am/ Manuel Gregorio MARTIN & Mª Rafaela MEDINA; gp/ Jose Candelario CORTEZ & Mª Dominga CORTEZ, *todos vˢ de la plaza of Sⁿ Fernando*.

SANCHES, Mª Salome
    bap 29 Aug 1835, ae 8 da; d/ Benito SANCHES & Mª Josefa ROMERO, *vˢ de San Franco del Rancho*; ap/ Mª de la Lus SANCHES (only); am/ Anna Josefa ROMERO (only); gp/ Ysidro ROMERO & Mariana PAIS, *vˢ de San Juan de los Caballeros*. (Frames 637-638)

Frame 638
SANCHES, Mª Rufina   (Maria del Refugio in margin)
    bap (none given) Sep 1835, ae 3 ae; d/ Jose SANCHES & Mª de la Cruz SERNA, *vecinos de San Franco del Rancho*; ap/ Juan Ygnacio SANCHES & Pascuala VIGIL, both dec.; am/ Pablo GARCIA, (sic) dec., & Paula SEDILLO; gp/ Juan Antº LOVATO & Maria Soledad LOVATO, *vecinos del mismo lugar*.

BALDES, Jesus Maria
    bap 3 Sep 1835 *en este puesto de San Geronimo de Taos*, ae 5 da; *espurio* s/ Barbara BALDES, married but father unknown, *esa vecina de S. Franco del Rancho*; am/ Juan Bautista BALDES & Maria ARCHULETA; gp/ Ramon PACHECO & Maria Trinidad VIGIL, *vecinos del mismo lugar*.

CORDOVA, Maria Agustina
    bap 4 Sep 1835, ae 8 da; d/ Polo CORDOVA & Josefa CORTES, *vecinos de San Fernandes*; ap/ Baltazar CORDOVA & Franca MADRID; am/ Juan Bautista CORTES & Mª Antª MONTOYA; gp/ Alcario de Jesus CRUS & Juana Josefa URTADA, *vecinos del mismo lugar*. (Frames 638-639)

Frame 639
MEDINA, Antº Ramón
    bap 4 Sep 1835, ae 5 da; s/ Pedro MEDINA & Mª Dolores MARTINES, *vecinos de Arroyo Ondo*; am/ Buenavª MARTINES (sic) & Rafaela MAES; ap/ Felis MEDINA

(sic) & Teodora QUINTANA; gp/ Jose Franco LUJÁN & Mª Soledad MEDINA, vº de San Franco de Paula.

MARTINES, Maria de la Lus
    bap 4 Sep 1835, ae 11 da; d/ Anto MARTINES & Mª Teodora ROMERO, vº de la plasa de Ntra Sª de Guadalupe; ap/ Severino MARTINES & Mª del Carmen SANTISTEVAN; am/ Jose ROMERO & Mª de la Lus TRUGILLO; gp/ Juan Manuel LUCERO & Juana Mª MARTINES, vº de la plaza de Sn Franco de Paula.

MARTINES, Maria de Jesus
    bap 4 Sep 1835, ae 8 da; d/ Santiago MARTINES & Mª de la Lus LUCERO; ap/ Severino MARTINES & Mª del Carmel SANTISTEVAN, son vecinos de la plaza de San Fernandes; am/ D. Pablo LUCERO & Maria Paula LARRAÑAGA; gp/ the priest, Dn Franco LEYVA, & Maria Josefa QUINTANA. (Frames 639-640)

Frame 640
TAFOYA, Maria Ysabel
    bap 4 Sep 1835, ae 5 da; d/ Jose TAFOYA & Maria Anta SERDA, vecinos de la plasa de San Franco del Rancho; ap/ Salvador TAFOYA & Mª Ygnacia CANO; am/ Atanacio SERDA & Mª Manuela ARCHULETA; gp/ Anto LEON & Mª Ysidora VIGIL, vº del mismo lugar.

GONSALES, Maria Paula
    bap 6 Sep 1835, ae 3 da; d/ Venito GONSALES & Maria Rosa ROMERO, Indios naturales del pueblo de Taos; ap/ Jose Anto GONSALES & Mª Rosa ROMERO; am/ Juan Anto ROMERO & Maria Juliana REYNA; gp/ Rosalia ROMERO (only), tambien Indios del pueblo.

ROMERO, Maria Ramona
    bap 6 Sep 1835, ae 7 da; d/ Anto Jose ROMERO & Maria Manuela ARAGON; ap/ Diego ROMERO & Maria Viviana SANDOVAL, dec.; am/ Franco ARAGON, dec., & Maria Paula BALDES; gp/ Jesus Mª CORDOBA & Maria de las Nieves ORTIS, vecinos todos del varrio de los Desmontes. (Frames 640-641)

Frame 641
LUCERO, Maria Concepcion
    bap 7 Sep 1835, ae 2 da; d/ Anto Jose LUCERO & Anna Maria MESTAS, vecinos de San Fernandes; ap/ Pedro LUCERO & Mª Guadalupe MONTOYA; am/ Eusebio MESTAS & Maria Gertrudis SANCHES; gp/ Juan Jose GONSALES & Maria Manuela MONTOYA, vecinos del mismo lugar.

LOVATO, Jose Manuel
    bap 8 Sep 1835, ae 4 da; s/ Marcelo LOVATO & Maria Manuela QUINTANA, vecinos de la plasa de la Purisima Concepcion; ap/ Anto LOVATO & Mª Josefa CHAVES; am/ Juan Cristobal QUINTANA & Anta Maria de LUNA; gp/ Tomas RIBERA & Mª del Carmel GONSALES, vº del mismo lugar.

CORDOBA, Anto Domingo
    bap 9 Sep 1835, ae 4 da; s/ Serafin CORDOBA & Mª Candelaria MEDINA, vº de la plasa de la Sma Trinidad; ap/ Damacio CORDOBA & Ysabel GONSALES; am/ Anto MEDINA & Mª Micaela VIGIL; gp/ Gaspar MAES & Mª de la Lus CORDOBA, vº del mismo lugar. (Frames 641-642)

Frame 642
MARTINES (patron), Maria del Refugio
    bap 12 Sep 1835, ae about 4 yr; d/ Tribu Yuta, famula mia (the priest, Fr. Antonio Jose MARTINES) que rescate; gm/ la Señora Maria de la Lus TRUGILLO, vecina de San Fernando.

BALDES, Maria Nisefora
  bap 13 Sep 1835, ae 8 da; d/ Mariano BALDES & Mª Manuela ARCHULETA, vˢ de la plasa de Sᵐᵃ Trinidad de Arroyo Seco; ap/ Jose Miguel BALDES & Mª Franᶜᵃ MESTAS; am/ Rafael ARCHULETA & Mª Concepcion SALASAR; gp/ Dⁿ Felipe GONSALES & Mª Manuela SALASAR, vˢ del mismo lugar.

SILVA, Maria Franᶜᵃ
  bap 13 Sep 1835, ae 3 da; d/ Juan Domingo SILVA & Maria de la Lus ATENCIO, vˢ del Arroyo Ondo; ap/ Jose Mª SILVA & Mª Antª MONTOYA; am/ Ylario ATENCIO & Balvaneda XIRON; gp/ Juaquin MAES & Mª Ynes ARMIJO, vecinos del mismo lugar. (Frames 642-643)

Frame 643
QUINTANA, Juan Andres
  bap 13 Sep 1835, ae 3 da; s/ Juan Candelario QUINTANA & Mª de la Crus TRUGILLO, vˢ de S. Francᵒ del Rancho; ap/ Andres TRUGILLO (sic) & Maria Antª MARTINES; am/ Juan QUINTANA (sic) & Mª Ygnacia LOPES; gp/ Jose Guadalupe GONSALES & Maria Agustina TAFOYA, vecinos del mismo lugar.

CONCHA, Maria Soledad
  bap 13 Sep 1835, ae 11 da; d/ Juan Domingo CONCHA & Mª Dolores ROMERO; ap/ Juan Antᵒ CONCHA & Mª Manuela PACHECO; am/ Santiago ROMERO & Mª Franᶜᵃ PADIA, vecinos todos del pueblo; gp/ Jose Francᵒ GONSALES & Mª de la Lus MARQUES, vecinos de S. Fernando.

Frame 644
GALLEGOS, Manuel Antᵒ
  bap 14 Sep 1835, ae 3 da; s/ Venito GALLEGOS & Miqueala GARCIA, vˢ de San Fernandes; ap/ Juan Cristoval GALLEGOS & Mª Bernarda TRUGILLO; am/ Juan Angel GARCIA & Maria Manuela MARTIN; gp/ Miguel MAES & Maria Serafina MAES, vˢ del mismo lugar.

DOMINGUES, Juan Bautista
  bap 18 Sep 1835, ae 1 da; s/ Jose Ramon DOMINGUES & Mª Rosa MARTINES, vˢ de S. Francᵒ del Rancho; .ap/ Francᵒ DOMINGUES & Mª Guadalupe SALASAR; am/ Francᵒ MARTINES & Mª Tomasa SANCHES; gp/ Jose Manuel MARTIN (sic) & Juana Maria ARAGÓN, vˢ del mismo lugar.

VIGIL, Mª Franᶜᵃ
  bap 18 Sep 1835, ae 4 da; d/ Amador VIGIL & Mª Ygnacia QUINTANA, vˢ de San Francᵒ del Rancho; ap/ Marselino VIGIL & Mª Miquela MARTIN; am/ Juan Julian QUINTANA & Mª Felipa MAESE; gp/ Juan Antᵒ ARAGON & Mª Manˡᵃ FERNANDES, vˢ del mismo lugar.

Frame 645
GONSALES, Juana Maria
  bap 18 Sep 1835 , ae 3 da; d/ Jose GONSALES & Anna Mª ROMERO, vˢ de Arroyo Ondo; ap/ Juan GONSALES & Mª Antonia TAFOYA; am/ Buenaventura ROMERO & Mª del Rosario HERRERA; gp/ Francᵒ PADILLA (only), vˢ del mismo lugar.

CRUS, Felipe Santiago
  bap 22 Sep 1835, ae 10 da; s/ Salvador CRUS & Mª Agueda MONTES, vˢ de los Desmontes de San Antᵒ; ap/ Santiago CRUS & Anna Maria BEYTA; am/ Antᵒ MONTES & Mª Ygnes MARTINES; gp/ Juan Bautista BALLEJOS & Maria Gertrudis MARTINES, vˢ del mismo lugar.

LUJÁN, Jose Antonio
  bap 22 Sep 1835, ae 6 da; s/ Benito LUJÁN & Pascuala ROMERO, vecinos de S. Fernandes; ap/ Jose LUJÁN & Mª GONSALES; am/ Jose Antᵒ ROMERO & Mª Rafaela

SUMANES; gp/ Baltasar SANDOVAL & Maria Concepcion DURAN, *vecinos del mismo lugar*. (Frames 645-646)

Frame 646
FERNANDES, Jose Leon
   bap 23 Sep 1835, ae 2 da; s/ Santiago FERNANDES & Bartola ROMERO; ap/ Jose FERNANDES & Juana Reyes ARCHULETA; am/ An^{to} Domingo ROMERO & Mª Josefa QUINTANA; gp/ Bernardo LUCERO & the maternal grandmother, *v^s todos de San Fernandes*.

CORTES, Juana Maria
   bap 24 Sep 1835, ae 2 da; d/ Buenaventura CORTES & Mª Dolores BRITO, *v^s del Rancho*; ap/ Manuel CORTES & Mª Josefa VIGIL; am/ Juan Felipe BRITO & Mª Barvara LUCERO; gp/ Manuel An^{to} MAES & Mª Manuela ROMERO, *vecinos del mismo lugar*.

MARTINES, Jose Dolores
   bap 25 Sep 1835, ae 6 da; s/ Juan MARTINES & Mª Luisa QUINTANA; ap/ Pascual MARTINES & Maria Gertrudis SAMORA; am/ Salvador QUINTANA & Mª Soledad LUCERO; gp/ Jose Candelario MARTINES & Maria Guadalupe GARCIA, *vecinos todos de Arroyo Ondo*. (Frames 646-647)

Frame 647
BARELA, Maria Estefana
   bap 27 Sep 1835, ae 6 da; d/ Jose Candelario BARELA & M^a del Carmel SANDOVAL, *v^s del Rancho*; ap/ Juan BARELA & Mª Ygnacia VIGIL; am/ Juan de Dios SANDOVAL & Mª Beatris HERRERA; gp/ An^{to} Jose FERNANDES & Catarina DURÁN, *v^s todos del Rancho*.

VALDES, Mª Francisca
   bap 27 Sep 1835, ae 8 da; d/ Juan Venito VALDES & Mª Martina GARCIA, *v^s de los Desmontes*; ap/ Juan An^{to} VALDES & Mª Catarina TRUGILLO; am/ Fran^{co} GARCIA & Mª GONSALES; gp/ Jesus Mª CORDOBA & M^a de las Ni(e)ves ORTIS, *vecinos todos del mismo lugar*.

SAMORA, Maria Dolores
   bap 28 Sep 1835, ae 13 da; d/ Santiago SAMORA & Mª Lucia SUASO, *vecinos naturales del pueblo*; ap/ Jose Gabriel SAMORA & Maria Cencion LOMA; am/ Jose An^{to} SUASO & Juana Maria CONCHA; gp/ Jesus Maria CORDOBA & M^a de las Nieves ORTIS, *vecinos del varrio de los Desmontes*. (Frames 647-648)

Frame 648
TRUGILLO, Jose Damian
   bap 29 Sep 1835, ae 3 da; s/ Jose TRUGILLO & Mª Catarina ORTEGA, *vecinos de San Fernandes*; ap/ Damacio TRUGILLO & Mª Leonicia BORREGO; am/ Manuel ORTEGA & Mª Ana VENAVIDES; gp/ Nicolas TAFOYA & Mª Manuela MEDINA, *v^s del mismo lugar*.

TRUGILLO, Jose Santiago
   bap 29 Sep 1835, ae 5 da; s/ Juan An^{to} TRUGILLO & Mª Rosa VIGIL, *vecinos de S. Fran^{co} del Rancho*; ap/ Juan An^{to} TRUGILLO & Mª Nicolasa MESTAS; am/ Juan VIGIL & Mª LUCERO; gp/ Matias SANCHES & Mª Josefa SANCHES, *vecinos del mismo lugar*.

Frame 649
ROMERO, Maria Ceferina
   bap 30 Sep 1835, ae 10 da; d/ Jose Maria ROMERO & Maria Ysabel LUJAN, *vecinos de la mision de Picuries*; ap/ Juan ROMERO & Mª Felipa ORTEGA; am/ An^{to} LUJAN & Maria Rafaela MESTAS; gp/ Juan Blas CRUZ & Mª Dolores SANCHEZ, *vecinos del mismo lugar*.

CARDENAS, Juan de Jesus
  bap 30 Sep 1835, ae 3 da; s/ Ramon CARDENAS & Josefa Rita MONTOYA, *vecinos de San Fernando*; ap/ Jose CARDENAS & Maria Santa BERNAL; am/ Bartolome MONTOYA & Josefa MESTAS; gp/ Ant° MARTIN & Maria Vicenta MONTOYA, *vecinos de la Purisima.*

REYNA, Maria Catarina
  bap 1 Oct 1835, ae 8 da; d/ Juan Domingo REYNA & Juana CORDOBA, *Indios naturales de Taos*; ap/ Jose Ant° REYNA & Rosalia MARTIN; am/ Domingo CORDOBA & Micaela MARQUES; gp/ Juan de Jesus GUERRERO & Mª Catarina CORDOBA, also Indians of Taos. (Frames 649-650)

Frame 650
MONDRAGON, Fran^{co} An^{to}
  bap 4 Oct 1835, ae 2 da; s/ Pablo MONDRAGÓN & Dolores CORDOBA, *v^s de S. Francisco de Asis*; ap/ Jose An^{to} MONDRAGÓN & Mª Clara MARTINES; am/ Seledón CORDOBA & Mª Juliana FRESQUIS; gp/ Rafael MARTINES & Mª Dolores BACA, *v° del mismo lugar.*

CANDELARIA, Juan Francisco
  bap 4 Oct 1835, ae 3 da; s/ Ygnacio CANDELARIA & Rafaela GALLEGOS, *vecinos de San Fran^{co} del Rancho*; ap/ Jose CANDELARIA & Maria GRIEGO; am/ Calletano GALLEGOS & Mª Barbara SERNA; gp/ Felipe BRITO & Mª Barbara LUCERO, *v^s del mismo lugar.*

ABILA, Jose Miguel
  bap 4 Oct 1835, ae 6 da; nat. s/ Mª Dolores ABILA, single; am/ Juan An^{to} ABILA & Mª Tomasa LOVATO; gp/ Felipe Nerio MAES & Mª del Refugio PACHECO, *v^s del mismo lugar.* (Frames 650-651)

Frame 651
SANDOVAL, Alejandro de Jesus
  bap 4 Oct 1835, ae 10 da; s/ Juan Nepomuseno SANDOVAL & Mª Tomasa JARAMILLO; ap/ Felipe SANDOVAL & Mª Concepcion SANCHES; am/ Juan Manuel JARAMILLO & Mª Juliana CHACÓN; gp/ Pedro SANCHES & Mª Teresa CHAVES, *v^s de San Fernandes.*

MONDRAGON, Fr^{co} Antonio
  bap 7 Oct 1835, ae 4 da; s/ Jose MONDRAGON & Lorensa DURAN, *de S. Fr^{co} del Rancho*; ap/ Ygnes MONDRAGÓN (only); am/ Ygnacio DURÁN & Mª An^{ta} SANCHES; gp/ Jose Manuel ROMERO & Barbara CORDOBA, *v^s del mismo lugar.*

BALDES, Maria Leonicia
  bap 11 Oct 1835, ae 3 da; d/ Miguel BALDES & Maria Ygnacia BRITO, *vecinos de S. Fernando*; ap/ Gertrudes (sic) BALDES & Micaela BRITO; gp/ Juan de Jesus CORDOBA & Maria DURÁN, *v^s del mismo lugar.* (Frames 651-652)

Frame 652
CORTES, Jose Rafael
  bap 11 Oct 1835, ae 2 da; s/ Fr^{co} CORTES & Atanacia ARMENTA, *v^s de S. Fernandes*; ap/ Jose CORTES & Mª Juana MONTOYA; am/ Simon ARMENTA & (n.n.) MARTINES; gp/ Ramon SALASAR & Soledad VIGIL, *v^s de S. Fr^{co} del Rancho.*

CHAVES, Juan
  bap 14 Oct 1835, ae 4 da; nat. s/ Mª de la Lus CHAVES, single, & unknown father; am/ Juan Cristobal CHAVES & Maria Dolores MONTOYA; gp/ Julian CHAVES & Viviana CHAVES, *v^s del Rancho.*

SILVA, Jose Eduardo
  bap 17 Oct 1835, ae 5 da; s/ Jose Maria SILVA & Mª del Carmel SAIS, *v^s de San Fernandes*; ap/ Santiago SILVA & Juana BELASQUES; am/ Simón SAIS & Margarita

TAOS BAPTISMS, VOLUME II   1833-1837, AASF #20

LOVATO; gp/ Felipe Jesus MONTOYA & Mª Anta SANDOVAL, vs de la plasa de San Anto de Arroyo Ondo.

Frame 653
VIGIL, Maria Teresa de Jesus
   bap 18 Oct 1835, ae 4 da; d/ D. Pedro Ygnacio VIGIL & Maria Josefa LUCERO, *vecinos de la plasa de Ntra Señora de Guadalupe de San Fernando de Taos*; ap/ Ygnacio VIGIL & Mª Ygnacia TRUGILLO; am/ Bernardo LUCERO & Maria Tomasa MARTINES; gp/ the priest (Fr. Anto Jose MARTINES) & Maria Teodora ROMERO *de la misma plasa.*

TRUGILLO, Lucas
   bap 22 Oct 1835, ae 5 da; s/ Guadalupe (n.s.) of Yuta Tribe, & Mª Manuela TRUGILLO, *vecinos de la plasa de la Purisima Concepcion*; am/ Candelario TRUGILLO & Maria Candelaria DURÁN; gp/ Anto Jose GARCIA de NORIEGA & Mª Paula VIALPANDO, *vecinos del mismo lugar.*

VIGIL, Pedro Anto
   bap 22 Oct 1835, ae 3 da; nat. s/ Mª Ygnacia VIGIL, single, & unknown father; am/ Juan Bautista VIGIL & Mª Josefa LOVATO; gp/ D. Anto ARAGÓN & Mª Manuela FERNANDES, *todos vecinos de la plasa de San Franco del Rancho.*

Frame 654
ARCHULETA, Juan Bautista
   bap 25 Oct 1835, ae 4 da; s/ Juan ARCHULETA & Maria Juana MARTIN, *vecinos de S. Franco del Rancho*; ap/ Anto José ARCHULETA & Margarita MEDINA; am/ Domingo MARTIN & Maria del Carmen MARTIN; gp/ Franco DURÁN & Mª de la Luz PACHECO, *vecinos del mismo lugar.*

CASIAS, José Victor
   bap 25 Oct 1835, ae 8 da; s/ Casimiro CASIAS & Mª de la Cruz SANCHEZ, *vecinos de la plaza de la Sma Trinidad de Arroyo Seco*; ap/ Cristoval CASIAS & Ysabel MONDRAGON; am/ Diego SANCHEZ & Madalena MARTIN; gp/ Juan LOVATO & Mª Dolores SANCHEZ, *vecinos del mismo lugar.*

MARTIN, Jose Manuel
   bap 25 Oct 1835, ae 2 da; s/ Juan MARTIN & Mª Gertrudes LUCERO; ap/ Salvador MARTIN & Mª Anta FLORES; am/ Anto Jose LUCERO & Mª Dolores BALDES; gp/ Tomas LALANDA & Maria Guadalupe LALANDA, *vecinos todos de San Fernandes.*   (Frames 654-655)

Frame 655
SUASO, Maria Rosa
   bap 26 Oct 1835, ae 5 da; d/ Pedro SUASO & Maria Rita MONTOYA, vs *de la Sienegilla*; ap/ Juan Jose SUASO & Mª Nicolasa LOVATO; am/ Felis MONTOYA & Mª Rosa ROMERO; gp/ Julian VIGIL & Mª Paula ARAGON, vs *del mismo lugar.*

BARGAS, Jose Donato
   bap 26 Oct 1835, ae 4 da; s/ Juan BARGAS & Mª Manuela ROMERO; ap/ Juan Agustin BARGAS & Juana GONSALES; am/ Juan de los Reyes ROMERO & Guadalupe GONSALES; gp/ Anto Jose MADRID & Guadalupe SANTIESTEVAN, vs *del Ranchito de S. Franco.*

Frame 656
MARTIN, José Maria
   bap 27 Oct 1835, ae 4 da; s/ Juan Domingo MARTIN & Mª Ygnacia SAMORA; ap/ Juan MARTIN & Mª de Jesus MARTIN; am/ Paublo SAMORA & Alvina ROMO; gp/ Jose Mª SAMORA & Mª Paublita SAMORA, *Indios naturales todos del pueblo de Taos.*

FERNANDEZ, Juan Christoval
    bap 30 Oct 1835, ae 4 da; s/ An^to Jose FERNANDEZ & Maria Catarina DURAN; ap/ Jose de Jesus FERNANDEZ & Maria Guadalupe GONSALES; am/ Fran^co DURAN & Juana SANDOVAL; gp/ Miguel An^to ROMERO & Maria Rafaela SALASAR, v^s de S. Fran^co del Rancho.

LUCERO, Jose Crespin
    bap 30 Oct 1835, ae 3 da; nat. s/ Margarita LUCERO, widow, & unknown father; am/ Bernardo LUCERO & Tomasa MARTINEZ; gp/ Juan de Jesus GALLEGOS & Ana Maria DURAN, v^s todos del varrio de San Fran^co del Rancho.

Frame 657
TRUGILLO, Juan de los Angeles
    bap 1 Nov 1835, ae 4 da; s/ Juan TRUGILLO & Casilda QUINTANA, vecinos de San Fran^co del Rancho; ap/ (n.n.) TRUGILLO & Maria Rosa VIGIL; am/ Jose de la Cruz QUINTANA & Miqueale VALDES; gp/ Felipe MARTIN & Maria TRUGILLO, v^s del mismo lugar.

BALLEGOS, Maria Viviana
    bap 1 Nov 1835, ae 3 da; d/ An^to Jose BALLEGOS & Soledad ROMERO, v^s del varrio de San An^to; ap/ Juan BALLEGOS & Maria Gertrudis MARTIN; am/ Juan Cristoval ROMERO & Viviana TORRES; gp/ An^to de Lias ARMENTA & Maria Ysabel LASO, vecinos del Arroyo Seco.

TRUGILLO, Santos de Jesus
    bap 3 Nov 1835, ae 2 da; s/ Juan Miguel TRUGILLO & Teodora CRUZ, vecinos de San Fernandes; ap/ Miguel TRUGILLO & Maria Teodora BRITO; am/ Juan Cristoval CRUZ & Maria Josefa GARCIA; gp/ Jose Martin MAES & Maria de la Luz TRUGILLO, vecinos del mismo lugar.

Frame 658
GOMES, Jose Donaciano
    bap 3 Nov 1835, ae 2 da; s/ Miguel GOMES & Maria Susana CHAVES, vecinos de la plasa de San An^to; ap/ An^to GOMES & Maria Manuela ROMERO; am/ San Juan CHAVES & Maria Manuela ABILA; gp/ Miguel An^to BALLEJOS & Mª Gertrudis CHAVES, vesinos del mismo lugar.

CRUS, Jose Benito
    bap 8 Nov 1835, ae 3 da; s/ Mariano CRUS & Maria Victoriana CORDOBA, vecinos de San Fr^co del Rancho; ap/ Fran^co CRUS & Fran^ca GONSALES; am/ Andres CORDOBA & Mª Dolores ARCHULETA; gp/ Juan Nicolas BARELA & Mª Polonia CHAVES, v^s del mismo lugar.

ROMERO, Mª Micaela
    bap 8 Nov 1835, ae 5 da; d/ Santiago ROMERO & Barbara PACHECO, Yndios de Taos; ap/ Ventura ROMERO & Juana LUCERO; am/ Juan Pablo PACHECO & Maria Manuela SAMORA; gp/ Pedro An^to GALLEGOS & Mª de Jesus GALLEGOS.

Frame 659
MARTINES, Juan Andres
    bap 11 Nov 1835, ae 2 da; s/ An^to MARTINES & Maria Vicenta MONTOYA, v^s de la plasa de la Purisima Concepcion; ap/ Manuel MARTINES & Mª Josefa ARELLANO; am/ Jose MONTOYA & Felipa SANDOVAL; gp/ Estevan SANCHES & Maria de la Lus BUENO, v^s del mismo lugar.

MARTIN, Juan Andres
    bap 14 Nov 1835, ae 5 da; s/ Jose de Esquipula MARTIN & Mª Josefa TORRES, v^s de S. Fernando; ap/ Jose MARTIN & Mª GUSMAN; am/ Diego TORRES & Mª TRUGILLO; gp/ Pedro An^to MARTINES vecino del mismo lugar, & Loreta LOPES.

CASIAS, Jose Don Aciano
   bap 16 Nov 1835, ae 8 da; s/ Bartolome CASIAS & Juliana CONTRERAS; ap/ Jose CASIAS & Ysabel MADRID; am/ Geraldo CONTRERAS & Encarnacion CHAVES; gp/ Juan de Jesus GONSALES & Mª Nasarena SALAZA(R), *todos vecinos de San Franco del Rancho.*

Frame 660
ROMERO, Maria Gregoria
   bap 18 Nov 1835, ae 2 da; d/ Jose Manuel ROMERO & Mª Dolores MARTINES, *vecinos de Sn Fernando;* ap/ Lasaro ROMERO & Maria Barbara GONSALES; am/ Santiago MARTINES & Mª Josefa GUILLEN; gp/ Juan de Jesus DURÁN & Mª Barbara MEDINA, *vs del mismo lugar.*

SALAZAR, Jose Andres
   bap 18 Nov 1835, ae 7 da; s/ Franco SALAZAR & Maria Manuela VIGIL, *vc dela Santicima Trenidad de Arroyo Seco;* ap/ Domingo SALASAR (sic) & Maria Guadalupe GURULE; am/ Jose VIGIL & Mª Rosa MARTINA; gp/ Jose Gabriel GALLEGOS & Mª Simona BACA, *vecinos del mismo lugar.*

QUINTANA, Maria Josefa
   bap 26 Nov 1835, ae 6 da; d/ Ramon QUINTANA & Mª de la Cruz MARTIN, *vecinos del Arroyo Ondo;* ap/ Jose de la Cruz QUINTANA & Micaela BALDES; am/ Bernardo MARTIN & Gertrudis ARCHULETA; gp/ Tomas LUCERO & Juana PACHECO, *vc del mismo lugar.*

Frame 661
LOVATO, Juan de la Cruz
   bap 26 Nov 1835, ae 6 da; nat. s/ Ysabel LOVATO; am/ Agustin LOVATO & Mª AGUILAR, *vs del Ranchito;* gp/ Anto MARTINES & Mª Sesaria MARTIN, *vs del mismo lugar.*

SANTETE, Jose Franco
   bap 27 Nov 1835, ae 6 da; s/ Juan SANTETE (Origins, p. 433, same) & Maria Tiburcia TRUGILLO, *vecinos de San Fernandes;* ap/ Bautista SANTETE & Margarita DONAY; am/ Vicente TRUGILLO & Mª Dolores MARQUES; gp/ Santiago MARTINES & Maria Paula LOVATO, *vecinos del mismo lugar.*

SALAZ, Jose Franco
   bap 29 Nov 1835, ae 3 da; s/ Pedro SALAZ & Mª Juana GARCIA, *vs de San Franco del Rancho;* ap/ Juan SALAZ & Maria SEVOYA; am/ Anto GARCIA & Paula SEDILLO; gp/ Juan FRESQUIS & Gregoria GARCIA, *vs del mismo lugar.*

Frame 662
VIGIL, Jose Franco
   bap 29 Nov 1835, ae 3 da; s/ Jesus VIGIL & Mª Agueda de Jesus MARTINES, *vs del Arroyo Ondo;* ap/ Franco VIGIL & Trenidad SALAZAR; am/ Pascual MARTINES & Mª Gertrudis SAMORA; gp/ Casimiro MARTIN (sic) & Juana GORULE, *vs del mismo lugar.*

TRUGILLO, Jose Ycidro   (Jose Ysidoro in margin)
   bap 30 Nov 1835, ae 3 da; s/ Jose Anto TRUGILLO & Mª Ramona PACHECO; ap/ Policarpio TRUGILLO & Felipa MADRID; am/ J. Pablo PACHECO & Mª Dolores VIGIL; gp/ Mª Teodora ROMERO (only), *todos vs de S. Fernando.*

ROMERO, Mª Rufina
   bap 30 Nov 1835, ae 6 da; d/ Pedro ROMERO & Maria Antonia LOVATO, *naturales del pueblo;* ap/ Juan Anto ROMERO & Antonia LOMA; am/ Manuel LOVATO & Maria MARQUES; gp/ Deciderio DELGADO & Maria Dolores BACA, *vecinos de San Fernandes.*

Frame 663
SUASO, Juan Andres
  bap 1 Dec 1835, ae 2 da; s/ Manuel SUASO & Juana Teresa SANDOVAL, v^s de San Fernando; ap/ Miguel SUASO & Maria Josefa PANDO; am/ Gervacio SANDOVAL & Mª Ramona BARELA, esta, & Juan de Jesus MARTIN fueron padrinos, v^s del mismo lugar.

CRUZ, Maria Ysabel
  bap 5 Dec 1835, ae 2 da; d/ Jose de la CRUZ & Mª An^{ta} DURÁN, vesinos de San $Fran^{co}$ del Rancho; ap/ Bartolome CRUZ & Maria (n.s.-blank space); am/ Ygnacio DURA(N) & Maria An^{ta} SANCHES; gp/ Ramon GONSALES & Mª An^{ta} DURAN, vecinos del mismo lugar.

GON, Jose Manuel
  bap 5 Dec 1835, ae 6 da; s/ Julian GON (Origins, p. 417, GORDON) & Maria LUCERO, ves̲cinos de San $Fran^{co}$ del Rancho; ap/ Juan GON & Maria Ysabel TORIN; am/ Pedro LUCERO & Maria de la Luz FERNANDES who were the gp.

Frame 664
JARAMILLO, Juan Andres
  bap 6 Dec 1835, ae 5 da; nat. s/ Mª Ygnacia JARAMILLO, widow, & unknown father; am/ $Fran^{co}$ JARAMILLO & Mª Polonia VIGIL; gp/ Jose de la Crus VIGIL & Mª Josefa LUSERO, v^s todos de San Fernando.

VIGIL, Jose Andres
  bap 8 Dec 1835, ae 8 da; s/ An^{to} VIGIL & Mª Rosa ROMERO, vecinos del varrio de S. An^{to}; ap/ Juan de Jesus VIGIL & Mª Rosa DURAN; am/ Consepcion ROMERO & Margarita QUINTANA; gp/ $Fran^{co}$ LAFORE (Origins, p. 421, same) & Maria Dolores ARMENTA.

LEYVA, Maria Nicolasa
  bap 13 Dec 1835, ae 8 da; d/ Jose Benito LEYVA & Maria Encarnacion SANCHES, vecinos de San $Fran^{co}$ del Rancho; ap/ Visente LEYVA & Mª Encarnacion ESPINOSA; am/ Juan Agustin SANCHES & Maria Josefa TRUGILLO; gp/ Jose TRUGILLO & Mª Barb̲ara SANCHES, vecinos del Ojo Caliente. (Frames 664-665)

Frame 665
TENORIO, Jose Carlos
  bap 14 Dec 1835, ae 5 da; s/ Jose Maria TENORIO & Soledad ARAGON, vecinos de San Fernandes; ap/ Felipe TENORIO & An^{ta} Rosa GABALDON; am/ Jose Cruz ARAGON & Anna Maria ARCHULETA; gp/ Santiago TENORIO & Mª Trenidad COCA, vecinos del mismo lugar.

GONSALES, Juan de Dios
  bap 15 Dec 1835, ae 3 da; s/ Ramon GONSALES & Maria An^{ta} DURÁN, vecinos de San $Fran^{co}$ del Rancho; ap/ Juan Calletano GONSALES & Maria Lorenza RODRIGUES; am/ Ygnacio DURÁN & Maria An^{ta} SANCHES; gp/ Pedro An^{to} GALLEGOS & Mª Ygnacia DURÁN, vecinos del mismo lugar.

PANDO, Maria Guadalupe
  bap 21 Dec 1835, ae 10 da; d/ An^{to} PANDO & Juana Paula CONCHA, naturales del pueblo; ap/ Salvador PANDO & Anna Maria LOMA; am/ Juan Manuel CONCHA & Maria Dominga ROMERO; gp/ Juan Andres PANDO & Andrea SAMORA. (Frames 665-666)

Frame 666
MADRID, Jose Francisco
  bap 22 Dec 1835, ae 5 da; s/ $Fran^{co}$ MADRID & Maria Dolores BARELA, v^s de S. Fernando; ap/ Pedro MADRID & Mª de la Lus MOYA; am/ Jose BARELA & Mª Dolores SANDOVAL; gp/ Julian MONTAÑO & Maria Dolores COCA, v^s del mismo lugar.

TAOS BAPTISMS, VOLUME II   1833-1837, AASF #20

GALLEGOS, Eutimio de Jesus
    bap 27 Dec 1835, ae 4 da; s/ Juan GALLEGOS & Maria Salome BACA, v° del Arrollo
    Seco; ap/ Baltasar GALLEGOS & Mª Anta BALDES; am/ Anto BACA & Maria Jertrudes
    LOPES; gp/ Marcos SANCHES & Maria Dolores ARCHULETA, vs del mismo lugar.

BACA, Juan Esteban
    bap 27 Dec 1835, ae 2 da; s/ Anto BACA & Trenidad GUTIERES, vs de San
    Fernandes; ap/ Salbador BACA & Maria Tomasa SILVA; am/ Anto GUTIERES & Maria
    Ygnes SOLANO; gp/ Pascual ORTEGA & Maria Margarita HERRERA, vs del mismo
    lugar. (Frames 666-667)

Frame 667
DURAN, Maria Serafina
    bap 27 Dec 1835, ae 4 da; d/ Jose Rafael DURAN & Maria Estefana MADRID, vs del
    Arrollo Ondo; ap/ Juan Gabriel DURAN & Tomasa GARCIA; am/ Juan MADRID & Juana
    CHACONA; gp/ Benito de Jesus SANDOBAL & Maria Petrona LOBATO, vs del mismo
    lugar.

GUTIERRES, Juan Bautista
    bap 27 Dec 1835, ae 3 da; nat. s/ Mª Rosa GUTIERRES, single, & unknown father;
    am/ Anto GUTIERRES & Mª Ygnes SOLANO; gp/ Pedro Jose de AGUERO & Maria de
    AGUERO, v° de San Fernando todos.

Frame 668
CORDOVA, Mª Natividad
    bap 30 Dec 1835, ae 14 da; nat. d/ Mª Teresa CORDOVA, v° de San Francisco del
    Rancho; am/ Andres CORDOVA & Maria Ana ARCHULETA; gp/ Andres SOLANO & Mª
    Serafina LEAL, v° del mismo.

TRUGILLO, Jose Manuel
    bap 31 Dec 1835, ae 5 da; s/ Franco TRUGILLO & Mª de la Luz ABILA, v° de Arroyo
    Ondo; ap/ Alejandro TRUGILLO & Manuela ARCHULETA; am/ Rafael ABILA & Mª Antonia
    GALLEGOS; gp/ Anto ROMERO & Dolores CRUS, v° del mismo lugar.

BENABIDES, Anto Jose
    bap 31 Dec 1835, ae 2 da; s/ Juan Esteban BENABIDES & Mª Rosa TRUGILLO, v° de
    San Fernandes; ap/ Jose BENABIDES & Mª Anta NARANJO; am/ Manl TRUGILLO & Josefa
    (n.s.); gp/ Jose Miguel MARTIN & Mª Dolores MARTIN, v° del mismo lugar.

Frame 669
LEVÍ, Jose Manuel
    bap 31 Dec 1835, ae 4 da; s/ Simon LEVÍ (Origins, p. 424, same) & Maria
    Candelaria CHAVES; ap/ not given because the father was absent; am/ Ynes
    CHAVES (only); gp/ Carlos QUINTO (Origins, p. 430, same) & Juana Anta GALLEGOS,
    vecinos de San Franco del Rancho.

Año de 1836

ESPINOSA, Jose Manuel
    bap 3 Jan 1836, ae 3 da; s/ Ramon ESPINOSA & Juana Maria ARCHULETA; ap/
    Nicolas ESPINOSA & Mª Rita MARTIN; am/ Anto ARCHULETA & Mª Monsorrate LEAL; gp/
    Pascual MARTINES & Mª Teodora GALLEGOS, vecinos todos de San Franco de Pauda.

BALDONADO, Manuel Jose
    bap 3 Jan 1836, ae 3 da; s/ Mariano BALDONADO & Mª Barvara TAFOYA; ap/ Jose
    BALDONADO & Juliana BARELA; am/ Ypolito TAFOYA & Consepcio(n) Mariana CHAVES;
    gp/ Jose Marcos TAFOYA & Maria Francisca TAFOYA, v° todos del Arroyo Seco.
    (Frames 669-670)

Frame 670
PADIA, Baltasar de los Reyes
  bap 6 Jan 1836, ae 3 da; s/ Jose PADIA & Maria Serafina TRUGILLO; ap/ Santiago PADIA & Juana Teresa LOVATO, both dec.; am/ Juan Christoval TRUGILLO & Soledad SALASAR, both dec., *vesinos del Arroyo Ondo*; gp/ An^{to} MARTIN & Anamaria RROMERO.

SISNEROS, Arquilina de los Reyes
  bap 6 Jan 1836, ae 4 da; nat. s/ Maria Ysabel SISNEROS, widow, & unknown father; am/ Nerio SISNEROS & Maria Teodora MARTINES; gp/ Jose de Jesus MAES & Juana Micaela PACHECO, *todos vecinos de la plasa de los Dolores de Arroyo Ondo*.

MONDRAGON, Jose Luciano
  bap 10 Jan 1836, ae 3 da; s/ Pedro MONDRAGON & Mª Simona ROMERO; ap/ Miguel ROMERO (sic) & Rosalilla MONTOYA; am/ An^{to} MONDRAGON (sic) & Felipa BARELA; gp/ Pablo TRUGILLO & Mª Rosa ROMERO, *vecinos de el Rancho*. (Frames 670-671)

Frame 671
MARTIN, An^{to} Jose
  bap 10 Jan 1836, ae 3 da; s/ Pablo MARTIN & Mª Jusepa PANDO; am/ Juan de los Reyes PANDO (sic), dec., & Trinidad GARCIA; ap/ Culas MARTIN (sic) & Mª Jucefa LOPES; gp/ Nicolas MARTIN & Mª Josefa LOPES, *todos vecinos de S. An^{to}*.

ARELLANO, Mª Dilubina
  bap 13 Jan 1836, ae 5 da; d/ Domingo ARELLANO & Mª Rosa MEDINA, *v^s del Arroyo Hondo*; ap/ Julian ARELLANO & Mª de la Luz TAPIA; am/ Juan Cristoval MEDINA & Juana Josefa CORDOVA; gp/ Jose An^{to} ARELLANO & M^a A(n)drea MARTIN, *v^s del mismo lugar*.

Frame 672
GALLEGOS, Juan An^{to}
  bap 14 Jan 1836, ae 7 da; s/ Vitor GALLEGOS & M^a de los Relles URTADA, *v^s del Rancho*; ap/ Miguel An^{to} GALLEGOS & Mª An^{ta} MARTINES; am/ Miguel URTADO & Mª de Jesus SANDOVAL; gp/ Carlos QUINTO (Origins, p. 430, same) & Juana An^{ta} GALLEGOS, *v^s del Rancho*.

CASADOS, Maria Seferina
  bap 15 Jan 1836, ae 2 da; d/ Jose Crabil CASADOS & Ana Mª ARCHULETA, *v^s de San Fernando*; ap/ Juan An^{to} CASADOS & Rosalia MARTIN; am/ An^{to} ARCHULETA & Juana Mª MARTINES; gp/ An^{to} Jose SUASO & Mª Rosalia SANDOVAL, *v^s del mismo lugar*.

CORDOBA, Jose Dolores
  bap 15 Jan 1836, ae 7 da; s/ Tomás CORDOBA & Mª Juana ARELLANO; ap/ Jose An^{to} CORDOBA & Juana MARTINES; am/ Ramon ARELLANO & Anna Maria ARMENTA; gp/ Diego ARCHULETA & Mª de la Lus QUINTANA, *todos ve^s de Arroyo Ondo*.

Frame 673
SANDOVAL, Maria Arcadia
  bap 15 Jan 1836, ae 4 da; d/ Jose Manuel SANDOVAL & Mª Soledad LUCERO; ap/ Fran^{co} Maria SANDOVAL & Mariana TAFOYA; am/ Bernardo LUCERO & Tomasa MARTINES; gp/ Lorenso BACA & Mª Ygnacia BACA, *v^s todos de S. Fernando*.

TRUJILLO, Fran^{co} An^{to}
  bap 17 Jan 1836, ae 2 da; s/ Juan de Jesus TRUJILLO & Mª de Jesus VIJIL; ap/ Damacio TRUJILLO & Mª Leonicia BOREGO; am/ Juaquin VIJIL & Mª Conspcio(n) CRUZ; gp/ An^{to} Jose MONDRAGON & Juana Maria VIJIL, *v^s de San Fran^{co} del Rancho*.

MARTINES, Maria Paula
    bap 18 Jan 1836, ae 4 da; d/ Pablo MARTINES & Soledad LUCERO, v^c del Rancho; ap/ An^{to} Jose MARTINES & Mª Rita BEYTA; am/ Juan de Jesus LUCERO & Maria Ygnacia LUCERO; gp/ Jose Fran^{co} GONSALES & Mª Rita GONSALES, v^s todos del Rancho.

Frame 674
ESPINOSA, Miguel An^{to}
    bap 20 Jan 1836, ae 3 da; s/ Felipe ESPINOSA & Mª Teodora DURAN, v^c de la plasa de San An^{to}; ap/ An^{to} ESPINOSA & Mª Soledad MARTIN; am/ Juan DURAN & Mª Sencion MEDINA; gp/ Blas CHAVES & Mª Dolores MARTIN, v^s todos de la plasa de San An^{to}.

MARTIN, Jose Ygnacio
    bap 20 Jan 1836, ae 5 da; s/ Juan Julian MARTIN & Mª Guadalupe VEGIL, v^s de la plasa de San An^{to}; ap/ Ygnacio MARTIN & Mª Paubla SALAZAR; am/ Pedro VIGIL (sic) & Mª Josefa QUINTANA; gp/ Pomuseno CORTES & Mª de la Cruz MARTIN, v^s de la plasa de S. An^{to}.

ARGUELLO, Mª Josefa   (Maria An^{ta} in margin)
    bap 21 Jan 1836, ae 4 da; d/ Pablo ARGUELLO & Mª Rafaela RODRIGUES, v^s de San Fr^{co} del Rancho; ap/ Ysidro ARGUELLO & Maria Guadalupe GONSALES; am/ Agustin RODRIGUES & Juana MESTAS; gp/ Jose Dolores DURÁN & Mª Dolores TAFOYA, v^s del mismo lugar.

Frame 675
ARELLANO, Maria An^{ta}
    bap 21 Jan 1836, ae 4 da; d/ Manuel ARELLANO & Maria Josefa PACHECO, v^s del Arroyo Ondo; ap/ Julian ARELLANO & Maria de la Luz TAPIA; am/ Felipe PACHECO & Mª Gertrudis CORDOVA; gp/ Jose Ramon ARELLANO & Maria Soledad ARELLANO, v^s del mismo lugar.

ROMERO, Maria Paubla
    bap 24 Jan 1836, ae 6 da; nat. d/ Mª Francisca ROMERO, v^s de S. Franc^o del Rancho; ap/ (sic) Franc^o ROMERO & Gertrudis VALDEZ; am/ Juan Domingo ROMERO & Mª Barbara TORRES; gp/ Man^l LUCERO & Lugarda SANDOVAL, v^s del Rancho.

TRUJILLO, Pedro Jose
    bap 26 Jan 1836, ae 8 da; s/ Bentura TRUJILLO & Josefa ROMERO, v^s del Rancho; ap/ Damacio TRUJILLO & Leonida BOREGO; am/ An^{to} ROMERO & Mª Franc^a ARMENTA; gp/ Jose MEDINA & Encarnacion MONTOLLA, v^s del mismo lugar.

DURAN, Juan de Jesus
    *bap 25 Jan 1836, ae 3 da; nat. s/ Mª An^{ta} DURAN, viuda, v^s de S. Fernando de Taos; ap/ Felis DURAN & Paubla ARGU(E)LLO; gp/ Juan Cristobal TENORIO & Mª Dolores OLGIN, v^s del mismo lugar. (Frames 675-676)

Frame 676
SANCHES, Jose Pablo
    bap 25 Jan 1836, ae 4 da; s/ Jose SANCHES & Barvara GUTIERRES, v^s del Rancho; ap/ Juan SANCHES & Margarita SILVA; am/ Fransisco GUTIERRES & Guadalupe MARTIN; gp/ Salvador GUTIERRES & Refugio VIGIL, v^s del mismo lugar.

MARTIN, Jose Pablo
    bap 25 Jan 1836, ae 4 da; s/ Marselino MARTIN & Maria Manuela LOVATO, v^s de la plasa de San An^{to} de Arroyo Hondo; ap/ Cristoval MARTIN & Mª Ygnacia GONSALES; am/ Jose LOVATO & Mª Ygnacia BALLEJOS; gp/ Nepomoseno CORTES & Mª de la Cruz MARTIN, v^s del mismo lugar.

Frame 677
GALLEGOS (gp), Mª Paula
 bap 26 Jan 1836, ae 2 da; nat. d/ Mª Ygnes (n.s.), Indian convert from Yuta Tribe and so there are no *abuelos*; gp/ D. Santiago GALLEGOS & Maria del Refugio TRUGILLO, *son v^s de S. Fernando.*

MEDINA, Maria Paula
 bap 26 Jan 1836, ae 3 da; d/ Jose Maria MEDINA & Mª Josefa GARCIA, *v^s del pueblo de Taos;* ap/ Ygnacio MEDINA & Alvina CHACON; am/ Juan GARCIA & Maria SANDOVAL; gp/ Pablo ROMERO & Mª Dolores LUJÁN, *v^s del mismo lugar.*

SANTETE (patron), Mª Rosalia
 bap 27 Jan 1836, ae 11 yr; d/ (unknown), adult Indian *famula (de)* Juan SANTETE (Origins, p. 433, same) & Maria Tivursia TRUJILLO; gp/ Jose Besinto TRUJILLO & Mª Dolores MADRID, *v^s de S. Fernando.* (Frames 677-678)

Frame 678
GUIRINE, Jose Pablo
 bap 27 Jan 1836, ae 3 da; s/ Miguel GUIRINE & Mª de Jesus MONTOYA, *v^s del Rancho;* ap/ Jose GUIRIME (sic) & unknown mother; am/ Patricio MONTOYA & Juana URTADA; gp/ Jose PORTELASE (Origins, p. 429, same) & Mª Josefa TORRES, *v^s del mismo lugar.*

AGUILAR, Maria Paula
 bap 28 Jan 1836, ae 5 da; d/ Patricio AGUILAR & Maria de la Encarnacion ESPINOSA, *v^s de la plasa de la Purisima Concepcion;* ap/ Ant^o AGUILAR & Gertrudis CORDOBA; am/ Juan Ant^o ESPINOSA & Maria Dolores GARCIA; gp/ Manuel BALDES & Mª Dolores FRESQUIS, *v^s del mismo lugar.*

MARTIN, Jose Lauriano
 bap 30 Jan 1836, ae 7 da; s/ Felipe MARTIN & Mª Juana GARDUÑO, *v^s del Rio Chiquito del Rancho;* ap/ Santiago MARTINES (sic) & Mª Josefa GARCIA; am/ Adauto GARDUNO (sic) & Mª Paula QUINTANA; gp/ Rumaldo MARQU(E)S & Mª Estipula MONTOYA, *v^s del mismo lugar.* (Frames 678-679)

Frame 679
MEDINA, Juana Rosalia
 bap 30 Jan 1836, ae 4 da; d/ Juan MEDINA & Viviana ABILA, *v^s de la Plasa de los Dolores;* ap/ Diego MEDINA & Mª Franc^a GUILLÉN; am/ Juan de Jesus ABILA & Antonia PACHECO; gp/ Pablo GALLEGOS & Mª Guadalupe FRESQUIS, *v^s del mismo lugar.*

PAIS, Jose Ygnacio
 bap 30 Jan 1836, ae 3 da; s/ Manuel PAIS & Ramona MADRID, *v^s de lo de Mora;* ap/ Miguel PAIS & Mª Soledad MAES; am/ Jose Cristobal MADRID & Mª Manuela MEDINA; gp/ Jose Vicente MADRID & Mª Trinidad MEDIN(A), *v^s de Arrollo Seco.*

Frame 680
ABILA, Maria Francisca
 bap 31 Jan 1836, ae 3 da; d/ Bicente ABILA & Mª Dolores QUINTANA, *v^s del Arrollo Hondo;* ap/ Eucevio ABILA & Conseccion PADIA; am/ Ramon QUINTANA & Mª dela Crus MARTINES; gp/ Man^l MONDRAGON & Mª Rosa ARELLANO, *v^s del mismo lugar.*

MARTIN, Maria Martina
 bap 31 Jan 1836, ae 2 da; d/ Miguel MARTIN & Mª Encarnacion MARTIN, *v^s dela plasa del Rancho;* ap/ Ygnacio VIGIL (sic) & Soledad DURAN; am/ Juan MARTIN & Catalina CORDOVA; gp/ Ant^o Aban CORDOVA & Mª Barvara CORDOVA, *v^s del mismo lugar.*

ARMIJO, Mª Ysabel   (Maria Barbara in margin but see mother)
   bap 31 Jan 1836, ae 3 da; d/ Miguel ARMIJO & Mª Barbara CHACON, vˢ de el Arroyo Hondo; (see 8 Jan 1837 for abuelos, which is probably more correct) ap/ Migᵉˡ ARMIJO & Mª Barbara CHACON (sic); am/ Francᵒ Antᵒ ARMIJO (sic) & Juana GARCIA; gp/ Juan Manuel MARTIN & Mª Dolores MARTIN, vecinos del mismo lugar.

Frame 681
MONTOYA, Juan de Jesus
   bap 6 Feb 1836 en San Fernando de Taos, ae 3 da; s/ Miguel MONTOYA & Maria Rosalia VALERIO, vecinos del Arroyo Seco; ap/ Agustin MONTOYA & Anna Rita OLIVE (sic); am/ Maria Candelaria SANDOVAL (sic-only); gp/ Antᵒ BRANCHAL (Origins, p. 407, BLANCHARD) & Mª Gertrudis TRUGILLO, vecinos de San Fernando.

LEAL, Jose Julian
   bap 6 Feb 1836 en San Fernando de Taos, ae 9 da; s/ Manuel LEAL & Maria Juliana TRUGILLO, vˢ del varrio de Nuestra Señora de San Juan; ap/ Manuel Jose LEAL & Mariana QUINTAN(A); am/ Francᵒ TRUGILLO & Maria Antª TORRES; gp/ Felipe Santiago TRUGILLO & Anna Maria BALDONADO, vˢ del mismo lugar.

SANCHES, Jose Ramon
   bap 7 Feb 1836, ae 7 da; s/ Benito SANCHES & Mª Tereza VIGIL, vˢ del Rancho; ap/ Felipe SANCHES & Juana MARTINES; am/ Juan de Jesus VIGIL & Mª Rosa DURÁN; gp/ Jose Manuel CORTES & Mª Manuela SANCHES, vᵘ del mismo lugar.

Frame 682
HERRERA, Juan Manuel
   bap 7 Feb 1836, ae 2 da; s/ Juan Antᵒ de HERRERA & Maria del Refugio VIGIL, vˢ de S. Francᵒ del Rancho; ap/ Joaquin de HERRERA & Mª Josefa BARELA; am/ Juan de Jesus VIGIL & Maria Luisa SALASAR, & she was gp/ with Felipe de Jesus VIGIL, vˢ del mismo lugar.

SANDOVAL, Jose Frcᵒ
   bap 4 Feb 1836, ae 7 da; s/ Juan Jose SANDOVAL & Bartolome MARTINES, vᵃ de Arroyo Ondo; ap/ Francᵒ SANDOVAL & Mª Ygnacia CHAVES; am/ Anna Mª MARTINES (only); gp/ Juan Bautista TRUGILLO & Mª TRUGILLO, vˢ del mismo lugar.

MARTINES, Jose Severino
   bap 7 Feb 1836, ae 6 da; s/ Jose MARTINES & Mª Paula MALDONADO, vˢ del Arroyo Seco; ap/ Cristobal MARTINES & Maria Teodora FRESQUIS; am/ Antᵒ Jose MARDONADO (sic) & Juliana GARELA (sic); gp/ Mariano MALDONADO & Mª Barbara TAFOYA, vˢ del mismo lugar. (Frames 682-683)

Frame 683
TAFOYA, Juan Bautista
   bap 7 Feb 1836, ae 5 da; s/ Andres TAFOYA & Maria Dolores MONTOYA, vᵘ de la plasa de la Señora de San Juan; ap/ Romano TAFOYA & Maria Rosalia DURÁN; am/ Maria Ysidora MONTOYA (only); gp/ Deciderio GONSALES & Mª Nicolasa JARAMILLO, vˢ de S. Francᵒ del Rancho.

ESPINOSA, Jose de la Crus
   bap 9 Feb 1836, ae 5 da; s/ Santiago ESPINOSA & Maria Manuela MARTINES, vecina de S. Francᵒ del Rancho; ap/ Vicente ESPINOSA & Mª de la Lus ROMERO; am/ Jose Antᵒ MARTINES & Maria Manuela SERDA; gp/ Antᵒ Jose VIGIL & Mª Dolores ARAGON, vecinos del mismo lugar.

Frame 684
URIOSTE, Jose Masedonio
   bap 9 Feb 1836, ae 3 da; nat. s/ Mª Dolores URIOSTE, single, vˢ de la plasa

de San Fran^co del Rancho; am/ Juan URIOSTE & Mª Manuela VIGIL; gp/ Anastacio VIGIL & Mª Rosa NARANJO, *v^s del mismo lugar.*

CORDOVA, Maria Polonia
   bap 9 Feb 1836, ae 4 da; d/ Rafael CORDOVA & Mª Ygnacia LUCERO, *v^s del Rancho;* ap/ Agnacio CORDOVA & Mª An^ta MARQUES; am/ Pablo LUCERO & Mª Paula LARRAÑAGA; gp/ Carlos QUINTO & Juana Antonia GALLEGOS, *v^s del mismo lugar.*

LANFOR, Maria Encarnacion
   bap 12 Feb 1836, ae 4 da; d/ Julian LANFOR (Origins, p. 422, LANFORT or LANGLORE) & Juana Maria VIGIL, *vecinos de San Fran^co del Rancho;* ap/ nobody there to give name; am/ (A)mador VIGIL & Mª Ygnacia QUINTANA; gp/ Ygnacio GONSALES & Maria Josefa LALANDA, *v^s del mismo lugar.* (Frames 684-685)

Frame 685
PACHECO, Jose Deciderio
   bap 14 Feb 1836, ae 4 da; s/ Fran^co PACECH(E)CO & Mª Dolores BARELA; ap/ Juan Pedro PACHECO & M^a dela Luz MARTINES; am/ Miguel BARELA & Juana ROMERO; gp/ Juan Pablo ARCHULETA & Juana Catarina PACHECO, *vesinos todos del Rancho.*

ABILA, Maria Ramona
   bap 14 Feb 1836, ae 3 da; d/ Diego ABILA & Mª Soledad MEDINA, *v^s dela plaza de Francisco de Pauda;* ap/ Manuel ABILA & Mª NARANJO; am/ An^to Jose MEDINA & Mª Gerdrades (sic) RODARTE; gp/ Jose Fransisco VIGIL & Mª Candelaria SANTIESTEVAN, *v^s del mismo lugar.*

Frame 686
GARCIA, Maria Dolores
   bap 14 Feb 1836, ae 3 da; nat. d/ Mª Diluvina GARCIA, single; am/ Pablo GARCIA & Mª Angela BELASQUES; gp/ An^to MEDINA & Maria Josefa TRUGILLO, *v^s del Rancho.*

NASH, Pedro   *Adulto*
   bap 14 Feb 1836, ae 25 yr; single & residing *en la plaza de San Fernando de este curato;* s/ Daniel NASH (Origins, p. 427, same) & Anemeltes (sic) RINGHAM, *originarios de Chose provincia pertenciente á los Estados Unidos de Norte America;* gp/ An^to LUCERO & Juana Catarina VIGIL, *vecinos del varrio de San Fernandes.*

Frame 687
ROMERO, Maria Dolores
   bap 14 Feb 1836, ae 3 da; d/ Juan Felipe ROMERO & Maria de las Nieves LUJAN, *v^s de San Fran^co del Rancho;* ap/ Tomas ROMERO & Mª Encarnacion CORDOVA; am/ Jose An^to LUJAN & Maria Rafaela MESTAS, *v^s de Picuries*, who were the gp.

MARTINES, Maria Micaela
   bap 15 Feb 1836, ae 3 da; d/ Miguel MARTINES & Juana GARCIA, *v^s de S. Fr^co del Rancho;* ap/ Fran^co MARTINES & Mª Ygnacia VIGIL; am/ Juan GARCIA & Mª de la Natividad BARELA; gp/ Manuel BARELA & Mª Dolores BEYTA, *vecinos del mismo lugar.*

RUIBALI, Juan Antonio
   bap 15 Feb 1836, ae 6 da; s/ Fran^co RUIBALI & Carmel GONSALES, *v^s de la Cieneguilla;* ap/ Pablo RUIBALI & Rafaela MONTOYA; am/ Jose Maria GONSALES & Dolores LEIVA; gp/ Juan Domingo SUASO & Gregoria SUASO, *v^s del mismo lugar.*

Frame 688
BARGAS, Jose Aniseto
   bap 18 Feb 1836, ae 2 da; s/ Agustin BARGAS & Feliciana VENAVIDES, *vecinos de*

San Fernandes; ap/ Estevan BARGAS & Ygnacia TRUGILLO; am/ Miguel An^{to} VENABIDES (sic) & Juana BACA; gp/ Juan Fran^{co} TRUGILLO & Mª Fran^{ca} APODACA, v^s *del mismo lugar.*

QUINTANA, Jesus Maria
   bap 18 Feb 1836, ae 3 da; s/ Juan Nepomusceno QUINTANA & Maria Paula GURULÉ, v^s *de poblacion de Arroyo Ondo*; ap/ Juan Lorenso QUINTANA & Mª Balvaneda ROMERO; am/ Manuel GURULÉ & Mª Petra GARCIA; gp/ Manuel GARCIA Anacleta de los Dolores GARCIA, v^s *del mismo lugar.*

TRUGILLO, Maria Clauda
   bap 21 Feb 1836, ae 3 da; d/ Juan Jose TRUGILLO & Marcelina MARTINES; ap/ Carpio TRUGILLO & Felipa MARTINES; am/ Agustin MARTIN (sic) & Josefa CORDOBA; gp/ Jose Martin MAES & Luz TRUGILLO, v^s *todos de San Fernandes.*

SANCHES, Antonio
   bap 20 Feb 1836, ae 3 da; s/ Manuel SANCHES & Maria Concepcion MONDRAGÓN, *vecinos de la plasa de San Fran^{co} del Rancho*; ap/ Fran^{co} SANCHES & Mª Polonia MARTINES; am/ Pablo MONDRAGÓN & Mª Dolores CORDOBA; gp/ An^{to} TORRES & Mª Ysabel FERNANDES, v^s *del mismo lugar.* (Frames 688-689)

Frame 689
MARTINEZ, Jose Mª de San Juan
   bap 21 Feb 1836, ae 5 da; s/ Mariano MARTINEZ & Mª Barvara VIGIL, v^s *de la Nuestra Señora de San Juan*; ap/ Luis MARTINEZ & Mª Candelaria PADILLA; am/ Juan de Jesus VIGIL & Mª Rosa DURAN; gp/ Felipe de Jesus GALLEGOS & Ana Bentura de HERRERA, v^s *del mismo lugar.*

BARRELA, Mª Ygnacia
   bap 21 Feb 1836, ae 4 da; d/ Jose An^{to} BARRELA & Maria Josefa LUCERO, v^s *de S. Fran^{co} de Pauda*; ap/ Miguel BARRELA & Mª Fran^{ca} CORDOVA; am/ Juan de Jesus LUCERO & Mª Yg^{cia} ARAGON; gp/ Manuel MONDRAGON & Mª Jucepa MONDRAGON, v^s *del Arroyo Ondo.* (Frames 689-690)

Frame 690
GALLEGOS, Jose Gabino
   bap 21 Feb 1836, ae 3 da; s/ Gabri(e)l GALLEGOS & Mª Juana MONTOYA, v^s *de S^a Fernando*; ap/ Jose Franci(s)co GALLEGOS & Mª Fran^{ca} OLGIN; am/ Vernardo MONTOLLA (sic) & Maria MARTINES; gp/ Noberto MARTINES & Mª Getrudis SANCHIS.

MONTOYA, Juan Ysidro
   bap 21 Feb 1836, ae 5 da; nat. s/ Maria Ysabel MONTOYA, *vecinos del varrio de San Fran^{co} del Rancho*; am/ Jose MONTOYA & Mª Luisa SANDOVAL; gp/ Rafael PADILLA & Mª Luisa PADILLA, *vecinos del mismo lugar.*

MEDINA, Jose Leonicio
   bap 22 Feb 1836, ae 5 da; s/ Geronimo MEDINA & Maria Estefana FRESQUIS, *vecinos del Rancho*; ap/ Juan Nepomoseno MEDINA & Mª Candelaria CHAVES; am/ Joaquin FRESQUIS & Rosalia DURAN; gp/ Jose Ramon CHACON & Maria Petra MARTIN, *vecinos de San An^{to} del Peñasco de Picuries.* (Frames 690-691)

Frame 691
GONSALEZ, Maria Seferina
   bap 22 Feb 1836, ae 3 da; d/ Jose Baltazar GONSALEZ & Mª de la Lus LEYVA, v^s *de plasa de los Dolores*; ap/ Jose Mª GONSALEZ & Dolores LEYVA (sic); am/ Jose Mª VELARDE (sic) & Dorotea MONTOYA; gp/ Juan Benito GARCIA & Mª Juana Dominga MADRID, v^s *de la plasa de San Fran^{co} del Rancho.*

RUIBAL, Maria Seferina de Jesus
  bap 22 Feb 1836, ae 1 da; d/ Luterio RUIBAL & Mª de Gracia SUASO, vˢ de S. Fernando; ap/ Juan Domingo RUIBAL & Valentina TELLES; am/ Ysidro SUASO & Mª Catarina VALDEZ; gp/ Manˡ Gregorio MARTIN & Mª Benita de Jesus MARTIN, vˢ de S. Fernando.

Frame 692
CRUS, Mª Seferina
  bap 22 Feb 1836, ae 2 da; d/ Frᶜᵒ CRUS & Mª Anᵗᵃ LUCERO, vˢ de San Fernando; ap/ Mariano CRUS & Mª Dolores VIGIL; am/ Benito LUCERO & Mª Fabiana CHAVES; gp/ Jose Candelario CORTÉS & Mª Dominga CORTÉS, vˢ del mismo lugar.

SANDOVAL, Juan Bartolome Gabino
  bap 22 Feb 1836, ae 3 da; s/ Venito SANDOVAL & Maria ESPINOSA, vˢ de San Fernandes; ap/ Gervasio SANDOVAL & Maria Ramona BARELA; am/ Juan de Jesus ESPINOSA & Maria Manuela MONTOYA; gp/ Jose Rafael TENORIO & Maria Barbara ESPINOSA, vˢ del mismo lugar.

MASCAREÑES, Severiano
  bap 23 Feb 1836, ae 1 da; s/ Miguel MASCAREÑES & Mª Manˡᵃ BUENO, vˢ de S. Franᶜᵒ del Rancho; ap/ Bernardo MASCAREÑAS (sic) & Juliana CORDOVA; am/ Anᵗᵒ BUENO & Mª Rosa VALDEZ; gp/ Jose Paublo TRUJILLO & Mª Ygnacia BACA, vˢ dela plasa de San Fernandez.

Frame 693
VIGIL, Margarita
  bap 23 Feb 1836, ae 4 da; d/ Rafael VIGIL & Estefana MADRID; ap/ Anᵗᵒ VIGIL & Simona MONTOYA; am/ Fernando MADRID & Mª Ysabel LOPES; gp/ Jose TAFOYA & Guadalupe ARMENTA, vˢ de San Fernandes.

BORREGO, Mª de Gracia
  bap 24 Feb 1836, ae 3 da; d/ Calisto BORREGO & Reyes CHAVES, vˢ de San Fernandes; ap/ Diego BORREGO & Viviana SANDOVAL; am/ Santiago CHABES (sic) & Juana URTADO; gp/ Jose Miguel MARTINES & Mª Dolores MARTINES, vˢ de San Fernando.

SALASAR, Maria Sesarea
  bap 25 Feb 1836, ae 4 da; d/ Gabriel SALASAR & Mª Dolores MARQUES, vˢ del Rancho; ap/ Juan Manuel SALASAR & Mª Anᵗᵃ QUINTANA; am/ Miguel MARQUES & Mª Gertrudis MONTOYA; gp/ Jose Tomas MARQUES & Mª Nicolasa SALASAR, vˢ del mismo lugar.

Frame 694
GARCIA, Mª Manuela
  bap 25 Feb 1836, ae 3 da; d/ Mª (sic) GARCIA & Mª de los Reyes MARTIN, vˢ del Arroyo Seco; ap/ Visente GARCIA & Juliana ROMERO; am/ Ygnacia MARTIN (only); gp/ Jose Fraᶜᵒ SANCHES & Mª Bitoria BALDONADO, vˢ del mismo lugar.

LUJAN, Maria Seferina
  bap 25 Feb 1836, ae 4 da; d/ Juan LUJAN & Juana Rita FRESQUES, vˢ de Arroyo Hondo; ap/ Pascual LUJAN & Encarnacion MARTIN; am/ Jose Franᶜᵒ FRESQUES & Mª Encarnacion MARTIN; gp/ Pablo GALLEGOS & Maria Guadalupe FRESQUES, vˢ de Arroyo Hondo.

MEDIDA, Mª Nestora
  bap 26 Feb 1836, ae 1 da; d/ Jose Manuel MEDIDA (sic) & Mª Ygnacia LUCERO, vˢ de Arroyo Ondo; ap/ Juan Cristoval MEDINA & Juana Gertrudis CORDOVA; am/ Visente LUCERO & Mª Marta ATENCIO; gp/ Jose Miguel ARCHULETA & Mª de Gracia SALASAR, vˢ de of San Ferᵈᵉˢ.

TAOS BAPTISMS, VOLUME II   1833-1837, AASF #20

Frame 695
GARCIA, Juan Eliseo
    bap 27 Feb 1836, ae 3 da; s/ Juan Jose GARCIA & Mª Josefa GONSALES, vˢ del
    Rancho; ap/ Jose GARCIA & Mª Biatris SANDOVAL; am/ Fernando GONSALES & Mª Luisa
    VIGIL; gp/ Juan Anᵗᵒ ARAGON & Mª Manuela FERNANDES, vˢ del mismo lugar.

VIGIL, Maria Matiana
    bap 27 Feb 1836, ae 4 da; d/ Manuel VIGIL & Mª Franᶜᵃ MESTAS, vˢ de la plasa de
    San Franᶜᵒ de Asis; ap/ Bernardo VIGIL & Rosalia TRUGILLO; am/ Jose MESTAS &
    Mª Dolores BARELAS; gp/ Juan Rafael MONDRAGÓN & Mª Franᶜᵃ VIGIL, vˢ del mismo
    lugar.

SANDOVAL, Jose Matias
    bap 27 Feb 1836, ae 4 da; s/ Jose del Carmel SANDOVAL & Mª Trinidad GARCIA, vˢ
    de S. Fernando; ap/ Pablo SANDOVAL & Lugarda QUINTANA; am/ Frᶜᵒ GARCIA & Mª
    Alvina TORRES; gp/ Juan Miguel LUCERO & Mª Encarnacion GONSALES, vˢ de S.
    Fernando.

Frame 696
TRUGILLO (patron), Mª Matiana
    bap 28 Feb 1836, ae 3 da; nat. d/ Mª Antonia (n.s.), Indian servant of Dⁿ Juan
    TRUGILLO, vecino de la plaza de Purisima Consesion; gp/ Jose Anᵗᵒ GONSALEZ &
    Mª Anᵗᵃ ARRAGON, vecinos de la de S. Franᶜᵒ de Paula.

APODACA, Jose Antonio
    bap 28 Feb 1836, ae 6 da; nat. s/ Mª del Rosario APODACA, vˢ del Rancho; am/
    Rafael APODACA & Mª MARTIN; gp/ Pedro Nolasco SUASO & Mª Manuela SANCHES,
    vecinos de(l) mismo lugar.

BALDES, Pedro Jose
    bap 28 Feb 1836, ae 6 da; s/ Ramon BALDES & Mª de Gracia GARCIA; ap/ Juan Anᵗᵒ
    BALDES & Mª Catarina TRUGILLO; am/ Franᶜᵒ GARCIA & Mª Josefa GONSALES; gp/ Jesus
    Mª CORDOBA & Mª de las Nieves ORTIS, vˢ todos del vˢ de los Desmontes.

Frame 697
LUCERO (patron), Jose Albino
    bap 29 Feb 1836, ae 2 da; nat. s/ Juana Maria LUCERO, Yndia comprada de Dⁿ
    Pablo LUCERO, vecino de San Fernandes; gp/ Juan Miguel TRUGILLO & Maria
    Teodora CRUZ, vˢ del mismo lugar.

LUCERO, Maria Alvina   Mᵃⁿᵃ = Mariana
    bap 1 Mch 1836, ae 3 da; d/ Manˡ LUCERO & Mª Lugarda SANDOBAL, vˢ de la plasa
    de S. Franᶜᵒ del Rancho; ap/ Bernardo LUCERO & Mª Tomasa MARTIN; am/ Franᶜᵒ
    SANDOBAL & Mᵃⁿᵃ TAFOLLA; gp/ Jose ROMERO & Mª Biviana FERNANDES, vˢ del mismo
    lugar.

MESTAS, Mª Alvina
    bap 2 Mch 1836, ae 2 da; d/ Jose del Carvel MESTAS & Mariana TORRES, vˢ de San
    Ferna(n)des; ap/ Ygnacio MESTAS & Madaglena MARTINES; am/ Diego TORRES &
    Consepsion TRUGILLO; gp/ Juan Nicolas DURAN & Juana Anᵗᵃ SANDOVAL, vˢ del mismo
    lugar.

Frame 698
CANDELARIO, Maria Alvina
    bap 2 Mch 1836, ae 4 da; d/ Julian CANDELARIO & Ana Maria MARTINES, vˢ de la
    plaza de Nuestra Señora de San Juan; ap/ Fraᶜᵒ CANDELARIO & Juana Tereza
    GRIEGO; am/ Jose Anᵗᵒ MARTINES & Mª Anᵗᵃ BALDONADO; gp/ Juan ARGUELLO & Mª Rosa
    VIGIL, vˢ del mismo lugar.

TORRES, Mª Candelaria
    bap 3 Mch 1836, ae 2 da; d/ Juan Manuel TORRES & Mª de la Luz VA(L)DES, v^s de
    la plaza de la Purisima Consepcion; ap/ Manuel TORRES & Dolores MONTOYA; am/
    Juaquin VALDES & Josefa MADRID; gp/ Juan SANCHES & Josefa BASQUES, v^s del mismo
    lugar. (No mention of twins.)

SUASO, Maria Nestora
    bap 3 Mch 1836, ae 8 da; d/ Juan Domingo SUASO & Mª Josefa GONSALES, v^s del
    pueblo de Taos; ap/ Fran^{co} SUASO & Josefa MIRAVAL; am/ Santiago GONSALES & Mª
    Loreta ROMERO; gp/ Pedro An^{to} MADRID & Mª Fran^{ca} BUENO, v^s de San Fernandes.
    (Frames 698-699)

Frame 699
TORRES, Juana de la Cruz
    bap 3 Mch 1836, ae 3 da; d/ Juan Manuel TORRES & Mª de la Luz VALDES, v^s dela
    plaza de la Purisima Comsepsion; ap/ Mª (Frame 698 has Manuel) TORRES & Mª
    Dolores MONTOYA; am/ Juaquin VALDES & Josefa MADRID; gp/ Juan PACHECO & Mª
    Yqsavel MONTOYA, v^s del mismo lugar. (No mention of twins.)

VALDEZ, Jose Pablo
    bap 3 Mch 1836, ae 2 da; s/ Jose Mª VALDEZ & Mª Manuela XARAMILLO, v^s de San
    Fernandes; ap/ Franc° VALDES (sic) & Mª Rafaela VARELA; am/ Franc° XARAMILLO &
    Mª Polonia VIGIL; gp/ Santiago MARTINES & Mª de la Lus LUCERO, v^s del mismo
    lugar.

MARTIN, Jesus Maria
    bap 5 Mch 1836, ae 2 da; s/ Diego MARTIN & Dolores MOLINA, v^s de Nuestra Señora
    de los Dolores; ap/ Juan de los Reyes MARTINES (sic) & Juana GALLEGOS; am/
    Juan An^{to} MOLINA & Biviana BACA; gp/ Mariano MARTIN & Juana GALLEGOS, v^s del
    mismo lugar. (Frames 699-700)

Frame 700
CRUS, Pedro Antonio
    bap 5 Mch 1836, ae 6 da; nat. s/ Mª Manuela CRUS, single, & unknown father; am/
    Jose CRUS & Mª del Carmel ARMENTA; gp/ Manuel ROMERO & Maria Leonicia
    CANDELARIA, vecinos todos de la plasa de Nt^{ra} S^{ra} de San Juan.

SANTISTEVAN, Eusebio
    bap (blank space) Mch 1836, ae 1 da; s/ Manuel Esquipula SANTISTEVAN & Mª
    Catarina COCA, v^s de S. Fernando; ap/ Maria SANTISTEVAN (only); am/ Jose Mª
    COCA & Mª Juana BENABIDES; gp/ Vicente TRUGILLO & Maria Natividad SANDOVAL,
    vecinos del mismo lugar.

Frame 701
BUENO, Jose Pablo
    bap 6 Mch 1836, ae 5 da; s/ Juan An^{to} BUENO & Maria Quirina GRIEGO, vecinos del
    varrio de N^{tra} S^{ra} de San Juan; ap/ Juan Eugenio BUENO & Maria Teodora BEITA;
    am/ Pablo GRIEGO & Petrona GARCIA; gp/ An^{to} de Jesus GALLEGOS & Maria Rita
    LUCERO, vecinos del mismo lugar.

GARCIA, Maria Ramona de los Dorores
    bap 8 Mch 1836, ae 4 da; d/ Fran^{co} GARCIA & Maria Guadalupe CHAVES, vecinos del
    Arollo Ondo; ap/ Manuel GARCIA & Maria Trinidad QUINTANA; am/ Jose An^{to} CHAVES
    & Maria Neculaza GOMES; gp/ Bentura de Jesus MEDINA & Maria MONDRAGON, vecinos
    todos del mismo lugar.

MEDINA, Maria Begnigna
    bap 8 Mch 1836, ae 5 da; d/ Fran^{co} MEDINA & Mª Trinidad PATRON, v^s de Arroyo
    Ondo; ap/ Juan Pascual MEDINA & Juana Teresa de Jesus ESPINOSA; am/ Felipe

PATRÓN & Mª Olalla ARAGON; gp/ Juan Anto MADRID & Mª Josefa GARCIA, *vs del mismo lugar.*

Frame 702
GARCIA, Jose Pablo
   bap 8 Mch 1836, ae 7 da; s/ Fernando GARCIA & Mª de Jesus de HERRERA, *vs de Arroyo Hondo*; ap/ Juan Jose GARCIA & Ma(r)ia Antonia PADILLA; am/ Jose de HERRERA & Juana GONSALES; gp/ Jose Miguel PACHECO & Maria Rita PACHECO, *vs del mismo lugar.*

TAFOYA, Jose Rafael
   bap 8 Mch 1836, ae 3 da; s/ Jose TAFOYA & Micaela RIOS, *vs de S. Frco del Rancho*; ap/ Mª TAFOYA (only); am/ Juan RIOS & Teresa GIJÓN (sic); gp/ Felipe MESTAS & Maria Soledad TAFOYA, *vs del mismo lugar.*

TRUGILLO, Jose Pablo
   bap 8 Mch 1836, ae 6 da; s/ Manuel Silvestre TRUGILLO & Mª Guadalupe VIGIL, *vs dela plasa de Nstra Sª de los Dolores de Sienegilla*; ap/ Juan TRUGILLO & Mª Josefa RIBAL; am/ Joaquin VIGIL & Mª Manuela MONTOYA; gp/ Juan Manuel OLGUIN & Anna Maria BALDES, *vecinos del curato de Sto Tomas de Abiquiu.*

Frame 703
TAFOYA, Maria Tomasa
   bap 9 Mch 1836, ae 4 da; d/ Juan de Jesus TAFOYA & Mª Viviana CHAVES, *vs de la plasa de Ntra Sª de San Juan*; ap/ Anto TAFOYA & Rosalia DURAN; am/ Juan Cristobal CHAVES & Mª Dolores MONTOYA; gp/ Jose Domingo VIGIL & Mª Rosa CORDOBA, *vs del mismo lugar.*

URTADO (patron), Jose Alvino
   bap 9 Mch 1836, ae seemingly new born; s/ unknown, found by Juana Josefa URTADO, wrapped in a woolen cloth in the area near her home by a corral; gp/ Arcario CRUS & the person who found him, *vecinos de la plasa de San Fernandes.*

LUCERO, Juan Antonio
   bap 12 Mch 1836, ae 3 da; s/ Ygnacio LUCERO & Mª Soledad SALASAR, *vs de S. Frco del Rancho*; ap/ Santiago LUCERO & Mª Rosa AGUILAR; am/ Pedro SALASAR & Mª del Carmel MEDINA; gp/ Frco FERNANDES & Mª Dolores FERNANDES, *vs del mismo lugar.*

Frame 704
RIVERA, Maria Gregoria
   bap 12 Mch 1836, ae 2 da; d/ Tomas RIVERA & Maria Loreta ORTIS, *vecinos de San Fernandes*; ap/ Pedro RIBERA (sic) & Maria Dolores MALDONADO; am/ Franco ORTIS & Josefa MIERA; gp/ Jose Franco GONSALES & Mª de la Luz MARQUES, *vecinos del mismo lugar.*

ARCHULETA, Maria Eulogia
   bap 12 Mch 1836, ae 3 da; nat. d/ Ramona ARCHULETA, *soltera, vecina de S. Fernando*, am/ Jesus ARCHULETA & Joaquina BENAVIDES; gp/ Manuel de Esquipula SANTIESTEVAN & Maria Catarina COCA, *vecinos de San Fernando.*

CORDOBA, Miguel Anto
   bap 12 Mch 1836, ae 6 da; nat. s/ Maria Dolores CORDOBA, single, *vecina de S. Fernando*; am/ Mª de Jesus CORDOBA & unknown father; gp/ Jose Venito TAFOYA & Maria Anta Josefa TAFOYA, *vs del mismo lugar.*

ROMERO, Mª Rufina
   bap 13 Mch 1836, ae 6 da; d/ Ysidro ROMERO & Mª GONSALES, *vs de San Franco de*

Paula; ap/ Jose ROMERO & Mª Felipa ABILA; am/ Cristobal GONSALES & Mª Simona TRUGILLO; gp/ Gregorio MARTINES & Mª Rita MARTINES, *v^s del mismo lugar.* (Frames 704-705)

Frame 705
LOVATO, Mª del Carmel
  bap 13 Mch 1836, ae 5 da; d/ Buenaventura LOVATO & Mª Dolores CORDOBA, *v^s de S. Fr^{co} de Ach*; ap/ Juan An^{to} LOVATO & Mª Ygnacia SANCHES; am/ Lorenso CORDOBA & Mª Rafaela TRUGILLO; gp/ Jose Mariano JARAMILLO & Mª Josefa LOVATO, *v^s del mismo lugar.*

MESTAS, Mª Eulogia
  bap 13 Mch 1836, ae 4 da; d/ Jose Fran^{co} MESTAS & Mª Dimas ROMERO; ap/ Felipe MESTAS & Fr^{ca} GARCIA; am/ Fr^{co} ROMERO & Mª Barbara GURULÉ; gp/ Juan Bautista VIGIL & Marcelina VIGIL, *v^s del Rancho.*

Frame 706
ORTEGA, Jose Deciderio
  bap 13 Mch 1836, ae 2 da; s/ Jose Dolores ORTEGA, dec., & Mª del Refugio SANDOBAL; ap/ Nicolas ORTEGA & Mª de Gracia TAFOLLA; am/ Pablo SANDOBAL & Mª Dolores COCA; gp/ Juan Andres TRUGILLO & Mª Ygnacia TRUGILLO, *v^s de San Fernando.*

GONSALES, Juan Ygnacio
  bap 13 Mch 1836, ae 4 da; s/ Cristobal GONSALES & Simona TRUJILLO, *v^s de San Francisco de Paula*; ap/ Juan An^{to} GONSALES & Mª Dolores MOQUETE; am/ Juan An^{to} TRUJILLO & Juana BUENO; gp/ Jose An^{to} BARELA & Josefa LUCERO, *v^s de la plasa de S. Fernando.*

PADILLA, Jose Agapito
  bap 13 Mch 1836, ae 3 da; s/ Pascual PADILLA & Mª Dolores MARTINES, *v^s dela plasa de San An^{to}*; ap/ Jose An^{to} PADIA (sic) & Mª Gertrudis GARCIA; am/ Alfonso MARTIN (sic) & Encarnacion ARCHULETA; gp/ Jose Julio GUILLEN & Mª Encarnacion GUILLEN, *v^s del mismo lugar.*

Frame 707
GONSALES, Jose Gregorio
  bap 13 Mch 1836, ae 1 da; nat. s/ Albina GONSALES, single; am/ Juan Jose GONSALES & Juana DIAS; gp/ Luis de Alta Gracia GALLEGOS & Mª Rita GALLEGOS, *todos vecinos de San Fernandes.*

DURÁN, Jose Nicanor
  bap 14 Mch 1836, ae 1 da; s/ Julian DURÁN & Maria Eugenia BARELA, *v^s de S. Fernando*; ap/ Pablo DURÁN & Mª de Jesus BALDES; am/ An^{to} BARELA & Concepcion LOPES; gp/ Jose Venito TRUGILLO & Maria Tomasa GARCIA, *vecinos del mismo lugar.*

RIO, An^{to} Jose
  bap 19 Mch 1836, ae 4 da; s/ An^{to} RIO & Maria GONSALES, *Indios naturales del Pueblo de Taos*; ap/ Juan RIO & Maria PANDO; am/ Jose GONSALES & Juana TECOA; gp/ Jose An^{to} MARTIN & Maria Manuela PANDO, Indians of same pueblo.

Frame 708
DURAN, Mª Gregoria
  bap 20 Mch 1836, ae 8 da; d/ Jose Fran^{co} DURAN & Mª Teodora BARELA; ap/ Diego DURAN & Mª Josefa MARTINES; am/ Juan Ysidro BARELA & Juana Mª MARTIN; gp/ Juan Jose CORDOVA & Mª Ysabel CORDOVA, *vecinos del Arroyo Seco.*

TAOS BAPTISMS, VOLUME II   1833-1837, AASF #20

MARTINES, Mª Cesilia
    bap 20 Mch 1836, ae 8 da; d/ Anto MARTINES & Mª Encarnacion MA(L)DON(A)DO; ap/
    Cristobal MARTINES & Teodora FRESQUIS; am/ Anto Jose MALDONADO & Juliana
    bap BARELA; gp/ Jose Victor MALDONADO & Mª Victoria MALDONADO, vs todos de la
    plasa de Sma Trinidad.

GONSALES, Maria Viviana
    bap 20 Mch 1836, ae 4 da; nat. d/ Maria Paula GONSALES, single, & unknown
    father; am/ Santiago GONSALES & Loreta VIGIL, Indians of the pueblo; gp/ Juan
    GALLEGOS & Mª Lucia ARMIJO, vs de la Sma Trinidad de Arroyo Seco.

Frame 709
GONSALES, Anna Maria
    bap 20 Mch 1836, ae 8 da; d/ Frco GONSALES & Mª de los Reyes ROMERO, vs de la
    plasa de la Virgen de los Dolores; ap/ Juan GONSALES & Mª Anta MARTINES; am/
    Lorenso MARTINES & Mª Josefa ROMERO; gp/ Jose GONSALES & Anna Maria ROMERO, vs
    del mismo lugar.

PACHECO, Agapito
    bap 20 Mch 1836, ae 4 da; s/ Juan PACHECO & Maria AVILA, vs de la plasa de los
    Dolores; ap/ Felipe PACHECO & Gertrudis CORDOBA; am/ Anastacio ABILA (sic) &
    Ygnacia LUCERO; gp/ Jose GONSALES & Anna Mª ROMERO, vs del mismo lugar.

GONSALES, Juan Bautista
    bap 20 Mch 1836, ae 2 da baptized in necessity by Mª Luisa VIGIL, partera; s/
    Joaquin GONSALES & Mª Guadalupe MARTINES; ap/ Ygnacio GONSALES & Luisa VIGIL;
    am/ Jose Anto MARTINES & Josefa LEAL; gp/ Tomas COCA & Lorensa SANDOVAL, vs del
    Rancho todos.

Frame 710
REYNA, Mª Paula
    bap 20 Mch 1836, ae 4 da; d/ Juan Miguel REYNA & Mª Guadalupe ROMERO; ap/ Jose
    REYNA & Ana Josefa LUJÁN; am/ Juan Anto ROMERO & Mª Diega DELGADO; gp/ Mª
    Soledad LUJÁN (only), all Indians of Taos pueblo.

ROMERO, Luis Maria
    bap 20 Mch 1836, ae 9 da; s/ Miguel ROMERO & Mª Franca LOMA, Indians of Taos;
    ap/ Anto ROMERO & Antonia ESPINOSA; am/ Ramón LOMA & Frca ORTIS; gp/ Manuel
    Gregorio MARTINES & Venita de Jesus MARTINES, vs de San Fernando.

LUCERO, Maria Benigna
    bap 20 Mch 1836, ae 8 da; d/ Pedro LUCERO & Mª Franca ARAGON; ap/ Gregorio
    LUCERO & Mª Manuela MARTINES; am/ Fernando ARAGON & Mª de la Encarnacion
    BALDES; gp/ Pascual MARTINES & Mª Teodora GALLEGOS, todos vecinos de San
    Fernando. (Frames 710-711)

Frame 711
LUJAN, Jose Franco
    bap 20 Mch 1836, ae 6 da; s/ Jose Manuel LUJAN & Ygnacia MARTIN; ap/ Franco
    LUJAN & Mª Ygnacia ESPINOSA; am/ Juan Anto MARTIN & Josefa REYNA; gp/ Franco
    NARANJO & Maria Gertrudis TRUGILLO, todos vecinos del pueblo.

TRUGILLO (patron), Jose Eugenio
    bap 21 Mch 1836, ae 2 da; nat. s/ Rosa (n.s.), Christian Nabajo Indian, famula
    de Anto TRUGILLO, vecino de San Fernando; gp/ Juan de los Reyes SALASAR & Anna
    Maria GONSALES, vs de San Fernando.

Frame 712
ARGUELLO, Jose Dolores

bap 21 Mch 1836, ae 3 da; s/ Miguel ARGUELLO & Mª Ygnacia MEDINA, v⁵ de la plasa de Nᶜʳᵃ Sᵃ de S. Juan; ap/ Juan ARGUELLO & Mª Clara SANDOVAL; am/ Gregorio MEDINA & Mª Ysabel ROMERO; gp/ Ramón DURÁN & Margarita MEDINA, v⁵ del mismo lugar.

BEJIL, Jose Ramón
bap 22 Mch 1836, ae 17 da; nat. s/ Ana Maria BEJIL & unknown father, bap in necessity by Ramon SALAS; am/ Juan de Jesus BIJIL (sic) & Maria Manuela MARTIN; gf/ Juan Manuel MARTIN, becino de la poblacion del Arollo Hondo.

CRUS, Maria Bernarda
bap 24 Mch 1836, ae 7 da; d/ Jose Anᵗᵒ CRUS & Juana de Jesus MEDINA; ap/ Anᵗᵒ CRUS & Mª Ygnes ARMIJO; am/ Juan Pascual MEDINA & Juana Teresa ESPINOSA; gp/ Juan Felipe TRUGILLO & Maria del Carmel SANCHES, vecinos todos de la poblacion de Arroyo Hondo.

Frame 713
MARTIN (patron), Juan Jose
bap 25 Mch 1836, ae about 3 yr; s/ Tribu Lluta, famulo de Dⁿ Buena Bentura MARTIN, vᵒ de S. Franᶜᵒ de Paula; gp/ Mariano MARTINEZ (sic, only) vᵒ del mismo lugar.

PANDO, Maria de la Encarnacion
bap 27 Mch 1836, ae 3 da; d/ Jose Anᵗᵒ PANDO & Juana ARCHULETA,; ap/ Manuel PANDO & Mariana ROMERO; am/ Anᵗᵒ Jose ARCHULETA & Maria ROMERO; gp/ Diego PANDO & Maria Soledad MEDINA, todos vecinos de San Franᶜᵒ del Rancho.

MARTINES, Jose Ramos
bap 27 Mch 1836, ae 3 da; s/ Geronimo MARTINES & Juana RIOS, naturales deste pueblo; ap/ Jose Anᵗᵒ MARTIN (sic) & Ysabel TRUGILLO; am/ Jose RIOS & Juana MARTIN; gp/ Agustin ROMERO & Manuela ROMERO, vecinos del mismo lugar. (Frames 713-714)

Frame 714
LEAL, Jose Dolores
bap 27 Mch 1836, ae 4 da; s/ Benito LEAL & Fernanda CALDERON, vecinos de San Franᶜᵒ del Rancho; ap/ Rafael LEAL & Maria Teresa VIGIL; am/ Maria Josefa CALDERON (only); gp/ Pablo MARTIN & Josefa QUINTANA, vecinos del mismo lugar.

CRUS, Anᵗᵒ de Jesus
bap 27 Mch 1836, ae 6 da; s/ Vicente CRUS & Dolores MEDINA, vecinos del Rio Chiquito; ap/ Vicente CRUS & Mª Varvara LUCERO; am/ Gregorio MEDINA & Ysabel ROMERO; gp/ Jose Anᵗᵒ TAFOYA & Mª de Altagracia MEDINA, vecinos del mismo lugar.

ROMERO, Maria del Refugio
bap 27 Mch 1836, ae 3 da; d/ Geronimo ROMERO & Maria Dolores MARTIN, v⁵ deste pueblo; ap/ Juan ROMERO & Rafaela MIRABAL; am/ Polo sin apellido (n.s., only); gp/ Jose Pablo MARTIN & Maria Gregoria GARCIA, vecinos de San Franᶜᵒ del Rancho. (Frames 714-715)

Frame 715
HERRERA, Maria Teodocia
bap 29 Mch 1836, ae 4 da; d/ Pedro de HERRERA & Maria Manuela MARTINES, vecinos de la plasa de Nᶜʳᵃ Señora de San Juan; ap/ Juan Pablo de HERRERA & Juana MASCAREÑAS; am/ Santiago MARTINES & Maria Josefa GARCIA; gp/ Felipe GALLEGOS & Anna Ventura de HERRERA, v⁵ del mismo lugar.

TAOS BAPTISMS, VOLUME II   1833-1837, AASF #20

TAFOYA, Jose Sisto de Jesus
   bap 29 Mch 1836, ae 2 da; s/ Benito TAFOYA & Maria Guadalupe MARTINES, *vecinos de S. Fernando*; ap/ Nicolas TAFOYA & Mª Manuela MEDINA; am/ Santiago MARTINES & Mª Josefa GARCIA; gp/ Abrán LEDÚ (Origins, p. 423, LEDOUX) & Maria Guadalupe TRUGILLO, *vº del mismo lugar*.

Frame 716
VIGIL, Jose Gabriel
   bap 30 Mch 1836, ae 3 da; s/ Jose de Gracia VIGIL & Maria de Jesus GONSALES, *vecinos de la plasa de la Pura y Limpia Consuasion*; gp/ Juan Jose VIGIL & Maria Ynes RODRIGES, *vesinos del mismo lugar*.

SANDOVAL, Juan Benito
   bap 31 Mch 1836, ae 10 da; s/ Jose SANDOVAL & Mª de la Crus MONTOYA; ap/ Juan de Jesus SANDOVAL & Mª Beatris MONTOYA; am/ Pedro Albino MONTOYA & Maria Manuela DURAN; gp/ Jose Benito BALDES & Maria Martina GARCIA, *todos vecinos de los Desmontes*.

GOMES (patron), Mateo
   bap 2 Apr 1836, ae 7 yr; s/ *Tribu Yuta*, famulo de Mateo GOMES *vecino de S. Frᶜᵒ del Rancho*; gp/ Jose Antᵒ SALAS & Mª Manuela GOMES, *vº del mismo lugar*.

Frame 717
BALDES, Juan Agustin
   bap 3 Apr 1836, ae 5 da; s/ Geronimo BALDES & Mª Rita FERNANDES, *vecinos de S. Francᶜᵒ de Asís*; ap/ Mariano BALDES & Mª Manuela CACILLAS; am/ Jesus FERNANDES & Maria Rosa ROMERO; gp/ Jose Miguel PACHECO & Maria Trinida(d) VIGIL, *vecinos del mismo lugar*.

FRESQUIS, Maria Soledad
   bap 3 Apr 1836, ae 6 da; d/ Bartolome FRESQUIS & Maria de la Lus (CRUZ-blot), *vecinos de la plasa de la Virgen de los Dolores*; ap/ Francᶜᵒ FRESQUIS & Maria Encarnacion MARTINES; am/ Manuel CRUZ & Anna Maria GARCIA; gp/ Mariano ARELLANO & Maria Soledad ARELLANO, *vecinos del mismo lugar*.

CHAVES, Jose Mariano
   bap 3 Apr 1836, ae 6 da; s/ San Juan CHAVES & Maria Manuela ABILA; ap/ Luis CHAVES & Anna Maria MARTINES; am/ Juan de Jesus ABILA & Mª Antª PACHECO; gp/ Jose Guadalupe ABILA & Maria Paula PAIS, *vecinos todos de la poblacion Arroyo Ondo*. (Frames 717-718)

Frame 718
MONTOYA, Jose Francᶜᵒ
   bap 4 Apr 1836, ae 3 da; s/ Gregorio MONTOYA & Encarnacion LEIVA, *vecinos de San Francᶜᵒ del Rancho*; ap/ Jose MONTOYA & Mª Luisa SANDOVAL; am/ Manuel LEIVA & Mª Manuela ESPINOSA; gp/ Jose Buena Vᵉⁿᵗª TRUGILLO & Maria de los Reyes MEDINA, *vecinos del mismo lugar*.

GOMES, Maria Teodora
   bap 10 Apr 1836, ae 3 da; d/ Juan de Jesus GOMES & Maria TRUGILLO, *vecinos de San Fernandes*; ap/ Nerio GOMES & Mª Josefa BALDES; am/ Blas TRUGILLO & Mª Manuela SANCHES; gp/ Dⁿ Santiago GALLEGOS & Maria del Refugio TRUGILLO, *vecinos del mismo lugar*.

MONTOYA, Jose de la Crus
   bap 10 Apr 1836, ae 4 da; s/ Jorge MONTOYA & (n.n. CORTES), *vecinos de San Fernandes*; ap/ Francᶜᵒ MONTOYA & Maria Ygnacia VALDES; am/ Cruz CORTES & Juana PADILLA; gp/ Miguel SANCHES & Josefa MARTINA, *vº del mismo lugar*. (Frames 718-719)

Frame 719
PADIA, Jose Lionicio
   bap 10 Apr 1836, ae 3 da; nat. s/ Juana PADIA; am/ Fran^{co} PADIA & Loreta CHAVES; gp/ Juan de Jesus DURÁN & Maria Varvara MEDINA, *vecinos todos de San Fernandes.*

ROMERO, Maria Felipa
   bap 10 Apr 1836, ae 5 da; nat. d/ Maria Pascuala ROMERO, *vecinos del Ranchito de San Fran^{co} de Pauda*; am/ Jose ROMERO & Felipa ABILA; gp/ Ygnacio MEDINA & Mª Manuela ARCHULETA, *v^s del mismo lugar.*

CORTES, Jose Eugenio
   bap 10 Apr 1836, ae 9 da; s/ Mariano CORTES & Carmel RODRIGUES, *vecinos de San Fran^{co} del Rancho*; ap/ Paulin CORTES & Consepcion MARTINES; am/ Lorenso RODRIGUES & Maria Josefa CRUZ; gp/ Manuel An^{to} SANDOVAL & Margarita MARTIN, *v^s del mismo lugar.* (Frames 719-720)

Frame 720
VARELA, Teresita de Jesus
   bap 10 Apr 1836, ae 6 da; nat. d/ Maria Dolores VARELA, *vecina del Arroyo Seco*; am/ Juan Ysidro de Jesus VARELA & Juana MARTINEZ; gp/ Juan Cristoval CHAVES & Mª Dolores MONTOYA, *v^s del mismo lugar.*

SAMORA, Maria Asencion
   bap 10 Apr 1836, ae 8 da; nat. d/ Teodora SAMORA; am/ Pedro SAMORA & Mª Rafela CASIAS; gp/ Rafael SANDOVAL & Maria Tomasa SANDOVAL, *vecinos de San Fran^{co} del Rancho.*

MEDINA, Santiago de Jesus
   bap 13 Apr 1836, ae 6 da; s/ Jesus MEDINA & Mª Josefa MARTINES, *v^s del Rancho*; ap/ Juan MEDINA & Candelaria VIGIL; am/ Gerbacio MARTINES & Juana CORTES; gp/ Marcelo GUTIERRES & Anna Mª GUTIERRES, *v^s del mismo lugar.*

Frame 721
CHACON, An^{to} Domingo
   bap 13 Apr 1836, ae 4 da; s/ Fran^{co} CHACON & Mª Encarnacion ATENCIO, *v^s de Arroyo Ondo*; ap/ An^{to} Jose CHACON, dec., & Maria Clara TRUGILLO; am/ Juan Ygnacio ATENCIO & Mª Dolores ARCHULETA; gp/ Pedro MEDINA & Mª Dolores MARTINES, *v^s del mismo lugar.*

ORNELA, Maria Guadalupe
   bap 14 Apr 1836, ae 2 da; d/ Andres ORNELA & Mª Francisca GALLEGOS, *v^s de Picuries*; ap/ Jose ORNELA & Maria Gertrudis BALENSUELA; am/ Vicente GALLEGOS & Andrea BACA; gp/ Jose Guillermo URTADO & Mª Lugarda LUCERO, *v^s del mismo lugar.*

FERNANDES, Jose Lion
   bap 16 Apr 1836, ae 6 da; s/ Man^l FERNANDES & Mª de la Sencion MARTINES, *v^s del Rancho*; ap/ Juan Domingo FERNANDES & Juana Fran^{ca} GARCIA; am/ Pedro MARTINES & M^a delos Reyes PINO; gp/ Juan An^{to} ARAGON & Mª Manuela FERNANDES, *v^s del mismo lugar.*

Frame 722
CASTELLANO, Jose Benedito
   bap 16 Apr 1836, ae 3 da; s/ Ylario CASTELLANO & M^a del Carmel TRUGILLO, *v^s del Rio Chiquito abogasion de N^{tra} S^{ra} de San Juan*; ap/ Santiago CASTELLANO & Mª Dolores LUJAN; am/ Fran^{co} TRUGILLO & Mª An^{ta} TORRES; gp/ Juan de Jesus GONSALES & Mª Felipa SALASAR.

LUCERO, Mª Ygnacia
   bap 17 Apr 1836, ae 2 da; d/ Jose Rafael LUCERO & Juana Antonia ORTEGA, *vecinos de la plasa de San Anto*; ap/ Juan de Jesus LUCERO & Mª Ygnacia ARAGON; am/ Domingo ORTEGA & Mª Andrea BALDES; gp/ Jose Mª SANCHES & Maria Paula SANCHES.

MARTIN, Mª Manuela
   bap 17 Apr 1836, ae 4 da; d/ Franco MARTIN & Maria BERNAL, *vecinos del Arroyo Ondo*; ap/ Manuel MARTIN & Mª Manuela SANDOVAL; am/ Felipe BERNAL & Candelaria de HERRERA; gp/ Faustin MEDINA & Mª de Jesus BERNAL. (Frames 722-723)

Frame 723
GONSALES, Mª Rafaela
   bap 17 Apr 1836, ae 3 da; nat. d/ Juana GONSALES; am/ Juan GONSALES & Maria Antª MARTINES; gp/ Rafael CISNEROS & Teodora MARTINES, *vs del Arroyo Ondo*.

CORDOVA, Mª Rosa
   bap 18 Apr 1836, ae 3 da; d/ Franco CORDOVA & Mª Carmel GARCIA; ap/ Anto Jose CORDOVA & Jacilda AGUILAR; am/ Anto GOMES (sic) & Manuela ROMERO; gp/ Anto MONTOYA & Mª Josefa ROMERO, *vs de San Franco del Rancho*.

Frame 724
CRUZ, Jose Aniceto
   bap 19 Apr 1836, ae 3 da; s/ Felipe CRUZ & Maria Catarina GONSALEZ; ap/ Jose Maria (CRUZ-blot) & Mª y Guadalup(e) DURAN; am/ Jose Miguel GONSALES (sic) & Maria Ysabel VIGIL; gp/ Manuel CACIAS & Mª Lauteria CACIAS, *vs de San Franco del Rancho*.

GERRERO, Jose Perfeto
   bap 21 Apr 1836, ae 3 da; nat. s/ Maria Dolores GERRERO; am/ Anto GERRERO & Ma Juana PAIZ; gp/ Jose Rafael TENORIO & Mar(ia) BENIVADIS, *vs de San Fernando*.

BALDES, Mª Juliana
   bap 26 Apr 1836, ae 3 da; d/ Nicolas BALDES & Mª Miguela SISNEROS; ap/ Franco BALDES & Mª Antonia ROMERO; am/ Felipe SISNEROS & Mª de HERRERA; gp/ Julian VIGIL & Paula ARAGON, *vs todos de San Fernando*.

Frame 725
VIGIL, Marcos
   bap 26 Apr 1836, ae 3 da; s/ Miguel VIGIL & Mª Paula BEYTA, *vs de S. Francisco del Rancho*; ap/ Jose Ygnacio VIGIL & Mª Rosa ARANDA; am/ Mariano BEYTA & Juana Gertrudis de HERRERA; gp/ Juan Rafael MONDRAGÓN & Mª Francisca VIGIL, *vs del mismo lugar*.

HERRERA, Maria Catarina
   bap 27 Apr 1836, ae 3 da; d/ Ricardo de HERRERA & Maria Nicacia TRUGILLO; ap/ Felipe de HERRERA & Mª BEITA; am/ Bernardo VIGIL (sic) & Mª Rosa TRUGILLO; gp/ Franco LEAL & Mª Tatividad GALBIS, *vs todos de San Franco del Rancho*.

BASQUES, Jose Bicente
   bap 27 Apr 1836, ae 7 da; s/ Juan Jose BASQUES & Mª Pascuala CORDOBA; ap/ Jose Anto BASQUES & Mª Rosa ARELLANO; am/ Pablo CORDOVA & Mª Antª ROMERO; gp/ Miguel Anto BALLEJOS & Maria Gertrudis CHABES, *vs del Arollo Ondo*.

Frame 726
MARTINES, Diego Anto
   bap 30 Apr 1836, ae 2 da; nat. s/ Maria Paula MARTINES; am/ Diego MARTINES & Maria Antª GALLEGOS; gp/ Jose Tranquilo (n.s.) & Maria Ingnes LOPES.

ARMENTA, Maria Benina
    bap 1 May 1836, ae 3 da; d/ Juan Ygnacio ARMENTA & Maria Guadalupe MARTINES;
    ap/ Simon ARMENTA & Mª Marta MARTINES, both dec.; am/ Salbador MARTINES & Maria
    Florentina SANDOBAL; gp/ Juan de Jesus LUCERO & Mª Dolores LUCERO of S.
    Fernando.

CORTES, Mª Conspecion
    bap 1 May 1836, ae 3 da; d/ Jose Manuel CORTES & Mª Manuela SANCHES; ap/ Paulin
    CORTES & Mª Conspecion MARTINES; am/ Felipe SANCHES & Juana MARTINES; gp/ Franco
    Esteban QUINTANA & Mª Guadalupe LUJAN.

Frame 727
MARQUES, Maria Marcelina Nuirges
    bap 1 May 1836, ae 6 da; d/ Rafael MARQUES & Mª de la Lus ORTEGA; ap/ Alejandro
    MARQUES & Maria Miquela ATENCIO; am/ Juan Franco ORTEGA & Maria Leogarda
    ARCHULETA; gp/ Jeronimo MONDRAGON & Maria Ygnacia de HERRERA, v(ecinos) de
    Arroyo Seco.

APODACA, Antonio Eulogio
    bap 1 May 1836, ae 3 da; s/ Franco APODACA & Mª Rosa GOMES; ap/ Santiago APODACA
    & Mª Cacilda CORDOVA; am/ Juan Anto GOMES & Mª Franca SANCHES; gp/ Jose Rafael
    DURAN & Mª Estefana MADRIL, vs de Arrollo Ondo.

MAES, Maria Rita
    bap 1 May 1836, ae 2 da; d/ Pedro Luiz MAES & Paula MEDINA; ap/ Juan MAEZ
    (sic) & Maria Manuela ROMERO; am/ Feliz MEDINA & Teodora QUINTA, vs de San
    Fernando; gp/ Jose Rafael MAES & Ana Maria CORTEZ, vs de San Franco del Rancho.
    (Frames 727-728)

Frame 728
DURAN, Maria Acencion
    bap 1 May 1836, ae 5 da; d/ Cristobal DURAN & Paula RIO; ap/ Jose Anto RIO
    (sic) & Mª Madalena (n.s.); am/ Jose Anto DURAN (sic) & Barbara MARTINES; gp/
    Franco GOMEZ & Maria Madalena RIO, naturales del pueblo de San Geronimo de
    Taos.

SANCHES, Maria Dolores
    bap 1 May 1836, ae 8 da; d/ Jose Anto SANCHES & Mª del Carmel VIGIL, vecinos de
    la plasa de la Sieneguilla; ap/ Juan Cristobal SANCHES & Margarita SILVA; am/
    Joaquin VIGIL & Manuela MONTOYA; gp/ Juan Matias SANCHES & paternal
    grandmother, vs dela plasa de S. Franco del Rancho.

Frame 729
SANDOBAL, Felipe Santiago
    bap 6 May 1836, ae 6 da; s/ Relles SANDOBAL & Mª del Carmel FERNANDES; ap/
    Manuel SANDOBAL & Gertrudis NARANJO; am/ Anto Jose FERNANDES & Mª Luiza MAES;
    gp/ Santiago FERNANDES & Mª Bartola ROMERO, vs de San Fernando.

MONTOLLA, Mª Dolores de la Cruz
    bap 6 May 1836, ae 2 da; d/ Eucebio MONTOLLA & Mª de Jesus ARCHULETA; ap/
    Miguel MONTOLLA & Maria Antª BERNAL; am/ Santiago ARCHULETA & Maria Polonia
    ROMERO; gp/ Felipe de Jesus VIGIL & Maria de los Relles VIGIL, vs de San Franco
    del Rancho.

LEAL, Mª del Rosario
    bap 6 May 1836, ae 7 da; d/ Pedro LEAL & Mª Dolores MIRABAL, vs de S. Francisco
    de Asis; ap/ Juan Domingo LEAL & Veronica CORTES; am/ Juan Luis MIRABAL &
    Maria Damasia REYNA; gp/ Juan Andres ROMERO & Mª Ysabel MARTINES, vs del mismo
    lugar.

Frame 730
SALASAR, Froilan Nastor
  bap 7 May 1836, ae 3 da; s/ Miguel An^to SALASAR & Mª Jocefa VIGIL; ap/ Casimiro SALASAR & Mª Conspecion TRUGILLO; am/ Faustin VIGIL & Maria MARTINES; gp/ Fran^co An^to BEITA & Maria Manuela ARCHULETA, v^s de San Fran^co del Rancho.

MARTINES, Maria Miquela
  bap 8 May 1836, ae 3 da; d/ Jose MARTINES & Mª Estipula SILBA; ap/ Juan Felipe MARTINES & Mª Manuela COCA; am/ Siriaco SILBA & Mª Asencion MEDINA; gp/ Pedro An^to DURAN & Maria Fran^ca DURAN, v^s de San Fernando.

MARTINEZ, Juan de Jesus
  bap 8 May 1836, ae 6 da; s/ Pablo MARTINEZ & Soledad RIO; ap/ Matias MARTINES & Guadalupe BASQUES; am/ An^to RIO & Mª Fran^ca (RIO) de cuyo apellido no supieron dar razon; gp/ Santiago LASO & Juana Dominga ORTIZ, naturales del pueblo de San Geronimo de Taos.

Frame 731
HERRERA, Jose Quinto
  bap 8 May 1836, ae 3 da; s/ Jose de HERRERA & Anamaria RIBERA; ap/ Jose de HERRERA & Anamaria Josefa RAEL; am/ Pedro RIBERA & Maria Dolores MALDONADO; gp/ Miguel de HERRERA & Maria Rita de HERRERA, v^s de San Fernando.

SEGURA, Mª Josefa
  bap 8 May 1836, ae 3 da; d/ Manuel SEGURA & Mª de la Crus MANCHEGO; ap/ Jose SEGURA & Mª Josefa TRUGILLO; am/ Jose Manuel MANCHEGO & Margarita MARTINES; gp/ Jose Candelaria MARTINES & Maria Guadalupe GARCIA, v^s del Arollo Ondo.

CRUS, Felipe Nerio
  bap 8 May 1836, ae 7 da; s/ Agustin CRUS & Mª Paula CORDOVA; ap/ Fran^co CRUS & Mª Fran^ca GONSALES; am/ Andres CORDOVA & Maria Dolores ARCHULETA; gp/ Jose CORDOVA & Mª Eusevia CORDOVA.

Frame 732
ESPINOSA, Mª de la Cruz
  bap 8 May 1836, ae 6 da; d/ Rafael ESPINOSA & Mª Encarnacion SAMORA; ap/ Jose An^to ESPINOSA & Catarina ROMERO; am/ Santiago SAMORA & Mª Rosa (n.s.); gp/ An^to Jose ORTIS & Maria Dolores LUCERO.

MONTOLLA, M^a del Carmen
  bap 8 May 1836, ae 1 da; d/ Ramon MONTOLLA & Mª Ygnacia ARCHULETA; ap/ Jose Fran^co MONTOYA & Mª Ygnacia BALDES; am/ Santiago ARCHULETA & Maria Polonia ROMERO; gp/ Jose Manuel MARTINES & Juana Maria ARAGON, v^s de San Fran^co del Rancho.

FERNANDES, Maria Gregoria
  bap 9 May 1836, ae 3 da; d/ Juan Lorenso FERNANDES & Maria Dolores SANCHES, vecinos de S. Fran^co del Rancho; ap/ Jose Mariano FERNANDES & Maria de la Ascencion LUCERO; am/ Maria de la Luz SANCHES (only); gp/ Jose An^to ROMERO & Maria de Jesus ARRIETA, vecinos del mismo lugar.

Frame 733
APODACA, An^to de Jesus
  bap 10 May 1836, ae 1 da; s/ Diego APODACA & Maria Serafina ABILA, v^s de S. Fernando; ap/ Fran^co APODACA & Mª Manuela LUCERO; am/ Santiago ABILA & Mari(a) Ramona VIGIL; gp/ Manuel Gregorio MARTINES & Maria Rafaela MEDINA, v^s del mismo lugar.

AGILAR, Maria Nicasia   (Maria Nicaria in margin)
  bap 11 May 1836, ae 9 da; d/ Diego AGILAR & Mª Manuela MARTINES, v̱s̱ de San Fernando; ap/ Sa(l)bador AGILAR & Mª Anta BALDES; am/ Anto MARTINES & Maria Rafaela BEITA; gp/ Deciderio BEITA & Mª de Jesus BEITA, vs del mismo lugar.

MARTINES, Maria Encarnacion
  bap 12 May 1836, ae 3 mo; d/ Bernardo MARTINES & Polonia BUTIERES, vs del puesto de S. Fern(an)des; ap/ Jose Guadalupe MARTINES & Mª Juliana BORREGO; am/ Anto BUTIERRES (sic) & Mª Ygnes SOLANO; gp/ Salbador BACA & Mª Tomasa SILBA, vs de San Fernando.

Frame 734
HERRERA, Anto Jose
  bap 15 May 1836, ae 3 da; s/ Tomas de HERRERA & Maria del Refugio MARTINES; ap/ Tomas de HERRERA & Guadalupe SISNEROS; am/ Franco MARTINES & Maria SANCHES, vs del Rancho; gp/ Jose Rafael MAEZ & Maria CORTES.

TAFOYA, Maria Anta
  bap 15 May 1836, ae 5 da; d/ Polito TAFOYA & Mar(ia) Cons(e)pscion CHABES; ap/ Paulin TAFOYA & Mª Ysabel CORDOBA; am/ Anto CHABES & Barbara SANCHES, vs del Arrollo Seco; gp/ Bitor SANCHES & Ana Maria SERBE.

GONSALES, Jose Miguel
  bap 15 May 1836, ae 8 da; s/ Jose Franco GONSALES & Maria de la Luz MARQUES; ap/ Jose GONSALES & Maria Dorotea BACA; am/ Miguel MARQUES & Maria Jertrudis MONTOLLA; gp/ Juan VIGIL & Maria Filomena VIGIL, vs de San Fernando. (Frames 734-735)

Frame 735
CARDENAS, Maria Bonifacia
  bap 15 May 1836, ae 2 da; d/ Buenavª CARDENAS & Mª Encarnacion QUIJADA, vs de San Fernando; ap/ Jose CARDENAS & Mª de los Santos CRUS; am/ Juan QUIJADA & Mª de la Lus VERNAL; gp/ Franco MARTINES & Juana Catarina ALIRE, vs del mismo lugar.

PEÑA, Juan Antonio
  bap 15 May 1836, ae 2 da; s/ Jose Guadalupe de la PEÑA & Juana BARELA, vs de S. Fernando; ap/ Mariano de la PEÑA & Mª Soledad BACA; am/ Gertrudis BARELA (only); gp/ Salvador RIBERA & Mª Rosalia RIBERA, vecinos del mismo lugar.

VIGIL, Maria Asencion
  bap 16 May 1836, ae 5 da; d/ Francisco VIGIL & Mª Biviana MARES, vs de S. Franco del Rancho; ap/ Miguel VIGIL & Anamaria BALLEJOS; am/ Luis MARES & Josefa MARTIN; gp/ Simon MEDINA & Maria Josefa MARES, vs del Ranchito de San Francisco.

Frame 736
BACA, Juana Nepomucena
  bap 18 May 1836, ae 2 da; d/ Juan Miguel BACA & Mª Dominga GARCIA; ap/ Esteban BACA & Mª de la Lus MARTINES; am/ Pedro GARCIA & Mª Alvina TORRES; gp/ Lorenso BACA & Mª de la Luz MARTINES, v.s. de San Fernando.

QUINTANA, Mª Ysidora
  bap 18 May 1836, ae 4 da; d/ Aniceto QUI(N)TANA & Mª Estefana GARCIA; ap/ Cristobal QUINTANA & Mª Anta de LUNA; am/ Anto Jose GARCIA & Mª Paula BIALPANDO; gp/ Jose Vicente BIALPANDO & maternal grandmother, vs de la Purrisima.

TAOS BAPTISMS, VOLUME II   1833-1837, AASF #20

SANDOBAL, An^to Matias
    bap 20 May 1836, ae 3 da; s/ Nicolas SANDOBAL & Maria Ygnacia MARTINES; ap/
    Matias SANDOBAL & Mª Ygnacia MARTINES; am/ Ramon MARTINES & Maria Paula
    MARTINES; gp/ Felipe GALLEGOS & Ana Bentura de HERRERA, vs. de San Fran^co del
    Rancho.

BACA, Juan Esteban
    bap 20 May 1836, ae 1 da; s/ Jose Miguel BACA & Maria Guadalupe LOBATO; ap/
    Esteban BACA & Mª de la Luz MARTINES; am/ Agustin LOBATO & Maria Manuela
    AGUILAR; gp/ Jose Felis MARTIN & Mª de la Lus TRUXILLO, vs. de San Fernando.
    (Frames 736-737)

Frame 737
ARMIJO, Juan Nepomuseno de Jesus
    bap 20 May 1836, ae 6 da; nat. s/ Maria Estefana ARMIJO, single, vecina de S.
    Fernando; am/ Jose Fileto ARMIJO & Margarita LABADILLA; gp/ Rafael VIGIL & M^a
    Estefana MADRID, v^o del mismo lugar.

ORTEGA, Jose Fran^co
    bap 22 May 1836, ae 6 da; s/ Manuel ORTEGA & Maria de Gracia FERSQUES (sic);
    ap/ Nicolas ORTEGA & M^a del Carmen MARTINES; am/ Gregorio FER(S)QUES & M^a
    Soledad LOPES; gp/ Juan de los Reyes MARTINES & Mª Juana GALLEGOS, vs San
    Geronimo de Taos.

DURAN, Maria Rosa
    bap 23 May 1836, ae 3 da; d/ Gregorio DURAN & Maria Clara FERNANDEZ, v^s de San
    Fran^co del Rancho; ap/ Ygnacio DURAN & Maria An^ta SANCHES; am/ Mariano FERNANDEZ
    & Maria Sencion LUCERO; gp/ Jose Benito ROMERO & Maria de la Lus HURTADO, v^s
    del mismo lugar. (Frames 737-738)

Frame 738
VIGIL, Mª Feliciana
    bap 23 May 1836, ae 6 da; d/ Domingo VIGIL & Maria Rosa CORDOBA; ap/ Amador
    VIGIL & Mª Ygnacia QUINTANA; am/ Ramon CORDOVA (sic) & Mª Vibiana LUCERO; gp/
    Pablo MARTINES & Mª Soledad LUCERO, vs de San Fran^co del Rancho.

BALDES, Mª Rita
    bap 24 May 1836, ae 1 da; d/ Bentura BALDES & Juana Catarina LOBATO; ap/ Pedro
    BALDES & Mª Manuela GONSALES; am/ An^to LOBATO & Mª CHABES; gp/ Juan Nepomuceno
    de LUNA & Mª Candelaria BELARDE, vs de San Fernando.

LUCERO, Juana Miquela
    bap 26 May 1836, ae 7 da; d/ Jose Maria LUCERO & Mª Ygnacia ARCHULETA; ap/
    Cristobal LUCERO & Juana ARAGON, both dec.; am/ Jose An^to ARCHULETA & M^a An^ta
    CORDOVA, both dec.; gp/ An^to LIDUD (Origins, p. 423, LEDOUX) & Mª Rita LALANDA,
    vs de San Fernando. (Frames 738-739)

Frame 739
SANCHES, Mª Juliana
    bap 28 May 1836, ae 7 da; nat. d/ Mª Josefa SANCHES, single; am/ Juan SANCHES
    & Mª Margarita SILBA; gp/ Pedro An^to GALLEGOS & Mª Ygnacia DURAN, vs de San Frn^co
    del Rancho.

BALLEJOS, Maria Guadalupe
    bap 27 May 1836, ae 3 da; d/ Juan BALLEJOS & Ramona SANDOVAL, v^s de la plaza
    de S. An^to de los Desmontes; ap/ Fran^co BALLEJOS & Guadalupe MOLINA; am/ Juan
    de Dios SANDOVAL & Beatris ERRERA; gp/ Candelario BARELA & Ramona BARELA, v^s
    del Rancho.

WALDO (patron), Juana Ysabel
  bap 28 May 1836, ae 6 yr; d/ (unknown), redeemed *de las tribus del norte*, *famula de* David WALDO (Origins, p. 436, same), *vecino de San Fernando*; gp/ Juan TRUGILLO & Mª Josefa QUINTANA, v^s *de la plasa de la Purisima Concepcion*. (Frames 739-740)

Frame 740
CORDOVA, Maria Guadalupe
  bap 29 May 1836, ae 7 da; d/ Manuel CORDOVA & Mª Josefa ALIRE; ap/ Lorenso CORDOVA & Margarita MARTIN; am/ Juan ALIRE & Maria Catarina PANDO; gp/ Jose Rafael CORDOVA & Mª Polonia SAMORA, *vecinos del Arroyo Ondo*.

MARTINEZ, Juan de Dios
  bap 29 May 1836; nat. s/ Guadalupe MARTINEZ, *famula de* Pascual MARTINEZ & Teodora GALLEGOS, *vecinos de San Fran*^{co} *del Rancho*; gp/ Ygnocencio MARTINES & Maria Dolores de HERRERA, *vexinos del mismo lugar*.

SAMORA, Maria Agapita de Jesus
  bap 1 Jne 1836, ae 5 da; d/ Jose de Gracia SAMORA & Maria Ygnacia MARTINES, v^s *de la plasa de San Fr*^{co} *del Rancho*; ap/ Pedro SAMORA & Mª Rafaela CASILLAS; am/ Luis MARTINES & Mª Candelaria ARCHULETA who were the gp, v^s *del mismo lugar*. (Frames 740-741)

Frame 741
MAES, Jose Fran^{co}
  bap 1 Jne 1836, ae 4 da; s/ Gerbacio MAES & Mª Dolores ARMIJO; ap/ An^{to} MAES & Maria Bitoria GARCIA; am/ Pablo ARMIJO & Mª An^{ta} MARTINES; gp/ Jose de Esquipula VIGIL & Mª Aguedad de Jesus MARTINES, *vs. todos de Arroyo Ondo*.

SANCHES, Mª Juliana
  bap 2 Jne 1836, ae 4 da; d/ Juan Ygnacio SANCHES & Mª Barbara GONSALES; ap/ Manuel SANCHES & Mª Nicolasa SANDOBAL; am/ Jose An^{to} GONSALES & Mª An^{ta} ARAGON; gp/ Jose Ramon DOMINGUES & Mª Rosa MARTINES, v^s *todos de San Fran*^{co} *del Rancho*.

LUCERO (patron), Maria Agapita
  bap 2 Jne 1836, ae about 3 yr; d/ (unknown) redeemed from the Lluta tribe, *famula de* Julian LUCERO, v^o *de San Fernando*; gp/ Pedro LUCERO & Mª Fran^{ca} ARAGON. (Frames 741-742)

Frame 742
MARQUEZ, Maria de la Luz
  bap 3 Jne 1836, ae 3 da; d/ Jose Tomas MARQUEZ & Mari(a) Necolasa SALASAR; ap/ Miguel MARQUEZ & Maria Jertrudis MONTOLLA; am/ Romeo SALASAR & Maria Soledad VIGIL; gp/ Jose Rafael VIGIL & Maria Bibiana TORES, v^s *todos del bario de San Fran*^{co} *del Rancho*.

GUTIERRES, Mª Marcelina
  bap 5 Jne 1836, ae 5 da; d/ An^{to} Aban GUTIERRES & Maria Josefa ROMERO; ap/ Jose Miguel GUTIERRES & Rosalia QUINTANA; am/ Miguel An^{to} ROMERO & Maria Barbara LUCERO; gp/ Ylario GONSALES & Salome GARCIA, v^s *del mismo lugar*.

BAYE (patron), Maria Guadalupe
  bap 6 Jne 1836, ae 2 da; nat. d/ Maria (n.s.) who was redeemed from the *Lluta* tribe, *soltera famula de Doña* Petra del BAYE; gp/ Jose Rafael TENORIO & Benina LID, v^s *de San Fernando*.

Frame 743
PADIA, Maria Trenidad

bap 6 Jne 1836, ae 5 da; d/ Juan PADIA & Carmel GARCIA; ap/ Santiago PADIA & Rosa PACHECO; am/ Dadulao (sic) GARCILLA & Juana Maria MARTIN; gp/ Santos MARTIN & Juana Josefa GALVIS, v^s del Arroyo Ondo.

ALIRE, José Francisco
bap 12 Jne 1836, ae 13 da; s/ José Manuel ALIRE & Maria Juana MARTIN; ap/ Marcos ALIRE & Maria Catalina PARIDO; am/ Rafael MARTIN & Mª Guadalupe LUCERO; gp/ Juan Nepomuceno ESPINOSA & Maria Josefa ESPINOSA, *todos vecinos de la poblacion de Arroyo Hondo.*

ROMERO, Maria Dolores
bap 12 Jne 1836, ae 11 da; d/ José Mateo ROMERO & Maria Angela GONZALES; ap/ Nicolas ROMERO & Maria Gertrudis NIETO; am/ Jose Maria GONZALES & Mª Hermenegilda TRUGILLO; gp/ Salvador PADILLA & Maria Josefa PADILLA, *todos vecinos del Arroyo Hondo.*

SANCHEZ, José Antonio
bap 12 Jne 1836, ae 3 da; s/ Antonio SANCHEZ & Matilde SANDOVAL; ap/ Juan SANCHEZ & Maria Margarita SILVA; am/ Feliciano SANDOVAL & Maria Margarita MARTIN; gp/ Jose Maria TRUGILLO & Maria de los Reyes MEDINA, *todos vecinos de San Fran^{co} del Rancho.* (Frames 743-744)

Frame 744
ARGUELLO, Juan Bautista
bap 19 Jne 1836, ae 5 da; s/ Silvestre ARGUELLO & Mª de la Luz VIGIL, v^s de S. Fran^{co} del Rancho; ap/ Anastacio ARGUELLO & Mª de la Luz MARTINES; am/ Rafael VIGIL & Mª Elena LOVATO; gp/ Domingo VIGIL & Mª Soledad LOVATO, v^s *del mismo lugar.*

LOMA, Juan An^{to}
bap 19 Jne 1836, ae 7 da; s/ An^{to} LOMA & Josefa GONSALES, *vecinos del pueblo de San Geronimo;* ap/ Juan LOMA & Josefa GONSALES (sic); am/ Jose GONSALES & Josefa ROMERO; gp/ Juan An^{to} ROMERO & Mª de la Sencion ORTIS, v^s *del mismo lugar.*

GONSALES, Jose Gerbacio
bap 19 Jne 1836, ae 6 da; s/ Jose Ygnacio GONSALES & Ysidora PACHECO, *vecinos de San Fran^{co} del Rancho;* ap/ Fernandes GONSALES & Mª de la Lus SANDOVAL; am/ Fran^{co} PACHECO & Luisa VIGIL; gp/ Jose Miguel GARDUÑO & Poloña PACHECO, *vecinos del mismo lugar.* (Frames 744-745)

Frame 745
ERRERA, Jose An^{to}
bap 19 Jne 1836, ae 9 da; s/ Jose Migel de ERRERA & Maria Rita BARGAS, *vecinos de los Desmontes;* ap/ An^{to} de ERRERA & Candelaria MESTAS; am/ Juan BARGAS & Maria LUGANA; gp/ Ricardo VIGIL & Mª Dolores BALLEGOS, *vecinos del mismo lugar.*

ARELLANO, Maria Teodora
bap 19 Jne 1836, ae 4 da; d/ Geronimo ARELLANO & María de Jesus MONTOLLA; ap/ Josefa ARELLANO (only); am/ Jose Dolores MONTOLLA & Maria Dolores FRESQUIS, *vecinos de la Puricima Consepcion del Ranchito;* gp/ Jose Maria VALDES & Mª Paula LOVATO, *vesinos del mismo lugar.*

Frame 746
LUJAN, Mª Josefa
bap 20 Jne 1836, ae 7 da; d/ Jose Manuel LUJÁN & Juana Maria MARTIN, Indians of Taos; ap/ Jose Bernardo LUJÁN & Josefa MIRABAL; am/ Jose MARTIN & Mª Paula LOSA; gp/ Jose ARAGÓN & Josefa CASADOS, v^s de Arroyo Hondo.

LOREUS, Luis
  bap 23 Jne 1836, ae 8 da; s/ An^to LOREUS (Origins, p. 423, LEROUX) & Juana Catarina VIGIL, v^s de San Fernando; ap/ Juan LOREUS & Elena SAGOIEM; am/ Juan de Jesus VIGIL & Mª Paula BALDES; gp/ Jose Manuel VIGIL & Maria Fran^ca VIGIL, v^s del mismo lugar.

ARMIJO, Juan Bautista
  bap 24 Jne 1836, ae 3 da; s/ Mariano ARMIJO & Marcelina VAROS, v^s de San Fernando; ap/ Miguel ARMIJO & Mª An^ta RIVERA; am/ Juan VAROS & Ma(r)garita GONSALES; gp/ Torivio MESTAS & Mª de Jesus BACA, v^s del mismo lugar.

Frame 747
MADRIL, Juan de Aquino
  bap 25 Jne 1836, ae 3 da; s/ Encarnacion MAD(R)IL & Mª ESQUIVEL, v^s de San Fernandes; ap/ Pedro MADRIL & Mª de la Lus MOYA; am/ Sipriano ESQUIVEL & Barvara (n.s.-blank space); gp/ Jose Rafael TENORIO & Dolores TENORIO, v^s del mismo lugar.

CRUZ, Juana Paula
  bap 25 Jne 1836, ae 3 da; d/ Manuel CRUZ & Maria Juliana MARTINES, v^s de S. Fernando; ap/ Mariano CRUS (sic) & Mª Dolores VIGIL; am/ Manuel Gregorio MARTINES & Maria Rafaela MEDINA; gp/ Fernando TRUGILLO & Maria Rafaela VALDES, v^s del mismo lugar.

CORDOVA, Juan Bautista
  bap 26 Jne 1836, ae 5 da; s/ Franco CORDOVA & Maria Dolores MARTINES, vecinos de San Fran^co del Rancho; ap/ not given as he is Yuta; am/ Christoval MARTIN (sic) & Mª Ygnacia GONSALES; gp/ Nestor ARMIJO & in his place, Manuel TORRES, & Maria Gregoria QUINTANA, vecinos del varrio de San Fran^co. (Frames 747-748)
###26B-1
Frame 748
LUCERO, Juan Pedro
  bap 30 Jne 1836, ae 3 da; s/ An^to Jose LUCERO & Maria Dolores VALDES, v^s de S. Fernando; ap/ Vicente LUCERO & Maria ATENCIO; am/ Juan VALDES & Viviana BACA; gp/ An^to Mª LUCERO & Mª Rufina VIGIL, v^s del mismo lugar.

TAFOLLA, Mª de la Lus
  bap 3 Jly 1836, ae 6 da; d/ Bartolome TAFOLLA & Mª An^ta GONSALES, v^s de la plasa de San Francisco del Rancho; ap/ Juan TAFOLLA & Mª Dolores MAES; am/ Calletano GONSALES & Mª Lorensa RODRIGEZ; gp/ Juan ARAGON & Juana Paubla CASILLAS, v^s del mismo lugar.

APODACA, Maria Petra
  bap 3 Jly 1836, ae 4 da; d/ Juan APODACA & Secion PACHECO, vecinos del Arroyo Ondo; ap/ Santiago APODACA & Casilda CORDOVA; am/ Maria PACHECO (only); gp/ Manuel MONDRAGON & Maria Rosalia ARELLANO, vecinos del mismo lugar. (Frames 748-749)

Frame 749
MADRID, Jose Secundino
  bap 4 Jly 1836, ae 4 da; s/ Jose An^to MADRID & Mª Guadalupe (MARTIN), v^s de la plasa de S. Fran^co del Rancho; ap/ Juan MADRID & Mª Juana CHACON; am/ Felisiano MARTIN & Mª Rafaela TRUJILLO; gp/ Jose Rafael LUCERO & Juana An^ta ORTEGA, v^s del mismo lugar.

ROMERO, Maria Encarnacion
  bap 7 Jly 1836, ae 5 da; d/ Geronimo ROMERO & Maria Encarnacion OÑINGUE, Yndios naturales de Taos; ap/ Fran^co ROMERO & Maria Josefa REYNA; am/ Fran^co

OÑINGUE & Maria Josefa LOMA; gp/ Juan de los Reyes MARTINES & Juana GALLEGOS, v° del pueblo de Taos.

MARTIN, Mª Marcelina
 bap 7 Jly 1836, ae 5 da; d/ Juan Manuel MARTIN & Mª Concepcion LOVATO, v° de Arroyo Hondo; ap/ Roman MARTIN & Maria Josefa ORTEGA; am/ Franco LOVATO & Maria Anta SALASAR; gp/ Manuel Anto GALLEGOS & Mª Dolores ARELLANO, v° del mismo lugar. (Frames 749-750)

Frame 750
REINA, Jose Rafael
 bap 10 Jly 1836, ae 10 da; s/ Jose Anto REINA & Lucia DURAN, Indians of the pueblo; ap/ Juan REINA & Juana PAJARITO; am/ Juan DURAN & Polonia ROMERO; gp/ Jose Rafael MAES & Ana Maria CORTES, v° de S. Franco del Rancho.

ARCHULETA, Jose Manuel
 bap 10 Jly 1836; nat. s/ Teodora ARCHULETA, single, & unknown father; am/ Manuel ARCHULETA & Barbara DURÁN; gp/ Franco DESPOR (Origins, p. 413, same) & Maria Candelaria LALANDA, v° todos de S. Fernandes.

QUINTANA (patron), Mª Ysabel
 bap 11 Jly 1836, ae 3 da; nat. d/ Mª Juliana QUINTANA, single, converted Indian of Yuta Tribe, famula de Jose Mª QUINTANA, vecinos de la plasa de San Franco de Paula; gp/ Juan MARTIN & Mª Dolores MARTIN, vecinos de San Fernandes.

Frame 751
ARGUELLO, Mª Franca
 bap 12 Jly 1836, ae 3 da; d/ Juan Franco ARGUELLO & Mª Anastacia MEDINA, v° de San Franco del Rancho; ap/ Jose Salbador ARGUELLO & Mª Candelaria GORJE; am/ Pedro MEDINA & Mª Anta MARTINES; gp/ Jose PADIA & Maria de la Luz BUENO.

CORDOBA, Mª Soledad
 bap 13 Jly 1836, ae 5 da; d/ Venancio CORDOBA & Mª Guadalupe MAES, v° de Arroyo Hondo; ap/ Franco CORDOBA & Mª Josefa MARTINES; am/ Jabiel MAES & Mª Manuela MESTAS; gp/ Juan Manuel MARTINES & Mª Victoria VIGIL, v° del mismo lugar.

MARTIN, Maria Dolores
 bap 14 Jly 1836, ae 2 da; d/ Jose MARTIN & Mª Refugio VALDES, v° de la poblacion de Arroyo Hondo; ap/ Anto Jose MARTIN & Anna Maria VIALPANDO; am/ Francu Anto VALDES & Mª Ygnacia de HERRERA; gp/ Mariano ARMENTA & Mª Soledad ARELLANO, v° del mismo lugar.

Frame 752
MESTAS, Mª Jasinta dela Trenidad
 bap 17 Jly 1836, ae 6 da; nat. d/ Maria Manuela MESTAS, v° del Arollo Ondo; am/ Anto MESTAS & Maria Dolores MONDRAGON; gp/ Nerio ABILA & Ana Maria GARCIA, vs del mismo lugar.

MESTAS, Maria Bentura (Mª Buenaventura in margin)
 bap 17 Jly 1836, ae 8 da; d/ Matias MESTAS & Mª Lucia MARTIN, vecinos de San Fernando; ap/ Bartolo MESTAS & Maria Lugarda TRUGILLO; am/ unknown, parents who raised her (n.n.) were MARTIN; gp/ Juan Bautista MARTIN & Maria de la Encarnacion MARTIN.

MESTAS, Mariano
 bap 18 Jly 1836, ae 6 da; s/ Juan Nicolas MESTAS & Paula SANCHES; ap/ Juan

MESTAS & Lugarda NARANJO; am/ Miguel SANCHES & Josefa MARTINES; gp/ Juan Miguel LUSERO & Maria Petra de LA RAÑAGA, v^s de San Fernando.

Frame 753
SANDOVAL, Maria del Carmel
  bap 19 Jly 1836, ae 3 da; d/ Fran^{co} SANDOVAL & Mª Ramona MARTINES, v^s de S. Fr^{co} del Rancho; ap/ Matias SANDOVAL & Mª Ygnacia BUENO; am/ Fran^{co} MARTINES & Maria Ygnacia RUIVAL; gp/ Jose Benito ROMERO & Mª de la Lus URTADO, v^s del mismo lugar.

ARGUELLO, Jose del Carmel
  bap 22 Jly 1836, ae 5 da; s/ Felipe ARGUELLO & Ysidora MONTOYA, v^s de S. Fr^{co} del Rancho; ap/ Ysidro ARGUELLO & Mª Guadalupe GONSALES; am/ Felipe MONTOYA & Mª de la Luz QUINTANA; gp/ Jose Fran^{co} GONSALES & Mª Rita GONSALES, v^s del mismo lugar.

SANCHES, Maria Josefa de la Natividad
  bap 24 Jly 1836, ae 3 da; d/ Juan SANCHES & Josefa MONTOYA, vecinos de la Puricima; ap/ Miguel SANCHES & Maria Paula LOVATO; am/ Dolores MONTOYA & unknown father; gp/ Juan Rafael MESTAS & Mª Bonifacia SANDOVAL. (Frames 753-754)

Frame 754
SANDOVAL, Jose del Carmel
  bap 24 Jly 1836, ae 5 da; s/ Juan SANDOVAL & Mª Ysabel CORDOVA, vecinos de San Fran^{co} del Rancho; ap/ Juan SANDOVAL & Ana Mª MARQUES; am/ Manuel CORDOVA & Ana Maria GUIÑEN; gp/ Miguel MARTINES & Mª Dolores MEDINA.

DURAN, Jose Gregorio
  bap 25 Jly 1836, ae 3 da; s/ Rafael DURAN & Manuela BIGIL; ap/ Gregorio DURAN & Rosa URIOSTE; am/ An^{to} Jose SANDOVAL & Maria Guadalupe VIGIL (sic); gp/ Feliz URIOSTE & M^a del Carmel SANCHES, v^s todos de S. Fran^{co} del Rancho.

GONSALES, Jose Rafael
  bap 26 Jly 1836, ae 5 da; s/ Concepcion GONSALES & Mª Gertrudis GURULÉ; ap/ Santos GONSALES & Gertrudis MONDRAGON; am/ Ygnacio GURULÉ & Juana CANDELARIA; gp/ Jose MONDRAGON & Lorensa DURAN, todos vecinos de S. Fran^{co} del Rancho. (Frames 754-755)

Frame 755
DURÁN, Jose Nasario
  bap 29 Jly 1836, ae 4 da; s/ Juan de Jesus DURÁN & Maria Barvara MEDINA, v^s de San Fernandes; ap/ Juan Nicolas DURÁN & Juana An^{ta} SANDOVAL; am/ An^{to} Rafael MEDINA & Maria Consepcion ROMERO; gp/ Juan Eugenio TRUGILLO & Maria Ygnacia TRUGILLO, vecinos del mismo lugar.

TRUGILLO, An^{to} Jose
  bap 1 Aug 1836, ae 5 da; s/ Juan An^{to} TRUGILLO & Mª Dolores GONSALES, vecinos de la plasa de San Fran^{co} de Asis; ap/ Marcos TRUGILLO & Mª An^{ta} GARCIA; am/ Juan Domingo GONSALES & Mª Rosalia MARTINES; gp/ Manuel An^{to} ARAGÓN & Maria Soledad PACHECO, v^s del mismo lugar.

SALASAR, Juan Andres
  bap 2 Aug 1836, ae 8 da; nat. s/ Nasarena SALASAR, single, & unknown father, vecina del Rancho; am/ Juana SALASAR (only); gp/ Jose Maria OCHOA & Mª Polonia VARELA de la plasa de San Fernando.

Frame 756
GONSALES, Maria Bartola

bap 2 Aug 1836, ae 2 da; d/ Jose de Gracia GONSALES & Anamaria ROMERO, *v² del Arrollo Ondo*; ap/ Juan GONSALES & Mª Antonia MARTIN; am/ Bentura ROMERO & Mª del Rosario de HERRERA; gp/ Miguel de HERRERA & Mª Rita de HERRERA, *vˢ de San Fernando*.

MAES, Juan Domingo
   bap 4 Aug 1836, ae 4 da; s/ Manˡ Antº MAES & Mª de los Relles SIERRA, *vˢ de San Francisco del Rancho*; ap/ Juan MAES & Mª Manuela ROMERO; am/ Santiago SIERRA & Mª Manuela SANDOBAL; gp/ Antº de Jesus SALAZAR & Mª Soledad VIGIL, *vˢ del mismo lugar*.

HERRERA, Juan Esmilio (Juan Cesilio in margin)
   bap 7 Aug 1836, ae 4 da; s/ Juan Cristobal de HERRERA & Mª Serafina B(LE)LLA, *vecinos de la plasa de San Antº*; ap/ Juan Cristobal de HERRERA & Mª de la Sencion MESTAS; am/ Antº BLELLA & Mª Catarina MARTINES; gp/ Jose Dolores CORDOVA & Maria Ramona MARTINES, *vecinos del mismo lugar*.

Frame 757
CHAVES, Maria Teodora
   bap 7 Aug 1836; d/ Antº Jose CHAVES & Maria Paula MORA; ap/ Juan Cristobal CHAVES & Mª Guadalupe MOLINA; am/ Juan Cristobal MORA & Maria Luisa GUTIERRES; gp/ Maria de la Luz TRUGILLO (only) of San Fernando.

ESPINOSA, Maria Rita
   bap 10 Aug 1836; d/ Juan Nepomuceno ESPINOSA & Gertrudis ALIRE; ap/ Juan Jose ESPINOSA & Antª ROMERO; am/ Marcos ALIRE & Catalina BILLALPANDO; gp/ Jose Manˡ ALIRE & Juana Maria MARTINES, *vˢ todos de Arroyo Ondo*.

SERDA, Juan Lorenso
   bap 11 Aug 1836, ae 3 da; s/ Jose Francº SERDA & Mª Antª TRUGILLO, *vˢ de S. Francº del Rancho*; ap/ Jose Francº SERDA & Mª Ysabel MANSANARES; am/ Jose Francº Esteban TRUGILLO & Maria Dolores MALDONADO; gp/ Ysidro VIGIL & Mª Francᵈ BEYTA, *vˢ del mismo lugar*.

Frame 758
CORDOVA, Jose Anastacio
   bap 15 Aug 1836, ae 3 da; s/ Juan CORDOVA & Mª Miquela BRITO; ap/ Manuel CORDOVA & Mª Guadalupe SERDA; am/ Francº BRITO & Manuela ROMERO; gp/ Geronimo MARTIN & Mª de la Luz TRUGILLO of San Fernando.

CORTES, Maria Madalena
   bap 21 Aug 1836, ae 3 da; d/ Pablo CORTES & Tomasa LUCERO; ap/ Crus CORTES & Juana PADIA; am/ Jose LUCERO & Dolores VALDES; gp/ Miguel MARTINES & Luz MARTINES, *vˢ de S. Fernandes*.

ARAGON, Jose Antº
   bap 21 Aug 1836, ae 2 da; s/ Jose ARAGON & Maria de Jesus VIGIL; ap/ Lorenso ARAGON & Mª Dolores CHAVES; am/ Pedro VIGIL & Mª Josefa QUINTANA; gp/ Lorenso ARAGON, the paternal grandfather, & Dolores CHAVES, *vˢ todos de S. Francº del Rancho*.

Frame 759
GALLEGOS, Jose Liberado
   bap 21 Aug 1836, ae 3 da; s/ Pedro Antº GALLEGOS & Mª de la Luz LOPES; ap/ Miguel Antº GALLEGOS & Trenidad URTADO; am/ Ygnacio LOPES & Rosalia SANDOVAL; gp/ Pedro Antº GALLEGOS & Mª Ygnacia DURAN, *vˢ todos de S. Francº del Rancho*.

ROMERO, Jesus Maria   (Jose Mª in margin)
    bap 21 Aug 1836, ae 7 da; s/ Jose Manˡ ROMERO & Leonicia CANDELARIA; ap/ Jesus ROMERO & Teresa VIGIL; am/ Francᵒ CANDELARIO & Juana TORRES; gp/ Anᵗᵒ Jose VIGIL & Mª Dolores ARAGON, vˢ todos de S. Francᵒ del Rancho.

OLONA (patron), José
    bap 26 Aug 1836, ae 7 yr; nat. s/ Francᵒ OLONA, Christian & de una de una (sic) nacion del norte...donado al C. Anᵗᵒ BUTIERES; ap/ Miguel OLONA & Margarita ESPINOSA; gp/ the same José Anᵗᵒ BUTIERRES (sic) & Mª Josefa GARCIA of Arroyo Ondo. (Frames 759-760)

Frame 760
DURAN, Mª Felipa
    bap 26 Aug 1836, ae 3 da; d/ Ysidro DURAN & Mª Francª BALDES; ap/ Juan Andres DURAN & Mª Candelaria MONDRAGON; am/ Juan Anᵗᵒ BALDES & Mª Catalina TRUGILLO of San Antonio; gp/ Tomas HERRERA & Mª del Refugio MARTINEZ de San Francisco del Rancho.

ROMERO, Mª Dolores
    bap 1 Sep 1836, ae 4 da; d/ Domingo ROMERO & Maria Anᵗª BURROLA, vecinos de la plasa de San Anᵗᵒ; ap/ Candelario ROMERO & Soledad ALIRE; am/ Juan Cristoval BURROLA & Gertrudis ANAYA; gp/ Jose Manuel BACA & Maria Soledad VIGIL, vecinos del Arroyo Seco.

Frame 761
DURAN, Maria Faustina
    bap 1 Sep 1836, ae 4 da; d/ Pablo DURAN & Josefa SAMORA, vecinos de San Fernando; ap/ Juan DURAN, dec., & Mª Fransisca SANTISTEBAN; am/ Pedro SAMORA & Mª Rafela CACIAS; gp/ Juan Pedro GALLEGOS & Mª Teodora LUCERO, vecinos del mismo lugar.

SALAZAR, Maria Rosalia
    bap 4 Sep 1836, ae 7 da; nat. d/ Teodora SALAZAR, single, vecina del Rancho; am/ Juana SALAZAR (only); gp/ Jose Antonio GONZALEZ & Maria Josefa GONZALEZ, vecinos del mismo lugar.

GARCIA, Maria Agustina
    bap 4 Sep 1836, ae 6 da; d/ Manuel GARCIA & Marta ROMERO, vecinos del Arroyo Ondo; ap/ Blas GARCIA & Mª Anᵗª GONGORA; am/ Juan de Jesus ROMERO & Mª Candelaria ROMERO; gp/ Jose Manuel BACA & Soledad VIGIL of Arroyo Seco.

Frame 762
GILLEN, Maria Rita
    bap 7 Sep 1836, ae 6 da; d/ Bartolome GILLEN & Maria de la Luz SALASAR, vecinos de San Francᵒ del Rancho; ap/ Martin GILLEN & Maria Josefa SANTILLANES; am/ Policarpio SALASAR & Maria Luisa VIGIL; gp/ Ventura CORTES & Maria Dolores BRITO, vecinos del mismo lugar.

ARCHULETA, Mª Teodora
    bap 8 Sep 1836, ae 4 da; d/ Jose Francᵒ ARCHULETA & Maria Anᵗª VIALPANDO, vecinos de la plaza de la Purisima Concepcion; ap/ Julian ARCHULETA & Anna Maria VALDÉS; am/ Salvador VIALPANDO & Maria Manuela BEYTA; gp/ Anᵗᵒ Domingo VIALPANDO & Maria Roumalda TRUGILLO, vecinos del mismo lugar. (No mention of twins.)

Frame 763
ARCHULETA, Jesus Maria
    bap 8 Sep 1836, ae 4 da; s/ Jose Francᵒ ARCHULETA & Maria Anᵗª VIALPANDO, vecinos de la plaza de la Pura y Limpia Consepcion; ap/ Julian ARCHULETA &

Anna Maria VALDES; am/ Salvador VIALPANDO & Maria Manuela BEITA; gp/ Jose MARTIN & Viviana MARTIN, *vecinos de San Fernandes*. (No mention of twins.)

MARTINES, Maria Natividad
bap 9 Sep 1836, ae 2 da; d/ Juan de los Reyes MARTINES & Mª Dolores FER(N)ANDES, *vᵉ del pueblo de San Geronimo de Taos*; ap/ Franᶜᵒ MARTINES & Mª Miquela FERNANDES; am/ Jose Miguel FERNANDES & Catarina BASQUES; gp/ Juan Manuel LOVATO & Mª Franᶜᵃ COCA, *vᵉ de San Fernandes*.

MAES, Jose Carlos
bap 11 Sep 1836, ae 4 da; s/ Felipe Nerio (MAES) & Maria del Refugio PACHECO, *vecinos del Rancho*; ap/ Bitorino MAES & Mª Miquela LUCERO; am/ Ramon PACHECO & Mª Trinidad VIGIL; gp/ Cristoval LOBA(TO) & Mª Barbara ARAGON. (Frames 763-764)

Frame 764
RAEL, Franᶜᵒ Anᵗᵒ
bap 11 Sep 1836, ae 2 da; s/ Feliciano RAEL & Mª del Refugio VIGIL of the Yuta Tribe; ap/ Jose Ygnacio RAEL & Maria Paula CRUZ; gp/ Anᵗᵒ Jose CHAVES & Maria Paula MORA, *vᵉ todos de San Fernandes*.

VIGIL, Maria de la Encarnacion
bap 18 Sep 1836, ae 5 da; d/ Pedro VIGIL & Maria Catarina MARTINES, *vᵉ del Rancho*; ap/ Anᵗᵒ VIGIL & Simona MONTOYA; am/ Jose Pablo MARTINES & Mª Josefa QUINTANA; gp/ Juan Ygnacio MARTINES & Mª Casilda MARTINES, *vecinos del mismo lugar*.

DURAN, Maria Rufina
bap 18 Sep 1836, ae 7 da; d/ Nerio DURÁN & Mª Dolores ARCHULETA, *vᵉ del Rancho*; ap/ Pablo DURÁN & Margarita SANCHES; am/ Juan Ygnacio ARCHULETA & Mª Gertrudis BEYTA; gp/ Juan MARTINES & Mª Ascencion MARTINES of the same place.

Frame 765
AGUILAR, Marcelo
bap 18 Sep 1836, ae 6 da; s/ Anᵗᵒ Jose AGUILAR & Maria del Carmen VIAELPANDO (sic), *vecinos de la plaza de la Purisima*; ap/ Salvador AGUILAR & Maria Antonia VALDES; am/ Salvador VIAELPANDO (sic) & Mª Manuela BEITA; gp/ Faustino BEITA & Maria Manuela BEITA, *vecinos de San Fernando*.

AGUILAR, Jose Mauricio
bap 21 Sep 1836, ae 3 da; s/ Juan AGUILAR & Maria Rosa MARTINES, *vecinos de la plasa de la Purisima Concepcion*; ap/ Anᵗᵒ AGUILAR & Juana CORDOBA; am/ Anᵗᵒ MARTINES & Maria CHACÓN; gp/ Jose Maria VALDÉS & Juana Mª de HERRERA, *vᵉ de S. Fernando*.

RAEL, Maria Agapita
bap 22 Sep 1836, ae 3 da; d/ Juan RAEL & Mª Dolores ROMERO, *vᵉ del Rancho de San Franᶜᵒ de Asís*; ap/ Felipe RAEL & Maria Manuela ROMERO; am/ Jose ROMERO & Maria Viviana FERNANDES; gp/ Rumaldo BARGAS & Maria Dolores MONTOYA, *vᵉ del mismo lugar*.

Frame 766
GOMES, Juan Franᶜᵒ
bap 28 Sep 1836, ae 4 da; s/ Franᶜᵒ Estevan GOMES & Mª Ysabel ZALAZAR, *vecinos del barrio de San Franᶜᵒ del Rancho*; ap/ Juan Jose GOMES & Mª Franᶜᵃ VENAVIDES; am/ Juan Manuel ZALAZAR & Mª delos Reyes MARTINES; gp/ D. Franᶜᵒ Estevan QUINTANA & Dª Guadalupe LUXAN, *vecinos del mismo lugar*.

ROMERO, Maria Justa
    bap 28 Sep 1836, ae 3 da; d/ Jose ROMERO & Biviana FERNANDES, v^s del vario de San Fran^{co} del Rancho; ap/ Concepcion ROMERO & Rosa QUINTANA; am/ Juan Domingo FERNANDES & Mª Fran^{ca} GARCIA; gp/ Jose Fran^{co} FERNANDEZ (sic) & Mª Eucebia CORDOVA, v^s del mismo lugar.

LEYVA, Maria Agapita
    bap 29 Sep 1836, ae 10 da; d/ Reyes LEYVA & Mª Manuela TRUGILLO; ap/ Mariano LEYVA & Mª Marta OLGIN; am/ Vicente TRUGILLO & Mª Geronima MARTIN; gp/ Geronimo MARTIN & Mª Leuteria ARAGÓN, v^s de lo de Mora. (Frames 766-767)

Frame 767
CORDOVA, Maria Feliciana
    bap 2 Oct 1836, ae 1 da; d/ Rafael CORDOVA & Maria Guadalupe TRUGILLO; ap/ Seledon CORDOVA & Mª Juliana MARTIN; am/ Mariano TRUGILLO & Maria Andrea LUCERO, vecinos del Rancho de San Fran^{co}; gp/ Lorenso ARAGON & M^a Jo(se)fa VIGIL.

QUINTANA, Jose Miguel
    bap 2 Oct 1836, ae 2 da; s/ Miguel QUINTANA & Mª An^{ta} BEYTA, vecinos de San Fran^{co} del Ranchito; ap/ Jose de la Crus QUINTANA & Miquela BALDES; am/ Juan de Jesus URIOSTE & Mª de la Encarnacion BEYTA (sic); gp/ Juan de Jesus URIOSTE & Mª Manuela VIGIL.

TRUGILLO, Maria Yrinea
    bap 4 Oct 1836, ae 6 da; d/ Jose TRUGILLO & Mª Ygnes LEON, v^s de la plasa de S. la Dolores; ap/ Jose An^{to} LEON (sic) & Mª An^{ta} ROMERO; am/ Agustin TRUGILLO (sic) & Gertrudis SISNEROS; gp/ Juan Sieriaco (sic) GARCIA & Mª Ygnacia GARCIA, vecinos de la plasa de los Dolores misma. (Frames 767-768)

Frame 768
MARTIN, Fran^{co}
    bap 4 Oct 1836, ae 5 da; s/ Santiago MARTIN & Dolores MESTAS, vecinos de la plaza delos Dolores; ap/ Tiburcio MARTIN & Ygnacia MEDINA; am/ Tomas MESTAS & Josefa ROIVAL; gp/ Juan Nepumuceno PACHECO & Mª Juana de Jesus ABILA, vecinos del mismo lugar.

SANCHES, Maria Brijida
    bap 9 Oct 1836, ae 2 da; d/ An^{to} SANCHES & Mª Biviana ROMERO, vecinos de San Fernandes; ap/ Miguel SANCHES & Mª Rosa RUIBAL; am/ Jose ROMERO & Mª Josefa LUJÁN; gp/ Crus GONSALES & Mª Guadalupe SANCHES.

MARTINES, Maria de la Lus
    *bap 8 Oct 1836, ae 5 da; d/ Jose Fran^{co} MARTINES & Mª Ysabel CORTES, vecinos de San Fran^{co} del Ranchito; ap/ Joaquin MARTIN (sic) & Mª Candelaria CHAVES; am/ Crus CORTES & Mª de la Lus MONTOYA; gp/ Jose Miguel MARTINES & Mª Dolores MARTIN (sic). (Frames 768-769)

Frame 769
MARTIN, Mª Natividad
    bap 8 Oct 1836, ae 4 da; d/ Juan MARTIN & Mª Vitoria VIGIL, vecinos del Arroyo Ondo; ap/ An^{to} Jose MARTIN & Ana Maria BIALPANDO; am/ Jose Gabriel VIGIL & Anamaria LUCERO; gp/ Jose Rafael CORDOVA & Mª Dolores VIGIL.

ESQUIBEL, Maria Brigida
    bap 8 Oct 1836, ae 2 da; d/ Jose Rafael ESQUIBEL & Mª Ygnes (SANCHES), vecinos de San Fernando; ap/ Sipriano ESQUIBEL & Mª Barbara QUINTANA; am/ An^{to} SANCHES & Maria Bibiana MAES; gp/ Crus GONSALES & Mª Guadalupe SANCHES. (Frames 769-770)

TAOS BAPTISMS, VOLUME II   1833-1837, AASF #20

Frame 770
QUINTANA, Miguel An^to
   bap 10 Oct 1836, ae 4 da; nat. s/ Maria Rita QUINTANA, *vecinos de la Plasita*;
   am/ Juan QUINTANA & Mª Gertrudis VALDES; gp/ Felipe GARCIA & Margarita LUCERO,
   vesinos de San Fran^co del Rancho.

GARCIA, Mª Brigida
   bap 18 Oct 1836, ae 12 da; d/ Desiderio GARCIA & Mª Manuela MARTINES, *besinos
   del Arroyo Seco*; ap/ Mª Manuela GARCIA (only); am/ Juan de Jesus MARTINES & M^a
   Catarina CORDOVA; gp/ Juan de Jesus TRUGILLO & Mª Catarina CORDOVA, *vesinos de
   San Fr^co del Rancho.*

LOVATO, Maria Josefa
   bap 18 Oct 1836, ae 5 da; d/ Fr^co Xavier (LOVATO) & Mª An^ta BEYTA, *v^s dela la
   Purisima*; ap/ An^to Jose LOVATO & Mª Josefa CHAVES; am/ Jose An^to BEYTA & Josefa
   SANCHES; gp/ Narciso BOBIAN (Origins, p. 407, BEAUBIAN) & Mª Paula LOVATO, *v^s
   del mismo lugar.*

Frame 771
TRUGILLO, Maria Soledad
   bap 21 Oct 1836, ae 4 da; d/ Vicente TRUGILLO & Maria Rafaela BUSTOS, *vecinos
   de S. Fran^co del Rancho*; ap/ Jose An^to TRUGILLO & Maria Melchora QUINTANA; am/
   Ygnacio BUSTOS & Mª de la Lus SANDOVAL; gp/ Juan Miguel MONTOYA & Mª Rita
   TRUGILLO, *v^s de San Fernando.*

ROMERO, Pedro An^to
   bap 21 Oct 1836, ae 3 da; s/ Jose Manuel ROMERO & Maria Josefa GONSALES, *v^s de
   San Fernando*; ap/ Jose Rafael ROMERO & Anna Maria ORTÍS; am/ Jose GONSALES &
   Dorotea BACA; gp/ Jose de Jesus BRANCHI (Origins, p. 409, BRANCH) & Maria de
   la Lus TAFOYA, *v^s del mismo lugar.*

LUJAN, Jose de la Encarnacion
   bap 23 Oct 1836, ae 4 da; s/ Juan LUJAN & Mª Manuela CRUS; ap/ Manuel CRUS
   (sic) & Mª Manuela MARTIN; am/ Pablo LUJAN (sic) & Ana Mª GARCIA; gp/ Pablo
   GALLEGOS & Mª Guadalupe FRESQUIS, *vecinos del of Arroyo Ondo.* (Frames 771-772)

Frame 772
SANDOVAL, Mª Manuela de Jesus
   bap 24 Oct 1836; nat. d/ Mª Ygnacia SANDOVAL, single, & unknown father, *vecina
   de S. Fernando*; am/ Fran^co Mª SANDOVAL & Mariana TAFOYA; gp/ Manuel MARTINES &
   Mª de Jesus MONTOYA, *vecinos del mismo lugar.*

MEDINA, Jose Felipe
   bap 24 Oct 1836, ae 5 da; s/ Gabriel MEDINA & Mª Dolores GOMES, *v^a de S. Fran^co
   del Rancho*; ap/ Juan de Jesus MEDINA & Mª Candelaria PAIS; am/ Tomás GOMES &
   Mª Ygnacia VIGIL; gp/ Pedro Mauricio DURÁN & Mª Barbara SANCHES, *v^a del mismo
   lugar.*

SEDILLO, Maria Ygnacia
   bap 25 Oct 1836, ae 4 da; d/ Andres SEDILLO & Mª Soledad SANDOVAL, *vecinos de
   la plasa de San Fran^co del Asís*; ap/ Fr^co SEDILLO & Concepcion GRIEGO; am/
   Matias SANDOVAL & Ygnacia BUENO; gp/ Mariano GARCIA & Maria de los Relles
   PADILLA, *vecinos de la plasa de la S^ma Trinidad.*

Frame 773
LUCERO, Juan Rafael
   bap 28 Oct 1836, ae 1 mo; nat. s/ M^a del Carmel LUCERO, single, *dela mision de*

Picuries, & unknown father; am/ Vicente LUCERO & Mª Josefa LEYVA; gp/ Geronimo LONTÉ (Origins, p. 424, same) & Mª de la Lus TRUGILLO of *S. Fernando de Taos*.

DOMINGUES, Maria Soledad
    bap 30 Oct 1836, ae 4 da; d/ Jose Ramon DOMINGUES & Maria Rosa MARTINES; ap/ Jose Francº DOMINGUES & Mª Guadalupe CHAVES; am/ Jose Francº MARTIN (sic) & Maria Antonia SANCHES; gp/ Jose Francº MARTIN & Maria Antonia SANCHES, *vecinos de San Francº del Rancho*.

RAEL, Maria de la Encarnacion
    bap 30 Oct 1836, ae 3 da; d/ Ramon RAEL & Mª Teresa VIGIL; ap/ Felipe RAEL & Maria Manuela ROMERO; am/ Juan VIGIL & Josefa LOVATO; gp/ Miguel VIGIL & Mª de la Encarnacion MARTIN, *vecinos del Rancho*.

Frame 774
ARELLANO, Jose Miguel
    bap 30 Oct 1836, ae 4 da; s/ Jose Mª ARELLANO & Mª Juliana ABILA; ap/ Rafael ARELLANO & Josefa BERNAL; am/ Juan de Jesus ABILA & Mª Paula PACHECO; gp/ Juan Santos ABILA & Mª Serafina ABILA, *vecinos del Arroyo Ondo*.

SANCHES, Jose Narsiso
    bap 30 Oct 1836, ae 2 da; s/ Jose Antº SANCHES & Maria Juliana TRUGILLO, *vecinos de San Fernando*; ap/ Antº SANCHES & Josefa MARTIN; am/ Andres TRUGILLO & Guadalupe VALDES; gp/ Antº TRUGILLO & Maria Manuela COCA, *vˢ del mismo lugar*.

ROMERO, Mª de los Santos
    bap 2 Nov 1836, ae 1 da; d/ Vicente ROMERO & Soledad CHAVES, *vecinos de San Francº del Rancho*; ap/ Francº Esteban ROMERO & Dolores SALASAR; am/ Domingo CHAVES & Candelaria DURAN; gp/ Jose MONDRAGON & Mª Lorensa DURAN, *vecinos de San Francº del Rancho*. (Frames 774-775)

Frame 775
ARAGON, Maria del Carmel delos Santos
    bap 5 Nov 1836, ae 4 da; d/ Antº ARAGON & Mª Soledad PACHECO; ap/ Francº Estevan ARAGON & Mª Paula BALDES; am/ Ramon PACHECO & Mª Trinidad VIGIL; gp/ Pedro Antº GALLEGOS & Mª Ygnaci_e_a (sic) DURAN, *vecinos todos del Rancho*.

ARSE, Mª del Carmel
    bap 5 Nov 1836, ae 6 da; nat. d/ Mª del Carmel ARSE, *vecinos de lo de Mora*; am/ Juana Mª ARSE (only); gp/ Juan ROLAN (Origins, p. 431, ROLES) & Mª de la Encarnacion MARTIN.

ERRERA, Mª Petra Santana
    bap 6 Nov 1836, ae 6 da; d/ Francº de ERRERA & Mª Polonia BALDES; ap/ Jose Antº de ERRERA & Candelaria MESTAS; am/ Antº BALDES & Catarina TRUGILLO; gp/ Jose Miguel de ERRERA & Mª Rita BARGAS, *vecinos todos delos Desmontes*. (Frames 775-776)

Frame 776
FERNANDES, Jose Guadalupe
    bap 7 Nov 1836, ae 3 da; s/ Juan Manuel FERNANDES & Mª Rosa ARAGON, *vecinos del Arroyo Seco*; ap/ Manuel Antº FERNANDES & Mª Catarina BASQUES; am/ Miguel ARAGON & Mª Antª TRUGILLO; gp/ Jose Mariano BALDONADO & Mª Barvara TAFOYA.

MARTIN, Jose Carlos
    bap 9 Nov 1836, ae 3 da; s/ Jose Manuel MARTIN & Juana ARAGONA, *vecinos del varrio de San Francº del Rancho*; ap/ Francº MARTIN & Maria SANCHES; am/ Lorenzo

ARAGON & Dolores CHAVES, dec.; gp/ An^to TORRES & Maria Ysabel FERNANDES, *vecinos del mismo lugar.*

TAFOYA, An^to Jose
  *bap 8 Nov 1836, ae 4 da; nat. s/ Maria Josefa TAFOYA; am/ Jesus TAFOLLA & Lorensa QUINTANA; gp/ Visente MONDRAGON & Mª Catarina PERARTA (sic), *vecinos del mismo lugar.* (Frames 776-777)

Frame 777
XARAMILLO, Juana Maria
  bap 15 Nov 1836, ae 8 da; d/ An^to XARAMILLO & Mª Consepcion CHAVES, v^c del Arroyo Ondo; ap/ Patricio XARAMILLO & Mª Fran^ca OLGIN; am/ Juan CHAVES & Maria de la Lus ARCHULETA; gp/ Manuel An^to MARTIN & Maria Ygnacia VIGIL, *vecinos dela plaza de S. Fran^co del Rancho.*

SUASO, Jose Gregorio
  bap 20 Nov 1836, ae 4 da; s/ Pedro SUASO & Maria Rita MONTOYA, v^c de San Fr^co de Asis; ap/ Juan Jose SUASO & Nicolasa LOVATO; am/ Felis MONTOYA & Rosa ROMERO; gp/ Santiago VIGIL & Simona MONTOYA of the same place.

Frame 778
GARCIA, Maria Josefa
  bap 25 Nov 1836, ae 14 da; d/ Joaquin GARCIA & Maria Encarnacion VIGIL, *vecinos del varrio de la S^ma Trinidad*; ap/ Maria Manuela GARCIA (only); am/ Juan Cristoval VIGIL & Maria Viviana TORRES; gp/ Pedro Mauricio DURÁN & Maria Barbara SANCHEZ, *vecinos del varrio del Rio Chiquito.*

GALLEGOS, Jose Antonio
  bap 27 Nov 1836, ae 11 da; s/ Pedro GALLEGOS & Maria Lorensa ESPINOSA, *vecinos del varrio dela Santisima Trenidad de Aroyo Seco*; ap/ Juan GALLEGOS & Maria Getrudes MARTINES; am/ Asencio ESPINOSA & Maria BIALPANDO; gp/ An^to Lias ARMENTA & Maria Ysabel SANCHES, *becinos dela plasa dela Santisima Trenidad.*

GARCIA, Maria Ysaber   (Maria Ysabel in margin)
  bap 27 Nov 1836, ae 3 da; d/ Jose Miguel GARCIA & Maria Josefa GARCIA; ap/ Juan Jose GARCIA & Maria Antonia PADILLA; am/ Manuel Rafael GARCIA & Maria Tomasa XARAMIO; gp/ Fer^do GARCIA & Mª de Jesus de ERRERA, *vecinos dela plasa de mi Señora de los Dolores de Arroyo Ondo.* (Frames 778-779)

Frame 779
ROMERO, Mª Rosa
  bap 27 Nov 1836, ae 3 da; d/ Jose Benito ROMERO & Mª de la Lus URTADO; ap/ Concecion ROMERO, dec., & Mª Rosa QUINTANA; am/ Manuel An^to URTADO & Mª Gertrudis VIGIL; gp/ An^to de Jesus GALLEGOS & Mª Juana An^ta GALLEGOS, *vecinos del varrio del Rancho.*

XARAMILLO, Miguel Ramon
  bap 28 Nov 1836, ae 7 da; nat. s/ Dolensa XARAMILLO; am/ Matilde XARAMILLO (only), *vecina de la plasa de la Santicima Trinidad de Arollo Seco*; gp/ Jose An^to BACA & Maria Jert(r)udes LOPES, *vecinos del mismo lugar.*

Frame 780
BALDES, Mª Elogia
  bap 10 Dec 1836, ae 16 da; d/ Jose Ygnacio BALDES & Mª Manuela SANCHES, *vecinos de San Fernando*; ap/ Manuel BALDES & Maria Josefa GARCIA; am/ Jose Manuel SANCHES & Teodora SISNEROS; gp/ Felipe BALDES & Mariana BALDES, *vecinos de San Fernando.*

GABILAN, Maria Micaela
 *bap 6 Dec 1836, ae 15 da; d/ Benito GABILAN & Bibiana NARANJO, *Yndios naturales del pueblo de Taos*; ap/ Juan de Lus GABILAN & Rosalia GOMES; am/ Juan NARANJO & Maria YNDIA; gp/ An^{to} ARMENTA & Mª Ysabel SANCHES.

MARTINEZ, Damacio
 bap 11 Dec 1836, ae 6 da; s/ Julian MARTINEZ & Mª de Gracia MARTINEZ, *vecinos de San Fernando*; ap/ Juan CHIMAYO (sic) & Manuela MONTOYA; am/ Pedro MARTINEZ & Gertrudes MARTINEZ; gp/ Jose An^{to} LUCERO & Mª de la Luz LUCERO, *vecinos de la plasita de los Dolores*.

Frame 781
DURAN, Jose Consepcion
 bap 11 Dec 1836, ae 3 da; s/ Juan del Carmen DURAN & Maria Dolores MONDRAGON, *vecinos del Rancho*; ap/ Fran^{co} DURAN & Juana SANDOVAL; am/ An^{to} MONDRAGON & Anamaria VIGIL; gp/ Faustin TRUGILLO & Mª Dolores CORDOVA.

SANDOVAL, Maria Bibiana
 bap 11 Dec 1836, ae 10 da; d/ Juan Jose SANDOVAL & Mª Bartola GARCIA, *vecinos del Arroyo Ondo*; ap/ Fran^{co} SANDOVAL & Maria Ygnacia CHAVES, both dec.; am/ Pablo GARCIA & Anamaria MARTIN; gp/ Tomas SANDOVAL & Anamaria SANDOVAL.

ROMO, Maria Guadalupe
 bap 12 Dec 1836, ae 12 da; d/ Juan de Jesus ROMO & Maria CANDELARIA, *besinos de Nuestra Senora de San Juan del Rio Chiquito*; ap/ Juan Jose ROMO & Maria Ygnacia VIGIL; am/ Fran^{co} CANDELARIO & Maria Juana GRIEGO; gp/ Juan Antoni(o) ROMO, *becino del mismo lugar*, & Maria Dolores TENORIO de *San Fernando*. (Frames 781-782)

Frame 782
MARTIN, An^{to} Seberino
 bap 13 Dec 1836, ae 5 da; s/ Rafael MARTIN & Dolores APODACA, *vecinos del Rancho*; ap/ Fran^{co} MARTIN, dec., & Maria SANCHES; am/ Ramon APODACA & Mª Manuela MARTIN; gp/ Miguel GRIÑE (Origins, p. 418, same) & Maria de Jesus MONTOYA, *vecinos del mismo lugar*.

ROMERO, Maria del Carmel
 bap 21 Dec 1836, ae 4 da; d/ Polo ROMERO & Mª Estefana MANSANARES, *vecinos de (S.) Fernando*; ap/ Juan del Carmel ROMERO & Maria Nasarina LUCERO, both dec.; am/ Matias MANSANARES & Maria Concicion PACHECO; gp/ Jose CHABES & Vitoria MEJICANA, *vecinos del mismo lugar*.

FRESQUES, Maria Paula
 bap 23 Dec 1836, ae 7 da; d/ Juan An^{to} FRESQU(E)S & Maria Dolores GABALDON, *vecinos de San Fernandes*; ap/ An^{to} GARCIA & Anita FRESQUES; am/ Alegrando GABALDON & Concecion GARCIA; gp/ Agustin DELGADO & Juana Rosalia DELGADO, *vecinos del mismo lugar*. (Frames 782-783)

Frame 783
GARCIA, Jose Tomas
 bap 22 Dec 1836, ae 4 da; s/ Felipe GARCIA & Mª de la Encarnacion CHAVES, *vecinos del Rancho*; ap/ Gregorio GARCIA & Carmen SALASAR; am/ Diego CHAVES & Mª Rosa (erasure) RAMIRES; gp/ An^{to} TORRES & Mª Consepcion QUINTANA.

GARCIA, Jose Manuel
 bap 23 Dec 1836 *en este curato de San Fernando de Taos*, ae 8 da; s/ Juan Pablo GARCIA & Agustina ARMENTA; ap/ Luis GARCIA & Mª Manuela BERNAL; am/ Simon ARMENTA & Marta MARTIN; gp/ An^{to} Mª LUCERO & Mª Filomena LUCERO, v^c *del mismo lugar*.

TAOS BAPTISMS, VOLUME II   1833-1837, AASF #20

TRUGILLO, Mª Pascuala
   bap 24 Dec 1836, ae 2 da; d/ Juan Leon TRUGILLO & Mª Ygnacia VIGIL, *vecinos del Rancho*; ap/ Jose Antº TRUGILLO & Mª Melchora QUINTANA, am/ Miguel VIGIL & Juana de la Crus GONSALES; gp/ Antº Jose MONDRAGON & Juana Mª VIGIL, *vecinos del mismo lugar*. (Frames 783-784)

Frame 784
GARCIA, Jose Grabiel
   bap 26 Dec 1836, ae 4 da; s/ Mateo GARCIA & Maria de la Luz LUCERO, *vecinos del Ranchito de San Francº de Pauda*; ap/ Jose Sebastian GARCIA & Maria Guadalupe MORALES; am/ Nacario LUCERO & Maria de la Cruz YBAÑES; gp/ Mariano MARTIN & Maria Josefa LUCERO, *vecinos de Fernandes*.

                              Año de 1837
ARAGÓN, Manuel
   bap 1 Jan 1837, ae 8 da; s/ Pedro ARAGÓN & Mª Reyes MARTINES, *vecinos de S. Frcº del Rancho*; ap/ Miguel ARAGÓN & Juana LOVATO; am/ Tomas MARTINES & Juana CHACÓN; gp/ Jose Mariano LEAL & Mª Dolores LEAL, *vˢ de la misma plasa*.

Frame 785
MARES, Jose Julian
   bap 2 Jan 1837, ae 6 da; s/ Juan de Jesus MARES & Juana Mª GONSALES, *vecinos de San Francº del Ranchito*; ap/ Juan MARES & Maria Josefa MARTIN; am/ Jose GONSALES & Maria Rosa LUCERO; gp/ Rumaldo GRIGALVA & Maria Petra del VALLE, *vecinos de San Fernandes*.

ARMIJO, Manuel Antº
   bap 8 Jan 1837, ae 8 da; s/ Jose Miguel ARMIJO & Barvara CHACON, *vecinos del Arroyo Ondo*; ap/ Antº Estaquio ARMIJO & Juana GARCIA; am/ Francº CHACON & Mª Encarnacion ATENCIO; gp/ Jose Antº CRUZ & Juana de Jesus MEDINA, *vecinos del mismo lugar*.

SISNEROS, Juan de los Reyes
   bap 8 Jan 1837, ae 2 da; s/ Bitor SISNEROS & Guadalupe BALDES, *vecinos de la plasa de San Antº*; ap/ Francº SISNEROS & Juana BACA; am/ Antº BALDES & Mª Catarina TRUGILLO; gp/ Juan Nepomoseno CORTES & Mª de la Crus MARTIN.

Frame 786
MARTIN, Mª Manuela
   bap 8 Jan 1837, ae 7 da; d/ Pablo MARTIN & Mª Antª GABILAN, *vecinos del pueblo*; ap/ Jose Manuel MARTIN & Maria Gertrudes REYNA; am/ Lorenso LUCERO & Mª Manuela GABILAN (sic); gp/ Salvador GONSALES & Maria Paula GONSALES.

GALLEGOS, Juan de los Reyes
   bap 8 Jan 1837, ae 3 da; s/ Jose Leonicio GALLEGOS & Maria Petra MARTIN; ap/ Felipe GALLEGOS & Juana GONSALES; am/ Felipe MARTIN & Maria Miquela ROMERO, *vecinos del Arroyo Ondo*; gp/ Juan Benito MAES & Maria Paula SANCHES.

MONTOLLA, Maria Antonia   (grandfather named in margin)
   bap 9 Jan 1837, ae 3 da; d/ Jose MONTOLLA & Juana Paula GALLEGOS; ap/ Necolas MONTOLLA & Maria Lonícia MEDINA; am/ Luis GALLEGOS & Mª Bicenta ABILA, *vecinos de la plaza de San Fernandes*; gp/ Jose Siprian(o) ISQUIBIEL (sic) & Maria Soledad ESQUIBEL.

Frame 787
NARANJO, Maria de los Reyes   (both grandparents named in margin)
   bap 9 Jan 1837, ae 4 da; d/ Jose NARANJO & Maria Alvina LEAL, *vecinos del Rancho*; ap/ Manuel NARANJO & Maria del Rosario RUIBAL; am/ Manuel LEAL & Maria

Dolores CONTRERAS; gp/ Juan Cristoval ROMERO & Maria Jertrudes ROMERO, *vecinos del mismo lugar.*

SISNEROS, Jose de Jesus
   bap 14 Jan 1837, ae 6 da; nat. s/ Carmel SISNEROS, wid., *vecina del Arroyo Ondo*; am/ Nerio SISNEROS & Maria Teodora MARTINEZ; gp/ Juan An^{to} ESPINOSA & Mª Gertrudis ALIRE, *vecinos del mismo lugar.*

QUINTANA, Juan Cristobal
   bap 15 Jan 1837, ae 3 da; s/ Salvador QUINTANA & Maria Paula ARCHULETA, *vecinos de la plasa de Arroyo Hondo*; ap/ Juan QUINTANA & Balbaneda ROMERO; am/ Marcos ARCHULETA & Mª Dolores SANCHES; gp/ Estevan SANCHES & Mª de la Lus BUENO, *v^s de la Purisima Concepcion.* (Frames 787-788)

Frame 788
ARELLANO, Jose Ygnacio
   bap 15 Jan 1837, ae 6 da; s/ Mariano ARELLANO & Mª Ysabel BALLEJOS, *vecinos de la plaza de los Dolores de Arroyo Ondo*; ap/ Ramon ARELLANO & Anna Maria ARMENTA; am/ Juan Bautista BALLEJOS & Mª Gertrudis MARTIN; gp/ Jose Fran^{co} BALLEJOS & Maria Rosa (written over) Maria (sic) VIGIL, *vecinos del mismo lugar.*

VALDES, Pascual Diamarante (sic)
   bap 15 Jan 1837, ae 2 da; s/ Ygnacio VALDES & Mª Dolores DURÁN, *vecinos de San Fernando*; ap/ Juan Bautista VALDES & Maria ARCHULETA; am/ Juan DURAN & Maria Fran^{ca} SANTISTEVAN; gp/ Jeorge An^{to} ROMERO & Maria Teodora ROMERO, *vecinos del mismo lugar.*

Frame 789
BUENO, Jose Ramon
   bap 18 Jan 1837, ae 2 da; s/ Juan BUENO & Maria Soledad TAFOYA, *vecinos del varrio de San Fran^{co} del Rancho*; ap/ An^{to} BUENO & Mª Rosalia QUINTANA; am/ Salvador TAFOYA & Maria Josefa TRUGILLO; gp/ Juan Santos GONSALES & Maria Ysabel SALAZAR, *vecinos del mismo lugar.*

MEDINA, Jose Ylario
   bap 18 Jan 1837, ae 5 da; s/ Jose Concicion MEDINA & Fran^{ca} MONTES, *vecinos de la plaza de Nuestra Señora de los Dolores de Arroyo Ondo*; ap/ Juan Pascual MEDINA & Tereza (sic) ESPINOSA; am/ An^{to} MONTES & Ygnes MARTIN; gp/ Ventura MEDINA & Maria Ygnacia MONDRAGON, *vecinos de la misma plasa.*

MONTOLLA, Juana Maria
   bap 18 Jan 1837, ae 3 da; d/ Geronimo MONTOLLA & Monica SALAZAR, *vecinos de la plasa de San Fran^{co} del Rancho*; ap/ Jose MONTOYA & Maria Rosa VIGIL; am/ Pedro SALAZAR & Mª Guadalupe GAR(C)IA; gp/ Jose de Jesus PADIA & Maria de la Luz VUENO, *vecinos del mismo lugar.*

Frame 790
TRUGILLO, Jose Albino
   bap 18 Jan 1837, ae 3 da; nat. s/ Maria Antonia TRUGILLO, *vecina del Ranchito de la Purizima Conpsecion, famula de* Juan TRUGILLO; gp/ Ramon An^{to} ESPINOSA & Juana Guadalupe ARCHULETA, *vecinos del Ranchito of San Fran^{co} de Paula.*

MARTIN, Maria Varvara
   bap 10 Jan 1837, ae 3 da; d/ Manuel MARTIN & Mª Dolores GONSALES, *vecinos de la plaza de S^n An^{to}*; ap/ Juan Jose MARTIN & Maria Josefa MARTIN; am/ Juan An^{to} GONSALES & Maria Varvara VARELA; gp/ Juan Nepomoceno SANDOVAL & Mª Paula SANCHES, *vecinos del mismo lugar.*

TAOS BAPTISMS, VOLUME II   1833-1837, AASF #20

ROMERO, Maria Estefana
    bap 20 Jan 1837, ae 4 da; d/ Andres ROMERO & Maria Ysabel MARTIN, *vecinos de
    San Fran^{co} del Rancho*; ap/ Jose Miguel ROMERO & Rosalia MONTOYA; am/ Fran^{co}
    MARTIN & Mª Ygnacia PINEDA; gp/ Jose Manuel ROMERO & Maria de la Luz MARTIN,
    vecinos del mismo lugar. (Frames 790-791)

Frame 791
ARGUEO, Juan Jose
    bap 22 Jan 1837, ae 4 da; s/ Miguel ARGUEO & Maria Ygnacia MEDINA, *vecinos de
    la plaza de San Fran^{co} del Rancho*; ap/ Juan ARGUEO & Maria Clara SANDOVAL; am/
    Gregorio MEDINA & Mª Ysabel ROMERO; gp/ Juan Cristoval ROMERO & Mª Teodora
    MARTIN, *vecinos del mismo lugar*.

VIGIL, Jose Ygnacio
    bap 22 Jan 1837, ag 2 da; s/ Jose VIGIL & Mª Andrea ARGUELLO, *vecinos del
    Rancho de San Fran^{co}*; ap/ Juan Ysidro VIGIL & Maria Fran^{ca} VEITA; am/ Felipe
    ARGUEO & Ysidora MONTOYA; gp/ Jose An^{to} SALAZAR & Maria del Carmel MEDINA, *v^s
    del mismo lugar*.

VALDES, Jose Rafael
    bap 22 Jan 1837, ae 5 da; nat. s/ Barbara VALDES, *vecina de San Fran^{co} del
    Rancho*; am/ Juan Bautista VALDES & Anna Maria ARCHULETA; gp/ Manuel ARAGON &
    Maria Rita GARCIA, *vecinos del mismo lugar*. (Frames 791-792)

Frame 792
GREGAM, Maria Ysidora
    bap 22 Jan 1837, ae 4 da; d/ Jose Manuel GREGAM (Origins, p. 417, GREGAN) &
    Maria Soledad LOVATO, *vecinos de San Fran^{co} del Rancho*; ap/ father not around
    to give information; am/ Juan An^{to} LOVATO & Maria Ygnacia SANCHES; gp/ Jose
    Venito MARTIN & Maria Tomasa SANCHES, *vecinos del mismo lugar*.

BRANCHI, Elfego
    bap entered 22 Jan 1837 but bap 10 *del correiente*, ae 13 da; s/ Jose de Jesus
    BRANCHI (Origins, p. 409, BRANCH) & Maria Paula de LUNA; ap/ Pedro BRANCHI &
    Mades (sic) CATE; am/ Rafael de LUNA (only), *vecinos de San Fernandes*; gp/ D^n
    Santiago ABREU (Origins, p. 339, same) & D^a Maria Guadalupe SANCHES, *vecinos
    de Santa Fe*. (Frame 792-793)

Frame 793
LUCERO, Jose Yldefonso
    bap 23 Jan 1837, ae 2 da; s/ Ygnacio LUCERO & Maria Soledad SALAZAR, *vecinos
    de San Fran^{co} del Rancho*; ap/ Santiago LUCERO & Mª Rosa AGUILAR; am/ Pedro
    SALAZAR & Carmel MEDINA; gm/ the maternal grandmother.

SANCHES, Jose Eliceo
    bap 24 Jan 1837, ae 3 da; s/ Manuel SANCHES & Mª Gregoria TRUGILLO, *vecinos
    dela plaza de Santicima Trinidad de Arroyo Seco*; ap/ Diego SANCHEZ (sic) &
    Maria Madalena MARTINES; am/ Vicente TRUGU(I)LLO (sic) & Mª Encarnacion
    CORDOVA; gp/ Julian VIALPANDO & Maria Necolaza TRUGILLO, *vecinos de San
    Fernandes*.

GALLEGO, Jose Pablo
    bap 25 Jan 1837, ae 3 da; s/ Felipe GALLEGO & Mª Bentura de HERRERA, *vecinos
    de la plasa (de) Nuestra Señora de San Juan*; ap/ Miguel GALLEGO & Mª Trinidad
    HURTADO; am/ Juan Pablo de HERERA & Maria Bentura MASCAREÑAS; gp/ Juan Luis
    MARTIN & Mª Candelaria PADIA, *vecinos de la plasa de Nuestra Señora de San
    Juan*. (Frames 793-794)

Frame 794
CORTES, Juan Fran^{co}
bap 26 Jan 1837, ae 8 da; s/ Venito CORTES & Mª Dorotea ROMERO, *vecinos del Rancho de San Fran^{co}*; ap/ Paulin CORTES & Maria Consepcion MARTINEZ; am/ Merced ROMERO & Josefa QUINTANA; gp/ Juan An^{to} MARTIN & Mª Rosa SANCHES, *v^s del mismo lugar*.

SALAZAR, Maria Paula
bap 26 Jan 1837, ae 2 da; d/ Miguel An^{to} SALAZAR & Mª Sencion AGILAR, *vecinos de San Fernandes*; ap/ Diego SALASAR, dec., & Maria Cristerna SANDOVAL; am/ Juan de Jesus AGILAR & Maria Paula MARTIN, dec.; gp/ Manuel SANDOVAL & Maria Venita MARTIN, *vecinos del mismo lugar*. (Frames 794-795)

Frame 795
GURULE, Felipe
bap 27 Jan 1837, ae 6 da; s/ Lorenso GURULE & Fran^{ca} GARCIA, *vecinos del Rancho de San Fran^{co}*; ap/ Jose GURULE & Polonia GRIEGO; am/ Manuel GARCIA & Magdalena GUTIERRES; gp/ Jose Mª CHAVES & Necolaza GOMES, *vecinos del Arroyo Ondo*.

LUCERO, Mª Hipolita
bap 28 Jan 1837, ae 6 da; d/ Jose Rafael LUCERO & Mª An^{ta} SILVA; ap/ Nicolas LUCERO & Encarnacion VIGIL; am/ Jose Mª SILVA & M^a del Carmel SAIS, *vecinos de (S.) Fernando*; gp/ Felipe CORTES & Barvara MARTIN, *vecinos del mismo lugar*.

Frame 796
MEDINA, Mª Dolores
bap 2 Feb 1837, ae 5 da; d/ Jose MEDINA & Mª MARTINES, *vecinos de la plasa de S^{ma} Trinidad*; ap/ Felipe MEDINA & Mª Guadalupe QUINTANA; am/ Cristobal MARTINES & Mª Teodora FRESQUIS; gp/ Jose Reyes GUTIERRES & An^{ta} Rosa SANCHES, *v^s del mismo lugar*.

MARTIN, Mª Candelaria
bap 2 Feb 1837, ae 2 da; d/ Juan de los MARTIN & Mª Manuela MARTIN, *vecinos de San Fran^{co} del Rancho*; ap/ Diego An^{to} MARTIN & Trenida(d) GONSALES; am/ Gervasio MARTIN & Juana CORTESA; gp/ Martin Romano TRUGIO & Mª Juana GOMES, *vecinos de la Juridicion de Abiquiu*.

ROMERO, Jose Candelario
bap 3 Feb 1837, ae 5 da; s/ Mateo ROMERO & Paula MONDRAGÓN, *vecinos de S. Fernando*; ap/ Juan de los Reyes ROMERO & Maria Soledad ROMERO; am/ Jose MONDRAGÓN & Maria Dolores CASADOS; gp/ Tomas LOVATO & Maria Dolores LOVATO, *vecinos de la plaza de San Fernando*.

Frame 797
ARAGON, Maria Candelaria
bap 5 Feb 1837, ae 5 da; d/ Jose An^{to} ARAGÓN & Maria Dolores FERNANDES, *vecinos de la plasa de N^{tra} Señora de San Juan*; ap/ An^{to} ARAGON & Maria Fran^{ca} VIGIL; am/ Jesus FERNANDES & Maria Rosa ROMERO; gp/ Faustin VIGIL & Maria de la Luz MARTINES, *vecinos de la misma plasa*.

ROMERO, Mª Candelaria
bap 5 Feb 1837, ae 4 da; d/ Juan de los Reyes ROMERO & Mª Ygnacia DURÁN, *v^s de S. Fran^{co} de Asís*; ap/ Jose Mª ROMERO & Mª Rafaela PINEDA; am/ Ygnacio DURÁN & Mª An^{ta} SANCHES; gp/ Pedro VIGIL & Mª Catarina MARTINES, *v^s de la misma plasa*.

CHAVES, Maria Candelaria
   bap 5 Feb 1837, ae 4 da; d/ Felipe CHAVES & Soledad ROMERO, *vecinos de la plasa de San Fran^{co} del Ranch(o)*; ap/ Luis CHAVES & Ana Maria MARTIN; am/ Jose Consicion ROMERO & Mª Rosa QUINTANA; gp/ Jose Benito TAFOYA & Juadalupe (sic) MARTIN, *vecinos de San Fernandes*. (No mention of twins.)

Frame 798
CHAVES, Felipe de Jesus
   bap 5 Feb 1837, ae 5 da; d/ Felipe CHAVES & Maria Soledad ROMERO, *vecinos de la plasa de S. Francisco del Rancho*; ap/ Luis CHAVES & Ana Maria MARTIN; am/ Jose Conpcicion ROMERO & Maria Rosa QUINTANA; gp/ Hermeregildo TRUGILLO & M^a del Refugio TRUGILLO, *vecinos de San Fernandes*. (No mention of twins.)

VIGIL, Maria Agapita
   bap 5 Feb 1837; nat. d/ Mª Dolores VIGIL, *soltera, vecina de la plasa de la Virgen de San Juan*; am/ Fran^{co} VIGIL & Candelaria PAIS; gp/ Pedro Mauricio DURAN & Mª Barbara SANCHES, *v^s del mismo lugar*.

JARAMILLO, Elfego
   bap 5 Feb 1837, ae 11 da; nat. s/ Mª Ygnacia JARAMILLO, wid., & unknown father; am/ Fran^{co} JARAMILLO & Mª Polonia VIGIL; gp/ Juan Rafael de LUNA & Mª Candelaria BELARDE, *v^s todos de la plasa de S. Fernando*.

Frame 799
MONTES, Maria Josefa
   bap 6 Feb 1837, ae 7 da; d/ Jose Maria MONTES & Mª Paula ROMERO, *vecinos de la plaza de San An^{to} de Arroyo Ondo*; ap/ An^{to} MONTES & Maria Ynes MARTIN; am/ Lorenzo ROMERO & Josefa CRUZ; gp/ An^{to} de Lias ARMENTA & Mª Ysabel SANCHES, *vecinos del mismo lugar*.

PADILLA, Antonia Nicolasa
   bap 7 Feb 1837, ae 5 da; d/ Santos PADILLA & Mª Soledad MARTINES, *vecinos de Arroyo Seco*; ap/ Salvador PADILLA & Mª Josefa MARTINES; am/ Jose Gregorio MARTINES & Mª Martina SANCHES; gp/ Lonicio GONSALES & Mª Juliana TAFOYA, *vecinos del mismo lugar*.

SANDOVAL, Maria Andrea
   bap 9 Feb 1837, ae 4 da; d/ Felipe SANDOVAL & Mª de la Luz MARTINES, *vecinos de la plasa de S. Antonio*; ap/ Waldo SANDOVAL & Luarda TRUGILLO; am/ Anselmo MARTINES & Mª Gregoria SANCHES; gp/ Juan de Jesus VIGIL & Maria Manuela MARTINES, *v^s del mismo lugar*.

Frame 800
VIGIL, Maria Ramo
   bap 12 Feb 1837, ae 8 da; d/ Juan Angel VIGIL & Maria Guadalupe BALLEJOS, *v^s del Desmontes*; ap/ Grabriel VIGIL & Anna Maria LUCERO; am/ Juan BALLEJOS & Maria Gertrudis MARTIN; gp/ Miguel An^{to} BALLEJOS & Maria Gertrudis CHAVES, *vecinos del mismo lugar*.

ROMERO, Jose Deciderio
   bap 12 Feb 1837, ae 2 da; s/ Julian ROMERO & Maria de Gracia VIGIL, *vecinos de la plasa de S. Fran^{co} del Rancho*; ap/ An^{to} ROMERO & Gertrudis MONDRAGON; am/ An^{to} VIGIL & Simona MONTOYA; gp/ Jose Fran^{co} MONTES & Maria Dimas ROMERO, *vecions del mismo lugar*.

MADRIL, Trenidad Mart$\underline{o}$ (sic)
   bap 12 Feb 1837, ae 5 da; s/ Jose Cristoval MADRIL & Manuela MEDINA, *vecina dela plaza dela Santisima Trinidad*; ap/ Jose Cristoval MADRIL & Mª Manuela

MEDINA; am/ Manuel de Jesus SALAZAR (sic) & Juana BALDES; gp/ Juan GALLEGOS & Salome BACA, *vezinos del mismo lugar*. (Frames 800-801)

Frame 801
DURAN, Juana Maria
  bap 12 Feb 1837, ae 9 da; d/ An^{to} DURÁN & Mª Josefa LUJÁN; ap/ Jose An^{to} DURAN & Maria An^{ta} GONSALES; am/ Fran^{co} LUJÁN & Magdalena ROMERO; gp/ Santiago SAMORA & Mª Lucia SUASO, all Indians of Taos Pueblo.

MEGICANO, Mª Candelaria
  bap 12 Feb 1837, ae 12 da; d/ An^{to} Jose MEGICANO (sic) & María de la Crus BALDES, *vecinos del Arroyo Ondo*; ap/ Ysidro MEXICANO & Mª Franca HERR(ER)A; am/ Fran^{co} BALDES & Maria Franci(s)ca SISNEROS; gp/ Mariano ARELLANO & Maria de la Lus ARELLANO, *vecinos del mismo lugar*.

Frame 802
SANDOVAL, Maria Eulalia
  bap 12 Feb 1837, ae 5 da; nat. d/ Mª Bernarda SANDOVAL, single; am/ Manuel SANDOVAL & Maria Benita MARTIN, *vecinos de San Fernando*; gp/ Jose Pablo CHAVES & Mª Rafaela ARCHULETA, *v^s del mismo lugar*.

GARCIA, Maria Alvina
  bap 19 Feb 1837, ae 5 da; d/ Encarnacion GARCIA & Mª Rita GONSALES; ap/ Pedro GARCIA & Maria Gertrudes ORTIS; am/ Jose GONSALES & Mª Guadalupe BEITA; gp/ Jose Manuel SANDOVAL & Mª Soledad LUCERO, *vecinos (todos) de lo de Mora*.

GRIÑE, Maria Antonia
  bap 19 Feb 1837, ae 6 da; d/ Manuel GRIÑE & Mª An^{ta} SANDOVAL, *v^s de la plasa de San Fransisco del Rancho*; ap/ Jose GRIÑE & Mª Manuela SANCHES; am/ Santiago SANDOVAL & Anna Maria LEIVA; gp/ Juan Ygnacio SANCHES & Mª Barvara GONSALES, *v^s del mismo lugar*. (Frames 802-803)

Frame 803
MADRID, M^a de los Relles
  bap 19 Feb 1837, ae 4 da; d/ Juan MADRID & Mª Manuela ROMERO, *v^s de la poblacion de Arroyo Hondo*; ap/ Cristoval MADRID & Mª An^{ta} MARTINES; am/ Lorenzo ROMERO & Mª Josefa CRUZ; gp/ Juan Jose GARCIA & Mª Josefa CRUZ, *v^s del mismo lugar*.

MESTAS, Jose Atanacio
  bap 19 Feb 1837, ae 2 da; nat. s/ Maria Ysabel MESTAS, single, & unknown father; am/ Mª Josefa MESTAS (only); gp/ Juan de Jesuz (sic) CORDOVA & Mª Miqueala (sic) BRITO, *estos y aquella vesinos de San Fernandes*.

Frame 804
MADRID, Jose Julian
  bap 20 Feb 1837, ae 5 da; s/ Juan Nepomoseno MADRID & Juana MARTIN, *v^s del Arroyo Ondo*; ap/ Juan MADRID & Mª Juliana BALERIO; am/ Matias MARTIN & Juana SEGURA; gp/ Santiago BACA & Mª de la Acencio(n) de HERRERA, *v^s del mismo lugar*.

MARTIN, Faustin
  bap 20 Feb 1837, ae 6 da; s/ Jose Manuel MARTIN & Mª Estefana PADIA; ap/ Jose MARTIN & Fransisca MARTIN; am/ Juan Cristoval PADIA & Mª Carmel GARCIA, *v^s todos del Arroyo Hondo*; gp/ Jose de la Cruz QUINTANA & Mª Dolores QUINTANA.

BACA, Benigna
  bap 27 Feb 1837, ae 4 da; nat. d/ Antonia BACA & unknown father, *vecina de la plasa de S. Fernando*; am/ Jose BACA & Mª Rosa FERNANDES; gm/ Maria de los Reyes BACA, *vecina del mismo lugar*. (Frames 804-805)

TAOS BAPTISMS, VOLUME II   1833-1837, AASF #20

Frame 805
SANCHES, Mª Estefana
    bap 21 Feb 1837, ae 10 da; d/ Benito SANCHES & Mª Tereza VIGIL, vˢ del Rancho;
    ap/ Felipe SANCHES & Juana Mª MARTINES; am/ Juan de Jesuz VIGIL & Rosa Maria
    DURAN; gp/ Mauricio DURAN & Mª Barvara SANCHES, vˢ del mismo lugar.

MEDINA, Jose Marselo
    bap 22 Feb 1837, ae 5 da; s/ Simon MEDINA & Mª Josefa MARES; ap/ Felis MEDINA
    & Mª Teodora QUINTANA; am/ Luis MARES & Mª Josefa MARTIN, vˢ de San Fransisco
    del Ranchito; gp/ Jose Miguel MARTIN & Mª Dolores MARTIN.

Frame 806
SANCHES, Maria Clara
    bap 24 Feb 1837, ae 7 da; d/ Miguel SANCHES & Mª Soledad BACA, vˢ de la plasa
    de Sᵐᵃ Trinidad; ap/ Joaquin SANCHES & Antª Rosa MARTINES; am/ Antº BACA &
    Gertrudis LOPES; gp/ Mª Encarnacion SANCHES & Juan Antº BACA, vˢ del mismo
    lugar.

DELGADO, Maria de la Luz
    bap 25 Feb 1837, ae 4 da; nat. d/ Mª Anastacia DELGADO, vecina de San
    Fernandes; am/ Venito Asencio DELGADO & Maria Josefa SANDOVAL; gm/ the
    maternal grandmother.

MAES, Mª Gertrudis
    bap 25 Feb 1837, ae 3 da; d/ Miguel MAES & Maria del Rosario CARDENAS, vecinos
    de San Fernando; ap/ Domingo MAES & Juana Maria de ERRERA; am/ Jose Silvestre
    CARDENAS & Maria de los Santos BERNAL; gp/ Juan Antº CARDENAS & Josefa MONTOYA,
    tambien becinos de San Fernando.

Frame 807
TRUGILLO, Maria Paula
    bap 25 Feb 1837, ae 3 da; d/ Esteban TRUGILLO & Mª Barbara SANCHES; ap/ Ygnacio
    TRUGILLO & Josefa VALDEZ; am/ Jose Manuel SANCHEZ (sic) & Tereza de Jesus
    MESTAS, vecinos dela plaza de S. Antº, who were the gp.

LUJAN, Santiago
    bap 26 Feb 1837, ae 4 da; s/ Venito LUJAN & Franᶜᵃ SUASO, naturales del pueblo;
    ap/ Jose Antº LUJAN & Guadalupe PACHECO; am/ Juan Antº SUASO & Maria CONCHA; gp/
    Venito GONSALES & Rosa ROMERO, naturales del mismo pueblo.

VIGIL, Jose Miguel
    bap 26 Feb 1837, ae 3 da; s/ Antº Jose VIGIL & Mª Margarita ARAGON, vecinos del
    Rancho; ap/ Pedro VIGIL & Maria Josefa QUINTANA; am/ Lorenso ARAGON & Mª
    Dolores CHAVES; gp/ Juan Ygnacio MARTIN & Mª Casilda MARTIN. (Frames 807-808)

Frame 808
GARCIA, Juan Rosario
    bap 26 Feb 1837, ae 4 da; s/ Antº GARCIA & Guadalupe CHAVES, vecinos del Arroyo
    Ondo; ap/ Juan Anguel GARCIA & Maria Manuela MARTIN; am/ Juan CHAVES & Mª
    Candelaria BALDONADO; gp/ Marcos de ERRERA & Maria Miquela QUINTANA.

SALASAR, Jose de Jesus
    bap 27 Feb 1837, ae 2 da; s/ Fransisco SALASAR & Josefa TRUGILLO, vᵈ de San
    Fernando; ap/ Gerbacio SALASAR & Mª del Rosario COCA; am/ Pablo TRUGILLO & Mª
    Rosa ROMERO; gp/ Jose TAFOYA & Mª Guadalupe ARMENTA, vˢ del mismo lugar.

BUENO, Jose Reducindo
    bap 28 Feb 1837, ae 3 da; s/ Jesus BUENO & Josefa MARTIN; ap/ Antº BUENO &

Paula GARCIA; am/ Ubaldo MARTIN & Mª Elena CASIAS; gp/ Jose Guadalupe SALASAR & Mª Guadalupe SALASAR, vˢ todos de San Fernandes. (Frames 808-809)

Frame 809
VIGIL, Juan Maria
   bap 28 Feb 1837, ae 5 da; s/ Mariano VIGIL & Mª Juana LOBATO, vesinos de la plasa de San Franᶜᵒ del Rancho; ap/ Jose Ygnasio VIGIL & Mª Rosa ARANDA; am/ Santiago LOVATO (sic) & Mª Antonia ROMERO; gp/ Jose Ramon VIGIL & Mª Pabla MADRID, vesinos del mismo lugar.

MARTINES (patron), Maria Rosalia   *Famula*
   bap 28 Feb 1837, ae 6 yr; d/ (unknown), Indian redeemed from the Yuta Tribe, famula de Dⁿ Vuena Bentura MARTINES, vˢ de San Francisco de Paula; gf/ Jose MARTIN. (Frames 809-810)

Frame 810
MARTINES (patron), Maria Matiana
   bap 28 Feb 1837, ae 5 da; nat. d/ Mª Salome (n.s.), Indian servant of Dⁿ Pedro MARTINES, vˢ de San Francisco de Paula; gp/ Mariano MARTINES & Mª Anᵗᵃ ARAGON.

LEYVA, Matias
   bap 28 Feb 1837, ae 5 da; s/ Juan de la Cruz LEYVA & Mª Florentina MARES, vˢ del la plasa de San Juan del Rio Chiquito; ap/ Pedro LEYVA & Mª Guadalupe SENA; am/ not given; gp/ Jose Ygnacio MARTIN & Mª Ysavel DURAN, vˢ del mismo lugar.

Frame 811
DURAN, Jose Diaman
   bap 1 Mch 1837, ae 4 da; s/ Bentura DURAN & Mª Juanita MARTINES; ap/ Manuel DURAN & Geralda MASCAREÑAS; am/ Cruz MARTINES & Mª Dolores TORRES, vecinos del Rio Chiquito; gp/ Rafael TAFOYA & Mª Rafaela MARTINEZ (sic).

CORDOVA, Jose Miguel
   bap 4 Mch 1837, ae 3 da; s/ Miguel CORDOVA & Maria Catarina GALLEGOS, vecinos de la plaza de la Sᵐᵃ Trenidad de Arroyo Seco; ap/ Manuel CORDOVA & Guadalupe SERDA; am/ Juan Jose GALLEGOS & Maria Dolores PADILLA; gp/ Juan Cristoval MEDINA & Maria Luisa BUSTOS, vecinos del mismo lugar.

LUJAN, Juan Domingo
   bap 5 Mch 1837, ae 8 da; s/ Juan Lorenso LUJAN & Mª Paula GONSALES, Indians of Taos; ap/ Juan Anᵗᵒ LUJAN & Josefa MARTIN; am/ Juan GONSALES & Maria GABILÁN; gp/ Jose Franᶜᵒ MARTINES & Maria Micaela FERNANDES.

Frame 812
MEDINA, Jose Roman
   bap 5 Mch 1837, ae 5 da; s/ Franᶜᵒ MEDINA & Mª Soledad GOMES, becinos de la plasa de San Antonio; ap/ Felipe MEDINA & Maria Guadalupe QUINTANA; gp/ Juan Benito BALDEZ & Mª Martina GARCIA, vecinos del mismo lugar.

LABE, Maria Dolores
   bap 5 Mch 1837, ae 3 da; d/ Pedro LABE (Origins, p. 422, LAVÉ) & Maria de la Acencion MARTINES, vˢ de San Franᶜᵒ del Rancho; ap/ Jose LABE & Claudia (n.s.), *Fransesa*; am/ Cruz MARTIN (sic) & Maria Dolores TORRES; gp/ Pedro TORRES & Maria Josefa TORRES, vˢ del mismo lugar.

ARELLANO, Juan Domingo
   bap 5 Mch 1837, ae 8 da; s/ Jose ARELLANO & Andrea MARTIN, vecinos del Arroyo Ondo; ap/ Julian ARELLANO & Mª de la Lus TAPIA; am/ Santiago MARTINEZ (sic) &

TAOS BAPTISMS, VOLUME II   1833-1837, AASF #20

   Dolores ARGUELLO; gp/ Juan Domingo ARELLANO & Maria Rosa MEDINA, *vecinos del mismo lugar*.

Frame 813
SUASO, Juan de Dios
   bap 8 Mch 1837, ae 1 da; s/ Juan Miguel SUASO & Encarnacion GONSALES, v^s *de San Fernandes*; ap/ Miguel SUASO & Mª Anna MONTOYA; am/ Juan Manuel GONSALES & Josefa MESTAS; gp/ Jose del Carmel CORTES & Mª Miquela BRITO, v^s *del mismo lugar*.

TRUGILLO, Juan de Dios
   bap 9 Mch 1837, ae 2 da; s/ Felipe TRUGILLO & Mª Juana BALDONA(D)O, v^s *de la plasa de San Juan*; ap/ Fran^{co} TRUGILLO & Maria An^{ta} TORRES; am/ An^{to} BALDONA(D)O & Mª Rita MOYA; gp/ Jose Rafael CORDOVA & Mª Guadalupe TRUGILLO, v^s *de la plasa del Rancho*.

LOPES, Juan de Dios
   bap 9 Mch 1837, ae 1 da; nat. s/ Felipa LOPES, single, *vecina de S. Fernando*; am/ Cristobal LOPES & Mª Teresa TRUGILLO; gp/ Jose Rafael TENORIO & Mª Dolores TENORIO, v^s *del mismo lugar*.

Frame 814
CRUZ, Eulogio
   bap 11 Mch 1837, ae 4 da; s/ Eugenio CRUZ & Mª Rafaela GRIEGO, v^s *de dela plasa de mi Señora San Juan*; ap/ Francisco CRUZ & Mª Josefa MEDINA; am/ An^{to} GRIEGO & Mª MARQUES; gp/ Vitor GALLEGO & M^a de los Reyes HURTADO, v^s *del mismo lugar*.

SANDOVAL, Jose Santos
   *bap 10 Mch 1837, ae 7 da; s/ Jose Esquipula SANDOVAL & Mª Fran^{ca} ARCHULETA, v^s *de la plaza de San An^{to} de Arroyo Hondo*; ap/ Jose Santos SANDOVAL & Mª Ysavel GARCIA; am/ An^{to} Jose ARCHULETA & Mª Encarnacion ROMERO; gp/ An^{to} Jose CORDOVA & Mª Rosa SANDOVAL, *vecinos dela plaza de los Dolores*.

QUINTANA, Maria Eulogia
   bap 11 Mch 1837, ae 3 da; d/ Jose Maria QUINTANA & Mª Manuela TRUGILLO, *vecinos de San Fran^{co} del Ranchito*; ap/ Cristobal QUINTANA & Mª An^{ta} de LUNA; am/ Fran^{co} TRUGILLO & Maria Getrudes MARTIN; gp/ Pascual MARTINES & Maria Teodora GALLEGOS. (Frames 814-815)

Frame 815
MARTIN, Eulogio
   bap 11 Mch 1837, ae 2 da; s/ Fran^{co} MARTIN & Juana Catarina ALIRE, *vecinos de San Fernando*; ap/ Juan A^{to} MARTIN & Mª CHACON; am/ Juan Lorenso ALIRE & Juana Josefa BEYTA; gp/ Salvador RIVERA & Maria An^{ta} RIVERA.

DELGADO, Jose Nicanor
   bap 12 Mch 1837, ae 1 da; s/ Deciderio DELGADO & Dolores BACA, *besino de San Fernando*; ap/ Venito DELGADO & Mª Josefa SANDOVAL; am/ Estevan VACA (sic) & Mª de la Luz MARTIN; gp/ Jose Rafael TENORIO & Florencia ALARID.

BALLEJOS, Mª Eulogia
   bap 13 Mch 1837, ae 4 da; d/ Santiago BALLEJOS & Mª Juana BIALPANDO, v^s *de San Fernando*; ap/ Fran^{co} BALLEJOS & Mª Guadalupe MEDINA; am/ Ylena BIALPANDO (only); gp/ An^{to} Jose CHAVES & Maria Paubla MORA, v^s *del mismo lugar*. (Frames 815-816)

Frame 816
TRUGILLO, Mª Nieves

bap 13 Mch 1837, ae 3 da; d/ Fran^co^ T(R)UGILLO & Gertrudes SANDOVAL; ap/ An^to^ Jose TRUGILLO & Mª Juana TORRES; am/ Mariano SANDOVAL & Ygnacia CORDOVA, *vecinos del Rio Chiquito*; gp/ Fran^co^ An^to^ CRUZ & Mª Ysidora TRUGILLO, v^s^ *del mismo lugar.*

APODACA, Juan Nepomozeno
   bap 13 Mch 1837, ae 1 da; s/ Marcos APODACA & Mª Marta LOPES, v^s^ *de San Fernando*; ap/ Damasio APODACA & Bartola FRESQUIS; am/ Juan LOPES & Vicenta CORDOVA; gp/ Juan Nepomozeno DURAN & Hermeregilda CASAOS, v^s^ *del mismo lugar.* (Frames 816-817)

Frame 817
SANDOVAL, Maria Tomasa
   bap 15 Mch 1837, ae 9 da; d/ Luciano SANDOVAL & Mª Nepomosena MARTIN, *vecinos dela plasa de San An^to^*; ap/ Juan de Dios SANDOVAL & M^a^ B(e)atris de LUNA; am/ Necolas MARTIN & Mª Tomasa BARELA; gp/ Diego SANDOVAL & Mª Gertrudis GOMES, *vecinos dela plasa delos Dolores de Arroyo Ondo.*

SANDOVAL, An^to^ Jose
   bap 15 Mch 1837, ae 4 da; s/ Jose Santiago SANDOVAL & Maria Antonia TRUGILLO, v^s^ *del Rancho*; ap/ Feliciano SANDOVAL & Mª Manuela MARTIN; am/ Luis TRUGILLO & Mª Polita ARCHULETA; gp/ Lorenso ARAGON & Mª Josefa VIGIL.

Frame 818
CORDOVA, Jose Eulogio
   bap 15 Mch 1837, ae 4 da; s/ Fran^co^ CORDOVA & Mª Guadalupe BALERIO, v^s^ *del Arroyo Hondo*; ap/ Juan CORDOBA & Rosalia MARTIN; am/ Martin BALERIO & Sebastiana GARCIA; gp/ Jose Miguel CORDOBA & Mª de la Encarnacion CORDOVA (sic), v^s^ *de San Fran^co^ del Rancho.*

APODACA, Jose Alvino
   bap 19 Mch 1837, ae 9 da; s/ Diego APODACA & Ysidora LOPES, *vecinos de San Fran^co^ del Rancho*; ap/ Crus APODACA & Mª Ysabel PADIA; am/ Sa(l)bador LOPES & Juana BALDES; gp/ Felis URIUSTE (sic) & M^a^ del Carmel SANCHES, *vecinos del mismo lugar.*

AGILAR, Maria Soledad
   bap 20 Mch 1837, ae 1 da; nat. d/ Maria Manuela AGILAR, single, *vezina de San Fernando*; am/ Juan de Jesus AGILAR & Juana Paula MARTIN; gp/ Jose Manuel VALDES & Mª Madaglena (sic) GONSALES, v^s^ *del mismo lugar.* (Frames 818-819)

Frame 819
SANDOVAL, Juan Cristoval
   bap 20 Mch 1837, ae 4 da; nat. s/ Mª Ygnacia SANDOVAL; am/ Jose SANDOVAL & Mª Biatrix de HERRERA, v^s^ *dela plasa de San Antonio*; gp/ Jose Disiderio BORREGO & Mª Concepcion BORREGO, v^s^ *del mismo lugar.*

SANCHES, Maria Teresa de Jesus
   bap 24 Mch 1837, ae 1 da; d/ Pedro SANCHES & Mª Tereza CHAVES, v^s^ *de San Fernandes*; ap/ Miguel SANCHES & Josefa MARTIN; am/ Julian (C)HAVES & Mª Manuela CORTES; gp/ Diego An^to^ ROMERO & Lucaria GALLEGO, v^s^*del mismo lugar.*

Frame 820
MARQUES, Maria del Refugio
   bap 25 Mch 1837, ae 3 da; d/ Rumaldo MARQUES & Mª Esquipula MONTOYA, *vecinos del Rio Chiquito*; ap/ Jose MARQUES & Mª Petra TURRIETTA; am/ Manuel MONTOYA & Mª Serafina ARCHULETA; gp/ Juan de Jesus ROMO & Mª Marselina ROMO, *vecinos del mismo lugar.*

TORRES, Jose Eugenio
   bap 25 Mch 1837, ae 5 da; s/ Pedro TORRES & Mª Josefa CORDOVA, *vecinos de San Franco del Rancho*; ap/ Anto TORRES & Mª Ysabel FERNANDES; am/ Rafael CORDOVA & Guadalupe TRUGILLO; gp/ Jose Mariano FERNANDES & Maria de la Sencion LUCERO, *vecinos del mismo lugar.*

VIGIL, Jose de la Encarnacion
   bap 25 Mch 1837, ae 3 da; s/ Anastacio VIGIL & Mª de la Crus QUINTANA, *vecinos del Rancho*; ap/ Crus VIGIL & Clara FERNANDES; am/ Jose de la Crus QUINTANA & Maria Miquela MARTIN; gp/ Andres MARTIN & Ana Mª GUTIERRES, *vecinos del mismo lugar.* (Frames 820-821)

Frame 821
BASQUES, Maria Josefa
   bap 26 Mch 1837, ae 3 da; nat. d/ Maria de la Encarnacion BASQUES, single, *vecina de San Francisco de Pauda*; am/ Jose Manuel BASQUES & Maria MONTOYA; gp/ Jose Manuel VIALPANDO & Mª de los Reyes PANDO, *vs del mismo lugar.*

RODRIGES, Mª Encarnacion
   bap 26 Mch 1837, ae 2 da; d/ Jose Mª RODRIGES & Maria Petrona SANDOVAL, *vs de la Pura y Limpia Consepcion*; ap/ Manuel RODRIGES & Maria Ygnacia VIALPANDO; am/ Juan Franco SANDOVAL & Mª de la Luz GIMENOS; gp/ Marselo LOVATO & Mª Manuela QUINTANA, *vs del mismo lugar.*

Frame 822
PANDO, Maria Ysidora
   bap 26 Mch 1837, ae 9 da; d/ Juan Anto PANDO & Mª Antonia CONCHA, *vs del pueblo*; ap/ Salvador PANDO & Anas Maria LOMA; am/ Juan Manuel CONCHA & Dominga ROMERO; gp/ Jose Manuel LUJAN & Josefa ROMERO, *vs del mismo lugar.*

MARTIN, Maria de la Encarnacion
   bap 26 Mch 1837, ae 2 da; d/ Juan MARTIN & Dolores DUR(AN), *vecinos del Rancho*; ap/ Felipe MARTIN & Mª TRUGILLO; am/ Pablo DURAN & Maria Margarita SANCHES; gp/ Juan de Jesus TRUGILLO & Mª de la Sencion VIGIL, *vecinos del mismo lugar.*

CORDOVA, Jose Venito
   bap 26 Mch 1837, ae 6 da; s/ Reimundo CORDOVA & Mª Estefana GONSALES, *vecinos del Rancho*; ap/ Aban CORDOVA & Juliana TORRES; am/ Felipe GONSALES & Franca CHACON; gp/ Bentura MARTIN & Maria Sencion GALLEGOS. (Frames 822-823)

Frame 823
TAFOYA, Maria Serafina
   bap 29 Mch 1837, ae 2 da; d/ Martin TAFOYA & Candelaria DURAN, *vecinos de la plaza de San Anto de Arroyo Ondo*; ap/ Anto Jose TAFOYA & Maria Luiza GARCIA; am/ Andres DURAN & Candelaria MONDRAGON; gp/ Jose de Jesus GAUNA & Maria Trenidad APODACA, *vecinos de la misma plaza.*

VIGIL, Maria Varbara
   bap 30 Mch 1837, ae 4 da; nat. d/ Maria Anta VIGIL, *vecina de San Franco del Ranchito*, am/ Anto VIGIL & Maria Josefa MARTIN; gp/ Cristoval GONSALES & Maria Rita SANCHES, *vecinos del mismo lugar.*

(Fr. Dn Mariano de Jesus LUCERO, assistant to Fr. Anto Jose MARTINEZ, baptizing and signing the entries.)

GONSALES, Maria Venedita
   bap 1 Apr 1837, ae 1 da; d/ Ramon GONSALES & Maria Josefa VIGIL, *vecinos dela plaza de la Puricima*; ap/ Gregorio GONSALES & Maria Dolores VALDES; am/ Juan

VIGIL & Mª Ynes RODRIGUES; gp/ Roque PADILLA & Mª de las Niebes ROMO, *vecinos del mismo lugar*. (Frames 823-824)

Frame 824
VIGIL, Ana Maria   (Juana Maria in margin)
   bap 2 Apr 1837, ae 3 da; d/ Franco VIGIL & Candelaria SANTISTEBAN, *vecinos de San Franco del Ranchito*; ap/ Juan Ygnacio VIGIL & Maria Antonia ARAGON; am/ Feliciano SANTISTEVAN (sic) & Rafaela TRUGILLO; gp/ Nepomoseno DURAN & Maria de la Lus SANCHES, *vecinos del Rancho*.

VIGIL, Maria Franca
   bap 2 Apr 1837, ae 5 da; d/ Ricardo VIGIL & Mª Dolores BALLEJOS, *vecinos de la plasa de San Anto*; ap/ Grabiel VIGIL & Ana Maria LUCERO; am/ Juan Bautista BALLEJOS & Mª Gertrudis (n.s.); gp/ Juan Bautista BALLEJOS & Maria Soledad ROMERO, *vecinos del mismo lugar*. (Frames 824-825)

Frame 825
PACHECO, Mª Franca
   bap 2 Apr 1837, ae 8 da; d/ Juan Poseno (sic) PACHECO & Juana ABILA, *vecinos del Arroyo Ondo*; ap/ Felipe PACHECO & Mª Gertrudes CORDOVA; am/ Eusebio ABILA & Mª Ygnacia LUCERO; gp/ Juan Anto BARELA & Mª de la Crus PADIA, *vecinos del mismo lugar*.

GARCIA, Juan Lorenso
   bap 2 Apr 1837, ae 8 da; s/ Siriaco GARCIA & Mª Soledad MAES, *vecinos del Arroyo Ondo*; ap/ Juan Lorenso GARCIA & Maria Ygnacia MARTIN; am/ Antonio MAES & Mª Barbara SANTISTEBAN; gp/ Juan Cristoval MONDRAGON & Mª Franca GONSALES, *vecinos del mismo lugar*.

Frame 826
ALIRE, Maria Ygnacia
   bap 2 Apr 1837, ae 4 da; nat. d/ Ana Maria ALIRE; am/ Marcos ALIRE & Catarina BIALPANDO; gp/ Jose MAES & Maria de la Lus LUCERO, *vecinos de San Fernando*.

(Fr. Eulogio VALDEZ, assistant to Fr. Jose Antonio MARTINEZ, also baptizing and signing entries).

GONSALES, Mª Concepcion
   bap 2 Apr 1837, ae 3 da; d/ Jose Deciderio GONSALES & Mª Nicolaza XARAMILLO; ap/ Jose Anto GONSALES & Mª URIOSTE; am/ Mariano XARAMILLO & Mª Josefa LOVATO; gp/ Jose Roman DOMINGUEZ & Mª Rosa MARTINEZ, *vs todos de Sn Franco del Rancho*.

LUCERO, Mª Pascuala
   bap 5 Apr 1837, ae 3 da; d/ Lorenso LUCERO & Mª Encarnacion CORDOVA; am/ Jose CORDOVA & Mª Antonia CORDOVA; gp/ Dn Franco CORDOVA & Mª Dolores LUCERO, *vs de la plasa de Nuestra Sora de los Dolores*. (Frames 826-827)

Frame 827
MESTAS, Mª de Esquipula
   bap 8 Apr 1837, ae 5 da; d/ Marcos MESTAS & Mª de la Luz LOPES; ap/ Bernardo MESTAS & Mª RAMIRES; am/ Franco LOPEZ & Gregoria MARTINA; gp/ Juan Anto MARTIN & Mª Rosa SANCHES, *vs del Rancho*.

ARCHULETA, Jose Nasario
   bap 9 Apr 1837, ae 12 da; nat. s/ Juana ARCHULETA, *vecina de San Franco del Rancho*; am/ Juan de Jesus ARCHULETA & Maria Ygnacia MARTIN; gp/ Ramon MONTOYA & Mª de Jesus MONTOYA, *vecinos del mismo lugar*.

TAOS BAPTISMS, VOLUME II   1833-1837, AASF #20

(Fr. Jose Antonio MARTINEZ baptizing and signing entries.)

Frame 828
MARTIN (gp), Mª Josefa
   bap 9 Apr 1837, ae 3 da; d/ unknown parents, *esposita ... qᵉ se hayo en esta plaza de Sⁿ Fernandez tirada*; gp/ Anᵗᵒ MARTIN & Loreta GARCIA.

MARTIN, Mª Dionisia
   bap 10 Apr 1837, ae 1 da; d/ Victor MARTIN & Mª Alvina VIGIL, *vecinos de San Franᶜᵒ*; ap/ Felipe MARTIN & Mª TRUGILLO; am/ Ygnacio VIGIL & Mª Paubla QUINTANA; gp/ Jose Miguel GRIÑE & Ynes MONTOYA, *vecinos del mismo lugar*.

MONDRAGON, Mª Alvina
   bap 10 Apr 1837, ae 4 da; d/ Jesus Mª MONDRAGON & Mª Gertrudis DURAN, *vecinos de San Franᶜᵒ del Rancho*; ap/ Bartolo MONDRAGON & Mª Regina FRESQUIS; am/ Gregorio DURAN & Mª Rita URIOSTE, *vecinos del mismo lugar*; gp/ Anᵗᵒ MONDRAGON & Juana Mª VIGIL, *vᵉ del mismo lugar*.

Frame 829
GABALDON, Maria Casilda
   bap 10 Apr 1837, ae 9 da; d/ Jose Manuel GABALDON & Maria Candelaria APODACA, *vecinos de la plaza de los Dolores de Arroyo Ondo*; ap/ Feliz GABALDON & Guadalupe TRUGILLO; am/ Santiago APODACA & Maria Casilda CORDOBA; gp/ Juan Jose BASQUES & Maria Albina BASQUES, *vecinos del mismo lugar*.

MARTIN, Mª Lionarda
   bap 11 Apr 1837, ae 8 da; d/ Jose Miguel MARTIN & Juana REYNA; ap/ Jose MARTIN & Mª Juana CORDOVA; am/ Jose REYNA & Mª ROMERO, *todos del pueblo de San Geronimo de Taos*; gp/ Juan Nicolas DURAN & Mª Anᵗᵃ SANDOVAL, *vecinos de San Fernando*.

ESPINOZA, Mª Ysavel
   bap 14 Apr 1837, ae 2 da; d/ Juan ESPINOZA & Mª Tomaza MONTOYA; ap/ Juan Jose ESPINOZA & Dolores GARCIA; am/ Diego MONTOYA & Mª Franᶜᵃ CHAVES, *vecinos de San Franᶜᵒ de la Purisima*; gp/ Franᶜᵒ LOVATO & Mª Antonia BEYTA, *vᵉ del mismo lugar*.
   (Frames 829-830)

Frame 830
LUCERO, Mª Josefa
   bap 15 Apr 1837, ae 4 da; d/ Lorenzo LUCERO & Mª Rufina SALAZAR; ap/ Gregorio LUCERO & Mª Manuela MARTINES; am/ Santiago SALAZAR & Mª Dolores ROMERO; gp/ el *Presbitero*, (Fr.) Mariano de Jesus LUCERO, & the paternal grandmother, *vecinos de San Fernando*.

MONTOYA, Maria Dolores
   bap 16 Apr 1837, ae 6 da; nat. d/ Mª MONTOYA, single, & unknown father; am/ Ramon MONTOYA & Mª Lorenza CRUZ, *vecinos del varrio de San Franᶜᵒ del Rancho*; gp/ Jose Ygnacio ARAGON & Mª Trinidad VALDEZ, *vecinos del mismo lugar*.

Frame 831
QUINTANA, Mª Ygnacia
   bap 16 Apr 1837, ae 7 da; d/ Jose Mª QUINTANA & Mª Ysidora LOPES; ap/ unknown because he is Indian; am/ Gaspar LOPES & Guadalupe RIBALI; gp/ Luis Mª TRUGILLO & Mª Dolores DURAN, *vecinos todos de San Franᶜᵒ del Rancho*.

MARTIN, Miguel Anᵗᵒ
   bap 16 Apr 1837, ae 4 da; s/ Franᶜᵒ MARTIN & Ygnacia LEAL; ap/ Vicente MARTIN

& Mª Ysavel VIGIL; am/ Jasinto PINEDA & Mª Josefa LEAL (sic); gp/ Pedro MONDRAGON & Simona ROMERO, *vecinos de todos de San Franco del Rancho.*

VIGIL, Juan de Jesus
bap 16 Apr 1837, ae 3 da; nat. s/ Mª Dolores VIGIL; am/ Juan de Jesus VIGIL (only); gp/ Juan Felipe BRITO & Mª Barbara LUCERO, *vˢ todos de San Franco del Rancho.* (Frames 831-832)

Frame 832
BARELA, Juana Maria
bap 16 Apr 1837, ae 12 da; nat. d/ Margarita BARELA, wid., & unknown father; am/ Maria Gertrudes BARELA (only); gp/ Jose Crisanto MARTINEZ & Mª Juana MARTINEZ, *vecinos todos dela plaza dela Santisima Trinidad.*

GUTIERES, José Seledon
bap 18 Apr 1837, ae 6 da; nat. s/ Mª Rosa GUTIERES; am/ Antº GUTIERES & Mª Ynedes SOLANO; gp/ Jose del Carmel CORTES & Mª Ramona MAES, *vˢ todos de San Fernando.*

MARTINEZ, Maria Leonor
bap 16 Apr 1837, ae 2 da; nat. d/ Maria Bibiana MARTINEZ; am/ Antº MARTINEZ & Mª Rafaela BEYTA; gp/ Antº BEYTA & Mª Bonifacia SANDOVAL, *vˢ todos de San Fernando.* (Frames 832-833)

Frame 833
DURAN, Mª Aniseta
bap 19 Apr 1837, ae 3 da; d/ Jose Dolores DURAN & Mª Dolores TAFOLLA, *vesinos del varrio de San Franco del Rancho;* ap/ Franco DURAN & Mª Juana SANDOVAL; am/ Juan Domingo TAFOLLA & Mª Gertrudis CORDOVA; gp/ Jose Dolores TAFOLLA & Mª Juana Teresa TRUGILLO, *vesinos del mismo lugar.*

SAINE, Jose Narsiso
bap 19 Apr 1837, ae 3 da; s/ Jinso SAINE & Mª Candelaria de LALANDA, *vesinos del San Feresando (sic) de Taos;* ap/ Jose MONTAÑO (sic) & Mª Candelaria BALDONADA; am/ Franco DISPURE (sic) (Origins, p. 413, DESPOR) & Mª Ygnes CHAVES; gp/ Franco DISPURE & Mª Ygnes CHAVES, *vesinos del mismo lugar.* (Frames 833-834)

Frame 834
QUINEL, Mª Virginia
bap 19 Apr 1837, ae 1 da; d/ Pedro QUINEL (Origins, p. 430, QUENEL) & Mª Ygª TRUGILLO; ap/ *de la merica;* am/ Esteban TRUGILLO & Mª Rafaela CORTES; gp/ Rafael TENORIO & Mª Begnina LI (Origins, p. 423, LEE), *vˢ todos de San Fernando.*

GARCIA, Damacio
bap 22 Apr 1837, ae 7 da; s/ Pedro GARCIA & Andrea JARAMILLO; ap/ Juan Antº GARCIA & Mª Josefa TORRES; am/ Patricio XARAMILLO (sic) & Francª OLGUIN; gp/ Manuel SANCHES & Concepcion MONDRAGON, *vˢ todos del Rancho.*

VIGIL, Jose Toribio
bap 22 Apr 1837, ae 20 da; s/ Antº Jose VIGIL & Mª Guadalupe OLGUIN; ap/ Joaquin VIGIL & Mª Manuela MONTOYA; am/ Antº Jose OLGUIN & Mª Leogarda LUCERO; gp/ Juan de Jesus SUASO & Juana Mª FERNANDEZ, *vˢ del Rancho.* (Frames 834-835)

Frame 835
VIGIL, Jose de Jesus
bap 23 Apr 1837, ae 4 da; s/ Ramon VIGIL & Mª Paula MADRID, *vª de la plaza de S. Franco del Rancho;* ap/ Jose Ygnacio VIGIL & Mª Rosalia ARANDA; am/ Antº

MADRID & Mª de las Nieves BORREGO; gp/ Jose de Jesus ARAGON & Mª de Jesus VIGIL, vˢ del mismo lugar.

GUTIERRES, Jose Cresencio
 bap 23 Apr 1837, ae 5 da; s/ Francᶜᵒ GUTIERRES & Candelaria MARTINES, vecinos de la plasa de S. Frᶜᵒ del Rancho; ap/ Antᵒ GUTIERRES & Anna Maria TRUGILLO; am/ Gervacio MARTINES & Juana CORTES; gp/ Jose Gabriel BEYTA & Maria Serafina CORTES, vecinos del mismo lugar.

Frame 836
ROMERO, Jose Francᶜᵒ
 bap 23 Apr 1837, ae 7 da; s/ Salvador ROMERO & Josefa LUCERO, Indians naturales of Taos Pueblo; ap/ Juan de Jesus ROMERO & Catarina CORDOVA; am/ Juan Antᵒ LUCERO & Mª Rosa MARTIN; gp/ Jose de Jesus LEYVA & Mª Francᵃ CORRALES, vˢ del pueblo de Taos.

SUASO, Jose Desiderio
 bap 23 Apr 1837, ae 5 da; s/ Juaquin SUASO & Mª de la Luz DURAN; ap/ Juan Domingo SUASO & Mª Teresa GALLEGOS; am/ Mª de la Consepcion DURAN, vˢ de San Fernando; gp/ Bentura MEDINA & Mª Ygnacia MONDRAGON, vecinos del Jondo (sic).

CRUZ, Jose George
 bap 23 Apr 1837, ae 3 da; s/ Xabier CRUZ & Dolores BORREGO; ap/ Mariano CRUZ & Dolores VIGIL; am/ Francᶜᵒ BORREGO & Fabiana SANDOVAL; gp/ Jose Pablo CHAVES & Mª Rafaela ARCHULETA, vˢ todos de la plaza de Sᵃ Fernandes. (Frames 836-837)

Frame 837
LUCERO, Mª Beneranda
 bap 26 Apr 1837, ae 4 da; d/ Antᵒ LUCERO & Fabiana VALDEZ; ap/ Mª Joaquina (n.s.-not given); am/ Mª Gertrudis VALDEZ (only); gp/ Miguel LARRAÑAGA & Mª Petra LARRAÑAGA, vˢ todos del varrio de San Fernandez.

RUYVAL, Jose Marcelino
 bap 26 Apr 1837, ae 4 da; s/ Juan de los Reyes RUYVAL & Lorenza CHAVES; ap/ Juan Domingo RUIBAL (sic) & Manuela SALAZAR; am/ Jose CHAVES & Victoria SERNA; gp/ Jose Rafael RUYVAL & Crisanta RUYVAL, vˢ todos de Sᵃ Fernandez.

BALDES, Jose Sostenes
 bap 26 Apr 1837, ae 4 da; s/ Jose Mª BALDES & Mª Manuela de HERRERA; ap/ Buena Bentura BALDEZ (sic) & Mª Catarina LOVATO; am/ Juan de HERRERA & Mª Encarnacion CORDOVA; gp/ Antᵒ Jose TRUGILLO & Ygnacia TRUGILLO, vˢ de San Fernandes. (Frames 837-838)

Frame 838
MEDINA, Jose Alexandro
 bap 26 Apr 1837, ae 3 da; s/ Jose Ygnacio MEDINA & Manuela ARCHULETA; ap/ Feliz MEDINA & Teodora QUINTANA; am/ Antᵒ Jose ARCHULETA & Mª ROMERO; gp/ Jose Antᵒ PANDO & Rafaela ARCHULETA, vˢ todos del barrio de Sⁿ Francᶜᵒ del Ranchito.

ROMERO, Mª de Talpa
 bap 26 Apr 1837, ae 7 da; d/ Jose Manˡ ROMERO & Mª de la Luz MARTINEZ; ap/ Joanico (sic) ROMERO & Barbara CORDOVA; am/ Francᶜᵒ MARTIN (sic) & Tomasa SANCHES; gp/ Antᵒ Jose VIGIL & Margarita ARAGON, vˢ todos de Sⁿ Francᶜᵒ (del) Rancho.

VIGIL, Cresencio
  bap 26 Apr 1837, ae 20 da; s/ Juan de Jesus VIGIL & Mª Manuela MARTINEZ; ap/ Gabriel VIGIL & Mª Anamaria LUCERO; am/ Jose MARTINEZ & Ana Mª PANDO; gp/ Anto Elias ARMENTA & Mª Ysavel SANCHES, vˢ todos dela Santisima Trinidad de Arroyo Ondo. (Frames 838-839)

Frame 839
PAIS, Mª de la Luz
  bap 26 Apr 1837, ae 7 da; nat. d/ Rafaela PAIS; am/ Jose Anto PAIS & Juana MESTAS, vˢ de Purisima; gp/ Rafael TENORIO & Dolores PAIS, vˢ de Sⁿ Fernandez.

GUARÁ, Maria Rafaela
  bap 26 Apr 1837, ae 4 da; d/ Carlos GUARÁ (Origins, p. 418, same) & Mª de los Dolores SUASO; ap/ nobody there to give names of the unknown foreigners; am/ Jose SUASO & Mª Josefa CASAOS, vˢ de San Fernando; gp/ Juan Ygnacio CORTES & Mª de la Luz GONSALES, vˢ del mismo lugar.

Frame 840
LUJAN, Mª Guadalupe
  bap 27 Apr 1837, ae 5 da; d/ Juan de Jesus LUJAN & Juana Rita FRESQUIS; ap/ Pablo LUJAN & Encarnacion MARTIN; am/ Franco FRESQUIS & Encarnacion MARTIN; gp/ Juan Pomoseno LUJAN & Mª Manuela CRUS, vecinos dela plasa del Arroyo Ondo.

GOMES, Jose Manuel
  bap 29 Apr 1837, ae 3 da; nat. s/ Maria Manuela GOMES, single, hija natural del pueblo; am/ Fransisco GOMES & Mª Manuela ROMERO; gp/ Manuel TRUGILLO & Mª Franca ARELLANO, vˢ de la plasa de la Pura y Limpia Consaucion.

MARTIN, Juan Jose
  bap 30 Apr 1837, ae 4 da; s/ Ramon MARTIN & Mª de la Luz CORTEZ; ap/ Cristobal MARTIN & Ygnacia GONZALES; am/ Paulin CORTEZ & Concepcion MARTIN; gp/ Jose Migl GRIÑE & Mª de Jesus MONTOYA, vˢ todos de Sⁿ Franco del Rancho. (Frames 840-841)

Frame 841
ROMERO, Jose Dolores
  bap 30 Apr 1837, ae 4 da; s/ Juan de los Reyes ROMERO & Mª Manuela ROMERO, vesinos de la plaza de San Franco del Rancho; ap/ Jose Maria ROMERO & Mª Rafaela MARTIN; am/ Manuel Jose ROMERO & Juana BARELA; gp/ Tomas FERNANDES & Dolores FERNANDES, vecinos del mismo lugar.

VIGIL, Jesus Maria
  bap 30 Apr 1837, ae 6 da; s/ Jesus de Esquipula VIGIL & Maria Agueda MARITINES (sic), vecinos de la plasa de los Dolores de Arroyo Ondo; ap/ Franco VIGIL & Maria Trenida(d) SALAZAR; am/ Pascual MARTIN (sic) & Maria Gertrudis SAMORA; gp/ Rafael CORDOVA & Maria Dolores VIGIL, vecinos todos del Arroyo Ondo.

GOMES, Jose Bidal
  bap 30 Apr 1837, ae 4 da; s/ Juan GOMES & Maria Franca TRUGILLO, vecinos de San Fernandes; ap/ Nerio GOMES & Josefa VALDES; am/ Blas TRUGILLO & Mª Manuela SANCHES; gp/ Santiago MARTINES & Maria Paula LOBATO, vecinos del mismo lugar. (Frames 841-842)

Frame 842
MADRIL, Juan de Dios
  *bap 1 Apr 1837, ae 2 da; s/ Necolas MADRIL & Mª Dolores VALLEJOS, vˢ de Sⁿ Fernandez; ap/ Antº MAD(R)IL & Mª de la Luz MOLLA; am/ Miguel VALLEJOS & Mª

TAOS BAPTISMS, VOLUME II 1833-1837, AASF #20

Ramona MARTIN; gp/ Jose Encarnacion MADRIL & Mª Soledad ESQUIBEL, *vˢ del mismo lugar.*

GARCIA, Prudencio de la Crus
bap 3 May 1837, ae 6 da; s/ Juan Eusebio GARCIA & Mª Estefana GONSALES, *vecinos de la plasa de Sᵐᵃ Trinidad;* ap/ Jose GARCIA & Maria Teodora GALLEGOS; am/ Jose Antº GONSALES & Maria Rita MOYA; gp/ Juan GALLEGOS & Maria Salome BACA, *vecinos del mismo lugar.* (Frames 842-843)

Frame 843
CARDENAS, Jose de la Cruz
bap 4 May 1837, ae 3 da; s/ Francº CARDENAS & Maria Ramona MARTINES, *vecinos de San Francº del Rancho;* ap/ Bⁿᵃ Vʳᵃ CARDENAS & Maria de la Luz LUJAN; am/ Luis MARTIN (sic) & Maria PADILLA; gp/ Jose Rafael MONTOYA & Juana BARGAS, *vˢ del mismo lugar.*

BUENO, Maria de la Cruz
bap 7 May 1837, ae 5 da; d/ Pedro BUENO & Paula VIGIL, *vecinos de San Francº del Rancho;* ap/ Antº BUENO & Gracia TAFOYA; am/ Rafael VIGIL & Nicacia SANDOBAL; gp/ Bⁿᵃ Ventura LUCERO & Soledad LUCERO, *vecinos del mismo lugar.*

Frame 844
MAES, Jose de la Cruz
bap 7 May 1837, ae 5 da; s/ Francº Antº MAES & Maria del Rosario CORTES, *vecinos del Arroyo Seco;* ap/ Jose Maria MAES & Anna Maria ROMERO; am/ Antº Jose CORTES & Maria Rita TAFOYA; gp/ Jose Martin MAES & Maria de la Luz TRUGILLO, *vecinos de San Fernandes.*

(Fr. Eulogio VALDEZ signing entries again.)
LOPEZ, Mª Aniceta
bap 7 May 1837, ae 1 da; d/ Antº LOPEZ & Dolores VIGIL; ap/ Jose LOPEZ & Juan(a) MUÑIZ; am/ Migˡ VIGIL & Encarnacion ESQUIVEL; gp/ Salvador RIVERA & Rosalia RIBERA, *vˢ todos de Sⁿ Fernando.*

ROMERO, Juan Domingo
bap 7 May 1837, ae 2 da; s/ Juan Antº ROMERO & Luciana LOVATO; ap/ Juan del Carmen ROMERO & Nacereno (sic) LUCERO; am/ Juan LOVATO & Margarita CHAVES; gp/ Manuel CRUZ & Mª Juliana MARTIN, *vˢ todos de la plasa de Sⁿ Fernando.* (Frames 844-845)

Frame 845
SANDOVAL, Mª Nestora
bap 8 May 1837, ae 4 da; d/ Pedro SANDOVAL & Mª Ygnacia GONZALES, *vˢ de Arroyo Ondo;* ap/ Salvador SANDOVAL & Josefa MARTINES; am/ Jose GONZALES & Dorotea BACA; gp/ Presbᵗᵒ Dⁿ (Fr.) Mariano LUCERO & Mª de las Nieves ORTIZ.

DURAN, Jose Vidal
bap 11 May 1837, ae 7 da; s/ Bernardo DURAN & Feliciana VIGIL, *vˢ del Rancho;* ap/ Manˡ DURAN & Maria Geralda MASCAREÑAS; am/ Cruz VIGIL & Clara FERNANDEZ; gp/ Francº GONSALES & Mª de la Luz MARQUES, *vˢ de Sⁿ Fernando.*

Frame 846
CHAVES, Jose Antonio
bap 13 May 1837, ae 2 da; s/ Jose Gabriel CHAVES & Encarnacion ROMERO; ap/ Vicente CHAVES & Gertrudis URTADO; am/ Jose ROMERO & Antonia MONTOYA; gp/ Pablo SANDOVAL & Mª Dolores COCA, *vˢ todos de Sⁿ Fernando.*

MONTOYA, Jose Manuel
bap 11 May 1837, ae 4 da; s/ Gregorio MONTOYA & Encarnacion SERNA, *vˢ del*

Rancho; am/ Jose M^{el} SERNA & Mª Manuela ESPINOSA; gp/ Rafael QUINTANA & Mª Josefa TAFOLLA, *v^s del Rancho*.

VALDES, Maria Bonifacia
   bap 14 May 1837, ae 3 da; d/ Ramon VALDES & Maria de Gracia GARCIA, *v^s de la plaza de San An^{to} de Arroyo Ondo*; ap/ An^{to} VALDES & Catarina TRUGILLO; am/ Fran^{co} GARCIA & Josefa GONSALES; gp/ Miguel An^{to} GALLEGOS & Maria Gertrudis CHAVES, *vecinos del mismo lugar*. (Frames 846-847)

Frame 847
TRUGILLO, Maria Bonifacia
   bap 14 May 1837, ae 8 da; d/ Ysidro TRUGILLO & Maria de la Cruz SAMORA, *vecinos de la plaza de San An^{to} de Arroyo Ondo*; ap/ Agustin TRUGILLO & Maria Gertrudis SISNEROS; am/ Juan SAMORA & Maria Manuela LUJAN; gp/ Diego Martin VIGIL & Maria Estefana VIGIL, *vecinos del mismo lugar*.

XARAMILLO, Jose Ramon de Jesus
   bap 14 May 1837, ae 2 da; nat. s/ Dolores XARAMILLO, *vecina de la Placita*; am/ Lorenzo XARAMILLO & Mª de la Luz ROMERO; gp/ Jose Venito SALAZ & Maria Lorenza X(AR)AMILLO, *v^s del mismo lugar*.

Frame 848
MARTIN, Jose Domingo
   bap 14 May 1837, ae 3 da; s/ Juan de Jesus MARTIN & Maria Concepcion CHABES, *v^s del varrio del Rancho de San Fran^{co}*; ap/ Gerbacio MARTIN & Anna Maria CHABES; am/ Juan Domingo CHABES & Maria An^{ta} VIGIL; gp/ Nepomoseno DURÁN & Mª de la Luz SANCHES, *v^s del mismo lugar*.

LOBATO, Jose Venito
   bap 14 May 1837, ae 3 da; s/ Mateo LOBATO & Maria An^{ta} VARELA, *vecinos del Rancho de S. Fran^{co}*; ap/ Rafael LOBATO & Maria de la Lus ESPINOSA; am/ Necolas VARELA & Mª An^{ta} CHABES; gp/ Jesus Maria MONTOYA & Maria Dolores BASQUES, *vecinos del mismo lugar*.

LOVATO, Mar(i)a Josepha
   bap 15 May 1837, ae 6 da; nat. d/ Ysabel LOVATO; am/ Agustin LOVATO & Mª Manuela AGILAR; gp/ Jose Manuel ARAGON & Mª Juana MONTOYA, *v^s del Ranchito de Pura y Limpia*. (Frames 848-849)

Frame 849
MEDINA, Felipe Santiago
   bap 18 May 1837, ae 5 da; s/ Jose Faustin MEDINA & Maria de Jesus BERNAL; ap/ Juan Bautista MEDINA & Mª Solome MASCARENAS; am/ Felipe BERNAL & Mª Candelaria de HERRERA, *v^s del Arroyo Hondo*; gp/ Jose Rafael SALASAR & Mª Guadalupe SALAZAR (sic), *v^s de San Fernando*.

ARAGON, Juana Pomucena
   bap 18 May 1837, ae 3 da; d/ Juan ARAGON & Ynacia TAFOYA; ap/ Anna Mª ARAGON (only); am/ Cristoval TAFOYA & Luisa CASILLAS; gp/ Andres COCA & Mª Ygnes MES, *v^s todos de San Fran^{co} del Rancho*. (Frames 849-850)

Frame 850
DURAN, Mª Rufina
   bap 18 May 1837, ae 5 da; d/ Nepomuseno DURAN & M^a dela Luz SANCHES; ap/ Manuel DURAN & Mª Geralda MASCAREÑAS; am/ Felipe SANCHES & Juana Mª ARMENTA, *v^s todos de San Fran^{co} del Rancho*; gp/ Jose An^{to} ROMERO & Juana Mª ARRIETA, *v^s del mismo lugar*.

TAOS BAPTISMS, VOLUME II   1833-1837, AASF #20

GURULÉ, Juan Pascual
    bap 20 May 1837, ae 5 da; s/ Juan Nepomuseno GURULÉ & Mª Estefana MEDINA; ap/ José Mª GURULÉ & Josefa de CANDELARIA; am/ Jose Manuel MEDINA & Mª Antonia MARTINEZ; gp/ Jose CORDOVA & Eusebia CORDOVA, vˢ todos de San Franᶜᵒ del Rancho. (Frames 850-851)

Frame 851
ROMERO, Mª Manuela
    bap 20 May 1837, ae 3 da; nat. d/ Mª dela Luz ROMERO; am/ Pedro ROMERO & Mª Manuela (n.s.), Indians of Taos Pueblo; gp/ Felis LONTE (Origins, p. 424, LONTÉ) & Mª dela Luz TRUGILLO, vˢ de San Fernando.

GALLEGOS, Juan Nepomuseno
    bap 20 May 1837, ae 8 da; s/ Manuel GALLEGOS & Mª Dolores ARELLANO; ap/ Felipe GALLEGOS & Juana MARTINES; am/ Jose ARELLANO & Concepcion MARTINEZ (sic); gp/ Diego SANDOVAL & Mª Gertrudis GOMES of Arroyo Hondo.

Frame 852
BUSTOS, Mª Pascuala
    bap 20 May 1837, ae 5 da; d/ Francᵒ BUSTOS & Mª Soledad VIGIL; ap/ Jose Antᵒ BUSTOS & Mª Antonia LOPEZ; am/ Francᵒ VIGIL & Mª Rosa MARTINES, vˢ todos del (nothing written); gp/ Rodrigo VIGIL & Mª Rosalia MARTINEZ (sic), vˢ todos de Arroyo Seco.

SANDOVAL, Pedro Selestino
    bap 21 May 1837, ae 4 da; s/ Pablo SANDOVAL & Mª Dolores COCA; ap/ Felipe SANDOVAL & Gregoria SENA; am/ José Mª COCA & Juana BENABIDES; gp/ German ARCHULETA & Mª Antª ARCHULETA, vᵈ todos de San Fernando.

Frame 853
ESPINOSA, Maria Rita
    bap 21 May 1837, ae 3 da; d/ Jose Mª ESPINOSA & Bibiana GARCIA, vˢ de la plaza de San Antᵒ; ap/ Ygnacio ESPINOSA & Juana Mª VIGIL; am/ Dadislado GARCIA & Mª Encarnacion BLEA; gp/ Francᵒ LAFORE (Origins, p. 421, same) & Mª Dolores ARMENTA, vˢ del mismo lugar.

HERRERA, Jose Bentura
    bap 25 May 1837, ae 3 da; s/ Marcos de HERRERA & Maria Miquela QUINTANA, vecinos de la plaza de los Dolores del Arroyo Ondo; ap/ Miguel de HERRERA & Maria de la Cruz SANCHES; am/ Jose Mª QUINTANA & Loreta VALDES; gp/ Jose Ysidro MEDINA & Maria Ysidora CORDOVA, vecinos del mismo lugar.

MESTAS, Maria Manuela
    bap 25 May 1837, ae 3 da; d/ Juan MESTAS & Mª Felipa LEYVA, vˢ de la plasa de Purisima; ap/ Juan Pedro MESTAS & Paula CORDOBA; am/ Martin LEYVA & Mª Guadalupe VIALPANDO; gp/ Juan Rafael BEYTA & Mª Serafina MESTAS, vecinos de la misma plasa.

Frame 854
ROMERO, Maria Manuela
    bap 25 May 1837, ae 4 da; d/ Jose Manuel ROMERO & Micaela ROMERO, naturales del pueblo; ap/ Juan Domingo ROMERO & Encarnacion GOMES; am/ Jose ROMERO & Soledad CONCHA; gp/ Antᵒ Maria LUCERO & Rufina VIGIL, vecinos de San Fernando.

TAFOLLA (patron), Mª Susana
    bap 25 May 1837, ae 7 yr; d/ Tribu Lluta, redeemed (&) famula de Dⁿ Lus TAFOLLA, vesina de San Ferᵈᵒ; gp/ Merigildo TRUGILLO & Mª del Refugio TRUQILLO (sic), vesinos del San Ferᵈᵒ.

MASCAREÑAS, Maria Dolores
 bap 26 May 1837, ae 3 da; d/ Juan Miguel MASCAREÑAS & Maria Manuela BUENO, *vecinos de San Fran^co del Rancho*; ap/ Bernardo MASCAREÑAS & Juliana CORDOVA; am/ An^to BUENO & Rosalia VALDES; gp/ Ygnacio GONSALES & Maria Josefa LALANDA, *v^s del mismo lugar*.

Frame 855
MONTAÑO, Mª Petronila
 bap 30 May 1837, ae 1 da; d/ Julian MONTAÑO & M^a del Refugio SANDOVAL; ap/ Juan MONTAÑO & Dolores de HERRERA; am/ Paublo SANDOVAL & Dolores COCA; gp/ Jose dela Cruz VIGIL & Josefa LUCERO, *v^s todos de San Fernando*.

ARGUELLO, Mª de Alta Gracia
 bap 1 Jne 1837, ae 4 da; d/ Juan de ARGU(E)LLO & Mª Rosa BIGIL; ap/ Juan de ARGU(E)LLO & Mª Josefa TRUGILLO; am/ Amador VIGIL (sic) & Mª Ygnacia QUINTANA; gp/ An^to GARCIA & Mª Quiteria ALARID, *v^s de San Fran^co del Rancho*.

End of Reel 20, and end of register, except for Frames 287 to 362 which were filmed out of order.

NEW MEXICO BAPTISMS
PARISHES and MISSIONS in TAOS
VOLUME II
7 Jan 1827 - 13 Jly 1837

ARCHDIOCESE of SANTA FE FILM #20
5 Jne 1837 - 13 Jly 1837

Frame 287   (We return to Frame 287 in this same reel. Register is a thin book in box #115).

GONSALES, Maria Soledad
   bap 5 Jne 1837, ae 7 da; d/ Juan GONSALES & Maria Dolores MONTES, *vecinos de la plasa de Dolores del Hondo*; ap/ Brijido GONSALES & Mª Antª CORDOBA; am/ Antº MONTES & Mª Ygnes MARTINES; gp/ Jose de los Angeles MARTINES & Mª del Refugio VALDES, *vecinos de(l) mismo lugar*.

GONSALES, Maria Franca
   bap 7 Jne 1837, ae 3 da; d/ Joaquin GONSALES & Maria Guadalupe MARTIN, *vˢ de la plaza de S. Francº del Rancho*; ap/ Fernando GONSALES & Maria Luiza VIGIL; am/ Jose Antº MARTIN & Maria Ynes LIAL; gp/ Juan Antº LUCERO & Maria Dolores SANCHES, *vecinos del mismo lugar*.

BACA (patron), Maria Luisa
   bap 7 Jne 1837, ae 6 mo; d/ (unknown), *Indita redeemed from the Yuta Tribe, famula de Rosalia BACA, vecina de la plaza de San Fernandes*; gp/ Lorenzo BACA & Mª Dolores BACA, *vˢ del mismo lugar*.

CRUZ, Jose del Refugio
   bap 8 Jne 1837, ae 6 da; s/ Felipe CRUZ & Catarina GONSALES, *vecinos de San Francº del Rancho*; ap/ Alexo CRUZ & Maria Guadalupe DURAN; am/ Jose Miguel GONSALES & Maria Ysabel VIGIL; gp/ Ventura TRUJILLO & Maria Josefa ROMERO, *vecinos del mismo lugar*.

Frame 288
LAMEDA, Jose Noverto
   bap 10 Jne 1837, ae 4 da; s/ Domingo LAMEDA (Origins, p. 421, same) & Mª Encarnacion SANCHEZ, *vˢ del Arroyo Seco*; ap/ Francº LAMEDA & Maria Rosalia TREJA; am/ Miguel SANCHEZ & Soledad BACA, *vˢ del mismo lugar*; gp/ Francº Esteban VIGIL & Mª Rosalia GALLEGO, *vˢ del Arroyo Hondo*.

HERRERA, Francº Antonio
   bap 11 Jne 1837, ae 2 da; s/ Juan Antº de HERRERA & Antª del Refugio VIGIL, *vˢ del varrio de S. Francº del Rancho*; ap/ Joaquín de HERRERA & Mª Josefa BUSTOS; am/ Juan de Jesus VIGIL & Mª Luisa SALASAR; gp/ Salvador GUTIERRES & Mª del Refugio VIGIL, *vecinos del mismo lugar*.

MONTOYA, Juana
   bap 11 Jne 1837, ae 1 da, baptism of necessity by Rafaela MAES; d/ Juan Jose MONTOYA & Candelaria ESQUIVEL, *vˢ de San Francº del Ranchito*; ap/ Bernardo MONTOYA & Maria Manuela MARTINEZ; am/ Jose Julian ESQUIVEL & Feliciana MARTIN; gp/ Buenavª MARTIN & (torn), *vecinos del mismo lugar*.

Frame 289
MARTINEZ (gp), Francº Antº
   bap 11 Jne 1837, ae 2 da; s/ unknown parents, taken to Maria Manuela CHAVEZ, *vecina de Arroyo Hondo*; gp/ the same & her husband, Jose MARTINEZ, *vecinos de la plaza de los Dolores de Arroyo Hondo*.

TAOS BAPTISMS, VOLUME II   5 Jne 1837-13 Jly 1837, AASF #19

ARCHULETA, Maria An^ta
   bap 18 Jne 1837, ae 8 da; d/ Juan ARCHULETA & Maria Juana MARTINA, *vecinos de la plasa de la Srª de San Juan*; ap/ Juan An^to ARCHULETA & Margarita MEDINA; am/ Juan Domingo MARTIN & Maria del Carmel GARCIA; gp/ Jose Eginio PADILLA & Maria Ygnacia MARTIN, *vecinos del mismo lugar*.

CHAVES, Patrocinio
   bap 20 Jne 1837, ae 10 da; s/ Juan Cristoval CHAVES & Cruz URBAN; ap/ Juan Domingo CHAVEZ & Fran^ca MARTIN; am/ Juan URBAN & Rosa de HERRERA; gp/ José de Jesus MAES & Mª Rita PACHECO, *v^s todos dela plaza de los Dolores*.

ABILA, Maria Filomena
   bap 20 Jne 1837, ae 9 da; d/ Nerio ABILA & Annamaria GARCIA; ap/ Juan de Jesus ABILA & Mª An^ta PACHECO; am/ Manuel GARCIA & Maria An^ta MARTINEZ; gp/ Gregorio RODRIGEZ & Maria Rosalia MARTINEZ, *v^s todos delos Desmontes*. (Frames 289-290)

Frame 290
BALDES, Juan de Jesus
   bap 21 Jne 1837, ae 1 da; s/ Juan de Jesus BALDES & Maria Tomasa TRUJILLO, *vecinos de San Fernandes*; ap/ Fran^co VALDES & Maria Rafaela BARELA; am/ An^to Jose TRUJILLO & Maria Paula SANCHES; gp/ D^n Jose Maria VALDES & D^a Maria Manuela XARAMILLO, *vecinos del mismo lugar*.

ESQUIVEL, Jesus Maria
   bap 22 Jne 1837, ae 2 da; s/ Ant^o Jose ESQUIVEL & Mª Paula MONTOYA; ap/ Siprian(o) ESQUIVEL & Mª Barvar(a) QUINTANA; am/ Necolas MONTOYA & Leonicia MEDINA; gp/ Lorenso MARTIN & Mª Ygnes SANCHES, *v^s de San Fernando*.

Frame 291
TRUGEQUE, Juana Ramona
   bap 25 Jne 1837, ae 3 da; d/ Andres TRUGEQUE & Juana LOVATO; ap/ Jacinto TRUGEQUE & Maria Juliana VERNAL; am/ Jose LOVATO & Maria Francisca SANDOVAL; gp/ Ysidro ARCHULETA & Maria de la Encarnacion VERNAL, *vecinos todos de S. Fernando*.

LUJAN, Juan
   bap 26 Jne 1837, ae 2 da; s/ Bernardo LUJAN & Maria dela Luz CORDOVA; ap/ Juan Domingo LUJAN & Josefa LUCERO; am/ Juan CORDOVA & *abuela's* name unknown, *v^s todos del pueblo de San Geronimo de Taos*; gp/ Juan An^to ROMERO & Josefa LUJAN.

ZALAZAR, Juana Mª Trinidad
   bap 27 Jne 1837, ae 2 da; nat. d/ Felipa ZALAZAR, wid., & unknown father; gp/ Jose Manuel Todocio RIBERA & Biviana SERNA *del Rancho*; am/ Juana ZALAZAR (only).

MONDRAGON, Pedro Nicanor
   bap 2 Jly 1837; ae 4 da; s/ Serbulo MONDRAGON & Candelaria HERRERA, *v^s dela plaza de los Dolores*; ap/ Mariano MONDRAGON & Encarnacion ESPINOSA; am/ Vicente de HERR(ER)A & Juana MONTOYA; gp/ Rafael TENORIO & Varvara ARCHULETA, *v^s de San Fernandes*.

Frame 292
GARDUÑO, Jose Francisco Solano
   bap 4 Jly 1837, ae 3 da; s/ Miguel GARDUÑO & Polonia PACHECO, *vecinos de la plaza de Nuestra S^ra de San Juan del Rio Chiquito*; ap/ Juan GARDUÑO & Mª Concepcion JARAMILLO; am/ Fran^co PACHECO & Luisa VIGIL; gp/ Juan Andres de HERRERA & M^a del Carmel ROMERO, *vecinos del mismo lugar*.

GARCIA, Maria Dolores
  bap 8 Jly 1837, ae 14 da; nat. d/ Mª Estefana GARCIA & unknown father; am/ Pedro GARCIA & Mª Rosa TRUGILLO, vˢ del plasa de San Francº del Rancho; gp/ Juan Cristoval APODACA & Mª del Carmel TRUGILLO, vˢ del mismo lugar.

LACROIS, Mª Catarina
  bap 9 Jly 1837, ae 4 yr; d/ Juan Bautista LACROIS (Origins, p. 421, LACROIX) & Mª GRÉ, recently *dela nasion de norte* of no fixed abode which is why child was not baptized, parents are Christians; ap/ Juan Bautista LACROIS & Mª Luisa SORDÁ; am/ Juan GRÉ & Bitoria MARTINES; gp/ Antº Mª LUCERO & Mª Rufina VIGIL, vˢ de San Fernandes. (Frames 292-293)

Frame 293
LACROIS, Luis
  bap 9 Jly 1837, ae 2 yr; s/ Juan Bautista LACROIS & Mª GRÉ, recently *dela nasion del norte* of no fixed abode which is why child was not baptized, parents are Christians; ap/ Juan Bª LACROIS & Mª Luisa SORDÁ; am/ Juan GRÉ & Bitoria MARTINES; gp/ Juan de Jesus BALDES & Mª Francª ARAGÓN, vˢ de San Fernandes.

TAFOLLA, Jose Donaciano
  bap 9 Jly 1837, ae 5 da; s/ Juan Antº TAFOLLA & Juana Mª MEDINA, *vecinos del Rio Chiquito*; ap/ Juan Domingo TAFOLLA & Mª Dolores MAESE; am/ Juan de Jesus MEDINA & Candelaria PAIS; gp/ Jose Gabriel MEDINA & Mª Ygnacia VIGIL, *vecinos del mismo lugar*.

ESPINOZA, Pedro Ygnacio
  bap 13 Jly 1837, ae 8 da; s/ Juan ESPINOZA & Mª de Jesus SOLANO; ap/ Juan Ygnº ESPINOZA & Mª Ygnacia GONSALES; am/ Maximo SOLANO & Mª de Jesus BARELA, vˢ todos de San Francº del Rancho; gp/ Jose Benito LEYVA & Encarnacion SANCHEZ, vˢ mismo lugar. (Frames 293-294)

Frame 294
ROMERO, Mariano de Jesus
  bap 14 Jly 1837, ae 4 da; s/ Santiago ROMERO & Barvara PACHECO; ap/ Jose Antº ROMERO & Juana LUCERO; am/ Pablo PACHECO & Manuela SAMORA; gp/ Agustin DURAN & Josefa DURAN, *todos vˢ del pueblo*.

BARELA, Maria Antª
  bap 15 Jly 1837, ae 5 da; d/ Manuel BARELA & Paula CRUZ, *vecinos de la plaza de del Rancho*; ap/ Miguel BARELA & Maria Juana ROMERO; am/ Jose Alejo CRUZ & Maria Guadalupe DURÁN; gp/ Miguel Antº MONTOYA & Maria Estefana MONTOYA, vˢ mismo lugar.

Frame 295
GARCIA, Maria Ygnacia
  bap 15 Jly 1837, ae 6 da; d/ Juan GARCIA & Maria Dolores TRUGILLO, *vecinos de San Francº de Pauda del Ranchito*; ap/ Luiz GARCIA & Maria Manuela MASCAREÑAS; am/ Pablo TRUGILLO & Maria Feliciana ORTIS; gp/ Jose Antº VARELA & Josefa LUCERO, vˢ *mismo lugar*.

MARTINES, Mª Antª
  bap 16 Jly 1837, ae 5 da; d/ (n.n. MARTINES & n.n. TORRES); ap/ Francº MARTINES & Maria Tomasa SANCHES; am/ Antº TORRES & Mª Ysabel FERNANDES; gp/ Benito MARTIN & Mª del Refugio MARTIN, vˢ de San Francº del Rancho.

ROMERO, Jose Ygnacio
  bap 18 Jly 1837, ae 5 da; s/ Juan Domingo ROMERO & Mª Ygnacia LUCERO; ap/ Juan Antº (ROMERO) & Mª Manuela LOSCHANA; am/ Lurenzo LUCERO & Mª Manuela GABILAN,

TAOS BAPTISMS, VOLUME II						5 Jne 1837-13 Jly 1837, AASF #19

 vᵉ todos del pueblo de San Geronimo de Taos; gp/ Juan Paublo GARSIA & Agustına ARMENTA, vˢ dela plasita de Nᵗʳᵃ Sʳᵃ delos Dolores. (Frames 295-296)

Frame 296
LONTES, Maria Justa
    bap 19 Jly 1837, ae 2 da; d/ Geronimo LONTES (Origins, p. 424, LONTÉ) & Mᵃ dela Luz TRUJILLO; ap/ not given; am/ Paublo TRUGILLO (sic) & Mᵃ Feliciana ORTIZ; gp/ Jose Mᵃ VALDEZ & Mᵃ Manuela XARAMILLO, vˢ todos de San Fernando.

MAESE, Juan de la Cruz
    bap 20 Jly 1837, ae 5 da; s/ Jose Venito MAESE & Mᵃ Paula SANCHES; ap/ Paulin MAESE & Mᵃ Ygnacia VARELA; am/ Felipe SANCHES & Mᵃ Manuela ARCHULETA; gp/ Juan Santos MAESE & Mᵃ Juliana GARCIA, vˢ del Arrollo Hondo.

BACA, Mᵃ Eginia
    bap 23 Jly 1837, ae 3 da; d/ Jose Miguel BACA & Mᵃ Guadalupe LOVATO; ap/ Esteban BACA & Mᵃ dela Luz MARTINEZ; am/ Agustin LOVATO & Manuela AGUILAR; gp/ Mᵃ Dolores TENORIO (only), vˢ todos de San Fernando. (Frames 296-297)

Frame 297
TRUGILLO, Maria Madalena
    bap 24 Jly 1837, ae 3 da; d/ Faustin TRU(G)ILLO & Mᵃ Dolores CORDOBA; ap/ Santiago TRUJILLO (sic) & Mᵃ Polonia GOMES; am/ Jose Ygnacio CORDOVA (sic) & Mᵃ Anᵗᵃ MARQUES; gp/ Jasinto MARTINES & Mᵃ Josepha GONSALES, vˢ de San Franᶜᵒ del Rancho.

GALLEGO, Jose Santiago
    bap 26 Jly 1837, ae 3 da; s/ Jose Gabriel GALLEGO & Mᵃ Simona BACA; ap/ Cristobal GALLEGO & Mᵃ Ygnacia BUTIERREZ; am/ Anᵗᵒ BACA & Gertrudes LOPES; gp/ Diego Anᵗᵒ GALLEGOS & Mᵃ Josehpa (sic) LUCERO, vˢ de San Fernando. (Frames 297-298)

Frame 298
BACHICHO, Maria Crestina
    bap 28 Jly 1837, ae 4 da; d/ Pedro BACHICHO (Origins, p. 346, BACHICHA) & Mᵃ del Carmel ATENSIO; ap/ Salbador BACHICHO & Margarita MESTAS; am/ Ylario ATENSIO & Balvaneda GIRON; gp/ Franᶜᵒ QUINTANA & Mᵃ dela Cruz ATENSIO, vˢ todos dela plaza delos Sʳᵃ de los Dolores de Arroyo Hondo.

CHABES, Anna Maria
    bap 30 Jly 1837, ae 5 da; d/ Blas CHABES & Maria Dolores MARTIN, vecinos de la plaza de San Anᵗᵒ; ap/ Juan Nepomozeno CHABES & Clara SANCHES; am/ Ygnacıo MARTIN & Paubla SALAZAR; gp/ Jose (n.s.) & Anᵗᵃ ORTEGA, vecinos del mismo lugar.

ROMERO, Jose Nicanor
    bap 30 Jly 1837, ae 4 da; s/ Jose Franᶜᵒ ROMERO & Maria Ynes MARTIN, vecinos de San Fernandes; ap/ Tomas ROMERO & Maria Ysidora MARTIN; am/ Anᵗᵒ MARTIN & Juana Ysabel SANCHES; gp/ Juan Ygnacio CORTES & Maria de la Luz GONSALES, vecinos del mismo lugar. (Frames 298-299)

Frame 299
MARTINES, Mᵃ del Refugio
    bap 30 Jly 1837, ae 4 da; d/ Jose Maria de Jesus MARTINES & Maria del Carmel SANCHES, vecinos de la plasa de San Franᶜᵒ de Paula; ap/ Dⁿ Severıno MARTINES & Maria del Carmel SANTIESTEVAN, both dec.; am/ Manuel SANCHES & Anna Marıa BACA; gm/ Maria Teodora ROMERO, vecina de la plasa de Nᵗʳᵃ Señora de Guadalupe de San Fernando.

5 Jne 1837-13 Jly 1837, AASF #20

MARTINES, Maria Teofila
  bap 30 Jly 1837, ae 2 da; d/ Juan Pascual MARTINES & Maria Teodora GALLEGOS, *vecinos de la plasa de San Fran^{co} de Paula*; ap/ D^n Severino MARTINES & M^a del Carmel SANTISTEVAN, both dec.; am/ Miguel An^{to} GALLEGOS & Maria Rumalda LUCERO; gp/ D. Juan Manuel LUCERO & Juana Maria MARTINES, *vecinos del mismo lugar*.

Frame 300
SALAZAR, Jose Ygnacio
  bap 4 Aug 1837, ae 3 da; s/ Simon SALAZAR & Dolores de HERRERA; ap/ Juana SALAZAR (only); am/ Juan de HERRERA & Maria Ysabel GARCIA; gp/ Santiago MARTINES & Maria de la Luz LU(C)ERO, *vecinos todos del mismo lugar*.

TRUGILLO, Mª Gertrudis
  bap 6 Aug 1837, ae 3 da; d/ Diego An^{to} TRUGILLO & Mª Ygnacia CHAVES, *v^o de San Francisco del Rancho*; gp/ Juan Ygnacio SANCHES & Mª Barbara GONSALES.

BELASQUES, Ant^o Severino
  bap 8 Aug 1837, ae 9 da; s/ Ant^o BELASQUES & Mª Eulogia RUIVAL; ap/ Diego BELASQUES & Mª Manuela MARQUES; am/ Tomas RUIVAL & Mª Josefa ESPINOSA, *todos vesinos del mismo lugar*, who were the gp. (Frames 300-301)

Frame 301
ARAGON, Jose Ramon
  bap 10 Aug 1837, ae 4 da; s/ Felipe ARAGON & Maria Francisca HURTADO, *vecinos de San Fran^{co} del Rancho*; ap/ Vicente ARAGON & Mª Paula VALDEZ; am/ Man^l HURTADO & Gertrudis VIGIL; gp/ Juan Domingo MONTOYA & Mª Juana HURTADO, *vecinos del mismo lugar*.

LOPES, Jose Leonicio
  bap 13 Aug 1837, ae 7 da; s/ Juan LOPES & Maria Dolores MONTOYA, *vecinos de la plasa de S. Fernandes*; ap/ Jose An^{to} LOPES & Maria Polonia MUÑIS; am/ Jose Rafael MONTOYA & Feliciana CHAVES; gp/ Juan Ygnacio CORTES & Mª de la Luz GONSALES, *vecinos del mismo lugar*.

Frame 302
VIGIL, Juan Lorenso
  bap 13 Aug 1837, ae 3 da; s/ Bernardo VIGIL & Maria Lucia SERNA, *vecinos del Rancho*; ap/ Juan VIGIL & Josefa LOVATO; am/ Jose Manuel SERNA & Mª Manuela ESPINOSA; gp/ Jose Miguel PACHECO & Mª Trenidad VIGIL, *vecinos del mismo lugar*.

MARTINES, Maria de las Nieves
  bap 14 Aug 1837, ae 10 da; d/ Juan An^{to} MARTINES & Mª Teodora MARTINES, *vecinos del varrio de San Fran^{co} del Rancho*; ap/ Gervacio MARTINES & Juana CORTES; am/ Salvador MARTINES & Mª Manuela ROMERO; gp/ Buenaventura TRUGILLO & Maria de los Reyes MEDINA, *vecinos del mismo lugar*.

ARCHULETA, Maria Clara
  bap 15 Aug 1837, ae 4 da; d/ Diego ARCHULETA & Maria de la Luz QUINTANA, *vecinos del Arroyo Ondo*; ap/ Jose An^{to} ARCHULETA & Maria An^{ta} CORDOVA; am/ Juan QUINTANA & Balbaneda ROMERO; gp/ An^{to} Jose MEDINA & Maria Paula CORTES, *vecinos del mismo lugar*.

Frame 303
BEITA, Jose Atanacio
  bap 15 Aug 1837, ae 2 da; nat. s/ Carmel BEITA, *vecina de San Fernandes*; am/ Manuela BEITA (only); gm/ Maria Miquaela (sic) BRITO, *vecina del mismo lugar*.

TAOS BAPTISMS, VOLUME II   5 Jne 1837-13 Jly 1837, AASF #19

SANDOVAL, Jose Mª
    bap 17 Aug 1837, ae 3 da; s/ Jose Dolores SANDOVAL & Mª Miquela MONDRAGON; gp/ Anto MARTIN & Teodora DURAN, vˢ dela la (sic) plasa de San Anto.

MARTIN, Maria Rufina
    bap 30 Aug 1837, ae 3 da; d/ Cruz MARTIN & Maria Ramona MONTOYA; ap/ Felipe MARTIN & Mª Ygnacia VIGIL; am/ Jose MONTOYA & Mª Ygnacia BALDEZ; gp/ Ramon BIGIL & Mª Barvara MARTINA, vˢ del Rio Chiquito. (Frames 303-304)

Frame 304
MONDRAGON, Anto Maria
    bap 28 Aug 1837, ae 3 da; s/ Jose MONDRAGON & Maria Lorenza DURÁN; ap/ Anto MONDRAGON & Maria Rosa MONTOLLA; am/ Ygnacio DURÁN & Maria Anta SANCHES; gp/ Jose Mariano XARAMILLO & Maria Nicolaza XARAMILLO, vecinos del Rancho.

LUCERO, Juan Agustin
    bap 2 Sep 1837, ae 5 da; s/ Pedro LUCERO & Mª Rosa GABALDON; ap/ Jose Manuel GABALDON (sic) & Mª Susana TRUGILLO; am/ Jose Miguel LUCERO (sic) & Mª Ramona GONSALES; gp/ Jeronimo MONDRAGON & Ramona CORDOVA, vˢ de la plasa de (Ntra) Señra de San Anto. (Frames 304-305)

Frame 305
COCA, Jose Roque
    bap 3 Sep 1837, ae 4 da; s/ Cornelio COCA & Mª de Jesus SAMORA; ap/ Miguel COCA & Mª Catarina MARTINA; am/ Rafael SAMORA & Mª Dolores VALVERDE; gp/ Miguel Anto BALLEJOS & Mª Annamaria BIGIL, vˢ del Desmonte.

CORDOVA, Jose Rafael
    bap 3 Sep 1837, ae 4 da; s/ Santiago CORDOVA & Mª Juanica MARTIN; ap/ Juan CORDOVA & Mª Ysabel MARTIN; am/ Diego MARTIN & Mª Franca de HERRERA; gp/ Pablo GONSALES & Mª Dolores MARTINES, vˢ de San Anto del Embudo. (Frames 305-306)

Frame 306
MONTOYA, Jose Anto
    bap 4 Sep 1837, ae 6 da; s/ Culas MONTOYA & Mª Guadalupe BALDES; ap/ Juan Pablo MONTOYA & Mª Paula GONSALES; am/ Juan Anto BALENCIA & Rosalia BALDEZ (sic); gp/ Felipe GARCIA & Mª Encarnacion CHAVES, vˢ de San Franco del Rancho.

CHAVES, Juan Bautista
    bap 4 Sep 1837, ae 4 da; s/ Anto CHAVES & Ma(gda)lena SANCHES; ap/ Antonio CHABES & Mª SANCHES; am/ Di(e)go MONTOYA & Mª Barbara SANCHIS (sic); gp/ Simon Luis TRUGILLO & Mª de la Luz SANCHIS, vˢ de la plasa de San Franco del Rancho.

VERNAL, Maria Ygnacia
    bap 9 Sep 1837, ae 9 da; d/ Juan Agustin VERNAL & Mª Franca GABILAN; ap/ Manuel VERNAL & Josefa REYNA; am/ Juan GABILAN & Manuela FRESQUIS; gp/ Maria Dolores GONSALES (only), todos vˢ del pueblo de Taos, pues son Yndios.

Frame 307
MARTIN, Juan Domingo
    bap 10 Sep 1837, ae 6 da; s/ Manuel Anto MARTIN & Mª Hisabel CORTES; ap/ Jose Mª CORTES (sic) & Mª Rafela CORDOVA; am/ Salvador MARTIN (sic) & Mª Balvan(e)da MONTOYA; gp/ Juan Pascual CORTES & Mª de la Lus CORTES, vˢ de San Fernando.

MAESE, Maria Ygnacia
    bap 10 Sep 1837, ae 5 da; d/ San Juan MAESE & Margarita MARTIN; ap/ Domingo

MAESE & Juana Mª de HERRERA; am/ Ramon MARTIN & Mª Paula MARTIN; gp/ Candelario CORTES & Mª Juana Rafela MEDINA, v^s de San Fernando.

VARELA, Juana Gertrudies (sic)
    bap 6 Sep 1837, ae 3 da; d/ Juan Anto VARELA & Mª Josefa GARCIA; ap/ Franco VARELA & Mª Dolores LEYVA; am/ Juan Jose GARCIA & Mª Juana Gertrudis CRUZ; gp/ Antº Jose ROMERO & Mª Nestora PADILLA, v^s de la plasa de mi S^{ora} de los Dolores.

Frame 308
Church visit - 11 Sep 1837

VALDES, Maria Juana
    bap 13 Sep 1837, ae 14 da; d/ Geronimo VALDES & Victoria SANDOVAL, *vecinos de la poblacion de Mora*; gp/ Jose Maria BARELA & Mª Gertrudis BARELA, v^s *del mismo lugar*.

BACA, Jose Manuel
    bap 17 Sep 1837, ae 16 da; s/ Jose Manuel BACA & Maria Rosa VIGIL, *vecinos de la plasa de S^{ma} Trinidad*; gp/ Jose Manuel VIGIL & Maria Franca VIGIL, v^s *de S. Fernando*.

GONSALES, Jose de la Crus
    bap 17 Sep 1837, ae 4 da; s/ Jose GONSALES & Mª Tomasa SANDOVAL, *vecinos de San Fernando*; gp/ Lorenso BACA & Mª de la Lus MARTINES, v^s *del miso lugar*.

DURÁN, Jose Tomas
    bap 18 Sep 1837, ae 2 da; s/ Pedro DURÁN & Mª Encarnacion MARTINES; gp/ Jose Julian MARTINES & Mª Benita MARTINES, *vecinos todos de S. Fernando*.

Frame 309
CHAVES, Maria Gabriela
    bap 19 Sep 1837, ae 1 da; d/ Miguel CHAVES & Mª Josefa MESTAS, *de la plasa de S. Anto*; gp/ Marcos APODACA & Mª Encarnacion GONSALES, *vecinos de S. Fernando*.

ZAMORA, Maria Agapita
    bap 20 Sep 1837, ae 8 da; d/ Santiago ZAMORA & Luisa SUASO, *Yndios naturales del pueblo*; gm/ Maria Teodora ROMERO, *vecina de S. Fernando*.

GOMES, Jose Rafael
    bap 20 Sep 1837, ae 5 da; s/ Franco GOMES & Maria Magdalena RIOS, *Yndios naturales de Taos*; gp/ Franco NARANJO & Mª Gertrudes TRUGILLO, *Yndios del mismo pueblo*.

OLIVAS, Mª Guadalupe de Jesus
    bap 20 Sep 1837, ae 10 da; d/ Franco OLIVAS & Mª Lorensa DURAN, *vecinos de Mora*; gp/ Anto BACA & Marcelina TAFOYA, v^s *del mismo lugar*.

NARANJO, Jose Rafael
    bap 20 Sep 1837, ae 4 da; s/ San Diego NARANJO & Maria Ygnacia LALANGO, *Yndios naturales de Taos*; gp/ Miguel ROMERO & Juana TRUJILLO, *vecinos de S. Franco del Rancho*.

Frame 310
SANDOVAL, Jose de la Merced
    bap 24 Sep 1837, ae 6 da; s/ Anto SANDOVAL & Soledad TRUGILLO, *vecinos de la plasa del Rancho*; gp/ Tomas COCA & Lorensa SANDOVAL, v^s *del mismo lugar*.

TAOS BAPTISMS, VOLUME II   5 Jne 1837-13 Jly 1837, AASF #19

TRUGILLO, Jose Ramón
  bap 25 Sep 1837, ae 20 da; s/ Juan TRUGILLO & Mª Rafaela ROMERO, *vecinos de San Jose delas Trampas mision de Picuries*; gp/ Juan Antº LOPES & Mª Rafaela ROMERO, *vˢ del mismo lugar.*

ROMERO, Jose Mauricio
  bap 26 Sep 1837, ae 6 da; s/ Juan Ysidro ROMERO & Margarita GONSALES, *vecinos de la plᶻᵃ de Sᵐᵃ Trinidad*; gp/ Antº MARTINES & Maria Encarnacion MALDONADO, *vˢ del mismo lugar*

GONSALES, Juan de Dios
  bap 27 Sep 1837, ae 6 da; s/ Ygnacio GONSALES & Maria Josefa LALANDA, *vecinos de la plasa de S. Francº del Rancho*; gp/ Jose MARTIN & Mª Dolores CORDOBA, *vˢ de la plasa de S. Francº de Paula.*

Frame 311
TRUGILLO, Jose Cosme
  bap 27 Sep 1837, ae 3 da; s/ Pablo TRUGILLO & Mª del Carmel de HERRERA, *vecinos de la plasa de la Purisima Concepcion*; gp/ Marcos TRUGILLO & Mª Ygnacia MIER.

ORTEGA, Maria Eduvigen
  bap 30 Sep 1837, ae 2 mo bap by necessity by Fileto MARTIN; nat. d/ Maria Rafaela ORTEGA, wid., *vecina de las Trampas*; gp/ the same Fileto MARTIN & Maria Ynes VIGIL, *vecinos de la micion de Picuries.*

HERRERA, Seledón
  bap 30 Sep 1837, ae 3 da; s/ Jose de HERRERA & Mª Josefa SANDOVAL, *vˢ de Arroyo Hondo*; gp/ Juan de Jesus MARTINES & Mª de Jesus SANDOVAL, *vˢ del mismo lugar.*

(Fr. Antº Jose MARTINES signing as *vice parroco*)
QUINTANA, Manuel de Jesus
  bap 30 Sep 1837, ae 3 da; s/ Francº Estevan QUINTANA & Guadalupe LUJAN, *vecinos de S. Francisco del Rancho*; gp/ Juan Ygnacio MARTIN & Mª Casilda MARTIN of the same place.

Frame 312
MARTINES (patron), Mª Concepcion
  bap 1 Oct 1837, ae 5 yr; d/ *Tribu Lluta*, in the home of Juan Ygnacio MARTINES; gp/ Rafael MARTINES & Anna Maria TRUGILLO, *vecinos de S. Francº del Rancho.*

BALLEJOS, Maria Ramona
  bap 1 Oct 1837, ae 7 da; d/ Francº BALLEJOS & Anna Maria VIGIL, *vecinos de la plasa de S. Antº*; gp/ Lorenzo GARCIA & Mª Andrea ORTEGA, *vecinos del mismo lugar.*

VALENCIA, Marcos de Jesus
  bap 8 Oct 1837, ae 2 da; s/ Jose Antº VALENCIA & Maria Josefa DURAN, *vecinos de la plasita de los Dolores*; gp/ Manuel VALENCIA & Mª Francª RUIS, *vecinos del mismo lugar.*

VALDEZ, Jose Etilano
  bap 8 Oct 1837, ae 3 da; s/ Juan Benito VALDEZ & Maria Martina GARCIA, *vecinos de los Desmontes*; gp/ Tomas de HERRERA & Mª del Refugio MARTIN, *vecinos de San Francº del Rancho.* (Frames 312-313)

Frame 313
ROMERO, Jose Antonio
   bap 8 Oct 1837, ae 7 da; nat. s/ Maria Encarnacion ROMERO, single, *vecina de la plasa de S. An^{to}*; gp/ Pascual PADILLA & Mª Dolores MARTIN, *vecinos del mismo lugar.*

GOMES, Maria Antonia
   bap 11 Oct 1837, ae 7 da; d/ Jose Miguel GOMES & Mª Susana CHAVES, *vecinos de la plasa de mi Señora de los Dolores*; gp/ Miguel HABILA & Mª de la Luz SERVE, *v^s del mismo lugar.*

MONTOYA, Fran^{co} An^{to}
   bap 15 Oct 1837, ae 5 da; s/ Mariano MONTOYA & Mª de la Luz TAFOYA, *v^s de San Fran^{co} del Rancho*; gp/ Jose Domingo VIGIL & Mª Rosa CORDOVA, *vecinos del mismo lugar.*

BALLEJOS, An^{to} Jose
   bap 15 Oct 1837, ae 5 da; s/ Miguel Ant° BALLEJOS & Mª Gertrudis MARTIN, *vecinos de la plasa de San An^{to}*; gp/ Juan Bautista BALLEJOS & Mª Gertrudis MARTIN, *v^s del mismo lugar.* (Frames 313-314)

Frame 314
VIGIL, Agapito de Jesus
   bap 18 Oct 1837, ae 6 da; s/ Faustin VIGIL & Maria de la Lus MARTINES, *vecinos de la plasa de San Juan del Rio Chiquito*; gp/ Mariano MARTINES & Maria de la Ascencion GALLEGOS.

TAFOYA, Juan Bautista
   bap 18 Oct 1837, ae 6 da; nat. s/ Maria Guadalupe TAFOYA, single, *vecina de la poblacion de lo de Mora*; gp/ Juan Maria ARAGÓN & Mª Nicolasa VIGIL, *vecinos del mismo lugar.* (Frames 314-315)

Frame 315
MONTOYA, Jose Melindre
   bap 19 Oct 1837, ae 15 da; s/ Jose Ygnacio MONTOYA & Maria de la Ascencion TRUGILLO, *vecina de S. Fernando*; ap/ Juan Ant° MONTOYA & Maria Dolores de AGUERO; am/ Pedro TRUGILLO & Mª Barvara VIGIL; gp/ Jose Martin MAES & Maria de la Lus TRUGILLO, *vecinos del mismo lugar.*

LOPES, Lucas
   bap 20 Oct 1837, ae 3 da; s/ Benito LOPES & Maria Guadalupe MONTOYA, *vecinos de San Fernando*; gp/ Jose Ramón CARDENAS & Maria Margarita CARDENAS, *vecinos del mismo lugar.*

Frame 316
MARTINES, Jose Benito
   bap 21 Oct 1837, ae 3 da; s/ Juan MARTINES & Mª Rosita ROMERO; ap/ Juan MARTINEZ (sic) & Guadalupe BACA; am/ Manuel ROMERO & M^a del Carmel DURAN, *v^s todos de S. Fernando*; gp/ Gabriel VIGIL & Mª Juana VIGIL, *v^s del mismo lugar.*

LUCERO, Maria Josefa
   bap 22 Oct 1837, ae 3 da; d/ D. Pablo LUCERO & Mª Petra LARRAÑAGA, *vecinos de San Fernando*; gp/ Lorenzo LUCERO & Mª Rufina SALAZAR, *vecinos del mismo lugar.*

CASILLAS, José Víctor
   bap 22 Oct 1837, ae 6 da; s/ Andres CASILLAS & Maria de la Luz DURÁN, *vecinos de San Fran^{co} del Rancho*; gp/ Ant° de Jesus GALLEGOS & Mª Rita LUCERO, *vecinos del mismo lugar.* (Frames 316-317)

TAOS BAPTISMS, VOLUME II   5 Jne 1837-13 Jly 1837, AASF #19

Frame 317
CORTES, Maria Agapita
  bap 24 Oct 1837, ae 5 da; d/ Fran^{co} CORTES & Maria Atanacia ARMENTA, *vecinos de la plasa de S. Fernando*; gp/ Manuel de Esquipula SANTISTEVAN & Maria Catarina COCA, *vecinos dela misma plaza*.

Frame 318
MARTINEZ, Mª Fransisca
  bap 25 Oct 1837, ae 3 da; d/ Juan An^{to} MARTINEZ & Mª Josefa TORRES; ap/ Jose Miguel MARTINEZ & Mª An^{ta} ROMERO; gp/ Juan de Dios BEYTA & Mª An^{ta} MARTINEZ, *vecinos todos de S. Fernando*.

(Fr. Mariano de Jesus LUCERO signing some entries again.)
SANDOVAL, Maria Paula
  bap 27 Oct 1837, ae 5 da; d/ Santos SANDOVAL & Mª Encarnacion CRUZ; ap/ Cristoval SANDOVAL & Mª An^{ta} APODACA; gp/ Fran^{co} An^{to} LOVATO & Mª An^{ta} LOPES, v^s *de San Fernando*.

ALIRE, Maria Petra
  bap 28 Oct 1837, ae 6 da; d/ Juan ALIRE & Mª Rosa PADILLA; gp/ Ant^o Ysidro DURAN & Mª Fran^{ca} VALDEZ, *vecinos de la plasa de San Ant^o*.

COCA, Maria Simona
  bap 28 Oct 1837, ae 1 da; d/ Andres COCA & Mª Ynes MAESE; ap/ Tomas COCA & Mª Lorensa SANDOVAL; gp/ Felipe Nerio MAESE & M^a del Refugio PACHECO, v^s *de San Fran^{co} del Rancho*. (Frames 318-319)

Frame 319
GONSALES, Jose Evaristo
  bap 31 Oct 1837, ae 6 da; s/ Jose de Alta Gracia GONSALES & Anna Maria ROMERO, *vecinos de la poblacion del Arroyo Hondo*; gp/ Juan Andres ROMERO & M^a del Rosario de HERRERA, *vecinos del mismo lugar*.

ARCHULETA, José Ramón
  bap 31 Oct 1837, ae 10 da; s/ Jose Ramón ARCHULETA & Maria del Refugio MARTINES, *vecinos de la plasa del Abajo de la poblacion de Arroyo Hondo*; gp/ Jose Pablo ARCHULETA & Mª Barbara LOVATO who were (also) the ap/ *vecinos de la plasa misma*.

SANDOVAL, Maria Quirina
  bap 3 Nov 1837, ae 8 da; d/ Juan SANDOVAL & Mª Gregoria SANCH<u>I</u>S, *vecinos de la plasa de S. Ant^o*; ap/ Huvaldo (sic) SANDOVAL & Mª Luarda TRUGILLO; am/ Diego Ant^o SANCH<u>I</u>S & Mª Magdalena MARTINES; gp/ Juan LOVATO & Mª Dolores SANCH<u>I</u>S, *vecinos del Arroyo Seco*. (Frames 319-320)

Frame 320
GONSALES, Mª Estefana
  bap 5 Nov 1837, ae 3 da; d/ Fran^{co} GONSALES & Mª Juliana CORTES, *vecinos de S. Fran^{co} del Rancho*; ap/ Fran^{co} DURA(N) (sic) & Juana SANDOVAL; am/ Crus CORTES & Juana PADIA; gp/ Salvador BUTIERRES & Mª Refugio VIGIL, *vecinos del mismo lugar*.

ORTEGA, Jose Gabriel
  bap 7 Nov 1837, ae 7 da; s/ Pascual ORTEGA & An^{ta} Margarita de HERRERA, v^s *de San Geronimo*; ap/ Manuel ORTEGA & Mª Rita COCA; am/ An^{to} de HERRERA & Ysavel CARDENAS; gp/ Pedro An^{to} LAYMEN & Mª Petra del VALLE, v^o *de San Fernando*. (Frames 320-321)

5 Jne 1837-13 Jly 1837, AASF #20

Frame 321
SUASO, Anto de Jesus
　bap 12 Nov 1837, ae 3 da; s/ Pedro SUASO & Maria de la Luz CRUZ, *vecinos de la plaza de Nuestra S^ra de San Juan*; ap/ Anto SUASO & Josefa VARELA; am/ Jose Franco CRUZ & Maria Josefa MEDINA; gp/ Manuel CRUZ & Margarita MEDINA, *v^s San Fernandes*.

Frame 322
VIGIL (patron), Maria
　bap 12 Nov 1837, ae 6 yr; d/ (unknown), redeemed from Yuta Tribe, *famula de D. Pedro VIGIL*; gp/ Jose de la Crus VIGIL & Maria Teresa VIGIL.

Frames 323-324
MEDINA, Juana Nicolasa
　bap 12 Nov 1837, ae 6 da; d/ Julian MEDINA & Maria Dolores VALDES; gp/ Leonicio GONSALES & Maria Juliana TAFOYA, *vecinos de la plasa de la S^ma Trinidad de Arroyo Seco*.

Frame 325
SANCHES, Jose Andres
　bap 13 Nov 1837, ae 8 da; s/ Domingo SANCHES & Maria Manuela GOMES, *vecinos de la plasa de S^ma Trinidad de Arroyo Seco*; ap/ Mariano SANCHES & Maria del Rosario MARTINES; am/ Gaspar GOMES & Mª de Jesus MAES; gp/ Santiago GOMES & Mª de Gracia GOMES, *v^c del mismo lugar*.

Frame 326
NOLAN, Juan Eugenio
　bap 15 Nov 1837, ae 3 da; s/ Gerbacio NOLÁN (Origins, p. 428, NOLÁN) & Mª Dolores LALANDA; ap/ Gerbacio NOLAN & Margarita (n.s.); am/ Bautista LALANDA & Mª Polonia Gertrudes SANDOVAL, *v^s de S. Fernando*; gp/ Anto LIDES & Mª Polonia Gertrudez SANDOVAL, *v^c del mismo lugar*.

Frames 326-327
DURAN, Maria Rita
　bap 17 Nov 1837, ae 3 da; d/ Vicente DURÁN & Mª Manuela MEDINA, *ve^s de la plasa de S. Ant^o*; ap/ Juan Andres DURÁN & Mª Candelaria MONDRAGÓN; am/ Felipe MEDINA & Mª Guadalupe QUINTANA; gp/ Franco BARELA & Mª Gregoria MEDINA, *vecinos del mismo lugar*.

Frame 328
MESTAS, Maria Rita
　bap 19 Nov 1837, ae 10 da; d/ Felipe MESTAS & Soledad TAFOYA; ap/ Encarnacion LUSERO (only); am/ Jesus TAFOYA & Lorensa QUINTANA; gp/ Jose ARAGON & Maria de Jesus BIGIL.

CONCHA, Jose Guadalupe
　bap 19 Nov 1837, ae 5 da; s/ Juan Domingo CONCHA & Maria Dolores Carmel (n.s.); ap & am not given; gp/ Santiago TORRES & Mª Ant^a COCA, *v^s de San Fernando*.

End of this register except for one page and reverse side which has 3 bap & the beginning of a fourth of Lo de Mora. They have not been filmed.

BAUTISMOS delo de MORA

(by Fr. A. Jose MARTINES)

Frame 329
SANDOVAL, Mª Filomena
   bap 13 Jly 1837 *en este puesto de lo de Mora*, ae 13 da; d/ Jose Franco SANDOVAL & Mª Dolores VALDEZ, *vesinos de dhº poblacion de Mora*; ap/ Felipe SANDOVAL & Mª Gregoria SENA; am/ Juan VALDEZ & Mª Soledad VIGIL; gp/ Juan Cristoval HORMIJO & Mª Felipa LOVATO, *vecinos del mismo lugar*.

ARCHULETA, Mª Lodubina
   bap 13 Jly 1837 *en este puesto de lo de Mora*, ae 1 mo; d/ Ramon ARCHULETA & Mª dela Lus GARCIA, *vesinos de dhº poblacion de Mora*; ap/ Diego ARCHULETA Ana Maria MADRIL; am/ Sixto GARCIA & Mª Rosa TRUGILLO; gp/ Jose Martin ARMIJO & Mª Juliana ARMIJO, *vecinos del mismo lugar*. (Frames 329-330)

Frame 330
MARTIN, Jose Rafael
   bap 13 Jly 1837 *en este puesto de lo de Mora*, ae 4 mo; s/ Juan Domingo MARTIN & Felipa ARAGON, *vesinos de dhº poblacion de Mora*; ap/ Jose MARTIN & Gertrudes GALBIS; am/ Jose Crus ARAGON & Luisa ARCHULETA; gp/ Jose Rafael dela CRUZ *delas Trampas*, & Mª Manuela OLGIN, *vecina de Mora*.

ARRGUELLO, Maria Juana
   bap 13 Jly 1837 *en este puesto de lo de Mora*, ae 1 mo; d/ Manl Antº ARRGUELLO & Mª Luisa QUN (rest of page missing).

INDEX of BAPTISMS in TAOS

It is important to look for alternate spellings of both surnames and given names. Names may appear more than one time on a page. Many names were abbreviated in the original records. They have been spelled out in this index. For the most part, prepositions have not been included in this index, but if they were present in the original record, they will be found in the manuscript.

ABILA
  See AVILA
  Antonio Anastacio   2
  Antonio Domingo   155
  Jose Bitor   129
  Jose Felipe   132
  Jose Manuel   193
  Jose Miguel   291
  Juan Domingo   66
  Maria Concepcion   14
  Maria Encarnacion   210
  Maria Filomena   352
  Maria Francisca   299
  Maria Nestora   198
  Maria Ramona   301
AGILAR
  Jose Antonio   222
  Jose Pablo   155
  Jose Teodoro   134
  Maria Nicaria   315
  Maria Nicasia   315
  Maria Soledad   339
AGUILAR
  Jose Cesilio   34
  Jose Crus   139
  Jose Mauricio   324
  Marcelo   324
  Maria Concepcion   25
  Maria Dolores   171
  Maria Dorotea   196
  Maria Francisca   94
  Maria Juana   105
  Maria Juliana   233
  Maria Paula   225, 299
  Maria Viviana   150
ALARID
  Juan Jose   132
  Maria Guadalupe Victoria   29
ALEN
  Jose Manuel   44
ALIRE
  Jose Cruz   244
  Jose Francisco   318
  Juan Antonio   67
  Juana Maria   148
  Maria Candelaria   161
  Maria Guadalupe   215
  Maria Natividad   115
  Maria Petra   360

ALIRE (continued)
  Maria Rufina   230
  Maria Ygnacia   341
ALIRES
  Juan Cristoval   229
ALIRI
  Maria Dolores   70
ALLEN
  See ALEN
ANALLA
  Maria Dominga   214
ANDRADA
  Atanasio   243
ANDRES
  George   53
ANGULAR
  Maria Guadalupe   247
APODACA
  Antonio Eulogio   313
  Antonio Jesus   314
  Antonio Jose Ologio   64
  Felipe Jesus   266
  Gillermo Jesus   93
  Jose Alvino   339
  Jose Antonio   304
  Jose Pablo   202
  Jose Sebastion   90
  Juan de Dios   174
  Juan Francisco   68
  Juan Nepomozeno   339
  Maria Ecciquia   120
  Maria Petra   319
  Maria Refugio   248
  Maria Soledad   13
  Silvestre Jesus   193
ARAGON
  Estefana Eulalia   197
  Jose Angeles   22
  Jose Antonio   322
  Jose Benito Jesus   272
  Jose Francisco   242
  Jose Lino   190
  Jose Manuel   124
  Jose Mariano   20
  Jose Ramon   355
  Jose Tomas   201
  Juan Jose   176
  Juana Pomucena   347
  Manuel   330

ARAGON (continued)
    Maria Candelaria 266, 333
    Maria Carmel Santos 327
    Maria Francisca 38, 124
    Maria Gertrudis 175
    Maria Paula 282
    Pedro Antonio 103
ARCENÓ
    See ARSOMO, ARSENÓ
ARCHULETA
    Antonio Cleto 76
    Antonio Jesus 17
    Francisco Antonio 48
    Jesus Maria 323
    Jesus Maria Salome 256
    Jose Aniceto 172
    Jose Aniseto 252
    Jose Antonio 8
    Jose Antonio Domingo 209
    Jose Domingo 139
    Jose Fermin 146
    Jose Francisco 195
    Jose Leonicio 117
    Jose Lenioso 117
    Jose Luciano 243
    Jose Manuel 159, 320
    Jose Nasario 341
    Jose Ramon 360
    Jose Roque Jesus 218
    Jose Siriaco 182
    Jose Ygnacio 206
    Juan Andres 220
    Juan Antonio 46, 153
    Juan Bautista 52, 292
    Juan Jesus 61, 128
    Juana Maria 75
    Leonardo Jesus 84
    Manuel Gregorio 189
    Maria Anastacia 11
    Maria Antonia 352
    Maria Bibiana 32
    Maria Brigida 116
    Maria Clara 355
    Maria Concepcion 226
    Maria Eulogia 306
    Maria Francisca 146
    Maria Fransisca 237
    Maria Jesus 68, 97
    Maria Lodubina 363
    Maria Manuela 262
    Maria Marcelina 246
    Maria Miquela 29
    Maria Narsisca 249
    Maria Patrocinia 264
    Maria Paula 160, 230
    Maria Rita 89
    Maria Teodora 323
    Maria Ventura 283
    Matias Jesus 62

ARCHULETA (continued)
    Pedro Antonio 230
ARELLANO
    Antonia Gertrudis 187
    Jose Dolores 74
    Jose Francisco 40
    Jose Julian 48
    Jose Miguel 327
    Jose Miguel Jesus 92
    Jose Ramon 216
    Jose Ygnacio 331
    Juan Domingo 337
    Juana Nepomusena 278
    Manuel Jesus Gabriel 262
    Maria Antonia 144, 298
    Maria Dilubina 297
    Maria Gertrudis 119
    Maria Rosa 226
    Maria Teodora 318
AREYANO
    Jose Miguel 136
    Maria Antonia Jesus 201
    Maria Elena Crus 255
ARGUELLO
    See ARRGUELLO
    Jose Agapito 138
    Jose Carmel 321
    Jose Dolores 308
    Jose Francisco 73
    Jose Matias 62
    Jose Roman 273
    Jose Rozman 273
    Juan Bautista 105, 318
    Juan Jose Gracia 135
    Maria Alta Gracia 349
    Maria Antonia 298
    Maria Francisca 23, 320
    Maria Josefa 298
    Maria Reyes 193
    Maria Tomasa 261
ARGUEO
    Juan Jose 332
ARMENTA
    Jesus Maria 183
    Juana Maria 168
    Maria Benina 313
    Maria Guadalupe 260
    Maria Manuela 86
    Maria Nestora 164
    Maria Refugio 280
    Maria Ygnacia 45, 223
ARMIJO
    Antonio Ramon 224
    Jose Alcadio 32
    Jose Romulo 268
    Jose Victor 131
    Juan Bautista 319
    Juan Nepomuseno Jesus 316
    Juan Reyes 193

ARMIJO (continued)
  Juana Maria 209
  Manuel Antonio 330
  Maria Barbara 300
  Maria Dolores 224
  Maria Gertrudis 20, 81
  Maria Marta 249
  Maria Refugio 197
  Maria Ysabel 300
ARRGUELLO
  See ARGUELLO
  Maria Juana 363
ARSE
  Maria Carmel 327
ARSENÓ
  See ARCENÓ
  Maria Alvina 72
ARSOMO
  Luis Asencion 177
  Maria Rosa 112
ATENCIO
  Duardo 255
  Manuel Antonio 216
  Maria Encarnacion 136
  Maria Juana Acencion 73
  Maria Viviana 55
BACA
  Benigna 335
  Jose Antonio 219
  Jose Juan Encarnacion 203
  Jose Manuel 357
  Juan Esteban 296, 316
  Juan Ysidro 105
  Juana Nepomucena 315
  Maria Donaciana 242
  Maria Eginia 354
  Maria Encarnacion 103
  Maria Guadalupe 100
  Maria Luisa 351
  Maria Soledad 139
  Tomas Demetrio 227
BACHICHO
  Jose Arcadio 234
  Jose Francisco 145
  Maria Crestina 354
BALBERDE
  See VALVERDE, BALVERDE
  Jesus Maria Relles 223
BALDES
  See VALDES
  Jesus Maria 145, 287
  Jose Felipe Santiago 138
  Jose Gabriel 271
  Jose Julian 52
  Jose Manuel 246
  Jose Nestor 254
  Jose Sostenes 344
  Jose Yniseto 41
  Juan Agustin 310

BALDES (continued)
  Juan Jesus 352
  Maria Crus 175
  Maria Elogia 328
  Maria Josefa 62
  Maria Juliana 312
  Maria Leonicia 291
  Maria Lorensa 78
  Maria Manuela 88
  Maria Marcelina 107
  Maria Nisefora 289
  Maria Pascuala 281
  Maria Rita 316
  Maria Teodora 87, 188
  Pedro Antonio 280
  Pedro Jose 304
BALDEZ
  See VALDEZ
  Maria Reyes 262
BALDONADO
  Antonio Jose 108
  Manuel Jose 296
BALENCIA
  See VALENCIA
  Juan Felipe Santiago 81
BALERIO
  See VALERIO
  Maria Juana 129
BALLE
  See BAYE, VAYE
  Maria Josefa 45
BALLEGOS
  Maria Viviana 293
BALLEJOS
  Antonio Jose 359
  Juan Felipe 81
  Maria Ascencion 279
  Maria Calletana 218
  Maria Eulogia 338
  Maria Guadalupe 316
  Maria Luarda Luperta 107
  Maria Ramona 358
  Maria Soledad 249
  Pedro Antonio 285
BALVERDE
  See BALBERDE, VALVERDE
  Jose Augustin 79
BARBERDE
  See BALBERDE, VALVERDE
  Pedro Antonio 170
BARCELON
  Maria Filomena 146
BARELA
  See VARELA, BARRELA
  Jose Francisco 222
  Jose Miguel 24
  Jose Ramon 223
  Jose Ruperto 203
  Juan Domingo 63

BARELA (continued)
  Juan Jose Noverto 143
  Juana Maria 343
  Maria Andrea 29
  Maria Antonia 107, 353
  Maria Ascencion 279
  Maria Carmel 19
  Maria Estefana 290
  Maria Geronima 22
  Maria Magdalena 111
  Maria Ramona 278
  Maria Rifina 70
  Maria Rufina 70
  Maria Soledad 112
  Maria Viviana 29
BARGAS
  See VARGAS
  Jose Aniseto 301
  Jose Donato 292
  Jose Hilario 257
  Jose Rafael 194
  Jose Rumaldo 59
  Jose Vicente 139
  Jose Ysaias 281
  Juan Antonio 18
  Juan Reyes 230
  Maria Andrea 226
  Maria Angeles 186
  Maria Marcelina 70
  Maria Martina 223
  Maria Peregrina 82
  Maria Rufina 57
BARRANCA
  Ana Maria 81
BARRELA
  See BARELA, VARELA
  Maria Ygnacia 302
BARRERAS
  Jose Rafael 67
BASQUES
  See VASQUES
  Jose Bicente 312
  Jose Manuel 18
  Jose Vicente 78
  Maria Jacinta 219
  Maria Josefa 340
  Maria Manuela 134
  Maria Polonia 128
  Maria Remula 93
BAYE
  See BALLE, VAYE
  Maria Guadalupe 317
BEAUBIEN
  See BEUBIEN
  Jose Narciso 26
  Maria Luisa Antonia 49
  Maria Lus 75
  Maria Teodora 265

BEIDLER
  Juan 157
BEITA
  See VEITA, BEYTA
  Jesus Maria 121
  Jose Atanacio 355
  Jose Grabriel 7
  Jose Guadalupe 86
  Jose Rumaldo 112
  Maria Acencion 73
  Maria Dolores 91, 241
BEJIL
  See VIGIL
  Jose Ramon 309
BELARDE
  See VELARDE
  Jose Francisco 96
  Jose Manuel 192
  Mariana Jesus 233
BELASQUES
  Antonio Severino 355
  Maria Antonia 136
  Maria Juana Jesus 175
BENABIDES
  See VENAVIDES
  Antonio Jose 296
  Jose Maria 77
  Jose Rafael 279
  Maria Martina 224
BERNAL
  See VERNAL
  Juana Reyes 226
  Maria Manuela 28
  Maria Ysidora 286
BERNAND
  Juan Miguel 276
BEUBIEN
  See BEAUBIEN
  Maria Lenor Dolores 204
BEYTA
  See BEITA, VEITA
  Jose Julian 194
  Juana Maria 280
  Maria Antonia 200
  Maria Concepcion 226
  Maria Manuela 179
BIANUEVA
  Maria Nasaria 284
BISONETE
  Maria Peregrina 181
BLANCHARD
  See BRACHAL
BLANCO
  Jose Encarnacion 273
  Vidal Epimenio 207
BLEA
  Domingo Ramos 10
  Juan Francisco 84
  Maria Guadalupe 76

BLEA (continued)
    Maria Marcelina   61
BOGGS
    Jose Tomas   9
    Tomas   9
BOREGO
    Jose Encarnacion   169
BORREGO
    Jose Crecencio   239
    Jose Crisencio   275
    Jose Mariano   178
    Jose Pablo Dolores   214
    Juan Miguel   52
    Maria Dolores   101, 271
    Maria Gracia   303
BRACHAL
    Maria Viviana   214
BRACHI
    See BRANCH
    Jose Ricardo   121
BRANCH
    Jose Jesus   46
BRANCHE
    Jose Alexandro   88
    Maria Luisa   280
BRANCHI
    See BRANCH
    Elfego   332
    Vital   208
BRASAL
    Maria Teresa   84
BRUNAL
    Jose Francisco   135
BUENO
    Jose Antonio Bernabe   143
    Jose Cruz   43
    Jose Pablo   305
    Jose Rafael   256
    Jose Ramon   331
    Jose Reducindo   336
    Juan Bautista   179, 180
    Juan Carlos   224
    Maria Cruz   346
    Maria Dolores   97
    Maria Paula   186
BUSTOS
    See VUSTOS
    Jose Ramon   267
    Maria Dolores   188
    Maria Francisca   117
    Maria Pascuala   348
BUTIERREZ
    See GUTIERRES, GUTIERES
    Antonio Jose   147
    Juana Catarina   147
CAMBEL
    Jose   262
    Jose Julian Ricardo   148
    Maria Peregrina   54

CAMBEL (continued)
    Maria Petra   200
CANDELARIA
    Juan Francisco   291
CANDELARIO
    Jose Domingo   200
    Jose Manuel   113
    Jose Victor   25
    Maria Alvina   304
    Maria Benigna   177
CAQUINDO
    Juan   130
CARDENAS
    Anastacio   183
    Jose Amado   220
    Jose Cruz   346
    Juan Andres   28
    Juan Jesus   291
    Juan Pascual   69
    Maria Bonifacia   315
    Maria Prudencia   105
    Maria Ysidora   251
CARRIO
    Jose Tomas   91
CASADOS
    Jose Albino   200
    Jose Encarnacion   194
    Juan Antonio   15
    Juan Carmen   82
    Maria Luisa Pas   213
    Maria Rosalia   156
    Maria Seferina   297
CASIAS
    Jose Don Aciano   294
    Jose Victor   292
    Maria Antonia   274
CASILLA
    Maria Candelaria   132
CASILLAS
    Jose Santos   26
    Jose Victor   359
    Maria Dolores   7
CASILLAZ
    Maria Jesuz   172
CASTELLANO
    Jose Benedito   311
    Jose Marcelo   235
    Maria Ysabel   18
CASTEYANO
    Jose Tomas   122
    Salvador Manuel   185
CENA
    See SENA
    Jose Alta Gracia   152
CHABES
    See CHAVES
    Anna Maria   354
CHARETTE
    See SARETE

CHACON
  Antonio Domingo 311
  Juan Jesus 26
  Maria Estefana 129
  Maria Manuela 214
  Maria Reyes 160
CHARIFÚ
  Jose Pablo 190
CHAUBELON
  Jose Antonio 42
  Jose Manuel 214
  Juan Bautista 93
CHAVES
  See CHABES
  Antonio Domingo 63
  Antonio Santa Anna 216
  Casiano Jesus 242
  Felipe Jesus 35, 334
  Jose Antonio 346
  Jose Antonio Jesus 181
  Jose Deciderio 34
  Jose Florencio Jesus 163
  Jose Francisco 19, 69, 83
  Jose Mariano 310
  Jose Natibidad 114
  Jose Tiburcio 101
  Jose Tomas 191
  Juan 291
  Juan Antonio 21
  Juan Bautista 356
  Juana Maria 253
  Manuel Antonio 54, 136
  Margarita 198, 222
  Maria Antonia 47
  Maria Antonia Altagracia 104
  Maria Ascencion 15
  Maria Candelaria 334
  Maria Clara Jesus 285
  Maria Dolores 130
  Maria Gabriela 357
  Maria Gertrudis 168
  Maria Guadalupe 56, 244
  Maria Jetrudes 258
  Maria Juana 162
  María Luz 28
  Maria Monica 43, 45
  Maria Pascuala 212
  Maria Rafaela 241
  Maria Teodora 322
  Maria Ygnacia 83
  Maria Ygnacia Crus 173
  Patrocinio 352
CHAVEZ
  Jose Maria 277
CHININÍ
  Santiago 184
CHIRINA
  Jose Angel 254
  Maria Barbara 163

CHIRINA (continued)
  Maria Quirina 93
CHIRINO
  Maria Paula 36
COCA
  Jose Albino 236
  Jose Cruz 51
  Jose Loreto 262
  Jose Nifacio 104
  Jose Roque 356
  Jose Ynes 264
  Juan Bautista 62
  Juan Jesus 14
  Maria Antonia 8
  Maria Dolores 253
  Maria Feliciana 213
  Maria Magdalena 73
  Maria Serafina 100
  Maria Simona 360
  Pablo Lisardo 176
CONCHA
  Jose Francisco 274
  Jose Guadalupe 361
  Maria Soledad 289
CONN
  Francisco 231
CONOLE
  Maria Ygnacia 3
COPA
  Juana Maria 44
COPAS
  Jose Sebedon 114
CORDOBA
  Antonio Domingo 288
  Antonio Jose 131
  Jose Bitor 106
  Jose Dolores 297
  Jose Felipe 90
  Jose Felis 80
  Jose Francisco 161
  Jose Trinidad 179
  Juan Bautista 109
  Juan Crisostomo 101
  Juan Domingo 57
  Juan Manuel 205
  Juana Maria Luvina 62
  Juana Teresa 69
  Juana Ysabel 37
  Maria Antonia 71, 138
  Maria Antonia Aba Luz 33
  Maria Carmel 109
  Maria Fernanda 16
  Maria Francisca 26
  Maria Guadalupe 5, 29
  Maria Juana Gertrudis 35
  Maria Manuela 58
  Maria Marta 43
  Maria Micaela 174
  Maria Paubla 5

CORDOBA (continued)
    Maria Paula   94
    Maria Peregrina   90
    Maria Petra   33
    Maria Rosa   80
    Maria Rupertra   39
    Maria Serafina   142
    Maria Soledad   320
    Mariano Jesus   251
    Miguel Antonio   306
    Noverto   256
CORDOVA
    Diego Antonio   249
    Francisco Gavier   144
    Jose Anastacio   322
    Jose Bisente   271
    Jose Encarnacion   238, 250
    Jose Eulogio   339
    Jose Felis   105
    Jose Jesus   120
    Jose Maria   209
    Jose Miguel   27, 254, 337
    Jose Rafael   356
    Jose Venito   340
    Jose Ygnacio   55
    Juan Bautista   319
    Juan Eulalio Jesus   198
    Juan Francisco   263
    Juan Lorenzo   225
    Juana Maria   141, 277
    Maria Acencion   177
    Maria Agustina   287
    Maria Andrea   121
    Maria Basilia   247
    Maria Carmen   181
    Maria Dolores   118
    Maria Eginia   109
    Maria Encarnacion   168
    Maria Feliciana   187, 325
    Maria Filomena   282
    Maria Guadalupe   317
    Maria Jesus   181
    Maria Luz   223
    Maria Margarita   244
    Maria Natibidad   219
    Maria Natividad   296
    Maria Paubla   246
    Maria Polonia   301
    Maria Ramona   110
    Maria Rosa   261, 312
    Maria Rosario   186
    Maria Teodora Carmel   283
    Maria Trenidad   250
CORRALES
    Maria Francisca   187
CORTES
    Jose Agapito   223
    Jose Eugenio   311
    Jose Francisco   20, 84

CORTES (continued)
    Jose Jesus   53
    Jose Lucario Jesus   259
    Jose Rafael   291
    Juan Antonio   118
    Juan Francisco   333
    Juan Ygnacio   60
    Juana Maria   81, 290
    Manuel Salvador   26
    Maria Agapita   360
    Maria Candelaria   54
    Maria Conspecion   313
    Maria Estefana   41
    Maria Francisca   30, 105
    Maria Madalena   322
    Maria Marcelina   194
    Maria Margarita   151
    Maria Paula   151
    Maria Petra   145
    Maria Rafaela   60
    Maria Refugio   283
    Maria Reyis   32
    Maria Rufina   226
    Maria Ygnacia   221, 271
CRESPIN
    Jose Pablo   1
    Juan Victoriano   65
CRESPINO
    Maria Bibiana   258
CRISPIN
    Maria Acencion   148
CRUS
    Antonio Jesus   309
    Felipe Nerio   314
    Felipe Santiago   289
    Jose Anciceto   172
    Jose Benito   293
    Jose Carmel   97
    Jose Francisco   48
    Jose Marcelino   16
    Jose Maria   64
    Jose Noverto   203
    Jose Pablo   47
    Jose Relles   91
    Jose Seberino   94
    Juan Felipe   54
    Juan Jesus   36
    Juan Lorenso   49
    Juan Matias   164
    Juan Reyes   263
    Juana Maria   137, 248
    Maria Altagracia   37
    Maria Bernarda   309
    Maria Candelaria   59
    Maria Dolores   195
    Maria Estefana   89
    Maria Jesus   41, 85, 204
    Maria Lus   78
    Maria Pascuala   210

CRUS (continued)
  Maria Paula Antonia 159
  Maria Petrona 175
  Maria Rafaela 20
  Maria Ramona 256
  Maria Romana 256
  Maria Rufina 89
  Maria Seferina 303
  Maria Viviana 133
  Maria Ygnacia 78
  Pedro Antonio 305

CRUZ
  Eulogio 338
  Jose Aniceto 312
  Jose Gasinto 115
  Jose George 344
  Jose Hipolito 112
  Jose Ramon 215
  Jose Refugio 351
  Jose Tomas 286
  Juan Bautista 144
  Juana Paula 319
  Leonicio Jesus 137
  Maria Antonia 213
  Maria Bonifacia 175
  Maria Eucebia 235
  Maria Guadalupe 122, 242
  Maria Josefa 233
  Maria Refugio 238
  Maria Susana 106
  Maria Ysabel 295

DAVID
  Jose 144

DECLUED
  See YUL
  Maria Petra 174

DELGADO
  Antonio Maria 250
  Jose Jesus 142
  Jose Nicanor 338
  Jose Santiago 48
  Juan de Dios 224
  Juan Pablo 160
  Maria Ascencion 210
  Maria Donaciana 242
  Maria Lus 256
  Maria Luz 336

DEVENS
  Jose Martin 53

DOMINGO
  Jose 76

DOMINGUES
  Juan Bautista 289
  Maria Soledad 327

DURAN
  Anna Maria 111
  Antonio Damacio 29
  Antonio Jose 79
  Asianio Angeles 254

DURAN (continued)
  Felipe Jesus 189
  Francisco Jesus 41
  Jesus Maria 213
  Jose Aniseto 135
  Jose Antonio 13
  Jose Bartolo 57
  Jose Consepcion 329
  Jose Deciderio 89
  Jose Desiderio 170
  Jose Diaman 337
  Jose Dolores 87
  Jose Encarnacion 203
  Jose Francisco 44
  Jose Gillelmo 162
  Jose Gregorio 175, 321
  Jose Luciano 42
  Jose Manuel 127
  Jose Nasario 240, 321
  Jose Nicanor 307
  Jose Pablo 125
  Jose Santiago 42
  Jose Sesario 236
  Jose Tomas 56, 357
  Jose Vidal 346
  Juan Antonio 150
  Juan Bautista 149
  Juan Crus 225
  Juan Domingo 39, 69
  Juan Jesus 298
  Juan Matias 163
  Juan Nepomuseno 282
  Juan Reyes 124
  Juan Ricardo 34
  Juana Maria 177, 335
  Manuel 228
  Manuel Jesus 210
  Maria Acencion 313
  Maria Alta Gracia 136
  Maria Altagracia 252
  Maria Alvina 99
  Maria Andrea 54
  Maria Aniseta 343
  Maria Antonia 266
  Maria Brigida 198
  Maria Candelaria 64
  Maria Cecilia 114
  Maria Dolores 81, 225
  Maria Dorotea 178
  Maria Encarnacion 8, 99, 148
  Maria Epifania 216
  Maria Estefana 229
  Maria Faustina 234, 323
  Maria Felipa 323
  Maria Francisca 240
  Maria Gertrudis 51
  Maria Gregoria 307
  Maria Jesus 233
  Maria Juliana 4

DURAN (continued)
  Maria Lus   104
  Maria Manuela   21, 78
  Maria Martina   160
  Maria Nicolasa   106
  Maria Nieves   112
  Maria Paula   59
  Maria Polita   286
  Maria Rafaela   4
  Maria Reyes   124
  Maria Rita   44, 361
  Maria Rosa   316
  Maria Rufina   1, 23, 229, 237, 324, 347
  Maria Serafina   296
  Maria Soledad   157
  Maria Teodora   150
  Maria Ysabel   4
  Pedro Antonio   22, 163, 248
  Pedro Luiz   287
  Pedro Ygnacio   264
ERON
  Luis Antonio   162
ERRERA
  See HERRERA
  Jose Antonio   318
  Maria Petra Santana   327
  Ventura Jesus   86
ESCALANTE
  Jose Marcos   242
ESMITE
  Jose Francisco   45
ESPINOSA
  Anna Maria   30
  Antonio Jose   76
  Casimiro   165
  Diego Antonio   235
  Felipe Nerio   173
  Jose Crus   300
  Jose Domingo   12
  Jose Francisco   169
  Jose Manuel   296
  Jose Tomas   261
  Jose Vicente   202
  Juan Reyes   181
  Juana Maria   146
  Maria Andrea   86, 258
  Maria Asension   243
  Maria Candelaria   91, 207
  Maria Cruz   314
  Maria Encarnacion   118
  Maria Estefana   42
  Maria Lus   120
  Maria Matiana   36
  Maria Rita   322, 348
  Maria Victoria   63
  Miguel Antonio   298
ESPINOZA
  Maria Ysavel   342

ESPINOZA (continued)
  Pedro Ygnacio   353
ESQUIBEL
  Jose Cenon   152
  Jose Ciriaco   281
  Jose Rafael   72
  Luis Jesus   286
  Maria Aniseta   207
  Maria Brigida   325
  Maria Luisa Perfeta   206
  Maria Natividad   260
ESQUIVEL
  Jesus Maria   352
  Maria Dolores   154
  Maria Jesus   83
FERNANDES
  Candelario Jesus   196
  Francisco Antonio   52
  Jesus Maria   100
  Jose Anastacio   33
  Jose Antonio   166
  Jose Encarnacion   169
  Jose Estanislao   208
  Jose Francisco   116
  Jose Guadalupe   327
  Jose Leon   290
  Jose Lion   311
  Jose Maria   168
  Jose Mariano   244
  Juan Bautista   114
  Juan Mateo   166
  Juana Maria   89
  Maria Encarnacion   11, 108
  Maria Gregoria   314
  Maria Guadalupe   180
  Maria Juliana   94
  Maria Luz   201
  Maria Manuela   249
  Maria Margarita Dolores   46
  Maria Marta   31
  Maria Petra   159
  Maria Poloña   121
  Maria Simona   84
  Maria Tomasa   95
  Santiago   182
FERNANDEZ
  Juan Bautista   241
  Juan Christoval   293
  Maria Simona   234
FICHA (FISHER?)
  Noverto   144
FLORES
  Jose Antonio   67
FOLES
  Francisco   157
FRAMEL
  Jose Julian   169
FRESQUES
  Maria Paula   329

FRESQUIS
- Antonio Jose 25
- Antonio Seberiano 4
- Jose Antonio 163
- Jose Benito 125
- Jose Vicente 282
- Juan Bartolo 253
- Juan Bautista 75
- Juan Santos 223
- Maria Antonia 247
- Maria Brijida 168
- Maria Magdalena 187
- Maria Soledad 310
- Maria Vicenta 159
- Pedro Jose 180

FURCAT
- See TURCATE, TORCATA

GABALDON
- See GAVALDON
- Jose Anastacio 27
- Juan Jesus Ramos 39
- Juan Pascual 126
- Maria Antonia Gertrudis 60
- Maria Casilda 342
- Maria Manuela 221

GABILAN
- Maria Micaela 329
- Maria Paula 123

GALLEGO
- Antonio Seberino 115
- Felipe Jesus 218
- Jose Guadalupe 187
- Jose Pablo 332
- Jose Santiago 354
- Jose Torivio 87
- Maria Matea Jesus 253
- Maria Refugio 11
- Maria Rita 224
- Maria Ygnacia 124
- Tereza Jesus 264

GALLEGOS
- Antonio Tiburcio 101
- Eutimio Jesus 296
- Francisco 274
- Francisco Antonio 170
- Jose Antonio 328
- Jose Benito 5
- Jose Damacio 259
- Jose Deciderio 123
- Jose Francisco 180
- Jose Gabino 302
- Jose Guadalupe 52
- Jose Liberado 322
- Jose Ramon 12
- Juan Antonio 297
- Juan Bautista 211
- Juan Nepomuseno 348
- Juan Reyes 330
- Juana Ramona 183

GALLEGOS (continued)
- Julian Candelario 127
- Manuel Antonio 289
- Marcelo Jesus 234
- Maria Aniseta 276
- Maria Antonia 217
- Maria Crus 277
- Maria Dolores 69
- Maria Encarnacion 98, 227
- Maria Francisca 29
- Maria Juliana 257
- Maria Marselina 246
- Maria Pasifica 248
- Maria Paula 299
- Maria Polonia 136
- Maria Rosa 20
- Maria Secilia 257
- Maria Sesilia 259
- Maria Tiodoria 106
- Maria Trinidad 179

GANSAL
- Jose Antonio 7

GARCIA
- Ana Maria 284
- Anna Maria 177
- Antonio Fortino 250
- Antonio Jose 70, 132
- Barbara Antonia 130
- Blas Jesus 59
- Damacio 343
- Felipe Jesus 92
- Francisco 283
- Jose 240
- Jose Felipe Jesus 92
- Jose Francisco 1, 82, 158, 200
- Jose Fransisco 251
- Jose Grabiel 330
- Jose Jesus 276
- Jose Macedonio 53
- Jose Manuel 124, 202, 329
- Jose Marcelino 70
- Jose Pablo 167, 306
- Jose Perfecto 223
- Jose Seberino 189
- Jose Simon 240
- Jose Tomas 329
- Juan Eliceo Jesus 18
- Juan Eliseo 304
- Juan Francisco 272
- Juan Jesus 128
- Juan Lorenso 341
- Juan Rosario 336
- Juana Maria 3, 151
- Juana Paula 94, 172
- Manuel Jesus 55
- Manuel Rafael 119
- Maria Agustina 323
- Maria Alvina 335
- Maria Anacleta 110

GARCIA (continued)
   Maria Brigida 326
   Maria Candelaria 91
   Maria Catarina Blasa 283
   Maria Dolores 70, 301, 353
   Maria Encarnacion 65, 169
   Maria Faustina 197
   Maria Francisca 96, 105
   Maria Gertrudis 4
   Maria Gregoria 96
   Maria Josefa 172, 328
   Maria Juana 4
   Maria Lus 3, 66, 241
   Maria Manuela 303
   Maria Natividad 66
   Maria Ramona 154
   Maria Ramona Dolores 305
   Maria Refugio 204, 258
   Maria Ruperta 203
   Maria Trinidad 66
   Maria Ygnacia 15, 81, 211, 353
   Maria Ysaber 328
   Maria Ysabel 328
   Martin Antonio 49
   Prudencio Crus 346
GARCILLA
   Francisco Antonio 59
   Jose Vicente 133
   Maria Soledad 187
GARDUÑO
   Jose Francisco Solano 352
   Maria Teodora 171
GAUNA
   Jose Rafael 85
GAVALDON
   See GABALDON
   Maria Gabriela 167
GERRERO
   Jose Perfeto 312
   Jose Santiago 77
   Maria Francisca 66
   Maria Manuela 188
GILLEN
   See GUILLEN, GUIYEN
   Maria Lus 39
   Maria Rita 323
GOMES
   Jose Bidal 345
   Jose Donaciano 293
   Jose Manuel 345
   Jose Nastorio 5
   Jose Rafael 357
   Jose Venito 60
   Jose Ygnacio 108
   Juan Domingo 9
   Juan Estanislao 208
   Juan Esteban 110
   Juan Francisco 324
   Juan Jesus 162, 285

GOMES (continued)
   Juan Pablo 126
   Juan Ygnacio 108
   Juana Maria 12
   Juana Maria Reyes 124
   Maria Antonia 359
   Maria Ascencion 279
   Maria Encarnacion 209
   Maria Guadalupe 13
   Maria Magdalena Concepcion 15
   Maria Polonia 267
   Maria Severiana 199
   Maria Teodora 310
   Mateo 310
   Miguel Antonio 166
   Pedro Antonio 204
GON
   See GONT, GORDON
   Jose Manuel 295
   Jose Tomas 13
   Juan Jesus 79
   Maria Ysabel 149
GONSALES
   Anna Maria 308
   Antonio Jose 225
   Antonio Maria 85
   Carlos 84
   Diego Antonio 48
   Feliciano 46
   Felipe Nerio 44
   Francisco 150
   Jesus Maria 119
   Jose Antonio 120, 208, 232
   Jose Antonio Jesus 42
   Jose Bartolome 183
   Jose Crus 357
   Jose Dolores 99
   Jose Eugenio 126
   Jose Evaristo 360
   Jose Felipe 129
   Jose Gerbacio 318
   Jose Ginio 229
   Jose Gregorio 307
   Jose Jasinto 284
   Jose Jesus 76
   Jose Manuel 175
   Jose Metreo 156
   Jose Miguel 206, 315
   Jose Nestor 36
   Jose Patricio 271
   Jose Rafael 321
   Jose Ramon 90, 191
   Jose Santiago 36
   Juan Antonio 3, 74, 97
   Juan Bautista 308
   Juan Carmel 9
   Juan de Dios 295, 358
   Juan Jose 85
   Juan Manuel 197

GONSALES (continued)
  Juan Ygnacio 17, 307
  Juana Gertrudis 147
  Juana Maria 134, 289
  Luis Maria 183
  Manuel Lorenso 250
  Maria Antonia 42, 251
  Maria Bartola 321
  Maria Carmel 230
  Maria Crus 51
  Maria Dolores 21, 128, 133, 194,
    281, 284
  Maria Encarnacion 273
  Maria Estefana 360
  Maria Francisca 23, 186, 351
  Maria Juana 74
  Maria Manuela 37
  Maria Micaela 75
  Maria Paula 160, 288
  Maria Rafaela 312
  Maria Refugio 221
  Maria Rita 172, 279
  Maria Rufina 156, 165
  Maria Soledad 351
  Maria Teodora 233
  Maria Venedita 340
  Maria Viviana 105, 308
  Maria Ygnacia 280
  Miguel Antonio 55
  Pedro Antonio 12
  Tomasa 236
GONSALEZ
  Maria Seferina 302
  Pedro Ygnacio 194
GONT
  See GON
  Julian 221
GONZALES
  Jose Antonio 252
  Jose Felipe 278
  Maria Concepcion 341
  Pedro Antonio 117
GONZALEZ
  Juan Manuel 50
  Maria Carmen 27
GORDON
  See GON, GONT
GORULÉ
  See GURULE
  Maria Petra 103
GRAHAM
  See GREGAM, GREMS
GREEN
  Carlos Jesus 148
GREGAM
  Maria Ysidora 332
GREMS
  Jose Manuel 109

GRIEGO
  Jose Carmel 76
  Jose Desiderio 63
  Jose Felis 135
  Juan Jesus 14
  Maria Rufina 180
GRIJALBA
  Maria Rumalda 93
GRIJALVA
  Maria Faustina Marcela 32
GRIÑE
  Antonio Jose 33
  Juan Jose 236
  Juana Maria 151
  Maria Antonia 335
GUARÁ
  Jose Encarnacion 243
  Juan Carmel 29
  Juana Rosalia 173
  Maria Dolores Paz 96
  Maria Rafaela 345
GUIBAR
  See GUIVAR
  Jose Venito Jorge 207
GUILLEN
  See GILLEN, GUIYEN
  Juan Antonio 220
  Juana Maria 132
  Maria Joaquina 149
  Maria Vicenta 67
GUIRINE
  Jose Pablo 299
GUIVAR
  See GUIBAR
  Paulin Jesus 183
GUIYEN
  See GUILLEN, GILLEN
  Juan Antonio 113
GURULE
  See GORULÉ
  Felipe 333
  Jose Calisto 24
  Jose Calistro 24
  Jose Guadalupe 164
  Jose Pablo 126
  Juan Pascual 348
  Maria Petra 85
GURULED
  Jose Casimiro 236
GURVAS
  Maria Guadalupe 264
GUTIERES
  Jose Seledon 343
  Maria Alcaria 229
GUTIERRES
  See BUTIERREZ
  Jose Bernardo 58
  Jose Cresencio 344
  Jose Leon 268

GUTIERRES (continued)
  Juan Bautista 296
  Juana Catarina 100
  Maria Dolores 118
  Maria Josefa 202
  Maria Marcelina 317
  Maria Silveria 282
  Maria Xacinta Dolores 220
HAMMONS
  Jose Tomas 184
HARAISTER
  Antonio 144
HERRERA
  See ERRERA
  Antonia Natividad 261
  Antonio Jose 315
  Felipe Jesus 161
  Felipe Nerio 178
  Francisco Antonio 351
  Jesus Maria 222
  Jose Bentura 348
  Jose Cacimir 95
  Jose Dolores 138, 222
  Jose Pablo 264
  Jose Quinto 314
  Jose Tomas 21
  Juan Cesilio 322
  Juan Esmilio 322
  Juan Jesus 284
  Juan Manuel 300
  Juan Miguel 164
  Juan Nepomoseno 104
  Juan Pablo 2
  Juan Pomoseno 104
  Maria Antonia 244, 269
  Maria Catarina 312
  Maria Cerafin 43
  Maria Disideria 267
  Maria Dolores 6
  Maria Guadalupe 214
  Maria Juana 96
  Maria Juliana 197
  Maria Lus 53
  Maria Matilde 6
  Maria Paula 37
  Maria Rosa 246
  Maria Salome 191
  Maria Silverio 281
  Maria Teodocia 309
  Maria Ygnacia 261
  Seledon 358
HIGGINS
  Juan 141
HURTADO
  See URTADO
  Jose 276
  Maria Jesus 47
JAMNES
  Carlos 247

JARAMILLO
  See XARAMILLO
  Elfego 334
  Juan Andres 295
  Juan Reyes 263
  Juana Maria 84
  Maria Candelaria 161
  Maria Carmel 106
  Maria Concepcion 101
  Maria Lus 199
  Miguel Antonio 22
JARAMIO
  See XARAMIO
  Jose Perfecto 12
JUNA
  Jose Joaquin 204
LABE
  Jose Miguel 218
  Maria Dolores 337
LACROIS
  Luis 353
  Maria Catarina 353
LAFAR
  Jose Cacimiro 95
LAFEBRE
  Francisco Antonio 134
  Jose Vicente 100
  Maria Dolores 47
  Maria Francisca Guillerma 201
  Maria Pacifica 266
LAFORE
  Jose Antonio 67
  Juan Crisostomo 130
  Juan Cristoval 130
  Maria Ysabel 284
LAMEDA
  Jose Noverto 351
  Silveria 279
LAMELAS
  Jose Gregorio 277
  Selestino 213
LAMORÉ
  Luiz 252
LAMORI
  Jose Francisco 158
  Maria Dolores 68
LAMORIS
  Juan Antonio 9
LANFOR
  Maria Encarnacion 301
LANGLORE
  Julian 168
LANGRUE
  Jose Crus 208
LANGUE
  Jose Rafael 104
LASO
  Juan Jesus 46
  Maria Manuela 87

LEAL
  See LIAL
  Cacilio Candelaria 232
  Jose Dolores 309
  Jose Julian 300
  Jose Lorenso 31
  Jose Ventura 25
  Juan Domingo 285
  Juana Maria 95
  Maria Crus 43
  Maria Dolores 86
  Maria Josefa 36
  Maria Lus 43
  Maria Reyes 228
  Maria Rosario 313
  Maria Santos 119
  Maria Tiburcia 250
LECLIET
  Juan Amador 187
LEDOUX
  See LODU, LEDUD, LEDÚ
  Maria Tiburcia 175
LEDÚ
  Jose Julian 10
  Jose Seledon 95
  Maria Dolores 275
LEDUD
  See LEDOUX
  Maria Tiburcia 175
LEE
  Maria Benigna 101
LEIVA
  See LEYVA
  Jose Francisco 188
  Juan Rosalio 255
  Maria Vitoria 255
LEON
  Bernardo Carpio 140
  Jose Antonio 45
  Jose Tomas 140
LEROUS
  Maria Paula 253
LEROUX
  See LOREUS
LEVÍ
  Jose Manuel 296
LEYVA
  See LEIVA
  Jose Gregorio 235
  Maria Agapita 325
  Maria Antonia 276
  Maria Nicolasa 295
  Matias 337
LIAL
  See LEAL
  Ana Maria 118
  Antonio Jose 259
  Jose Pablo 95
  Juan Luis 153

LIAL (continued)
  Maria Refugio 180
LIDU
  Jose Victor 38
  Jose Victoriano 38
LILUD
  See LEDOUX
  Felipe Jesus 266
LOBATO
  See LOVATO
  Jose Venito 347
  Juan Antonio 90
LODU
  See LEDU
  Ana Maria 102
  Maria Quirina Angeles 102
LOMA
  Jose Gabriel 56
  Jose Rafael 28
  Juan Antonio 318
  Maria Josefa 109
  Maria Luz 199
  Maria Manuela 171
  Maria Rosalia 231
  Maria Santos 26
LONTÉ
  See LONTIN
  Jose Felis 85
  Maria Rosa 184
LONTES
  Maria Justa 354
LONTIN
  See LONTÉ
  Maria Leduvina 257
LOPES
  Francisco Xavier 190
  Jose Guadalupe 190
  Jose Leonicio 355
  Jose Ramon 264
  Jose Tomas 63
  Juan de Dios 338
  Juana Maria 229
  Lucas 359
  Maria Andrea Jesus 227
  Maria Dolores 97, 131
  Maria Petra 16, 212
  Maria Petrona 16
LOPEZ
  Maria Aniceta 346
LOREN
  Francisco Felipe Jesus 162
LOREUS
  See LEROUX
  Luis 319
LOVATO
  See LOBATO
  Diego Antonio 191
  Jose Julian 94
  Jose Luz 267

LOVATO (continued)
  Jose Manuel 288
  Jose Nestor 135
  Jose Rafael 60
  Juan Andres 233
  Juan Antonio 82
  Juan Cruz 294
  Juan Salvador 35
  Juan Sinforiano 286
  Juan Ygnacio 185
  Juana Maria 218
  Juana Nepomusena 166
  Maria Antonia 63
  Maria Carmel 307
  Maria Crus 103
  Maria Cruz 138
  Maria Dolores 155
  Maria Encarnacion 39
  Maria Estefana 2, 184
  Maria Francisca Dolores 185
  Maria Josefa 326
  Maria Josepha 347
  Maria Polonia 199
  Maria Tiburcia 58
  Maria Trinidad 156
  Maria Vicenta 285
  Maria Ygnes 275
  Pedro Jose 112
LUCERO
  See LUSERO
  Antonio Jose 132
  Bonifacio Jesus 210
  Jose Albino 304
  Jose Antonio 5
  Jose Balentin 60
  Jose Brigido 23
  Jose Carlos 119
  Jose Crespin 293
  Jose Dolores 278
  Jose Encarnacion 203
  Jose Eujenio 85
  Jose Francisco 13
  Jose Gregorio 201
  Jose Manuel 117
  Jose Maxineo 175
  Jose Merced 22
  Jose Rafael 88
  Jose Yldefonso 332
  Juan Agustin 356
  Juan Andres 55
  Juan Antonio 306
  Juan Jesus 16
  Juan Pedro 319
  Juan Rafael 326
  Juana Catarina 185
  Juana Maria 6, 165, 278
  Juana Miquela 316
  Maria Agapita 317
  Maria Alvina 304

LUCERO (continued)
  Maria Antonia 87
  Maria Ascencion 177
  Maria Beneranda 344
  Maria Benigna 158, 308
  Maria Carmel 146
  Maria Concepcion 288
  Maria Cresencia 135
  Maria Diluvina 138
  Maria Dolores 55, 116, 177, 243
  Maria Dominga 24
  Maria Dulovina 23
  Maria Filome 145
  Maria Francisca 88
  Maria Fransisca 257
  Maria Gregoria 103
  Maria Hipolita 333
  Maria Jasinta 64
  Maria Josefa 342, 359
  Maria Lus 104
  Maria Magdalena 177
  Maria Manuela 57, 221, 261
  Maria Marcelina 102
  Maria Pascuala 341
  Maria Rafaela 187
  Maria Rosalia 80
  Maria Vitoria 188
  Maria Ygnacia 312
  Pedro Jose 264
  Ysac Jesus 281
LUCEROS
  Jose Ygnacio 254
LUGAN
  Maria Dolores 5
  Maria Manuela 5
LUJAN
  Antonio Joseph 221
  Jose Antonio 167, 289
  Jose Cruz 265
  Jose Encarnacion 326
  Jose Eulogio 95
  Jose Francisco 308
  Jose Santana 217
  Juan 352
  Juan Domingo 337
  Juan Jose 192
  Juan Lorenso 73
  Juan Ysidro 245
  Maria Candelaria 161
  Maria Cerafina 60
  Maria Guadalupe 86, 345
  Maria Josefa 318
  Maria Lus 196
  Maria Seferina 303
  Maria Soledad 19
  Maria Teodora 135
  Maria Ygnacia 219
  Paulin 205
  Santiago 257, 336

LUNA
  Jose Vicente 7
  Maria Estefana 215
  Maria Rumalda 127
LUSERO
  See LUCERO
  Celsa 240
  Jose Atanacio 277
  Jose Sacramento Desquipula 227
  Maria Paula 235
  Maria Ygnacia 251
  Mauricio Jesus 244
MADINA
  See MEDINA
  Antonio Maria 143
MADRID
  Antonio Jesus 277
  Feliciana 268
  Jose Francisco 295
  Jose Julian 198, 335
  Jose Lisardo 286
  Jose Maria 271
  Jose Miguel 116
  Jose Pablo 265
  Jose Secundino 319
  Juan Manuel 261
  Juana Maria 267
  Maria Ascencion 72
  Maria Consepcion 116
  Maria Manuela 262
  Maria Miquela 274
  Maria Narsisa 195
  Maria Relles 335
  Maria Rosa 267
  Maria Trinidad 206
  Pablo 265
MADRIL
  Antonio Trinidad 74
  Felipe Anselmo 80
  Felipe Crus 71
  Felipe Santiago 103
  Jose Encarnacion 98
  Jose Francisco 50, 62
  Juan Aquino 319
  Juan Casimiro 165
  Juan de Dios 345
  Juan Manuel 157
  Juan Seberiano 129
  Juana Gertrudis 34
  Manuel Antonio 163
  Maria Antonia 178
  Maria Cresensia 242
  Maria Dolores 33
  Maria Estefana 124
  Maria Hermeregilda 241
  Maria Lorensa 74
  Maria Luz 205
  Maria Manuela 38, 172
  Maria Marcelina 61

MADRIL (continued)
  Maria Paula Jesus 18
  Maria Petra 89
  Maria Rafaela 140, 166
  Maria Rosa 114
  Maria Tomasa 156
  Maria Ygnes 21
  Maria Ysabel 21
  Pedro Regaldo 155
  Santiago Jesus 111
  Trenidad Marto 334
MAES
  See MES, MAEZ
  Antonio Domingo 220
  Antonio Jose 155
  Asencion 244
  Damacio Guadalupe 56
  Felipe Santiago 87
  Francisco Antonio 195
  Jose Bernardo 176
  Jose Candelario 168
  Jose Carlos 324
  Jose Cruz 346
  Jose Francisco 317
  Jose Hermeregildo 41
  Jose Ramon 102, 130, 253
  Jose Tomas 200
  Juan Domingo 322
  Juan Venito 199
  Juana Maria 68, 180
  Maria Catarina 269
  Maria Gertrudis 140, 336
  Maria Paula 126
  Maria Rita 313
  Maria Rosa 51
  Maria Rufina 21, 214
  Maria Socorro 246
  Maria Solome 117, 118
  Maria Tiburcia 148
MAESE
  Juan Cruz 354
  Maria Angeles 116
  Maria Josefa 238
  Maria Leogarda 246
  Maria Ygnacia 356
MAEZ
  See MAES, MES
  Francisco Antonio 281
  Miguel San Juan 16
MAIQUE
  Miguel 139
MANSANARES
  Jose Maria Candelaria 161
  Maria Dolores 16
  Maria Espiritu Santo 68
  Pedro Antonio 246
MARES
  Felipe Santiago 13
  Jose Cristoval 255

MARES (continued)
  Jose Julian   330
  Jose Miguel   274
  Maria Basilia   171
  Maria Brigida   198
  Maria Dolores   118
  Maria Eulalia   35
  Maria Francisca   83
  Maria Lus   86

MARQUES
  Jose Bonifacio   142
  Jose Consepcio   259
  Jose Santiago   93
  Juan Bautista   179
  Juan Jesus   76
  Juan Pablo   125
  Juliana   268
  Maria Andrea   120
  Maria Antonia   12
  Maria Ascencion   209
  Maria Encarnacion   168
  Maria Marcelina Nuirges   313
  Maria Refugio   339
  Maria Tiburcia   185
  Maria Ysabel   283
  Miguel Antonio   64

MARQUEZ
  Maria Luz   317

MARTIN
  Ana Maria   16
  Anna Maria   189, 240
  Antonia Ventura   146
  Antonio Cruz   277
  Antonio Jose   111, 297
  Antonio Seberino   329
  Bartolome   114
  Diego Antonio   125
  Eulogio   338
  Faustin   335
  Felipe Jesus   8
  Felipe Santiago   70
  Francisco   325
  Hermenegilda   275
  Jesus Maria   129, 305
  Jose Alejandro   255
  Jose Antonio Jesus   162
  Jose Bartolome   71
  Jose Benigno   35
  Jose Carlos   327
  Jose Carmel   97
  Jose Crus   208
  Jose Cruz   122, 243, 265
  Jose Deciderio   34
  Jose Dolores   2, 10, 238
  Jose Domingo   347
  Jose Encarnacion   98, 210
  Jose Felis   215
  Jose Francisco   12, 13, 23, 97, 116, 195, 196, 260, 278

MARTIN (continued)
  Jose Gregorio   96
  Jose Lauriano   299
  Jose Leonicio   10
  Jose Lonicio   10
  Jose Manuel   292
  Jose Manuel Jesus   12
  Jose Maria   83, 120, 171, 292
  Jose Miguel   189
  Jose Nestor   199
  Jose Octaviano   66
  Jose Pablo   298
  Jose Rafael   7, 80, 218, 363
  Jose Ramon   62
  Jose Ricardo   9
  Jose Romano   62
  Jose Santiago   27, 231
  Jose Tadeo   153
  Jose Vacilio   14
  Jose Vicente   246
  Jose Ygnacio   39, 298
  Jose Ypolito   182
  Juan Agustin   176
  Juan Andres   293
  Juan Bautista   270
  Juan Carmen   148
  Juan de Dios   131
  Juan Domingo   56, 356
  Juan Jesus   23
  Juan Jose   309, 345
  Juan Jose Mateo   51
  Juan Julian   57
  Juan Lorenso   18
  Juan Manuel   168
  Juan Relles   88
  Juan Vacilio   14
  Juana Catarina   71
  Juana Maria   169, 269
  Julian   164
  Manuel Cristoval   212
  Maria Acencion   15
  Maria Ana   182
  Maria Andrea   68
  Maria Bartola   79
  Maria Benigna   198
  Maria Brigida   228
  Maria Candelaria   245, 333
  Maria Carmel   179, 189, 207
  Maria Cesaria   131
  Maria Crus   186
  Maria Dionisia   342
  Maria Dolores   9, 127, 181, 220, 320
  Maria Dorotea   166
  Maria Encarnacion   154, 340
  Maria Estefana   43, 60, 71, 260
  Maria Felipa   212
  Maria Francisca   252
  Maria Gertrudis   257

INDEX of BAPTISMS

MARTIN (continued)
  Maria Guadalupe 7, 61, 226
  Maria Jesus 118
  Maria Josefa 28, 196, 199, 342
  Maria Lionarda 342
  Maria Lugarda 222
  Maria Luisa 50, 52, 218
  Maria Lus 42, 149
  Maria Luz 14
  Maria Magdalena 22
  Maria Manuela 124, 179, 262, 282, 312, 330
  Maria Manuela Albina Jesus 73
  Maria Marcelina 320
  Maria Martina 299
  Maria Matiana 269
  Maria Miquaela 238
  Maria Monica 71
  Maria Natividad 325
  Maria Paula 18, 266
  Maria Peregrina 241
  Maria Perfecta 172
  Maria Rafaela 257
  Maria Ramona 10
  Maria Ranfinga 205
  Maria Refugio 201
  Maria Reyes 57
  Maria Rita 77
  Maria Rosa 91
  Maria Rufina 62, 77, 205, 263, 356
  Maria Santana 133
  Maria Soledad 59, 174
  Maria Teodora 154
  Maria Varvara 331
  Maria Ygnacia 25, 48, 61
  Maria Ygnes 102
  Maria Ynes 11
  Marrveto Cruz 173
  Miguel Antonio 260, 342
  Pablo 264
  Pedro 65
  Pedro Jesus 91
  Pedro Jose 20
  Ramon Vitor 280
  Telesforo Reyes 193
  Vicente Ferrer 263
  Vitor 270
MARTINES
  Anna Maria 105
  Diego Antonio 312
  Felipe Jesus 287
  Felipe Nereo 176
  Jesus Maria 17
  Jose Abran 132
  Jose Agapito 279
  Jose Antonio Maria 79
  Jose Benito 359
  Jose Bisente Ferrer 240

MARTINES (continued)
  Jose Dolores 290
  Jose Encarnacion 98
  Jose Florencio 153
  Jose Florentino 83
  Jose Manuel 128
  Jose Nasario 279
  Jose Nestor 130
  Jose Pablo 90, 215
  Jose Ramon 133
  Jose Ramos 309
  Jose Severino 300
  Jose Sotero 69
  Jose Tomas 115
  Jose Ynocencio 31
  Juan Andres 293
  Juan Bautista 247
  Juan Jesus 239, 251
  Juan Manuel 239
  Maria Alvina 191
  Maria Antonia 96, 353
  Maria Candelaria 232
  Maria Cesilia 308
  Maria Concepcion 358
  Maria Crus 44
  Maria Dolores 51, 238, 287
  Maria Encarnacion 315
  Maria Felisiana 279
  Maria Francisca 34
  Maria Geronima 254
  Maria Guadalupe 190
  Maria Jesus 288
  Maria Josefa 167
  Maria Lus 288, 325
  Maria Luz 209
  Maria Manuela 124
  Maria Margarita 164
  Maria Martina 108
  Maria Matiana 337
  Maria Micaela 301
  Maria Miquela 314
  Maria Natividad 324
  Maria Nieves 355
  Maria Pascuala 127
  Maria Paula 127, 298
  Maria Peregrina 59
  Maria Refugio 94, 288, 354
  Maria Rosalia 337
  Maria Sesilia 283
  Maria Silveria 144
  Maria Socorro 22
  Maria Soledad 65
  Maria Teofila 355
  Maria Timotea Jesus 40
  Pedro Antonio 111
MARTINEZ
  Damacio 329
  Francisco Antonio 351
  George Antonio 137

MARTINEZ (continued)
  Jose Fransisco 240
  Jose Nasario 249
  Jose San Juan 302
  Juan Cristobal 220
  Juan de Dios 317
  Juan Geronimo 186
  Juan Jesus 314
  Maria Fransisca 360
  Maria Guadalupe 134
  Maria Leonor 343
  Maria Marta 217
  Maria Nestora 222
  Maria Paula 231
  Maria Rafaela 218
MASCAREÑAS
  Antonio Jesus 173
  Antonio Jose 235
  Antonio Marcelo 268
  Francisco Antonio 30
  Jose Encarnacion Pelagio 39
  Jose Pitacio 47
  Juan Bautista 269
  Manuel Antonio 262
  Maria Candelaria 91
  Maria Dolores 349
  Maria Selestina 170
MASCAREÑES
  Severiano 303
MASON
  Jose Alejandro 75
McINTIRE
  See MEQUENTAYA
MECUCIO
  Julian 144
MEDIDA
  Maria Nestora 303
MEDINA
  See MADINA
  Ana Maria 77
  Antonio Jose 195
  Antonio Ramon 287
  Bisente Bentura 274
  Felipe Santiago 48, 347
  Francisco Andres 55
  Jesus Maria 16
  Jesus Maria Jose 232
  Jose Agapito 171
  Jose Alexandro 344
  Jose Anrrique 110
  Jose Carlos Jesus 224
  Jose Crus 97
  Jose Desiderio 93
  Jose Felipe 326
  Jose Francisco 143, 221
  Jose Jesus 137, 167
  Jose Julian 7
  Jose Leonicio 302
  Jose Lorenso 250

MEDINA (continued)
  Jose Manuel 4, 13, 26, 185
  Jose Marselo 336
  Jose Matias 199
  Jose Metro 123
  Jose Miguel 151
  Jose Rafael 166, 188, 244
  Jose Ramon 234
  Jose Roman 337
  Jose Tomas 260
  Jose Vitor 31
  Jose Ygnacio 58
  Jose Ylario 331
  Jose Ysidro 28
  Juan Bautista 66, 93, 108, 115, 282
  Juan Carmel 120
  Juan de Dios 123
  Juan Jesus 19
  Juan Jose 97
  Juan Nepomuseno 58
  Juan Rafael 76
  Juan Relles 206
  Juan Urban 212
  Juan Ygnacio 152
  Juana Crus 258
  Juana Maria 92
  Juana Natividad 115
  Juana Nicolasa 361
  Juana Ramona 67
  Juana Rosalia 299
  Manuel Antonio 281
  Maria Alta Gracia 152
  Maria Antonia 17, 58, 114
  Maria Begnigna 305
  Maria Calletana 162
  Maria Carmel 52
  Maria Catarina 189
  Maria Consepcion 226
  Maria Dolores 100, 276, 333
  Maria Estefana 81
  Maria Francisca 32
  Maria Gertrudis 202
  Maria Hermenegilda 159
  Maria Jesus 106
  Maria Josefa 81, 230, 271
  Maria Lus 276
  Maria Manuela 41, 104, 125
  Maria Marta 217
  Maria Matiana 164
  Maria Paula 299
  Maria Refugio 64
  Maria Rosa 118
  Maria Sencion 55
  Maria Trinidad 212
  Maria Ysabel 154
  Pedro Nolasco 196
  Santiago Jesus 311
  Varvara Antonia 48

MEDINA (continued)
   Vicente Ferel 67
MEGICANO
   Maria Candelaria 335
MELGADES
   Diego Antonio 173
MENAR
   Maria Benita 272
MES
   See MAES, MAEZ
   Jose Torivio 38
   Maria Estefana 257
   Maria Josefa 105
MESTAS
   Antonio Domingo 152
   Jose Alejandro 69
   Jose Atanacio 335
   Jose Francisco 7
   Jose Guadalupe 270
   Jose Marcos 207
   Jose Maria Rosario 219
   Jose Pablo 19
   Jose Rafael 117
   Jose Tomas 87
   Juan Antonio 218
   Juan de Dios 66
   Juan Jesus 32
   Juan Jose 32
   Maria Alvina 304
   Maria Aniceta 242
   Maria Barbara 28
   Maria Bentura 320
   Maria Buenaventura 320
   Maria Consepsion 220
   Maria Encarnacion 40
   Maria Esquipula 341
   Maria Eulogia 307
   Maria Francisca 116
   Maria Francisca Pauda 134
   Maria Gilomena 217
   Maria Jasinta Trenidad 320
   Maria Luz 267
   Maria Manuela 348
   Maria Nicolasa 31
   Maria Rita 361
   Maria Silveria 3
   Mariano 320
MIERA
   Jacob Luis 155
   Jesus Maria 181
   Maria Concepcion 105
MITOTE
   Maria Ysabel 98
MONDRAGON
   Antonio Aban 195
   Antonio Maria 356
   Barnardo Jesus 120
   Bartolome Jesus 183
   Francisco Antonio 291

MONDRAGON (continued)
   Jesus Maria 78
   Jose Luciano 297
   Jose Mariano 167
   Jose Rafael 256
   Jose Salvador Cruz 27
   Jose Trinidad 74
   Juan Francisco 19
   Juan Jesus 203
   Juan Lorenso 17
   Juan Nepomoceno 94
   Juana Josefa 2
   Juana Maria 179
   Manuel Sabino 263
   Marcial Refugio 47
   Maria Alvina 342
   Maria Dolores 93
   Maria Encarnacion 127
   Maria Jesus 43
   Maria Juana 7
   Maria Luteria 62
   Maria Natividad 255, 260
   Maria Rosa 145
   Pedro Nicanor 352
MONTAÑO
   Maria Antonia 109
   Maria Josefa 235
   Maria Petronila 349
   Maria Teodora 190
MONTES
   Blas 233
   Jose Manuel 156
   Maria Concepcion 87
   Maria Josefa 24, 334
MONTOLLA
   Felis 225
   Juana Maria 331
   Maria Antonia 330
   Maria Carmen 314
   Maria Dolores Cruz 313
MONTOYA
   Antonio Jose 166
   Antonio Maria 4
   Eulogio 237
   Felipe Jesus 92
   Francisco Antonio 150, 359
   Jose Antonio 356
   Jose Celso 111
   Jose Crus 310
   Jose Francisco 44, 90, 102, 237, 310
   Jose Leonicio Jesus 217
   Jose Manuel 346
   Jose Marcos 179
   Jose Melindre 359
   Jose Pablo 74
   Jose Tomas 54, 241
   Jose Ygnacio 87
   Juan 147

MONTOYA (continued)
  Juan Jesus 300
  Juan Manuel 129
  Juan Miguel 44
  Juan Nepomuseno 19
  Juan Trinidad 246
  Juan Ysidro 302
  Juana 351
  Juana Maria 249
  Juana Maria Magdalena 106
  Maria Casimira Jesus 215
  Maria Catarina 277
  Maria Dolores 342
  Maria Encarnacion 202, 269
  Maria Estefana 42
  Maria Eucevia 27
  Maria Eugenia 272
  Maria Feliciana 94
  Maria Francisca 258
  Maria Geronima 82
  Maria Josefa 38
  Maria Juana Evangelista 56
  Maria Juliana 184
  Maria Lorensa 156
  Maria Luisa 33
  Maria Magdalena 284
  Maria Paula 65, 125
  Maria Petra 247
  Maria Pilar 52
  Maria Rafaela 196
  Maria Reyes 193
  Maria Savina 181
  Maria Sencion 44
  Maria Serafina 163
  Maria Ygnacia 28
  Pedro Antonio 188
  Pedro Jose 138
MORGAN
  Jose Dabid 157
NARANJO
  Jose Rafael 357
  Juan Cruz 277
  Juan Lorenso 50
  Maria Guadalupe 112
  Maria Reyes 330
  Santiago 272
NASH
  Pedro 301
NAVARRETA
  Maria Dolores 259
NOLAN
  Fernando 280
  Juan Bautista 106
  Juan Eugenio 361
  Maria Dolores 170
  Maria Manuela 158
  Maria Trisica 170
NUANES
  Maria Tranquilina 18

OLGIN
  Maria Guadalupe 145
OLIVAS
  Maria Guadalupe Jesus 357
OLONA
  Jose 323
OLONIA
  Juan Cristoval 53
ORIAL
  Antonio Gorge 162
ORNELA
  Maria Guadalupe 311
ORTEGA
  Antonio Jose 275
  Jose Deciderio 307
  Jose Francisco 316
  Jose Gabriel 360
  Jose Manuel 192
  Juan Jose 163
  Juan Nepomuseno 197
  Maria Acencion 210
  Maria Carmel 58
  Maria Concepcion 205
  Maria Dolores 102
  Maria Eduvigen 358
  Maria Prisilina 216
  Maria Refugio 80
  Maria Ysabel 102
  Pedro Somenes 249
  Vicente 274
ORTES
  Maria Soledad 25
ORTIS
  Jose Antonio 125
  Jose Francisco 66
  Jose Santiago 248
  Juana Maria Andrea 35
  Maria Escolastica 198
  Maria Felipa 208
  Maria Gregoria 238
  Maria Paula 85
  Maria Refugio 97
  Ramon 150
  Vicente Ferrel 100
  Vicente Ferrer 100
ORTIZ
  Juana Maria 177
PACHECO
  Agapito 308
  Agustin 50
  Anna Maria 137
  Jose Deciderio 128, 301
  Jose Encarnacion 188
  Jose Francisco 27
  Jose Francizco 158
  Jose Pablo 34
  Jose Santiago 77
  Juan Rosalio 150
  Juan Rosario 219

PACHECO (continued)
  Juana Maria 242
  Juana Victoria 44
  Maria Andrea 28
  Maria Dolores 12, 17
  Maria Francisca 89, 341
  Maria Hursula 83
  Maria Lus 137
  Maria Manuela 228
  Maria Manuela Antonia 113
  Maria Martina 91
  Maria Paula 78
  Maria Refugio 35
  Maria Ygnacia 139
  Marsial 248
  Ruperto 239
  Santiago 216
PADIA
  Baltasar Reyes 297
  Florentino Esquipula 65
  Jose Lionicio 311
  Jose Santiago 77
  Jose Ylario 230
  Juan Nestor 5
  Juana Maria 86
  Maria Antonia 54
  Maria Dorotea 188
  Maria Josefa 199
  Maria Paula 126
  Maria Soledad 206
  Maria Trenidad 317
PADILLA
  Antonia Nicolasa 334
  Jose Agapito 307
  Jose Antonio 6, 265
  Jose Ginio 263
  Jose Manuel 1
  Jose Patrisio 253
  Jose Perfirio 253
  Juan Bautista 136
  Juan Crus 154
  Juan Jose 59
  Juan Luciano 211
  Juan Ysidro Candelaria 128
  Juan Ysidro Valentin 14
  Juana Maria 8
  Juana Nepomusena 279
  Maria Barvara 117
  Maria Candelaria 128
  Maria Dolores 180
  Maria Nestora 269
  Maria Rita 58
  Pedro Nolasco 164
  Peregermino Perurvo 133
PAIS
  Jose Anastacio 207
  Jose Antonio Urbano 143
  Jose Deciderio 161
  Jose Venito 202

PAIS (continued)
  Jose Ygnacio 299
  Juan Francisco 140
  Juan Manuel 262
  Maria Guadalupe 3
  Maria Lugarda 281
  Maria Luz 345
  Maria Petra 153
  Maria Sesaria 269
  Maria Ysidora 264
PANDO
  See VIALPANDO
  Francisco Antonio 78
  Jose Candelario 92
  Jose Torivio 43
  Juana Maria 108
  Maria Bacilia 108
  Maria Encarnacion 309
  Maria Guadalupe 295
  Maria Lus 191
  Maria Ysidora 340
PARRAS
  Jose Julian Bacilio 158
PARTUE
  Juan Miguel 125
PARTUÍ
  Pedro 123
PATTEON
  Manuel Antonio 157
PAYAN
  Maria Antonia 142
  Pedro Antonio 142
PEÑA
  Juan Antonio 315
PERALTA
  Pedro Antonio 109
PINEDA
  Juan Eugenio 261
PINO
  Jose Francisco 151
  Maria Filomena 249
  Maria Josefa 78
POPE
  Julian 126
QUENELO
  Jose Dolores 204
QUINEL
  Maria Virginia 343
QUINTANA
  Antonia Margarita 185
  Francisco Antonio 186, 201
  Jesus Maria 302
  Jose Andres 258
  Jose Antonio 37, 50
  Jose Francisco 154
  Jose Manuel 285
  Jose Miguel 158, 325
  Jose Ygnacio 231
  Juan Andres 289

QUINTANA (continued)
  Juan Antonio   17
  Juan Christoval   252
  Juan Cristobal   331
  Juan de Dios   165
  Juan Jesus   25
  Juan Jose   30
  Juan Lorenso   182
  Juana Maria   114
  Juana Nepomosena   178
  Juana Pomosena   178
  Manuel Jesus   358
  Maria Antonia   21
  Maria Bartola   50
  Maria Carmel   284
  Maria Eulogia   338
  Maria Josefa   109, 294
  Maria Juana   79
  Maria Lus   110
  Maria Manuela   223, 278
  Maria Petra   180
  Maria Prudencia   27
  Maria Sicilia   57
  Maria Soledad   6
  Maria Trinidad   245
  Maria Ygnacia   342
  Maria Ysabel   320
  Maria Ysidora   315
  Miguel Antonio   326
QUINTO
  Carlos   53
  Juan Bautista   158
RAEL
  Antonio Maria   178
  Francisco Antonio   324
  Jose Narsico   254
  Juan Cristobal   25
  Juan Jesus   85
  Juan Lorenso   182
  Maria Agapita   324
  Maria Carmen   216
  Maria Dominga   245
  Maria Encarnacion   327
  Maria Guadalupe   11
  Maria Josefa   63
  Maria Secilia   127
REINA
  Jose Francisco   152
  Jose Rafael   320
  Maria Marselina   116
REYNA
  Maria Brigida   3
  Maria Catarina   291
  Maria Paula   92, 219, 308
RIBERA
  See RIVERA, RUIBERA
  Fernando Antonio   212
  Jose Santiago   144
  Juan Pablo   145

RIBERA (continued)
  Maria Rita   9
  Maria Victoria   167
RIO
  Antonio Jose   307
  Jose Manuel   236
  Maria Josefa   256
  Maria Soledad   171
RIVERA
  See RIBERA, RUIBERA
  Jose Antonio   152
  Juan de Dios   270
  Maria Ascencion   178
  Maria Dolores Heustaquia   204
  Maria Gregoria   306
  Maria Ysidora   245
RODRIGES
  Jose Miguel   45
  Maria Encarnacion   340
  Maria Refugio Relles   157
  Maria Seferina   129
RODRIGUES
  Juan Jesus   219
  Juan Nepomuceno   72
  Juana Maria   237
ROLAND
  See ROLES, ROLEN
  Maria Rita   213
ROLEN
  Maria Nieves   49
ROLES
  Jose Tomas   258
  Juan Bautista   162
  Maria Rafaela   35
  Maria Rosalilla   107
ROMA
  Matias   253
ROMERO
  (n.n.)   256
  Antonio Aban   155
  Antonio Domingo   252
  Diego Antonio   43
  Felipe Jesus   138
  Francisco   103
  Francisco Antonio   6, 95, 100
  Francisco Gavier   121
  Jesus Maria   5, 323
  Jesus Maria Cruz   174
  Jose Antonio   139, 359
  Jose Candelario   92, 333
  Jose Casimir   63
  Jose Deciderio   334
  Jose Dolores   345
  Jose Epifanio   204
  Jose Florentino   237
  Jose Francisco   26, 344
  Jose Giyermo   60
  Jose Gregorio   209
  Jose Julian   194

ROMERO (continued)
  Jose Leon 68
  Jose Manuel 179
  Jose Manuel Albino 66
  Jose Marcelino 16
  Jose Maria 323
  Jose Mauricio 358
  Jose Miguel 82
  Jose Nicanor 354
  Jose Pablo 2, 20
  Jose Seberino 240
  Jose Tomas 37, 47, 227
  Jose Valentin 141
  Jose Vicente 67
  Jose Visente 99
  Jose Vitor 96
  Jose Ygnacio 24, 353
  Juan Antonio 11, 32, 34, 275
  Juan Bautista 57
  Juan Crus 272
  Juan de Dios 64
  Juan Domingo 2, 178, 346
  Juan Felipe 46
  Juan Jesus 46, 80, 221, 231, 247
  Juan Lorenso 14
  Juan Miguel 72
  Juan Pedro 194
  Juana Josefa 243
  Juana Maria 69, 109, 132, 172, 196
  Juana Paula 15
  Juana Rosalia 191
  Luis Maria 308
  Manuel Antonio 54
  Maria Albina 142
  Maria Anastasia 241
  Maria Andrea 8
  Maria Antonia 126
  Maria Candelaria 217, 333
  Maria Carmel 329
  Maria Ceferina 290
  Maria Crus 277
  Maria Decideria 31
  Maria Diduvina 261
  Maria Dolores 19, 192, 200, 224, 227, 243, 301, 318, 323
  Maria Encarnacion 17, 98, 166, 205, 273, 319
  Maria Estefana 120, 332
  Maria Feliciana 190
  Maria Felipa 103, 311
  Maria Florentina 237
  Maria Francisca 33, 266
  Maria Gregoria 294
  Maria Guadalupe 114, 122, 150
  Maria Jacinta 79
  Maria Jesus 227
  Maria Juana 51, 192, 206
  Maria Juana Catarina 76

ROMERO (continued)
  Maria Juana Luisa 20
  Maria Juliana 195
  Maria Justa 325
  Maria Lorensa 49, 137, 182
  Maria Luisa 20, 185, 204
  Maria Manuela 75, 211, 239, 348
  Maria Margarita 178
  Maria Micaela 293
  Maria Natividad 156
  Maria Nieves 81
  Maria Paubla 298
  Maria Paubla Ramona 165
  Maria Paula 100, 122
  Maria Paula Santos 53
  Maria Peregrina 107, 195
  Maria Petra 248
  Maria Rafaela 47, 100
  Maria Ramona 288
  Maria Refugio 184, 309
  Maria Rosa 219, 328
  Maria Rufina 294, 306
  Maria Rumalda 161
  Maria Santos 327
  Maria Sencion 96
  Maria Soledad 61, 112, 119, 182
  Maria Talpa 344
  Maria Tiburcia 31
  Maria Tomasa 270
  Maria Ygnacia 30, 51, 82, 229, 255, 259
  Maria Ysidora 51
  Mariano Jesus 353
  Miguel Antonio 54
  Pedro Antonio 326
  Pedro Nolasco 59
  Polonio 241
  Rafael 173
  Santiago 286
  Santiago Jesus 186
  Vuena Bentura 153
ROMO
  Jesus Maria 68
  Maria Guadalupe 329
  Maria Marselina 159
ROTURA
  Maria Dolores 12
RUBIN
  Andres 142
  Jose Francisco 40
RUDARTE
  Maria Lus 74
RUIBAL
  See RUYVAL
  Jose Esquipula 89
  Jose Roque 286
  Maria Carmel 19
  Maria Seferina Jesus 303

RUIBALI
    Juan Antonio 301
    Maria Luz 143
    Maria Natividad 228
RUIBERA
    See RIBERA, RIVERA
    Jose Julian 127
    Maria Feliciana 76
    Maria Juana 108
RUIS
    Juan Ysidro 245
RUTURA
    Jose Francisco 41
RUYVAL
    See RUIBAL
    Jose Marcelino 344
SABLET
    Jose Miguel 45
SAES
    See SAIS
    Maria Dolores 170
SAINE
    Jose Narsiso 343
SAIS
    Ana Maria 41
    Antonio Jose 189
    Jose Francisco 101
SALAS
    See SALAZ
    Antonio Maria 9
    Jose Espiritu Santo 211
SALASAR
    Antonia Maria 168
    Antonio Domingo 220
    Antonio Jesus 113
    Antonio Jose 13
    Felipe Nerio 209
    Froilan Nastor 314
    Jose Bitervo 225
    Jose Dolores 86
    Jose Jesus 336
    Jose Julian 32
    Jose Santiago 226
    Jose Sesilio 258
    Jose Vicente 40
    Juan Andres 321
    Juan Antonio 131
    Juan Cruz 174
    Juan Lorenso 217
    Juan Manuel 120
    Juan Pascual 230, 278
    Maria Barvara 274
    Maria Carmel 2
    Maria Dolores 68
    Maria Encarnacion 203
    Maria Estefana 72
    Maria Francisca 89, 158
    Maria Gertrudis 239
    Maria Gregoria 37

SALASAR (continued)
    Maria Lus 36
    Maria Manuela Santos 154
    Maria Paz 90
    Maria Sesarea 303
    Maria Teodocia 107
    Maria Ygnacia 148
    Maria Ygnes 135
    Maria Ylaria 159
    Pedro Antonio 75
    Pedro Jose 71
SALAZ
    See SALAS
    Jose Francisco 294
SALAZAR
    See ZALAZAR
    Antonio Jose 239
    Antonio Seberino 268
    Francisco Antonio 276
    Jose Andres 294
    Jose Cristoval 38
    Jose Ygnacio 355
    Juan Bautista 163
    Juan Crisostomo 38
    Luciano 141
    Maria Paula 333
    Maria Rosalia 323
    Maria Trenidad 233
    Tomas Aquino 237
SALIFU
    Juan Jesus 146
SAMBRAN
    Maria Josefa 171
    Maria Viviana 171
SAMORA
    See ZAMORA
    Jose Gracia 72
    Juana Maria 215
    Maria Agapita Jesus 317
    Maria Antonia 46
    Maria Asencion 311
    Maria Dolores 115, 290
    Maria Estefana 285
    Maria Manuela 271
    Maria Teresa 78
SAN SERMAN
    See SANSERMAN
    Jose Francisco Eugenio 23
SANCHES
    Anna Maria 286
    Antonio 302
    Antonio Domingo 250
    Antonio Jose 268
    Diego Antonio 213, 234, 267
    Felipe Jesus 112
    Jose Andres 361
    Jose Augustin 77
    Jose Candelario 232
    Jose Eliceo 332

SANCHES (continued)
  Jose Encarnasion 273
  Jose Eusevio 200
  Jose Francisco 49, 131, 132, 206
  Jose Joaquin 32
  Jose Mariano 257
  Jose Narsiso 327
  Jose Niceto 11
  Jose Pablo 298
  Jose Rafael 175
  Jose Ramon 10, 80, 300
  Jose Tomas 150
  Juan Angeles 16
  Juan Antonio 17
  Juan Candelario 232
  Juan Cristoval 49
  Juan de Dios 200
  Juan Jesus 119, 193
  Juan Jose Canuto 159
  Juan Reyes 228
  Juana Maria 208, 274
  Manuel Antonio 222
  Maria Antonia 140
  Maria Brijida 325
  Maria Candelaria 149
  Maria Catarina 190
  Maria Clara 336
  Maria Dolores 208, 313
  Maria Dorotea 197
  Maria Encarnacion 273
  Maria Estefana 336
  Maria Hipolita 59
  Maria Jesus 33
  Maria Josefa 80
  Maria Josefa Natividad 321
  Maria Juliana 316, 317
  Maria Lus 82
  Maria Manuela 134, 262
  Maria Margarita 35
  Maria Paula 109, 126
  Maria Precilina 157
  Maria Rafaela 256
  Maria Refugio 287
  Maria Rita 15
  Maria Rufina 114, 287
  Maria Salome 287
  Maria Seledad 111
  Maria Teodora 66, 141
  Maria Teresa Jesus 339
  Pedro Antonio 282
  Ricardo Jesus 170
SANCHEZ
  Jose Antonio 318
  Juan Cristobal 14
  Juan Jose Vasilio 143
  Juana Maria 184
  Maria Reyes 193
SANCHIS
  Antonio Maria 112

SANCHIS (continued)
  Jose Narciso 228
  Maria Manuela 107
  Maria Trenidad 111
SANDOBAL
  Antonio Matias 316
  Diego Antonio 270
  Felipe Santiago 313
  Manuel Antonio 15
  Maria Guadalupe 23
  Maria Rita 142
  Pedro Antonio 75
SANDOVAL
  Alejandro Jesus 291
  Anna Maria 249
  Antonio Jose 339
  Antonio Pablo 202
  Antonio Rafael 257
  Buenaventura 206
  Florentino 167
  Francisco Antonio 283
  Jesus Maria 211
  Jose Anastacio 50
  Jose Carmel 321
  Jose Cruz 110
  Jose Felis 110
  Jose Francisco 38, 300
  Jose Guadalupe 207
  Jose Julian 53
  Jose Luis 1
  Jose Luterio 235
  Jose Maria 356
  Jose Matias 304
  Jose Merced 357
  Jose Miguel Jesus 61
  Jose Santos 338
  Jose Tiburcio 11
  Jose Tomas 71
  Jose Ygnacio 212
  Juan Agapito 38
  Juan Bartolome Gabino 303
  Juan Benito 310
  Juan Crisosto 88
  Juan Cristoval 339
  Juan de Dios 238
  Juan Desiderio 88
  Juan Francisco 149
  Juan Jose 152
  Juan Maria 113
  Juana Estefana 266
  Juana Maria 147, 169, 282
  Juana Soledad 170
  Manuel Antonio 54, 216, 233
  Maria Alta Gracia 174
  Maria Andrea 334
  Maria Antonia 104
  Maria Arcadia 297
  Maria Ascencion 73
  Maria Bibiana 329

SANDOVAL (continued)
  Maria Bitoria   96
  Maria Candelaria   197
  Maria Carmel   321
  Maria Cesilia   276
  Maria Diluvina   271
  Maria Dolores   41, 71, 99
  Maria Dominga   206
  Maria Encarnacion   273
  Maria Epifania   225
  Maria Eulalia   335
  Maria Filomena   363
  Maria Gertrudis   242
  Maria Heremeregilda   241
  Maria Josefa   82, 238, 251
  Maria Justa   221, 285
  Maria Ludovina   122
  Maria Lus   143
  Maria Luz   115
  Maria Manuela   40
  Maria Manuela Jesus   326
  Maria Marta   182
  Maria Natividad   21
  Maria Nestora   346
  Maria Paula   46, 90, 232, 360
  Maria Paula Santos   53
  Maria Quirina   360
  Maria Refugio   117
  Maria Rosalia   143
  Maria Rufina   113, 164
  Maria Soledad   128, 222
  Maria Susana   211
  Maria Tomasa   339
  Maria Varbara   3
  Maria Vicenta   100
  Maria Ygnacia   136
  Pedro Antonio   149
  Pedro Martin   70
  Pedro Selestino   348
  Polonia Perfecta   41
SANSERMAN
  See SAN SERMAN
  Jose Antonio   268
  Juan Bautista   183
  Maria Dolores   99
SANTEESTEVAN
  Julian   268
SANTETE
  Jose Francisco   294
  Jose Gabriel   97
  Juan Jesus   183
  Maria Rosalia   299
SANTIESTEVAN
  Jose Deciderio   268
  Maria Dolores   240
SANTISTEBAN
  Maria Lus   82
  Simon Encarnacion   134

SANTISTEVAN
  Eusebio   305
  Jesus Maria   184
  Jose Francisco   189
  Jose Jacinto   185
  Jose Juan Nepomuceno   19
  Juan Nepomuceno   55
  Manuel Antonio   169
  Maria Agapita   139
SANTISTIVAN
  Jose Antonio   104
SARETE
  See CHARETTE
  Juan Luis   50
SEDILLO
  Juan Pedro   231
  Maria Gertrudis   209
  Maria Ygnacia   326
SEDIO
  Candelario   263
  Jose Aniseto   165
SEGURA
  Maria Francisca   198
  Maria Josefa   314
  Maria Serafina   131
  Pablo   272
SENA
  See CENA
  Jose Francisco   119
  Maria Dimas   69
SERDA
  Juan Lorenso   322
SERNA
  Antonio   236
  Jose Crus   83, 103
SERVE
  Jose Maria   34
  Maria Antonia   247
  Maria Rufina   133
SHANÁN
  Jose Manuel   186
SILVA
  Antonio Albino   224
  Jose Dolores   165
  Jose Domingo   62
  Jose Eduardo   291
  Jose Tomas   30
  Juan Vicente   275
  Maria Alento   245
  Maria Francisca   289
  Maria Luisa   22
  Maria Natibidad   123
SISNEREZ
  Maria Felipa   149
SISNEROS
  Arquilina Reyes   297
  Jose Braulo   273
  Jose Jesus   331
  Jose Santiago   234

SISNEROS (continued)
  Juan Reyes 330
  Maria Soledad 138
  Maria Vicenta 99
SMITH
  See ESMITE
SOLANO
  Antonio Luis 30
  Francisco Antonio 216
  Juan Bautista 163
SUASO
  Antonio Jesus 361
  Francisco 92
  Geronimo 151
  Jose Desiderio 344
  Jose Gregorio 328
  Jose Pantalion 78
  Jose Rafael 121, 156
  Jose Tomas 227
  Juan Andres 295
  Juan de Dios 338
  Juana Maria 31, 90
  Maria Anastacia 148
  Maria Cruz 146
  Maria Encarnacion 39
  Maria Francisca 14
  Maria Juliana 230
  Maria Manuela 213
  Maria Nestora 305
  Maria Rosa 292
  Maria Ynes 181
  Miguel Antonio 236
SUÑI
  Jose Nasario 279
  Maria Cruz 174
TABACO
  Maria Josefa 67
TAFOLLA
  Jose Antonio 21
  Jose Donaciano 353
  Jose Jacinto 218
  Juan Bautista 248
  Maria Antonia 10
  Maria Graciana 10
  Maria Lus 319
  Maria Rufina 227
  Maria Susana 348
TAFOYA
  Ana Bentura 47
  Antonio Jose 328
  Jesus Maria 129
  Jose Antonio 52
  Jose Asencion 280
  Jose Beatriz 278
  Jose Francisco 167
  Jose Guadalupe 165
  Jose Guadalupe Cruz 173
  Jose Joaquin 204
  Jose Julian 170

TAFOYA (continued)
  Jose Manuel Jesus 48
  Jose Pablo 135
  Jose Rafael 306
  Jose Sambran 67
  Jose Sisto Jesus 310
  Juan Bautista 300, 359
  Juan Jesus 119, 215
  Juan Jose 118
  Juan Martin 232
  Juan Nepomuceno 176
  Juan Pedro 26
  Juana Maria 34
  Maria Agapita 229
  Maria Altagracia 84
  Maria Alvabina 30
  Maria Alvina 30
  Maria Andrea 155
  Maria Antonia 315
  Maria Antonia Paula 65
  Maria Candelaria 270
  Maria Estefana 14
  Maria Gilomena 229
  Maria Josefa 217
  Maria Lus 63
  Maria Manuela 29
  Maria Martina 266
  Maria Natividad 186
  Maria Quirina 141
  Maria Reyes 125
  Maria Rita 167
  Maria Rosario 8
  Maria Sencion 176
  Maria Serafina 64, 340
  Maria Teresa Jesus 63
  Maria Tomasa 306
  Maria Ufemia Encarnacion 98
  Maria Ysabel 288
  Teresa Jesus 63
TAPIA
  Maria Quirina 102
TENORIO
  Antonia Margarita 140
  Jose Carlos 295
  Jose Guadalupe 122
  Maria Dodubina 45
  Maria Marcelina 159
  Pedro Antonio 74
THARP
  Juan Antonio 49
TORCATA
  See TURCATE
  Maria Ygnes 89
TORES
  Jose Dolores 99
TORRES
  Antonio Jose 40
  Jesus Maria 144
  Jose Eugenio 340

TORRES (continued)
  Jose Francisco   36, 80
  Juan Manuel   39
  Juana Cruz   305
  Maria Candelaria   305
  Maria Crus   138
  Maria Dolores   48
  Maria Gregoria   69
  Maria Josefa   65
  Maria Manuela   214
  Maria Valvaneda   130
  Teodoro   239
TORREZ
  Maria Teodora   169
TRAMEL
  Jose Julian   50
TRIDÚ
  See TRUIDU
  Maria Magdalena   18
  Maria Xasinta   199
TRIGILLO
  See TRUGILLO
  Maria Albina   235
TRUGEQUE
  See TRUJEQUE
  Juana Ramona   352
TRUGEQUES MONTOYA
  Maria Sebastiana   130
TRUGILLO
  See TRUJILLO, TRIGILLO
  Antonia Rosa   248
  Antonio Jose   321
  Antonio Maria   115
  Feliciano Teodora   121
  Francisco Antonio   177
  Fransisco Antonio   245
  Jose Albino   331
  Jose Anastacio   232
  Jose Antonio   141
  Jose Cosme   358
  Jose Damian   290
  Jose Deciderio   194
  Jose Encarnacion   273
  Jose Eugenio   308
  Jose Eusebio   270
  Jose Fernando   106
  Jose Francisco   212
  Jose Macario   237
  Jose Manuel   171, 296
  Jose Maria   24
  Jose Mariano   102
  Jose Pablo   57, 306
  Jose Rafael   286
  Jose Ramon   358
  Jose Refugio   24
  Jose Santiago   29, 290
  Jose Santos   194
  Jose Tomas   56
  Jose Vicente   1

TRUGILLO (continued)
  Jose Ycidro   294
  Jose Ysidoro   294
  Juan   35, 123
  Juan Angeles   293
  Juan Cipriano   151
  Juan Crisostomo   36
  Juan de Dios   6, 338
  Juan Eugenio   65
  Juan Jesus   88, 267
  Juan Lorenso   147
  Juana Maria   61, 123
  Lucas   292
  Maria Albina   236
  Maria Antonia   64, 278
  Maria Antonia Encarnacion   8
  Maria Antonia Leonor   213
  Maria Asencion   72
  Maria Benigna   221
  Maria Bibiana   272
  Maria Bonifacia   347
  Maria Carmel   252
  Maria Carmen   160
  Maria Clauda   302
  Maria Decideria   211
  Maria Desideria   60
  Maria Dolores   4, 101, 119, 129, 132, 186, 285
  Maria Encarnacion   203
  Maria Eulogia   201
  Maria Francisca   91, 217, 232
  Maria Gertrudis   160, 189, 355
  Maria Josefa   201
  Maria Juana   75, 106
  Maria Juana Dolores   107
  Maria Juliana   176, 234, 251
  Maria Leonicia   40
  Maria Loreta   136
  Maria Lucia   86
  Maria Lus   190, 244
  Maria Madalena   354
  Maria Manuela Ysabel   192
  Maria Marta   77
  Maria Matiana   304
  Maria Miquela Dolores   22
  Maria Nicolasa   92
  Maria Nieves   338
  Maria Pascuala   330
  Maria Paula   126, 160, 181, 336
  Maria Petra   196
  Maria Rafaela   72
  Maria Refugio   37
  Maria Rita   211, 231, 232
  Maria Rufina   234
  Maria Seferina   160
  Maria Sesaria   235
  Maria Socorro   243
  Maria Soledad   326
  Maria Teodora   107

INDEX of BAPTISMS

TRUGILLO (continued)
  Maria Tiburcia 207
  Maria Trinidad 4
  Maria Yrinea 325
  Maria Ysidora Cruz 110
  Salvador Manuel 172
  Santos Jesus 293
TRUGIO
  Jose Gracia 88
TRUIDU
  See TRIDÚ
  Lorenzo Urban 141
  Maria Margarita 64
TRUJEQUE
  See TRUGEQUE
  Eulogio 271
  Maria Dolores 68
TRUJILLO
  See TRUGILLO
  Francisco Antonio 297
  Pedro Jose 298
TURCATE
  See TORCATA
  Maria Dolores 171
URIOSTE
  Felipe Santiago 48
  Jose Francisco 10
  Jose Masedonio 300
  Juan Jesus 197
  Maria Rita 94
URIOZTE
  Antonia Margarita 147
URTADO
  See HURTADO
  Jose Alvino 306
  Jose Francisco 46, 84
  Jose Rafael 183
VALDES
  See BALDES
  Francisco Estevan 49
  Geronimo 253
  Jose Asencion 280
  Jose Francisco 211
  Jose Nestor 254
  Jose Rafael 332
  Jose Tomas 30
  Maria Agustina 184
  Maria Anastacio Rafaela 101
  Maria Antonia 134
  Maria Bonifacia 347
  Maria Carmen 190
  Maria Encarnacion 141
  Maria Erinea 200
  Maria Francisca 3, 290
  Maria Guadalupe 61
  Maria Josefa 38
  Maria Juana 357
  Maria Matea 51
  Maria Nicanora 263

VALDES (continued)
  Maria Santos 154
  Maria Sevastiana 33
  Pascual Diamarante 331
VALDEZ
  See BALDEZ
  Jose Etilano 358
  Jose Pablo 305
  Maria Casimira 269
VALENCIA
  See BALENCIA
  Jose Manuel 197
  Marcos Jesus 358
  Maria Carmel 110
VALERIO
  See BALERIO
  Juan Antonio 228
  Juan Jesus 70
  Maria Esquipula 281
VALVERDE
  See BALBERDE, BALVERDE
  Antonio Jose 37
VARELA
  See BARELA, BARRELA
  Jose Antonio 204
  Jose Damacio 259
  Juan Vital 208
  Juana Gertrudies 357
  Juana Nepomoseno 145
  Maria Manuela 157
  Maria Rafael 116
  Teresita Jesus 311
VARGAS
  See BARGAS
  Jose Crisanto 134
  Juan Andres 121
  Juan Bautista 84
  Juan Eusebio 270
  Maria Rosa 5
VASQUES
  See BASQUES
  Jose Migel 128
VAYE
  See BALLE, BAYE
  Maria Guadalupe 122
VEITA
  See BEITA, BEYTA
  Manuel Jesus 147
VELARDE
  See BELARDE
  Maria Dolores 135
VENAVIDES
  See BENABIDES
  Maria Paula 145
VERNAL
  See BERNAL
  Jose Cristoval 27
  Jose Pedro 33
  Maria Ygnacia 356

VIALPANDO
  See PANDO
  Maria Guadalupe 24
VIAN
  Jose Antonio 15
VIGIL
  See BEGIL
  Agapito Jesus 359
  Ana Maria 341
  Antonia Rosa 213
  Antonio Crus 174
  Antonio Jesus 127, 153
  Antonio Jose 38, 70, 83
  Cresencio 345
  Eulogio 6
  Feliciana 196
  Felipe Benisio 251
  Francisco Tomas 122
  Jesus Maria 283, 345
  Jose Andres 295
  Jose Anniceto 101
  Jose Antonio 149, 174
  Jose Antonio Salustiano 178
  Jose Benito 146
  Jose Dolores 266, 273
  Jose Donaciano 70
  Jose Encarnacion 340
  Jose Eologia 85
  Jose Faustin 42
  Jose Feliciano 73
  Jose Florencio 25
  Jose Francisco 9, 154, 294
  Jose Gabriel 310
  Jose Jesus 343
  Jose Manuel 110, 155, 203, 274
  Jose Mariano 170
  Jose Masedonio 252
  Jose Miguel 151, 336
  Jose Narciso 210
  Jose Norato 275
  Jose Pablo 131
  Jose Rafael 10, 42
  Jose Ramon 4
  Jose Refugio 205
  Jose Ruducindo 130
  Jose Tomas 156
  Jose Toribio 343
  Jose Urbano 245
  Jose Vernardo 25
  Jose Ygnacio 332
  Juan Bautista 79, 260
  Juan Bentura 81
  Juan Crus 8
  Juan de Dios 270
  Juan Estevan 191
  Juan Felipe Jesus 92
  Juan Jesus 24, 343
  Juan Jose 133, 238
  Juan Lorenso 355

VIGIL (continued)
  Juan Maria 337
  Juan Pablo 58
  Juan Reyes 1
  Juan Ygnacio 31
  Juana Maria 265, 341
  Manuel Antonio 56, 247
  Marcos 312
  Margarita 303
  Maria 361
  Maria Acencion 147
  Maria Agapita 255, 334
  Maria Albina 187
  Maria Alta Gracia 74
  Maria Alvina 56
  Maria Angeles 111
  Maria Anna Cleta 216
  Maria Antonia 108, 176
  Maria Asencion 315
  Maria Barbara 256
  Maria Carmen 215
  Maria Catarina 225
  Maria Concepcion 137
  Maria Crus 71, 73
  Maria Deduvina 40
  Maria Dolores 11, 99, 108, 148, 214
  Maria Encarnacion 324
  Maria Estefana 205
  Maria Feliciana 316
  Maria Francisca 153, 289, 341
  Maria Gertrudis 239
  Maria Gilome 187
  Maria Guadalupe 133, 191, 204, 259
  Maria Hermenegilda 205
  Maria Josefa 201
  Maria Juana 228
  Maria Juliana 2, 47
  Maria Lus 79, 153
  Maria Lus Agapita 250
  Maria Luz 173
  Maria Magdalena 40
  Maria Manuela 57
  Maria Matiana 304
  Maria Miquelita 254
  Maria Nattividad 123
  Maria Nicolasa 151
  Maria Palua 98
  Maria Paubla 231
  Maria Paula 98
  Maria Ramo 334
  Maria Ramona Asencion 121
  Maria Reyes 88
  Maria Rita 272, 287
  Maria Rufina 98
  Maria Rumalda 202
  Maria Soledad 103
  Maria Teresa Jesus 292

VIGIL (continued)
    Maria Timotea Dolores   265
    Maria Tomasa   166
    Maria Varbara   340
    Maria Yginia   275
    Maria Ysidora   72
    Nicanor   210
    Pedro Antonio   117, 282, 292
    Sebastian   159
VIYANUEVA
    Maria Espirito Santo   140
VISONET
    See BISONETE
VOLESQUIL
    Jose Guillermo   98
VUILSE
    Maria Fransisca   284
VUSTOS
    See BUSTOS
    Maria Rosalia   95
WEAVER
    See GUIVAR
WALDO
    Jose David   142
    Juana Ysabel   317
    Lorenso   152
WORKMAN
    Jose Julian   45
XARAMILLO
    See JARAMILLO
    Jose Luciano   122
    Jose Ramon Jesus   347
    Juana Maria   328
    Miguel Ramon   328
XARAMIO
    See JARAMIO
    Juana Secilia   161
YAQUISON
    Santiago   126
YARAT
    Jose Francisco   56
    Jose Jesus   146
    Maria Ascencion   210
YON
    Joaquin   139
YUL
    See DECLUED
    Jose Polonio   93
ZALAZAR
    See SALAZAR
    Juan Matias   164
    Juana Maria Trinidad   352
ZAMORA
    See SAMORA
    Maria Agapita   357
    Policarpio   195

INDEX of PARENTS in TAOS BAPTISMS, VOLUME II

It is important to look for alternate spellings of both surnames and given names. Names may appear more than one time on a page. Many names were abbreviated in the original records. They have been spelled out in this index. For the most part, prepositions have not been included in this index, but if they were present in the original record, they will be found in the manuscript.

ABILA
  See AVILA
  Anastacio 2
  Bicente 299
  Diego 301
  Juan Reyes 155
  Juana 341
  Juliana 282
  Maria Bibiana 206
  Maria Biviana 120
  Maria Dolores 14, 66, 129, 198, 291
  Maria Josefa 110
  Maria Juliana 327
  Maria Lus 35, 57
  Maria Luz 213, 296
  Maria Manuela 63, 168, 310
  Maria Serafina 123, 193, 314
  Maria Ursula 187
  Nerio 132, 210, 352
  Serafina 202
  Viviana 16, 299

AGILAR
  Diego 315
  Francisco 222
  Maria Gertrudis 230
  Maria Manuela 339
  Maria Sencion 333
  Salvador 155

AGUILAR
  Antonio 196
  Antonio Jose 324
  Diego 233
  Francisco 134, 139
  Jose 171
  Juan 34, 94, 324
  Maria Gertrudis 79, 115
  Maria Juliana 181
  Maria Manuela 60, 112, 166
  Patricio 150, 225, 299
  Salvador 25
  Ygnacio 105

ALARID
  Jose Maria 132
  Jose Ygnacio 29
  Quiteria 198, 272

ALEN
  Justo 44
  Casmi 44

ALERI
  Luciana 53

ALIRE
  Ana Maria 341
  Anamaria 148, 244
  Gertrudis 322
  Jose Manuel 161, 318
  Josefa 225
  Juan 360
  Juan Lorenso 67, 215
  Juana 225
  Juana Catarina 52, 131, 338
  Juana Gertrudis 8, 78
  Manuel Antonio 115, 230
  Maria Catalina 247
  Maria Gertrudis 150
  Maria Josefa 155, 317

ALIRES
  Juan Cristoval 229

ALIRI
  Juan Ygnacio 70

ALLEN
  See ALEN

ANALLA
  Salvador 214

ANDRADA
  Pablo 243

ANDRÉS
  Abraham 53

ANGULAR
  Jose 247

APODACA
  See HOPADACA
  Diego 93, 174, 202, 248, 314, 339
  Dolores 329
  Francisco 64, 193, 313
  Hermenegilda 183
  Jose Francisco 68
  Juan 319
  Juan Pablo 13
  Juana 68
  Marcos 266, 339
  Maria Candelaria 90, 167, 221, 342
  Maria Diega 30
  Maria Dolores 138, 260
  Maria Guadalupe 232
  Maria Juana Fernanda 130
  Maria Merexilda 38

APODACA (continued)
  Maria Natibidad 284
  Maria Natividad 150
  Maria Rosario 304
  Maria Trinidad 85
  Meregilda 119
  Nicolas Marcos 120

ARAGON
  Antonio 38, 327
  Diego 124
  Felipa 363
  Felipe 355
  Jose 175, 242, 322
  Jose Antonio 20, 201, 282, 333
  Jose Maria 22
  Jose Rafael 272
  Juan 190, 347
  Juan Antonio 103, 197, 266
  Juana Maria 57, 124, 190
  Margarita 148, 205
  Maria Francisca 308
  Maria Juana 23, 257
  Maria Manuela 214, 288
  Maria Margarita 272, 336
  Maria Rita 3, 70
  Maria Rosa 283, 327
  Maria Soledad 176
  Maria Tomasa 268
  Maria Ygnacia 107, 208, 279
  Maria Ysabel 81
  Pedro 330
  Soledad 295

ARAGONA
  Juana 327

ARCENÓ
  See ARSENÓ, ARSOMO, ARSONO

ARCHULETA
  See HARCHULETA
  Ana Maria 15, 82, 156, 297
  Anamaria 200
  Anastacio 117
  Antonio 249
  Antonio Jose 76, 160, 256
  Diego 52, 139, 230, 355
  Faustin 46
  Francisco 226
  Hermeregildo 17
  Hicidro 32
  Hisidro 246
  Jesus 29, 153
  Jose Antonio 209, 252
  Jose Francisco 75, 146, 323
  Jose Miguel 84, 128, 218
  Jose Norato 48
  Jose Pablo 61, 262
  Jose Ramon 360
  Juan 182, 292, 352
  Juan Jesus 243

ARCHULETA (continued)
  Juana 93, 172, 264, 274, 309, 341
  Juana Maria 296
  Juana Rafaela 130
  Manuel 237
  Manuela 344
  Marcos 8, 206
  Marcus 97
  Maria Antonia 88, 183
  Maria Dolores 54, 175, 233, 324
  Maria Francisca 33, 338
  Maria Gertrudis 27
  Maria Jesus 313
  Maria Josefa 28, 114, 162
  Maria Juana 4, 167
  Maria Manuela 42, 55, 289
  Maria Miquela 173
  Maria Paula 331
  Maria Rafaela 69, 212, 277
  Maria Ramona 68, 146, 230
  Maria Rosa 2, 71
  Maria Sencion 285
  Maria Ygnacia 22, 87, 185, 243, 314, 316
  Maria Ygnes 51, 99, 189
  Micaela 39
  Miguel 195
  Miquaela 262
  Norato 189, 283
  Pablo 89
  Pedro Asencio 11, 62
  Rafael 220
  Ramon 363
  Ramona 306
  Teodora 320
  Ysidro 116

ARELLANA
  See ARRELLANA
  Dolores 253

ARELLANO
  See ARRELLANA
  Domingo 48, 144, 216, 297
  Dorotea 198
  Geronimo 318
  Jose 40, 119, 187, 337
  Jose Geronimo 262
  Jose Maria 327
  Juana 29, 174, 238
  Manuel 226, 298
  Maria Dolores 218, 348
  Maria Dorotea 71, 267
  Maria Josefa 278
  Maria Juana 297
  Maria Rosa 2
  Maria Soledad 169
  Mariano 331
  Ramon 74
  Ysidro 92

AREYANO
　Jose　255
　Juan　201
　Maria Juana　55
　Ramon　136
ARGUELLO
　See ARRGUELLO
　Antonio　273
　Felipe　321
　Francisco　62, 138, 193
　Jose Pablo　73
　Jose Ygnacio　261
　Juan　105, 349
　Juan Crisobal　135
　Juan Francisco　320
　Maria Andrea　332
　Maria Dolores　102
　Miguel　309
　Pablo　298
　Ramon　23
　Silvestre　318
ARGUEO
　Miguel　332
ARMENTA
　Agustina　240, 329
　Ana Maria　74, 136
　Atanacia　291
　Juan Ygnacio　313
　Juan Ygnasio　223
　Maria Agustina　133
　Maria Atanacia　151, 221, 360
　Maria Augustina　15, 71, 96
　Maria Dolores　67, 168, 204, 284
　Maria Guadalupe　29
　Maria Josefa　203
　Maria Manuela　81
　Maria Tanacia　30
　Mariano　183, 260
　Ygnacio　45, 86, 164
ARMENTO
　Maria Dolores　130
ARMIJO
　Antonio Jose　197
　Dolores　81
　Jose Miguel　224, 330
　Josefa　237
　Manuel　32
　Maria Dolores　224, 317
　Maria Estefana　316
　Maria Marselina　178
　Maria Paula　170, 206
　Maria Ysabel　195
　Mariano　249, 319
　Miguel　300
　Noverto　209
　Paula　268
　Tomas　20, 131, 193

ARRELLANA
　See ARELLANO, ARELLANA, AREYANO
　Maria Soledad　203
ARRGUELLO
　See ARGUELLO, ARGUEO
　Manuel Antonio　363
ARRIETA
　Anna Maria　47, 82
ARSE
　Maria Carmel　327
ARSENÓ
　Miguel　72
ARSOMO
　Miguel　177
ARSONO
　Miguel　112
ATENCIA
　Maria Carmel　145
ATENCIO
　See ATERCIO
　Antonia　47
　Carmel　234
　Juan Antonio　55, 136, 255
　Maria Concepcion　90
　Maria Consaucion　73
　Maria Consepcion　177
　Maria Consepsion　282
　Maria Encarnacion　26, 311
　Maria Lus　289
　Pedro　216
ATENSIO
　Maria Carmel　354
ATERCIO
　See ATENCIO
　Encarnacion　129
AVILA
　See ABILA
　Maria　308
　Maria Lus　115
BACA
　See VACA
　(n.n.)　123
　Anna Maria　242
　Antonia　335
　Antonio　296
　Dolores　338
　Jose Antonio　219
　Jose Manuel　103, 139, 357
　Jose Miguel　316, 354
　Juan Miguel　227, 315
　Maria Antonia　203
　Maria Dolores　255, 256
　Maria Luisa　11
　Maria Rafaela　9, 68, 158
　Maria Rita　96
　Maria Rosalia　102
　Maria Salome　296
　Maria Simona　276, 354
　Maria Soledad　32, 190, 262, 336

BACA (continued)
  Maria Ygnacia 37, 86, 232
  Pablo 105
  Salome 224
  Ygnacia 37
BACHICHA
  Pedro 234
  Pedro Ygnacio 145
BACHICHO
  Pedro 354
BAHAN
  Nance 144
BALBERDE
  See VALVERDE, BALVERDE, BARBERDE
  Visente 223
BALDES
  See VALDES
  Antonio 145
  Barbara 227, 287
  Bentura 316
  Buenaventura 107, 246
  Cruz 271
  Felipe 280
  Francisco 41
  Geronimo 310
  Guadalupe 99, 330
  Jose Maria 344
  Jose Ygnacio 87, 254, 328
  Juan 62, 138
  Juan Antonio 78
  Juan Jesus 352
  Manuel Guadalupe 106
  Maria Barbara 89
  Maria Barvaro 158
  Maria Carmel 88, 281
  Maria Crus 335
  Maria Dolores 23, 75, 125, 135, 171
  Maria Encarnacion 108
  Maria Francisca 323
  Maria Guadalupe 356
  Maria Luz 239
  Maria Paula 117
  Maria Polonia 327
  Maria Varvara 203
  Mariano 289
  Miguel 291
  Nicolas 312
  Pedro 52
  Ramon 304
  Rosa 215
  Ventura 175
  Ygnacio 188
BALDEZ
  See VALDEZ
  Ramon 262
BALDEZA
  Maria Fabiana 271

BALDONADO
  See VALDONADO, MALDONADO
  Antonio Jose 108
  Maria Dolores 9
  Maria Juana 338
  Maria Paula 28
  Mariano 296
  Paula 186
BALENCIA
  See VALENCIA
  Miguel 81
BALERIA
  See VALERIA
  Maria Carmel 98
BALERIO
  See VALERIO
  Felipe 129
  Maria Guadalupe 80, 339
  Maria Jesus 75
  Maria Rosalia 215
  Rosalia 54
BALLEGOS
  See VALLEGOS
  Antonio Jose 293
BALLEJOS
  See VALLEJOS, BAYEJOS
  Francisco 358
  Juan 218, 316
  Maria Dolores 34, 83, 341
  Maria Guadalupe 214, 274, 334
  Maria Ysabel 331
  Miguel 81, 279
  Miguel Antonio 359
  Muiguel 285
  Rafael Teodoro 107, 249
  Santiago 338
BALVERDE
  See VALVERDE, BALBERDE, BARBERDE
  Vicente 79
BARANCA
  See BARRANCA
  Gertrudis 243
  Maria Jetrudis 159
BARBERDE
  See BALBERDE
  Vicente 170
BARCELON
  Trinida 146
BARELA
  See VARELA, BARRELA
  Antonia 39
  Candelario 70
  Faustina 286
  Jose Antonio 24, 111
  Jose Candelario 29, 222, 290
  Jose Francisco 63
  Juan 22, 112
  Juana 249, 315
  Juana Nepomosena 233

BARELA (continued)
  Julian 143
  Manuel 223, 353
  Margarita 343
  Maria 30
  Maria Antonia 241
  Maria Dolores 74, 295, 301
  Maria Eugenia 307
  Maria Faustina 111
  Maria Gertrudis 105
  Maria Gregoria 29
  Maria Jesus 100, 130
  Maria Josefa 114
  Maria Juliana 108
  Maria Manuela 261
  Maria Margarita 35, 94
  Maria Paula 132, 201
  Maria Teodora 56, 99, 203, 307
  Miguel 19, 278
  Paula 64
  Sipriano 107, 279
  Ygnacia 16
  Ylario 203
BARGAS
  See VARGAS
  Agustin 257, 301
  Antonio 18
  Juan 59, 186, 292
  Maria Francisca 82, 194, 281
  Maria Lus 230
  Maria Rita 12, 222, 318
  Pablo 70, 224
  Rafael 139
  Rita 243
  Roumaldo 226
  Rumaldo 57
BARRANCA
  See BARANCA
  Maria Gertrudis 81
BARRELA
  See BARELA, VARELA
  Jose Antonio 302
BARRERAS
  Juan Jose 67
BASQUES
  See VASQUES
  Juan Jose 18, 134, 219, 312
  Maria Crus 62
  Maria Dolores 11
  Maria Encarnacion 340
  Maria Jertrudis 128
  Maria Josefa 78
  Maria Juliana 93
  Maria Manuela 200, 280
BAYEJOS
  See BALLEJOS, VALLEJOS
  Maria Dolores 172

BEAUBIEN
  See BEUBIEN
  Carlos 75, 265
  Carlos Hypolito 26
BEIDLER
  Jacob 157
BEITA
  See BEYTA, VEITA
  Carmel 355
  Diego 7, 112
  Jose Gabriel 73
  Jose Maria 86
  Maria Antonia 63, 121
  Maria Guadalupe 61, 89
  Maria Paula 245
  Rumaldo 241
BEJIL
  See VEGIL
  Ana Maria 309
BELARDE
  See VELARDE
  Juan 96, 233
  Juan Pablo 192
  Maria Lus 250
BELASQUES
  Antonio 355
  Juan Antonio 136
  Maria Asension 255
  Reyes 175
BENABIDES
  See VENAVIDES
  Estevan 224
  Juan Esteban 296
  Juan Estevan 77
  Juan Nepomuseno 279
BENAVIDES
  See VENAVIDES
  Maria Dolores 264
BERNAL
  See VERNAL
  Agustin 28
  Juan 286
  Juan Agustin 226
  Maria 248, 312
  Maria Encarnacion 17, 32, 83, 246
  Maria Gertrudis 77
  Maria Jesus 347
BERNAND
  Jose Santos 276
BEUBIEN
  See BEAUBIEN
  Carlos Ypolito 204
BEYTA
  See BEITA, VEITA
  Diego 194
  Jose Gabriel 226
  Jose Maria 179
  Maria Antonia 155, 325, 326

BEYTA (continued)
    Maria Dolores 174
    Maria Paula 312
    Ricardo 280
BIALPANDO
    See PANDO, VIALPANDO
    Maria Antonia 75, 226
    Maria Juana 338
    Maria Manuela 48
BIANUEVA
    See VIYANUEVA
    Luis 284
BIGIL
    See VIGIL
    Manuela 321
    Maria Rosa 103, 349
BISONETE
    Jose 181
BLANCHARD
    See BRACHAL
BLANCO
    Anriques Alari 207
    Alari 273
BLEA
    Clara 219
    Encarnacion 201
    Maria Encarnacion 55
    Maria Encarnasion 248
    Maria Lus 84
    Maria Pascuala 55, 123
    Maria Rafaela 262
    Maria Rosario 10, 61
    Maria Serafina 261
    Rosalia 114
BLELLA
    Maria Serafina 322
BOGGS
    Andres 9
BOREGO
    Calistro Antonio 169
BORREGO
    Antonio Jose 214
    Calisto 239, 271, 303
    Dolores 344
    Francisco 52, 178, 275
    Jose Calistro 101
    Maria Paula 259
    Maria Reyes 118, 173
BRACHAL
    Antonio 214
BRACHI
    See BRANCH
    Juan Jesus 121
BRANCH
    Juan Jesus 121
    Pedro 46
BRANCHE
    Jose Jesus 280
    Juan Jesus 88

BRANCHI
    See BRANCH
    Jose Jesus 208, 332
BRASAL
    Antonio 84
BRIJALVA
    See GRIJALVA, GRAJALBA
    Maria Gertrudis 155
BRITO
    Maria Dolores 57, 252, 290
    Maria Guadalupe 21
    Maria Micaela 37, 71, 141
    Maria Miquela 322
    Maria Ygnacia 291
    Miguela 219
BRUCE
    Maria Tomasa 40
BRUNAL
    Antonio 135
BUENA
    Maria Francisca 265
BUENO
    Antonio 186
    Francisca 165
    Jesus 336
    Juan 331
    Juan Antonio 143, 180, 224, 305
    Juan Manuel 43
    Maria 89
    Maria Manuela 30, 91, 170, 235,
        303, 349
    Pedro 179, 256, 346
BULORESA
    Maria Juana 263
BURROLA
    Maria Antonia 323
BUSTOS
    Francisco 117, 188, 267, 348
    Maria Manuela 198
    Maria Rafaela 326
BUTIERES
    See GUTIERES
    Antonio 323
    Polonia 315
BUTIERRES
    See GUTIERRES
    Maria Varvara 126
BUTIERREZ
    Trenidad 147
CALDERON
    Fernanda 309
CAMBEL
    Ricardo 54, 148, 200, 262
CAMPOS
    Anna Maria 174
CANDELARIA
    Leonicia 323
    Maria 329
    Maria Gertrudis 133, 230

CANDELARIA (continued)
    Maria Lionisa 190
    Maria Ygnes 192
    Ygnacio 291
    Ynes 96
CANDELARIO
    Ana Maria 68, 253
    Anna Maria 159
    Julian 25, 113, 200, 304
    Leonicia 270
    Maria Gertrudis 43
    Maria Paula 47
    Maria Ygnes 192
    Ygnacio 177
CAQUINDO
    Santiago 130
CARDENAS
    Buenaventura 315
    Francisco 69, 220, 346
    Jose Visente 251
    Maria Carmel 36, 273
    Maria Carmen 90
    Maria Rosario 200, 281, 336
    Ramon 28, 105, 183, 291
CARRIA
    Maria Dolores 190
CARRIO
    Jose 91
    Maria Dolores 146
CASADO
    Meregilda 148
CASADOS
    Gertrudis 29
    Jose Crabil 297
    Jose Gabriel 15, 82, 156
    Jose Grabiel 200
    Juana Gertrudis 153
    Maria 137
    Maria Jesus 27, 194, 213
CASIAS
    Bartolome 294
    Casimiro 292
    Juana Paula 190
    Miquela 3
    Pedro 274
CASILLA
    Jose Antonio 132
CASILLAS
    Andres 359
    Cristoval 7
    Manuela 132
    Maria Francisca 38
    Maria Luz 143
    Vartolo 26
CASILLAZ
    Pedro Antonio 172
CASILLOS
    Encarnacion 204

CASTELLANO
    Ylario 18, 235, 311
CASTEYANO
    Ylario 185
    Ylario Dolores 122
CENA
    See SENA
    Francisco 152
    Juana Maria 140, 267
CERNA
    See SERNA
    Maria Encarnacion 277
CHABES
    See CHAVES, CHAVEZ, CHAVIS
    Blas 354
    Maria Concepcion 347
    Maria Consepcion 315
    Maria Dorotea 178
    Maria Francisca 84
    Maria Ygnasia 237
CHACON
    Barbara 224
    Barvara 330
    Damacio 160
    Francisco 129, 311
    Francisco Antonio 26
    Juana Maria 15
    Maria Barbara 300
    Maria Ines 96
    Maria Juana 116
    Maria Luz 253
    Maria Ygnes 233
    Pablo 214
    Rufina 212
CHARETTE
    See SARETE
CHARIFU
    Pedro 190
CHAUBELON
    Juan 42, 93, 214
CHAVES
    See CHABES
    Antonio 356
    Antonio Jose 114, 181, 322
    Blas 45, 83, 241
    Concepcion 16
    Eusebio 173, 244, 285
    Felipe 258, 334
    Francisco 198
    Gabriel 56
    Grabiel 101
    Guadalupe 81, 82, 154, 336
    Jose 83, 217
    Jose Francisco 47
    Jose Gabriel 163, 191, 242, 346
    Jose Grabiel 104, 253
    Jose Loreto 54
    Jose Maria 28, 162
    Jose Pablo 69, 130, 212

CHAVES (continued)
  Juan Antonio 21
  Juan Cristoval 352
  Leonicia 222
  Lorenza 344
  Loreto 15
  Luis 43
  Maria 136, 237
  Maria Anna 126
  Maria Antonia 20, 103, 133
  Maria Candelaria 196, 296
  Maria Clara 227
  Maria Concepcion 21, 67, 83, 164, 186
  Maria Consepcion 129, 328
  Maria Consepsion 248
  Maria Dorotea 81
  Maria Encarnacion 35, 202, 329
  Maria Francisca 169
  Maria Gertrudis 279
  Maria Guadalupe 151, 223, 240, 305
  Maria Lus 157, 291
  Maria Manuela 58, 68
  Maria Relles 101, 169
  Maria Reyes 34, 271
  Maria Soledad 114
  Maria Susana 293, 359
  Maria Tereza 339
  Maria Viviana 306
  Maria Ygnacia 31, 92, 147, 191, 212, 270, 355
  Maria Ygnasia 237
  Maria Ygnes 19
  Marinacia 137
  Miguel 357
  Reyes 239, 303
  San Juan 63, 168, 310
  Serafina 238
  Soledad 32, 153, 252, 327
CHAVEZ
  Jose Pablo 277
CHININÍ
  Jose Santos 184
CHIRINA
  Pedro 93, 163, 254
CHIRINO
  Pedro 36
COCA
  Andres 360
  Catarina 240
  Cornelio 104, 253, 356
  Dolores 117
  Jose Maria 236
  Jose Reyes 51, 100, 176, 264
  Jose Ysidro 8
  Juan 262
  Juan Cristoval 14
  Juna 213

COCA (continued)
  Manuela 171
  Maria Antonia 45, 122
  Maria Catalina 104
  Maria Catarina 139, 185, 305
  Maria Dolores 1, 53, 211, 273, 348
  Maria Dominga 34, 133, 247
  Maria Francisca 138
  Maria Manuela 65, 221
  Tomas 62, 213
  Ysidro 73
CONCHA
  Francisca 245
  Josefa 85
  Juan Domingo 289, 361
  Juana Paula 295
  Lorenso 274
  Maria Antonia 340
CONN
  Samuel 231
CONOLE
  Pedro 3
CONQUEN
  Ranchel 139
CONTRERAS
  Juliana 10, 38, 71, 294
COOK
  Maria Lus 45
COPA
  Juan Manuel 44
COPAS
  Juan Manuel 114
CORDOBA
  Bitoriana 115
  Dolores 291
  Domingo 90
  Francisco 39, 69, 80
  Francisco Antonio 16
  Francisco Estevan 58, 131
  Gregorio 43, 106
  Jose Manuel 90
  Juan 35
  Juan Antonio 5
  Juan Felipe 80
  Juan Jesus 37, 71
  Juana 291
  Lorenso 33
  Manuel 5, 179
  Maria 57
  Maria Carmel 170
  Maria Catarina 22, 101
  Maria Crus 80, 163
  Maria Dolores 8, 11, 85, 93, 106, 182, 189, 203, 245, 306, 307, 354
  Maria Encarnacion 81, 149
  Maria Guadalupe 18, 199
  Maria Lus 35, 57, 118

CORDOBA (continued)
  Maria Pascuala 18, 312
  Maria Paula 172
  Maria Rafaela 152
  Maria Reyes 35
  Maria Rosa 95, 187, 316
  Maria Rufina 169
  Maria Victoria 210
  Maria Victoriana 41, 293
  Maria Ygnacia 5, 70, 270
  Miguel 62, 101
  Paula 242
  Policarpio 26, 109
  Rafael 161, 205, 256
  Rafaela 83
  Raimundo 33
  Reymundo 94, 251
  Rosalia 171
  Serafin 109, 288
  Tomas 29, 174, 297
  Varvara 22
  Venancio 142, 320
CORDOVA
  See GORDOVA
  (n.n.) 128
  Domingo 177, 282
  Francisco 120, 144, 168, 254,
    312, 319, 339
  Francisco Antonio 105
  Francisco Estevan 277
  Fransisco 244
  Gregorio 186
  Jose 209
  Jose Dolores 109
  Jose Fransisco 223
  Jose Manuel 121, 198
  Jose Rafael 246
  Juan 219, 322
  Juan Jesus 141, 283
  Juana 199
  Juana Maria 28
  Manuel 27, 110, 225, 317
  Manuela 88
  Maria Antonia 128
  Maria Barbara 104, 177
  Maria Catarina 176, 251
  Maria Crus 33
  Maria Dolores 23, 46, 196, 263,
    272
  Maria Encarnacion 341
  Maria Guadalupe 141
  Maria Josefa 340
  Maria Juana 116
  Maria Lus 83
  Maria Luz 198, 219, 274, 352
  Maria Micaela 104
  Maria Miquaela 163
  Maria Pascuala 134
  Maria Paula 314

CORDOVA (continued)
  Maria Reyes 242
  Maria Rosa 266
  Maria Teresa 247, 296
  Maria Tereza 118
  Maria Ygnacia 134, 224
  Maria Ysabel 21, 142, 321
  Maria Ysavel 271
  Mariana 187, 249
  Miguel 250, 337
  Miquela 242
  Pascuala 219
  Paula 20
  Polo 287
  Rafael 181, 250, 301, 325
  Reimundo 340
  Reymundo 181
  Rufina 271
  Santiago 356
  Tomas 55, 238
CORRALES
  Ylario 187
CORTES
  (n.n.) 310
  Ana Maria 51
  Anna Maria 126, 214
  Antonio 223, 271
  Bautista 32, 105
  Buenaventura 290
  Domingo 84, 194
  Francisca 155
  Francisco 30, 81, 151, 221, 291,
    360
  Jose Manuel 20, 53, 145, 226,
    313
  Jose Mariano 259
  Jose Miguel 26
  Josefa 287
  Maria Crus 53
  Maria Cruz 143
  Maria Francisca 25, 54
  Maria Hisabel 356
  Maria Juliana 163, 213, 360
  Maria Luz 260
  Maria Manuela 246, 249
  Maria Rosa 85
  Maria Rosario 257, 346
  Maria Ygnacia 12
  Maria Ysabel 10, 153, 220, 325
  Mariano 311
  Pablo 41, 118, 283, 322
  Paulin 60
  Rosa 203
  Venito 333
  Ygnacia 106, 244
  Ysabel 70, 282
CORTEZ
  Candelaria 282
  Maria Juliana 286

CORTEZ (continued)
  Maria Luz   345
CRESPIN
  Jose   1, 65
  Maria Manuela   130
CRESPINO
  Jose   258
CRISPIN
  Jose Acencion   148
CRUS
  Agustin   20, 172, 314
  Antonio   78, 133
  Consepsion   282
  Dolores   33
  Domingo Jesus   54
  Felipe   97, 164, 256
  Francisco   37, 47, 203, 303
  Jose   48, 89, 94, 205
  Jose Antonio   309
  Jose Crus   16, 49, 159
  Jose Eugenio   263
  Jose Francisco   59
  Jose Vicente   91
  Juan Jesus   78
  Juan Jose   85
  Lorensa   248
  Manuel   64
  Manuela   56
  Maria Antonia   52, 114, 164, 226
  Maria Concepcion   72
  Maria Dolores   111
  Maria Encarnacion   116
  Maria Felipa   51
  Maria Josefa   45
  Maria Manuela   305, 326
  Maria Paula   36
  Mariano   41, 210, 293
  Miguel   137
  Salvador   195, 289
  Vicente   175, 309
  Ysidro   89
CRUZ
  Agustin   242
  Antonio   213, 286
  Blas   238
  Eugenio   338
  Felipe   233, 312, 351
  Francisco   112
  Jose   235, 295
  Jose Francisco   137
  Juan Bautista   144
  Juan Jose   122, 215
  Manuel   106, 319
  Manuel Anastacio   175
  Maria Concepcion   178
  Maria Encarnacion   360
  Maria Josefa   129
  Maria Luz   310, 361
  Maria Manuela   14, 192, 265

CRUZ (continued)
  Maria Paula   223
  Maria Soledad   109
  Maria Teodora   243
  Mariano   115
  Paula   353
  Polonia   242
  Teodora   293
  Xabier   344
CRUZ SANDOVAL
  Maria Lus   163
DAVID
  Jacob   144
DECLUED
  Francisco Julio   174
DELGADO
  Deciderio   338
  Desiderio   256
  Juan Antonio   48
  Juana Rosalia   142, 224
  Maria Anastacia   160, 210, 250, 336
  Maria Carmel   98, 206, 262
  Maria Carmen   129
DERERA
  See HERRERA
  Maria Candelaria   94
DEVENS
  Agustin   53
DOMINGO
  Juan   76
DOMINGUES
  Jose Ramon   289, 327
DURAN
  Agustin   42, 127
  Andrea   186
  Antonia   160, 178
  Antonia Rosalia   176
  Antonio   112, 335
  Bentura   1, 124, 337
  Bernardo   346
  Candelaria   266, 340
  Catarina   208
  Cristobal   59, 313
  Cristoval   21
  Dolores   272, 278, 340
  Domingo   64, 150, 240
  Francisco   8, 22, 78, 89, 150, 163, 213, 225, 237, 286
  Gregorio   4, 44, 104, 163, 236, 316
  Jose Dolores   343
  Jose Francisco   56, 99, 198, 203, 307
  Jose Miguel   189, 228, 266
  Jose Rafael   160, 296
  Juan Carmel   111, 170, 225
  Juan Carmen   329
  Juan Cristoval   99

DURAN (continued)
  Juan Francisco 23, 106
  Juan Jesus 125, 177, 254, 321
  Juan Nepomuceno 136
  Juan Nepomuseno 34
  Juan Pablo 135
  Juan Pomoseno 148
  Juana Josefa 252
  Juana Paula 73
  Julian 307
  Lorensa 17, 291
  Lucia 320
  Maria Anamaria 236
  Maria Antonia 50, 79, 99, 210, 248, 295, 298
  Maria Candelaria 8, 64
  Maria Carmel 75
  Maria Carmen 240
  Maria Catarina 293
  Maria Dolores 14, 61, 80, 100, 125, 143, 164, 188, 211, 246, 254, 331
  Maria Gertrudis 57, 104, 260, 342
  Maria Josefa 358
  Maria Lorensa 145, 357
  Maria Lorenza 356
  Maria Luz 110, 344, 359
  Maria Manuela 161
  Maria Reyes 3
  Maria Rosalia 47, 280
  Maria Teodora 173, 235, 298
  Maria Ygnacia 69, 88, 133, 228, 257, 259, 333
  Maria Ysabel 283
  Mauricio 29, 114
  Nepomoseno 252
  Nepomuseno 347
  Nerio 175, 233, 324
  Pablo 39, 162, 234, 323
  Pedro 41, 54, 124, 216, 287, 357
  Pomuceno 57
  Rafael 81, 149, 264, 321
  Teodora 118
  Ventura 42, 229
  Vernardo 4, 44
  Vicente 13, 87, 157, 361
  Visente 282
  Ysidro 323
DURANA
  Juaquina 223
EDUARES
  Maria 49
ERON
  Tomas 162
ERRERA
  See HERRERA, DERERA
  Andres 86
  Francisco 327

ERRERA (continued)
  Jose Migel 318
  Maria Crus 236
  Maria Dolores 276
  Maria Jusefa 227
  Maria Rosario 243
ESCALANTE
  Marcelino 242
ESCORT
  Maria 46
ESMITE
  Cristoval 45
ESPIAR
  Maria 130
ESPINOSA
  Candelaria 63
  Cristoval 261
  Diego 146
  Felipe 36, 42, 118, 173, 235, 243, 298
  Gabriela 15
  Hermenegilda 87
  Jose Maria 348
  Jose Rafael 30, 86
  Juan 76, 169, 207
  Juan Nepomuceno 322
  Juan Ygnacio 165
  Lorensa 227
  Maria 36, 225, 303
  Maria Carmen 182
  Maria Encarnacion 150, 225, 247, 299
  Maria Gabriela 54
  Maria Jesus 138
  Maria Josefa 59
  Maria Juana 245
  Maria Lorensa 29, 328
  Maria Luisa 201
  Maria Manuela 34, 72, 98, 215
  Maria Ygnacia 143
  Miguel 91
  Rafael 258, 314
  Ramon 296
  Santiago 12, 63, 120, 202, 300
ESPINOZA
  Juan 342, 353
ESQUIBEL
  Ana Maria 241
  Antonio 207
  Antonio Jose 286
  Eusevio 72
  Jesus 281
  Jose Manuel 260
  Jose Rafael 325
  Juan Jesus 206
  Maria Candelaria 74, 125, 217
  Matias 152
ESQUIVEL
  Antonio Jose 154, 352

ESQUIVEL (continued)
   Candelaria 44, 351
   Maria 319
   Maria Teresa 166
   Matias 83
ESTENTES
   Susana 157
ESTRADA
   Maria Refujio 261
FERNANDES
   Ana Maria 116
   Anna Maria 166
   Antonio 94
   Antonio Jose 33, 208
   Bicente 114
   Biviana 325
   Clemente 159
   Dolores 282
   Jesus 84, 169
   Jose Antonio 89, 168, 244
   Juan 121
   Juan Lorenso 201, 314
   Juan Manuel 31, 108, 180, 327
   Manuel 11, 46, 100, 196, 311
   Maria Ageda 7
   Maria Agreda 182
   Maria Carmel 313
   Maria Clara 4, 44, 104, 163, 236
   Maria Cruz 144
   Maria Dolores 201, 324, 333
   Maria Jesus 58, 80, 283
   Maria Josefa 72, 115
   Maria Lus 116
   Maria Manuela 38, 79, 103, 197, 266
   Maria Rita 310
   Maria Vibiana 248
   Maria Viviana 8, 66
   Maria Ysabel 36, 80
   Santiago 52, 95, 166, 290
   Visente 249
   Viviana 126, 209
FERNANDEZ
   Antonio Jose 293
   Juan Manuel 241
   Maria Clara 316
   Santiago 234
FERSQUES
   See FRESQUES
   Maria Gracia 316
FICHA
   Gillelmo 144
FINAELI
   Margarita 109
FLORERES
   Manuela 74
FLORES
   Maria Manuela 140
   Martin 67

FOLES
   Benjamin 157
FRAMEL
   Julian 169
FRESQUES
   See FERSQUES
   Juan Antonio 329
   Juana Rita 303
FRESQUIS
   Antonio 4, 75, 125, 187, 282
   Bartolome 310
   Domingo 159
   Gracia 210
   Juan Antonio 25, 168
   Juan Bartolo 223
   Juan Bartolome 163
   Juana 134, 222
   Juana Rita 180, 345
   Maria Antonia 247
   Maria Dolores 110
   Maria Estefana 302
   Maria Gracia 58, 102
   Matiana 228
   Pedro 253
FRESQUIZ
   Maria Dolores 32
FULTON
   Sarat 168
GABALDON
   See GAVALDON
   Dolores 204
   Jose Manuel 27, 60, 221, 342
   Maria Dolores 25, 66, 168, 329
   Maria Rosa 356
   Maria Sension 274
   Maria Ysabel 39
   Maria Dolores 168
   Ysabel 126
GABALDONA
   Maria Dolores 251
GABILAN
   Benito 329
   Francisca 226
   Juan Jesus 123
   Manuela 117
   Maria Antonia 330
   Maria Francisca 356
GALBIS
   See GALVIS
   Maria Juana 239
GALLEGO
   Anastacio 264
   Bicente 125
   Felipe 332
   Jacinto 11
   Jose Gabriel 354
   Juan 224
   Manuel 218, 253
   Manuela 237

GALLEGO (continued)
  Maria Catalina 250
  Maria Catarina 62
  Maria Pabla 87
  Maria Paula 248
  Vicente 187
  Vitor 115

GALLEGOS
  Felipe 5, 69, 211
  Felipe Jesus 136
  Francisco 127
  Gabriel 302
  Gregoria 224
  Jacinto 179
  Jasinto 52, 106, 277
  Jesus Maria 246
  Jose Benito 180
  Jose Gabriel 123, 276
  Jose Leonicio 330
  Jose Leonisio 259
  Jose Vicente 183
  Juan 296
  Juana Paula 330
  Leonicio 217
  Luis 20, 101, 170, 234
  Lus 78
  Manuel 348
  Maria Catarina 58, 101, 127, 337
  Maria Dolores 249
  Maria Francisca 211, 269, 311
  Maria Juana 158
  Maria Juliana 38, 96, 164
  Maria Manuela 138
  Maria Rafaela 177
  Maria Teodora 355
  Pedro 29, 227, 328
  Pedro Antonio 257, 259, 322
  Rafaela 291
  Venito 12, 98, 289
  Vicente 274
  Vitor 297

GALVES
  Maria Juana 61

GALVIS
  See GALBIS
  Maria Josefa 198
  Maria Natividad 118, 285

GANSAL
  Carlos 7

GARCIA
  See GARCILLA, GARSIA
  Ana Maria 25, 61
  Anna Maria 113, 210
  Annamaria 352
  Antonio 70, 130, 198, 272, 336
  Antonio Jose 82, 154, 240
  Bibiana 348
  Carmel 318
  Danislado 55

GARCIA (continued)
  Deciderio 59, 92, 189
  Desiderio 276, 326
  Encarnacion 284, 335
  Estefana 199
  Felipe 329
  Fernando 91, 306
  Francisca 333
  Francisco 81, 151, 223, 305
  Gertrudis 254
  Jabier 4
  Joaquin 172, 241, 328
  Jose Antonio 1
  Jose Deciderio 128
  Jose Encarnacion 202
  Jose Jesus 94
  Jose Manuel 96, 110, 211
  Jose Miguel 328
  Josefa 119, 283
  Juan 251, 353
  Juan Antonio 3, 66, 204, 251
  Juan Eusebio 346
  Juan Jose 132, 304
  Juan Pablo 71, 96, 240, 329
  Juan Ygnacio 169, 203
  Juana 70, 211, 301
  Juana Maria 217
  Manuel 167, 200, 258, 323
  Margarita 198
  Maria 149, 303
  Maria Albina 230
  Maria Alvina 152
  Maria Antonia 18, 109, 235
  Maria Bartola 329
  Maria Beatris 136
  Maria Carmel 117, 177, 206, 312
  Maria Crus 107
  Maria Diluvina 301
  Maria Dolores 199
  Maria Dominga 315
  Maria Encarnacion 31, 189
  Maria Estefana 252, 315, 353
  Maria Francisca 24, 85, 88, 103, 158, 164
  Maria Gracia 97, 262, 304, 347
  Maria Josefa 40, 211, 299, 328, 357
  Maria Juana 294
  Maria Lucaria 43
  Maria Luisa 119, 193
  Maria Lus 8, 363
  Maria Luysa 273
  Maria Manuela 49, 60, 135
  Maria Martina 290, 358
  Maria Micaela 180
  Maria Miquela 12
  Maria Natividad 66
  Maria Rafaela 141
  Maria Tomasa 92

GARCIA (continued)
  Maria Trinidad 304
  Maria Viatris 55
  Maria Viviana 145
  Mateo 330
  Matias 53, 172, 283
  Micaela 98
  Migel 119
  Miguel 3, 65, 66, 158, 283
  Miqueala 289
  Pablo 15
  Pedro 124, 343
  Rafaela 52
  Siriaco 341
  Trinidad 257
  Vicente 18, 105
GARCILLA
  See GARCIA, GARSIA
  Ana Maria 132
  Gabier 59
  Josefa 187
  Juan Pablo 133
  Miguel 187
GARDUÑO
  Juana 239
  Maria Juana 299
  Miguel 171, 352
GARSIA
  See GARCIA, GARCILLA
  Dominga 227
  Josefa 241
  Maria Fransisca 236
  Maria Lus 223
GAUNA
  Jose 85
GAVALDON
  See GABALDON
  Jose Manuel 167
GERRERO
  See GUERRERO
  Juan Jesus 77
  Juan Teodoro 66
  Maria Dolores 312
  Santiago 188
GILLEN
  See GUILLEN
  Bartolome 323
  Juan Pedro 39
  Maria Santos 214
GOMES
  Antonio 5, 108, 166, 285
  Catalina 248
  Catarina 177
  Francisco 9, 110, 126, 199, 204, 279, 357
  Francisco Estevan 324
  Jose Miguel 359
  Juan 15, 208, 267, 345
  Juan Jesus 60, 124, 310

GOMES (continued)
  Maria Carmel 58, 131, 223
  Maria Dolores 58, 326
  Maria Francisca 19
  Maria Josefa 269
  Maria Manuela 143, 228, 345, 361
  Maria Paula 81, 166, 285
  Maria Rosa 64, 193, 313
  Maria Soledad 13, 31, 188, 209, 337
  Miguel 162, 293
  Pedro 12
  Soledad 93, 258, 276
GON
  See GONT
  Julian 13, 79, 149, 295
GONSALES
  See GONSELES
  Albina 307
  Ana Maria 7
  Anna Maria 112
  Antonia 135
  Antonio 36, 90, 183, 273
  Baltasar 250
  Biterbo 175
  Carmel 301
  Catarina 97, 351
  Concepcion 321
  Concicion 133
  Consepsion 230
  Cristobal 23, 84, 307
  Dolores 286
  Encarnacion 338
  Eologio 85
  Eulogio 156, 251
  Francisco 36, 37, 120, 156, 165, 208, 233, 308, 360
  Geronimo 119, 183, 284
  Gregorio 75
  Guadalupe 280
  Joaquin 21, 308, 351
  Jose 129, 194, 289, 357
  Jose Alta Gracia 229, 360
  Jose Antonio 3, 225, 284
  Jose Francisco 315
  Jose Gracia 322
  Jose Guadalupe 150, 191
  Jose Maria 44
  Jose Pantaleon 197
  Jose Rafael 21, 232
  Jose Ygnacio 271, 318
  Josefa 318
  Juan 147, 351
  Juana 51, 86, 126, 171, 312
  Juana Maria 39, 255, 330
  Juana Pomusena 13
  Juaquin 134
  Lorensa 74
  Magdalena 280

GONSALES (continued)
  Margarita 358
  Maria 11, 236, 306, 307
  Maria Angeles 100, 266
  Maria Antonia 11, 52, 84, 106,
    179, 218, 260, 277, 319
  Maria Barbara 82, 140, 317
  Maria Carmel 225, 228, 245
  Maria Carmen 76, 144, 152
  Maria Catarina 164, 256
  Maria Crus 97
  Maria Dolores 30, 55, 60, 68,
    74, 96, 98, 134, 136, 139, 169,
    211, 235, 268, 321, 331
  Maria Estefana 33, 94, 181, 340,
    346
  Maria Francisca 19, 78
  Maria Gertrudis 113
  Maria Jesus 205, 238, 310
  Maria Josefa 12, 41, 132, 236,
    304, 305, 326
  Maria Lus 17, 42, 48, 57, 189,
    258
  Maria Luz 192
  Maria Magdalena 154
  Maria Manuela 259
  Maria Micaela 109
  Maria Miquela 4
  Maria Paula 105, 308, 337
  Maria Reyes 9, 165
  Maria Rita 202, 284, 335
  Maria Rosa 24, 231
  Maria Varbara 222
  Maria Ygnacia 110, 188
  Maria Ysidora 76, 128
  Matias 42, 55
  Nepomusena 206
  Pantalion 279
  Pedro 221
  Rafael 48
  Ramon 99, 160, 236, 295, 340
  Salvador 85, 186
  Segundo 12
  Venito 288
  Vitervo 46, 105
  Ygnacia 77, 165
  Ygnacio 74, 172, 281, 358
  Ysidora 249
GONSALEZ
  Jose Baltazar 302
  Jose Ygnacio 194
  Maria Catarina 312
GONSELES
  See GONSALES
  Josefa 181
GONT
  See GON
  Julian 221

GONZALES
  Anamaria 194
  Jose 278
  Jose Deciderio 341
  Juana Catarina 233
  Maria Angela 318
  Maria Dolores 265
  Maria Luz 117
  Maria Miquela 26
  Maria Ygnacia 269, 346
GONZALEZ
  Juan 27
  Maria Antonia 10
  Maria Estefana 251
  Ramon 50
GORDON
  See GONT, GON
GORDOVA
  See CORDOVA
  Maria Guadalupe 64
GORULÉ
  See GURULE
  Lorenso 103
GRAHAM
  See GREGAM
GRÉ
  Maria 353
GREEN
  Julian 148
GREGAM
  Jose Manuel 332
GREMS
  Juan 109
GRIEGA
  Anna Maria 200
  Maria Manuela 178
GRIEGO
  Blas 14, 63, 135
  Jose 76
  Manuel 180
  Maria Dolores 146
  Maria Querina 224
  Maria Quirina 143, 305
  Maria Rafaela 263, 338
GRIGALBA
  See GRIJALBA
  Maria Rosa 148
GRIGALDOS
  Maria Rosa 54
GRIJALBA
  See GRIGALBA
  Maria Gertrudis 93
  Maria Rosa 200, 262
GRIJALVA
  See BRIJALVA
  Maria Gertrudis 32
GRIÑE
  Jose 33
  Manuel 335

GRIÑE (continued)
   Miguel 151, 236
GUAMACA
   Secilia 183
GUARÁ
   Carlos 29, 96, 173, 243, 345
GUERRERO
   See GERRERO
   Francisca 28
GUIBAR
   See GUIVAR
   Paulin 207
GUILLEN
   See GILLEN, GUIYEN
   Blas 132
   Encarnacion 266
   Lasaro 67, 149, 220
   Nacerena 231
GUIRINE
   Miguel 299
GUIVAR
   See GUIBAR
   Venito 183
GUIYEN
   See GILLEN, GUILLEN
   Juan Pedro 113
GURULE
   See GORULÉ
   Felipe 126
   Juan Nepomuseno 348
   Juana 207
   Lorenso 24, 85, 164, 333
   Maria Gertrudis 321
   Maria Paula 178, 258, 302
GURULED
   Lorenso 236
GURVAS
   Paulin 264
GUTIERAES
   Barbara 80
GUTIERES
   See BUTIERES
   Antonio 229
   Maria Rosa 343
   Polonia 260
   Trenidad 296
GUTIERRES
   See BUTIERRES
   Ana Maria 97
   Antonio 202
   Antonio Aban 317
   Barvara 298
   Francisco 282, 344
   Francisco Antonio 268
   Jose 118
   Juan Francisco 58
   Maria Barbara 268
   Maria Dolores 100
   Maria Rafaela 220

GUTIERRES (continued)
   Maria Rosa 296
   Maria Trinidad 219
   Varbara Antonia 35
   Varvara 208
HALIDAY
   Maria J. 53
HAMMONS
   Carlos 184
HAPODACA
   See APODACA
   Hermeregilda 284
HARAISTER
   Generico 144
   Leran 144
HARCHULETA
   See ARCHULETA
   Maria Rosa 107
HERERA
   See DERERA
   Antonia Margarita 163
HERRERA
   See ERRERA
   Ana Ventura 69
   Andres 197
   Anna Bentura 136
   Anna Ventura 211
   Antonia Margarita 360
   Antonio 191
   Antonio Maria 261
   Candelaria 263, 352
   Cristobal 244
   Cristoval 37, 95, 164
   Dolores 355
   Francisco 281
   Jose 269, 314, 358
   Jose Miguel 222
   Jose Tomas Aquino 138
   Josefa 278
   Juan 6
   Juan Andres 2, 284
   Juan Antonio 264, 300, 351
   Juan Cristobal 322
   Juan Cristoval 261
   Juan Pedro 96
   Juana Antonia 2
   Marcos 222, 348
   Margarita 275
   Maria Bentura 332
   Maria Candelaria 36, 127
   Maria Carmel 110, 201, 273, 358
   Maria Dolores 37, 90, 159, 239
   Maria Jesus 306
   Maria Manuela 14, 344
   Maria Miquela 116
   Maria Paula 115
   Maria Rosario 79, 156
   Maria Soledad 43
   Nicolas 21, 53

HERRERA (continued)
   Pablo 6
   Pedro 104, 178, 214, 309
   Ricardo 161, 267, 312
   Tomas 246, 315
HIGGINS
   Juan 141
HOLCOMBE
   Sara 148
HOPKINS
   Elena 9
HURTADO
   See URTADO
   Juana Josefa 144
   Manuel 47, 276
   Maria Francisca 355
JAMNES
   Tomas 247
JAQUES
   Maria Ysabel 285
JARAMILLO
   See XARAMILLO
   Andrea 343
   Jose Sebastian 84
   Josefa 65
   Juan Felipe 106
   Maria Manuela 263
   Maria Soledad 135
   Maria Tomasa 291
   Maria Ygnacia 295, 334
   Mariano 22, 101, 199
   Sebastian 161, 263
JARAMIO
   See XARAMIO
   Juan Felipe 12
JAUQUE
   Magdalena 157
JOHNSON
   Rachael 184
JUISLE
   Ysabel 45
JUNA
   Joaquin 204
LABADIA
   Maria Andrea 6
LABÉ
   Pedro 218, 337
LACROIS
   Juan Bautista 353
LAFAR
   Jose Benito 95
LAFEBRE
   Manuel 47, 100, 134, 201, 266
LAFORE
   Francisco 67, 130, 284
LALANDA
   Maria Candelaria 343
   Maria Dolores 106, 280, 361
   Maria Josefa 74, 172, 281, 358

LALANDA (continued)
   Maria Rita 252
LALANGO
   Maria Ygnacia 357
LAMEDA
   Domingo 351
LAMELAS
   Domingo 213, 277
LAMORÉ
   Luiz 252
LAMORI
   Amable 158
   Amador 68
LAMORIS
   Amador 9
LANFOR
   Julian 301
LANGLORE
   Juan 168
LANGRUE
   Pedro 208
LANGUE
   Pedro 104
LARRAÑAGA
   Maria Petra 244, 281, 359
LASO
   Maria Dominga 56
   Maria Soledad 221
   Pablo 46, 87
LEAL
   See LIAL
   Benito 309
   Francisco 36, 285
   Jose 25
   Manuel 119, 232, 300
   Maria Alvina 330
   Maria Guadalupe 40
   Maria Serafina 216
   Pedro 43, 86, 313
   Pedro Nolasco 228
   Rafael 31, 95
   Venito 250
   Ygnacia 342
LECLIET
   Amable 187
LEDÚ
   Abrahan 10
   Abran 95
   Antonio 275
LEDUD
   Abran 175
LEE
   Estevan Luis 101
LEIVA
   See LEYBA, LEYVA
   Culas 255
   Encarnacion 310
   Juan Jose 255
   Maria Culasa 46

LEIVA (continued)
  Maria Nicolasa 94
  Venito 188
LEON
  Francisco 45
  Maria Ygnes 286, 325
  Miguel Antonio 140
LEROUS
  Antonio 253
LEVÍ
  Simon 296
LEYBA
  See LEIVA, LEYVA
  Maria Juana Catarina 92
LEYVA
  See LEIVA, LEYBA
  Jose Benito 295
  Juan Cruz 337
  Juan Domingo 276
  Maria Felipa 348
  Maria Lus 302
  Reyes 325
  Venito 235
LIAL
  See LEAL
  Francisco 118
  Maria Guadalupe 214
  Maria Ynes 168
  Pedro Nolasco 153
  Rafael 95, 180, 259
  Serafina 163
LIDÚ
  Antonio 38
LILUD
  Abraan 266
LION
  Maria Teresa 158
LISTON
  Juana Maria 257
LOBATO
  See LOVATO
  Juana Catarina 316
  Maria Guadalupe 316
  Maria Josefa 199
  Maria Juana 337
  Maria Manuela 91, 111
  Maria Paula 265
  Mateo 347
LODU
  Antonio 102
LOMA
  Antonio 318
  Jose Domingo 199
  Juan Antonio 56
  Juan Domingo 28
  Maria Francisca 308
  Maria Josefa 171, 274
  Maria Juana 39
  Matiana 123

LOMA (continued)
  Miguel 231
  Rafaela 221
  Ramon 26, 109
LONT
  Mariana 45
LONTÉ
  Agustin Geronimo 85
  Geronimo 184
LONTES
  Geronimo 354
LONTIN
  Geronimo 257
LOPES
  Antonio 63, 131, 190, 265
  Benito 359
  Concepcion 227
  Cristoval 16
  Felipa 338
  Juan 97, 212, 355
  Juan Bautista 190, 229
  Juana Soledad 33
  Maria Antonia 285
  Maria Bartola 17
  Maria Carmel 118, 229
  Maria Crus 185
  Maria Guadalupe 207, 273
  Maria Jesus 41, 148, 199
  Maria Josefa 73
  Maria Juana Soledad 111
  Maria Lus 31, 117
  Maria Luz 322, 341
  Maria Marta 120, 339
  Maria Teodora 47, 100, 134, 201, 266
  Maria Trinidad 248
  Maria Ysidora 180, 342
  Marta 266
  Ysidora 93, 114, 174, 339
LOPEZ
  Antonio 346
  Maria Antonia 233
  Maria Luz 218
LOREN
  Juan 162
  Maria 162
LOREUS
  Antonio 319
LOVATO
  See LOBATO
  Agustin 112, 166
  Augustin 60
  Buenaventura 307
  Dolores 62
  Francisco Antonio 233, 285
  Francisco Xabier 63
  Francisco Xavier 155, 326
  Jose 286
  Juan 275

LOVATO (continued)
  Juan Jose 35, 94, 156
  Juan Manuel 138
  Juana 121, 226, 271, 352
  Juana Catarina 30, 107, 175, 246
  Juana Maria 57
  Luciana 63, 346
  Lusiana 277
  Magdalena 58
  Marcelo 82, 184, 288
  Margarita 25, 185
  Maria Antonia 247, 294
  Maria Concepcion 320
  Maria Dolores 13, 118, 193
  Maria Guadalupe 354
  Maria Josefa 22, 101
  Maria Juana 185
  Maria Luciana 20, 141, 194
  Maria Luz 117
  Maria Manuela 34, 189, 298
  Maria Monica 191
  Maria Paula 26, 75, 204, 261
  Maria Petrona 113
  Maria Soledad 64, 150, 240, 332
  Maria Ygnacia 20
  Mateo 2, 39, 103, 135, 199, 267
  Ysabel 294, 347
LUCERO
  See LUSERO
  Antonio 85, 203, 278, 344
  Antonio Jose 23, 80, 135, 138,
    165, 188, 288, 319
  Antonio Maria 145
  Domingo 177
  Felipe 210
  Guadalupe 71
  Jose 132, 201, 261
  Jose Francisco 13, 16, 64, 187
  Jose Manuel 88, 158, 264
  Jose Maria 87, 185, 243, 316
  Jose Rafael 222, 312, 333
  Josefa 178, 206, 344
  Juan Antonio 22, 104, 177
  Juan Domingo 55
  Juan Jose 102, 175
  Juana Francisca 135
  Juana Maria 13, 149, 221, 304
  Lorenso 341
  Lorenzo 117, 342
  Manuel 6, 60, 119, 177, 278, 304
  Margarita 158, 293
  Maria 295
  Maria Antonia 47, 87, 112, 203,
    303
  Maria Carmel 326
  Maria Catarina 180
  Maria Dolores 35
  Maria Gertrudes 292
  Maria Guadalupe 8, 148

LUCERO (continued)
  Maria Josefa 24, 91, 111, 122,
    174, 204, 292, 302
  Maria Juana 79
  Maria Lus 19, 82, 90, 130, 184,
    215, 288
  Maria Luz 31, 330
  Maria Margarita 3, 66
  Maria Polonia 38, 39, 102, 105,
    275, 277
  Maria Refugio 257
  Maria Rita 112
  Maria Soledad 5, 10, 46, 66,
    122, 129, 297
  Maria Teodora 52
  Maria Ygnacia 2, 37, 95, 104,
    164, 185, 244, 246, 301, 303,
    353
  Pablo 24, 281, 359
  Pedro 104, 116, 308, 356
  Pedro Jose 57
  Pedro Ygnacio 55, 146
  Soledad 17, 202, 298
  Teodora 178
  Tomasa 322
  Ygnacio 23, 306, 332
LUCEROS
  Jose Maria 254
LUGAN
  Encarnacion 108
  Juan 5
LUJAN
  Antonio 217
  Antonio Jose 19
  Benito 289
  Bernardo 352
  Dolores 276
  Guadalupe 358
  Jose Manuel 167, 205, 257, 308,
    318
  Juan 135, 303, 326
  Juan Antonio 161
  Juan Domingo 73
  Juan Jesus 345
  Juan Lorenso 337
  Juan Manuel 86
  Juan Nepomoseno 265
  Juan Nepomuseno 60, 192
  Juana 221
  Maria Encarnacion 241
  Maria Guadalupe 27, 278
  Maria Josefa 190, 269, 335
  Maria Lus 255
  Maria Nieves 301
  Maria Paula 21
  Maria Ysabel 290
  Venito 196, 245, 336
  Vicente 95, 219
  Ygnacia 46, 268

LUNA
  Felisiana 257
  Jose Rafael 127
  Maria Antonia 89
  Maria Dolores 7
  Maria Josefa 42
  Maria Paula 88, 121, 208, 280, 332

LUSERO
  See LUCERO
  Antonio Jose 227, 251
  Guadalupe 240
  Manuel 235
  Maria Antonia 257
  Maria Josefa 101, 275
  Maria Lus 76
  Maria Teodora 275
  Maria Ygnasia 231
  Pablo 244
  Pedro 240
  Rafael 277
  Soledad 232

MADINA
  See MEDINA
  Antonio 143

MADRID
  Antonio 265
  Estefana 303
  Francisco 195, 295
  Guadalupe 272
  Jose Antonio 206, 262, 319
  Jose Cristoval 116
  Juan 277, 335
  Juan Andres 198, 267
  Juan Antonio 268
  Juan Nepomoseno 335
  Juan Reyes 72
  Juan Sebastian 286
  Juana 250
  Maria Estefana 296
  Maria Monica 274
  Maria Paula 343
  Miguel 267
  Necolaz 271
  Ramona 299
  Visente 261

MADRIL
  Antonio 89, 165
  Antonio Jose 242
  Cristobal 114, 166
  Cristoval 61
  Culas 34
  Encarnacion 319
  Francisco 21, 74, 155
  Jose 156
  Jose Antonio 98, 129
  Jose Cristoval 334
  Jose Encarnasion 241
  Jose Maria 33, 80, 163

MADRIL (continued)
  Juan 38, 50, 103, 124, 157, 178, 205
  Juan Andres 71
  Juan Reyes 18
  Juana Maria 258
  Maria Estefana 111, 151, 225
  Maria Jesus 54, 136, 154
  Maria Juana 179
  Maria Paula 126, 160, 196
  Maria Ramona 161, 207
  Maria Tomasa 71
  Miguel 62, 140
  Necolas 345
  Nicolas 74, 172

MAES
  See MAEZ, MES
  Alejandro 117
  Ana Maria 33
  Benito 269
  Encarnacion 14
  Felipe Nerio 244, 324
  Francisco Antonio 346
  Gerbacio 317
  Jose Maria 87, 155, 253
  Jose Rafael 51, 126, 214
  Manuel Antonio 322
  Marcelina 249
  Maria Antonia 15
  Maria Dolores 195
  Maria Encarnacion 135
  Maria Guadalupe 142, 320
  Maria Luisa 130, 287
  Maria Paula 51
  Maria Polonia 53, 104
  Maria Soledad 140, 341
  Maria Trinidad 28
  Maria Viviana 150
  Matiana 51
  Miguel 21, 41, 68, 148, 199, 200, 336
  Paulin 102
  Pedro Luis 140, 220
  Pedro Luiz 313
  Polonia 249
  Rumalda 240
  San Juan 56, 168, 176, 246
  Trenidad 244
  Venito 180

MAESE
  Jose Rafael 246
  Jose Venito 354
  Juan Jose 238
  Maria Ynes 360
  Miguel 116
  San Juan 356

MAESTAS
  See MESTAS
  Maria Manuela 173

MAEZ
  See MAES, MES
  Miguel 281
  Paulin 16
MAIQUE
  Patricio 139
MALDONADO
  See BALDONADO, VALDONADO
  Maria Encarnacion 195, 308
  Maria Paula 124, 300
MANCHEGO
  Maria Crus 272, 314
  Maria Cruz 198
  Maria Rafaela 226
MANSANARES
  Encarnacion 180
  Maria Angela 72
  Maria Estefana 329
  Maria Serafina 62
  Matias 16, 68
  Serafina 161, 246
MARABAL
  See MIRABAL
  Maria Benita 90
MARES
  Gaspar 83, 118, 198, 274
  Jose Gaspar 35
  Juan 13, 86, 171, 255
  Juan Jesus 330
  Maria Biviana 315
  Maria Florentina 337
  Maria Josefa 125, 195, 260, 336
  Maria Soledad 245
  Maria Viviana 85, 133
MARITINES
  See MARTINES
  Maria Agueda 345
MARQUES
  Jose Tomas 120, 185, 268
  Juan 259
  Luis Maria 125
  Maria Dolores 230, 303
  Maria Lus 36, 165
  Maria Luz 233, 315
  Maria Teodora 93
  Rafael 12, 64, 168, 313
  Roumaldo 179, 209
  Rumaldo 76, 142, 283, 339
  Soledad 56
MARQUEZ
  Jose Tomas 317
MARTIN
  Agustin 2
  Andrea 337
  Anna Maria 179
  Antonio 7, 14, 48, 57, 120, 131,
    154, 195, 199, 201, 280
  Antonio Aban 114
  Barbara 146

MARTIN (continued)
  Casimiro 207, 263
  Catarina 203
  Crus 10
  Cruz 356
  Culas 270
  Diego 305
  Dolores 83
  Encarnacion 258, 287
  Esquipulo 196
  Eusebio 215
  Felipe 50, 98, 212, 299
  Francisco 9, 52, 70, 131, 179,
    245, 260, 263, 312, 338, 342
  Geronimo 269
  Gertrudis 71, 209
  Guadalupe 86, 134
  Jose 12, 28, 149, 189, 196, 270,
    320
  Jose Antonio 252
  Jose Crus 35
  Jose Cruz 277
  Jose Esquipula 293
  Jose Eusevio 60
  Jose Francisco 10, 220
  Jose Gregorio 71, 182
  Jose Manuel 23, 57, 73, 124,
    125, 199, 231, 241, 257, 327,
    335
  Jose Maria 262
  Jose Miguel 27, 154, 342
  Jose Romano 20, 133
  Josefa 24, 92, 221, 336
  Juan 71, 292, 325, 333, 340
  Juan Antonio 14, 80, 97, 246
  Juan Carmen 88
  Juan Domingo 51, 173, 292, 363
  Juan Estevan 228
  Juan Jesus 16, 164, 347
  Juan Jose 56
  Juan Julian 22, 62, 97, 171,
    240, 298
  Juan Lorenso 18, 77
  Juan Manuel 222, 238, 320
  Juan Reyes 127, 208
  Juan Salvador 7, 181
  Juan Ygnacio 59, 91, 218
  Juana 161, 182, 186, 201, 205,
    277, 335
  Juana Maria 49, 220, 231, 318
  Juana Rafaela 202
  Juliana 64, 175
  Lorenso 122
  Lorinso 172
  Lucia 219
  Manuel 11, 68, 174, 265, 282,
    331
  Manuel Antonio 79, 356
  Manuela 6

MARTIN (continued)
  Marcelino 189
  Margarita 41, 56, 105, 210, 356
  Maria 9, 86
  Maria Altagracia 179
  Maria Andrea 255
  Maria Asusana 60
  Maria Barbara 70
  Maria Barvara 25
  Maria Casilda 59, 218
  Maria Catarina 83, 273
  Maria Compcion 269
  Maria Concepcion 40, 60, 119
  Maria Crus 110, 131, 231
  Maria Cruz 294
  Maria Dolores 45, 76, 85,
    120-122, 147, 160, 194, 202,
    207, 215, 228, 238, 271, 281,
    309, 354
  Maria Encarnacion 49, 98, 124,
    132, 206, 213, 281, 299
  Maria Felipe 67
  Maria Francisca 68
  Maria Gertrudis 30, 39, 162,
    175, 186, 218, 359
  Maria Gregoria 145, 218
  Maria Guadalupe 141, 164, 229,
    319, 351
  Maria Ja 111
  Maria Jesus 1, 42, 44, 124, 229
  Maria Josefa 22, 41, 89, 167,
    237, 238
  Maria Juana 279, 292, 318
  Maria Juanica 356
  Maria Juliana 106
  Maria Lucia 320
  Maria Lus 25, 31, 69, 274
  Maria Luz 170, 187, 266, 275
  Maria Manuela 42, 59, 63, 92,
    120, 121, 128, 189, 202, 208,
    214, 233/234, 276, 333
  Maria Mariana 105
  Maria Miquela 9
  Maria Nepomosena 339
  Maria Petra 330
  Maria Polonia 166
  Maria Rafaela 73, 153
  Maria Refugio 139, 246
  Maria Reyes 303
  Maria Rosa 5, 31, 34, 68, 285
  Maria Rosalia 6
  Maria Salome 275
  Maria Sencion 11, 43, 100, 124
  Maria Soledad 123
  Maria Susana 27
  Maria Tomasa 284/285
  Maria Trenidad 12
  Maria Varvara 127
  Maria Venita 61, 207

MARTIN (continued)
  Maria Ygnacia 3, 50, 86, 90,
    102, 169, 180, 195, 243, 263
  Maria Ynes 354
  Maria Ysabel 332
  Maria Ysidora 46, 170
  Mariano 182
  Marselino 298
  Matias 96
  Miguel 189, 264, 299
  Nicolas 23, 168
  Pablo 10, 66, 129, 169, 210,
    257, 297, 330
  Pascuala 255
  Patricia 48, 63
  Pedro 61, 71, 162, 176, 218
  Petra 217
  Rafael 8, 71, 148, 260, 329
  Ramon 260, 345
  Ramona 69, 220
  Reyes 205
  Salbador 266
  Santiago 18, 65, 102, 325
  Santos 61, 198
  Severino 212
  Teodora 78
  Tomas 15, 116
  Varvara 196
  Venita 15
  Victor 342
  Vitor 243
  Viviana 278
  Ygnacia 146, 235, 308
  Ygnacio 13, 62, 91, 118, 193
  Ysidora 79
MARTINA
  Margarita 152, 246
  Maria Antonia 7
  Maria Cruz 165
  Maria Josefa 151
  Maria Juana 352
  Maria Luz 197
  Maria Rosa 94, 181
  Maria Venita 196
MARTINES
  See MARITINES
  (n.n.) 353
  Ana Maria 304
  Andrea 187
  Andres 17, 115, 176
  Antonia Margarita 82
  Antonia Rosa 6
  Antonio 209, 288, 293, 308
  Bartolome 300
  Bernardo 315
  Candelaria 344
  Diego Antonio 79
  Felipe 239
  Francisco 94

MARTINES (continued)
- Fransisco 247
- Geronimo 309
- Guadalupe 65
- Hermenegildo 51
- Jesus 83
- Jose 124, 300, 314
- Jose Cruz 108
- Jose Francisco 153, 325
- Jose Gregorio 22
- Jose Maria 287
- Jose Maria Jesus 354
- Jose Mariano 240
- Jose Miguel 238
- Jose Santos 239
- Juan 290, 359
- Juan Antonio 59, 164, 287, 355
- Juan de Dios 132
- Juan Jesus 254
- Juan Manuel 65
- Juan Pascual 355
- Juan Rafael 251
- Juan Reyes 324
- Juan Ygnacio 44, 144
- Juana 91, 157
- Manuel 190
- Marcelina 302
- Marcelino 34, 111
- Margarita 176
- Maria 50, 333
- Maria Acencion 196, 337
- Maria Agueda Jesus 294
- Maria Antonia 83, 103
- Maria Ascencion 218
- Maria Barbara 140
- Maria Benita 81
- Maria Candelaria 58
- Maria Casilda 91, 144
- Maria Catarina 324
- Maria Crus 37
- Maria Dolores 27, 65, 70, 80, 129, 132, 154, 241, 250, 287, 294, 307, 319
- Maria Encarnacion 25, 107, 251, 357
- Maria Felipa 215
- Maria Francisca 19
- Maria Gertrudis 109
- Maria Getrudes 157
- Maria Getrudis 102
- Maria Guadalupe 45, 308, 310, 313
- Maria Josefa 96, 211, 284, 311
- Maria Juana 127
- Maria Juanita 337
- Maria Juliana 319
- Maria Lus 21, 108, 214, 359
- Maria Luz 116, 334

MARTINES (continued)
- Maria Manuela 104, 127, 300, 309, 315, 326
- Maria Marselina 235
- Maria Martina 188
- Maria Paula 312
- Maria Petra 259
- Maria Ramona 109, 321, 346
- Maria Refugio 315, 360
- Maria Reyes 330
- Maria Rosa 77, 108, 247, 289, 324, 327
- Maria Rosalia 57
- Maria Sencion 311
- Maria Soledad 334
- Maria Teodora 355
- Maria Venita 143
- Maria Ventura 5
- Maria Viviana 42, 93, 214
- Maria Ygnacia 316, 317
- Mariano 69, 133
- Matias 167
- Miguel 191, 301
- Nicolas 98
- Pablo 232, 298
- Roque 105
- Santiago 31, 90, 130, 215, 288
- Severino 128, 279
- Soledad 279
- Teodora 13
- Vitor 279
- Ygnacio 283

MARTINEZ
- Antonio 137
- Cruz 222
- Diego 249
- Encarnacion 216
- Guadalupe 223, 317
- Jose 186
- Jose Maria 218
- Jose Policarpio 220
- Juan Antonio 231, 360
- Julian 329
- Maria 282
- Maria Barbara 265
- Maria Bibiana 343
- Maria Dolores 154, 264
- Maria Gracia 329
- Maria Luz 232, 344
- Maria Manuela 345
- Maria Reyes 1, 225
- Mariano 302
- Pablo 314
- Rafael 240
- Ysidora 223

MARULANDA
- Maria Fransisca 240

MASCARENAS
- Maria Manuela 160

MASCARENES
  Miguel 303
MASCAREÑAS
  See MASQUAREÑAS
  Aparicio 173, 262
  Diego 47
  Jose Avaricio 39
  Juan Miguel 170, 349
  Maria Francisca 21, 53
  Maria Jesus 23, 206
  Miguel 30, 91, 235, 268
  Rafael 269
MASON
  Juan 75
MASQUAREÑAS
  See MASCAREÑAS
  Maria Jesus 70
McDONALD
  Ysabel 141
MECUCIO
  Ebeneser 144
MEDIDA
  Jose Manuel 303
MEDINA
  See MADINA
  Anastacia 138
  Antonio 232
  Antonio Jesus 115
  Antonio Rafael 13
  Antonio Tiburcio 4, 167
  Barbara 254
  Concepcion 64, 123
  Concepsion 276
  Concicion 106
  Consepcion 162
  Consepsesion 224
  Dolores 198, 309
  Domingo 55, 123
  Francisco 28, 31, 77, 93, 137,
    188, 244, 276, 305, 337
  Gabriel 326
  Geronimo 58, 302
  Gregoria 194, 278
  Jesus 151, 221, 311
  Jose 48, 81, 118, 189, 196, 258,
    333
  Jose Antonio 26, 67, 115, 152,
    212, 282
  Jose Concicion 331
  Jose Faustin 347
  Jose Gabriel 58
  Jose Manuel 7, 104
  Jose Maria 152, 299
  Jose Martin 185
  Jose Ygnacio 344
  Josefa 37
  Juan 16, 120, 299
  Juan Jesus 41, 92, 206
  Juana 64, 89, 119, 155, 159

MEDINA (continued)
  Juana Jesus 235, 309
  Juana Maria 26, 353
  Julian 32, 110, 171, 271, 361
  Manuela 157, 334
  Maria 66
  Maria Acencion 159
  Maria Anastacia 17, 193, 320
  Maria Antonia 146
  Maria Barbara 125
  Maria Barvara 177, 321
  Maria Candelaria 109, 288
  Maria Carmel 136, 145, 233, 278
  Maria Carmen 38
  Maria Dolores 60, 90, 91, 121,
    175, 191, 215
  Maria Encarnacion 41, 212
  Maria Estanislada 166
  Maria Estefana 348
  Maria Gracia 97
  Maria Gregoria 44, 129
  Maria Guadalupe 67
  Maria Josefa 7, 137
  Maria Juana 48, 270
  Maria Lus 62, 82
  Maria Manuela 13, 87, 116, 283,
    361
  Maria Marta 217
  Maria Paula 140, 220
  Maria Rosa 48, 216, 297
  Maria Sencion 55
  Maria Serafina 265
  Maria Soledad 301
  Maria Tanislada 108, 234
  Maria Trinidad 189
  Maria Ygnacia 91, 309, 332
  Maria Ygnes 220
  Maria Ysabel 182
  Nicolas 67, 100, 199, 250
  Paula 313
  Pedro 52, 76, 114, 143, 154,
    164, 202, 287
  Pedro Antonio 226
  Ramon 48, 66, 281
  Rosa 144
  Rosalia 166
  Simon 125, 195, 260, 336
  Tiburcio 93
  Tibursio 274
  Ventura 58, 97
  Ygnes 149
MEGICANO
  Antonio Jose 335
MEJICANO
  Maria Victoria 83
MELGADES
  Luis 173
MENAR
  Jose 272

MEQUENTAYA
  Maria 126
MES
  See MAES, MAEZ
  Biviana 250
  Carlos 38
  Francisco 257
  Maria Encarnacion 63
  Maria Soledad 3
  San Juan 105
MESTAS
  See MAESTAS
  Ana Maria 270
  Anna Maria 288
  Dolores 325
  Felipe 361
  Jose Carmel 3, 69
  Jose Carmen 220
  Jose Carvel 304
  Jose Francisco 307
  Jose Manuel 219
  Jose Marcos 31
  Juan 348
  Juan Carmel 152
  Juan Nicolas 7, 320
  Juan Pablo 116
  Juana Nepomucena 28
  Juana Nepomusena 207
  Marcos 117, 218, 341
  Maria de la O 74
  Maria Dolores 48, 78, 117, 133,
    189, 213, 267, 283, 286
  Maria Francisca 270, 304
  Maria Josefa 357
  Maria Lus 52
  Maria Manuela 40, 87, 242, 320
  Maria Paula 32, 109
  Maria Reyes 138, 197
  Maria Ysabel 335
  Matias 320
  Miguel 19
  Venito 66, 134, 217
MIERA
  Francisco 155, 181
  Maria Ygnacia 50
MIRABAL
  See MARABAL
  Candelaria 82
  Maria Dolores 43, 153, 228, 313
  Maria Rosalia 195
MIRAVAL
  Maria Dolores 86
MITOTE
  Francisco 98
MOLINA
  Dolores 305
MONDRAGÓN
  Anna Maria 179
  Antonio 120

MONDRAGON (continued)
  Antonio Jose 183
  Bartolo 7
  Concepcion 43
  Cristoval 19, 78
  Felipe Jesus 47
  Jesus Maria 260, 342
  Jose 17, 145, 291, 356
  Juan Antonio 179
  Juan Pedro 62
  Juana 76
  Manuel 2, 255
  Manuela 23
  Maria Concepcion 208, 302
  Maria Consepcion 112
  Maria Dolores 27, 111, 170, 225,
    329
  Maria Jesus 27, 110
  Maria Manuela 26, 99, 183, 268
  Maria Miquela 356
  Maria Paula 74, 120, 185, 241
  Maria Teodora 5
  Maria Ygnacia 58, 97
  Maria Ygnes 195
  Pablo 93, 203, 291
  Paula 333
  Pedro 167, 256, 297
  Serbolo 94
  Serbulo 127, 263, 352
  Sirbolo 195
MONTAÑO
  Jose Gabriel 235
  Jose Grabiel 109
  Julian 349
  Santiago 190
MONTES
  Dolores 147
  Francisca 331
  Francisco 24, 87
  Jose Hilario 233
  Jose Maria 334
  Jose Ylario 156
  Maria Agueda 195, 289
  Maria Dolores 35, 275, 351
  Maria Francisca 11, 64, 106,
    162, 276
  Maria Francisco
  Maria Fransisca 224
MONTOLLA
  Eucebio 313
  Geronimo 331
  Jose 330
  Marco 225
  Maria Jesus 318
  Maria Ramona 10
  Maria Soledad 159
  Maria Ylaria 8
  Ramon 314

INDEX of PARENTS

MONTOYA
  Ana Maria 42
  Andrea 220
  Antonia Maria 66
  Antonio 33, 111
  Blas 92
  Crus 212
  Culas 356
  Desquipula 283
  Eusebio 44, 129, 147
  Francisco 90
  Gregorio 247, 277, 310, 346
  Guadalupe 134
  Jorge 249, 310
  Jose Ygnacio 19, 65, 181, 272, 359
  Josefa 321
  Josefa Rita 291
  Juan Jose 44, 74, 125, 217, 351
  Juan Manuel 56
  Juan Nicolas 106
  Juana 24, 170, 234
  Juana Josefa 20
  Manuel 52, 87, 163, 202, 237
  Maria 342
  Maria Andrea 113
  Maria Antonia 30, 32, 105
  Maria Carmen 188
  Maria Clara 28, 138
  Maria Crus 310
  Maria Desquipula 76
  Maria Dolores 75, 162-164, 226, 228, 246, 300, 355
  Maria Esquipula 142, 179, 209, 339
  Maria Guadalupe 38, 95, 217, 359
  Maria Jesus 151, 236, 262, 299
  Maria Josefa 149
  Maria Josefa Rita 105
  Maria Juana 13, 87, 101, 137, 302
  Maria Manuela 47, 74
  Maria Paula 154, 207, 286, 352
  Maria Petra 238, 283
  Maria Ramona 222, 356
  Maria Reyes 79
  Maria Ricta 156
  Maria Rita 28, 183, 230, 292, 328
  Maria Rosa 1, 65, 148, 258
  Maria Rosalia 172
  Maria Tomasa 76, 207
  Maria Tomaza 342
  Maria Vicenta 131, 201, 293
  Maria Ygnacia 259
  Maria Ylaria 73
  Maria Ysabel 43, 302
  Mariano 82, 102, 156, 241, 269, 359

MONTOYA (continued)
  Mateo 27
  Miguel 54, 215, 300
  Necolas 193, 258
  Nicolas 179
  Pablo 166
  Pascuala 236
  Pedro 73
  Ramon 4, 94, 150, 184, 196, 284
  Refugio 237
  Sencion 172
  Sesilio 44
  Tomasa 169
  Ysidora 321
MORA
  Maria Paula 114, 181, 322
MORGAN
  Moris 157
MOYA
  Maria Josefa 124
  Maria Lus 279
  Maria Luz 197
  Maria Paula 112
MUÑIS
  Maria Dolores 67
NARANJO
  Bibiana 329
  Felipe Nerio 277
  Jose 330
  Pablo 272
  San Diego 357
  Santiago 50, 112
NASH
  Daniel 301
NAVARRETA
  Rafael 259
NAVARRO
  Maria Paula 209
NIMA
  Nancy 144
NO SURNAME
  Ebneser _dellicecuo 144
  Guadalupe 292
  Maria 317
  Maria Antonia 76, 77, 111, 232, 304
  Maria Benita 2
  Maria Dolores 201
  Maria Dolores Carmel 361
  Maria Guadalupe 123, 125
  Maria Josefa 98
  Maria Salome 337
  Maria Ygnes 299
  Rosa 308
  Rosalia 4
NOLÁN
  Gerbacio 361
  Gervacio 106
  Jerbacio 280

NOLÁN (continued)
   Sara 157
   Xerbacio 170
NUANES
   Jose Guadalupe 18
OLGIN
   Gabriel 145
   Maria Dolores 264
OLGUIN
   Maria Dolores 143
   Maria Guadalupe 265, 343
   Maria Juana 256
OLIVAS
   Francisco 357
OLONA
   Francisco 323
OLONIA
   Jose 54
ONIBIGE
   Juana 256
OÑINGUE
   Maria Encarnacion 319
ORIAL
   Goschua 162
ORNELA
   Andres 311
ORTEGA
   Felis 102
   Jose Dolores 250, 307
   Juan Antonio 80
   Juan Maria 216
   Juan Nepomuseno 197, 274
   Juana Antonia 277, 312
   Manuel 58, 102, 210, 316
   Maria Catarina 290
   Maria Crus 12, 64, 168
   Maria Lus 313
   Maria Rafaela 358
   Nicolas 192
   Pascual 163, 275, 360
ORTES
   Juan Lorenso 25
ORTIS
   Ana Maria 49
   Antonio 35, 100, 150, 198
   Antonio Jose 238
   Francisca 109
   Jose Maria 205
   Juan 66, 97, 125
   Juana 208
   Lorenso 248
   Lorenzo 85
   Maria 46
   Maria Alta Gracia 115, 167
   Maria Antonia 17
   Maria Ascencion 142
   Maria Asencion 51
   Maria Francisca 26
   Maria Loreta 108, 167, 212, 306

ORTIZ
   Lorenso 177
   Maria Antonia 115, 176
   Maria Loreta 145
PACECHECO
   Francisco 301
PACHECO
   Antonio 83, 137, 139, 239, 248
   Antonio Alejandro 34
   Asencion 193
   Barbara 293
   Barvara 353
   Concepcion 16, 79
   Diego 28
   Francisco 150
   Joaquin 188
   Jose 50
   Jose Miguel 77, 113
   Jose Rafael 35, 128, 242
   Juan 158, 308
   Juan Antonio 17
   Juan Pablo 12
   Juan Poseno 341
   Juana 139
   Juana Miquela 94
   Manuel Antonio 137
   Manuel Estevan 27
   Maria Ascencion 131
   Maria Concepcion 68
   Maria Encarnacion 6
   Maria Guadalupe 19
   Maria Josefa 226, 298
   Maria Lus 102, 241
   Maria Manuela 87, 155, 253
   Maria Miquela 275
   Maria Ramona 72, 186, 294
   Maria Refugio 244, 324
   Maria Sencion 44
   Maria Soledad 327
   Maria Ysidora 54
   Marselino 228
   Pablo 78, 216
   Polonia 171, 352
   Ramon 89
   Secion 319
   Ysidora 194, 271, 318
   Ysidro 91, 219
PADIA
   Balentin 54
   Catarina 78
   Estefana 241
   Felis 86
   Francisco 127
   Jose 230, 297
   Josefa 69
   Juan 318
   Juan Cristoval 206
   Juana 311
   Luisa 173

PADIA (continued)
　Manuel　5, 65
　Maria Biviana　262
　Maria Cruz　246
　Maria Estefana　335
　Maria Manuela　61
　Pascual　199
　Pedro　77, 188
　Rosa　229
PADIALLA
　Dolores　118
PADILLA
　Antonio Domingo　265
　Felis　180, 263
　Francisco　58
　Jose　1, 59, 164
　Juan　117
　Juan Antonio　8
　Lusia　259
　Manuel　14, 128, 133, 211, 253
　Maria Dolores　3, 41, 283
　Maria Estefana　125
　Maria Josefa　16
　Maria Rosa　360
　Pascual　307
　Pedro　269
　Roque　6
　Rosa　14
　Santos　279, 334
　Valentin　136, 154
PAIS
　Dolores　269
　Juan　153
　Juan Bautista　262
　Juan Bautista Nepomuseno　202
　Juana　209
　Manuel　161, 207, 299
　Maria Encarnacion　255
　Miguel　3, 140
　Rafael　143, 264
　Rafaela　345
　Soledad　281
PAISA
　Maria Manuela　251
PALIN
　Maria Ysabel　162
PANDO
　See BIALPANDO, VIALPANDO
　Antonio　295
　Diego　108, 191
　Jose Antonio　309
　Josefa　169
　Juan Andres　43, 108
　Juan Antonio　340
　Juana　92
　Maria Antonia　78
　Maria Jusepa　297
PANTER
　Maria　142

PARRAS
　Juan　158
PARTUE
　Tomas　125
PARTUÍ
　Tomas　123
PATRON
　(n.n.)　137
　Maria Trinidad　305
　Trenidad　77
PATTERSON
　See PATTEON
PATTEON
　Pales　157
　Tomas　157
PAYNE
　See PEN
PEN
　Rute　162
PEÑA
　Jose Guadalupe　315
　Maria Francisca　100, 150, 238
PENN
　See PEN
PERALTA
　Blas　109
PINEDA
　German　261
　Guadalupe　21
　Maria Fernanda　250
　Maria Rafaela　103
　Maria Ygnacia　9, 94, 179, 263
PINO
　Antonio　78
　Jose Guadalupe　249
POPE
　Juan　126
PORTER
　See POSTER
POSTER
　Maria　152
QUEBIGNE
　Rafaela Aña　103
QUENELO
　Pedro　204
QUIGLES
　Anna　75
QUIJADA
　Maria Encarnacion　251, 315
QUINEL
　Pedro　343
QUINTANA
　Aniceto　315
　Candelaria　17, 61, 107, 227
　Casilda　293
　Francisco　158
　Francisco Estevan　27, 278, 358
　Gabriel　6, 79
　Jose Aniceto　252

QUINTANA (continued)
   Jose Maria   114, 180, 182, 223,
      285, 338, 342
   Juan   178, 258
   Juan Antonio   284
   Juan Candelario   185, 289
   Juan Nepomusceno   302
   Manuela   82
   Maria   28, 107
   Maria Ascencion   65
   Maria Casilda   29, 194
   Maria Consepcion   169
   Maria Crus   81, 131, 340
   Maria Cruz   4, 252
   Maria Dolores   299
   Maria Josefa   6, 37, 165
   Maria Juliana   320
   Maria Luisa   273, 290
   Maria Lus   43
   Maria Luz   52, 139, 230, 355
   Maria Manuela   184, 288
   Maria Miquela   25, 348
   Maria Nicolasa   20
   Maria Paula   8, 103, 215
   Maria Rita   326
   Maria Rosa   231
   Maria Rosalia   34
   Maria Rosario   18, 72/73
   Maria Ygnacia   1, 154, 289
   Micaela   222
   Miguel   30, 109, 186, 245, 325
   Ramon   37, 110, 165, 231, 294
   Salvador   17, 57, 331
   Sarafina   34
QUINTO
   Carlos   158
   Santiago   53
QUN
   Maria Luisa   363
RAEL
   See REL
   Antonio   63
   Feliciano   324
   Jose   85
   Juan   11, 216, 324
   Juan Bautista   254
   Juan Rafael   245
   Juan Ygnacio   182
   Maria Juanita   259
   Ramon   25, 127, 178, 327
RAMIRES
   Maria Carmel   207
REID
   Sarah   98
REINA
   See REYNA
   Jose Antonio   320
   Juan Domingo   116
   Juan Manuel   152

REL
   See RAEL
   Josefa Catalena   239
RELOERRO
   Unis   144
REYNA
   See REINA
   Ancelmo   3
   Juan Domingo   291
   Juan Miguel   92, 308
   Juana   342
   Juliana   25
   Maria Juana   238
   Miguel   219
RIBERA
   See RIVERA, RUIBERA
   Ana Maria   281
   Anamaria   314
   Francisco   144
   Maria Antonia   184, 274
   Maria Guadalupe   24
   Pedro Antonio   9
   Tomas   145, 167, 212
RINGHAM
   Anemeltes   301
RIO
   Antonio   236, 307
   Geronimo   256
   Madalena   126
   Magdalena   199
   Maria Dolores   65
   Maria Josefa   18, 99
   Maria Magdalena   279
   Maria Paula   59
   Maria Rosa   12
   Maria Soledad   171
   Paula   313
   Soledad   314
RIOS
   Juana   309
   Maria Magdalena   357
   Micaela   306
RIS
   Maria Ysabel   231
RIVERA
   See RIBERA
   Cresencio   204
   Mariano   178
   Miguel   270
   Tomas   152, 245, 306
RODRIGES
   Jose Maria   340
   Juan Relles   157
   Lorenso   45, 129
   Maria Carmel   259
   Maria Leocadia   121
   Maria Marta   108
   Rafaela   73
   Ynes   202

INDEX of PARENTS

RODRIGUES
  Carmel 311
  Jose Maria 72, 219
  Lorenzo 237
  Maria Rafaela 298
RODRIGUEZ
  Maria Ynes 73
ROLAND
  Juan 213
ROLEN
  Juan 49
ROLES
  Juan 107, 162, 258
ROMA
  Juan Jesus 253
ROMERO
  (n.n.) 255/256
  Agustin 219, 227
  Ana Josefa 59
  Ana Maria 48, 199
  Anamaria 229, 283, 322
  Andres 332
  Anna Maria 120, 280, 289, 360
  Antonio 24, 33, 57, 60, 100,
    194, 240
  Antonio Jose 288
  Bartola 234, 290
  Bentura 79
  Dolores 89
  Domingo 241, 323
  Encarnacion 35, 346
  Francisco 96, 184, 227
  Geronimo 100, 186, 272, 309, 319
  Guadalupe 152
  Jesus 51
  Joliana 18
  Jose 8, 66, 126, 209, 248, 325
  Jose Angel 43
  Jose Antonio 47, 82, 174
  Jose Benito 328
  Jose Francisco 354
  Jose Manuel 81, 121, 178, 194,
    200, 261, 294, 323, 326, 344,
    348
  Jose Maria 103, 290
  Jose Maria Merced 6
  Jose Mateo 100, 161, 318
  Jose Rafael 49, 173, 259
  Jose Vitor 11
  Jose Ygnacio 2, 54
  Josefa 33, 228, 276, 298
  Juachin 112
  Juan 17, 61, 227
  Juan Andres 53
  Juan Antonio 20, 51, 63, 141,
    142, 231, 277, 346
  Juan Jesus 107
  Juan Domingo 20, 31, 34, 92,
    137, 191, 237, 353

TAOS BAPTISMS, VOLUME II

ROMERO (continued)
  Juan Felipe 301
  Juan Francisco 64
  Juan Jose 138
  Juan Miguel 19
  Juan Pedro 26, 95
  Juan Ramos 132
  Juan Reyes 5, 67, 139, 229, 333,
    345
  Juan Ysidro 358
  Juana 110, 157, 158, 204, 219,
    278
  Juana Maria 9, 287
  Julian 103, 221, 334
  Madalegna 5
  Manuel 75, 190, 204, 270
  Manuel Antonio 196
  Manuel Jose 179
  Marcial 109, 150, 217
  Maria 13, 45, 76, 160
  Maria Acencion 158
  Maria Albina 285
  Maria Antonia 155, 180
  Maria Bartola 95, 166
  Maria Biviana 122, 325
  Maria Candelaria 195
  Maria Carmel 2, 16, 49, 86, 205,
    284
  Maria Carmen 197
  Maria Catarina 77
  Maria Dimas 307
  Maria Dolores 112, 177, 184,
    216, 289, 324
  Maria Dorotea 333
  Maria Encarnacion 56, 101, 191,
    253, 256, 277, 359
  Maria Francisca 119, 182, 272,
    298
  Maria Gertrudis 67, 254
  Maria Guadalupe 92, 308
  Maria Jesus 16
  Maria Josefa 27, 40, 92, 114,
    119, 202, 287, 317
  Maria Juliana 105
  Maria Lus 92, 182
  Maria Luz 348
  Maria Manuela 5, 7, 38, 67, 103,
    139, 178, 181, 186, 229, 267,
    268, 292, 335, 345
  Maria Marta 110, 200, 258
  Maria Micaela 98, 212, 278
  Maria Monsorrate 19
  Maria Pabla 156
  Maria Pascuala 311
  Maria Paula 72, 188, 233, 334
  Maria Rafaela 358
  Maria Relles 120
  Maria Reyes 37, 208, 308

ROMERO (continued)
    Maria Rosa   56, 121, 155, 172,
        252, 288, 295
    Maria Rosita   359
    Maria Sencion   48
    Maria Simona   256, 297
    Maria Soledad   78, 149, 176, 232,
        334
    Maria Teodora   137, 209, 288
    Maria Vartola   7
    Maria Ygnacia   184
    Mariano   273
    Marta   323
    Martin   96, 192
    Mateo   120, 185, 241, 266, 333
    Merced   37, 165
    Micaela   50, 348
    Miguel   172, 308
    Miquaela   261
    Miquela   200
    Pablo   30, 98, 211, 286
    Pascuala   166, 205, 289
    Paula   55, 217
    Pedro   2, 15, 82, 195, 239, 247,
        294
    Policarpio   99
    Polito   51
    Polo   195, 329
    Rafael   14
    Ramon   31, 68
    Ramos   204
    Rosalia   2, 80
    Salvador   122, 178, 206, 275, 344
    Santiago   293, 353
    Santos   47
    Simona   167
    Soledad   258, 293, 334
    Tomas   46
    Vartola   52
    Ventura   76, 243
    Vicente   32, 114, 153, 252, 327
    Vuena Ventura   156
    Ygnacia   20
    Ynes   244
    Ysidro   306
ROMO
    Juan Jesus   68, 159, 253, 329
ROTURA
    Jose   12
RUBIN
    Santiago   40
RUDARTE
    Joaquin   74
RUIBAL
    See RUIVAL
    Juana   285
    Luterio   19, 89, 303
    Maria Beatris   286
    Maria Francisca   286/287

RUIBAL (continued)
    Maria Manuela   50, 124, 286
    Maria Ysabel   4, 59
RUIBALI
    See RUYBALÍ, URIBALID
    Francisco   228, 301
    Juan Andres   143
    Maria Dolores   219
    Maria Manuela   205
    Rumalda   60
RUIBERA
    See RIBERA
    Miguel   108, 127
    Tomas   76
RUIS
    Soledad   245
RUIVAL
    See RUIBAL, RUYVAL
    Maria Eulogia   355
    Maria Gertrudis   41
    Maria Veatris   204
RUIVALE
    Maria Rumalda   100
RUIVALID
    Lorensa   196
RUTURA
    Jose   41
RUYBALÍ
    See RUIBALI, URIBALID
    Margarita   286
RUYVAL
    See RUIVAL
    Juan Reyes   344
SABLET
    Felipe   45
SAES
    See SAIS
    Juana Maria   170
SAINE
    Jinso   343
SAIS
    See SAES
    Jose Manuel   189
    Juana Maria   41
    Maria Carmel   22, 62, 291
    Maria Carmen   165
    Maria Ygnacia   101
SALAS
    See SALAZ
    Jose Rafael   9
    Maria Dolores   170
    Pedro   211
SALASAR
    See SALAZAR
    Antonio   2, 71, 107
    Carlos   113, 220
    Cristobal   158
    Cristoval   89, 203
    Deduviges   261

SALASAR (continued)
  Felipa 105
  Francisco 336
  Gabriel 303
  Jose Antonio 75, 226
  Jose Grabiel 230
  Juan Cristobal 32
  Juan Simon 37, 90, 159
  Juana 115, 152
  Juana Maria 26, 67, 212
  Maria Concepcion 168, 222
  Maria Consepcion 220
  Maria Dolores 68
  Maria Felipa 46
  Maria Gracia 84, 128, 218
  Maria Juana 108
  Maria Juliana 18, 86, 154
  Maria Luisa 42, 127, 275
  Maria Luz 323
  Maria Manuela 100, 271
  Maria Nasarena 40, 120, 225
  Maria Necolasa 317
  Maria Nicolasa 120, 185
  Maria Rafaela 49, 204
  Maria Rosalia 39, 99
  Maria Soledad 23, 55, 146, 306
  Maria Ygnacia 13, 72, 174
  Miguel Antonio 148, 209, 314
  Nasarena 321
  Nicolasa 268
  Pedro 136, 278
  Policarpio 131
  Polito 258
  Ramon 36
  Teodora 239
  Ygnacia 217, 274
SALAZ
  See SALAS
  Pedro 294
SALAZAR
  See ZALAZAR, SALASAR
  Antonio 163
  Felipa 268
  Francisco 141, 294
  Juan Simon 239, 276
  Maria Felipa 175
  Maria Jesus 264
  Maria Josefa 132
  Maria Manuela 38, 51, 176, 264
  Maria Rufina 342
  Maria Soledad 332
  Miguel 237
  Miguel Antonio 333
  Monica 331
  Pedro 38, 233
  Rosalia 144
  Simon 355
  Teodora 323

SALIFU
  Pedro 146
SAMORA
  See ZAMORA
  Andrea 43
  Francisco 78
  Jose 215
  Jose Gracia 317
  Josefa 323
  Juan Estevan 46
  Manuel 72, 115
  Manuela 216
  Maria Andrea 108
  Maria Cruz 245, 347
  Maria Dolores 175
  Maria Encarnacion 30, 86, 314
  Maria Jesus 104, 253, 356
  Maria Josefa 39, 162
  Maria Juana 78
  Maria Manuela 12
  Maria Rosa 97, 149
  Maria Rosalia 42
  Maria Teodora 203
  Maria Ygnacia 292
  Pablo 285
  Rosalia 127, 227
  Santiago 290
  Teodora 311
SAN JUANOZO
  Maria Josefa 121
SAN SERMAN
  See SANSERMAN
  (n.n.) 23
SANCHES
  Antonio 80, 150, 159, 234, 250, 325
  Barvara 177
  Benito 287, 300, 336
  Bitoria 257
  Dolores 206
  Domingo 228, 361
  Felipe 49
  Gertrudis 14
  Guadalupe 10
  Jesus Maria 282
  Jose 15, 33, 35, 80, 126, 213, 268, 287, 298
  Jose Antonio 66, 111, 134, 200, 256, 286, 313, 327
  Jose Julian 170, 206
  Jose Maria 257
  Jose Miguel 109
  Jose Rafael 208
  Juan 11, 114, 149, 321
  Juan Agustin 131, 232
  Juan Antonio 119, 273
  Juan Ygnacio 82, 222, 317
  Juana 16
  Luciano 157

SANCHES (continued)
  Magdalena 71, 356
  Manuel 112, 184, 208, 274, 302, 332
  Maria 145, 254
  Maria Andrea 249
  Maria Barbara 29, 114, 336
  Maria Carmel 354
  Maria Concepcion 136
  Maria Dolores 8, 97, 136, 181, 201, 238, 251, 314
  Maria Elena 26
  Maria Encarnacion 188, 213, 235, 295
  Maria Francisca 18, 77, 172
  Maria Gertrudis 59, 154
  Maria Gregoria 88, 147, 222, 270
  Maria Guadalupe 59
  Maria Josefa 43, 77, 132, 175, 186, 200, 316
  Maria Lus 34, 57, 136, 252
  Maria Luz 347
  Maria Magdalena 22, 182
  Maria Manuela 20, 33, 53, 87, 184, 226, 254, 313, 328
  Maria Paula 141, 173, 180, 193, 267, 269, 354
  Maria Relles 4
  Maria Reyes 75, 125, 187, 282
  Maria Rita 17, 72, 110, 139, 159, 197, 239
  Maria Rosa 287
  Maria Varbara Antonia 91
  Maria Venita 54
  Maria Ygnes 325
  Maria Ynes 260
  Mariana 177
  Miguel 32, 190, 262, 336
  Nicolasa 273
  Paula 320
  Pedro 339
  Ygnacio 140
SANCHEZ
  Antonio 318
  Barbara Antonia 234
  Domingo 143
  Juan Antonio 193
  Maria Cruz 292
  Maria Encarnacion 277, 351
  Maria Josefa 14
SANCHIS
  Jose 111
  Jose Antonio 107
  Jose Ygnacio 112
  Maria Andrea 114
  Maria Eulogia 112
  Maria Francisca 122
  Maria Gregoria 360
  Maria Josefa 106

SANCHIS (continued)
  Maria Rita 112
  Vitor 228
SANDOBAL
  Jose Ramos 75
  Juan 142, 270
  Manuel 15
  Maria Lugarda 304
  Maria Refugio 307
  Maria Tiodora 84
  Nicolas 316
  Relles 313
  Ventura 23
SANDOVAL
  Amatilde 216
  Antonio 233, 276, 357
  Beatris 255
  Benito 285
  Bonifacia 280
  Buenaventura 206
  Diego 41, 110
  Felipe 53, 104, 170, 232, 249, 266, 334
  Francisco 40, 100, 128, 197, 211, 321
  Fransisco 241
  Gertrudes 339
  Hilario 283
  Jesus 113
  Jose 212, 310
  Jose Carmel 304
  Jose Dolores 356
  Jose Esquipula 338
  Jose Francisco 363
  Jose Manuel 41, 46, 122, 202, 297
  Jose Ramo 11
  Jose Santiago 339
  Juan 21, 88, 96, 147, 149, 182, 222, 257, 321, 360
  Juan Antonio 54, 136, 251
  Juan Jesus 38, 113, 143, 164, 271
  Juan Jose 300, 329
  Juan Nepomuceno 71
  Juan Nepomuseno 291
  Juan Pedro 115
  Juana 149
  Juana Teresa 295
  Lorensa 62
  Luciano 339
  Manuel 61, 73, 143, 152, 207
  Manuel Antonio 82
  Maria Antonia 47, 335
  Maria Bernarda 335
  Maria Bonifasia 241
  Maria Carmel 222, 290
  Maria Carmen 94
  Maria Catarina 7

SANDOVAL (continued)
  Maria Dolores 63, 128, 212, 279
  Maria Gertrudis 160
  Maria Josefa 99, 269, 358
  Maria Leogarda 60, 119, 177
  Maria Lorensa 213
  Maria Lugarda 235
  Maria Manuela 107, 249, 264
  Maria Natibidad 1
  Maria Natividad 190, 232
  Maria Petra 72, 273
  Maria Petrona 219, 340
  Maria Polonia 86, 179
  Maria Ramona 218
  Maria Refugio 250, 349
  Maria Soledad 165, 263, 326
  Maria Teodora 161, 263
  Maria Teresa 31, 146, 227
  Maria Tomasa 174, 357
  Maria Vonifacia 147
  Maria Ygnacia 64, 71, 221, 326, 339
  Maria Ygnasia 242
  Matilda 88
  Matilde 318
  Nepomuseno 206
  Nicolas 3, 50, 90, 169, 235
  Noverto 38
  Pablo 1, 53, 117, 211, 273, 348
  Pedro 110, 167, 346
  Ramona 174, 316
  Rosa 269
  Santiago 282
  Santos 360
  Tomasa 279
  Venito 225, 303
  Ventura 70
  Victoria 357
  Ylario 238
SANSERMAN
  See SAN SERMAN
  Bautista 99, 268
  Juan Bautista 183
SANTEESTEVAN
  Juan Antonio 268
SANTESTEVAN
  Maria Guadalupe 242
SANTETE
  Juan 97, 183, 294
SANTIESTEBAN
  Candelaria 70
  Maria Candelaria 247
SANTIESTEVAN
  Antonio Maria 268
  Manuel Esquipula 240
  Maria Candelaria 173
SANTISTEBAN
  Candelaria 341
  Carlos 82

SANTISTEBAN (continued)
  Juan Antonio 134
SANTISTEVAN
  Antonio Maria 190
  Carlos 19, 184
  Juan Antonio 55, 169
  Manuel Esquipula 139, 185, 305
  Maria Candelaria 2
  Maria Guadalupe 156
SANTISTIVAN
  Manuel Esquipula 104
SARETE
  Pedro 50
SEDILLO
  Andres 326
  Francisco 231
  Jose 209
  Maria Dolores 56
SEDIO
  Andres 165, 263
SEGURA
  Juana 96
  Manuel 131, 198, 272, 314
  Maria Estafana 54
SENA
  See CENA
  Francisco 69
  Juana 119
  Juana Maria 62
SERDA
  Jose Francisco 322
  Maria Antonia 10, 52, 167, 288
  Maria Luisa 149
SERNA
  See CERNA
  Encarnacion 346
  Jose Dolores 236
  Jose Francisco 83, 103
  Maria Cruz 287
  Maria Lucia 355
  Maria Luisa 260
  Maria Vitoria 217
SERRANO
  Maria Dolores 205
SERVE
  Jose Manuel 34, 133, 247
  Maria 228
  Maria Lus 56, 146, 210
  Maria Polonia 258
SHANÁN
  Jose 187
SIERRA
  Maria Relles 322
SILBA
  Maria Estipula 314
SILVA
  Jose 123, 224
  Jose Jesus 275
  Jose Maria 22, 30, 62, 165, 291

SILVA (continued)
  Joso 245
  Juan Domingo 289
  Maria Alvina 191, 261
  Maria Antonia 222, 333
  Maria Esquipula 189
  Maria Rosalia 36, 93
  Rosalia 163, 254
  Teodora 132
SISNEREZ
  Vitor 149
SISNEROS
  Bitor 99, 330
  Carmel 331
  Dolores 176
  Guadalupe 85
  Josefa 236
  Maria Carmel 247
  Maria Guadalupe 156, 251
  Maria Miguela 312
  Maria Ysabel 5, 211, 297
  Rafael 138
  Vitor 234, 273
  Ysabel 65, 133
SMITH
  See ESMITE
SOLANO
  Andres 163, 216
  Concepcion 70
  Maria Concepcion 29
  Maria Jesus 353
  Masimo 30
SUASA
  Gertrudis 205
SUASO
  Francisca 196, 336
  Francisco 14, 92, 121
  Jertrudis 90
  Jose 78, 149
  Juan 39
  Juan Domingo 181, 236, 305
  Juan Miguel 338
  Juana 66
  Juaquin 344
  Luisa 357
  Manuel 31, 146, 227, 295
  Maria Dolores 29, 96, 173, 190,
    229, 243, 345
  Maria Gertrudis 27
  Maria Gracia 19, 89, 303
  Maria Josefa 14
  Maria Lucia 290
  Maria Lus 205
  Maria Luz 137
  Maria Micaela 73
  Maria Rosa 125
  Micaela 151
  Miquaela 213
  Pedro 230, 292, 328, 361

SUASO (continued)
  Pedro Antonio 156
SUNI
  Jose 174, 279
TABACO
  Ylario 67
TAFOLLA
  Bartolo 10
  Bartolome 218, 319
  Hipolito 21
  Jose 10
  Juan 227
  Juan Antonio 353
  Maria Brigida 9
  Maria Carmel 284
  Maria Dolores 343
  Ypolito 248
TAFOYA
  Agustina 280
  Ana Maria 284
  Anamaria 104
  Andres 300
  Anna Maria 208
  Antonia Josefa 171
  Antonio Romano 176
  Bartolo 84, 135
  Benito 65, 310
  Feliciana 198
  Hipolito 186
  Jesus 34, 98, 215
  Jose 29, 52, 167, 288, 306
  Jose Hipolito Jesus 67
  Jose Venito 141, 229
  Juan Antonio 30
  Juan Jesus 306
  Juan Miguel 48
  Juana 100, 199, 250
  Juana Maria 113
  Marcial 118, 173
  Maria Agustina 150
  Maria Barvara 296
  Maria Beronica 262
  Maria Brigida 69
  Maria Clara 163
  Maria Guadalupe 359
  Maria Jocefa 125
  Maria Josefa 23, 167, 170, 204,
    231, 278, 328
  Maria Juana 67
  Maria Luisa 7
  Maria Lus 156
  Maria Luz 101, 269, 359
  Maria Mariana 129
  Maria Paula 63
  Maria Regina 191
  Maria Soledad 217, 331
  Mariana 24, 237
  Martin 8, 64, 266, 340
  Miguel 63, 176, 232

INDEX of PARENTS

TAFOYA (continued)
  Polito 315
  Romano 47, 280
  Salbador 26
  Salvador 119, 155, 270
  Santos 14
  Soledad 66, 361
  Venito 229
  Ynacia 347
  Ypolito 129
TAPIA
  Christino 102
TECOA
  Maria Juana 183
  Paula 190, 272
TEIVA
  Maria Ygnacia 167
TELLES
  See TEYES
  Maria Marta 11
TENORIO
  Benancio 74
  Benansio 140
  Jose Maria 295
  Jose Rafael 159
  Santiago 45, 122
TEYES
  See TELLES
  Marta 75
THARP
  Aron 49
TORCATA
  Francisco 89
TORES
  Antonio Jose 99
TORRES
  (n.n.) 353
  Antonia Viviana 151
  Antonio 36, 80
  Antonio Jose 39, 144
  Josefa 196
  Juan Manuel 138, 239, 305
  Manuel 65
  Maria Encarnacion 150, 217
  Maria Josefa 48, 130, 293, 360
  Maria Mariana 3, 69
  Maria Nasarena 69, 152
  Maria Nicolasa 191, 264
  Maria Viviana 42
  Maria Ygnes 89
  Maria Ysabel 127
  Mariana 304
  Nicolas 69, 214
  Pedro 340
  Viviana 191
TORREZ
  Manuel 169
TRAMEL
  Adah 50

TRAMEL (continued)
  Felipe 50
TRIDEAU
  Juan Bautista 199
TRIDÚ
  Bautista 18
  Juan Bautista 199
TRIGILLO
  See TRUGILLO
  Jose 235
  Maria Ramona 183
TRUGEQUE
  See TRUJEQUE
  Andres 352
TRUGEQUES MONTOYA
  Andres 130
TRUGILLO
  See TRIGILLO, TRUGUILLO, TRUJILLO
  Ana Maria 179
  Anamaria 185
  Anna Cleto 126
  Antonio 107
  Antonio Jose 65, 171, 217, 221, 285
  Buenaventura 119
  Candelaria 26
  Catarina 78
  Cleto 77, 160, 181, 196
  Concepcion 194
  Diego 147, 270
  Diego Antonio 212, 355
  Esteban 24, 177, 237, 336
  Estevan 129
  Faustin 8, 106, 189, 272, 354
  Felipe 72, 338
  Francisco 35, 115, 213, 232, 236, 296, 339
  Francisco Esteban 234
  Francisco Estevan 91
  Gertrudis 214
  Guadalupe 121, 175, 266
  Jesus 136, 235
  Jose 290, 325
  Jose Antonio 72, 186, 294
  Jose Benito 92
  Jose Cleto 6
  Jose Francisco 1, 190
  Jose Jesus 60
  Jose Pedro Antonio 57
  Jose Rafael 286
  Josefa 131, 281, 336
  Juan 22, 56, 64, 101, 107, 176, 194, 251, 293, 358
  Juan Antonio 290, 321
  Juan Bautista 29
  Juan Felipe 207
  Juan Jesus 24, 75, 211, 267
  Juan Jose 302
  Juan Leon 141, 244, 330

TRUGILLO (continued)
  Juan Miguel 243, 293
  Juliana 119, 256
  Luis 4, 61, 211
  Luiz 278
  Luz 184
  Manuel 88, 234
  Manuel Silvestre 306
  Manuela 123, 239
  Maria 208, 267, 310
  Maria Angela 161
  Maria Anita 282
  Maria Antonia 132, 322, 331, 339
  Maria Ascencion 65, 359
  Maria Asencion 19, 272
  Maria Candelaria 95, 216
  Maria Carmel 18, 67, 122, 235, 311
  Maria Catarina 145
  Maria Crus 289
  Maria Dolores 29, 62, 93, 101, 174, 353
  Maria Dorotea 151, 184, 192
  Maria Encarnacion 36, 162, 224
  Maria Francisca 15, 60, 124, 345
  Maria Gertrudis 135
  Maria Getrudis 84
  Maria Gregoria 77, 332
  Maria Guadalupe 10, 95, 181, 256, 325
  Maria Jesus 44, 129, 173, 244
  Maria Josefa 232
  Maria Juliana 22, 66, 112, 134, 200, 300, 327
  Maria Lus 85, 102
  Maria Luz 257
  Maria Manuela 40, 71, 99, 143, 182, 223, 285, 292, 325, 338
  Maria Nicacia 312
  Maria Rafaela 33
  Maria Rita 44, 270
  Maria Rosa 296
  Maria Rosalia 218
  Maria Sarafina 1
  Maria Sencion 181
  Maria Serafina 297
  Maria Simona 23
  Maria Soledad 276
  Maria Tiburcia 97, 183, 294
  Maria Ygnacia 4, 94, 196, 204, 343
  Maria Ysidora 53
  Mariana 220
  Pablo 37, 86, 172, 201, 232, 252, 273, 358
  Santos 160, 201, 248
  Serafina 59, 164, 230
  Soledad 357
  Ventura 40

TRUGILLO (continued)
  Vicente 326
  Vuena Ventura 203
  Ysidora 172
  Ysidro 245, 347
TRUGIO
  Maria Simona 84
  Rafael 88
TRUGUILLO
  See TRUGILLO
  Maria Juana 167
TRUIDÚ
  Bautista 141
  Juan Bautista 64
TRUJEQUE
  See TRUGEQUE, TRUGEQUES MONTOYA
  Andres 68, 271
TRUJILLO
  See TRUGILLO, TRUGIO
  Bentura 298
  Juan Jesus 297
  Juliana 232
  Maria Luz 354
  Maria Ramona 274
  Maria Soledad 186
  Maria Tomasa 352
  Simona 307
TURCATE
  Francisco 171
UILIQUINES
  Maria Reveca 139
URBAN
  Cruz 352
URIBALID
  See RUIBALI, RUYBALI
  Balvaneda 190
URIOSTE
  Juan 10, 94
  Maria Antonia 48, 245
  Maria Concepcion 3
  Maria Dolores 197, 300
URIOZTE
  Necolasa 147
URTADA
  Maria Relles 297
  Maria Reyes 115
URTADO
  See HURTADO
  Concepcion 9
  Juana 46
  Manuel 84, 183
  Maria Lus 328
VACA
  See BACA
  Maria Soledad 109
VALDES
  See BALDES
  Barbara 332
  Bentura 30

VALDES (continued)
  Felipe 154
  Francisco 200, 280
  Francisco Antonio 51
  Geronimo 357
  Guadalupe 193, 234, 273
  Jose Cruz 38
  Jose Francisco 211
  Jose Maria 190, 263
  Jose Ygnacio 33, 184, 254
  Juan 3, 101
  Juan Venito 290
  Maria Dolores 12, 80, 187, 188, 251, 319, 361
  Maria Guadalupe 149
  Maria Lus 138
  Maria Luz 305
  Maria Paula 216
  Maria Refugio 320
  Maria Varvara 32
  Nicolas 49
  Pedro 141
  Ramon 347
  Rosalia 123
  Ygnacio 254, 331

VALDEZ
  See BALDEZ
  Fabiana 344
  Jose Francisco 269
  Jose Maria 305
  Juan Benito 358
  Maria Dolores 271, 363

VALDONADO
  See BALDONADO, MALDONADO
  Maria Paula 270

VALENCIA
  See BALENCIA
  Jose Antonio 110, 358
  Maria Guadalupe 187
  Maria Nicolasa 197

VALERIA
  See BALERIA
  Maria Guadalupe 254

VALERIO
  See BALERIO
  Felipe 70, 228, 281
  Maria Dolores 135, 192
  Maria Guadalupe 168
  Maria Jesus 24
  Maria Rosalia 300

VALLEGOS
  See BALLEGOS
  Maria Dolores 156, 213

VALLEJOS
  See BALLEJOS
  Maria Dolores 345

VALVERDE
  See BALBERDE, BALVERDE
  Maria Jesus 37

VANCE
  Maria Paula 126

VARELA
  See BARELA, BARRELA
  Faustina 213
  Jose Antonio 204
  Jose Manuel 145
  Juan 116
  Juan Antonio 357
  Margarita 156
  Maria Antonia 2, 135, 199, 267, 347
  Maria Dolores 21, 150, 155, 195, 311
  Maria Faustina 15
  Maria Josefa 44
  Maria Paula 16
  Maria Rafaela 41
  Paula 261
  Pomoseno 259
  Sipriano 208
  Venito 157

VARGAS
  See BARGAS
  Maria Rita 84
  Pablo 5, 134, 270
  Rumaldo 121

VAROS
  Marcelina 319

VASQUES
  See BASQUES
  Manuel 128
  Maria Josefa 6
  Miquela 156

VEGIL
  See BEJIL, VIGIL
  Maria Guadalupe 298

VEITA
  See BEITA, BEYTA
  Josefa 194
  Rumaldo 147

VELARDE
  See BELARDE
  Juan Pablo 135

VENAVIDES
  See BENABIDES, BENAVIDES
  Estevan 145
  Feliciana 301
  Maria Francisca 73

VERNAL
  See BERNAL
  Jose Santos 33
  Juan Agustin 356
  Maria Crus 6
  Maria Encarnacion 116, 137
  Pedro Antonio 27

VIAELPANDO
  See VIALPANDO
  Maria Carmen 324

TAOS BAPTISMS, VOLUME II   INDEX of PARENTS

VIALPANDO
   See BIALPANDO, PANDO, VIAELPANDO
   Maria Antonia 146, 323
   Maria Elena 24
   Maria Josefa 210
VIAN
   Magdalena 15
VIGIL
   See BIGIL, VEGIL, VIJIL
   Amador 1, 289
   Anastacio 81, 131, 340
   Anastasio 252
   Anna Maria 186, 358
   Antonia Refugio 351
   Antonio 56, 58, 110, 148, 205, 231, 295
   Antonio Jose 170, 265, 272, 336, 343
   Bernardo 149, 201, 260, 355
   Candelario 88, 133, 228
   Diego 137, 205
   Dolores 346
   Domingo 316
   Faustin 31, 108, 187, 275, 359
   Feliciana 197, 346
   Francisco 2, 9, 10, 38, 70, 71, 85, 133, 173, 315, 341
   Gertrudis 47
   Hermenegilda 253
   Jesus 294
   Jesus Esquipula 345
   Joaquin 72, 74, 178
   Jose 332
   Jose Anastacio 4
   Jose Antonio 121, 155
   Jose Domingo 187, 266
   Jose Francisco 247
   Jose Gracia 205, 238, 310
   Jose Rodrigo 57
   Josefa 237
   Juan 117, 202, 216, 239, 283
   Juan Angel 214, 274, 334
   Juan Cristobal 151
   Juan Cristoval 42, 191
   Juan Jesus 42, 127, 130, 275, 345
   Juan Jose 73, 256
   Juan Ygnacio 8, 215
   Juana 176
   Juana Catarina 253, 319
   Juana Maria 120, 301
   Juaquin 282
   Leonicio 40
   Lonicio 99
   Luz 118
   Manuel 79, 270, 304
   Maria 85
   Maria Alina 243
   Maria Alvina 279, 342

VIGIL (continued)
   Maria Antonia 79, 166, 340
   Maria Asencion 211
   Maria Barbara 133
   Maria Barruera 240
   Maria Barvara 302
   Maria Carmel 80, 159, 234, 313
   Maria Cruz 262
   Maria Dolores 63, 122, 131, 161, 190, 205, 250, 265, 334, 343
   Maria Encarnacion 172, 241, 328
   Maria Feliciana 4, 44, 128
   Maria Gertrudis 84, 183, 276
   Maria Gracia 209, 334
   Maria Guadalupe 22, 62, 88, 97, 171, 234, 240, 306
   Maria Hermeregilda 128
   Maria Jesus 175, 242, 322
   Maria Jocefa 314
   Maria Josefa 25, 148, 209, 340
   Maria Juana 183, 267
   Maria Luisa 23, 98, 102, 168, 270
   Maria Luiza 131
   Maria Lus 91
   Maria Luz 318
   Maria Manuela 10, 94, 141, 294
   Maria Miquela 12
   Maria Necolasa 159
   Maria Nicacia 267
   Maria Paula 179, 256
   Maria Polonia 122
   Maria Refugio 191, 264, 300, 324
   Maria Rosa 105, 139, 290, 357
   Maria Rufina 145
   Maria Soledad 36, 56, 117, 188, 254, 267, 348
   Maria Teodora 21, 54
   Maria Teresa 31, 51, 95, 127, 178, 180, 277, 327
   Maria Tereza 300, 336
   Maria Trinidad 50, 89
   Maria Varvara 16, 182
   Maria Vitoria 325
   Maria Ygnacia 141, 244, 292, 330
   Maria Ysidora 11, 47, 140
   Mariano 73, 287, 337
   Martin 108
   Matias 147, 204, 250
   Meregilda 14
   Meregildo 24
   Miguel 25, 98, 245, 251, 312
   Nicacia 161
   Pablo 40
   Paula 346
   Pedro 101, 174, 203, 273, 324
   Pedro Ygnacio 292
   Rafael 98, 151, 255, 303
   Rafel 225

INDEX of PARENTS   TAOS BAPTISMS, VOLUME II

VIGIL (continued)
  Ramon 25, 70, 146, 196, 259,
    265, 343
  Ricardo 83, 156, 213, 341
  Rodrigo 6, 123
  Soledad 92, 210
  Teresa 259
  Trenidad 32
  Ygnacia 194, 210
  Ygnacio 103
VIGILA
  Maria Ygnacia 84
VIJIL
  Maria Jesus 297
VIYANUEVA
  See BIANUEVA
  Luis 140
VOLESQUIL
  Jose 98
VUILSE
  Pedro 284
WALDO
  Jedediah 152
  Jedidiah 142
WOLFSKILL
  See VOLESQUIL
WORKMAN
  Tomas 45
XARAMILLO
  See JARAMILLO
  Antonio 328
  Dolensa 328
  Dolores 347
  Francisco 122
  Maria Luisa 216
  Maria Manuela 305
  Maria Nicolaza 341
  Maria Ygnacia 127
  Tomasa 206
XARAMIO
  See JARAMIO
  Cebastian 161
YAQUISON
  Juan 126
YARAT
  Bautista 56
  Juan Bautista 146, 210
YON
  Carlos 139
YOUNG
  Serah 53
YUL
  See DECLUET
  Francisco 93
ZALAZAR
  See SALASAR, SALAZAR
  Felipa 352
  Jose Antonio 164
  Maria Ysabel 324

ZAMORA
  See SAMORA
  Jose Gracia 195
  Maria Josefa 234
  Santiago 357

INDEX of GODPARENTS, GRANDPARENTS, & OTHERS in TAOS BAPTISMS

It is important to look for alternate spellings of both surnames and given names. Names may appear more than one time on a page. Many names were abbreviated in the original records. They have been spelled out in this index. For the most part, prepositions have not been included in this index, but if they were present in the original record, they will be found in the manuscript.

A (sic)
  Maria Angela 220
ABELA
  Maria Serafina 224
  Miguel Antonio 224
ABILA
  See AVILA, HABILA
  Anastacio 308
  Bibiana 282
  Diego 191
  Eucevio 299
  Eusebio 341
  Felipa 166, 256, 311
  Francisco 58, 197, 215, 281
  Jesus 198
  Jose 110
  Jose Guadalupe 168, 310
  Juan Antonio 291
  Juan Jesus 16, 63, 123, 155, 168, 193, 207, 210, 299, 310, 327, 352
  Juan Jose 132
  Juan Relles 123
  Juan Reyes 60
  Juan Santos 327
  Manuel 57, 301
  Maria Bicenta 330
  Maria Bisenta 248
  Maria Cerafina 60
  Maria Felipa 76, 161, 205, 307
  Maria Juana Jesus 325
  Maria Lus 4, 39, 64, 101
  Maria Manuela 293
  Maria Sarafina 119
  Maria Serafina 168, 327
  Migel 129
  Miguel 14, 66, 187
  Nerio 320
  Pedro 2
  Rafael 35, 115, 213, 296
  Santiago 202, 314
ABREU
  Ramon 265
  Santiago 332
ACONSO
  Josefa 126
AGILAR
  Antonio 79, 134, 155, 222
  Jose Antonio 230
  Juan Jesus 333, 339

AGILAR (continued)
  Lasaro 196
  Maria Juliana 99
  Maria Manuela 347
  Rosa 23
  Salbador 315
AGUERO
  Gertrudis 169
  Maria 296
  Maria Dolores 137, 153, 173, 181, 359
  Pedro Jose 296
AGUILAR
  Antonio 25, 34, 60, 95, 112, 115, 150, 166, 299, 324
  Casilda 33, 239
  Francisca 75
  Francisco 139
  Jacilda 312
  Jose 105, 171
  Juan 225
  Juan de Dios 214
  Juan Jesus 21, 68, 99
  Juliana 104
  Lacaro 181
  Manuela 165, 354
  Maria 294
  Maria Cacilda 80
  Maria Casilda 58, 131, 163, 223
  Maria Crus 55
  Maria Gertrudis 84
  Maria Juliana 21, 112, 276
  Maria Manuela 57, 316
  Maria Rosa 104, 146, 177, 306, 332
  Maria Sencion 68
  Polonia 255
  Rosa 22
  Salbador 234
  Salvador 324
AGUSTIN
  Maria Soledad 13
ALARÍ
  Jose Antonio 23
ALARID
  Florencia 338
  Gregorio 132, 198, 272
  Jose Antonio 29
  Jose Maria 59
  Maria Florencia 131

INDEX of GODPARENTS, GRANDPARENTS, & OTHERS   TAOS BAPTISMS, VOLUME II

ALARID (continued)
   Maria Quiteria   164, 175, 209, 349
ALEN
   Jose Manuel   86
ALIRE
   Jose   115, 231
   Jose Manuel   322
   Juan   317
   Juan Lorenzo   8, 14, 18, 52, 78, 150, 225, 247, 338
   Juan Lorenzo   131
   Juan Ygnacio   219, 280
   Juana   92
   Juana Catarina   315
   Juana Gertrudis   42
   Manuel Antonio   84
   Marcos   67, 148, 155, 161, 215, 225, 230, 244, 318, 322, 341
   Maria Gertrudis   206, 331
   Maria Josefa   123, 191
   Maria Juana   247
   Maria Soledad   241
   Soledad   323
   Venito   131
ALIRES
   Tomas   229
ALIRIE
   Juan Lorenzo   137
ALLEN
   See ALEN
ALMENDARES
   Maria Rosa   220
AMABLE
   Amador   27
AMBRUES
   Luis   2
AMBRUL
   Luis   115, 150
AMERICA
   Maria   12
   Maria Ysabel   13
AMNES
   Jose Tomas   229
ANALLA
   Ana Maria   48
   Matias   214
   Simona   52, 141
   Ysidoro   141
ANAYA
   Francisco   284
   Gertrudis   323
   Maria Calletano   52
   Nestor   152
ANDRADA
   Jose Manuel Jesus   243
ANDRES
   Gorge   62

ANENCIO
   See ATENCIO
   Maria Concepcion   120
ANGUL
   Maria   190
ANGULAR
   Antonio   247
APACHE
   Maria Antonia   279
APODACA
   Antonio Crus   132
   Antonio Cruz   251
   Antonio Jose   13, 30, 68
   Baltasar   24, 119, 130, 183, 284
   Bartolome   232
   Crus   85, 339
   Cruz   138, 248
   Damacio   120, 266
   Damasio   339
   Diega   208
   Dolores   112
   Francisca   68
   Francisco   167, 314
   Hermeregilda   24
   Jose   90
   Jose Francisco   202
   Juan Cristoval   353
   Juan Crus   93
   Juan Cruz   174
   Juana Maria   146, 190
   Marcos   357
   Maria Antonia   360
   Maria Diega   104
   Maria Dolores   85
   Maria Francisca   185, 271, 302
   Maria Gertrudis   233, 285
   Maria Trenidad   165, 173, 340
   Maria Ygnacia   110, 193
   Rafael   150, 284, 304
   Ramon   260, 273, 329
   Santiago   65, 167, 193, 221, 313, 319, 342
   Valtasar   38
ARAGON
   See HARAGON, ARRAGON
   Ana Maria   77, 133, 275, 279
   Anna Maria   85, 107, 190, 208, 347
   Antonio   20, 126, 162, 201, 292, 327, 333
   Balvaneda   156
   Dolores   14
   Fernando   240, 308
   Francisco   214, 288
   Francisco Estevan   327
   Jacinta   196
   Jose   81, 98, 191, 260, 282, 318, 361
   Jose Alejandro   232

ARAGON (continued)
  Jose Antonio 56, 106
  Jose Crus 176, 363
  Jose Cruz 295
  Jose Francisco 202
  Jose Jesus 343
  Jose Manuel 347
  Jose Ygnacio 342
  Juan 283, 319
  Juan Antonio 71, 131, 170, 201,
    230, 238, 272, 289, 304, 311
  Juan Crus 38, 103, 199, 266, 268
  Juan Cruz 162, 197, 272
  Juan Maria 359
  Juana 87, 185, 316
  Juana Maria 3, 104, 176, 272,
    273, 289, 314
  Lorensa 122
  Lorenso 3, 23, 57, 70, 128, 148,
    175, 191, 205, 215, 322, 325,
    327/328, 336, 339
  Lorenzo 124, 242, 257, 272, 328
  Manuel 89, 332
  Manuel Antonio 321
  Manuela 249, 286
  Margarita 163, 167, 242, 344
  Maria 11, 62, 141, 243
  Maria Antonia 2, 13, 16, 36, 55,
    70, 77, 82, 134, 140, 169, 173,
    223, 247, 268, 317, 337, 341
  Maria Balbaneda 128
  Maria Barbara 47, 71, 158, 324
  Maria Candelaria 189
  Maria Cruz 172
  Maria Dolores 8, 45, 74, 174,
    300, 323
  Maria Estefana 7, 33, 38, 102,
    154, 166, 199, 205, 215, 275,
    280
  Maria Francisca 317, 353
  Maria Gregoria 271
  Maria Josefa 247
  Maria Juana 22, 185
  Maria Leuteria 325
  Maria Manuela 107, 140, 149,
    158, 160, 166, 267, 285
  Maria Margarita 85, 103
  Maria Nasarina 88
  Maria Olalla 306
  Maria Paula 84, 292
  Maria Tomasa 228
  Maria Varadara 25
  Maria Varbara 183
  Maria Varvara 32, 211
  Maria Ygnacia 10, 19, 24, 66,
    86, 107, 129, 132, 184, 204,
    232, 242, 277, 302, 312
  Maria Ysabel 14
  Miguel 327, 330

ARAGON (continued)
  Nestor 147
  Olaya 77
  Paula 312
  Pedro 225
  Vicente 355
  Ygnacia 82, 111
ARANDA
  See ARRAÑDA
  Maria Rosa 312, 337
  Maria Rosalia 343
  Rosalia 287
ARCENO
  See ARSENO
  Miguel 43
ARCHIVEQUE
  Maria Catarina 49
ARCHULETA
  See NARCHULETA
  (n.n.) 234
  Ana Maria 3, 32, 89
  Anmaria 158
  Anna Maria 30, 138, 203, 295,
    332
  Antonio 15, 82, 173, 195, 200,
    252, 296, 297
  Antonio Jose 182, 292, 309, 338,
    344
  Antonio Luciano 209
  Barvara 249
  Cerafina 111
  Damian 4, 8, 48, 54, 97, 117,
    189, 206, 283
  Diego 64, 152, 212, 297, 363
  Dolores 115, 118, 187, 242, 249,
    270
  Encarnacion 199, 307
  Faustin 202
  Felipe Santiago 128
  German 218, 222, 227, 348
  German Antonio 25, 50, 74, 168
  Gertrudis 7, 231, 282, 294
  Hipolita 282
  Jesus 17, 51, 59, 128, 218, 246,
    306
  Jose 33, 89
  Jose Antonio 22, 27, 39, 52, 76,
    87, 114, 139, 156, 160, 185,
    189, 230, 243, 256, 316, 355
  Jose Francisco 61, 69, 169, 277
  Jose Maria 115
  Jose Miguel 101, 303
  Jose Norato 128
  Jose Pablo 89, 153, 168, 287,
    360
  Josefa 219
  Juan 63, 237, 243
  Juan Andres 162
  Juan Antonio 88, 352

ARCHULETA (continued)
  Juan Jesus 28, 32, 69, 84, 89,
    116, 127, 146, 162, 172, 210,
    230, 264, 341
  Juan Pablo 301
  Juan Ygnacio 175, 233, 324
  Juana Guadalupe 331
  Juana Josefa 192, 229
  Juana Reyes 290
  Julian 61, 75, 146, 226, 323
  Laogarda 168
  Lugarda 64
  Luisa 137, 363
  Manuel 17, 42, 54, 55, 107, 320
  Manuel Antonio 251
  Manuela 95, 171, 180, 296
  Marcos 93, 142, 167, 274, 331
  Maria 49, 254, 287, 331
  Maria Ana 296
  Maria Angeles 84
  Maria Antonia 41, 168, 218, 348
  Maria Barbara 282
  Maria Bibiana 230
  Maria Candelaria 317
  Maria Dolores 20, 48, 118, 172,
    210, 247, 257, 270, 280, 284,
    287, 293, 296, 311, 314
  Maria Feliciana 195
  Maria Francisca 94, 193
  Maria Gertrudis 37, 72, 165, 178
  Maria Jertrudis 110
  Maria Jesus 13, 23, 194
  Maria Josefa 195
  Maria Leogarda 313
  Maria Loreta 28
  Maria Luisa 51, 176
  Maria Luiza 261
  Maria Lus 145, 328
  Maria Manuela 10, 24, 26, 35,
    52, 55, 62, 65, 81, 101, 115,
    129, 136, 161, 167, 213, 221,
    237, 246, 251, 269, 288, 311,
    314, 354
  Maria Matiana 121
  Maria Pabla 142
  Maria Paula 21, 112, 155, 158,
    249, 252
  Maria Polonia 128
  Maria Polita 339
  Maria Rafaela 152, 335, 344
  Maria Reyes 234
  Maria Rita 54
  Maria Rosa 19, 27, 39, 67, 99,
    115, 127, 144, 152, 212
  Maria Salome 188, 266
  Maria Serafina 77, 142, 188,
    283, 339
  Maria Teodora 230
  Maria Ygnacia 17, 158

ARCHULETA (continued)
  Maria Ygnes 177
  Meregildo 117
  Migel 130
  Miguel 2, 11, 71
  Pablo 29
  Paula 244, 245, 251
  Pedro 7, 21, 112, 142, 155, 158,
    159, 195, 249, 252, 262
  Rafael 188, 289
  Rafaela 344
  Ramon 62, 220, 262
  Salome 101
  San Juan 99
  Santiago 46, 313, 314
  Serafina 33, 179, 209
  Silveria 261
  Tomas 241
  Trenidad 118
  Varvara 352
  Viviana 210
  Ygnacia 84
  Ysidro 69, 285, 352
ARELLANA
  Francisca 182
  Juana 221
  Juana Maria 243
  Maria Francisca 205
ARELLANO
  See ARRELLANO, ARELLANA, AREYANO
  Francisca 155
  Francisco 40, 119
  Jose 218, 348
  Jose Antonio 244, 268, 297
  Jose Julian 267
  Jose Ramon 298
  Jose Ygnacio 218, 238
  Josefa 131, 262, 318
  Juan Domingo 198, 338
  Juan Nepomuseno 60, 93
  Juan Pomuceno 40
  Juana Maria 127, 179
  Julian 2, 48, 71, 74, 92, 144,
    187, 198, 216, 226, 255, 297,
    298, 337
  Maria Dolores 320
  Maria Francisca 249, 345
  Maria Josefa 293
  Maria Lus 335
  Maria Rosa 71, 100, 178, 185,
    187, 216, 226, 268, 299, 312
  Maria Rosalia 319
  Maria Soledad 218, 238, 298,
    310, 320
  Mariano 310, 335
  Rafael 278, 327
  Ramon 29, 55, 174, 238, 297, 331
  Ricardo 169
  Salbador Manuel 267

AREYANO
- Jose 136, 253
- Jose Antonio 163
- Juan Domingo 277
- Julian 136
- Maria Antonia 134
- Maria Josefa 153, 201
- Maria Rosa 44
- Ricardo 201
- Rosa 219
- Soledad 176

ARGUELLO
- Anastacio 318
- Dolores 338
- Francisco 23, 26, 105
- Francisco Alejo 102
- Isidro 73
- Jose 62
- Jose Martin 102
- Jose Pablo 286
- Jose Salbador 320
- Juan 76, 263, 280, 304, 309, 349
- Juan Christoval 122
- Juan Jesus 14, 26, 83, 103, 232
- Juan Salvador 138, 193
- Manuel 261
- Manuel Fransisco 253
- Maria Ana Maria 12
- Maria Concepcion 73
- Maria Dolores 19, 187, 255
- Maria Gregoria 150, 284
- Maria Josefa 208, 236
- Maria Paula 79, 248
- Martin 273
- Nastacio 135
- Paubla 210, 298
- Ysidro 298, 321

ARGUEO
- Felipe 332
- Juan 332

ARIAS
- Maria Magdalena 183

ARMENTA
- Actanasia 55
- Agustina 329, 354
- Ana Maria 29, 238
- Anamaria 55
- Anna Maria 174, 297, 331
- Antonio 108, 130, 284, 329
- Antonio Elias 18, 67/68, 78, 248, 345
- Antonio Lias 7, 22, 35, 208, 280, 293, 328, 334
- Francisca 16, 40, 49, 205, 240
- Guadalupe 105, 303
- Jualiana 277
- Juana Maria 347
- Juliana 201
- Maria 168

ARMENTA (continued)
- Maria Carmel 305
- Maria Dolores 22, 35, 71, 108, 182, 195, 268, 270, 295, 348
- Maria Francisca 19, 60, 100, 119, 298
- Maria Guadalupe 21, 44, 168, 239, 336
- Maria Rosa 49
- Mariano 29, 127, 202, 203, 320
- Simon 15, 30, 45, 71, 74, 81, 86, 96, 133, 136, 151, 164, 168, 183, 221, 240, 260, 291, 313, 329

ARMENTE
- Antonio Elias 98
- Francisca 51

ARMIGO
- Maria 253
- Ygnez 235

ARMIJA
- Gregoria 193

ARMIJO
- See HORMIJO
- Andres 81, 199, 224
- Antonio Estaquia 224
- Antonio Estaquio 330
- Antonio Eustaquio 268
- Francisco Antonio 300
- Jose Antonio 32
- Jose Fileto 316
- Jose Martin 363
- Jose Roque 206
- Josefa 249
- Juan 178
- Juana Paula 84
- Lusia 239
- Maria 195
- Maria Antonia 7, 34, 48, 111, 120, 199, 280
- Maria Barvara 138
- Maria Dorotea 186
- Maria Juliana 363
- Maria Lucia 139, 308
- Maria Luisa 28
- Maria Micaela 127
- Maria Paula 148
- Maria Rosalia 75, 163, 164, 226
- Maria Ygnacia 45, 118
- Maria Ygnes 159, 206, 231, 259, 309
- Maria Ynes 48, 129, 289
- Migel 129, 300
- Miguel 319
- Nestor 319
- Pablo 317
- Pedro 249
- Roque 170
- Rosalia 172

INDEX of GODPARENTS, GRANDPARENTS, & OTHERS   TAOS BAPTISMS, VOLUME II

ARMIJO (continued)
   Santiago 20, 131, 193, 197, 209
   Tomas 138
   Ygnes 89
   Ynes 237, 244
ARRAGON
   See ARAGON, HARAGON
   Maria Antonia 304
ARRAÑADA
   See ARANDA
   Maria Petra 255
   Miguel 265
ARRELLANO
   See ARELLANO, ARELLANA
   Juan Ricardo 203
ARRETA
   Ana Maria 71
ARRIETA
   Anna Maria 112
   Juana Maria 347
   Maria 47
   Maria Jesus 314
   Ramon 82
ARSE
   Juana Maria 327
ARSENÓ
   See ARCENO
   Luis 72
   Miguel 82
ARSOMO
   Luis 177
ARSONO
   Luis 112
ART
   Ysabel 221
ARTIAGA
   Maria Josefa 46
   Maria Jusefa 94
ATENCIA
   Marta 201
ATENCIO
   See ANENCIO, ATENSIO
   Antonio 216
   Consepcion 234
   Jose Hilario 282
   Juan Antonio 17
   Juan Ygnacio 26, 55, 129, 136, 255, 311
   Manuel 73
   Maria 319
   Maria Consepcion 262
   Maria Encarnacion 17, 330
   Maria Francisca 188
   Maria Marta 135, 188, 251, 303
   Maria Micaela 168
   Maria Miquela 12, 313
   Maria Ygnacia 47
   Mario 177
   Marta 23, 64, 80, 104, 132, 261

ATENCIO (continued)
   Micaela 64
   Ylario 90, 145, 234, 289
ATENCION
   See ANENCIO
   Concepeicion 91
ATENSIO
   See ATENCIO
   Encarnasion 224
   Maria Cruz 354
   Ylario 354
AVILA
   See ABILA, HABILA
   Felipa 182
   Jose Guadalupe 119
   Maria Luz 14
BACA
   See VACA
   Ana Maria 8, 33
   Andrea 311
   Anna Maria 120, 216, 354
   Antonio 103, 109, 123, 139, 190, 224, 262, 276, 296, 336, 354, 357
   Barvala 257
   Bernardo 96
   Bibiana 23, 251
   Biviana 188, 305
   Catarina 29, 108
   Dorotea 36, 165, 326, 346
   Esteban 315, 316, 354
   Estevan 37, 86, 102, 227, 232, 242
   Francisca 176
   Guadalupe 359
   J. Miguel 217
   Jesus 255
   Jose 203, 335
   Jose Antonio 328
   Jose Manuel 160, 256, 323
   Josefa 50, 98, 212
   Juan Antonio 336
   Juan Domingo 105
   Juan Esteban 256
   Juan Miguel 69, 285
   Juana 166, 171, 257, 302, 330
   Lorenso 8, 120, 179, 232, 297, 315, 357
   Lorenzo 237, 351
   Luis 81
   Manuel 9, 11, 68, 85, 158
   Maria 164, 178
   Maria Antonia 9, 212, 256
   Maria Bibiana 187
   Maria Catarina 153
   Maria Dolores 60, 186, 242, 291, 294, 351

BACA (continued)
  Maria Dorotea   77, 110, 136, 154, 188, 233, 235, 259, 269, 280, 315
  Maria Francisca   17, 115
  Maria Guadalupe   198
  Maria Jesus   42, 319
  Maria Josefa   81
  Maria Juana   89
  Maria Rafaela   27, 85, 153
  Maria Reyes   115, 174, 187, 335
  Maria Rita   57, 93, 203
  Maria Rosa   4, 52, 114
  Maria Rosalia   69, 86, 101, 124, 237
  Maria Salome   285, 346
  Maria Simona   262, 279, 294
  Maria Soledad   154, 315
  Maria Teodora   33
  Maria Tiodora   233, 272
  Maria Varvara   131
  Maria Viviana   51, 80, 249
  Maria Ygnacia   259, 297, 303
  Pedro   100, 130
  Rosalia   19, 86, 149, 231, 233, 266, 351
  Salbador   32, 219, 296, 315
  Salome   335
  Santiago   199, 269, 335
  Simona   262
  Soledad   213, 278, 351
  Teresa   59
  Viviana   200, 280, 319
BACHICHA
  Pedro   43
  Salvador   145, 234
BACHICHO
  Salbador   354
BALBERDE
  See VALVERDE, BALVERDE
  Juan Cristoval   223
  Maria Dolores   65, 253
BALDES
  See VALDES, VALDESA
  Ana Guadalupe   223
  Ana Maria   61, 75
  Anna Guadalupe   108
  Anna Maria   306
  Antonia   224
  Antonio   262, 327, 330
  Bautista   32, 89
  Dolores   131, 248
  Estefana   237
  Eulogio   89, 237
  Feliciana   30
  Felipe   77, 223, 328
  Francisco   62, 63, 101, 125, 134, 159, 175, 312, 335
  Gertrudes   291

BALDES (continued)
  Gertrudis   225
  Guadalupe   134, 200, 256
  Jertrudes   89/90
  Jose Antonio   45, 99
  Jose Benito   310
  Jose Fransisco   245
  Jose Manuel   215
  Jose Maria   24, 77, 106, 243
  Jose Miguel   289
  Jose Ygnacio   121, 138
  Jose Ygnasio   223
  Josefa   60, 177
  Juachin   239
  Juan   23, 85, 181, 227, 249, 251
  Juan Antonio   78, 135, 145, 304, 323
  Juan Bautista   138, 158, 188, 287
  Juan Crus   52
  Juan Cruz   141
  Juan Jesus   29, 79, 85, 273, 353
  Juan Niculas   271
  Juan Venito   91
  Juana   335, 339
  Manuel   33, 87, 117, 154, 254, 280, 299, 328
  Manuela   108
  Maria   72, 93, 114, 241, 249
  Maria Andrea   312
  Maria Antonia   296, 315
  Maria Biviana   135
  Maria Candelaria   86, 241, 280
  Maria Catarina   89
  Maria Concepcion   287
  Maria Dolores   7, 239, 292
  Maria Encarnacion   132, 308
  Maria Encarnasion   240
  Maria Estefana   77
  Maria Feliciana   70
  Maria Gertrudes   119
  Maria Gertrudis   223
  Maria Getrudes   271
  Maria Guadalupe   129
  Maria Jesus   58, 78, 116, 307
  Maria Josefa   75, 76, 124, 245, 310
  Maria Jusefa   105
  Maria Manuela   112
  Maria Margarita   88
  Maria Micaela   81, 110
  Maria Miquela   109, 245
  Maria Paula   89, 214, 253, 288, 319, 327
  Maria Puaula   225
  Maria Rita   29, 89, 105, 106
  Maria Rosalia   91, 170
  Maria Trinidad   80
  Maria Ygnacia   11, 102, 222, 249, 314

BALDES (continued)
    Mariana   328
    Mariano   310
    Micaela   231, 294
    Miquela   107, 325
    Ologio   64
    Pedro   316
    Pedro Antonio   203
    Pedro Bustos   107
    Rosalia   235
    Santiago   106
    Ygnacio   158
BALDEZ
    See VALDEZ
    Buena Bentura   344
    Getrudis   271
    Juan Benito   337
    Maria Gertrudis   283
    Maria Ygnacia   356
    Rosalia   356
BALDONADA
    Maria Candelaria   343
BALDONADO
    See VALDONADO, MALDONADO
    Anna Maria   300
    Antonio   338
    Antonio Jose   28, 186, 257
    Bitoria   186
    Dolores   99, 172
    Jose   296
    Jose Mariano   327
    Leonicio   108
    Maria Antonia   304
    Maria Bitoria   303
    Maria Candelaria   336
    Maria Dolores   212, 281
    Maria Paula   83, 279
BALENCIA
    See VALENCIA
    Jose Antonio   81
    Juan Antonio   356
    Luisa   115
    Maria Dolores Tanislada   62
    Maria Guadalupe   119
BALENSUELA
    Maria Gertrudis   311
BALERIA
    See VALERIA
    Rosa   254
    Rosalia   172
BALERIO
    See VALERIO
    Francisco   129
    Gregorio   259
    Jose   98
    Maria Carmel   74
    Maria Juliana   335
    Martin   54, 80, 215, 339
    Rosalia   282

BALLANCUR
    See VALLANCUR, BAYANCUR, BAYANCOR
    Maria Feliciana   266
BALLANCURES
    Maria Feliciana   134
BALLE
    See VALLE, BAYE, VAYE
    Maria Petra   32, 54, 93, 148, 262
    Petra   45
BALLEGOS
    See VALLEGOS, BAYEGOS
    Juan   214, 293
    Maria Dolores   318
    Maria Florencia   147
BALLEJA
    Juan   279
BALLEJOS
    See VALLEJOS, BAYEJOS
    Ana Maria   31, 36, 275
    Anamaria   9, 111, 315
    Anna Maria   189
    Annamaria   108
    Antonio Jose   111, 249
    Francisco   185, 218, 316, 338
    Jose Francisco   280, 331
    Juan   212, 240, 274, 334
    Juan Bautista   83, 169, 241, 289,
        331, 341, 359
    Juliana   68
    Luis   81, 107, 166, 249, 285
    Maria Dolores   241, 248, 277
    Maria Jose   76
    Maria Juliana   19, 264
    Maria Lus   280
    Maria Manuela   281
    Maria Rafaela   56
    Maria Ramona   74
    Maria Ygnacia   298
    Miguel   34, 283
    Miguel Antonio   293, 312, 334,
        356
BALVANEDA
    Maria Andrea   78
BALVERDE
    See VALVERDE, BALBERDE
    Cristobal   170
    Juan Cristoval   79
    Maria Dolores   104
    Maria Luz   27
    Maria Refugio   108
BANSAN
    Maria Rosa   218
BARANCA
    See BARRANCA
    Juan   159
BARCELO
    Ygnacio   146
BARCELON
    Trinidad   273

BARÉ
  Lucía 252
BARELA
  See VARELA, BARRELA, BERELA,
    GARELA, BARERA
  Antonio 29, 112, 307
  Antonio Jose 83
  Barbara 68
  Candelario 316
  Clara 110
  Cristobal 114
  Cristoval 19, 63
  Culas 279
  Dolores 146
  Eugenia 237
  Fabiana 177
  Felipa 297
  Felipe 41, 248
  Felis 143
  Francisca 105
  Francisco 361
  Gabriel 146
  Gertrudis 315
  Getrudis 249
  Jose 295
  Jose Antonio 10, 257, 307
  Jose Candelario 48, 218
  Jose Francisco 99, 146, 248, 286
  Jose Maria 357
  Jose Mariano 108, 259
  Juan 290
  Juan Antonio 16, 30, 70, 145,
    222, 341
  Juan Cristoval 241
  Juan Nicolas 103, 293
  Juan Ysidro 56, 64, 99, 111,
    203, 286, 307
  Juan Ysidro Jesus 156, 201
  Juana 92, 345
  Juana Gertrudes 137
  Juana Gertrudis 158, 229, 237
  Juana Nepomusena 185
  Juliana 186, 257, 296, 308
  Manuel 301
  Manuel Antonio 164
  Marcelino 278
  Margarita 114
  Maria 222
  Maria Barvara 117
  Maria Clara 93, 179, 203
  Maria Dolores 118, 267, 286
  Maria Felipa 256
  Maria Gertrudes 343
  Maria Gertrudis 280, 357
  Maria Jesus 127, 174, 262, 279,
    353
  Maria Jesusa 279
  Maria Josefa 52, 53, 71, 77,
    250, 300

BARELA (continued)
  Maria Juliana 28, 124
  Maria Manuela 174
  Maria Natividad 301
  Maria Rafaela 61, 62, 64, 101,
    159, 237, 263, 273, 352
  Maria Ramona 227, 295, 303
  Maria Tomasa 339
  Maria Ygnacia 57, 252, 269
  Miguel 24, 75, 76, 100, 203,
    301, 353
  Nicolas 29, 39, 107, 199
  Pablo 22
  Pedro 237
  Ramona 31, 316
  Sencion 26
BARELAS
  Maria Dolores 304
BARERA
  Juana 67
  Maria Dolores 56
BARGAS
  See VARGAS
  Agustin 186
  Eestevan (sic) 230
  Estevan 59, 82, 84, 194, 243,
    257, 281, 302
  Jose Pablo 116
  Jose Rumaldo 240
  Juan 30, 197, 318
  Juan Agustin 292
  Juan Jesus 222
  Juana 346
  Juana Angela 65
  Juana Diega 142
  Juana Maria 200
  Maria Francisca 171
  Maria Rita 261, 327
  Maurilo 18, 57, 70, 224, 226
  Pablo 101
  Rumaldo 134, 324
BARO
  See VAROS
  Maria Laureana 187
BARRANCA
  See BARANCA
  Juan 81, 243
  Maria Manuela 260
BARRATERATO
  See VARRETERAN
  Jose Guadalupe 272
BARRELA
  See BARELA, VARELA
  Maria Dolores 229
  Miguel 302
BARRERAS
  Antonio 67

INDEX of GODPARENTS, GRANDPARENTS, & OTHERS   TAOS BAPTISMS, VOLUME II

BASQUES
  See VASQUES
  Ana Maria 261
  Antonio 11, 62, 128
  Catalina 108
  Catarina 46, 205, 324
  Domingo 93
  Guadalupe 314
  Jose 78
  Jose Antonio 18, 219, 312
  Jose Manuel 340
  Josefa 305
  Juan Antonio 134
  Juan Jose 94, 199, 200, 245,
    255, 263, 280, 342
  Juana 163
  Juana Catarina 94
  Maria 164
  Maria Albina 342
  Maria Alvina 266
  Maria Catarina 31, 327
  Maria Dolores 347
  Maria Josefa 207
  Maria Manuela 179
  Maria Paula 170
  Maria Rafaela 203
BAYANCOR
  Feliciana 201
BAYANCUR
  See BALLANCUR, BALLANCURES
  Maria Feliciana 47
BAYE
  See BALLE, VALLE, VAYE
  Petra 317
BAYEGOS
  See BALLEGOS, VALLEGOS
  Maria Manuela 244
BAYEJOS
  Ana Maria 42
  Anna Maria 127, 151
  Miguel 172
  Miguel Antonio 212
BEABIEN
  Carlos Hypolito 169
BEAUBIAN
  See BEUAHAN, BOBIAN
  Carlos Ypolito 57
BEAUBIEN
  Carlos 142, 219
  Carlos Hipolipo 49
  Carlos Hipolito 82, 110
  Carlos Hypolito 145, 184
  Pablo 26, 75, 265
BEITA
  See BEYTA, VEITA, BEYTES
  Andres 7, 112
  Barbara 34
  Deciderio 315
  Diego Antonio 224

BEITA (continued)
  Encarnacion 121
  Faustino 324
  Francisco 73
  Francisco Antonio 314
  Gertrudis 257
  Guadalupe 13, 255
  Jose Antonio 61, 63, 86, 89, 241
  Jose Gabriel 91
  Jose Rumaldo 52
  Juan Jesus 73
  Juan Jose 245
  Manuela 355
  Maria 48, 312
  Maria Antonia 6, 34
  Maria Francisca 219
  Maria Fransisca 224
  Maria Gertrudis 52, 86, 253
  Maria Guadalupe 284, 335
  Maria Jesus 315
  Maria Josefa 52, 78, 247
  Maria Manuela 75, 271, 324
  Maria Rafael 234
  Maria Rafaela 42, 93, 315
  Maria Rita 10, 66, 232
  Maria Teodora 180, 305
  Rita 129
  Rumaldo 121, 145
  Teodora 18, 224, 265
BELARDE
  See VELARDE
  Candelaria 232
  Diego 96, 233
  Jose Maria 192, 250
  Juan Jesus 255
  Maria Candelaria 7, 108, 248,
    316, 334
  Maria Jesus 223
BELASQUES
  See VELASQUES
  Antonio 255
  Diego 355
  Juan Jose 266
  Juan Nepomuceno 136
  Juana 165, 254, 291
  Juana Encarnacion 22, 62, 93
  Maria Angela 301
  Maria Diega 284
  Maria Manuela 20, 77, 181, 241
  Maria Rosa 176
  Rafael 175
BELIO
  Pablo 42, 280
BENABIDES
  See VENABIDES, VENABIDEZ
  Barbara 77
  Jose 296
  Juana 34, 240, 247, 348
  Juaquina 237

BENABIDES (continued)
  Manuel 73
  Margarita 224
  Maria Alverta 69
  Maria Francisca 264
  Maria Gertrudis 231
  Maria Josefa 81
  Maria Juana 214, 305
BENAVIDES
  See VENAVIDES, BENIVADES
  Joaquina 306
  Juana 86, 117
  Juana Josefa 279
  Juana Maria 273
  Juaquina 146
  Maria Antonia 209
  Maria Juana 100, 264
  Maria Juaquina 84, 246
  Maria Nazarena 264
BENIVADIS
  Maria 312
BERELA
  See BARELA
  Jose Antonio 55
BERNAL
  See VERNAL
  Felipe 312, 347
  Jose 83
  Josefa 278, 282, 327
  Juan Manuel 226
  Juan Pedro 32, 287
  Juliana 68
  Manuel 28
  Margarita 219
  Maria 71, 96
  Maria Antonia 94, 129, 244, 313
  Maria Barbara 97
  Maria Dolores 77
  Maria Encarnacion 94, 115, 120, 275, 278, 285
  Maria Francisca 1, 204, 278
  Maria Jesus 312
  Maria Manuela 43, 329
  Maria Reyes 133
  Maria Rosa 244
  Maria Rosalia 95, 164
  Maria Santa 291
  Maria Santos 105, 200, 251, 281, 336
  Marioa Francisca 278
  Pedro 248
  Pedro Antonio 17
  Reyes 71, 240
BERNALDA
  Ylaria 226
BERNAND
  Jose Santos 276
BERNAR
  Maria Antonia 44

BEUAHAN
  See BEAUBIEN, BOBIAN
  Carlos Ipolito 106
BEUBIEN
  Pablo 204
BEYTA
  See BEITA, VEITA, BEYTES
  Andres 194
  Anna Maria 195, 289
  Antonio 343
  Antonio Jose 174
  Francisco 124, 226
  Jose Antonio 155, 179, 280, 326
  Jose Gabriel 344
  Jose Manuel 212
  Jose Miguel 199
  Juan Antonio 177
  Juan de Dios 360
  Juan Rafael 348
  Juana Josefa 338
  Maria 150, 225
  Maria Andrea 116
  Maria Antonia 117, 342
  Maria Dolores 301
  Maria Encarnacion 245, 325
  Maria Francisca 209, 322
  Maria Francisca Antonia 246
  Maria Gertrudis 324
  Maria Getrudis 233
  Maria Guadalupe 171, 202
  Maria Manuela 146, 226, 323
  Maria Rafaela 214, 343
  Maria Rita 281, 298
  Maria Teodora 143
  Mariano 312
  Miguel 200
  Rafaela 278
  Raumaldo 235
  Teodora 165
BEYTES
  See BEYTA
  Maria 150
BIALALPANDO
  Maria Catarina 230
BIALPANDO
  See PANDO, VILLALPANDO, BILALPANDO, VIALPANDO
  Ana Maria 325
  Antonio Domingo 112, 261
  Catarina 244, 341
  Jose Ramon 244
  Jose Vicente 315
  Julian 112, 232, 239, 267
  Manuel Gregorio 49
  Maria 328
  Maria Antonia 61
  Maria Carmel 281
  Maria Catarina 225
  Maria Manuela 35, 128

INDEX of GODPARENTS, GRANDPARENTS, & OTHERS   TAOS BAPTISMS, VOLUME II

BIALPANDO (continued)
  Maria Paula   24, 252, 315
  Maria Reyes   244
  Maria Ygnacia   242
  Toribio   281
  Ylena   338
BIANUEVA
  See VIANUEVA
  Jose   284
BIGIL
  See VIGIL
  Luisa   171
  Maria Annamaria   356
  Maria Barbara   181
  Maria Encarnacion   222
  Maria Jesus   361
  Maria Rufina   223
  Ramon   356
BIJIL
  See VIJIL
  Juan Jesus   309
BILALPANDO
  See PANDO, VIALPANDO, BIALPANDO
  Bisente   271
BILLALPANDO
  See PANDO, VILLALPANDO, VIALPANDO
  Catalina   322
  Manuela   227
  Rafael   108
BISONETE
  Jose   112
  Juan   181
BLANCHARD
  See BRANSAL
BLANCO
  Anrique   181
BLE
  Maria   42
BLEA
  See VLEA
  Antonio   55, 123
  J Pablo   35
  Jose Antonio   261
  Jose Joaquin   61
  Jose Juachin   10
  Juan Pascual   248
  Maria   93
  Maria Clara   282
  Maria Encarnacion   202, 262, 348
  Maria Guadalupe   157
  Maria Nasarena   12, 106
  Maria Rosario   114, 166
  Maria Serafina   45
  Nasarena   53, 244
  Pablo   12, 13, 21, 140, 157, 159, 219
  Pascual   84, 201
  Santiago   76

BLELLA
  Antonio   322
BOBIAN
  See BEAUBIEN, BEUAHAN
  Carlos   174
  Narciso   326
BOGGS
  Jose Tomas   44
BOREGO
  Leonida   298
  Maria Leonicia   297
BORREGO
  See VORREGO
  Cristoval   77
  Deonicia   211
  Diego   52, 101, 178, 239, 271, 275, 303
  Diego Antonio   169, 214
  Donicia   203
  Francisco   344
  Jose Calistro   227
  Jose Cristoval   118
  Jose Disiderio   339
  Juliana   260
  Leonicia   24, 40, 130
  Maria Concepcion   339
  Maria Dionicia   267
  Maria Juliana   315
  Maria Leonicia   75, 119, 290, 297
  Maria Niebes   258
  Maria Nieves   344
  Maria Paula   259/260
  Maria Reyes   77
  Maria Ygnacia   260
  Paula   92
BORUNA
  Rosalia   213
BOSUE
  Maria   183
BOYVACEA
  Maria Antonia   32
BRACHAL
  See VRACHAL
  Antonio   151, 181
  Bautista   214
  Jose Bartomome   271
BRANCH
  Jose Jesus   74
BRANCHAL
  Antonio   227, 300
BRANCHE
  See BRANCH, VRANCHE
  Juan Jesus   263
  Pedro   121, 280
BRANCHI
  See BRANCH
  Jose Jesus   326
  Pedro   332

BRANSAL
  Jose Bartolo 163
BRAQUEL
  Maria 272
BRISON
  Juan Bautista 195
BRITO
  See VRITO
  Ana Maria 282
  Felipe 291
  Francisco 72, 141, 322
  Jose Antonio 227
  Juan Felipe 246, 290, 343
  Juan Francisco 37
  Leonicio 56
  Magdalena 172
  Maria 105
  Maria Dolores 323
  Maria Magdalena 100, 212
  Maria Micaela 274
  Maria Miquaela 355
  Maria Miqueala 335
  Maria Miquela 99, 338
  Maria Teodora 293
  Micaela 291
  Miguel Antonio 21, 57, 219, 252
  Miquaela 197
BUENA
  See VUENA
  Juana Antonia 181
  Maria Fernanda 114
BUENO
  See VUENO
  Antonio 30, 43, 91, 170, 179,
    235, 256, 303, 331, 336, 346,
    349
  Francisco 77
  Jose Jesus 208
  Juan 224
  Juan Antonio 18, 119, 182, 237
  Juan Eugenio 89, 143, 165, 180,
    265, 305
  Juana 307
  Juana Antonia 23, 36, 56
  Maria Fernanda 90
  Maria Francisca 305
  Maria Juana 6
  Maria Juana Antonia 77
  Maria Lus 138, 184, 222, 235,
    293, 331
  Maria Luz 256, 320
  Maria Manuela 154, 185, 251, 252
  Maria Ygnacia 3, 50, 62, 90,
    213, 235, 263, 276, 321
  Pedro 10, 54, 97, 244
  Ygnacia 186, 326
BUENOS
  Maria Manuela 251

BUREGA
  Maria Nieves 179
BURROLA
  Juan Cristoval 323
BUSTOS
  See VUSTOS
  Francisco 96, 97, 139, 182, 198,
    224
  Jose 117, 188
  Jose Antonio 267, 348
  Jose Ygnacio 198
  Maria 285
  Maria Josefa 351
  Maria Luisa 337
  Maria Ysabel 110, 179
  Ygnacio 326
  Ysabel 27
BUSUT
  Maria 97
BUTIERES
  See GUTIERES
  Antonio 323
BUTIERRES
  See GUTIERRES
  Antonio 315
  Francisco 126
  Jose Antonio 323
  Jose Reyes 257
  Madalena 236
  Salvador 360
BUTIERREZ
  Francisco 147
  Maria Ygnacia 354
CABA
  Maria Olalla Trinidad 243
CACHINDO
  Juan 82
CACIAS
  See CASILLA
  Manuel 312
  Maria Lauteria 312
  Maria Rafela 323
CACILLAS
  See CASILLAS
  Maria Manuela 310
CACUGE
  Maria Rosa 56
CALDE
  Josefa 227
CALDERON
  Maria Fernalda 195
  Maria Josefa 250, 309
CAMBEL
  See CANVEL
  Jose Ricardo 45
  Juan 54, 148
  Maria Bibiana 284
  Maria Feliciana 67, 130
  Ricardo 121, 200, 203

INDEX of GODPARENTS, GRANDPARENTS, & OTHERS

CAMBELL
  Ricardo 204
CAMPBELL
  See CAMBEL, CANVEL, CANBEL
  Ricardo 170
CAMPOS
  Francisca 97
  Jose 174
CANA
  See CANO
  Maria Ygnacia 52, 187
  Ygnacia 282
CANASTA
  Sicilia 125
CANASTAN
  Secilia 123
CANBEL
  See CAMPBELL
  Ricardo 109, 170
CANBELLY
  Ricardo 101
CANDELARIA
  Ana Maria 91
  Anamaria 229
  Francisco 230
  Jose 291
  Josefa 348
  Juana 321
  Julian 228
  Maria 245
  Maria Gertrudis 97
  Maria Leonicia 305
  Ygnacio 192
CANDELARIO
  Ana Maria 43
  Anna Maria 200
  Francisco 25, 43, 68, 113, 159,
    190, 200, 253, 270, 304, 323,
    329
  Gertrudis 92
  Juan 177
  Julian 149
  Manuel 133
  Maria 131
  Maria Clara 30
  Maria Gertrudis 202
  Maria Lorensa 125
  Maria Paula 28
  Maria Soledad 63
  Santiago 47
  Soledad 48
  Ygnacio 96, 125, 192
CANGUELLI
  Maria 101
CANO
  See CANA
  Maria 98
  Maria Antonia 75

CANO (continued)
  Maria Ygnacia 4, 34, 75, 125,
    167, 215, 288
  Ygnacia 10
CANOLÉ
  Pedro 30, 66
CANVEL
  See CAMPBELL
  Ricardo 144
CAQUINDU
  Juan 102
CARABAJAL
  Nicolasa 227
CARDENAS
  Bentura 69, 90, 220, 273
  Buena Ventura 346
  Buenaventura 238
  Francisco 90
  Jose 28, 105, 183, 200, 251,
    281, 291, 315
  Jose Ramon 359
  Jose Silvestre 336
  Juan Antonio 336
  Maria Margarita 359
  Maria Ysabel 6, 275
  Ramon 275
  Ventura 36, 146, 228
  Vicente 281
  Vuena Ventura 228
  Ysabel 163
  Ysavel 360
CARIEL
  Anastacio 27
CARIO
  Juan Jesus 146
CARRIO
  Antonio Jose 190
  Jasinto 91
CASADO
  Juan Antonio 148
  Maria Dolores 120, 183
CASADOS
  Anna Maria 101
  Heremenegilda 200
  J. Antonio 200
  Jose Gabriel 30
  Josefa 318
  Juan Antonio 15, 27, 29, 82,
    153, 156, 194, 213, 297
  Juan Tonio 137
  Juana Gertrudis 17
  Marcelina 29, 168, 204
  Maria 73, 241
  Maria Dolores 2, 23, 99, 180,
    185, 236, 242, 268, 277, 333
  Maria Heremeregilda 250
  Maria Hermenegilda 188, 194
  Maria Josefa 9, 12, 28, 29, 82,
    96, 173, 202, 243

CASADOS (continued)
  Maria Juana 195
  Maria Manuela 9, 11, 68, 158, 160
  Maria Marcelina 15, 61, 96, 141, 202
  Maria Marselina 2, 66, 81, 115, 150, 157, 188
  Maria Ysabel 56, 146
  Marselina 59, 224, 241
  Ysabel 210
CASADOZ
  Jose Grabiel 160
CASAOS
  Hermeregilda 339
  Maria Josefa 345
CASIAS
  See CACIAS
  Bartolo 274
  Bernardo 7
  Cristoval 190, 292
  Jose 294
  Juan Antonio 3
  Manuel Jesus 190
  Maria Elena 337
  Maria Rafela 311
CASILLA
  Andres 132
  Jose Jesus 132
CASILLAS
  See CACILLAS
  Bartolo 172
  Bautista 143
  Francisca 7
  Jose Antonio 278
  Jose Mateo 150
  Juan Antonio 132
  Juana Paubla 319
  Luisa 347
  Marcelino 172
  Maria Francisca 65
  Maria Lus 48
  Maria Manuela 1
  Maria Rafaela 162, 175, 195, 317
  Rafaela 39, 203, 234
  Vernardo 26, 38
CASILLOS
  Manuel 204
CASIOS
  Luis Maria 123
CASTELLANO
  J. Pedro 185
  Matias 18, 235
  Santiago 311
CASTEYANO
  Matias 122
CASTILLO
  Maria Gertrudis 41

CATE
  See ESCORT
  Mades 332
CATUFE
  Maria Polonia 272
CATUGE
  Maria Polonia 100
CATUGUI
  Poloña 20
CENA
  See SENA
  Catarina 211
  Gregoria A. 38
  Juana Maria 226
  Manuel Jesus 194
  Maria Candelaria 153
  Maria Juana 187
  Miguel 140, 153, 267
CENTENA
  Maria Antonia 44
CERDA
  See SERDA
  Guadalupe 37
  Maria Guadalupe 198
  Maria Paula 154
CERNA
  See SERNA
  Barbara 177
  Jose Francisco 116
CHABES
  See CHAVES, CHAVEZ
  Anna Maria 347
  Antonio 315, 356
  Domingo 32
  Guadalupe 118, 162
  Jose 329
  Jose Maria 237
  Juan Domingo 178, 347
  Juan Nepomozeno 354
  Luis 84
  Maria 316
  Maria Antonia 347
  Maria Dolores 23
  Maria Gertrudis 312
  Maria Ygnacia 96
  Santiago 303
CHACON
  Alvina 299
  Antonio Jose 311
  Damacio 233
  Felipe 96, 160, 233
  Francisca 109, 173, 278
  Francisco 330, 340
  Fransisco Antonio 224
  Jose 15, 26, 116, 129
  Jose Pablo 189
  Jose Ramon 302
  Josefa 206
  Juan Antonio 214

CHACON (continued)
 Juan Miguel 253
 Juana 156, 330
 Maria 52, 72, 95, 324, 338
 Maria Barbara 300
 Maria Concepcion 113
 Maria Francisca 26, 33, 44, 69,
  74, 94, 129, 153, 251, 281
 Maria Juana 21, 242, 319
 Maria Juliana 291
 Maria Serafina 54
 Nasarena 281
 Pedro 212
CHACONA
 Francisca 194
 Juana 37, 296
 Maria 88, 131
 Maria Francisca 181
 Maria Risa 136
CHALIFU
 Jose 190
 Pedro 112
CHAMA
 Maria 164
CHAMBRE
 Antonio 26
CHAMBRES
 Samuel 125
CHARETTE
 See SARETE
CHAUBELON
 Juan 42, 93
 Juan Bautista 214
CHAVES
 See CHABES
 (n.n.) 227
 Agustin 28
 Ana Maria 16, 60
 Anna Maria 281
 Annamaria 244
 Antonia Rosa 14
 Antonio 19, 67, 82, 129, 173,
  198, 222, 244, 248
 Antonio Dominges 133
 Antonio Jose 205, 324, 338
 Bartolome 126
 Blas 5, 67, 129, 280, 298
 Candelaria 10, 70, 154
 Consepcion Mariana 296
 Cristobal 115, 181
 Diego 83, 217, 329
 Dolores 322, 328
 Domingo 16, 20, 21, 114, 153,
  164, 252, 327
 Dorotea 212, 250
 Encarnacion 10, 71, 220, 294
 Eusebio 276
 Fabiana 52, 112, 178
 Faviana 203, 275

CHAVES (continued)
 Feliciana 355
 Felipe 97
 Francisca 207
 Francisco 101, 240
 Gregorio 68, 157
 Guadalupe 11, 263
 Jose 169, 239, 241, 344
 Jose Antonio 21, 58, 81, 101,
  151, 154, 164, 223, 229, 305
 Jose Gabriel 48, 190, 198, 207,
  215, 245
 Jose Maria 31, 35, 69, 92, 130,
  137, 191, 202, 212, 237, 333
 Jose Pablo 152, 335, 344
 Jose Visente 285
 Josefa 265
 Juan 45, 147, 162, 186, 241,
  328, 336
 Juan Antonio 63, 83
 Juan Christoval 196, 274
 Juan Cristobal 212, 285, 291,
  306, 322
 Juan Cristoval 270, 311
 Juan Domingo 81
 Juan Julian 188
 Juan Manuel 15, 54
 Juan Nepomoseno 104
 Juan Nepomuseno 163, 242
 Juan Pomuceno 83
 Juanica 59
 Julian 291, 339
 Lorensa 4
 Loreta 311
 Loreto 177
 Lucia 263, 283
 Luciana 38, 66
 Luis 43, 168, 169, 238, 258,
  310, 334
 Luisa 14
 Luiz 168
 Malena 38
 Manuela 277
 Margarita 20, 35, 39, 63, 141,
  156, 286, 346
 Maria 30, 52, 63, 82, 101, 107,
  175, 194, 253
 Maria Andrea 78, 145
 Maria Candelaria 27, 61, 153,
  302, 325
 Maria Concepcion 31, 68
 Maria Dolores 8, 57, 71, 106,
  124, 146, 148, 175, 191, 205,
  242, 257, 272, 322, 336
 Maria Encarnacion 38, 356
 Maria Fabiana 47, 303
 Maria Francisca 76, 169, 342
 Maria Gertrudis 212, 242, 293,
  334, 347

CHAVES (continued)
  Maria Guadalupe 13, 37, 61, 98,
    110, 179, 193, 199, 206, 225,
    327
  Maria Josefa 155, 184, 192, 208,
    222, 246, 288, 326
  Maria Juaquina 227
  Maria Lucia 41, 61, 128, 180
  Maria Luciana 95, 118, 217
  Maria Lusia 87
  Maria Lusiana 134
  Maria Margarita 58
  Maria Micaela 48, 65, 166
  Maria Miquela 24, 139, 156
  Maria Paula 198
  Maria Petrona 259
  Maria Polonia 2, 103, 293
  Maria Rosa 135, 180, 235
  Maria Teresa 152, 222, 291
  Maria Varbara 54
  Maria Viviana 188
  Maria Ygnacia 10, 38, 54, 61,
    136, 163, 164, 233, 258, 285,
    300, 329
  Maria Ygnes 54, 151, 207, 343
  Maria Ynes 181
  Marta 240
  Micaela 43, 243
  Miguel 65, 253
  Miguel Antonio 32, 47, 58, 72
  Petrona 108
  Polonia 29, 199
  Rafael Antonio 27
  Rosa 109
  San Juan 293
  Santiago 34, 271
  Teresa 15, 203
  Vicente 56, 191, 346
  Viviana 291
  Ygnacia 260
  Ygnes 38
  Ynes 296
CHAVEZ
  Jose Loreto 50
  Jose Maria 277
  Juan Domingo 352
  Maria Candelaria 170, 220
  Maria Guadalupe 261
  Maria Manuela 351
  Maria Margarita 94
  Maria Miquela 119
  Maria Ygnacia 269
CHIMAYO
  Juan 329
CHININÍ
  J. Domingo 184
CHIRINA
  Ascencio 93, 254
  Jose Teodora 201

CHIRINA (continued)
  Maria Paula 201
  Pedro 163
CHIRINO
  Asencio 36
CISNEROS
  See SISNEROS, ZISNEROS
  Maria Ysabel 51
  Rafael 312
COCA
  Andres 14, 45, 74, 122, 138, 347
  Antonia 270
  Barbara 79, 223
  Cornelio 89
  Dolores 349
  Jose 152
  Jose Andres 8
  Jose Maria 1, 34, 53, 100, 104,
    117, 133, 139, 176, 185, 211,
    240, 247, 262, 264, 273, 305,
    348
  Jose Miguel 236
  Jose Relles 250
  Juan Cristobal 237
  Juan Jesus 40, 267
  Manuel 65, 171, 221
  Manuela 177, 189
  Maria 17
  Maria Antonia 107, 237, 361
  Maria Barbara 107, 170, 279
  Maria Catarina 306, 360
  Maria Dolores 34, 250, 295, 307,
    346
  Maria Dominga 258
  Maria Francisca 25, 117, 229,
    249, 324
  Maria Josefa 61
  Maria Manuela 39, 94, 283, 314,
    327
  Maria Rita 275, 360
  Maria Rosa 40
  Maria Rosario 34, 227, 336
  Maria Trenidad 295
  Maria Varvara 208
  Mateo 51
  Miguel 62, 104, 213, 253, 356
  Rita 163
  Teodora 104
  Tomas 28, 235, 279, 308, 357,
    360
  Varbara 1
CONCHA
  Anna Maria 83
  Encarnacion 261
  Juan Antonio 245, 289
  Juan Manuel 295, 340
  Juana Maria 290
  Maria 336
  Soledad 348

INDEX of GODPARENTS, GRANDPARENTS, & OTHERS   TAOS BAPTISMS, VOLUME II

CONCHAS
  Juana Maria   200
CONOLE
  Mateo   3
CONTRERAS
  Geraldo   38, 71, 294
  Gerardo   10
  Juliana   103
  Maria Dolores   330/331
CONTU
  Juana   208
COPA
  Juan Manuel   53
  Julian   44
  Manuel   77
COPAS
  Jose Ramon   140
  Julian   114
COPLAHUR
  Maria Anguelina   170
CORDOBA
  Aban   22, 176, 251
  Andres   20, 41/42, 115, 172, 210, 242, 293
  Antonio   234
  Antonio Aban   26, 33, 94, 101
  Antonio Avan   109
  Antonio Jose   5, 35, 58, 80, 131, 163
  Barbara   92, 158, 291
  Benancio   28
  Carpio   74, 78, 81, 138
  Catarina   178
  Celedon   203
  Damacio   109, 288
  Dolores   73, 275
  Domingo   291
  Encarnacion   257
  Francisco   71, 81, 83, 96, 106, 135, 152, 320
  Francisco Estevan   18, 142, 249
  Gertrudis   87, 299, 308
  Gregorio   43, 55, 67, 153, 192
  Jesus Maria   25, 27, 90, 138, 288, 290, 304
  Jose   5, 57, 72, 95, 242
  Jose Antonio   29, 35, 142, 174, 179, 182, 297
  Jose Dolores   45, 145, 273
  Jose Manuel   37
  Jose Miguel   339
  Jose Policarpio   7, 40, 98
  Jose Rafael   212
  Jose Venancio   167
  Jose Ygnacio   8, 189
  Josefa   302
  Juan   58, 80, 245, 339
  Juan Antonio   171
  Juan Domingo   209

CORDOBA (continued)
  Juan Felipe   12, 81
  Juan Jesus   291
  Juana   25, 48, 55, 61, 93, 150, 205, 324
  Juana Guadalupe   166
  Juana Josefa   160
  Juana Maria   35, 161, 275
  Juliana   30, 47, 172
  Lorenso   5, 16, 18, 70, 199, 257, 307
  Lorenzo   270
  Manuel   22, 62, 72, 90, 101, 141, 191
  Manuela   273
  Margarita   116, 239
  Maria   109
  Maria Antonia   22, 27, 52, 64, 87, 243, 351
  Maria Candelaria   64
  Maria Candida   76
  Maria Casilda   65, 90, 342
  Maria Catarina   25, 44, 59, 62, 92, 276, 291
  Maria Dolores   58, 159, 180, 181, 202, 208, 302, 358
  Maria Encarnacion   46, 59, 92, 208
  Maria Feliciana   172
  Maria Francisca   12, 34, 36, 76, 190, 201/202
  Maria Gertrudis   8, 9, 27, 65, 69, 91, 94, 143
  Maria Guadalupe   116
  Maria Jesus   306
  Maria Juana   67, 79, 167, 171
  Maria Juliana   91
  Maria Lus   100, 288
  Maria Manuela   245
  Maria Pascuala   245, 263
  Maria Rosa   306
  Maria Rufina   234
  Maria Vicenta   233, 285
  Maria Ygnacia   68, 101
  Maria Ysabel   17, 67, 186, 211, 315
  Miguel   46
  Pablo   18, 90
  Paula   348
  Policarpio   281
  Rafael   149, 265
  Ramon   187, 207
  Reymundo   35, 80
  Santos   73
  Sarafino   35
  Seledon   93, 256, 291
  Serafin   118
  Serafino   83
  Sevastian   106

CORDOBA (continued)
  Teodora 243
  Tomas 127, 179, 243
  Vernardo 11
  Vicenta 266
  Ygnacio 39, 46, 80, 81, 106, 149
  Ysabel 198

CORDOLOBA
  Jose Policarpio 49

CORDOVA
  (n.n.) 250
  Aban 181, 340
  Agnacio 301
  Andres 118, 187, 247, 249, 296, 314
  Antonio 27
  Antonio Abad 261
  Antonio Aban 215, 251, 299
  Antonio Domingo 91, 120, 262
  Antonio Jose 33, 155, 205, 217, 223, 312, 338
  Baltazar 287
  Barbara 344
  Candelaria 150
  Carpio 109
  Casilda 221, 319
  Catalina 299
  Catarina 189, 275, 344
  Domingo 199
  Eusebia 348
  Francisca 204
  Francisco 341
  Francisco Rafael 145
  Fransisco 239, 248
  Gregorio 55
  Jesus Maria 173
  Jesus Maria y Jose 111
  Jose 86, 118, 128, 219, 271, 314, 341, 348
  Jose Antonio 55, 110, 238
  Jose Benansio 230
  Jose Dolores 322
  Jose Espiritu Santo 193
  Jose Leonicio 114
  Jose Migel 163
  Jose Miguel 104, 111, 234
  Jose Rafael 194, 196, 218, 317, 325, 338
  Jose Rafel 183
  Jose Ygnacio 105, 246, 277, 354
  Josefa 33
  Juan 63, 91, 168, 170, 352, 356
  Juan Bautista 254
  Juan Domingo 28
  Juan Felipe 277
  Juan Jesus 99
  Juan Jesuz 335
  Juan Jose 307
  Juan Ysidro 116

CORDOVA (continued)
  Juana 4, 34, 95, 112, 115, 134, 144, 155, 185, 199, 222, 225, 230, 247, 250
  Juana Gertrudes 252
  Juana Gertrudis 181, 303
  Juana Getrudes 279
  Juana Josefa 7, 100, 297
  Juana Maria 178
  Juana Miquela 206
  Juliana 235, 303, 349
  Lonso 128
  Lorenso 64, 69, 141, 225, 244, 317
  Lorenzo 7, 134, 224
  Manuel 21, 104, 121, 142, 144, 177, 198, 219, 321, 322, 337
  Margarita 145, 152, 230, 281
  Maria 186
  Maria Andrea 89, 238
  Maria Antonia 64, 114, 147, 185, 230, 316, 341, 355
  Maria Barvara 299
  Maria Cacilda 167, 313
  Maria Candelaria 240
  Maria Casilda 193
  Maria Catarina 5, 98, 122, 128, 252, 326
  Maria Dolores 112, 128, 176, 224, 244, 247, 255, 256, 259, 329
  Maria Dolores Antonia 193
  Maria Dolores Reyes 283
  Maria Encarnacion 276, 301, 332, 339, 344
  Maria Eucebia 325
  Maria Eusevia 314
  Maria Felisiana 252
  Maria Francisca 24, 98, 111, 204, 302
  Maria Gertrudes 341
  Maria Gertrudis 49, 126, 129, 155, 173, 219, 220, 226, 253, 298, 343
  Maria Guadalupe 7, 147
  Maria Jesus 91
  Maria Josefa 235, 274
  Maria Juana 116, 216, 342
  Maria Juana Gertrudis 252
  Maria Juana Jusefa 104
  Maria Juliana 170, 253
  Maria Lus 119
  Maria Manuela 235
  Maria Martina 128
  Maria Miquaela 207
  Maria Miqueala 198
  Maria Miquela 198, 215
  Maria Pascuala 94, 199, 255
  Maria Rafela 356

CORDOVA (continued)
- Maria Rosa 359
- Maria Soledad 256
- Maria Vicenta 120
- Maria Ygnacia 116
- Maria Ysabel 129, 248, 307
- Maria Ysidora 348
- Miguel 113, 242
- Pablo 106, 134, 161, 177, 186, 219, 233, 282, 312
- Pascuala 200, 280
- Paula 74
- Policarpio 249
- Rafael 272, 340, 345
- Rafaela 194
- Ramon 144, 225, 226, 266, 271, 316
- Ramona 356
- Reimondo 261
- Reymundo 165, 196, 266
- Sebastian 263
- Seledon 181, 325
- Serafin 274
- Serafino 198
- Sevastian 23
- Soledad 254
- Tomas 221
- Tomasa 233
- Vicenta 339
- Ygnacia 339
- Ygnacio 283
- Ygnasio 272
- Ysabel 21

CORETEA
- Maria 177

CORÍS
- Maria Antonia 162

CORRALES
- Maria Francisca 344
- Ypolito 187

CORTES
- Agustin 162
- Ana Maria 320
- Anna Maria 221, 230, 279
- Antonio Jose 257, 346
- Bautista 89, 223, 271
- Beronica 153, 228, 259
- Candelario 357
- Crus 10, 25, 26, 70, 153, 249, 322, 325, 360
- Cruz 155, 163, 213, 220, 310
- Felipe 333
- Francisco 42, 55, 112, 144
- J. Ygnacio 185
- Jose 81, 203, 221, 282, 283, 291
- Jose Antonio 30, 41, 118, 151
- Jose Candelario 303
- Jose Carmel 338, 343

CORTES (continued)
- Jose Manuel 111, 193, 250, 300
- Jose Maria 60, 84, 105, 172, 194, 212, 356
- Josefa 157, 267
- Juan Bautista 287
- Juan Nepomoceno 86
- Juan Nepomoseno 278, 330
- Juan Pascual 356
- Juan Ygnacio 31, 61, 66, 121, 139, 151, 195, 217, 222, 345, 354, 355
- Juana 33, 41, 92, 151, 221, 311, 344, 355
- Juana Josefa 58
- Juana Maria 140
- Juliana 256
- Manuel 60, 129, 153, 185, 186, 290
- Manuela 23
- Maria 315
- Maria Antonia 67
- Maria Catarina 143
- Maria Crus 114
- Maria Dominga 303
- Maria Josefa 249
- Maria Juliana 27, 170
- Maria Lus 356
- Maria Manuela 60, 339
- Maria Pabla 203
- Maria Paula 30, 355
- Maria Rafaela 102, 204, 343
- Maria Rosa 35
- Maria Serafina 344
- Maria Veronica 25, 36, 43, 95, 118, 214
- Maria Ygnacia 135
- Maria Ysabel 15, 22, 53, 59, 70, 79, 95, 103, 130, 166, 186, 209, 210, 240
- Nepomoseno 298
- Nepomuseno 278
- Pablo 10, 12, 15, 53, 106, 143, 244, 275
- Paulin 20, 51, 53, 126, 145, 214, 226, 259, 260, 311, 313, 333
- Pedro 32, 85, 106
- Pomoceno 108
- Pomuseno 298
- Pumuceno 8
- Tomas 54
- Ventura 323
- Veronica 31, 40, 86, 180, 313
- Ygnacio 41, 58, 167, 194, 227
- Ysabel 168

CORTESA
- Juana 333
- Juanita 127

CORTEZ
  Ana Maria 313
  Beronica 285
  Cruz 286
  Jose Candelario 287
  Maria Dominga 287
  Paulin 345
  Ysabel 140
COULURE
  Angelica 106
CRESPIN
  Jose 148
  Jose Manuel 1
  Jose Sencion 39
  Maria 245
  Maria Francisca 136
  Maria Teresa 11, 182
  Teresa 85
  Torivio 130
CRESPINA
  Maria 29
  Maria Francisca 38, 233, 278
CRESPINO
  Jose Manuel 258
CRISPIN
  Juan 65
CRIZ
  Rita 251
CRRUZ
  Antonio Jose 163
CRUS
  Alcario Jesus 287
  Alejo 33, 56, 97
  Alexo 256
  Antonio 45, 49, 309
  Antonio Jose 72, 282
  Arcario 306
  Bicente 94
  Blas 145
  Dolores 296
  Domingo 89
  Felipe 36, 55, 195
  Francisco 20, 41, 78, 133, 164,
    172, 210, 263, 284, 293, 314
  Guadalupe 22, 61
  Jose 137, 305
  Jose Alejo 36, 111, 164, 248
  Jose Bicente 91
  Jose Casimiro 48
  Jose Francisco 263
  Jose Lino 52
  Josefa 39, 103
  Juan 78, 89
  Juan Bautista 84, 85
  Juan Jose 51, 54
  Juana Gertrudis 185
  Lorensa 40
  Manuel 63, 326
  Maria Concepcion 211

CRUS (continued)
  Maria Consepcion 267
  Maria Dolores 69, 87, 128, 182
  Maria Gertrudis 65
  Maria Josefa 12, 47, 100, 178
  Maria Juliana 61
  Maria Lorensa 120
  Maria Manuela 345
  Maria Niculasa 63
  Maria Paula 164
  Maria Polonia 52
  Maria Santos 315
  Maria Teodora 269
  Mariano 47, 64, 203, 303, 319
  Rafael 116, 226
  Santiago 289
  Vicente 16, 37, 52, 59, 114,
    137, 175, 205, 309
CRUZ
  Alejo 223
  Alexo 351
  Antonio 159
  Bartolome 295
  Felipe 141, 217
  Francisco 213, 242, 286, 338
  Francisco Antonio 339
  Fransisco 115
  Guadalupe 125
  Jose 14, 129, 178
  Jose Alejo 233, 353
  Jose Antonio 235, 330
  Jose Eugenio 241
  Jose Francisco 361
  Jose Maria 312
  Jose Rafael 363
  Josefa 178, 334
  Juan 122, 215, 238, 259
  Juan Bautista 102
  Juan Blas 290
  Juan Cristoval 243, 293
  Juan Jose 135
  Juana Gertrudis 126, 168
  Manuel 192, 265, 310, 346, 361
  Maria Antonia 108, 193
  Maria Conspcion 297
  Maria Dolores 46, 187
  Maria Gertrudis 94
  Maria Guadalupe 108
  Maria Josefa 106, 233, 259, 268,
    311, 335
  Maria Juana Gertrudis 357
  Maria Lorenza 342
  Maria Paula 324
  Maria Teodora 180, 304
  Mariano 106, 112, 175, 242, 344
  Pedro 109
  Salvador 189
  Santiago 145

DE LA A/O
  Madalena 10
  Maria Angela 220
DECLUED
  Caballero (n.n.) 174
DELGADO
  Agustin 329
  Asencio 206
  Benito 262
  Benito Asencio 142
  Benito Asensio 99
  Bisente 256
  Deciderio 294
  Jose Deciderio 242
  Jose Maria 220
  Juan Antonio 92
  Juana 259
  Juana Rosalia 250, 329
  Luis 48
  Manuela 259
  Maria Carmel 221, 247
  Maria Diega 308
  Maria Guadalupe 112
  Maria Josefa 152
  Maria Manuela 31, 180
  Maria Vitoria 219
  Venito 98, 160, 210, 224, 250, 338
  Venito Acencio 129/130
  Venito Asencio 336
  Vitoria 216
DENIS
  Julian 49
DESPOR
  See DISPURE
  Francisco 181, 320
DIAS
  Juana 307
DIQUES
  Ricardo 185
DIRUCHER
  See DUROCHER
  Maria Carlota 204
DISPURE
  See DESPOR
  Francisco 343
DOMINGO
  Juan 125
  Maria Manuela 78
DOMINGUES
  Francisco 289
  Jose Francisco 327
  Jose Ramon 317
DOMINGUEZ
  Jose Roman 341
DONAY
  Margarita 294

DORAN
  See DURAN
  Gregorio 264
DORES
  Margarita 171
DUFENT
  Maria 89
DURAN
  See DORAN
  Agustin 100, 161, 219, 353
  Ana Maria 293
  Ana Ventura 69, 121
  Anamaria 243
  Anaventura 211
  Andres 340
  Anna Bentura 136
  Anna Maria 159
  Antonia Rosalia 63, 253
  Antonio 127, 186
  Antonio Ysidro 360
  Barbara 320
  Bentura 81, 159, 266, 271
  Bernardo 119, 140, 198
  Candelaria 20, 153, 252, 327
  Catarina 290
  Cristobal 195
  Deciderio 133
  Diego 99, 307
  Dionicia 267
  Estevan 23, 106
  Felis 79, 210, 298
  Francisco 27, 42, 53, 61, 92, 111, 125, 136, 163, 167, 170, 177, 208, 211, 213, 225, 278, 286, 292, 293, 329, 343, 360
  Francisco Antonio 170, 176
  Gabriel 117, 240
  Getrudes 145
  Gregorio 85, 145, 213, 260, 321, 342
  Guadalupe 56, 248
  J. Carmel 208
  Jose Antonio 99, 258, 259, 313, 335
  Jose Dolores 298
  Jose Domingo 13
  Jose Francisco 57
  Jose Gabriel 199
  Jose Julian 275
  Jose Manuel 252
  Jose Rafael 75, 198, 210, 236, 313
  Josefa 81, 83, 353
  Juan 39, 64, 118, 161, 162, 173, 188, 234, 235, 254, 298, 320, 323, 331
  Juan Andres 8, 13, 87, 157, 189, 266, 272, 283, 323, 361
  Juan Antonio 21, 42, 59, 228

DURAN (continued)
  Juan Cristoval 56
  Juan Francisco 73, 180
  Juan Gablier 95
  Juan Gabriel 29, 52, 54, 131, 296
  Juan Gabril 148
  Juan Grabiel 241
  Juan Jesus 39, 70, 176, 294, 311
  Juan Necolaz 240, 287
  Juan Nepomeceno 197
  Juan Nepomoceno 200
  Juan Nepomozeno 202, 339
  Juan Nepomuceno 188, 287
  Juan Nepomuseno 63, 168, 194, 242
  Juan Nicolas 41, 69, 75, 124, 125, 177, 198, 304, 321, 342
  Juan Pablo 161, 229, 246
  Juan Pomoseno 250
  Juan Rafael 73, 156
  Juana 154
  Juana Bentura 284
  Juaniculas 254
  Julian 247
  Lorensa 321
  Luis 249
  Manuel 1, 4, 29, 34, 42, 44, 47, 57, 114, 124, 136, 176, 229, 280, 337, 346, 347
  Maria 96, 110, 291
  Maria Antonia 19, 36, 53, 183, 295
  Maria Candelaria 21, 32, 114, 133, 292
  Maria Carmel 23, 241, 359
  Maria Concepcion 290
  Maria Consepcion 344
  Maria Dolores 47, 61, 124, 138, 156, 158, 173, 189, 237, 286, 342
  Maria Francisca 314
  Maria Guadalupe 33, 36, 97, 111, 164, 223, 233, 256, 351, 353
  Maria Jesus 271
  Maria Josefa 93
  Maria Leonicia 71, 181
  Maria Lorensa 47, 55, 62, 180, 327
  Maria Lucia 78
  Maria Lus 53, 264
  Maria Manuela 179, 212, 228, 237, 258, 310
  Maria Relles 96
  Maria Reyes 30, 66
  Maria Rosa 56, 110, 121, 122, 133, 155, 182, 240, 295, 300, 302
  Maria Rosalia 300

DURAN (continued)
  Maria Roza 231
  Maria Santana 44
  Maria Teodora 258
  Maria Teodora Cruz 56
  Maria Ventura 284
  Maria y Guadalupe 312
  Maria Ygnacia 20, 75, 192, 295, 316, 322
  Maria Ygnaciea 327
  Maria Ysabel 270
  Maria Ysavel 337
  Marselina 239
  Mauricio 336
  Migel 148
  Miguel Antonio 155
  Naventura 6
  Necolas 160
  Necolaz 216
  Nepomoseno 341, 347
  Nepomuceno 93
  Nepomuseno 263
  Nerio 118
  Nicolas 178
  Pablo 3, 8, 14, 26, 78, 80, 101, 135, 150, 164, 175, 225, 233, 307, 324, 340
  Pedro 123, 158, 242
  Pedro Antonio 12, 38, 48, 140, 176, 221, 314
  Pedro Ignacio 99
  Pedro Mauricio 136, 176, 283, 326, 328, 334
  Pedro Maurisio 238, 284
  Pedro Ygnacio 53, 57
  Rafael 59, 81, 239, 274
  Ramon 69, 309
  Rosa Maria 147, 336
  Rosalia 227, 273, 302, 306
  Soledad 252, 299
  Teodora 138, 356
  Tomas 284
  Ventura 34, 149
  Venturan 146
  Vicente 203
  Visente 252
  Ygnacio 4, 17, 22, 44, 50, 64, 88, 89, 104, 110, 112, 133, 145, 150, 160, 163, 228, 237, 240, 291, 295, 316, 333, 356
  Ygnasio 236
  Ysidro 143
DURANA
  Maria Leonicia 7
  Maria Lorensa 119
DUROCHER
  See DIRUCHER
  Maria Luisa Carlota 26, 75

INDEX of GODPARENTS, GRANDPARENTS, & OTHERS   TAOS BAPTISMS, VOLUME II

DURUCHEL
   Maria Luisa Carlota   265
ENEIRO
   Juan Manuel   207
EPRÓ
   Maria   188
ERRERA
   See HERRERA, HERERA
   Antonio   94, 318
   Beatris   218, 316
   Jose Antonio   327
   Jose Miguel   327
   Juan   276
   Juan Andres   98
   Juan Cristoval   215, 227
   Juan Pablo   86
   Juana Maria   246, 336
   Marcos   336
   Maria Antonia Margarita   246
   Maria Jesus   328
   Matris   242
   Nicolas   276
   Rosario   229
ERROJO
   Maria Petrona   154
ESCALANTE
   Jorge   242
ESCORT
   See CATE
   Maria   121
ESCORTE
   Matiana   88
ESMITE
   Jose Francisco   108
ESPALIN
   Manuel   101
ESPINOSA
   Acencio   227
   Alexandro   72
   Antonia   308
   Antonio   118, 173, 235, 298
   Antonio Jose   34, 59, 62, 98, 174, 201
   Asencio   29, 328
   Concepcion   23
   Cristobal   146
   Cristoval   87, 261
   Encarnacion   235, 263, 352
   Felipe   63, 138, 245
   Felipe Jesus   56, 258
   Francisca   87
   Gabriela   177
   Jose   36, 76, 150, 169, 207, 225, 258
   Jose Antonio   30, 86, 314
   Jose Rafael   286
   Juan   225
   Juan Antonio   42, 299, 331
   Juan Jesus   111, 215, 303

ESPINOSA (continued)
   Juan Jose   138, 322
   Juan Nepomuceno   318
   Juana Teresa   162, 276, 309
   Juana Teresa Jesus   305
   Juana Tereza   106, 235
   Lorenza   269
   Lucia   26, 109
   Manuela   57/58
   Margarita   323
   Maria   72
   Maria Antonia   39
   Maria Barbara   303
   Maria Candelaria   59
   Maria Concepcion   236
   Maria Dolores   111
   Maria Encarnacion   2, 5, 94, 127, 188, 195, 262, 295
   Maria Gabriela   50
   Maria Guadalupe   37, 66, 84, 85, 99
   Maria Jesus   58, 85, 118, 285
   Maria Josefa   44, 318, 355
   Maria Juana   61
   Maria Lorensa   211
   Maria Lus   2, 13, 25, 62, 84, 103, 185, 347
   Maria Luz   135, 159, 193, 267
   Maria Manuela   60, 62, 67, 149, 198, 215, 248, 255, 260, 277, 310, 347, 355
   Maria Margarita   54
   Maria Rosa   59
   Maria Teresa   7, 48, 58, 91, 123, 137
   Maria Tereza   233
   Maria Ygnacia   87, 308
   Miguel Antonio   72
   Nicolas   296
   Pedro Ygnacio   165
   Ramon Antonio   331
   Rosalia   87
   Tadeo   91
   Teresa   28, 72, 77, 89, 97, 159, 224, 244
   Tereza   331
   Vicente   12, 15, 36, 54, 63, 202, 300
   Vuena Ventura   182
   Ygnacio   348
ESPINOSO
   Maria Teresa   64
ESPINOZA
   Cristobal   143
   Juan Jose   342
   Juan Ygnacio   353
   Maria Guadalupe   137
   Maria Jesus   9
   Maria Lus   199

ESPINOZA (continued)
  Maria Luz 118
  Maria Manuela 149
  Vicente 120
ESQUIBEL
  See ISQUIBIEL
  Bentura 72
  Cipriano 154, 286
  Encarnacion 202
  Francisco 152
  Jose 83
  Jose Francisco 217
  Jose Sipriano 265
  Maria Candelaria 183
  Maria Carmel 235
  Maria Encarnacion 73, 265
  Maria Soledad 251, 330, 346
  Matias 206, 281
  Sipriano 207, 241, 260, 325
ESQUIVEL
  Candelaria 70
  Carmel 259
  Encarnacion 346
  Jose Antonio 125
  Jose Francisco 44, 74, 166
  Jose Julian 351
  Maria Candelaria 28, 55
  Maria Encarnacion 131, 190
  Maria Soledad 131
  Miguel Antonio 131
  Sipriano 79, 319, 352
ESTRADA
  Jose 73
  Jose Silvestre 145, 261
EVERO
  Margarita 56, 146, 210
EVERS
  Maria Margarita 29
FAVOTA
  Anna Maria 99
FERNANDES
  Antonio 2, 31, 116, 180
  Antonio Jose 7, 52, 95, 166, 182, 290, 313
  Clara 146, 340
  Clemente 116, 166
  Dolores 282, 345
  Domingo 8, 11, 100, 126, 196, 197
  Francisco 6, 261, 306
  Jesus 201, 310, 333
  Jose 84, 115, 258, 290
  Jose Antonio 89
  Jose Dolores 79, 143
  Jose Jesus 208, 282
  Jose Mariano 4, 36, 38, 44, 57, 79, 80, 96, 104, 175, 201, 236, 314, 340
  Jose Miguel 324

FERNANDES (continued)
  Jose Vicente 169
  Juan 143
  Juan Domingo 38, 66, 103, 248, 266, 311, 325
  Juan Lorenso 99
  Juan Lorenzo 163
  Manuel 46, 108, 176, 226, 276
  Manuel Antonio 327
  Maria Antonia 15
  Maria Biviana 304
  Maria Catarina 145
  Maria Clara 5, 11, 25, 44, 47, 50, 70, 81, 85, 89, 131, 140, 196, 213, 252
  Maria Crara 94
  Maria Dolores 106, 179, 211, 306
  Maria Jesus 3, 12, 22, 63, 91
  Maria Josefa 249
  Maria Lus 13, 79, 94, 129, 183, 221
  Maria Luz 203, 283, 295
  Maria Manuela 73, 131, 162, 170, 201, 230, 238, 272, 289, 292, 304, 311
  Maria Merced 37
  Maria Micaela 211, 337
  Maria Miquela 324
  Maria Necomeda 134
  Maria Nicomeda 18, 57, 70
  Maria Reyes 11, 70, 100, 129
  Maria Rosa 335
  Maria Rosalia 116
  Maria Viviana 217, 324
  Maria Ylaria 87
  Maria Ysabel 13, 151, 177, 191, 203, 252, 264, 302, 328, 340, 353
  Mariano 58, 121, 163, 168, 244
  Micaela 100
  Miquela 2
  Nicomeda 224, 226
  Pedro Nolasco 80, 283
  Rafael 72, 114, 144, 249
  Reyes 196
  Rosalia 203
  Salvador 79
  Santiago 1, 274, 313
  Tomas 132, 135, 179, 211, 282, 345
  Varbara 57
  Ylaria 149
FERNANDEZ
  Antonio Jose 234
  Clara 346
  Francisco 216
  Jose Francisco 325
  Jose Jesus 293
  Juana Maria 343

INDEX of GODPARENTS, GRANDPARENTS, & OTHERS   TAOS BAPTISMS, VOLUME II

FERNANDEZ (continued)
  Manuel 241
  Maria 171
  Maria Clara 4, 265
  Maria Dolores 216
  Maria Luz 149, 231, 285
  Maria Reyes 281
  Maria Viviana 205, 216
  Maria Ysabel 201
  Mariano 281, 316
  Nicomeda 121
FERNANDO
  Luis 33
  Manuel 94
FERNANDOS
  Domingo 209
  Manuel 246
FERQUES
  See FRESQUES
  Maria Teodora 28
FERSQUES
  See FRESQUES
  Gregorio 316
FIGUROA
  Antonio 213
FLORES
  Domingo 67
  Maria Antonia 292
  Martin 74, 140
FRAMEL
  Felipe 169
FRANSUE
  Maria Josefa 98
FRESQUES
  See FERQUES, FERSQUES
  Ana Josefa 204
  Anita 329
  Antonio 25, 265
  Faviana 110
  Jose Francisco 303
  Juan 29
  Juan Antonio 53
  Maria Casilda 54
  Maria Dolores 262
  Maria Guadalupe 303
  Maria Mariana 29
  Maria Teodora 270
  Mariano 172
FRESQUEZ
  Teodora 186
FRESQUIS
  Ana 251
  Ana Maria 66
  Anna Maria 25, 168
  Antonio 4, 75, 125, 155, 156,
    160, 187, 228, 282
  Bartola 339
  Bartolome 266
  Dolores 105

FRESQUIS (continued)
  Faviana 172
  Francisco 180, 310, 345
  Gregorio 58, 103, 210
  Joaquin 302
  Jose Antonio 163
  Jose Francisco 163
  Jose Fransisco 223
  Josefa 218
  Juachin 273
  Juan 228, 294
  Juan Antonio 74, 159, 178, 253
  Juan de Dios 168
  Juana 222
  Manuel Antonio 32
  Manuela 356
  Maria 247
  Maria Bartola 120
  Maria Concepcion 35
  Maria Dolores 105, 134, 283,
    299, 318
  Maria Faviana 32
  Maria Guadalupe 299, 326
  Maria Josefa 71, 166
  Maria Juliana 291
  Maria Manuela 77, 79, 123, 226
  Maria Natividad 111
  Maria Polonia 150, 284
  Maria Regina 58, 260, 342
  Maria Susana 178
  Maria Teodora 124, 236, 300, 333
  Maria Tiodora 81
  Maria Trenidad 109
  Rosalia 98
  Rumaldo 235
  Teodora 191, 195, 308
  Tiodora 196
FRESQUIZ
  Teodora 282
GA(illegible)
  Maria Marta 255
GABALDON
  See GAVALDON
  Alegrando 329
  Antonia Rosa 74, 122, 140, 295
  Baltasar 274
  Felis 25, 27, 39, 60, 66, 168,
    204, 221, 251
  Felix 126
  Feliz 342
  Jose Manuel 356
  Juana Maria 209, 257
  Maria Dolores 58, 162, 195, 224
GABALDONA
  Juana 155
GABILAN
  See GAVILAN
  Dominga 261
  Jose 117

GABILAN (continued)
    Josefa 171, 199
    Juan 356
    Juan Andres 123
    Juan Lus 329
    Juana 196
    Manuela 257
    Maria 337
    Maria Encarnacion 132
    Maria Manuela 330, 353
GABILANA
    Maria Antonia 5
GALBIS
    See GALVIS
    Blas 239
    Gertrudes 363
    Maria Tatividad 312
GALINDA
    Maria 176
GALLARDO
    Rita 158
GALLEGO
    Antonio Jesus 11, 235
    Baltasar 224
    Cristobal 354
    Felipe 218, 253, 271
    Juan 62, 164
    Juan Christoval 11
    Lucaria 339
    Maria Barbara 265
    Maria Fransisca 245
    Maria Guadalupe 101, 264
    Maria Jesus 220
    Maria Juliana 8
    Maria Lus 223
    Maria Rosa 63
    Maria Rosalia 351
    Miguel 115, 332
    Miguel Antonio 264
    Pedro 231
    Pedro Antonio 68
    Rafaela 96
    Vitor 338
GALLEGOS
    See GAYEGOS
    Alejandro 249
    Antonio Jesus 10, 40, 172, 187,
      257, 259, 305, 328, 359
    Baltasar 296
    Calletano 291
    Catarina 242
    Cayetano 177
    Cristoval 106, 123, 276
    Diego 87
    Diego Antonio 354
    Felipe 128, 159, 217, 259, 309,
      316, 330, 348
    Felipe Jesus 2, 52, 71, 302
    Francisco 138, 235

GALLEGOS (continued)
    Francisco Antonio 101, 170
    Gaspar Antonio 72
    Jesus 32, 79, 132
    Jose 78, 101
    Jose Eucevio 163
    Jose Francisco 20, 183, 302
    Jose Gabriel 262, 279, 294
    Jose Leon 170
    Jose Maria 108
    Jose Miguel 28
    Juan 12, 29, 58, 96, 227, 308,
      328, 335, 346
    Juan Cristobal 179
    Juan Cristoval 52, 98, 277, 289
    Juan Francisco 38, 127
    Juan Jesus 45, 158, 293
    Juan Jose 250, 337
    Juan Pedro 323
    Juana 95, 182, 249, 258, 285,
      305, 320
    Juana Antonia 296, 297, 301
    Juana Maria 287
    Juana Paula 259
    Juliana 258
    Lorenso 127
    Lugarda 143
    Luis 125, 248, 330
    Luis Alta Gracia 307
    Manuel Antonio 320
    Maria 83, 193
    Maria Antonia 35, 213, 296, 312
    Maria Antonia Jesus 115
    Maria Ascencion 359
    Maria Asencion 243
    Maria Barbara 140, 232
    Maria Bargara 66
    Maria Catalina 104
    Maria Catarina 113, 163
    Maria Dolores 115, 284
    Maria Fransisca 224
    Maria Jesus 71, 84, 132, 158,
      170, 293
    Maria Juana 316
    Maria Juana Antonia 328
    Maria Juliana 251
    Maria Leogarda 143, 166, 234
    Maria Lorensa 143
    Maria Lucaria 267
    Maria Lus 79, 170
    Maria Manuela 266
    Maria Rita 108, 307
    Maria Sencion 340
    Maria Teodera 284
    Maria Teodora 134, 151, 153,
      245, 296, 308, 338, 346
    Maria Teresa 344
    Maria Ysabel 277
    Miguel 211, 237, 274

GALLEGOS (continued)
  Miguel Antonio 6, 69, 136, 187, 242, 297, 322, 347, 355
  Pablo 14, 246, 299, 303, 326
  Pascuala 2
  Pedro 211, 269
  Pedro Antonio 25, 293, 295, 316, 322, 327
  Rafael Antonio 123
  Salbador 180
  Santiago 299, 310
  Teodora 223, 317
  Teresa 248, 284
  Vicente 311

GALVES
  Blas 61

GALVIS
  See GALBIS
  Blas 118, 285
  Juan 198
  Juana Josefa 318
  Juana Josepha 262
  Maria Natividad 260
  Maria Ramos 125

GANSAL
  Pedro 7

GARAMILLO
  See JARAMILLO, XARAMILLO
  Maria Culasa 84
  Maria Necolasa 199
  Maria Tomasa 96

GARBISA
  Maria Felipa 67

GARCIA
  See GARCIALLA, GARCILLA, GARSIA
  Alfonso 71, 199
  Ana Maria 14, 320, 326
  Anacleta Dolores 302
  Anamaria 149
  Aniseta 7
  Anna Maria 60, 135, 177, 192, 194, 196, 228, 310
  Antonia 67
  Antonio 43, 52, 57, 98, 175, 209, 211, 294, 329, 349
  Antonio Domingo 267, 281
  Antonio Jose 10, 24, 37, 61, 131, 139, 184, 206, 229, 233, 242, 252, 315
  Bitoria 286
  Blas 111, 200, 323
  Candelaria 19
  Carmel 51, 199
  Concecion 329
  Concepcion 80, 91, 159, 165
  Consecion 205
  Dadislado 348
  Damacio 117
  Danislao 149

GARCIA (continued)
  Dolores 207, 342
  Domingo 206
  Encarnacion 23
  Estevan 8
  Felipe 326, 356
  Felipe Jesus 15
  Fernando 90, 177, 328
  Francisca 66, 196, 209, 307
  Francisco 3, 70, 92, 110, 145, 162, 193, 199, 225, 262, 263, 290, 304, 347
  Francisco Antonio 261
  Francisco Matias 146
  Gertrudis 74, 189, 199, 229
  Gregoria 294
  Gregorio 329
  Guadalupe 241
  Jacinto 70
  Joaquin 268
  Jose 1, 3, 18, 61, 66, 105, 107, 158, 199, 210, 254, 304, 346
  Jose Angel 180
  Jose Antonio 141, 251, 254
  Jose Jesus 15, 147
  Jose Mateo 264
  Jose Sebastian 330
  Josefa 117, 214, 243, 254
  Juan 18, 49, 199, 299, 301
  Juan Angel 12, 40, 154, 211, 240, 241, 289
  Juan Anguel 82, 98, 336
  Juan Antonio 67, 119, 162, 195, 273, 343
  Juan Bautista 94
  Juan Benito 302
  Juan de Dios 66, 143, 204, 251
  Juan Eusebio 284
  Juan Jose 65, 91, 94, 96, 118, 119, 126, 130, 167, 185, 211, 283, 287, 306, 328, 335, 357
  Juan Lorenso 341
  Juan Manuel 113
  Juan Sieriaco 325
  Juan Siriaco 5
  Juan Ygnacio 157, 176
  Juana 200, 217, 218, 253, 268, 300, 330
  Juana Crisosto 259
  Juana Francisca 197, 311
  Juana Josefa 281
  Juana Maria 266
  Juana Tomasa 131, 199
  Juaquin Andres 86
  Jusefa 104
  Lorenzo 358
  Loreta 342
  Luis 15, 71, 88, 96, 158, 205, 240, 329

GARCIA (continued)
  Luiz 353
  Manuel 24, 25, 45, 59, 74, 81,
    85, 103, 135, 151, 152, 164,
    223, 230, 244, 250, 302, 305,
    333, 352
  Manuel Antonio 19, 207
  Manuel Rafael 119, 328
  Manuela 92, 128
  Maria 47, 100, 136, 137, 265
  Maria Antonia 9, 34, 58, 117,
    121, 209, 321
  Maria Bitoria 317
  Maria Candelaria 78
  Maria Carmel 165, 285, 335, 352
  Maria Carmen 163
  Maria Concepcion 128, 137, 226
  Maria Dolores 19, 76, 150, 169,
    225, 246, 272, 299
  Maria Dominga 217, 285
  Maria Estefana 146
  Maria Francisca 8, 11, 38, 54,
    100, 126, 143, 149, 282, 325
  Maria Gertrudis 54, 57, 118,
    136, 140, 154, 307
  Maria Gracia 5, 88
  Maria Gregoria 283, 309
  Maria Guadalupe 130, 161, 210,
    290, 314, 331
  Maria Josefa 6, 33, 34, 41, 65,
    87, 141, 168, 184, 199, 209,
    216, 220, 229, 231, 234, 280,
    287, 293, 299, 306, 309, 310,
    323, 328
  Maria Juana 182
  Maria Juana Josefa 224
  Maria Juliana 233, 354
  Maria Lucaria 243
  Maria Luiza 340
  Maria Lus 102
  Maria Macima 242
  Maria Manuela 31, 43, 49, 68,
    71, 172, 189, 241, 276, 326,
    328
  Maria Maria Ysabel 90
  Maria Martina 273, 310, 337
  Maria Paula 234
  Maria Petra 86, 190, 258, 302
  Maria Petrona 143, 178
  Maria Polonia 225
  Maria Rita 332
  Maria Rosa 73
  Maria Rufina 86, 198
  Maria Sebastiana 80, 192
  Maria Tomasa 51, 52, 148, 205,
    307
  Maria Trinidad 149/150, 169, 210
  Maria Victoria 50, 124, 206
  Maria Vitoria 129, 205

GARCIA (continued)
  Maria Ygnacia 17, 19, 31, 97,
    108, 115, 176, 267, 281, 325
  Maria Ysabel 21, 37, 43, 53,
    159, 239, 355
  Maria Ysavel 338
  Mariano 326
  Mariquita 198
  Martina 273
  Matias 189, 253, 272
  Miguel 53, 57, 65, 86, 172, 199,
    283
  Necolas 272
  Nicolas 197
  Pablo 59, 287, 301, 329
  Patricio 55
  Paula 337
  Pedro 35, 70, 97, 109, 180, 202,
    217, 257, 284, 315, 335, 353
  Petra 116
  Petrona 213, 224, 305
  Ramon 4
  Rosa 278
  Salome 317
  Sebastiana 339
  Simon 55, 63
  Siriaco 4
  Sixto 363
  Tomas Encarnacion 171
  Tomasa 29, 54, 95, 117, 155,
    210, 241, 296
  Torivio 169, 203
  Trinidad 297
  Vicente 86, 196, 198, 283
  Victoria 62, 98
  Visente 303
  Vitoria 262, 267
  Ygnacia 275
  Ysabel 276
GARCIA de NORIEGA
  See NORIEGA
  Anamaria 163
  Antonio Jose 292
  Maria 150
  Maria Encarnacion 238
  Maria Josefa 154
  Maria Rubiera 196
  Miguel 112
GARCIALLA
  See GARCIA
  Jose 132
GARCILLA
  See GARCIA
  Antonio Jose 132
  Blas 258
  Dadulao 318
  Juan Jose 187
  Juana Francisca 132
  Luis 133

GARCILLA (continued)
    Manuel 187
    Maria Francisca 42
    Maria Gracia 11
    Maria Guadalupe 41
    Maria Josefa 40
    Maria Ygnacia 187
    Ramon 59
GARDUNO
    Adauto 299
    Jose Miguel 318
    Jose Pablo 171
    Juan 171
    Juana Maria 171
GARDUÑO
    Adauto 239
    Jose Remigio 264
    Juan 352
GARELA
    See BARELA, VARELA
    Juliana 300
GARSA
    Maria 167
GARSIA
    See GARCIA
    Anamaria 223
    Fernando 243
    Gregoria 236
    Josefa 239
    Juan 236
    Juan Paublo 354
    Juana Fransisca 248
    Manuel 236
    Maria Antonia 227
    Maria Lucaria 245
    Pedro 227
    Tomasa 240
GAUNA
    Jose Jesus 165, 173, 340
    Juachin 85
GAVALDON
    See GABALDON
    Felis 167
GAVILAN
    See GABILAN
    Juan Andres 28, 226
GAYEGOS
    See GALLEGOS
    Juan Nepomuseno 285
    Juana 269
    Juana Antonia 221
    Maria Barbara 285
GEMA
    Maria Agustina 254
GEMES
    Barbara 163
GEORGE
    See JEORGE
    Juaquina 32

GEORGE (continued)
    Lorensa 75, 150
    Maria Candelaria 138
    Maria Lorensa 84
    Maria Rita 139
GERERRO
    See GUERRERO
    Antonio 312
GERRERA
    Ana Ventura 52
GERRERO
    See GUERRERO
    Francisca 43
    Francisco 188
    Juan Domingo 77
    Maria 122
    Maria Francisca 108
    Rafael 66
GIEL
    Jose Jesus 142
GIFÓN
    See GIJÓN
    Teresa 306
GILLEN
    See GIYEN, GUILLEN, GUIYEN,
        GOLLEN, GUIÑEN, GUINE
    Ana Maria 142
    Francisca 16
    Francisco 220
    Jose 67
    Juan Pedro 16, 40
    Lasaro 39
    Maria Candelaria 69
    Maria Josefa 121
    Martin 323
GIMENES
    Maria Dolores 72
    Maria Lus 219
GIMENOS
    Maria Luz 340
GIRIJALVA
    See GRIJALVA
    Maria Rosa 144
GIRON
    See JIRON, XIRON
    Balbaneda 177
    Balvaneda 354
    Francisca 262
    Maria Luiza 128
    Maria Rosa 216
    Maria Soledad 178
GIRONA
    Balvaneda 145
GIYEN
    See GILLEN, GUILLEN, GUYIEN
    Maria 120
GOLLEN
    See GUILLEN
    Ana Maria 207

GOMES
    See GOMEZ, GONES
    Agustina 93
    Alonso 258
    Alonzo 177
    Antonio 19, 28, 31, 58, 62, 65,
        81, 93, 131, 147, 162, 166,
        188, 223, 276, 285, 293, 312
    Barvara 274
    Catarina 2, 71
    Encarnacion 348
    Estevan 269
    Francisco 108, 177, 219, 248,
        285, 345
    Gaspar 143, 228, 361
    Jose Antonio 209
    Jose Francisco 5
    Jose Manuel 159
    Juan 12, 13, 126, 199, 279
    Juan Antonio 193, 313
    Juan Jesus 20
    Juan Jose 324
    Juana 200
    Lucia 56
    Maria 51
    Maria Antonia 161
    Maria Augustina 36
    Maria Candelaria 142
    Maria Catarina 107
    Maria Encarnacion 33
    Maria Estefana 166, 283
    Maria Gertrudis 180, 222, 339,
        348
    Maria Gracia 43, 361
    Maria Josefa 264
    Maria Juana 333
    Maria Lucia 12, 19
    Maria Manuela 310
    Maria Necolaza 164
    Maria Neculaza 305
    Maria Nicolasa 151, 223
    Maria Paula 28
    Maria Polonia 354
    Maria Rosa 167
    Maria Soledad 87, 150, 159, 177,
        234
    Maria Ysidora 197, 279
    Mariano Mateo 58
    Mateo 310
    Miguel 279
    Necolaza 333
    Nerio 60, 124, 208, 267, 310,
        345
    Nicolasa 81
    Pablo 9, 110, 204
    Rafaela 184
    Rosa 188
    Rosalia 329
    Santiago 361

GOMES (continued)
    Tomas 326
    Tomas Estevan 58
    Ygnacio 25
GOMEZ
    See GOMES, GONES
    Francisco 313
    Juan Domingo 266
    Lusia 216
    Maria Estefana 266
GON
    See GONTES
    Juan 13, 149, 295
    Juan Jesus 79
    Julian 44, 70, 86, 91
GONCALES
    See GONSALES
    Juan 37
GONES
    See GOMES, GOMEZ
    Nerio 15
GONGORA
    Maria Antonia 200, 323
GONGORIA
    Maria Antonia 258
GONSALES
    See GONCALES
    Anna Maria 152, 212, 308
    Antonio 42, 96, 169
    Antonio Segundo 76, 245
    Barbara 194
    Brigido 147
    Brijido 201, 351
    Calletano 75, 99, 135, 218/219,
        236, 280, 319
    Cayetano 160, 191
    Cleto 7, 112, 194
    Consecion 97
    Cristobal 307
    Cristoval 340
    Crus 325
    Damacia 86
    Deciderio 300
    Dicederio 229
    Diego 84
    Domingo 24
    Elalia 219
    Elena 172
    Encarnacion 264, 266
    Eulogio 247
    Facundo 105
    Felipe 17, 33, 45, 74, 94, 109,
        129, 168, 173, 181, 194, 281,
        289, 340
    Fernandes 194, 318
    Fernando 12, 21, 132, 134, 271,
        304, 351
    Francisca 20, 41, 210, 242, 293
    Francisco 11, 56, 63, 277

GONSALES (continued)
  Fransisca 115
  Gregorio 340
  Guadalupe 9, 61, 204, 208, 292
  Jesus 39
  Joaquin 308
  Jose 13, 36, 60, 77, 86, 110,
    136, 154, 165, 171, 183, 188,
    202, 233, 235, 255, 259, 280,
    284, 307, 308, 315, 318, 326,
    330, 335
  Jose Angel 238
  Jose Antonio 3, 13, 16-18, 36,
    42, 46, 55, 66, 70, 77, 82, 85,
    90, 99, 105, 107, 134, 140,
    143, 175, 186, 222, 268, 273,
    288, 317, 346
  Jose Antonio Segundo 205
  Jose Baltasar 223
  Jose Calletano 150
  Jose Concepcion 202
  Jose Crus 122
  Jose Deciderio 94, 122
  Jose Eulogio 138
  Jose Francisco 130, 157, 185,
    197, 219, 241, 253, 289, 298,
    306, 321
  Jose Guadalupe 36, 289
  Jose Joaquin 43, 192, 272
  Jose Juaquin 84
  Jose Leonicio 189
  Jose Maria 11, 52, 90, 101, 106,
    144, 221, 228, 250, 266, 301
  Jose Miguel 97, 156, 164, 233,
    256, 312, 351
  Jose Santos 9, 133, 230
  Jose Ygnacio 68, 136, 218
  Josefa 183, 197, 251, 260, 262,
    267, 318, 347
  Juan 51, 85, 120, 126, 156, 206,
    208, 211, 229, 232, 251, 289,
    308, 312, 322, 337
  Juan Andres 48/49
  Juan Antonio 57, 68, 117, 307,
    331
  Juan Calletano 165, 183, 284,
    295
  Juan Cayetano 84
  Juan Cristoval 19, 36, 57, 72,
    78, 276
  Juan Domingo 54, 69, 138, 321
  Juan Jesus 294, 311
  Juan Jose 225, 284, 286, 288,
    307
  Juan Juan 113
  Juan Manuel 4, 338
  Juan Santos 126, 331
  Juan Ygnacio 136

GONSALES (continued)
  Juana 85, 141, 186, 292, 306,
    330
  Juana Catarina 55, 217
  Juana Crus 330
  Juana Gertrudis 165
  Juana Maria 40
  Juana Nepomusena 230
  Leonicio 47, 361
  Lonicio 334
  Lugarda 228
  Magdalena 22, 77
  Manuela 30, 175
  Margarita 319
  Maria 70, 99, 103, 107, 204,
    208, 289, 290
  Maria Antonia 64, 127, 202, 225,
    284, 335
  Maria Barbara 121, 141, 294, 355
  Maria Barvara 181, 335
  Maria Candelaria 26
  Maria Carmel 6, 67, 170, 288
  Maria Carmen 133, 197
  Maria Catarina 36, 141
  Maria Dolores 92, 135, 165, 239,
    259, 280, 284, 356
  Maria Encarnacion 190, 304, 357
  Maria Estefana 25, 35, 80, 82,
    165, 196, 215, 261, 266
  Maria Francisca 172, 215, 314,
    341
  Maria Gertrudis 22, 113, 220,
    228
  Maria Guadalupe 73, 86, 110,
    186, 293, 298, 321
  Maria Jertrudes 102
  Maria Josefa 72, 85, 118, 138,
    176, 192, 232, 262, 270, 304
  Maria Josepha 354
  Maria Juana 244
  Maria Lucia 30
  Maria Lus 41, 61, 66, 94, 105,
    151, 185
  Maria Luz 31, 121, 139, 194,
    195, 217, 345, 354, 355
  Maria Madaglena 339
  Maria Magdalena 56, 110
  Maria Manuela 23, 73, 136, 152,
    156, 197, 246, 316
  Maria Micaela 40, 45, 49, 74,
    78, 81, 98, 281
  Maria Miquela 7, 109
  Maria Paubla 106
  Maria Paula 330, 356
  Maria Preciliana 269
  Maria Ramona 34, 356
  Maria Rita 171, 271, 298, 321
  Maria Rosalia 73
  Maria Teodora 91

GONSALES (continued)
  Maria Trenidad 127, 147
  Maria Trinidad 41, 83
  Maria Varvara 39, 169
  Maria Victoria 140
  Maria Ygnacia 61, 111, 120, 132, 144, 298, 319, 353
  Maricita 76
  Miguel 74
  Nario 128
  Pablo 75/76, 356
  Pascuala 84
  Paubla 193
  Pedro 110
  Rafael 24
  Ramon 36, 183, 295
  Rosa 276
  Salvador 48, 118, 189, 258, 330
  Santiago 11, 15, 28, 140, 167, 181, 221, 236, 305, 308
  Santos 321
  Segundo 12, 75, 152, 239
  Teresa 214
  Tomas 165, 197, 279
  Tomasa 91
  Trenidad 333
  Venito 336
  Viviana 72
  Vrijido 64
  Ygnacia 176, 250, 260
  Ygnacio 6, 65, 100, 114, 129, 202, 301, 308, 349
  Ylario 76, 249, 317
  Ylena 88
  Ynacia 251
  Ysabel 109, 288

GONSALEZ
  Cristobal 21
  Deciderio 178
  Francisco 192
  Jose Antonio 304
  Jose Maria 302
  Maria Antonia 150
  Pedro Antonio 161

GONSELES
  Josefa 181

GONTES
  See GON
  Juan 221

GONZALES
  Felipe 278
  Francisco 346
  Jose 269, 346
  Jose Antonio 341
  Jose Desiderio 253
  Jose Francisco 133, 267
  Jose Maria 111, 179, 318
  Juan Antonio 265
  Juan Cayetano 119

GONZALES (continued)
  Maria Candelaria 113
  Maria Dolores 273
  Ygnacia 345

GONZALEZ
  Cayetano 10, 50
  Felipe 26, 251
  Jose Antonio 323
  Jose Dolores 27
  Jose Leonicio 278
  Juan Ygnacio 269
  Maria Josefa 269, 323
  Maria Manuela 27
  Ygnacio 27

GORDON
  See GON, GONTES

GORGER
  See GEORGE, JEORGE
  Maria Lorensa 135

GORJE
  See JORGE
  Maria Candelaria 320

GORULE
  See GULERE, GURULE
  Barbara 96
  Cristobal 103
  Juana 294

GRÉ
  Juan 353

GREGO
  Francisco 146

GRIEGA
  Maria Cirina 237

GRIEGO
  Andres 177
  Antonio 338
  Blas 14, 39, 63, 135, 158, 180
  Concepcion 326
  Jasinto Jesus 190
  Jose 178
  Juan Jesus 178
  Juana 25, 68, 133, 190
  Juana Maria 43, 113, 159
  Juana Tereza 304
  Manuel 200
  Maria 291
  Maria Conpsicion 263
  Maria Dolores 162, 173, 273
  Maria Gertrudis 101
  Maria Josefa 43, 182, 265
  Maria Juana 230, 270, 329
  Maria Luz 263
  Maria Quirina 119, 182
  Maria Rafaela 241
  Mariquita 177
  Pablo 143, 213, 224, 305
  Polonia 333

GRIGALBA
  Luciano 129
  Maria Rosa 45
GRIGALVA
  Maria Rosa 47
  Rumaldo 330
GRIJALBA
  Luciano 123
  Marcelino 148
  Maria Maria Rosa 162
  Maria Rosa 23, 26, 101, 109, 129, 204
  Marselino 262
  Rumaldo 216
GRIJALGA
  Maria Rosa 123
GRIJALVA
  See GIRIJALVA
  Jose 93
  Marcelino 32, 54, 155, 200
  Maria Rosa 19, 121, 155, 170, 213
GRINE
  Jose 93
GRIÑE
  See GRIÑEN
  Jose 151, 236, 335
  Jose Miguel 342, 345
  Juan Bautista 33
  Miguel 329
GRINER
  Jose 190
GRULLA
  Maria 183
GUARA
  Bautista 29, 96
  Carlos 77
  Juan Bautista 173, 243
GUERRERO
  See GERRERO
  Juan Domingo 206
  Juan Jesus 291
  Manuela 28
GUIBAR
  See WIVAR
  Jose Venito 207
GUILE
  Maria 208
GUILLEN
  See GILLEN, GIYEN, GUIYEN, GOLLEN, GUIÑEN, GUINE
  Anamaria 182
  Anna Maria 21
  Jose 266
  Jose Julio 307
  Josefa 194
  Juan Pedro 97
  Lasaro 132, 214, 231
  Maria Encarnacion 307

GUILLEN (continued)
  Maria Francisca 299
  Maria Josefa 42, 294
GUINE
  Francisco 149
GUIÑEN
  See GUILLEN
  Ana Maria 321
GUIRIME
  Jose 299
GUIYEN
  See GIYEN, GUILLEN, GUYEN
  Lasaron 113
  Maria 271
GULERE
  See GURULE, GORULE
  Manuel 263
GURULE
  See GORULE, GULERE
  Barbara 192, 231
  Cristobal 164
  Cristoval 24, 85, 126
  Francisco 149
  Guadalupe 141
  Jose 333
  Jose Maria 348
  Juan Manuel 86
  Juana 25
  Juana Maria 113
  Manuel 178, 207, 258, 302
  Maria Barbara 114, 307
  Maria Dolores 146
  Maria Francisca 111
  Maria Gertrudis 203
  Maria Guadalupe 18, 32, 89, 154, 158, 294
  Maria Juana 200
  Maria Paula 117, 148, 275
  Maria Varvara 202
  Ygnacio 321
GURULED
  Consepcion 226
  Cristobal 236
  Manuel 255
GUSMAN
  Maria 293
GUTIERES
  See BUTIERES
  Antonio 260, 296, 343
  Madalena 24
  Patricio 229
GUTIERRES
  See BUTIERRES
  Ana Maria 340
  Anna Maria 311
  Antonio 219, 260, 296, 344
  Blas 220
  Francisco 1, 80, 97, 100, 208, 222, 228, 268, 282

GUTIERRES (continued)
    Fransisco 298
    Jose Francisco 58
    Jose Miguel 317
    Jose Reyes 241, 333
    Juan Francisco 35, 36
    Magdalena 164/165, 333
    Manuela 18
    Marcelo 311
    Maria 153
    Maria Luisa 27, 181, 322
    Maria Magdalena 85, 103
    Maria Ygnacia 123, 276
    Patricio 118
    Rosa 260
    Salvador 298, 351
    Visente 268
HABILA
    See ABILA, AVILA
    Miguel 359
HARAGON
    See ARAGON, ARRAGON
    Maria Lorensa 106
HERERA
    Juan Pablo 332
    Maria Candelaria 245
HERERRA
    See ERRERA, HERERA
    Maria Consepcion 243
HERNANDEZ
    Maria Clara 10
HERRERA
    See ERRERA, HERERRA, HERERA
    Ana Bentura 302, 316
    Ana Maria 13, 16, 68
    Ana Ventura 159, 271
    Anaventura 2
    Anna Beutrese 128
    Anna Maria 200, 281
    Anna Ventura 309
    Antonia Margarita 140, 286
    Antonia Rosa 67, 199
    Antonio 2, 6, 95, 197, 222, 269, 360
    Antonio Jose 207
    Beatris 222
    Candelaria 280, 282, 312
    Cristobal 236, 239
    Cristoval 278
    Dolores 349
    Felipe 161, 267, 312
    Francisco Xabier 244
    Joaquin 264, 300, 351
    Jose 79, 110, 116, 127, 157, 178, 183, 191, 201, 243, 261, 263, 273, 281, 306, 314
    Jose Antonio 129
    Jose Maria 261
    Jose Rafael 281

HERRERA (continued)
    Juan 6, 21, 37, 43, 53, 90, 208, 344, 355
    Juan Andres 133, 352
    Juan Antonio 163, 275
    Juan Cristobal 322
    Juan Cristoval 40, 261
    Juan Domingo 96, 159
    Juan Pablo 2, 6, 69, 104, 211, 214, 121, 136, 284, 309
    Juana Gertrudis 312
    Juana Maria 3, 19, 105, 140, 324, 357
    Marcial 17
    Maria 312
    Maria Acencion 335
    Maria Antonia Rosa 100
    Maria Ascension 269
    Maria Beatris 290
    Maria Biatrix 339
    Maria Candelaria 347
    Maria Dolores 317
    Maria Francisca 335, 356
    Maria Jesus 243
    Maria Manuela 116, 172
    Maria Margarita 296
    Maria Matiana 15
    Maria Rafaela 92
    Maria Rita 281, 314, 322
    Maria Rosario 289, 322, 360
    Maria Sencion 199
    Maria Ursula 258
    Maria Veatris 212
    Maria Ygnacia 49, 313, 320
    Marina 30
    Micaela 66
    Miguel 222, 314, 322, 348
    Pablo 14, 116
    Pedro 213
    Rosa 250, 352
    Tomas 139, 246, 315, 323, 358
    Venito 75
    Viatris 233
    Vicente 36/37, 352
    Xabier 37, 164
HORMIJO
    See ARMIJO, ARMIGO, ARMIJA
    Juan Cristoval 363
HORTEGA
    See ORTEGA
    Nicolas 102
HUBREIAN
    Julian 269
HURIOSTE
    See URIOSTE, URIOSTES
    Maria Concepcion 143
    Rosa 264

INDEX of GODPARENTS, GRANDPARENTS, & OTHERS   TAOS BAPTISMS, VOLUME II

HURTADA
  See URTADA
  Maria Antonia 16
HURTADO
  See URTADO
  Concepcion 33
  Jose 145
  Juana Gertrudis 271
  Juana Jertrudis 101
  Manuel 104, 355
  Maria Gertrudis 34, 56, 253
  Maria Juana 355
  Maria Lus 62, 316
  Maria Manuela 73
  Maria Reyes 338
  Maria Trinidad 6, 69, 332
  Maria Ysabel 91
  Miguel 47, 276
  Trenidad 136
ISQUIBIEL
  See ESQUIBEL
  Jose Siprian 330
J(blank space)
  Maria 265
JAMES
  Zacarias 102
JAMIOS
  Maria 157
JAQUES
  Antonio 187
  Julian 285
  Maria Ysabel 276
JARAMILLO
  See GARAMILLO, XARAMILLO
  Francisco 263, 295, 334
  Jose Guadalupe 203
  Jose Mariano 109, 251, 307
  Juan Manuel 291
  Maria 101, 135
  Maria Antonia 80
  Maria Concepcion 352
  Maria Dolores 124
  Maria Manuela 203, 243
  Maria Nicolasa 161, 263, 300
  Maria Prudencia 61, 136, 154, 166
  Maria Soledad 161, 229
  Maria Tomasa 250
  Maria Ygnacia 104, 208
  Mariano 9, 88
  Nicolasa 22, 161
  Pascuala 57
  Patricio 106
  Prudencia 71, 114
  Tomasa 65, 187
JARAMIO
  See XARAMIO, XARAMIA
  Consepcion 171
  Juan Manuel 136

JARAMIO (continued)
  Maria Prudencia 54
  Maria Tomasa 136
  Maria Ygnacia 87, 144
  Patricio 12
JEORGE
  See GEORGE, GORGER
  Lorenza 50
JIRON
  See GIRON, XIRON
  Maria Balbaneda 282
JORGE
  See GORJE, GEORGE
  Lorensa 99, 191
JORJE
  See GORJE
  Lorenza 10
LA RAÑAGA
  See LARAÑAGA, LARRAÑAGA
  Maria Petra 321
LABADIA
  See LAVADI
  Maria Andrea 6
LABADILLA
  Domingo 6
  Margarita 316
LABE
  See LAVE, LAVI
  Jose 337
LACAS
  Josefa 41
LACASAR
  Antonio Jesus 256
LACROIS
  Juan Bautista 353
LAFAR
  See LAFORE
  Bautis 95
LAFEBRE
  Agustin 47, 100, 134, 201, 266
  Manuel 144
LAFORE
  See LAFAR
  Francisco 67, 130, 195, 268, 270, 284, 295, 348
LALANDA
  Bautista 74, 170, 173, 252, 280, 361
  Juan Bautista 106, 281
  Juan de Dios 212
  Maria Candelaria 90, 272, 320
  Maria Dolores 95, 155, 158, 252, 275
  Maria Guadalupe 292
  Maria Josefa 6, 65, 100, 129, 202, 218, 301, 349
  Maria Paula 41
  Maria Rita 32, 316
  Tomas 170, 275, 292

LAMEDA
    Domingo 279
    Francisco 351
LAMELA
    Domingo 32
LAMELAS
    Domingo 79, 224, 234
    Juan 213, 277
LAMORÉ
    Pedro 252
LAMORÍ
    See LANORÍ
    Amador 153
LAN
    Maria 181
LANGRUÉ
    Juan 208
LANGUE
    Pedro 104
LANORI
    See LAMORÉ
    Alejandro 68
LARANAGA
    Paula 201
LARAÑAGA
    Cristobal 244
    Maria Paula 105
    Miguel 254
    Paulita 157
LARRAÑADA
    Maria Paula 277
LARRAÑAGA
    (illegible) 198
    Cristoval 281
    Juan Cristobal 186
    Maria Paubla 246
    Maria Paula 31, 35, 38, 39, 46,
        74, 83, 90, 91, 200, 288, 301
    Maria Petra 186, 198, 225, 246,
        287, 344
    Miguel 209, 239, 344
    Paula 130
    Paulita 215
LASO
    See LAZO
    Jacinta 183
    Juan 221
    Juana 258
    Maria 90, 97
    Maria Ysabel 293
    Matias 46, 56, 87
    Santiago 314
    Ygnacio 196
LAVADI
    See LABADIA, LABADILLA
    Maria Andrea 8
LAVE
    See LABE
    Miguel 218

LAVI
    Maria Alvina 72
LAYMEN
    Pedro Antonio 360
LAZO
    See LASO
    Francisca 45
LEAL
    See LIAL
    Ana Maria 118
    Domingo 25, 31, 36, 40, 86, 95,
        228
    Francisco 312
    Francisco Antonio 260
    Guadalupe 284
    Jose Benito 195
    Jose Mariano 330
    Josefa 94, 179, 308
    Juan Domingo 43, 153, 285, 313
    Juan Jesus 120
    Juan Vautista 274
    Juana Manuela 267
    Manuel 220, 330
    Manuel Jose 119, 232, 242, 254,
        300
    Maria 6
    Maria Alberta 214
    Maria Dolores 330
    Maria Josefa 9, 188, 263, 342
    Maria Juana 262
    Maria Manuela 89, 244
    Maria Monsorrate 296
    Maria Noverta 213
    Maria Serafina 296
    Pedro Nolasco 283
    Rafael 250, 309
LEAL GONSALES
    Antonio 284
LECLIET
    Francisco 188
LEDOUX
    See LEDÛ, LODÛ, LODU, LIDU,
        LIDUD, LEDUD, LILUD
LEDÛ
    Abrahan 1
    Abran 60, 310
    Antonio 7, 10, 95, 110, 275
LEDUD
    Abran 184
    Antonio 175
LEE
    See LI, LID
    Juan 101
LEIBA
    See LEYBA
    Maria Rosa 168
    Paula 144
    Rosa Maria 58

LEIVA
  See LEYVA
  Anna Maria 335
  Consepsion 255
  Dolores 228, 301
  Gertrudis 55
  Juan Reyes 261
  Juana Felipa 74
  Jusefa 226
  Manuel 310
  Maria Josefa 217
  Maria Nieves 175
  Mateo 46, 94
  Miguel 255
  Rosa Maria 89
  Salvador 255
LEON
  Antonio 288
  Jose Antonio 140, 286, 325
  Maria Teresa 55, 81, 87, 97, 164
  Miguel Antonio 197
  Pablo 45
LEROUS
  See LOREUS
  Antonio 253
LERUD
  See LEDÓ, LEDÛ
  Joaquin 184
LEYBA
  See LEIBA
  Francisca 244
  Miguel 92
  Vicente 235
LEYVA
  See LEIVA
  Dolores 250, 302
  Francisco 288
  Jose Benito 353
  Jose Jesus 344
  Juan Antonio 276
  Maria Dolores 357
  Maria Josefa 327
  Maria Ysidora 281
  Mariano 325
  Martin 348
  Pedro 337
  Rosamaria 121
  Vicente 188
  Visente 295
LI
  See LEE, LID
  Francisco Antonio Esteban 24
  Maria Begnina 343
LIAL
  See LEAL
  Domingo 180, 259
  Francisco Antonio 139
  Jose Mariano 214
  Josefa 21

LIAL (continued)
  Juan Domingo 118, 214
  Juana Manuela 139
  Manuel Jose 163, 216
  Maria 168
  Maria Dolores 214
  Maria Guadalupe 189, 225
  Maria Ynes 351
  Pedro Nolasco 155
  Rafael 180
  Ygnes 134
LID
  See LI, LEE
  Benina 317
LIDES
  Antonio 361
LIDU
  See LEDÛ, LODÛ
  Abran 152
LIDUD
  Antonio 38, 316
LILUD
  Antonio 266
LINTE
  Agustin Geronimo 76
LION
  Juan Quristobal 158
LISTON
  Pedro 257
LIZ
  Juan Bautista 148
LOBA
  See LOVO
  Juan Cristobal 183
LOBATO
  See LOVATO, LUVATO
  Agustin 316
  Anna Terasa 230
  Antonio 316
  Bentura 99
  Buenaventura 90, 270
  Cristoval 324
  Jose 111
  Josefa 260
  Juan 32, 53
  Juan Antonio 199, 200
  Juan Francisco 264
  Juan Manuel 229
  Juana 241
  Juana Catalina 265
  Magdalena 277
  Margarita 180
  Maria Antonia 84, 245
  Maria Dolores 260
  Maria Josefa 149
  Maria Luisa 268
  Maria Magdalena 264
  Maria Necolasa 205
  Maria Paula 106, 345

LOBATO (continued)
　Maria Petrona　296
　Maria Rosa　137
　Maria Soledad　99
　Miguel　91
　Paula　97
　Rafael　118, 135, 347
LODÚ
　See LEDI, LIDU
　Abran　145
　Antonio　102
LOMA
　Ana Maria　272
　Anamaria　231
　Anas Maria　340
　Anna Maria　108, 295
　Antonia　247, 294
　Antonica　5
　Antonio　276
　Domingo　171
　Encarnacion　152
　Jose Antonio　221
　Josefa　205
　Juan　28, 231, 318
　Juan Antonio　26, 109, 123, 217
　Juan Domingo　39
　Juana　12
　Juana Maria　42
　Manuela　217
　Maria　92
　Maria Cencion　290
　Maria Concepcion　99
　Maria Josefa　320
　Maria Lus　30
　Maria Rosalia　123
　Maria Sencion　56
　Miguel　56
　Pablo　199
　Paula　48
　Ramon　308
　Rosalia　183
　Sension　228
LOMAS
　Maria Luisa　219
LONTE
　Agustin Geronimo　93
　Amador　85
　Felis　348
　Geronimo　218, 230, 327
　Pablo　184
LONTI
　Geronimo　214
LONTIN
　Amador　257
LOPES
　Ana Maria　32
　Andres　185
　Anna Bartola　192
　Antonio　31, 111, 212

LOPES (continued)
　Antonio Gaspar　180
　Antonio Jose　34, 117
　Bartola　117
　Concepcion　307
　Cristobal　338
　Cristoval　190, 229, 270
　Francisca　92, 188
　Francisco　41, 117, 148, 199
　Gaspar　114, 342
　Gertrudes　354
　Gertrudis　109, 224, 336
　Jose　63
　Jose Antonio　355
　Jose Miguel　16
　Jose Ramon　17
　Josefa　160, 210, 279
　Juan　266, 339
　Juan Antonio　358
　Juan Jesus　120, 285
　Juana　249
　Juana Soledad　274
　Lorenso　160
　Loreta　293
　Luciano　229
　Lucino　118
　Luis　131, 190, 265
　Magdalena　22
　Maria Antonia　257, 360
　Maria Bartola　142
　Maria Concepcion　160
　Maria Crus　285
　Maria Dolores　12, 13, 21, 35,
　　73, 140, 159
　Maria Francisca　117, 267
　Maria Fransisca　255
　Maria Gertrudis　41, 117, 190,
　　262, 276
　Maria Guadalupe　181
　Maria Ingnes　312
　Maria Jertrudes　296, 328
　Maria Jertrudis　103, 123
　Maria Josefa　128, 130, 212, 238,
　　297
　Maria Jucefa　297
　Maria Lorensa　159
　Maria Lus　127
　Maria Luz　167
　Maria Magdalena　112
　Maria Soledad　58, 102/103, 104,
　　210, 316
　Maria Teodora　17, 144, 238
　Maria Tomasa　143
　Maria Ygnacia　289
　Maria Ynes　220
　Maria Ysabel　111, 226, 303
　Maria Ysidora　106
　Mariana　158

INDEX of GODPARENTS, GRANDPARENTS, & OTHERS   TAOS BAPTISMS, VOLUME II

LOPES (continued)
  Ramon   47, 100, 134, 201, 207, 266, 273
  Salbador   34, 339
  Salvador   93, 127, 174, 248
  Silbestre   97
  Silvestre   73
  Tomasa   255, 264
  Vernardo   115
  Ygnacio   227, 322
LOPESEROS
  Maria Pascuala   127
LOPEZ
  Francisco   169, 218, 341
  Jose   346
  Juan Jesus   233
  Maria Antonia   348
  Maria Cruz   222
  Maria Dolores   219
  Maria Gertrudes   139
  Maria Josefa   169
LOREUS
  See LEROUS
  Juan   319
LOSA
  Maria Paula   318
LOSANO
  Leogarda   264
LOSCHANA
  Maria Manuela   353
LOVATA
  Maria Necolasa   156
LOVATO
  See LOBATO, LUVATO
  Agustin   294, 347, 354
  Anna Maria   239
  Antonio   30, 63, 82, 107, 166, 175, 184, 189, 226, 246, 271, 286, 288
  Antonio Jose   112, 155, 326
  Antonio Matias   245
  Baltasar   185
  Bartolome   275
  Barvara   29
  Buena Bentura   244, 247
  Buena Ventura   218
  Francisca   30, 187
  Francisco   20, 26, 34, 138, 320, 342
  Francisco Antonio   257, 360
  Jose   34, 298, 352
  Jose Manuel   233, 285
  Jose Tomas   56, 243
  Josefa   201, 210, 327, 355
  Juan   20, 22, 23, 57, 58, 63, 74, 141, 194, 196, 277, 292, 346, 360

LOVATO (continued)
  Juan Antonio   9, 35, 94, 97, 101, 117, 121, 156, 284, 287, 307, 332
  Juan Domingo   261
  Juan Francisco   35, 68, 88, 118
  Juan Jose   137
  Juan Manuel   25, 247, 249, 324
  Juan Nepomuceno   117
  Juana   283, 330
  Juana Catarina   26, 75, 184, 204
  Juana Maria   134, 209, 240
  Juana Teresa   69, 125, 206, 297
  Magdalena   51, 207
  Manuel   294
  Margarita   23, 55, 62, 68, 84, 165, 189, 291/292
  Maria Antonia   38, 43, 123, 161, 263
  Maria Barbara   153, 360
  Maria Catarina   49, 344
  Maria Dolores   2, 56, 197, 233, 243, 260, 333
  Maria Elena   318
  Maria Encarnacion   63
  Maria Felipa   114, 225, 363
  Maria Francisca   130
  Maria Gracia   115
  Maria Josefa   9, 25, 63, 88, 109, 127, 178, 251, 292, 307, 341
  Maria Luciana   156
  Maria Luisa   185
  Maria Luz   118
  Maria Madalena   178
  Maria Margarita   275
  Maria Martina   232
  Maria Nicolasa   137, 292
  Maria Paula   8, 11, 15, 57, 110, 142, 145, 149, 169, 174, 184, 188, 206, 294, 318, 321, 326
  Maria Soledad   13, 287, 318
  Maria Teodora   160, 191
  Maria Teresa   1, 6, 59
  Maria Tomasa   291
  Maria Ygnacia   26
  Marselo   11, 340
  Nicolasa   230, 328
  Pabla   11
  Paula   59
  Petra   245
  Rafael   2, 13, 25, 39, 62, 84, 103, 185, 193, 199, 267
  Salvador   64, 150, 240
  Santiago   337
  Teodora   228
  Teresa   16
  Tomas   113, 333
  Ventura   58
  Ysidro   60, 222

LOVO
  See LOBA
  Margarita 50
LU
  Francisco 280
LUCERA
  See LUSERA
  Dolores 252
LUCERO
  See LUSERO
  Ana Maria 156, 219, 277, 341
  Anamaria 6, 57, 325
  Andrea 257
  Anna Maria 83, 123, 213, 214, 274, 334
  Antonio 7, 8, 13, 33, 38, 71, 102, 116, 117, 122, 148, 154, 164, 171, 178, 205, 275, 301
  Antonio Domingo 157/158
  Antonio Jose 159, 210, 216, 280, 292
  Antonio Maria 102, 200, 319, 329, 348, 353
  Balbaneda 234
  Barbara 198
  Benito 112, 303
  Bernardo 3, 60, 65, 66, 112, 119, 122, 158, 166, 174, 177, 178, 202, 290, 292, 293, 297, 304
  Bicente 23, 104, 135
  Buena Ventura 346
  Christobal 102
  Cristobal 145, 243, 275, 316
  Cristoval 38, 87, 185
  Diego 134
  Felipe 246
  Francisco 85, 257
  Gertrudis 42
  Gregoria 68
  Gregorio 174, 175, 211, 254, 308, 342
  Guadalupe 231
  J. Manuel 215
  Jesus 13, 17, 24, 164, 187, 203, 244
  Jose 66, 88, 165, 322
  Jose Antonio 95, 177, 329
  Jose Francisco 119
  Jose Julian 74
  Jose Manuel 281
  Jose Maria 17, 87, 158
  Jose Miguel 116, 285, 356
  Jose Rafael 220, 319
  Jose Tomas 62
  Josefa 307, 349, 352, 353
  Juan 57, 138, 215, 255
  Juan Antonio 33, 42, 82, 87, 122, 206, 231, 344, 351

LUCERO (continued)
  Juan Domingo 5, 55
  Juan Eugenio 176
  Juan Francisco 180
  Juan Jesus 10, 19, 24, 66, 82, 86, 107, 111, 129, 132, 179, 184, 204, 220, 242, 298, 302, 312, 313
  Juan Manuel 82, 130, 210, 217, 247, 288, 355
  Juan Miguel 304
  Juana 33, 46, 51, 231, 293, 353
  Juana Maria 44, 53, 70, 86, 91
  Julian 46, 116, 166, 189, 200, 254, 317
  Lorenso 330
  Lorenzo 359
  Lugarda 265
  Lurenzo 353
  Manuel 6, 8, 47, 257, 298
  Margarita 15, 57, 65, 112, 162, 326
  Maria 62, 140, 166, 187, 290
  Maria Acencion 96, 104, 175, 281
  Maria Alvina 67
  Maria Anamaria 345
  Maria Andrea 181, 325
  Maria Antonia 96, 233, 235
  Maria Ascencion 4, 57, 314
  Maria Asencion 201
  Maria Barbara 291, 317, 343
  Maria Barvara 290
  Maria Carmel 76
  Maria Concepcion 36
  Maria Dolores 6, 9, 77, 95, 111, 127, 182, 184, 194, 209, 214, 220, 255, 313, 314, 341
  Maria Filomena 329
  Maria Francisca 66, 122
  Maria Gertrudis 106
  Maria Guadalupe 161, 318
  Maria Haucencion 163
  Maria Jacinta 158
  Maria Jesus 163
  Maria Josefa 10, 54, 55, 82, 89, 141, 184, 219, 221, 330
  Maria Josehpa 354
  Maria Leogarda 143, 343
  Maria Lugarda 311
  Maria Lus 2, 75, 86, 87, 107, 111, 112, 115, 137, 140, 147, 152, 305, 341
  Maria Luz 10, 62, 97, 125, 126, 173, 199, 226, 254, 265, 267, 329, 355
  Maria Manuela 102, 202, 314
  Maria Margarita 86
  Maria Micaela 63, 135
  Maria Miquela 14, 28, 38, 324

LUCERO (continued)
  Maria Nasarena 99, 141
  Maria Nasarina 329
  Maria Nazarena 20
  Maria Pablo 90
  Maria Pascuala 160, 182
  Maria Poloma 126
  Maria Polonia 7, 18, 71, 74, 81,
    96, 103, 106, 110, 164, 170,
    189, 216, 249
  Maria Rafaela 153
  Maria Reyes 228
  Maria Rita 22, 89, 187, 237,
    259, 305, 359
  Maria Rosa 119, 330
  Maria Rumalda 355
  Maria Sencion 38, 44, 79, 80,
    316, 340
  Maria Soledad 3, 13, 38, 44, 45,
    79, 95, 110, 126, 136, 157,
    176, 185, 186, 189, 242, 290,
    316, 335
  Maria Teodora 120, 323
  Maria Varbara 71
  Maria Varvara 309
  Maria Vibiana 316
  Maria Viviana 169
  Maria Ygancia 164
  Maria Ygnacia 40, 116, 179, 194,
    196, 215, 218, 240, 298, 341
  Mariano Jesus 175
  Mariano Jesus, Fr. 340, 342, 360
  Mariano, Fr. 346
  Mateo 5
  Miguel 91
  Miquela 244
  Nacario 330
  Nacereno 346
  Nasarena 51, 63
  Necolas 222
  Nicolas 333
  Pablo 31, 35, 38, 39, 83, 91,
    105, 130, 157, 201, 215, 216,
    225, 246, 287, 288, 301, 304
  Pedro 13, 79, 149, 183, 203,
    221, 231, 278, 288, 295, 317
  Pedro Antonio 283
  Poloña 158
  Polonia 24, 85, 102, 120, 252,
    280
  Rafaela 192
  Ramon 85
  Rosa 46
  Rosalia 173
  Salbador 158
  Salvador 88
  Santiago 22, 23, 55, 104, 146,
    177, 306, 332
  Sebastian 135

LUCERO (continued)
  Soledad 60, 219, 346
  Tomas 82, 135, 294
  Vecente 185
  Venito 47, 52, 178, 203
  Ventura 278
  Vernardo 6, 46
  Vicente 2, 16, 64, 78, 80, 132,
    188, 201, 261, 319, 327
  Visente 303
  Ygnacia 308
  Ygnacio 264
LUCIA
  Maria Madalena 275
LUCIE
  Magdalena 38, 175
  Maria Madalena 266
  Maria Magdalena 102
LUDUD
  See LODU, LEDU
  Pula 194
LUGAN
  See LUJAN, LUXAN
  Anamaria 155
  Francisco 5
  Jose Francisco 263
  Juan Domingo 219
  Juana Gertrudis 126
  Manuel 108
  Maria Josefa 126
  Maria Luz 90
LUGANA
  Maria 318
LUJAN
  See LUGAN, LUXAN
  Ana Josefa 221, 308
  Antonio 95, 102, 268, 290
  Antonio Jose 3, 73, 125, 221
  Francisco 21, 205, 308, 335
  Francisco Antonio 139
  Joaquin 27, 278
  Jose 161, 196, 241, 289
  Jose Antonio 301, 336
  Jose Bernardo 318
  Jose Francisco 288
  Jose Manuel 110, 340
  Josefa 59, 269, 352
  Juan 73, 167
  Juan Antonio 19, 46, 217, 245,
    274, 276, 337
  Juan Domingo 178, 352
  Juan Jose 255
  Juan Pomoseno 345
  Juana 138, 205, 248
  Juana Gertrudis 54
  Margarita 3
  Maria 14, 28, 36, 114
  Maria Antonia 215
  Maria Candelaria 133, 240

LUJAN (continued)
  Maria Concepcion 113
  Maria Dolores 299, 311
  Maria Guadalupe 50, 108, 283, 313
  Maria Josefa 198, 325
  Maria Juana 69
  Maria Lus 69, 146, 220, 238
  Maria Luz 228, 273, 346
  Maria Manuela 215, 347
  Maria Martina 185
  Maria Niebes 133
  Maria Nieves 120, 125, 166, 278
  Maria Rosa 15, 79
  Maria Serafina 122
  Maria Soledad 206, 308
  Maria Ygnacia 255
  Mariquita 245
  Martina 18, 67
  Miquela 22
  Pablo 60, 135, 192, 265, 326, 345
  Pascual 303
  Pedro 190, 257, 269
  Rosalia 92
  Santiago 86
  Ysabel 92
LUNA
  Antonia 82, 223, 285
  Antonia Maria 288
  Antonia Rosa 252
  Jose Antonio 105
  Jose Miguel 89
  Jose Rafael 8, 43, 87, 104
  Jose Vicente 171
  Jose Ygnacio 171
  Juan 7, 49, 108, 232
  Juan Nepomuceno 316
  Juan Nepomuseno 248
  Juan Rafael 334
  Maria 185
  Maria Antonia 182, 184, 315, 338
  Maria Beatris 339
  Maria Dolores 43
  Maria Nesarena 194
  Maria Paula 8, 19, 42, 74, 127, 171, 215, 263
  Miguel 257
  Paula 139
  Polonia 236
  Rafael 7, 42, 45, 50, 88, 121, 122, 127, 139, 144, 208, 215, 280, 332
LUSERA
  See LUCERA
  Maria Pascuala 98
LUSERO
  See LUCERO
  Antonio 247

LUSERO (continued)
  Antonio Maria 223
  Barbara 246, 267
  Benito 275
  Bernardo 101, 235
  Dolores 204
  Encarnacion 361
  Gregorio 240, 244
  Jose Carmel 255
  Juan 227
  Juan Antonio 272, 275
  Juan Jesus 232, 277
  Juan Miguel 321
  Juana 267
  Lorenso 257
  Manuel 244
  Maria Asencion 236
  Maria Barbara 227
  Maria Dolores 253
  Maria Josefa 231, 257, 295
  Maria Lugarda 256
  Maria Miquela 137, 244
  Maria Nasarena 277
  Maria Polonia 248
  Maria Rita 235, 258
  Maria Soledad 243
  Maria Ygnacia 266
  Maria Ygnasia 272
  Pablo 277
  Padro Antonio 94
  Pedro 129
  Tomas 240
  Visente 240, 251
  Viviana 271
LUVATO
  See LOVATO
  Juan Francisco 33
  Maria Antonia 287
LUXAN
  See LUGAN, LUJAN
  Guadalupe 324
  Maria Soledad 25
MADINA
  See MEDINA
  Eusebio 143
MADRID
  Antonio 73, 343/344
  Antonio Jose 292
  Cristoval 261, 335
  Estefana 248
  Felipa 294
  Fernando 303
  Francisca 287
  Jose 260, 268
  Jose Antonio 198, 221, 247, 267
  Jose Cristobal 299
  Jose Encarnacion 251
  Jose Francisco 262
  Jose Miguel 187

MADRID (continued)
  Jose Manuel   191
  Jose Tomas   206
  Jose Vicente   299
  Josefa   305
  Juan   272, 296, 319, 335
  Juan Antonio   306
  Juan Cristobal   268
  Juan Severiano   221
  Juana   250/251
  Maria   212, 247
  Maria Dolores   190, 232, 299
  Maria Estefana   274, 316
  Maria Juana Dominga   302
  Maria Pabla   337
  Maria Paula   271
  Maria Rosa   260
  Miguel   116, 226, 277
  Pedro   195, 265, 271, 295
  Pedro Antonio   305
  Policarpio   267
  Tomas   124, 262, 267, 286
  Ygnacio   272
  Ysabel   294
MADRIL
  Ana Maria   363
  Antonio   71, 179, 204, 258, 345
  Antonio Jose   21, 133
  Bernardo   111, 151, 226
  Cristoval   38, 103, 178
  Diego   157
  Jose   37, 54, 205
  Jose Antonio   18
  Jose Cristoval   162, 207, 334
  Jose Encarnacion   69, 346
  Jose Tomas   50
  Jose Ygnacio   13, 163
  Juan   71, 114, 136, 154, 156, 242
  Juan Nicolas   166
  Juan Ramon   153
  Juan Ramos   96, 207
  Juan Reyes   109, 179
  Juana   148, 236
  Juanico   61
  Maria   72, 138, 247
  Maria Dolores   1, 97, 183
  Maria Estefana   133, 313
  Maria Felipa   72, 143, 186, 235
  Maria Lugarda   23
  Maria Manuela   207
  Maria Maria (sic) Manuela   18
  Maria Paula   69
  Maria Ramona   125, 166
  Maria Rosa   73
  Maria Tiodoro   96
  Maria Ygnacia   76
  Maria Ygnasia   243
  Maria Ysabel   7, 34
  Mariano   106

MADRIL (continued)
  Pedro   21, 34, 74, 89, 126, 155,
    160, 165, 172, 196, 241, 319
  Tomas   62, 98, 129, 140
  Ygnacio   33, 80
  Ysabel   26
MAES
  See MAEZ, MES
  Antonio   51, 150, 317, 341
  Antonio Jose   33, 130, 155, 287
  Bitoriano   244
  Bitorino   324
  Concepcion   113
  Dolores   47, 82, 176, 280
  Domingo   3, 16, 51, 56, 68, 102,
    105, 140, 200, 246, 336
  Felipe Nerio   62, 291
  Gaspar   288
  Gertrudis   202
  Graviel   148
  Guadalupe   28, 126
  Jabiel   320
  Jabier   81
  Joaquin   231
  Jose   341
  Jose Alejandro   118
  Jose Antonio   21, 240
  Jose Jesus   18, 141, 297, 352
  Jose Manuel   253
  Jose Maria   195, 346
  Jose Martin   76, 195, 271, 293,
    302, 346, 359
  Jose Rafael   221, 230, 279, 313,
    320
  Josefa   138
  Juan   51, 87, 126, 140, 214, 322
  Juan Benito   330
  Juan Cof.   117
  Juan Estevan   220
  Juan Paulin   20
  Juan Santos   259
  Juana Biviana   256
  Juaquin   289
  Luisa   52
  Manuel   15, 249
  Manuel Antonio   290
  Margarita   255
  Maria   81
  Maria Bibiana   325
  Maria Biviana   125
  Maria Dolores   7, 26, 155, 167,
    319
  Maria Encarnacion   158, 177, 230
  Maria Equedeana   228
  Maria Felipa   103, 215
  Maria Francisca   18, 77, 122, 172
  Maria Gertrudis   152
  Maria Guadalupe   167
  Maria Jesus   361

MAES (continued)
  Maria Josefa 22
  Maria Juliana 60
  Maria Luisa 1, 95
  Maria Luiza 313
  Maria Polonia 1, 232, 285
  Maria Rafaela 20, 76, 79, 129,
    154, 202, 207
  Maria Rafela 263
  Maria Ramona 343
  Maria Rosalia 120, 280
  Maria Serafina 246, 289
  Maria Soledad 5, 162, 207, 299
  Maria Viviana 260
  Miguel 47, 66, 289
  Miguel Antonio 29
  Miguel San Juan 246
  Paulin 92, 180, 269
  Pedro 53, 104, 160, 249
  Polonia 190
  Rafaela 287, 351
  Rosalia 4, 48, 59
  San Juan 137, 145, 165, 169,
    179, 209
  Soledad 4
  Tadeo 176
  Trenidad 195
  Trinidad 110
  Varbara 18
  Victoriano 14, 135
  Vitoriano 28, 38, 244
  Viviana 170
  Xabier 142
  Xaviel 199
MAESE
  Dolores 119
  Domingo 356/357
  Felipe Nerio 360
  Jose Antonio 116
  Juan 246
  Juan Santos 354
  Luiz Juan 238
  Maria Dolores 84, 353
  Maria Felipa 289
  Maria Josefa 191
  Maria Paula 134
  Maria Soledad 116
  Paulin 354
MAESTAS
  See MESTAS
  Antonio 173
  Rafaela 268
MAEZ
  See MAES, MES
  Domingo 281
  Jose Rafael 315
  Juan 313
  Leduviana 143
  Maria Josefa 143

MAEZ (continued)
  Maria Polonia 1
MALDONADO
  See BALDONADO, VALDONADO,
    BALDONADA, MARDONADO
  Antonio Jose 124, 195, 308
  Candelaria 222, 240
  Dolores 274
  Jose Victor 308
  Maria Candelaria 154
  Maria Candelario 19
  Maria Dolores 24, 145, 167, 184,
    306, 314, 322
  Maria Encarnacion 121, 358
  Maria Paula 259
  Maria Victoria 308
  Mariano 300
MANCHEGO
  See MENCHEGO
  Ascencio 226
  Jose Manuel 131, 198, 314
MANSANARES
  Antonio 62
  Barbara 72
  Jose Mariano 161, 246
  Juan Antonio 180
  Juan Lorenso 68
  Juana Crus 16
  Lorenso 16
  Maria Concepcion 32
  Maria Dolores 114
  Maria Eysabel 103
  Maria Margarita 24
  Maria Ygnes 74, 168, 222, 234
  Maria Ysabel 83, 322
  Matias 329
  Vuena Ventura 178
MANTAÑA
  See MONTAÑO, MONTAÑA
  Juana 84
MANZANARES
  Maria Ygnes 25
MARDONADO
  See MALDONADO
  Antonio Jose 300
MARES
  Felipe Nerio 210
  Francisco 245, 274, 277
  Gabriel 118
  Gaspar 100
  Jose 171
  Juan 330
  Juan Jesus 230
  Juan Reyes 85
  Luis 35, 83, 85, 86, 125, 133,
    195, 198, 255, 260, 315, 336
  Maria Dolores 159
  Maria Encarnacion 190
  Maria Josefa 315

MARES (continued)
  Maria Juana 279
  San Juan 90
MARQUES
  Alegandro 12
  Alejandro 64, 313
  Alexandro 168
  Ana Maria 321
  Anna Maria 21
  Bicente 112
  Francisco 56
  Jose 77, 142, 179, 209, 283, 339
  Jose Rumaldo 270
  Jose Tomas 11, 94, 208, 244, 303
  Juan Miguel 185
  Juan Venito 246
  Juana 54, 84, 194, 227, 252
  Maria 294, 338
  Maria Antonia 39, 46, 80, 81,
    105, 106, 111, 149, 272, 277,
    283, 301, 354
  Maria Antonia Encarnacion 8
  Maria Dolores 204, 294
  Maria Lus 241, 253, 289
  Maria Luz 157, 219, 306, 346
  Maria Manuela 355
  Maria Mariantonia 246
  Maria Micaela 77
  Maria Paula 247
  Micaela 291
  Miguel 9, 36, 120, 165, 200,
    230, 233, 259, 268, 303, 315
  Polonia 267
  Rumaldo 299
  Vicente 93, 125
  Ysavel 28
MARQUEZ
  Maria Luz 185, 267
  Miguel 317
MARTIAN
  Lucia 32
MARTIN
  (n.n.) 320
  Agustin 24, 302
  Agustina 18
  Alfonso 307
  Ana Maria 29, 97, 258, 334
  Anamaria 8, 23, 329
  Anastacio 15, 170
  Ancelmo 232
  Andres 4, 91, 114, 150, 182, 340
  Anna Maria 74, 207
  Anselmo 266
  Antonia 47, 61, 210
  Antonia Margarita 264
  Antonia Teresa 5
  Antonio 6, 14, 18, 22, 28, 37,
    63, 67, 71, 77, 82, 98, 103,
    120-122, 141, 154, 156, 172,

MARTIN, Antonio (continued)
  180, 196, 211, 213, 278, 291,
  297, 342, 354, 356
  Antonio Jose 10, 34, 66, 69,
    214, 320, 325
  Antonio Tiburcio 102
  Barbara 75, 117, 138, 189
  Bartola 286
  Barvara 127, 333
  Benito 353
  Bentura 76, 77, 173, 263, 340
  Bernarda 183
  Bernardino 160, 267
  Bernardo 7, 110, 231, 271, 294
  Bicente 94
  Buena Bentura 309
  Buena Ventura 259
  Buenaventura 207, 351
  Candelaria 1, 157, 251
  Casimir 67, 76
  Casimiro 51, 294
  Catarina 2
  Christoval 319
  Concepcion 53, 69, 126, 260, 345
  Concicion 253
  Consepcion 218
  Consepsion 226
  Cristobal 111, 120, 255, 345
  Cristoval 28, 189, 195, 260,
    270, 298
  Crus 33, 42, 43, 229
  Cruz 1, 124, 229, 337
  Culas 297
  Dadislao 153
  Damania 80
  Damiana 272
  Diego 41, 78, 127, 152, 204,
    208, 216, 243, 347, 356
  Diego Antonio 147, 154, 333
  Diego Antonio Rafael 96
  Domingo 51, 149, 167, 180, 263,
    285, 292
  Encarnacion 20, 303, 345
  Ermeregildo 277
  Eucebio 7
  Eusebio 120
  Eusebio Antonio 48, 280
  Feliciana 351
  Felipa 122
  Felipe 10, 14, 35, 42, 49, 59,
    80, 91, 162, 164, 203, 213,
    217, 218, 226, 231, 243, 246,
    252, 257, 259, 293, 330, 340,
    342, 356
  Felis 132, 251
  Felisiano 319
  Fileto 358
  Francisca 81, 199, 224, 241,
    335, 352

MARTIN (continued)
- Francisco 25, 49, 57, 59, 114, 123, 124, 139, 172, 186, 191, 205, 218, 246, 250, 257, 260, 262, 264, 279, 327, 329, 332, 344
- Francisco Antonio 232
- Gerbacio 16, 58, 60, 347
- Geronimo 1, 79, 170, 223, 322, 325
- Gertrudis 58
- Gervacio 41, 92, 127, 151, 208
- Gervasio 221, 333
- Gregoria 218
- Gregorio 67
- Guadalupe 36, 94, 208, 272, 298
- Jesus 68
- Joaquin 10, 27, 50, 61, 70, 71, 98, 154, 162, 212, 218, 220, 325
- Joaquina 60
- Jose 9, 22, 37, 42, 46, 51, 88, 89, 116, 132, 160, 161, 189, 219, 237, 238, 275, 293, 318, 324, 335, 337, 342, 358, 363
- Jose Anastacio 189
- Jose Andres 60, 215
- Jose Antonio 63, 134, 162, 182, 202, 209, 234, 247, 252, 266, 307, 309, 351
- Jose Antonio Lusiano 157
- Jose Candelario 165, 210
- Jose Dolores 109
- Jose Encarnacion 130
- Jose Felis 316
- Jose Francisco 23, 79, 91, 140, 152, 158, 166, 186, 203, 211, 233, 259, 279, 327
- Jose Gabriel 90, 117
- Jose Grabriel 9, 34
- Jose Gracia 88, 121
- Jose Gregorio 194
- Jose Guadalupe 260
- Jose Julian 41
- Jose Manuel 18, 56, 65, 142, 205, 209, 257, 273, 289, 330
- Jose Mariano 174, 194
- Jose Miguel 44, 76, 296, 336
- Jose Pablo 1, 23, 48, 73, 110, 149, 203, 309
- Jose Patricio 182
- Jose Paulo 263
- Jose Rafael 156, 196, 211
- Jose Ramon 212
- Jose Santos 262
- Jose Simon 147, 158
- Jose Venito 332
- Jose Ygnacio 2, 5, 71, 141, 215, 260, 270, 281, 337

MARTIN (continued)
- Josefa 5, 11, 13, 39, 58, 77, 85, 91, 133, 200, 255, 274, 315, 327, 337, 339
- Juadalupe 334
- Juan 15, 19, 25, 59, 61, 68, 92, 98, 128, 189, 206, 207, 269, 274, 276, 292, 299, 320
- Juan Antonio 34, 44, 47, 52, 54, 59, 95, 98, 124, 131, 136, 188, 237, 247, 258, 308, 333, 338, 341
- Juan Bautista 320
- Juan Candelario 207
- Juan Cristobal 6, 133, 179
- Juan Cristoval 20
- Juan Domingo 23, 165, 352
- Juan Estevan 127
- Juan Felipe 9
- Juan Jesus 31, 72, 157, 166, 210, 223, 238, 271, 295
- Juan Jose 118, 174, 265, 331
- Juan Julian 213
- Juan Luis 69, 332
- Juan Manuel 300, 309
- Juan Pablo 13, 44, 61, 62, 118, 193, 198
- Juan Rafael 88
- Juan Reyes 95, 151, 182, 285
- Juan Salbador 228
- Juan Salvador 172, 233
- Juan Ygnacio 22, 49, 80, 336, 358
- Juana 16, 29, 34, 48, 55, 82, 156, 169, 174, 182, 185, 207, 215, 240, 245, 252, 261, 309
- Juana Catarina 48, 149
- Juana Crus 68
- Juana Gertrudis 139
- Juana Josefa 15, 16, 63
- Juana Maria 15, 53, 56, 57, 68, 86, 201, 213, 307, 318
- Juana Paula 339
- Lorenso 207, 242, 352
- Lucia 42, 46, 65
- Luis 146, 195, 220, 238, 346
- Luisa 56, 173
- Madalena 147, 292
- Magdalena 125, 187, 222, 228, 270
- Manuel 9, 12, 41, 46, 59, 79, 131, 201, 312
- Manuel Antonio 94, 95, 103, 328
- Manuel Gregorio 41, 64, 106, 124, 130, 175, 216, 242, 287, 303
- Manuel Ramos 27, 60, 245
- Margarita 16, 137, 141, 169, 198, 216, 234, 311, 317

MARTIN (continued)
  Maria 80, 86, 96, 109, 110, 170, 175, 186, 217, 235, 281, 282, 304
  Maria Acencion 126, 246
  Maria Agueda 166
  Maria Agustina 122
  Maria Andrea 15, 163, 214, 297
  Maria Antonia 37, 50, 51, 60, 63, 85, 86, 119, 126, 131, 132, 156, 206, 208, 255, 322
  Maria Antonia Dolores 132
  Maria Antonia Roza 111
  Maria Barbara 21, 28, 32, 53, 103, 179, 207
  Maria Barvara 91
  Maria Benita 335
  Maria Benita Jesus 303
  Maria Candelaria 36, 208
  Maria Carmel 58, 102, 210
  Maria Carmen 180, 292
  Maria Carvel 263
  Maria Casilda 22, 49, 80, 336, 358
  Maria Catarina 23, 55, 110, 123, 133
  Maria Concepcion 20, 51, 57, 214
  Maria Consepcion 265
  Maria Crus 8, 86, 118, 206, 330
  Maria Cruz 108, 239, 278, 298
  Maria Damiana 13, 33, 163
  Maria Dolores 4, 9, 11, 14, 18, 38, 41, 51, 67, 103, 135, 149, 178, 251, 268, 280, 296, 298, 300, 320, 325, 336, 359
  Maria Encarnacion 11, 14, 42, 79, 91, 109, 117, 135, 153, 163, 169, 174, 194, 243, 269, 303, 320, 327
  Maria Feliciana 74, 217
  Maria Felipa 14, 18
  Maria Florentina 164
  Maria Francisca 8, 14, 30, 41, 49, 66, 81, 86, 89, 137, 145, 169, 213
  Maria Fransisca 255
  Maria Geronima 325
  Maria Gertrudis 3, 38, 83, 121, 127, 149, 169, 179, 213, 214, 223, 240, 280, 293, 331, 334, 359
  Maria Getrudes 338
  Maria Gracia 181
  Maria Gregoria 7
  Maria Guadalupe 4, 35/36, 43, 192, 282
  Maria Ines 156
  Maria Jertrudis 112
  Maria Jesus 146, 159, 266, 271,

MARTIN, Maria Jesus (continued)
  292
  Maria Josefa 10, 37, 46, 56, 60, 64, 65, 68, 77, 99, 122, 127, 133, 167, 172, 177, 184, 187, 188, 193, 195, 203, 211, 214, 239, 256, 260, 265, 267, 269, 330, 331, 336, 340
  Maria Juana 11, 56, 186
  Maria Juliana 63, 181, 325, 346
  Maria Lucia 33, 100, 139, 285
  Maria Luisa 21, 53, 150
  Maria Lus 6, 42, 43, 80, 100, 119, 189, 201, 209
  Maria Luz 143, 148, 193, 214, 237, 332, 338
  Maria Madaglena 282
  Maria Madalena 109
  Maria Magdalena 69, 75, 88, 106, 133, 152, 170, 282
  Maria Manuela 12, 14, 40, 41, 48, 51, 74, 82, 95, 98, 100, 132, 151, 180, 211, 214, 233/234, 240, 254, 255, 257, 282, 289, 309, 326, 329, 336, 339
  Maria Margarita 16, 18, 64, 69, 216, 225, 318
  Maria Maria Antonia 120
  Maria Marta 15, 29, 45, 133, 164
  Maria Micaela 128, 131, 215
  Maria Miquela 1, 28, 30, 289, 340
  Maria Patricia 27
  Maria Paula 79, 90, 105, 109, 135, 143, 274, 333, 357
  Maria Petra 178, 302
  Maria Polonia 112, 119, 193
  Maria Rafaela 42, 65, 69, 88, 114, 345
  Maria Ramona 90, 345/346
  Maria Ramona Ana 136
  Maria Refugio 44, 138/139, 353, 358
  Maria Relles 166
  Maria Reyes 2, 42, 71
  Maria Rita 10, 94, 296
  Maria Rosa 28, 48, 62, 103, 122, 139, 141, 147, 148, 167, 168, 171, 190, 206, 216, 252, 262, 275, 344
  Maria Rosalia 15, 27, 68, 137
  Maria Rosario 59, 143, 154, 286
  Maria Sesaria 294
  Maria Soledad 16, 42, 62, 95, 98, 134, 139, 159, 173, 174, 186, 298
  Maria Teodora 90, 133, 211, 332
  Maria Tiodora 233

MARTIN (continued)
  Maria Tomasa 3, 6, 46, 60, 66,
    112, 304
  Maria Tules 88
  Maria Varbara 218
  Maria Varvara 148
  Maria Venita 333
  Maria Viviana 55
  Maria Ycidora 109
  Maria Ygnacia 27, 80, 127, 172,
    210, 214, 264, 278, 341, 352
  Maria Ygnes 24, 87, 106, 147
  Maria Ynes 11, 334
  Maria Ysabel 233, 271, 356
  Maria Ysidora 77, 173, 354
  Mariano 173, 206, 275, 305, 330
  Marta 29, 30, 74, 136, 183, 221,
    240, 329
  Matiana 112
  Matias 105, 277, 335
  Maxiano 70
  Miguel 11, 153
  Miquela 14
  Necolas 339
  Nicolas 23, 98, 168, 169, 210,
    212, 270, 297
  Noberto 2, 32
  Onesana 165
  Pablo 44, 60, 96, 188, 309
  Pascual 35, 132, 238, 277, 345
  Paula 3, 12, 48, 50, 56, 169,
    235
  Pedro 3, 4, 11, 31, 71, 83, 97,
    100, 179, 181, 187, 196, 218,
    226, 228, 275, 281
  Rafael 40, 148, 161, 231, 269,
    318
  Rafaela 5, 63, 144, 171, 176,
    221
  Ramon 3, 12, 50, 56, 90, 105,
    169, 214, 222, 235, 246, 257,
    357
  Reyes 251
  Roman 119, 320
  Romano 40, 176
  Roque 193
  Rosa 86
  Rosalia 82, 281, 291, 297, 339
  Salbador 86
  Salvador 7, 15, 39, 45, 83, 147,
    164, 175, 181, 204, 209, 210,
    267, 282, 292, 356
  Santiago 6, 42, 65, 104, 121,
    141, 173, 187, 214, 229, 237,
    255
  Santos 80, 85, 122, 215, 318
  Soledad 118
  Teodora 5, 83, 99, 228, 247
  Tiburcio 325

MARTIN (continued)
  Tiodora 85
  Tomas 140, 183, 284
  Tomasa 119, 122, 158, 177
  Ubaldo 337
  Usebio 48
  Varbara 42
  Venito 213
  Ventura 72
  Vernardo 37, 165
  Vicente 9, 91, 179, 263, 342
  Victor 14, 61, 187
  Vitor 216
  Viviana 156, 324
  Vuena Ventura 202
  Ygnacia 303
  Ygnacio 22, 25, 26, 45, 62, 70,
    83, 97, 127, 146, 148, 171,
    196, 202, 228, 233, 262, 285,
    298, 354
  Ygnes 35, 195, 276, 331
MARTINA
  Ana Maria 125
  Antonia 115
  Gregoria 341
  Josefa 310
  Juana 132, 197
  Juana Rosalia 200
  Maria 101, 256
  Maria Agedad Jesus 237
  Maria Barbara 232
  Maria Barvara 356
  Maria Catarina 356
  Maria Encarnacion 180
  Maria Gertrudis 164
  Maria Guadalupe 286
  Maria Jertrudis 96
  Maria Josefa 125
  Maria Lus 135
  Maria Manuela 152, 154
  Maria Marta 151, 151/152
  Maria Rosa 94, 294
  Maria Soledad 157
  Maria Teodora 202
  Maria Viviana 131
  Mauricia 39
  Paula 246
  Rosalia 148
MARTINES
  (n.n.) 291
  A. Jose, Fr. 362
  Agustin 235
  Alegandro 80
  Anamaria 84
  Andres 100
  Anna Maria 168, 169, 300, 310
  Anselmo 334
  Antonia Margarita 76
  Antonia Rosa 109, 336

MARTINES (continued)
   Antonio 30, 57, 78, 93, 161, 214, 245, 294, 315, 324, 358
   Antonio Jose 90, 129, 134, 232, 275, 298
   Antonio Jose, Fr. 37, 288, 292, 358
   Antonio Severino 31, 137
   Barbara 313
   Bernardino 253
   Bitoria 353
   Buenaventura 96, 287
   Candelaria 194
   Casimir 79
   Catarina 253, 261
   Christobar 108
   Christoval 111
   Consepcion 283, 311
   Cristobal 34, 81, 124, 143, 300, 308, 333
   Cristoval 196
   Cruz 337
   Diego 78, 250, 312
   Diego Antonio 83
   Domingo 87
   Encarnacion 176
   Feliciana 166
   Felipa 175, 302
   Felipe 75, 107, 144, 248, 279
   Francisco 80, 143, 191, 289, 301, 315, 321, 324, 353
   Fransisco 254
   Gerbacio 83, 311
   Gertrudis 238
   Gervacio 344, 355
   Gregorio 215, 279, 307
   Guadalupe 35
   Jacinta 13
   Jasinto 354
   Jesus 287
   Jose 21, 65, 102, 176, 211, 238
   Jose Angeles 351
   Jose Antonio 5, 188, 300, 304, 308
   Jose Benito 236
   Jose Candelaria 314
   Jose Candelario 290
   Jose Cruz 132
   Jose Encarnacion 70
   Jose Francisco 53, 83, 144, 168, 337
   Jose Gabriel 52, 163
   Jose Gregorio 334
   Jose Guadalupe 315
   Jose Julian 357
   Jose Manuel 77, 104, 314
   Jose Maria 71, 109, 130, 148, 156, 162, 169, 223
   Jose Mariano 252

MARTINES (continued)
   Jose Miguel 303, 325
   Jose Pablo 140, 273, 324
   Jose Ramon 80
   Jose Santiago 19
   Jose Ygnacio 107, 260
   Josefa 60, 86, 198, 247, 321, 346
   Juan 176, 252, 324
   Juan Antonio 96, 181
   Juan Cristoval 77
   Juan Crus 163
   Juan Cruz 164
   Juan Domingo 223
   Juan Felipe 26, 51, 69, 314
   Juan Jesus 143, 175, 326, 358
   Juan Jose 68
   Juan Julian 286
   Juan Luis 133
   Juan Manuel 320
   Juan Pablo 239
   Juan Pascual 49, 151
   Juan Rafael 285
   Juan Reyes 83, 249, 287, 305, 316, 320
   Juan Ygnacio 107, 324, 358
   Juan Ynocencio 159
   Juana 30, 142, 166, 190, 203, 238, 286, 297, 300, 313, 348
   Juana Maria 9, 20, 34, 35, 40, 44, 49, 71, 79, 82, 90, 109, 130, 136, 142, 145, 148, 153, 156, 162, 169, 200, 238, 247, 287, 288, 297, 322, 336, 355
   Juana Teresa 19
   Juaquin 153
   Juliana 203
   Liogarda 7
   Lorenso 308
   Luis 240, 317
   Luisa 262
   Luz 274, 322
   Madaglena 304
   Magdalena 173
   Manuel 35, 293, 326
   Manuel Gregorio 308, 314, 319
   Margarita 90, 145, 179, 198, 199, 246, 314
   Maria 9, 30, 63, 190, 302, 314
   Maria Aguedad Jesus 317
   Maria Amatilda 17
   Maria Andrea 244
   Maria Antonia 138, 210, 229, 251, 264, 289, 297, 308, 312, 317, 320, 335
   Maria Antonia Rosa 262
   Maria Ascencion 324
   Maria Asencion 263, 276
   Maria Barbara 59, 137, 283

MARTINES (continued)
  Maria Benita 62, 108, 357
  Maria Bernarda 274
  Maria Biviana 112
  Maria Candelaria 222
  Maria Carmen 316
  Maria Casilda 107, 324
  Maria Catalina 104
  Maria Catarina 322, 333
  Maria Clara 93, 291
  Maria Comsesion 259
  Maria Concepcion 62, 65, 80, 136, 145
  Maria Conspecion 313
  Maria Crus 299
  Maria Dolores 5, 52, 76, 129, 218, 230, 246, 247, 303, 311, 356
  Maria Encarnacion 40, 140, 142, 192, 251, 310
  Maria Encarnasion 236
  Maria Feliciana 125
  Maria Felina 137
  Maria Felipa 9, 73, 167
  Maria Flor 102
  Maria Francisca 11, 145, 167, 178
  Maria Gertrudis 27, 29, 80, 182, 256, 274, 285, 289
  Maria Getrudes 328
  Maria Gregoria 112, 117, 194
  Maria Guadalupe 84, 104, 114, 268, 308
  Maria Jesus 34
  Maria Josefa 18, 27, 35, 57, 66, 83, 99, 110, 111, 135, 136, 141, 171, 279, 307, 320, 334
  Maria Juana 114
  Maria Leogarda 182
  Maria Luisa 39
  Maria Lus 17, 37, 47, 86, 102, 131, 207, 232, 242, 315, 357
  Maria Luz 109, 134, 266, 273, 301, 315, 316, 318, 333
  Maria Madalena 332
  Maria Magdalena 4, 171, 360
  Maria Manuela 5, 27, 30, 39, 44, 82, 88, 103, 125, 135, 174, 189, 211, 224, 240, 244, 258, 273, 285, 308, 334, 342
  Maria Margarita 5, 272
  Maria Marta 71, 185, 313
  Maria Matea 260
  Maria Micaela 8
  Maria Miquela 103
  Maria Paula 242, 285, 316
  Maria Polonia 34, 273, 302
  Maria Rafaela 112, 269
  Maria Ramona 111, 273, 322

MARTINES (continued)
  Maria Ramos 254
  Maria Refugio 14
  Maria Reyes 36, 107, 127, 275, 324
  Maria Rita 307
  Maria Rosa 24, 32, 34, 117, 137, 180, 188, 236, 267, 317, 348
  Maria Rosalia 75, 129, 130, 139, 156, 194, 228, 241, 321
  Maria Rosario 111, 361
  Maria Roza 117, 178
  Maria Silveria Jesus 58
  Maria Soledad 235
  Maria Teodora 65, 107, 138, 156, 236, 251, 297
  Maria Tomasa 101, 292
  Maria Venita 124
  Maria Ygnacia 89, 151, 248, 316
  Maria Ygnasia 239
  Maria Ygnes 64, 162, 233, 275, 289, 351
  Maria Ysabel 38, 313
  Maria Ysidora 65, 69
  Mariano 65, 169, 197, 226, 255, 269, 309, 337, 359
  Marta 81
  Matias 157, 201, 314
  Micaela 253
  Miguel 254, 321, 322
  Nicolas 128, 279
  Noberto 302
  Pablo 316
  Pascual 39, 65, 82, 108, 148, 245, 290, 294, 296, 308, 338
  Paula 236
  Pedro 17, 70, 96, 108, 115, 129, 176, 311, 337
  Pedro Antonio 293
  Polonia 208
  Rafael 291, 358
  Ramon 76, 316
  Rosalia 24, 70, 254
  Salbador 102, 313
  Salvador 103, 355
  Santiago 75, 79, 86, 87, 97, 107, 109, 111, 115, 126, 135, 137, 192, 194, 229, 239, 294, 299, 305, 309, 310, 345, 355
  Santos 34
  Seberino 215
  Severeno 27
  Severino 90, 209, 210, 288, 354, 355
  Soledad 17, 239
  Teodora 312
  Tomas 330
  Tomasa 174, 202, 235, 297
  Usevio 199

MARTINES (continued)
  Venita Jesus 308
  Ventura 108, 154
  Vicente 266
  Victor 144
  Vitor 164
  Vuena Bentura 337
  Ygnacia 20
  Ygnacio 31, 108, 240
  Ygnasio 241
  Ygnocencio 317

MARTINEZ
  Antonio 343
  Antonio Jose 26, 231
  Antonio Jose, Fr. 1, 340
  B. Ventura 109
  Buenaventura 243
  Candelaria 222, 266
  Christoval 186
  Concepcion 348
  Cristoval 282
  Crus 218
  Encarnacion 153
  Francisco 127, 218
  Gabriel 121
  Gertrudes 329
  Gervacio 164
  Hermeregildo 178
  Jose 50, 231, 344, 351
  Jose Andres 225
  Jose Antonio, Fr. 341, 342
  Jose Crisanto 343
  Jose Manuel 176, 272
  Jose Miguel 3, 247, 360
  Jose Relles 220
  Josefa 137
  Juan 264, 359
  Juan Antonio 221
  Juan Felipe 222
  Juan Pascual 133
  Juan Ygnacio 226
  Juana 311
  Juana Maria 134, 156, 210, 217, 226
  Luis 302
  Madalena 220
  Manuel 9, 146
  Margarita 244
  Maria Antonia 348, 352, 360
  Maria Asencion 226
  Maria Barbara 223
  Maria Casilda 226
  Maria Consepcion 333
  Maria Encarnasion 223
  Maria Francisca 52
  Maria Josefa 134
  Maria Juana 343
  Maria Juana Alta Gracia 218
  Maria Luz 227, 256, 354

MARTINEZ (continued)
  Maria Magdalena 232
  Maria Manuela 26, 264, 351
  Maria Polonia 181
  Maria Rafaela 337
  Maria Ramona 145
  Maria Refugio 323
  Maria Reyes 131, 199
  Maria Rosa 341
  Maria Rosalia 348, 352
  Maria Rosario 228
  Maria Sencion 135, 176
  Maria Teodora 331
  Maria Viviana 150
  Maria Ygnacia 226, 283
  Maria Ygnes 141
  Maria Ysabel 20
  Maria Ysidora 196
  Mariano 217, 219, 309
  Miguel 224
  Pascual 134, 317
  Pedro 196, 329
  Rosalia 186
  Salbador 223
  Santiago 226, 229, 254, 265, 267, 337
  Severo 130
  Tomasa 293
  Vicente 26
  Ygnacio 265
  Ygnasia 224

MARUJO
  Maria Encarnacion 269

MARYON
  Margarita 104

MASCARENAS
  Juan Bautista 39
  Maria Solome 347

MASCAREÑAS
  Baptista 262
  Bautista 53, 173
  Bernando 170
  Bernardo 30, 91, 235, 303, 349
  Culas 23
  Diego 28
  Diego Antonio 30
  Geralda 42, 47, 57, 337
  Gertrudis 184
  Jeralda 1
  Juan Bautista 21
  Juan Manuel 251
  Juan Miguel 154, 185, 250, 252
  Juan Nicolas 98
  Juana 278, 309
  Juana Rita 136
  Manuel Vicente 269
  Maria Antonia 6
  Maria Balbaneda 90
  Maria Bentura 332

MASCAREÑAS (continued)
  Maria Geralda 44, 176, 229, 252, 346, 347
  Maria Gerarda 29, 34, 114, 124, 136
  Maria Jeralda 280
  Maria Jesus 47, 75, 83, 95, 257
  Maria Lus 212
  Maria Manuela 205, 353
  Maria Rita 38, 233
  Maria Santa Anna 104
  Maria Solome 347
  Maria Ygnacia 55
  Miguel 255
  Necolas 160
  Nicolas 182, 206
  Toribio 268
  Vernardo 47
MASCAREÑAZ
  Maria Jesus 147
MASCAREÑO
  Maria Francisca 276
MASQUAREÑAS
  Juan Nicolas 70
MECOL
  Metros 162
MEDINA
  See MADINA
  (n.n.) 162
  Acuncion 173
  Antonia 196
  Antonio 13, 27, 32, 41, 52, 67, 106, 109, 115, 116, 171/172, 175, 236, 276, 288, 301
  Antonio Domingo 265
  Antonio Felis 220
  Antonio Jose 19, 30, 60, 62, 67, 110, 149, 152, 189, 203, 212, 215, 220, 271, 301, 355
  Antonio Rafael 69, 125, 177, 254, 321
  Antonio Ramon 172
  Antonio Tibursio 192, 229
  Asucion 218
  Barbara 268
  Bentura 235, 344
  Bentura Jesus 305
  Buena Ventura 276
  Candelaria 198
  Carmel 332
  Christoval 7
  Cristobal 160, 167, 216
  Cristoval 4, 48, 55, 67, 93, 100, 144, 185, 250, 274
  Damislada 66
  Diego 16, 120, 182, 207, 299
  Domingo 45
  Estevan 199
  Eusebio 108, 143, 146, 166, 234

MEDINA (continued)
  Faustin 312
  Felipe 13, 31, 45, 55, 81, 87, 90, 93, 121, 123, 129, 157, 188, 194, 196, 198, 276, 278, 282, 283, 333, 337, 361
  Felis 76, 125, 191, 195, 202, 260, 287, 336
  Feliz 313, 344
  Francisca 55
  Francisco 64, 114
  Francisco Antonio 87, 150, 234
  Gertrudis 255
  Gregorio 66, 91, 97, 175, 265, 309, 332
  Jesus 82
  Joaquin 38, 233, 278
  Jose 16, 37, 64, 66, 105, 118, 133, 137, 179, 298
  Jose Antonio 23, 62, 116, 124
  Jose Concepcion 43, 71
  Jose Encarnacion 195
  Jose Gabriel 353
  Jose Manuel 5, 166, 217, 240, 347
  Jose Ramon 116
  Jose Ysidro 17, 211, 348
  Josefa 263
  Juan 282, 311
  Juan Bautista 251, 347
  Juan Christobal 104
  Juan Cristoval 297, 303, 337
  Juan Jesus 10, 26, 58, 81, 101, 188, 271, 326, 353
  Juan Nepomoceno 92
  Juan Nepomoseno 221, 302
  Juan Nepomuceno 151, 189
  Juan Nepomuseno 41, 58, 258
  Juan Pascual 7, 28, 48, 58, 64, 77, 89, 91, 97, 106, 123, 159, 233, 235, 276, 305, 309, 331
  Juan Pasqual 137, 224
  Juan Pomuceno 48
  Juana Gertrudis 139
  Juana Jesus 224, 330
  Juana Josefa 17
  Juana Maria 12
  Juana Rafaela 41, 130, 242
  Juaquin 136
  Juliana 137
  Leonicia 352
  Manuela 65, 264
  Margarita 182, 292, 309, 352, 361
  Maria Agustina 92
  Maria Altagracia 309
  Maria Ascencion 189
  Maria Asencecion 245
  Maria Asencion 210, 314

MEDINA (continued)
  Maria Barbara 176, 221, 294
  Maria Candelaria 35, 83, 118, 274
  Maria Carmel 146, 261, 306, 332
  Maria Cencion 84, 96
  Maria Concepcion 132, 214
  Maria Consepcion 231
  Maria Dolores 53, 83, 103, 321
  Maria Gertrudis 13, 39
  Maria Gregoria 90, 111, 123, 232, 361
  Maria Guadalupe 59, 115, 338
  Maria Jesus 178
  Maria Josefa 77, 78, 97, 133, 213, 254, 263, 277, 286, 338, 361
  Maria Juana Rafela 357
  Maria Juliana 17, 248
  Maria Leonicia 207, 286
  Maria Lonicia 330
  Maria Lus 102
  Maria Luz 147
  Maria Manuela 24, 29, 53, 101, 104, 129, 141, 165, 229, 237, 249, 261, 282/283, 290, 299, 310, 334/335
  Maria Margarita 69
  Maria Paula 110, 175, 201, 273
  Maria Polonia 64
  Maria Rafaela 106, 124, 175, 287, 314, 319
  Maria Reyes 4, 14, 21, 38, 67, 92, 159, 233, 285, 310, 318, 355
  Maria Rita 217
  Maria Rosa 198, 277, 338
  Maria Sencion 128, 298
  Maria Serafina 52
  Maria Soledad 191, 288, 309
  Maria Trenidad 104, 118, 222, 271
  Maria Trinidad 33, 43, 81, 109, 299
  Maria Varvara 311
  Maria Ygnacia 90, 102, 177, 253, 261
  Micaela 172
  Miguel 119
  Pablo 48
  Pascual 244
  Pedro 17, 138, 193, 311, 320
  Pedro Ygnacio 115
  Rafael 52, 164, 226
  Rafaela 64, 216
  Ramon 52, 84, 85
  Salvador 155
  Santiago 143
  Sencion 118, 235

MEDINA (continued)
  Simon 315
  Teodoro 154
  Trenidad 2
  Trinidad 32, 212
  Ventura 331
  Vuena Ventura 161
  Ygnacia 325
  Ygnacio 145, 152, 230, 281, 299, 311
  Ysidro 64
MEJICANA
  See MEXICANA
  Vitoria 329
MEJICANO
  See MEXICANO
  Jose Migil 83
MENCHEGO
  See MANCHEGO
  Jose Manuel 272
MES
  See MAES, MAEZ
  Antonio 250
  Dolores 10, 271
  Felipenerio 89
  Jabier 41
  Jose Maria 257
  Juan Santos 224, 253
  Juana Manuela 248
  Juana Rosario 199
  Maria Andrea 225
  Maria Antonia 99
  Maria Dolores 135
  Maria Encarnacion 39
  Maria Felipa 1, 8
  Maria Guadalupe 230
  Maria Josefa 115
  Maria Juliana 100
  Maria Paula 63, 125, 258
  Maria Polonia 100
  Maria Rafaela 67
  Maria Ygnes 347
  Trinidad 252
  Victoriano 63
MESTA
  Maria Josefa 58
MESTAS
  See MAESTAS
  Antonio 40, 242, 320
  Bartolo 320
  Bernardo 117, 218, 341
  Candelaria 318, 327
  Consepsion 261
  Cristobal 109
  Cristoval Clemente 219
  Diego Antonio 213
  Domingo 19
  Eusebio 288
  Felipe 54, 306, 307

MESTAS (continued)
  Gabriel 96
  Gertrudis 51
  J. Jose 270
  Jose 28, 48, 78, 117, 133, 189, 207, 283, 304
  Jose Antonio 32, 152
  Jose Carmel 196
  Jose Felipe 87
  Jose Francisca 278
  Josefa 105, 245, 259, 291, 338
  Juan 31, 66, 217, 320/321
  Juan Gabriel 38, 43, 66
  Juan Jesus 74, 134
  Juan Jose Cruz 223
  Juan Pedro 74, 348
  Juan Rafael 321
  Juana 73, 85, 121, 298, 345
  Juana Josefa 72
  Juana Nepomusena 209, 283
  Manuela 148, 199
  Marcos 167
  Margarita 354
  Maria 35, 82, 193, 234
  Maria Antonia 232
  Maria Conpsesion 227
  Maria Consepcion 278
  Maria Dolores 128
  Maria Encarnacion 32
  Maria Eusebia 264
  Maria Francisca 289
  Maria Gertrudis 88, 242
  Maria Jesus 72, 178, 282
  Maria Josefa 8, 183, 265, 335
  Maria Manuela 41, 81, 142, 241, 320
  Maria Margarita 277
  Maria Nicolasa 7, 290
  Maria Rafaela 102, 290, 301
  Maria Reyes 216
  Maria Rita 114
  Maria Sencion 322
  Maria Serafina 348
  Maria Teresa 170, 197, 206
  Maria Tereza 234
  Maria Ygnacia 211
  Mariquita 145
  Matias 285
  Nicolas Crus 7
  Pablo 116
  Rita 249
  Teresa Jesus 91, 177
  Tereza Jesus 336
  Tomas 138, 197, 267, 270, 286, 325
  Tomasa 239
  Toribio Jesus 42
  Torivio 319
  Ygnacio 52, 69, 213, 220, 304

MEXIA
  Jose Francisco Ladislao 215
MEXICANA
  See MEJICANA
  Maria 192
MEXICANO
  See MEJICANO
  Jose Miguel 217
  Ysidro 335
MEZAS
  Jose Maria 19
MIA
  Maria Magdalena 284
MICOI
  Ysidora 213
MIER
  Maria Ygnacia 358
MIERA
  Francisco 105
  Jose 50, 155
  Josefa 145, 306
  Manuel 181
  Maria Josefa 108, 167
  Maria Ygnacia 32, 270
MIRABAL
  Ana Maria 73
  Antonia 185
  Felipe 129
  Jose 90
  Josefa 181, 318
  Juan 195
  Juan Luis 43, 153, 228, 313
  Luis 82
  Manuela 269
  Maria Josefa 92, 221, 236
  Maria Manuela 121
  Maria Rafaela 100
  Maria Ylaria 78
  Rafaela 2, 96, 272, 309
  Rafela 239
  Rosalia 125
MIRAVAL
  Domingo 56
  Josefa 305
  Juan Luis 86
  Maria Dolores 6, 283
  Maria Rosalia 51
MIRAVALA
  Maria Angela 149
MITOTE
  Jose Francisco 98
MOLINA
  Anamaria 3
  Guadalupe 218, 316
  Juan Antonio 305
  Maria Dolores 167
  Maria Guadalupe 181, 185, 322
  Rosalia 83, 217
  Vicente 223

MOLINO
  Ana Maria 70
MOLLA
  See MOYA
  Maria Luz 345
MONDRAGON
  A. Jose 270
  Anamaria 195
  Antonio 7, 17, 27, 43, 47, 94,
    110, 111, 167, 170, 179, 203,
    225, 256, 297, 329, 342, 356
  Antonio Jose 118, 193, 232, 253,
    297, 330
  Bartolo 58, 97, 260, 342
  Bartolome 77
  Bisente 186
  Candelaria 13, 266, 340
  Concepcion 343
  Dolores Salolores 242
  Felipe 58, 74
  Felipe Jesus 26
  Gertrudis 133, 321, 334
  Guadalupe 148
  Jeronimo 313, 356
  Jose 23, 27, 47, 55, 62, 99,
    119, 120, 179/180, 183, 185,
    242, 268, 277, 321, 327, 333
  Jose Antonio 2, 15, 291
  Jose Crus 17
  Jose Cruz 38
  Jose Domingo 277
  Jose Ygnacio 110, 193
  Juan 93, 255
  Juan Antonio 120
  Juan Cristoval 341
  Juan Jesus 76
  Juan Rafael 7, 43, 120, 267,
    304, 312
  Manuel 44, 71, 100, 178, 185,
    187, 216, 226, 299, 302, 319
  Maria 62, 305
  Maria Antonia Rosa 45
  Maria Candelaria 8, 64, 87, 283,
    323, 361
  Maria Dolores 40, 87, 174, 208,
    320
  Maria Francisca 38
  Maria Gertrudis 20, 138, 230
  Maria Jucepa 302
  Maria Manuela 29, 156
  Maria Necolasa 184
  Maria Paula 99
  Maria Salome 58
  Maria Ygnacia 161, 235, 276,
    331, 344
  Maria Ygnez 145
  Mariano 2, 5, 19, 78, 127, 195,
    263, 352
  Pablo 112, 208, 256, 302

MONDRAGON (continued)
  Pedro 342
  Rafael 103, 183
  Salbador 280
  Servulo Albino 282
  Vicente 133
  Victor 195
  Visente 134, 328
  Ygnes 291
  Ysabel 292
MONTAÑA
  See MANTAÑA
  Maria Josefa 174
MONTANO
  Bicente 109
MONTAÑO
  See MONTAÑA, MANTAÑA
  Jose 190, 343
  Juan 349
  Julian 295
  Maria Biviana 32
  Maria Lus 58
  Maria Viviana 53, 163, 178, 191
  Tomasa 158
  Vicente 235
MONTES
  Antonio 11, 24, 35, 64, 87, 106,
    147, 156, 162, 195, 224, 233,
    275, 276, 289, 331, 334, 351
  Jose Francisco 334
  Maria Agueda 189
  Maria Dolores 201
  Maria Francisca 43, 71
  Maria Refugio 204
MONTILE
  Anamaria 170
MONTOLLA
  Encarnacion 298
  Felipe 225
  Jose 10
  Jose Dolores 318
  Jose Patrisio 236
  Jose Rafael 13, 227
  Margarita 101
  Maria Antonia 223
  Maria Dolores 227
  Maria Gertrudis 230
  Maria Jertrudis 315, 317
  Maria Luz 10
  Maria Mariana 175
  Maria Rosa 356
  Mariana 102
  Miguel 313
  Necolas 330
  Ramona 227
  Vernardo 302
MONTOYA
  See MONTOYO
  Ageda 202

MONTOYA (continued)
  Agustin 54, 215, 300
  Ana Maria 116
  Antonia 109, 346
  Antonio 52, 181, 249, 312
  Antonio Eusebio 194
  Antonio Jose 172
  Antonio Mateo 163
  Baltasar 75, 226
  Bartolo 28, 105, 259
  Bartolome 183, 291
  Barvara 55
  Bernardo 20, 23, 74, 87, 101, 125, 170, 217, 235, 351
  Candelario 224
  Cataranina 236
  Clemente 43
  Diego 76, 207, 342, 356
  Dolores 6, 239, 305, 321
  Dorotea 250, 302
  Eusebio 160, 260
  Felipe 44, 162, 246, 321
  Felipe Jesus 292
  Felis 74, 156, 230, 292, 328
  Francisco 30, 87, 310
  Gertrudis 259
  Gorgen 60
  Gregoria 266
  Gregorio 262
  Jesus Maria 347
  Jose 4, 27, 28, 43, 44, 56, 82, 90, 129, 131, 138, 156, 166, 201, 241, 247, 269, 293, 302, 310, 331, 356
  Jose Bernardo 8
  Jose Dolores 105, 222, 262, 283
  Jose Francisco 94, 102, 196, 314
  Jose Guadalupe 128
  Jose Jesus 228
  Jose Manuel 79, 258
  Jose Patricio 151
  Jose Rafael 1, 65, 147, 148, 346, 355
  Jose Rafel 200
  Jose Ramon 277
  Jose Ygnacio 160, 238, 283
  Josefa 336
  Juan 47, 222, 247
  Juan Antonio 19, 65, 137, 272, 359
  Juan Cecelio 159
  Juan Christobal 284
  Juan Cristoval 150
  Juan Domingo 30, 268, 355
  Juan Francisco 20
  Juan Jose 28, 55, 61, 70, 183
  Juan Miguel 326
  Juan Pablo 356

MONTOYA (continued)
  Juana 37, 127, 195, 203, 221, 283, 352
  Juana Gertrudis 30
  Juana Maria 41
  Lonicia 274
  Luisa 26
  Luz 220
  Manuel 33, 62, 77, 111, 142, 169, 179, 188, 209, 283, 339
  Manuel Baltasar 164
  Manuel Baltazar 163
  Manuela 225, 313, 329
  Margarita 130
  Maria 20, 138, 282, 340
  Maria Ana 253
  Maria Andrea 69, 130, 190, 202
  Maria Anna 143, 338
  Maria Antonia 8, 56, 64, 76, 89, 146, 150, 191, 217, 255, 261, 287, 289
  Maria Balvaneda 356
  Maria Barbara 112
  Maria Beatris 310
  Maria Beronica 140
  Maria Catarina 24, 30
  Maria Concepcion 125
  Maria Crus 179
  Maria Dolores 16, 78, 127, 138, 147, 149, 194, 212, 270, 274, 291, 305, 306, 311, 324
  Maria Dorotea 192
  Maria Encarnacion 64, 94, 133, 179, 259
  Maria Esquipula 17, 270
  Maria Estefana 353
  Maria Estipula 299
  Maria Francisca 35
  Maria Gertrudes 185
  Maria Gertrudis 9, 11, 36, 67, 118, 120, 165, 200, 233, 268, 303
  Maria Guadalupe 75, 288
  Maria Jesus 115, 326, 329, 341, 345
  Maria Josefa 275
  Maria Juana 81, 273, 291, 347
  Maria Juana Gertrudis 151
  Maria Leonicia 91, 128, 206
  Maria Lus 25, 70, 153, 261, 325
  Maria Manuela 88, 197, 234, 256, 265, 288, 303, 306, 343
  Maria Petra 196
  Maria Petrona 272
  Maria Rafaela 144
  Maria Ramona 33, 72, 124, 163, 164
  Maria Reyes 78
  Maria Rita 211

MONTOYA (continued)
  Maria Rosa   39, 74, 160
  Maria Simona   5, 6, 17, 88, 151,
    179, 226, 228, 273
  Maria Veronica   3
  Maria Vicenta   161, 245, 291
  Maria Viviana   74
  Maria Ygsavel   305
  Maria Ysidora   300
  Mariana   165, 190, 229
  Mariano   228, 231
  Mateo   138, 236
  Miguel   64, 172, 193, 282
  Miguel Antonio   353
  Necolas   352
  Nicolas   154, 207, 286
  Pascual   73, 92
  Patricio   299
  Pedro   184, 237, 258
  Pedro Albino   310
  Pedro Alvino   179, 212
  Rafael   38, 66, 134, 194, 217,
    261
  Rafaela   228, 301
  Ramon   111, 341, 342
  Rosalia   167, 256, 332
  Rosalilla   297
  Salvador   106, 113, 193, 220
  Simon   251
  Simona   103, 133, 203, 303, 324,
    328, 334
  Tomas   32, 106, 163, 202, 237
  Valtasar   172
  Vernardo   13, 24, 44, 74
  Vicenta   82
  Ygnacio   160
  Ynes   342
  Ypolito   196
  Ysidora   332
MONTOYO
  See MONTOYA
  Rafael   95
MOQUETE
  Maria Dolores   307
MORA
  Gertrudis   56
  Juan Cristobal   322
  Juan Esteban   115, 181
  Maria Paubla   338
  Maria Paula   205, 324
MORALES
  Maria Guadalupe   330
MORGAN
  Jose David   238
MOTRAY
  Viviana   214
MOYA
  See MOLLA
  Ana Maria   68

MOYA (continued)
  Francisco   124
  Juan   112
  Maria Jesus   89
  Maria Lus   21, 34, 74, 155, 160,
    172, 195, 265, 295, 319
  Maria Luz   89, 126, 160, 165,
    196, 241, 271
  Maria Manuela   255
  Maria Rita   61, 124, 338, 346
  Rafael   197, 279
  Rita   56
MUÑIS
  Juan   67
  Maria Encarnacion   180
  Maria Luisa   220
  Maria Polonia   355
MUÑIZ
  Jose Antonio   116
  Juan Reyes   91
  Juana   346
  Maria Rafaela   116
MUÑOS
  Maria Crus   209
  Maria Polonia   212
MURO
  Buena Ventura, Fr.   37
NARANJO
  Antonio   50
  Francisco   308, 357
  Gertrudis   313
  Juan   329
  Juana Angel   116
  Juana Angela   21
  Lugarda   321
  Manuel   330
  Maria   57, 301
  Maria Angel   132
  Maria Angela   238
  Maria Antonia   296
  Maria Josefa   91, 95
  Maria Leogarda   7
  Maria Luisa   188
  Maria Rosa   66, 301
  Rafael   2
  Santiago   112, 272
NARCHULETA
  See ARCHULETA
  Maria Salome   81
NAVARRETA
  Juan Jose   259
NAVARRO
  Maria Paula   115
  Rafael   209
NENAR
  Juan   272
NERIO
  Maria Dolores   277

ÑETA
   Guadalupe 157
   Maria Gertrudis 26
ÑETO
   Maria Josefa 95
NIETO
   Maria Gertrudis 318
   Maria Guadalupe 276
   Santiago 114
NO SURNAME
   Ana Maria 43, 214
   Ana Maria Gertrudes 114
   Anamaria 182
   Antonio Blasar 69
   Antonio Lias 123
   Bartolome 120
   Barvara 319
   Castos Juana 148
   Catalina 231
   Claudia 337
   Felipe Nerio 225, 227
   Garciaya 106
   Jacob Luis 155
   Jose 354
   Jose Francisco 214
   Jose Prudensio 247
   Jose Ramon 261
   Jose Silbestre 135
   Jose Tranquilo 312
   Josefa 296
   Josefa Rita 99
   Juan Jesus 29
   Juana Maria 102, 153
   Juana Maria Loreta 181
   Juana Nasarena 88
   Magdalena 18
   Magdalena Lucia 95
   Magdalena Reyes 199
   Manuela 231
   Marcia 59
   Margarita 361
   Maria 12, 38, 83, 85, 103, 107,
     117, 128, 142, 156, 170, 191,
     272, 276, 281, 295
   Maria Albina 177
   Maria Alvina 112
   Maria Antonia 17
   Maria Antonia Ylaria 10
   Maria Concepcion 237
   Maria Dolores 165
   Maria Dolores Timotea 16
   Maria Francisca 102
   Maria Gertrudis 341
   Maria Guadalupe 123
   Maria J 265
   Maria Joaquina 344
   Maria Josefa 24, 37, 215
   Maria Leogarda 146/147
   Maria Luisa 34

NO SURNAME (continued)
   Maria Madalena 313
   Maria Magdalena 64
   Maria Magdalena Reyes 184
   Maria Manuela 348
   Maria Margarita 37
   Maria Marta 2
   Maria Pas 204
   Maria Rosa 100, 127, 314
   Maria Serafina 108
   Maria Soledad 95
   Maria Ygnacia 189, 207
   Maria Ygnes 116
   Maria Ysabel 79, 114, 149
   Marta 16
   Pedro Esperansa 219, 225
   Polo 309
   Predo Esperanza 262
   Rosa Carmel 256
   Teodora 89
NOANES
   Jose Guadalupe 73
NOLAN
   Francisco 106, 170
   Gerbacio 41, 95, 361
   Gervacio 155, 158, 252
   Serbacio 158
NORIEGA
   See GARCIA de NORIEGA
   Maria Gertrudis 70
   Tomas 162
NUANES
   Geronimo 18
   Jose Guadalupe 130
OCHOA
   Jose Andres 162, 278
   Jose Maria 321
OLGIN
   Antonio Jose 264
   Juan 145
   Juana Catarina 205
   Maria Catarina 234
   Maria Dolores 298
   Maria Francisca 302, 328
   Maria Francisca Tomasa 88
   Maria Manuela 101, 363
   Maria Marta 325
   Maria Tomasa 88
   Maria Ygnacia 129
OLGUIN
   Antonio Jose 143, 265, 343
   Francisca 343
   Jose 256
   Juan Manuel 306
   Manuela 170, 235
   Marda Guadalupe 128
   Maria Encarnacion 116
   Maria Manuela 20, 187
   Maria Ygnacia 116, 191, 261

INDEX of GODPARENTS, GRANDPARENTS, & OTHERS   TAOS BAPTISMS, VOLUME II

OLIBAS
  Maria Ygnacia 219
OLIVAS
  Francisca 62
  Maria Francisca 11
  Maria Rita 215
OLIVE
  Anna Rita 300
OLONA
  Miguel 323
OLONIA
  Antonio Jose 202
  Jose 54
ONINGE
  Jose Miguel 256
OÑINGUE
  Francisco 319/320
ORIQUE
  Anna Maria 286
ORNELA
  Jose 311
ORTA
  Dolores 38
ORTA MADRID
  (n.n.) 274
ORTEGA
  See HORTEGA
  Anna Maria 202
  Antonia 354
  Antonio 246, 277
  Culas 250
  Domingo 312
  Estefana 255
  Felipa 89
  Francisco 64
  Gabriel 192
  Jose 275
  Jose Maria 80, 265
  Juan Antonio 236
  Juan Francisco 168, 313
  Juan Maria 178
  Juana 92, 196
  Juana Antonia 220, 319
  Manuel 3, 163, 197, 236, 274, 290, 360
  Margarita 53, 172, 283
  Maria 31, 35, 137, 212, 237
  Maria Andrea 236, 358
  Maria Carmel 69, 237, 277
  Maria Carmen 130
  Maria Felipa 290
  Maria Josefa 222, 320
  Maria Lugarda 12
  Maria Rafaela 102
  Maria Ygnacia 274, 281
  Nicolas 58, 102, 210, 307, 316
  Pascual 296
  Pascual Antonio 140, 286
  Tiburcio 216

ORTIS
  A. 255
  Alta Gracia 108
  Ana Maria 70
  Anna Maria 258, 326
  Antonio 6, 77, 122, 127, 162, 209, 213, 214
  Antonio Jose 314
  Fernando 60
  Rafael, Fr. 198
  Francisca 308
  Francisco 66, 85, 100, 108, 150, 167, 198, 212, 238, 306
  Francisco Xabier 35
  Gaspar 49
  Gertrudis 202, 284
  Jose 97, 208
  Jose Francisco 115
  Jose Leonardo 53
  Josefa 259
  Juan 125
  Juan Andres 51
  Juan Antonio 25, 46, 85, 109, 248
  Manuela 92
  Maria Alta Gracia 150
  Maria Antonia 4, 72, 100, 108, 150
  Maria Asension 184
  Maria Dolores 19, 46, 53, 93
  Maria Feliciana 76, 85, 93, 152, 174, 245, 353
  Maria Gertrudes 335
  Maria Getrtrudis 109
  Maria Loreta 154
  Maria Nieves 288, 290, 304
  Maria Sencion 318
  Matias 17
  Rafael, (Fr.) 198
ORTIZ
  Antonio 111, 182, 184, 264
  Antonio Jose 220
  Francisco 145
  Juan Andres 142
  Juan Antonio 26, 177
  Juana Dominga 314
  Maria Feliciana 4, 184, 354
  Maria Felisiana 257
  Maria Manuela 264
  Maria Nieves 346
  Matias 115, 176
PACHECA
  Maria Antonia 16
PACHECHO
  Maria Encarnacion 34
PACHECO
  Antonia 132, 299
  Antonia Paula 168
  Antonio 50, 275, 278

PACHECO (continued)
  Calletano 128
  Cayetano 35, 242
  Concepcion 44
  Dolores 132, 204, 250
  Elena 131
  Felipe 91, 219, 226, 253, 298,
    308, 341
  Felipe Santiago 87, 155
  Francisco 6, 16, 36, 41, 54, 56,
    68, 77, 79, 113, 171, 188, 194,
    272, 318, 352
  Gregorio 27, 137
  Guadalupe 3, 336
  J. Pablo 294
  Jose Antonio 89, 139
  Jose Crus 204
  Jose Francisco 135
  Jose Miguel 22, 102, 228, 241,
    306, 310, 355
  Jose Rafael 19, 46, 283
  Jose Ramon 35
  Juan 12, 19, 137, 158, 216, 305
  Juan Antonio 28, 83, 94, 115,
    120, 139, 193, 239
  Juan Jose 17, 90, 114, 248
  Juan Nepumuceno 325
  Juan Pablo 72, 186, 293
  Juan Pedro 150, 301
  Juan Pomuseno 282
  Juana 174, 294
  Juana Catarina 301
  Juana Micaela 297
  Juana Miquela 141
  Julian 128
  Manuel 78
  Manuel Esteban 213
  Maria 206, 319
  Maria Antonia 63, 79, 155, 207,
    310, 352
  Maria Antonia Paula 168
  Maria Antonio 120
  Maria Concepcion 131
  Maria Concicion 329
  Maria Cristerna 63
  Maria Dolores 176, 220
  Maria Elena 188
  Maria Guadalupe 221, 245
  Maria Josefa 267
  Maria Juana 193
  Maria Loreta 79
  Maria Luz 292
  Maria Manuela 289
  Maria Paula 123, 193, 327
  Maria Refugio 62, 89, 176, 210,
    225, 227, 291, 360
  Maria Rita 306, 352
  Maria Soledad 321
  Maria Ysidora 68, 136

PACHECO (continued)
  Pablo 353
  Pedro 193
  Polona 318
  Ramon 244, 287, 324, 327
  Rosa 318
PACHICO
  Francisco 34
PADIA
  Ana Maria 254
  Antonio 199
  Catarina 152
  Consecion 299
  Francisco 24, 119, 156, 311
  Jose 8, 54, 320
  Jose Antonio 307
  Jose Jesus 331
  Josefa 64
  Josefa Ventura 48
  Juan 262
  Juan Cristoval 335
  Juan de Dios 246
  Juana 213, 286, 322, 360
  Loreta 272
  Manuel 48, 51
  Manuel Antonio 55
  Maria 56, 155
  Maria Antonia 65, 119, 167, 211
  Maria Candelaria 332
  Maria Concepcion 180
  Maria Crus 341
  Maria Dolores 52, 250
  Maria Francisca 177, 289
  Maria Josefa 64
  Maria Loreta 197
  Maria Ysabel 93, 174, 339
  Pedro 61, 180
  Roque 32, 81, 199, 202
  Sabel 248
  Salbador 188, 246
  Salvador 5, 65, 77, 127
  Santiago 6, 69, 79, 95, 173,
    206, 230, 241, 297, 318
  Ysabel 138
PADILLA
  Antonio Jose 136
  Candelaria 146, 182, 220, 238
  Catarina 227
  Dolores 266, 275
  Felis 214
  Francisco 48, 139, 166, 243, 289
  Jose Antonio 154, 265
  Jose Eginio 352
  Jose Jesus 176
  Josefa Bentura 132
  Juana 163, 310
  Juana Maria 249
  Manuel 95, 103, 113, 122, 228
  Manuel Antonio 114

PADILLA (continued)
  Maria 128, 261, 346
  Maria Antonia 91, 96, 187, 306, 328
  Maria Candelaria 174, 195, 302
  Maria Dolores 10, 337
  Maria Josefa 318
  Maria Lucia 204
  Maria Luisa 302
  Maria Miquela 6
  Maria Nestora 357
  Maria Relles 326
  Maria Ysabel 3, 85
  Pascual 57, 359
  Pedro 14, 41, 87, 118, 128, 253, 263, 283
  Rafael 302
  Roque 50, 259, 341
  Salvador 58, 133, 137, 211, 269, 279, 318, 334
  Santiago 1, 14, 16, 42, 59, 117, 125, 134, 164, 186, 259
PAIAS
  Miguel 202
PAIS
  Candelaria 119, 155, 334, 353
  Concepcion 105
  Consaucion 196
  Culas 255
  Dolores 345
  Jose Antonio 345
  Jose Francisco 116
  Juan Antonio 209
  Juan Miguel 207
  Juana 269
  Manuel 106, 109, 281
  Manuel Antonio 116, 125, 166
  Maria 101
  Maria Antonia 199
  Maria Candelaria 58, 271, 283, 326
  Maria Concepcion 181
  Maria Lus 106
  Maria Luz 109, 116
  Maria Paula 310
  Maria Rafaela 165
  Mariana 287
  Mateo 3, 140, 153
  Miguel 161/162, 262, 299
  Miguel Antonio 283
  Necolas 264
  Nicolas 143
  Varcicio 251
PAISA
  Maria Josefa 238
  Maria Manuela 251
PAIZ
  Maria Juana 312

PAJARITO
  Juana 320
PANDA
  Catarina 161
  Josefa 205
  Maria Nieves 9
PANDO
  See BIALPANDO, BILLALPANDO, VIALPANDO, VILLALPANDO
  Ana Maria 344
  Anna Maria 227
  Diego 166, 309
  Gertrudis 92
  Jose 43
  Jose Antonio 344
  Juan 92
  Juan Andres 295
  Juan Reyes 297
  Julian 279
  Manuel 191, 309
  Maria 307
  Maria Andrea 23, 99, 166
  Maria Catarina 15, 79, 148, 317
  Maria Felipa 136
  Maria Josefa 90, 146, 295
  Maria Juana 29
  Maria Manuela 307
  Maria Paula 10
  Maria Reyes 340
  Maria Ygnacia 219
  Rafael 78
  Salvador 108, 295, 340
PAPA
  Teodoro 17
PARIDO
  Maria Catalina 318
PARRAS
  Jose 158
PARTUÉ
  Luis 125
PARTUHÍ
  Luis 123
PATASON
  Manuel 238
PATESON
  Manuel 233
  Manuel Antonio 231
PATRÓN
  Dolores 272
  Felipe 77, 137, 305/306
  Maria Dolores 65
PATTERSON
  See PATESON, PATASON
PAYÁN
  Basilio 142
PEÑA
  Francisca 122
  Jose 100, 150, 198, 238
  Maria 249

PEÑA (continued)
  Maria Francisca 162, 202, 213, 220, 262
  Mariano 315
PERALTA
  Catarina 134, 186
PERARTA
  Maria Catarina 328
PEREA
  Maria Crus 130
PINADA
  Jacinto 250
PINEDA
  Barbara 91
  Francisca Rafaela 229
  Jacinto 9, 21
  Jasinto 179, 263, 343
  Maria 196
  Maria Rafaela 67, 170, 206, 333
  Maria Ygnacia 114, 172, 191, 232, 250, 332
  Miguel 261
  Xacinto 94
  Ygnacia 25
  Ygnacio 103
PINO
  Felis 78
  Jose 249
  Juan Antonio 107, 151
  Maria 263
  Maria Jesus 277
  Maria Nicomeda 5, 270
  Maria Reyes 311
  Maria Teresa 174
PORTELASE
  Jose 299
PRADA
  Francisca 173
  Maria Francisca 39, 76, 88, 160, 256
QUIGLE
  Ana Maria 117
QUIJADA
  Juan 251, 315
  Maria Encarnacion 281
QUINQUIER
  Mateo 104
QUINTA
  See QUINTO
  Juan Manuel 160
  Juan Nepomozeno 148
  Maria Josefa 148, 207
  Teodora 313
QUINTANA
  Antonia 80
  Antonio 52
  Antonio Jose 71
  Barbara 241
  Barbara Rafaela 265

QUINTANA (continued)
  Candelaria 200
  Cristobal 182, 184, 285, 315, 338
  Cristoval 82, 223
  Deogarda 75
  Estevan 50
  Francisco 50, 55, 81, 154, 164, 354
  Francisco Antonio 87, 97
  Francisco Esteban 313
  Francisco Estevan 324
  Gabriel 6, 34, 79
  Gertrudis 98, 212, 287
  Gregorio 6, 21, 27, 37, 65, 165, 169, 180, 201, 278
  Guadalupe 13, 55, 93, 194, 196, 278, 282
  Jose 227
  Jose Andres 273
  Jose Aniseto 197
  Jose Crus 5, 28, 29/30, 30, 37, 43, 81, 107, 110, 131, 186, 231, 325, 340
  Jose Cruz 165, 194, 245, 252, 293, 294, 335
  Jose Maria 106, 172, 222, 252, 320, 348
  Jose Niceto Toribio 39
  Josefa 1, 52, 93, 126, 181, 203, 242, 309, 333
  Juan 1, 17, 20, 52, 57, 61, 103, 107, 139, 158, 178, 215, 230, 258, 289, 326, 331, 355
  Juan Antonio 34
  Juan Bautista 66
  Juan Candelario 285
  Juan Cristobal 185, 288
  Juan Cristoval 252
  Juan Crus 25
  Juan Cruz 109
  Juan Julian 8, 289
  Juan Lorenso 302
  Juan Manuel 22, 100, 240
  Juan Miguel 3, 88
  Juan Nepomuceno 117, 275
  Juan Pomuseno 37
  Juana Paula 24
  Jusefa 97
  Leogarda 206
  Lorensa 23, 156, 328, 361
  Lorenza 231
  Lugarda 70, 304
  Margarita 295
  Maria 96, 97, 216, 232
  Maria Antonia 230, 303
  Maria Barbara 154, 207, 260, 286, 325
  Maria Barbara Rafaela 79

INDEX of GODPARENTS, GRANDPARENTS, & OTHERS   TAOS BAPTISMS, VOLUME II

QUINTANA (continued)
  Maria Barvara 352
  Maria Candelaria 111, 258, 272
  Maria Carmel 241
  Maria Casilda 12, 21, 34, 132
  Maria Concepcion 33, 37, 68, 126, 218
  Maria Consepcion 329
  Maria Crus 20, 44, 47, 50, 151
  Maria Dolores 335
  Maria Gertrudis 50, 75
  Maria Gregoria 319
  Maria Guadalupe 31, 45, 81, 87, 90, 121, 123, 188, 198, 283, 333, 337, 361
  Maria Josefa 6, 7, 22, 46, 62, 65, 73, 95, 108, 147, 157, 166, 171, 176, 178, 182, 201, 204, 205, 231, 232, 234, 240, 263, 272, 273, 281, 288, 290, 298, 317, 322, 324, 336
  Maria Juana 104
  Maria Juana Paula 98
  Maria Lorensa 125
  Maria Lorenza 269
  Maria Lugarda 11
  Maria Lus 213, 297
  Maria Luz 64, 152, 238, 321
  Maria Manuela 39, 172, 197, 285, 340
  Maria Mariana 119
  Maria Melchora 326, 330
  Maria Melclores 252
  Maria Merchora 44
  Maria Miquela 336
  Maria Paubla 342
  Maria Paula 299
  Maria Rosa 8, 47, 56, 66, 121, 126, 155, 209, 231, 248, 328, 334
  Maria Rosalia 331
  Maria Rosario 109, 179
  Maria Teodora 42, 80, 125, 141, 212, 220, 260, 336
  Maria Trenidad 250
  Maria Trinidad 45, 74, 151, 223, 244, 305
  Maria Ygnacia 8, 31, 105, 187, 266, 301, 316, 349
  Maria Ysabel 97
  Mariana 163, 242, 255, 300
  Melchora 141, 172, 244
  Migel 73
  Paula 243, 279
  Rafael 347
  Ramon 206, 299
  Rosa 82, 174, 258, 325
  Rosalia 317
  Salvador 136, 189, 290

QUINTANA (continued)
  Teodora 76, 195, 288, 344
  Trimidad 81
  Trinidad 59
  Ygnacia 262
QUINTO
  See QUINTA
  Carlos 221, 258, 259, 296, 297, 301
  Maria 158
  Santiago 158
QUINTOQUEL
  Maria 258
RABIDU
  Jose Fransisco 220
RAEL
  See REEL, REL
  Anamaria Josefa 314
  Andres 11, 63, 182, 245
  Balbaneda 78
  Felipe 25, 127, 178, 216, 324, 327
  Guadalupe 237
  Jose Ygnacio 324
  Josefa 157, 160, 281
  Juan Anes 85
  Juan Jose 259
  Juan Ygnacio 181
  Maria Josefa 110, 201, 243, 273
  Maria Jusefa 250
  Maria Viatris 174
  Mariana 118, 173
  Ramon 16, 280
RAMIRES
  Antonio 207
  Maria 218, 341
  Maria Carmel 231
  Maria Felipa 64, 193
  Maria Rosa 329
  Maria Rosario 117
RAMOS
  Juan Carmel 285
PASCON
  Juan Rafael 113
REEL
  See RAEL, REL
  Maria Josefa 79
REINA
  Francisco 239
  Gertrudis 257
  Jose 152
  Jose Antonio 96
  Josefa 259
  Juan 320
  Juan Domingo 116
  Juan Miguel 276
  Maria Damacia 153

REL
  See RAEL, REEL
  Josefa Catalena 239
  Juan 239
  Juan Antonio 59
  Juan Pomoseno 256
  Maria Carmel 256
REY
  Maria Magdalena 85
REYES
  Magdalena 141
  Maria Magdalena 184
REYNA
  Antonio 25
  Concepcion 55
  Damacia 228
  Francisca 209
  Francisco 112
  Jose 3, 92, 219, 308, 342
  Jose Antonio 78, 291
  Josefa 28, 33, 56, 161, 177,
    217, 219, 308, 356
  Juan Domingo 116, 238
  Maria 85, 175, 186, 219, 273
  Maria Damacia 43
  Maria Damasia 313
  Maria Gertrudes 330
  Maria Gertrudis 167
  Maria Josefa 319
  Maria Juliana 288
  Maria Ygnacia 221
  Mariquita 42, 46, 55, 90
  Rafaela 14
  Ygnacia 18
RIABAGEÑA
  Juana 253
RIBAL
  Maria Josefa 306
  Teresa 11
RIBALI
  See URIBALID, RUYBALI
  Francisco 170
  Guadalupe 342
  Maria Antonia 211
RIBERA
  See RUIBERA, RIVERA, RUIVERA,
    RIBIRA
  Alonso 9
  Anna Maria 212
  Antonio Jose 178
  Barbara 249
  Jose Calisto 204
  Jose Manuel Todocio 352
  Juan 24
  Juana Teresa 164
  Maria Antonia 78, 117, 136, 174,
    200, 239
  Maria Rosalia 315
  Pablo 144

RIBERA (continued)
  Pedro 145, 167, 174, 306, 314
  Pedro Antonio 24, 184, 281
  Rosalia 346
  Salvador 315
  Tomas 6, 154, 239, 288
RIBIRA
  See RIBERA
  Miguel 136
RICO
  Maria Ysabel 44
RIO
  See RIYO
  Antonio 12, 314
  Catarina 125
  Francisco 256
  Jose 65, 126, 171, 279
  Jose Antonio 99, 313
  Josefa 48, 199
  Juan 307
  Juan Antonio 18, 59
  Juana 78, 112
  Maria 45, 92
  Maria Antonia 9, 19/20, 221
  Maria Francisca 140, 314
  Maria Madalena 313
  Maria Paula 195
  Maria Rafaela 18
  Maria Ygnacia 209
  Micaela 191, 211
  Pablo 236
RIOS
  Jose 309
  Juan 306
  Maria Miquela 232
  Miquela 280
RIVERA
  See RIBERA, RUIBERA, RUIVERA
  Jose Antonio 152, 245
  Juan Antonio 212
  Maria 220
  Maria Antonia 319, 338
  Maria Dolores 73
  Maria Rosalia 274
  Pedro Antonio 212, 270
  Predro Antonio 274
  Salbador 274
  Salvador 338, 346
RIYO
  See RIO
  Maria Miquele 176
RODAREA
  Dolores 72
RODARTE
  See RUDARTE
  Gertrudis 195
  Maria Gerdrades 301
  Maria Juana 236

INDEX of GODPARENTS, GRANDPARENTS, & OTHERS   TAOS BAPTISMS, VOLUME II

RODRIGES
  Agustin 73, 121
  Juan Antonio 45, 129
  Juana 63
  Lorensa 236
  Lorenso 259
  Lorenza 219
  Manuel 340
  Maria Josefa 101, 156
  Maria Lorensa 36, 119
  Maria Ynes 310
  Mariano 157
RODRIGEZ
  Gregorio 352
  Maria Lorensa 319
RODRIGUES
  Agustin 298
  Anna 115
  Anna Maria 167
  Jesus 108
  Juan Antonio 73, 202, 237
  Juan Reyes 256
  Juana 190
  Lorensa 165, 183
  Lorenso 311
  Manuel 72, 219
  Maria 17, 131, 161
  Maria Antonia 257
  Maria Lorensa 280, 284
  Maria Lorenza 295
  Maria Ygnes 164, 205, 239
  Maria Ynes 341
  Ygnes 209
RODRIGUEZ
  Maria Rafaela 286
ROIVAL
  See ROYBAL, RUIVAL, RUIBAL
  Josefa 325
  Rosa 250
ROJO
  See ROXA
  Maria Francisca 66, 129
  Maria Petrona 2, 79, 84, 175, 276
  Petrona 46, 47, 56, 76, 183
ROLAN
  See ROULAND
  Juan 174, 243, 327
ROLANA
  Roberto 162
ROLDAN
  Juan 109
ROLEN
  See ROULAND
  Juan 49
  Maria 49
ROLENS
  See ROULAND
  Juan 169

ROLES
  Juan 14, 35, 42, 79, 107, 117, 142
  Tomas 258
ROLIS
  Juan 11
ROMERA
  Juana 150
  Juana Maria 272
  Maria 197/198
  Maria Josefa 130
  Maria Paula 132
ROMERO
  See RROMERO
  Ageda 106
  Agedad 237
  Agustin 78, 149, 171, 226, 309
  Ana Maria 37, 67, 78, 286
  Anamaria 156
  Andres 178
  Angela 117
  Anna Josefa 287
  Anna Maria 98, 99, 195, 213, 225, 308, 346
  Antonia 123, 134, 322
  Antonia Margarita 18, 161, 177, 233
  Antonio 15, 46, 53, 69, 87, 97, 100, 109, 182, 185, 187, 296, 298, 308, 334
  Antonio Aban 225
  Antonio Domingo 7, 17, 61, 95, 107, 227, 234, 260, 290
  Antonio Jose 11, 46, 168, 179, 357
  Antonio Rafael 261
  Augustin 87
  Balbaneda 178, 227, 230, 331, 355
  Balvaneda 17
  Bartolo 97
  Bentura 229, 322
  Blas 132, 204
  Brigida 272
  Buenaventura 123, 289
  Candelario 241, 323
  Catarina 86, 314
  Christoval 163
  Concecion 328
  Concepcion 8, 27, 47, 56, 66, 82, 126, 155, 209, 325
  Concicion 231, 258
  Consepcion 295
  Consepecion 174
  Consepsion 248
  Cristoval 48
  Diego 104, 288
  Diego Antonio 339
  Dimas 57

ROMERO (continued)
  Dominga 340
  Domingo 30, 52, 59, 155, 219
  Encarnacion 245
  Felipa 204, 256
  Felipe 166
  Francisca 55, 173, 203
  Francisco 9, 45, 55, 76, 96,
    105, 110, 114, 119, 153, 182,
    192, 202, 204, 283, 298, 307,
    319
  Francisco Antonio 141, 196
  Francisco Esteban 327
  Francisco Estevan 32, 114, 252
  Franco 274
  Gabriel 37, 165
  George Antonio 254
  Gertrudes 274
  Gertrudis 43
  Graviel 6
  Guadalupe 276
  Jeorge Antonio 331
  Jesus 270, 323
  Joanico 344
  Jose 13, 19, 20, 35, 47, 56, 67,
    76, 80, 92, 108, 137, 150, 152,
    161, 166, 182, 191, 194, 205,
    209, 216, 217, 231, 256, 288,
    304, 307, 311, 324, 325, 346,
    348
  Jose Angel 173
  Jose Antonio 30, 71, 101, 112,
    170, 200, 211, 225, 253, 261,
    278, 289, 314, 347, 353
  Jose Ascencia 205
  Jose Ascencion 217
  Jose Benito 316, 321
  Jose Concepcion 121
  Jose Conpcicion 334
  Jose Consicion 334
  Jose Jesus 180
  Jose Julian 75
  Jose Manuel 17, 39, 178, 212,
    250, 254, 255, 263, 274, 291,
    332
  Jose Maria 5, 16, 67, 92, 100,
    122, 229, 333, 345
  Jose Merced 46
  Jose Miguel 332
  Jose Pablo 73
  Jose Rafael 16, 17, 70, 258, 326
  Josefa 66, 123, 236, 276, 318,
    340
  Juan 2, 18, 79, 86, 89, 92, 96,
    100, 158, 184/185, 186, 190,
    204, 221, 272, 276, 277, 278,
    290, 309
  Juan Andres 167, 313, 360
  Juan Antonio 5, 6, 73, 142, 156,

ROMERO, Juan Antonio (continued)
    210, 227, 230, 247, 288, 294,
    308, 318, 352, 353
  Juan Carmel 24, 48, 51, 63, 99,
    141, 194, 195, 277, 329
  Juan Carmen 20, 346
  Juan Cristoval 197, 293, 331,
    332
  Juan de Dios 103, 278
  Juan Domingo 20, 76, 77, 112,
    122, 163, 184, 200, 206, 214,
    227, 228, 230, 233, 258, 260,
    261, 285, 298, 348
  Juan Felipe 22, 120, 125, 133,
    278
  Juan Felite 69
  Juan Jesus 111, 176, 200, 232,
    258, 272, 284, 323, 344
  Juan Jose 157, 266
  Juan Juan Antonio 103
  Juan Lorenzo 268
  Juan Manuel 14, 259
  Juan Miguel 33
  Juan Reyes 103, 120, 135, 156,
    185, 186, 235, 242, 243, 292,
    333
  Juana 10, 24, 37, 65, 72, 75,
    86, 100, 131, 173, 177, 190,
    193, 203, 223, 276, 301
  Juana Antonia 216
  Juana Maria 20
  Juana Miquela 259
  Juana Paula 25
  Juaquin 89
  Juliana 278, 303
  Juquina 271
  Lasaro 121, 194, 294
  Lorenso 37, 38, 100, 103, 112,
    120, 156, 178, 208
  Lorenzo 233, 334, 335
  Magdalena 5, 59, 99, 335
  Manuel 48, 50, 81, 98, 120, 199,
    280, 305, 359
  Manuel Cristoval 212
  Manuel Jose 2, 5, 31, 67, 137,
    158, 191, 229, 237, 345
  Manuel Salvador 78
  Manuela 2, 80, 188, 197, 276,
    309, 312, 322
  Margarita 37, 72, 116, 141, 186,
    219
  Maria 36, 50, 62, 90, 93, 105,
    132, 190, 205, 213, 309, 342,
    344
  Maria Agueda 32, 163
  Maria Alvina 171
  Maria Angela 5
  Maria Antonia 47, 49, 87, 103,
    106, 124, 138, 178, 263, 278,

ROMERO, Maria Antonia (continued)
    312, 325, 337, 360
  Maria Antonia Dolores 78
  Maria Antonio Espiritu Santo 118
  Maria Antonio Margarita 90
  Maria Balbaneda 52, 61
  Maria Balvaneda 107, 158, 302
  Maria Bartola 274, 313
  Maria Candelaria 323
  Maria Carmel 78, 98, 106, 133,
    226, 352
  Maria Carmen 23
  Maria Catarina 30, 257
  Maria Concepcion 69, 177
  Maria Consepcion 96, 321
  Maria Dimas 278, 334
  Maria Dolores 223, 254, 255,
    274, 342
  Maria Dominga 295
  Maria Dorotea 46, 201
  Maria Encarnacion 27, 48, 150,
    254, 338
  Maria Estefana 141, 196, 226
  Maria Felipa 110
  Maria Francisca 19, 114
  Maria Gertrudis 266
  Maria Gregoria 2
  Maria Jertrudes 331
  Maria Jesus 97
  Maria Josefa 37, 130, 138, 149,
    163, 183, 204, 223, 236, 263,
    308, 312, 351
  Maria Juana 232, 353
  Maria Juliana 51
  Maria Loreta 305
  Maria Luisa 1, 13, 65, 147, 148,
    258, 276
  Maria Lus 12, 15, 54, 63, 65,
    120, 202, 216, 300
  Maria Luz 196, 347
  Maria Magdalena 21, 97
  Maria Manuela 10, 25, 31, 50,
    54, 58, 81, 85, 91, 97, 103,
    106, 122, 126, 127, 129, 131,
    135, 140, 153, 155, 162, 166,
    172, 178, 185, 186, 211,
    214-216, 220, 223, 238, 245,
    246, 266/267, 290, 293, 313,
    322, 324, 327, 345, 355
  Maria Margarita 43, 282
  Maria Micaela 78, 217
  Maria Miquela 330
  Maria Natividad 277
  Maria Niebes 32
  Maria Nievebes 199
  Maria Nieves 50, 81, 259, 262
  Maria Pascuala 54
  Maria Paula 272
  Maria Polonia 4, 8, 22, 44, 46,

ROMERO, Maria Polonia (continued)
    94, 173, 189, 251, 272, 313,
    314
  Maria Rafaela 210, 358
  Maria Reyes 202
  Maria Rita 31, 61, 71, 143, 242
  Maria Rosa 13, 27, 39, 86, 135,
    156, 182, 201, 208, 216, 230,
    274, 278, 283, 285, 288, 292,
    297, 310, 333, 336
  Maria Rosario 167
  Maria Soledad 25, 57, 76, 149,
    249, 333, 341
  Maria Teodora 184, 188, 292,
    294, 331, 354, 357
  Maria Trinidad 128, 158, 206,
    214, 235
  Maria Valvaneda 37, 57, 139
  Maria Ysabel 18, 91, 96, 97/98,
    150, 175, 265, 309, 332
  Mariana 191, 309
  Mariano 2, 19, 20, 40, 49, 51,
    60, 94, 119, 172, 195, 205,
    239, 240, 252
  Mateo 99
  Matiana 9
  Merced 333
  Mersed 201
  Mia Manuela 111
  Micaela 46, 109
  Migel Antonio 204
  Miguel 31, 49, 51, 64, 68, 167,
    217, 219, 256, 297, 357
  Miguel Antonio 172, 264, 293,
    317
  Miguel Mariano 172
  Miquela 26, 248, 257
  Necolas 161
  Nicolas 26, 95, 101, 266, 318
  Nicolasa 74
  Pablo 95, 286, 299
  Pascuala 256
  Patricio 7, 71, 181, 267
  Pedro 43, 51, 92, 348
  Policarpio 277
  Poloña 129
  Polonia 196, 244, 320
  Rafael 224/225
  Rafel 204
  Ramon 19, 100, 137
  Rita 15, 63, 207
  Rosa 74, 79, 328, 336
  Rosalia 46, 288
  Salvador 72, 87, 206, 275
  Santiago 46, 177, 287, 289
  Simona 342
  Teodoro 130
  Tomas 16, 58, 69, 196, 301, 354
  Valvaneda 17, 258

ROMERO (continued)
  Ventura 34, 293
  Vicente 33, 82, 195
  Ygnacia 14
  Ygnacio 138
  Ypolito 177
  Ysabel 309
  Ysidro 287
ROMO
  Alvina 292
  Josefa 279
  Juan 253
  Juan Antonio 229, 329
  Juan Jesus 43, 91, 131, 200, 339
  Juan Jose 68, 159, 329
  Maria Marselina 339
  Maria Niebes 341
ROTURA
  Pedro 12, 41
ROULAND
  See ROLES, ROLAN, ROLEN, ROLIN
  Juan 40
  Noverto 213
ROXA
  See ROJO
  Maria 102
ROYBAL
  See RUIBAL, RUYBAL
  Reyes 87
RROMERO
  See ROMERO
  Anamaria 297
RUA
  Jose 250
RUBIDÚ
  See RUVIDÚ
  Antonio 142
  Jose Fransisco 220
RUBIDUD
  Miguel 204
RUBIN
  Jose Francisco 84
RUDARTE
  See RODARTE
  Manuel 74
RUIBAL
  See ROYBAL, RUYBAL
  Antonio Jose 285
  Eleuterio 204
  Geralda 4
  Jose 4
  Jose Dolores 249
  Jose Luterio 68
  Juan Domingo 19, 89, 303, 344
  Luterio 124, 286
  Manuel 143
  Marcos 287
  Margarita 123
  Maria Beatris 249

RUIBAL (continued)
  Maria Francisca 287/288
  Maria Josefa 88, 226, 234
  Maria Rosa 325
  Maria Rosario 330
  Maria Trinidad 285
  Maria Viatris 68
  Maria Ysabel 151
RUIBALI
  See URIBALID, RUIVALI
  Francisco 197
  Guadalupe 114
  Juan Antonio 60, 100
  Juliana 240
  Luterio 205
  Maria Antonia 258
  Maria Guadalupe 180
  Pablo 228, 301
RUIBERA
  See RIBERA, RIVERA, RUIVERA
  Jose Antonio 76
  Magdalena 145
  Maria Antonia 18, 19, 63
  Maria Francisca 46
  Maria Magdalena 78
  Pedro 108
  Tomas 67, 79
RUIBU
  Maria Antonia 90
RUIS
  Juan Cristoval 245
  Manuel 128
  Maria Esquipula 123
  Maria Francisca 358
RUIVAL
  See ROYBAL, ROIVAL, RUYVAL, RUIBAL
  Jose 59
  Jose Luterio 50
  Juan de Dios 41
  Juana Manuela 201
  Maria 11
  Maria Juana 262
  Maria Luisa 144
  Maria Manuela 262
  Maria Reyes 52
  Maria Rosa 150
  Maria Ygnacia 321
  Maria Ysabel 165
  Tomas 355
  Ygnacia 254
RUIVALI
  See RUIBALI, URIBALID
  Rumaldo 172
RUIVALID
  Cristoval 196
RUIVERA
  See RIBERA, RUIBERA, RIVERA
  Maria Encarnacion 67

INDEX of GODPARENTS, GRANDPARENTS, & OTHERS   TAOS BAPTISMS, VOLUME II

RUVI
  Jose Fransisco 115
RUVIDÚ
  See RUBIDÚ
  Francisco 12
RUYBAL
  See RUIBAL, ROYBAL, RUYVAL
  Maria Antonia 161
RUYBALI
  See URIBALID
  Jose Maria 219
  Pablo 286
RUYVAL
  See RUYBAL, RUIVAL
  Crisanta 344
  Jose Rafael 344
SABOT
  Anna Maria 183
SAES
  See SAIS, SAYS
  Diego 170
SAGOIEM
  Elena 319
SAIS
  See SAYS, SAES
  Jose 101
  Jose Manuel 2, 3, 81, 104, 109, 118, 173
  Jose Rafael 43, 222, 271
  Jose Ramon 41
  Magdalena 119
  Maria Carmel 3, 222, 333
  Maria Rosario 55, 67
  Simon 22/23, 62, 165, 189, 291
SALAS
  See SALAZ
  Jose Antonio 310
  Jose Rafael 5, 42, 88
  Juan Bautista 146
  Maria 211
  Maria Graciana 44
  Maria Lus 29
  Ramon 9, 309
SALASAR
  See SALAZAR, SALASUR
  Anna Maria 113
  Antonio 39, 99, 115, 144
  Antonio Domingo 18
  Antonio Jesus 4, 55, 205
  Asencio 136, 278
  Carlos 69, 130, 190, 202
  Carmen 329
  Carpio 66, 102
  Casimiro 113, 148, 209, 220, 314
  Cristobal 31
  Diego 128, 218, 333
  Dolores 327
  Domingo 32, 86, 89, 154, 158, 294

SALASAR (continued)
  Francisca 270
  Francisco 34, 160, 168, 220
  Gerbacio 336
  Guadalupe 62
  Hermenegildo 87
  Jesus 261
  Jose Gabriel 114, 271
  Jose Guadalupe 337
  Jose Manuel 108
  Jose Rafael 347
  Josefa 51
  Juan Antonio 19, 27, 67, 127, 152, 212
  Juan Cristobal 226
  Juan Cristoval 75
  Juan Manuel 2, 36, 42, 71, 84, 127, 230, 275, 303
  Juan Reyes 308
  Juan Simon 122, 153
  Juana 13, 37, 40, 46, 58, 72, 90, 105, 120, 159, 175, 217, 225, 239, 274, 321
  Juana Maria 23, 116, 174
  Juana Micaela 189, 206, 283
  Juana Miquela 97
  Julian 38
  Luisa Agustina 49
  Manuel 68, 107
  Maria 107, 238, 283
  Maria Antonia 320
  Maria Beatris 222
  Maria Concepcion 188, 289
  Maria Felipa 311
  Maria Francisca 23, 98, 168
  Maria Gertrudis 121
  Maria Gracia 101, 303
  Maria Guadalupe 289, 337
  Maria Josefa 59, 116, 176
  Maria Luisa 105, 264, 300, 351
  Maria Manuela 17, 33, 47, 56, 100, 120, 250, 289
  Maria Micaela 54
  Maria Miquela 8
  Maria Necolasa 208
  Maria Nicolasa 4, 55, 244, 303
  Maria Paubla 5
  Maria Paula 45, 62, 70, 83, 95, 97, 108, 171, 240, 241, 244, 285
  Maria Rafaela 172, 293
  Maria Rafela 204
  Maria Rosalia 103, 244
  Maria Soledad 1, 59, 164
  Maria Trenidad 145
  Maria Trinidad 161, 205
  Maria Ygnacia 122
  Maria Ysabel 87
  Melchora 96

SALASAR (continued)
  Miguel 49
  Miguel Antonio 150
  Paula 22, 25, 146
  Pedro 23, 55, 146, 161, 258, 306
  Pedro Miguel 80
  Petra 8
  Policarpio 113, 323
  Ramon 21, 117, 120, 185, 200, 204, 268, 273, 291
  Romeo 317
  Simon 46
  Soledad 297
  Ylario 100
  Ypolito 270
  Ysabel 24

SALASUR
  See SALASAR
  Maria Manuela 262/263

SALAZ
  See SALAS
  Jose Venito 347
  Juan 294

SALAZAR
  See ZALAZAR, SALASAR
  Anna Maria 210
  Antonio Jesus 269, 322
  Asencio 38
  Cacimiro 237
  Casimiro 132/133
  Diego Antonio 222
  Dolores 153
  Domingo 141, 203
  Jose Antonio 163, 332
  Juan Manuel 131
  Juana 174, 239, 268, 276, 323, 355
  Juana Maria 269
  Manuel Jesus 335
  Manuela 344
  Maria Guadalupe 347
  Maria Josefa 119
  Maria Lugarda 269
  Maria Manuela 147
  Maria Nasarena 294
  Maria Necolaza 94
  Maria Paubla 298
  Maria Paula 196, 265
  Maria Rafaela 264
  Maria Rufina 359
  Maria Trenidad 250, 345
  Maria Ysabel 331
  Meregildo 264
  Miquela 117
  Paubla 354
  Pedro 203, 331, 332
  Policarpio 233
  Ramon 277
  Santiago 342

SALAZAR (continued)
  Soledad 230
  Trenidad 294
  Ylario 51, 176, 264

SALIFU
  Pedro 146

SAMBRAN
  See SANBRAN, SENBREN
  Seberiano 47
  Severiano 19, 152, 171, 208

SAMORA
  See ZAMORA
  Andrea 295
  Antonia 86
  Encarnacion 286
  Estevan 223
  Francisco 152
  Jose 72, 115, 203, 245
  Jose Gabriel 56, 99, 290
  Jose Gracia 175
  Jose Maria 292
  Juan 215, 347
  Juan Pedro 65
  Manuel 249
  Manuela 353
  Margarita 226
  Maria Antonia 175
  Maria Gertrudis 35, 65, 132, 238, 277, 290, 294, 345
  Maria Getrudis 108
  Maria Josefa 26, 101
  Maria Manuela 38, 271, 293
  Maria Margarita 75
  Maria Paublita 292
  Maria Paula 223
  Maria Petra 207, 263
  Maria Polonia 265, 317
  Maria Rosalia 219
  Maria Ygnacia 30, 78, 97, 149
  Pablo 30, 171
  Paublo 292
  Pedro 39, 162, 175, 311, 317, 323
  Petra 166
  Rafael 104, 253, 356
  Rosalia 161
  Santiago 13, 30, 42, 46, 78, 79, 216, 285, 314, 335
  Ygnacia 66
  Ylario 43, 108

SANBRAN
  See SAMBRAN, SENBREN
  Severiano 188
  Severiano A 144

SANCHES
  Agustin 235
  Ana Maria 87, 124
  Antonia 6, 64, 89, 150, 160, 236, 237

SANCHES (continued)
  Antonia Gertrudis 57, 236
  Antonia Rosa 241, 333
  Antonio 18, 66, 77, 134, 165,
    170, 172, 200, 256, 260, 274,
    325, 327
  Barbara 21, 198, 315
  Bitor 315
  Clara 241, 242, 354
  Concepcion 71, 206
  Diego 75, 83, 88, 125, 147, 170,
    173, 187, 282
  Diego Antonio 4, 222, 270
  Dolores 274
  Esteban 235
  Estevan 138, 184, 199, 222, 256,
    293, 331
  Eulogia 89
  Felipe 20, 29, 34, 53, 57, 136,
    145, 180, 226, 234, 238, 251,
    252, 269, 287, 300, 313, 336,
    347, 354
  Francisca 65
  Francisco 119, 181, 208, 257,
    273, 302
  Gregoria 232
  Guadalupe 30, 239
  Joaquin 32, 190, 336
  Jose 22
  Jose Antonio 71, 104, 182, 197,
    220, 232, 274
  Jose Francisco 203, 303
  Jose Jesus 80
  Jose Julian 84, 135
  Jose Manuel 18, 19, 23, 33, 63,
    78, 87, 91, 110, 117, 131, 170,
    177, 184, 200, 206, 234, 254,
    282, 285, 328
  Jose Maria 15, 18, 32, 33, 54,
    68, 78, 93, 131, 133, 146, 171,
    239, 279, 312
  Jose Miguel 154, 187
  Jose Rafael 143
  Jose Severiano 157
  Jose Venito 263
  Jose Victor 54, 74
  Josefa 61, 86, 207, 241, 280,
    326
  Josefa Antonia 89
  Juan 35, 77, 80, 126, 132, 159,
    175, 200, 207, 243, 267, 298,
    305, 316
  Juan Agustin 295
  Juan Cristobal 313
  Juan Cristoval 48, 64, 132, 208,
    268
  Juan Matias 225, 313
  Juan y Juana Ysabel 221
  Juan Ygnacio 39, 49, 141, 169,

SANCHES, Juan Ygnacio (continued)
    181, 287, 335, 355
  Juana 217
  Juana Maria 263
  Juana Paula 60, 136
  Juana Ysabel 98, 354
  Juaquin 34, 109, 111, 262
  Magdalena 279
  Manuel 31, 33, 68, 72, 82, 90,
    114, 124, 140, 146, 169, 177,
    188, 222, 264, 317, 343, 354
  Marcos 104, 270, 280, 284, 296
  Margarita 80, 324
  Maria 23, 51, 57, 156, 191, 218,
    239, 246, 257, 260, 264, 315,
    327, 329, 356
  Maria Antonia 4, 17, 22, 26, 44,
    88, 99, 104, 133, 145, 163,
    240, 291, 295, 316, 327, 333,
    356
  Maria Antonia Gertrudis 228
  Maria Antonia Rosa 257
  Maria Barbara 67, 136, 157, 176,
    199, 238, 248, 284, 295, 326,
    334
  Maria Barvara 129, 336
  Maria Carmel 20, 66, 80, 229,
    268, 309, 321, 339
  Maria Carmen 92, 178
  Maria Clara 45, 83, 104, 163
  Maria Concepcion 47, 128, 143,
    291
  Maria Cruz 126, 348
  Maria Dolores 18, 32, 33, 54,
    68, 74, 88, 93, 99, 105, 118,
    142, 145, 162, 163, 167, 196,
    274, 331, 351
  Maria Encarnacion 187, 220, 224,
    234, 336
  Maria Francisca 207, 313
  Maria Gertrdis 192
  Maria Gertrudis 151, 268, 288
  Maria Gregoria 49, 93, 107, 170,
    334
  Maria Guadalupe 325, 332
  Maria Josefa 10, 63, 147, 155,
    179, 212, 225, 290
  Maria Juana Paula 92
  Maria Luisa 125, 187
  Maria Lus 33, 39, 41, 63, 85,
    93, 99, 211, 242, 287, 341
  Maria Luz 144, 181, 191, 201,
    263, 265, 314, 347
  Maria Magdalena 83
  Maria Manuela 10, 15, 36, 41,
    49, 60, 62, 88, 93, 95, 101,
    111, 117, 124, 130, 150, 175,
    181, 188, 190, 193, 223, 250,
    266, 267, 300, 304, 310, 335,

TAOS BAPTISMS, VOLUME II　　　　INDEX of GODPARENTS, GRANDPARENTS, & OTHERS

SANCHES, Maria Manuela (continued) 345
  Maria Margarita 135, 164, 175, 233, 246, 340
  Maria Martina 334
  Maria Paula 23, 54, 68, 72, 75, 104, 235, 312, 330, 331, 352
  Maria Polonia 135
  Maria Quiteria 159
  Maria Rafaela 123
  Maria Reyes 155, 156, 160
  Maria Rita 43, 54, 82, 340
  Maria Rosa 91, 180, 333, 341
  Maria Tomasa 57, 59, 80, 91, 139, 144, 289, 332, 353
  Maria Ygnacia 9, 22, 53, 57, 90, 97, 101, 117, 121, 199, 200, 218, 226, 251, 284, 307, 332
  Maria Ygnes 352
  Maria Ysabel 7, 18, 22, 28, 54, 68, 78, 98, 123, 130, 136, 183, 207, 208, 248, 284, 328, 329, 334
  Maria Ysavel 345
  Mariano 14, 15, 22, 59, 111, 139, 143, 154, 159, 170, 191, 213, 228, 239, 286, 361
  Matias 290
  Miguel 8, 11, 37, 39, 59, 97, 141, 149, 150, 193, 206, 213, 250, 267, 310, 321, 325, 339
  Paula 15
  Pedro 72, 193, 291
  Rafael 33, 43, 186, 282
  Reyes 25
  Rita 28
  Roque 249
  Serafina 15
  Tomasa 344
  Victor 75
  Vitor 49, 109, 125, 127
  Ygnacio 65
SANCHEZ
  Antonio 184
  Diego 292, 332
  Encarnacion 353
  Francisco 193, 265
  Jose Manuel 336
  Juan 318
  Juan Cristobal 14
  Margarita 3, 14
  Maria Antonia 50
  Maria Barbara 328
  Maria Carmen 14, 150
  Maria Dolores 290, 292
  Maria Gregoria 266
  Maria Juliana 146
  Maria Manuela 148, 208, 234
  Maria Reyes 265

SANCHEZ (continued)
  Maria Rita 197
  Miguel 278, 351
  Paula 232
  Rosalia 3
SANCHIS
  Antonio 122, 125
  Diego 228
  Diego Antonio 360
  Francisco 112
  Jose Miguel 103
  Jose Pablo 112
  Juan Roque 114
  Juan Ygnacio 107
  Juana 122
  Juana Ysabel 124
  Manuel 112
  Marcos 106
  Maria Antonia 112
  Maria Barbara 356
  Maria Dolores 360
  Maria Getrudis 302
  Maria Guadalupe 122
  Maria Josefa 110
  Maria Luz 356
  Maria Manuela 121
  Maria Paula 106
  Maria Relles 228
  Pablo 114
  Rafael 106
SANDOBAL
  Benito Jesus 296
  Francisco 38, 54, 304
  Jose Dolores 239
  Jose Uvaldo 270
  Juan 142, 182
  Juana Antonia 160
  Juana Gertrudis 16
  Manuel 84, 313
  Manuel Antonio 76
  Maria Carmel 73
  Maria Dolores 39, 195
  Maria Florentina 313
  Maria Guadalupe 73
  Maria Josefa 256
  Maria Juana 225
  Maria Jusefa 142
  Maria Manuela 180, 322
  Maria Nicolasa 317
  Maria Rafaela 237
  Maria Rosa 5
  Maria Tomasa 210
  Maria Vibiana 214
  Matias 316
  Nicacia 346
  Noberto 7
  Pablo 307
  Veatris 15
  Vicente 210

INDEX of GODPARENTS, GRANDPARENTS, & OTHERS   TAOS BAPTISMS, VOLUME II

SANDOBALA
  Maria Dolores 135
SANDOVAL
  Alonso 15, 61, 63, 71, 143, 207
  Ana Maria 257
  Anamaria 329
  Antonia 69
  Antonia Nicolasa 146
  Antonio 12, 254, 256
  Antonio Jose 99, 264, 321
  Antonio Luciano 185
  Antonio Matias 3
  Baltasar 290
  Beatris 66, 158
  Bibiana 271
  Bonifacia 235
  Casilda 54
  Cristoval 360
  Diego 339, 348
  Diego Antonio 60, 180
  Dorotea 83
  Fabiana 344
  Feliciana 131
  Feliciano 41, 88, 152, 318, 339
  Feliciano Antonio 82
  Felipa 293
  Felipe 1, 37, 38, 47, 53, 100, 117, 190, 197, 206, 211, 232, 273, 285, 291, 348, 363
  Felipe Jesus 189
  Felisiano 282
  Florentina 223
  Francisca 278
  Francisco 46, 96, 128, 136, 164, 174, 202, 212, 219, 221, 251, 269, 279, 300, 329
  Francisco Maria 60, 110, 122, 177, 198, 202, 297, 326
  Francisco Marico 119
  Franco 274
  Fransisco 235
  Gervacio 146, 295
  Gervasio 225, 227, 303
  Gregorio 31
  Guadalupe 92
  Hubaldo 232
  Huvaldo 360
  Jesus 232, 245
  Jose 56, 73, 179, 339
  Jose Antonio 71
  Jose Bentura 95
  Jose Buena Ventura 147
  Jose Busente 239
  Jose Manuel 3, 38, 45, 110, 126, 335
  Jose Maria 200, 217
  Jose Manuel 186
  Jose Ramon 149
  Jose Santiago 213

SANDOVAL (continued)
  Jose Santos 7, 338
  Jose Uvaldo 107
  Jose Ventura 47
  Jose Ylario 101, 107, 113
  Josefa 32, 224, 250, 262, 277, 287
  Juan 53, 83, 115, 128, 167, 174, 249, 250, 321
  Juan Antonio 48
  Juan de Dios 41, 212, 218, 222, 233, 242, 290, 316, 339
  Juan Carmel 75
  Juan Domingo 40, 113, 211, 241
  Juan Francisco 72, 340
  Juan Jesus 8, 21, 113, 251, 258, 310
  Juan Jose 286
  Juan Nepomoceno 331
  Juan Nepomuceno 93, 96, 107
  Juan Nepomuseno 168, 250
  Juana 38, 61, 103, 125, 163, 170, 179, 208, 211, 213, 278/279, 286, 293, 329, 360
  Juana Antonia 125, 177, 240, 254, 304, 321
  Juana Facia 256
  Juana Gertrudis 13
  Juana Maria 162, 197, 266, 268
  Juana Teresa 140
  Julian 216
  Lorensa 28, 235, 279, 308, 357
  Lugarda 47, 298
  Luisa 28, 201
  Manuel 160, 161, 263, 269, 333, 335
  Manuel Antonio 234, 264, 311
  Manuela 258
  Margarita 198
  Maria 40, 46, 149, 157, 209, 299
  Maria Antonia 26, 41, 74, 107, 113, 208, 246, 292, 342
  Maria Beatris 105, 147
  Maria Biatris 304
  Maria Biviana 101
  Maria Bonifacia 145, 321, 343
  Maria Candelaria 213, 300
  Maria Carmel 218
  Maria Casilda 215
  Maria Catarina 12
  Maria Clara 23, 105, 189, 309, 332
  Maria Cristerna 137, 333
  Maria Dolores 21/22, 74, 130, 153, 155, 210, 295
  Maria Donafacia 121
  Maria Dorotea 152
  Maria Esquipula 185
  Maria Estela 134, 217

SANDOVAL (continued)
  Maria Flor 45
  Maria Florentina 175
  Maria Francisca 30, 352
  Maria Gertrudis 233
  Maria Guadalupe 178
  Maria Jesus 31, 47, 84, 115,
    176, 183, 276, 297, 358
  Maria Josefa 69, 98, 99, 105,
    130, 160, 206, 210, 274, 336,
    338
  Maria Juana 111, 139, 217, 343
  Maria Lorensa 360
  Maria Luisa 43, 82, 138, 156,
    248, 277, 302, 310
  Maria Luiza 269
  Maria Lus 318, 326
  Maria Manuela 12, 38, 49, 60,
    102, 143, 145, 170, 275, 312
  Maria Miquela 73
  Maria Natividad 46, 65, 305
  Maria Necolasa 222
  Maria Nicolasa 33, 36, 42, 72,
    82, 94, 112, 122, 140, 169, 177
  Maria Paula 145
  Maria Polonia Gertrudes 361
  Maria Polonia Gertrudez 361
  Maria Ramona 212
  Maria Reyes 79
  Maria Rita 154
  Maria Rosa 7, 17, 23, 27, 29,
    35, 67, 155, 205, 217, 338
  Maria Rosalia 162, 297
  Maria Teresa 210
  Maria Tomasa 311
  Maria Valentina Encarnacion 157
  Maria Veatris 3
  Maria Viatris 18
  Maria Viviana 288
  Maria Ygnacia 50, 89, 255
  Mariana 168
  Mariano 339
  Martin 235, 271
  Matias 50, 62, 90, 165, 169,
    186, 213, 276, 321, 326
  Micaela 45
  Miguel 107, 238, 283
  Miguela 129
  Miquaela 202
  Necolasa 124, 191
  Nicolas 226, 248
  Nicolasa 31, 65, 80, 151
  Noverto 254
  Pablo 11, 23, 70, 75, 206, 250,
    304, 346
  Paublo 349
  Paula 271/272
  Pedro 144, 150
  Perfecto 216

SANDOVAL (continued)
  Polonia 176
  Qulas 263
  Rafael 311
  Ramos 257
  Rosalia 160, 322
  Salvador 346
  Santiago 86, 147, 179, 241, 280,
    335
  Tomas 329
  Ubaldo 88, 147, 170, 222, 249,
    266
  Valtasar 13
  Venito 104
  Ventura 64, 257
  Viatris 1, 132
  Victoria 67
  Viviana 169, 178, 239, 303
  Waldo 334
SANGERMAN
  Jose 99
SANGIL
  Maria Paula 15, 61, 143
  Paula 207
  Teresa 63
SANJIL
  Maria Paula 197
SANSERMAN
  Bautista 29
  Jose 268
  Juan Bautista 156
  Luis 183
SANSERMAN y BRISOL
  Luis 183
SANTEESTEVAN
  Felisiano 268
  Margarita 241
  Maria Guadalupe 268
SANTESTEVAN
  Feliciano 173, 242
SANTETE
  Bautista 294
  Juan 97, 183, 299
SANTIALLANES
  Maria Cipriana 153
SANTIESTEBAN
  Antonio 269
  Feliciano 70, 247
  Maria Carmel 31
SANTIESTEVAN
  Feliciano 173
  Guadalupe 292
  Juan Ysidro 240
  Manuel Esquipula 306
  Maria Candelaria 260, 301
  Maria Carmel 137, 209, 354
  Maria Carmen 26
  Maria Guadalupe 268
  Tomas 269

SANTIESTEVAN (continued)
  Ysidro 185
SANTILLANES
  Lorensa Jorge 160
  Maria Josefa 323
SANTISTEBAN
  Feliciano 82
  Francisca 254
  Maria Barbara 341
  Maria Candelaria 96
  Maria Francisca 39, 323
SANTISTEVAN
  Antonio Maria 91
  Carlos 2, 10, 125, 147, 173
  Carmen 130
  Feliciano 2, 4, 34, 55, 125,
    134, 154, 156, 169, 184, 341
  Felisiano 19
  Francisca 32, 234
  Jose Ysidro 139
  Julian 134
  Manuel Esquipula 360
  Margarita 211
  Maria 305
  Maria Candelaria 154
  Maria Carmel 90, 215, 288, 355
  Maria Carmen 288
  Maria Francisca 162, 188, 331
  Maria Guadalupe 133
  Maria Josefa 224
  Maria Margarita 40, 113
  Pedro Antonio 185
  Tomas 190
  Ycidro 104
SANTOS
  Maria Dolores 83
SAPAÓ
  Maria Margarita 96
SAPATA
  Ana Maria 285
SAPRÓ
  Margarita 173
SARETE
  See CHARETTE
  Pedro 32, 50
SAUCONE
  Maria Gertrudis 219
SAYS
  See SAIS, SAES
  Maria Rosario 192
SCOTT
  See ESCORT, CATE
  Maria 280
SEDILLO
  Antonio 231
  Francisco 165, 326
  Juan 165
  Juan Jesus 209
  Paula 236, 287, 294

SEDILLO (continued)
  Simon 56
SEDIO
  Francisco 263
  Paula 211
SEGURA
  Jose 131, 272, 314
  Jose Francisco 198
  Jose Manuel 54
  Juana 201, 277, 335
  Maria Estefana 12, 48, 61, 158,
    198
  Maria Juana 157
  Maria Ricarda 172
SEGURO
  Jose 96
  Maria Estefana 38, 242
SENA
  See CENA
  Anrrique 100
  Antonio 119
  Gregoria 117, 348
  Juan Reyes 227
  Maria Gregoria 53, 273, 363
  Maria Guadalupe 337
  Miguel 62, 69
SENBREN
  See SAMBRAN, SANBRAN
  Severiano 127
SERBE
  Ana Maria 315
  Anamaria 177
SERDA
  See CERDA
  Atanacio 52, 288
  Guadalupe 62, 337
  Jose Francisco 322
  Jose Manuel 149
  Manuel 10
  Maria Concepcion 133
  Maria Felipa 63
  Maria Guadalupe 22, 90, 141,
    177, 322
  Maria Luisa 353
  Maria Manuela 202, 300
  Maria Paula 14, 59
SERNA
  See CERNA
  Atanacio 167
  Biviana 352
  Gertrudis 56, 83, 217
  Gregorio 236
  Guadalupe 101, 219
  Jose Francisco 83, 103
  Jose Manuel 248, 260, 277, 355
  Jose Miguel/Manuel 347
  Maria Barbara 291
  Maria Guadalupe 72, 104, 121
  Maria Luisa 120

SERNA (continued)
  Victoria 344
SERRANO
  Jose Manuel 205
SERVE
  Ana Maria 125, 133
  Anna Maria 146
  Anamaria 279
  Jose 34, 56, 133, 146, 210, 228, 247
  Jose Manuel 258
  Maria Luisa 33
  Maria Lus 37
  Maria Luz 359
  Polonia 270
SEVOYA
  Maria 294
SHAPRO
  Margarita 243
SHIRAIG
  Nasarena 148
SHIRCUY
  Nasarena 54
SIERRA
  Santiago 322
SILBA
  Maria Margarita 316
  Maria Tomasa 315
  Siriaco 314
SILVA
  Antonio 30
  Concepcion 275
  Francisca 198
  Francisco 245
  Jose 279
  Jose Francisco 190
  Jose Maria 191, 222, 261, 289, 333
  Juana 186
  Margarita 14, 35, 77, 80, 126, 132, 159, 175, 200, 208, 234, 298, 313
  Maria Consepcion 94
  Maria Desquipula 231
  Maria Esquipula 152
  Maria Francisca 100, 150, 238
  Maria Margarita 80, 268, 318
  Maria Necolasa 205
  Maria Tomasa 32, 219, 296
  Mariano 132, 224
  Mateana 201
  Matiana 248
  Rosalia 279
  Santiago 22, 36, 62, 93, 123, 163, 165, 254, 291
  Siriaco 189
  Teodora 278
SIMENTAL
  Pedro 234

SISNEROS
  See CISNEROS, ZISNEROS
  Ana Guadalupe 262
  Biviana 250
  Estevan 149
  Felipe 312
  Francisca 215, 269
  Francisco 330
  Francisco Esteban 99
  Francisco Estevan 273
  Gertrudis 325
  Guadalupe 139, 168, 246, 247, 315
  Jertrudes 286
  Jose Bitor 108, 223
  Jose Francisco 234
  Jose Victor 222
  Jose Vitor 174, 262
  Juan Antonio 50, 272
  Margarita 149
  Maria Bitoria 116
  Maria Carmel 229
  Maria Carmen 178
  Maria Francisca 335
  Maria Gertrudis 245, 347
  Maria Guadalupe 98, 138, 283
  Maria Luisa 40, 60, 93
  Maria Soledad 132
  Maria Teodora 33, 254
  Maria Victoria 51, 150
  Maria Ysabel 55, 103, 113, 251
  Nerio 5, 65, 85, 133, 138, 156, 211, 236, 247, 251, 297, 331
  Pedro 176
  Rafael 9, 58, 85, 99
  Teodora 87, 254, 328
  Victoria 21
SMITH
  See ESMITE
SOLANA
  Maria Ygnes 260
  Maria Ynes 147
SOLANO
  Andres 29, 30, 70, 296
  Antonio 216
  Jose 163
  Jose Maximo 40
  Jose Maxinio 222
  Maria Concepcion 48
  Maria Ygnes 219, 296, 315
  Maria Ynedes 343
  Maximo 353
SORBE
  Ana Maria 127
SORDÁ
  Maria Luisa 353
SUASO
  Anna Maria 53, 104
  Antonio 280, 361

SUASO (continued)
  Antonio Jose 297
  Francisco 14, 73, 92, 121, 181, 213, 305
  Fransisco 236
  Gregoria 301
  Joaquin 210
  Jose 345
  Jose Antonio 9, 11, 12, 20, 28, 29, 82, 96, 173, 243, 290
  Jose Francisco 39
  Jose Julian 258
  Jose Miguel 146
  Juan Antonio 26, 336
  Juan Domingo 80, 301, 344
  Juan Jesus 343
  Juan Jose 137, 156, 205, 230, 292, 328
  Juan Miguel 190, 229, 266
  Juana 216, 249
  Juana Maria 2
  Manuel 227
  Manuel Antonio 140
  Maria 245
  Maria Dolores 11, 20, 26, 77, 148
  Maria Encarnacion 82
  Maria Gracia 50, 124, 204, 205, 286
  Maria Lucia 335
  Maria Rosa 21
  Maria Soledad 30
  Micaela 56
  Miguel 27, 31, 90, 190, 205, 295, 338
  Paulin 205
  Pedro 196
  Pedro Antonio 89, 211
  Pedro Nolasco 304
  Rafael 151
  Simon 66, 78, 97, 149
  Soledad 211
  Tomas 92
  Ysidro 19, 303
SUAZO
  Maria Josefa 139
SUMANES
  Maria Rafaela 289/290
SUÑI
  Pedro 174
TABACO
  Matias 67
TAFOLLA
  Anamaria 171
  Jesus 328
  Jose Dolores 343
  Jose Faustin 21
  Juan 319
  Juan Bartolome 218

TAFOLLA (continued)
  Juan Domingo 10, 126, 252, 343, 353
  Juan Vartolome 135
  Juaquina 269
  Lus 348
  Manuela 304
  Maria 160
  Maria Andrea 12, 243
  Maria Gracia 250, 307
  Maria Josefa 347
  Maria Juaquina 11
  Maria Rita 257
  Maria Rosalia 97
  Mariana 235
  Paulin 21, 248
  Ramon 227
  Salvador 10
TAFOYA
  See TAFUYA
  Ana Maria 7, 42, 45, 50, 88, 121, 144, 280
  Anamaria 97
  Andrea 59, 84, 230
  Anna Maria 121, 208, 258
  Annamaria 127
  Antonio 306
  Antonio Jose 340
  Bartolo 52, 284
  Bartolome 150, 225
  Blas 65
  Catarina 78
  Cristoval 347
  Diega 12
  Diego 14, 48
  Francisco 173
  Garaciana 179
  Gracia 346
  Hermeregilda 39
  Jesus 23, 156, 231, 262, 269, 361
  Jesus Maria 37, 155, 174
  Jose 1, 8, 44, 64, 105, 113, 150, 168, 170, 176, 191, 232, 239, 266, 278, 280, 284, 303, 336
  Jose Antonio 204, 309
  Jose Benito 104, 334
  Jose Dolores 165
  Jose Francisco 118
  Jose Manuel 250
  Jose Marcos 296
  Jose Miguel 80
  Jose Rafael 53
  Jose Venito 36, 114, 306
  Jose Ygnacio Jesus 12
  Josees (sic) Maria 121
  Josefa 266
  Juan 67, 100, 125, 199

TAFOYA (continued)
- Juan Andres 63
- Juan Antonio 104, 208
- Juan Bartolo 26, 47, 84, 119
- Juan Domingo 8, 9, 27, 49, 65, 69, 129, 155, 167, 173, 176, 181, 220, 252, 279, 280
- Juan Francisco 30
- Juan Miguel 27, 269
- Juan Paulin 67
- Juan Vartolo 7, 271
- Juana Maria 16
- Juaquin 102
- Marcelina 87, 357
- Marcial 240
- Maria 82, 122, 306
- Maria Agustina 289
- Maria Andrea 194
- Maria Antonia 18, 118, 163, 278, 289
- Maria Antonia Josefa 306
- Maria Barbara 300
- Maria Barvara 327
- Maria Brigida 22, 70, 173, 217, 252
- Maria Brijida 169, 197
- Maria Carmel 155, 174
- Maria Catarina 43, 50
- Maria Clara 62
- Maria Dolores 165, 286, 298
- Maria Encarnacion 73
- Maria Francisca 296
- Maria Gertrudis 241
- Maria Graciana 256
- Maria Guadalupe 116
- Maria Joaquina 63
- Maria Josefa 16, 31, 37, 47, 75, 82, 119, 126, 155, 165, 200, 202, 240, 278, 286
- Maria Juana 12
- Maria Juliana 141, 189, 278, 334, 361
- Maria Luisa 190
- Maria Lus 24, 240, 280, 326
- Maria Luz 229, 231
- Maria Mariana 46, 119, 122
- Maria Rafaela 114, 234
- Maria Rita 346
- Maria Santos 173
- Maria Soledad 306
- Maria Teresa 64
- Maria Varvara 213
- Maria Ysidora 150
- Mariana 57, 60, 110, 177, 198, 202, 209, 221, 297, 326
- Melchora 64
- Miguel 171
- Necolas 141, 229

TAFOYA (continued)
- Nicolas 24, 29, 101, 129, 165, 237, 249, 290, 310
- Paulin 129, 186, 198, 315
- Pedro 94, 235
- Pedro Rafael 141, 282
- Rafael 211, 268, 337
- Rafaela 269
- Romano 63, 253, 300
- Salbador 215
- Salvador 12, 34, 66, 98, 167, 217, 288, 331
- Salvador Antonio 286
- Venito 165
- Viviana 52
- Ypolito 296

TAFUYA
- See TAFOYA
- Maria Esidora 60

TAPIA
- Crestino 124
- Jose 102, 149
- Maria Antonia 37
- Maria Juana 265
- Maria Lus 2, 71, 187, 216, 255, 267, 337
- Maria Luz 144, 198, 226, 297, 298

TECOA
- Jose 272
- Josefa 171, 269
- Juan 183
- Juan Domingo 190
- Juana 307
- Maria 19, 25, 151, 161, 258
- Maria Guadalupe 250
- Maria Rosa 227
- Rafaela 3

TEIVA
- Maria 99, 112

TEIVES
- Jose Manuel 167

TELLES
- See TEYES
- Miguel 11
- Valentina 303

TENORIA
- Maria Victoria 215
- Rosalia 155

TENORIO
- Benancio 101
- Dolores 14, 227, 254, 319
- Felipe 45, 74, 122, 140, 295
- Jose Rafael 20, 104, 131, 227, 254, 303, 312, 317, 319, 338
- Juan Cristobal 298
- Julian 159
- Maria Dolores 20, 104, 329, 338, 354

TENORIO (continued)
  Maria Rosa 253
  Maria Rosalia 87
  Rafael 282, 343, 345, 352
  Santiago 237, 270, 295
TEYES
  See TELLES
  Juan 75
  Maria 51
TOFA
  Maria Juaquina 130
TOLEDA
  Maria Josefa 108
TOLEDO
  Antonio 61
  Jose Antonio 271
TOMAS
  Maria Sisilia 85
TORES
  Antonio 264
  Diego 196
  Maria Antonia 232
  Maria Bibiana 317
  Maria Dolores 229
  Pedro 99
TORIN
  Maria Ysabel 295
TORRES
  Antonia Viviana 83, 197
  Antonio 13, 36, 42, 65, 80, 144,
    151, 169, 177, 191, 201, 203,
    252, 302, 328, 329, 340, 353
  Antonio Jose 67, 103, 244
  Barbara 76, 227
  Bibiana 284
  Diego 3, 48, 69, 128, 130, 150,
    152, 214, 217, 220, 293, 304
  Dolores 1
  Jose Antonio 89, 115
  Jose Manuel 33, 37, 68, 126, 218
  Jose Prudencio 220
  Juan 138
  Juan Manuel 164
  Juan Nepomuceno 196
  Juana 52, 78, 213, 220, 286, 323
  Juana Teresa 117
  Juliana 340
  Manuel 69, 153, 239, 305, 319
  Maria 285, 305
  Maria Albina 217, 227
  Maria Alvina 257, 304, 315
  Maria Antonia 18, 67, 122, 133,
    147, 185, 212, 216, 235, 270,
    300, 311, 338
  Maria Barbara 298
  Maria Dolores 42, 43, 124, 218,
    229, 337
  Maria Josefa 119, 264, 273, 299,
    337, 343

TORRES (continued)
  Maria Juana 339
  Maria Juliana 22, 26, 33, 40,
    94, 102, 109, 176, 181, 251
  Maria Necolaza 142
  Maria Nicolasa 58
  Maria Reyes 105
  Maria Viviana 172, 197, 241, 328
  Maria Ygnacia 50
  Mariana 197
  Nasarena 206
  Pedro 264, 337
  Pedro Antonio 39
  Santiago 361
  Vibiana 86
  Viviana 2, 189, 204, 293
TORREZ
  Maria Felipa 115
TOSI
  Elena 253
TREJA
  Maria Rosalia 351
TREJO
  Rosalia 278
TRIDEAU
  See TRIUDU
  Juan Bautista 199
TRIDÚ
  Bautista 18
  Juan Bautista 199
TRIDUD
  Juan Bautista 147
TRIGILLO
  See TRUGILLO
  Cristoval 241
  Policarpio 235
TRONCÓN
  Jose Maria 191
TRUGEQUE
  See TRUJEQUE
  Jacinto 352
TRUGEQUES MONTOYA
  Juan Andres 130
TRUGILLA
  Guadalupe 221
  Maria 107, 164
  Maria Concepcion 148, 150
  Rosalia 165
TRUGILLO
  See TRIGILLO
  (n.n.) 293
  (illegible) 201
  Agustin 245, 286, 325, 347
  Alejandro 35, 115, 221, 296
  Ana Maria 142
  Anamaria 118, 229
  Andres 66, 134, 200, 236, 256,
    289, 327
  Anna Maria 344, 358

TRUGILLO (continued)
  Antonia 157
  Antonio 60, 92, 136, 180, 216, 239, 308, 327
  Antonio Aban 37, 72, 86, 232
  Antonio Alejandro 24, 65, 129, 171, 213
  Antonio Ermenegildo 119
  Antonio Hermeregildo 31
  Antonio Jose 94, 177, 235, 283, 339, 344
  Barbara 63
  Bartolo 201, 253
  Bartolome 110, 262, 273
  Bentura 285
  Bernarda 179, 277
  Benancio 135
  Bicente 4, 61, 183
  Blas 10, 15, 26, 36, 41, 49, 60, 62, 88, 95, 101, 117, 124, 130, 157, 175, 208, 217, 266, 267, 272, 310, 345
  Buenaventura 355
  Candelaria 118
  Candelario 292
  Carpio 45, 72, 302
  Catarina 99, 234, 327, 347
  Cleto 271
  Concepcion 69, 130, 214
  Consepsion 220, 304
  Damacio 24, 40, 75, 119, 130, 203, 211, 290
  Damaso 267
  Diego 160, 186
  Encarnacion 159, 287
  Esteban 40, 172, 343
  Estevan 57, 99, 102, 204, 209
  Faustin 329
  Felipe Santiago 300
  Fernando 59, 62, 66, 175, 270, 319
  Francisco 18, 39, 46, 53, 64, 67, 101, 119, 121, 122, 147, 182, 185, 223, 235, 270, 285, 300, 311, 338
  Francisco Antonio 4, 14
  Geribal 285
  Gertrudis 24
  Guadalupe 1, 27, 183, 184, 204, 251, 278, 340, 342
  Heremenegildo 165, 204, 266
  Hermenegildo 202, 237, 278, 286
  Hermeregildo 16, 75, 126, 334
  Jesus 280
  Joaquin 107
  Jose 131, 183, 214, 248, 295
  Jose Alexandro 26

TRUGILLO (continued)
  Jose Antonio 5, 8, 11, 29, 30, 41, 44, 52, 64, 86, 89, 137, 141, 169, 172, 244, 252, 326, 330
  Jose Benito 205
  Jose Buena Ventura 310
  Jose Crus 124
  Jose Encarnacion 137
  Jose Francisco 65, 123, 212
  Jose Francisco Esteban 322
  Jose Jesus 92, 165, 259
  Jose Julian 70
  Jose Lino 231
  Jose Maria 4, 14, 21, 38, 67, 92, 159, 233, 318
  Jose Miguel 78, 145
  Jose Rafael 118
  Jose Venito 307
  Josefa 131, 148, 235
  Juan 44, 62, 73, 88, 90, 93, 108, 164, 182, 207, 231, 234, 281, 304, 306, 317, 331
  Juan Andres 145, 214, 256, 307
  Juan Antonio 6, 23, 36, 56, 77, 84, 181, 290
  Juan Bautista 21, 34, 132, 300
  Juan Besenico 84
  Juan Christoval 297
  Juan Cristobal 224
  Juan Cristoval 1, 59, 205, 230
  Juan de Dios 157, 201
  Juan Domingo 161
  Juan Eugenio 321
  Juan Felipe 231, 309
  Juan Francisco 302
  Juan Jesus 1, 5, 98, 196, 222, 243, 281, 282, 284, 326, 340
  Juan Jose 57
  Juan Manuel 180
  Juan Miguel 269, 304
  Juana 21, 194
  Juana Gertrudis 3, 147
  Juana Maria 187, 190
  Juana Teresa 282
  Juaquin 107
  Leorda 232
  Luarda 266, 334
  Lugarda 108
  Luis 151, 192, 339
  Luis Maria 173, 282, 342
  Lupe 152
  Luz 302
  Manuel 155, 182, 207, 249, 281, 296, 345
  Manuel Andres 41, 181, 191, 211
  Manuel Antonio 33
  Marcos 270, 321, 358
  Margarita 58

TRUGILLO (continued)
- Maria 14, 27, 35, 41, 42, 49, 59, 75, 80, 129, 161, 162, 164, 203, 213, 218, 226, 227, 243, 246, 248, 259, 293, 300, 340, 342
- Maria Acencion 160, 238
- Maria Antonia 5, 40, 139, 185, 213, 285, 327
- Maria Asencion 283
- Maria Azencion 238
- Maria Balentina 89
- Maria Barbara 209
- Maria Barvara 113
- Maria Bernarda 98, 106, 180, 289
- Maria Brigida 27
- Maria Candelaria 178
- Maria Carmel 353
- Maria Catalina 262, 323
- Maria Catarina 45, 91, 123, 149, 243, 273, 290, 304, 330
- Maria Clara 26, 129, 311
- Maria Concepcion 3, 48, 91, 113, 144, 152, 209, 220, 246, 257
- Maria Consepcion 196, 217
- Maria Conspecion 314
- Maria Culasa 45
- Maria Dolores 47, 79, 85, 110, 134, 257
- Maria Dorotea 135, 171
- Maria Eduarda 170
- Maria Eluarda 270
- Maria Encarnacion 190
- Maria Francisca 14, 20, 77, 128, 211
- Maria Gertrudes 357
- Maria Gertrudis 163, 227, 271, 300, 308
- Maria Gregoria 282, 285
- Maria Guadalupe 26, 39, 60, 66, 93, 112, 126, 145, 168, 211, 212, 310, 338
- Maria Hermenegilda 318
- Maria Hermeregilda 101
- Maria Jesus 143, 260
- Maria Josefa 20, 25, 41, 47, 49, 52, 55, 66, 96, 106, 107, 115, 137, 167, 172, 175, 196, 198, 199, 217, 272, 276, 295, 301, 314, 331, 349
- Maria Juana Gertrudis 69
- Maria Juana Teresa 343
- Maria Jucepa 247
- Maria Juliana 128, 220
- Maria Leogarda 222
- Maria Leonor 227
- Maria Loarda 147
- Maria Luarda 88, 107, 360
- Maria Lugarda 320

TRUGILLO (continued)
- Maria Luisa 77
- Maria Lus 15, 28, 76, 79, 93, 124, 137, 179, 209, 265, 288, 327, 359
- Maria Luz 50, 149, 195, 209, 214, 218, 230, 254, 271, 293, 322, 346, 348
- Maria Manuela 7, 159, 181, 197, 229, 252, 261, 267, 279
- Maria Necolasa 102, 160, 222
- Maria Necolaza 332
- Maria Nicolasa 51, 112, 143, 206, 232, 239, 267, 281
- Maria Rafaela 2, 4, 5, 19, 34, 44, 55, 70, 72, 82, 125, 134, 143, 154, 156, 169, 173, 184, 224, 242, 247, 257, 268, 270, 307
- Maria Refugio 59, 60, 62, 66, 157, 175, 204, 270, 299, 310, 334
- Maria Rita 326
- Maria Rosa 16, 37, 80, 120, 183, 205, 312, 353, 363
- Maria Rosalia 274
- Maria Roumalda 323
- Maria Rumalda 261
- Maria Ruperta 249
- Maria Santos 120
- Maria Serafina 253
- Maria Simona 36, 57, 276, 307
- Maria Susana 356
- Maria Teresa 338
- Maria Tiburcia 84
- Maria Ygnacia 101, 108, 122, 174, 214, 228, 292, 307, 321
- Maria Ysabel 206, 219, 225
- Maria Ysidora 189, 253, 339
- Mariano 33, 181, 233, 256, 325
- Meregildo 47
- Merigildo 348
- Miguel 29, 107, 194, 243, 293
- Miguel Antonio 113
- Necolasa 134
- Nicolasa 233, 279
- Pablo 4, 19, 50, 85, 93, 147, 174, 184, 208, 257, 259, 297, 336, 353
- Paublo 354
- Paula 267
- Pedro 15, 276, 359
- Pedro Antonio 232
- Pedro Trinidad 28
- Policarpio 143, 186, 206, 244, 294
- Polonia 268
- Rafaela 87, 134, 146, 341
- Rosalia 6, 270, 304

TRUGILLO (continued)
   Salbador 126, 160
   Salvador 19, 65, 160, 181, 196, 272
   Santiago 4, 8, 22, 44, 94, 101, 106, 129, 173, 176, 189, 196, 244, 251, 272
   Simon Lino 187
   Simon Luis 356
   Teresa 190, 229
   Toribio 194
   Valentina 19
   Ventura 37
   Vernarda 12, 52
   Vicente 1, 22, 84, 97, 190, 211, 232, 278, 294, 305, 325
   Ygnacia 302, 344
   Ygnacio 84, 91, 177, 184, 218, 234, 336
   Ysabel 219, 309

TRUGIO
   Francisco 88
   Manuela 194
   Maria Gregoria 81
   Maria Lus 76
   Martin Romano 333
   Nicolasa 88
   Rafaela 134

TRUGUILLO
   Consaucion 196
   Faustin 58
   Francisca 167
   Jose Antonio 167
   Maria Rafaela 70
   Pedro 167
   Vicente 332

TRUIDU
   See TRIDEAU
   Bautista 64
   Lorenso 141

TRUJEQUE
   See TRUGEQUE
   Jacinto 68, 271

TRUJILLO
   Alegandro 95
   Antonio Jose 352
   Asencion 138
   Cayetana 162
   Damacio 297, 298
   Francisco 274
   Francisco Antonio 232
   Jose Besinto 299
   Jose Paublo 303
   Juan 232
   Juan Antonio 307
   Juana 357
   Maria 279
   Maria Antonia 108
   Maria Necolasa 96

TRUJILLO (continued)
   Maria Rafaela 319
   Maria Tivursia 299
   Pedro 186
   Santiago 354
   Ventura 351

TRUJILO
   Maria Paula 206

TRUJIYA
   Maria Brijida 137

TRUQILLO
   Maria Refugio 348

TRUXILLO
   Maria Lus 316

TUCAJE
   Polonia 186

TURCATA
   Francisco 89

TURCATE
   Jose 171

TURG
   Maria 95

TURRIETA
   See YTIRRIETA, YTURRIETA
   Maria Petra 77
   Petra 179

TURRIETTA
   Maria Petra 339

TUSA
   Maria 68
   Maria Anna 221

UBALDO
   Jose David 157

UNENGUES
   Diego 121

URASÁ
   Antonio 3

URBAN
   Juan 352
   Maria Teresa 53

URIBALID
   See RUIBALI, RIBALI, RUYBALI
   Jose 190

URIOSTA GONSALES
   Maria Rosa 260

URIOSTE
   See HURIOSTE
   Felis 20, 66, 80, 150, 268
   Feliz 14, 321
   Francisco 10, 94
   Jose 48
   Juan 197, 245, 301
   Juan Jesus 52, 131, 325
   Maria 341
   Maria Concepcion 3, 18
   Maria Necolasa 133
   Maria Rita 342
   Rosa 321

INDEX of GODPARENTS, GRANDPARENTS, & OTHERS TAOS BAPTISMS, VOLUME II

URIOSTES
  Concepcion 66
URIUSTE
  Felis 339
  Feliz 92
URRIVALÍ
  Maria Antonia 188
URTADA
  See HURTADA
  Juana Josefa 259, 287
  Maria Antonia 98, 168
  Maria Concepcion 197
URTADO
  See HURTADO
  Antonia 24
  Gertrudis 346
  Jose Guillermo 311
  Juan 9
  Juana 151, 236, 268, 299, 303
  Juana Josefa 85, 102, 306
  Manuel 13, 126, 183, 206, 240
  Manuel Antonio 328
  Maria Antonia 23
  Maria Concepcion 130, 287
  Maria Gertrudis 191
  Maria Lugarda 13
  Maria Lus 172, 321
  Maria Trinidad 211, 264
  Migel 84
  Miguel 46, 115, 297
  Trenidad 322
VACA
  See BACA
  Antonio 32
  Estevan 338
  Maria Ygnacia 147
  Rosalia 157
VALDES
  See BALDES
  Ana Maria 281
  Anna Guadalupe 222
  Anna Maria 323, 324
  Antonio 12, 30, 149, 211, 347
  Bautista 3, 254
  Bernardo 123
  Buenaventura 184
  Consepcion 165
  Dolores 322
  Encarnacion 203
  Eulogio 216
  Felipe 11, 22, 110
  Francisco 30, 34, 49, 61, 111, 258, 263, 305, 352
  Francisco Antonio 320
  Francisco Xabier 51
  Guadalupe 327
  Jose Albino 217
  Jose Crus 56, 167
  Jose Manuel 184, 200, 339

VALDES (continued)
  Jose Maria 105, 208, 260, 318, 324, 352
  Jose Santiago 190
  Jose Ygnacio 148, 150, 286
  Jose Ynacio 156
  Josefa 205, 267, 345
  Juan 80, 110, 134, 188, 280, 319
  Juan Antonio 51, 187, 234, 273, 290
  Juan Bautista 203, 331, 332
  Juan Benito 273
  Juan Jesus 187
  Juaquin 138, 305
  Loreta 348
  Manuel 41, 216, 254
  Manuela 281
  Maria 31, 115, 144
  Maria Andrea 277
  Maria Antonia 234, 324
  Maria Candelaria 147, 179
  Maria Carmel 249
  Maria Carmen 34, 182, 187
  Maria Catarina 19
  Maria Concepcion 6, 37, 169, 180
  Maria Consepcion 278
  Maria Dolores 188, 340
  Maria Encarnacion 169
  Maria Estefana 175, 216
  Maria Gertrudes 273
  Maria Gertrudis 146, 182, 326
  Maria Guadalupe 66, 174
  Maria Jesus 8, 150, 225
  Maria Josefa 12, 15, 42, 152, 208, 239
  Maria Juana 261
  Maria Lus 164
  Maria Manuela 7, 35, 194
  Maria Micaela 37, 43
  Maria Miqueala 165
  Maria Miquela 5, 30, 194, 252
  Maria Paula 144, 207, 226
  Maria Rafaela 319
  Maria Refugio 351
  Maria Rosa 29
  Maria Trinidad 161
  Maria Ygnacia 4, 196, 310
  Mariana 217
  Micaela 186
  Miguel 281
  Miqela 25
  Miqueale 293
  Nicolas 38
  Pedro 175
  Pedro Antonio 246
  Ramon 123
  Rosalia 349
  Rosario 30
  Santiago 193

VALDES (continued)
  Trinidad 203
  Ygnacio 189
VALDESA
  Maria 226
VALDEZ
  See BALDEZ
  Eulogio 257
  Eulogio, Fr. 341, 346
  Faviana 271
  Francisco 186
  Gertrudis 298
  Jose Manuel 269
  Jose Maria 354
  Jose Ygnacio 234
  Josefa 336
  Juan 363
  Loreta 222
  Maria 277
  Maria Andrea 265
  Maria Catarina 303
  Maria Concepcion 27
  Maria Estefana 257
  Maria Francisca 360
  Maria Gertrudis 344
  Maria Josefa 234
  Maria Paula 145, 355
  Maria Rosa 303
  Maria Trinidad 342
VALDONADO
  See BALDONADO, BALDONADA,
    MALDONADO
  Candelaria 82
  Dolores 40
  Jose 9, 270
  Maria Dolores 270
VALENCIA
  See BALENCIA
  Jose Antonio 110
  Jose Manuel 187
  Manuel 358
  Maria Antonia 147, 197
  Maria Ygnacia 180
VALERIA
  See BALERIA
  Maria Juliana 203
VALERIO
  See BALERIO
  Antonio 168
  Felis 228
  Francisco 24, 70, 75, 130, 281
  Gergorio 235
  Jose 135, 139
  Juliana 157, 169
  Maria Jesus 70
  Martin 192
VALLANCUR
  See BALLANCUR, BALLANCURES,
    BAYANCUR

VALLANCUR (continued)
  Maria Feliciana 100
VALLE
  See BALLE, BAYE, VAYE
  Maria Petra 78, 93, 102, 125,
    151, 155, 200, 203, 216, 225,
    330, 360
VALLEGOS
  See BALLEGOS, BAYEGOS
  Anna Maria 187
  Antonio Jose 149
  Juan 132, 156, 213
  Maria Dolores 180, 201
  Maria Guadalupe 132
VALLEJOS
  See BALLEJOS, BALLEJA
  Ana Maria 42
  Anna Maria 34, 191
  Maria Juliana 207
  Maria Manuela 81
  Miguel 345
VALVERDE
  See BALVERDE, BALBERDE
  Francisco 37
  Jose Esquipula 125
  Maria Dolores 356
  Maria Gertrudis 92
VARELA
  See BARELA, BARELAS, BARRELA
  Cristoval 44
  Culas 2
  Felix 116
  Francisco 357
  Gabriel 15
  Jose 21, 74, 155, 157, 195
  Jose Antonio 219, 353
  Josefa 361
  Juan Ysidro 15, 16, 35, 132,
    213, 261
  Juan Ysidro Jesus 195, 311
  Juana 5, 31
  Juana Gertrudis 2
  Juliana 195, 270
  Manuel 261
  Maria 102, 191
  Maria Antonia 245
  Maria Ascencion 31, 71
  Maria Clara 28
  Maria Dolores 36, 195, 248
  Maria Eugenia 275
  Maria Felipa 167
  Maria Francisca 160
  Maria Gertrudis 219
  Maria Jesus 186, 218
  Maria Magdalena 40
  Maria Polonia 321
  Maria Rafaela 30, 305
  Maria Ramona 146
  Maria Rita 29

INDEX of GODPARENTS, GRANDPARENTS, & OTHERS   TAOS BAPTISMS, VOLUME II

VARELA (continued)
  Maria Varvara 331
  Maria Yngacia 20, 21, 180, 354
  Migel 111, 204
  Miguel 10, 12, 150, 190, 204, 223
  Necolas 208, 347
  Nicolas 135, 267
  Ramona 225
  Visente 233
VARERIO
  See BARERA
  Maria Jesus 1
VARGAS
  See BARGAS
  Bartolo 139
  Estevan 12
  Jose Romaldo 22
  Julian 19
  Maria Francisca 269
  Maurilo 5, 121, 134, 270
  Roumaldo 209
VAROS
  See BARO
  Juan 319
VARRETERAN
  See BARRATERATO
  Jose Guadalupe 207
VASQUES
  See BASQUES
  Anamaria 145
  Catarina 180
  Juan Miguel 128, 156
  Margarita 27
  Maria Manuela 157, 186
VAYE
  See BAYE, BALLE, VALLE
  Maria Petra 15, 122
VEGIL
  See VIGIL
  Maria Luisa 54
VEITA
  See BEITA, BEYTA
  Ana Maria 161
  Antonio 194
  Jose Antonio 147
  Josefa 131
  Maria 9
  Maria Francisca 332
  Maria Gertrudis 32, 175
  Maria Josefa 8
  Maria Rita 173
  Maria Rosalia 167
VELARDE
  See BELARDE
  Antonio 31
  Jose Maria 302
  Maria Candelaria 31
  Maria Vitoria 166

VELARDE (continued)
  Pascual 135
VELASQUES
  See BELASQUES
  Juan Pomuceno 92
  Juana 36, 123
  Maria Manuela 6, 133
VELTRAN
  Maria 146
VENABIDES
  See BENABIDES
  Maria Dolores 224
  Maria Joaquina 69
  Miguel Antonio 302
VENABIDEZ
  Maria Juana 1/2
VENAVIDES
  See BENAVIDES
  Candelaria 70
  Jose Bernal 145
  Juan Nepomoseno 218
  Juana 2, 53, 133, 139, 176, 197, 212
  Juana Leonicia 104
  Maria Ana 290
  Maria Antonia 51
  Maria Barbara 145
  Maria Carmel 142
  Maria Concepcion 206
  Maria Francisca 324
  Maria Joaquina 116, 162, 218
  Maria Juaquina 28, 128
VENAVIDEZ
  Maria Joaquina 230
VERNAL
  See BERNAL
  Antonia 173
  Juan Manuel 33
  Juan Pedro 116/117, 246
  Manuel 356
  Maria 113
  Maria Antonia 182
  Maria Encarnacion 69, 193, 352
  Maria Francisca 170
  Maria Josefa 106, 186
  Maria Juliana 352
  Maria Lus 315
  Maria Reyes 15
  Maria Rosa 36
  Maria Rosalia 24
  Maria Santa 28
  Maria Santos 183
  Maria Ygnacia 37
  Maria Ysabel 271
  Miguel 27
  Pedro 6, 137
  Rosalia 13, 17, 187, 203
  Varvara 16

TAOS BAPTISMS, VOLUME II INDEX of GODPARENTS, GRANDPARENTS, & OTHERS

VIAELPANDO
  Salvador 324
VIALPANDO
  See BIALPANDO, VILLALPANDO, PANDO
  Anna Maria 320
  Antonio Domingo 75, 131, 138, 323
  Jose Manuel 340
  Juan Jose 210
  Julian 51, 134, 143, 206, 332
  Maria Antonia 169
  Maria Carmel 138
  Maria Catarina 115, 155
  Maria Guadalupe 348
  Maria Josefa 31, 67
  Maria Manuela 24
  Maria Paula 61, 131, 139, 184, 229, 292
  Maria Ygnacia 72, 340
  Salbador 226
  Salvador 75, 146, 323, 324
  Toribio 150
  Ysidro 24
VIAN
  Marcos 15
VIANUEVA
  See BIANUEVA
  Juan 140
VIETA
  Maria Gertrudis 266
VIGIL
  See BIGIL, VEGIL
  Amador 8, 31, 105, 187, 266, 301, 316, 349
  Anamaria 329
  Anasastacio 119
  Anastacio 20, 25, 44, 47, 50, 151, 238, 301
  Anna Maria 189, 258
  Antonio 5, 74, 88, 98, 103, 133, 151, 179, 203, 226, 228, 242, 254, 273, 274, 276, 283, 303, 324, 334, 340
  Antonio Jose 85, 103, 121, 128, 152, 167, 197, 300, 323, 344
  Antonio Tivurcio 6, 17
  Barbara 140, 196
  Bavara 272
  Bernardo 120, 161, 183, 270, 304, 312
  Candelaria 41, 151, 221, 311
  Carlos 51
  Cornelio 115, 153, 174
  Crus 4, 11, 44, 70, 81, 94, 196, 340
  Cruz 346
  Diego Martin 347
  Dolores 42, 64, 112, 175, 203, 242, 269, 344

VIGIL (continued)
  Domingo 318
  Encarnacion 333
  Faustin 6, 42, 43, 119, 148, 154, 209, 237, 314, 333
  Feliciana 154
  Felipe 190
  Felipe Jesus 300, 313
  Filomena 253
  Francisco 32, 72, 102, 103, 136, 153, 154, 161, 178, 205, 250, 282, 283, 294, 334, 345, 348
  Francisco Esteban 351
  Gabriel 57, 83, 123, 156, 213, 214, 277, 345, 359
  Gertrudis 355
  Grabiel 274, 341
  Grabriel 334
  Graviel 6
  Gregorio 68
  Gregorio Rodrigo 72
  Hermenegildo 187
  Jabiela 282
  Jesus 153, 264
  Joaquin 88, 91, 128, 137, 197, 211, 234, 265, 306, 313, 343
  Jose 47, 84, 99, 103, 117, 139, 141, 183, 188, 216, 267, 276, 294
  Jose Antonio 182
  Jose Bentura 240
  Jose Bernardo 63, 120, 282
  Jose Candelario 20, 192
  Jose Crus 146, 295, 361
  Jose Cruz 188, 191, 349
  Jose Domingo 306, 359
  Jose Esquipula 317
  Jose Francisco 96, 260, 301
  Jose Gabriel 325
  Jose Joachin 267
  Jose Manuel 83, 201, 319, 357
  Jose Marcelino 253
  Jose Maria 12
  Jose Manuel 319
  Jose Rafael 317
  Jose Ramon 337
  Jose Santiago 85, 186
  Jose Venito 23
  Jose Ygnacio 245, 260, 287, 312, 343
  Jose Ygnasio 337
  Josefa 3, 17, 117
  Juan 16, 23, 25, 40, 98, 111, 127, 149, 164, 168, 178, 201, 205, 209, 210, 230, 239, 255, 290, 315, 327, 340/341, 355
  Juan Bautista 260, 292, 307
  Juan Cristobal 83, 172, 239, 241
  Juan Cristoval 328

VIGIL (continued)
  Juan Crus   5, 10, 25, 47, 50, 57,
    59, 89, 107, 131, 140
  Juan Cruz   146, 252, 265
  Juan Jesus   49, 56, 105, 110,
    121, 122, 133, 145, 147, 155,
    182, 231, 240, 253, 268, 295,
    300, 302, 319, 334, 336, 343,
    351
  Juan Jose   205, 234, 251, 310
  Juan Ygnacio   24, 98, 173, 188,
    341
  Juan Ysidro   209, 219, 332
  Juana   24, 111
  Juana Catarina   201, 301
  Juana Maria   154, 193, 232, 253,
    270, 330, 342, 348
  Juana Maria Alta Gracia   221
  Juana Maria Altagracia   191
  Juana Teresa   78
  Juanico   267
  Juaquin   80, 159, 205, 256
  Julian   10, 38, 71, 79, 292, 312
  Leonicio   31, 95, 159
  Lionicio   180
  Lonicio   259
  Loreta   308
  Luisa   16, 194, 308, 318, 352
  Luiza   272
  Madalena   274
  Manuel   56, 73, 92, 128, 141, 206
  Manuel Antonio   91, 119
  Marcelina   307
  Marcelino   1, 8, 14, 103, 128,
    215, 221
  Maria   39, 111, 213
  Maria Alvina   112, 144, 187, 216
  Maria Antonia   6, 8, 16, 79, 83,
    164, 347
  Maria Asencion   196, 282
  Maria Asension   284
  Maria Barbara   19, 65, 160, 284
  Maria Barvara   359
  Maria Calletana   71, 218
  Maria Candelaria   41, 48, 58, 92,
    189, 236, 258
  Maria Carmel   208
  Maria Cruz   237
  Maria Dolores   43, 47, 72, 105,
    106, 135, 190, 212, 239, 240,
    294, 303, 319, 325, 345
  Maria Encarnacion   59, 86, 268
  Maria Estefana   347
  Maria Feliciana   119, 128, 140,
    198, 212, 274, 279
  Maria Filomena   315
  Maria Francisca   5, 7, 40, 43,
    103, 120, 183, 267, 268, 304,
    312, 319, 333, 357

VIGIL (continued)
  Maria Francisca Gabriela   201
  Maria Francisca Xabier   20
  Maria Gertrudis   104, 126, 154,
    206, 240, 328
  Maria Guadalupe   99, 213, 264,
    286, 321
  Maria Hermenegilda   228
  Maria Hermeregilda   95, 122
  Maria Isidora   119
  Maria Jesus   98, 191, 260, 343
  Maria Josefa   23, 58, 70, 73, 83,
    128, 191, 197, 215, 248, 270,
    284, 290, 325, 339
  Maria Juana   146, 359
  Maria Loreto   236
  Maria Lucia   113
  Maria Luisa   6, 12, 21, 34, 41,
    66, 68, 79, 107, 132, 134, 188,
    304, 308, 323
  Maria Luiza   351
  Maria Lus   135, 162
  Maria Manuela   52, 131, 197, 301,
    325
  Maria Matiana   116
  Maria Micaela   40, 67, 110, 116,
    152, 258, 271, 288
  Maria Miguela   259
  Maria Miquela   10, 11
  Maria Nicolasa   19, 72, 359
  Maria Pascuala   107
  Maria Paula   49
  Maria Petra   228
  Maria Polonia   127, 263, 295,
    305, 334
  Maria Rafaela   130, 215
  Maria Ramona   202, 314
  Maria Refugio   114, 121, 152,
    190, 351, 360
  Maria Relles   313
  Maria Rosa   14, 26, 76, 83, 103,
    107, 194, 228, 232, 263, 280,
    293, 304, 331
  Maria Rosa Maria   331
  Maria Rufina   122, 200, 319, 353
  Maria Ruisa   102
  Maria Sencion   340
  Maria Soledad   21, 96, 97, 117,
    120/121, 123, 139, 182, 185,
    198, 200, 224, 268, 273, 277,
    317, 322, 323, 363
  Maria Teodora   70
  Maria Teresa   250, 280, 309, 361
  Maria Trenidad   355
  Maria Trinidad   35, 244, 287,
    310, 324, 327
  Maria Varvara   72, 126
  Maria Vicenta   88
  Maria Victoria   320

VIGIL (continued)
  Maria Ygnacia 9, 26, 34, 51, 58,
    69, 70, 159, 222, 282, 290,
    301, 326, 328, 329, 353, 356
  Maria Ygnes 227
  Maria Ynes 358
  Maria Ysabel 9, 94, 164, 179,
    256, 263, 312, 351
  Maria Ysavel 342
  Maria Ysidora 25, 57, 59, 81,
    107, 197, 288
  Mariano 120, 264
  Mariquita 121
  Marselino 289
  Matias 147, 174, 176, 204, 220,
    230, 250, 262
  Micaela 27, 109, 115, 212
  Michaela 158
  Migel 42, 133
  Migil 9
  Miguel 31, 36, 42, 63, 73, 74,
    79, 85, 92, 108, 127, 131, 151,
    153, 166, 187, 190-192, 202,
    244, 265, 275, 315, 327, 330,
    346
  Miguel Antonio 112, 194, 236,
    269
  Miquela 189
  Nicolasa 261
  Pascuala 49, 287
  Pedro 22, 54, 62, 89, 97, 139,
    141, 148, 171, 176, 191, 205,
    210, 221, 240, 242, 272, 298,
    322, 333, 336, 361
  Polito 58
  Rafael 179, 234, 248, 256, 316,
    318, 346
  Rafaela 82
  Rafela 185
  Ramon 148
  Refugio 298
  Ricardo 277, 318
  Ricardo Jesus 180, 201, 248
  Rodrigo 241, 348
  Rufina 348
  Salvador 131
  Santiago 328
  Soledad 291, 323
  Teresa 180, 190, 270, 323
  Ygnacia 29, 30, 68, 243
  Ygnacio 2, 21, 25, 54, 98, 101,
    108, 122, 174, 194, 247, 251,
    279, 292, 299, 342
  Ysidro 322
VIGILA
  Maria 253
  Maria Isabel 233
  Maria Miquela 13
  Ygnacia 10

VIJIL
  See BIJIL
  Anamaria 170, 225
  Juana Maria 297
  Juaquin 297
  Maria Miquela 32
VILLALPANDO
  See BIALPANDO, BILALPANDO,
    VIALPANDO, VIAELPANDO, PANDO
  Casilda 145
  Julian 102
VILZE
  Maria Francisca 174
VISONET
  See BISONETE
VLEA
  See BLEA
  Maria Nacera 143
VORREGO
  See BOREGO, BORREGO
  Ana Maria 29
  Cristoval 173
VRACHAL
  See BRACHAL
  Jose Antonio 147
VRANCHE
  See BRANCHE
  Pedro 88
VRITO
  See BRITO
  Francisco 219
  Maria Concepcion 107
  Maria Magdalena 60
VUENA
  See BUENA
  Juana Antonia 84
  Maria Ygnacia 165
VUENO
  See BUENO
  Maria Luz 331
  Maria Ygnacia 169
VUSTOS
  See BUSTOS
  Francisco 95
WALDO
  David 317
WEAVER
  See GUIBAR, WIVAR
WIVAR
  See GUIBAR
  Paulin 170
WORKMAN
  Julian 47
XABIER
  Maria Rosa 28
XARAMIA
  Tomasa 230

XARAMILLO
    See GARAMILLO, JARAMILLO
    Francisco 127, 305
    Jose Mariano 356
    Juan Manuel 206
    Lorenso 216
    Lorenzo 347
    Maria Antonia 73
    Maria Lorenza 347
    Maria Luisa 269
    Maria Manuela 352, 354
    Maria Nicolaza 356
    Maria Tomasa 168
    Maria Ygnacia 204
    Mariano 341
    Matilde 328
    Miguel 122
    Patricio 328, 343
    Tomasa 152
XARAMIO
    See JARAMIO
    Maria Manuela 260
    Maria Necolasa 161
    Maria Soledad 161
    Maria Tomasa 119, 328
XIRON
    See GIRON, JIRON
    Balvaneda 289
YARAT
    Francisco 56, 146, 210
YBAÑES
    Maria Cruz 330
YELA
    Maria 207
YLLAQUISON
    Santiago 158
YNDIA
    Maria 329
YONT
    Maria 169
YOUNG
    Julian 53
YTIRRIETA
    Maria Petra 142
YTURRIETA
    See TURRIETA
    Maria Petra 209, 283
ZALAZAR
    See SALAZAR
    Jose Antonio 164
    Juan Manuel 324
    Juana 352
ZAMORA
    See SAMORA
    Lucia 149
    Maria Margarita 163, 164
    Pedro 195, 234
    Santiago 127, 227

ZISNEROS
    See CISNEROS, SISNEROS
    Maria Teodora 184
ZUBIRIA
    José Antonio 215

Made in the USA
San Bernardino, CA
09 May 2016